MEYERS
KLEINES
LEXIKON

Philosophie

MEYERS KLEINE LEXIKA

Allgemeinverständliche Sachlexika
zu ausgewählten Wissensgebieten

Biologie

Geographie

Geschichte

Kunst

Literatur

Meteorologie

Musik

Ökologie

Pädagogik

Philosophie

Psychologie

Politik

Religionen

Tiere

MEYERS KLEINES LEXIKON

Philosophie

Herausgegeben und bearbeitet von
Meyers Lexikonredaktion
Mit einem Essay von
Professor Dr. Kuno Lorenz

MEYERS LEXIKONVERLAG
Mannheim · Leipzig · Wien · Zürich

Redaktionelle Leitung:
Gerhard Kwiatkowski
Redaktionelle Bearbeitung:
Dr. Rudolf Ohlig

Mitarbeiter:
Karl-Ludwig Friderich, Homburg
Dr. Manfred Gies, Saarbrücken
Carla Hauser, Merzig
Wilhelm Hunsicker, Kirn-Sulzbach
Robert Klein, Lebach
Dr. Manfred Müller, Saarbrücken
Friederike Ohlerich, Dudweiler
Klaus Volkert, St. Ingbert-Rohrbach
Thomas Welke, Freiburg im Breisgau
Klaus Wöhler, Molfsee

Dieses Lexikon wurde auf der Grundlage
des Schülerdudens »Die Philosophie« erarbeitet.

CIP-Kurztitelaufnahme der Deutschen Bibliothek
Meyers kleines Lexikon Philosophie/hrsg. von d. Red. für Philosophie
d. Bibliograph. Inst. Mit e. Einl. von Kuno Lorenz.
[Red. Leitung: Gerhard Kwiatkowski. Red. Bearb.: Rudolf Ohlig.
Mitarb.: Karl-Ludwig Friderich ...]. – Mannheim; Wien; Zürich:
Bibliographisches Institut, 1987.
(Meyers kleine Lexika)
ISBN 3-411-02657-X
NE: Lorenz, Kuno [Vorr.]; Philosophie

Druck: Rappold Offsetdruck GmbH, Speyer
Einband: Graphische Betriebe Langenscheidt, Berchtesgaden
Printed in Germany
ISBN 3-411-02657-X

Zur Einrichtung des Buches

1. Alphabetisierung

Der Text ist nach Stichwörtern alphabetisch geordnet, die halbfett gedruckt am Anfang der ersten Zeile des Artikels stehen. Die Alphabetisierung berücksichtigt diakritische Zeichen grundsätzlich nicht und ordnet Umlaute wie die einfachen Selbstlaute ein: ä wie a, ö wie o usw. Komplexe Stichwörter, die mehrere halbfett gedruckte Wörter umfassen, werden ohne Rücksicht auf die Wortgrenze durchalphabetisiert.

2. Schreibung

Die Schreibung richtet sich grundsätzlich nach den Regeln der Duden-Rechtschreibung. Bei Begriffen aus Sprachen mit einer anderen Schrift als der lateinischen wurde eine vereinfachte Transkription verwendet, die die Laute annähernd in lateinischen Buchstaben wiedergibt. Zusätzlich werden beim Stichwort bzw. im Text die folgenden diakritischen Zeichen verwendet:

- ´ (Akzent auf Vokal): im Griechischen Betonung der Silbe; im Französischen accent aigu.
- ` (Akzent auf Vokal): im Griechischen Betonung der letzten Silbe, wenn ein weiteres griechisches Wort folgt; im Französischen accent grave.
- ˜ (Zirkumflex auf Vokal): im Griechischen Kennzeichnung einer langen, betonten Silbe, auf die nur eine kurze Silbe folgt.
- ˆ im Französischen accent circonflexe.

3. Betonung

Der untergesetzte Punkt unter Vokalen bedeutet, daß der Vokal kurz und betont ist; untergesetzter Strich unter Vokalen bedeutet, daß der Vokal lang und betont ist. Bei mehreren möglichen Betonungen erfolgt die Betonungsangabe nur in der Lautschrift in eckigen Klammern. Wenn das Stichwort neben der Aussprache noch eine Herkunftsangabe (Etymologie) erhält, erscheint die jeweilige Sprache nur einmal, nämlich bei der Herkunftsangabe (Etymologie). Beispiel:

Chaos ['ka:ɔs; griechisch „klaffende Leere"]

4. Ausspracheangaben in Lautschrift

In den Fällen, in denen die Aussprache nicht oder nur unvollkommen aus dem Stichwort erschlossen werden kann, wird in eckigen Klammern die Aussprache mit den folgenden Zeichen des Internationalen Phonetischen Alphabets (IPA) wiedergegeben:

a	helles bis mittelhelles a	hat [hat], Ra̱d [ra:t]
ã	nasales a	Gourmand [gʊr'mã:]
æ	sehr offenes ä	Catch *engl.* [kætʃ]
aɪ	ei-Diphthong	re̱i̱t! [raɪt]
ç	Ich-Laut	ịch [ɪç]
d	d-Laut	Dạmpf [dampf]
dʒ	~~dsch~~-Laut („weich")	Gịn [dʒɪn]
e	geschlossenes e	le̱bt [le:pt]
ɛ	offenes e	hạ̈tte ['hɛtə]
ə	Murmellaut	hạlte ['haltə]
f	f-Laut	fạst [fast]
i	geschlossenes i	Eli̱sa [e'li:za]
ɪ	offenes i	bịst [bɪst]
k	k-Laut	kạlt [kalt]
l	l-Laut	Lạst [last]
m	m-Laut	mạn [man]
n	n-Laut	Nẹst [nɛst]
ŋ	ng-Laut	lạng [laŋ]
o	geschlossenes o	Lo̱t [lo:t]
õ	nasales o	Bon [bõ:]
ɔ	offenes o	Pọst [pɔst]
r	r-Laut	Rạst [rast]
s	s-Laut („scharf")	Rạst [rast]
ʃ	sch-Laut	schạlt [ʃalt]
t	t-Laut	Ta̱u̱ [taʊ]
ts	z-Laut	Zẹlt [tsɛlt]
u	geschlossenes u	Ku̱r [ku:r]
v	w-Laut	Wạrt [vart]
w	konsonantisches u	Wịnston *engl.* ['wɪnstən]
ʒ	~~sch~~-Laut („weich")	Geni̱e̱ [ʒe'ni:]
:	Längezeichen, bezeichnet Länge des unmittelbar davor stehenden Vokals	ba̱de ['ba:də]
'	Hauptbetonung, steht unmittelbar vor der betonten Silbe;	Ạcker ['akər], Apothe̱ke [apo'te:kə]
-	Bindestrich, bezeichnet Silbengrenze	Wịrtschaft ['vɪrt-ʃaft]

5. Herkunftsangabe (Etymologie)

Ist eine Information über die Herkunft und die ursprüngliche Bedeutung eines Stichworts nicht nur wortgeschichtlich, sondern auch inhaltlich bedeutsam, erhält das betreffende Stichwort eine Herkunftsangabe in eckigen Klammern. Die Herkunftsangabe wird im Normalfall mit der Sprache eingeleitet, aus der das Wort stammt, es folgt die Bedeutung des Wortes in dieser Sprache in Anführungszeichen. Sofern das Wort eine abgeleitete Bildung ist oder nicht mehr mit seiner ursprünglichen Lautung übereinstimmt, wird diese ebenfalls in einer vereinfachten Transkription eingeführt, gegebenenfalls unter Verwendung der unter 2. angegebenen diakritischen Zeichen. Beispiele:

Conclusio [lateinisch „Folgerung"]
Empirismus [zu griechisch empeiría „Erfahrung, Kenntnis"]
Philosophie [zu griechisch phílos „Freund" und sophía „Weisheit"]

Ist die Erschließung der ursprünglichen Lautung inhaltlich nicht von Bedeutung, erscheint nur die Sprache, der dieses Wort entstammt.

6. Bedeutungsgleiche oder bedeutungsähnliche Wörter (Synonyme)

Gibt es für einen Sachverhalt mehrere Begriffe, so werden diese in runden Klammern wiedergegeben.

7. Abkürzungen

In diesem Buch werden nur allgemein bekannte und gebräuchliche Abkürzungen verwendet, zum Beispiel:

z. T. = zum Teil, u. a. = unter anderem, und andere[s], u. ä. = und ähnliche[s], v. a. = vor allem, d. h. = das heißt, z. B. = zum Beispiel, svw. = soviel wie, v. Chr. = vor Christus, n. Chr. = nach Christus, usw. = und so weiter.

Symbole

(wichtige Alternativen zu den Zeichen stehen in runden ( ) Klammern)

Zeichen	Leseart	Erläuterungen
Aussagenlogik		
$\neg$	nicht	Negation einer Aussage: $\neg A$
$\wedge$	und	Konjunktion zweier Aussagen: $A \wedge B$
$\vee$	oder	Adjunktion zweier Aussagen: $A \vee B$
$\times$	entweder ... oder ...	Disjunktion zweier Aussagen: $A \times B$
$\rightarrow$ ($\supset$)	wenn ..., dann ...	Subjunktion zweier Aussagen: $A \rightarrow B$
$\leftrightarrow$ ($\equiv$)	... genau dann, wenn ...	(logische) Äquivalenz zweier Aussagen: $A \leftrightarrow B$
...|...	weder ... noch ...	Shefferstrich: $A \mid B$

Prädikatenlogik

$P(x)$	P kommt x zu	Prädikat; z. B. x ist durch 2 teilbar
$\bigwedge\limits_{x \in G}$ $\left(\forall\limits_{x \in G}\right)$	für alle x aus G gilt:	Allquantor: $\bigwedge\limits_{x \in \mathbf{N}} x^2 \geq 0$
$\bigvee\limits_{x \in G}$ $\left(\exists\limits_{x \in G}\right)$	es gibt mindestens ein x aus G, für das gilt:	Existenzquantor: $\bigvee\limits_{x \in \mathbf{N}} x^2 = x$

sonstige logische Zeichen

$\ldots \sim \ldots$	steht in Relation	Zeichen für Relationen
$\ldots \rightleftharpoons \ldots$	... wird definiert als ...	Quadrat $\rightleftharpoons$ Rechteck mit 4 gleichlangen Seiten
$\ldots \prec \ldots$ $\dfrac{\ldots}{\ldots}$	aus ... folgt ... (... impliziert ...)	Implikation, Folgerung $A \wedge B \prec B$; $\dfrac{A \wedge B}{B}$
$\ldots = \ldots$	... ist gleich ...	Gleichheit: $(a+b)^2 = a^2 + 2ab + b^2$
$\ldots \neq \ldots$	... ist nicht gleich ...	Ungleichheit: $(a+b)^2 \neq a^2 + b^2$
$\ldots \equiv \ldots$	... ist nicht unterscheidbar ...	$x \equiv y \leftrightarrow \left(\bigwedge\limits_{P} P(x) \leftrightarrow P(x)\right)$
$\ldots \not\equiv \ldots$	... ist verschieden von ...	$\dfrac{x^2-1}{x+1} \not\equiv x-1$ (als Funktionen!)
$\ldots \Rightarrow \ldots$	wenn ... gegeben ist, darf man zu ... übergehen	Regelpfeil: $n \Rightarrow n\vert$
$\ldots \Leftrightarrow \ldots$	von ... darf man zu ... übergehen und umgekehrt	Äquivalenz
ι_x	dasjenige x, für das gilt	Kennzeichnungsoperator: $\iota_x : x^2 = 2$
$\ldots/\ldots$	... anstelle von ...	Belegung: $3/x$
w ($\curlyvee$)	wahr	Wahrheitswert
f ($\curlywedge$)	falsch	Wahrheitswert

Modallogik

M(...)	... ist möglich	Möglichkeitsoperator $\mathbf{M}(A)$: z. B. $\mathbf{M}(x^2 > 10)$
L(...)	... ist notwendig	Notwendigkeitsoperator $\mathbf{L}(A)$: z. B. $\mathbf{L}(9 > 7)$
⧖ (...)	... ist kontingent	Zufälligkeitsoperator ⧖ (A)

deontische Logik

$O(...)$	... ist geboten	Verpflichtungsoperator $O(A)$
$P(...)$	... ist erlaubt	Erlaubtseinsoperator $P(A)$
$V(...)$	... ist verboten	Verbotsoperator $V(A)$

logische Analyse der Sprache

$... \varepsilon ...$	... kommt zu (ist) ...	affirmative Kopula: $N \varepsilon P$
$... \varepsilon' ...$	... kommt nicht zu (ist nicht) ...	negative Kopula: $N \varepsilon' P$

Arithmetik

$... < ...$	... ist kleiner als ...	$7 < 9$
$... \leq ...$	... ist kleiner oder gleich ...	$12 \leq 2 \cdot 6$
$... > ...$	... ist größer als ...	$5 > 3$
$... \geq ...$	... ist größer oder gleich ...	$1^2 \geq 1$
$\sqrt{}$	Wurzel	$\sqrt{9} = 3$
$n!$	Fakultät	$n! = 1 \cdot 2 \cdot ... \cdot n$

Mengenlehre

$... \in ...$	... ist Element von ...	Elementbeziehung: $4 \in \mathbf{N}$
$... \notin ...$	... ist nicht Element von ...	Negation der Elementbeziehung: $\frac{5}{2} \notin \mathbf{N}$
$... \subset ...$	... ist Teilmenge von ...	Teilmengenbeziehung: $\mathbf{N} \subset \mathbf{Z} \subset \mathbf{Q} \subset \mathbf{R}$

Zahlensysteme

$\mathbf{N}$	natürliche Zahlen	$4 \in \mathbf{N}, \ -2 \notin \mathbf{N}$
$\mathbf{Z}$	ganze Zahlen	$4 \in \mathbf{Z}, \frac{5}{2} \notin Z$
$\mathbf{Q}$	rationale Zahlen	$-\frac{2}{3} \in \mathbf{Q}, \sqrt{2} \notin \mathbf{Q}$
$\mathbf{R}$	reelle Zahlen	$\pi \in \mathbf{R}, \sqrt{-1} \notin \mathbf{R}$

A

ab alio/a se [lateinisch „von anderem/von sich“]: eine grundlegende Unterscheidung der aristotelistischen, besonders der scholastischen Ontologie und Metaphysik: Entweder ist ein Seiendes von sich selbst, *a se,* her oder von anderem her, *ab alio,* verursacht. Da jedes endliche und bewegte Seiende auch nicht sein könnte, bedarf es zur hinreichenden Begründung seiner Existenz einer Wirkursache und/oder Finalursache außerhalb seiner selbst. Da eine unendliche Kette endlicher und bewegter Ursachen ihrerseits keinen hinreichenden Grund ihrer Existenz hätte, muß ein Seiendes existieren, das als Unendliches und Unbewegtes von sich selbst her existiert und als solches der letzte „unbewegte Beweger“ für jedes endliche, bewegte Seiende ist (↑absolut/relativ, ↑unbewegter Beweger, ↑Gottesbeweise).

Abbildtheorie: eine Grundposition der Erkenntnistheorie, die darauf abzielt, eine rein empirische Theorie von Wahrnehmung und Erkenntnis bereitzustellen (im Gegensatz etwa zum ↑Platonismus). Hierzu wird Erkenntnis als Abbildung aufgefaßt, da sie ein Verhältnis von erkennendem Subjekt zu erkanntem Objekt beinhaltet, also selbst nichts Gegenständliches ist, vielmehr stets einen Geltungsanspruch erhebt, indem sie implizit behauptet, wahr zu sein. Die Abbildtheorie deutet diesen Anspruch als mehr oder weniger gut realisierte Übereinstimmung von zu erkennendem Objekt und seinem Abbild im erkennenden Subjekt: Ein detailgetreues Abbild steht für eine wahre Erkenntnis, ein ungenaues für eine falsche (↑auch klar und deutlich). Hinsichtlich des Mediums, in dem die Abbilder der zu erkennenden Objekte zustande kommen, lassen sich drei Auffassungen unterscheiden: 1. Das Medium ist ein *physikalisches:* Die Abbilder sind physikalische Gegenstände (Demokrit). 2. Das Medium ist ein *psychisches:* Die Abbilder sind Vorstellungen oder Gedanken (Locke). 3. Das Medium ist die *Sprache:* Die Abbilder sind Sätze oder Teile von diesen (Wittgenstein). – Die Abbildungsfunktion wird entweder als eine vollständige und in allen Teilen genaue betrachtet (↑Widerspiegelungstheorie) oder sie wird nur als Übereinstimmung in den wesentlichen Teilen verstanden *(Isomorphietheorie).* Wahrheit wird in den verschiedenen Spielarten der Abbildtheorie mit Ausdrücken beschrieben wie ↑Adaequatio intellectus et rei, Korrespondenz von sprachlich ausgedrücktem Sachverhalt und Wirklichkeit oder Übereinstimmung von Meinung und Tatsache.

Gegen die Abbildtheorie werden v. a. zwei Einwände erhoben: 1. Die Abbildtheorie liefert bestenfalls eine Definition von Wahrheit, erlaubt aber in keiner Weise, anwendbare Kriterien zu formulieren, die festzustellen ermöglichen, ob eine Erkenntnis wahr ist. 2. Die Unterscheidung wahr/falsch ist eine qualitative, läßt also keine Grade wie „mehr oder weniger wahr“ zu (Kant). Eine Übereinstimmung zwischen Abbild und Gegenstand läßt aber Differenzierungen in Hinsicht auf ihren Genauigkeitsgrad zu. Wäre Wahrheit Übereinstimmung, so müßte sie Abstufungen zulassen. Da dies nicht der Fall ist, kann Erkenntnis nicht Abbildung sein.

Die erste Abbildtheorie der *Philosophiegeschichte* findet sich bei den antiken Atomisten (↑Atomismus), v.a. bei Demokrit, der meinte, die Dinge sendeten kleine, stoffliche Bildchen ihrer selbst aus, die vom wahrnehmenden Subjekt aufgenommen würden. Ähnliche Gedanken zeigen sich in Platons Dialog „Theaitet", wo die Wahrnehmung mit der Anfertigung eines Wachsabdrucks verglichen wird. Die moderne Philosophie interpretiert diese Abdrücke als ↑Sinnesdaten. Im Anschluß an Locke wird später genauer zwischen primären und sekundären ↑Sinnesqualitäten unterschieden. Kernstück der marxistischen Erkenntnistheorie ist eine uneingeschränkte Widerspiegelungstheorie. Isomorphietheorien wurden v.a. von Vertretern des logischen Empirismus und in der Anfangsphase der analytischen Philosophie (Russell, Moore, Wittgenstein) behauptet.

abhängig/unabhängig: eine Aussage A heißt abhängig von einer Menge von Aussagen $A_1, ..., A_n$, wenn es eine ↑Ableitung von A oder non-A aus $A_1, ..., A_n$ gibt; sonst heißt A unabhängig von $A_1, ..., A_n$. Besonders wichtig sind Abhängigkeitsbetrachtungen bei Axiomen (↑Axiomensystem).

Ableitung: in der *formalen Logik* die Gewinnung einer Formel aus anderen Formeln nur mit Hilfe der zugelassenen Regeln, in der *inhaltlichen Logik* eine Kette von logischen Schlüssen (↑Schluß), die die vorausgesetzten Aussagen (Hypothese) mit der Endaussage (These) verbinden (↑auch Deduktion). Sind die Hypothesen wahre Aussagen, so nennt man die Ableitung auch ↑Beweis.

Absicht: in gegenwärtiger philosophischer Rede kaum mehr als Terminus gebraucht. In alltäglicher und juristischer Rede bezeichnet Absicht das bewußte Erstreben der vom Handelnden vorausgesehenen Wirkung seiner Handlung (*X* tut *Y* „mit Absicht"). Die gegenwärtige philosophische Theorie des Handelns (↑Handlung) gebraucht „Intention" weitgehend bedeutungsgleich mit diesem Begriff von Absicht. – In der deutschsprachigen Aufklärungsphilosophie bedeutete Absicht dagegen nur die Vorstellung von dem, was durch eine Handlung bewirkt werden soll. Kant übt Kritik daran, daß dem Naturgeschehen und dem Geschichtsverlauf oft die Absicht einer metaphysischen Instanz (↑Teleologie) unterstellt werde.

Absolute, das ↑absolut/relativ.

absoluter/objektiver/subjektiver Geist: grundlegende Begriffe der Philosophie Hegels. Hegel entwickelt dialektisch (↑Dialektik) die Selbstverwirklichung des „Absoluten" (oder der „Idee") als notwendige Abfolge von Stufen, die sich in drei Hauptstufen gliedern lassen: 1. „unmittelbares, einfaches Insichsein" des Absoluten als „logische Idee"; 2. „Außersichsein der Idee" als Natur; 3. Rückkehr des Absoluten aus seinem „Anderssein" (Natur) als „sich selbst wissende wirkliche Idee", d.h. als „Geist". Der Geist bildet die „konkreteste, entwickeltste Form", „zu welcher die Idee in der Verwirklichung ihrer selbst gelangt", deshalb gilt er als „höchste Definition des Absoluten". „Wesen des Geistes" ist die „Freiheit", d.h. „das Nichtabhängigsein von einem anderen, das Sichaufsichselbstbeziehen", das darauf beruht, daß der Geist „in allem, was im Himmel und auf Erden ist, sich selbst erkennt". In seiner „Philosophie des Geistes" stellt Hegel die Entfaltung des Geistes wiederum als Dreischritt dar: 1. **subjektiver Geist:** Die subjektiven „Vermögen" des Menschen (Seelenvermögen, z.B. Empfindung; Bewußtseinsvermögen, z.B. Wahrnehmung, Verstand, Selbstbewußtsein, Vernunft; geistige Vermögen, z.B. Vorstellen, Denken, Wollen) gipfeln im freien Willen; als solcher will der Geist sich eine ihm gemäße Welt schaffen, sich objektivieren; 2. **objektiver Geist:** Zu den Gestalten des objektiven Geistes (den Daseinsformen des freien Willens) gehören das Recht, die Moralität, die Sittlichkeit (als Familie, bürgerliche Gesellschaft und Staat) und die Weltgeschichte, als deren Endzweck Hegel das „Bewußtsein des Geistes von seiner Freiheit und eben damit erst die Wirklichkeit seiner Freiheit" angibt; 3. **absoluter Geist:** Er stellt die höchste Entwicklungsstufe des Geistes dar, auf der er sich selbst als Geist weiß und erfaßt. Der absolute Geist ist die „an und für sich seiende" (↑an sich) „Einheit der Wirklichkeit und des Begriffs oder der Möglichkeit des Geistes". Auf drei Weisen wird der Geist sich selbst gegenständlich, gelangt er zum „vollkommenen Bewußtsein seines Begriffs": a) als Anschauung seiner selbst in der Kunst, b) als Vorstellung seiner selbst in der Religion, c) als Begreifen seiner selbst in der Philosophie, die die höchste Form der Selbstvergegenwärtigung des Absoluten in allen seinen Entwicklungsstufen (als logische Idee, Natur und Geist) ist.

absolute Wahrheit: eine Wahrheit, die in ihrer Geltung absolut (↑absolut/relativ), d.h. an keinerlei Bedingungen geknüpft ist. V.a. kann eine absolute Wahrheit nicht aus einer anderen Wahrheit gefolgert werden. Absolute Wahrheiten gelten zu allen Zeiten, an allen Orten und unter allen Umständen in immer gleicher Weise. Deshalb können empirische Wahrheiten keine absoluten sein, sie beziehen sich nämlich immer auf einen bestimmten Zustand der Welt und gelten nur aufgrund dieses Zustands, sind also geschichtlich. Im allgemeinen werden die Gesetze der (klassischen) Logik als absolute Wahrheiten angesehen. – In der Geschichte der Philosophie ist die Suche nach absoluten Wahrheiten meist durch das Bedürfnis nach einem sicheren Fundament für das menschliche Denken und Handeln motiviert (↑Fundamentalismus).

absolut/relativ [zu lateinisch absolutus „losgelöst" und relativus „sich beziehend, bezogen auf"]: in der Metaphysik, Erkenntnistheorie und Ethik verwendetes Begriffspaar. – Menschen erfahren sich selbst, Gegenstände, Wertungen, Willensakte und Erkenntnisse als *relativ,* d.h. erst durch die Beziehungen auf anderes bestimmt oder gültig, das seinerseits wieder erst durch Beziehungen auf anderes bestimmt oder gültig ist. Die Philosophie fragte immer wieder nach den *absoluten,* d.h. von der Bestimmung durch anderes „losgelösten", nicht mehr hinterfragbaren Ursprüngen für diese Ketten von Relativem. „Absolut" bezeichnet also die einzigartige Eigenschaft, nicht begründungsbedürftiger und nicht begründungsfähiger Ursprung für Ursachen-, Wertungs-, Motiv-, Begründungsketten zu sein. Für diese Ketten von Relativem wurden in der Geschichte der Philosophie unterschiedliche absolute Ursprünge behauptet: für die Existenz von endlichem Seienden z.B. der ↑unbewegte Beweger oder die ↑Materie, für das Wesen der endlichen Dinge z.B. die ↑Ideen oder der ↑Zufall, für die Wertungen z.B. die ↑Idee des Guten oder die ↑Werte, für die Willensakte z.B. die Glückseligkeit (↑Eudaimonia) oder die ↑Freiheit, für die Erkenntnisprozesse ↑angeborene Ideen oder die ↑Erfahrung. – Immer wieder wurde – v.a. im Platonismus – versucht, die absoluten Ursprünge der verschiedenen Ketten von Relativem auf genau einen Ursprung zurückzuführen und diesen als **das Absolute** auszuzeichnen. Unter dem Einfluß der christlichen Lehre von dem personalen Schöpfergott wurde das Absolute oft mit Gott identifiziert: Er sei letzter Ursprung der Existenz und des Wesens jedes Seienden, der menschlichen Vermögen, zu werten, zu wollen, zu erkennen, und zugleich als das höchste Gut der Maßstab aller Werte und das letzte Ziel allen Strebens sowie als die Wahrheit Ziel des Erkennens.

Seit Kant wird von unterschiedlichen Denkansätzen her die Behauptung der Einheit des Absoluten immer wieder bestritten: Sie ergebe sich aus der nicht gerechtfertigten Benutzung eines Denkschemas;

denn aus der Tatsächlichkeit einer konkreten Ursache für ein Seiendes, eines konkreten Bezugspunktes für eine Wertung usw. dürfe man nicht auf die Tatsächlichkeit einer absoluten Ursache, eines absoluten Wertes usw. schließen, v. a. nicht auf die Tatsächlichkeit des Absoluten, in dem alle Ketten von Relativem genau einen Ursprung haben.

abstrakt [zu lateinisch abstrahere „abziehen"]: in der Umgangssprache svw. „rein begrifflich", „von den wirklichen Dingen abgelöst" (z. B. „abstrakte Kunst") bis hin zu „wissenschaftlich" oder „schwer verständlich", oft auch abwertend svw. „wirklichkeitsfremd, ohne Berücksichtigung der realen Verhältnisse". An diese Verwendungsweise anknüpfend, versteht Hegel unter abstraktem Denken ein Denken, das sich ausschließlich in ↑ Allgemeinbegriffen bewegt, ohne die Realität genauer zu berücksichtigen. Ein solches Denken aber ist immer unzureichend. Aus der Sicht moderner Abstraktionstheorien beruht die Möglichkeit abstrakter Begriffe darauf, daß wir über wohlunterschiedene Gegenstände in Absehung von ihren jeweiligen Unterschieden unter einem bestimmten Aspekt reden können. Man kann z. B. unter Absehung ihrer Verschiedenheit Hund, Katze und Pferd als Säugetiere oder als Haustiere bezeichnen. Die abstrakten Begriffe Säugetier und Haustier bezeichnen somit jeweils eine Klasse von Tieren. – Ein abstrakter Begriff ist das Ergebnis eines Abstraktionsprozesses (↑ Abstraktion). Abstraktheit kommt immer nur dem Denken oder der Sprache zu, nicht aber der Wirklichkeit. Abstrakte Begriffe erlauben aber, die Wirklichkeit zu strukturieren (z. B. durch Einordnen eines Objekts in eine Klasse). Eine wesentliche Aufgabe jeder Wissenschaft ist es daher, einen für ihre Zwecke geeigneten Vorrat an abstrakten Begriffen zu entwickeln. – Im ↑ Universalienstreit wurde über den Status der abstrakten Begriffe heftig gestritten.

Abstraktion [zu ↑ abstrakt]: sowohl das Verfahren zur Gewinnung abstrakter Begriffe (das „Abstrahieren") als auch das Ergebnis dieses Vorgangs (der „abstrakte Begriff"). Hauptaufgabe einer Theorie der Abstraktion ist es, zu erklären, wie man z. B. von singulären Tatsachen (↑ singulär) wie „grüner Apfel", „grüne Birke" usw. zu dem abstrakten Farbbegriff „grün" gelangen kann. Die auf Frege zurückgehende, von Lorenzen ausgebaute moderne *Abstraktionstheorie* beschreitet hierzu folgenden Weg: Die genannten Gegenstände sind gleichfarbig, d. h. hinsichtlich ihrer Farbe äquivalent. Alle Aussagen, die über den Apfel gemacht werden können und die sich nur auf dessen Farbe beziehen, bleiben wahr, wenn man den Apfel durch einen anderen Gegenstand gleicher Farbe ersetzt („Die Farbe dieses Apfels wirkt beruhigend" wird zu „Die Farbe dieser Birke wirkt beruhigend". Ist die erste Aussage wahr, so ist es auch die zweite). – Formal läßt sich dieses Prinzip mit Hilfe des ↑ Allquantors so ausdrücken: Bedeutet „$\sim$" die Relation „gleichfarbig", A unseren Apfel, und ist X eine ↑ Variable für Gegenstände, so ergibt sich $\bigwedge_X A \sim X \rightarrow \mathfrak{A}(X)$ (lies: Für alle X, die äquivalent zu A sind, gilt die Aussage $\mathfrak{A}(X)$). $\mathfrak{A}(X)$ bezeichnet dabei die Aussage „die Farbe von X wirkt beruhigend". Die Abstraktion besteht nun darin, einen abstrakten Begriff („grün") einzuführen, der als Abkürzung für das gesamte Ersetzungsprinzip fungiert: $\mathfrak{A}(\alpha A) \Leftrightarrow \bigwedge_X X \sim A \rightarrow \mathfrak{A}(X)$. $\mathfrak{A}(\alpha A)$ kann gelesen werden als „Grün wirkt beruhigend"; αA kann gelesen werden als „grün". So ergibt sich die Möglichkeit, über die bekannten Gegenstände aus einer bestimmten Hinsicht (ihrer Farbe) so zu reden, daß die Ersetzung eines Gegenstands durch einen anderen ihm äquivalenten (gleichfarbigen) die Wahrheit der Aussage nicht verändert. Die Aussage gilt für alle äquivalenten Gegenstände und kann deshalb als eine über die Klasse der äquivalenten Gegenstände verstanden werden. Der abstrakte Begriff ist nichts anderes als eine Abkürzung für dieses Ersetzungsverfahren. Vergißt man die Entstehungsgeschichte des abstrakten Begriffs, so kann er leicht als ein Objekt höherer Stufe erscheinen. Zur Einführung eines abstrakten Begriffs braucht man eine Menge von Gegenständen, die hinsichtlich eines exemplifizierbaren Merkmals äquivalent in einem genau bestimmten Sinne sind. Sind diese Voraussetzungen gegeben, so kann man den abstrakten Begriff als neue Redeweise über die Klasse der äquivalenten Gegenstände einführen.

In der *Geschichte* der Philosophie finden wir zwei wichtige Zugänge zum Problem der abstrakten Begriffe. Sie unterscheiden sich in der Frage, ob die abstrakten Begriffe als ↑Namen für nichtempirische Objekte betrachtet werden sollen (Begriffsrealismus; ↑Platonismus) oder nicht (↑Nominalismus). Die Abstraktion ist in den Augen des *Begriffsrealisten* Entdeckung eines bereits zuvor existenten Gegenstands, der nun durch den abstrakten Begriff benannt wird (wie z. B. Kolumbus einen neuen Kontinent entdeckte und ihn „Amerika" benannte). Ein Modell für eine solche Entdeckung hat Platon mit seiner Anamnesislehre (↑Anamnesis) anzugeben versucht. Die begriffsrealistische Auffassung wird motiviert durch unseren Sprachgebrauch, in dem abstrakte Begriffe häufig als Subjekte auftreten („Grün wirkt beruhigend"). – Die *nominalistische* Auffassung geht auf Aristoteles zurück, der versuchte, die Entstehung abstrakter Begriffe aus dem Umgang mit konkreten Gegenständen zu erklären. So wird z. B. der abstrakte mathematische Begriff „Dreieck" im Umgang mit konkreten (etwa mit Kreide gezeichneten) Dreiecken erlernt. Diese empirischen Dreiecke können immer nur Annäherungen des „Dreiecks" sein. Im Verlauf dieses Aneignungsprozesses erwirbt man die Fähigkeit, unwichtige Eigenschaften der empirischen Dreiecke (z. B. Größe und Material) von wichtigen (z. B. Gestalt) zu unterscheiden. Nur die letzteren kommen dem abstrakten „Dreieck" zu. Man nennt diesen Vorgang nach Aristoteles **Aphairesis** (griechisch „Wegnahme"). Zugleich findet ein Übergang vom Speziellen (dem konkreten gezeichneten Dreieck) zum Allgemeinen (dem abstrakten „Dreieck") statt. Man bezeichnet diesen Übergang als **Epagoge** (griechisch „Heranführung"). Diese beiden Vorgänge wurden von Boethius zur scholastischen Abstraktionstheorie verschmolzen. Die nominalistische Haltung wird v. a. motiviert durch die Einsicht, daß abstrakte Begriffe keine sinnlich wahrnehmbaren Dinge bedeuten. Die Existenz dieser ↑Bedeutungen hängt also wohl von dem sie denkenden Subjekt ab.

Abstraktionsstufen: wendet man das Verfahren des Abstrahierens mehrfach so an, daß immer wieder aus den Ergebnissen des vorhergehenden Abstraktionsschrittes abstrahiert wird, so erhält man eine Pyramide aufeinander aufbauender Abstraktionsstufen. Das bekannteste Schema dieser Art ist die **Arbor porphyriana** (lateinisch etwa „Strukturbaum nach Porphyrios von Tyros") der Scholastik. An ihrer Spitze steht der allgemeinste Begriff ↑Substanz, der eingeteilt wird in körperhafte und nichtkörperhafte Substanz (↑Dichotomie). Erstere zerfällt weiter in beseelte und nichtbeseelte körperhafte Substanz usw. Man sagt auch: Die ↑Gattung Substanz zerfällt in die beiden ↑Arten körperhafte und nichtkörperhafte Substanz usw.

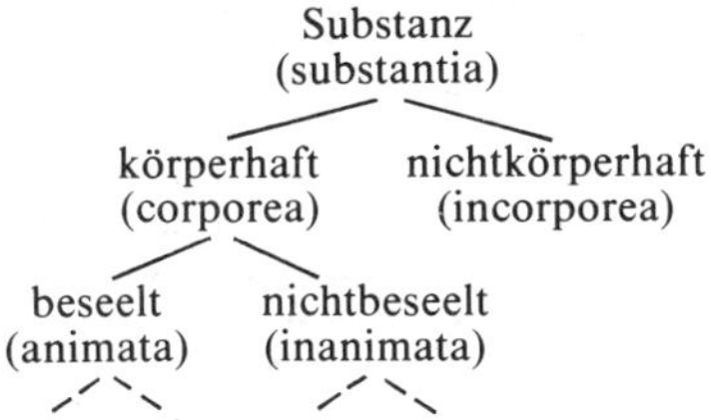

Auf der untersten Schicht dieser Pyramide findet man den konkreten Einzelmenschen (als ↑Individualbegriff). An der Spitze steht der abstrakteste Begriff. Er hat den größten Umfang (↑Extension) – es fallen die meisten Gegenstände unter ihn –, aber den geringsten Inhalt (↑Intension) – er besitzt nur eine kleine Anzahl von charakteristischen Eigenschaften. – Dieser Aufbau verdeutlicht die scholastische Auffassung von ↑Definition.

absurd [zu lateinisch absurdus „mißtönend"]: svw. sinnlos, der menschlichen Vernunft widersprechend; auch für widerspruchsvolle Begriffe (z. B. „rundes Viereck") oder für offensichtlich falsche Aussagen verwendet. Eine Behauptung *ad absurdum* führen heißt aus ihr nach richtigen Schlußregeln etwas Falsches folgern. Die ↑Reductio ad absurdum spielt als Methode des indirekten Beweises in der Beweislehre eine besondere Rolle.

Bei den Kirchenvätern (z. B. Augustinus) dient absurd zur Charakterisierung derjenigen theologischen Aussagen, die sich nicht beweisen, sondern nur glauben lassen. „Credo, quia absurdum" meint hier also svw. „ich glaube es, weil es das Beweis-, das Fassungsvermögen meiner Vernunft übersteigt." Als Markstein für Vernunftgrenzen wurde „das Absurde" später zum zentralen Begriff der ↑Existenzphilosophie. – Bei *Sartre* rückt das Bewußtsein der Absurdität ins Zentrum menschlichen Erlebens: Es gibt kein transzendentes Wesen (keinen Gott) mehr, das einen Sinn vorgeben könnte. Der Mensch erfährt sein eigenes Leben und die ihn umgebende Welt als sinnlos. Deshalb ist der Mensch aufgefordert, sich selbst zu „entwerfen", d. h. er muß allein entscheiden, was er will: Der Mensch ist zur Freiheit geradezu verurteilt. – Auch *Camus* geht vom Erlebnis der Sinnlosigkeit des Wirklichen und der menschlichen Existenz aus. Der Motor, der nach Camus alles in Bewegung hält, besteht in der Erfahrung des Zwiespaltes zwischen dem *Anspruch auf Sinn* (der tief im Menschen verwurzelt ist) und *dessen fehlender Erfüllung*. Camus nun fordert „seinen" Menschen auf, Widerstand zu leisten, zu revoltieren gegen das Absurde, obwohl oder gerade weil man weiß, daß auch diese Revolte (objektiv gesehen) sinnlos bleibt. Der absurde Mensch sagt ja zur Sinnlosigkeit. Seine Mühsal hat zwar kein Ende, aber gerade im Bewußtsein und der Bejahung dieser Mühsal sieht Camus das einzig tragende *Fundament individuellen Glücks*. Ein Glück, das absichtslos ist, nicht Bedeutung noch Sinn sucht: „Es gilt zu leben, einfach um des Lebens willen." Nicht nur individuelle Glücksmöglichkeit leitet Camus aus seinem „existentiellen Fixpunkt", der Revolte gegen das Absurde, ab. Sie gilt ihm auch als *Fundament sozialer Gemeinsamkeit* und *Moral*. Denn in der Revolte erfährt der Mensch, daß seine Einsamkeit von allen geteilt wird; die Revolte macht *solidarisch*. Das *Maß* in der Revolte, der Weg zwischen unterwürfiger Knechtschaft und anmaßender Herrschaft, macht die Würde und Größe des „absurden Menschen" aus.

Abtrennungsregel ↑Modus ponens.

Achtung: aus „Aufmerksamkeit" (vgl. z. B. das Kommando: „Achtung!"), „Achtsamkeit" entwickelte sich eine engere Bedeutung im Sinne von „Wertgefühl", „Wertanerkennen". – Als philosophischer Terminus wurde Achtung von Kant in die praktische Philosophie eingeführt. – Nach Kant darf man Entscheidungen und Handlungen eines Menschen nur dann als moralisch einstufen, wenn der Mensch eigenverantwortlich und frei handelt (↑Autonomie/Heteronomie). Beim autonomen oder moralischen Handeln bejaht der freie Wille das aus Vernunft eingesehene Moralgesetz. „Achtung" bedeutet aber für Kant *„das Bewußtsein* der freien Unterwerfung des Willens unter das [Vernunft-]Gesetz." Da es sich bei der „Achtung vor dem Gesetz" um etwas rein Subjektives handelt, bezeichnet Kant sie als *Gefühl.* Dies bringt ihn allerdings in die Verlegenheit, sie gegen Lust- und Unlustgefühle abgrenzen zu müssen; denn wer in Erwartung einer Belohnung (Lustgewinn) oder aus Furcht vor Strafe (Vermeidung von Unlustgefühlen) handelt, gibt seine Autonomie gerade preis; er handelt nicht moralisch, sondern nach dem Diktat von Freude und Schmerz, kurz fremdbestimmt. Im Sinne der Wahrung der Autonomie und der Moralität darf daher das Gefühl der Achtung niemals Beweggrund einer Handlung sein. Genau dann wäre eine Handlung nicht mehr moralisch, wenn man sie nur vollzöge, um in sich das Gefühl „Achtung" zu erzeugen. – „Achtung vor dem Gesetz" (↑kategorischer Imperativ) schließt die Achtung vor dem „Träger" dieses Gesetzes, vor der sittlichen Persönlichkeit ein. Deshalb heißt Achtung auch Anerkenntnis der Autonomie des anderen, Respektierung dessen eigener personalen ↑Würde.

Actio/Passio [lateinisch „Tätigkeit, Handlung/(Er)leiden"]: scholastische Termini für die aristotelischen ↑Kategorien des poieīn bzw. des páschein. **Actio** bezeichnet das Wirken eines Seienden, nicht nur eines Lebewesens. In Anlehnung an Aristoteles unterscheidet die Scholastik die *actio immanens* („innenbleibendes Wirken", z. B. Denken, Beschlüsse-Fassen) von der *actio transiens* („hinübergehendes Wirken", z. B. Bewegen eines anderen Körpers, Herstellen). – **Passio** bezeichnet, was an einem Seienden durch ein anderes bewirkt wird (z. B. Bewegtwerden eines Körpers, Affiziertwerden durch Reize).

Actus purus ↑Akt/Potenz.

Adaequatio intellectus et rei [lateinisch]: Formel des Thomas von Aquin zur Bestimmung des Begriffs Wahrheit, in ihrem vollen Wortlaut: „Veritas est adaequatio intellectus et rei" („Wahrheit ist die Angleichung von Denken und Sache"). Damit erscheint Thomas vordergründig als ein Vertreter der ↑Korrespondenztheorie der Wahrheit, die aufgrund seiner Formulierung auch oft als Adäquationstheorie bezeichnet wird (↑auch Abbildtheorie). Die thomistische Formel läßt jedoch noch andere Interpretationen zu. Ausgehend von der Tatsache, daß Thomas von adaequatio (Angleichen als Prozeß) und nicht von aequitas (Gleichheit als feststehender Tatsache) spricht, wird man zu einer prozeßhaften Auffassung geführt: Die Wahrheit entsteht durch die wechselseitige Angleichung von Denken und Sache. Damit wird die Vorstellung von Wahrheit als einem fertigen Faktum aufgegeben (↑absolute Wahrheit) zugunsten eines Verständnisses von Wahrheit als Endziel eines Vorgangs. Dieses Ziel selbst wird möglicherweise nie vollständig erreicht; es liegt aber allen unseren Bemühungen um Erkenntnis zugrunde, denn nur wenn es Wahrheit gibt, ist das Ringen um Wissen sinnvoll. Kant nannte ein derartiges Ziel eine ↑regulative Idee. Damit rückt Thomas in die Nähe aktueller diskurstheoretischer Positionen (↑Diskurs).

adäquat [zu lateinisch adaequare „gleichmachen"]: angemessen, übereinstimmend, gleichkommend. Ein Begriff, eine Vorstellung oder ein Abbild heißen adäquat, wenn sie den Sachverhalt, auf den sie sich beziehen, in allen wesentlichen Aspekten zutreffend darstellen.

Adäquationstheorie ↑Korrespondenztheorie, ↑auch Adaequatio intellectus et rei.

ad hominem [lateinisch „auf den Menschen hin"]: Bezeichnung für die Art von Argumentationen, die sich nicht auf die Sache, die in Frage steht, beziehen und von ihr her bestimmt sind, sondern auf den Menschen abzielen, für oder gegen dessen Meinung argumentiert wird: Dessen Person, Bedürfnisse, Geschichte, bisherige Vorstellungen bestimmen ganz oder teilweise den Inhalt und die Strategie der Argumentation. – Ad hominem zu argumentieren, trägt nicht zur Wahrheitsfindung bei, ist also im rationalen Diskurs untersagt.

ad infinitum [lateinisch] ↑Regreß.

Adjunktion [lateinisch „Anreihung“]: Begriff der Aussagenlogik, die Verknüpfung zweier Aussagen (auch *Alternativen* genannt) zu einer neuen Aussage durch den zweistelligen ↑Junktor „oder“ (Symbol: ∨). „Oder“ ist nicht ausschließend zu verstehen (im Gegensatz zur ↑Disjunktion). Das Ergebnis dieser Verknüpfung wird ebenfalls Adjunktion oder Adjungat genannt. – Wer eine durch „oder“ zusammengesetzte Aussage verteidigen will, muß die Wahrheit mindestens einer der beiden Alternativen nachweisen können. Die Wahrheitstafel der Adjunktion sieht so aus:

A	*B*	*A* ∨ *B*
w	w	w
w	f	w
f	w	w
f	f	f

Affekt [lateinisch „Empfindungszustand, Empfindung“]: heute umgangssprachliche Bezeichnung für (heftige) zeitlich begrenzte Gemütsbewegungen, in der antiken und mittelalterlichen Philosophie noch für den ganzen Bereich der Gefühls- und Gemütssphäre. Erst in der Neuzeit kommt es zur Einengung des Affektbegriffs und zur terminologischen Unterscheidung von Affekten und ↑Leidenschaften (Kant). – Aristoteles versteht unter Affekten (páthē) alle seelischen Phänomene, die von Lust oder Schmerz begleitet werden, wie Begierde, Zorn, Angst, Freude, Freundschaft usw. Die Affekte sind als vernunftvorgegebene, natürliche Befindlichkeiten des Menschen an sich weder gut noch schlecht. Anzustreben ist nicht ihre Unterdrückung, sondern die Beherrschung des rechten Maßes. – Die Philosophen der Stoa betrachten in ihrer Orientierung am Ideal der ↑Apathie die Affekte als „unvernünftige und widernatürliche Regungen der Seele“, von denen der Mensch sich befreien müsse, um zur Seelenruhe (↑Ataraxie) zu gelangen. Den vier grundlegenden Hauptaffekten (Schmerz, Furcht, Begierde, Lust), von denen nur der Weise gänzlich geheilt ist, stellt die Stoa drei „gute Affekte“ gegenüber, die sich im Einklang mit der Vernunft befinden: Freude, vernünftiges Wollen und Vorsicht. – Die Scholastik schließt sich in ihrer Beurteilung der Affekte an Aristoteles an: An sich moralisch indifferent, gehören sie, soweit sie der Vernunft unterstellt sind, zu den Tugenden, anderenfalls zur Sünde. – Das 17. Jahrhundert erneuert die stoische Verurteilung der Affekte als vernunftwidriger Strebungen der Seele, die nach Spinoza die Handlungsfähigkeit des menschlichen Körpers steigern (Freude) oder reduzieren (Trauer, Begierde usw.). Anzustrebendes Ziel ist die Unabhängigkeit von den behindernden Affekten, bei denen es sich für Spinoza um „verworrene Vorstellungen“ handelt, die der Mensch dadurch überwinden kann, daß er sich von ihnen eine klare Vorstellung bildet. Erst die auf dem Weg der Erkenntnis gewonnene Befreiung von den behindernden Affekten befähigt den Menschen zur Erfüllung seiner Bestimmung in der Gottesliebe. – Auch Kant bleibt mit seiner Lehre von der Vernunftwidrigkeit der Affekte in der stoischen Tradition. Seine Unterscheidung zwischen Affekten und Leidenschaften war für die Psychologie und Anthropologie des 19. Jahrhunderts von nachhaltiger Wirkung und beeinflußt auch heute noch den philosophischen und psychologischen Sprachgebrauch. In der nachkantischen Philosophie wendet sich das Interesse mehr und mehr den Leidenschaften zu. Die Behandlung der Affekte fällt, von wenigen Ausnahmen abgesehen (Bloch, Sartre), heute vorwiegend in das Gebiet der Psychologie.

Affirmation [lateinisch]: Bejahung, Zustimmung (Gegensatz: ↑Negation). Ein wichtiges Prinzip der klassischen Logik lautet: „Duplex negatio affirmat" (lateinisch „die doppelte Verneinung bejaht").

affizieren [zu lateinisch afficere „einwirken, anregen"]: Eindruck machen auf, etwas reizen, krankhaft verändern. – V. a. bei Kant Schlüsselbegriff, um das Zustandekommen von Erfahrungswissen zu klären. Alle Erkenntnis von Gegenständen beruht letztlich auf der Anschauung. Damit Anschauung aber überhaupt stattfinden kann, ist es erforderlich, daß der Gegenstand „das Gemüt auf gewisse Weise affiziere". In dieser Angewiesenheit auf die *Affektion* zeigen sich für Kant die Begrenztheit aller menschlichen Erkenntnis und die Endlichkeit des Menschen selbst. Die Deutung des Affektionsbegriffs bei Kant ist in der Kantforschung bis heute umstritten.

Aggression [zu lateinisch aggredi (2. Partizip: aggressum) „heranschreiten, sich nähern, angreifen"]: Bezeichnung für die Bereitschaft zu feindlichem Verhalten und für dieses Verhalten selbst. Adressaten aggressiven Verhaltens sind in erster Linie andere Menschen, dann aber auch Gegenstände, Institutionen (Staat, Kirche, Schule) und schließlich die eigene Person (Auto-Aggression). – Wie das Tier verfügt auch der Mensch über eine eigene Drohgestik und -mimik sowie über aggressionsbeschwichtigende (Lächeln, Gruß) und aggressionshemmende Ausdrucksformen (Weinen, Schreien) und Demutsgebärden (Kniefall, Senken des Kopfes). Allerdings funktioniert die Aggressionshemmung gegenüber Artgenossen beim Menschen weit weniger zuverlässig als bei den meisten Tieren. – Die Ursachen von Aggression sind umstritten. Die *Triebtheorie der Aggression* (Freud, Konrad Lorenz) geht davon aus, daß aggressives Verhalten angeboren ist und eine organische Grundlage hat. Zum Abbau der sich ständig verstärkenden Triebenergie bedarf es geeigneter Auslöser (unschädliche Auslöser mit „Ventilfunktion" wären z. B. Sport und Hobbys), damit es nicht zu gefährlichen Spontanentladungen kommt. – Nach der *Frustrations-Aggressions-Hypothese* (Dollard u. a.) geht jeder aggressiven Handlung eine Frustration vorher, eine Enttäuschung über einen erzwungenen Verzicht oder die Versagung einer Befriedigung. – Dieser Ansatz wird in seiner Gültigkeit eingeschränkt durch die *Lerntheorie der Aggression* (Bandura u. a.), derzufolge aggressive Reaktionen auch schon allein durch Nachahmung aggressiver Vorbilder (Eltern, Fernsehen) erlernt werden können, ohne daß der Aggressionshandlung irgendeine Frustration vorausgegangen sein muß. – Es wird heute allgemein davon ausgegangen, daß monokausale Annahmen das Phänomen der menschlichen Aggression nur unzureichend erklären können und daß zu einer wirksamen Abschwächung der Aggressivität verschiedene, nur z. T. steuerbare Faktoren ineinander greifen müssen, wie Elternhaus, Schule, Situation des Arbeitsmarktes, politische Lage.

Agnostizismus [zu griechisch agnoeĩn „nicht wissen"]: unklare Sammelbezeichnung für philosophische Positionen, denen eins gemeinsam ist: Sie bestreiten die Erkennbarkeit von Wirklichkeiten, die jenseits dessen liegen, was in der Erfahrung gegeben ist, leugnen aber nicht, wie z. B. der Atheismus, deren (mögliche) Existenz. Je nachdem, wie „Erkennbarkeit" (z. B. Erkennbarkeit des Daß oder auch des Was) und „Erfahrung" (z. B. nur sinnliche oder auch innere Erfahrung) definiert werden, werden unterschiedliche philosophische Positionen dem Agnostizismus zugerechnet.

Ähnlichkeit: zwei Gegenstände heißen ähnlich, wenn es eine Abbildung des einen auf den anderen gibt, die wesentliche Eigenschaften erhält. Während im Fall der ↑Analogie die Übereinstimmung gewisser Merkmale im Vordergrund steht, ist für die Ähnlichkeit die abbildende Beziehung wichtig.

Akosmismus [zu griechisch ákosmos „ungeordnet, weltlos"]: philosophische Lehre, die der Welt, d.h. dem Gesamt des endlichen und bewegten Seienden, eine selbständige, ihr eigene Wirklichkeit abspricht. Nach Hegel vertreten Parmenides (nur das Sein ist, das Werden ist nur trügerischer Schein; ↑eleatische Philosophie) und Spinoza (es gibt nur eine einzige, unendliche, unteilbare Substanz; alles, was als Endliches wahrgenommen wird, ist nur Modifikation der unendlichen Substanz) akosmistische Lehren.

Akt/Potenz [zu lateinisch actus „Tätigkeit, Wirklichkeit" und potentia „Vermögen, Kraft"]: die grundlegenden Termini der scholastischen, insbesondere thomistischen Ontologie und Metaphysik. Sie sind die Übersetzung der aristotelischen Termini **Energeia** (griechisch „Tätigsein, Wirken, Wirklichkeit") und **Dynamis** (griechisch „Vermögen, Fähigkeit"). Aristoteles führte die Begriffe ein, um Bewegung und Veränderung widerspruchsfrei zu erklären und begrifflich zu fassen, ein Problem, das in der Vorsokratik zu den entgegengesetzten Positionen des Parmenides (↑eleatische Philosophie) und des Heraklit (↑Heraklitismus) geführt hatte. Aristoteles entwickelte das Begriffspaar u.a. an dem Paradigma der Veränderung des Steinblocks zum Standbild. Sie setzt zweierlei voraus: einerseits die „Fähigkeit" des Bildhauers; Dynamis in diesem Sinne ist das „Prinzip der Bewegung oder Veränderung in einem anderen"; andererseits das „Vermögen" des Steinblocks, etwas anderes zu werden; Dynamis in diesem Sinne ist „das Prinzip der Veränderung durch ein anderes". Das Wirklich-Werden des Standbildes ist dementsprechend das „Am-Wirken-Sein", die Energeia, der Fähigkeit des Bildhauers und des Vermögens des Steinblocks in Hinsicht auf ein bestimmtes Werk: *Energeia ist „die wirkliche Tätigkeit des Möglichen"*.

Dynamis im Sinne des Aristoteles unterscheidet sich von „Möglichkeit" im Sinne der Modallogik (möglich ist das, was nicht durch logische oder empirische Gesetze ausgeschlossen ist) dadurch, daß jene auf ein Ziel gerichtet ist und ihr die Kraft innewohnt, auf dieses Ziel hin zu mögen: Dynamis ist auf das ihr entsprechende „wirkliche Tätigsein" bzw. „Werk" hin ausgerichtet. Diese Zielgerichtetheit der Dynamis entwickelte Aristoteles u.a. an dem Paradigma vom Samen und Lebewesen: Das dem „Vermögen nach Seiende" (Same), die Dynamis, ist dasjenige, was zu der „wirklichen Tätigkeit", der Energeia (dem Wachsen und Leben des Lebewesens) wird, solange es nicht daran gehindert wird. Hier bekommt Energeia die Bedeutung von Wirklichkeit. Aristotelisch gedacht, ist also Wirklichkeit von etwas nicht dessen statische Realität, sondern der Vorgang der Verwirklichung des in seiner Dynamis Angelegten.

Die Lehre von Energeia und Dynamis hat für Aristoteles bedeutsame Konsequenzen: 1. Jedwede Veränderung, d.h. Verwirklichung eines Vermögens, setzt ein anderes wirkliches Seiendes voraus, das diese Verwirklichung anregt: Der sich entwickelnde Same setzt eine andere samentragende Pflanze, das werdende Standbild den wirklich tätigen Bildhauer voraus (↑ab alio/a se). 2. Jedes von Natur aus Seiende hat ein Ziel, auf das sein wirkliches Tätigsein, seine Wirklichkeit von Natur aus gerichtet ist; für den Menschen ist dieses Ziel seiner Wirklichkeit die Glückseligkeit (↑Eudaimonia), die er nur dadurch erreicht, daß er die seinem Wesen eigenen Vermögen verwirklicht. 3. Die Bewegung der Natur als ganzer ist auf ein Ziel hin gerichtet, wird also teleologisch gedeutet (↑unbewegter Beweger, ↑Teleologie).

Thomas von Aquin und die ihm folgende Scholastik erweitern diese Energeia-Dynamis-Lehre um einen bedeutsamen Aspekt, wodurch ihre Akt-Potenz-Lehre zur Deutung des Seienden überhaupt wird: Das Wesen (essentia) eines endlichen Seienden wird als Potenz verstanden, also als auf das ihm gemäße Sein (esse) hin angelegte Möglichkeit. Das Sein (esse) eines Seienden wird als Akt interpretiert, also Verwirklichung des Wesens (essentia). Aus dieser Interpretation des endlichen Seienden ergeben sich für Thomas von Aquin wichtige Folgerungen: 1. Da die Verwirklichung einer Möglichkeit stets eines anderen bedarf, das bereits in wirklicher Tätigkeit ist, bedarf das Gesamt des endlichen Seienden einer Wirklichkeit außer ihm, die keinerlei Möglichkeit (Potenz) mehr enthält; denn sonst bedürfte diese wieder einer Ursache ihrer Verwirklichung. Diese Wirklichkeit ist also eine von Möglichkeiten (Potenz) reine Wirklichkeit, **actus purus,** deshalb ewiger, unendlicher Geist. Dadurch hat Thomas von Aquin eine philosophische Deutung des religiösen Schöpfungsdogmas gegeben. 2. Da das Sein (esse) eines Seienden Verwirklichung seines Wesens (essentia) ist, kommt den verschiedenen Arten des Seienden das Sein (esse) nicht in demselben Maße und in derselben Weise zu, sondern nach Maßgabe der Wesensart. „Sein" (esse) kann also von einem Stein und von einem Menschen nicht in derselben Bedeutung, univok, ausgesagt werden, sondern nur analog (↑ Analogia entis). In diesem Gedanken gründet die typisch thomistische Lehre von der hierarchischen Ordnung des Seienden (↑ Ordo). 3. Das Sein (esse) jedes Seienden ist nicht statische Realität, sondern actus, also Wirken, das sich in einer mehr oder weniger vollkommenen Verwirklichung der in seinem Wesen angelegten Vermögen darstellt. Daher kann sich das Sein, die Seinsvollkommenheit von Menschen unterscheiden, und zwar nach dem Maße, in dem sie die im Wesen des Menschen angelegten Vermögen in wirkliche Tätigkeit überführen. 4. Das Geschehen im Gesamt des endlichen Seienden ist auf ein letztes Ziel, Gott als die reine Wirklichkeit, hin orientiert, ist also sinnvoll.

Aktualisierung [zu lateinisch actus „Handlung" und mittellateinisch actualis „wirklich"]: betrachtet man eine ↑ Handlung, z. B. das Gehen, als Schema, so ist jeder einzelne morgendliche Gang zur Schule, jeder Spaziergang usw. eine Verwirklichung bzw. „Aktualisierung" dieses *Handlungsschemas.* – Eine bestimmte Einzelhandlung ist nie an sich, sondern nur als Aktualisierung des zugrundeliegenden Schemas verständlich. Andererseits ist aber auch ein Handlungsschema nur im Vor- und Nachmachen seiner Aktualisierungen begreifbar, so daß beide, Handlungsschema und Aktualisierung, nicht isoliert voneinander bestehen können. Mit dem Begriffspaar „Schema – Aktualisierung" wird in der modernen Handlungstheorie zum einen eine handlungstheoretische Rekonstruktion des klassischen Begriffspaares Allgemeines/Besonderes (↑Allgemeine, das), zum anderen eine Lösung des klassischen Universalienstreits versucht.

Akzidens [lateinisch „das Zufallende"]: auf Aristoteles zurückgehender Begriff der Ontologie. Aristoteles definiert Akzidens als das, „was einem Gegenstand zwar zukommt [...], aber weder notwendig, noch in den meisten Fällen [so zukommt]". Er nennt neun Klassen von Akzidenzien: Qualität, Quantität, Relation, Ort, Zeit, Lage, Zustand, Tun, Leiden. – Aristoteles gewinnt den Begriff Akzidens, indem er Aussagen (z. B. „Dieser Mensch träumt") daraufhin untersucht, welche Teile einer Aussage über etwas anderes ausgesagt werden (z. B. „träumt" über „dieser Mensch") und welche nicht über etwas anderes ausgesagt werden („dieser Mensch"). Letztere beziehen sich auf die ↑ Substanz eines Gegenstands, erstere auf seine Akzidenzien. – Die Unterscheidung von Substanz und Akzidens braucht Aristoteles auch, um die Veränderungen an Seiendem zu verstehen, ohne sie für trügerischen Schein auszugeben (↑ eleatische Philosophie) oder das Seiende in bloße Veränderung aufzulösen (↑ Heraklitismus): Substanz ist das allen Veränderungen an einem Seienden „Zugrundeliegende";

die Akzidenzien sind das, was sich an einem Seienden verändert. – Für die von Aristoteles beeinflußte Philosophie sind die Akzidenzien eines Gegenstands zwar reales Seiendes, aber „Seiendes in einem anderen Seienden", *in alio,* nämlich der Substanz, die ein „Seiendes in sich", *in se,* ist. Die Substanz jedes endlichen Seienden bedarf stets der Bestimmung durch Akzidenzien. – Für Kant dagegen sind Substanz und Akzidens nicht Strukturen des Seienden „an sich", sondern „reine Verstandesbegriffe", durch die das gegebene Mannigfaltige der Erfahrung überhaupt erst zu Gegenständen menschlicher Erkenntnis synthetisiert wird (↑auch Kategorie).

Aletheia [griechisch „Wahrheit, Wirklichkeit", ursprünglich „Unverborgenheit"]: die griechische Sprache verwendet Aletheia, Wahrheit, in zweifacher Bedeutung: 1. Wahrheit kann/soll – als logische ↑Wahrheit – Aussagen zukommen; dann bedeutet Wahrheit nach einer auf Parmenides und Platon zurückgehenden Definition des Aristoteles, „zu sagen, daß Seiendes sei und daß Nichtseiendes nicht sei". 2. Wahrheit kommt jedem Seienden zu; dann bedeutet Wahrheit die Durchschaubarkeit, die Erkennbarkeit des Seienden. Die beiden Bedeutungen gehören für griechisches Weltverständnis zusammen: Aussagen können nur wahr sein, insofern das Seiende, von dem die Rede ist, durchschaubar, erkennbar ist. Nun ist aber das mehr durchschaubar, was seine Fähigkeiten, Vermögen (↑Akt/Potenz) verwirklicht hat (z. B. die reife Früchte tragende Pflanze), als das, was nur der Möglichkeit nach ist (z. B. der Same). Deswegen gilt nach Aristoteles: „Jedes Seiende verhält sich zur Wahrheit genau so, wie es sich zum Sein verhält". Zwar kommt jedem Seienden Wahrheit, d.h. Erkennbarkeit zu, aber in dem Maße, wie es wirklich ist. „Den höchsten Grad von Wahrheit hat also dasjenige, was für das Spätere Ursache von Wahrheit ist. Darum müssen die Ursprünge des ewig Seienden immer die höchste Wahrheit haben" (Aristoteles). – Dieses Verständnis von Wahrheit war auch ein Kerngedanke der Platonischen Lehre von den ↑Ideen: Die ewigen, vollkommen, ganz und gar wirklichen Urbilder des endlichen, unvollkommen Seienden sind das, was eigentlich wahr, d.h. erkennbar ist; ihnen muß sich daher zuwenden, wer wahre Aussagen machen will (↑Höhlengleichnis). – Dieses Verständnis von Wahrheit wird in der Scholastik durch Albertus Magnus und Thomas von Aquin erneuert. Der scholastische Grundsatz „omne ens est verum" (lateinisch „alles Seiende ist wahr"; ↑Transzendentalien) ist eine entscheidende Voraussetzung für die scholastische Definition von Wahrheit als einer ↑Adaequatio intellectus et rei.

Allaussage: Aussagen wie „für alle x aus der Grundmenge G gilt $P(x)$" – die man mit Hilfe des Allquantors formalisiert als $\bigwedge_{x \in G} P(x)$ – heißen Allaussagen. Umgangssprachlich finden sich auch andere Ausdrucksweisen wie z. B. „jedem x aus G kommt P zu". Allaussagen sind dadurch charakterisiert, daß sie mindestens einen *nicht eliminierbaren* Allquantor enthalten. *Beispiele:* 1. Alle Menschen sind sterblich. 2. Jede natürliche Zahl ist Produkt von Primzahlen. 3. Alle Bundesländer sind im Bundesrat vertreten. – Eine Allaussage ist genau dann wahr, wenn sie über dem festgelegten Grundbereich ↑allgemeingültig ist. Wer eine Allaussage verteidigen will, muß bei jeder Nachfrage hinsichtlich eines konkreten Mitglieds x_0 von G nachweisen können, daß die Aussage $P(x_0)$ wahr ist. Es ist zweckmäßig, Allaussagen nach dem Umfang ihrer Grundmenge G einzuteilen in *endliche* (G besteht nur aus endlich vielen Elementen [3. Beispiel], Großkonjunktion), *unendliche* (G ist eine unendliche Menge [2. Beispiel]) und *indefinite* (zu G können noch nicht bekannte Elemente hinzukommen [1. Beispiel]). In den beiden letzten

Fällen ist es nicht möglich, alle Mitglieder der Grundmenge bezüglich des Prädikats zu überprüfen (↑Induktion). – Es ist ein zentrales Anliegen von Wissenschaftstheorie und Logik, Verfahren und Kriterien für die Absicherung von Allaussagen bereitzustellen. – Eine unproblematische Klasse von Allaussagen sind die analytischen: Hier ist *P* ein Prädikat, das allen Elementen der Grundmenge durch Definition zukommt („jede gerade Zahl ist durch 2 teilbar", „alle Schimmel sind weiß"). In solchen Fällen sind die Aussagen $P(x_0)$ offensichtlich alle wahr (↑Tautologie). Nichtanalytische Allaussagen lassen sich außer im endlichen Fall nicht verifizieren, wohl aber falsifizieren: Gelingt es, in einem konkreten Fall nachzuweisen, daß *P* wenigstens einem x_0 nicht zukommt, so ist die Allaussage als falsch erwiesen. Popper machte diese Einsicht zum Ausgangspunkt der Wissenschaftstheorie des kritischen Rationalismus.

Allgemeinbegriff: ein Begriff, der auf eine ganze Klasse von Gegenständen zutrifft (z. B. Baum, Röte, Primzahl). Alle Artnamen (↑Art) und alle Gattungsnamen (↑Gattung) sind Allgemeinbegriffe. – Gegensatz: ↑Individualbegriff.

Allgemeine, das: dasjenige, was mehreren Gegenständen gemeinsam zukommt im Unterschied zum **Besonderen,** das nur auf ein einzelnes zutrifft. Das Erfassen von Allgemeinem wurde vielfach als besonderes Kennzeichen des menschlichen Erkenntnisvermögens herausgestellt. Die Frage, in welchem Sinne das Allgemeine existiere, durchzieht die Philosophie seit Platon. Einen Höhepunkt der Auseinandersetzungen um diese Frage bildet der mittelalterliche ↑Universalienstreit. In der zeitgenössischen Philosophie wird diskutiert, ob es einen prinzipiellen Unterschied gibt zwischen ↑singulären und ↑generellen Termini („moderner Universalienstreit"). Damit hat das Problem eine Wendung ins Sprachliche erfahren.

allgemeingültig: eine Aussage heißt allgemeingültig, wenn sie unabhängig von den Umständen, unter denen sie geäußert wird, wahr ist. In diesem Sinne beanspruchen wissenschaftliche Sätze Allgemeingültigkeit.

In der *Aussagenlogik* nennt man eine Aussageform allgemeingültig, wenn diese für jede Belegung der Aussagenvariablen in eine wahre Aussage übergeht (↑Tautologie).

Beispiele: $\alpha \vee \neg \alpha$ (↑Tertium non datur) und $\alpha \wedge \beta \leftrightarrow \beta \wedge \alpha$.

In der *Prädikatenlogik* nennt man eine Aussageform allgemeingültig über einem Grundbereich, wenn sie für jede Belegung der freien Variablen durch Individuenkonstanten aus dem Grundbereich eine wahre Aussage ergibt.

Allquantor [zu ↑Quantor] (Symbol: $\bigwedge$, auch: $\forall$): einer der beiden Quantoren (neben dem ↑Existenzquantor) der ↑Prädikatenlogik. Mit Hilfe des Allquantors lassen sich beliebig viele prädikative Aussageformen der Gestalt $P(x)$ (lies: „*x* kommt das Prädikat *P* zu") zu einer Allaussage $\bigwedge_{x \in G} P(x)$ (lies: „Allen *x* aus *G* kommt das Prädikat *P* zu") zusammenfassen. *G* heißt *Grund-* oder *Variabilitätsbereich* des Allquantors; er gibt an, in welchem Bereich die Objektvariable *x* variieren kann. *Beispiel:* Es sei *G* der Bereich „Mensch" und $P(x)$ bedeute „*x* ist sterblich". Dann heißt $\bigwedge_{x \in G} P(x)$: „Für alle *x* aus dem Bereich Mensch gilt: *x* ist sterblich"; oder kurz: „Alle Menschen sind sterblich". An Stelle der einfachen Aussageform $P(x)$ können auch mit ↑Junktoren zusammengesetzte Aussageformen stehen. – Gibt es im Bereich *G* nur endlich viele Individuen, so ist der Allquantor nur eine Abkürzung für eine ↑Konjunktion mit entsprechend vielen Gliedern. Er wird deshalb auch als **Großkonjunktion** bezeichnet. *Beispiel:* „Alle sieben Zwerge lieben Schneewittchen" bedeutet dasselbe wie „der erste Zwerg liebt Schneewittchen und der zweite Zwerg liebt

Schneewittchen usw.". – Analog zum endlichen Fall spricht man bei unendlichem Grundbereich auch von **unendlicher Konjunktion.**

Alternative [zu lateinisch alternus „abwechselnd"]: im logischen Sinn Bezeichnung für ein disjunktives Urteil (↑Disjunktion). Im praktischen Sinn Bezeichnung für zwei (oder mehr) einander ausschließende Handlungsmöglichkeiten. Alternativen entwerfen und auf ihre Durchführbarkeit sowie Folgen hin untersuchen zu können, ist eine den Menschen als Menschen auszeichnende Fähigkeit. Sie gründet in seiner Fähigkeit zum Sprachhandeln (↑Sprache) und ist eine Bedingung für die Möglichkeit, überhaupt sittlich, verantwortungsbewußt handeln zu können (↑Verantwortungsethik, ↑Würde).

Altruismus [zu lateinisch alter „der andere"]: in der Alltagsrede Bezeichnung für die dem ↑Egoismus entgegengesetzte moralische Einstellung, die sich in der individuellen Lebenspraxis eines uneigennützigen, aufopferungsvollen, selbstlosen Einsatzes für hilfsbedürftige andere äußert. Im Unterschied zur christlichen Agape (griechisch „Liebe") als tätiger Verwirklichung des Nächstenliebegebots muß der Altruismus nicht religiös motiviert sein.

Ambiguität [lateinisch „Zweideutigkeit"]: Bezeichnung für die Tatsache, daß ein Wort zwei oder mehr verschiedene Bedeutungen besitzen kann (z. B. Mutter, Bank, Kater). Allen natürlichen Sprachen eignet eine gewisse Ambiguität: Die Bedeutung eines Wortes ergibt sich oft erst aus dem Kontext, in dem es gebraucht wird (z. B.: „Der Räuber betrat die Schalterhalle der Bank. Er stellte die Beute auf einer Bank ab."). – In formalen Sprachen, wie sie in Mathematik, Logik und Informatik üblich sind, müssen Zweideutigkeiten vermieden werden. So wird z. B. bei der Definition einer Programmiersprache ausdrücklich vereinbart, ob „oder" ausschließend gebraucht wird oder nicht.

Ambivalenz [zu lateinisch ambo „beide zusammen" und valentia „Stärke"]: Charakterisierung von Handlungen oder Gefühlen, die mit gegensätzlichen, scheinbar einander ausschließenden Bewertungen (wie Liebe und Haß, Abscheu und Faszination) erlebt werden. So werden in der Regel Eltern von ihren Kindern geliebt, gelegentlich aber auch gehaßt.

Amoralismus [zu lateinisch amoralis „unsittlich"]: unklare Sammelbezeichnung für unterschiedliche ethische Positionen: 1. die Ablehnung allgemeinverbindlicher sittlicher Normen überhaupt zugunsten außermoralischer Kriterien für das Handeln, z. B. im Machiavellismus oder bei Nietzsche (↑Herrenmoral/Sklavenmoral); 2. die Ablehnung eines Teils oder aller gerade geltenden sittlichen Normen zugunsten anderer, neu aufzustellender sittlicher Normen.

Analogia entis [griechisch; lateinisch „Verhältnismäßigkeit, Ähnlichkeit des Seienden"]: ein grundlegender Terminus der thomistischen Erkenntnislehre, Ontologie, Metaphysik. Thomas von Aquin stützt sich bei der Konzeption der Analogia entis sowohl auf einen Teil der Platonischen Lehre von den Ideen (alles sinnlich Wahrnehmbare ist Abbild von und hat teil an den eigentlich wirklichen und wahren Ideen) als auch auf die Aristotelische Lehre, daß Wirklichkeit und Wahrheit den unterschiedlichen Arten von Seiendem nicht in derselben Weise zukommen (↑Aletheia). Die Analogia entis ergibt sich aus der Lehre von Akt und Potenz (↑Akt/Potenz). Die Analogia entis ist die Antwort des Thomas von Aquin auf folgendes Problem: Können die ↑Transzendentalien, v. a. „seiend", „eins", „gut", „wahr", von allem, was ist, in genau demselben Sinn, also univok, ausgesagt werden, oder müssen sie von jedem, was ist, in gänzlich verschiedenem Sinn, also äquivok, ausgesagt werden? Im ersten Fall würde sich – unter der Voraussetzung, daß

„seiend“ Verwirklichung von Wesen bedeutet – ein Pantheismus und eine Leugnung der Verschiedenheit der Dinge ergeben. Im zweiten Fall würde sich die Unerkennbarkeit Gottes (↑ Agnostizismus) und die Unvergleichbarkeit der Dinge ergeben. Thomas meint dieser erkenntnistheoretischen Aporie nur dadurch entgehen zu können, daß er die Transzendentalien weder univok noch äquivok verwendet, sondern analog. Analogie ist nach Thomas ein Mittleres zwischen Univozität und Äquivozität, nämlich proportionale Ähnlichkeit: Jedem, was ist, kommt das Seiend-, Eines-, Gut-, Wahrsein nach Maßgabe seines Wesens (essentia) zu. Zwar hat alles, was ist, Anteil (↑ Teilhabe) am Seiend-, Eines-, Gut-, Wahrsein, aber in unterschiedlichem Maße. Die Analogie des Seinsbegriffes beruht also auf einer unterschiedlichen Teilhabe jedes endlichen Seienden an dem Sein, dem Einen, dem Guten, dem Wahren, d.h. für Thomas an Gott (↑ absolut/relativ).

Aus der Analogia entis ergibt sich für Thomas: 1. Jedes endliche Seiende ist Gott ähnlich, aber in unvollkommener und unterschiedlicher Weise. 2. Dem Menschen sind dementsprechend mit natürlichen Erkenntnismitteln und gestützt auf die Erkenntnis des endlichen Seienden Erkenntnisse über Gott möglich, wenn auch unvollkommene. 3. Obwohl jedes endlich Seiende Sein hat, eines, gut und wahr ist, gibt es dennoch eine von menschlicher Wertung unabhängige Hierarchie, in die jedes Seiende nach dem Maß seiner Seinswirklichkeit, Selbstidentität, der Werthaftigkeit und der Erkennbarkeit eingeordnet ist (↑ Ordo).

Analogie [zu griechisch análogos „dem Logos entsprechend, verhältnismäßig, übereinstimmend“]: eine Form der Ähnlichkeit, die die Übereinstimmung zweier oder mehrerer Gegenstände (Systeme u.a.) hinsichtlich gewisser Merkmale bezeichnet. Damit steht die Analogie zwischen der Äquivalenz (als Übereinstimmung in *einer* Hinsicht) und der Gleichheit (als Übereinstimmung in *allen* Hinsichten). Die Analogie ist eine mehrstellige Relation: x ist analog y bezüglich der Merkmale $M_1, M_2, ..., M_n$. Neuerdings unterscheidet man zwei Arten der Analogie: 1. Die *strukturelle Analogie* ist die teilweise oder völlige Übereinstimmung der ↑ Struktur zweier Gegenstände (Systeme). Vorbild hierfür ist die Ähnlichkeitsrelation der Geometrie (z. B. sind zwei Dreiecke ähnlich, wenn ihre Winkel übereinstimmen; ihre Größe kann verschieden sein). Ist die strukturelle Analogie reichhaltig genug, so kann man den einen Gegenstand als Abbild (Modell) des anderen auffassen. Solche Analogien sind für die Gewinnung neuer Erkenntnisse besonders wichtig, wie zahlreiche Beispiele aus der Geschichte von Wissenschaft und Technik beweisen. Hierbei kommt es darauf an, die für die Analogie wichtigen Eigenschaften von den unwichtigen zu unterscheiden. Analoge Merkmale werden oft in Klassifikationen benützt (z. B. bei der Einteilung von Tier- und Pflanzenreich). – 2. Von *funktionaler Analogie* spricht man, wenn zwei Gegenstände (Systeme) dasselbe leisten bzw. die gleiche Funktion erfüllen (so sind eine Leiter und ein auf einen Tisch gestellter Stuhl funktional analog, wenn es darum geht, die Zimmerdecke zu erreichen). Dieser Begriff ist v.a. für die Informatik wichtig geworden (Analogrechner). Zwei Rechenprogramme sind funktional analog, wenn sie dasselbe Ergebnis berechnen, auf welche Weise auch immer. Ist man ausschließlich am gewünschten Resultat interessiert (und nicht noch z. B. an der Rechenzeit), so sind funktional analoge Systeme gleichwertig und können durch einander ersetzt werden. – *Beispiel:* „Was dem Vogel der Flügel ist, ist für den Fisch die Flosse“ (Aristoteles).

Analogieschluß (Analogismus) [zu ↑ Analogie]: ein Verfahren, wonach aus der Analogie zweier Systeme S_1 und S_2 hinsichtlich gewisser Merkmale M_1, M_2, ..., M_n auf die Übereinstimmung in anderen Merkmalen M_{n+1}, ..., M_{n+m} geschlossen wird. Analogieschlüsse können leicht zu Fehlerquellen werden: So sind die Bahnen der Elektronen im Bohrschen Atommodell strukturell analog den Planetenbahnen. Dennoch darf man nicht schließen, daß es auf einem der Elektronen intelligentes Leben gebe. Offensichtlich kann ein Analogieschluß nur dann richtig sein, wenn die analogen Eigenschaften M_1, ..., M_n in engem Zusammenhang zu den zu erschließenden M_{n+1}, ..., M_{n+m} stehen. Diese Bedingung muß im einzelnen Fall überprüft und geklärt werden. – Folgende Form des Analogieschlusses gilt aus logischen Gründen: Gehören S_1 und S_2 beide zur Gattung *G*, die durch das Merkmal *Q* gekennzeichnet ist, und ist *G* eine Untergattung von *H* (mit der charakteristischen Eigenschaft *P*), so darf man aus der Analogie von S_1 und S_2 bezüglich *Q* und aus „S_1 kommt *P* zu" auf „S_2 besitzt *P*" schließen.

Analyse [griechisch „Auflösung"]: Verfahren, bei dem Erkenntnisse durch Zergliederung eines Ganzen in elementarere Bestandteile gewonnen werden; Gegensatz: ↑Synthese. Eine Analyse kann unter den verschiedensten Gesichtspunkten vorgenommen werden, je nachdem, an welcher Art von Beziehungen der Teile man interessiert ist (z. B. logische Beziehungen bei Schlußketten, kausale bei Ereignissen, zeitliche bei Handlungsabläufen, räumliche bei Abbildungen). Die Analyse spielt in vielen Wissenschaften eine wichtige Rolle (z. B. in der Chemie als Suche nach den elementaren Bestandteilen eines Stoffes, in der Physik als Suche nach den wirkenden Ursachen). Für die Philosophie wurde das Verfahren der Begriffsanalyse (↑analytisch) sowie das der logischen Analyse der Sprache (↑analytische Philosophie) wichtig.

analytisch [griechisch]: Sätze (Aussagen, Urteile) heißen analytisch (auch: analytisch wahr), wenn ihre Wahrheit nur aufgrund von definitorischen und logischen Vereinbarungen feststeht (z. B. Schimmel sind weiß; jede gerade Zahl ist durch 2 teilbar). Alle anderen wahren Sätze nennt man ↑synthetisch. Kant, auf den diese Terminologie zurückgeht, hat die analytischen Urteile als Urteile charakterisiert, die im Prädikat nur sagen, was im Begriff des Subjekts schon wirklich gedacht war. Im einfachsten Fall kommt dem Subjekt das Prädikat schon durch Definition zu. Der Subjektbegriff muß dann nur zergliedert werden (↑Analyse), um das gesuchte Prädikat zutage zu fördern. Dieses Verfahren läßt sich bei explizit definierten Termini einfach anwenden. Bei Begriffen der Umgangssprache stößt man jedoch auf Schwierigkeiten, da hier im allgemeinen keine expliziten Wortgebrauchsvereinbarungen vorliegen. Nach Kant genügt für die Erkenntnis durch analytische Urteile der ↑Satz vom verbotenen Widerspruch: Kommt *S P* zu, so bedeutet es einen Widerspruch zu behaupten, *S* komme *P* nicht zu. Kant war insgesamt der Meinung, daß analytische Urteile unsere Erkenntnis nicht erweitern; sie machen nur deutlich, was wir schon wissen und sind deshalb bloß „erläuternd".

Frege nannte eine Aussage analytisch wahr, wenn sie aus ↑Axiomen mit Hilfe von Definitionen und logischen Schlüssen lückenlos deduzierbar ist. Musterbeispiel hierfür waren ihm die Sätze der Arithmetik. Da Axiome für Frege noch wahre Sätze waren und logisches Schließen stets von wahren Sätzen wieder zu solchen führt, konnte er zu Recht die analytischen Sätze wahr nennen. Deren Wahrheit findet aber – im Gegensatz zu Kant – nicht mehr ihre Rechtfertigung im betreffenden Satz selbst, sondern im Zusammenhang eines ↑axiomatischen Systems. In jüngster Zeit ist die Unterscheidung analytisch/synthetisch von Quine kritisiert worden. Ausgehend von der Feststellung, daß in der Umgangssprache Begriffe nicht explizit definiert werden, betont er, daß die Unterscheidung nur sinnvoll ist bezüglich eines theoretischen Rahmens. Für die Umgangssprache kann eine Einteilung in analytische und synthetische Sätze nicht streng durchgeführt werden. Ein Satz, der in der einen Theorie analytisch ist, kann in der anderen synthetisch sein. Für Quine ist die Einstufung eines Satzes als „analytisch wahr" lediglich Ausdruck der Absicht, an seiner Wahrheit unter allen Umständen festzuhalten (↑Konventionalismus).

analytische Philosophie (auch: sprachanalytische Philosophie): Sammelbezeichnung für die Bemühungen vieler zeitgenössischer Philosophen v. a. der angelsächsischen Länder und Skandinaviens. Kennzeichnend für alle Formen der analytischen Philosophie ist die Auffassung, daß philosophische Probleme durch ↑Analyse ihrer sprachlichen Darstellungen geklärt werden können. Es gibt überhaupt nur zwei Wege zur Beantwortung von Fragen: die Methoden der empirischen Wissenschaften und die Sprachanalyse. Die Sätze, die auf die erste Art gewonnen werden, sind synthetisch und empirisch, die anderen a priori und analytisch. Das synthetische Apriori Kants gibt es nicht. Philosophische Probleme (wie das Leib-Seele-Problem, die Frage nach dem Wesen des Guten, der Skeptizismus) sollen durch die *logische Analyse der Sprache* (in Abhebung zur linguistischen Analyse der Sprache, mit der es viele Berührungspunkte gibt) gelöst werden. Es zeigt sich, daß viele (alle) dieser Fragen durch den unkritischen Gebrauch von Sprache erzeugt werden. Sie sind darum „Scheinprobleme", die zum „Verschwinden gebracht" werden können. Das Unternehmen „Vernunftkritik" des Kantianismus wird also in der analytischen Philosophie ersetzt durch die „Sprachkritik". Zwei weitere Punkte sind besonders charakteristisch für diese Art des Philosophierens: die große Bedeutung, die den empirischen Wissenschaften zugemessen wird bei gleichzeitiger Ablehnung der Metaphysik, und die ausgiebige Verwendung formaler Verfahren aus Logik, Linguistik usw.

Beispiele erfolgreicher Problemlösungen im Sinne der analytischen Philosophie: Durch die Russellsche Theorie der ↑Kennzeichnung lassen sich Fragen wie die folgende beantworten: Ist der Satz „Der gegenwärtige König von Frankreich ist kahl" wahr oder falsch? Russell zeigte nämlich, daß dieser Satz eine verkappte Existenzaussage darstellt. – Strawsons Widerlegung des Skeptizismus: Er wies nach, daß der Skeptiker seinen Zweifel nur dann überhaupt äußern kann, wenn er ein Begriffssystem anerkennt, das bereits voraussetzt, daß die Zweifel des Skeptikers unbegründet sind. – In diesen Problemlösungen deuten sich die beiden wichtigsten Schulen im Lager der analytischen Philosophie an: die **Ordinary language philosophy** (Philosophie der Gebrauchs- oder Umgangssprache; nach ihrem Ursprung auch **Oxford philosophy** genannt) sowie die **Ideal language philosophy** (manchmal auch als ↑Konstruktivismus bezeichnet). Die Philosophen, die die erste Auffassung vertreten (wie z. B. Strawson), meinen, daß die Gebrauchssprache selbst alles enthält, was zur Klärung philosophischer Probleme erforderlich ist. Erst wenn der Bereich unproblematischen Redens (↑Common sense) verlassen wird (z. B. bei der Verwendung von Fachtermini) können typisch philosophische Fragen wie „Warum gibt es etwas und vielmehr nicht nichts?" entstehen. Dem Philosophen kommt hier die Aufgabe eines *Therapeuten* zu: durch Bewußtmachung dessen, was wir immer schon über die Sprache wissen, zu zeigen, auf welche Weise die Probleme entstanden sind, und sie dadurch aufzulösen (ähnlich wie Neurosen behandelt werden). Die Philosophen des anderen Lagers wollen die Gebrauchssprache durch eine ideale Sprache ersetzen. Sie gehen davon aus, daß die Gebrauchssprache die logische Struktur der Sätze oft verschleiert oder gar entstellt: Wie z. B. Russells Analyse der Kennzeichnungen beweist, sind *grammatische Form* (Subjekt-Prädikat-Satz) und *logische Form* (Existenzaussage) unter Umständen verschieden. Orientiert man sich nur an der Gebrauchssprache, so verfällt man in Irrtum. Zum Zwecke der Beseitigung aller Fehlerquellen muß die Gebrauchssprache ersetzt werden durch eine ideale Sprache, die nur der „logischen Syntax" gehorcht. Vorbilder für solche Sprachen sind die ↑Kalküle der Logik. Gegen diese Auffassung werden zwei Argumente vorgebracht: 1. Um eine ideale Sprache konstruieren zu können, bedarf es der Analyse der Gebrauchssprache. Deshalb bleibt die ideale Sprache stets an diese gebunden. Insbesondere muß sie einige ihrer Termini in der Gebrauchssprache erklären. 2. Es konnte noch kein aussichtsreicher Kandidat für eine ideale Sprache gefunden werden. Umgekehrt wird gegen die Philosophen der Oxforder Schule eingewandt: 1. Es gibt, wie unsere Sprachpraxis beweist, keinen unproblematischen Bereich der Gebrauchssprache. 2. Die Analysen der Philosophen der Gebrauchssprache sind in Wahrheit Rekonstruktionen: Die Bedeutungsnuancen, die sie vorzufinden meinen, sind tatsächlich nachträglich konstruiert. Was zur Gebrauchssprache gehören soll, ist gar nicht klar. – Beiden Seiten gemeinsam ist aber die Überzeugung, daß wir, um etwas über den nichtempirischen Begriff *X* erfahren zu können, unseren Gebrauch des Wortes „*X*" analysieren müssen (↑Bedeutung). Anstatt über Begriffe zu diskutieren, sollte man über Wörter reden („semantic ascent" = Aufstieg zur Semantik). Die Kritik an der analytischen Philosophie richtet sich hauptsächlich gegen dieses Prinzip (eine entgegengesetzte Position vertritt z. B. die Phänomenologie in der Lehre von der ↑Wesensschau).

Geschichte: Die Anfänge der analytischen Philosophie liegen um die letzte Jahrhundertwende. Die britischen Philosophen Russell und Moore begannen damals, erste Ansätze einer analytischen Behandlung von Erkenntnistheorie und Ethik zu entwickeln. Russell bemühte sich um die Ausarbeitung eines Systems der Logik, das den Bedürfnissen der Mathematik gerecht werden und doch frei von ↑Antinomien sein sollte. In der Folgezeit dehnte er seine Untersuchungen auf andere Bereiche von Wissenschaft und Sprache aus. Er gilt damit als Begründer der Philosophie der idealen Sprache. Moore versuchte dagegen, durch die Analyse der Gebrauchssprache zu ethischen und erkenntnistheoretischen Aussagen zu gelangen, die von allen Sprachbenützern als unproblematisch empfunden werden (common sense). Bahnbrechend wirkte der „Tractatus logico-philosophicus" von Wittgenstein (1921), der die Russellsche Position radikalisierte, indem er alle philosophischen Probleme durch eine Reformulierung der Sprache „zum Verschwinden bringen" wollte. Das Programm der idealen Sprache erlebte in den 30er Jahren seinen Höhepunkt, als Carnap den Versuch unternahm, unser gesamtes Wissen mit Hilfe der Logik aus der Erfahrung zu gewinnen (↑logischer Empirismus). Er bediente sich hierzu einer Sprache, die nur eine Grundrelation enthält. In diese Zeit fällt auch der Aufschwung der ↑Wissenschaftstheorie zu einer eigenständigen Disziplin. – Das Programm der Gebrauchssprache wurde nach dem 2. Weltkrieg entwickelt. Meilensteine hierzu waren die Werke „The concept of mind" (Der Begriff des Geistes) von Ryle (1950) und die „Philosophischen Untersuchungen" von Wittgenstein (1953). Einen großen Aufschwung brachte die Theorie der ↑Sprechakte (Austin, Searle). In den letzten Jahrzehnten wandten sich die analytischen Philosophen verstärkt traditionellen Fragestellungen zu. So legte Strawson mit seinem Buch „Individuals" (Einzeldinge, 1957) den Versuch einer „deskriptiven Metaphysik“ vor. Die Arbeitsgebiete der analytischen Philosophen umfassen fast die gesamte Philosophie. Besondere Bedeutung haben ihre Beiträge zur Wissenschaftstheorie (die fast ausschließlich von analytischen Philosophen betrieben wird) und zur Ethik (↑ Metaethik).

Anamnesis [griechisch „Wiedererinnerung“]: mit der Anamnesislehre versucht Platon folgendes erkenntnistheoretische Problem zu lösen: Wie ist es möglich, z. B. etwas als „eines“, zwei Gegenstände als „gleich“ oder „verschieden“, etwas als „schön“ anzusprechen? Diese und ähnliche Begriffe können – nach Platon – nicht aus der Erfahrung gewonnen sein; denn im Bereich des sinnlich Wahrnehmbaren gibt es keine Gegenstände, die den Begriffen „eines“, „gleich“, „verschieden“, „schön“ entsprächen, vielmehr ist die Wahrnehmung von sinnlichen Gegenständen als Gegenstände – nicht nur als sinnliche Reize – erst möglich, wenn der Wahrnehmende über diese und ähnliche Begriffe bereits verfügt. Der Mensch hat also Kenntnisse vor aller Erfahrung. Diese beziehen sich auf die ↑ Ideen, die die Seele vorgeburtlich „geschaut“ hat. An diese Ideen „erinnert“ sich die Seele, wenn ihr in der sinnlichen Wahrnehmung Gegenstände begegnen, da diese ihrerseits an den Ideen teilhaben (↑ Methexis). Das Erkennen von Gegenständen der sinnlichen Wahrnehmung ist also ein „Wiedererinnern“. Die Anamnesislehre ist für Platon ein Grund, die Unsterblichkeit der Seele zu behaupten. – Die Anamnesislehre wird in der weiteren Geschichte der Philosophie – stark modifiziert! – wieder aufgenommen in den Lehren von den ↑ angeborenen Ideen und von den Begriffen a priori (↑ a priori/a posteriori, ↑ auch Kategorie, ↑ Rationalismus).

Anarchie [griechisch „Herrschaftslosigkeit“]: zentraler Terminus der politischen Philosophie des *Anarchismus*. Der v. a. von Bakunin und Kropotkin als „libertärer“ (freiheitlicher) ↑ Sozialismus in der zweiten Hälfte des 19. und zu Beginn des 20. Jahrhunderts entwickelte Anarchismus setzt die Anarchie als Ideal einer herrschaftsfreien (↑ Herrschaft) Organisation der Gesellschaft nach der revolutionären Abschaffung des Privateigentums an Produktionsmitteln *und* des Staates den Vorstellungen des Marxschen „autoritären“ Sozialismus entgegen, der unter der Revolution eine Verstaatlichung der Produktionsmittel und die Errichtung einer ↑ Diktatur des Proletariats versteht und für die Zeit des Übergangs zur kommunistischen Gesellschaft mit einem allmählichen Absterben des Staates rechnet. Der entworfene Zustand der Anarchie ist hinsichtlich der politischen Organisation der Gesellschaft gekennzeichnet durch das Fehlen aller staatlichen Organe und Institutionen (wie z. B. Gesetzgebung, Recht und Rechtsprechung, Regierung und Verwaltung, Polizei und Militär), an deren Stelle Selbstverwaltung der Gemeinden („Rätedemokratie“), freie Vereinbarung zwischen Betroffenen, freie Assoziation (Verbindung) von unabhängigen (autonomen) und sich im wesentlichen selbst versorgenden (autarken) Gemeinden, gegenseitige Hilfe und Kooperation treten. Im Bereich der wirtschaftlichen Organisation gelten die Prinzipien der Gütergemeinschaft („Alles gehört allen“) als Voraussetzung für die Abschaffung der Ausbeutung, die Abkehr von Geldwirtschaft und Lohnarbeit („Jeder nach seinen Fähigkeiten, jedem nach seinen Bedürfnissen“) und die Aufhebung der Trennung von Hand- und Kopfarbeit. Die gelungene Anarchie wäre also ein Zustand, in dem es keinerlei hierarchisch organisierte Herrschaft von Menschen über Menschen mehr gäbe (↑ Utopie). Hinsichtlich der Realisierbarkeit der Anarchie vertrauen die Anarchisten auf den guten Willen und die Lernfähigkeit der Menschen.

Anfang [ursprünglich „das Anfassen, In-die-Hand-Nehmen"]: nach dem Anfang von etwas zu fragen, ist für Menschen charakteristisch. Wie ihre Freundschaft oder Feindschaft, ihr Gespräch, ihr Glück oder Unglück, ihr Leben, die politische Krise, die Gesellschaft, die Welt angefangen haben, fragen Menschen in der Erwartung, vom Anfang her ihre gegenwärtigen Beziehungen, ihre Gesprächs- und Handlungssituation, sich selbst, die Gesellschaft, die Welt zu verstehen. Sie unterstellen, daß sie mit dem Anfang den alle folgenden Ereignisse beherrschenden Ursprung fassen. Bei dieser Unterstellung gehen sie von der Erfahrung aus, daß eine Ereigniskette gut oder schlecht verlaufen wird, je nachdem, ob man weiß oder nicht weiß, „wie man anfangen soll", „was man mit einer Sache anfangen soll" und ob man „am Anfang keinen oder einen Fehler" macht. Daß „Anfang" nicht den Zeitpunkt Null, sondern den alles „beherrschenden Ursprung" bedeutet, zeigen auch das entsprechende griechische und lateinische Wort, archḗ (griechisch „Herrschaft, Anfang"), principium (aus lateinisch princeps „der Erste, der Urheber, der Führer").

Die Mythen der Völker, die den Anfang der Welt und der Menschheit erzählen (z. B. die biblische Schöpfungs- und Paradieserzählung), sind daher nicht Berichte über ein Geschehen, sondern Deutungen der Welt und des Menschen. Auch die nichtmythischen Religionen geben Antworten auf die Frage nach dem Anfang, der das Verstehen der Welt, der Menschen und ihrer Geschichte ermöglichen soll (z. B. Johannes 1).

Die abendländische Philosophie fragt seit ihren griechischen Anfängen nach dem Anfang, der ↑Arche. Zunächst galt die Frage dem Urstoff, aus dem die Welt als ganze entsteht, und in den jedes Seiende sich wieder auflöst. Schon in vorsokratischer Zeit löst sich das philosophische Denken von der Frage nach dem Woraus des Entstehens und dem Wohinein des Vergehens, wird zum Fragen nach den Ursachen (↑auch Causa) des endlichen Seienden und nach den letzten Prinzipien des Erkennens. So bekommt Arche bei Aristoteles v. a. den Sinn von Erkenntnisprinzip: Die Erkenntnisprinzipien sind der alles beherrschende Anfang für das Wissen über jede andere Art von Anfängen.

Auf die Erforschung der „Anfänge", Prinzipien, jedes Wissens konzentriert sich die Philosophie der Neuzeit. Daneben gibt es in der neuzeitlichen Philosophie Spekulationen über den Anfang der menschlichen Gesellschaft. Die Kenntnis über den anfänglichen ↑Naturzustand der Menschen soll das Verstehen der gegenwärtigen Gesellschaft eröffnen und die Argumentationsbasis für die Kritik derselben sein.

angeborene Ideen (eingeborene Ideen): Begriffe, Vorstellungen oder Wahrheiten, von denen angenommen wird, sie könnten durch sinnliche Erfahrungen nicht erworben worden sein, weil sie nicht – wie sinnlich erfahrbare Gegenstände – greifbar oder sichtbar sind (z. B. mathematische Begriffe oder ethische Werte). Daher müßten solche Ideen zu einer Art ursprünglicher Ausstattung des menschlichen Geistes gehören.

Der Streit um die Existenz derartiger, erfahrungsunabhängiger Begriffe beherrschte die erkenntnistheoretische Diskussion insbesondere des 17. und 18. Jahrhunderts (↑Rationalismus, ↑Empirismus). – *Descartes* behauptete: Ein Rückgriff auf Erfahrung, d. h. auf Leistungen der Sinne und auf Vorstellungen, die aufgrund sinnlicher Eindrücke gebildet wurden, genügt keineswegs, um die Entstehung bestimmter Ideen zufriedenstellend zu erklären. Niemals ist z. B. dem Menschen als beschränktem, endlichem Wesen die sinnliche Erfahrung einer Unendlichkeit möglich. Trotz aller angenommenen Unbegrenztheit des Weltraumes (z. B. sieht jeder Mensch nur eine endliche Strecke weit), trotz aller angenommenen Unendlichkeit der Zeit lebt jeder Mensch nur eine sehr begrenzte Zeitspanne usw. Deshalb müssen – nach Descartes – Ideen wie die Unendlichkeit, Vollkommenheit oder Gott von Anfang an im menschlichen Geist angelegt sein. Sie müssen in irgendeiner Weise „angeboren" sein. Die unpräzise Formulierung „in irgendeiner Weise angeboren" läßt jedoch Raum für unterschiedliche Deutungen. – *Locke* argumentierte so: Wären die fraglichen Ideen tatsächlich „angeboren", so müßten bereits die kleinsten Kinder ihrer gewiß sein – eine absurde Vorstellung. Also kann es angeborene Ideen, die Möglichkeit von erfahrungsunabhängigen Wahrheiten nicht geben. – Gegen diese, sozusagen naive Auslegung wurde Descartes von *Leibniz* in Schutz genommen, der eine differenziertere Interpretation vorschlug: Man habe die Rede von „angeborenen" Ideen aufzufassen im Sinne einer prinzipiellen Fähigkeit des Verstandes zur Ausbildung der fraglichen Ideen. Ein derartiges Vermögen sei zwar als Disposition, als Möglichkeit, vorhanden, müsse aber immer erst aktiviert werden. – *Kant* ersetzte später unter stärker methodologischen Gesichtspunkten den problematischen Begriff „angeboren" durch „a priori" (↑a priori/a posteriori). Damit verlagerte sich der Schwerpunkt der erkenntnistheoretischen Diskussion von der eher genetischen, physiologisch-psychologischen Frage, wie der Verstand zu Ideen kommt, auf das Problem, welche Rolle diese bei der systematischen Rekonstruktion von Erfahrung spielen.

Angst [ursprünglich „Enge, Beklemmung"]: wichtiger Terminus eines Teils der Anthropologie des 19. und 20. Jahrhunderts, insbesondere der Psychoanalyse und der Existenzphilosophie. Angst wird von Furcht unterschieden. Diese richte sich auf eine je konkrete (tatsächliche oder eingebildete) Bedrohung, jene auf nichts.

Die *Psychoanalyse* sieht den Ursprung der allgemeinmenschlichen Angstzustände in den vorbewußten Trennungserfahrungen, die jeder Mensch bei seiner Geburt und als Säugling macht. Dagegen ist pathologische Angst Ausdruck tiefreichender Konflikte zwischen Grundantrieben eines Individuums (z. B. Autonomiestreben, Sexualbedürfnis) und seiner psychosozialen Realität (z. B. verinnerlichte moralische Normen, die Autonomie oder Sexualität verbieten).

Nach *existenzphilosophischer* Überzeugung öffnet sich in der Angst „das beruhigt vertraute In-der-Welt-Sein" zur „Un-heimlichkeit". In ihr erfährt der Mensch Wahrheit über sein „Dasein": 1. Er erfährt sein „Geworfen-Sein": Er findet sich in einer Welt vor, die sich nicht von sich aus erschließt, sondern die er sich erschließen muß, ohne einen Grund und Sinn seines „In-der-Welt-Seins" vorzufinden (↑absurd). – 2. Er erfährt sein „In-der-Welt-Sein" als „Ausgesetztsein": Er kann sich selbst verlieren, nämlich an die Welt, und er kann die Welt (verstanden als „seine Welt"), auf die er angewiesen ist, verlieren. – 3. Er erfährt sich selbst als „Sein-zum-Tode": Durch jede Möglichkeit, die er handelnd verwirklicht, „nichtet" er selbst jeweils alle seine jeweiligen anderen Möglichkeiten; so läßt er sich selbst immer weniger Möglichkeiten, bis er nur noch vor einer steht, seinem Tod. – 4. Er erfährt sich als „verurteilt" zu „unendlicher Freiheit", die „aus nichts entspringt": Er erfährt das „Nichts", das sich zwischen Motiven und Willensakt öffnet. – 5. Er erfährt die prinzipielle Ungewißheit des Gelingens seiner „Entwürfe", die er als seine Zukunft „entwirft". – Nach existenzphilosophischer Überzeugung erfährt der Mensch in der Angst sein Dasein als Ausgesetztsein an das Nichts. – Angst ist in diesem Sinn kein Übel, sondern eröffnet dem Menschen die Möglichkeit zum „eigentlichen Sein", das Kierkegaard als „Sprung" in das Glauben, Sartre als „engagement", Heidegger als „Entschlossenheit“ bezeichnen, das eigene Selbstsein zu wagen. Allerdings könne der Mensch auf die Angst auch antworten mit der Flucht in das ↑„Man“ und in den Rausch.

Annahme: als Annahme (weitgehend gleichbedeutend mit ↑Hypothese) bezeichnet man einen Satz, den man gebraucht, ohne mit ihm einen Geltungsanspruch zu erheben. In einer Annahme wird also ein Sachverhalt zum Ausdruck gebracht, ohne über dessen Tatsächlichkeit zu urteilen, d.h. ohne ein Urteil über seine Wahrheit zu fällen.

Anschauung: einer der wichtigsten und zugleich vieldeutigsten Termini der Philosophie. Anschauung stellt ihren Gegenstand als unvermitteltes, gegenwärtiges Ganzes dar (im Gegensatz zum ↑Begriff) und bildet damit eine wichtige Quelle der Erkenntnis. Anschauung wird sowohl für die Fähigkeit, Anschauungen zu haben, gebraucht (*die* Anschauung) als auch für ein einzelnes Resultat dieses Vermögens (*eine* Anschauung). Wichtig ist die Abgrenzung gegen verwandte Begriffe wie ↑Intuition und ↑Wahrnehmung. Einen deutlichen Einschnitt in der Begriffsgeschichte von „Anschauung“ markiert nun Kants Erkenntnistheorie. Vor Kant wurde Anschauung weitgehend gleichbedeutend mit Intuition (im Sinne von geistiger Schau, rationalem Begreifen) gebraucht. Kant betonte in Abkehr von dieser Tradition die Bindung der Anschauung an die Sinnlichkeit (nach dem Vorbild des Sehens etwa). Anschauung setzt einen Gegenstand voraus, der mit den Sinnen angeschaut wird. Dieser kann sich *außerhalb* des Bewußtseins (des „Gemüts“) befinden (dann spricht er die **äußere Anschauung** an) oder er ist ein *Bewußtseinsinhalt* (dann gehört er zum Bereich der **inneren Anschauung**). Der Anschauung verwandt ist die Einbildungskraft, die Abbilder und bloße Phantasien hervorbringt. Aufgrund ihrer Abhängigkeit vom Gegenstand wird die Anschauung als *rezeptiv* (aufnehmend) bezeichnet. Weiterhin ist sie ↑singulär, d.h. sie stellt den angeschauten Gegenstand als Ganzes einzeln für sich vor, so daß er v.a. niemals in eine Menge von Aussagen über ihn aufgelöst werden kann. Die Einheit des angeschauten Objektes wird nicht von der Sinnlichkeit allein gestiftet (↑auch Apperzeption); hier kommt der Verstand zum Zuge. Kant maß der Anschauung große Bedeutung bei der Begründung der Mathematik zu. Allerdings spielt hier nicht die **empirische Anschauung** („die Anschauung, die sich auf ihren Gegenstand durch Empfindung bezieht“) eine Rolle, sondern die **reine Anschauung** (↑Anschauungsformen). Während rein begriffliche Erkenntnis unser Wissen nicht vergrößert, da sie stets ↑analytisch und damit erläuternd ist, kann dies jedoch die auf Anschauung gegründete Erkenntnis. Sie liefert synthetische Urteile (↑synthetisch). Nichttriviale Erkenntnis kommt nach Kant nur durch das Zusammenspiel von Anschauungen und Begriffen zustande: „Anschauungen ohne Begriffe sind blind. Begriffe ohne Anschauungen sind leer.“ Damit nimmt Kant eine zwischen ↑Empirismus und ↑Rationalismus vermittelnde Position ein. – Die wichtigsten Bedeutungen von Anschauung sind: 1. Anschauung als sinnliche Wahrnehmung, 2. als produktive Vorstellung, 3. als kategoriales Erfassen von logisch-mathematischen Sachverhalten (↑Evidenz, ↑Intuitionismus), 4. als Wesens- oder Ideenschau (↑Anamnesis), 5. intellektuelle Anschauung und 6. Anschauung als Zeichenanschauung (↑Zeichen).

Anschauungsformen: nach Kant bilden Raum und Zeit die Formen der Anschauung (und zwar der Raum die Form der äußeren, auf Gegenstände in der Welt gerichteten, und die Zeit die der inneren, auf das Bewußtsein selbst abzielenden Anschauung). Alle Inhalte von Anschauungen ordnen sich gemäß diesen Formen in *räumliches Nebeneinander* und *zeitliches Nacheinander*. Da alle äußeren Anschauungen dem

„inneren Zustand" angehören, sind auch sie sämtlich zeitlich geordnet. Die Anschauungsformen ermöglichen erst Erfahrung; sie sind deshalb a priori (ohne zeitliche und räumliche Ordnung wäre keine Erfahrung möglich). Die Anschauung ist soweit *rein,* als sie ausschließlich auf den Anschauungsformen beruht. Auf Konstruktionen in der reinen Anschauung gründen sich die synthetischen Sätze a priori von Geometrie (bezogen auf den Raum) und Arithmetik (bezogen auf die Zeit). Ihren Sätzen kommt darum apodiktische Gewißheit zu. Die Entdeckung, daß man auch andere Geometrien als die gewöhnliche konsistent aufbauen kann, hat diese Lehre Kants schwer erschüttert. Die Anschauungsformen wurden deshalb von seinen Kritikern als Produkt bloßer Gewöhnung bezeichnet.

an sich: Ausdruck, der alltagssprachlich svw. „ursprünglich, eigentlich, das Wesen eines Gegenstands betreffend" bedeutet. Philosophiegeschichtlich sind drei spezifische Bedeutungen zu unterscheiden: 1. In der Ontologie bzw. Erkenntnistheorie bezeichnet „an sich" die strukturierte Ordnung der Dinge bzw. das Erkenntnisobjekt, wie diese bzw. dieses unabhängig von den Unterscheidungen und Bestimmungen des Erkenntnissubjekts besteht. In seiner Ideenlehre kennzeichnet Platon die Ideen als das „an sich selbst" Seiende im Gegensatz zu den vergänglichen sinnlich wahrnehmbaren Dingen, die bloß Abbilder der Ideen sind. Innerhalb des erkenntnistheoretischen ↑Subjekt-Objekt-Problems der Neuzeit gewinnt der Terminus v.a. in Kants Unterscheidung zwischen dem ↑„Ding an sich" und der durch das Subjekt konstituierten ↑Erscheinung Bedeutung. 2. In einer ontologisch - sprachphilosophischen Orientierung unterscheidet Aristoteles zwischen der ↑Substanz (dem Ansich oder Wesen) und den Akzidenzien (den unwesentlichen, zufälligen Eigenschaften; ↑Akzidens) eines Dings, wobei erstere durch den Begriff des ↑Dings erfaßt wird. 3. Innerhalb einer dialektischen (↑Dialektik) Entwicklungstheorie, die die Stufen der Selbstverwirklichung des Absoluten (↑absoluter/objektiver/subjektiver Geist) im Bereich der Logik, der Natur und der Geschichte bzw. des Geistes als „Kreis von Kreisen" in einem System darstellt, kennzeichnen bei Hegel das Ansich, das Fürsich und das Anundfürsich die drei Stadien, die die Entwicklung notwendig in jedem Kreis durchläuft. Das Ansichsein bezeichnet das Stadium der Identität, des Anfangs, des Unmittelbaren, Unentfalteten, Abstrakten, bloß Möglichen (im Bereich der Logik z. B. das Sein; im Bereich der Natur z. B. der Keim einer Pflanze; im Bereich des Geistes z. B. das Bewußtsein); das Fürsichsein bezeichnet das Stadium der Nichtidentität oder Differenz, der Entzweiung, des Gegensatzes, des Sich-auf-sich-selbst-Beziehens, der Reflexion-in-sich oder Negativität der Wirklichkeit (im Bereich der Logik z. B. das Wesen; im Bereich der Natur z. B. der entfaltete Organismus der Pflanze; im Bereich des Geistes z. B. das Selbstbewußtsein); das Anundfürsichsein bezeichnet das Stadium der Vermittlung von Ansichsein und Fürsichsein, d. h. von Wirklichkeit und Möglichkeit, der „Identität der Identität und Nichtidentität", der konkretesten und höchsten Verwirklichung des Absoluten auf der jeweiligen Stufe (im Bereich der Logik z. B. der Begriff; im Bereich der Natur z. B. die Frucht; im Bereich des Geistes z. B. die Vernunft).

Antagonismus [zu griechisch antí „gegen" und agónisma „Kampf, Auseinandersetzung"]: v. a. in sozialphilosophischen Zusammenhängen svw. Gegensatz, Widerstreit, Unvereinbarkeit. Terminologisch verwendet zuerst Kant Antagonismus als Bezeichnung für die „ungesellige Geselligkeit der Menschen". Nach marxistischer Gesellschaftstheorie ist jede in ↑Klassen gespaltene Gesellschaft notwendig antagonistisch, d. h. durch einen unversöhnlichen

Interessengegensatz gekennzeichnet. Endgültig überwunden wird der Antagonismus nach Marx erst in einer klassenlosen Gesellschaft (↑Kommunismus).

Antezedens [lateinisch „das Vorhergehende“]: Bedingung, Grund, Ursache. In einem ↑Urteil der Form „wenn *B*, dann *E*“ nennt man *B* das Antezedens im Unterschied zur ↑Konsequenz *E*.

Anthropologie [zu griechisch ánthrōpos „Mensch“ und lógos „Lehre“]: seit dem Beginn des 16. Jahrhunderts gebräuchlicher Begriff für die Lehre vom Wesen bzw. der Natur des Menschen. Diese Begriffsbestimmung erscheint nur dann als sinnvoll, wenn man voraussetzt, daß es Eigenschaften und Verhaltensweisen des Menschen gibt, die ihm unabhängig von allen individuellen, kulturellen, ökonomischen und historischen Unterschieden zukommen, sogenannte *anthropologische Konstanten*. Im Unterschied zu den fachwissenschaftlichen Anthropologien, wie denen der Biologie, der Pädagogik, der Psychologie, der Soziologie, die jeweils bestimmte Aspekte des Menschseins zum Gegenstand ihrer Untersuchung machen, geht es der philosophischen Anthropologie um das Ganze des menschlichen Seins. Hierbei ist die moderne philosophische Anthropologie – seit den 20er Jahren unseres Jahrhunderts – in erster Linie eine „reaktive Disziplin“ (Habermas): Sie verarbeitet und interpretiert die Forschungsergebnisse der Wissenschaften vom Menschen (v. a. der Biologie) im Blick auf eine umfassende, einheitstiftende Erkenntnis des Menschen. In diesem Rückbezug auf die empirischen Wissenschaften unterscheidet sich die philosophische Anthropologie unserer Zeit von den bis in die Antike zurückreichenden Versuchen, das „Wesen“ des Menschen zu bestimmen. Dieses menschliche „Wesen“ ist allerdings ein problematischer Gegenstand. Dies liegt zum einen daran, daß es nicht *beschrieben* werden kann wie z. B. das Nervensystem oder der Zellaufbau, daß auch die vollständige Kenntnis der biologischen Ausstattung des Menschen allein noch nicht ausreichen würde, die Frage nach dem Wesen, der Natur des Menschen zu beantworten: Was der Mensch sei, kommt erst in der *Sinndeutung* aller empirisch erschließbaren Sachverhalte zum Vorschein. Nicht daß der Mensch ausgeprägte Artikulationsorgane sowie freigelegte Hände, eine spezifisch ausgebildete Großhirnrinde und ein relativ großes Hirnvolumen usw. hat, macht ihn zum Menschen; erst wenn wir wissen, wozu ihn das befähigt, was er tatsächlich daraus macht und welchen je nach historischer und gesellschaftlicher Situation durchaus unterschiedlichen Sinn dies für ihn hat, wissen wir etwas über sein Wesen. Entscheidend für den Menschen ist, daß und wie er seine Wirklichkeit als Möglichkeit erfährt, erkennt und entfaltet. Ein Mittel zu dieser, aller Selbstentfaltung notwendig vorausgehenden Selbstverständigung des Menschen ist die philosophische Anthropologie.

Ein weiteres Problem besteht darin, daß der Mensch zugleich Subjekt und Objekt der Frage nach sich selbst ist, zugleich Fragender und Erfragter, und dies nicht neutral und unparteiisch, da er als handelnder Mensch darauf angewiesen ist, sich, zumindest vorläufig, in seinem Menschsein zu verstehen. Selbst wenn er wollte, könnte er die Frage nach der Natur des Menschen nicht angehen, ohne sein eigenes Selbstverständnis, seine individuelle Lebensgeschichte und die Begrenztheit seines historischen und sozialen Ortes samt allen daraus entstehenden Vorurteilen in die Untersuchung einfließen zu lassen und damit bereits von vornherein den Rahmen möglicher Antworten abzustecken. Dies alles umso mehr, als auch der Anthropologe in einer Welt lebt, die übervoll ist mit veröffentlichten Antworten auf die Frage, was der Mensch braucht, um sein Menschsein entfalten zu können, Antworten, die als Angebot oder als Norm die Selbstdeutung des Menschen von vornherein in bestimmte Bahnen lenken. Beispiele finden sich in fast allen Lebensbereichen: von der Konsumwerbung zum Gesundheits- und Bildungswesen, in der Rechtsprechung, der Verkehrs-, Städte- und Landschaftsplanung, in Einrichtungen wie der Kirche, der Bundeswehr und in dem gesamten Kulturbereich. Wo immer der Mensch sein eigenes Wesen zu deuten beginnt, etwa um seinem Handeln neue Ziele zu setzen, um abzuwägen, was ihm unzuträglich, was zuträglich sein könnte, oder um sich in einer Krisensituation der Gemeinsamkeit, der Solidarität aller Menschen zu versichern, tut er dies als ein bereits Gedeuteter, als einer, dem die Resultate seiner Selbstdeutung buchstäblich in Form der von ihm geschaffenen Welt gegenüberstehen – als Aufgabe und Inhalt neuer Deutungsbemühungen.

Die moderne Anthropologie verdankt sich im wesentlichen den Untersuchungen und Anregungen dreier Philosophen: Scheler („Die Stellung des Menschen im Kosmos", 1927), Plessner („Die Stufen des Organischen und der Mensch", 1928) und Gehlen („Der Mensch. Seine Natur und seine Stellung in der Welt", 1940). Charakteristisch für diese drei Forscher wie für die Gegenwartsanthropologie im allgemeinen ist ihre „Wende zur Natur" (Marquard), d.h. es sind v.a. die Forschungsresultate der Biologie und der Ethologie (Verhaltensforschung), die im Blick auf eine philosophische Lehre vom Menschen rezipiert und interpretiert werden. – In der Vielfalt der bislang gewonnenen Ergebnisse und Vermutungen zeichnen sich v.a. zwei „Denkwege" ab. Der erste „Denkweg" versucht – ausgehend vom Tier-Mensch-Vergleich – das spezifisch menschliche Verhältnis zur Umwelt zu bestimmen. Am Schluß dieses Weges steht die These: Der Mensch lebt in einer ihm eigentümlichen „Verschränkung von Weltoffenheit und Umweltgebundenheit" (Habermas). Jedes Tier scheint durch sein Instinktrepertoire in eine bestimmte Umwelt eingepaßt zu sein. Nur für diesen Umwelttyp sind sein spezialisierter Organbau, seine angeborenen Bewegungsmuster, seine auf das Reizangebot dieser Umwelt abgestimmte selektive Wahrnehmung sinnvoll, nur hier ermöglichen sie das Überleben der Art. Tier und Umwelt bilden eine artspezifische Einheit, wobei für das Tier nur das zu seiner Umwelt gehört, was seine Sinne als lebenswichtigen Reiz aussondern. Anders als der Mensch verfügt das Tier nicht über eine „Substanzkategorie", die es ihm ermöglichen würde, sich seine Umwelt zu „vergegenständlichen" und die Identität von Gegenständen auch über einen längeren Zeitraum hinweg begrifflich sicher zu erfassen. – Das Tier ist ganz Leib, ohne sich selbst als Leib zu erleben; seine *Positionsform* (Plessner), das Verhältnis, in dem Leib und Umwelt zueinander stehen, ist „zentrisch", d.h. ohne die Möglichkeit zur Distanznahme erlebt das Tier sich und seine Umwelt allein aus seiner Leiblichkeit heraus. Der Mensch ist das einzige Wesen, das zugleich Leib ist und einen Körper hat, das sich zugleich als Zustand und als Gegenstand erfährt. Die *exzentrische Position* des Menschen, dieser ihm eigentümliche Bruch zwischen Leibsein und Körperhaben, der ihm einen ständigen Ausgleich abverlangt, bestimmt alle Bereiche seines psychischen und physischen Lebens und Erlebens. Im Gegensatz zum Tier kann sich der Mensch umweltfrei verhalten. Er kann die Umwelt zur „Welt" distanzieren und sich zu ihr in ein bewußtes und kontrolliertes Verhältnis setzen. Er kann seine Umwelt sogar transzendieren in den Bereich der Vorstellungen, Ideen und Visionen hinein und kann diesen wiederum Gestalt geben, sie seiner Umwelt einverleiben und diese so erweitern. Er ist nicht wie das Tier seinen Trieben und Instinkten unterworfen, er ist ein „Neinsagenkönnen" (Scheler), er kann entscheiden zwischen Triebhemmung und Triebbejahung. Nach Scheler ist jenes Prinzip, dem sich mit der Entbundenheit vom Trieb- und Instinktdiktat auch seine Umweltenthebung, seine *Weltoffenheit* verdankt, das allein dem Menschen zukommende *Prinzip des Geistes:* „Menschwerdung ist Erhebung zur Weltoffenheit kraft des Geistes ..." Trotzdem bleibt auch der Mensch in gewisser Weise in seine konkrete Lebenswelt eingebunden, die er zwar immer wieder überschreiten, aber nicht prinzipiell auslöschen kann. Auch die Erweiterung unserer Lebenswelt, das Hinausschieben ihrer Grenzen, das wir alle zwischen dem Kindes- und Erwachsenenalter erfahren haben, ändert nichts an der Tatsache der prinzipiellen Begrenztheit. Im übrigen bietet jede noch so „kleine" Welt unendlich viel mehr Möglichkeiten, Wahrnehmungen zu machen und Feststellungen zu treffen als dies, bedingt durch die Begrenztheit unseres Wahrnehmungsvermögens, unsere Weltbilder und Vorurteile und unseren gesellschaftlichen Standort, tatsächlich geschieht.

Der zweite „Denkweg" der modernen Anthropologie, dessen Ergebnisse durch Gehlen in einen systematischen Zusammenhang gebracht wurden, ist gekennzeichnet durch seine Abwehrhaltung gegen die Einführung des metaphysischen Prinzips des Geistes in die Anthropologie. Eckpfeiler der neuen Theorie werden die Begriffe des *Mängelwesens* und des *Handlungswesens.* In jeder natürlichen Umwelt wäre der Mensch aufgrund seiner mangelhaften, unspezialisierten Organe, seiner Instinktarmut, der langen Hilflosigkeit und Angewiesenheit im Kleinkindalter zum Aussterben verurteilt, wenn er nicht durch seine Befähigung zum intelligenten Handeln die vorgefundenen Umstände derart verändern könnte, daß sie sein Überleben ermöglichen. Das die Handlung steuernde Bewußtsein wird unter Abkehr von jeglicher metaphysischer Problematik nur noch als „Phase der Handlung" verstanden. – Der Mensch ist also schon „von Natur ein Kulturwesen"; die „Kulturwelt" ist die natürliche Umwelt des Menschen. Die biologische Mittellosigkeit des Menschen bedingt auch seine „Weltoffenheit": In jeder Umwelt ist der Mensch genötigt, eine überaus große Menge an natürlichen Umweltreizen zu rezipieren, um diejenigen herauszufiltern, die dem Aufbau, der Sicherung und Aufrechterhaltung seines Lebensraums dienlich sein könnten. Kehrseite der Weltoffenheit ist allerdings eine ständige Reizüberlastung, die der Mensch notwendig bewältigen muß, um nicht seine Handlungsmächtigkeit zu verlieren. Aus diesem vitalen Dilemma – der Angewiesenheit auf die Weltoffenheit einerseits und der sein Handeln lähmenden Reizüberflutung andererseits – muß sich der Mensch selbständig befreien, er muß „sich entlasten, d.h. die Mängelbedingungen seiner Existenz eigentätig in Chancen seiner Lebensfristung umarbeiten" (Gehlen). Dieser *Entlastungs*prozeß kann nur so vor sich gehen, daß der Mensch aus dem „Bannkreis des Unmittelbaren, in dem das Tier immer gefangen bleibt", hinausgelangt. – So entlastet die *Sprache* vom Handlungszwang, d.h. von der Notwendigkeit einer motorischen Sofortreaktion auf einen Reiz, indem sie ein Lautsymbol an die Stelle einer körperlichen Antwortreaktion setzt und damit den Reizappell „erledigt", so z.B. wenn man auf der Straße angerempelt wird und mit „Können Sie nicht besser aufpassen?" reagiert, anstatt sofort körperlich aggressiv zu werden. Dadurch, daß der Mensch als einziges Wesen zwischen Reiz und Reaktion eine „Besinnungspause" einschalten und damit sein Gesamtverhalten aus dem Automatismus der Instinktkette herauslösen kann, gelingt es ihm, mit der Sprache eine „Zwischenwelt" zwischen seinem Verhalten und der Wirklichkeit aufzubauen und sich so vom Anspruchsdruck des „Hier und Jetzt" zu distanzieren. Darüber hinaus bietet ihm die Sprache die Möglichkeit, auch über Abwesendes, Entferntes, Vergangenes oder Zukünftiges allein oder gemeinsam mit anderen zu verfügen und damit noch unabhängiger zu werden vom Reizangebot der jeweiligen konkreten Situation. – Heftig umstritten ist Gehlens Theorie der *Institutionen,* die er wie alle Kulturleistungen des Menschen unter dem Gesichtspunkt der „Entlastung" analysiert. Die Instinktschwäche des Menschen nötigt ihn, um der Sicherung und Stabilisierung des gegenseitigen Verhaltens willen, auf gesamtgesellschaftlicher Ebene eine Art „Instinktersatz" zu schaffen, die Institutionen, die für eine Gesellschaft die gleiche Rolle spielen wie Auslöser und Instinktbewegung im Tierreich: Sie entlasten das Individuum von Motivationsproblemen und jeweils neu zu improvisierenden Entscheidungen und machen sein Verhalten umso berechenbarer, je genauer es seine institutionelle Rolle kennt. Wird der repressive Anspruch der Institutionen in Frage gestellt, so wird damit der Zusammenhalt der Gesellschaft und die Verhaltenssicherheit ihrer Mitglieder gefährdet; ihre Zerschlagung führt zur moralischen und geistigen „Ausartung" der Menschheit. Gegenstand der Kritik wurden v.a. der antiaufklärerische Zug dieser Theorie und Gehlens Versuch, aus der Natur des Menschen die Notwendigkeit einer autoritär verfaßten Gesellschaft zu begründen (Habermas).

Anthropomorphismus [zu griechisch anthrōpómorphos „menschengestaltig"]: die Übertragung menschlicher Eigenschaften und Verhaltensweisen auf nichtmenschliche Gegenstände und Wesen, v.a. im Bereich der Religion. Besonders ausgeprägt tritt der Anthropomorphismus in der griechischen Antike, in der Götterwelt Homers und Hesiods auf: Nicht nur die äußere Erscheinung, auch das Denken, Fühlen, Leiden und Handeln sowie die Beziehungen der Götter untereinander werden in Analogie zur Menschenwelt dargestellt. Auch der Gott des Alten und Neuen Testamentes hat anthropomorphe Züge. Seit der Antike (Xenophanes) hat die Philosophie immer wieder Kritik an anthropomorphen Gottesvorstellungen geübt. Diese Kritik galt einerseits der Herabwürdigung Gottes (bzw. der Götter) durch seine (ihre) Vermenschlichung, andererseits der Unverständlichkeit der im Anthropomorphismus befangenen religiösen Sprache. Ausdrücke wie „Gott liebt..., redet..., handelt..." sind offenbar nicht in gleicher Weise zu verstehen und einzuführen, wie dies im Zusammenhang mit Personen möglich ist. Erst ein symbolisches Verständnis anthropomorpher Aussagen (Kant) kann diese, allerdings nur, wenn sie sich in der Beschränkung auf eine Vermittlerfunktion kenntlich machen, als zulässige Redeweise akzeptieren.

anthropozentrisch [zu griechisch ánthrōpos „Mensch" und kéntron „Mittelpunkt"]: ein Weltbild, das den Menschen in den Mittelpunkt stellt, wird als anthropozentrisch bezeichnet. Der Mensch gilt dann meist als Zweck oder Ziel des Weltgeschehens, als „Krone der Schöpfung". Eng mit anthropozentrischen Vorstellungen verbunden sind *geozentrische* Modelle der Welt, die die Erde im Mittelpunkt des Weltalls sehen (ptolemäisches Weltbild). Die modernen Naturwissenschaften haben das geozentrische Weltbild verdrängt (kopernikanisches Weltbild).

antike Philosophie: Sammelbegriff für das Denken der Philosophen griechischer und lateinischer Sprache vom 6. Jahrhundert v.Chr. bis zum 4. Jahrhundert n.Chr., soweit sie nicht Christen waren.

Daß die antiken Philosophen nicht der Priesterschaft angehörten, ist ein Grund dafür, daß es antike Philosophie im Sinne eines Grundkonsenses der Lehre nicht gibt. Vielmehr findet sich ein außerordentlicher Dissens der Philosophen bezüglich der sinnvollen Problemstellungen, der richtigen Lösungsansätze, Problemlösungsstrategien und Problemlösungen. In der Antike war die individuelle Selbständigkeit philosophischen Denkens so groß, daß sich Denkmethoden, Denkergebnisse, Lebenshaltungen zweier Philosophen auch dann deutlich unterscheiden, wenn sich der eine dankbar als Schüler des anderen bekennt, wie z. B. Platon gegenüber Sokrates, Aristoteles gegenüber Platon. – Trotzdem weisen die Philosophen, die zeitlich zwischen der uneingeschränkten Geltung des Mythos und der Entstehung der christlichen Staatskirche leben, grundlegende Gemeinsamkeiten auf. Sie üben *Kritik* an den Meinungen des Volkes über die Natur, am Verhalten der Menschen, an den jeweiligen politischen Verhältnissen, v. a. an den mythischen Vorstellungen des Volkes, dem tradierten Götterglauben und den tradierten moralischen und juridischen Handlungsnormen: Antike Philosophie ist ↑Aufklärung. Gemeinsam ist antiken Philosophen auch das Vertrauen in den menschlichen *Logos:* Sie sind im allgemeinen sicher, durch inneres und äußeres Sprachhandeln erfassen zu können, was das Wesen des Menschen und jedes anderen Seienden, ja das Sein des Seienden ist, und wie Menschen leben und handeln sollen. Zwar erliegt der menschliche Logos nach antiker Überzeugung immer wieder dem Irrtum. Aber dieser kann weitgehend ausgeschlossen werden. Daher erforscht antike Philosophie immer differenzierter die letzten Prinzipien und die Gesetze des Denkens, analysiert und definiert Begriffe, Satzformen, Schlußformen. Der Irrtum soll auch vermieden werden, indem man möglichst nicht einsam denkt, sondern sich auf das philosophische Gespräch mit denen einläßt, die anderer Meinung sind: Nicht der Monolog ist der Modus, in dem der menschliche Logos Wahrheit findet, sondern der Dialog, z. B. der tatsächliche Dialog des Sokrates mit attischen Bürgern, der literarische Dialog des Platon mit philosophisch Andersmeinenden, die immer erneute Auseinandersetzung des Aristoteles mit den Lehren verstorbener Philosophen. – Der menschliche Logos ist nach antiker philosophischer Überzeugung auf das „Vernehmen“ verwiesen. Die griechische Bezeichnung für das Denkvermögen (noũs) ist aus einem Verb abgeleitet, das zunächst „gewahr werden“ bedeutet, dann erst „denken“. Für antikes Weltverständnis sind jedes Seiende, das Sein des Seienden insgesamt, ja die Ursprünge alles Seienden „unverborgen“, für das menschliche Erkennen „offen“ (↑Aletheia). Der Mensch muß das, was „offenbar“ ist, allerdings in geeigneter Weise „gewahr werden“. – Für antike Philosophen wird, was etwas ist, durch seine *Gestalt* offenbar. Die Begriffe „Eidos“ (griechisch „Anblick, Gestalt, Wesen“) und „Idee“ (griechisch „Anblick, Form, Urbild“) haben nicht nur in der platonischen Philosophie zentrale Bedeutung. Für antike Philosophen ist gerade das abstrakte Erkennen, das die Prinzipien alles Seienden und des Denkens erfaßt, ein „Schauen“, eine Theoria (griechisch „das Anschauen, Betrachten“). Konsequenterweise formulieren antike Philosophen nicht selten ihre abstraktesten Erkenntisse in „wahrnehmbaren“ Symbolen. – Das Ganze, was durch Philosophieren zur Theoria, zur geistigen Anschauung gelangen soll und auch kann, weil es offenbar ist, das ist für antike Philosophen die *Natur.* Sie ist das letzte Kriterium für die Wahrheit von Aussagen und für das Gutsein von Handlungen. Ob der einzelne Philosoph mit „Natur“ das Ganze meint, was nicht von Menschen hergestellt ist, oder nur die belebte Natur, ob er die Natur als wohlgeordnet (↑Kosmos) oder als vom Zufall abhängige Komposition von ↑Atomen versteht, immer gilt für antike Philosophen, was Seneca im 1. Jahrhundert n. Chr. formuliert: „Die Natur muß man als Führerin nehmen. Der Vernünftige beobachtet und befragt sie. Glückse-

lig leben und der Natur gemäß leben ist dasselbe."
Selbst wenn das Leben in der Theoria als beste Lebensform behauptet wird, geht es antiken Philosophen nicht um die Theorie der Theorie wegen, sondern um das richtige, d.h. „glückselige" Leben (↑Eudaimonia). Glückselig leben bedeutet für sie nicht, sich den Lüsten hinzugeben, auch nicht für Epikur, sondern unter der Leitung des Logos, d.h. tugendhaft, zu leben. Was im einzelnen auch immer für unterschiedliche Tugenden gepriesen werden, *Tugend* bedeutet stets Tauglichkeit zum glückseligen Leben.

Antinomie [zu griechisch antí „gegen" und nómos „Gesetz"]: ein zunächst in der *Rechtslehre* gebräuchlicher Terminus für die Widersprüchlichkeit zweier Gesetze, von denen jedes gleichrangig Gültigkeit beanspruchen kann. – In die *Philosophie* führte Kant den Begriff der Antinomie als Terminus ein. Kant vergleicht in seiner „Antinomienlehre" Aussagen der beiden wichtigsten philosophischen Strömungen seiner Zeit (des Empirismus und des Rationalismus) zu vier zentralen kosmologischen Problemen: 1. Ist das Weltall räumlich-zeitlich endlich oder unendlich? 2. Ist es sinnvoll, einen Aufbau der Materie aus kleinsten, nicht weiter zerlegbaren (spaltbaren) Bestandteilen anzunehmen? 3. Gilt das Kausalprinzip universal oder ist es erforderlich, den Bereich seiner Geltung einzuschränken? 4. Gibt es eine [aller]erste Ursache, genannt Gott? Kant stellt fest: Beide Richtungen treffen zu diesen Themen einander völlig widersprechende Aussagen. So stehen sich z.B. in der 4. Antinomie einander gegenüber die rationalistische These: Zur Welt gehört eine *erste* Ursache, ein schlechthin notwendiges Wesen, genannt Gott, und die empiristische Gegenbehauptung: Eine erste Ursache gibt es *nicht,* sondern jede Ursachenkette läßt sich ins Unendliche zurückverfolgen. – Kant ging davon aus, daß jede Seite für ihre Ansicht gute, stichhaltige Gründe anzugeben wußte, so daß der daraus resultierende Widerstreit ein „natürlicher" und „unvermeidlicher" der Vernunft mit sich selbst sei, d.h. jedes vernünftige Wesen sei in der Lage, sowohl den einen als auch den entgegengesetzten Standpunkt einzunehmen und zu rechtfertigen. Kants Lösung: Widersprüche der erläuterten Art kommen offensichtlich dann zustande, wenn die Vernunft sich keine Rechenschaft darüber ablegt, daß sie sich auch auf Gegenstände beziehen kann, die jenseits des Bereichs der sinnlichen Erfahrung liegen. Das Weltganze z.B. oder die Totalität (Gesamtheit) aller Ursachen und damit das Unbedingte, nicht mehr von anderem Verursachte, sind Gegenstände, die durch keine empirische Forschung konstituiert, geformt, „dingfest gemacht" werden können, weil sie dem Menschen sinnlich-anschaulich niemals gegeben sein werden; beides bleibt Idee, Vernunftkonstrukt.
Man darf nun – und hier setzt Kants Kritik an der traditionellen Philosophie ein – nicht einfach so tun, als ob kein Unterschied bestünde zwischen derartigen Objekten des reinen Denkens, den ↑Ideen, und Gegenständen der (sinnlichen) Erfahrung. Die Forderung nach der konsequenten Beachtung dieser Differenz kann als eines der Kernstücke Kantischer Philosophie (↑Kritizismus, ↑Transzendentalphilosophie) bezeichnet werden. – Kant meinte, daß gerade die genannten vier antinomischen Thesen der traditionellen Philosophie ihm den Blick geschärft hätten für seine eigene Lösung des Erkenntnisproblems (↑Ding an sich, ↑Erscheinung). Und so wird die Entdeckung der „Antinomienlehre" oft auch als Geburtsstunde der Kantischen Philosophie bezeichnet.
Neben den erläuterten, spezifisch *erkenntnistheoretischen Antinomien* behandelt Kant antinomische Strukturen auch innerhalb der „Kritik der praktischen Vernunft" und der „Kritik der Urteilskraft". – Als gegen En-

de des 19. Jahrhunderts im Zuge der Entwicklung einer exakten Beweistheorie (zur strengen Rekonstruktion des vorhandenen mathematischen Wissens) die Möglichkeit antinomischer Aussagen (sogenannter *logischer Antinomien)* auch in der *Mathematik* entdeckt wurde, wurde dies z. T. als Schock empfunden. Besonders bekannt wurde – durch Russell – folgende, äußerst widersprüchliche, mathematische Begriffsbildung: Es bezeichne $\mathcal{U}$ (wie „unvernünftige" Menge) „die Menge aller Mengen, die sich nicht selbst enthalten". Ist $\mathcal{U}$ in $\mathcal{U}$ als Element enthalten, so heißt das: $\mathcal{U}$ teilt mit allen anderen Elementen derselben Menge die definierende Eigenschaft, nämlich sich selbst nicht zu enthalten; d. h. aber $\mathcal{U}$ liegt nicht in $\mathcal{U}$; woraus wiederum folgt: $\mathcal{U}$ liegt doch in $\mathcal{U}$ usw. Man kann also *zirkulär* schließen: Aus $\mathcal{U}$ in $\mathcal{U}$ folgt: $\mathcal{U}$ nicht in $\mathcal{U}$ folgt: $\mathcal{U}$ in $\mathcal{U}$ usw. (Zirkelschluß). D. h. beide Aussagen (sowohl „$\mathcal{U}$ in $\mathcal{U}$" als auch „$\mathcal{U}$ nicht in $\mathcal{U}$") sind beweisbar (↑Ableitung). Sind aber in einem logischen System sowohl eine Aussage *A* als auch ihre ↑Negation („non *A*" oder „nicht *A*"; in Zeichen: $\neg A$) ableitbar, so ist in diesem System *alles* beweisbar – und darum auch wiederum *nichts;* das gesamte System bricht zusammen (↑Satz vom verbotenen Widerspruch). Zur Lösung des Problems sucht man weitere Begriffsbildungen antinomischer Struktur, um an einer Vielzahl von Beispielen vielleicht eher auf die Ursachen der „Katastrophe" zu stoßen. So wurde z. B. im seit der Antike bekannten sogenannten *Lügnerparadox* untersucht, ob der Kreter Epimenides, der die Behauptung aufstellt, „Alle Kreter lügen", selbst auch lügt oder vielleicht doch die Wahrheit spricht. – Solche und ähnliche antinomische Strukturen, die durch den Inhalt (Sinn) sprachlicher Ausdrucksmittel (hier z. B. des Wortes „lügen") zustande kommen, bezeichnet man als *semantische Antinomien,* während die logischen Antinomien rein formal durch die Ableitbarkeit der ↑Konjunktion $A \wedge \neg A$ charakterisiert sind. – Über die tieferen Ursachen und damit eine inhaltlich begründete Lösung der logischen Antinomien ist bis heute keine Einigkeit erzielt worden, weil alle Vorschläge, die zu widerspruchsfreien Systemen führen, den Satzbestand der faktisch betriebenen, „klassischen" Mathematik an verschiedenen Stellen beschränken. Einigen konnte man sich bisher nur auf einen Akt der notwendigsten „ersten Hilfe", nämlich die Bildung „unvernünftiger Mengen" in irgendeiner Form zu unterbinden (↑auch Klasse).

Antithese [griechisch „Gegenbehauptung, Gegensatz"]: die einer als ↑These vorgetragenen Behauptung widerstreitende Gegenbehauptung. Eine wichtige Rolle spielt die Antithese als Teil des dialektischen (↑Dialektik) Dreischritts These – Antithese – Synthese in der Philosophie Hegels und Marx' sowie im Marxismus-Leninismus.

Antizipation [lateinisch „Vorwegnahme, Vorgriff"]: mit anticipatio übersetzt Cicero den griechischen Begriff prólēpsis der stoischen und der epikureischen Erkenntnistheorie. **Prolepsis** meint hier die angeborene oder in früher Kindheit erworbene Fähigkeit, aus sinnlicher Wahrnehmung unmittelbar sogenannte „natürliche" Begriffe zu bilden, d. h. Empfindungen der Sinnlichkeit nach allgemeinen Merkmalen zu ordnen und zu strukturieren. So ist z. B. nach antiker Auffassung die Klassifizierung „Dieser hier, Sokrates, ist ein Mensch" völlig unproblematisch, weil wir es schon immer wußten oder bereits als Kinder gelernt haben, welche Gegenstände wir in die „vorweggenommene Vorstellung" (Cicero) „Mensch" einordnen; modern gesprochen: welche Gegenstände wir aufgrund spezifischer Merkmale zur Klasse „Mensch" zählen. Damit bezeichnet Prolepsis in der *antiken Philosophie* ein eher unreflektiertes, praktisches und damit vorwissenschaftliches Wissen. – Seit der *neu-*

zeitlichen Erkenntnistheorie verbindet man mit dem Begriff der Antizipation eher die Analyse derjenigen Bedingungen, die Erfahrungswissen überhaupt erst ermöglichen. Antizipation der Wahrnehmung nennt z. B. Kant alle die Elemente einer Empfindung, die für „jede Empfindung, als Empfindung überhaupt" charakteristisch sind und die somit bereits vor aller Erfahrung (↑a priori/a posteriori), „vorwegnehmend", für jede konkrete Empfindung behauptet werden können. – In der *zeitgenössischen Philosophie* dagegen (z. B. bei Apel, Habermas u. a.) meint Antizipation die detaillierte und reflektierte Vorstellung z. B. von Kommunikationskontexten und -abläufen (↑Diskurs) oder auch anderen gesellschaftlichen Strukturen und Verhältnissen. Gedanklich wird eine Idealsituation „vorweggenommen", um an ihr konkrete, faktisch vorhandene Situationen zu messen und zu beurteilen. Stimmen Entwurf und Realität nicht überein, so wirkt die Antizipation „gegen das Bestehende" (↑kontrafaktisch): Sie liefert einen Maßstab für Kritik und einen Zielpunkt für Veränderung.

Apathie [griechisch „Unempfindlichkeit, Leidenschaftslosigkeit"]: in der Philosophie Bezeichnung nicht für eine krankhafte Teilnahmslosigkeit, sondern für das sittliche Bildungsideal der Ausschaltung bestimmter Affekte. – Der epikureische (↑Epikureismus) und v. a. stoische Weise (↑Stoa) erhofft sich dauerhafte Glückseligkeit (↑Eudaimonia) und humane Beziehungen zu Menschen durch ein Leben aus der Vernunft. Einige Gemütszustände, insbesondere Freude, Vorsicht, Wohlwollen, fördern das vernunftbestimmte Leben; sie werden gebilligt. Andere verhindern das glückselige und humane Leben: der seelische Schmerz, die Furcht (vor Göttern, Tod, Schicksal, Mitmenschen) und v. a. die Begierden. Da diese Gemütszustände nach antiker Überzeugung Folgen von Unwissenheit sind, können sie durch immer erneute philosophische Selbstaufklärung der Vernunft ausgemerzt werden. Die Stoiker fordern – im Unterschied zu Epikur, der nur empfiehlt – die Ausschaltung der schädlichen Affekte als bedingungslose Pflicht des Menschen. – In der Neuzeit nimmt Kant diesen Gedanken wieder auf. Für ihn ist Apathie „Pflicht", weil Voraussetzung der Tugend.

Apeiron [griechisch „das Unbegrenzte, Endlose, Undurchdringliche"]: Begriff griechischer Kosmologie und Ontologie. – Einige Vorsokratiker formulieren im Anschluß an Anaximander mit „Apeiron" abstrakt den Urstoff, aus dem heraus das Seiende entsteht und in den sich jedes Seiende wieder auflöst. Das Apeiron ist raumzeitlich unbegrenzt, ermöglicht daher das anfanglose und endlose Werden der Welt; es ist, weil unbegrenzt, ohne Gestalt (↑Eidos), ist daher hinsichtlich dessen, was es ist, unerkennbar; es enthält potentiell alle Wesensformen des endlich Seienden. Apeiron ist damit die erste begriffliche Fassung dessen, was später als ↑„Materie" bezeichnet wird. – In kritischer Abgrenzung von dieser vorsokratischen Meinung spricht Aristoteles dem Apeiron jede Wirklichkeit ab; Apeiron sei ein notwendiges Konstrukt der menschlichen Vernunft als Inbegriff alles Möglichen (↑Akt/Potenz) und als Inbegriff dessen, was durch alle Formen geformt ist (↑Form/Materie).

Aphairesis [griechisch] ↑Abstraktion.

apodiktisch [zu griechisch apodeiktikós „dem Beweis dienend"]: unwiderlegbar, unbedingt richtig. ↑Urteile werden apodiktisch genannt, wenn sie logisch notwendig (↑Notwendigkeit) oder evident sind. Apodiktische Urteile sind somit Ausdruck höchster Gewißheit

Aporie [griechisch „Weglosigkeit"]: Bezeichnung für eine Situation, in der keine Handlungs- oder Argumentationsalternative vor anderen ausgezeichnet ist. Sokrates führte seine Gesprächspartner in die Aporie, um sie von ihren Vorurteilen zu befreien und so philosophischen Fragen zu öffnen.

a posteriori [lateinisch] ↑a priori/a posteriori.

Apperzeption [zu neulateinisch adpercipere „hinzuwahrnehmen"]: eine Art der Wahrnehmung sinnlicher Gegenstände, die über ↑Perzeption (bloße Aufnahme von Sinneseindrücken) hinausgeht, indem sie dieser das Element verstandesmäßiger Reflexion und damit der Klarheit und Bewußtheit hinzufügt. – In die Erkenntnistheorie wurde die Differenzierung zwischen Apperzeption und Perzeption erstmals von *Leibniz* eingeführt. Der Schwerpunkt des Unterschiedes liegt dabei für Leibniz im Gegensatz von *bewußt* und *unbewußt*. Es wird – philosophisch – als Leistung des Verstandes eingestuft, wenn aus einer Masse unbewußter, undeutlicher und verschwommener Sinneseindrücke bestimmte Inhalte ausgesondert und bevorzugt aufgenommen werden. Dadurch treten sie klar und deutlich hervor; sie stehen im Zentrum des Bewußtseins und können in den Gesamtzusammenhang der Erfahrung eingeordnet werden. – *Kant* grenzte in seiner Erkenntnistheorie diese psychologische oder *empirische* gegen die *reine* oder transzendentale Apperzeption ab. Reine Apperzeption steht bei Kant für das Vermögen, die Einheit, d.h. die Stimmigkeit, Vergleichbarkeit und Verknüpfbarkeit aller Verstandes- und Vernunfterkenntnisse zu erzeugen. Die reine Apperzeption geht logisch-systematisch, nicht zeitlich, aller empirischen voraus. Die Wahrnehmung richtet sich auf das Subjekt des Erkennens selbst, und die Reflexion dieses Wahrnehmungsinhaltes macht das Ich als Subjekt des Denkens und Erkennens bewußt, d.h. transzendentale Apperzeption ist *reines Selbstbewußtsein*. Das „ich denke" ist ein erkenntnistheoretischer Fixpunkt, der Einheit garantiert, weil auf ihn *alle* weiteren Vorstellungen des denkenden und erkennenden Subjektes bezogen werden können.

a priori/a posteriori [lateinisch „vom Früheren her/vom Späteren her"]: grundlegendes Begriffspaar der Erkenntnistheorie. Im Anschluß an Aristoteles verstand man im Mittelalter unter einem Beweis a priori einen Schluß von den Ursachen auf die Wirkungen, unter einem aposteriorischen Beweis hingegen das umgekehrte Verfahren. Dem entspricht der Unterschied zwischen dem der „Natur nach Früheren" (die Ursachen) und dem „für uns Früheren" (meist die Wirkungen). Für die heutige Diskussion ist die auf Kant zurückgehende Bedeutung von a priori/a posteriori besonders wichtig. Kant betrachtet diese beiden Begriffe als ↑kontradiktorische Gegensätze, d.h. a posteriori bedeutet soviel wie nicht a priori.

Eine Erkenntnis *a priori* ist nach Kant dadurch ausgezeichnet, daß sie von aller ↑Erfahrung unabhängig ist. In diesem Sinne ist eine Erkenntnis, die sich auf ein induktiv gewonnenes Naturgesetz stützt, nicht a priori. Zwar bedarf es, ist erst einmal das Gesetz bekannt, keiner Erfahrung, um aus ihm Voraussagen abzuleiten (etwa: Der Stein fällt mit dieser Geschwindigkeit zu Boden), aber die Erfahrung steckt hier im Gesetz. A priori bezieht sich auf die Art und Weise, wie eine Erkenntnis gerechtfertigt werden kann, und nicht auf den Weg, auf dem sie zustande kommt. Eine Gattung von Sätzen, die sicher a priori sind, stellen die analytischen Urteile (↑analytisch) dar: In ihrem Fall bedarf es nur der Kenntnis von Definitionen und dergleichen. Damit ist für Kant dieser Bereich jedoch noch nicht erschöpft. Hinzu kommen die Sätze, die sich auf diejenigen Anteile unseres Erkenntnisvermögens beziehen, die Erfahrung erst möglich machen, die in Kants Worten „Bedingung der Möglichkeit von Erfahrung" sind. Es sind dies die ↑Anschauungsformen Zeit und Raum, die ↑Kategorien und die Vernunftbegriffe. Da sie die Erfahrung ermöglichen (könnten wir Dinge z.B. nicht räumlich und zeitlich ordnen, so könnten wir keine Erfahrungen machen), können sie ihrerseits nicht von dieser abhängen. Das Apriori erhält so bei Kant seine *transzendentale* Wendung: Es wird in das Erkenntnissubjekt verlegt („kopernikanische Wende"). Musterbeispiele apriorischer Sätze liefert nach Kant die Mathematik. Ihren Aussagen kommt nämlich *strenge Allgemeingültigkeit* und *unbedingte Notwendigkeit* zu, beides Eigenschaften, die nur ein apriorisches Urteil besitzen kann. Ein Satz der Erfahrung kann zwar behaupten, daß etwas so sei, wie es ist, aber er kann nicht beweisen, daß es so sein muß (wenn das Fallgesetz gilt, muß der Stein fallen, daß aber das Fallgesetz gilt, ist nicht notwendig). Andererseits sind diese Sätze nicht analytisch, denn sie erweitern in echter Weise unser Wissen. Damit haben wir **synthetische Sätze a priori** vor uns. Die Frage, ob es solche Sätze gibt, beherrscht die erkenntnistheoretische Diskussion seit Kant. Im 20. Jahrhundert wurden verschiedene Versuche unternommen, das Apriori neu zu interpretieren oder es auf andere Gebiete zu übertragen. In der Wissenschaftstheorie verschob sich das Interesse von Kants epistemischem Apriori auf das *methodische* (Dingler, Lorenzen). Darunter werden diejenigen Teile der empirischen Wissenschaften verstanden, die die empirische Forschung erst ermöglichen, wie z. B. die einfachen Verfahren der Längen- und Zeitmessung. Diese Verfahren stellen für die Wissenschaft also ein lebensweltliches Apriori dar (↑Lebenswelt). Unter dem Einfluß der Evolutionstheorie (↑Evolution) steht die evolutionäre Erkenntnistheorie, deren These lautet: Das Apriori, das jedem Erkenntnissubjekt zukommt, ist stammesgeschichtlich erworben, also a posteriori. Der Erkenntnisapparat ist als das Produkt einer zunehmend gelungeneren Anpassung an die Realität zu betrachten. Zum Zwecke einer Begründung der Ethik wird von Apel und Habermas neuerdings das **Apriori der Kommunikationsgemeinschaft** herangezogen. Damit sind jene Bedingungen gemeint, die eine Gemeinschaft erfüllen muß, um Verständigung allererst zu ermöglichen (z. B. Bereitschaft, sich den besseren Argumenten zu beugen, den anderen zuzuhören, Gewaltverzicht u. a.). Das Apriori nimmt hier einen *normativen* Charakter an. Daneben wird der Leib im sogenannten **Leibapriori** als Bedingung der Möglichkeit von Erfahrung thematisiert. Er wird als Schnittpunkt von theoretischer Welterkenntnis, praktischer Handlungsfähigkeit und Sprachvermögen aufgefaßt. Damit steht er im Zentrum aller auf das Apriori gerichteten Anstrengungen.

A posteriori nennt Kant die von den Dingen (Gegenständen) durch die Sinne rezipierten Empfindungen und Erkenntnisse, die keine Notwendigkeit und Allgemeingültigkeit beanspruchen können und der Formung durch die Denkformen bedürfen.

Apriorismus [zu lateinisch a priori „vom Früheren her"]: Sammelname für Positionen, die die Existenz eines Apriori (z. B. der Erkenntnis oder des Handels) annehmen. Eine frühe Form des Apriorismus findet sich bei Platon in Gestalt seiner Wiedererinnerungslehre (↑Anamnesis): Die in früheren Leben geschauten Ideen bilden ein Apriori jeglicher Erkenntnis. Descartes nahm ebenfalls ein erkenntnistheoretisches Apriori an in Form der ↑angeborenen Ideen (z. B. Gottes). Kant hat den Apriorismus gegen seine empiristischen Kritiker neu belebt, indem er behauptete, daß die ↑Anschauungsformen Raum und Zeit sowie die ↑Kategorien apriorische Bedingungen für die Möglichkeit von Erfahrung darstellten. Im 20. Jahrhundert verteidigten Dingler und Lorenzen einen methodischen Apriorismus: Gewisse einfache Verfahren der ↑Lebenswelt müssen deshalb von der Wissenschaft einfach vorausgesetzt werden (↑a priori/a posteriori).

Äquivalenz [zu lateinisch aequus

„gleich" und valentia „Stärke"; „Gleichwertigkeit"]: 1. *allgemein:* Zwei Gegenstände x und y heißen äquivalent bezüglich einer Eigenschaft E, wenn sich x und y hinsichtlich E nicht unterscheiden lassen. In diesem Sinn ist Äquivalenz eine Abschwächung von Gleichheit (z. B. Eisen und Beton sind äquivalent bezüglich ihrer Ausdehnung bei Erwärmung). Ist die Eigenschaft E festgelegt, so reduziert sich die dreistellige ↑Relation „x ist äquivalent y bezüglich E" auf die zweistellige Relation „x ist äquivalent y". Eine solche Relation hat folgende Eigenschaften: x ist immer äquivalent zu x (Reflexivität); ist x äquivalent zu y, so ist auch y äquivalent zu x (Symmetrie); ist x äquivalent zu y und y äquivalent zu z, so ist x auch äquivalent zu z (Transitivität). Eine Relation mit diesen Eigenschaften heißt *Äquivalenzrelation.* Ausgehend von einer Äquivalenzrelation kann man Äquivalenzklassen bilden, indem man alle zu einem festen Gegenstand äquivalenten Gegenstände zu einer Klasse zusammenfaßt. Man erhält so eine Einteilung der Gegenstände in elementfremde Klassen (im obigen Beispiel besteht jede Klasse aus all den Stoffen, die das gleiche Ausdehnungsverhalten bei Erwärmung zeigen). Dem Vorgang der ↑Abstraktion liegt eine Äquivalenzklassenbildung zugrunde. Diese Konstruktion ist für Logik und Mathematik von fundamentaler Bedeutung. – 2. In der *Aussagenlogik:* Der durch die nachstehende Wahrheitstafel festgelegte Junktor wird als *materiale Äquivalenz* (auch: *Äquijunktion, Bisubjunktion*) bezeichnet:

A	B	$A \leftrightarrow B$
w	w	w
w	f	f
f	w	f
f	f	w

$A \leftrightarrow B$ besitzt dieselbe Wahrheitstafel wie $(A \rightarrow B) \wedge (B \rightarrow A)$. Es gilt nun: Zwei Aussageformen α und β haben dieselbe Wahrheitstafel genau dann, wenn die Aussageform $\alpha \leftrightarrow \beta$ eine Tautologie ist. – 3. In der *Logik* werden zwei Aussagen äquivalent genannt, wenn sie sich gegenseitig logisch implizieren, wenn also A aus B folgt und umgekehrt (Symbol: $A \divideontimes B$). Auch dieser Äquivalenzbegriff hängt eng mit der materialen Äquivalenz zusammen, wie der folgende Satz zeigt: $A \divideontimes B$ gilt dann und nur dann, wenn $A \leftrightarrow B$ eine Tautologie ist. – Beim logischen Schließen dürfen also äquivalente Aussagen gegeneinander ausgetauscht werden.

äquivok [lateinisch „doppelsinnig, mehrdeutig"] (homonym): Bezeichnung für Wörter, die zwei oder mehr Bedeutungen haben (z. B. „Lust": „Lust haben auf etwas" und „Lust empfinden bei"). Wird ein äquivokes Wort bei einer Argumentation in mehreren Bedeutungen verwandt, so spricht man von *Äquivokation.* Diese kann zu einem logischen Fehlschluß führen. In der Geschichte der Philosophie hat z. B. die äquivoke Verwendung von „ist" als Kopula, als Ausdruck für eine Gleichheitsbeziehung und als Ausdruck für Vorhandensein zu vielen Fehlschlüssen geführt. – Als **univok** wird ein Wort bezeichnet, das nur genau eine Bedeutung trägt (z. B. „univok").

Arbeit [ursprünglich „schwere körperliche Anstrengung, Mühsal, Plage"]: seit der bürgerlichen Aufklärungsphilosophie einer der Grundbegriffe der Anthropologie, Gesellschaftsphilosophie und Ethik.

Arbeit bezeichnet im philosophischen Kontext jedes planmäßige menschliche Tun, gleichgültig, ob dabei vorwiegend körperliche oder geistige Kräfte in Anspruch genommen werden, wenn es dazu dient, als zweckmäßig angesehene Gegenstände (z. B. Produktions-, Gebrauchs-, Verbrauchsgüter) oder Situationen (z. B. Wissen, Sicherheit, Ordnung) zu schaffen. Nur Menschen arbeiten, da nur sie als Wesen, die zum Sprachhandeln fähig sind (↑Zoon logon echon), planmäßig und gesellschaftlich auf selbstgesetzte Zwecke

hin handeln können. Allein durch Arbeit ist es den Menschen möglich, ihre Situation als bedürftige ↑ Mängelwesen „aufzuheben" (↑ aufheben), Natur zur Lebenswelt für Menschen zu gestalten und sich partiell selbst zu verwirklichen (↑ Selbstverwirklichung). In diesen Notwendigkeiten gründet das Recht auf Arbeit. Die individuelle Arbeit ist stets auch gesellschaftlich, insofern die konkrete Befähigung und die Mittel zur individuellen Arbeit gesellschaftlich erzeugt sind, der individuelle Arbeitsvollzug auf die Arbeit der anderen Gesellschaftsmitglieder angewiesen ist, die individuellen Arbeitsbedingungen gesellschaftlich bestimmt sind, die individuellen Arbeitsprodukte sich gesellschaftlich auswirken. Arbeitszwecke, Arbeitsbedingungen, Arbeitsvollzug und Arbeitsprodukte unterliegen der ethischen Kritik.
In der antiken Philosophie gibt es kein Wort, das diesen neuzeitlichen Begriff von Arbeit zusammenfaßt. Vielmehr wird strikt unterschieden zwischen dem Tätigsein, in dem der Mensch sich selbst entfaltet (z. B. wissenschaftliches und politisches Tun), und dem, das dem Verfertigen von Sachen dient. Nach Aristoteles trägt ersteres seinen Zweck in sich selbst, ist frei und wesentlicher Teil eines glücklichen Lebens (↑ Eudaimonia), während letzteres seinen Zweck außerhalb seiner selbst hat, Zwängen unterworfen, daher menschenunwürdig und weitgehend Sklaven zuzuweisen ist. – Die englische Aufklärungsphilosophie von Locke bis Smith sieht demgegenüber gerade das zweckrationale Tun, das der Aneignung und Beherrschung der Natur sowie der Güterherstellung dient, als das eigentlich produktive Tätigsein des Menschen, durch das die Menschheit fortschreitet. – Für Marx ist Arbeit das einzige die Menschen als Menschen auszeichnende Tätigsein, in dem sie durch freie und bewußte gesellschaftliche Erzeugung einer gegenständlichen – wissenschaftlichen, künstlerischen, technischen – Welt sich zugleich als humane Menschen erzeugen; diese humane Arbeit werde allerdings durch die Herrschaft des Privateigentums so pervertiert (↑ Entfremdung), daß die Menschen bis zur positiven Aufhebung des Privateigentums (↑ Kommunismus) ihre Arbeit als „tierisch" und nur ihre Freizeittätigkeiten als „menschlich" erfahren.

Arbor porphyriana [lateinisch] ↑ Abstraktionsstufen.

Arche [griechisch „Anfang, Herrschaft, Ursprung, Prinzip"]: zentraler Begriff griechischer Kosmologie, Metaphysik und Erkenntnislehre.
Bei den Vorsokratikern bezeichnet Arche meistens das, worausher Seiendes entsteht und wohinein es vergeht. Arche war z. B. für Thales das Wasser, für Anaximander das ↑ Apeiron, für Anaximenes die Luft, für Empedokles die vier Elemente (↑ Element), für Demokrit die Atome (↑ Atom). In vorsokratischer Zeit kann Arche auch das Gesetz bezeichnen, nach dem alles wird und vergeht; so war Arche für Anaxagoras die Weltvernunft (noũs), für Heraklit der Gegensatz (Krieg), für Empedokles die Liebe und der Streit. Für Platon war Arche die ↑ Idee des Guten, Prinzip sowohl des Seins des Seienden als auch des menschlichen Erkennens. Aristoteles gibt die klassischen Definitionen für Arche: „Das erste, von dem aus etwas wird", „das, ohne das das folgende nicht sein kann". Obwohl Aristoteles „Arche" auch noch für die vier Ursachen des Seienden (↑ Causa) gebraucht, verwendet er „Arche" doch meistens im Sinne von Prinzip des Erkennens (↑ auch Anfang).

Arete [griechisch „Vollkommenheit, Tauglichkeit, Tugend"]: fundamentaler Begriff der griechischen Ethik, der einen wesentlich größeren Umfang hat als der meist zur Übersetzung verwandte Begriff „Tugend". Arete kann allem zugesprochen werden, was ist, wenn es verwirklicht, was seines Wesens ist: z. B. einem Messer, wenn es gut schneidet, einer Pflanze, wenn sie reichlich

gute Früchte trägt, einem Pferd, wenn es ausdauernd, schnell läuft.
Der Mensch hat Arete, wenn er alle Vermögen, die ihm als Mensch eigen sind, vollkommen und harmonisch ausgebildet hat und betätigt. Dazu gehört auch das Vermögen, in Gemeinschaft (für Epikur der Freundeskreis, für Sokrates, Platon, Aristoteles die Polis, für die Stoiker die Menschheit) zu leben; deswegen hat Arete nur, wer auch zum Leben der Gemeinschaft Gutes beiträgt. Arete zu haben, ist die Bedingung der Möglichkeit, dauerhaft glückselig zu leben (↑Eudaimonia). Die menschliche Arete steht für den Griechen unter dem Primat des ↑Logos: Nach Sokrates ist Arete lehrbar; denn die Einsicht in das, was sein soll, bewirke unmittelbar die Tugend. Für Platon hängt die Tugend aufs engste mit der Erkenntnis zusammen: Wer die ↑Idee des Guten geschaut hat, werde gut, verwirkliche die ↑Kardinaltugenden. Aristoteles hält die Einsicht in das Wesen des Menschen für eine Bedingung der Arete; er teilt die Arete in die dianoetischen Tugenden (Sachkunde, Einsicht, Wissen, vollendete Erkenntnis) und die ethischen Tugenden; für letztere ist das rechte ↑Maß (↑auch Mesotes) das entscheidende Kennzeichen. Auch für die Stoiker ist der „richtige Logos" Voraussetzung dafür, daß der Mensch tugendhaft ist, d. h. selbstbeherrscht, gerecht und für die anderen Menschen engagiert lebt.

Argument [lateinisch „Darstellung, Beweis"]: einerseits der Beweisgrund für eine Behauptung, andererseits auch der Beweis für die Behauptung (diese Bedeutung findet sich in traditionellen Wendungen wie „argumentum ↑ad hominem"). Die Verwendung von Argumenten in der Rede erfolgt mit dem Ziel, den oder die Gesprächspartner zur Zustimmung zu bewegen (↑Argumentation).

Argumentation [zu ↑Argument]: eine Rede, die darauf abzielt, die Gesprächspartner zur Zustimmung oder Ablehnung einer Behauptung (die eine Aussage oder eine Handlungsanweisung sein kann) zu bewegen. Dabei wird versucht, durch einen möglichst *lückenlosen* Rückgang auf eine allseits anerkannte Aussage oder Norm die Argumentationsgegner *(Opponenten)* zu überzeugen. Um eine Argumentation übersichtlich zu gestalten, sollte sie *schrittweise* erfolgen. Die Mittel der formalen Logik allein genügen oft nicht, um die in natürlichen und Wissenschaftssprachen vorgebrachten Argumentationen zu entschlüsseln. Darum hat man sich im 20. Jahrhundert verstärkt darum bemüht, *Argumentationstheorien* zu entwickeln. Allerdings trägt auch die aristotelische ↑Syllogistik bereits Züge einer solchen Theorie. Die traditionelle Logik, die anknüpfend an Aristoteles von der Scholastik ausgebildet wurde, kannte verschiedene Argumentationsweisen: das „argumentum a fortiori" (Nachweis, daß die fragliche Behauptung noch sicherer ist als eine, die der Opponent bereits akzeptiert hat), das „argumentum a priori" (Beweis mittels der Logik, also ohne Bezug auf die Erfahrung) und das „argumentum a posteriori" (Nachweis, der sich auf die Erfahrung beruft). Auch das „argumentum ↑ad hominem" gehört in diesen Zusammenhang. Die scholastische Lehre versucht, Argumentationen nach der *Art* der benützten Argumente zu unterscheiden, während sich die moderne Forschung bemüht, die *Struktur* von Argumentationen (ohne Berücksichtigung des Inhalts) aufzuklären. Dies macht den Unterschied von inhaltlicher (intensionaler) und formaler Betrachtungsweise aus, der die Wandlung der Logik von der Scholastik zur Gegenwart kennzeichnet. Es hat sich gezeigt, daß zum Verständnis von Argumentationen die ↑Pragmatik wichtige Beiträge zu liefern vermag. Toulmin hat folgendes Modell vorgeschlagen: In jeder Argumentation lassen sich vier Anteile unterscheiden: die *Konklusion K,* die die Behauptung darstellt, für oder gegen die argumentiert wird

(„Wir sollten unsere Automobile mit Katalysatoren ausrüsten"); die *Daten D,* die die Beschreibung einer bestimmten Situation beinhalten („Unsere Wälder sterben an der vorwiegend von Automobilen verursachten Luftverschmutzung. Diese läßt sich durch Katalysatoren verhindern"); der *Grund G,* der ein allgemein anerkanntes Prinzip ist („Das Überleben der Menschheit muß gesichert werden"); die *Übergangsregel Ü,* die einen Zusammenhang zwischen dem Grund und der konkreten Situation herstellt („Gesunde Wälder sind für das Überleben der Menschheit unerläßlich"). Die Struktur einer Argumentation für *K* läßt sich dann so darstellen:

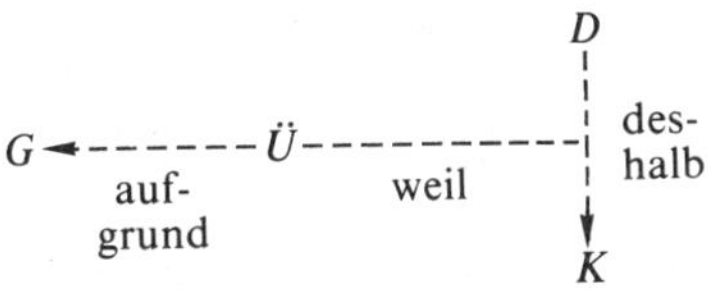

(man beachte, daß *K* nicht einfach eine Folge von *D* ist; der Zusammenhang von *K* und *D* ergibt sich erst, wenn man *G* akzeptiert und seine Anwendung durch *Ü* gewährleistet hat!). Die Argumentation für *K* könnte etwa so lauten: „Weil einerseits die Erhaltung der Wälder für das Überleben der Menschheit unerläßlich ist und andererseits die Wälder aufgrund der Luftverschmutzung sterben, die Schadstoffe in der Luft aber überwiegend von Automobilen ausgestoßen werden und dies durch den Einbau von Katalysatoren unterbunden wird, sollten wir unsere Automobile mit solchen ausrüsten." In dieser alltäglichen Fassung sind die verschiedenen Ebenen, auf denen sich die Argumentation bewegt, weitgehend unkenntlich. Der Grund *G* kommt nicht explizit vor, weil man davon ausgeht, daß jedermann ihn anerkennt.

Aristotelismus: Sammelbezeichnung für philosophische Traditionen im europäisch-christlichen und arabisch-islamischen Raum, die sich an Aristoteles anschließen. Für sie ist nicht – wie für den ↑Platonismus – das ewige, unveränderliche, vollkommene Sein (die ↑Ideen) der eigentliche Gegenstand der Philosophie, sondern die erfahrbare natürliche und kultürliche Welt mit ihrem Werden, ihrer Unvollkommenheit und ihrem Vergehen. Dementsprechend beginnt aristotelisches Philosophieren oft mit dem Sammeln empirischen Materials und dem Referieren bisheriger Lehrmeinungen. Die reale äußere und innere Welt des Menschen soll aus Prinzipien erklärt werden, damit die Menschen sie besser verstehen und mit ihr besser umgehen können. Für diese Traditionen waren die Logik, die Metaphysik, die Ontologie und die Ethik des Aristoteles besonders anregend.

Aristoteles hat die Lehre vom logischen Schließen so differenziert entwickelt, daß nach Kant „die Logik seit Aristoteles ... bis jetzt [1781] keinen Schritt vorwärts hat tun können". Von ähnlicher Tragweite waren die Aristotelischen Reflexionen über oberste, nicht mehr beweisbare und trotzdem wahre Sätze (z. B. Satz vom verbotenen Widerspruch, Satz vom ausgeschlossenen Dritten). Aristoteles legte auch den Grund für den Wahrheitsbegriff, der im mittelalterlichen Aristotelismus als ↑Adaequatio intellectus et rei (↑auch Korrespondenztheorie) definiert wird. Für die Geschichte der Metaphysik war von großer Bedeutung die Aristotelische Aussage, daß es genau einen ↑unbewegten Beweger gibt und dieser reines Denken ist. – Für die weitere Entwicklung der Ontologie war es entscheidend, daß Aristoteles die Bewegung (z. B. das Werden und Vergehen, die qualitative und quantitative Veränderung, die Ortsbewegung) in seine ontologischen Untersuchungen einbezog. In Anlehnung an Aristoteles untersucht der Aristotelismus Seiendes als Bewegtes an zwei Beispielen, dem biologischen vom Samen und der vollendeten Pflanze, dem künstlerischen vom Material und dem fertigen Kunstwerk. An diesen Paradigmen entwickelte Aristoteles einen differenzierten Apparat von Begriffen, die bis in die Gegenwart das fachwissenschaftliche und philosophische Denken beeinflussen, insbesondere „Wirklichkeit" und „Möglichkeit" (↑Akt/Potenz), ↑Form/Materie, Wirkursache und Finalursache (↑Causa), ↑Substanz und ↑Akzidens sowie „Beraubung" (Steresis [↑Privation]). – Von mindestens ebenso großer Wirksamkeit waren die ethischen Lehren des Aristoteles, insbesondere die Lehre vom rechten ↑Maß (↑auch Mesotes), die Lehre von der Glückseligkeit (↑Eudaimonia) als dem obersten Ziel privaten und politischen Handelns sowie seine Güterlehre.

Im lateinischen Abendland hatte von der Antike bis ins Mittelalter nur die aristotelische Logik eine ungebrochene Tradition, während in Konstantinopel und im arabisch-islamischen Raum die ganze aristotelische Lehre überliefert und weiterentwickelt wurde. Von dort wurde um die Mitte des 13. Jahrhunderts die aristotelische Philosophie als ganze wieder in die abendländische Philosophiegeschichte eingeführt. Insbesondere Albertus Magnus und Thomas von Aquin entwarfen mit ihrer Hilfe ein einheitliches System der philosophischen Weltdeutung, das für Jahrhunderte Geltung behielt (↑Scholastik, ↑Thomismus). Die Vorherrschaft aristotelistischen Philosophierens wurde erst durch das Entstehen der neuzeitlichen Naturwissenschaften und ihrer Methodologie, schließlich durch Kants Kritik („Kritik der reinen Vernunft", „Kritik der praktischen Vernunft") gebrochen. Der Aristotelismus lebt in der Gegenwart weiter im Thomismus.

Art (Spezies): in der traditionellen Logik Bezeichnung für einen durch eine kennzeichnende Eigenschaft (↑Differentia specifica) festgelegten Teilbereich der nächsthöheren ↑Gattung (↑auch Genus proximum). Dieses Schema fand auch Anwendung bei der ↑Definition von Begiffen. Auf der Einteilung in Art und Gattung beruht z. B. die Klassifikation von Tier- und Pflanzenreich nach Linné. In dieser gehört der Mensch der Gegenwart zur Gattung „homo sapiens". Von der ihm am nächsten stehenden Menschenform, dem Neandertaler, wird er durch die kennzeichnende Eigenschaft „sapiens" unterschieden: Er ist „homo sapiens sapiens" im Unterschied zu „homo sapiens neandertalis".

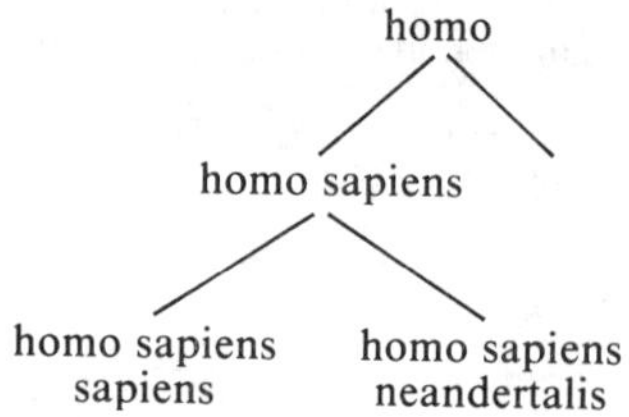

Wie diese Skizze andeutet, ist die Unterscheidung von Art und Gattung stets *relativ:* In einem größeren Zusammenhang wird eine Gattung selbst wieder zu einer Art (↑Abstraktionsstufen).

a se ↑ab alio/a se.

assertorisch [zu lateinisch asserere „zusprechen, behaupten"]: Kennzeichnung einer Art von Urteilen oder Aussagen (neben ↑problematisch und ↑apodiktisch). In einem assertorischen Urteil *„S ε P"* wird zum Ausdruck gebracht, daß das Prädikat *P* (der Prädikator *P*) dem Subjekt wirklich (in Wirklichkeit, tatsächlich) zukommt. Untersuchungen über assertorische Urteile fallen in den Bereich der ↑Modallogik.

Ästhetik [zu griechisch aísthēsis „sinnliche Wahrnehmung"]: eine der fünf klassischen Disziplinen der Philosophie (neben Erkenntnistheorie, Logik, Ethik und Metaphysik). Im weiteren Sinne gilt Ästhetik als Theorie des Schönen (↑Schönheit) in seinen beiden Erscheinungsformen als Naturschönes und als Kunstschönes; im engeren Sinne als Theorie der ↑Kunst. Als *Subjektästhetik* untersucht Ästhetik die Bedingungen der Genese (Entstehung) und Geltung (Verbindlichkeit, Allgemeingültigkeit) von ästhetischen Wert- oder Geschmacksurteilen (Formalästhetik), die Wirkung des Schönen auf den Betrachter (Wirkungsästhetik), den künstlerischen Schaffensprozeß (Produktionsästhetik) sowie Bedingungen und Formen der Rezeption (Aufnahme) von Kunst durch den einzelnen wie durch die Gesellschaft (Rezeptionsästhetik). Als *Objektästhetik* behandelt die Ästhetik Fragestellungen, die den ästhetischen Gegenstand betreffen: Bestimmung der konstitutiven Merkmale und der Funktion des Schönen; das Verhältnis zwischen Natur- und Kunstschönem; Strukturanalyse des Kunstwerks, Bestimmung des Kunst[werk]begriffs und der Funktion von Kunst (Werkästhetik); die Wechselbeziehung zwischen Form und Inhalt, künstlerischer Technik und Material im Kunstwerk (Form- bzw. Inhaltsästhetik); das Verhältnis der Kunstgattungen (Bildende Kunst [Architektur, Plastik, Malerei usw.], darstellende Künste [Film, Theater, Ballett usw.], Literatur, Musik) zueinander; das Verhältnis der Kunst zu Wirklichkeit, Geschichte und Gesellschaft; das Verhältnis von Schönheit und Kunst zur Wahrheit bzw. Bestimmung des Geltungsanspruchs, den Kunstwerke erheben (Gehaltsästhetik). Im Gegensatz zu den Einzelwissenschaften der verschiedenen Gattungen der Kunst (Kunstgeschichte, Literaturwissenschaften, Musikwissenschaft u. a.) ist das einzelne Kunstwerk – über seinen Beispielcharakter hinaus – nicht Gegenstand der philosophischen Ästhetik. Ästhetische Überlegungen zeichnen sich im allgemeinen dadurch aus, daß sie sich nicht eindeutig dem Typus der deskriptiven (beschreibenden), evaluativen (wertenden) oder normativen (verbindliche Maßstäbe setzenden) Ästhetik zuordnen lassen. Obwohl Ästhetik als philosophische Disziplin erst im 18. Jahrhundert konstituiert wird, beginnt das Nachdenken über ästhetische Fragestellungen schon in der Antike. – Probleme der Schönheit und der Kunst werden in der Antike weitgehend getrennt behandelt. Platons ästhetische Äußerungen stehen in engem Zusammenhang mit seiner metaphysisch-ontologischen Zweiweltentheorie. Das Schöne, vorrangig als Naturschönes aufgefaßt, gehört der Sinnenwelt mit ihren vergänglichen Dingen an. Es beruht auf einem Durchscheinen der Idee durch das stoffliche Substrat. Kunstwerke entstehen durch Nachahmung (Mimesis) der Naturdinge. Da diese selbst nur Abbilder der urbildlichen Ideen sind, gilt die Kunst als „das Dritte von der Wahrheit ab“. Platons Geringschätzung der Kunst (soweit sie nicht Zwecken des Gottesdienstes oder auch der Heldenverehrung dient) als unernstes „Spiel“ und seine Hochwertung des Naturschönen prägen im wesentlichen die ästhetischen Auffassungen der christlich-theologischen Philosophie des Mittelalters. Aristoteles dagegen begründet eine Tradition ästhetischen Denkens, die dem Kunstschönen den Vorrang vor dem Naturschönen einräumt, weil sie den mimetischen Charakter der Kunstwerke als Chance begreift. Aristoteles versteht nämlich unter Mimesis einen kreativen Schaffensprozeß, bei dem der Künstler nicht die Realität verdoppelt, sondern Wirklichkeit entwirft, indem er zeigt, „was möglich wäre nach Angemessenheit oder Notwendigkeit“. An ebendiesen Gedanken knüpft die Ästhetik des deutschen Idealismus mit ihrer Bestimmung des Kunstschönen als Ideal an; in diesem Gedanken liegt auch die – im Gegensatz zur Auffassung vom Künstler als Handwerker – seit der Renaissance sich durchsetzende Auffassung vom Künstler als Genie, gottähnlich in Originalität und Schöpferkraft, begründet; und auf ihn geht der Autonomieanspruch der Kunst zurück, die sich – im Zusammenhang mit dem Übergang von der feudalen zur bürgerlichen Gesell-

schaftsordnung – immer erfolgreicher aus ihrer Dienstbarmachung zu Zwecken des Kultes (Antike, Christentum) oder der Repräsentation, Dekoration, Unterhaltung (höfische Gesellschaft) zu befreien versucht, um einen eigenen, kritisch-rationalen Geltungsanspruch zu erheben.
Die metaphysisch-ontologische Einheit des Wahren, Guten und Schönen, wie sie Antike und christliches Mittelalter mit der Vorstellung einer Ideenwelt bzw. Gottes verbinden, zerfällt unter der Kritik der rationalistischen und empiristischen Philosophie der Aufklärung. Die bewußtseinsphilosophische Wende rettet die zerfallene Einheit, indem sie diese ins Subjekt mit seinen drei „Seelenvermögen" (Kant) verlegt: Wahrheit liegt im Erkenntnisvermögen der theoretischen Vernunft begründet; das Gute oder die Gerechtigkeit im Begehrungsvermögen der praktischen Vernunft; Schönheit im Lust-Unlust-Gefühlsvermögen der Urteilskraft. Die Autonomisierung der Kunst und die Wende zum Subjekt tragen dazu bei, daß Baumgarten in seinem Werk „Aesthetica" (1750 bis 1758) die philosophische Disziplin der Ästhetik konstituiert, unter der er eine „Wissenschaft der sinnlichen Erkenntnis" versteht. Kant greift in seinem ästhetischen Hauptwerk, der „Kritik der Urteilskraft" (1790), die Grundidee der Wirkungsästhetik Baumgartens auf, wonach schön ist, was Lustgefühl im Sinne eines Wohlgefallens weckt, und führt sie in der Formanalyse des Geschmacksurteils aus. Das Geschmacksurteil „schön" beruht demnach auf einem Wohlgefallen, das wie folgt bestimmt ist: 1. Es muß interesselos sein (d. h. es darf sich nicht an der Vorstellung von der Existenz des betreffenden Gegenstands entzünden). 2. Es handelt sich um ein begriffsloses Wohlgefallen; das Geschmacksurteil ist also kein Erkenntnisurteil. 3. Das Wohlgefallen beansprucht (wenn auch nur subjektive) Notwendigkeit und Allgemeingültigkeit, die unter der Voraussetzung eines ästhetischen „Gemeinsinns", über den die urteilenden Subjekte verfügen, als objektiv vorgestellt werden. 4. Ästhetisches Wohlgefallen wird durch die Erscheinung der Zweckmäßigkeit eines Gegenstands geweckt (denn Zweckmäßigkeit ist das apriorische [↑a priori/a posteriori] Prinzip der Urteilskraft), „sofern sie ohne Vorstellung eines Zwecks an ihm wahrgenommen wird". Das Geschmacksurteil bezieht sich gleichermaßen auf Natur- wie auf Kunstschönes. Dem Autonomieanspruch der Kunst tragen die Bestimmungen der Interesselosigkeit und der „Zweckmäßigkeit ohne Zweck" Rechnung. Obwohl nach Kants Auffassung das Schöne „Symbol des Sittlichguten" ist und die „schöne Kunst" „den Geist zu Ideen stimmt", bleibt für ihn Schönheit – wie schon für Baumgarten – allein ein Gegenstand des Gefühls, nicht der Erkenntnis. Sie ist nicht als ein Geistiges bestimmt, wie sie überhaupt „kein Begriff vom Objekt" ist. – Dies beurteilt die Ästhetik nach Kant, die sich immer entschiedener als Philosophie der Kunst versteht, als Mangel. Schiller versucht, einen „Vernunftbegriff" der Schönheit „objektiv aufzustellen", indem er sie bestimmt als „einzig möglichen Ausdruck der Freiheit in der Erscheinung", d. h. als das „aus dem Bunde des Möglichen mit dem Notwendigen" erzeugte „Ideal". Das gelungene Kunstwerk, in dem „der Stoff durch die Form vertilgt" ist, vermag eine „ästhetische Erziehung des Menschen" zu bewirken, eine Versöhnung und Harmonie zwischen Begierden und Vernunft, Sittlichkeit und Sinnlichkeit, den Extremen der menschlichen Doppelnatur, zu stiften. Eine solche „Veredlung des Charakters" der Menschen wäre Voraussetzung für die Errichtung eines „Staats der Freiheit", dessen Verwirklichung in der Französischen Revolution mißlang. Hegel vollendet die idealistische Gehaltsästhetik, indem er der Ästhetik ihren Ort innerhalb eines philosophischen Systems anweist, das in dialektisch-spekulati-

ver Konstruktion die Selbstverwirklichung des Geistes als logisch notwendige Stufenfolge historisch erscheinender Gestalten darstellt, deren höchste Kunst, Religion und Philosophie sind. In Anschauung (Kunst), Vorstellung (Religion) und Denken (Philosophie) verkörpern diese den absoluten Geist (↑absoluter/objektiver/subjektiver Geist), die herausentwickelte Identität von Subjekt und Objekt, durch welche Hegel die Entzweiung der Wirklichkeit, die das Ergebnis der Kantischen Wende zum Subjekt war, überwunden zu haben beansprucht. Das Schöne bestimmt er als das „sinnliche Scheinen der Idee" (wobei er unter „Idee" die Einheit von Begriff und Realität des Begriffs versteht; die Idee des Staats z. B. wäre also der verwirklichte „wahre" Staat). „Denn in der Kunst haben wir es mit keinem bloß angenehmen oder nützlichen Spielwerk, sondern [...] mit einer Entfaltung der Wahrheit zu tun". Zugleich aber stellt Hegel fest, daß die Kunst nach dieser „Seite ihrer höchsten Bestimmung für uns ein Vergangenes" ist, da der „Gedanke und die Reflexion" die „schöne Kunst überflügelt" haben. Im Unterschied zu Schiller ist für Hegel die Philosophie – und nicht die Kunst – die höchste Gestalt des Geistes.

Nach Vollendung der idealistischen Ästhetik kommen die stärksten weiterführenden Impulse von einer materialistisch, d.h. gesellschaftskritisch orientierten Ästhetik. Kunstwerke – wie alle anderen Kulturprodukte – werden nicht mehr als Ausdruck einer metaphysischen Entwicklungsdynamik „des" Geistes begriffen, sondern als „Überbau"-Phänomene, die in einem jeweils bestimmbaren Verhältnis zur gesellschaftlichen „Basis" (↑Basis und Überbau) stehen. Überbau-Erzeugnisse (z.B. Recht, Kunst, Religion, Philosophie) haben nach Marx im allgemeinen ideologischen Charakter, d.h. sie drücken das Eigeninteresse der jeweils herrschenden Klasse als vorgebliches Allgemeininteresse aus. Obgleich Künstler meist ökonomisch von der herrschenden Klasse abhängig sind, müssen Kunstwerke als Produkte freier, nicht-entfremdeter menschlicher Arbeit allerdings nicht in jedem Falle ideologisch sein. Für Marx gibt es „Blütezeiten" der Kunstproduktion, die „keineswegs im Verhältnis zur allgemeinen Entwicklung der Gesellschaft" stehen. So können etwa gelungene Werke der antiken Sklavenhaltergesellschaft „in gewisser Beziehung als Norm und unerreichbare Muster gelten". Bloch spricht in diesem Zusammenhang in seiner materialistischen Inhaltsästhetik vom „Unabgegoltenen" der Kunstwerke als dem „utopischen Überschuß über Ideologie". Adorno bestimmt in seiner ebenfalls materialistisch ausgerichteten „Ästhetischen Theorie" (1970) die Kunst dialektisch als „gesellschaftliche Antithesis zur Gesellschaft" und siedelt den gesellschaftskritischen Wahrheitsgehalt der Kunstwerke v. a. in ihren Formqualitäten an: „Form, der ästhetische Zusammenhang alles Einzelnen, vertritt im Kunstwerk das soziale Verhältnis; darum ist die befreite Form dem Bestehenden anstößig." – Im Zuge ihrer radikalen Metaphysikkritik wendet sich die positivistische Philosophie (↑Positivismus), deren Wissenschaftsideal sich an den exakten Naturwissenschaften orientiert, gegen jede Ästhetik, die in irgendeiner Weise am empirisch nicht unmittelbar überprüfbaren Wahrheitsanspruch der Kunstwerke festhält. Metaphysikkritisch eingestellt ist auch die sprachanalytische (↑Sprachanalyse) Ästhetik, die die Künste semiotisch als komplexe künstliche Sprachen bzw. Zeichensysteme analysiert (z. B. Morris) oder sprachkritisch die Terminologie der traditionellen Ästhetik auf begriffliche Unklarheiten hin untersucht, um dadurch einen Teil der ästhetischen Probleme als „Scheinprobleme" zu entlarven. – Den Paradigmawechsel von der Bewußtseins- oder Subjektphilosophie hin zur Sprachphilosophie mitvollziehend, begründet Habermas in seiner „Theorie des kommunikativen Handelns" (1981) den transsubjektiven (d.h. auf mehr als ein Individuum – z.B. auf alle Individuen, die eine gemeinsame Lebenswelt oder Kultur teilen – bezogenen) Geltungsanspruch von Kunstwerken sprachpragmatisch. So wie Ist-Aussagen, die sich auf die objektive, sinnlich wahrnehmbare Welt beziehen, einen Wahrheitsanspruch und Soll-Aussagen oder Handlungen, die sich auf die soziale Welt beziehen, einen Legitimitätsanspruch erheben, erheben Kunstwerke, die subjektive, im Lichte bestimmter Bedürfnisinterpretationen gemachte exemplarische Erfahrungen gestalten und sich somit auf die Innenwelt des Individuums beziehen, einen Authentizitätsanspruch, d.h. den Anspruch des Gelungenseins und „Es-getroffen-Habens". (Authentizität tritt an die Stelle von Wahrheit und Schönheit, da Wahrheit streng dem Geltungsanspruch einer Ist-Aussage zugeordnet und Schönheit von der Kunst der Moderne bewußt und provokativ verschmäht wird.) Dieser Anspruch ist im kunstkritischen ↑Diskurs argumentativ bewährbar bzw. widerlegbar.

Ästhetizismus [zu ↑Ästhetik]: Einstellung, die den ästhetischen Wertmaßstab (interesseloses Wohlgefallen an einer schönen Erscheinung) jeder anderen Bewertungs- oder Handlungsorientierung (wie z.B. Lust/Unlust, Nützlichkeit, Zweckmäßigkeit, Konvention, Legalität, Sittlichkeit) vorzieht. Diese Einstellung definiert z.B. eine reale Konfliktsituation, die von einem sittlich verantwortungsbewußt Handelnden Entscheidung und Eingreifen verlangte, in ein ästhetisches Phänomen um, das aus der Distanz zu betrachten ist: Realität wird als ↑Schein konstituiert.

Ataraxie [griechisch „Unverwirrbarkeit, Seelenruhe, Gelassenheit"]: bei Epikur (↑Epikureismus) und der ↑Stoa ein Ziel der philosophischen Lebensweise. – Epikur empfiehlt demjenigen nach ungestörter Seelenruhe zu streben, der ein freudevolles Leben führen will; denn wer durch ausdauerndes Philosophieren gelassen gegenüber unabänderlichen Naturvorgängen, unabhängig von der politischen Umwelt, frei von Furcht und selbstbeherrscht geworden ist, lebe „wie ein Gott unter Menschen". – Die Stoiker halten die Ataraxie, hier v.a. verstanden als Freiheit von Affekten, die ein vernunftbestimmtes Leben behindern (↑Apathie), für eine sittliche Pflicht der Menschen; denn die Ataraxie ist Bedingung dafür, daß der Mensch sein wesentliches Vermögen, die Vernunft, verwirklichen und sich für das menschenwürdige Leben aller Menschen gesellschaftlich und politisch einsetzen kann (↑auch Autarkie).

Atheismus [zu griechisch átheos „ohne Gott, gottlos"]: in der Neuzeit (16./17. Jahrhundert) aufgekommene Bezeichnung für verschiedene Meinungen, die auf die Behauptung der Existenz „Gottes", eines Absoluten (↑absolut/relativ), bestimmter offizieller Götter oder eines persönlichen, besonders des christlichen Gottes, verzichten oder diese Existenz negieren. – In der griechischen und römischen Antike waren die „átheoi" bzw. die „atheistae" diejenigen, die die offiziellen Götter nicht anerkannten und an deren öffentlichem Kult nicht teilnahmen; im römischen Kaiserreich zählten zu ihnen folgerichtig auch zeitweise die Christen. Im christlichen Mittelalter verstand man als „atheistae" meist summarisch die Nichtchristen. In der Neuzeit ist Atheismus meist Bezeichnung für die Weigerung, ein „transzendentes" Wesen, d.h. ein von der der menschlichen Erfahrung zugänglichen Welt verschiedenes Wesen (meist ist der Gott des Christentums gemeint), anzuerkennen.

In der philosophischen und theologischen Atheismuskritik hat sich die Unterscheidung zwischen praktischem und theoretischem Atheismus durchgesetzt. Während der *praktische Atheismus* die „Brauchbarkeit"

Gottes zur Wirklichkeitserklärung und Normenbegründung bestreitet, ohne die Existenz Gottes argumentativ in Frage zu stellen, begründet der *theoretische Atheismus* (im Unterschied auch zum ↑Agnostizismus) ausdrücklich die Ablehnung der Existenzbehauptung Gottes. – In der abendländischen Geistesgeschichte zeugen schon Fragmente mancher Vorsokratiker von einem theoretischen Atheismus. Im christlichen Mittelalter gibt es zwar keinen ausformulierten Atheismus, seit dem 13. Jahrhundert aber, besonders durch die Lektüre der arabischen Philosophen angeregt, eine Skepsis gegenüber Kirche und Offenbarung. In der Neuzeit verlangte der Aufbau der Naturwissenschaften, v. a. der Physik, die strenge Einhaltung der mathematisch experimentellen Methode. Gott kam an keiner Stelle des wissenschaftlichen Aufbaus mehr vor: Er wurde als „Hypothese" überflüssig (Laplace). V. a. in der Aufklärung führte dieser durch die Naturwissenschaften demonstrierte „methodische" Atheismus zunächst zu einer bibel- und autoritätskritischen Bewegung, die dann im Toleranzgedanken einen wesentlichen Ausdruck fand und im England des späten 17. und beginnenden 18. Jahrhunderts als ↑Deismus bekanntgeworden ist. Deutlich atheistisch aber werden erst die französischen Materialisten (La Mettrie, Holbach) in dem Versuch, die Menschheit durch wissenschaftlich begründete Erkenntnis, insbesondere der gesellschaftlichen Verhältnisse, von aller Religion zu befreien. Damit verbindet sich der neuzeitliche Atheismus mit einer allgemeinen Religionskritik, die v. a. unter dem Einfluß von Feuerbach stand, für den Gott nur die ↑Projektion der unerfüllten Wünsche der Menschen ist. Als deren Fortsetzung fordert Marx die Kritik und Veränderung der „Verhältnisse", die die Religion als „Opium des Volkes" notwendig machten. – Einen Argumentationsfortschritt im Sinne der Absicherung der bereits herangezogenen Argumente bietet schließlich die methodisch betriebene Sprachkritik (durch Russell, Wittgenstein und die Philosophen des Wiener Kreises), in der die Verwendung auch der theologischen Begriffe auf ihre Begründung hin analysiert wird. Im übrigen aber ist die Rede von Gott heute kaum mehr das Streitobjekt der Philosophen, sondern ein Thema der praktisch atheistischen Psychoanalyse und Ideologiekritik, die die Entstehung solchen atheistischen Redens aus psychischen und/oder gesellschaftlichen Verhältnissen zu verstehen suchen.

Atom [zu griechisch átomos „unteilbar"): Bezeichnung für die kleinsten Teilchen, aus denen nach der Auffassung des ↑Atomismus die Materie besteht. Bereits in der Antike wurden atomistische Theorien vertreten (Leukipp, Demokrit). Platon versuchte im „Timaios" die unterschiedlichen Eigenschaften der Stoffe durch deren Aufbau aus verschieden geformten Atomen (Würfel, Tetraeder u. a.) zu erklären. – In der modernen Naturwissenschaft werden Atome als Träger der chemischen Eigenschaften eines Stoffes angesehen. Ein chemisch reiner Stoff enthält nur Atome bestimmter Arten in einem bestimmten Verhältnis. Jeder Atomsorte entspricht ein chemisches Element (mit seinen Isotopen, die chemisch nicht von ihm zu unterscheiden sind). Dennoch hat sich herausgestellt, daß Atome physikalisch spaltbar sind und dann in kleinere Teilchen – die sogenannten Elementarteilchen – zerfallen. – Lange Zeit wurde die Frage diskutiert, ob Atome existieren oder ob sie bloße Fiktionen seien, die zur Beschreibung und Erklärung bestimmter Beobachtungen eingeführt werden. Atome sind nicht mit den menschlichen Sinnesorganen wahrnehmbar. Man muß sich deshalb bestimmter Hilfsmittel (Blasenkammer, Elektronenmikroskop usw.) bedienen, um Atome wahrnehmbar zu machen. Die Existenz von Atomen ist durch sehr viele Experimente bestätigt.

Atomismus [zu ↑ Atom]: in der *Naturphilosophie* die Lehre, die den Aufbau der Materie aus unzerlegbaren Atomen behauptet. Die Eigenschaften der Materie sollen sich vollständig auf Qualitäten der Atome sowie auf deren Bewegungen und Wechselwirkungen zurückführen lassen. Der Atomismus wurde schon in der Antike (v.a. durch Leukipp und Demokrit) vertreten. Seinen Siegeszug trat er mit dem Aufkommen der modernen Naturwissenschaften an (↑ Atom). – In der *Erkenntnistheorie* wird die Lehre, daß die Welt als Menge aller Tatsachen zu betrachten sei, **logischer Atomismus** genannt. Ihre Urheber waren Russell und Wittgenstein. Die Atome, die jetzt nicht als einfachste, unteilbare Naturgegenstände, sondern als nicht weiter analysierbare Sachverhalte zu verstehen sind, konstituieren durch logische Konstruktionen die Gegenstände der Welt. Sprachlich sollten atomare Tatsachen durch Eigennamen dargestellt werden. Deren Bedeutung kann nur empirisch – durch *Bekanntschaft* mit dem, was der Name bezeichnet – erkannt werden. Eine Elementaraussage kann man nur verstehen, wenn man die Bedeutungen aller in ihr vorkommender Termini kennt. Die Beziehungen zwischen den Atomen sind immer bloß *äußerliche;* sie dürfen nicht als Binnenstruktur eines zusammengesetzten, übergeordneten Gegenstandes betrachtet werden (↑ Nominalismus). Insbesondere gibt es in der Welt nichts, was den Junktoren der Logik, mit deren Hilfe aus Elementaraussagen zusammengesetzte Aussagen gebildet werden können, entspricht. Die innere Gliederung komplexer Aussagen gibt die logische Struktur der Tatsachen sinnlich wieder (↑ Abbildtheorie). Da die natürlichen Sprachen diesem Prinzip nicht streng gehorchen, sollen sie durch eine eigens konstruierte *ideale Sprache* ersetzt werden (↑ analytische Philosophie). Die Wahrheit zusammengesetzter Aussagen hängt nur von der Wahrheit der in sie eingehenden Elementaraussagen ab. Unser Wissen ist damit entweder empirisch (im Falle der atomaren Tatsachen) oder aus solchem Wissen logisch gefolgert (↑ Positivismus). Weder Wittgenstein noch Russell ist es gelungen, überzeugende Beispiele für logische Atome anzuführen (Russell schlug gelegentlich ↑ Sinnesdaten hierfür vor). Dies hat dazu geführt, daß die geschilderte Auffassung gegenwärtig wenig Anhänger hat.

Attribut [zu lateinisch attribuere „zuteilen“]: in der *Ontologie* ein auf Aristoteles zurückgehender Begriff zur Bezeichnung einer ↑ Eigenschaft, die ein Gegenstand gemäß seinem Wesen haben muß (z. B. Fähigkeit zum Sprachhandeln als ein Attribut des Menschen). – In der *Logik* ist ein Attribut ein Terminus, der die durch einstellige Prädikatoren (↑ einstellig/mehrstellig) ausgesagten Eigenschaften und die durch mehrstellige Prädikatoren ausgesagten ↑ Relationen zusammenfaßt.

aufheben: Terminus der Philosophie Hegels – als „Grundbestimmung“ der ↑ Dialektik für Hegel „einer der wichtigsten Begriffe der Philosophie“ überhaupt. Entscheidend ist für Hegel die Mehrdeutigkeit des Ausdrucks in der Alltagssprache: 1. „emporheben“ (ein zu Boden gefallenes Ding aufheben); 2. „für ungültig erklären“ (ein Verbot aufheben); 3. „aufbewahren“ (ein Erinnerungsstück aufheben). Im philosophischen Begriff des Aufhebens fallen die drei Bedeutungen zusammen (nach Hegel ein Beweis für den „spekulativen Geist“ der deutschen Sprache). So stellt Hegel z. B. die dialektische Bewegung der Begriffe „Sein“ und „Nichts“ dar, deren Resultat – logisch gesehen – die Aufhebung (in dreifacher Bedeutung!) von Sein und Nichts im Werden ist, dessen „Momente“ (Bedeutungsmerkmale) sie nun ausmachen. „Etwas ist nur insofern aufgehoben, als es in die Einheit mit seinem Entgegengesetzten getreten ist.“

Aufklärung: im weiteren Sinn Bezeichnung für jedes gesellschaftliche

oder auch individuelle Bemühen, das auf selbständige Vernünftigkeit des Menschen abzielt; im engeren Sinn Bezeichnung für die entsprechende europäische Bewegung im 18. Jahrhundert.
Aufklärung ist *im weiteren Sinn* „der Ausgang des Menschen aus seiner selbstverschuldeten Unmündigkeit. Unmündigkeit ist das Unvermögen, sich seines Verstandes ohne Leitung eines anderen zu bedienen. Selbstverschuldet ist diese Unmündigkeit, wenn die Ursache derselben nicht am Mangel des Verstandes, sondern der Entschließung und des Mutes liegt, sich seiner ohne Leitung eines anderen zu bedienen" (Kant). Jede Aufklärung verwirklicht sich demnach zunächst als *Kritik* an den durch Autoritäten vermittelten Vorstellungen über Natur, Mensch, Gesellschaft, Staat, Gott/Götter und an den je geltenden moralischen und juridischen Normen; denn fremdverfügte Vorstellungen und Normen sind die „Fußschellen einer immerwährenden Unmündigkeit" (Kant). Obwohl, wer diese Fußschellen abwirft, zunächst „auch über den schmalsten Graben einen nur unsicheren Sprung tun wird, weil er dergleichen freie Bewegung [des Verstandes] nicht gewohnt ist" (Kant), hofft jeder Aufklärer im Prozeß der kritischen Auseinandersetzung mit dem Überlieferten zu richtigeren Erkenntnissen, sinnvolleren Zwecken und besseren Normen zu gelangen. Denn Aufklärung glaubt an den evolutionären *Fortschritt* der Gesellschaften und der Menschheit. Dabei vertraut Aufklärung auf die grundsätzlich jedem Menschen in gleicher Weise eigene Vernunft. Wenn Aufklärer die *Autonomie der Vernunft* propagieren, meinen sie, daß die menschliche Vernunft sich selbst als einzige Instanz anerkennen soll, die über wahr, gut und schön entscheidet, meinen aber v.a., daß die menschliche Vernunft zu *allgemeingültigen* Einsichten in die Gesetze ihrer selbst, des humanen Handelns und der Natur gelangen kann. Aufklärung bezeichnet weniger den Konsens über die Inhalte einer systematischen Lehre, als vielmehr den Versuch, den richtigen Gebrauch der Vernunft zu erforschen, also das Interesse an *Methodologie,* und den Versuch, anderen die Fähigkeit und den Mut zu vermitteln, sich ihres Verstandes in richtiger Weise zu bedienen, also das Interesse an *Pädagogik.* Aufklärung ist also weitgehend intellektualistisch, gibt kaum Anweisungen für die unmittelbare, politische Praxis. Im Sinne dieser allgemeinen Bestimmung ist die ↑antike Philosophie die erste europäische Aufklärung. Allerdings zeigt sich in ihr auch, wie Aufklärung entarten kann: bei einigen ↑Sophisten zur selbstherrlichen Beliebigkeit individualistischer Rationalität, in Platons Staatslehre zur faktischen Rechtfertigung der Entmündigung der Mehrheit im Namen der Tugend und gerechten Ordnung.
Als Aufklärung wird *im engeren Sinn* die Bewegung bezeichnet, durch die die europäischen Gesellschaften zwischen dem Ende des 17. und dem Ende des 18. Jahrhunderts sich von den Autoritätsansprüchen der Kirchen, der absoluten Souveräne und der Scholastik zu emanzipieren suchten. Indem sich die Epoche selbst „Zeitalter der Aufklärung" (englisch „the age of enlightenment", französisch „le siècle des lumières") nannte, grenzte sie sich bewußt gegen das Mittelalter ab, das sie für „finster" hielt, weil es gemeint habe, menschliche Vernunft bedürfe der Erleuchtung durch die „göttlichen Autoritäten" Kirche und Bibel. Vorbereitet wurde die Aufklärung des 18. Jahrhunderts durch die Renaissance der antiken Philosophie und Literatur im 15. Jahrhundert, durch das Ideal des Humanismus vom selbstbewußten, universal gebildeten Menschen, durch den Zerfall der kirchlichen Universalautorität infolge der Kirchenspaltungen und Glaubenskriege des 16. und 17. Jahrhunderts, v.a. durch die gelungenen Auseinandersetzungen Galileis und

Newtons mit der von den Autoritäten Kirche und Aristoteles abgesicherten geozentrischen Kosmologie und teleologischen Ontologie.
Das Bildungsideal der Aufklärung des 18. Jahrhunderts für jedermann war der „Philosoph", dem es gelingen soll, sich durch den „esprit critique" (französisch „[destruktiv] kritischer Geist") zum „esprit philosophique" (französisch „[konstruktiv] philosophischer Geist") hin zu entwickeln. Gegenstände der Kritik waren v.a. der absolute Wahrheitsanspruch der Offenbarungsreligionen, die teleologische Kosmologie und Ontologie der Scholastik, der Anspruch der Staaten und ihres Rechts auf göttliche Einsetzung, die Autoritätsansprüche des Vaters über die Familie und des Mannes über die Frau. Philosophische Neuansätze der Aufklärung des 18. Jahrhunderts waren v.a.: 1. Theorien und Methodologien menschlichen Erkennens, nämlich der vorwiegend englische ↑Empirismus und der vorwiegend französische und deutsche ↑Rationalismus, deren jeweilige Einseitigkeiten Kant auf den notwendigen Zusammenhang zwischen Erfahrung und Vernunft hin vermittelte; 2. die Ausarbeitung eines im wesentlichen naturwissenschaftlich begründeten ↑Atheismus oder die Begründung einer natürlichen ↑Vernunftreligion, die so weit konzipiert wurde, daß sie deistische (↑Deismus) und theistische (↑Theismus) Deutungen zuließ und die Forderung nach ↑Toleranz der Religionsgemeinschaften einschloß; 3. auf dem Hintergrund des Erkenntnisfortschritts der Physik seit Newton der Entwurf eines mechanisch-materialistischen Weltbildes und Menschenbildes (↑Materialismus, ↑Mechanismus); 4. die Entwicklung von Staats- und Rechtsphilosophien, die sich v.a. auf die Theorie vom ↑Gesellschaftsvertrag der im ↑Naturzustand freien Individuen und eine säkularisierte Lehre vom ↑Naturrecht gründeten (↑auch bürgerliche Gesellschaft).
Genauso kennzeichnend wie die Themen und Inhalte ihrer Philosophie war die Art, wie viele Aufklärer des 18. Jahrhunderts ihre Gedanken publizierten. Von der Hoffnung auf Fortschritt aller Menschen und von der Einsicht in die Notwendigkeit der Pädagogik bestimmt, schrieben die meisten Aufklärer für ein breites Publikum. Ihre Medien waren u.a. die in großer Zahl entstehenden, populär abgefaßten Zeitschriften, das Theater (z.B. für Diderot, Voltaire, Lessing) und Wörterbücher, v.a. die „Encyclopédie ou Dictionnaire raisonné des sciences, des arts et des métiers", die in 35 Bänden zwischen 1751 und 1780 erschien. An diesem Werk wird die Gefahr sichtbar, die der Aufklärung des 18. Jahrhunderts drohte: unbeabsichtigt eine neue Form der Unmündigkeit heraufzuführen, nämlich den Glauben an die Autorität der Wissenschaften, durch den Menschen verleitet werden, vernünftige Autonomie gleichzusetzen mit Fülle an funktionalem Sachwissen. Erst am Ende der Epoche gelingt Kant – vom Inhalt her gesehen – „die methodisch gemachte Aufklärung" (Hegel), insofern er sich konsequent der konstruktiven „Kritik der reinen Vernunft" und der konstruktiven „Kritik der praktischen Vernunft" zuwendet.

Ausdruck: (in Logik und Semantik) im weitesten Sinn eine Zeichenfolge (englisch formula); meist jedoch im engeren Sinn gebraucht für eine Zeichenfolge, die aus einem vorgegebenen Zeichenvorrat nach den syntaktischen Regeln (↑Syntax) korrekt aufgebaut ist (englisch well formed formula [wff]). Nur Ausdrücke in diesem Sinn sind sinnvoll, d.h. einer semantischen ↑Interpretation fähig. – Die Ausdrücke der Aussagenlogik werden z.B. aus den folgenden Grundzeichen („Alphabet", Zeichenvorrat) aufgebaut: Zeichen für Junktoren: $\neg$, $\rightarrow$; Aussagenvariablen: $A, B, \ldots$; Hilfszeichen: (,). Die syntaktischen Regeln lauten: 1. Jede Aussagenvariable ist ein Ausdruck („atomare Ausdrücke"); 2. sind α und β Ausdrücke, so ist auch $\alpha \rightarrow \beta$

ein Ausdruck; 3. ist α ein Ausdruck, so auch $\neg\,\alpha$; 4. eine Zeichenfolge ist dann und nur dann ein Ausdruck der Aussagenlogik, wenn sie nach den Regeln 1. bis 3. gebildet ist. – Der Ausdruck $\neg\,A \rightarrow B$ läßt sich so aufbauen: A ist ein Ausdruck nach 1., B ebenso. Dann ist $\neg\,A$ ein Ausdruck nach 3. und $\neg\,A \rightarrow B$ ein Ausdruck nach 2. (kein Ausdruck ist z. B. $\neg \rightarrow B$).

Aussage: im weitesten Sinn jeder Satz, den man sinnvollerweise behaupten kann, um den man (im Gegensatz etwa zu Fragesätzen und Befehlen) argumentieren kann. Aussagen sind durch den mit ihnen erhobenen Geltungsanspruch gekennzeichnet – sie wollen wahr sein – und müssen nicht unbedingt die grammatikalische Form eines Aussagesatzes haben. Sie dürfen nicht mit dem sie ausdrückenden Satz verwechselt werden, da ein und dieselbe Aussage durch ganz verschiedene Sätze formuliert werden kann. Um solchen Mißverständnissen zu begegnen, spricht man auch von *Proposition* oder vom *propositionalen Gehalt* eines Satzes (z. B. Paris ist die Hauptstadt von Frankreich. Jede gerade Zahl ungleich 2 ist Summe zweier Primzahlen. Alle Menschen sind sterblich). Die einfachsten Aussagen sind die Elementaraussagen, in denen einem oder mehreren Gegenständen ein ↑ Prädikator zu- oder abgesprochen wird. In der klassischen Logik geht man davon aus, daß jede Aussage entweder wahr oder falsch sein *muß (Bivalenzprinzip)* – gleichgültig, ob man dies wirklich feststellen kann (Beispiel 2 ist die Goldbachsche Vermutung aus der Zahlentheorie, die bis heute weder bewiesen noch widerlegt ist). Erkenntnis- und Wissenschaftstheorie beschäftigen sich mit der Frage, wie man ermitteln kann, ob Aussagen wahr oder falsch sind. Die ↑ Aussagenlogik dagegen untersucht die Zusammensetzung zweier oder mehrerer Aussagen mit Hilfe von ↑ Junktoren. In der ↑ Prädikatenlogik werden auch unendlich viele Aussagen durch den ↑ Allquantor zu einer neuen Aussage verknüpft.

Aussageform (seltener auch: Aussageformel, Aussagefunktion): in der Aussagen- und Prädikatenlogik ein Ausdruck mit einer (freien) ↑ Variablen. – In der *Aussagenlogik* treten schematische Buchstaben, die meist als ↑ Aussagenvariable bezeichnet werden, auf. Durch Belegung aller Variablen mit konkreten Aussagen geht die Aussageform in eine Aussage über. Bedeutet a „es regnet" und b „die Straße wird naß", so ergibt die Aussageform $A \rightarrow B$ nach der Belegung a/A und b/B die wahre Aussage „wenn es regnet, wird die Straße naß". Im strengen Sinne sind die schematischen Buchstaben jedoch keine Variablen, da über sie nicht quantifiziert werden kann. Eine wichtige Eigenschaft, die aussagenlogischen Aussageformen zukommen kann, ist die logische Wahrheit (↑ Tautologie). – In der *Prädikatenlogik erster Stufe* treten neben den Aussagenvariablen noch Objektvariable auf, die für Objekte eines anzugebenden Grundbereichs stehen. Als prädikatenlogische Aussageform wird ein Ausdruck mit mindestens einer freien Objektvariablen bezeichnet. Bedeutet $G(x)$ „x ist eine gerade Zahl", so ist $G(x)$ eine prädikatenlogische Aussageform mit der freien Objektvariablen x. Diese kann auf *zweierlei* Art in eine Aussage übergehen. Ersetzt man die Objektvariable durch eine Konstante, z. B. 2 oder 5, so ergibt sich die wahre Aussage „2 ist gerade" (bzw. die falsche „5 ist gerade"). Durch Quantifizierung über die freie Objektvariable („Bindung" der Variablen), zu der auch die Angabe des Grundbereichs gehört, entsteht aus der Aussageform $G(x)$ die Aussage $\bigwedge_{x \in \mathbb{N}} G(x)$ (lies: „Alle natürlichen Zahlen sind gerade"). Die Prädikatenlogik untersucht u. a. die Frage, ob eine Aussageform ↑ allgemeingültig über einem Grundbereich ist. – In der *Prädikatenlogik zweiter Stufe* treten noch freie Variablen für Prädikate auf,

z. B. $\bigwedge_{x \in G} P(x) \vee \neg P(x)$ (lies: „Für alle x aus G gilt $P(x)$ oder nicht $P(x)$"). Auch hier entsteht durch Quantifizierung eine Aussage aus der Aussageform:

$$\bigwedge_{P} \bigwedge_{x \in G} P(x) \vee \neg P(x)$$

(lies: „Für alle Prädikate P und alle x aus G gilt $P(x)$ oder nicht $P(x)$." Dies ist eine Formulierung des „Tertium non datur").

Aussagenlogik (Junktorenlogik): Logik, die sich mit dem Aufbau zusammengesetzter Aussagen durch ↑Junktoren (also unter Ausschluß von ↑Quantoren) und mit den logischen ↑Folgerungen zwischen solchen Aussagen beschäftigt. Dabei wird vorausgesetzt, daß die ↑Wahrheit oder Falschheit (↑falsch) von komplexen Aussagen nur von der Wahrheit oder Falschheit der in sie eingehenden Einzelaussagen *(Primaussagen)* sowie von den verwendeten Junktoren abhängt. Durch die Wahrheitswertverteilung der Primaussagen wird der ↑Wahrheitswert der zusammengesetzten Aussage eindeutig festgelegt: Die Aussagenlogik ist *wahrheitsdefinit.* – In der *klassischen Aussagenlogik* werden die Junktoren nach dem Vorschlag Wittgensteins durch ↑Wahrheitstafeln definiert. Kennzeichnend für diesen sogenannten *semantischen Zugang* ist, daß Aussagen durch ihren Wahrheitswert charakterisiert werden. Es wird vorausgesetzt, daß jede Aussage entweder wahr oder falsch sein muß *(Bivalenzprinzip).* Die Wahrheitstafeln von Negation und Subjunktion sehen z. B. so aus (w und f stehen für die Wahrheitswerte „wahr" bzw. „falsch"):

A	$\neg A$
w	f
f	w

A	B	$A \to B$
w	w	w
w	f	f
f	w	w
f	f	w

Dabei sind *A, B,* ... schematische Buchstaben, die Aussagen symbolisieren. Diese werden meist (nicht ganz korrekt) als ↑Aussagenvariable bezeichnet. – In der *dialogischen Logik* werden Junktoren abweichend von der klassischen Auffassung durch Dialogregeln festgelegt, die Gewinn und Verlust einer Argumentation um eine komplexe Aussage reglementieren (↑dialogische Logik). Ein aussagenlogischer Ausdruck, der mindestens einen schematischen Buchstaben enthält, heißt ↑Aussageform (auch: Aussageschema). Besonders wichtig sind diejenigen Aussageformen, die für *jede* Belegung eine wahre Aussage ergeben, und diejenigen, die für *jede* Belegung in eine falsche übergehen. Erstere nennt man *Tautologien,* letztere *Kontradiktionen.* In beiden Fällen ist also allein der Aufbau durch die Junktoren – die *logische Form* – der Aussageform entscheidend (die Belegung der Aussagenvariablen liefert ja stets das gleiche Resultat), weshalb man von *logisch wahren* (bzw. *logisch falschen*) Aussageformen spricht. *Beispiele:* $(A \wedge \neg A)$ ist eine Kontradiktion, $\neg\ (A \wedge \neg A)$ dagegen eine Tautologie. In der klassischen Aussagenlogik ist auch $(A \vee \neg A)$ – das „Tertium non datur" – eine Tautologie, was nach der dialogischen Auffassung nicht gilt. – Mit Hilfe der Wahrheitstafeln läßt sich in endlich vielen Schritten für jede Aussageform feststellen, ob sie logisch wahr ist oder nicht. Diese wichtige Eigenschaft der Aussagenlogik nennt man *Entscheidbarkeit.* – Eine einfache kombinatorische Überlegung zeigt, daß es insgesamt sechzehn mögliche Wahrheitswertverteilungen für die Verknüpfung zweier Aussagen gibt. Man weiß jedoch, daß sich alle diese Junktoren mit Hilfe eines einzigen zweistelligen Junktors **(Shefferscher Strich)** definieren lassen: ($A|B$ wird gelesen „weder A noch B").

A	B	$A \mid B$
w	w	f
w	f	f
f	w	f
f	f	w

Man kann jetzt nachprüfen, daß z. B. $A \wedge B$ und $(A|B)|(A|B)$ die gleichen Wahrheitstafeln haben. Deshalb ist die folgende Definition sinnvoll: $A \wedge B \rightleftharpoons (A|B)|(A|B)$. Üblicherweise legt man die Negation und einen zweistelligen Junktor (z. B. die Subjunktion) zugrunde, um mit deren Hilfe alle anderen zweistelligen Junktoren analog zu dem obigen Beispiel zu definieren. Von großer Bedeutung sind die Gesetze De Morgans, die besagen, daß $\neg(A \wedge B)$ und $\neg A \vee \neg B$ sowie $\neg(A \vee B)$ und $\neg A \wedge \neg B$ die gleichen Wahrheitstafeln besitzen. Die Aussagenlogik kann auch gestützt auf *Axiome* (genauer: Axiomenschemata) und *Ableitungsregeln* aufgebaut werden. Dies nennt man den *syntaktischen Zugang,* dessen Ziel es ist, alle Tautologien aus einigen wenigen vorausgesetzten Ausdrücken (die, semantisch interpretiert, Tautologien darstellen) durch Ableiten (↑Ableitung) zu gewinnen („Kalkülisierung"). Hierfür gibt es viele Möglichkeiten. Die folgende Möglichkeit geht auf Frege zurück:

(A1) $A \rightarrow (B \rightarrow A)$

(A2) $(A \rightarrow (B \rightarrow C)) \rightarrow ((A \rightarrow B) \rightarrow (A \rightarrow C))$

(A3) $(\neg A \rightarrow \neg B) \rightarrow (B \rightarrow A)$

Da diese Formeln Aussageformen darstellen, nennt man A1 bis A3 Axiomenschemata (↑Axiom). Als Regel, mit deren Hilfe neue Aussageformen gebildet werden können, wird die Abtrennungsregel („modus ponens") zugelassen: Von A und $A \rightarrow B$ darf man zu B übergehen. Man kann nun zeigen: Jede Tautologie der Aussagenlogik ist aus A1 bis A3 mit der genannten Regel ableitbar (man sagt auch: Der Kalkül ist *vollständig*); jede aus A1 bis A3 ableitbare Aussageform ist eine Tautologie der Aussagenlogik (der Kalkül ist *widerspruchsfrei*). – Zusammengefaßt heißt dies, daß *im Kalkül genau die logisch wahren Aussageformen ableitbar* sind. Er ist demnach eine adäquate Beschreibung der Aussagenlogik. Umgekehrt läßt sich der Begriff der logischen Wahrheit durch den der Ableitbarkeit im Kalkül ersetzen.

Aussagenlogik wurde schon in der Antike betrieben. Die aristotelische Logik mit ihrem Kernstück, der ↑Syllogistik, benützt Teile der Aussagenlogik. Neben Aristoteles leisteten die megarische Schule (etwa 4. Jahrhundert v. Chr.) und die Stoa (v. a. Chrysippos) wichtige Beiträge. Seit der Mitte des 19. Jahrhunderts wurden die formalen Methoden entwickelt, die auch heute noch angewandt werden (De Morgan, Boole, Schröder). Die Arbeiten von Frege („Begriffsschrift", 1879), Russell/Whitehead („Principia mathematica", 1910–13) und Wittgenstein („Tractatus logico-philosophicus", 1921) haben die Aussagenlogik begründet. Die beiden äußerst wichtigen Eigenschaften der Entscheidbarkeit und der Vollständigkeit wurden 1921 von Post (neben anderen Autoren) bewiesen. – Zur Syntax der Aussagenlogik ↑Ausdruck.

Aussagenvariable: Bezeichnung für schematische Buchstaben, die in Ausdrücken der Aussagen- und Prädikatenlogik für Aussagen stehen. Es handelt sich bei ihnen jedoch nicht um ↑Variable im strengen Sinn, da kein Variabilitätsbereich von vornherein feststeht.

Autarkie [griechisch „Selbstgenügsamkeit, Selbständigkeit"]: einer der Grundsätze griechischer Lebensgestaltung des einzelnen und der Polis. Philosophisch wird der Begriff Autarkie zusammen mit dem Begriff Glückseligkeit entwickelt: Ein zufriedenstellendes, gelingendes Leben wird beeinträchtigt oder unmöglich, wenn man sich nach Konventionen richten muß, denen man nicht zustimmen kann, gezwungen ist, mit leiderzeugenden Dingen oder Personen zusammenzuleben, Dinge oder Personen verliert, von denen man sich innerlich abhängig gemacht hat. Daher ist eine Bedingung für die Möglichkeit von Glückseligkeit die Autarkie, d. h. die äußere und innere Unabhängigkeit von allem, was Leid erzeugen könnte.

Aristoteles definiert Glückseligkeit als „das vollkommene und selbstgenügsame Gut", das er in letzter Konsequenz als die beste und vollkommenste Tätigkeit der Seele – das ist für ihn die Theoria – bestimmt, u. a. weil diese unabhängig von Dingen und Personen möglich ist. – Das Ideal der Autarkie wird ausgeprägt von den ↑Kynikern als Ablehnung aller Konventionen und als Bedürfnislosigkeit, von Epikur (↑Epikureismus) als Abgeschiedenheit vom öffentlichen Leben und vernünftige Kontrolle der Bedürfnisse, von der ↑Stoa als Ausschaltung der schädlichen Affekte (↑auch Apathie, ↑Ataraxie).

In der politischen Philosophie bedeutet Autarkie die vollständige politische und wirtschaftliche Unabhängigkeit eines Staates. Von Platon wurde politische und wirtschaftliche Autarkie erstmalig gefordert, in der Neuzeit von einigen, die eine ↑Utopie einer tugendhaften, glücklichen politischen Gemeinschaft entworfen haben (z. B. More, Campanella).

Autonomie/Heteronomie [zu griechisch autonomía „Unabhängigkeit, Selbstgesetzgebung" und Neubildung aus griechisch héteros nómos („anderes, fremdes Gesetz") „Fremdgesetzlichkeit, Abhängigkeit von Gesetzen anderer"]: in der *Politik* bezeichnet Autonomie das Recht eines Gemeinwesens, das einem Staatsverband angehört, seine inneren Rechtsverhältnisse in eigener Verantwortung zu gestalten (im Unterschied zur außenpolitischen Unabhängigkeit, der Souveränität). – In die *Ethik* führte Kant das Begriffspaar Autonomie/Heteronomie als Fachtermini ein. *Autonomie* bedeutet hier die Verpflichtung des Individuums, sich nach Vernunftgrundsätzen die sittlichen Gesetze seines Handelns selbst zu geben; *Heteronomie* bedeutet den Verzicht oder das Versagen, sittlich selbständig und eigenverantwortlich zu handeln. Heteronom verhält sich nach Kant insbesondere derjenige, der sein Wollen von sinnlichen Interessen (z. B. Sexualtrieb) bestimmen läßt, aus Furcht vor Strafe oder um einer Belohnung willen handelt. Auch derjenige, der geltende Moralvorstellungen, z. B. einer Gesellschaft oder Religion – selbst wenn sie zustimmungsfähig sein sollten – ungeprüft zum Prinzip seines Handelns macht, verhält sich heteronom, weil er sich die Gesetze seines Handelns von anderen (Eltern, Staat, Gott) diktieren läßt. Autonomie dagegen „läßt keine Verbindlichkeit zu, die der eigenen Einsicht entzogen ist" (Schwemmer). Es ist ein charakteristisches Merkmal Kantischer Ethik, daß mit der Aufforderung zur sittlichen Selbstgesetzgebung *kein ethischer Subjektivismus* verbunden ist. Der sittliche Mensch darf allein das als für ihn verbindliches, sittliches Gesetz anerkennen, dessen Geltungsanspruch er aus Vernunftgründen für allgemeingültig hält, d. h. jedes andere Vernunftwesen muß in jeder vergleichbaren Situation nach vernünftiger Überlegung zum selben Resultat gelangen (↑kategorischer Imperativ). – *Gleichheit* und *Freiheit* sind Grundvoraussetzungen dieser Art von Ethik: Nur wenn die Vernunftstrukturen in allen Menschen gleich sind, werden alle (nach sorgfältiger Prüfung) zu denselben moralischen Gesetzen gelangen, und nur, wenn die vielfältigen inneren und äußeren Einflüsse, denen ein Mensch ausgesetzt ist (z. B. psychische Anlagen, biologische und gesellschaftliche Faktoren), nicht den Status von Zwängen haben, hat der Mensch die Möglichkeit, sich von diesen Rahmenbedingungen seiner Existenz zu lösen, *sich frei zu machen* (↑Determinismus/Indeterminismus, ↑Freiheit). Deshalb ist Autonomie nicht eine statische Wesenseigenschaft des Menschen, sondern eine Möglichkeit oder Fähigkeit, um deren Verwirklichung der Mensch immer wieder neu ringen muß (↑Akt/Potenz).

Autorität [zu lateinisch auctoritas „Ansehen, Gewähr, Glaubwürdigkeit, dringende Empfehlung"]: Bezeichnung für eine soziale Beziehung, in der ein einzelner oder eine Institution für einen einzelnen oder eine Gruppe Meinungen, Normen, Handlungsentscheidungen festlegt, ohne sich auf eine andere Machtgrundlage zu stützen als die Glaubwürdigkeit, die ihm oder ihr zuerkannt wird. Die Gewähr für die Glaubwürdigkeit kann in unterschiedlichen Eigenschaften gesehen werden, z. B. im Alter (Eltern), in der Bildung (Akademiker), im Amt (König), im Fachwissen (Handwerker), in der Leistung (Trainer). Die Bereitschaft, den dringenden Empfehlungen des Glaubwürdigen zu gehorchen, gründet nicht selten in Erziehung, aber auch in der Einsicht in die eigene (vermeintliche oder wirkliche) partielle oder vollständige Unzulänglichkeit.

Zu unterscheiden ist die *formale* Autorität von der *funktionalen* Autorität. Jene beruht allein auf einem Amt; sie ist legitim, wenn sie sich direkt oder indirekt aus der formellen Autorisierung durch die Mehrheit, z. B. aus Wahlen, ergibt (↑Demokratie), sich gegen Überprüfung nicht immunisiert, z. B. durch Behauptung eines „Gottesgnadentums", und sich am Gemeinwohl orientiert. Die funktionale Autorität, z. B. eines Arztes, beruht auf einer je bestimmten Sachkompetenz; sie muß ihren Legitimitätsbeweis stets neu antreten, andernfalls tritt Autoritätsverlust ein. Oft überlagern sich formale und funktionale Autorität (z. B. Lehrer). – Je komplexer und größer Gesellschaften sind, umso leichter können sich die formalen Autoritäten von formeller Autorisierung und von Überprüfung loslösen. Je mehr sich Arbeits- und Lebensprozesse spezialisieren und von Wissenschaften bestimmt werden, umso mehr ist der einzelne auf funktionale Autoritäten, Spezialisten, angewiesen. – Erhebliche Teile des Lernens beruhen auf Anerkennung von Autoritäten. – Innerhalb einer Wissenschaft darf es keine Autoritätsverhältnisse geben, da die kritische Überprüfung von Hypothesen durch alle Kompetenten konstituierendes Element jeder Wissenschaft ist. Die Anerkennung von Autoritäten läuft dem Selbstverständnis von Philosophie zuwider. Hervorragende Philosophen dürfen nur kompetente Partner im rationalen ↑Diskurs sein. – Gegen bedingungslose Autoritätsansprüche richtet sich die Aufforderung der ↑Aufklärung: „Habe den Mut, dich deines eigenen Verstandes zu bedienen" (Kant). Fichte führt Kants Kritik der Autoritätsgläubigkeit fort: „Wer auf Autorität hin handelt, handelt [...] notwendig gewissenlos."

Axiologie [zu griechisch áxios „wert, würdig" und lógos „Rede, Lehre"]: Lehre von den Werten als Teildisziplin der Ethik. Die Werte bilden aus der Sicht der Wertphilosophie ein vom Sein unabhängiges Reich, das auf spezifische Weise dem Menschen zugänglich ist. Die Axiologie beschäftigt sich mit Fragen der Erkennbarkeit und Begründbarkeit von Werten sowie mit dem Versuch, diese in eine hierarchische Ordnung zu bringen, die eine Handlungsorientierung ermöglichen soll; im Konfliktfall ist stets dem höheren Wert der Vorrang einzuräumen. Wichtigster Vertreter war Scheler.

Axiom [griechisch, eigentlich „was für wichtig erachtet wird", zu griechisch axióein „für wert halten, verlangen"]: heute in vier Bedeutungen gebräuchlicher Terminus: 1. umgangssprachlich svw. nicht weiter hinterfragte Überzeugung (↑Maxime); 2. in den Erfahrungswissenschaften ein Satz allgemeinen Inhalts, der durch die Erfahrung in sehr hohem Maß bestätigt worden ist (z. B. die Newtonschen Axiome der Mechanik); 3. in Fortsetzung der aristotelischen Tradition ein Satz, der wegen seiner großen Evidenz als wahrer Satz ohne Beweis dieser Eigenschaft akzeptiert wird, v. a. also prinzipielle und umfassende Aussagen, die keines Beweises fähig sind, da es keine grundlegenderen Sätze mehr gibt; sie werden deshalb auch „erste Sätze" genannt (z. B. Euklids Axiome der Geometrie); 4. in der Logik und Mathematik des 20. Jahrhunderts ein Satz, den man an die Spitze eines ↑axiomatischen Systems stellt. – Das erste System von (fünf) Axiomen, das zugleich Vorbild für alle späteren wurde, stammt von Euklid. Es diente ihm zum Aufbau der Geometrie. Euklid übernahm von Aristoteles die Vorstellung, daß Axiome allgemeine Prinzipien sein müssen, die auf alle Wissenschaften gleichermaßen anwendbar sein sollen, z. B.: 1. Axiom: Zwei Dinge, die einem Dritten gleich sind, sind auch untereinander gleich. 2. Axiom: Fügt man Gleiches zu Gleichem hinzu, so sind die Ganzen einander gleich. 5. Axiom: Das Ganze ist größer als seine Teile. – Neben diesen Axiomen gibt es bei Euklid noch *Definitionen* (der geometrischen Grundgebilde wie Punkt und Gerade) und *Postulate,* deren Inhalt die Existenz geometrischer Gegenstände bildet (und die – nach Aristoteles – als spezielle Sätze, nicht als Axiome, in Betracht kamen). Seit der Neuzeit werden diese Postulate dennoch als Axiome bezeichnet, während Euklids Axiome zu den Prinzipien von Logik und Mengenlehre gerechnet werden. Das fünfte Postulat Euklids (das *Parallelenaxiom*) erlangte für die weitere Entwicklung der Axiomatik entscheidende Bedeutung. Es lautet vereinfacht: „Es ist immer möglich, zu einer Geraden eine Parallele zu ziehen, die durch einen vorgegebenen Punkt geht, der nicht auf dieser Geraden liegt." Der Inhalt dieser Behauptung wurde allgemein nicht als evident akzeptiert. Man bemühte sich deshalb seit der Antike, dieses Axiom aus den anderen Axiomen zu beweisen. Erst um die Mitte des vorigen Jahrhunderts gelang der Nachweis, daß dies nicht möglich ist. – Da alle anderen Sätze aus den Axiomen durch logisches Schließen gewonnen werden und da die Axiome selbst gewiß wahre Sätze sein sollen, stellt ein axiomatisches System absolut sicheres Wissen dar. Wird ein solcher Anspruch erhoben, so spricht man in der modernen Wissenschaftstheorie von einem *euklidischen System.* – Auch die neuzeitliche Naturwissenschaft, v. a. die Physik, formuliert Axiome als „erste Sätze". Besondere Bedeutung erlangten die Newtonschen Axiome der Mechanik (1687): Trägheitsgesetz, dynamische Grundgleichung und Wechselwirkungsgesetz. Das Vorbild der euklidischen Geometrie hat die Philosophen aller Epochen fasziniert, am deutlichsten wohl Spinoza, der den Versuch unternahm, die Ethik nach geometrischer Methode („more geometrico") zu begründen. – Einflußreich wurde Kants Bestimmung der Axiome als „synthetische Grundsätze a priori, sofern sie unmittelbar gewiß sind". Nach Kants Meinung sind nur bestimmte Wissenschaften (z. B. die Geometrie, nicht aber die Philosophie) einer Axiomatik fähig. – Um die Mitte des vorigen Jahrhunderts begann sich der Sinn von „Axiom" entscheidend zu ändern. Ursache hierfür war die Entdeckung, daß sich eine alternative Geometrie aufbauen läßt, die sich von der euklidischen nur dadurch unterscheidet, daß sie die Negation des Parallelenaxioms voraussetzt („nichteuklidische Geometrie"). Logisch sind diese Geometrien gleichwertig: Ist die erste widerspruchsfrei, so auch die zweite und umgekehrt. Damit ist keines der beiden axiomatischen Systeme bevorzugt. Als Folge dieser Einsicht verschwindet Evidenz als Merkmal von Axiomen rasch. Axiome können deshalb nun unter Zweckmäßigkeitsgesichtspunkten (↑Konventionalismus) gewählt werden: Man sucht eine möglichst kleine Menge von Aussagen, aus denen sich alle Sätze der zu axiomatisierenden Theorie ableiten lassen. Das einzige Kriterium, das diese noch erfüllen müssen, ist die *Widerspruchsfreiheit.* Ansonsten dürfen sie ganz beliebig vorgegeben werden. Einen Anspruch auf *Wahrheit* erheben solche Axiome nicht mehr. Diese neue Auffassung wurde von Hilbert in „Axiomatisches Denken" (1918) mit Nachdruck vertreten.

Axiome haben aus seiner Sicht nur noch die Aufgabe, ein System in übersichtlicher Weise zu ordnen. Sie sind nicht mehr Fundament des Gebäudes, sondern dessen „Fachwerk". – In neuester Zeit entwickelt sich zunehmend eine Opposition gegen dieses Verständnis von Axiom. Im ↑Konstruktivismus versucht man wieder, Axiome durch Angabe eines konkreten Sinns (↑Modell) zu rechtfertigen.

axiomatisches System [griechisch] ([axiomatisch-]deduktives System): eine Menge von endlich vielen ↑Axiomen (auch *das* ↑Axiomensystem genannt) zusammen mit allen logischen Folgerungen aus ihnen. Z. B. werden die natürlichen Zahlen im allgemeinen durch folgendes System von Axiomen („Peano-Axiome") eingeführt: 1. 1 ist eine natürliche Zahl. 2. Jede natürliche Zahl besitzt einen Nachfolger. 3. 1 ist nicht Nachfolger einer natürlichen Zahl. 4. Zwei natürliche Zahlen, deren Nachfolger gleich sind, sind gleich. 5. Eine Eigenschaft, die 1 besitzt und die mit jeder natürlichen Zahl auch deren Nachfolger zukommt, kommt jeder natürlichen Zahl zu (mit Hilfe dieses „Induktionsaxioms" lassen sich die übliche Addition und Multiplikation erklären). – Die Axiome dieses Systems werden nicht weiter gerechtfertigt; sie beanspruchen nicht, evident zu sein. Es kommt nur darauf an, daß man Sätze der gewöhnlichen Arithmetik aus ihnen folgern kann. Ein Gebiet läßt sich auf viele verschiedene Weisen in ein axiomatisches System überführen („axiomatisieren"). Die wichtigste Eigenschaft eines axiomatischen Systems ist seine *Widerspruchsfreiheit* (Konsistenz): Die Axiome sowie alle Folgerungen aus ihnen dürfen zu keinen Widersprüchen führen. Man spricht (irreführend) von der Konsistenz des Axiomensystems. Konsistenzbeweise gehören zu den wichtigsten Aufgaben der mathematischen Logik. Im Falle der Arithmetik weiß man seit Gödel, daß ein derartiger Beweis nicht mit den gewöhnlichen („finiten") Mitteln der Logik geführt werden kann. Er gelingt allerdings, wie Gentzen 1936 zeigen konnte, wenn man stärkere Hilfsmittel zuläßt („Halbformalismus"). – Eine weitere wichtige Frage ist die, ob ein axiomatisches System *vollständig* ist. Darunter versteht man, daß sich jeder wahre Satz aus den Axiomen deduzieren läßt. In diesem Sinn ist die Arithmetik nicht vollständig, wie ebenfalls Gödel beweisen konnte.

Axiomenschema [griechisch]: werden nicht Aussagen, sondern Aussageformen einem ↑axiomatischen System zugrunde gelegt, so bezeichnet man diese Aussageformen genauer als Axiomenschemata (z. B. sind die „Axiome" von Peano streng genommen Axiomenschemata, da sie den undefinierten Begriff „natürliche Zahl" enthalten). Als Aussageformen können solche Sätze nicht wahr oder falsch sein. Das wird aber beim modernen Verständnis von ↑Axiom auch nicht verlangt.

Axiomensystem [griechisch]: die Menge aller Axiome eines ↑axiomatischen Systems. Im allgemeinen betrachtet man nur endliche Axiomensysteme. Meist sucht man zu einer bereits entwickelten Theorie (z. B. der Arithmetik) eine passende Menge von Axiomen („Axiomatisierung"). Man verlangt dabei von den Axiomen, daß sie unabhängig sein sollen (↑auch abhängig/unabhängig). Konsistenz und Vollständigkeit sind weitere Eigenschaften, die sich allerdings auf das ganze axiomatische System beziehen.

B

Basis und Überbau: Begriffspaar des ↑historischen Materialismus zur Kennzeichnung der Wechselwirkung zwischen den materiellen und ideologischen Verhältnissen einer Gesellschaft. Die Gesamtheit der materiellen ökonomischen Verhältnisse (d.h. die dem jeweiligen Stand der ↑Produktivkräfte entsprechenden ↑Produktionsverhältnisse und Klassenverhältnisse) bildet die „reale Basis", auf der sich der Überbau erhebt, das System der politischen, juristischen, kulturellen, moralischen und religiösen Anschauungen samt den entsprechenden Institutionen (Staat, politische Parteien, gesellschaftliche Organisationen, kulturelle Einrichtungen, Bildungswesen, Kirchen usw.). Das Verhältnis zwischen Basis und Überbau ist dialektisch (↑Dialektik) zu sehen: Die ökonomische Basis bringt zwar den Überbau hervor und bestimmt ihn; dieser aber wirkt seinerseits auf die Basis zurück und verändert sie.

Bedeutung: ein Grundbegriff der Sprachphilosophie, bezeichnet dasjenige, was ein sprachliches Gebilde oder – allgemeiner – ein ↑Zeichen ausdrücken soll. Die Bedeutung ist zu unterscheiden vom ↑Sinn, d.h. von der Art und Weise, wie ein Gegenstand gegeben ist. Mit der Analyse von Bedeutungen beschäftigt sich die ↑Semantik. – Lange Zeit wurde das Verhältnis von sprachlichem Ausdruck und dem, was er bedeutet, nach dem Vorbild der ↑Abbildtheorie gedacht: Die Wörter galten als Namen für die unabhängig von der Sprache existierenden Gegenstände. Galten diese als real (↑Realismus), so wurden die Gegenstände als Bedeutungen von Namen und die Attribute als Bedeutungen von Prädikatoren angesehen. Im ↑Konzeptualismus dagegen galten die vom Denken hervorgebrachten Begriffe und Propositionen als Bedeutungen. Bahnbrechend für die Semantik waren die Untersuchungen von Frege. Er zeigte, auf welche Weise Identitätsaussagen wie „der Abendstern ist der Morgenstern" verstanden werden müssen. Nach der älteren Abbildtheorie hat ein derartiger Satz keinen Informationsgehalt, da er nur die Tatsache „die Venus ist die Venus" ausdrückt. Nach Frege muß aber zwischen der Bedeutung und dem Sinn eines sprachlichen Gebildes unterschieden werden (später sprach man auch von ↑Extension und ↑Intension). Zwar ist die Venus sowohl Bedeutung von „der Abendstern" als auch von „der Morgenstern". Aber der Sinn dieser Wörter ist verschieden, d.h. die Art und Weise, wie der jeweilige Gegenstand benannt ist: Der Abendstern ist derjenige Stern, der abends als erster aufgeht, während der Morgenstern derjenige ist, der morgens als letzter untergeht. Freges Bedeutungstheorie bleibt also noch *gegenstandsbezogen:* Wörter werden auch bei ihm als Namen für unabhängige Gegenstände behandelt. Die Bedeutung eines ganzen Satzes ist nach Frege dessen ↑Wahrheitswert, während der ausgedrückte Sachverhalt (Frege: der *Gedanke*) seinen Sinn ausmacht: Mit dieser Auffassung brach Wittgenstein. Er formulierte die *Gebrauchstheorie* der Bedeutung: „Die Bedeutung eines Wortes ist sein Gebrauch in der Sprache." Die Bedeutung eines Wortes kennen heißt seine Verwendung in einer bestimmten Sprache kennen. Wörter erhalten also ihre Bedeutung erst in einem sprachlichen Ganzen („Sprachspiel"). Die sprachlichen Unterscheidungen legen fest, was ein Gegenstand ist. Deshalb kann es keinen sprachunabhängigen Zugang zu den Gegenständen geben. Da Sprache prinzipiell sozial bestimmt ist (es gibt keine „Privatsprache"), ist Bedeutung von vornherein intersubjektiv. Bedeutungen können auf vielerlei Weisen festgelegt werden (z.B. durch ↑Definition); letzten Endes aber müssen einige Wörter ihre Bedeutungen durch Vormachen und Nachahmen in besonderen Sprachverwendungssituationen erlangt haben (↑Pragmatik). Man spricht dann von ↑deiktischen Definitionen.

Bedingung (lateinisch conditio): allgemein Voraussetzung, ohne die etwas anderes nicht ist oder nicht gedacht werden kann. Bedingungen sind als Ausdruck von Gesetzmäßigkeiten anzusehen.

1. Läßt sich ein Satz auf die Form „wenn *A*, dann *B*" (oder „weil *A*, deshalb *B*") bringen, so nennt man *A* Bedingung von *B* (*Beispiele:* a) Wenn Sie dieses Nachschlagewerk lesen, werden Sie in der Philosophie besser Bescheid wissen. b) Wenn eine Zahl durch 4 teilbar ist, dann ist sie auch durch 2 teilbar. c) Wenn man Eis erwärmt, schmilzt es schließlich). – 2. Man bezeichnet sowohl den Vordersatz einer einfachen ↑Subjunktion (Beispiel a) als auch den Vordersatz einer mit Hilfe einer Subjunktion gebildeten Aussageform (Beispiel b), die freie Variable ist hier „Zahl") als Bedingung, genauer als *hinreichende Bedingung* (lateinisch conditio per quam). Für solche Aussageformen ist seit Russell auch die Bezeichnung *formale Implikation* gebräuchlich; die Subjunktion heißt dann *materiale Implikation*. Diese Redeweise legt jedoch Verwechslungen mit der logischen ↑Implikation nahe und sollte daher vermieden werden. – 3. In Erweiterung von 2. spricht man auch bei Aussagen der Form $A_1 \wedge ... \wedge A_n \rightarrow B$ (bzw. $P_1(x) \wedge ... \wedge P_n(x) \rightarrow Q(x)$) von den Aussagen $A_1, ..., A_n$ (bzw. $P_1(x), ..., P_n(x)$) als Bedingungen. Besonders interessant ist hierbei, daß keines der A_i (bzw. $P_i(x)$) weggelassen werden kann, ohne daß die Gültigkeit der Aussage (bzw. die Allgemeingültigkeit der Aussageform) zerstört wird. – Auch bei logischen Folgerungen ist es üblich, von Bedingungen zu reden. – 4. V. a. in der Mathematik ist es gebräuchlich, die Aussage *B* in $A \rightarrow B$ als *notwendige Bedingung* (lateinisch conditio sine qua non) zu bezeichnen (diese Bezeichnung wird durch die zu Beispiel b) äquivalente Formulierung nahegelegt: „Wenn eine Zahl nicht durch 2 teilbar ist, dann ist sie sicher auch nicht durch 4 teilbar"). Eine Bedingung heißt demnach notwendig und hinreichend, wenn sowohl $A \rightarrow B$ als auch $B \rightarrow A$ und somit $A \leftrightarrow B$ gilt. – 5. Im Zusammenhang mit Gesetzmäßigkeiten (z. B. kausaler Art [↑Kausalität]) ist die Suche nach Bedingungen in den Erfahrungswissenschaften von größter Bedeutung (wie z. B. bei den Fragen „Unter welchen Bedingungen zerfallen Atomkerne?" und „Unter welchen Bedingungen schmilzt Eis?"). Eine Situation wird unter einem bestimmten Gesichtspunkt („Schmilzt das Eis?") betrachtet, und bestimmte ihrer Teile oder Eigenschaften werden variiert (z. B. die Temperatur). Läßt sich auf diese Weise der gewünschte Effekt herstellen, so nennt man die entsprechende Eigenschaft oder den entsprechenden Teil eine Bedingung für das Eintreten des fraglichen Ereignisses. Andere Aspekte der Situation, von denen man annimmt, daß sie den gewünschten Effekt nicht beeinflussen, bezeichnet man auch als *Randbedingungen*. Ein ↑Experiment besteht in der Variation einer oder mehrerer Bedingungen bei konstanten Randbedingungen. Das läßt sich in der Praxis immer nur angenähert verwirklichen. – 6. In der an Kant orientierten ↑Transzendentalphilosophie spielt die Suche nach den „Bedingungen der Möglichkeit von" eine zentrale Rolle. So fragt Kant am Beginn der „Kritik der reinen Vernunft" nach den Bedingungen der Möglichkeit von Geometrie, also danach, wie der Raum (als Gegenstand der Geometrie) beschaffen sein muß, um eine Wissenschaft wie die Geometrie zu ermöglichen. In der modernen Wendung der Transzendentalphilosophie wird gefragt, welches die Bedingungen seien, die erfolgreiche Kommunikation überhaupt erst möglich machen. Die logischen Verhältnisse, die der transzendentalphilosophischen Analyse zugrunde liegen, sind bis heute nicht vollständig geklärt. – 7. Die besonderen Bedingungen des Menschseins, also diejenigen Eigenschaften, Fähigkeiten usw., die den Menschen von anderen Lebewesen unterscheiden und so das spezifisch Menschliche ausmachen, werden als *conditio humana* bezeichnet. Malraux' Roman „La condition humaine" (deutsch 1934 unter dem Titel „So ist der Mensch") hat diesen

Terminus innerhalb des Existentialismus (↑ Existenzphilosophie) populär gemacht. – 8. V. a. die Philosophie des Marxismus widmet den gesellschaftlichen Bedingungen des menschlichen Daseins große Aufmerksamkeit. Eine besondere Bedeutung kommt aus dieser Sicht den Bedingungen des materiellen Lebens der Gesellschaft zu. Damit sind jene Verhältnisse gemeint, die das soziale Zusammenleben der Menschen ermöglichen und prägen: die Existenz des Menschen, die Natur, die Entwicklung der Bevölkerung und die Produktion materieller Güter.

Bedürfnis: je nach Verwendungszusammenhang verschieden bestimmter Begriff. – In der *Wirtschaftstheorie:* Zustand von subjektiven Mangelempfindungen, verbunden mit dem Streben, ihn zu beseitigen, bzw. relativ zu bestimmten vorgegebenen Normen objektiv feststellbarer Mangelzustand. Das Bedürfnis wird zum *Bedarf,* sobald es mit Kaufkraft ausgestattet ist und am Markt als Nachfrage auftritt. – In der *Psychologie:* infolge von Bedarfs- und Mangelzuständen auftretendes psychisches Spannungsgefälle, das die Aktivität des Individuums anregt, auf die Beseitigung des zugrundeliegenden Mangels hinzuwirken *(Bedürfnisbefriedigung).* Bedürfnisse resultieren entweder aus biophysischen Mangelzuständen wie Hunger, Durst, Schutz vor Gefahr *(primäre [angeborene] Bedürfnisse)* oder aus sozialen Vermittlungsprozessen wie z. B. geistig-kulturelle und zivilisatorische Interessenbestrebungen *(sekundäre [erworbene] Bedürfnisse).* In allen Gesellschaften wird die Form der Bedürfnisbefriedigung (auch der Unterdrückung der gesellschaftlich nicht tolerierten Bedürfnisse) durch soziale Normen geregelt, die im Verlauf der ↑ Sozialisation erworben und weitgehend verinnerlicht werden. Die begriffliche Abgrenzung zwischen Bedürfnis, ↑ Motiv und ↑ Trieb ist in der Psychologie nicht eindeutig. – In der (praktischen) *Philosophie* bedient man sich des Bedürfnisbegriffs als Beurteilungskriterium, um in bestimmten sozialen Problemsituationen begründetes Wollen oder Begehren als solches ausweisen zu können. In einer Konfliktsituation, in der Uneinigkeit über die Ziele unseres Handelns besteht, sollen mit der Bildung des Bedürfnisbegriffs solche Ziele ausgezeichnet werden, die für jeden annehmbar sind, um damit eine gemeinsame Basis für die Argumentation über allgemeinverbindliche Ziele bzw. Normen zu gewinnen. Charakteristisch für diesen Argumentationsweg ist, daß die strittige Allgemeinheit des *Sollens* über eine für jeden einzelnen als unstrittig vorausgesetzte Gleichheit des *Wollens* erwiesen werden soll. Dieser „gemeinsame Boden", der als Bedingung aller Zielsetzungen, auch der miteinander unverträglichen, angenommen wird, besteht in den unser Wollen bestimmenden vitalen Bedürfnissen, den vorkulturell feststellbaren materiellen Bedingungen unserer Existenz. Die Kritik an dieser Verwendung des Bedürfnisbegriffs richtet sich v. a. auf die Problematik des Schlusses von Wollen auf Sollen (↑ naturalistischer Fehlschluß).

Befindlichkeit [von althochdeutsch befinden, ursprünglich „erfahren, wahrnehmen"]: Terminus in der ↑ Fundamentalontologie Heideggers, bezeichnet die – stimmungsartigen – Einstellungen, in denen sich der Mensch als Mensch immer schon in der Welt und zur Welt „befindet", z. B. die ↑ Sorge und die ↑ Angst. In solchen Einstellungen hat der Mensch immer schon erfahren, was es mit seinem ↑ „In-der-Welt-Sein" auf sich hat; es ist ihm also vorrational immer schon erschlossen, auch wenn er diese Wahrheit vor sich selbst verbirgt durch sein Leben in der Alltäglichkeit des ↑ „Man". Die Befindlichkeit – und die dem Individuum vorgängige Sprache – zu analysieren, gibt Aufschluß über das Wesen des „In-der-Welt-Seins" und schließlich über das „Wesen des Seins". – ↑ auch Existenzphilosophie.

begreifen: allgemein svw. erfassen, in sich fassen (enthalten), auffassen (verstehen). – Im engeren philosophischen Sprachgebrauch meint Begreifen eine bestimmte Weise des Erkennens (↑Erkenntnis): das *Erfassen des Wesens* eines Gegenstandes, Sachverhaltes oder Vorganges *aus ihm selbst heraus*. Begreifen unterscheidet sich damit z. B. vom *Erklären* im engeren Sinne des Wortes (dem Erforschen von Ursachen-Wirkungs-Zusammenhängen, also dem Herausarbeiten kausaler Gesetzmäßigkeiten v. a. in den modernen Naturwissenschaften), aber auch vom sogenannten *Verstehen* (dem Erfassen von Sinnzusammenhängen wie es v. a. in Geisteswissenschaften, z. B. der Geschichtswissenschaft, angestrebt wird [↑Hermeneutik]). Beide, Erklären wie Verstehen, tragen also nur „von außen“, vom Subjekt produzierte und strukturierte Eigenschaften und Zusammenhänge an ein Objekt heran. Für Kant stellt daher das Begreifen den höchstmöglichen Grad der Erkenntnis dar, deren entscheidende Voraussetzung eine innere Verwandtschaft zwischen erkennendem Subjekt und zu erkennendem Objekt sei; denn was dem Subjekt innerlich fern und fremd ist, kann es sich zwar vorstellen, sogar erklären, trotzdem bleibt es im tiefsten Grunde unverstanden. – So kann z. B. ein Mitteleuropäer die Sitten und Gebräuche kannibalischer Stämme sehr wohl beschreiben, auch Gründe und Zielvorstellungen, die mit derartigen Handlungsweisen verknüpft sind, angeben; trotzdem wird ihm das Wesen kannibalischer Riten in aller Regel innerlich fremd bleiben und eine Beteiligung an ihnen unmöglich sein. – Ganz anders dagegen, wenn man sich z. B. einem anderen Menschen „verwandt“ fühlt; man teilt wichtige Gedanken und Einstellungen, erfährt innerste, wesentliche Eigenschaften des anderen als Teil seiner selbst und umgekehrt, man „begreift“ einander. – Diese Weise des (theoretischen) Erkennens bleibt nicht ohne Auswirkung auf praktisches Verhalten: Nicht Gleichgültigkeit, Verachtung oder gar Haß leiten das Handeln, sondern man respektiert und schützt, was man begreift (↑Achtung). Wird die Gemeinsamkeit des Wesens als besonders stark ausgeprägt erfahren, spricht man nicht mehr nur von begreifendem Erkennen, sondern davon, daß man das Vertraute, Verwandte liebe (↑Liebe). Die Notwendigkeit einer Wesensverwandtschaft zwischen Erkenntnissubjekt und -objekt führt – nach Kant – zu einer Einschränkung des möglichen Umfangs sicherer, „begreifender“ Erkenntnis. Wahres Begreifen – also vollgültige Erkenntnis – ist mit unzweifelhafter Gewißheit nur möglich hinsichtlich derjenigen Erkenntnisobjekte, die vom Erkennenden selbst hervorgebracht sind, weil nur hier die erforderliche Verwandtschaft vollständig ist. Die „Ideen“ der Vernunft (etwa Freiheit) sind – so Kant – für uns z. B. voll „begreiflich“, nicht dagegen sämtliche Gegenstände der Erfahrung, d. h. Erkenntnisobjekte, die wir mittels unserer Sinne wahrnehmen, weil bei ihnen die Existenz uns wesensfremder Eigenschaften nicht mit Sicherheit ausgeschlossen werden kann. Erfahrungsgegenstände können wir also immer nur partiell, und zwar relativ zu einem bestimmten interessierenden Aspekt, begreifen.

Hegel gliedert sein „System der Philosophie“ nach dem Maß, in dem Erkenntnisobjekte dem Begreifen zugänglich sind; d. h. hinsichtlich dieses Kriteriums besteht – wie bei Kant – ein wesentlicher Unterschied zwischen Gegenständen des Denkens (z. B. Begriffen der Logik, aber auch der Ethik) und Gegenständen der Erfahrung („Natur“). Zunächst entwickelt – nach Hegel – das Erkenntnissubjekt von der zu begreifenden Sache eine Vorstellung, es entwirft z. B. einen Begriff. Dann beginnt ein Prozeß, in dessen Verlauf versucht wird, die Sache selbst mit dem Denkinhalt, dem Begriff, in Übereinstimmung zu bringen. Es ist ein wesentliches Kennzeichen des ↑Idealismus, daß im Verlaufe dieses Prozesses nicht die Vorstellung durch die Sache korrigiert, sondern umgekehrt die Sache an der Vorstellung gemessen wird: Der Denkinhalt wirkt als Maßstab, als Norm, und bewertet wird das Maß der Übereinstimmung der Sache mit ihm. Beim Begreifen haben also die Inhalte des Denkens normative, wertende Funktion (↑deskriptiv/präskriptiv/normativ).

Begriff: umgangssprachlich das Ergebnis eines Denkakts, eine allgemeine Vorstellung oder eine Idee; im engeren Sinne stellt ein Begriff – als Ergebnis einer Abstraktion – das abstrakte Allgemeine im konkreten einzelnen dar (z. B. „die Röte" in „dieses rote Buch", „das Gute" in „deine gute Tat"). Begriffe sind die Grundlage des Wissens. Deshalb haben sich alle Epochen und Schulen der Philosophiegeschichte um ein Verständnis von Begriffen bemüht. Nach der antiken und scholastischen Lehre enthält ein Begriff das, was vielen einzelnen gemeinsam ist. Der Begriff kommt zustande durch das Zusammenwirken von *Vernunft* (griechisch noûs, lateinisch intellectus), die das einzelne unter dem Aspekt des Gemeinsamen betrachtet und Wesentliches von Unwesentlichem trennt (aktiver Teil der Begriffsbildung), und *Sinnlichkeit* (griechisch aísthēsis, lateinisch sensatio), die die einzelnen Gegenstände passiv empfängt, um sie der Vernunft vorzustellen. Das Zusammenspiel von Vernunft und Sinnlichkeit konstituiert den *Verstand* (griechisch diánoia, lateinisch ratio). Offen bleibt hierbei, wie die Seinsweise der Begriffe zu denken sei: So existieren nach Platon die Begriffe unabhängig vom werdenden und vergehenden Seienden, während sie für Aristoteles erst durch einen Denkakt (griechisch aphaíresis, ↑Abstraktion) hervorgebracht werden müssen. Dieses Problem war Ausgangspunkt für den mittelalterlichen ↑Universalienstreit. Die Position des ↑Nominalismus stellte die überkommene Begriffslehre in Frage, indem sie behauptete, Begriffe seien lediglich abkürzende Bezeichnungen für Klassen gleichgearteter Gegenstände. Für die neuzeitliche Diskussion seit Descartes ist die Unterscheidung von *reinen* (apriorischen, Stamm- oder Ur-)Begriffen und von den *empirischen* (Erfahrungs-)Begriffen zentral. Die Auseinandersetzungen zwischen Rationalisten und Empiristen kreisen um die Frage, ob die Behauptung, daß es apriorische Begriffe gebe und daß diese das Fundament des Wissens bildeten (↑Kartesianismus), gerechtfertigt sei. Die Erkenntnis der Stammbegriffe geschieht gemäß rationalistischer Auffassung mit Hilfe einer besonderen geistigen Fähigkeit (↑intellektuelle Anschauung). Demgegenüber behauptet der Empirismus die Abstammung aller Begriffe von der Erfahrung. – Kants Lehre vom Begriff nimmt eine vermittelnde Position zwischen diesen Lagern ein. Nur das Zusammenwirken von Denken und Anschauung kann Begriffe und damit Wissen hervorbringen. Das Verhältnis von Anschauung und Begriff bleibt bei Kant das traditionelle von Singulärem zu Allgemeinem. Kant unterscheidet zwischen empirischen Begriffen (die auf Erfahrung beruhen), reinen Verstandesbegriffen (↑Kategorie), die nicht aus der Erfahrung hervorgehen, sondern diese erst möglich machen, und reinen Vernunftbegriffen (↑Idee), die nur mittelbar Bezug zu Anschauung und Erfahrung besitzen. Grundsätzlich gilt nach Kant: „Anschauungen ohne Begriffe sind blind, Begriffe ohne Anschauungen sind leer." – Mit Aufkommen der Romantik und des deutschen Idealismus erhält der Terminus „Begriff" eine neue Wendung. War bisher Begriff Verkörperung der Allgemeinheit, so taucht nun der ↑Individualbegriff auf als *Ausdruck des Wesens* einer Person, eines Kunstwerks oder einer Geschichtsepoche. Der Begriff wird, z. B. bei Hegel, zum Inbegriff des Wissens: „Das absolute Wissen ist der Begriff, der sich selbst zum Gegenstand und Inhalt hat." Begreifen – verstanden als das Innewerden eines Begriffs – wird zum unmittelbaren Zugriff auf das Wesen einer Sache (etwa wenn eine Sache „auf den Begriff gebracht wird"). Die Bewegung des Begriffs, die letztlich auf das Sich-selber-Innewerden zielt, entsteht aus dem Zusammenspiel von Begriff und Gegenstand (↑Dialektik).

Mit den von Frege eingeführten Unterscheidungen von Intension und Extension sowie von Sinn und Bedeutung beginnt für die Begriffslehre ein neuer Abschnitt. Die Gesichtspunkte der Logik treten von nun an in den Vordergrund: Die den Begriffen zugrundeliegende Abstraktion wird jetzt als eine mengentheoretisch-logische und nicht mehr als eine mentale Operation aufgefaßt. Grundlage für die neueren Diskussionen ist die extensionale Auffassung von Begriffen, wie sie die moderne Logik verwendet. Begriffe werden verstanden als Namen für Klassen von Gegenständen, die mindestens ein invariantes gemeinsames Merkmal besitzen. Dieses Merkmal ist die Intension des Begriffs. Die – nach wie vor umstrittene – *Extensionalitätsthese* behauptet, daß Begriffe bereits vollständig durch ihre Extensionen charakterisiert seien. Die Betrachtung von Intensionen wäre demnach überflüssig. Da Abstraktionen aus der Rede über invariante Eigenschaften von Gegenständen hervorgehen, sind Begriffe *sprachlicher* Natur. Dies ist die moderne Variante des Nominalismus: Begriffe existieren weder real (als Dinge der objektiven Welt) noch mental (als abstrakte Vorstellungen), sondern sprachlich (als Prädikatoren). In den letzten Jahren werden aber zunehmend – ausgehend von der ↑Modallogik – wieder realistische Positionen vertreten (z. B. von Kripke).

Begriffe können in vielfältigen Beziehungen zueinander stehen, die sich mit Hilfe der Extensionen als Relationen von Mengen darstellen lassen. Solche sind: Enthaltensein, Identität, Überschneidung und Disjunktsein (↑disjunkt). Diese Beziehungen wurden auch schon in der traditionellen Logik untersucht und benannt, doch untersucht die formale Logik diese Zusammenhänge genauer.

Begriffslogik: Bezeichnung für eine der beiden Interpretationen (neben der Klassenlogik) der aristotelischen Syllogistik. Gemäß der begriffslogischen Auffassung beruht ein Syllogismus (z. B. „Alle Menschen sind sterblich. Sokrates ist ein Mensch. Also ist Sokrates sterblich.") auf der Verknüpfung der beteiligten Begriffe, die im Syllogismus sprachlich durch Prädikatoren wiedergegeben sind. Dagegen faßt die **Klassenlogik** die Prädikatoren als Ausdrücke für Umfänge von Begriffen (auch Klassen genannt) auf: Ein Element, das zur Klasse „Mensch" gehört, liegt notwendig auch in der Klasse „sterblich", denn erstere ist in der letzten ganz enthalten. In moderner Sprechweise ist die Begriffslogik intensional (↑Intension) zu nennen im Gegensatz zur extensionalen (↑Extension) Klassenlogik. Akzeptiert man die *Extensionalitätsthese* (↑Begriff), so bedürfte es keiner Begriffslogik und man könnte die aristotelische Logik unbedenklich extensional interpretieren. Dagegen aber gibt es schwerwiegende Einwände.

Begründung: eine Aussage oder eine Handlungsnorm heißt begründet, wenn im Rahmen einer rationalen Argumentation Übereinstimmung bezüglich ihrer Geltung erzielt wird. Eine Begründung ist somit eine *Argumentationsstrategie.* Eine Begründung von Aussagen, die sich ausschließlich des logischen Schließens bedient, heißt auch ↑Beweis; eine Begründung für Handlungsnormen oder -ziele wird auch *Rechtfertigung* genannt. Beim Begründen werden oft nicht nur die Regeln des logischen Schließens angewandt, sondern auch allgemeinere Regeln der ↑Argumentation benützt. V. a. im positivistischen Lager wird immer wieder versucht, den Begründungsbegriff auf den Beweisbegriff zu reduzieren. Nur deduktive Beweise sollen nach dieser Auffassung als verbindlich gelten (↑ Szientismus). Dem wird zunehmend mit Skepsis begegnet. So macht der ↑ Konstruktivismus im Gegenzug darauf aufmerksam, daß wissenschaftliches Handeln selbst begründungsbedürftigen Normen unterworfen ist. Ein Begründungsverfahren, das ausschließlich am deduktiven Beweis orientiert ist, endet nach Albert im folgenden Trilemma („Münchhausen-Trilemma"): Entweder führt es in einen unendlichen ↑ Regreß oder aber es führt in einen Zirkel (↑ Circulus vitiosus) oder es muß seine obersten Sätze (↑ Axiom) willkürlich festlegen. Der Konstruktivismus macht dieser Kritik gegenüber geltend, daß auch oberste Sätze, ausgehend von einer vorwissenschaftlichen Praxis, schrittweise unter allgemeiner Zustimmung eingeführt werden können. Hierzu muß aber von einem nichtreduzierten Begründungsbegriff Gebrauch gemacht werden. – An einen Dialog, der zu einer Begründung führen soll, müssen bestimmte Anforderungen gestellt werden. Nicht jeder zufällig erzielte Konsens (etwa durch „Überreden") soll schon als Begründung gelten (↑ Diskurs). Die Frage, ob es ↑ Letztbegründungen geben kann, Begründungen also, gegen die kein Sachkundiger vernünftig argumentieren kann, wird gegenwärtig intensiv diskutiert. – Eine Begründung, die in einem Diskurs erarbeitet wurde, hat folgende Eigenschaften: Sie ist lückenlos, in kleinste Schritte zerlegt und zirkelfrei – kurz: Sie ist *konstruktiv*. Damit wird ihre Nachprüfbarkeit und Korrektheit gesichert.

Behauptung: eine Aussage, die Anspruch auf Wahrheit erhebt. Wer eine Behauptung aufstellt, übernimmt damit die Pflicht, diese bei Nachfrage argumentativ zu verteidigen. Er muß also nachweisen können, daß sie wahr ist. Das Aufstellen einer Behauptung (z. B. „Steinpilze sind wohlschmeckend") ist gleichwertig mit der metasprachlichen Aussage „*B* ist wahr" („Es ist wahr, daß Steinpilze wohlschmeckend sind"). – In der traditionellen Logik traten Behauptungen als assertorische Urteile (↑ assertorisch) auf. Gelegentlich (z. B. in der Mathematik) wird von Behauptung gesprochen, wenn deutlich gemacht werden soll, daß die getroffene Aussage noch eines Beweises bedarf (der möglicherweise noch nicht geführt wurde). Dann ist Behauptung gleichbedeutend mit Vermutung oder ↑ Hypothese.

Belegung: in der ↑ Prädikatenlogik die Ersetzung einer Objektvariablen durch den Namen eines festen Objekts aus dem vorgegebenen Variabilitätsbereich, z. B. $n < n+1$ geht durch die Belegung $5/n$ (lies: 5 anstelle von n) in die Aussage $5<6$ über. – In der ↑ Aussagenlogik werden schematische Buchstaben durch Wahrheitswerte (für Aussagen) belegt. So wäre eine mögliche Belegung des Aussageschemas $A \wedge B \rightarrow C$ z. B. w/A, w/B und f/C.

Beobachtung: aufmerksame Betrachtung eines Gegenstandes, Sachverhaltes oder Vorganges unter bestimmten, den Bereich der Wahrnehmung eingrenzenden Interessen mit dem Ziel, hinsichtlich der interessierenden Momente möglichst genau wahrzunehmen, auch unter Verwendung technischer Hilfsmittel (z. B. Fernrohr, Mikroskop o. ä.). – Man unterscheidet die – eher zufällige – Gelegenheits- oder *Alltagsbeobachtung* von der nach methodischen Gesichtspunkten planmäßig durchgeführten *systematischen Beobachtung*. Diese spielt in den modernen Erfahrungswissenschaften wie Physik, Chemie, Medizin u. a. eine entscheidende Rolle und wird verbreitet (↑ Empirismus) als erster, grundlegender Ausgangspunkt empirischer, d. h. auf Erfahrung beruhender ↑ Erkenntnis angesehen. Damit hat sich die Einschätzung der Bedeutung von Beobachtungen im Kontext [erfahrungs]wissenschaftlicher Theorien seit der Antike deutlich gewandelt: In der Wissenschaftstheorie des Aristoteles wird der Beobachtung methodisch keine eigene Aufmerksamkeit geschenkt. Eine Systematisierung der Gewinnung empirischer Daten zum Zwecke und Nutzen von naturwissenschaftlicher Forschung setzt erst mit Beginn der Neuzeit (etwa seit Francis Bacon) ein. Bewußt wird jetzt zunächst die *regelmäßige,* dann die *quantitative* Beobachtung *(Messung)* angestrebt. Grundsätzliche Wiederholbarkeit und (möglichst) vollständige Kontrolle der Randbedingungen sind wesentliche Merkmale der *Beobachtung unter künstlichen Bedingungen* (↑Experiment), die seit Galilei (17. Jahrhundert) richtungweisend die Arbeitsmethode moderner Naturwissenschaften bestimmt. Bei dieser Form des klassischen Naturexperiments kommt dem Beobachter selbst überhaupt keine Bedeutung zu, d.h. die Theorie enthält keine das beobachtende Subjekt betreffenden Aussagen, sondern handelt ausschließlich von den Objekten der Beobachtung. In der zeitgenössischen Physik dagegen sieht man sich im Zusammenhang der Relativitätstheorien und der Quantentheorie veranlaßt, die Rolle des beobachtenden Subjektes zumindest partiell kritisch zu reflektieren und in die Theorie einzubeziehen. In der Quantenphysik z.B. hat der Beobachter eine die Beobachtbarkeit konstituierende Funktion, indem er das beobachtete System durch die Art seines experimentellen Eingriffs überhaupt erst „herstellt". Allerdings rückt auch hier der Beobachter nur soweit in den Blickpunkt des Interesses, wie er in physikalischen Parametern faßbar ist. Der Mensch als intentional Handelnder, d.h. als ein Wesen, das selbst in seinem (theoretischen) Forschen von (praktischen) Interessen, Einstellungen, Vormeinungen geprägt ist und durch sie bei der Auswahl seiner Forschungsgegenstände beeinflußt und gelenkt wird, bleibt weiterhin ausgeblendet und die Kritik insofern nur partiell (↑Hermeneutik). – Zur sprachlichen Fixierung von Beobachtungen ↑Protokollaussage.

Bereich: im weitesten Sinne synonym mit Menge. Im Zusammenhang mit ↑Relationen wurde Bereich terminologisch gefaßt: Ist $R(x,y)$ eine zweistellige Relation (z.B. bedeute $R(x,y)$ „die natürliche Zahl x ist Vorgänger der natürlichen Zahl y"), so heißt die Menge aller Objekte, deren Namen an die erste, durch x markierte Stelle gesetzt werden können, *Vorbereich* der Relation und entsprechend die Menge aller Objekte, deren Namen an die zweite, durch y markierte Stelle treten können, *Nachbereich.* Bei Funktionen spricht man von *Definitions-* und *Wertebereich.* Im Beispiel ist der Vorbereich der Vorgängerrelation ganz $\mathbf{N}$, der Nachbereich $\mathbf{N}\setminus\{1\}$. Vor- und Nachbereich sind spezielle *Variabilitätsbereiche,* die jeweils angeben, in welcher Menge eine Objektvariable (↑Variable) variieren darf (z.B. wird bei ↑Quantoren der Variabilitätsbereich mitnotiert: $\bigwedge_{x \in M}$).

Beschreibung: systematische, geordnete Darstellung von Sachverhalten mit Hilfe sprachlicher Mittel. Beschreibungen bilden den Ausgangspunkt für alle Erfahrungswissenschaften, indem sie das Erfahrungsmaterial sprachlich aufbereiten und damit allgemein verfügbar machen. Um wissenschaftlich brauchbar zu sein, müssen Beschreibungen bestimmten Anforderungen genügen: Sie sollen ausreichend präzis (z.B. numerisch) sein und sie müssen alle wesentlichen Bedingungen darstellen und unwesentliche auslassen. Beide Forderungen dienen dazu, Beschreibungen exakt nachvollziehbar und damit nachprüfbar zu machen. Der logische Empirismus betonte die Rolle der Beschreibungen in seiner Theorie der ↑Protokollaussagen. Hieraus entstand das Problem der *theoriefreien Basis:* Kann es Beschreibungen geben, die keinerlei theoretische Vorannahmen über die beschriebene Situation enthalten?

Deren Unmöglichkeit ist ein zentraler Kritikpunkt, auf den Popper hingewiesen hat. – Nach Russell gibt es zwei wichtige Arten von Wissen: das *Wissen durch Beschreibung* und das *Wissen durch Bekanntschaft*. Die letztere Wissensart ist unmittelbar (↑Sinnesdaten), während die erste durch Sprache vermittelt ist, z. B.: Die meisten Menschen sind mit ihren Eltern im Sinne Russells bekannt; Julius Cäsar aber ist uns heute nur durch Beschreibung bekannt. – Beschreibung wird gelegentlich auch synonym mit ↑Kennzeichnung gebraucht.

Besondere, das ↑Allgemeine, das.

Besonnenheit: Bezeichnung einer Geisteshaltung, die ein Handeln und Verhalten ermöglicht, das sich durch Selbstbeherrschung und vernunftgeleitetes Abwägen aller Faktoren, die das Handeln bestimmen, auszeichnet. In der antiken Philosophie wird die Besonnenheit im Rahmen einer differenzierten Lehre von der ↑Tugend erörtert: Seit Homer gilt der Begriff als Bezeichnung für vernünftiges, selbstbeherrschtes Verhalten gegenüber Göttern und Menschen. In der Tradition von Sokrates und Platon meint er jenen Seelenzustand, in dem die Begierden der Herrschaft der Vernunft unterworfen sind; Platon rechnet die Besonnenheit neben ↑Tapferkeit, ↑Weisheit und ↑Gerechtigkeit zu den vier ↑Kardinaltugenden und sieht in der Verbindung von Besonnenheit und Gerechtigkeit die Haupttugenden des auf die politische Gemeinschaft bezogenen Handelns. Für Aristoteles bezeichnet der Begriff das rechte ↑Maß des Handelns zwischen Extremen leiblichen Lustempfindens. In Anknüpfung an die antike Tradition fordert die christlich-mittelalterliche Philosophie den Menschen zur „temperantia" (lateinisch „Mäßigung") auf, sieht auch die Philosophie der Aufklärung in Mäßigkeit und Besonnenheit sittliche Werte.

Bestätigung: wissenschaftstheoretischer Grundbegriff. Eine Hypothese mit Gesetzescharakter (z. B. „Alles Kupfer leitet den elektrischen Strom") läßt sich nicht durch endlich viele Beobachtungen und/oder Experimente endgültig verifizieren (bestätigen). Die ↑Induktion von den endlich vielen singulären Tatsachen zur allgemeinen Hypothese bleibt notwendig *unvollständig*. Man weiß nie, ob nicht gerade die nächste Beobachtung, die man anstellen wird, die Hypothese widerlegt. Andererseits ist man geneigt anzunehmen, daß wiederholte Beobachtung, die in Übereinstimmung mit den Voraussagen der Hypothese steht (↑Test), die Wahrscheinlichkeit für das Zutreffen der Hypothese erhöht. Eine Hypothese, die durch vielfache Erfahrung bekräftigt wurde, gilt als besser bestätigt als eine, für die keine positiven Erfahrungen vorliegen. – In der modernen Wissenschaftstheorie sind verschiedene Versuche unternommen worden, dieses Vorverständnis zu präzisieren. Grundsätzlich gilt es zu unterscheiden zwischen *induktiven Bestätigungstheorien* und *deduktiven* (↑Bewährung). Während letztere die Widerlegbarkeit von Hypothesen (↑Falsifikation) in den Vordergrund stellen, versuchen erstere, mit Hilfe des Wahrscheinlichkeitsbegriffs einen Gradmesser für das vermutliche Wahrsein der Hypothese anzugeben. Dieses Programm wurde v. a. von Carnap vertreten. Der bewährungstheoretische Ansatz gibt die Idee der Wahrheit der Hypothese zugunsten ihrer Bewährung auf, wohingegen bei der induktiven Bestätigung an ihr gleichsam als nicht erreichbarem Ziel festgehalten wird. Carnap hat zu diesem Zweck eine **Bestätigungsfunktion** $c(\_,\_)$ eingeführt, die numerisch angibt, in welchem Grad die Beobachtungen B eine Hypothese H bestätigen. Es gilt nun: $0 \leq c(B,H) \leq 1$; $c(B,H) = 0$ bedeutet: B und H sind logisch unverträglich ($B \wedge H$ ist ein Widerspruch); $c(B,H) = 1$ bedeutet: H ist eine logische Folge von B (also: $B \Rightarrow H$); $c(B \wedge B', H) \geq c(B,H)$ bedeutet: B' bestätigt H erneut (der Grad der Bestätigung durch $B \wedge B'$ ist größer als der durch *B* allein). – Es ist bisher nur in sehr vereinfachten Situationen gelungen, eine solche Bestätigungsfunktion konkret anzugeben. Da andererseits deutlich ist, wie groß die Schwierigkeiten werden, wenn man kompliziertere Situationen betrachtet, wird dieser Ansatz meist als unpraktikabel eingeschätzt.

Bewährung: von Popper in die Wissenschaftstheorie eingeführter Grundbegriff seiner deduktiven Bestätigungstheorie. Da Hypothesen und Theorien im allgemeinen nicht durch endlich viele Beobachtungen verifiziert werden können (↑Falsifikation) – es gibt keine endgültige ↑Bestätigung –, stellt sich die Frage nach deren Überprüfbarkeit an der Erfahrung (↑Test). Nach Popper kommt es nun darauf an, ob eine Beobachtung *B* (oder ein Experiment) die aufgestellte Hypothese *H widerlegt* oder nicht. Dabei heißt *H* von *B* widerlegt, wenn die Konjunktion $H \wedge B$ einen Widerspruch darstellt (z. B.: *H:* „Alle Raben sind schwarz" und *B:* „Der beobachtete Rabe war grau" ergeben nach Konjunktion einen Widerspruch). Die Hypothese *H* heißt *bewährt,* wenn sie vielen Widerlegungsversuchen erfolgreich widerstanden hat. Nimmt man die ↑Tautologie und den ↑Widerspruch als Extreme, die im ersten Fall mit allen Beobachtungen, im zweiten mit keiner Beobachtung vereinbar sind, und ordnet man diesen die Werte 1 und 0 zu, so kann man den *Bewährungsgrad* einer Hypothese als eine Zahl zwischen 0 und 1 auffassen. Je größer der Bewährungsgrad, desto besser hat die Hypothese den Widerlegungsversuchen standgehalten. – Nicht alle Beobachtungen sind gleichermaßen geeignet, eine Hypothese zu prüfen. Nimmt man die Behauptung „Alle Raben sind schwarz", so bewährt sich diese bei jeder Beobachtung eines schwarzen Raben, aber auch bei jedem Auftreten eines weißen Schwans *(Paradoxon von Hempel).* Es ist also ein Vorwissen darüber erforderlich, welche Tatsachen als relevant für die Hypothese einzustufen sind. Damit wird aber der Spielraum für erfahrungsmäßige Überprüfung eingeengt. Zudem bleibt immer die Möglichkeit offen, unliebsame Ergebnisse als irrelevant einzustufen. Die Tautologie gilt allein aufgrund ihrer logischen Form, wie der Widerspruch wegen seiner logischen Form nicht gilt. Eine Hypothese ist darum umso leichter zu widerlegen, je weiter sie von der Tautologie entfernt ist, d. h. je mehr sie logisch unwahrscheinlich ist (daß alle Raben schwarz sind, ist unwahrscheinlicher als daß einige Raben schwarz sind). Hat man die Wahl zwischen zwei Hypothesen (*H:* „Alle Raben sind schwarz" und *H'*: „Viele Raben sind schwarz"), so ist nach Popper diejenige zu wählen, die das größere Widerlegungsrisiko aufweist, d. h. für die es mehr potentielle Widerlegungen gibt (also im obigen Fall *H*). Solche Hypothesen besitzen nämlich den größeren Erklärungswert. Einschränkend weist Popper darauf hin, daß es nicht allein auf die Anzahl der möglichen Widerlegungen ankommt, sondern auch auf deren Schwere, also auf die Frage, ob die Hypothese vollständig oder nur teilweise widerlegt werden kann. Ersteres ist seiner Meinung nach vorzuziehen. – In neuerer Zeit wurden Poppers Analysen aufgrund des Studiums der Wissenschaftsgeschichte revidiert. Nicht mehr das größere Widerlegungsrisiko wird als Gütemaßstab einer Theorie oder einer Hypothese angesehen, sondern deren Fähigkeit, widersprechende Ergebnisse (unter Umständen nach Einführung von Hilfshypothesen) in die Theorie einzubeziehen (Lakatos). Darüber hinaus zeigte Kuhn, daß bestimmte Grundübereinstimmungen (↑Paradigma) der Wissenschaftler von entscheidender Bedeutung sind für die Frage, welche Hypothesen und Theorien überhaupt angenommen werden. Damit verliert die Bewährung die zentrale Stellung, die Popper ihr einräumte.

Beweger, unbewegter ↑unbewegter Beweger.

Bewegung: grundlegender Begriff der Naturphilosophie und Physik, aber auch der Mathematik, Biologie und der Geschichts- und Gesellschaftswissenschaften.
Die Diskussion um den *naturphilosophischen* Bewegungsbegriff reicht zurück bis in die Anfänge europäischer Philosophie (↑Vorsokratiker). Zwei gegensätzliche Positionen sind in ihren Ursprüngen mit den Namen des Parmenides und Heraklits verknüpft: *Parmenides* argumentiert konsequent gegen Bewegung; er vertritt eine „statische" Seinsauffassung; Bewegung und Veränderung sind nichts als täuschender Schein. Sein Gegenspieler *Heraklit* wiederum sieht gerade in der Veränderung eines der wesentlichen Merkmale allen Seins. Weiter ausdifferenziert werden die beiden Standpunkte durch Platon und dessen Schüler Aristoteles. Dabei faßt *Platon* – in der Tradition des Parmenides stehend – Bewegung auf als Eigenschaft der ↑Erscheinungen, d. h. derjenigen Gegenstände, die die Menschen mittels ihrer Sinne wahrnehmen. Der vollständigen Erkennbarkeit all dieser Gegenstände steht nun ihre ständige Veränderung als unüberwindliches Hindernis entgegen. Bewegung, Veränderung mindert den Grad der Erkennbarkeit und damit den Status des Seins. Deshalb ist der Bereich der Veränderung nicht im vollen Sinne wissenschaftsfähig. Ihm steht das Reich der unveränderlichen, im eigentlichen Sinne wirklichen und daher wahrhaft erkennbaren Ideen (↑Ideenlehre) gegenüber. – *Aristoteles* dagegen – hier eher in der Nachfolge Heraklits – begreift Bewegung als prinzipielle Bedingung der Möglichkeit jeder Wirklichkeitssteigerung; Bewegung wird gesehen als Verwirklichung eines seiner Möglichkeit nach auf eine Wirklichkeit hin Angelegten (↑Akt/Potenz, ↑Teleologie). – Jede Bewegung, die Entwicklung eines lebenden Organismus ebenso wie die Ortsveränderung von Gestirnen oder der Wurf eines Steines, bedarf – nach Aristoteles – eines verursachenden „Anstoßes", d. h. alles, was sich bewegt, muß von einem anderen bewegt werden, weil unmöglich etwas in gleicher Hinsicht und in derselben Weise Bewegendes und Bewegtes sein kann, so wie ein Stück Eisen z. B. nicht gleichzeitig heiß und kalt sein kann. Dieser Gedankengang führt zu dem Problem, ob man die Reihe der Ursachen einer Bewegung ins Unendliche zurückverfolgen kann, ohne jemals an einen ersten Anfang zu stoßen, oder ob man – wie Aristoteles – eine erste, alle Bewegung erzeugende Ursache annehmen soll, die selbst unbewegt und damit reine Wirklichkeit sein muß (↑unbewegter Beweger).
Während im Mittelalter im wesentlichen die Gedanken der antiken Philosophen (insbesondere des Aristoteles) rezipiert und in die christliche Lehre integriert wurden, trat ein wesentlicher Aspektwandel bei der Behandlung des Bewegungsbegriffes zur Zeit *Galileis* (17. Jahrhundert) ein, als sich die Physik aus dem Rahmen der Naturphilosophie löste und als selbständige Wissenschaft etablierte. Mit Galileis Konzept einer mathematischen Physik wird der Bewegungsbegriff thematisch reduziert auf quantitative, metrische (d. h. meßbare) Aspekte. Im *physikalischen, naturwissenschaftlichen Sinne* meint Bewegung also nur noch die in der Zeit verlaufende Ortsveränderung eines Körpers in bezug auf einen anderen, als ruhend betrachteten Körper oder auch auf ein durch andere Körper festgelegtes Bezugssystem; eine Absolutbewegung gibt es nicht. Thema des naturwissenschaftlichen Forschungsinteresses ist damit nicht mehr das kategoriale Wesen der Bewegung, sondern das „Wie" ihres Ablaufs, die mathematische Beschreibung möglicher Bewegungsformen (z. B. geradlinig, kreisförmig, gleichförmig usw.) in der *Kinematik* und die Kenntnis ihrer unmittelbaren Ursachen *(Dynamik).*

Beweis (Demonstration): Begründung einer Behauptung, also die

Einlösung eines Wahrheitsanspruchs. Ein Beweis stellt eine Strategie für einen Dialog um die aufgestellte Behauptung dar, die gegen *jeden möglichen Einwand* erfolgreich ist. Eine These ist demnach bewiesen, wenn ihr Verteidiger über eine Gewinnstrategie für die Argumentation um sie verfügt. Was als Beweis akzeptiert wird, hängt von der jeweiligen Situation ab. Es ist ein zentrales Anliegen von Wissenschaftstheorie und Methodenlehre, eine Übersicht der verschiedenen Beweisarten und ihrer Anwendungen zu geben („Lehre vom Beweis"). Im alltäglichen Leben genügt als Beweis der Behauptung „Dieser Computer spielt ausgezeichnet Schach" die praktische Nachprüfung. In der Rechtsprechung bedient man sich ähnlicher Verfahren, wenn etwa Fingerabdrükke als Beweis der Täterschaft angesehen werden. Die Tradition spricht in solchen Fällen von einer *demonstratio ad oculos* (lateinisch etwa „Beweis durch Augenschein"). Dieses vorwissenschaftliche Verständnis von Beweis wurde mehr und mehr zurückgedrängt vom wissenschaftlichen, das sich v.a. an Mathematik und Logik orientiert. Hier wird unter Beweis die Ableitung einer Behauptung B aus vorausgesetzten Axiomen A und bereits bewiesenen Sätzen (auch Theoreme genannt) T mit Hilfe von logischen Schlüssen verstanden. Ein Beweis in diesem Sinne – ein *deduktiver Beweis* – hat also folgende Form: $A \wedge T \prec B$. Eine Argumentation, die als deduktiver Beweis gelten soll, muß vollständig sein: Jeder Schritt soll so einfach sein, daß er nicht weiter zerlegbar ist. Dieser Forderung kann in der Praxis im allgemeinen nicht genügt werden; man nimmt jedoch an, daß sie prinzipiell erfüllbar ist. Ferner darf ein Beweis keine Annahmen verwenden, die nicht explizit kenntlich gemacht wurden; insbesondere dürfen nur bewiesene Behauptungen und Axiome herangezogen werden: Ein Beweis muß *lückenlos* sein. Ein korrekter deduktiver Beweis bietet *Gewißheit:* Die bewiesene Behauptung ist sicher wahr, wenn die benützten Sätze und Axiome dies sind. Darüber hinaus ist er *endgültig:* Keine Veränderung der Welt kann ihn in seiner Geltung beeinträchtigen. Deshalb gilt der deduktive Beweis oft als höchste Form des Wissens. Das klassische Beispiel einer mit Hilfe von deduktiven Beweisen aufgebauten Theorie sind die „Elemente" des Euklid (↑ axiomatisches System).

In der Mathematik sind verschiedene *Beweisverfahren* üblich. Besonders charakteristisch ist die *vollständige Induktion:* Besitzt die Zahl 1 eine Eigenschaft E und kommt mit jeder natürlichen Zahl n auch deren Nachfolger $(n+1)E$ zu, so haben sämtliche natürlichen Zahlen die Eigenschaft E (auf diese Weise beweist man z.B. die Formel $1+2+\ldots n = \frac{n(n+1)}{2}$). Die vollständige Induktion erlaubt es also, eine Aussage für eine unendliche Anzahl von Elementen zu beweisen. Eine weitere wichtige Beweisart ist der *indirekte Beweis* (auch *apagogischer Beweis* oder *reductio ad absurdum*): Man nimmt das Gegenteil $\neg B$ (↑ Negation) der zu beweisenden Behauptung B an und zeigt durch logisches Schließen, daß aus $\neg B$ ein Widerspruch, etwas nachweislich Falsches also, folgt. Dann muß $\neg B$ selbst schon falsch gewesen sein (ein richtiger Schluß kann nur aus bereits Falschem etwas Falsches ableiten!), und B muß deshalb wahr sein. Dabei wird das in der klassischen Logik gültige *Stabilitätsprinzip* $\neg\neg B \rightarrow B$ benützt. In der dialogischen Logik ist dieses nicht uneingeschränkt gültig, der indirekte Beweis also nicht ohne weiteres zwingend (z.B. zeigt man durch indirekten Beweis, daß $\sqrt{2}$ keine rationale Zahl ist). Der Unterschied zwischen klassischer und dialogischer Logik wird besonders deutlich bei folgender Variante des indirekten Beweises („indirekter Existenzbeweis"): Man zeigt, daß nicht allen Mitgliedern einer unendlichen Gesamtheit M eine bestimmte Eigenschaft E nicht zukommt: $\neg \bigwedge_{x \in M} \neg E(x)$, und darf nach klassischer Auffassung nun schließen: $\bigvee_{x_0 \in M} E(x_0)$; also: Es gibt mindestens ein x_0 in M, das die fragliche Eigenschaft besitzt (Beispiel: der Mittelwertsatz der Analysis). Gemäß der dialogischen Auffassung ist dies nicht zulässig. An dieser Differenz u.a. hat sich der moderne Grundlagenstreit der Mathematik entzündet. Umstritten ist weiterhin die Frage, ob und, wenn ja, welche nichtdeduktiven Beweisverfahren in der Mathematik zugelassen werden sollen (ob z.B. auf Anschauung – oder allgemeiner: auf Handlungen mit anschaulich gegebenen Gegenständen – zur Rechtfertigung gewisser Behauptungen zurückgegriffen werden darf). Die in den Erfahrungswissenschaften übliche ↑Induktion (um den Unterschied zur Mathematik zu betonen, spricht man auch von unvollständiger Induktion) stellt nach moderner Auffassung kein Beweisverfahren dar. Eine Hypothese, die sich auf Induktion stützt, kann mehr oder minder gut bestätigt worden sein durch die Erfahrung. Ihre Wahrheit kann aber nie endgültig gesichert werden, da die zukünftigen Erfahrungen nicht sicher vorhersehbar sind (↑Bewährung).

Einige häufig auftretende *Beweisfehler* wurden in der Tradition mit eigenen Bezeichnungen versehen: Bleibt ein Beweis lückenhaft, indem in seinem Verlauf ein unbewiesener Satz herangezogen wird, der auch kein Axiom ist, so spricht man von *Erschleichung* (petitio principii, lateinisch „Forderung des [Beweis-]Grundes"). Wird die zu beweisende Behauptung selbst zu ihrem Beweis gebraucht, so liegt ein *Zirkelbeweis* (circulus vitiosus, lateinisch „fehlerhafter Kreis") vor. Weitere typische Beweisfehler sind: die unzulässige *Übertragung* (metábasis eis állo génos, griechisch „Übergang in eine andere Art"), die *Umkehrung* (hýsteron-próteron, griechisch „das Spätere als Früheres": Anstatt $A \prec B$ wird $B \prec A$ bewiesen) und der *falsche Anfang* (prõton pseũdos, griechisch „erste Lüge", „das erste als Lüge": Der Beginn einer Schlußkette ist bereits ein falscher Satz).

Bewußtsein: durch Wolff Anfang des 17. Jahrhunderts in die philosophische Terminologie eingeführte Lehnübersetzung des lateinischen conscientia („Bewußtsein" im engeren Sinne und „Gewissen"). In seiner Grundbedeutung wird Bewußtsein verstanden als „Vorstellen von Gegenständen". Je nachdem, wie diese Begriffsbestimmung akzentuiert wird, lassen sich weitere Bedeutungen unterscheiden. Legt man das Hauptaugenmerk auf das Vorstellungsvermögen, so läßt sich Bewußtsein verstehen als die dem Menschen eigene Form psychischer Präsenz, das Bewußtsein, das man *hat,* das klar oder getrübt sein kann und das sich auch verlieren läßt. Betont man den Gegenstandsbezug, so erscheint das Bewußtsein unter dem Aspekt der ↑Intentionalität als „Bewußtsein von etwas", gleichbedeutend mit „Wissen" – oder auf der Metastufe, unter dem Aspekt der *Reflexivität,* als Selbstbewußtsein oder „Wissen des Wissens" (bzw. Vorstellens, Meinens, Wollens, Begehrens usw).

Der neuzeitliche Bewußtseinsbegriff wurde in erster Linie durch Descartes geprägt, der ihn vom Gewissensbegriff löste und im Bewußtsein das den Menschen charakterisierende Wesensmerkmal erblickte, das einzige auch, das seinem radikalen Zweifel an allen Gegenständen des vermeintlichen Wissens standhielt und dessen Existenz er für unbezweifelbar hielt (↑Cogito, ergo sum). Zum Beweis der Existenz der materiellen Welt mußte er den Umweg über einen Beweis des Daseins und der Wahrhaftigkeit Gottes nehmen. Bei Descartes ist Bewußtsein Titel einer umfassenden Noologie (griechisch svw. Lehre vom Geist) und Psychologie und dabei Oberbegriff zu Verstehen, Einbilden, Wollen, Fühlen,

Zweifeln usw. Als sicheres Wissen um die innere Zuständlichkeit (z. B. den Zweifel) findet sich auch schon die reflexive Verwendung des Bewußtseinsbegriffs.
Leibniz nimmt weitere begriffliche Festlegungen vor, indem er die ↑Perzeption als den „inneren Zustand der ↑Monade, der die äußeren Dinge repräsentiert“, von der ↑Apperzeption unterscheidet, dem „Bewußtsein (französisch conscience) oder der reflexiven Kenntnis dieses inneren Zustandes.“ – Locke und Hume verstehen unter Bewußtsein das Wissen um unsere inneren Erlebnisse, das nach Hume niemals täuschen kann. Im Unterschied zu Descartes und Leibniz verwerfen sie allerdings die Annahme, daß hinter dem Bewußtsein eine Seelensubstanz steht (substantia cogitans, lateinisch „denkende Substanz“); das Ich ist nur ein „Bündel verschiedener Bewußtseinsinhalte, die sich mit unbegreiflicher Schnelligkeit folgen und beständig im Fluß und in Bewegung sind“ (Hume). – Kant unterscheidet ein *empirisches Bewußtsein,* das der Leibnizschen „Apperzeption“ entspricht, von einem *transzendentalen Bewußtsein* (ursprünglich-synthetische Apperzeption, das Bewußtsein überhaupt, Selbstbewußtsein). Damit das in der Anschauung gegebene Mannigfaltige in der Erkenntnis zur synthetischen Einheit verbunden werden kann, muß über die bewußte Begleitung aller Einzelvorstellungen (empirisches Bewußtsein) „die Identität des Bewußtseins in diesen Vorstellungen selbst“ vorgestellt werden (transzendentales Bewußtsein). Erst dadurch, daß „alles verschiedene empirische Bewußtsein in einem einigen Selbst-Bewußtsein verbunden“ wird, besteht die Voraussetzung für die Selbstkonstitution des Subjekts wie auch für die Konstitution von Objekten und von Wirklichkeit überhaupt. Damit wird das transzendentale Bewußtsein, das aller Erfahrung vorhergeht, zum obersten einheitstiftenden Bezugspunkt jeder möglichen Wirklichkeit.

Bezeichnung: zum Zweck der Klassifikation konkreter Gegenstände meist synonym zu ↑Terminus gebrauchter Begriff. Hierzu verwendet man Unterscheidungen, die mit Hilfe von Prädikatoren eingeführt werden, z. B. „Rechtecke mit vier gleichlangen Seiten werden als Quadrate bezeichnet“. Im Gegensatz zu Benennungen (z. B. Eigennamen) haben Bezeichnungen keine Vertretungsfunktion für die entsprechenden Gegenstände.

Beziehung ↑Relation.

Bild: als philosophischer Terminus v. a. in Ontologie und Metaphysik, Erkenntnistheorie und Ästhetik von Bedeutung. – Die platonische Ontologie und Metaphysik kennzeichnen die vergänglichen Dinge der Sinnenwelt als Abbilder, die bloß teilhaben (↑Teilhabe, ↑Methexis) an den ewigen Urbildern der Ideenwelt. In einem anderen Sinne spricht Platon von der Sonne als dem Bild (Sinnbild, Symbol) der höchsten Idee, der Idee des Guten. – In der christlichen Theologie spielt der Bildbegriff im Zusammenhang mit der Lehre von der Gottebenbildlichkeit des Menschen als eines vernunftbegabten Wesens eine Rolle. Augustinus bestimmt Bild durch zwei Momente: 1. Ähnlichkeit zweier Dinge hinsichtlich ihrer Art oder eines untrüglichen Zeichens ihrer Art; 2. Abhängigkeitsbeziehung zwischen den beiden Dingen derart, daß das eine, das Bild, auf Nachahmung des anderen zurückgeht. Ein Ausnahmefall völliger Wesensgleichheit zwischen Bild und Abgebildetem liegt bei dem Heiligen Geist vor, der als Bild der ersten Person der Dreieinigkeit aufgefaßt wird. – In erkenntnistheoretischen Bildtheorien bezeichnet Bild einen Wahrnehmungs- oder Vorstellungsinhalt auf der Grundlage der Subjekt-Objekt-Unterscheidung (↑Subjekt-Objekt-Problem). Wo die Subjekt-Objekt-Beziehung nicht als durchaus dialektisch (↑Dialektik) vermittelte gedacht wird, gilt entweder das Objekt als Urbild und die subjektive Wahrnehmung oder Vorstellung als dessen realistisches Abbild (↑Abbildtheorie) oder es wird das subjektive Bild der „produktiven Einbildungskraft“ (Kant) als nicht hintergehbare Erscheinung eines ↑Dings an sich verstanden, über das nicht mehr zu sagen ist, als daß es unsere Sinne affiziert (transzendentaler Idealismus Kants). – In der Ästhetik wird Bild für verschiedenartige Gegenstände verwendet. Zum einen zur Betonung der Autonomie und des Scheincharakters der Kunstwerke („Als Apparition, als Erscheinung und nicht Abbild, sind die Kunstwerke Bilder“ [Adorno]). Zum andern als Sammelbezeichnung der Stilanalyse für die verschiedenen Formen uneigentlicher Ausdrucksweise, d.h. für die sogenannten „Sprachbilder“ (Vergleich, Metapher) und für die sinnlich-konkrete Vergegenwärtigung von Allgemeinem oder Übersinnlichem, d. h. für die sogenannten „Sinnbilder“ (Allegorie, Emblem, Symbol). In der bildenden Kunst wird Bild im engeren Sinne nur das auf einer Fläche Dargestellte genannt.

Bildung: 1. der Prozeß, in dem der Mensch seine intellektuell-sittliche Gestalt gewinnt, 2. das Ergebnis dieses Prozesses, die intellektuell-sittliche Gestalt selbst, d.h. die Fähigkeit, differenziert werten und menschliche Qualitäten entwickeln zu können. Ausgangspunkt des Bildungsgedankens ist die anthropologische Einsicht, nach der der Mensch als bildungsbedürftiges und der Bildung fähiges Wesen erscheint: Die intellektuell-sittliche Gestalt, die das Wesentliche seines Menschseins ausmacht, muß erst geformt oder aus Anlagen heraus entfaltet werden. An diese Einsicht schließen sich die Überlegungen an, auf welche möglichen Zielvorstellungen hin sich Bildung orientieren soll. Die von diesen verschiedenen Zielsetzungen her benennbaren Bildungsbegriffe der europäischen Tradition gehen in ihren Wurzeln auf antikes Gedankengut zurück. – Der von der sophistischen Schule vertretene Bildungsanspruch zielt ab auf ↑Aufklärung, kritisches Bewußtsein, Autonomie und Emanzipation des einzelnen, v.a. in Hinblick auf politisches Ordnungsdenken, das in religiöser Bindung und überkommener Sitte seine Grundlage hat. Als wichtigstes Mittel im Kampf um politische Freiheit und Macht sahen die Sophisten die Rhetorik (gewissermaßen die antike Form der Publizistik) an. Aufbauend auf einer spezifischen Rhetorik- und Kulturtheorie entstand auf dieser Grundlage in der Folgezeit das für die abendländische Bildungsgeschichte bedeutsame Konzept der „Sieben freien Künste“.

Als Gegenentwurf zum sophistischen Bildungsprogramm ist das Konzept Platons anzusehen. Hiernach steht die Formung der geistig-sittlichen Einstellung des Menschen in ihrer Gesamtheit im Zentrum. Das Formen der menschlichen Lebens- und Denkhaltung wird von Platon mit einem technisch-künstlerischen Gestalten verglichen, dessen Ziel es ist, den Menschen zum Abbild des Göttlichen zu machen. Das Grundmuster für diesen Gestaltungsvorgang kann aus der Schönheit und harmonischen Ordnung des Weltganzen abgelesen werden: Indem sich der Mensch dem anzugleichen und sich somit zum Mikrokosmos zu gestalten sucht, wird sein wahres Wesen, das eigentlich Menschliche in ihm freigelegt. – Für die europäische Bildungstradition sind beide Auffassungen von nachhaltigem Einfluß gewesen: Ideengeschichtlich präsentierte sich diese Tradition zwar vorwiegend als Platon verpflichtet, war zu weiten Teilen jedoch von einer literarisch-politischen Rhetoriktheorie sophistischer Herkunft mit geprägt. Die platonische Konzeption hat v.a. über Cicero die abendländische Bildungsdiskussion stark beeinflußt. Die Renaissance knüpfte an den platonischen Bildungsgedanken an, der im 18. Jahrhundert durch Shaftesbury und Herder neue Impulse erfuhr; auch die Goethezeit vertrat schließlich das

humanistische Bildungsideal einer allseitig und harmonisch entwickelten Persönlichkeit.
Im philosophischen Sprachgebrauch der Gegenwart spielt der Bildungsbegriff eine eher untergeordnete Rolle. Dies ist das Resultat einer Reihe problematischer Entwicklungen, die während der letzten beiden Jahrhunderte in zunehmendem Maße die Bildungsfrage prägten, z. B. das unvermittelte Nebeneinander von fachlich gebundener Ausbildung und humanistisch orientierter Allgemeinbildung oder die durch die Bindung an schulische Institutionen bedingte Veräußerlichung der Bildung, die nun als meßbar erscheint und somit als Maßstab für sozialen Aufstieg und soziale Berechtigungen angesehen wird. Überdies enthält sich die philosophische Pädagogik des Versuchs, einer pluralistischen Gesellschaft konkrete Bildungsziele inhaltlich vorgeben zu wollen; es existiert keine akzeptable Theorie, die den Prozeß der Bewußtseinsbildung des einzelnen wie der Gesamtheit innerhalb der internationalen Gesellschaft des wissenschaftlich-technischen Zeitalters zu durchschauen und zu steuern erlaubte.

Bivalẹnzprinzip [lateinisch]: Prinzip der ↑Aussagenlogik, das besagt, daß jede Aussage entweder wahr oder falsch sein *muß*.

Böse (das Böse) [zu althochdeutsch bōsi, eigentlich „aufgeblasen, geschwollen"]: 1. der dem ↑Guten entgegengesetzte Seinsbereich (das *metaphysische Böse*); 2. das den religiösen Wertsetzungen und ethischen Normen zuwiderlaufende Denken und Handeln (das *ethische* bzw. *moralische Böse*). – Die *Religionen* versuchen auf vielfältige Art, den Gegensatz „gut – böse" zu erklären, meist durch die Annahme eines unversöhnlichen Gegensatzes (↑Dualismus) zwischen zwei gleich ursprünglichen Prinzipien des Guten und des Bösen. Die biblischen Religionen Judentum und Christentum lehren, daß das Böse durch Abfall des Urmenschen (und außermenschlicher personaler Geistwesen) von Gott in die Welt kam. Die Neuplatoniker erkennen den Ursprung des Bösen in der Welt in der Vergänglichkeit und Unvollkommenheit des Irdischen als eines Gegenbildes zum unvergänglichen göttlichen Sein. Origenes, Augustinus u. a. verbinden diese Vorstellung mit der christlichen Lehre von der Schöpfung und beeinflussen so die christliche Theologie und *Philosophie* (↑ auch Theodizee). Für Leibniz ist das Böse die notwendige Nichtgöttlichkeit der Welt. Kant rechnet mit dem „radikalen Bösen" im Menschen. Für Hegel liegt das Böse in der Entzweiung und ist insofern notwendiges Durchgangsstadium des Weltprozesses. Nach Nietzsche dient die Kategorie des (moralischen) Bösen wie des Guten (entworfen von den Ohnmächtigen und Schlechtweggekommenen) der Beherrschung anderer Menschen. Nach Jaspers wird durch die philosophische Objektivierung des Bösen das Böse selbst in der Welt und in der menschlichen Existenz verharmlost. – Von der Verhaltensforschung her erklärt Konrad Lorenz das Böse als (reparable) Entartungserscheinung im Gefolge des Aggressionstriebs.

Brahmanịsmus [Sanskrit]: Bezeichnung für die Vorform des Hinduismus (etwa 600 v. Chr. bis 400 n. Chr.), inhaltlich charakterisiert durch eine zunehmend starre, ausschließlich am Opferwesen orientierte Ritualistik, ferner durch Kastensystem und Wiedergeburtslehre. Zur Erlösung aus dem Kreis der Wiedergeburten (saṃsāra) führt die Erkenntnis der Identität von *Atman* (das unvergänglich Geistige in jedem Menschen; das wahre Ich) und *Brahman* (der Welt-Atman, das allem Seienden zugrundeliegende Prinzip).

Buddhịsmus: Weltreligion; benannt nach dem Ehrentitel *Buddha* (Sanskrit „der Erwachte, der Erleuchtete") ihres Stifters und Ordensgründers Siddharta Gautama. Die Lehre Buddhas entstand in der

Auseinandersetzung mit dem ↑ Brahmanismus und den zeitgenössischen philosophischen Vorstellungen; sie brach mit der Autorität der Weden, der heiligen Schriften Altindiens, übernahm jedoch die Wiedergeburtslehre und die qualitative Bestimmung jeder neuen Existenz durch *Karma:* Je nach gutem oder bösem Karma, das durch gute oder böse Taten angesammelt wird, kommt der Mensch nach seinem Tode in eine neue gute oder schlechte Existenz. Die buddhistischen Lehrmeinungen teilen sich in zwei Hauptrichtungen: den Buddhismus des *Hinajana* (Sanskrit, Pali „kleines Fahrzeug"), der der ursprünglichen Lehre am nächsten steht, und des *Mahajana* („großes Fahrzeug"), eine etwa zu Beginn unserer Zeitrechnung entstandene Weiterführung des Hinajana. Kernstücke des Buddhismus, die von allen Richtungen und Sekten anerkannt werden, sind die Lehre von den drei Merkmalen des Daseins und die sogenannten „vier edlen Wahrheiten". Die Lehre von den Merkmalen des Daseins enthält die Aussagen: 1. Alles ist unbeständig (anicca); 2. alles ist leiderfüllt (duḥkha) und 3. alles, Einzelmensch wie Universum, entbehrt des Selbst (anattā). Die dritte Aussage, die sogenannte Anattalehre, steht am deutlichsten im Widerspruch zu westlichem Denken. Angewandt auf den Menschen bedeutet sie, daß es sich bei den abendländischen Vorstellungen von Individuum und Persönlichkeit um fundamentale Täuschungen handelt und daß das Haften am Ich Ursache allen Leides ist. Nach buddhistischer Auffassung setzt sich der Mensch aus fünf Gruppen von Daseinsfaktoren (skandhas) zusammen: Körperlichkeit, Empfindung, Wahrnehmung, Willenskräfte und Bewußtsein. Diese Faktoren sind leidbehaftet und dem Prozeß von Werden und Vergehen unterworfen, also auch in ihrer Gesamtheit nicht imstande, eine Ich-Wesenheit zu konstituieren. Dem „Ich" kommt keine eigene Existenz zu; es ist nur ein Begriff, der die Vereinigung der Daseinsfaktoren bezeichnet. Aus diesen drei Grundaussagen werden von den Buddhisten die „vier edlen Wahrheiten" abgeleitet: 1. Leid besteht (sinngemäß: Es gibt in der Welt keine dauerhafte Befriedigung). 2. Die Ursache des Leidens ist das Begehren des Menschen (Buddha betrachtet den Menschen als Verkörperung der Ichsucht und Lebensgier). 3. Es gibt eine Möglichkeit, dem Leiden ein Ende zu bereiten. 4. Der Weg zur Aufhebung des Leidens ist der edle achtfache Pfad: richtig erkennen, richtig gesinnt sein, richtig reden, richtig handeln, richtig Brot erwerben, sich richtig bemühen, richtig achtsam sein, sich richtig konzentrieren. Diese acht Glieder werden üblicherweise in drei Gruppen eingeteilt: die Gruppe der Erkenntnis (Glieder 1 und 2), die Gruppe der Zucht (Glieder 3 bis 5) und die Gruppe der Meditation (Glieder 6 bis 8). Die Gruppe der Zucht ist in der buddhistischen Ethik noch weiter ausgeführt worden. Im Vordergrund stehen die Gebote der Gewaltlosigkeit (ahimsa), der mitleidigen Liebe (maitrī) und der Enthaltsamkeit, die allerdings weniger um des Nächsten willen als vielmehr um der eigenen Erlösung willen befolgt werden sollen. Wer die „vier edlen Wahrheiten" erkannt und den achtfachen Pfad beschritten hat, wird ein Heiliger (arhat) und kann bereits im Leben ↑ Nirwana erreichen, die vollständige Gemütsruhe, die dem Erlöschen der Gier und der Befreiung vom Ich-Wahn folgt. Nach seinem Tod erreicht er *Paranirwana,* das endgültige Nirwana, und wird damit aus dem Kreislauf der Wiedergeburten (saṃsāra) erlöst. – Für den Buddhismus des Mahajana bildet nicht der sich selbst erlösende Heilige, sondern der *Bodhisattwa* das große Vorbild, ein Mensch, der aus Mitleid mit den anderen Lebewesen darauf verzichtet, selbst in das Nirwana einzugehen, und seine ganze Kraft daran setzt, anderen den Weg zur Erlösung zu weisen, ihre Leiden auf sich zu nehmen und aus dem Schatz seiner eigenen guten Werke ihr Karma günstiger zu gestalten. Die Gestalt des historischen Siddharta Gautama wird im Mahajana zu einem verehrungswürdigen göttlichen Wesen verklärt und in den Himmel entrückt, von wo er sich neben anderen Buddhas und Bodhisattwas den Irdischen helfend zuwenden kann. – In der deutschen Philosophie hat sich v.a. Schopenhauer mit dem Buddhismus auseinandergesetzt und die innere Verwandtschaft seiner Philosophie mit der buddhistischen Lehre hervorgehoben: Die endgültige Überwindung des Leidens erfordert, den Willen zum Leben durch Abtötung der Bedürfnisse in der Askese zur Ruhe zu bringen, wodurch der Eingang in das Nirwana, das bewußtseinslose Nichts, erreicht wird.

bürgerliche Gesellschaft: ein Grundbegriff der politischen Philosophie und Gesellschaftstheorie. Aristoteles bezeichnet als koinōnía politikḗ (griechisch „bürgerliche Gesellschaft") die Gesamtheit der Vollbürger (zu denen nicht Frauen, Kinder, Sklaven und vorübergehend Ansässige gehören), d.h. der Hausherren, die als Freie und Gleiche die Form der politischen Herrschaft in der Polis (griechisch „Stadtstaat") festlegen und darüber wachen, daß diese Herrschaft gemäß den geltenden Rechtsprinzipien ausgeübt wird. Polis und bürgerliche Gesellschaft bilden eine zweckbestimmte Einheit, ausgerichtet auf die Verwirklichung der Voraussetzungen eines guten, glücklichen Lebens. Unter dem Einfluß der Stoa und des Christentums setzt sich allmählich die Vorstellung von der Gleichheit aller Menschen vor Gott durch, in der die Naturrechtslehre der neuzeitlichen Theorien vom ↑Gesellschaftsvertrag gründet. Der Gesellschaftsvertrag als Ergebnis eines Konsenses der im ↑Naturzustand freien und gleichberechtigten Individuen konstituiert die politisch verfaßte bürgerliche Gesellschaft. Während Hobbes den Gesellschaftsvertrag als Unterwerfungsvertrag konzipiert, durch den die Individuen ihre natürlichen Freiheitsrechte auf einen den Staat verkörpernden absoluten Souverän übertragen, damit er den im Naturzustand herrschenden „Krieg aller gegen alle" beende, kennzeichnet Locke die bürgerliche Gesellschaft durch das demokratische Prinzip der Volkssouveränität und die Freiheit der Bürger. Allerdings fällt erst in der Französischen Revolution mit der Abschaffung der Standesunterschiede und -privilegien die Schranke, die der Verwirklichung der Menschenrechte als Staatsbürgerrechte faktisch entgegenstand. Zugleich zeigt sich, daß die begriffliche Einheit von Staat und bürgerlicher Gesellschaft nicht länger aufrechtzuerhalten ist, da sich Staat, Wirtschaft, Öffentlichkeit und Privatsphäre als relativ selbständige gesellschaftliche Teilbereiche ausdifferenzierten. Hegel stellt deshalb der politischen Sphäre des Staates die ökonomisch und privatrechtlich bestimmte Sphäre der bürgerlichen Gesellschaft (d.h. der Privateigentümer von Produktionsmitteln, Waren, Arbeitskraft usw. mit ihren jeweiligen Privatinteressen) gegenüber. (Dieser Unterscheidung entspricht im Französischen die zwischen citoyen [„Staatsbürger"] und bourgeois [„Besitzbürger"].) Hegel deutet schon die inneren Widersprüche dieser über das Eigentumsprinzip konstituierten bürgerlichen Gesellschaft an, die sich in der Entstehung des „Pöbels" durch das „Herabsinken einer großen Masse unter das Maß einer gewissen Subsistenzweise" äußern. Vor dem Hintergrund der daraus entstehenden sozialen Konflikte des 19. Jahrhunderts wird der Ausdruck „bürgerliche Gesellschaft" bei Marx und marxistischen Theoretikern zum Synonym für „Klassengesellschaft" (↑Klasse); die bürgerliche Gesellschaft wird als eine historische Entwicklungsstufe aufgefaßt, die durch Revolution in der klassenlosen Gesellschaft aufgehoben werden muß bzw. wird.

C

Cartesianismus ↑Kartesianismus.

Causa [lateinisch „Grund, Ursache"]: scholastische Übersetzung für das griechische Wort ↑Arche. Die Scholastik unterscheidet die causa cognoscendi („des Erkennens"), „das, von dem die Erkenntnis eines Gegenstandes ausgeht", von der causa essendi („des Seins"), „das, von dem das Sein eines Gegenstandes ausgeht." Zumeist wird „Causa" im Sinn von Seinsursache gebraucht. Jedes endliche Seiende, sei es von Natur aus oder sei es von Menschen hergestellt, hat gemäß scholastischer Lehre fünf Ursachen seines Seins. Die Begriffe für die vier ersten Ursachen entstammen der aristotelischen, der Begriff für die fünfte Ursache der platonischen Tradition: 1. die causa materialis, die **Materialursache** – z. B. das Holz, aus dem ein konkreter Tisch besteht; 2. die causa formalis, **die Formalursache** – z. B. daß der Tisch so geformt ist, daß er eine Platte und vier Beine hat – (↑Form/Materie); 3. die causa efficiens, die **Wirkursache** – z. B. der Schreiner, der den Tisch hergestellt hat; 4. die causa finalis, die **Final-** oder **Zweckursache** – z. B. daß eine Familie daran sitzen soll, um zu essen – (↑Finalität, ↑Zweck); 5. die causa exemplaris, die **Urbildursache** – z. B. der Entwurf, nach dem der Schreiner gearbeitet hat – (↑Idee).
Weitreichende Konsequenzen für die Ontologie und Metaphysik ergaben sich daraus, daß die Scholastik zwar die ersten beiden Ursachen als *causae internae* („innere"), im konkreten Seienden selbst liegende Ursachen ansah, die übrigen aber als *causae externae* („äußere"), d. h. als solche Ursachen, die stets – auch bei jedem von Natur aus Seienden – außerhalb des je konkreten Seienden liegen: Es ergab sich für die Scholastik die Notwendigkeit, für das Seiende insgesamt eine erste, absolute (↑absolut/relativ) Wirkursache und eine letzte, absolute Zweckursache zu denken (↑ab alio/a se, ↑Gottesbeweise). Auch bestand die Denknotwendigkeit, für jedes von Natur aus Seiende eine nächste Zweckursache anzunehmen, seine Existenz und seine Geschichte einem unmittelbaren Zweck zuzuordnen. Daraus folgte für die aristotelisch beeinflußte Scholastik eine strikt teleologische Naturerklärung (↑Teleologie), deren Vorherrschaft – im Bereich der Physik – erst durch das Entstehen der neuzeitlichen naturwissenschaftlichen Methode in der Zeit von Galilei und Newton gebrochen wurde.

Certismus [lateinisch]: svw. ↑Fundamentalismus.

Chaos ['ka:ɔs; griechisch „klaffende, gähnende Leere"]: in der Alltagsrede ein Zustand der Unordnung, eines regellosen Durcheinanders („Wirrwarr"). – In mythischen Kosmogonien (Weltentstehungslehren) wird ein unterschiedsloser Urzustand der Welt Chaos genannt, aus dem sich allmählich oder plötzlich, spontan oder durch die Tat eines Schöpfers der geordnete Kosmos bildet. Bei Hesiod heißt Chaos der gähnende Abgrund, der sich am Anfang des Weltwerdens zwischen Himmel und Erde auftut. In Anknüpfung an Platon und Aristoteles bestreiten die christlichen Denker des Mittelalters (z. B. Albertus Magnus, Thomas von Aquin) die reale Existenz einer formlosen Materie vor der Schöpfung. Sie verstehen unter Chaos den leeren Raum, in dem die Schöpfung aus dem Nichts (↑Creatio ex nihilo) stattfand. – In der politischen Philosophie kennzeichnet Hobbes den ↑Naturzustand des Krieges aller gegen alle und den Bürgerkrieg als gesellschaftliches Chaos. In politischen Zusammenhängen wird – besonders seit dem 17. Jahrhundert – Chaos häufig durch „Anarchie" ersetzt. Dies gibt, nachdem der Anarchismus im 19. Jahrhundert sein Ideal der ↑Anarchie als einer herrschafts- und staatsfreien Gesellschaftsordnung entwickelte, bis heute Anlaß zur Begriffsverwirrung. – In der Physik wird als Chaos (auch „Wärme-" oder „Kältetod") der Zustand höchster Entropie oder Unordnung bezeichnet, in den ein geschlossenes System eintritt, wenn die darin ablaufenden Prozesse alle verfügbare Energie unumkehrbar in Wärme verwandelt haben (zweiter Hauptsatz der Thermodynamik).

chinesische Philosophie [çi...]: Hauptthema der chinesischen Philosophie ist der Mensch, seine Lebensweise, die Ausbildung seiner Persönlichkeit, sein Verhältnis zum Staat, zu seinen Mitmenschen und zur kosmischen Ordnung. Ansätze zur Sprach- und Erkenntnistheorie blieben fragmentarisch; auch metaphysische Fragen wurden nur selten und dann meist nur am Rande behandelt. Kennzeichnend für den Stil der chinesischen Philosophie ist ihre Vorliebe für den Aphorismus und die Anekdote anstelle längerer systematischer Abhandlungen. Allgemeine Formulierungen werden so häufig durch die unkommentierte Schilderung von Unterredungen, durch Gleichnisse oder kurze Geschichten ersetzt, die z. T. bis heute in der Literatur, in der Politik und in Alltagsgesprächen erkennbar lebendig geblieben sind. Dem chinesischen Denken liegt ein begriffliches Fundament zugrunde, das in allen Volksschichten bekannt war und als Raster diente, in den alles Geschehene, Erlebte und Gedachte eingeordnet werden mußte, um faßbar zu werden: Das *Dau* (auch Tao), der „rechte Weg" – von manchen Schulen auch als Urgrund allen Seins aufgefaßt – bildet die Einheit des menschlichen und natürlichen Universums. Es manifestiert sich durch das *De* (Te) – die Eigengesetzlichkeit, die ordnende sittliche Kraft, die Tugend – in allen Menschen und Dingen. Das Dau bringt aus sich das *Yin* (das Weibliche, Dunkle, Passive) und das *Yang* (das Männliche, Aktive, Helle) hervor, die sich in allen Dingen befinden und sich gegenseitig ergänzen und zugleich einander bekämpfen. Jeder Bewegung und allem Leben liegt eine zwar materiell gedachte, aber unsichtbare Kraft zugrunde, das *Tschi* (Chi). Mittels der *Fünf Elemente* (Wasser, Feuer, Holz, Metall, Erde) läßt das Tschi durch Zusammenballung (als Yin-Tschi) bzw. Auflösung (als Yang-Tschi) alle Dinge, Menschen, Dynastien und Staaten entstehen und vergehen. Der Weise (auch der weise Herrscher), als Brückenglied zwischen Himmel, Erde und Menschheit, beeinflußt mit Hilfe seines De Mensch und Natur im Sinne des Dau, des rechten Weges. Er will nichts für sich, wirkt weniger durch das, was er lehrt, als vielmehr durch die Vorbildlichkeit seines Handelns und gilt als Verkörperung der Ordnung und Harmonie in der Gesellschaft und im Universum.

Die *Geschichte* der chinesischen Philosophie läßt sich in vier Epochen untergliedern: Das Altertum (etwa 600–200 v. Chr.) ist durch die Auseinandersetzungen der „Hundert Schulen", u. a. des ↑Taoismus und des ↑Konfuzianismus, gekennzeichnet, die fast alle vornehmlich mit anthropologischen und ethischen Fragen befaßt sind. In der folgenden Epoche (200 v. Chr.–960 n. Chr.) gelingt es dem Konfuzianismus, sich gegen alle anderen Schulen, insbesondere gegen den Taoismus und den im 1. Jahrhundert n. Chr. in China erscheinenden ↑Buddhismus durchzusetzen. In der 3. Periode (960–1911) greift er auf die Kerngedanken der alten konfuzianischen Schule zurück, ergänzt sie durch neutaoistisch-buddhistische und bildet so das System des Neukonfuzianismus. Seit 1912 setzt sich China in steigendem Maße dem Einfluß des Abendlandes aus. Der Neukonfuzianismus wird in den letzten drei Jahrzehnten von den marxistisch-leninistisch-maoistischen Lehren verdrängt.

Chorismos [ço...; griechisch „Trennung"]: Begriff, der das Verhältnis zwischen ↑Ideen und Realität in Platons Philosophie charakterisieren soll, daß nämlich die Ideen als das eigentliche, vollkommene, wirkliche Seiende völlig abgetrennt und nur jenseits der sinnlich wahrnehmbaren Einzeldinge existieren sollen. – Der Begriff Chorismos kommt bei Platon nicht vor, sondern geht inhaltlich auf die Platoninterpretation des Aristoteles zurück. – Platon betont zwar an einigen Stellen seines Werkes die Jenseitigkeit der Ideen, stellt aber an anderen Stellen dar, daß jedes sinnlich wahrnehmbare Seiende an den Ideen teilhat (↑ Methexis), so daß für Platons Gesamtwerk keine vollständige Trennung der Wirklichkeit der Ideen von der Realität der Einzeldinge behauptet werden kann.

Circulus vitiosus [lateinisch „fehlerhafter Kreis"] (Zirkelbeweis): ein Beweisfehler, bei dem die zu beweisende Behauptung (eventuell in versteckter Form) zu ihrem eigenen Beweis herangezogen wird, z. B.: Man beweist die Aussage „*ABC* ist ein gleichseitiges Dreieck", indem man an irgendeiner Stelle die Aussage „*ABC* ist gleichseitig" benützt. – Wird im Definiendum einer ↑ Definition bereits das Definiens in Anspruch genommen, so spricht man ebenfalls von einem Circulus vitiosus *(Zirkeldefinition),* z. B.: „Mathematik ist die Wissenschaft von den mathematischen Relationen."

Cogito, ergo sum [lateinisch „ich denke, also bin ich"]: erster (d. h. oberster und wichtigster) Satz der (theoretischen) Philosophie Descartes', das Fundament aller weiteren Erkenntnis. *Radikaler Zweifel* an allem war der Ausgangspunkt dieser Philosophie, die im wesentlichen zwei Ziele anstrebte: die systematische Neugestaltung des gesamten menschlichen Wissens ohne Rückgriff auf Tradition sowie die Prüfung der Erkenntnisfähigkeit des menschlichen Intellekts. – Zwei Erfahrungen prägten und leiteten Descartes' philosophische Interessen und die Art seiner Fragestellung: 1. die Enttäuschung darüber, daß alles Wissen fast ausschließlich unter Berufung auf irgendwelche Autoritäten (Philosophen [z. B. Aristoteles], Kirchenväter [z. B. Augustinus] oder Gottes offenbartes Wort in der Bibel) „abgesichert", „begründet" wurde. Man lernte also im wesentlichen zu glauben, nicht zu wissen. Wer sich aber damit nicht begnügen wollte oder konnte, mußte *zweifeln,* und zwar an allem, was auf diese Weise tradiert wurde. Dieser Zweifel führte Descartes zu der Frage, ob es überhaupt etwas gebe, das ich aus mir selbst heraus wissen kann – ohne Rekurs auf Autoritäten; 2. die (alltägliche) Erfahrung, daß auf die Leistungen der Sinne durchaus nicht immer Verlaß ist (Menschen täuschen sich beim Sehen, sie verhören sich, halten Heißes für Kaltes und umgekehrt usw.). Descartes zog daraus die radikale, aber beunruhigende Konsequenz: Nichts, was mir in irgendeiner Weise durch meine Sinne vermittelt ist, ist hinlänglich gewiß, d. h. ich muß nicht nur an Autoritäten, sondern auch an mir selbst, an meiner eigenen Erkenntnisfähigkeit, zutiefst zweifeln. Descartes' methodische Prüfung aller ihm bekannten Wissensinhalte ergab, daß nichts seiner Forderung nach ↑ Gewißheit genügen konnte, und führte ihn letztlich zu der Einsicht: Der einzige Inhalt, den ich nicht weiter bezweifeln kann, ist die Tatsache, *daß* ich zweifle, *daß* ich denke – denn Zweifeln ist eine Form des Denkens. Im Denken und solange ich denke, erfahre ich die Gewißheit meiner eigenen Existenz; an meinem Dasein als Denkender kann ich nicht weiter zweifeln: *Cogito, ergo sum.* – So unmittelbar einleuchtend der Satz auf den ersten Blick scheint, so schwierig ist seine Interpretation. Ist der Satz als verkürzter, unvollständiger Schluß gemeint – was Descartes selbst durch die Verwendung des „ergo" („also") nahelegte – so ist ein allgemeiner Obersatz zu ergänzen: „Alles, was denkt, ist (existiert)." Dann kann aber das „cogito" nicht mehr erster, oberster Satz der Kartesischen Philosophie sein. Vielmehr käme dieser

Stellenwert dann dem Obersatz der Schlußfigur zu, wobei die Frage nach der Begründbarkeit dieses Satzes – zumindest bei Descartes selbst – völlig unbeantwortet bliebe. Will man also der Intention Descartes' gerecht werden, so sollte man das „Cogito, ergo sum" nicht als logischen Schluß interpretieren. Man muß vielmehr die beiden zentralen Elemente „cogito" und „sum" als gleichberechtigte Wahrheiten einstufen („es gibt etwas, und dieses etwas denkt gerade"), deren Äquivalenz oder Identität in einem Akt unmittelbarer ↑Intuition „klar und deutlich" erlebt, geschaut wird, aber diskursiv-begrifflich nicht mehr faßbar ist. Alles, was so ↑„klar und deutlich" erkannt werden kann, wie die bewußte Identität von Denken und Dasein, von *Bewußtsein* und bewußt *sein*, wird von Descartes dann bei seiner Rekonstruktion des (zunächst mit radikalem Zweifel belegten) Wissens als *wahr* akzeptiert. Die Möglichkeit inhaltlicher Ableitungen aus der obersten Gewißheit des „cogito" stellt ein zentrales, vieldiskutiertes Problem der kartesischen Philosophie dar.

Aus den Reihen insbesondere existentialistischer Denker wurde gegen das „cogito" mehrfach eingewendet, Descartes habe – in Überbetonung der Vernunftaspekte und unter Vernachlässigung anderer, z. B. sinnlicher Fähigkeiten des Menschen – „seinen" Zweifel „nur" in Gedanken, d. h. als methodisch-theoretisches Spiel betrieben, und nicht als existentiell bedrückende Ungewißheit, als wirkliche Sorge, erlebt.

Coincidẹntia oppositọrum [ko:ınts...; lateinisch „das Ineinanderfallen der Entgegensetzungen"]: Grundbegriff der Philosophie des Nikolaus von Kues, der erkenntnistheoretisch und metaphysisch gebraucht wird. – Nach Nikolaus von Kues ist menschliches Erkennen außerordentlich begrenzt. Es geschieht in fortlaufendem „Vergleichen" und „Messen" und gelangt so zu immer weiteren „Entgegensetzungen", z. B. „das Größte und das Kleinste", „der Kreis und die Gerade". Es gelangt aber nicht zur Erkenntnis der absoluten Wahrheit. Diese muß das „Ineinanderfallen der Entgegensetzungen" sein; denn wenn man „das Größte" absolut denkt, fällt es mit „dem Kleinsten", seiner „Entgegensetzung", ineinander, da das absolut Größte nichts außerhalb seiner haben kann; oder wenn man den Kreis mit einem unendlichen Durchmesser denkt, so fällt er mit der Gerade, seiner „Entgegensetzung", ineinander. Solches „Ineinanderfallen der Entgegensetzungen" ist aber für die menschliche Vernunft „unbegreiflich". Sie kann nur zur ↑Docta ignorantia" als ihrer äußersten Leistung gelangen, die die absolute Wahrheit als das von ihr ganz und gar unterschiedene „Unbegreifbare" ahnt. – Metaphysisch ist Coincidentia oppositorum die, wenn auch „unbegreifliche", Aussage über Gott: Er ist die „implicatio" (lateinisch „Einfaltung") aller Dinge, die vom Menschen als einander entgegengesetzte erkannt werden; dementsprechend ist die Welt die „explicatio" (lateinisch „Auseinanderfaltung") der in Gott ineinanderfallenden Entgegensetzungen und gerade dadurch von Gott unterschieden. – Die Lehre von der Coincidentia oppositorum des Nikolaus von Kues regte Bruno zu seinem – bei Nikolaus von Kues nicht vorhandenen – Pantheismus und Schelling zu seiner Identitätsphilosophie an.

Common sense ['kɔmən 'sɛns; englisch „allgemeiner Sinn, Gemeinsinn"] (gesunder Menschenverstand): Grundbegriff der realistischen Erkenntnistheorie. Der Common sense (lateinisch sensus communis) wurde bereits im mittelalterlichen Universalienstreit v. a. von englischen Autoren zur Unterstützung der realistischen Position herangezogen. Zur Klärung erkenntnistheoretischer Fragen soll ausgegangen werden von der vorwissenschaftlichen, „unverfälschten" Erfahrung des „Mannes auf der Straße", dem, was einem der gesunde Menschenverstand sagt. Was dieser als unproblematisch akzeptiert, sollte auch von den Philosophen anerkannt werden (*Beispiele* [nach Moore]: Dies ist meine Hand. Die Erde existierte schon lange, bevor ich zur Welt kam. Es gibt noch viele andere Menschen). Der Appell an den Common sense ist hier v. a. gegen den ↑ Skeptizismus gerichtet. Die Philosophie des gesunden Menschenverstandes ist im angelsächsischen Raum, sprachphilosophisch gewendet als „ordinary language philosophy" (↑ analytische Philosophie), nach wie vor einflußreich.

Conclusio [lateinisch „Folgerung"] ↑ Folgerung.

Conditio sine qua non [lateinisch „Bedingung, ohne die nicht"]: traditionelle Bezeichnung für notwendige ↑ Bedingung.

Consequens [lateinisch „folgend"]: Bezeichnung der traditionellen Logik für den Schlußsatz eines Syllogismus (im Gegensatz zu den beiden Obersätzen, den Prämissen): *Prämissen:* Alle Menschen sind sterblich. Sokrates ist ein Mensch. – *Consequens:* Sokrates ist sterblich.

Contradictio [lateinisch „Widerspruch"]: allgemein ↑ Widerspruch. Als *contradictio in adiecto* bezeichnet man die Zusammenfügung zweier ↑ konträrer Termini, z. B. „schwarzer Schimmel" oder „eckiger Kreis".

Creatio ex nihilo [lateinisch „Schöpfung aus nichts" oder „Schöpfung aus dem Nichts"]: in der frühchristlichen Theologie im Rahmen ihrer Auseinandersetzung mit der griechischen Philosophie entstandener Begriff, der besagt, daß die ↑ Schöpfung der Welt als Werk des (aus der jüdischen Theologie übernommenen) Schöpfergottes absolut voraussetzungslos ist. Er hängt somit eng zusammen mit den Attributen der absoluten Freiheit und Allmacht, die den christlichen Begriff von ↑ Gott konstituieren. Die Rede von Creatio ex nihilo artikuliert eine Position gegen bestimmte Strömungen der griechischen ↑ Naturphilosophie: gegen die platonische, die zwar auch den Begriff der Schöpfung kennt, aber so, daß diese einen Übergang aus ungewordenem, ewigem und ungeordnetem Stoff (↑ Chaos) in den geordneten Kosmos darstellt; v. a. auch gegen Melissos mit seiner Aussage, daß Seiendes nur aus Seiendem und nicht aus Nicht-Seiendem entstehen könne. Auch die beiden alttestamentlichen Schöpfungsberichte (1. Mose 1,1–2,4 und 2,4 ff.) setzen einen vorweltlichen ungeordneten Stoff voraus. Dies entspricht einer Grundstruktur weltweit auffindbarer mythischer ↑ Kosmogonie, gegenüber der die christliche Creatio ex nihilo sich als einmalige Ausnahme präsentiert. – In Philosophien, die den Begriff der ↑ Ewigkeit als *Zeitlosigkeit* gegen den der *unendlich sich erstreckenden* Zeit zu unterscheiden wissen (Augustinus, Plotin, Eckhart, Schelling, Hegel), besteht zwischen dem Begriff der Ewigkeit eines weltkonstituierenden Akts (und damit der Welt) einerseits und der Einmaligkeit, Nicht-Bedingtheit und Voraussetzungslosigkeit eines solchen Akts (was in dem Ausdruck „aus dem ↑ Nichts" impliziert ist) andererseits *kein* Widerspruch.

Credo, ut intelligam [lateinisch; meist final „ich glaube, damit ich einsehen kann", aber auch konsekutiv übersetzt „ich glaube, so kann ich einsehen"]: Formel für das Verhältnis von Glauben und argumentativem Erkennen, die Anselm von Canterbury im Anschluß an Augustinus geprägt hat und die für das Verhältnis von Glaubenstheologie und Philosophie kennzeichnend ist, soweit diese im Mittelalter augustinisch und platonisch beeinflußt sind. Nach Anselm gibt es drei Ebenen von Wahrheit: die ewige Wahrheit der Ideen in Gott; die Wahrheit der Dinge, insofern diese aus den göttlichen Ideen hervorgegangen sind; die Wahrheit menschlichen Erkennens, insofern diese begrifflich das erfaßt, was wirklich ist. Nun hat sich aber die ewige Wahrheit Gottes in den Heiligen Schriften offenbart. Seitdem kann sich sinnvollerweise menschliches Erkennen fundamental nur als Aufnehmen eben dieser geoffenbarten göttlichen Wahrheit vollziehen, also als Glauben. Trotzdem prägt Anselm die Formel „fides quaerens intellectum" (lateinisch „Glaube, der Vernunft sucht"). Der Vernunft kommt die Aufgabe zu, sich selbst die bereits geglaubten Glaubensinhalte durch rationale Argumentationen einsichtig zu machen. Bei Anselm gibt es für diese dem Glauben folgende argumentative Vernunfterkenntnis keine Grenze: Auch den Glaubensinhalt „Dreifaltigkeit Gottes" vertritt Anselm argumentativ. Allerdings kommt es der Vernunft nicht zu, Inhalte der christlichen Lehre überhaupt erst zu begründen oder gar kritisch zu untersuchen. Erkennen ist also gemäß Anselm fundamental ein Widerfahrnis für das Subjekt, aufgrund dessen dann allerdings grenzenlose argumentative Handlungen des Subjekts sinnvoll werden. – Ein bezeichnendes Beispiel für die Auswirkungen des Grundsatzes Credo, ut intelligam ist der sogenannte ontologische Gottesbeweis des Anselm. Er ist die Argumentation, in der die Vernunft aufgrund ihrer Glaubenserfahrung sich selbst ihren Glauben an Gott einsichtig macht.

Der Grundsatz Credo, ut intelligam charakterisiert jedoch nicht das Verhältnis von Glauben und Vernunfterkenntnis bei dem von Aristoteles beeinflußten Thomas von Aquin und der ihm folgenden Scholastik. Zwar soll sich der Glaube zu seiner theologischen Auslegung der Vernunft bedienen – insofern ist die Philosophie die „Magd der Theologie" (Thomas) –, und das, was als scheinbar wissenschaftliche Vernunfterkenntnis dem Glauben widerspricht, „wird gänzlich als falsch verdammt" (Thomas) – insofern ist der Glaube negatives Kriterium der Vernunfterkenntnis. Aber die natürliche Vernunft hat ihren eigenen Bereich von Gegenständen, in dem sie – anders als bei Anselm – ohne jede positive Stützung durch den Glauben zu wahren Erkenntnissen gelangen kann: das von Natur aus Seiende, das von Menschen Hergestellte und einige Gegenstände, die auch Gegenstände des Glaubens sein können, z. B. die Existenz Gottes (↑Gottesbeweise). Andererseits gibt es für Thomas einen Bereich von Gegenständen, die – anders als bei Anselm – jeder vernünftigen Argumentation unzugänglich sind, also nur geglaubt werden können, so die Dreifaltigkeit Gottes.

D

Dasein [Kompositum aus dem demonstrativen Orts- und Zeitadverb „da" und dem Verb „sein"]: 1. seit der deutschsprachigen Aufklärung neben ↑Existenz Übersetzung für lateinisch existentia; 2. in der Philosophie Heideggers gleichbedeutend mit (konkreter) Mensch.

Dasein war für die rationalistisch orientierten Philosophen des 18. Jahrhunderts (↑Rationalismus) kein Gegenstand des Nachdenkens. Denn Philosophie ist gemäß einer Definition von Wolff „die Wissenschaft von dem Möglichen, insofern es sein kann": Man denkt über das – als klarer und deutlicher Begriff (↑klar und deutlich) aufgefaßte – Wesen der Dinge (z. B. des Menschen) nach, aber nicht über ihr Dasein. Denn das Dasein eines Dinges (z. B. eines konkreten Menschen) ist „nur" das Verwirklichtsein seiner Wesenheit (↑Akt/Potenz), das zufällig eingetreten ist, weil äußere Ursachen (↑Causa) es bewirkt haben (z. B. Zeugungsakt der Eltern). Zwar hat nach rationalistischer Deutung das, was „da" ist (z. B. ein Mensch), eine vom Denken unabhängige Gegen- und Eigenständigkeit, aber es ist „nur" der im voraus unberechenbare Spezialfall (z. B. weiblich, blond usw.) dessen, was sein eigentliches Wesen ausmacht (z. B. daß es vernünftiges Lebewesen ist). Durch das Dasein wird dem begrifflich gedachten Wesen (z. B. vernünftiges Lebewesen) keine weitere wesentliche Bestimmung hinzugefügt; im Gegenteil: Durch das Dasein wird die unbegrenzte Fülle möglicher (akzidenteller) Bestimmungen (z. B. daß gemäß seinem Wesen der Mensch auch malen, reiten, chinesisch sprechen usw. können kann; ↑Akzidens) auf diese ganz bestimmten „da" begrenzt. Dasein ist überdies ein je vergänglicher Zustand des Wesens, das als klarer und deutlicher Begriff unveränderlich und unvergänglich ist. In rationalistischer Deutung ist das Dasein eines Dinges also der nicht vorhersehbare und defiziente Sonderfall seines allgemeinbegrifflichen, ewigen Wesens und seiner Möglichkeiten. „Die entsetzliche Kluft" (Mendelssohn) zwischen dem gedachten Wesen und seinem Dasein wird als eine Befremdlichkeit gedeutet, die nicht gegen das begriffliche verfügende Denken, sondern gegen das Da-Sein spricht. Dementsprechend befaßt sich rationalistisches Philosophieren nur mit „dem Möglichen, insoweit es sein kann". Dieses rationalistische „Vergessen" des Daseins kritisiert etwa ab der Mitte des vergangenen Jahrhunderts die Daseins-Philosophie (↑Existenzphilosophie): Nicht aus dem Wesen der Dinge, sondern aus dem je konkret bestimmten Dasein der Dinge, ihrem noch nicht oder nicht mehr Da-Sein, wo der je konkret bestimmte Mensch „da" ist, entstehen die Nöte, die den Menschen veranlassen zu denken. Nicht aus dem unvergänglichen Begriff „Mensch", sondern aus der Zufälligkeit und Hinfälligkeit seines „Da", also der Zeitlichkeit seines eigenen Daseins erwächst dem konkreten Menschen die Frage nach dem Sinn seines Daseins, des Daseins überhaupt. Also ist es nach existenzphilosophischer Überzeugung Sache der Philosophie, v. a. über das Dasein nachzudenken. Weil sich das, was Dasein ist, erst in der Analyse der Erfahrungen erschließt, die der konkrete Mensch mit seinem Dasein macht (↑Befindlichkeit), bezeichnet Heidegger den Menschen als Dasein. – ↑auch Angst, ↑Sorge.

Deduktion [zu lateinisch deducere „herabführen"]: Gewinnung einer neuen Aussage aus anderen Aussagen vermittels logischen Schließens (↑Schluß); symbolisch: $A_1, ..., A_n \Rightarrow A$ oder auch $\frac{A_1, ..., A_n}{A}$. Sind $A_1, ..., A_n$ alle wahr, so ist auch A wahr. Dann spricht man von einem deduktiven ↑Beweis. Deduziert werden kann aber auch aus Aussagen, über deren Wahrheit nichts bekannt ist. Dies ist für die Erfahrungswissenschaften besonders wichtig, in denen aus ↑Hypothesen zum Zweck ihrer Prüfung Aussagen (↑Prognosen) deduziert werden. In einem Kalkül entspricht der Deduktion die Ableitung nach den Regeln des Kalküls; Ableitung und Deduktion werden aber meist nicht unterschieden. *Beispiel:* Eine einfache Deduktionsregel ist die „Abtrennungsregel": $(A, A \rightarrow B) \Rightarrow B$ oder $\frac{A, A \rightarrow B}{B}$ (das Komma muß als „und" gelesen werden!). Also: Wenn der Mond aus Käse wäre, dann könnte man ihn essen. Nun ist der Mond aus Käse. Also kann man ihn essen. Andere Deduktionsregeln sind z. B. $A \Rightarrow A \vee B$ und $A, \neg A \Rightarrow C$ (C beliebig! – aus etwas Falschem darf Beliebiges deduziert werden: „ex falso quodlibet"). – Einen wichtigen Bestandteil von Kants „Kritik der reinen Vernunft" bildet die „transzendentale Deduktion". Deduktion bedeutet bei Kant – im Anschluß an den juristischen Sprachgebrauch seiner Zeit – Beantwortung der Frage, wie etwas möglich sei („quid iuris?" – „was ist Recht?"; im Gegensatz zur Frage „quid facti?" – „was sind die Fakten?", deren Beantwortung aus einer bloßen Beschreibung der Tatsachen besteht). Kant will an der genannten Stelle das folgende Problem lösen: Wie ist es möglich, daß die reinen Verstandesbegriffe (↑Kategorie) auf Erfahrung anwendbar sind, obwohl sie nicht aus der Erfahrung entspringen?

deduktives System ↑axiomatisches System.

Definition [lateinisch „Umgrenzung“]: im weitesten Sinne jede Art von Festsetzung des Gebrauchs von Zeichen, Wörtern oder Begriffen. Eine Definition hat meist die Form: definiendum $\rightleftharpoons$ definiens („$\rightleftharpoons$“ wird gelesen als: „ist definitionsgemäß gleich“). Dabei bedeutet **Definiendum** das in seinem Gebrauch festzulegende Zeichen und **Definiens** das festlegende Zeichen. *Beispiele:* Quadrat $\rightleftharpoons$ Rechteck mit vier gleichlangen Seiten; Schimmel $\rightleftharpoons$ weißes Pferd; $a^2 \rightleftharpoons a \times a$. Eine Definition ist naturgemäß asymmetrisch: Man darf linke und rechte Seite nicht vertauschen. Damit eine Definition sinnvoll ist, muß die rechte Seite, das Definiens, vollständig bekannt sein. Nur dann kann die linke Seite, das Definiendum, als in seinem Gebrauch bestimmt gelten. Eine Definition beinhaltet eine *Ersetzungsregel:* Überall dort, wo das Definiendum steht, darf das Definiens eingesetzt werden und umgekehrt. Man könnte also auch ohne Definitionen auskommen (*Eliminationsthese* von Pascal). *Beispiel:* „In einem Quadrat sind die Diagonalen gleich“ wird durch Ersetzung zu „In einem Rechteck mit vier gleichlangen Seiten sind die Diagonalen gleichlang.“ Ist die Aussage vor der Ersetzung wahr, so auch hinterher. – Die traditionelle Definitionslehre unterscheidet zwischen Real- und Nominaldefinitionen. Während die ersteren das Wesen einer Sache festlegen sollten, dienten die zweiten lediglich zur Regelung des Sprachgebrauchs. Darin drückt sich die charakteristische Trennung von Sprach- und Sachebene aus, die die Philosophie bis in unser Jahrhundert hinein beherrscht hat. Die *Realdefinition* wurde immer nach untenstehendem Schema vorgenommen.

In einer Realdefinition wird also der Durchschnitt zweier Klassen gebildet (im Beispiel wird die Klasse der Rechtecke mit der der Vierecke mit vier gleichlangen Seiten geschnitten). Unter diesem Gesichtspunkt erscheint die Auszeichnung von ↑Genus proximum und ↑Differentia specifica willkürlich. In der weiteren Entwicklung gab man diese auf, um nur noch von (gleichberechtigten) Merkmalen zu reden. Um wirklich als Realdefinition gelten zu können, muß sicher sein, daß das Definiendum auch existiert. Dies zu gewährleisten, ist der Sinn der *genetischen Definition.* Sie gibt eine Herstellungsvorschrift für das Definiendum an und garantiert damit dessen Verfügbarkeit (z. B.: Ein Kreis entsteht, wenn man um einen festen Punkt in einem bestimmten Abstand einen zweiten bewegt). Die Existenzbehauptung wird hier also durch Aufweis eingelöst. Dieser Ansatz wird in der zeitgenössischen Wissenschaftstheorie vom ↑Konstruktivismus wieder aufgegriffen. – Die *Nominaldefinitionen* werden in syntaktische und semantische eingeteilt. *Syntaktische Definitionen* regeln den Gebrauch von Zeichen, *ohne* auf deren Bedeutung Bezug zu nehmen. Sie treten bevorzugt in ↑Kalkülen auf. Wählt man

Definiendum $\rightleftharpoons$ Gattungsbegriff (= genus proximum) + artbildender Unterschied (= differentia specifica)

(Gattungsbegriff + artbildender Unterschied: Definiens)

(z. B.: Quadrat □ $\rightleftharpoons$ □ Rechteck + mit vier gleichlangen Seiten).

z. B. für die Kalkülisierung der Aussagenlogik die Junktoren ¬ und ∨, so wird → folgendermaßen definiert: $A \rightarrow B \rightleftharpoons \neg A \vee B$. Man führt mit Hilfe einer solchen Definition gewissermaßen eine Abkürzung ein. *Semantische Nominaldefinitionen berücksichtigen* im Unterschied dazu die Bedeutungen der Zeichen (Wörter). So könnte man in der Aussagenlogik, nachdem man die Bedeutungen von ¬ und ∨ sowie → festgelegt und festgestellt hat, daß $A \rightarrow B$ und $\neg A \vee B$ dasselbe bedeuten, definieren: $A \rightarrow B \rightleftharpoons A \vee B$. Eine damit verwandte Art von Definitionen sind die *Feststellungsdefinitionen*. In ihnen wird herrschender Sprachgebrauch festgeschrieben: „Unter einer Definition versteht man in der Logik ..." Wörterbücher sind Sammlungen von Feststellungsdefinitionen. Solche Definitionen können, im Gegensatz zu den syntaktischen, wahr oder falsch sein.

Alle bislang genannten Definitionen sind *explizit:* Das Definiendum besteht nur aus dem zu definierenden Zeichen und gewissen Hilfszeichen (z. B. schematische Buchstaben). Alle Zeichen des Definiens sind ebenfalls bekannt. Eine explizite Definition ähnelt somit einer Gleichung mit einer Unbekannten. Definitionen, die diese Eigenschaft nicht aufweisen, heißen *implizit*. Ausgehend von der Mathematik haben implizite Definitionen eine zunehmende Bedeutung erlangt. *Beispiel:* Gegeben seien zwei Systeme von Gegenständen, die Punkte und Geraden genannt werden. Wir stellen für diese gewisse „Axiome" auf: 1. Zu zwei Punkten gibt es stets eine Gerade, auf der diese liegen. 2. Es gibt nicht mehr als eine Gerade, auf der diese Punkte gemeinsam liegen, usw. – Hier gibt es keine explizite Definition für Punkt oder Gerade. Man sagt, daß diese implizit durch die Axiome definiert werden (ähnlich wie die beiden Gleichungen $x+y=1$ und $x-y=0$ die Lösungen implizit festlegen). Im Gegensatz zur Algebra läßt sich hier aber keine explizite Form herleiten. Vielmehr enthält das Axiomensystem Punkt und Gerade als nicht erklärte Grundbegriffe – Variablen ähnlich. Nicht diese werden definiert, sondern *Beziehungen* zwischen ihnen. Es handelt sich also um Axiomenschemata (↑Axiomenschema) oder um Definitionen zweiter Stufe. Ähnlich wie bei den Realdefinitionen stellt sich auch hier die Frage nach der Existenz der definierten Beziehungen (deren Gesamtheit man auch *Struktur* nennt). Als notwendige Bedingung darf die Widerspruchsfreiheit angesehen werden; ob dies aber auch hinreichend sein kann, wird in der ↑Philosophie der Mathematik kontrovers diskutiert.

Weitere Definitionsarten: Die *ostentative* (*deiktische* oder *Hinweis-*)*Definition* legt die Bedeutung eines Prädikators durch Vorführen von Beispielen (und zweckmäßigerweise Gegenbeispielen) fest (↑deiktisch). Die *operationale Definition* bestimmt einen Begriff durch das zugehörige Meßverfahren: „Intelligenz ist, was ein Intelligenztest mißt." Eine weitere Klasse wissenschaftlicher Termini, die „Dispositionsbegriffe", läßt sich nur operational festlegen (z. B. magnetisch, leitend, löslich). Solche Definitionen sind immer kontextabhängig und deshalb problematisch. In der Mathematik werden *induktive* und *rekursive Definitionen* gebraucht, die Berechnungsverfahren für das Definiendum darstellen. *Beispiel:* $1! = !\ n! = (n-1)!\ n\ (n \in \mathbf{N})$. Die *Definition durch Abstraktion* beruht auf der Äquivalenzklassenbildung. Ist eine Äquivalenzklasse auf einem bestimmten Bereich gegeben, so lassen sich alle zu einem festen Objekt äquivalenten Objekte zu einer Klasse zusammenfassen. Man sagt dann: Diese Klasse ist durch ↑Abstraktion definiert worden.

Definitionen treten hauptsächlich in den Wissenschaftssprachen auf. Dennoch darf nicht übersehen werden, daß ihnen auch im täglichen Leben eine große Bedeutung zukommt. So können Definitionen zu Diskriminierungen gebraucht werden (etwa wenn definiert wird: Ein Staatsbürger ist derjenige, der eine weiße Hautfarbe besitzt). Im Zuge der Sprechakttheorie (↑Sprechakt) ist man auf diese Funktion von Definitionen zunehmend aufmerksam geworden.

deiktisch ['dεıktıʃ, de'ıktıʃ, 'daıktıʃ; zu griechisch deiknýnnai „zeigen"]: Wörter, die hinweisende Gesten ausdrücken, werden deiktisch genannt, z. B. „dies", „hier", „dort". Sie sind für die Einführung erster prädikativer Unterscheidungen, die auf dieser Stufe noch situationsgebunden bleiben, unentbehrlich. Man spricht deshalb auch von deiktischer *(ostentativer* oder *Hinweis-)Definition,* z. B.: Dies hier ist ein Fagott.

Deismus [zu lateinisch deus „Gott"]: Religionsauffassung, nach der zum Beweis aller Aussagen bzw. zur Rechtfertigung der Normen, die die Theologie verkündet, nur Vernunftgründe zugelassen sind; einer übernatürlichen Offenbarung wird keine Autorität zuerkannt. – Den Deismus kennzeichnen besonders: 1. neben seinem Eintreten für eine „natürliche Religion" (in der alle für die Religion unverzichtbaren theoretischen und praktischen Annahmen nur durch natürlichen Vernunftgebrauch gewonnen werden) die Ablehnung des christlichen Ausschließlichkeitsanspruches, 2. sein Bestreiten der These, daß Gott – etwa durch Wunder – in die Geschichte der Menschheit eingreift, und 3. teilweise sein Verständnis von Religion als einer bloß mythisch formulierten Ethik.

Die deistische Religionsauffassung wurde zu Beginn des 17. Jahrhunderts durch den Briten Herbert von Cherbury begründet, gewann rasch Anhänger und gehörte bald zum üblichen Bildungsgut aufgeklärter Kreise. In Frankreich bildete der Deismus die Grundlage für die aufklärerische Religionskritik. In Deutschland gab er v. a. zur sogenannten „Bibelkritik" Anstöße, einer kritischen wissenschaftlichen Auseinandersetzung mit den überlieferten biblischen Texten, die in Hinblick auf ihre Zeit-, Umwelt- und Situationsbedingtheit analysiert wurden; außerdem fand er Eingang in Kants Konzeption einer transzendentalen Theologie. In der zweiten Hälfte des 18. Jahrhunderts verschwand der Deismus allmählich als eigenständige Position; seine Ziele als Toleranzbewegung waren weitgehend eingelöst bzw. von Aufklärung oder Bibelkritik weiterverfolgt worden.

Demokratie [griechisch „Volksherrschaft"]: nach Lincolns Bestimmung „Regierung des Volkes durch das Volk und für das Volk". Seit Herodot unterscheidet man drei grundlegende Herrschaftsformen nach dem Kriterium der Anzahl derer, die die politische Herrschaft in einem Gemeinwesen ausüben: Monarchie (Herrschaft eines einzelnen), Aristokratie (Herrschaft weniger) und Demokratie (Herrschaft des Volkes). – Als in den antiken griechischen Stadtstaaten zeitweise gebräuchliche Herrschaftsform basierte die Demokratie auf der Berechtigung aller Vollbürger (nicht der Frauen, Kinder, Sklaven und vorübergehend Ansässigen), an der Regierung der Polis (griechisch „Stadtstaat") mitzuwirken. In Flächenstaaten konnte sich die Demokratie bis ins 19. Jahrhundert nicht durchsetzen, u. a. bedingt durch die Auffassung der politischen Philosophie und der Staatslehre, daß die Demokratie in großen Staatsgebilden zu Pöbelherrschaft und Tyrannei entarten müsse. Erst seit der Französischen Revolution wurde in Europa die Forderung nach demokratischen Verfassungen wieder laut. Mit der Einführung des allgemeinen und gleichen Wahlrechts wurden nach und nach die konstitutionellen Monarchien Westeuropas durch moderne Demokratien abgelöst. Der Demokratiebegriff, der ihnen zugrundeliegt, enthält über die Prinzipien der Volkssouveränität (z. B. Grundgesetz der Bundesrepublik Deutschland: „Alle Staatsgewalt geht vom Volke aus") und der Beschlußfassung durch Mehrheitsentscheidung hinaus Merkmale, die in der Antike nicht mit ihm verbunden waren: Gewaltenteilung (gesetzgebende, vollziehende und rechtsprechende Gewalt), Repräsentativsystem (für eine bestimmte Periode in Parlamente gewählte Volksvertreter entscheiden stellvertretend für alle Bürger), garantierte Grundrechte (z. B. Gleichheit aller vor dem Gesetz, Freiheit, keine Zensur), Rechts- und Wohlfahrtsstaatlichkeit, allgemeines und gleiches Wahlrecht, Minderheitenschutz, konkurrierende Parteien (Pluralismus). – Platon knüpft an Herodots Unterscheidung der drei Herrschaftsformen an und verweist besonders auf deren durch die Gesetzlosigkeit gekennzeichnete Entartungsformen Tyrannis, Oligarchie und Ochlokratie (die griechisch erst später so bezeichnete „Pöbelherrschaft"). Gerechtigkeit als obersten Zweck politischer Herrschaft gewährleistet seiner Auffassung nach nur die vernunftgeleitete Alleinherrschaft eines „Philosophenkönigs". Platons demokratiefeindliche Einstellung wirkt noch in der Philosophie des deutschen Idealismus nach: Kant lehnt die Idee der Volkssouveränität ab („Widersetzlichkeit gegen die oberste gesetzgebende Macht" ist das „höchste und strafbarste Verbrechen") und erklärt die Demokratie zu einem „Despotism"; Hegel hält sie nur im „unentwickelten Zustande" eines Volkes für möglich. – Aristoteles interessiert sich stärker für eine differenzierte Beschreibung der drei Herrschaftsformen, ohne einer von ihnen ausdrücklich den Vorzug zu geben, da Gerechtigkeit prinzipiell durch jede von ihnen unter günstigen Bedingungen wenigstens annäherungsweise zu verwirklichen sei. – Strategien philosophischer Legitimation der Demokratie finden sich v. a. bei Locke und Rousseau. Locke begründet in seiner Konzeption des ↑Gesellschaftsvertrags das demokratische Prinzip der Volkssouveränität, hält allerdings jede der drei Herrschaftsformen für vereinbar mit diesem Prinzip. Rousseau unterscheidet zwischen dem normativ verstandenen „allgemeinen Willen" und dem empirisch feststellbaren „Willen aller" (bzw. der Mehrheit). Der allgemeine Wille (Gerechtigkeit oder das „allgemeine Beste") drückt das „gemeinsame Interesse" aller von einer bestimmten Entscheidung Betroffenen aus. Inhaltlich bestimmt Rousseau den allgemeinen Willen als eine Art Durchschnitt der vom Eigeninteresse geprägten faktischen Willensäußerungen aller Betroffenen. Als Verfahren zur Festsetzung des allgemeinen Willens schlägt er die Mehrheitsentscheidung vor. Moderne Demokratietheorien bewegen sich zwischen den Extremen der Bestimmung des allgemeinen Wohls durch legale Verfahren der Mehrheitsfindung im Wettstreit der Gruppeninteressen (Pluralismustheorien) einerseits, der Legitimation des allgemeinen Wohls durch diskursive (↑Diskurs) Willensbildungsprozesse, d. h. durch den in freier und gleichberechtigter Diskussion aller Betroffenen erzielten Konsens bezüglich des verallgemeinerungsfähigen Interesses aller (Theorien des kommunikativen Handelns) andererseits.

Denken: umgangssprachlich weitgefächerter, alle intellektuellen Tätigkeiten umfassender und deshalb inhaltlich ziemlich unbestimmter Sammelbegriff mit vielen Nuancen (z. B. an etwas denken, sich erinnern, über etwas so oder so denken, eine bestimmte Meinung o. ä. haben, nachdenken, erwägen, ein Problem gedanklich bearbeiten). – In der *Psychologie* meint Denken meist einen Prozeß der Informationsverarbeitung, der Umstrukturierung von Erfahrungsinhalten, v. a. unter dem Aspekt, in Situationen, in denen weder Instinkte noch gewohnte Verhaltensweisen zur Verfügung stehen, durch „gedankliche Vorwegnahme" gezieltes, planvolles Handeln zu ermöglichen (↑auch Anthropologie). Derartige Prozesse können je nach Lebensalter und kognitiver Lei-

stungsfähigkeit eines Menschen auf verschiedenen Niveaus erfolgen. Kleinkinder z. B. „denken" sensumotorisch-vorsprachlich, d. h. auf dieser Stufe sind Denken und tatsächliches Handeln (noch) identisch. Als höchste Stufe der Denkentwicklung gilt die formal-operative Phase. Der Denkende verfügt nun über Zeichensysteme unterschiedlichster Art (z. B. Wortsprache, formale Sprachen, numerische Codes wie Zahlen), mit deren Hilfe er die Gegenstände seines Denkens *symbolisch* repräsentieren kann. All diese, von konkreten Situationen lösbaren Sprachen zeichnen sich dadurch aus, daß ihre Symbole relativ frei in ihrer Bedeutung festgelegt und kombiniert werden können. Aufgrund dieser Flexibilität geht man davon aus, daß Denken auf dieser obersten Entwicklungsstufe am effektivsten arbeitet (Probleme löst). Das hohe Abstraktionsniveau zeigt sich darin, daß Gedachtes nun die Qualität des Hypothetischen, des nur als Möglichkeit konstruierten Entwurfs bekommen kann. Der Denkende kann sich auf sich selbst rückbeziehen (Fähigkeit zu Reflexion und Selbstbewußtsein). Die Kombination von Denkinhalten wird nicht mehr grundsätzlich durch (z. B. physikalische oder biologische) Gegebenheiten der empirischen Realität begrenzt. Es eröffnet sich eine Perspektive freier Spekulation, der nur noch durch die Strukturen der Sprache und die Regeln der Logik Grenzen gezogen sind. – Ähnliches gilt für den *philosophischen* Sprachgebrauch. Jedoch werden in der Philosophie nicht mehr physiologische, soziale und biologisch-genetische Faktoren des Denkens thematisiert, sondern v. a. Fragen nach den systematischen Grundprinzipien, den logischen Strukturen und der Leistungsfähigkeit (den Grenzen) der voll ausgebildeten Denkfähigkeit. Deshalb werden in philosophischen Texten statt des eher allgemeinen Begriffs Denken bevorzugt solche Termini verwendet, die gezielt engumgrenzte Aspekte der Denkfähigkeit oder -tätigkeit ansprechen, z. B. ↑Bewußtsein, ↑Geist, ↑Intellekt, ↑Logos, ↑Noesis, ↑Nous, Ratio, ↑Selbstbewußtsein, ↑Vernunft, ↑Verstand.
Seit der frühen Neuzeit werden die Fähigkeiten und Leistungen des Denkens in der Philosophie v. a. als *subjektive* Tätigkeit gefaßt im Gegensatz oder komplementär zum *objektiven* Sein und Geschehen. Je nach dem gewählten erkenntnistheoretischen Ausgangspunkt spiegelt und wiederholt oder strukturiert sich im und durch das Denken die (objektiv) gegebene Wirklichkeit. Als konkurrierende oder kooperierende Fähigkeit tritt die ↑Sinnlichkeit auf. In empiristischen Systemen schränkt sie die Selbständigkeit des Denkens durch den erkenntnistheoretischen Primat der sinnlichen Erfahrung ein: Alles Material des Denkens wird erst durch sinnliche Wahrnehmung gegeben, und das Denken hat lediglich die Aufgabe, diesen Stoff zu ordnen. In rationalistischen Systemen dagegen gilt die Sinnlichkeit ihrerseits als unselbständig und hinderlich, weil dem reinen Bewußtsein oder Denken der oberste Rang zugesprochen wird. In der „Kritik der reinen Vernunft" hat Kant versucht, ein kooperatives, gleichberechtigtes Verhältnis von Denken (Verstand) und Sinnlichkeit zu rechtfertigen: „Ohne Sinnlichkeit würde uns kein Gegenstand gegeben, ohne Verstand keiner gedacht werden. Anschauungen ohne Begriffe sind blind, Begriffe ohne Anschauungen sind leer!" Seit Kant ist Denken auch am deutlichsten an methodische Schrittfolgen (Begriffsbildung, Urteilen, Schließen) gebunden. In dieser Tradition wird Denken immer mehr zu einem Modus von nichtunmittelbarer Wahrheitsfindung, bei dem z. B. durch begriffliche Analyse, durch Urteilen und Schließen unmittelbare Gewißheit und Anschauung aufgelöst und Distanz geschaffen werden. Denken in diesem Sinne ist identifizierbar mit den verschiedenen Erscheinungsformen von Rationalität (↑rational).

Man kann es als logisch und *diskursiv* (zu lateinisch discurrere „durchlaufen") charakterisieren, insofern sich für das Ergebnis des Denkakts eine logische Genese, ein Weg, der durchschritten wurde, angeben läßt im Gegensatz zum *intuitiven* Denken (↑ Intuition), bei dem dies nicht möglich ist. Da der Qualitätsanspruch der Rationalität auch von den Wissenschaften eingelöst wird, versuchte Hegel – im Anschluß an Aristoteles –, eine spezifisch philosophische Dimension des Denkens herauszuarbeiten. Für Hegel gibt es über dem rationalen noch das *absolute* Denken (bei Aristoteles: das Denken des Denkens; griechisch theōría), in dem die Gegensätze und Einseitigkeiten des bloßen Verstandes aufgehoben und überwunden werden können. Als methodischen Zugang zu all diesen Aspekten haben Philosophen von der Antike (Platon) bis in die Gegenwart (Wittgenstein) den Weg über die ↑ Sprache gewählt, da Sprache nicht allein das ausgezeichnete Medium ist, durch das Denken sich „nach außen hin" Ausdruck zu verleihen vermag und dadurch überhaupt erst analysierbar wird, sondern auch immer wieder als das tragende Element der kognitiven Tätigkeiten gilt, die schweigend vollzogen werden (schon Platon verstand diese Form des Denkens als „ein *Gespräch* der Seele mit sich selbst"), bis hin zu der umstrittenen These von der totalen Identität von Denken und Sprechen.

deontische Logik [zu griechisch tò déon „das Erforderliche, die Pflicht" und ↑ Logik]: eine Disziplin der philosophischen Logik. Sie stellt eine Erweiterung der Aussagenlogik dar mit dem Ziel, die *logischen Beziehungen* zwischen normativen Urteilen zu untersuchen. In der Aussagenlogik werden Aussagen in Hinblick auf ihre *Tatsächlichkeit* betrachtet. Dagegen geht es in der deontischen Logik um das *Sein-Sollen* („*A* soll sein" oder auch: „Tue *A*!"). Hierzu wird der einstellige Operator *O* (von obligatorisch) eingeführt: $O(A)$ bedeutet „*A* soll sein". Schon früh wurde die Analogie zwischen deontischer Logik und ↑ Modallogik bemerkt. So entsprechen sich der Verpflichtungsoperator *O* und der Notwendigkeitsoperator **L.** Diese Entdeckung war von großem heuristischen Wert, da die Verhältnisse in der Modallogik im allgemeinen übersichtlicher sind. Der Erlaubtseinsoperator *P* (von lateinisch permissio) läßt sich durch *O* so definieren: $P(A) \rightleftharpoons \neg O(\neg A)$. Ähnliches gilt für den Verbotsoperator V: $V(A) \rightleftharpoons O(\neg A)$. Ein erstes Axiomensystem für die deontische Logik wurde 1926 von Mally vorgelegt. Es stellte sich jedoch heraus, daß aus seinen Axiomen die Äquivalenz $A \leftrightarrow O(A)$ ableitbar ist. Demnach wäre der Operator *O* überflüssig, da immer einfach das äquivalente *A* genommen werden könnte. Sollen und Sein wären gänzlich äquivalent (↑ naturalistischer Fehlschluß), was eine unannehmbare Konsequenz darstellt. – In der Folge wurden viele Verbesserungsvorschläge gemacht. Man stieß bei diesen Überlegungen auf folgende grundlegende Unterscheidung: $O(A)$ kann bedeuten „*A* soll sein" im Sinne von „Strebe *A* an!", aber auch „*A* wird von bestimmten Gesetzen, Vorschriften o. ä. gefordert". Im ersten Sinne nennt man die Sätze der deontischen Logik *präskriptiv,* im zweiten Sinn *deskriptiv*. Die ersten sind ↑ Imperative, die zweiten Aussagen. Die deontische Logik zerfällt somit in zwei Teile: in die *Imperativlogik* (präskriptiv, Sprache der Moral) und die *deontische Logik im engeren Sinne* (deskriptiv, Sprache des Rechts). Das wichtigste System der deontischen Logik wurde 1951 von von Wright angegeben; er wählte *P* als deontischen Operator (*O* und *V* lassen sich ähnlich wie oben definieren) und stellte diese Axiome auf:

(B1) $P(A \vee B) \leftrightarrow P(A) \vee P(B)$

(B2) $P(A) \vee P(\neg A)$ „Prinzip der Erlaubtheit" (*A* oder nicht-*A* ist erlaubt)

(B3) $\neg P(A \wedge \neg A)$ (ein Widerspruch ist nicht erlaubt).

Von Wrights System kennt noch zusätzlich zu den Ableitungsregeln der Aussagenlogik eine weitere Regel: $(A \rightarrow B) \Rightarrow (P(A) \rightarrow P(B))$. Zur deontischen Logik gehören nun alle Sätze, die sich aus diesen Axiomen mit Hilfe der Regeln ableiten lassen. Es zeigte sich jedoch, daß auch in dieser Fassung der deontischen Logik Sätze ableitbar sind, die dem üblichen Verständnis der Sollenssätze strikt widersprechen (Paradoxien von Ross, A. N. Prior und Chisholm). Seither wurden zahlreiche Versuche unternommen, das System der deontischen Logik weiter zu verbessern. Insbesondere bemüht man sich darum, die vorgeführte kalkülartige Behandlung durch semantische Untersuchungen zu ergänzen (↑Semantik). Diese lehnen sich stark an die Modallogik an. Andere, v.a. konstruktivistische Forscher versuchen, eine Imperativlogik aufzubauen, weil sie nur in dieser die richtige Präzisierung der Sollenssätze sehen. Insgesamt kann gesagt werden, daß die Entwicklung auf dem Gebiet der deontischen Logik noch in vollem Fluß ist.

Deontologie [zu griechisch tò déon „das Erforderliche, die Pflicht" und lógos „Lehre"] (Deontik): untersucht die logischen Strukturen von normativen Urteilen und ganzen Normensystemen sowie deren Verhältnisse untereinander. Einige Fragestellungen: Wie verhalten sich in logischer Hinsicht Aussagen und Normen zueinander? Wie kann man prüfen, ob die Normen eines Systems widerspruchsfrei sind? Wie gelangt man von einem Normensystem zu einem konkreten normativen Urteil? Welche Verfahren der Logik können zur Untersuchung normativer Systeme herangezogen werden? Die Deontologie fragt nicht nach der Begründbarkeit von Normen, sondern nur nach den logischen Beziehungen zwischen ihnen. Das wichtigste Hilfsmittel deontischer Untersuchungen ist die Formalisierung, die im allgemeinen zur Formulierung ↑deontischer Logiken führt.

deontologische Ethik [zu ↑Deontologie und ↑Ethik]: Rechtfertigungstyp für sittliche Regeln und Prinzipien der ↑Ethik. Nach Auffassung der deontologischen Ethik gibt es einen bindenden Maßstab für gutes oder schlechtes Handeln; er läßt sich durch Regeln oder Gebote ausdrücken, die als Verpflichtung erfahren werden. Dabei ist entscheidend, daß moralischer Maßstab und sittliches Gebot Selbstzweck sind, d.h. unbedingt und ohne Verweis auf etwas anderes nach Einhaltung verlangen, im Unterschied etwa zu teleologischen (↑Teleologie) Begründungsmustern also nicht den außermoralischen Wert einer Handlung (ihre Nützlichkeit oder Annehmlichkeit) zur Begründung heranziehen.
Schon in der altgriechischen Epoche besteht v.a. bei den stoischen Philosophen die Vorstellung von einem ungeschriebenen Gesetz, das allen Wesen, göttlichen wie menschlichen, Regeln des richtigen Verhaltens vorgebe. Dieser Gesetzesbegriff wird in der Folge als sittliches Naturgesetz interpretiert, als normative Festlegungen also, die unabhängig von menschlichen Übereinkünften und ohne Rücksicht auf irgendeinen bestimmten Nutzeffekt gelten. Dieser Gedanke eines Naturrechts erfährt im christlichen Denkkreis seine Absicherung, indem Gott als Gewährsmann der sittlichen Naturordnung angerufen wird. In der Neuzeit entstehen demgegenüber Versuche, die Konzeption einer aus sich heraus verpflichtenden Moral ohne Rückgriff auf die Vorstellung eines göttlichen Garanten zu entwerfen. Dabei berufen sich die Autoren häufig auf die Vernünftigkeit des Menschen. Einen der bedeutendsten Versuche dieser Art leistete Kant (↑kategorischer Imperativ, ↑praktische Vernunft). – Innerhalb des deontologischen Begründungsmusters wird zwischen einer handlungs- und einer regeldeontologischen Variante unterschieden. Die Vertreter der *handlungsdeontologischen Theorie* betonen die Einzigartigkeit und Einma-

ligkeit einer jeden ethisch verpflichtenden Situation wie der entsprechenden sittlichen Handlung; nach ihrer Auffassung kann es demnach keine moralischen Regelungen mit (allgemeinem) Geltungsanspruch über die betreffende Situation hinaus geben, wohl aber gibt es in einer bestimmten Situation einzelne Handlungen, zu denen man sich moralisch verpflichtet fühlt. Diese handlungsdeontologische Position ist besonders für die Ethik der Existenzphilosophie bedeutend. Die Vertreter der *regeldeontologischen Theorie* artikulieren demgegenüber die Ansicht, daß moralische Entscheidungen nicht nur für einen bestimmten Einzelfall getroffen werden, sondern daß sie auf Prinzipien beruhen, die für alle ähnlich gelagerten Fälle gelten. Je nach Art und Anzahl der angenommenen ethischen Prinzipien lassen sich innerhalb der regeldeontologischen Begründungstheorie verschiedene Positionen unterscheiden; als Beispiel für eine Variante, die mit nur einem einzigen Prinzip auszukommen sucht, darf die Ethik Kants gelten, die mit ihrem kategorischen Imperativ ein Prinzip zur Formulierung konkreter moralischer Normen gibt.

deskriptiv/präskriptiv/normativ [zu lateinisch describere „beschreiben", praescribere „vorschreiben, befehlen" und norma, ursprünglich „das Winkelmaß", dann „die Richtschnur, allgemeine Regel"]: elementare Unterscheidungen zur Klassifizierung sprachlicher Äußerungen. Als **deskriptiv** bezeichnet man sprachliche Äußerungen, die auf Beschreibung, Bericht, Voraussage zielen; von **präskriptiver** Absicht spricht man bei auffordernden (empfehlenden, erlaubenden, verlangenden, ge- oder verbietenden) Äußerungen; **normativ** im engeren Sinn nennt man solche Äußerungen, bei denen der Aufforderungscharakter mit einer moralisch-wertenden Komponente verknüpft ist. Während die aus der Grammatik bekannten Differenzierungsschemata für alle sprachliche Äußerungen in Satzform die *äußere* Form der sprachlichen Gebilde betreffen, interessiert in der Philosophie dagegen eher eine *innere* Struktur sprachlicher Äußerungen, nämlich die *Absicht* (Intention), die der Sprechende oder Schreibende mit seinen Worten verbindet. Soll etwas – möglichst objektiv (d. h. ohne Wertungen) – beschrieben, berichtet oder vorausgesagt werden, so spricht man von deskriptiver, beschreibender Intention. Soll durch eine Aussage (Frage) ein Rat, eine Vorschrift o. ä. geäußert werden, dann ist die Intention präskriptiv, auffordernd. – Kommen zum auffordernden Charakter die Komponenten Verallgemeinerungsfähigkeit der Überlegung, Universalität des Geltungsanspruchs und moralische Bewertung hinzu, dann spricht man (im engeren Sinne) von normativer Intention. In der Frage z. B., ob man Versprechen brechen dürfe, sind diese drei Komponenten enthalten: In „man" sind offensichtlich alle Menschen angesprochen (Verallgemeinerungsfähigkeit); niemand kann ernsthaft wollen, daß es „Ausnahmeregelungen" geben solle, weil sonst Versprechen sinnlos würden (Universalität des Geltungsanspruchs); wer in dieser Hinsicht handelt, dessen Handlungen werden moralisch (als gut oder schlecht/böse) bewertet. Die Frage hat also normativen Charakter. – Daraus ist ersichtlich: 1. Die Intentionsstruktur ist unabhängig von sprachlich-grammatikalischer Form; 2. Intention von Frage und zugehöriger Antwort sollten einander entsprechen, d. h. es ist unzureichend, ja unsinnig, auf normative Fragen etwa rein deskriptiv zu antworten (auf die Frage des Beispiels etwa: „Fast alle tun es"). Da man aber in der Regel zunächst auf äußere „Signale" (Wortwahl, Satzbau, Satzzeichen) reagiert, liegt hierin eine zweifache Gefahr: Die Intention kann entweder ungewollt verfehlt oder sprachliche Stilmittel können bewußt eingesetzt werden, um Intentionen zu verstecken oder zu verschleiern.

Determinismus/Indeterminismus [zu lateinisch determinare „abgrenzen, bestimmen"]: kontradiktorisch gegensätzliche philosophische Positionen bezüglich der Frage, ob menschliches Wollen und Handeln dem in bezug auf Naturereignisse gültigen Kausalprinzip (↑Kausalität) unterliegen, d. h. ob psychische Ereignisse prinzipiell durch psychologische Gesetze erfaßbar und aufgrund dieser Gesetze vorhersagbar sind wie Naturereignisse aufgrund der Naturgesetze. Demgemäß behauptet der Determinismus und bestreitet der Indeterminismus, daß psychische wie physische Ereignisse dem Kausalprinzip insofern unterliegen, als auf einen gegebenen Zustand eines Systems ein und nur ein anderer Zustand desselben Systems folgen kann, und daß, die (wenigstens prinzipiell mögliche) Kenntnis der in Frage kommenden Gesetze und der entscheidenden Faktoren des bestehenden Zustandes eines Systems vorausgesetzt, jeder künftige Zustand dieses Systems erklärbar und voraussagbar ist. Erschwert wird die Entscheidung dieses Problems einerseits dadurch, daß selbst die durchgehende Determiniertheit der Naturereignisse (insbesondere im Bereich der Elementarteilchenphysik) bis heute umstritten ist; andererseits dadurch, daß für unser Erkennen der äußeren und inneren Realität das Kausalprinzip so wenig hintergehbar zu sein scheint wie etwa das Prinzip des verbotenen Widerspruchs, der Substantialität oder der Raum-Zeit-Anschauung (wie Kants ↑Transzendentalphilosophie oder Piagets Entwicklungspsychologie zu zeigen versuchen). Die Diskussion um die Determiniertheit oder Indeterminiertheit von Wollen und Handeln wird v. a. von dem Interesse geleitet zu klären, ob Menschen für ihr Handeln verantwortlich (↑Verantwortung) und demzufolge auch schuldfähig (↑Schuld) sein können und ob die herrschende strafrechtliche Praxis für legitim, das Anliegen der ↑Ethik für sinnvoll gelten kann; d. h. diese Diskussion ist verbunden mit der Frage nach der Willensfreiheit (↑Wille) bzw. der menschlichen ↑Freiheit überhaupt. Hinsichtlich dieser Problematik sind grob folgende Positionen zu unterscheiden: 1. *„Harter" Determinismus.* Menschliche Handlungen sind durch physische Faktoren (z. B. Naturgesetze), soziale Einflüsse (z. B. Rechtsnormen, Rollen, Erwartungen der Mitmenschen) und psychisch-endogene Faktoren (z. B. Charakter, Wünsche, Motive, Einstellungen, Wissen, Erfahrungen) determiniert. Verantwortlichkeit für Handlungen setzt Freiheit im Sinne der Indeterminiertheit voraus. Also sind Menschen für ihre Handlungen nicht verantwortlich (so z. B. Nietzsche). 2. a) *Ontologischer* bzw. *transzendentallogischer Indeterminismus.* Es gibt – als notwendiges Postulat – im personalen Selbst eine Entität (z. B. Wille, reine praktische Vernunft, intelligibles Ich), die außerhalb kausaler Zusammenhänge Handlungen spontan erzeugen kann, so daß eine Person unter denselben inneren und äußeren Bedingungen prinzipiell auch ganz anders hätte handeln können, als sie tatsächlich gehandelt hat (so z. B. Kant). Verwandt mit dieser Position ist die des *handlungstheoretischen Indeterminismus,* der zwischen Ursachen (die Naturereignisse determinieren) und Gründen (die Handlungen begleiten) unterscheidet. Beide Positionen versuchen Willens- und Handlungsfreiheit im Sinne der Indeterminiertheit zu belegen und behaupten demzufolge die Verantwortlichkeit der Menschen für ihr Handeln. b) *Epistemischer Indeterminismus.* Die Indeterminiertheit des Handelns oder „die Willensfreiheit besteht darin, daß zukünftige Handlungen jetzt nicht gewußt werden können" (Wittgenstein). 3. *„Weicher" Determinismus.* Diese begriffsanalytisch fundierte Position behauptet die Vereinbarkeit von Determiniertheit und Freiheit menschlichen Handelns. Da kausale ↑Gesetze (im Gegensatz zu den Gesetzen des positiven Rechts) induktiv gewonnen werden, haben sie allein eine deskriptive, Allgemeingültigkeit beanspruchende Bedeutung; sie setzen keine Normen, zwingen nicht und sind nicht notwendig. Deshalb lautet der kontradiktorische Gegensatz nicht Determiniertheit – Freiheit, sondern Determiniertheit – Indeterminiertheit (hier svw. absolute Zufälligkeit oder Spontaneität) bzw. Freiheit – Zwang. Frei handelt also, wer nicht durch innere (z. B. Zwangsneurose, Geisteskrankheit) oder äußere (z. B. Gewalt) Umstände gezwungen, d. h. gegen seinen Willen handelt, und wer frei handelt, ist zugleich verantwortlich für sein Handeln. Der Wille aber kann nicht nur, sondern muß – nach der These Schlicks – als determiniert durch die „Gesetzmäßigkeit des eigenen Charakters in gegebener Situation" gedacht werden, wenn Verantwortlichkeit einen Sinn haben soll: Wenn nämlich Willensentschlüsse „ursachlos" und unbedingt, d. h. absolut zufällig und spontan wären, so hätte es keinerlei Sinn, einen Menschen für ungerechtfertigtes Handeln zur Verantwortung zu ziehen, denn es wäre unmöglich, in irgendeiner Weise auf ihn einzuwirken, um einen motivbildenden oder Einsicht weckenden Lernprozeß in Gang zu setzen. Eine Bestrafung wäre völlig funktionslos und so unsinnig wie die Bestrafung eines Menschen, der unter Zwang gehandelt hat.

Deutung: Konstruktion oder Rekonstruktion des ↑Sinns (auch: des Motivs, der Intention) von Handlungen und Handlungsresultaten (z. B. Texten); in den Geisteswissenschaften meist synonym mit ↑Interpretation. – In der Psychoanalyse besteht die Deutung in der Herausarbeitung nicht bewußter Motive unseres Denkens, Handelns und Empfindens v. a. aufgrund unbeabsichtigter und unkontrollierter Gedanken, Handlungen oder Empfindungen (z. B. Träume, Fehlleistungen, Krankheitssymptome) mit Hilfe von Assoziationen, die nach bestimmten Regeln hervorgerufen und nach den herauszuarbeitenden Motiven durchforscht werden. – In den verstehenden Sozialwissenschaften besteht die Deutung darin, unser Handeln als Mittel zu einem Zweck, als Befolgung einer Interaktions- oder Kommunikationsregel oder als Realisierung einer Intention darzustellen. Jede Deutung hängt ab von der Individualität und dem Verstehensinteresse des Deutenden, dem historischen Kontext, in dem er lebt, sowie dem Vorwissen und Vorverständnis bezüglich des zu deutenden Objekts. Diese Faktoren lassen sich zwar nicht gänzlich außer Kraft setzen, müssen aber um der allgemeinen Überprüfbarkeit einer Deutung willen soweit wie möglich explizit gemacht werden.

Dezisionismus [zu lateinisch decisio „(durch Abkommen herbeigeführte) Entscheidung"]: philosophische Lehre, die – anders als kognitivistische Positionen (↑Kognitivismus) – die inhaltliche Begründbarkeit (Legitimierbarkeit) von Handlungsnormen und -zwecken und damit auch die Berechtigung eines universalen (für alle Vernünftigen verbindlichen) Geltungsanspruchs von Soll-Aussagen bestreitet. Nach Carl Schmitt geht jede Normsetzung (z. B. Gesetzgebung) auf eine letztlich willkürliche, d. h. „absolute Entscheidung" zurück. Denn diese „Entscheidung ist, normativ betrachtet, aus dem Nichts geboren". Die Geltung einer Norm beruht nicht auf ihrer Anerkennungswürdigkeit (Legitimität), sondern ausschließlich auf der Fähigkeit der Herrschenden, die Beachtung der Norm – gleich mit welchen Mitteln – durchzusetzen. Dies entspricht auch Hobbes' Auffassung: „Auctoritas, non veritas facit legem" (lateinisch „Autorität, nicht Wahrheit macht das Gesetz [gültig]"). Luhmann entwickelt den Dezisionismus weiter zu einer Theorie der „Legitimation durch Verfahren": Eine konkrete Norm ist legitim, wenn sie legal, d. h. aufgrund eines rechtsförmigen Entscheidungsprozesses (z. B. parlamentarische Beratung und Mehrheitsbeschluß), zustande kam. Im Gegensatz dazu steht Habermas' Auffassung von der inhaltlichen Begründungsbedürftigkeit und Begründbarkeit normativer Aussagen (↑Diskurs).

Dialektik [zu griechisch dialégein „sich unterhalten, Rede und Gegenrede führen“]: Logik des Widerspruchs oder Methode kritischen Philosophierens, die im Verlauf der Philosophiegeschichte unterschiedliche Bestimmungen erfährt. – Platon versteht unter Dialektik die Methode, vorgetragene Meinungen im Gespräch auf ihre Gründe hin zu prüfen. Dabei läßt sich der Philosoph ironisch auf die von ihm für falsch gehaltene Position seines Gesprächspartners ein und deckt durch konsequentes Fragen unerwünschte Folgen, Widersprüche, Aporien auf, die sich aus einer bestimmten Definition oder Behauptung ergeben. Ziel der Argumentation ist es, den einsichtigen Gesprächspartner durch begriffliche Klärungen von den Erscheinungen der Sinnenwelt zur Wahrheit der ↑Ideen zu führen. Platons Dialektik ist kritisch gegen die Eristik (Überredungstechnik) der Sophisten gerichtet, die den Redner befähigen soll, mit Hilfe rhetorischer Tricks (z. B. Trugschluß) jede beliebige Meinung zu jedem beliebigen Zweck (v. a. vor Gericht und in der Volksversammlung) begründet erscheinen zu lassen. – Aristoteles untersucht in seiner „Topik“ die Trugschlüsse der sophistischen Eristik im Hinblick auf ihre begriffslogischen Voraussetzungen (z. B. Mehrdeutigkeit, ↑äquivok). Die Dialektik hat dann die Aufgabe, mit den Mitteln dieser Topik Argumentationsfehler aufzudekken. – In der Scholastik spielt die Dialektik eine zeitweise heftig umkämpfte Rolle als Argumentationsweise der (natürlichen) Vernunft gegenüber Begründungen unter Berufung auf die (göttliche) Offenbarung. Den Gegensatz versucht Anselm von Canterbury durch seine Vermittlungsformel ↑„Credo, ut intelligam“ zu überbrücken. Von der Stoa bis ins 16. Jahrhundert bezeichnet Dialektik allerdings vorwiegend den Bereich der Logik. Seit dem Ende des 16. Jahrhunderts wird die Logik unterteilt in Analytik (Lehre vom logisch notwendigen Schließen) und Dialektik (Lehre von den bloß wahrscheinlichen Schlüssen). – Kant nimmt die Unterscheidung von Analytik und Dialektik als Teilen der Logik auf, deutet sie aber inhaltlich durch Einfügung in das Konzept der ↑Transzendentalphilosophie um. Mit Dialektik bezeichnet Kant: 1. die „Logik des Scheins“, d. h. die Lehre von den erklärbaren, aber nicht auflösbaren Widersprüchen (↑Antinomie), in die sich die reine Vernunft notwendig verwickelt, wenn sie den Bereich der sinnlich erfahrbaren Realität übersteigt, also z. B. über Gott, Unsterblichkeit der Seele oder Freiheit nachdenkt oder danach fragt, ob die Welt einen „Anfang in der Zeit“ habe oder nicht; 2. die „Kritik“ dieses „dialektischen Scheins“, die ihn allerdings nicht zu überwinden, sondern nur seine Bedingungen zu erkennen vermag. – Hegels Philosophie zielt auf die Überwindung der „Entzweiung der Wirklichkeit“, die durch Kants Unterscheidung zwischen ↑Ding an sich und ↑Erscheinung, intelligibler (↑intelligibel) Welt und Bereich des sinnlich Erfahrbaren eingetreten ist. Hierzu setzt Hegel das Absolute (↑absolut/relativ) als metaphysisches Vernunftprinzip, das die Identität von Subjekt und Objekt garantiert, voraus. Dieses Absolute (oder der ↑Geist, ↑auch absoluter / objektiver / subjektiver Geist) bestimmt er als „Identität der Identität und Nichtidentität“, d. h. als Widerspruch, der in Logik, Natur und Geschichte als Bewegung („Entstehen und Vergehen, das selbst nicht entsteht und vergeht“) erscheint. „Das Bewußtsein über die Form der inneren Selbstbewegung“ des Absoluten ist die Dialektik des Dreischritts These – Antithese – Synthese, die „absolute Methode des Erkennens“. In seiner „Wissenschaft der Logik" rekonstruiert Hegel die ontologischen und logischen Grundkategorien (u.a. Sein, Wesen, Begriff, Urteil, Schluß, Objekt, Idee) in ihrem inneren Zusammenhang, der sich durch die „Selbstbewegung des Begriffs" und die „Notwendigkeit des Fortgangs" von einem Begriff zum nächsten ergibt. Die dialektisch-spekulative Darstellung, die zugleich der „Gang der Sache selbst" ist, verläuft jeweils dreischrittig: 1. Der Verstand setzt einen abstrakten begrifflichen Gegensatz, dessen Bestimmungen (z. B. Endliches – Unendliches) er als voneinander unabhängig begreift. 2. Die dialektische Vernunft entwickelt „das eigene Sichaufheben solcher endlicher Bestimmungen und ihr Übergehen in ihre entgegengesetzte", d.h. den Widerspruch, der sich in dem Begriff selbst notwendig auftut, wenn man ihn als These abstrakt seiner Antithese gegenüberstellt. Denn a) jeder der beiden Begriffe setzt den jeweils anderen zu seiner eigenen Bestimmung voraus: „Omnis determinatio est negatio" (lateinisch „Jede Bestimmung beruht auf Verneinung [einer anderen Bestimmung]"; Spinoza). b) Wird z. B. das Unendliche dem Endlichen abstrakt gegenübergestellt, so wird es selbst „verendlicht", da es am Endlichen seine Schranke hat; es wird zur „schlechten Unendlichkeit", die als unabschließbarer „Progreß ins Unendliche" erscheint. 3. Die spekulative Vernunft hebt die Gegensatzbestimmungen als selbständige auf (↑aufheben), indem sie beide in einer Synthese miteinander vermittelt und zu Momenten einer höheren Einheit („Identität der Identität und Nichtidentität") herabsetzt (Negation der Negation). Eine solche ist z. B. das wahrhaft Unendliche (repräsentiert durch Kreis oder Kugel), „welches sich selbst und die Endlichkeit in sich begreift". Die dialektisch-spekulative Darstellung der reinen Denkbestimmungen in der Logik schließt sich mit derjenigen der Naturerscheinungen in der Naturphilosophie und der Gestalten der geschichtlichen Selbstverwirklichung des Absoluten als Geist in der Philosophie des Geistes zum System zusammen. Hegels Dialektik ist also als Methode der Darstellung, Prinzip der Logik und Realdialektik zugleich bestimmt. Als letztere erklärt sie Naturprozesse und historische Entwicklungen metaphysisch-teleologisch durch dialektische Notwendigkeit: „Was das Erste in der Wissenschaft [der Logik] ist, hat sich müssen geschichtlich als das Erste zeigen." Da sich gemäß dieser Konzeption Vernunft notwendig verwirklicht, kann Hegel auf Philosophie als Gesellschaftskritik wie auf Ethik verzichten: „Was sein soll, ist in der Tat auch." – Marx übernimmt die Hegelsche Dialektik ohne ihre „mystifizierte Form", d.h. ohne ihre metaphysischen Voraussetzungen, als Methode der „Kritik der politischen Ökonomie" und der Ideologiekritik (↑Ideologie), nicht jedoch als Entwicklungsprinzip der Sozialgeschichte (↑dialektischer Materialismus, ↑historischer Materialismus). In seinen ökonomiekritischen Texten stellt er dialektisch die Widersprüche der inneren „Organisation der kapitalistischen Produktionsweise [...] in ihrem idealen Durchschnitt dar", nicht deren „wirkliche Bewegung". Im Unterschied zu Engels, der eine „Dialektik der Natur" schreibt, faßt Marx Dialektik nicht als Realdialektik auf. Engels formuliert drei Hauptgesetze für die naturalistische Dialektik: 1. das „Umschlagen von Quantität in Qualität" und umgekehrt; 2. „gegenseitiges Durchdringen der polaren Gegensätze und Ineinander-Umschlagen, wenn auf die Spitze getrieben"; 3. „Entwicklung durch den Widerspruch oder Negation der Negation". – Adorno entwirft in seinem philosophischen Hauptwerk „Negative Dialektik" (1966) das Ideal einer dialektischen Erkenntnis, deren Ziel nicht die Herstellung einer Identität von Subjekt und Objekt, Denken und Sein ist, die immer auf den das

Nichtidentische, im Begriff nicht aufgehende Besondere unterdrükkenden „Vorrang des Subjekts", des Begrifflich-Allgemeinen hinausläuft. Denn dieser steht für Adorno in engem Zusammenhang mit dem Prinzip blind-zweckrationaler Selbsterhaltung, das aller überflüssigen und zerstörerischen Naturbeherrschung und gesellschaftlichen Herrschaft zugrundeliegt. „Utopie der Erkenntnis" wäre ein dialektisches Denken, das sich dem zu Erkennenden „anschmiegt", indem es durch widersprüchliche Aussagen, die sich wechselseitig relativieren und ergänzen, versucht, „das Begriffslose mit Begriffen aufzutun, ohne es ihnen gleichzumachen".

dialektischer Materialismus: zusammen mit dem ↑historischen Materialismus die Philosophie des Marxismus-Leninismus. Der dialektische Materialismus wurde von Marx, v. a. von Engels und Lenin aus Elementen des ↑Materialismus des 18. und 19. Jahrhunderts und Elementen der ↑Dialektik Hegels entwickelt. Er umfaßt methodologische und inhaltlich-systematische Aussagen. Sie lassen sich auf einige fundamentale Thesen zurückführen.

„Materialismus" bedeutet hier *methodologisch,* daß vier Prinzipien befolgt werden sollen: 1. Das Rationalitätsprinzip fordert, „die Welt aus sich selbst zu erklären" (Engels); es wendet sich gegen alle „metaphysischen" Versuche, die Welt aus transzendenten Ursachen zu erklären. 2. Das Objektivitätsprinzip fordert, die „Überzeugung der naiven Realisten, d. h. der ganzen Menschheit, daß unsere Empfindungen Abbilder der objektiv realen Außenwelt sind" (Lenin), auch für philosophische Forschungen anzuerkennen, die Philosophie am Modell des Selbstverständnisses der Naturwissenschaften des 19. Jahrhunderts zu orientieren; es wendet sich gegen den erkenntnistheoretischen ↑Rationalismus. 3. Das Uniformitätsprinzip fordert, daß die Bewegungen der Natur, der Gesellschaft und des Denkens aus genau einer Ursache erklärt werden sollen; es wendet sich gegen jede dualistische (↑Dualismus) Weltdeutung. 4. Das Praxisprinzip fordert, daß die menschliche Praxis Grundlage und Ziel der philosophischen Theorie sein soll; Grundlage, denn „gerade die Veränderung der Natur durch den Menschen, nicht die Natur als solche allein, ist die wesentlichste und nächste Grundlage des menschlichen Denkens" (Engels); Ziel, denn „die Philosophen haben [bisher] die Welt nur verschieden interpretiert, es kommt darauf an, sie zu verändern" (Marx/Engels).

„Materialismus" bedeutet *inhaltlich-systematisch:* 1. Die Materie existiert objektiv in Raum und Zeit; die These richtet sich gegen idealistische Weltdeutungen (↑Idealismus). 2. Das Bewußtsein „kann nie etwas anderes sein als bewußtes Sein" (Marx/Engels). Als solches ist es „das höchste Produkt der Materie" (Lenin); die These richtet sich gegen die Dualismen „Materie/Geist", „Leib/Seele". 3. Insofern menschliches Bewußtsein das seiner selbst „bewußte Sein [der Materie]" ist, kann es nichts anderes sein als die sich selbst bewußt gewordene „Widerspiegelung" der Materie in ihrem jeweiligen Entwicklungsstadium; diese These richtet sich gegen rationalistische Erkenntnistheorien. 4. Die Welt ist grundsätzlich für den Menschen vollständig erkennbar; die These richtet sich gegen Theorien, die hinter den erkennbaren Phänomenen unerkennbare „Dinge an sich" annehmen.

„Dialektisch" bedeutet hier: 1. Die einzelnen Bestandteile der Natur, der Gesellschaft, des Denkens stehen zueinander in einem universellen Zusammenhang, so daß jeder Bestandteil durch jeden bedingt ist; dementsprechend denkt falsch, wer meint, Wahrheit erkennen zu können, wenn er einen Gegenstand aus seinem universellen geschichtlichen oder ontologischen Zusammenhang isoliert. 2. Die Materie in ihren Erscheinungsformen Natur, Gesellschaft, Denken ist in einer unaufhör-

lichen Bewegung begriffen; dementsprechend denkt falsch, wer Natur, Gesellschaft, Denken als „einen Komplex von fertigen Dingen" (Marx/Engels) begreift. 3. Die Bewegung der Materie verläuft streng gesetzmäßig als Folge der Einheit und des Kampfes der Gegensätze, die in der Materie liegen; dementsprechend denkt falsch, wer die Veränderungen in der Natur dem Zufall oder die Veränderungen in der Gesellschaft der menschlichen Willkür zuschreibt. 4. Die Bewegung der Materie schlägt immer wieder nach einer kontinuierlichen, quantitativen Entwicklung in eine diskontinuierliche, sprunghafte, qualitative Veränderung um, die sich dann ihrerseits wieder kontinuierlich quantitativ entfaltet; dementsprechend denkt falsch, wer nur kontinuierliche, evolutionäre Entwicklungen oder nur diskontinuierliche, d.h. revolutionäre Veränderungen annimmt (↑Kontinuität/Diskontinuität). 5. Die Gesamtbewegung der Materie ist eine fortschreitende „Negation der Negationen"; d.h. durch jeden qualitativen Sprung, durch den sich Natur, Gesellschaft oder Denken verändern, werden die negativen Qualitäten der vorhergegangenen quantitativen Entwicklungsphase überwunden, gleichzeitig bleiben aber die positiven Realitäten und entwicklungsfähigen Möglichkeiten der vorangegangenen Phase erhalten; die Gesamtbewegung ist also eine fortschreitende Höherentwicklung.

Der orthodoxe, von Stalin kanonisierte dialektische Materialismus wird seit Stalins Tod innerhalb des polnischen, tschechoslowakischen, jugoslawischen und westeuropäischen ↑Marxismus der Kritik unterzogen und verändert. Ansatzpunkte der Kritik sind v.a. der optimistische Fortschrittsglaube, das Verständnis von Naturwissenschaft, die unzureichende Theorie von ↑Freiheit, ↑Verantwortung und Grenzsituationen des Individuums.

Dialog [griechisch „Gespräch"]: die Entwicklung eines (philosophischen) Gedankens in Rede und Gegenrede, an der sich zwei oder mehr Personen beteiligen. Die sprachlich geführte philosophische Auseinandersetzung kann von unterschiedlichen Interessenschwerpunkten geprägt sein: Gilt es, Begriffe zu klären, wird als Form von Rede und Gegenrede das Fragen und Antworten angemessen (geeignet) sein; soll ein Urteil gesichert werden, werden Behauptung und Bestreitung einander abwechseln; soll der Dialog der Offenlegung von Schlußweisen dienen, werden Beweis und Widerlegung die tragenden Elemente sein. – Bereitschaft zu gemeinsamem Nachdenken wird immer dann gegeben sein, wenn Selbstverständlichkeit zerbricht und das Normale, Gewohnte, fragwürdig geworden ist. An den Dialog ist dann die Erwartung gerichtet, die Ursachen des Orientierungsverlusts herauszufinden, vielleicht sogar Möglichkeiten einer begründeten Wiederherstellung der Sicherheit aufzuzeigen. Endet der Dialog ohne ein solches Problemlösungsangebot, so nennt man ihn *aporetisch* (↑Aporie). – Seit den schriftlich niedergelegten sokratischen Dialogen Platons ist der Dialog über die Philosophie hinaus auch in der Dichtung als Stilmittel heimisch geworden. Die Bedeutung, die dem Dialog in spezifisch philosophischer Hinsicht beigemessen wird, variiert ziemlich stark. Sollen Gesprächspartner unter Leitung dessen, der bereits erkannt hat, lediglich schrittweise zum notwendigen (vorprogrammierten) Denkergebnis geführt werden, erfüllt der Dialog nur belehrende Funktion. Eine philosophisch-inhaltliche, anthropologische Bedeutung über literarische Kunstform u. pädagogische [Belehrungs-]Funktion hinaus bekommt der Dialog in der sogenannten *dialogischen Philosophie*. Hier wird das „Miteinander-Sprechen" eingestuft als wichtigster Ausdruck einer ursprünglichen und fundamentalen, nicht weiter ableitbaren menschlichen Daseinsweise, der Ich-Du-Beziehung gleichberechtigter Partner. Das Miteinander-Handeln im Reden ist dabei wesentlich charakterisiert durch die Anerkennung des anderen als Person, den Verzicht auf Instrumentalisierung (↑kategorischer Imperativ) und das Ernstnehmen der Freiheit des Du. – In der zeitgenössischen Logik und Wissenschaftstheorie ist der Dialog als mögliche Grundlage einer Argumentationstheorie neu entdeckt worden. So versteht man in der *dialogischen Logik* unter einem Dialog eine „Partie", ein (formales) Spiel nach genau festgelegten Argumentationsregeln um eine Anfangsaussage, die These. Nach endlich vielen Schritten endet die Auseinandersetzung mit Gewinn oder Verlust für je einen der Spieler. Genau die Aussagen (Thesen), die sich gegen jedermann vertreten lassen, für die also eine (formale) Gewinnstrategie existiert, gelten als (formal) wahr (↑Wahrheit).

dialogische Logik [zu ↑Dialog und ↑Logik]: seit etwa 1960 von Lorenzen und Kuno Lorenz aufgebaute Logik. Sie bietet einen anderen Aufbau der Logik an als die an Aristoteles orientierte Satzlogik (↑Aussagenlogik), indem sie das Argumentieren um eine Behauptung als Grundlage wählt. Ihr Ausgangspunkt ist damit *pragmatisch*. Die Bestimmung von Logik als Lehre vom richtigen Schließen steht hier im Vordergrund, weshalb man auch von *Regellogik* spricht. Das Argumentieren um eine Behauptung wird im Dialogbegriff (↑Dialog) mit seinen Rahmenregeln genauer gefaßt. Insbesondere werden Gewinn und Verlust eines Dialogs geregelt. Auf dieser Grundlage lassen sich Junktoren durch einfache *Argumentregeln* einführen. Diese legen fest, wie sich eine Argumentation um eine mit einem Junktor gebildete Aussage entwickelt. Der Negation entspricht z. B. das folgende Schema:

	Angriff	Verteidigung
$\neg A$	A	–

Die Negation von A kann also nur durch einen Gegenangriff auf A selbst verteidigt werden. Man ist also hier auf die genauere Kenntnis von A angewiesen.

	Angriff	Verteidigung
$A \wedge B$	1 ?	A
	2 ?	B
$A \vee B$	?	A
		B
$A \rightarrow B$	A	B

(„?" bedeutet die Aufforderung zur Verteidigung). Auch hier gilt: Diese Dialoge lassen sich nur gewinnen mit zusätzlichen Kenntnissen über die Elementaraussagen. Gegenstand der dialogischen Logik sind nun diejenigen Dialoge, die nur aufgrund der logischen Zusammensetzung der zugehörigen Aussagen gewonnen werden. Solche Dialoge heißen *formal.* In ihnen kommt es nicht auf die Kenntnis der Elementaraussagen an. Diese werden in einem formalen Dialog niemals angegriffen (und brauchen deshalb auch nicht verteidigt zu werden). Sie können allerdings vom Proponenten übernommen werden, wenn der Opponent sie zuvor behauptet hat:

	Opponent	Proponent
		$A \rightarrow \neg\neg A$
(1)	A	$\neg\neg A$
(2)	$\neg A$	A

(da der Opponent in (1) A bereits behauptet hat, kann der Proponent ihn durch die Übernahme von A in (2) widerlegen).

In formalen Dialogen treten eigentlich keine Aussagen, sondern nur noch Aussagenvariable auf. Sie beziehen sich also auf Aussageschemata. Eine erste Aufgabe besteht nun darin, Aussageschemata zu finden, die in *jedem* Dialog, gleich wie er sich entwickelt, gewonnen werden können. Diese heißen *formal wahr*. Sie sind also dadurch gekennzeichnet, daß für sie eine *Gewinnstrategie* verfügbar ist. Es ergibt sich, daß nicht alle logisch wahren Aussageschemata der klassischen Logik dies auch in der dialogischen Logik sind. Dieser gewichtige Unterschied liegt darin begründet, daß dialogisch das ↑Tertium non datur nicht gilt. Für den Dialog um $\neg\neg A \rightarrow A$ gibt es keine Gewinnstrategie:

Opponent	Proponent
	$\neg\neg A \rightarrow A$
$\neg\neg A$	$\neg A$
A	

(der Proponent verliert, weil er kein Argument mehr hat gegen A).
Ausgehend von Fragen der ↑Philosophie der Mathematik hatte man sich seit der Jahrhundertwende für solche Logiksysteme interessiert. Die dialogische Logik liefert hier einen neuen, sehr übersichtlichen Zugang.

dianoetisch [zu griechisch diánoia „Vernunft“]: denkend, den Verstand betreffend. Nach Platon nehmen die Gegenstände der Geometrie (Dreiecke, Kreis usw.) eine Zwischenstellung zwischen den Dingen der vergänglichen Welt und den unveränderlichen ↑Ideen ein, weshalb er sie als dianoetisch bezeichnet. Mit den Ideen haben sie die Unveränderbarkeit gemeinsam, mit den Dingen der Körperwelt die Vielzahl. – Aristoteles nannte bestimmte Tugenden (Wissenschaft, Kunst, Klugheit), die ihren Ursprung in den sittlichen Kräften der Vernunft haben, dianoetisch.

Dichotomie [griechisch „Zweiteilung“]: Methode zur Klassifikation von Gegenstandsbereichen, wobei diese in zwei disjunkte Teile zerlegt werden, die zusammen den gesamten Bereich ausmachen. Demnach muß nun – setzt man das ↑Tertium non datur voraus – jedes Objekt entweder zu dem einen oder zu dem anderen Teil gehören (vollständige ↑Disjunktion). Meist erfolgt die Klassifikation rein formal: So lassen sich die Menschen in Lehrer und Nicht-Lehrer einteilen. Die zweite Alternative bleibt dabei inhaltlich unbestimmt. Anders ist es etwa bei der Einteilung in männlich und weiblich. Hier haben beide Alternativen ihre eigenständige, nicht von der anderen abgeleitete Bedeutung. Dichotomien sind zu Klassifikationszwecken nach wie vor gebräuchlich, z.B. bei der Arbor porphyriana (↑Abstraktionsstufen). Das bekannteste Beispiel aus der Philosophiegeschichte für die Verwendung von Dichotomien stellt die platonische **Dihairesis** (griechisch „Zerlegung“) dar: In ihr werden Dichotomien verwandt, um sich dem zu untersuchenden Begriff schrittweise zu nähern. So wird „Wissen“ in Platons Dialog „Sophistes“ folgendermaßen eingegrenzt:

Differentia specifica [lateinisch „kennzeichnender Unterschied“]: neben dem ↑Genus proximum der zweite Grundbegriff der traditionellen Definitionslehre (↑Definition). Um aus einem fest vorgegebenen Bereich, der ↑Gattung, einen Teil, die ↑Art, auszusondern, bedarf es der Angabe einer Differentia specifica. Die Art wird gemäß der traditionellen Auffassung intensional (↑Intension) verstanden (im Gegensatz zum modernen Mengenbegriff). *Beispiel:* Die Art „Quadrat“ ergibt sich aus der Gattung „Rechteck“ durch den kennzeichnenden Unterschied „mit vier gleichlangen Seiten“. Die Differentia specifica wird auch als **artbildender Unterschied** bezeichnet. Die Art läßt sich als Durchschnitt zweier Mengen auffassen: der durch die Differentia specifica definierten Menge (↑Extension) „aller Vierecke mit vier gleichlangen Seiten“ und der Menge „aller Rechtecke“, die der Gattung entspricht.

Dihairesis [griechisch] ↑Dichotomie.

Diktatur [zu lateinisch dictare „befehlen, bestimmen"]: Form politischer Herrschaft, die alle, d. h. die gesetzgebende, vollziehende und rechtsprechende Gewalt in einer Person (oder einer Gruppe von Personen) vereinigt. Zwei Typen der Diktatur entwickelten sich bereits im republikanischen Rom: 1. Diktatur als verfassungsmäßige befristete Einrichtung zur Überwindung einer besonderen Krisenlage (z. B. im Krieg). Auch die meisten modernen Verfassungsstaaten sehen für Notstandssituationen die Möglichkeit vor, die Regierung mit diktatorischen Vollmachten zur Bewältigung von Krisen auszustatten („Ausnahmezustand"). 2. Diktatur als unbefristete Herrschaft. Ihre moderne Entwicklung setzte mit der Jakobinerherrschaft (Diktatur des Wohlfahrtsausschusses unter Robespierre) während der Französischen Revolution ein. Sie unterscheidet sich von der absoluten Monarchie durch den Verzicht auf religiöse Legitimation und durch ihren totalitären Charakter (d. h. die Reglementierung aller gesellschaftlichen, kulturellen und persönlichen Lebensbereiche), von der bloßen Gewaltherrschaft durch einen Legitimitätsanspruch (↑Legalität/Legitimität), der sich auf eine für verbindlich erklärte Weltanschauung oder ↑Ideologie (z. B. die nationalsozialistische Rassentheorie), die Behauptung, eine historische Mission zu erfüllen (z. B. Hitler: Eroberung von Lebensraum im Osten), und scheindemokratische Beglaubigung (z. B. manipulierte Wahlen) stützt. – Philosophisch hat Hobbes v. a. mit seiner Lehre vom ↑Gesellschaftsvertrag Absolutismus und totalitäre Herrschaft überhaupt zu legitimieren versucht. Allerdings erklärt schon Platon die Diktatur zur legitimen politischen Herrschaftsform – im Sinne einer an der Idee des Guten und der Gerechtigkeit orientierten Erziehungsdiktatur, ausgeübt durch einen „Philosophenkönig". Marx versteht unter „Diktatur" jede Herrschaft, in der eine ↑Klasse ihre partikularen, d. h. nicht verallgemeinerungsfähigen Interessen gegenüber einer anderen Klasse durchzusetzen vermag, auch wenn diese Herrschaft demokratisch legitimiert sein sollte. Einer solchen Klassendiktatur soll nach der Revolution (d. h. nach der Abschaffung des Privateigentums an den Produktionsmitteln) während der Übergangsphase zur kommunistischen klassenlosen Gesellschaft, in der nach Marx' Überzeugung der Staat allmählich absterben wird, eine „Diktatur des Proletariats" folgen, d. h. eine Herrschaft, in der nur das Proletariat „das Sagen" hat. „Spezifische Form" dieser Diktatur des Proletariats ist nach Engels die „demokratische Republik". Lenin deutet die Diktatur des Proletariats in die von ihm angestrebte Diktatur der kommunistischen Partei um, verwendet „Diktatur" also wieder in der Bedeutung von „totalitärer Herrschaft": „Diktatur ist eine sich unmittelbar auf Gewalt stützende Macht, die an keine Gesetze gebunden ist."

Dilemma [griechisch „Doppelsatz"]: ursprünglich eine Schlußfigur (mit mehreren Varianten) der ↑Syllogistik. Eine Form hierfür ist:

$(A \rightarrow B) \wedge (C \rightarrow D)$
$A \vee C$
$B \vee D$

Die heute allgemein gebräuchliche Bedeutung von Dilemma leitet sich aus der häufigen Verwendung dieser Schlußfigur zur Erzeugung von Trugschlüssen ab. Dilemma nennt man eine Zwangslage („Zwickmühle"), in der die Auswahl nur zwischen zwei unerwünschten Alternativen besteht (z. B. im sogenannten „prisoner's dilemma" zwischen zwei Todesarten). Berühmt wurde folgendes Dilemma: Euathlos hat mit seinem Rhetoriklehrer Protagoras vereinbart, den erhaltenen Unterricht nach Gewinn seines ersten Prozesses zu bezahlen. Er beginnt aber nie einen Prozeß. Daraufhin klagt Protagoras seine Forderungen ein. Das

Dilemma (im antiken Sinne) besteht nun in den beiden Argumentationsmöglichkeiten: Euathlos: Gewinnt Protagoras, so habe ich verloren und muß gemäß unserer Abmachung nicht zahlen. Gewinne ich aber, so brauche ich laut Gerichtsbeschluß nicht zu zahlen. Also muß ich in keinem Fall zahlen. – Protagoras: Verliere ich, so gewinnt Euathlos und er muß nach unserer Übereinkunft zahlen. Gewinne ich aber, so muß er laut Urteil bezahlen. Also erhalte ich in jedem Fall mein Geld. – Neben dem Dilemma spricht man auch entsprechend der Anzahl der Disjunktionsglieder von *Tri-, Tetra-, Penta-* oder *Polylemma*. Ein gegenwärtig viel diskutiertes Trilemma ist das „Münchhausen-Trilemma“ von Albert (↑Begründung).

Ding (Res): Gegenstand, Objekt; umgangssprachlich gelten als Dinge üblicherweise nur solche Gegenstände, die als zählbare Individuen auftreten; Goldstücke z. B. oder Wassertropfen kann man als Dinge ansprechen, Gold oder Wasser dagegen aber nicht mehr. Ein Ding ist also etwas, das in irgendeinem Sinn selbständig, unabhängig von anderem bestehen kann. Schon bei Aristoteles ist ein Ding charakterisiert durch die Komponenten der Unabhängigkeit, Selbständigkeit, numerischen Identität. Als konkretes Individuum ist das Ding Träger von Qualitäten, von Eigenschaften. Dabei wird das Individuelle als das Wesentliche, das Zugrundeliegende (griechisch hypokeímenon; lateinisch substantia [↑Substanz]) eingestuft, dem jede ↑Form, jede Eigenschaft, alles Allgemeine nur mehr oder minder zufällig (akzidentiell) anhaftet (↑Akzidens, ↑Universalien). Der Zusammenhang zwischen traditioneller Ontologie und sprachlichen Bestimmungen wie Satzstrukturen (z. B. Subjekt-Prädikat-Objekt-Struktur) manifestiert sich hier darin, daß das Wesentliche, das Zugrundeliegende sprachlich-logisch auftritt als *Subjekt,* von dem alles andere (nur) ausgesagt wird. – Einen Höhepunkt im „Ding-schaffenden“ Umgang mit Welt stellte die Philosophie Descartes' dar. Für Descartes gab es genau zwei – grundsätzlich verschiedene – Arten von Individuen, die zu selbständiger Existenz fähig waren: geistig-denkende und körperlich-ausgedehnte Dinge (↑Res cogitans/Rex extensa, ↑Dualismus, ↑Subjekt-Objekt-Problem). – Eine für die Einteilung der Philosophie in Disziplinen bedeutsam gewordene Differenzierung stammt von Platon, der Dinge (griechisch prágmata; lateinisch res) als Objekte oder Gegenstände der Theorie abgegrenzt sehen wollte gegen Handlungen (griechisch práxeis, lateinisch actiones) als Gegenstände der Praxis.

Ding an sich: Fachterminus der Erkenntnistheorie Kants: das vom Einfluß des erkennenden Subjekts unberührte Ding. Die Konstitution der Sinnesorgane und die Strukturen des Verstandes „verformen“ das Ding an sich für Menschen zur ↑Erscheinung. Da diese Rahmenbedingungen des Erkenntnisprozesses in keiner Weise hintergangen werden können, bleibt das Ding an sich für Menschen prinzipiell unerkennbar; nichts kann in positiver Formulierung von ihm ausgesagt werden; man kann es lediglich denken. Genau dies macht den Begriff des Dinges an sich zum schwierigen methodischen Problem, zum sogenannten „Grenzbegriff“, weil – auch bei Kant – unklar bleibt und bleiben muß, welcher Art die Aussagen sein sollen, die sich auf einen so definierten Gegenstand („denkbar, aber in keiner Weise erkennbar“) beziehen könnten. Trotz dieser Schwierigkeiten hält Kant wohl v. a. aus zwei Gründen am Ding an sich fest. Erstens kann er mit seiner Hilfe eine Grenze menschlicher Erkenntnisfähigkeit deutlich markieren und zweitens sichert das Ding an sich als unbeeinflußbarer Ausgangspunkt aller Erkenntnis den Objektivitätsanspruch von Aussagen über Gegenstände als Erscheinungen ab.

disjunkt [zu lateinisch disiungere

„trennen“]: zwei Gegenstandsbereiche (Klassen, Mengen) heißen disjunkt oder *unvereinbar,* wenn es keinen Gegenstand (kein Element) gibt, das sowohl zu dem einen als auch zu dem anderen Bereich gehört.

Disjunktion [lateinisch „Trennung“]: Begriff der ↑Aussagenlogik; bezeichnet die Verknüpfung zweier Aussagen (die auch *[sich ausschließende] Alternativen* genannt werden) zu einer neuen Aussage durch den zweistelligen ↑Junktor *„entweder ... oder“* (Symbol: ≻≺). „Entweder ... oder“ wird auch als *ausschließendes Oder* bezeichnet (lateinisch „aut ... aut“). Wer zeigen will, daß eine durch „entweder ... oder“ gebildete Aussage wahr ist, muß nachweisen, daß eine und nur eine der Alternativen wahr ist. Die Wahrheitstafel der Disjunktion sieht so aus:

A	*B*	*A* ≻≺ *B*
w	w	f
w	f	w
f	w	w
f	f	f

Einen Sonderfall der Disjunktion stellt die **vollständige Disjunktion** dar, bei der von vornherein feststeht, daß eine der beiden Alternativen wahr sein muß (↑Tertium non datur), z. B.: Entweder 9 ist eine gerade Zahl oder 9 ist eine ungerade Zahl. Auch Hamlets „Sein oder Nichtsein“ ist eine vollständige Disjunktion.

Diskontinuität ↑Kontinuität/Diskontinuität.

Diskurs [lateinisch „das Hin- und Herlaufen“]: Verfahren einer dialogisch-argumentativen Prüfung strittiger Geltungsansprüche von Ist- oder Soll-Aussagen (bzw. Handlungen) mit dem Ziel, einen universalen (d. h. für alle vernünftig Argumentierenden gültigen) Konsens herbeizuführen. In der kommunikationstheoretisch orientierten Philosophie von Habermas und Apel ersetzt das diskurstheoretische (formale bzw. prozedurale) Vernunftkriterium die inhaltlichen (z. B. Seinsordnung und Ideenwelt, Gott, Natur) oder bewußtseinsphilosophischen (z. B. die ↑Transzendentalphilosophie) und monologischen Vernunftkonzepte der traditionellen Philosophie. – Jede intentionale Äußerung (Aussage, Handlung, Arbeitsprodukt) eines zurechnungsfähigen Menschen ist – nach Habermas/Apel – mit einem Geltungsanspruch verknüpft (so erhebt z. B. eine medizinische Therapie den Anspruch der Wirksamkeit im Sinne einer Heilung, ein Versprechen den Anspruch der Glaubhaftigkeit). Allerdings sind nicht alle Geltungsansprüche auf universale Gültigkeit bezogen und diskursiv durch Argumente prüfbar.

Diskursiv eingelöst werden können nur die folgenden universalen Geltungsansprüche: Wahrheit von Ist-Aussagen (z. B. „Alle Menschen sind sterblich“), die Wirksamkeit oder Zweckmäßigkeit von instrumentellen Handlungsanweisungen bzw. Handlungen (z. B. Bedienungsanleitung, medizinische Therapie) und die Legitimität von Soll-Aussagen oder Handlungsnormen (z. B. „Du sollst nicht töten“) bzw. Handlungen (z. B. ein bestimmter politischer Herrschaftsakt). Denn sie können *argumentativ* kritisiert bzw. bestätigt werden, da sie sich auf etwas in der für alle Menschen gleichermaßen sinnlich erfahrbaren objektiven Welt beziehen oder auf etwas in der sozialen Welt der mit Interessen verknüpften Normen, die jeder Mensch im Hinblick auf seine eigenen Interessen zu beurteilen vermag. Hinsichtlich der diskursiv einlösbaren Geltungsansprüche gilt: Über ihre Berechtigung kann letztlich *nur* dialogisch entschieden werden, da der einzelne prinzipiell der Irrtumsfähigkeit unterworfen ist. – Wenn einer der universalen Geltungsansprüche problematisiert wird, so können Befürworter und Bestreiter ihre jeweilige Auffassung entweder strategisch-erfolgsorientiert, d. h. mehr oder weniger gewaltsam, durchzusetzen versuchen (z. B. Widerstand gegen einen politischen Herrschaftsakt) oder in kommunikativ-verständigungsorientierter Einstellung in einen Diskurs eintreten, um die umstrittene Berechtigung des Geltungsanspruchs argumentativ zu prüfen. Die Wahl zwischen kommunikativem und strategischem Handeln steht dem einzelnen allerdings nur abstrakt, d.h. von Fall zu Fall, offen. – Damit ein Diskurs gelingen kann, müssen sich die Diskursteilnehmer an bestimmte Regeln halten, deren Beachtung in jedem faktisch geführten Diskurs als gegeben vorausgesetzt werden muß. Transzendentalpragmatisch lassen sich folgende Diskursregeln rekonstruieren: 1. Teilnahmeberechtigt an einem Diskurs ist jeder Sprachfähige in völliger Gleichberechtigung mit allen anderen Diskursteilnehmern. 2. Weder von außen noch von innen darf auf den Verständigungsprozeß irgendein Zwang ausgeübt werden, zugelassen ist allein der „eigentümlich zwanglose Zwang des besseren Arguments“ (Habermas). 3. Die Diskursteilnehmer dürfen sich demgemäß allein von dem Motiv der kooperativen und der argumentativen Konsensfindung leiten lassen; sie dürfen weder der Gutwilligkeit (d.h. der Anerkennung jedes Arguments, das nicht durch ein besseres Argument zu entkräften ist) noch der Wahrhaftigkeit entraten. 4. Die einzelnen Diskursbeiträge unterliegen der Forderung nach sprachlicher Verständlichkeit und logischer Richtigkeit (z.B. Widerspruchsfreiheit). Mindestens diese in jedem Diskurs – meist kontrafaktisch – als erfüllt vorauszusetzenden Regeln umschreiben, was Habermas die „ideale Sprechsituation“ oder den „herrschaftsfreien Diskurs“ (für ihn zugleich „Vorschein“ „einer in Zukunft zu realisierenden Lebensform“) nennt. – Im *theoretischen Diskurs* wird der problematisierte Wahrheitsanspruch einer Ist-Aussage geprüft. Als wahr muß eine Ist-Aussage dann von jedem Vernünftigen anerkannt werden, wenn kein Diskursteilnehmer ihre Geltung mit guten Gründen zu bestreiten vermag (diskurstheoretisches Wahrheitskriterium). Wird ein solcher begründeter Konsens in einer „realen Kommunikationsgemeinschaft“ (Apel) faktisch erzielt, so ist mit ihm zugleich der prinzipielle Anspruch verbunden, daß er gegenüber allen vernünftig Argumentierenden (auch gegenüber denen, die in der Vergangenheit gelebt haben und die in der Zukunft leben werden), d.h. gegenüber einer „idealen Kommunikationsgemeinschaft“ (Apel), verteidigt werden könnte (↑Konsenstheorie der ↑Wahrheit). Dasselbe gilt für den *praktischen Diskurs*, der der argumentativen Prüfung des problematisierten Legitimitätsanspruchs einer Soll-Aussage (bzw. der einer Handlung oder einem Herrschaftsakt zugrundeliegenden Norm) dient. Als legitim muß eine Soll-Aussage von jedem Vernünftigen anerkannt werden, wenn kein Diskursteilnehmer ihre Geltung mit guten Gründen bestreiten kann oder – im Hinblick auf die ideale Kommunikationsgemeinschaft gesprochen – bestreiten könnte (diskurstheoretisches Legitimitätskriterium). Jedes neu auftauchende Argument kann die Geltung einer Aussage in neuem Licht erscheinen lassen: Das meint die Rede von der Geschichtlichkeit der Wahrheit bzw. Legitimität (↑absolute Wahrheit). – Argumentationslogisch gesehen, ist die Überprüfung eines Wahrheitsanspruchs (bei einer Elementaraussage durch Bezug auf Evidenzen der sinnlichen Erfahrung und auf semantische Relationen des jeweiligen Sprachsystems, bei einer Allaussage mit Hilfe der Prinzipien der Induktion und Falsifikation) unproblematisch. In praktischen Diskursen tritt an die Stelle des Induktionsprinzips das *Universalisierungsprinzip:* Eine strittige Norm kann unter den Teilnehmern eines Diskurses nur dann Zustimmung finden, wenn diese zu einem begründeten Konsens darüber gelangen, daß das Interesse, das dieser Norm zugrundeliegt, *verallgemeinerungsfähig* ist. Nicht konsensfähig sind Normen, die partikulare Bedürfnisse vertreten. Bezüglich solcher widerstreitender besonderer Interessen kann lediglich ein Kompromiß durch kluges Verhandeln erzielt werden. – Jeder faktisch geführte Diskurs unterliegt vielfältigen Beschränkungen: Teilnehmerzahl und Dauer des Diskurses sind begrenzt. Diskursteilnehmer sind in einer Welt konkurrierender Partikularinteressen von Nationalstaaten, Klassen, Gruppen und Individuen häufig auch von anderen Motiven als dem einzig zulässigen der kooperativen Wahrheitssuche geleitet. Außerdem müssen „Themen und Beiträge geordnet, Anfang, Ende und Wiederaufnahme von Diskussionen geregelt, Relevanzen gesichert, Kompetenzen bewertet werden" (Habermas). Deshalb bedarf es der *Institutionalisierung von Diskursen,* wenn das von den Diskursteilnehmern notwendigerweise vorausgesetzte Erfülltsein der idealen Diskursregeln wenigstens in hinreichender Annäherung garantiert sein soll. So können praktische Diskurse beispielsweise als Parlamentsdebatten institutionalisiert und durch gesetzliche Bestimmungen (z. B. Mehrheitsbeschlußverfahren) und Geschäftsordnung pragmatisch begrenzt werden. Sinnvoll können Diskurse außerdem nur unter bestimmten gesellschaftlichen Rahmenbedingungen durchgeführt werden (z. B. Möglichkeit der freien Meinungsäußerung und der ungegängelten Bildung einer öffentlichen Meinung, der ungehinderte Zugang zu den Medien und Informationsquellen, allgemeine umfassende Schulbildung u. a.).

Docta ignorantia [lateinisch „die (über sich selbst) belehrte Unwissenheit"]: in dem vorwiegend platonistisch (↑Platonismus) beeinflußten Teil der Scholastik Bezeichnung für die Gotteserkenntnis, die empfängt, wer den Anspruch aufgegeben hat, Gott rational erkennen zu können. Die Bezeichnung lehnt sich an die Sokratische Aussage „ich weiß, daß ich nichts weiß" an. – Im ersten Hauptwerk des Nikolaus von Kues „De docta ignorantia" Bezeichnung für die höchste Stufe der Vernunfterkenntnis. – Nach Thomas von Aquin und der von ihm beeinflußten Scholastik kann der menschliche Verstand positive, wenn auch unvollkommene Aussagen über Gott machen, da zwischen endlichem und unendlichem Seienden das Verhältnis der Analogie (↑Analogia entis) besteht und Erkenntnisprinzipien, v. a. der ↑Satz vom verbotenen Widerspruch, universale Geltung haben. – Nach Nikolaus von Kues vollzieht sich Verstandeserkennen als „Vergleichen" und „Messen". Es führt im Bereich des endlichen Seienden zu Erkenntnissen, je weiter es fortschreitet, aber zu immer deutlicheren Unterscheidungen – bei Nikolaus von Kues „Entgegensetzungen" genannt (z. B. Kreis, Gerade) –, die mangels Ähnlichkeit kaum mehr „Vergleiche", d. h. Erkenntnisfortschritte erlauben. Da das eigentliche Erkenntnisziel Gott ist, müßte der Verstand einen Übergang vom Endlichen zum Unendlichen vollziehen können. Wird er wissend vollzogen, so entdeckt die Vernunft, daß die „Entgegensetzungen" des Verstandes im Bereich des Unendlichen nicht gelten (wird z. B. der Durchmesser eines Kreises unendlich, so wird die Kreislinie eine Gerade), sondern „ineinanderfallen" (↑Coincidentia oppositorum). Im Bereich des Unendlichen gelten also die Prinzipien der Verstandeserkenntnis, v. a. der Satz vom Widerspruch nicht, versagt der Verstand. Die Vernunft ist zu ihrer höchsten Leistung fortgeschritten, zum wohlbegründeten Wissen von ihrer eigenen Unwissenheit: Über Gott sind keine positiven, sondern nur negative Aussagen möglich (z. B. „unendlich, unbegreifbar") oder Aussagen, die, wie „Ineinanderfallen der Entgegensetzungen", unbegreifbar bleiben.

Dogmatismus [zu griechisch dógma „Meinung, Lehrsatz, Glaubenssatz"]: Einstellung, die für grundlegende, aber nicht rational (d. h. intersubjektiv überprüfbar) begründete Behauptungen Allgemeingültigkeit beansprucht, weil sie die Notwendigkeit rational-argumentativer Bewährung universaler Geltungsansprüche (↑Diskurs) mißachtet bzw. bestreitet. Beispiele für diese Einstellung sind kirchliche Dogmen (Lehrsätze), die als von Gott in der Heiligen Schrift geoffenbarte Wahrheiten die unbedingte Anerkennung ihrer Geltung durch alle rechtgläubigen Christen fordern; die Bekämpfung des heliozentrischen Weltbilds der neuzeitlichen Astronomie (Kopernikus, Kepler, Galilei) durch die katholische Kirche unter Berufung auf die Meinung der „Autoritäten" (Aristoteles, Heilige Schrift, Kirchenväter); politische Weltanschauungslehren (z. B. die Rassenideologie des Nationalsozialismus). – Kant unterscheidet den Dogmatismus der traditionellen Metaphysik, die, unbesorgt um mögliche Grenzen der Erkenntnis, aus unüberprüften Prinzipien ihre Systeme aufbaut, von dem durch ihn selbst geübten „dogmatischen Verfahren der Vernunft", d. h. der Erkenntniskritik, die „aus sicheren Prinzipien a priori strenge beweisend" vorgeht (↑Transzendentalphilosophie, ↑auch Letztbegründung).

doppelte Moral: Bezeichnung für eine Einstellung, die ein bestimmtes Verhalten mit zwei verschiedenen Maßstäben mißt: Neben den generell gültigen ethischen Normen beanspruchen einzelne oder verschiedene Gruppen für ihr Handeln großzügigere Bewertungskriterien bzw. machen für bestimmte Handlungsbereiche geltend, daß sie den herkömmlichen sittlichen Maßstäben nicht unterliegen sollten. Als doppelte Moral wird z. B. von der Frauenbewegung kritisiert, daß in unserer Gesellschaft Männern vielfach mehr Rechte eingeräumt werden als Frauen bzw. ihr Verhalten weniger strengen Maßstäben unterliege. Weit verbreitet ist auch die Ansicht, daß in den Bereichen von Wirtschaft und Politik rigorosere Handlungsweisen erlaubt sein müßten. Der Wechsel des Maßstabs soll mit dem Hinweis auf eine gewisse Eigengesetzlichkeit, die angeblich in der Natur bestimmter Personen, Gruppen oder Lebensbereiche begründet liegt, gerechtfertigt werden. Als das eigentliche Motiv für eine doppelte Moral ist jedoch eine mangelnde Bereitschaft, sich den herrschenden ethischen Normen und Anschauungen unterzuordnen, anzusehen. Offensichtlich soll der Spielraum an Handlungsmöglichkeiten, der durch die sittlichen Werte, Gebote und Verbote begrenzt wird, erweitert werden, um auch eine Durchsetzung von außermoralischen Sonderinteressen als gerechtfertigt erscheinen zu lassen. In Machiavellis Konzeption einer politischen Philosophie, in der Macht und Stärke des Staates als Ideale dominieren, wird es so z. B. als notwendig erachtet, den Handlungsspielraum des Staatsmannes von den Fesseln privater bürgerlicher Moral zu befreien; das Resultat ist ein skrupelloses Erfolgsdenken der Machtträger: Während etwa im Bereich privater Moral das Verbot der Lüge oder des Tötens gilt, kann auf der Ebene des politischen Handelns ein Vertragsbruch oder gar ein Mord aus Gründen der Staatsräson geradezu geboten erscheinen.

doppelte Wahrheit: eine v. a. in Mittelalter und beginnender Neuzeit diskutierte Lehre, wonach zwei gegensätzliche Aussagen – eine philosophische und eine theologische – über ein und denselben Sachverhalt beide zugleich wahr sein können. – Die Lehre von der doppelten Wahrheit beinhaltet eine bestimmte Anschauung bezüglich des Verhältnisses von Wissen und Glauben: Hinter der Lehre steht die These, daß Glaubenserkenntnis und Beweiswissen, Theologie und Philosophie, zwei eigenständige Wissenschaftsbereiche mit je eigenen Erkenntnismöglichkeiten, -quellen und -methoden sind; dementsprechend besitzen ihre Aussagen jeweils auch nur für einen bestimmten Lebensbereich Geltung. – Diese Lehre wurde schon früh vom dominierenden christlichen Aristotelismus (unter Hinweis auf die Analogia entis) kritisiert; 1513 wurde sie auf dem 5. Laterankonzil von der Kirche verurteilt.

Dualismus [zu lateinisch dualis „zweifach, zwei enthaltend“]: Bezeichnung für religiöse oder philosophische Lehren, in denen davon ausgegangen wird, daß die Welt in ihrem Aufbau und das Weltgeschehen in seinem Ablauf bestimmt sind und erklärt werden können durch genau zwei nicht auseinander ableitbare, d. h. voneinander unabhängige Prinzipien, Mächte oder Substanzen (z. B. Sein und Werden, Gut und Böse, Geist und Materie) – im Gegensatz zu monistischen (↑Monismus) oder pluralistischen (↑Pluralismus) Erklärungsmodellen. Solche Urprinzipien können in ihrer wechselseitigen Beziehung entweder als ergänzend-komplementär (z. B. ↑Yin und Yang) oder als feindlich-antagonistisch charakterisiert werden, wie etwa in der Lehre Zarathustras, in der sich ein Reich des Lichtes, des Guten, und ein Reich der Finsternis, des Bösen, unversöhnlich gegenüberstehen, bis schließlich die Mächte der Finsternis endgültig unterliegen. – Von philosophischer Tragweite waren die dualistischen Elemente der Philosophie Platons, der von einem metaphysisch-ontologischen Dualismus ausging: Es gibt zwei voneinander geschiedene Seinsbereiche, ein Reich unveränderlichen, wahrhaft und vollkommenen Seins, die ↑Ideen, an denen – sozusagen auf der anderen Seite des Seins – die sinnlich wahrnehmbaren und veränderlichen Dinge (nur) schemenhaft, abbildhaft Anteil haben. Analog zu dieser Hierarchie der Seinsbereiche gibt es auch zwei verschiedene Ebenen von Erkenntnis: Die vollgültige Erkenntnis ist Schau der Ideen. Daneben gibt es die durch die sinnliche Konstitution des Menschen verformte, unvollkommene Erkenntnis der uns umgebenden Realität, und es bedarf immenser Anstrengungen, zum Wesen (↑Eidos) eines Dinges, das durch das Abbild (griechisch eídōlon) durchscheint, vorzudringen. Platons metaphysisch - erkenntnistheoretischer Dualismus steht in einer Wechselwirkung zu seinem Menschenbild (anthropologischer Dualismus): Der Geist oder die Vernunft sind dasjenige im Menschen, das ihn mit dem Reich der Vollkommenheit, den Ideen, verbindet. Durch seinen Leib aber gehört der Mensch auf der anderen Seite dem Reich der Veränderung, der Welt des Werdens und Vergehens, des Scheins, an. Der Körper behindert den geistigen Teil bei seinem Streben nach Schau der Ideen, er ist für die Seele Gefängnis, Kerker, aus dem sie erst durch den Tod wieder „befreit“, „erlöst“ wird – der Schnitt geht (zerstörerisch) mitten durch den Menschen. – Die Philosophie Descartes' brachte eine noch konsequentere Variante eines derartigen dualistischen „Systems der Selbstzerreißung und Verzweiflung“ (Schelling zu Descartes). Descartes schied denkendes Bewußt-Sein (res cogitans) und ausgedehntes, körperhaft-materielles Sein (res extensa) so streng voneinander, daß er letztlich nicht mehr in der Lage war, die Möglichkeit ihrer Koexistenz und Wechselwirkung in ein- und demselben Wesen, dem Menschen, rational zu erklären (↑Okkasionalismus, ↑Subjekt-Objekt-Problem). Der kartesische Dualismus hat – bis in unsere Tage – weitreichende methodische Konsequenzen. So differenziert man z. B. an den Universitäten u. a. in ↑Naturwissenschaften und ↑Geisteswissenschaften. – Als Reaktion auf den kartesischen Dualismus wurden etliche Versuche unternommen, Mensch und Welt monistisch, d. h. aus einem einzigen Prinzip erklärbar, zu deuten. Determinismus (↑Determinismus/Indeterminismus) und Pantheismus hießen die Alternativen, die z. B. von Hobbes und Spinoza angeboten wurden. Ob Kant die Überwindung des Dualismus wenigstens erkenntnistheoretisch gelang, bleibt bis heute strittig, da er zwar auf die Erkennbarkeit einer An-sichbestehenden-Wirklichkeit verzichtet, trotz allem aber am Ding an sich als nicht weiter bestimmbarer Basis alles Erkennbaren festhält. Ethisch wirkten sich diese dualistischen Reste zwischen ↑Ding an sich und ↑Erscheinung jedenfalls massiv aus. Das Ding an sich als Träger der personalen Würde des handelnden Subjekts bejaht die Pflicht, die bedingungslose Erfüllung des ↑kategorischen Imperativs; die erscheinungshaften Anteile des Subjekts dagegen (Körper, Triebe) sorgen immer wieder für „Versuchungen", denen der Mensch nicht gewachsen ist, so daß Schiller resignativ feststellt: „Zwischen Pflicht und Neigung bleibt dem Menschen nur die bange Wahl!" – Angesichts dieser neuerlichen „Zerreißprobe" bestimmte Hegel die Überwindung des Dualismus in *allen* Bereichen des Lebens als *die* Aufgabe der Philosophie. Eine Verarbeitung Hegelscher Gedanken und Methodik (↑Dialektik) erfolgte im neuzeitlichen Materialismus (↑dialektischer Materialismus), einem monistischen Erklärungsmodell von Welt und Weltgeschehen.

Dynamis [griechisch] ↑Akt/Potenz.

Dynamismus [zu griechisch dýnamis „Kraft, Vermögen"]: unklare Sammelbezeichnung für sehr unterschiedliche philosophische Positionen, denen nur eins gemeinsam ist: Sie deuten Seiendes als Erscheinung einer oder mehrere Kräfte. – Der *metaphysische* Dynamismus, der sich bis Heraklit (↑Heraklitismus) zurückverfolgen läßt, sieht im Gegensatz zur ↑eleatischen Philosophie und zur platonischen Tradition (↑Platonismus) im Werden, in der Veränderung die eigentliche Wirklichkeit. Damit verabsolutiert der metaphysische Dynamismus die eine Seite der Interpretation von Seiend-Sein, die Aristoteles durch die Begriffe Dynamis/Energeia (↑Akt/Potenz) und ↑Form/Materie gegeben hatte. In der Neuzeit erfährt der metaphysische Dynamismus besondere Ausprägung v. a. in der Deutung der „Welt als Wille und Vorstellung" durch Schopenhauer. – Der *naturphilosophische* Dynamismus von Bošković wendet sich gegen atomistische (↑Atomismus) und mechanistische (↑Mechanismus) Deutungen der Natur. Gemäß der Forderung Newtons, daß für alle Erscheinungen die sie verursachenden Kräfte gesucht und aus deren Gesetzen wiederum alle Erscheinungen abgeleitet werden müßten, stellt Bošković die Theorie auf, daß alle materiellen Phänomene Wirkungen punktartiger, nicht an Materie gebundener Kraftzentren sind. Der naturphilosophische Dynamismus des Bošković weist erhebliche Ähnlichkeiten mit modernen physikalischen Theorien auf, hat aber die Entwicklung der modernen atomaren Physik kaum beeinflußt. – Der *psychologische* Dynamismus, wie er z. B. von Wundt vertreten wurde, wendet sich gegen die Behauptung, daß die menschliche Seele eine Substanz sei; sie sei vielmehr ein Lebensstrom, der durch seine komplexen Prozesse den Anschein einer Substanz erzeugt.

E

Egoismus [zu lateinisch ego „ich"]: dem ↑Altruismus entgegengesetzte moralische Einstellung, die sich in selbstsüchtigem Handeln äußert und – als philosophische Position – die Verfolgung eigennütziger Zwecke als einzigen Beurteilungsmaßstab für Handlungen anerkennt. In diesem Sinne ist etwa der ↑Hedonismus oder der ↑Nihilismus (z. B. Nietzsche: „Nichts ist wahr, alles ist erlaubt") vom Egoismus geprägt. Kant kennt neben dem moralischen einen logischen Egoismus: „Der logische Egoist hält es für unnötig, sein Urteil auch am Verstande anderer zu prüfen." Diese Haltung bezeichnet die zeitgenössische Philosophie als „methodischen ↑Solipsismus" (Apel).

Eidos [griechisch, ursprünglich „das Schauen“, dann „das Geschaute, die Gestalt, das Wesen, der Begriff“]: im griechischen Philosophieren Bezeichnung für das Wesen einer Sache unter dem Gesichtspunkt, daß es durch deren sinnlich wahrnehmbare Erscheinung hindurch erkennbar ist. Zwar ist die sinnliche Erscheinung der Veränderung unterworfen, von Zufällen abhängig und – am Wesen gemessen – stets unvollkommen, aber sie ist dennoch vom Wesen geprägt. Das Wesen einer Sache gibt sich also als die, die äußere Erscheinung mehr oder weniger prägende, innere Gestalt durch die Erscheinung hindurch zu erkennen, ist damit grundsätzlich unverborgen für denjenigen, der von der oberflächlichen sinnlichen Wahrnehmung zu der geistigen Schau (↑Abstraktion, ↑Höhlengleichnis) übergeht. Daher kann der Begriff (↑Logos), den Menschen sich von einer Sache bilden, grundsätzlich deren Wesen entsprechen. – Eidos ist neben Idea (↑Idee) ein Kernbegriff der platonischen, neben Morphe (griechisch „Form“; ↑Form/Materie) der aristotelischen Philosophie. – In der Phänomenologie Husserls wird Eidos synonym mit Wesen verwandt.

Eigenschaft: Bestimmung eines Gegenstandes, die diesen als zu einer Klasse von Gegenständen zugehörig ausweist (z. B.: Der blaue Himmel wird durch seine „Bläue“ zugehörig zur Klasse der blauen Gegenstände). In der logischen Analyse der Sprache wird die Aussage „der Himmel ist blau“ analysiert als prädikative Handlung $H \varepsilon B$ (dem Nominator “Himmel“ wird der Prädikator „blau“ zugesprochen). Demnach entsprechen einstellige Prädikatoren und Eigenschaften einander. Man faßt aber auch zweistellige Prädikatoren, die ↑Relationen darstellen, und allgemein mehrstellige Prädikatoren als Eigenschaften auf. In der Tradition wurde Eigenschaft aufgefaßt als etwas, das ein bestimmter Gegenstand hat. Die obige Aussage wäre demnach genauer so zu lesen: Der Himmel hat die Eigenschaft, blau zu sein. Wichtig wurde die Einteilung der Eigenschaften eines Gegenstandes in solche, die für diesen wesentlich sind, weil er ohne sie aufhören würde, das zu sein, was er ist (↑Attribut), und für ihn unwesentliche (↑Akzidens; ↑auch Sinnesqualitäten).

Eigentum: diejenige Sache, über die jemand nach geltender Rechtsnorm verfügen darf und die zugleich dem Zugriff aller anderen entzogen ist. Je nachdem, ob eine einzelne Person, eine Gruppe oder die gesamte Gesellschaft die Verfügungsgewalt über eine Sache besitzen, unterscheidet man zwischen Individual-, Gruppen- oder Gesellschaftseigentum (wobei Individual- und Gruppeneigentum üblicherweise auch als Privateigentum bezeichnet werden). – In der Neuzeit wurde die philosophische, allen juristischen Regelungen vorgeordnete Diskussion um Entstehung, Verteilung und Begründung von Eigentum besonders intensiv im 17. Jahrhundert aufgenommen, als das feudalistisch-absolutistische Gesellschafts- und Staatsgefüge von Theorien des bürgerlichen Verfassungsstaates in Frage gestellt wurde. Als Grundlage für diese Kritik diente die Lehre von einem allgemein verbindlichen Naturrecht, die zunächst von der empirischen Feststellung ausgeht, daß der Mensch aufgrund seiner Bedürftigkeit darauf angewiesen ist, zum Zwecke seiner Selbsterhaltung bestimmte Sachen und Güter verbrauchen bzw. gebrauchen zu dürfen. Allerdings ist daraus weder abzuleiten, wieviel an Gütern dem einzelnen zustehen, noch welcher Art diese Güter sind. In diesem Argumentationsrahmen wurden verschiedene Erklärungsmodelle vorgetragen, wie Eigentumsrechte konkret entstehen und wodurch sie gerechtfertigt werden können. Nach der *Okkupationstheorie* (z. B. bei Grotius) ist es das faktische Inbesitznehmen, nach der *Arbeitstheorie* (etwa bei Locke) das Bearbeiten einer Sache, was Eigentumsrechte schafft; die

Vertragstheorie hingegen geht von einer bindenden Vereinbarung zwischen Individuen als Begründung für Eigentumsrechte aus. Die Unzulänglichkeit dieser drei Modelle wird offenbar, wenn man bedenkt, daß sie die Zuspätgekommenen bzw. nachgeborenen Generationen benachteiligen und daß die lebensnotwendigen Ressourcen – im Gegensatz zum Besitzstreben des Menschen – begrenzt sind. So drohen auf Dauer zwangsläufig Konflikte zwischen den Individuen, die nur durch staatliche Eigentumsregelung vermieden werden können. Diese *Legaltheorie* sieht mithin als einzige Rechtsquelle den Staat und seine Gesetzgebung an. Unter Anknüpfung an die Legaltheorie sucht Kant die Ergänzung des reinen Naturrechts durch das Staatsrecht: Er beruft sich dabei auf eine bürgerliche Verfassung, in der man die Verkörperung eines gemeinsamen Willens aller, die in einem Staat zusammenleben, sehen muß. Die durch sie formulierten Eigentumsgesetze werden folglich vom gemeinsamen Willen aller getragen. Für Hegel stellt – im Umkreis seiner Persönlichkeitstheorie – Privateigentum eine Bedingung dafür dar, daß individuelle Freiheit möglich wird. Der Mensch wird dadurch zum Subjekt der Natur, daß er sie zu seinem Objekt macht, indem er sie als Eigentum beansprucht oder gestaltet. Dagegen ist nach Marx das Privateigentum (v. a. an Produktionsmitteln) die Wurzel von Negativerscheinungen der kapitalistischen Gesellschaft wie Ausbeutung und Entfremdung (↑Arbeit, ↑Materialismus). Konsequent plädiert er daher für die Abschaffung des Privateigentums an Produktionsmitteln und seine Überführung in Gesellschaftseigentum. – Entgegen der nach Marx und Engels zu erwartenden gesellschaftlichen Entwicklung hat sich erwiesen, daß das System des Kapitalismus sozialen Ausgleichsbestrebungen gegenüber so flexibel sein kann, daß Ausbeutung, Entfremdung und die bloße Privatheit von Eigentum nicht mehr als vordringliche gesellschaftspolitische Probleme angesehen werden. Ins Zentrum der philosophischen Eigentumsanalyse rücken Fragen wie Chancengleichheit, Verteilungsgerechtigkeit und Sozialbindung von Eigentum sowie das Problem der durch das Eigentum entstehenden Macht. Unterschiede in der Eigentumsverteilung, wie sie in z. T. eklatantem Maß innerhalb einzelner Gesellschaften wie global zwischen verschiedenen Staaten vorzufinden sind, werden dort als unsozial empfunden, wo der Gebrauch der Sachen nur einseitig und rücksichtslos den Interessen der jeweiligen Eigentümer dient oder zur Beeinträchtigung der Lebensmöglichkeiten anderer führt. Als ungerecht werden diese Unterschiede überall dort empfunden, wo sie nicht von den Betroffenen selbst verursacht sind, sondern auf einer bloß vom Zufall bestimmten Zuteilung bzw. Vorenthaltung von Lebenschancen beruhen. Ferner schafft das Verfügungsrecht über Sachen Herrschafts- und Abhängigkeitsverhältnisse zwischen Individuen. Daß die Konzentration von Eigentum in einem umfassenderen Sinn soziales Prestige und Einflußmöglichkeiten in nahezu allen Bereichen des Staates entstehen läßt, gehört zu den bekannten gesellschaftlichen Problemen der westlichen Welt, da hier demokratisch nicht legitimierte politische Kräfte Einfluß gewinnen.

In der Skizze eines normativen Rahmens zur philosophischen Erörterung des Themas Eigentum sind als Prämissen die deskriptiven Aussagen über die Bedürftigkeit des Menschen, seinen Selbsterhaltungstrieb und über die Begrenztheit der natürlichen Ressourcen festzuhalten; dem sind als Grundaussagen einer normativen Anthropologie hinzuzusetzen das Recht auf Selbsterhaltung, der Aspekt der Freiheit und der Gleichheit. Danach sollte jedem Individuum die Möglichkeit gegeben sein, sich durch Privateigentum die Erhaltung seiner Existenz zu sichern und einen persönlichen Freiraum zu errichten. Die Rechtsordnung der Gesellschaft sollte (wenn nötig durch Vergesellschaftung oder durch ein gesetzlich geregeltes Aufsichts- bzw. Eingriffsrecht) darauf abzielen, die für jeden einzelnen lebensnotwendige Versorgung ausreichend, chancengleich und sozial ausgewogen zu gewährleisten und Willkürakten privater Eigentümer vorzubeugen. Über welche Sachbereiche Individuen nur im Rahmen von Privat- oder Gesellschaftseigentum verfügen sollten, kann nicht im voraus normativ festgelegt werden; vielmehr muß jede Gesellschaft für ihre konkrete historische Situation eine akzeptable Lösung finden.

Einbildungskraft (Imagination, Phantasie): seit Leibniz, Wolff und Kant übliche Bezeichnung für die Fähigkeit, die vielfältigen Daten sinnlicher Wahrnehmung so zu gruppieren (transformieren), daß voneinander unterscheidbare Einheiten, Gegenstände, entstehen, die dann auch unabhängig von ihrer realen Anwesenheit als Vorstellungen in Gedanken (im Verstand) anschaulich-bildhaft repräsentiert werden können. Damit steht nun die Einbildungskraft erkenntnistheoretisch verbindend zwischen Wahrnehmung und Denken (Aristoteles) bzw. zwischen Sinnlichkeit und Verstand (Kant). – Mit Beginn einer philosophischen Untersuchung der Kategorien des Schönen (etwa ab Leibniz) gewinnt die Einbildungskraft Bedeutung in einer Theorie der Ästhetik. Der bereits bei Kant in erkenntnistheoretischem Zusammenhang vorhandene *produktive* Aspekt rückt in den Mittelpunkt: Einbildungskraft oder Phantasie meint hier die Fähigkeit, *spontan* (d. h. kreativ im Gegensatz zu rezeptiv-passiv) aus Erinnerungen und Vorstellungen, aus Erlebnissen und Gedanken, Neues zu gestalten.

Eine, das: Terminus der Ontologie und Metaphysik, v. a. der eleatisch, platonisch beeinflußten. Über das Eine nachzudenken, wurde durch mehrere Probleme angeregt: 1. Alles, was ist, scheint relativ, nur erklärbar aus anderem. Was ist das eine Absolute, aus dem alles Relative erklärt werden kann (↑absolut/relativ)? 2. Die Vielheit des Seienden insgesamt scheint eine Einheit zu sein, die des Kosmos. Was stiftet die Einheit des ↑Kosmos? 3. Jedes einzelne Seiende scheint trotz der Vielheit seiner Teile eine Einheit zu sein. Was stiftet die Einheit der inneren Vielheit jedes Seienden? – Die Problematik formuliert *Heraklit* als erster: „Aus allem eines und aus einem alles." *Parmenides* löst das Problem so: Das Sein sei nur genau ein „Ganzes, Eines, Zusammenhängendes"; das Geteilte, Viele, Getrennte sei nur „Täuschung" (↑Akosmismus). Für *Platon* ist das „Nichtzusammengesetztsein", das Eines-Sein, wesentliches Kennzeichen jeder Idee, das innere „Zusammengesetztsein", das äußere Vielheit-Sein, wesentliche Eigenschaft des sinnlich Wahrnehmbaren: Die geistige Welt der ideellen Einheiten und die sinnliche der empirischen Vielheiten scheinen dualistisch auseinanderzufallen (↑Chorismos). Der Neuplatoniker *Plotin* übersteigt die Ideenlehre Platons: Jenseits des Nous, der in sich die Zweiheit von Denken und Gedachtem (Ideen) vereine, sei das „göttliche Eine" (griechisch tò hén). Es sichere die Einheit der inneren Zweiheit des Nous, der inneren Vielheit der Weltseele, der inneren und äußeren Vielheit der Seelen und damit der Welt dadurch, daß alles aus dem „göttlichen Einen" herausfließe (↑Emanation). Über das „göttliche Eine" sei keine Aussage möglich, da jede Aussage eine Zweiheit konstituiere. Diese Lehre von dem Einen führte zum Pantheismus. Die von *Thomas von Aquin* abhängige Metaphysik hält das Unum (lateinisch „das Eine") für eine Eigenschaft von Seiend-Sein überhaupt: Alles, was ist, ist kraft dessen, daß es ist, ein Eines (↑Transzendentalien). Dementsprechend sind „seiend" und „eines" austauschbare Begriffe: „ens et unum convertuntur". Aber das Eines-Sein komme den verschiedenen Arten des Seienden ebenso wie das Seiend-Sein in abgestufter Weise zu. Dementsprechend dürfte der Begriff „Eines" Seiendem nur analog zugesprochen werden (↑Analogia entis). Nur das „ens realissimum" (↑Ens) sei „das Eine".

Einfachheit: in der griechischen Philosophie ontologische Auszeichnung des wahren Seins. Das *Prinzip der Einfachheit* spielt in der Wissenschaftstheorie eine wichtige Rolle. Läßt ein Sachverhalt mehrere Erklärungen zu, so soll die einfachste unter diesen gewählt werden (↑Konventionalismus). Das Einfachheitsprinzip ist ein *methodologisches* und kein erkenntnistheoretisches. Es beinhaltet nicht, daß die einfachere Erklärung unbedingt die richtige ist. Oft ist es schwierig zu entscheiden, welche Erklärung nun die einfachere ist. Deshalb wurden in unserem Jahrhundert verschiedene Versuche unternommen, die Einfachheit einer Erklärung numerisch auszudrükken. – Einfachheit hat sich daneben als *heuristisches* Prinzip bewährt. So ist von Kepler überliefert, daß er seine Gesetze der Planetenbewegung nicht zuletzt deshalb fand, weil er an die Existenz einer einfachen Lösung glaubte und darum auch nach ihr suchte. Die Vorstellung, daß Naturgesetze eine einfache mathematische Gestalt haben sollen, tritt immer wieder in der abendländischen Geistesgeschichte auf.

Einfühlung: der Versuch, fremdes Erleben nachzuvollziehen, um eine andere Person zu verstehen. Das Sichhineinversetzen in eine andere Person wird auch oft als *Empathie* bezeichnet.

Einsicht: Modus des Erfassens von Sachverhalten; bei Platon identisch mit Erkenntnis (die höchste Einsicht ist die Erkenntnis der Idee des Guten), heute eingeschränkt auf den Bereich der Ethik, auf die praktische Philosophie also, während sich Erkenntnis auf theoretische Wissenssätze bezieht. Einsicht ist Anerkennung der Geltung sittlicher Normen. Wer z. B. die Wahrheit des Satzes, daß alle Menschen gleichberechtigt sind, einsieht, versteht diesen Satz nicht nur als eine wertneutrale Tatsachenaussage, sondern sogleich auch als Aufforderung, jeden Menschen als gleichberechtigt anzusehen und ihn so zu behandeln. Wahre Einsicht hat also im Gegensatz zu theoretischer Erkenntnis immer unmittelbare Auswirkungen auf Handeln und Verhalten eines Menschen.

Einsquantor ↑Existenzquantor.

einstellig/mehrstellig: ein Prädikator, der immer nur einem Gegenstand zugesprochen oder abgesprochen werden kann, heißt **einstellig,** z. B.: *N* ist grün ($N \varepsilon G$, wobei *N* einen Nominator bedeutet). Einstellige Prädikatoren sind Prädikate im Sinne der Tradition. Ein Prädikator, der mehreren Gegenständen zugleich zugesprochen werden kann, heißt **mehrstellig,** z. B. *N* liegt links von *M* ($N, M \varepsilon L$ oder auch $L(N, M)$, wobei *N* und *M* Nominatoren sein sollen). Unter den mehrstelligen Prädikatoren sind die zweistelligen besonders wichtig, da sie ↑Relationen ausdrükken.

eleatische Philosophie: eine auf Parmenides von Elea (Unteritalien) zurückgehende philosophische Deutung von Welt. Parmenides trifft zwei fundamentale „Entscheidungen": 1. „Notwendig ist zu sagen und zu denken", daß das „Ist ist und daß Nichtsein nicht ist"; 2. „dasselbe ist Denken und Sein". Aus diesen Prämissen ergibt sich für Parmenides: Was dem ↑Satz vom verbotenen Widerspruch widerspricht, könne nicht sein, auch dann nicht, wenn jeder Mensch aufgrund sinnlicher Erfahrung davon überzeugt ist. Die Begriffe „Bewegtheit" und „Vielheit" seien aber logisch widersprüchlich: Was in Bewegung ist, ist nicht mehr, was es war, und ist noch nicht, was es sein wird. Die Aussage, Seiendes ist bewegt, impliziere also die Aussagen, daß es ist und daß es nicht ist. Auch die Aussage, daß es mehr als genau ein Seiendes gibt, impliziere die Aussagen, daß dieses Seiende (dies) sei und daß es nicht (jenes) sei. Die eleatische Philosophie schließt aus ihren Prämissen und der scheinbaren Widersprüchlichkeit der Begriffe „Bewegtheit“ und „Vielheit“: 1. Bei der „Forschung“ von der sinnlichen Wahrnehmung auszugehen, führe zu „Scheinmeinungen“; 2. wahre Erkenntnis könne nur durch Ableitung aus Denkgesetzen gewonnen werden; 3. die bewegte Vielheit des Seienden sei „trügerischer Schein“ (↑Akosmismus); 4. „Merkzeichen des Seins“ seien: „ungeboren“, „unvergänglich“, nicht der Zeit unterworfen, „im Jetzt vorhanden als Ganzes, Eines, Zusammenhängendes“. – Die eleatische Philosophie wirkte weitreichend auf das abendländische Philosophieren: Zusammen mit dem Heraklitismus erzwang sie, Bewegung und Vielheit immer wieder zum Problem zu machen; sie zwang zur Auseinandersetzung über das Verhältnis von Vernunft und Erfahrung beim Erkenntnisprozeß (↑Rationalismus, ↑Empirismus); sie regte für eine – vorwiegend vom Platonismus vertretene – Denkrichtung des Abendlands die Geringschätzung des wahrnehmbaren Bewegten und eine Hochschätzung des unbewegten Ewig-Seienden an; sie formulierte durch die „Merkzeichen des Seins“ exemplarisch den Gottesbegriff der abendländischen Metaphysik.

Element [lateinisch „Grundstoff, Urstoff, Buchstabe (als Grundbestandteil der Rede)“]: in Naturphilosophie und -wissenschaft Grundstoff der Materie, in der Erkenntnistheorie letzter, nicht begründbarer Satz („Elemente“ des Euklid), in Logik und Mengenlehre konstituierender Bestandteil einer Menge. – In der antiken Naturphilosophie galten Feuer, Erde, Luft und Wasser (später auch Äther) als Elemente, wobei meist eines derselben als das letztlich grundlegende betrachtet wurde. Mit dem antiken ↑Atomismus kam auch der Versuch auf, die Eigenschaften der Elemente (etwa die Beweglichkeit des Feuers) durch solche der Atome (z. B. deren Form) zu erklären. Der moderne Elementbegriff (Stoff, der chemisch nicht weiter zerlegt werden kann) kam im 17. Jahrhundert auf. – Die Elementbeziehung in Logik und Mengenlehre ist immer eine relative. So kann eine Menge, die aus Elementen besteht, selbst wieder Element eines höherstufigen Gebildes (z. B. ihrer Potenzmenge) sein. Die Elementbeziehung (Symbol: $\in$: $x \in M$) ist zu unterscheiden vom Zusprechen eines Prädikators (Symbol: ε: $N \varepsilon P$) und von der Teilmengenbeziehung (Symbol: $\subset$: $M' \subset M$). Allerdings können Mengen mit Hilfe von Aussageformen definiert werden *(Komprehension)*.

Elementaraussage [zu ↑Element]: unter den ↑Primaussagen diejenigen Aussagen, die eine einfache ↑Prädikation ausdrücken. Sie haben, sofern der Prädikator einstellig ist, die Form: Nominator ε Prädikator ($N \varepsilon P$) (z. B. „Hans ist Schüler“) oder Nominator ε' Prädikator ($N \varepsilon' P$) („Hans ist nicht Student“). Dabei symbolisiert ε die bejahende Kopula (im Deutschen meist „ist“) und ε' die verneinende Kopula (im Deutschen meist „ist nicht“). In Elementaraussagen können auch mehrstellige Prädikatoren auftreten. Dann ist eine entsprechende Anzahl von Nominatoren erforderlich. Die logische Analyse der Sprache untersucht u. a. den Aufbau von komplexen Aussagen aus Elementaraussagen.

Emanation [zu lateinisch emanare „herausfließen“]: in der *Metaphysik* des spätantiken Platonismus die Art, wie die Welt aus ihrem göttlichen Ursprung hervorgeht. Bei Plotin erfolgt die Emanation stufenweise: Aus dem göttlichen Hen („das ↑Eine“) geht der Nous, aus diesem die Seele, aus dieser die Körperwelt hervor. Die Emanationslehre führt meist zu einem ↑Pantheismus; sie steht im Gegensatz zur Lehre von der ↑Creatio ex nihilo; sie wirkt bis in die Neuzeit (Goethe kennzeichnet

Gott als „Urquell"). – In der *Erkenntnistheorie* eines Teils der Antike, insbesondere bei Demokrit und Epikur, bezeichnet Emanation den Vorgang, durch den Körperdinge kleine stoffliche „Bildchen" absondern, die, von den menschlichen Sinnesorganen aufgenommen, die Wahrnehmungsinhalte sind.

Emotion [lateinisch] ↑Gefühl.

Emotivismus [zu lateinisch emovere (2. Partizip: emotum) „herausbewegen, um und um bewegen, erschüttern"]: Richtung der skandinavischen und angelsächsischen ↑Metaethik, der zufolge moralische Urteile die individuellen Gefühle, Einstellungen oder Intentionen des Sprechers zum Ausdruck bringen. Im Gegensatz zur *kognitivistischen* Ethik (↑Kognitivismus) versteht der Emotivismus wertende Äußerungen nicht als Behauptungen oder Feststellungen mit einem Wahrheitswert, die einer kritischen Beurteilung bzw. einer Begründung unterzogen werden könnten. Die Äußerung von Werturteilen einschließlich vorgeblicher Begründungen dient einzig dem Zweck, den Hörer zur Übernahme der eigenen Einstellung und zu bestimmten Verhaltensweisen zu bewegen.

Empfindung: *umgangssprachlich* oft svw. ↑Gefühl oder ↑Affekt; in der *Psychologie* der als Folge einer Reizeinwirkung auf ein Sinnesorgan bewußt werdende Eindruck. Entsprechend den verschiedenen Sinnesfunktionen unterscheidet man z. B. Gesichts-, Tast-, Organempfindungen u. a. Die ältere Psychologie sah in den Empfindungen die grundlegenden Bausteine des Seelenlebens. – Die *wissenschaftstheoretische* Problematik des Empfindungsbegriffes liegt v. a. darin, daß Empfindungen in einer Weise subjektiv sind (z. B. „Ich habe eine Rot-Empfindung"), daß sie intersubjektiv weder bestätigt noch widerlegt werden können und durch die notwendig begrifflich strukturierte Form ihrer sprachlichen Äußerung ihre spezifische Unmittelbarkeit zerstört wird. Dennoch gilt die Empfindung als eine mehr oder weniger bedeutsame Komponente im Erkenntnisprozeß: Als unmittelbar gegebener Sinnesinhalt oder auch als sinnliche Aufnahme derartiger Inhalte kann Empfindung generell als eine Art *Basis jedes Gegenstandsbewußtseins* charakterisiert werden. Idealistische Philosophien nehmen dabei insofern einen bemerkenswerten Standpunkt ein, als sie die Existenz und Notwendigkeit *äußerer* Reizeinwirkungen leugnen: Empfindungen seien allein als vom Subjekt selbst erzeugt anzusehen, d. h. es gibt nur rein subjektive Gegenstände. Demgegenüber manifestiert sich für eher empiristische Positionen in der Empfindung gerade der passiv-rezeptive (empfangende) und damit *objektive* Anteil jeder Gegenständlichkeit: Empfindungen seien Eindrücke von den Dingen, die das Erkenntnissubjekt – ohne eigenes Zutun – „in sich (vor)findet", und daher allein-verläßlicher Ausgangspunkt aller Erfahrung und Erkenntnis. Je konsequenter dabei objektiv-physischer Reiz und subjektiv-psychischer Eindruck miteinander identifiziert werden, desto geringer werden die graduellen Unterschiede zwischen Empfindung, Wahrnehmung und Gegenstand selbst – bis hin zur völligen Identität in streng sensualistischen Ansätzen (↑Sensualismus). Zwischen Empirismus und Idealismus bewegen sich Descartes und Kant. Beide unterscheiden grundsätzlich zwischen einer „Innenwelt" der Empfindungen und einer „Außenwelt" physischer Reize. Bei Descartes sind „sensationes" diejenigen Bewußtseinsinhalte, aus denen man die Existenz „äußerer" Gegenstände erschließt. Bei Kant werden Empfindungen zwar erst durch begriffliche Strukturierung und Ordnung zu Gegenständen „geformt", bleiben aber trotz dieser, zur Gegenstandskonstitution erforderlichen, spontan-schöpferischen Leistungen des Verstandes der ohne subjektives Zutun gegebene Ausgangspunkt von Wahrnehmung und

Erfahrung und machen insofern deren empirischen Charakter aus.

Empirie [griechisch] ↑ Erfahrung.

empirische Anschauung ↑ Anschauung.

Empirismus [zu griechisch empeiría „Erfahrung, Kenntnis"]: erkenntnistheoretische Gegenposition zum ↑ Rationalismus, die Wissen auf gesicherten Basiselementen, den Sinneserfahrungen, aufbaut. Der Empirismus geht davon aus, daß jedes Wissen aus der begriffsfreien Erfahrung abgeleitet wird. Beschränkt man diese Erfahrung nur auf die sinnliche Wahrnehmung, nimmt der Empirismus die spezielle Form des ↑ Sensualismus an. – Die bekanntesten Vertreter des Empirismus in der Antike sind Aristoteles und Epikur. Im 17./18. Jahrhundert wurde der klassische Empirismus v. a. von Hobbes, Locke, Berkeley und Hume vertreten. *Locke* greift die von Descartes ausgelöste erkenntnistheoretische Problematik (↑ Kartesianismus) auf und untersucht Ursprung und Wesen der Erkenntnis. Daß es keine angeborenen Ideen gibt, begründet Locke damit, daß Kinder nicht über solche verfügen und es außerdem Erwachsene gibt, denen z. B. der Satz vom verbotenen Widerspruch unbekannt ist. Vor dem ersten Sinneseindruck ist das menschliche Bewußtsein leer wie ein unbeschriebenes Blatt Papier („Tabula rasa"). Einfache Ideen, die die Außenwelt mit ihren verschiedenartigen Qualitäten exakt abbilden, kann es nur durch Erfahrung aufnehmen. Zu dieser Erfahrung gehören sowohl die äußere Erfahrung, die durch die Sinnesorgane vermittelt wird, als auch die innere Erfahrung, die Selbstwahrnehmung (z. B. Reflexion und Gefühle). Diese einfachen Ideen, die vom menschlichen Verstand rein passiv aufgenommen werden, sind die „Bausteine", aus denen alle weiteren Ideen zusammengesetzt werden. Durch Kombination, Vergleich oder Abstraktion werden die zusammengesetzten Ideen gebildet, indem man z. B. mehrere Ideen nach gemeinsamen Merkmalen zusammenfaßt und dabei von anderen Eigenschaften absieht. Der Verstand ist also nicht in der Lage, aus sich heraus Ideen hervorzubringen. Eine Inkonsequenz Lockes zeigt sich jedoch darin, daß er den Begriff der ↑ Substanz akzeptiert, obwohl dieser nicht durch die Erfahrung gewonnen werden kann, und auch das Kausalprinzip nicht in Frage stellt. – Ganz ohne metaphysische Elemente versucht *Hume* seine Erkenntnistheorie aufzubauen. Auch er beginnt mit der Frage, was die Gegenstände des Verstandes seien. Wie Locke geht auch er davon aus, daß es keine angeborenen Ideen gibt, sondern alle Bewußtseinsinhalte auf sinnliche Erfahrung zurückgehen. Die Bewußtseinsinhalte setzen sich aus Eindrücken (englisch impressions) und aus Vorstellungen (englisch ideas) zusammen. Während die Eindrücke immer auf eine direkte Sinneserfahrung zurückgehen, werden die Vorstellungen durch Erinnerung aus den Eindrücken oder durch Kombination einzelner Vorstellungen gebildet. Verschiedene Vorstellungen richtig miteinander zu verbinden, eine Folge von Vorstellungen aufzubauen und damit zu Wissen zu gelangen, ist die Aufgabe des Verstandes. Die Prinzipien, von denen er sich dabei leiten läßt, sind Ähnlichkeit, räumliche und zeitliche Nähe und Kausalität. Ein Gemälde z. B. verbindet die Gedanken mit dem abgebildeten Gegenstand (Ähnlichkeit), die Erwähnung eines Raumes in einem Haus ruft die Vorstellung der angrenzenden Räume hervor (räumliche Nähe), und wenn man an eine Wunde denkt, denkt man auch an den damit verbundenen Schmerz (Kausalität). Bei genauerer Untersuchung des Kausalprinzips kommt Hume zu dem Ergebnis, daß ein kausaler Zusammenhang zwischen zwei Phänomenen *A* und *B* nicht feststellbar ist. Zu beobachten ist nur, daß bisher das Ereignis *B* eingetreten ist, wenn *A* vorausgegangen ist, also nur die regelmäßige Abfolge der beiden Ereignisse, aber nicht, daß *A* die Ursache von *B* ist, so daß man nicht logisch schließen kann, daß *B* auch immer auf *A* folgen wird (Induktionsproblem; ↑Induktion). Es entsteht aufgrund von Gewohnheit der Glaube und somit der Eindruck, daß *A* Ursache von *B* ist. Indem Hume das Kausalprinzip auf eine psychologische Komponente – den Glauben – im Menschen zurückführt, weist er zugleich die Grenzen des menschlichen Verstandes auf: Bei allen Tatsachenwissenschaften (z. B. Physik, Chemie), in denen das Kausalprinzip angewendet wird, kann man nicht zu Wissen, sondern nur zu Glauben gelangen, da ein kausaler Zusammenhang nicht bewiesen werden kann. Wissen kann man nur in der Mathematik erreichen, die erfahrungsunabhängig ist und deren Sätze mit logischen Prinzipien zu beweisen sind. – Einwände, die gegen die verschiedenen Arten des Empirismus erhoben wurden, stützen sich v. a. darauf, daß nicht einmal ein gerechtfertigter methodischer Aufbau der exakten Wissenschaften, v. a. der Physik, ohne a priori begründete ↑synthetische Sätze möglich ist. Ferner hat sich bestätigt, daß es keine neutrale Wahrnehmung gibt, daß vielmehr bei jeder Beobachtung nach bestimmten Kriterien selektiert wird, so daß die Bewußtseinsinhalte keine exakten Kopien der Außenwelt sein können.

Empirismus, logischer ↑logischer Empirismus.

endlich/unendlich: in verschiedenen Bereichen der Philosophie bedeutsames Begriffspaar. – In der *Metaphysik* und *Ontologie* wurde das Problem des Endlichen und Unendlichen erstmals von den griechischen Naturphilosophen aufgegriffen, die im wesentlichen eine Lehre der „vollendeten Endlichkeit" vertraten. Das Unbegrenzte, Unendliche galt als unvollkommen, minderwertig, ja Angst machend. Sinn und Ziel der Entwicklung alles Wirklichen wurden in Wohlbestimmtheit (z. B. in rationalen Zahlenverhältnissen wie bei den Pythagoreern) und Wohlgeformtheit und damit in der Begrenzung gesehen. In der Metaphysik des Aristoteles stellt sich diese antike Auffassung wohl am reinsten dar. Fortgesetzt wurde die aristotelische Tradition im Mittelalter von Thomas von Aquin und seinen Anhängern. Aber das Mittelalter brachte auch eine Neuorientierung: Waren Endlichkeit, Begrenztheit, Vergänglichkeit Attribute der Welt als Geschöpf Gottes und Kennzeichen ihrer Unvollkommenheit, so konnte und durfte man Gott als höchstes und vollkommenes Seiendes nicht durch Attribute begreifen, die mit Bestimmungen des Endlichen in Zusammenhang standen; als dem schlechthin anderen mußte man ihm vielmehr Unendlichkeit in jeder Hinsicht zusprechen. Heute wird das alte naturphilosophische Problem der raumzeitlichen Endlichkeit des Kosmos in der (physikalischen) ↑Kosmologie behandelt. – Auch der Ansatz zu einer *erkenntnistheoretisch-logischen* Untersuchung der Endlichkeits-Unendlichkeits-Problematik reicht zurück in die griechische Antike. In verschiedenen ↑Paradoxien versucht z. B. Zenon von Elea, die Widersprüchlichkeit, ja Sinnlosigkeit des Unendlichkeitsbegriffs nachzuweisen. Eine erste, bis heute richtungweisende, begriffliche Klärung stammt von Aristoteles. Er differenzierte zwischen einer Gesamtheit unendlich vieler und dennoch gleichzeitig existierender Teile (z. B. – für Menschen unvorstellbar – „alle" natürlichen Zahlen „auf einmal"), dem *aktual* Unendlichen, und einer für Menschen faßbaren Weise des Unendlichen, der Möglichkeit, jede vorgegebene Schranke zu überschreiten (z. B. jede vorgegebene natürliche Zahl durch die Nennung ihres Nachfolgers zu überbieten), dem *potentiell* Unendlichen. Intensiviert wurden die Bemühungen um diese Aspekte der Problematik etwa seit Mitte des 19. Jahrhunderts. Die Arbeiten z. B. von Bolzano („Paradoxien des Unendlichen"), Cantor, Frege oder Russell führten zumindest für den

Bereich der *Logik* und *Mathematik* zu einer ersten exakten Definition des Unendlichkeitsbegriffs: Eine Menge *M* heißt unendlich, wenn sie zu einem echten Teil ihrer selbst in eineindeutige Beziehung gebracht werden kann, z. B.: Die Menge der natürlichen Zahlen ist unendlich, weil sie sich eineindeutig auf die geraden natürlichen Zahlen abbilden läßt (und umgekehrt): Man ordne jeder Zahl die doppelte (halbe) Zahl zu. Eine Menge, die nichtunendlich ist, heißt endlich. Diese exakte Definition blieb jedoch auf den Bereich von Mathematik und Logik beschränkt. In anderen Kontexten wurde auch weiterhin die strenge begriffliche Fixierung zugunsten einer mehr intuitiven Auffassung unterlassen. – So gehört, *anthropologisch* gesehen, das Bewußtwerden der Endlichkeit menschlichen Wesens und menschlicher Existenz zu den bedeutsamen Grunderfahrungen des Menschen, die sich in Gefühlen der Unzulänglichkeit und des Versagens, der Ohnmacht und der Unverfügbarkeit über Situationen des Leidens und des Sterbenmüssens ausdrükken. Ihre philosophische Interpretation reicht von positiver Akzeptanz (z. B. bei sogenannten Existenzphilosophen wie Kierkegaard, Heidegger, Sartre) bis zu einer eindeutig negativen, mit Auflehnung verbundenen Charakterisierung (z. B. bei Feuerbach und Marx). Phänomene der Endlichkeit seien Folge und Ausdruck mangelnder Aufklärung und/oder gesellschaftlicher Unterdrükkung und Ausbeutung, die es durch Veränderung (z. B. der gesellschaftlichen Besitzverhältnisse, der Arbeitsbedingungen usw.) zu überwinden gelte.

Energeia [griechisch] ↑Akt/Potenz.

Ens [lateinisch „seiend, das Seiende"]: in der Scholastik der Begriff mit dem logisch größtmöglichen Umfang (↑Extension), insofern er jedem zugesprochen werden muß, dem das Esse (lateinisch „Sein") in irgendeiner Weise zukommt. Der Begriff Ens abstrahiert sowohl von der Seinsweise als auch von dem Was-Sein dessen, dem er zugesprochen wird. Er gehört zu den ↑Transzendentalien. – Die Scholastik unterscheidet unter dem Gesichtspunkt des Verursachtseins *ens ab alio* und *ens a se* (↑ab alio/a se), unter dem Gesichtspunkt der Seinsweise *ens rationis* und *ens reale* (Seiendes, das nur im menschlichen Denken existiert, und Seiendes, das unabhängig vom menschlichen Denken existiert). Gott wird manchmal als *ens realissimum* (das allerwirklichste Seiende) bezeichnet. – ↑auch Seiendes.

Entelechie [griechisch „das Sich-im-Ziel-Haben"]: ein ontologischer Ausdruck, den Aristoteles oft in ähnlicher Bedeutung verwendet wie Energeia (↑Akt/Potenz). Während Energeia das Am-Wirken-Sein, die Wirklichkeit eines Seienden bezeichnet, hebt Entelechie hervor, daß das Am-Wirken-Sein von Lebewesen (z. B. Stoffwechsel, Wachsen) auf ein Ziel gerichtet ist (z. B. vollendete Pflanze), das zwar noch nicht erreicht, aber als sich Entwickelndes je schon anwesend ist. – Entelechie bezeichnet bei Aristoteles auch das Prinzip des Am-Wirken-Seins jedes Lebendigen. Dieses Prinzip bewirkt, daß Materie (z. B. Mineralien) in die dem Lebewesen eigene Form (z. B. artspezifische Zellen, Zellverbände) umgeformt und so die arteigene Form des Lebewesens als vollendete Erscheinung (↑Eidos) verwirklicht wird. Entelechie ist daher die einem Organismus immanente Form, die sich durch das Formen von Materie selbst verwirklicht (↑Form/Materie). Eine andere Bezeichnung für dieses jedem Lebewesen immanente Prinzip ist ↑Seele. Daher bezeichnet Aristoteles Seele als „Entelechie eines organischen Körpers". – Leibniz verwendet Entelechie bei der Beschreibung der ↑Monaden in ähnlichem Sinne; sie sind „substantielle Formen", „erste Entelechien". – In Auseinandersetzung mit der mechanistischen Biologie benutzt der Vitalismus, v. a. Driesch, den Ausdruck Entelechie, um den „außerräumlichen Faktor" zu bezeichnen, der in jedem Organismus ordnung- und ganzheitbildend wirkt.

Entfremdung: Begriff zur Kennzeichnung eines gesellschaftlichen Zustandes, in dem eine als ursprünglich organisch gedachte Beziehung zwischen Menschen untereinander, zwischen Menschen und ihrer Arbeit, zwischen Menschen und dem Produkt ihrer Arbeit sowie von Menschen zu sich selbst für aufgehoben, verkehrt oder zerstört angesehen wird. Der Begriff der Entfremdung läßt sich bis in die mittelalterliche Scholastik und Mystik zurückverfolgen. Der Ausdruck steht hier wertfrei für Trennung, aber auch pejorativ für den Abfall von Gott oder positiv für die Abkehr von den irdischen Dingen. Rousseau verwendet Entfremdung (französisch aliénation) in einem vertragstheoretischen Sinn von Ver- bzw. Entäußerung. Der Begriff der „totalen Entäußerung" (aliénation totale) bezeichnet die vollständige, vorbehaltlose Entäußerung der natürlichen Freiheit des einzelnen an die Gemeinschaft im ↑Gesellschaftsvertrag. Die Freiheit des Individuums im Naturzustand muß in die Identifikation des Bürgers (citoyen) mit dem Allgemeinwillen (↑Volonté de tous/Volonté générale) übergehen, damit ein gleiches und gesichertes Recht aller möglich wird und die moderne bürgerliche Gesellschaft entstehen kann. Der zivilisierte Mensch lebt als Bürger faktisch im Zustand der Entfremdung von sich selbst (Selbstferne). Er kann seine Identität nur im „Spiegel der Meinung der anderen" erfahren. Für Hegel ist einerseits der Durchgang durch Entfremdungen, aufgefaßt als Moment des Selbstverlustes, die Voraussetzung für die Entwicklung des Selbstbewußtseins. Die Verlorenheit an die Gegenständlichkeit als „Bewußtsein", die Abhängigkeit von ihr als „Begierde", die Unterwerfung des einen Selbstbewußtseins unter das andere Selbstbewußtsein (Herr und Knecht), in der der Selbstverlust seinen Höhepunkt erreicht, und die „dienende" Arbeit für den Herrn und deren „fremder Sinn" sind konstitutive Entfremdungsstufen für die Entwicklung des autonomen Selbstbewußtseins. In einem anderen Sinne bezeichnet Hegel mit Entfremdung ein Phänomen, das später in veränderter Form u. a. von Marx und Lukács wieder thematisiert wird. In einem Stadium ihrer Entwicklung erscheint der selbstbewußten Subjektivität die von ihr geschaffene „wirkliche Welt", von Hegel als „Staatsmacht" und „Reichtum" identifiziert, nicht als eigenes Produkt. Die Subjektivität entfremdet sich ihrer selbst, indem sie sich ihrem eigenen Produkt als einem fremden ausliefert und sich selbst ihm gemäß macht. Analog dazu entfremdet sie sich auch in der Religion als der „unwirklichen Welt". – Durch Marx wurde Entfremdung als die Vergegenständlichung, die den Menschen als Produzenten dem Produkt seiner Arbeit entfremdet, in den historischen Zusammenhang kapitalistischer Produktionsverhältnisse gestellt. Durch das Privateigentum an Produktionsmitteln im Kapitalismus wird der Arbeiter in dem Maß als Mensch „entwirklicht", als er Werte schafft, die aufgrund fremder Aneignung zu ihm „fremden" Gegenständen werden. Durch die Fremdbestimmtheit seiner Arbeit wird der Mensch gleichzeitig den anderen Menschen entfremdet, da die Gleichzeitigkeit ihrer Arbeit ebenfalls fremdbestimmt und damit, vom einzelnen ungewollt, diesem als zufällig erscheint. Endgültig beseitigt wird die Entfremdung erst mit der Errichtung der Diktatur des Proletariats und dem Aufbau der sozialistischen Gesellschaft. – Im Unterschied zu dieser an der Analyse der „entfremdeten" Produktionsverhältnisse orientierten Interpretation wurde der Begriff Entfremdung häufig verwendet als Grundkategorie des gestörten Verhältnisses von Mensch zu Mitmensch sowie des gestörten Verhältnisses des Menschen zu seiner Arbeit.

entscheidbar/unentscheidbar: eine Menge *M* von Wörtern, die nach festen Regeln aus einem Alphabet gebildet werden, heißt **entscheidbar,** wenn von jedem Wort, das nur Buchstaben aus diesem Alphabet enthält, mit Hilfe eines Verfahrens in endlich vielen Schritten festgestellt werden kann, ob es zu *M* gehört oder nicht. Entscheidbare Mengen sind, intuitiv gesprochen, übersichtlich. Eine nicht-entscheidbare Menge heißt **unentscheidbar.**

Entscheidung: Terminus der praktischen Philosophie, der ein notwendiges Moment des jeder Handlung vorausgehenden Willensaktes (↑ Wille) bezeichnet. Eine Entscheidung ist der intentionale Akt der begründeten Wahl zwischen mehreren Möglichkeiten, und zwar 1. hinsichtlich der Frage, ob man überhaupt aktiv werden soll (z. B. Beteiligung an einer Bundestagswahl?), 2. hinsichtlich des Handlungszieles (z. B. welche Partei wählen?), 3. hinsichtlich des Durchführungswegs (z. B. Stimmabgabe im Wahllokal oder Briefwahl?). Entscheidungsmaßstäbe für 1. und 2. können Lust/Unlust, größtmöglicher Eigennutz („Nutzenmaximierung"), soziale Konventionen oder sittliche Normen (z. B. Allgemeinwohl, Solidarität betreffende), für 3. Zweckmäßigkeit sein. Rational im vollen Wortsinn kann eine Entscheidung nur dann genannt werden, wenn sie sowohl das Wissen über mögliche Handlungswirkungen und über die Möglichkeiten der Minimierung des zur Durchführung der Handlung notwendigen Zeit- und Energieaufwands berücksichtigt (kognitiv-instrumentelle Rationalität) als auch die Wahl des Handlungsziels und Durchführungswegs unter Beachtung der Normen sittlicher Legitimität trifft (normativ-praktische Rationalität). Entscheidungen werden nur nötig in Situationen, die für einen Menschen neu oder ungewohnt sind; in Alltagssituationen dagegen entlasten eingewöhnte Verhaltensweisen vom Entscheidungsdruck. – Eine philosophische Deutung der Entscheidung gibt Kierkegaard. Die Entscheidung konstituiert die „Subjektivität" des Menschen: Nur sie ermöglicht eine verantwortliche, sich der „Wirklichkeit" und der Herausforderung der "Existenz" stellende Lebensführung; sie aufschieben heißt sich der Gefahr des Selbstverlusts aussetzen. Die Wahl begründet zugleich die „ethische Sphäre", in der der sittliche „Ernst" die im Spiel der Möglichkeiten verbleibende „ästhetische Indifferenz" überwindet. Kierkegaards Überlegungen zum Problem der Entscheidung haben sich auf die ↑ Existenzphilosophie und die Theologie ausgewirkt. – In der politischen Theorie gewinnt der Begriff der Entscheidung bei Carl Schmitt zentrale Bedeutung (↑ Dezisionismus).

Entwurf: ein zentraler Begriff der ↑ Existenzphilosophie. Bei *Heidegger* bedeutet Entwurf, daß Welt – vorgängig zum einzelnen Menschen – immer schon gedeutet ist in Hinsicht auf ihren Sinn. Diesen Sinnentwurf von Welt nimmt der einzelne Mensch in einem grundlegenden Verstehen hin. Erst aufgrund dieses fundamentalen Sinnverstehens von Welt können Personen, Gegenstände, Sprachzeichen, denen der einzelne Mensch begegnet, für ihn Bedeutung erlangen. Daher ist der im fundamentalen Verstehen erschlossene Entwurf von Welt der „Spielraum des faktischen Sein-Könnens" des einzelnen Menschen. Innerhalb dieses „Spielraums" existiert der Mensch in der „Seinsweise des Entwerfens": Er ist sich selbst immer schon voraus, v. a. durch die ↑ Sorge um sein Sein-Können. In seiner Seinsart des Entwerfens vollzieht der Mensch den ihm vorgegebenen Sinnentwurf von Welt. Erst aufgrund des in der Sorge „Sich-selbst-voraus-Seins" ist dem Menschen das konkrete Wünschen, Planen, Entscheiden, Wollen möglich. – *Sartre* gebraucht Entwurf enger: Der Mensch existiert als der jeweilige Entwurf seiner selbst. Dies bedeutet, daß er jeweils als die Wirklichkeit existiert, die aus der „freien Hervorbringung eines Ziels und des als zu realisierend erkannten Aktes“ hervorgeht. Bis zu dem hin, was ein Mensch von der Welt weiß, ist er sein Entwurf; denn der Mensch muß sich erst für dieses oder jenes interessieren, d. h. „sich in dieser oder jener Weise entworfen haben, um ... etwas entdekken zu können“.

Epagoge [griechisch] ↑Abstraktion.

Epikureismus: Bezeichnung für eine Lebenshaltung, die sich an der Philosophie Epikurs ausrichtet. In dieser Lehre dominiert als Ideal das persönliche Glück des einzelnen (↑Eudaimonia). Es entsteht nach Auffassung der Epikureer aus der ↑Ataraxie, aus der vernunftgeleiteten Einsicht in das Weltganze und aus einer konsequenten Orientierung auf das Prinzip der „Lust“. Der Vorwurf, daß der Epikureismus bedenkenlos Ausschweifungen und unbeschränkten Sinnengenuß predige, beruht auf einem Mißverständnis: „Lust“ ist hier nämlich nicht im Sinne des ↑Hedonismus zu verstehen, sondern meint die Vermeidung alles dessen, was bei vernünftigem Abwägen auf lange Sicht gesehen mehr Leid als Lust erzeugt. Als geeignetes Mittel zur Erreichung von Glück wird ein „Leben in Zurückgezogenheit“ empfohlen. Zu den bedeutendsten Anhängern des Epikureismus gehören neben Lukrez und Horaz auch Diderot und Nietzsche.

Epistemologie [griechisch] ↑Erkenntnistheorie.

Erfahrung (Empirie): umgangssprachlich eine durch Praxis erworbene Fähigkeit sicherer Orientierung in Handlungs- und Sachzusammenhängen ohne Rekurs auf ein hiervon unabhängiges theoretisches Wissen. Erfahrung in diesem Sinne ist gewonnen aus einer endlichen Anzahl von Beispielen und/oder Gegenbeispielen und hat als solche *exemplarischen* Charakter. Als „Wissen des Besonderen“ (empeiría) spielt sie bereits bei Aristoteles eine erkenntnistheoretische Rolle als unerläßliche Basis aller wissenschaftlichen, allgemeinen Erkenntnis. – Bei Hobbes wird erstmals nach Aristoteles ein neuer Begriff von Erfahrung für Naturwissenschaft und Erkenntnistheorie relevant: Einzelerfahrungen, die jeweils in bestimmter Hinsicht übereinstimmen, sollen hinreichen für die Ableitung *genereller* Sätze (Aussagen, Behauptungen); z. B. können Erfahrungen mit nach unten fallenden Gegenständen zu der Behauptung führen: *„Alle* schweren Körper fallen *immer* (zu allen Zeiten) nach unten.“ Der Schluß von Einzelerfahrungen auf das Allgemeine gewinnt – in Umkehrung der ↑Deduktion – als sogenannte *induktive Methode* (↑Induktion) besonders als Forschungsweise der modernen Naturwissenschaften spezifische Bedeutung. Hier stehen auch seit Galilei die Begriffe Erfahrung und ↑Experiment in enger Beziehung zueinander: Im Experiment wird Erfahrung instrumental produziert; diese Art „künstlicher“ Erfahrung wird zum zentralen Element konstruktiver Naturwissenschaft und Wissenschaftstheorie. Kant versucht mit seiner Erkenntnistheorie, diese Art *konstruktiver* (v. a. physikalischer) Erfahrung durch die Angabe der Bedingungen der Möglichkeit zu erklären und abzusichern. Als Erfahrung gilt ihm dabei alle auf sinnliche Wahrnehmung bezogene Erkenntnis von Gegenständen. Ein Gegenstand kommt aber nach Kant überhaupt dadurch zustande, daß sinnliche Wahrnehmungen durch allgemeine Begriffe (Kategorien) strukturiert und geformt, zusammengesetzt werden. Der Gegenstand der Erkenntnis ist also für Kant wesentlich ein Produkt des Verstandes. Und gerade dadurch, daß Erfahrungsurteile allgemeine, also etwa kategoriale Elemente beinhalten, kann ihre Geltung über den Bereich beobachteter Einzelfälle hinausgehen. Diese Einheit, die Synthese, von wahrgenommenem Einzelfall und verstandesmäßiger, begrifflicher Verallgemeinerung macht das Spezifische der Erkenntnistheorie Kants aus. Im Gegensatz dazu versuchen empiristische Ansätze, die Kantsche Verbindung von unmittelbarer Wahrnehmung und verstandesmäßiger Bearbeitung aufzubrechen. Hier liegt ein völlig anderer, *sensualistischer* Begriff von Erfahrung vor, nämlich als der unmittelbaren Sinnesempfindung selbst oder der (vom Verstand) unverformten Entsprechung zwischen empirisch Gegebenem und begrifflichem Gegenstand. Erfahrung in diesem Sinne sollte als einzig akzeptable Erkenntnisquelle ein theoriefreies und damit vom Erkenntnissubjekt unbeeinflußtes, objektives Fundament allen Wissens liefern. Auf wissenschaftstheoretisch-logischer Ebene führte dieser Ansatz zu einem „Zweistufenkonzept" der Wissenschaftssprache, dem Versuch einer Differenzierung zwischen der „Beobachtungs-" und der „Theoriesprache" (↑Protokollaussage). – Erfahrung in diesem *erkenntnistheoretischen* Zusammenhang ist v. a. für die Naturwissenschaften von Bedeutung. Hier sind Erfahrungen grundsätzlich wiederholbar, die beteiligten [Erkenntnis-]Subjekte grundsätzlich austauschbar. Anknüpfend an die umgangssprachliche Verwendung gibt es aber eine weitere, eine *anthropologische* Dimension des Begriffs: Gerade in der Einmaligkeit und Unwiederholbarkeit der ganz persönlichen Erfahrungen eines Lebens kann sich ein Individuum als Besonderes (Eigen-Artiges), im engeren Sinne Individuelles konstituieren und empfinden. Erfahrung macht die (unüberbrückbare) Differenz aus zwischen Jugend und Alter, Naivität und Lebenserfahrung. Offenheit und Unvoreingenommenheit sind Grundvoraussetzungen und Folge einer derartigen Lebenshaltung, die in der historischen Einmaligkeit persönlichen Erlebens Anerkennung als Individuum sucht und erfährt.

Erinnerung: 1. Repräsentation einer vergangenen Wahrnehmung (psychologischer Vorgang); wichtig in der Erkenntnistheorie des ↑Empirismus; 2. besondere Form des Wissens im Sinne von „Vorherwissen". Dies knüpft an Platons Lehre von der ↑Anamnesis an: Das Allgemeine (die Idee) wird, indem ein Besonderes angeschaut wird, wiedererkannt, bereits vorhandenes, wenn auch nicht bewußtes Wissen wird zu Tage gefördert (ähnlich Freud in seiner Psychoanalyse).

Erkenntnis: eine Art, wie sich Denken auf Gegenstände beziehen kann. Erkenntnis findet nach traditioneller Auffassung dort statt, wo Subjekt und Objekt zur Übereinstimmung gelangen (↑Adaequatio intellectus et rei). Im Unterschied zum bloßen Meinen ist Erkenntnis begründbar: Ihr Wahrheitsanspruch läßt sich argumentativ einlösen. Damit wird Erkenntnis intersubjektiv überprüfbar. Ihren deutlichsten Ausdruck findet Erkenntnis im ↑Urteil. In einem Zusammenhang organisierte Erkenntnisse werden Wissen genannt. Erfordert die Begründung einer Erkenntnis die Berufung auf Erfahrung, so heißt die Erkenntnis empirisch oder aposteriorisch, anderenfalls wird sie apriorisch genannt. Ferner unterscheidet man diskursive Erkenntnis von intuitiver; erstere ist sprachlich vermittelt, letztere stammt aus der Anschauung (↑Evidenz). – ↑Erkenntnistheorie.

Erkenntnisinteresse [zu lateinisch interest „es ist von Wichtigkeit"]: allgemeine Zwecksetzung, die die Konstitution und Ausdifferenzierung der wissenschaftlichen Gegenstandsbereiche und verschiedener Wissenschaftstypen bedingt. Habermas wendet sich mit seiner Konzeption des „erkenntnisleitenden Interesses" sowohl gegen den ↑Objektivismus der Wissenschaften und den „Schein reiner Theorie" und Voraussetzungslosigkeit in der Philosophie (z. B. in der Phänomenologie Husserls) als auch gegen die Wissenschaftstheorie des ↑Positivismus. Er unterscheidet drei Wissenschaftstypen gemäß dem jeweils zugrundeliegenden Erkenntnisinteresse: 1. In den Ansatz der „empirisch-analytischen Wissenschaften" (Naturwissenschaften und die „systematischen Handlungswissenschaften", wie z. B. Ökonomie, Soziologie, Politikwissenschaft) geht ein „technisches" Erkenntnisinteresse ein, d. h. ein „Interesse an der möglichen informativen Sicherung und Erweiterung erfolgskontrollierten Handelns". 2. In den Ansatz der „historisch-hermeneutischen Wissenschaften" (sogenannte Geisteswissenschaften) geht ein „praktisches" Erkenntnisinteresse ein, d. h. ein „Interesse an der Erhaltung und Erweiterung der Intersubjektivität möglicher handlungsorientierender Verständigung", an einem „möglichen Konsensus von Handelnden im Rahmen eines tradierten Selbstverständnisses". 3. In den Ansatz der „kritisch orientierten Wissenschaften" (Psychoanalyse, kritische Gesellschaftstheorie, Ideologiekritik, Philosophie) geht ein „emanzipatorisches" Erkenntnisinteresse ein, d. h. ein Interesse an „Selbstreflexion", „Mündigkeit" sowie Überwindung „ideologisch festgefrorener, im Prinzip aber veränderlicher Abhängigkeitsverhältnisse".

Erkenntnistheorie (früher auch: Epistemologie, Gnoseologie): philosophische Grunddisziplin, die sich mit der Frage nach den Ursprüngen und Bedingungen, den Prinzipien und Methoden, den Zielen und Grenzen begründeten Wissens beschäftigt. In der zeitgenössischen Philosophie gilt die Erkenntnistheorie als relativ selbständiges Arbeitsgebiet, zu dem Disziplinen wie Logik, Sprachphilosophie, Wissenschaftstheorie oder auch Hermeneutik zählen. Während die Bezeichnung Erkenntnistheorie erst relativ spät (Mitte des 19. Jahrhunderts) geprägt wurde, ist doch die Problemstellung, ob und wie Menschen sicheres Wissen erlangen können, so alt wie die Philosophie selbst. Am Anfang aller Erkenntnistheorie steht die Frage, was man überhaupt unter „Wissen" verstehen soll, und zwar in Abgrenzung von „Meinen" und „Glauben" (↑glauben/meinen/wissen). Der größte Teil allgemein verfügbarer Kenntnisse besitzt entweder den Status wahrer Meinung oder wird geglaubt. Wissen in einem engeren philosophisch-wissenschaftlichen Sinne aber liegt erst dann vor, wenn zur Haltung des Überzeugtseins (wie beim Glauben) die (selbständige) Kenntnis von guten Gründen hinzukommt, die zu Bestätigung oder Rechtfertigung der fraglichen Aussagen hinreichen. Daran schließt sich ein zweites zentrales Problem der Erkenntnistheorie an, das zu allen Zeiten der Philosophie eine bedeutende Rolle spielt: Wann liegen so gute, überzeugende Gründe vor, daß ich sage, etwas sei Wissen? Oder: Unter welchen Bedingungen ist für Aussagen das Prädikat „wahr" angemessen (↑Adaequatio intellectus et rei, ↑Wahrheit, ↑Intersubjektivität)? Seit dem späten 18. Jahrhundert unterscheidet man – je nachdem, ob eine vom Subjekt unabhängige Erkenntnis der Dinge für möglich gehalten wird oder aber der Ort der Wahrheit ganz in das erkennende Subjekt hineinverlegt wird – zwischen *realistischer* und *idealistischer* Erkenntnistheorie (↑Realismus und ↑Idealismus). Daß solche modernen Kategorisierungen nur unter starken Einschränkungen auf antike Gedanken übertragbar sind, wird z. B. an der These des Parmenides deutlich: „Dasselbe ist Denken und Sein". D. h. Realismus und Idealismus fallen hier zusammen. Insgesamt kann man sagen, daß antikes Denken eher an der Seite des Seins interessiert war und an der Klärung der Frage, wie die Dinge wirklich (d. h. unabhängig von dem sie erkennenden Wesen) beschaffen seien. Daß sich dann mit Beginn der Neuzeit der Schwerpunkt des Interesses von den Objekten der Erkenntnis auf die Seite der erkennenden Subjekte verlagerte, wird als Wende von der Metaphysik zur Erkenntnistheorie charakterisiert. Es rückt nun die Frage in den Mittelpunkt, welche Fähigkeiten des Erkenntnissubjekts dafür verantwortlich seien, daß Menschen überhaupt sicheres Wissen von den sie umgebenden Dingen haben können. *Rationalistische* Ansätze sehen dabei in Verstand und/oder Vernunft, *empiristische* Positionen dagegen in sinnlicher Wahrnehmungsfähigkeit die entscheidenden, Erkenntnis ermöglichenden Eigenschaften (↑Rationalismus und ↑Empirismus). Motiviert war diese neue Problemorientierung durch Methodenfragen und Theoriebildungen der aufsteigenden Naturwissenschaften und die Frage nach der Gültigkeit wissenschaftlicher Aussagen. – Kant greift das Konzept einer philosophischen Fundierung von Wissenschaftskonstruktionen erneut auf. Seine Philosophie kann als Versuch verstanden werden, die kontroversen Standpunkte des Rationalismus und Empirismus miteinander zu vermitteln, indem er ein gegenseitiges Abhängigkeitsverhältnis von Sinnlichkeit und Verstand etablierte. Zentral schien ihm auch die Frage nach den Grenzen (naturwissenschaftlicher) Erkenntnisfähigkeit. Die Vernunft als kontrollierender und regulierender Faktor sollte Sinnlichkeit und Verstand jeweils in die Schranken weisen. Die Pointe der Kantischen Erkenntnistheorie aber besteht wohl darin, daß Kant das Erkenntnisobjekt allererst durch das erkennende Subjekt „erschaffen" läßt: Durch die nach Art unserer Sinnesorgane begrenzten Möglichkeiten sinnlicher Datenverarbeitung, durch räumlich-zeitliche Begriffe wie „heute" und „hier" (↑Anschauungsformen) und durch Ordnungsstrukturen wie Größe, Schwere usw. (↑Kategorie) wird ein Erkenntnisgegenstand produziert, wie er nur für den menschlichen Geist existiert; darüber hinaus kann nichts von den Dingen, wie sie an sich sein mögen, erkannt werden: „Wir erkennen an den Dingen nur das, was wir selbst in sie hineingelegt haben" (↑Erscheinung). Damit hat Kant den Grundstein gelegt für moderne, neuzeitliche Formen des Idealismus. In dieser Entwicklung rückt v.a. auch das ↑Subjekt-Objekt-Problem immer stärker in den Mittelpunkt. – Ein neuer Aspekt wird im 19. Jahrhundert mit der Beachtung der historischen Bedingtheit allen Erkennens durch den *Historismus* eingebracht, der die Erkenntnistheorie um eine geisteswissenschaftliche Hermeneutik (↑auch Erklärung, ↑Verstehen) ergänzt. Aus dieser Ergänzung leitet sich dann ein erkenntnistheoretischer Bereich innerhalb sprachphilosophischer Untersuchungen her, der heute auch in den sogenannten exakten Wissenschaften (Mathematik und Naturwissenschaften) eine nicht mehr wegzudenkende Rolle spielt. Daß Wissen/Erkenntnis prinzipiell auf das Medium Sprache angewiesen ist, steht mittlerweile derart im Zentrum des Interesses, daß man sagen kann, daß die Kantische Erkenntnistheorie als Vernunftkritik abgelöst wurde von einer Sprachkritik, zu der u.a. auch die moderne (formale) Logik Mittel zur Verfügung stellt.

Erklärung: die Rückführung einer Aussage auf andere Aussagen, Gesetze oder Theorien. Erklärungen dienen als Handlungsorientierung und -hilfe. In der Umgangssprache wird Erklärung verschieden verwendet: 1. als ausdrückliche Mitteilung („eine Erklärung abgeben"); 2. als Mitteilung einer Wortbedeutung oder -verwendung („Dieses ist eine Erklärung des Terminus ‚Erklärung'"); 3. als Deutung einer Handlung („Dies erklärt sein Verhalten"); 4. als Einordnung in einen größeren Zusammenhang („Das erklärt manches"); 5. als Zurückführen eines Sachverhalts auf Gesetzmäßigkeiten („Newton erklärte die Planetenbewegung durch seine Mechanik"). Für Erklärung in diesem, für die wissenschaftstheoretische Diskussion v.a. wichtigen Sinn ist heute weitgehend ein von Hempel und Oppenheim 1948 angegebenes Schema anerkannt (*HO-Schema* für die nomologisch-deduktive Erklärung). Danach bedarf es zur Erklärung eines Sachverhalts *E* (*Explanandum,* lateinisch „das zu Erklärende") mindestens eines Gesetzes G und einer Situationsbeschreibung S, in der die Bedingungen festgehalten werden, unter denen G angewendet wird. G und S zusammen heißen *Explanans* (lateinisch „das Erklärende"). Die Erklärung hat dann die Form einer logischen Folgerung: $S, G \Rightarrow E$. Hat G die einfache Gestalt $P(x) \rightarrow Q(x)$ (wenn x die Eigenschaft P hat, dann auch Q), und ist E die Feststellung $Q(x_0)$, so sieht die Erklärung nach Hempel/Oppenheim so aus:

$P(x_0)$	Die Katze hat eine Lunge.
$P(x) \rightarrow Q(x)$	Tiere mit Lunge haben auch ein Herz.
———	(logische Folgerung)
$Q(x_0)$	Die Katze hat ein Herz.

In der Umgangssprache: „Weil die Katze eine Lunge hat, hat sie auch ein Herz." Im allgemeinen genügt jedoch weder ein einziges Gesetz noch nur eine Situationsbeschreibung. Als Schema für die Erklärung ergibt sich damit:

$S_1, ..., S_m$	Situationsbeschreibungen	Explanans
$G_1, ..., G_n$	Gesetze	
———	(logische Folgerung)	
E	Explanandum	

Da das Explanandum logisch aus dem Explanans folgt, spricht man von *nomologisch-deduktiver* Erklärung (zu griechisch nómos „Gesetz" und lateinisch deducere „herabführen"). Um Erklärungen von Pseudoerklärungen zu unterscheiden, hat man verschiedene Kriterien entwickelt, denen das Explanans zu genügen hat: Es muß mindestens ein allgemeines Gesetz enthalten, von dem auch tatsächlich Gebrauch gemacht wird; dieses Gesetz muß einen empirischen Gehalt haben, d.h. es muß Aussagen enthalten, die sich empirisch prüfen lassen; das Explanans soll wahr oder zumindest gut bestätigt (bewährt) sein (↑Bestätigung, ↑Bewährung). Nach Hempel/Oppenheim ist der Erklärungsmechanismus ein in Gegenrichtung laufender Mechanismus der ↑Prognose. – Eine zweite wichtige Erklärungsart ist die *statistisch-induktive Erklärung*. Sie liegt vor, wenn man, im einfachsten Fall, das Gesetz abschwächt zu „wenn x P hat, so hat es auch mit der Wahrscheinlichkeit w Q", symbolisch: $w(P(x)/Q(x))$. Als Schema ergibt sich dann:

$P(x_0)$	Dies ist ein Rabennest.
$w(P(x)/Q(x))$	Die Wahrscheinlichkeit, daß ein Rabe schwarz ist, ist sehr hoch.
═══	[w](Schluß mit einer gewissen Wahrscheinlichkeit)
$Q(x_0)$	Das geschlüpfte Junge ist schwarz.

Auch bei dieser Erklärungsart ergeben sich Probleme. Einmal müssen der Wahrscheinlichkeitsbegriff präzisiert und Regeln für das Schließen aufgrund von Wahrscheinlichkeiten aufgestellt werden, zum anderen ist die Wahrscheinlichkeit vom jeweiligen Wissensstand abhängig. Diese Erklärungsart liefert also keine *zwingende*, sondern nur eine (möglicherweise sehr) *wahrscheinliche* Erklärung. Deshalb wird immer wieder gegen sie eingewandt, sie sei bestenfalls eine Begründung (so wird auch in dem Beispiel die Tatsache, daß das Junge schwarz ist, nicht erklärt). Während diese geschilderten Arten von Erklärung in den Naturwissenschaften ständig angewandt werden und ihr Wert unbestritten ist, bleibt die Frage offen, ob sie auch in anderen Bereichen (z.B. Psychologie, Soziologie, Geschichtswissenschaften) Verwendung finden können. Hier steht die Erklärung oft in Konkurrenz mit Deutung. Besondere Brisanz erhält das Problem dadurch, daß „Wissenschaftlichkeit" vielfach mit der Möglichkeit von Erklärungen gleichgesetzt wird, so daß die Wissenschaftlichkeit gewisser Disziplinen unmittelbar in Frage steht.

Erleben: der im Bewußtsein ablaufende, unmittelbare und unreflektierte Vorgang, in dem Ich und Welt ungeschieden gegenwärtig sind. Inhalt des Erlebens und Vollzugsweise „Erleben" fallen dabei zusammen. Das Erleben bildet die Grundlage für den Zusammenhang jener psychischen Akte, mit denen das Ich sich auf sich selbst und auf die Gegenstände seiner Welt bezieht. Sofern Erlebtes aus dem alltäglichen Kontinuum des Erlebens in besonderer, bedeutsamer Weise herausgehoben scheint, wird es zum *Erlebnis*. Das Erleben ist Grundbegriff der philosophischen Analyse des Subjekts und seiner Welt in der ↑Lebensphilosophie und der hermeneutischen Philosophie (Dilthey, Gadamer).

Eros [griechisch „(vorwiegend sinnliche) Liebe"]: in orphischen Schriften ein Weltprinzip, das Gegensätzliches zu vereinen vermag. – In seiner Schrift „Symposion" (griechisch „das Gastmahl") trägt Platon seine Eroslehre vor, indem er eine Frau, Diotima, den Sokrates belehren läßt: Eros sei „die Liebe zu Schönem". Wer Schönes begehre, wolle, daß „ihm Gutes zuteil werde". Das Gute, das der Liebende will, sei Glückseligkeit (↑Glück) und Unsterblichkeit. Eros könne glückselige Unsterblichkeit durch „Zeugung und Geburt im Schönen" bewirken, allerdings nur, wenn er – unter Anleitung eines weisen Menschen – sich in richtiger Weise entfalte. Die Phasen seiner vollen Entfaltung seien: sinnlicher Eros zu einem schönen Menschen, ästhetischer Eros zu „allen schönen Gestalten", ethischer Eros zu „den schönen Sitten und Handlungen", der geistige Eros zur Wissenschaft, schließlich der Eros zu dem „göttlich Schönen selbst". Von seiner vollen Entfaltung her gesehen, sei Eros also „notwendig philosophisch". – Im Gegensatz zum landläufigen Begriff *platonische Liebe* ist die sinnliche Liebe zu einem Menschen nach Platon eine Bedingung für die weitere Entfaltung des Eros. – Soweit die Philosophie des Mittelalters von Platon und Augustinus abhängt, wird – unter paulinischem und manichäischem Einfluß – diese sinnliche Bedingung übersehen und Eros als bloß geistige Kraft verstanden (↑auch Liebe).

Erscheinung (Phainomenon): seit Platon philosophischer Fachterminus für all diejenigen Gegenstände, die Menschen mittels ihrer Sinne wahrnehmend erkennen können. Platon selbst erkannte allem Erscheinungshaften nur geringen Wert zu. Vollgültige Erkenntnis war für ihn ausschließlich im Bereich des reinen Denkens und hinsichtlich des eigentlich Seienden (der unveränderlichen ↑Ideen) möglich. Im Gegensatz dazu galt ihm alle Erkenntnis, die man vom Erscheinungshaft-Veränderlichen gewinnen kann, als ungewiß und vordergründig, weil auf die Leistungen der Sinne erfahrungsgemäß kein sicherer und bleibender Verlaß ist. Sein und Wahrheit aber sollten für Platon nicht abhängen von der Zufälligkeit der Betrachtung durch ein wahrnehmendes Erkenntnissubjekt. Damit vertrat er (im Anschluß an Parmenides) eine eher *statische* Seins- und Wahrheitsauffassung. Der *dynamischen* Wirklichkeit des Lebens, in der in immer neuen Variationen des Sehens, Hörens usw. wahrnehmend auf Gegenstände Bezug genommen wird, kann dieser Standpunkt offensichtlich nicht gerecht werden. Gerade jene Formen der Zuwendung eines wahrnehmend-erkennenden Bewußtseins jedoch galten anderen Philosophen als konstitutive Rahmenbedingungen der Seinsweise und damit der Wahrheitsfähigkeit von Gegenständen. Nur wie ein Gegenstand einem wahrnehmenden Subjekt *erscheint*, so *ist* er auch, behauptete z. B. Protagoras (↑Homo-mensura-Satz). Berkeley brachte ähnliche Überlegungen auf die pointierte Kurzformel: ↑„esse est percipi". Auch Kant vertrat letztlich die Überzeugung, daß man Erfahrungswissen von Dingen nur als Erscheinungen haben könne. Trotzdem verankerte er für seine Philosophie auch das Postulat, daß sich Erkennen auf einen (z. B. über Raum und Zeit) *identischen* Gegenstand beziehen soll: Das ↑Ding an sich galt ihm als der (zwar nur denkbare) Seinsmodus, daß und wie Gegenstände auch unabhängig von jeder Beziehung auf wahrnehmende Subjekte sein mögen, und blieb damit Grundlage jeder Erscheinung.

Es: psychoanalytischer Terminus zur Bezeichnung des ursprünglichen, unbewußten und irrationalen Systems der Persönlichkeit, aus dem sich die beiden anderen Hauptsysteme, das ↑Ich und das ↑Überich, herausdifferenzieren. Das Es umfaßt die Erbanlagen und die psychischen Repräsentanzen der Triebe. Es beliefert die beiden anderen Systeme mit Energie und steht selbst in enger Berührung mit den körperlichen Prozessen als primärer Energiequelle. Die Funktion des Es wird durch das *Lustprinzip* bestimmt, demgemäß die Triebregungen nach Befriedigung und die Triebspannungen nach Ausgleich streben.

Esse [lateinisch] ↑Sein.

esse est percipi [lateinisch „Sein ist Wahrgenommenwerden"]: von Berkeley herrührende Formel, die Ausdruck eines radikalen ↑Sensualismus ist. Die Existenz empirischer Gegenstände wird gleichgesetzt mit dem Vorhandensein von Wahrnehmungsdaten.

Essentia (Essenz) [lateinisch „das Wesen, das Sosein"]: Begriff der v. a. scholastischen Philosophie mit zwei Bedeutungen: 1. die in einer Definition festgelegte Menge von „Eigenschaften", die allen Gegenständen einer Art zukommen; 2. „das, wodurch etwas ist, was es ist", also die innere „Form des ganzen" Seienden (↑Form/Materie). Weitgehend synonym mit Essentia werden quidditas (lateinisch „Washeit") und natura („Natur") gebraucht. – Nach Thomas von Aquin erscheint in den Begriffen einer (richtigen) Definition das Wesen eines Gegenstandes, das „Prinzip", das als seine innere Form diesen Gegenstand zu einem Exemplar seiner Art formt. Dem richtigen [Wesens-]Begriff entspricht, korrespondiert also das [Art-]Wesen in dem konkreten Gegenstand. – Die Essentia wird im Thomismus als Potenz interpretiert, die durch das Esse (lateinisch „Sein") als ihrem Akt wirklich wird (↑Akt/Potenz). Jeder Gegenstand hat nur nach Maßgabe seiner Essentia teil am Esse (↑Analogia entis). – Der spätscholastische Nominalismus und der neuzeitliche Rationalismus kritisieren die Korrespondenz zwischen Essentia als [Wesens-]Begriff und als innere Wesensform des Gegenstands, so daß dann Essentia nur noch als die Menge der einen Gegenstand im allgemeinen charakterisierenden Merkmale verstanden wird.

Ethik [zu ↑Ethos]: meist mit **Moralphilosophie** synonym gebrauchte Bezeichnung für die philosophische Disziplin, die die *Frage* zu beantworten sucht, an welchen Normen und Zielen (Zwecken, Werten) die Menschen ihr Handeln orientieren sollen. Auch wer sich diese Frage stellt, lebt innerhalb einer je bestimmten Menge von Normen und Zielen, deren Anspruch auf Geltung in einer je bestimmten Rangfolge von seiner Gesellschaft, seiner Gruppe, von ihm selbst faktisch anerkannt wird (↑Moral). Wer die Zentralfrage der Ethik methodisch zu beantworten sucht, hat also die *Absicht,* 1. den Geltungsanspruch der jeweiligen Moral daraufhin zu überprüfen, ob er wohl begründet ist, 2. ein oberstes, vernünftiges, d. h. möglichst jedermann einsehbares Prinzip zu finden, von dem aus die „gewohnten" Normen, Ziele und deren Rangordnung beurteilt und gegebenenfalls neue einsehbar begründet werden können, 3. dadurch zur Verbesserung menschlicher Praxis beizutragen (↑praktische Philosophie). Auch die *Anlässe,* ethisch zu reflektieren, sind oft praktisch: Das drohende Mißlingen des Lebens von Individuen, Gesellschaften oder – heute – der Menschheit, das sich an dem „Gewohnten, der Sitte" orientiert; die ein Individuum oder eine Gesellschaft desorientierende Entdeckung der historischen, ethnischen und sozialen Relativität dessen, was jeweils als moralisch gilt; das Bedürfnis, die eigene Entscheidung insbesondere bei Normen- und Zielkonflikten vor sich und anderen durch Vernunftgründe zu rechtfertigen. – Die zentrale Frage der Ethik impliziert *Vorannahmen:* Das Handeln der Menschen ist weder durch eine metaphysische Instanz noch durch eine geschichtsimmanente Notwendigkeit noch durch biologische Programme (↑Instinkt) noch durch die gesellschaftlichen Verhältnisse vollständig gesteuert, also zumindest der Möglichkeit nach frei (↑Freiheit), bedarf gerade deswegen der Orientierung an Normen und Zielen; Menschen sind so geartet, das sie grundsätzlich gleichartiger Normen und Ziele bedürfen; die menschliche Vernunft ist grundsätzlich fähig, – auf welche Weise auch immer – Normen, Ziele und deren Rangordnung zu finden und einsehbar zu begründen.

Der Sinn von Ethik wird bestritten, wenn eine der in ihre Zentralfrage eingehenden Prämissen als falsch abgelehnt wird. Jeder konsequente metaphysische oder geschichtsphilosophische ↑Monismus (z. B. Pantheismus, historischer Materialismus) und die Position, die die Ergebnisse der Verhaltensforschung an Tieren undifferenziert auf den Menschen überträgt, müssen die Freiheitsprämisse der Ethik ablehnen. Der ethische Relativismus bestreitet die Gleichartigkeitsprämisse: Menschen seien durch die geschlechtlichen, rassischen, geographischen, ökonomischen, sozialen, kulturellen oder sprachlichen Bedingungen, unter denen sie leben, so tiefgreifend geprägt, daß sie nicht gleichartig sind, daher nicht nur faktisch unterschiedliche Moralen haben, sondern auch der unterschiedlichen Moralen bedürfen (↑Relativismus). Nicht selten wird die erkenntnistheoretische Prämisse der Ethik bestritten: Die menschliche Vernunft sei entweder überhaupt unfähig, zu allgemeingültigen Erkenntnissen zu gelangen (↑Skeptizismus), oder zumindest unfähig, Normen, Ziele und deren Rangordnung mit dem Anspruch auf Allgemeingültigkeit vernünftig zu begründen (↑Dezisionismus, ↑Emotivismus, ↑Positivismus).

Die Geschichte der Ethik weist verschiedenartige Problemlösungsstrategien und Problemlösungen auf. Die Verschiedenartigkeit ethischer Systeme ist erklärbar einerseits aus dem politischen, sozialen, kulturellen Kontext und dem problemgeschichtlichen Horizont dessen, der die ethische Zentralfrage methodisch zu beantworten sucht, andererseits aus seiner metaphysischen, ontologischen, anthropologischen, erkenntnistheoretischen Position.

Die Vielzahl ethischer Positionen läßt sich ordnen nach den obersten Prinzipien, von denen her Normen, Zwecke und deren Rangordnung begründet werden. Als *Wertethik* sollen die ethischen Positionen bezeichnet werden, die einen Bereich unveränderlichen, idealen Seins jenseits des Menschen und der realen Welt behaupten (↑Idee, ↑Wert); der Mensch könne das ideale Sein durch einen besonderen Erkenntnisvorgang (Ideenschau, Wertfühlen, Gewissen) erkennen; in dem Erkenntnisvorgang erfahre er nicht nur, was er tun solle, sondern auch den allgemeinen und kategorischen Anspruch des idealen Seins, durch den Menschen verwirklicht zu werden (↑Intuitionismus, ↑Platonismus, ↑Wertphilosophie). – Als *Güterethik* sollen die ethischen Positionen bezeichnet werden, die einen in der Natur des Menschen angelegten Endzweck behaupten; auf ihn als das „höchste Gut“ (↑Gute, das) strebe jeder Mensch von Natur aus hin (z. B. Gott, das Glück, die Freude, die Lust, die Selbsterhaltung, die Selbstentfaltung); der Endzweck sei durch rationale Analyse der Natur des Menschen erkennbar; Normen, Zwecke, Tugenden und ihre Rangordnung seien aus diesem Endzweck ableitbar. Insofern bei diesen ethischen Positionen Normen, Zwecke, Tugenden den Charakter des „Nützlichen“ für das Erreichen des Endzwecks haben, werden diese Positionen auch als utilitaristische bezeichnet. – Als *Formal-*

ethik sollen die Positionen bezeichnet werden, die auf die Formulierung von sittlich verbindlichen Inhalten, also von Werten oder Gütern, verzichten und stattdessen formale Bestimmungsgründe des Wollens zum Prinzip der Beurteilung von Handlungen, Normen und Zwecken machen. Als solche formalen Bestimmungsgründe werden v.a. angegeben die Freiheit des Wollens – Handlungen sind gut, wenn sie aus Freiheit der Freiheit wegen erfolgen (Existenzphilosophie) – und die Verallgemeinerungsfähigkeit des Gewollten, die entweder als kategorische Forderung der Vernunft (↑Stoa, ↑kategorischer Imperativ) oder als Bedingung der Möglichkeit behauptenden Sprachhandelns aufgefaßt wird. Diese Positionen schreiben dem jeweiligen von ihnen als sittlich gut behaupteten Bestimmungsgrund des Wollens einen nicht begründbaren und nicht begründungsbedürftigen Verpflichtungscharakter zu, weswegen sie auch als ↑deontologische Ethik bezeichnet werden. – Ethische Positionen werden auch klassifiziert nach dem Anwendungsbereich der jeweiligen Normen und Ziele: *Individualethik* bemüht sich, Normen und Ziele zu begründen, die für das Handeln des Individuums gegenüber sich selbst gelten sollen. *Sozialethik* sucht nach begründbaren Normen und Zielen für die Interaktionen zwischen Individuen und Großgruppen sowie der Großgruppen untereinander. Eine andere wichtige Klassifizierung erfolgt unter dem Gesichtspunkt der Bedingungslosigkeit, nach der ethische Normen erfüllt werden sollen: ↑Verantwortungsethik. – Die Vielzahl der einander widerstreitenden Ethiken gab in unserer Zeit Anlaß, die Sprache zu untersuchen, in der moralische Sätze formuliert und über ethische Probleme gesprochen wird. Im Unterschied zu der oben dargestellten *normativen Ethik* wird dieser Teil der Ethik ↑Metaethik genannt.

Ethos [griechisch „Gewohnheit, Herkommen, Sitte“]: eine sittliche Grundhaltung, die sich bei einzelnen oder in einer Gruppe aufgrund von Gewohnheit oder kraft Gesetzesbeschluß durchgesetzt hat. Die Normen leiten ihre Autorität aus ihrer faktischen Geltung ab. Sie werden ungeprüft als „altbewährt“ und „immer so gemacht“ übernommen. Im Gegensatz zur ↑Ethik müssen diese Normen nicht vernünftig begründbar sein. Sie unterscheiden sich von ethischen Normen aufgrund ihrer Rechtfertigung und können auch zu diesen in Widerspruch stehen.

Eudaimonia [griechisch, eigentlich „die Gut-Geistigkeit“, dann „das Glück, die Glückseligkeit“]: zentraler Begriff griechischer Ethik: Eudaimonia sei das Ziel, auf das Menschen bei ihrem Handeln eigentlich hinstreben; sie sei nicht unmittelbar zu erlangen, sondern trete nur ein, wenn der Mensch gut, d.h. gemäß der vollen Tauglichkeit (↑Arete) als Mensch lebe. – Nach *Platon* besteht die volle „Tauglichkeit“ darin, daß die Gesellschaft und jeder einzelne „wohlgeordnet“ sind, d.h. möglichst weitgehend an der ↑„Idee des Guten“ teilhaben: Jeder muß, darf aber auch nur tun, was Pflicht seines Standes ist; Gerechtigkeit, Besonnenheit, Mäßigung, Frömmigkeit müssen – beim Weisen – mittels der Einsicht in die „Idee des Guten“ oder – beim Normalbürger – mittels Erziehung durch den Philosophenkönig wirklich werden, „sonst wird es kein Ende haben mit dem Unglücklichsein“. – Nach *Aristoteles* hat die volle „Tauglichkeit“, wer durch sein Tätigsein die der menschlichen Art eigenen Möglichkeiten vollkommen verwirklicht (↑Akt/Potenz). Da der Mensch als ↑Zoon politikon auch ↑Zoon logon echon sei, dürfe er durch sein Tätigsein nicht nur verwirklichen, was ihm als Lebewesen eigen ist (sich ernähren, fortpflanzen, Sinnliches wahrnehmen); er müsse auch die Möglichkeiten verwirklichen, die ihm als Wesen eigen sind, das als Bürger einer politischen Gemeinschaft leben kann (↑Tugend), v.a. aber diejenigen, die darin liegen, daß er zum Logos fähig ist: Erst wenn sich der Mensch auch der reinen Theorie der Theorie wegen widmet, werde er vollkommen glücklich; denn vollendete Glückseligkeit ist das „der arteigenen Tauglichkeit gemäße Tätigsein". Das rein theoretische Tätigsein sei auch deswegen besonders glückverheißend, weil es am dauerhaftesten möglich sei und keines Dinges oder anderer Menschen bedürfe (↑Autarkie). – ↑auch Glück.

Eudämonismus [zu ↑Eudaimonia]: sehr ungenaue Sammelbezeichnung für unterschiedliche ethische Lehren, denen nur eins gemeinsam ist: Sie betrachten das – sehr unterschiedlich verstandene – Glücklichsein als das höchste erstrebenswerte Gut. – Der *moralische Eudämonismus* sieht, wie z. B. Platon, in der Verwirklichung moralischer Tugenden und der Erfüllung der Standespflichten den Weg zum Glücklichsein, während der *ontologische Eudämonismus* des Aristoteles und der ihm – bis Marx – verpflichteten Philosophen die Verwirklichung der – im Laufe der Geschichte sehr verschieden definierten – artspezifischen Möglichkeiten des Menschen als Kriterium richtigen Handelns und damit als Bedingung des Glücklichseins betrachtet (↑Eudaimonia). – Der *soziale Eudämonismus* sieht, wie z. B. Bentham, das größtmögliche – nicht definierte – Glück der größtmöglichen Zahl der von einer Handlung Betroffenen als das Kriterium für gutes Handeln; demgegenüber ist für den *individuellen Eudämonismus,* z. B. Epikurs oder – in ganz anderer Weise – Hobbes', ausschließlich das – nicht definierte – Glück des Handelnden der Maßstab richtigen Handelns (↑Utilitarismus). – Dem Eudämonismus werden manchmal auch die Lehren des ↑Hedonismus zugerechnet. Er umfaßt so unterschiedliche Positionen wie die des Epikur (↑Epikureismus) und die des Marquis de Sade, der empfiehlt, nur das zu tun, was im Moment die größtmögliche Lust bereitet. – Kant lehnt jegliche Form eudämonistischer Ethik ab, da hier nicht der Wille durch Einsicht in die Pflicht sich selbst bestimme, sondern durch Neigungen fremdbestimmt werde (↑Autonomie/Heteronomie).

Evidenz [zu lateinisch evidentia „Ersichtlichkeit, Klarheit"]: unmittelbare Einsicht mit einem besonderen Anspruch auf Wahrheit. Im Gegensatz zu einer durch einen deduktiven Beweis belegten Wahrheit ist die Evidenz nicht vermittelt; sie ist *intuitiv* (↑Intuition) und nicht diskursiv. Evidenzen gründen in ↑Anschauungen (sie sind „anschauliche Gewißheit" [Kant]): Ein angeschauter Sachverhalt kann evident genannt werden, wenn die begrifflich-logische Analyse keinen Zuwachs an Gewißheit bringt. Damit eignet sich die Evidenz zur Begründung erster Sätze (↑Axiom) der Wissenschaften. Im ↑Intuitionismus wird Evidenz zur Begründung ethischer Normen in Anspruch genommen. – Nachdem die Mathematik des 20. Jahrhunderts mit der Evidenz gebrochen hatte, geriet diese auch in der Philosophie ins Kreuzfeuer der Kritik. Hier ist es v. a. der kritische Rationalismus, der mit dem Vorwurf des Dogmatismus gegen Evidenzen zu Felde zieht. Evidenzen werden gesehen oder nicht gesehen; dazwischen, so heißt es, gibt es keine Vermittlung; daß etwas evident ist, kann nur gesehen, nicht aber bewiesen werden: Also sind Evidenzen subjektiv und damit unbrauchbar für die Wissenschaft. Dem wird von Verfechtern der Gegenposition entgegnet (↑Phänomenologie, ↑Konstruktivismus), daß Evidenz im Sinne eines *pragmatischen Fundaments* zu verstehen ist, also als das, was wir immer schon können, bevor wir Wissenschaft betreiben.

Evolution [zu lateinisch evolvere „sich aus etwas herauswickeln"]: in verschiedenen Zusammenhängen zur Bezeichnung kontinuierlicher Entwicklungsprozesse verwendeter Ausdruck. Das Merkmal der Kontinuität scheint dabei entscheidend zu sein. So spricht man etwa von der Evolution politischer und gesellschaftlicher Institutionen im Gegensatz zu deren ↑Revolution. In den exakten Wissenschaften war der Evolutionsbegriff lange auf die Biologie beschränkt. Der Grundgedanke der durch Darwin begründeten biologischen Evolutionstheorie besteht darin, die Evolution als ein zweistufiges Phänomen aufzufassen. Der Schlüsselbegriff der ersten Stufe ist die durch Mutation und geschlechtliche Fortpflanzung bedingte *Variation* innerhalb einer Population. Auf einer zweiten Stufe erhält die bis dahin zufällige genetische Variabilität eine Richtung durch die *natürliche Selektion*, die zu einer Auslese derjenigen Organismen führt, die der jeweiligen Umwelt am besten angepaßt sind. In längeren Zeiträumen bewirkt dieser Prozeß eine quantitative Begünstigung der bestangepaßten genetischen Strukturen. Die gegenwärtig fast allgemein akzeptierte Richtung der Evolutionstheorie wird zur Unterscheidung von anderen zumeist *synthetische Evolutionstheorie* genannt. Diese Bezeichnung soll ausdrücken, daß die moderne Evolutionstheorie sämtliche verfügbaren und sinnvoll verwendbaren Kenntnisse aus anderen Teilbereichen der Biologie und aus anderen Wissenschaften (z. B. Geologie, Paläontologie) mit einbezieht. Zum anderen ist die Evolutionstheorie zu einem einheitlichen Gesichtspunkt wissenschaftlicher Untersuchungen in nahezu allen biologischen Teildisziplinen geworden. – Heute spricht man jedoch auch in nicht biologischen Disziplinen von Evolution, z. B. kosmische, chemische und kulturelle Evolution. Die kulturelle Evolution des Menschen beruht auf seiner Fähigkeit zur Kommunikation von Erfahrung und Wissen und zur Veränderung der Umwelt entsprechend seinen Bedürfnissen. Die Unübersehbarkeit bzw. die Unterschätzung oder die Verdrängung der Folgen menschlicher Veränderungen der Umwelt wirft schwerwiegende Probleme für das Überleben der Gattung auf. – Im Kontext von Philosophie, Wissenschaftstheorie und Wissenschaftsgeschichte tritt der Begriff der Evolution v. a. in zweierlei Zusammenhängen auf. Zum einen bei der Frage der Anpassung insbesondere des Gehirns und seiner Erkenntnisstrukturen an die Struktur der Wirklichkeit im Prozeß der biologischen Evolution (evolutionäre Erkenntnistheorie). Zum anderen werden evolutionstheoretische Termini in Theorien des wissenschaftlichen Fortschritts eingeführt. Demzufolge haben Maximen der wissenschaftlichen Methode wie Freiheit des Entwurfs und Strenge der Kritik einen evolutionstheoretischen Sinn: Freiheit des Entwurfs vergrößert den verfügbaren Pool von Theorievarianten, während Strenge der Kritik den Grad des selektiven Drucks verstärkt.

Ewigkeit: von der antiken bis zur neuzeitlichen Philosophie in zwei Varianten verwendeter Begriff. In der *ersten Variante* ist er synonym mit der sich unendlich in die Zukunft und die Vergangenheit erstreckenden ↑Zeit. Da alle Einzeldinge der Welt (des Kosmos bzw. der Materie) nie anders als zeitlich begrenzt gedacht werden, also mit einem zeitlichen Anfang, *vor* dem sie (noch) nicht sind, und einem zeitlichen Ende, *nach* dem sie nicht (mehr) sind, spielt der Begriff Ewigkeit eine Rolle v. a. im Kontext der Fragestellung, ob die Welt oder die Materie, sofern sie als ein Ganzes gedacht wird, ewig sei oder nicht: 1. Sofern sie ewig ist, impliziert dies, daß zwar das Dasein alles weltimmanent einzelnen zeitlich begrenzt ist, daß aber der Wechsel von Dasein und Nicht-Dasein irgendwelcher Einzeldinge überhaupt weder Anfang noch Ende hat, so daß weder in der Zukunft noch in der Vergangenheit eine zeitliche Erstreckung angenommen wird, in der überhaupt kein Einzelding ist. In diesem Zusammenhang ist der Begriff der „Welt als ein Ganzes“ problematisch (Kant). 2. Aus dem Ansatz, daß die

Welt nicht ewig ist, folgt, daß sie einen zeitlichen Anfang hat. Die Problematik des Begriffs von einem absoluten zeitlichen Anfang zieht sich durch die gesamte europäische Philosophiegeschichte. Auf einer Aussage des Melissos aufbauend, daß aus nichts nichts entstehen könne, beweist Aristoteles, daß die Behauptung eines absoluten Anfangs von Bewegung zum Widerspruch führt (↑unbewegter Beweger). Augustinus zeigt die Sinnlosigkeit der Frage auf, was vor dem Anfang der Welt war; allerdings auf dem Boden des christlichen Gedankens, daß die Welt ↑Schöpfung Gottes sei. Moderne physikalische Kosmogonietheorien, die sich zunächst durch Interpretation von Beobachtungen zu der Annahme eines Nullpunkts einer universalen Zeitskala genötigt sahen, versuchen, die Schwierigkeiten zu umgehen, indem sie nicht die Marke vergangener Materiezustände auf einer Zeitskala, sondern lediglich das Maximum möglicher zeitlicher Abstände von Ereignissen asymptotisch gegen Null gehen lassen (↑Kosmologie). Eine interessante Variante der Theorie einer nicht-ewigen Welt findet sich z. B. bei Platon: Hier wird der Anfang der Welt (Welt verstanden als Materie in einem Zustand, dem Ordnung zukommt) als ein Übergang aus einer ungeordneten Urmaterie gedacht. Diese Urmaterie selbst ist wiederum ewig, d. h. „immer seiend und also ungeworden". Diese meist in mythischem Denken verankerten Theorien haben ihren radikalen Gegensatz in der christlichen Auffassung der Welt als Schöpfung aus nichts (↑Creatio ex nihilo). – Die zeitlichen Anfangsaporien sind auflösbar im Rahmen der *zweiten Variante* des Ewigkeitsbegriffs: Hier ist Ewigkeit gleichbedeutend mit *Zeitlosigkeit,* im Zusammenhang damit dann auch mit Unveränderlichkeit und Nicht-Negierbarkeit (↑absolut/relativ). Als ewig in diesem Sinn werden gedacht: der Gott (oder die Götter), das Sein (Parmenides), die Ideen (Platon), Nous, Logos, das Eine (Plotin), die Universalien. Dieser Begriff von Ewigkeit fordert in der Regel eine Art von ↑Dualismus oder *Zwei-Welten-Theorie,* da solches Ewige im Gegensatz zur empirischen Welt des zeitlich Endlichen steht. Hier haben wir nicht mehr den Gegensatz zeitlich-unendlich/zeitlich-endlich, sondern den Gegensatz zeitlos/zeitlich überhaupt. Sowohl im mythischen Denken als auch im Kontext christlicher Philosophien kann dieser Gegensatz zur Einheit zurückgeführt werden: Hier wird ewig als „immer jetzt" verstanden, so z. B. in den neutestamentlichen Aussagen „Die Stunde kommt, und sie ist schon da" (Johannes 4, 23) und „Ehe Abraham wurde, bin ich" (Johannes 8, 58). Bei Johannes Scotus Eriugena schafft Gott die Welt nicht zu einem Zeitpunkt, sondern „in Ewigkeit". Am deutlichsten spricht dies Meister Eckhart aus: „Gott schafft die Welt immer jetzt" bzw. „in einem ewigen Nun". Dieser Begriff von Ewigkeit findet sich dann wieder – vermittelt über Böhme – bei Hegel („Ewigkeit ist Gegenwärtigkeit überhaupt") und bei Schelling, der den Begriff einer unendlichen Zeit für einen ungereimten Begriff hält („die Zeit ... in jedem Augenblick der Ewigkeit gleich"). In der Philosophie der Gegenwart ist Ewigkeit als philosophischer Terminus verschwunden.

Existẹnz [zu lateinisch exsịstere „heraus-, hervortreten, vorhanden sein"]: Dasein, Leben, Vorhandensein, Wirklichkeit; von der *Hochscholastik* nicht synonym mit esse (lateinisch „sein") gebraucht. Esse bezeichnet die ↑Teilhabe eines Seienden an der „Vollkommenheit der Vollkommenheiten" des Schöpfergottes und das innere „Am-Wirken-Sein" (↑Akt/Potenz) des Seienden gemäß seiner Essentia (lateinisch „Wesen"). Existenz bezeichnet dagegen die Tatsache des Vorhandenseins eines Seienden. Die Existenz eines Seienden (z. B. eines Menschen) ist durch äußere Ursachen (↑Causa) bewirkt (Zeugung der Eltern) und damit zufällig (↑Kontingenz). – In der rationalistisch orientierten Philosophie der *Neuzeit* ist die Existenz eines Seienden der letztlich unwichtige, weil nie voraussehbare und stets defiziente Sonderfall seines allgemeinbegrifflichen, ewigen Wesens (↑Dasein). – Die *Existenzphilosophie* bezeichnet seit Kierkegaard mit Existenz – in bewußter Absetzung zu der rationalistischen Wesensphilosophie – die spezifische, unableitbare und individuelle Seinsweise des Menschen. Der Mensch sei nicht wie das „Vorhandene" (z. B. Mond) oder gar das „Zuhandene" (z. B. Stuhl) von seinem Wesen her festgelegt, sondern sei in der Seinsweise der „Eksistenz", d. h. des Aus-sich-Herausstehens. Dieses gebe sich in vielfältiger Weise kund, z. B. in der ↑Angst, in der ↑Sorge, im Entwerfen (↑Entwurf), im Nichten und Ergreifen von Möglichem, auch in der Verlorenheit an das ↑Man. Existenz bezeichnet also das aus nichts ableitbare, d. h. aus Freiheit entstehende Verhalten des einzelnen Menschen zum Sein, wodurch er sein So-Sein konstituiere. In radikalster Form äußert Sartre diesen Grundgedanken der Existenzphilosophie: Die Existenz gehe dem Wesen voraus, insofern der einzelne sein Entwurf sei.

Existenzaussage: eine Aussage, in der behauptet wird, daß es (in einem bestimmten Bereich) einen oder mehrere Gegenstände gibt, auf die ein bestimmter Prädikator zutrifft, z. B.: „Es gibt den Kaiser von China." „Manche Berge sind höher als 8000 Meter." „Es gibt eine Zahl, deren Quadrat gleich 2 ist." Solche Aussagen werden mit Hilfe des ↑Existenzquantors symbolisiert:

$$\bigvee_{x_0 \in M} P(x_0) \text{ oder } \bigvee_{x \in M} P(x).$$

Gesucht sind also diejenigen Elemente von M, die die ↑Aussageform $P(x)$ (mit der freien Variablen x) erfüllen. – In den Erfahrungswissenschaften stellen Existenzaussagen solche Aussagen dar, die zwar empirisch *verifiziert*, aber nicht empirisch *falsifiziert* werden können (↑Falsifikation); z. B.: Um zu zeigen, daß die Behauptung „Es gibt den Kaiser von China" wahr ist, muß man diese Person vorweisen können. Aus der Tatsache aber, daß noch niemand den Kaiser von China gesehen hat, darf nicht unmittelbar geschlossen werden, daß es ihn nicht gibt. Das läßt sich erst mit Hilfe von zusätzlichem Wissen (also gerade *nicht* empirisch) folgern (z. B. aus der Tatsache, daß China eine Volksrepublik ist). – In der Mathematik ergibt sich das Problem der *negativen Existenzbeweise:* Aus $\neg \bigwedge_{x \in M} \neg P(x)$ (lies: Nicht allen x aus M kommt P nicht zu) wird geschlossen: $\bigvee_{x_0 \in M} P(x_0)$ (lies: Es gibt ein x_0 aus M, dem P zukommt). Da hierbei nichts über die tatsächliche Verfügbarkeit des Elementes x_0 gesagt wird – also etwa eine Rechenvorschrift angegeben wird –, wird dieses Verfahren von der dialogischen Logik nicht anerkannt (↑Tertium non datur). Aus deren Sicht ist ein *Existenzbeweis* erst dann geliefert, wenn das entsprechende Element explizit aufgewiesen oder benannt wurde (z. B. wenn $\sqrt{2}$ als Grenzwert der Folge 1; 1,4; 1,41; 1,414 ... angegeben wird). Ein unproblematischer Fall liegt vor, wenn die Menge M nur endlich viele Elemente enthält oder ein Entscheidungsverfahren (↑entscheidbar/unentscheidbar) zur Verfügung steht, mit dessen Hilfe für jedes Element von M festgestellt werden kann, ob P auf dieses zutrifft oder nicht.

Existenzphilosophie: Richtung innerhalb der jüngeren Philosophie, die in z. T. sehr verschiedenen Ausprägungen vorwiegend im 20. Jahrhundert in Europa entstand. Den Ansatzpunkt für die Autoren im Umkreis der Existenzphilosophie bildet der Umstand, daß der Mensch offenbar nicht bereit ist, sein Vorhandensein in der Welt als bloßes Faktum hinzunehmen, ohne nach einer vernünftig einsehbaren Erklärung und akzeptablen Sinngebung für diese

↑Existenz zu fragen. Dazu gilt es, jenseits der erfahrungswissenschaftlich fixierbaren Daten diejenigen Bestimmungen aufzusuchen, die für das Vorhandensein des Menschen in der Welt charakteristisch sind, und zwar in Hinblick auf seine Eigenschaft als denkendes Wesen. – Wie der Marxismus, der Positivismus, der Historismus und der Pragmatismus darf auch die Existenzphilosophie als eine Protesthaltung gegen die philosophische Tradition des Abendlandes interpretiert werden. Das Philosophieren im Rahmen eines ↑Systems (wie zuletzt bei Hegel) wird entschieden abgelehnt, da man den Verdacht hegt, Systemdenken forme und stilisiere eher eine Wirklichkeit, als daß es sie adäquat erfasse, treffe vorschnell Aussagen allgemeiner Art über den Menschen, die sich dann bei ihrer Anwendung auf das Individuum als unzutreffend herausstellen können. Stattdessen soll philosophisches Denken zunächst konkret vom einzelnen Menschen und seiner jeweiligen Situation ausgehen, weil jeder Mensch in jeweils individuellen Existenzsituationen stehe. Aus diesem individualistisch-subjektivistischen Zuschnitt ergibt sich, warum der konsequente Existenzphilosoph auf die Formulierung einer Lehre verzichten muß: Existenzphilosophische Rede kann nie unmittelbar verstanden werden; wer ihren Sinn erschließen will, muß sie gewissermaßen erst in seine eigene Situation „übersetzen". Die Möglichkeit dazu besteht aufgrund von vergleichbaren Befindlichkeiten und „existentiellen Erlebnissen" – Grunderfahrungen wie Angst, Leid, Erfahrung der Absurdität, durch die der Blick auf die Existenz als einen innersten Kern der Seele frei wird. Dieses Philosophieren versteht sich selbst als unmittelbarer Vollzug von Lebenspraxis. Erkenntnisse über die besondere Art des menschlichen ↑In-der-Welt-Seins fließen nicht aus einer distanzierten gedanklichen Analyse oder rationalem Wissen über den Menschen, sondern aus dem bewußten Erleben des Daseinsvollzugs. Mit dem Verzicht auf eine Lehre und der Absage an ein Denken, das Wissenschaft um der Wissenschaft willen betreibt, steht ein weiteres Charakteristikum der Existenzphilosophie in Verbindung: Das im strengen Sinne existenzphilosophische Schrifttum verzichtet auf Argumentation zugunsten von Appellen. Dies findet seinen Ausdruck darin, daß eine Reihe von Autoren (z. B. Pascal, Nietzsche) einen aphoristischen Stil bevorzugen oder andere (v. a. in der französischen Variante) sich künstlerischer Ausdrucksmittel wie Drama, Roman, Tagebuch oder Film bedienen. – Geschichtlich gesehen knüpft die Existenzphilosophie an Kierkegaard, Dostojewski und Nietzsche an. Auch die ↑Lebensphilosophie (Dilthey, Bergson) wird als Wurzel genannt. In Deutschland verbindet man mit Existenzphilosophie v. a. die Namen Heidegger und Jaspers, die Ende der 1920er Jahre an Einfluß gewannen. Geradezu populär wurde die Existenzphilosophie in den 40er Jahren und besonders nach dem 2. Weltkrieg in Frankreich (als *Existentialismus)* v. a. mit den Autoren Sartre und Camus. – Einen der wichtigsten Beiträge zu Beginn der Neuzeit liefert *Pascal.* Seine Philosophie bietet ein begriffliches Instrumentarium zur Existenzanalyse, auf das Autoren von Kierkegaard bis Camus immer wieder zurückgegriffen haben, v. a. aber auch wegen Pascals Auszeichnung des Menschen durch seine Denkfähigkeit, die in ihrem Vermögen als „esprit de finesse" und „sentiment" unmittelbar analytisch verfährt und zu bestimmten praktischen Entscheidungen anhält. Dadurch wird die Eigenständigkeit von Praxis gegenüber der Theorie ausgewiesen und dargelegt, daß der Lebensvollzug nicht bloß Fortsetzung theoretischen Kalkulierens ist. Fundamentale Entscheidungen im Bereich der Praxis können nicht durch theoretisches Wissen getroffen werden. Und vor solchen Entscheidungen steht der Mensch an jeder Stelle seines Lebens. – Wie bei Pascal gehört auch bei *Kierkegaard* zu den Charakteristika der menschlichen Situation der permanente Zwang, entscheiden zu müssen, wie man sich selbst und sein Denken verstehen soll. Der unmittelbare Lebensgenuß – Kierkegaard spricht von einer „ästhetischen Stufe" der Existenz – führt auf Dauer nur zu Langeweile, Überdruß, Verzweiflung. Allerdings vermag sich der Mensch denkend aus diesem unmittelbaren Lebensvollzug zu lösen und auf eine Ebene der Reflexion (bei Kierkegaard „ethische Stufe") zu erheben. In dieser Möglichkeit zeitweiliger Reflexion auf sich selbst wird der Mensch seiner Freiheit bewußt – eine Selbsterfahrung, die mit dem Gefühl der ↑Angst verbunden ist. Vor die Wahl gestellt, sich für das Endliche zu entscheiden oder die absurde Vorstellung des Glaubens anzunehmen, wird dem Individuum nur durch eine persönliche praktische Entscheidung für den Glauben die Angst genommen (Kierkegaard spricht hier von einem „Sprung" auf die „religiöse Stufe"). Für Kierkegaard ist somit die Deutung der menschlichen Existenz im Hinblick auf Gott bezeichnend: Im verantwortlichen Lernen christlichen Handelns vermag das Individuum diese Existenz zu sichern, doch muß sich der Glaube an die Absurdität des Wortes Gottes unter „Furcht und Zittern" bewähren. – *Nietzsche* erfaßt den Menschen nicht im Zustand der Schwäche, sondern in Bestimmungen der Stärke, des Übermaßes geradezu: Phänomene der Gewalt, Grausamkeit, Rücksichtslosigkeit, Anmaßung u. a. gehören also zum menschlichen Leben im umfassenden Sinne mit hinzu, bestimmen sogar gerade diejenigen Eigenschaften, die das starke Individuum erst zur wahren Größe heranwachsen lassen. Allerdings sind sie von den lebensfeindlichen Normen der traditionellen Moral, Religion und Kultur denunziert worden. Deshalb will Nietzsche gerade in der Philosophie eine Disziplin sehen, die der Revolte der großen Individualität gegen die traditionellen einengenden Normen („Vorurteile") Ausdruck verleihen soll. – Die Einbeziehung *Heideggers* in den Kreis der Existenzphilosophen ist nicht unumstritten. Für seine Qualifizierung als Existenzphilosoph spricht, daß seine Schriften nachhaltig die Existenzphilosophie beeinflußt haben und sein begriffliches Instrumentarium von zahlreichen Autoren übernommen wurde, so z. B. die Differenzierung „existentiell – existential" oder der Terminus „Existentialien" (nach Heidegger bezeichnet das „Existentiale" die vorgegebenen Strukturen, die allgemein den Aufbau von Existenz bestimmen, während das „Existentielle" das konkrete Verhalten eines Individuums im Rahmen dieser Strukturen meint; die „Existentialien" bezeichnen allgemeine Charakteristika der Existenz wie „Sorge", „Geschichtlichkeit", „Geworfenheit", „Entwurf" u. a.). Hinzu kommt, daß Heidegger im Rahmen seiner Seins-Analyse den Sinn von Sein zunächst für das spezifisch menschliche Sein (das ↑Dasein) erschließen will. Der Mensch erschließt sich seine Welt, indem er sein Leben „besorgend" in Beziehung zur Umwelt und „fürsorgend" in Beziehung zum Mitmenschen stellt. Zumeist allerdings geht er in der Geschäftigkeit von Besorgen und Fürsorgen in einem unterschiedslosen ↑Man auf, das für Heidegger lediglich ein uneigentliches Selbst des Menschen ist. Das „eigentliche" Selbst hingegen wird in seiner ↑Befindlichkeit erschlossen. Dieser Verfaßtheit wird der Mensch nur dann gerecht, wenn er sein Leben von dem gedanklich vorweggenommenen Tod her sieht. – Von diesem bei Heidegger als ontologisch vorgegebenen Verständnis von Existenz hat sich *Jaspers* scharf abgesetzt. In drei Schritten entwirft er eine Konzeption, die v. a. durch ihre Terminologie für die deutsche Existenzphilosophie grundlegend geworden ist. In einem Prozeß, den Jaspers „Weltorientierung" nennt, erfährt der Mensch, daß es unmöglich ist, seine Existenz zum Gegenstand gesicherten, d.h. wissenschaftlichen Erkenntnisbemühens zu machen; er sieht sich in einer Welt, die ihm absurd und unbegreiflich erscheint, ihn gleichwohl zu verantwortlichem Handeln zwingt. In den sogenannten „Grenzsituationen" (Leiden, Kampf, Tod, Schuld) wird ihm diese seine Situation bewußt; in der Phase der „Existenzerhellung" wird er zum „eigentlichen Sein" aufgerufen: Er beginnt nach dem Absoluten (↑absolut/relativ) zu fragen, vermag es in der ↑Metaphysik aufzuspüren. Allerdings ist dieses Absolute (wie die Existenz selbst) nicht als objektivierbares Wissen vermittelbar, da es weder rational zu fassen noch zu definieren ist. – Bei *Sartre* wird die das existenzphilosophische Denken auslösende Grunderfahrung als „Ekel" bezeichnet, der den Menschen überkommt, wenn er erkennt, daß er sich in einer sinn-leeren Welt orientieren muß, in der der Mensch als zur Freiheit geradezu verurteilt erscheint (↑absurd). Dieser Freiheit entspricht aber auch eine umfassende Verantwortlichkeit des Menschen für sein Tun: Für den konsequenten Atheisten Sartre hat nämlich jede Wertordnung ihren Grund in dieser menschlichen Freiheit. Aus ihr ergibt sich auch, daß jeder Mensch für sich selbst seiner Existenz einen Sinn erst setzen muß, was nur im totalen Engagement möglich werden kann, das für Sartre mehr und mehr ein politisches Engagement wurde. – Das existentielle Grunderlebnis bei *Camus* ist (wie bei Sartre) die Einsicht in das Absurde, d.h. die Einsicht, daß es unvernünftig ist, der Welt und der Existenz des Menschen in dieser Welt einen Sinn zuzusprechen. Gegen diese Absurdität setzt Camus die „Revolte", also ein Nicht-akzeptieren-Wollen dieser Sinnwidrigkeit, die letztlich dadurch überwunden werden soll, daß der Mensch in maßvollem Handeln die zwischenmenschliche Solidarität mit anderen sucht.

Existenzquantor [zu ↑Existenz und ↑Quantor] (Eins- oder Manchquantor, unendliche oder Großadjunktion): logische Partikel der Prädikatenlogik zur Symbolisierung von ↑Existenzaussagen, Symbol: $\bigvee_{x \in M} P(x_0)$ (lies: Es existiert mindestens ein Element x_0 aus M, für das $P(x_0)$ wahr ist); z.B.: Es seien M die Schüler einer Klasse, $P(x)$ bedeute: x ist Klassensprecher. Dann ist $\bigvee_{x_0 \in M} P(x_0)$ zu lesen: Es gibt einen Schüler mit Namen x_0 in der Klasse M, für den gilt: x_0 ist Klassensprecher. Zum Existenzquantor gehört die Angabe des Grundbereichs (↑Bereich), aus dem das fragliche Element (bzw. die fraglichen Elemente) stammen soll. Davon kann die Wahrheit der Aussage abhängen, wie das folgende Beispiel zeigt: Es bedeute $QW2(x)$ „x ist Quadratwurzel von 2". Dann ist die Aussage $\bigvee_{x_0 \in \mathbf{Q}} QW2(x_0)$ falsch, aber $\bigvee_{x_0 \in \mathbf{R}} QW2(x_0)$ ist wahr. Der Existenzquantor wird oft mit Hilfe des Allquantors definiert:

$$\bigvee_{x_0 \in M} P(x_0) \rightleftharpoons \neg \bigwedge_{x_0 \in M} \neg P(x_0)$$

(„Wenn P nicht auf alle Elemente von M nicht zutrifft, so gibt es mindestens ein Element x_0 in M, das P besitzt"). Dieser Zusammenhang ist für unendliche Mengen nicht unproblematisch. Von links nach rechts gelesen, handelt es sich um den Mechanismus der ↑Falsifikation.

Experiment [lateinisch „Versuch"]: planmäßige Herbeiführung von Umständen zum Zweck der ↑Beobachtung. Das Experiment kennzeichnet die moderne Erfahrungswissenschaft und unterscheidet diese grundsätzlich von der antiken Wissenschaft. Die Anfänge der experimentellen Forschung reichen bis 1600 zurück (Galilei, Torricelli, Francis Bacon). Im Gegensatz zur einfachen Beobachtung wird beim Experiment absichtlich in den Ablauf der Natur eingegriffen: Bestimmte Züge (meist *Parameter* genannt) der experimentellen Situation werden systematisch variiert, um die hieraus resultierenden Wirkungen zu studieren. Alle anderen Faktoren (Parameter), die das Versuchsergebnis beeinflussen könnten, sind konstant zu halten. Experimente sind somit *wiederholbar* und deshalb *überprüfbar*. Im Experiment arbeiten *Erfahrung und Theorie* in charakteristischer Weise zusammen. Auf dem Hintergrund von gewissen, durch eine Theorie begründeten Annahmen wird eine Hypothese formuliert, die experimentell geprüft werden soll. Hierbei wird eine Entscheidung darüber getroffen, welche Faktoren als wichtig anzusehen sind und welche nicht. Aus diesen Gründen wird das Experiment gerne als „Frage an die Natur" (Kant) oder drastischer als „Verhör der Natur" (von Weizsäkker) bezeichnet. Die Ergebnisse eines Experimentes hängen von folgenden Faktoren ab: 1. von den beim Versuch verwandten Apparaten, Meßgeräten usw.; 2. von den Auswertungsverfahren, die man benützt, um die Meßergebnisse zu verarbeiten; 3. von Interpretationsannahmen wie „gleiche Ursachen haben gleiche Wirkungen". Der *negative* Ausgang eines Experimentes muß noch keineswegs zur *Verwerfung der Hypothese* führen. Erst einmal wird man den Versuch wiederholen, um sicherzustellen, daß kein Versehen o. ä. vorliegt. Andere mögliche Ursachen des unerwünschten Ausgangs können mangelnde Beobachtungsgenauigkeit oder ungenügende Auswertung (Statistik!) sein. Sind alle diese Fehlerzuschreibungen ausgeschlossen, so bleibt immer noch die Möglichkeit offen, daß ein wichtiger, das Ergebnis beeinflussender Parameter übersehen wurde oder noch unbekannt ist. Erklärt man auf diese Weise den Ausgang des Experimentes, so stellt man eine *Störhypothese* auf. Ein einzelner Versuch kann deshalb nie die Verwerfung einer Hypothese erzwingen. Experimente werden erst wirklich aussagekräftig in Verbindung mit einer ganzen Theorie und der darin verarbeiteten Erfahrung. – *Grenzen* der experimentellen Methode: Die moderne Physik hat deutlich gemacht, daß in dem Moment eine prinzipielle Schranke erreicht wird, in dem die Beobachtung mit dem beobachteten System in Wechselwirkung tritt (Unschärferelation). Im subatomaren Bereich sind der Genauigkeit der Beobachtung Grenzen gesetzt. Die andere Schranke ist ethischer Natur (z. B. Tierversuche).

Experimentum crucis [lateinisch] ↑ Konventionalismus.

Extension [zu lateinisch extensum „ausgedehnt"] (Umfang): unter der Extension eines Begriffswortes versteht man die Klasse aller Gegenstände, auf die dieser Begriff zutrifft; z. B.: Die Extension des Begriffes „zweisilbig" sind alle zweisilbigen Wörter. Als Extension einer Aussage wird deren ↑ Wahrheitswert bezeichnet. – Ein Ausdruck einer Sprache heißt **extensional,** wenn seine Extension durch die Extensionen seiner Teilausdrücke festgelegt ist. V. a. heißt eine Aussagenverbindung extensional, wenn der Wahrheitswert der Gesamtaussage durch die Wahrheitswerte der Teilaussagen bestimmt ist. Aussagenverbindungen, die mit den üblichen Junktoren gebildet werden, sind also extensional. Für die formale Logik ist die extensionale Sichtweise, im Gegensatz zur intensionalen (↑ Intension) der antiken Logik, kennzeichnend. Die *Extensionalitätsthese* behauptet, daß es für die Zwecke der formalen Logik ausreicht, Begriffe rein extensional aufzufassen.

F

Fallibilismus [zu lateinisch fallere „zu Fall bringen"]: induktiv gewonnene Sätze werden *hypothetisch* oder *fallibel* genannt, weil sie nicht endgültig verifiziert werden können

(↑ Induktion). Der Fallibilismus vertritt die These, diese Einsicht sei kein Grund, solchen Sätzen mit besonderer Skepsis zu begegnen. Sicheres Wissen gibt es nur in Mathematik und Logik. Die Suche nach unerschütterlichen Fundamenten des Wissens, wie sie der ↑ Fundamentalismus betreibt, beruht auf einer Illusion: ↑ Letztbegründungen gibt es nicht. Es kommt vielmehr darauf an, alle empirischen Sätze einer ständigen kritischen Prüfung zu unterwerfen (↑ kritischer Rationalismus).

falsch: ↑ Wahrheitswert von Aussagen. Die klassische Logik geht davon aus, daß eine Aussage entweder wahr oder falsch sein muß *(Bivalenzprinzip)*. Falsch ist gemäß dieser Auffassung äquivalent mit nicht-wahr. Die Definition von Wahrheit, die durch ↑ Negation eine der Falschheit liefert, ist Aufgabe der ↑ Wahrheitstheorien. – In der ↑ dialogischen Logik sind nur die wertdefiniten Aussagen entweder wahr oder falsch. Aussagen, für die kein Entscheidungsverfahren zur Verfügung steht, können weder wahr noch falsch sein. Man muß deshalb nicht-wahr von falsch unterscheiden: Wahr impliziert nicht-falsch und falsch impliziert nicht-wahr (aber nicht umgekehrt!).

Falsifikation [zu lateinisch falsus „falsch" und facere (in Zusammensetzungen -ficere) „machen"]: allgemein der Nachweis der Falschheit einer Aussage, in der Wissenschaftstheorie die Widerlegung eines empirischen Allsatzes durch ein Gegenbeispiel. So wird die Behauptung „Alle Raben sind schwarz" durch den Aufweis eines nicht-schwarzen Raben widerlegt. Eine empirische Allaussage kann, falls sie nicht auf einen Bereich von Gegenständen bezogen wird, nicht verifiziert werden (↑ Induktion). Popper wies darauf hin, daß zur Falsifikation in den Wissenschaften meist nicht ein isoliertes Gegenbeispiel genügt, das man durch Zusatzhypothesen vielleicht erklären könnte, sondern daß eine konkurrierende Hypothese zur Verfügung stehen muß, die mit den Gegenbeispielen verträglich ist. Falsifikation ist ↑ Bewährung dieser Gegenhypothese. – Von der Falsifikation ist die *Falsifizierbarkeit* (auch: Fallibilität), die Widerlegbarkeit, zu unterscheiden. Nach Popper sind nur falsifizierbare, nicht aber falsifizierte Sätze in den Wissenschaften zuzulassen (↑ Fallibilismus).

Fatalismus [zu lateinisch fatalis „vom Schicksal bestimmt"]: Weltanschauung oder Lebenseinstellung, nach der alles Geschehen in der Welt von einer „blinden" Notwendigkeit („Schicksal") bestimmt ist. Dieser Notwendigkeit unterliegt demnach auch jedes menschliche Tun, womit die Auffassung aufgegeben wird, daß das Handeln des Menschen durch Normen anleitbar sei und seine Ursache im freien Entscheid und Antrieb des Individuums habe; stattdessen wird Handeln als vorbestimmt und (analog zu physischen Notwendigkeiten) als quasi naturgesetzlich verursacht zu charakterisieren versucht. Verschiedene religiöse Konzeptionen (wie der Islam) haben diese Notwendigkeit als Kausalität eines höchsten Wesens interpretiert. Hingegen hat die philosophische Tradition ihre Stellungnahme zum Fatalismus in der kritischen Formel von der „faulen Vernunft" (sophismus ignavus) ausgedrückt.

Fehlschluß (Paralogismus): in der traditionellen Argumentationstheorie ein Schluß, bei dem logisch nicht gültige Schlußweisen angewandt werden (geschieht dies bewußt, spricht man von *Trugschluß*). Am häufigsten treten drei Arten von Fehlschlüssen auf: 1. Es wird eine logisch nicht gültige Implikation durchgeführt. Diese Fehlschlüsse beruhen auf einer falschen Interpretation der logischen Partikeln, die durch umgangssprachliche Formulierungen begünstigt wird: a) Aus $A \rightarrow B$ wird auf $\neg A \rightarrow \neg B$ (statt $\neg B \rightarrow \neg A$ geschlossen; z.B. aus dem Satz „Wenn es schneit, besteht Rutschgefahr" läßt sich nicht ableiten „Wenn es nicht schneit, besteht keine Rutschgefahr". b) Aus $\bigwedge_x \bigvee_y A(x,y)$ wird auf $\bigvee_y \bigwedge_x A(x,y)$ geschlossen; z. B. aus dem Satz „Zu jeder Klasse gibt es einen Klassenlehrer" folgt nicht „Es gibt einen Lehrer, der für alle Klassen Klassenlehrer ist". 2. Fehlschlüsse, bei denen zwar nicht gegen logische Schlußregeln verstoßen wird, aber die Rahmenbedingungen für deren korrekte Anwendung nicht beachtet werden. In vielen Gottesbeweisen findet man solche Fehlschlüsse, die auf der Mehrdeutigkeit des Wortes „ist" beruhen, z. B. aus „Gott ist etwas, über das nichts Größeres gedacht werden kann" und „Etwas, das in Realität ist, ist größer als etwas, das nur gedacht wird" wird gefolgert „Gott ist in Realität, also existiert Gott". 3. Fehlschlüsse, die dadurch entstehen, daß zwar die einzelnen Beweisschritte stimmen, aber die Beweisordnung nicht eingehalten wird. Zu dieser Art Fehlschlüssen gehört z. B. der Zirkelschluß (↑Circulus vitiosus), bei dem eine der Aussagen, die zum Beweis der Behauptung benötigt werden, selbst durch die Behauptung bewiesen wurde.

Fehlschluß, naturalistischer ↑naturalistischer Fehlschluß.

Fiktion [zu lateinisch fingere (2. Partizip: fictum) „formen, bilden, ersinnen, heucheln"]: eine Aussage, von der nicht gesagt werden kann, ob sie wahr oder falsch ist. Dies ist der Fall, wenn in der Aussage ein Eigenname oder eine ↑Kennzeichnung ohne ↑Referenz vorkommt. Solche Aussagen treten v. a. in literarischen Fiktionen auf, so z. B. wenn Goethe seinen Roman „Die Wahlverwandtschaften" mit den Worten beginnt: „Eduard – so nennen wir einen reichen Baron im besten Mannesalter ...", ohne sich mit dem Eigennamen „Eduard" auf eine reale historische Person zu beziehen. Wenn von der „Wahrheit der Dichtung" die Rede ist, so kann sich dies nur insoweit auf die fiktionalen Aussagen eines literarischen Textes beziehen, als die berichteten Vorgänge für etwas anderes stehen, auf etwas Allgemeines verweisen, das sie zwar zeigen, was durch eine ↑Deutung zu erschließen wäre, aber nicht (bzw. nicht notwendig) konkret aussagen. In einem außerliterarischen Sinn nennt man auch prinzipiell wahrheitsfähige, aber noch nicht hinreichend überprüfte Aussagen (↑Hypothese) Fiktionen sowie Beschreibungen gewollter oder in Erwägung gezogener Zustände und alle Vernunftbegriffe im Sinne Kants.

Finalität [zu lateinisch finalis „das Ende (Ziel) betreffend"]: das Bestimmtsein eines Geschehens oder eines Seienden von seinem Ziel, Zweck her. Als Modellvorstellung für Finalität dient der lebende Organismus: Der Organismus in jedem Entwicklungspunkt und jede seiner Veränderungen (z. B. Wachsen) seien von seinem natürlichen Ziel (z. B. Fruchttragen) her bestimmt. – Aristoteles und die von ihm beeinflußte *Naturphilosophie, Ontologie* und *Metaphysik* räumen der Finalität Vorrang unter den Ursachen (↑Causa) des endlichen Seienden und seiner natürlichen Veränderungen ein: Schon in dem „Worausher" eines endlichen Seienden und seiner Veränderungen (z. B. Same) wirke die Kraft des Zieles; die Art-Form des endlichen Seienden sei das im jeweiligen Entwicklungsstadium vorweggenommene Ziel (↑Akt/Potenz, ↑Entelechie, ↑Form/Materie). – Für eine der *ethischen Grundpositionen* (Güterethik) hat Finalität zentrale Bedeutung: Dem Menschen sei durch seine Artanlagen sein natürliches Ziel vorgegeben, das er verwirklichen solle. Seine artspezifischen Anlagen seien daher letztes Kriterium für die sittliche Beurteilung einer Handlung – eine Handlung sei gut, wenn sie der Verwirklichung dieser Anlagen nütze – und letztes Kriterium für das Gelingen menschlichen Lebens (↑Arete, ↑Eudaimonia, ↑gutes Leben). – Finalität ist auch für eine *Grundposition der Geschichtsphilosophie* charakteristisch: Die Geschichte, die kosmische oder nur die menschliche, sei auf genau ein – unterschiedlich bestimmtes – Ziel hin ausgerichtet, das durch die geschichtsimmanenten Gesetze in allem Geschehen wirksam sei (↑auch Teleologie).

Finalursache ↑Causa, ↑Finalität.

Folge: in der *Logik* svw. Konklusion (↑Folgerung). – In *Ontologie* und *Erkenntnistheorie* ist der Begriff Folge noch gebräuchlich, wenn die Ursache-Wirkungs-Zusammenhänge zwischen (realen) *Ereignissen* gemeint sind. Vom wissenschaftstheoretischen Standpunkt aus sollte dieser synonyme Gebrauch von Folge und Wirkung allerdings unbedingt vermieden werden, da sich die Begriffe auf Gegenstände ganz unterschiedlicher Art (Sätze/Ereignisse) beziehen. Der Begriff der Folge wird auch dort eingesetzt, wo bei räumlich oder zeitlich aufeinander folgenden Dingen oder Vorgängen, bei denen ein sinnvoller Zusammenhang unterstellt werden kann, der *intentionale,* zielgerichtete Aspekt angesprochen werden soll. In dieser Bedeutung spielt der Begriff auch in der *Ethik* eine Rolle: Zu einer Handlung und ihrer Intention gehören immer auch die möglichen vorhersehbaren oder unvorhergesehenen Folgen. Und je nachdem, inwieweit die Folgen bei der (moralischen) Bewertung des Handelns mitberücksichtigt werden bzw. unberücksichtigt bleiben, erhält man verschiedene ethische Grundpositionen (↑Verantwortungsethik, ↑Utilitarismus).

Folgerung (Konklusion, Conclusio, Konsequenz): Grundbegriff der Logik. Aus den Hypothesen $A_1, ..., A_n$ darf die These A gefolgert werden, wenn die Wahrheit der Hypothesen die Wahrheit der These garantiert. Die These A ist dann eine Folgerung aus $A_1, ..., A_n$. Auch die Beziehung der These zu den Hypothesen wird Folgerung genannt; symbolisiert:

$$A_1, \ldots, A_n \prec A \quad \text{oder} \quad \frac{A_1, \ldots, A_n}{A}.$$

In der formalen Logik werden diejenigen Folgerungen betrachtet, die allein aufgrund ihrer logischen Struktur, also kraft ihres Aufbaus aus ↑Junktoren, die Wahrheit der These bei gegebener Wahrheit der Hypothesen sicherstellen *(logische Folgerung),* z. B. wenn gemäß der Abtrennungsregel von A und $A \rightarrow B$ auf B geschlossen wird. In diesem Fall kommt es nicht auf die Wahrheitswerte der einzelnen Aussagen an, weshalb diese immer durch ↑Aussagenvariable (schematische Buchstaben) vertreten werden. Man unterscheidet zwischen syntaktischen und semantischen logischen Folgerungen: Eine *syntaktische logische Folgerung* liegt vor, wenn die These A aus den Hypothesen $A_1, ..., A_n$ durch Anwendung von Kalkülregeln (↑Kalkül) abgeleitet wird. Sie setzt also eine kalkülisierte Theorie voraus. A heißt hingegen *semantisch* aus $A_1, ...,$ A_n *logisch gefolgert,* wenn jede ↑Interpretation, die $A_1, ..., A_n$ wahr macht, auch A wahr macht. – In der dialogischen Logik darf die These A aus den Hypothesen $A_1, \ldots, A_n$ gefolgert werden, wenn der Proponent eine Gewinnstrategie für A besitzt und der Opponent die Hypothesen $A_1, ...,$ A_n akzeptiert. – *Analytische Folgerungen* beruhen auf Sprachregelungen oder Definitionen, z. B. „Ein Quadrat ist ein Viereck“ (↑auch analytisch). – *Synthetische Folgerungen* beruhen auf Herstellungsvorschriften: Allein aus der Konstruktion eines Gegenstands ergibt sich eine bestimmte Eigenschaft, z. B.: Stellt man ein Dreieck her als Schnittfigur dreier nichtparalleler Geraden, so ist die Tatsache, daß ein Dreieck drei Ecken hat, eine synthetische Folgerung aus dieser Konstruktion (↑auch synthetisch).

Form [lateinisch]: Begriff in Ontologie, Metaphysik, Ethik und Logik, der zunächst die Gestalt, dann die begrifflich faßbare Wesensart, den Begriff bezeichnet. Philosophiegeschichtlich wurde „Form“ zunächst bei der *Deutung des Seienden* verwandt: Für Platon sind die vielen Exemplare einer Art (z. B. die Kirschbäume) und die vielen Erscheinungsweisen einer Eigenschaft (schöne Haare, schöne Augen) nur schattenhafte, relativ unwirkliche, defiziente „Abbilder" je einer reinen Form (*des* Kirschbaums, *der* Schönheit), die als solche jenseits der empirischen Welt und des menschlichen Bewußtseins als vollkommene Wirklichkeit existiere. Form verwendet Platon synonym mit Idee (↑Ideenlehre). – Für Aristoteles ist die Form nur gedanklich ablösbar von dem konkreten, empirischen Seienden: Form sei v. a. das in jedem Seienden wirkende, substantielle Prinzip, das die passive Materie des jeweiligen Seienden zu einem Exemplar seiner Art formt (↑Form/Materie, ↑Akt/Potenz, ↑Eidos, ↑Entelechie). Einzig der ↑unbewegte Beweger ist reine, an keinerlei Materie gebundene Form. Thomas von Aquin und die thomistische Scholastik übernehmen diesen Formbegriff. – Von seiner ontologischen Bedeutung und Funktion wird der Begriff Form in der *Neuzeit* gelöst. Francis Bacon bezeichnet die naturwissenschaftlichen Gesetze sowie Definitionen, die durch Induktion und Abstraktion gewonnen werden, als Formen. Kant verlagert die Form völlig in das erkennende und wollende Subjekt. Raum und Zeit (↑Anschauungsformen) sowie die Kategorien des Verstandes (Verstandesbegriffe) sind für ihn die apriorischen (↑a priori/a posteriori) Formen, mittels deren jedes erkennende Subjekt die Sinnesdaten erst zu Gegenständen der Erfahrung formt. Der ↑kategorische Imperativ sei die „Form", durch die der Inhalt jedes Willensaktes (z. B. Neigungen) geformt werden soll; und nur so könne sich der Wille zu einem autonomen gestalten (↑Autonomie/Heteronomie). – In der *Logik* bezeichnet Form das, was bleibt, wenn man von dem durch Nominatoren und Prädikatoren angezeigten Inhalt einer Aussage absieht. Bei den ↑Elementaraussagen zählen zur Form die Stellenzahl des Prädikators und die Art der ↑Kopula (affirmativ oder negativ); die Form komplexer Aussagen ist die Art ihrer Zusammensetzung aus Elementaraussagen mit Hilfe logischer Partikeln, z. B. der Junktoren.

formale Logik ↑Logik.

formalisierte Sprache [lateinisch; deutsch]: semantisch interpretierter ↑Kalkül. Eine formalisierte Sprache umfaßt: eine Menge von Grundzeichen, Formregeln, nach denen aus Grundzeichen Ausdrücke aufgebaut werden dürfen, Umformungsregeln für Ausdrücke und Interpretationsregeln, die die Bedeutungen der Ausdrücke regeln. Beispiele sind der Kalkül der Aussagenlogik mit der Semantik der Wahrheitstafeln und der Kalkül der Modallogik mit der Kripke-Semantik. Auch Programmiersprachen sind formalisierte Sprachen, die Bedeutungen ihrer Ausdrücke sind Anweisungen an den Rechner.

Formalisierung [lateinisch]: Aufbau einer formalisierten Sprache – meist unter Verwendung von Logik und Mathematik – für ein bestimmtes Wissensgebiet, um die Eindeutigkeit der Zeichen sicherzustellen und die logischen Abhängigkeitsverhältnisse durchsichtiger zu machen. Die letzte Stufe der Formalisierung ist der ↑Kalkül.

Formalursache ↑Causa, ↑Form/Materie.

Form/Materie [lateinisch]: neben ↑Akt/Potenz das zentrale Begriffspaar der Aristotelischen und der von Aristoteles beeinflußten Naturphilosophie, Ontologie und Metaphysik, die man deswegen als **Hylemorphismus** (aus griechisch hýlē „[Bau-]Holz, Stoff, Materie" und morphḗ „Gestalt, Form") charakterisiert. Aristoteles führt die Begriffe in seiner „Physik" ein, um das von Natur aus Seiende als sich veränderndes erklären zu können, ohne aus logischen Gründen zur eleatischen (↑eleatische Philosophie) Leugnung der Veränderung oder zur heraklitischen (↑Heraklitismus) Leugnung der Substantialität des Seienden zu gelangen. – Am Modell des Werdens eines Werkstückes (z. B. Tisch) und an den Strukturen von Aussagen über Veränderungen stellt Aristoteles fest: 1. Jede Veränderung von Seiendem geschieht an einem „Zugrundeliegenden", das sich als selbiges während der Veränderungen durchhält. 2. Jede Veränderung führt von einem vor ihr liegenden Zustand des „Zugrundeliegenden" zu einem, dem ersten „entgegengesetzten" (z. B. unbearbeitet – bearbeitet, krank – gesund). 3. Jede Veränderung von Seiendem ist auf ein sinngebendes Ziel hingerichtet, den Zustand nach der Veränderung. Das, woran eine Veränderung geschieht, bezeichnet Aristoteles als „Materie"; das, worauf hin die Veränderung geschieht, als „Form"; das, woraus her eine Veränderung geschieht, als „Beraubung" (↑Privation), z. B.: Aus unbearbeitetem (Beraubung) Holz (Materie) wird ein Tisch (Form). – Das Begriffspaar kann bezüglich desselben Seienden auf verschiedenen Ebenen angewandt werden (z. B.: Das Holz ist Materie für den Tisch, der Tisch ist Materie für den Farbanstrich). Daraus ergibt sich: 1. Form und Materie müssen als analoge Begriffe verwandt werden: Form formt zwar immer eine Materie, aber einmal derart, daß die Form (z. B. die Tischform) ein Seiendes erst zu einem Seienden seiner Art (Tisch) macht: die *substantielle Form;* das andere Mal derart, daß die Form (Farbanstrich) dem Seienden etwas hinzufügt, das – gemessen an seinem Artwesen – nicht notwendigerweise genau so sein müßte: die *akzidentelle Form.* Materie ist zwar immer das „Zugrundeliegende", aber einmal derart, daß ihre bisherige substantielle Form (z. B. Brett) durch die neue Formung (z. B. zum Tisch) aufgehoben wird: die *zweite Materie* (lateinisch materia secunda); das andere Mal derart, daß ihre bisherige substantielle Form (z. B. Tisch) durch die neue Formung (z. B. Farbanstrich) nicht aufgehoben, sondern vollendet wird: die *letzte Materie* (lateinisch materia ultima). 2. Materie ist immer Materie einer Form; Form ist im Bereich des endlichen Seienden immer Form einer Materie. Also gibt es keine gänzlich formlose Materie als reales Seiendes. Wenn Aristoteles von einer *ersten Materie* (lateinisch materia prima) spricht, so bezeichnet diese das Gedankenkonstrukt, das entsteht, wenn man bei allem endlichen Seienden von jeglicher Form absieht. Ebenso gibt es für das endliche Seiende nach Aristoteles keine materielosen Formen, im Gegensatz zu Platon, der für das endliche Seiende reine Formen, die Ideen, annimmt (↑Ideenlehre). 3. Form und Materie sind für aristotelisches Denken nicht Teile, aus denen das endliche Seiende zusammengesetzt würde, sondern zwar reale, aber real nicht voneinander trennbare, „innere Ursachen jedes endlichen Seienden" (↑Causa). – Aristoteles und die von ihm beeinflußte Philosophie verknüpfen das Begriffspaar Form/Materie mit dem Begriffspaar Akt/Potenz: Materie wird als Potenz, Form als Akt interpretiert. Dadurch bekommen die Begriffe Materie und Form eine weitere Dimension: Materie ist v. a. das, was auf eine bestimmte, zielgerichtete Veränderung hin angelegt ist, und Form ist als substantielle Form v. a. das, was in einem Seienden „am Wirken" (griechisch enérgeia, lateinisch actus) ist, nämlich auf den vollkommenen Endzustand des Seienden hin (↑Teleologie). Insbesondere bei allen Lebewesen bezeichnet substantielle Form das innere Prinzip des Lebewesens, das im Prozeß des Wachsens, Reifens, Fruchttragens „am Wirken" ist, um den dem Lebewesen von seiner Natur vorgegebenen vollkommenen Endzustand zu erreichen, zu dem dann auch akzidentelle Formen gehören (z. B. beim Menschen das aktuale Denken). Substantielle Form ist also das Prinzip, das durch ständige Formung von Materie sich selbst als vollendete Form herausbildet. Da seit vorphilosophischer Zeit „Seele" (griechisch psyché) die Bezeichnung für „das innere Prinzip der Veränderung" von Lebewesen ist, interpretiert Aristoteles Seele als substantielle Form eines lebenden Körpers (↑ Entelechie). Die substantielle Form des Menschen erreicht ihre Vollendung, wenn sie die dem Artwesen des Menschen gemäßen akzidentellen Formen bewirkt hat, nämlich die volle „Tauglichkeit" (↑ Arete). Sie gipfelt für Aristoteles in der „glückseligen Theoria" (↑ Eudaimonia), für den christlichen Aristotelismus in der „beglückenden Gottesschau". – Da der erste ↑ unbewegte Beweger bei Aristoteles reiner Akt ist, muß er auch reine Form sein, also sich selbst denkendes Denken. Im christlichen Aristotelismus wird Gott als reiner Akt gedeutet, konsequenterweise als „reine Form", als „Form der Formen", als Geist. – Kant löst das Begriffspaar Form/Materie aus seiner ontologischen Verwurzelung. Formen – die ↑ Anschauungsformen Raum und Zeit sowie die Verstandesbegriffe (↑ Kategorie) – sind die apriorischen (↑ a priori/a posteriori) Gegebenheiten des menschlichen Erkenntnissubjekts, durch die die Materie der Sinnesdaten allererst zu Gegenständen der Erfahrung geformt wird. Doch auch bei Kant ist Form – insbesondere gilt dies für die apriorischen Verstandesbegriffe – ausschließlich auf ihre Materie, d. h. die Sinnesdaten verwiesen und nur in Hinsicht auf sie, nicht aber in Hinsicht auf Nicht-Sinnliches verwendbar. Ebenso ist die Materie der Sinnesdaten auf die Formung durch die Anschauungsformen Raum und Zeit sowie auf die Formung durch die Verstandesbegriffe angewiesen.

Fortschritt: seit der Aufklärung Grundbegriff der Geschichtsphilosophie und des Geschichtsbewußtseins der bürgerlichen Gesellschaft. In der Vorstellung von Fortschritt äußert sich die Zukunftserwartung der Neuzeit, die sich dadurch ebenso von Kulturverfallsvorstellungen der Antike („Goldenes Zeitalter" am Anfang der Geschichte) und von Kreislauftheorien (wie sie im spätbürgerlichen Denken wieder auftauchen, z. B. bei Spengler) absetzt wie von der jüdisch-christlichen Geschichtstheologie. Historisch ist das Auftreten des bürgerlichen Fortschrittsglaubens vermittelt durch die zunehmende gesellschaftliche Bedeutung des Bürgertums im ausgehenden Mittelalter, die Entstehung der neuzeitlichen Naturwissenschaften und die an sie geknüpften Erwartungen hinsichtlich der instrumentell-rationalen Lösbarkeit aller Probleme (↑ instrumentelle Vernunft). – Fortschritt bezeichnet – im Gegensatz zur Entwicklung im biologischen Sinne – eine durch innovatorisches, über Lernprozesse vermitteltes Handeln bewirkte Veränderung vom Unvollkommeneren zum Vollkommeneren. Da menschliches Handeln nur möglich ist unter der Bedingung der ↑ Freiheit von inneren und äußeren Zwängen, ist das grundlegende Handlungsinteresse das der Emanzipation, der Befreiung von naturhaften, gesellschaftlichen und psychischen Zwängen. Mithin muß als Kriterium des Fortschritts die Sicherung und Erweiterung der Handlungsfreiheit gelten. Von „Fortschritt" läßt sich im Hinblick auf drei Bereiche sprechen. 1. *Wissenschaftlich-technischer Fortschritt:* In diesem Bereich meint „Fortschritt" die quantitative oder qualitative Zunahme des theoretischen Wissens und seiner technischen Anwendung. Nach Popper ist der Erkenntnisfortschritt nur dann feststellbar, wenn es allgemeingültige methodische Kriterien des wissenschaftlichen Erkennens gibt. Popper schlägt als Kriterium den Grad der Bewährung des Wissens vor (↑ Falsifikation). Die Möglichkeit allgemeiner methodischer Kriterien verneint Kuhns These der methodischen Inkommensurabilität (Unvergleichbarkeit) von Paradigmen (Grundeinstellungen, die eine Wissenschaft konstituieren bzw. für bestimmte geschichtliche Gestalten einer Wissenschaft – z. B. aristotelische Physik, Physik Galileis und Newtons, Quantenphysik – kennzeichnend sind; ↑ Paradigma). Im Gegensatz dazu stehen an der kognitivistischen Entwicklungspsychologie Piagets orientierte Versuche, die empirische Abfolge der wissenschaftlichen Paradigmen als entwicklungslogisch notwendige, über Lernprozesse vermittelte Folge von Theorie-Niveaus zu rekonstruieren. Diesen Bemühungen, den Erkenntnisfortschritt mit Hilfe theoretischer Kriterien zu bestimmen, steht der Versuch gegenüber, zu diesem Zweck ein praktisches, am ↑ Erkenntnisinteresse (Habermas) orientiertes Kriterium zu verwenden, wonach der Erkenntnisfortschritt sich bemißt an der aufgrund des Wissensstands der verschiedenen Wissenschaftstypen erzielten Befriedigung der technischen, praktischen und emanzipatorischen Bedürfnisse der Menschen. Seit Francis Bacon wurzelt die bürgerliche Fortschrittsgläubigkeit besonders im Vertrauen auf die technischen Möglichkeiten der Naturbeherrschung. Dies führte in den staats- und privatkapitalistisch organisierten Industriegesellschaften zur Verabsolutierung des v. a. quantitativ verstandenen Wachstumsprinzips als Maßstab des Fortschritts. In der Gegenwart werden die Kosten dieser Einstellung deutlich, die – wie Benjamin sagt – nur die „Fortschritte der Naturbeherrschung", nicht aber die „Rückschritte der Gesellschaft" (z. B. künstlich geschaffene Bedürfnisse und Abhängigkeiten, Wettrüsten) und die „Ausbeutung der Natur", die damit verbunden sind, „wahr haben" will. Die Auffassung, daß die Natur „gratis da ist" (Dietzgen), geht letztlich zurück auf das mechanistische Weltbild der Newtonschen Physik, nach der es in der Natur nur prinzipiell reversible Ortsveränderungsprozesse gibt. Seit der Entdeckung des Entropiegesetzes im 19. Jahrhundert beginnt sich die Einsicht durchzusetzen, daß jeder Naturablauf und jeder Eingriff in die Natur die verfügbare Energie und Materie vermindert, daß dieser Prozeß irreversibel und die Menschheit verpflichtet ist, ihre technischen Mittel zur größtmöglichen Verlangsamung dieses Prozesses zu nutzen. 2. *Politisch-praktischer Fortschritt:* In der Aufklärungsphilosophie wird der Begriff des wissenschaftlich-technischen Fortschritts einem praktischen Fortschrittsbegriff untergeordnet. Die „moralisch-practische Vernunftidee" eines „continuierenden Fortschritts" „bis ins unendliche" zielt nach Kant auf die Errichtung einer „vollkommenen Staatsverfassung", auf ein „gemeingültiges Menschenrecht" und auf weltbürgerliches Zusammenleben aller Menschen nach der Überwindung des Krieges. Weil Fortschritt geschichtlich von „freihandelnden Wesen" verwirklicht werden muß, droht zugleich ständig die Gefahr eines Rückfalls „in die alte Rohigkeit". Hegel dagegen begreift Fortschritt als notwendige Selbstverwirklichung des Geistes (↑ absoluter/objektiver/subjektiver Geist) in der Geschichte, die er als „Fortschritt im Bewußtsein der Freiheit" bestimmt. Fortschritt im quantitativen Sinne ist das „Gedankenlose"; der wahre Fortschritt liegt in der Verwirklichung des Wissens, daß „alle Menschen an sich frei [sind], der Mensch als Mensch frei ist". In diesem Sinne sieht Marx den Fortschritt, getragen von den geschichtlichen Klassenkämpfen, ausgerichtet auf die klassenlose kommunistische Gesellschaft, das „Reich der Freiheit". 3. *Ontogenetischer Fortschritt:* Allgemeingültige, über Lernprozesse miteinander vermittelte Stufen des Fortschritts in der geistigen Entwicklung des Individuums rekonstruiert die genetische Entwicklungspsychologie (Piaget hinsichtlich des theoretischen Denkens, Kohlberg hinsichtlich des moralischen Urteils).

Frage: man unterscheidet gewöhnlich: 1. Entscheidungsfragen, die einen Sachverhalt klären wollen (Ja-Nein-Fragen, Ob-Fragen): „Kannst du mich heute abend anrufen?", „Weißt du, ob Peter in der Schule ist?" Man antwortet auf sie durch einen Aussagesatz oder durch ein bloßes Ja oder Nein. 2. Ergänzungsfragen, die nach einer Person, einer Sache oder einem Umstand fragen ("W"-Fragen, Bestimmungsfragen, Einsetzungsfragen). Sie werden immer durch ein Fragewort eingeleitet: „Wer ist krank?", „Wann fährst du?" 3. Rhetorische Fragen, die der Sprechende nur stellt, um den Gesprächspartner zur Anerkennung einer bereits vorhandenen Meinung zu bewegen. Sie bedürfen meist keiner Antwort: „Will die Menschheit sich wirklich selbst vernichten?", „Habe ich nicht immer vor ihm gewarnt?" Eine sehr wichtige, zuerst v.a. von Prior 1955 aufgestellte Unterteilung der Frage ist die in kategorische (z.B. „Regnet es?"), disjunktive (z.B. „Gehst du hin oder Peter?") und hypothetische (z.B. „Wenn es regnet, gehst du dann hin?"). Prior parallelisiert die kategorischen mit den Entscheidungsfragen und die disjunktiven mit den Ergänzungsfragen. Erst in neuester Zeit hat sich die bis dahin ausschließlich auf die Untersuchung von Aussagen konzentrierte Logik in der *erotetischen Logik* bzw. *Interrogativlogik* der logischen Analyse von Fragen zugewandt. – Im *Fragen* stellt sich ein spezifisch menschliches Grundverhalten zur Welt dar. Der Mensch kann nur fragen, insofern er „weltoffen" (Scheler) ist, d.h. nicht eingebunden in das faktisch Vorgegebene, sondern angelegt und angewiesen auf eine ständige Erweiterung und Umarbeitung seiner natürlichen Umwelt. Die Tatsache, daß der Mensch fragt, daß er sich selbst, seinen Mitmenschen und die Welt als befragbare erlebt, daß sich Wissenschaften durch ihre Fragestellungen unterscheiden lassen, zeigt, daß sein Verhältnis zur Welt durch eine grundsätzliche Sinnerwartung auch jenseits des schon Gewußten oder Erfahrenen, das in jede Frage eingeht und ihr die Richtung sowie den Rahmen möglicher Antworten vorgibt, gekennzeichnet ist.

Frankfurter Schule, zusammenfassende Bezeichnung für die Vertreter der ↑kritischen Theorie.

Freiheit: Terminus aus der praktischen Philosophie. Geht man (wie z.B. Spinoza, Kant, Schlick) davon aus, daß Freiheit nicht sinnvoll als kontradiktorischer Gegensatz zu Notwendigkeit im Sinne der Determiniertheit begriffen werden kann (↑Determinismus/Indeterminismus), dann lassen sich folgende (sachlich zusammengehörige) Bestimmungen des Begriffs „Freiheit" unterscheiden: 1. *Wahlfreiheit* (formalpositive Bestimmung): Sie bezeichnet die genuine Fähigkeit des Menschen, willentlich (↑Wille) zu handeln (↑Handlung), d.h. zwischen Alternativen wählen und eine ↑Entscheidung treffen zu können – im Gegensatz zu instinktprogrammiertem Verhalten. In diesem Sinne ist Freiheit die „Fähigkeit eines Organismus", „sein Verhalten durch Zeichen zu lenken" (Morris). 2. *Handlungsfreiheit* (negative Bestimmung): Sie bezeichnet den Fall des faktisch dem eigenen Willen gemäß Handeln-Könnens, d.h. die Abwesenheit jeglichen (im Sinne der Naturgesetze) nicht-notwendigen inneren (z.B. Zwangsneurose) oder äußeren Zwanges (z.B. Nötigung) beim Handeln. Um Freiheit in dieser Bedeutung geht es bei Forderungen nach Befreiung oder Emanzipation im Bereich der Politik (z.B. Selbstbestimmungsrecht, Meinungsfreiheit, Freizügigkeit), Gesellschaft (z.B. Frauenbewegung), Psyche (z.B. Psychoanalyse) oder Natur (z.B. die technische Naturbeherrschung). 3. *Willensfreiheit* (materialpositive Bestimmung): Sie bezeichnet die Fähigkeit und die Verpflichtung des Menschen zur sittlichen Selbstbestimmung, d.h. dazu, sich nur solche Handlungsziele zu setzen, die im Einklang mit den sittlichen Fundamentalnormen, also mit verallgemeinerungsfähigen Interessen (↑Diskurs) stehen. So verstandene Freiheit begründet sich darin, „daß sie andere Freiheit bejaht" (Krings). Ähnlich drückt das der Artikel 4 der „Erklärung der Menschenrechte" von 1791 aus: „Die Freiheit besteht darin, alles tun zu können, was keinem anderen schadet." „Also ist ein freier Wille und ein Wille unter sittlichen Gesetzen einerlei" (Kant). Freiheit in diesem Sinne ist bedeutungsgleich mit Autonomie (↑Autonomie/Heteronomie), einer zentralen Kategorie der Ethik. – Wahlfreiheit ist dem Menschen als einzige unmittelbar gegeben und zugleich Bedingung der Möglichkeit der anderen Freiheiten; Handlungs- und Willensfreiheit dagegen sind nur als Möglichkeit und Aufgabe bzw. Verpflichtung gegeben. – In der griechischen Antike gilt „Freiheit" als Rechtsbegriff. Frei sind der stimmberechtigte Bürger der Polis und die Polis selbst, sofern sie nicht der Fremdherrschaft unterliegt. Die Stoa bestimmt Freiheit als erkannte und bejahte Notwendigkeit, d.h. als Zustimmung zu dem mit Notwendigkeit sich vollziehenden Weltlauf. Plotin überträgt den Freiheitsbegriff in die Metaphysik: Wahrhaft frei kann nur sein, was sich allein und ganz und gar auf sich selbst bezieht, das Eine bzw. Gott oder der Geist. Der christlichen Philosophie des Mittelalters stellt sich das Problem, die Vereinbarkeit individueller Freiheit und Verantwortlichkeit mit der Allwissenheit Gottes und der daraus folgenden Vorbestimmtheit menschlichen Handelns zu erweisen. Spinoza hebt hervor, daß nicht Notwendigkeit, sondern Zwang der kontradiktorische Gegensatz zu Freiheit ist. In diesem Sinne ist allein Gott frei. Kant unterscheidet zwischen „Freiheit im negativen Verstande" als „Unabhängigkeit von den bestimmenden Ursachen der Sinnenwelt" (im „praktischen Verstande" meint das „Unabhängigkeit der Willkür von der Nötigung durch Antriebe der Sinnlichkeit") und „Freiheit im positiven Verstande" als „Autonomie der reinen praktischen Vernunft", d.h. als Vermögen der praktischen Vernunft, „ursprünglich gesetzgebend" (↑Sittengesetz) und somit Bestimmungsgrund des – dann freien – Willens zu sein. Hegel verbindet den Begriff der „Freiheit", verstanden als „Unabhängigsein von Anderem, Sichaufsichbeziehen" (die Grundstruktur des Geistes), mit dem der Geschichte, die er als „Fortschritt im Bewußtsein der Freiheit" bestimmt. Als freier Wille entäußert sich der subjektive Geist zum objektiven (↑absoluter/objektiver/subjektiver Geist), indem er sich geschichtlich durch die handelnden Menschen hindurch eine ihm gemäße Welt schafft. Das Verhältnis von Freiheit und Notwendigkeit begreift Hegel dialektisch: „Eine Freiheit, die keine Notwendigkeit in sich hätte, und eine bloße Notwendigkeit ohne Freiheit, dies sind abstrakte und somit unwahre Bestimmungen." Hieran knüpft der Marxismus an, für den Freiheit besteht in der Einsicht in die objektive Notwendigkeit in Natur und Gesellschaft und in der Fähigkeit, die Gesetzmäßigkeiten bewußt im Handeln zu berücksichtigen und zu nutzen. Marx selbst bezeichnet das von ihm entworfene Endziel der Geschichte, die klassenlose kommunistische Gesellschaft, als „Reich der Freiheit". Für die ↑Existenzphilosophie steht Freiheit im Zusammenhang mit der Endlichkeit menschlichen Daseins, das sich – so Heidegger – als unausweichliche Freiheit „zeitigt", d.h. als „Geworfenheit". Nach Sartre ist der Mensch als Subjekt dazu „verurteilt", „frei zu sein", und damit in „absolute Verantwortlichkeit" für die Welt und sich selbst gestellt sowie zum Engagement aufgefordert. Jaspers sieht in der Unausweichlichkeit der Wahl („Entschluß und Selbstsein sind eines") die „ursprüngliche Freiheit" und Schuldfähigkeit des Menschen begründet.

Frieden [zu althochdeutsch fridu, ursprünglich „Schonung, Freundschaft"]: Zustand innerer oder/und äußerer, individueller oder zwischenmenschlicher Konfliktlosigkeit und Ausgeglichenheit. – Im *völkerrechtlichen* Sinn meint Frieden einen Zustand ungebrochener Rechtsordnung und Gewaltlosigkeit zwischen verschiedenen Rechtsgemeinschaften (z.B. Völker, Staaten), in dem beim Ausgleich bestehender Interessengegensätze auf die Anwendung von Gewalt verzichtet wird. Die Geschichte dieses Friedens ist gleichzeitig eine Geschichte des Krieges. In der griechischen Antike ist Frieden negativ bestimmt als Gegensatz zum Krieg. Krieg galt als „gottgegebener“, „notwendiger“ Normalzustand, ja sogar als Wirkprinzip aller Kultur: „Der Krieg ist der Vater aller Dinge“ (Heraklit). In der römischen Antike ist Frieden zentraler Begriff des Vertragsrechts; die „Pax Romana“ war der rechtliche Ordnungsbegriff des Römischen Imperiums. Vertragspartner des alttestamentlichen Friedensbundes waren nicht – wie üblich – zwei irdische Völker oder Staaten, sondern auf der einen Seite das Volk Israel und auf der anderen Gott selbst. Frieden bedeutet hier das Intaktsein des Bundes. Der im Alten Testament auf das „auserwählte“ Volk beschränkte Gottesfriede gewinnt im Neuen Testament universale Dimension. Die Auswirkungen dieses „Friedensevangeliums“ auf die politische Praxis im europäisch-christlichen Mittelalter waren sonderbar zwiespältig: Einerseits richtete man an den transzendent-himmlichen Bereich die Erwartung einer vollkommenen Friedensverwirklichung, andererseits hielt man im davon streng getrennten, weltimmanent irdischen Bereich Herrschaft und Gewalt, ja auch den sogenannten „gerechten Krieg“ (bellum iustum) für durchaus angemessene Formen politischer Machtausübung. Eine Wende im Friedenverständnis des Abendlandes ist gekennzeichnet durch das Zurücktreten des christlich-kirchlichen Einflusses und Gedankenguts sowie die Entstehung weltlich-souveräner Staaten, die das Ziel verfolgten, ihre Beziehungen – auch die friedlichen – untereinander durch bewußte und eigenständige Organisation zu gestalten. Bereits im 14. Jahrhundert wurden dabei Gedanken eines allgemeinen Gewaltverzichts und einer friedenssichernden Institution (Völkerbund) geäußert. Den Höhepunkt einer theoretisch-philosophischen Diskussion um die Möglichkeiten eines „ewigen Friedens“ stellt Kants gleichnamiger Artikel von 1795 dar, in dem Kant Vorbedingungen einer dauernden friedlichen Koexistenz von Staaten analysiert und den Standpunkt einer unbedingten, durch keine „ultima ratio“ außer Kraft zu setzenden, sittlich begründeten Friedenspflicht vertritt. Angesichts der Folgen zweier Weltkriege, v. a. aber der Möglichkeit eines „planetaren Selbstmords“ durch Waffensysteme weltumspannender Zerstörungskraft, kommt der Friedensforschung, der Friedensbereitschaft und -sicherung zwischen Völkern und politischen Blöcken heute existentielle Bedeutung zu. – Im *innerstaatlichen,* [inner]gesellschaftlichen Sinn meint Frieden zumindest einen Zustand staatlich sanktionierter, jedoch individuell akzeptierter rechtlicher Sicherheit für jedes einzelne Staatsmitglied. Hobbes sieht im Staat selbst, in seiner Gründung (↑Gesellschaftsvertrag) ein friedenschaffendes Instrument. Staat bedeutet für ihn die Aufhebung eines Naturzustands, der charakterisiert ist durch „Krieg aller gegen alle“, durch maßlosen Schrekken und mörderische Gewalt. Haben für Hobbes Staat wie Frieden gewissermaßen nur die negative Funktion, willkürliche Gewalt zu verhindern, so wird bei den klassischen Utopisten (More, Francis Bacon, Campanella) die Staatsgemeinschaft zur konfliktfreien Solidargemeinschaft. Die Ursachen zwischenmenschlicher, gesellschaftlicher Konflikte versuchen sie durch parakommunistische Formen des Zusammenarbeitens, -forschens und -lebens zu beseitigen. Das utopische Ideal (↑Utopie) einer klassenlosen, konfliktfreien Kommunität gleichberechtigter und gleichbesitzender Gesellschaftsmitglieder wird später nochmals von Marx aufgegriffen, ausgeführt und als Lösung auf die brennenden Sozialprobleme im Zusammenhang der ersten industriellen Revolution vorgeschlagen (↑Kommunismus, ↑Marxismus). – Im *individuellen* Bereich meint Frieden einen subjektiven Zustand der Seelenruhe, der inneren Ausgeglichenheit. Die Frage, wie eine derartige Ausgeglichenheit dauerhaft erreicht werden könne, beschäftigte intensiv v. a. Philosophen des klassischen Altertums. Für die Stoiker beruht innerer Frieden v. a. auf Leidenschaftslosigkeit und Affektlosigkeit (↑Ataraxie, ↑Apathie), in denen sie ein Ideal menschlicher Haltung, das Ziel aller Selbsterziehung und des sittlichen Lebens sahen.

Fundamentalismus [zu lateinisch fundamentalis „zum Grund gehörig, grundlegend"] (Certismus): von Vertretern des kritischen Rationalismus geprägte Bezeichnung für philosophische Strömungen, die auf ↑Begründung abzielen. Gegensatz: ↑Fallibilismus. Meist wird unterstellt, daß das gesuchte Fundament sicherer sei als das darauf errichtete Gebäude.

Fundamentalontologie [zu lateinisch fundamentalis „grundlegend, zum Grund gehörig" und ↑Ontologie]: Bezeichnung Heideggers für den Teil seines Philosophierens, in dem er den Grund dafür legen will, die Frage nach dem Sein angemessen stellen und beantworten zu können. – In der abendländischen Metaphysik sei das Sein immer nur von dem Seienden her, also hinsichtlich seiner Funktion, daß etwas ist, gedacht worden. Das Sein „als es selbst" in seiner „ontologischen Differenz" zu dem Seienden sei nie philosophisch entfaltet worden. Der Mensch – in Heideggers Sprache: das ↑Dasein – habe aber immer schon ein Seinsverständnis, das allem praktischen und theoretischen, sprachlichen, emotionalen, erinnernden und entwerfenden Umgehen mit sich selbst und der Welt zugrunde liege. Diese invarianten Strukturen des „In-der-Welt-Seins" des Menschen aufzudecken und zu analysieren, bedeutet, das Begreifen des „Sinns von Sein" vorzubereiten. Diese Fundamentalontologie vollzieht Heidegger in „Sein und Zeit" (1927).

G

Ganzes ↑Teil/Ganzes.

Ganzheit: die besondere Struktur komplexer, aus qualitativ gleichen oder/und verschiedenen funktionell voneinander abhängigen bzw. einander zugeordneten Elementen (die ihrerseits in sich Ganzheiten darstellen können) bestehender (pysikalischer, biologischer, sozialer, kybernetischer, ästhetischer) Systeme, die als Einheit wirken und im Unterschied zu lediglich additiven Zusammenordnungen (etwa Assoziation, Aggregat) die Beiträge ihrer Einzelelemente nicht einfach nur summieren, sondern wegen der Wechselbeziehung (Wechselwirkung) der Elemente untereinander eine qualitativ andere (höhere) Wirkung (Leistung) zeigen. So wird in der Biologie der Organismus mit seinen jeweils für bestimmte Aufgaben verantwortlichen Strukturen, deren Funktionen aufeinander abgestimmt sind – wie z. B. Blutkreislauf und Nervensystem – als Ganzheit betrachtet. Als Ganzheiten können nicht nur Einzelindividuen, sondern gegebenenfalls auch bestimmte Tierkolonien als „Individuen höherer Ordnung" angesehen werden, wie z. B. Staatsquallen, bei denen die Einzeltiere wegen ausgeprägter Arbeitsteilung für sich allein nicht lebensfähig sind. Auch die menschliche Gesellschaft läßt sich als „Organismus" von „gliedhaft" und „sinnvoll" aufeinander bezogenen Gruppen und damit als Ganzheit verstehen.

Gattung (Genus): in der traditionellen Logik die übergeordnete Zusammenfassung mehrerer Gegenstandsbereiche (↑Art). sie stellt eine *Verallgemeinerung* gegenüber den Arten dar, z. B. ist die Gattung „Haustier" eine Verallgemeinerung der Arten „Hund", „Katze", „Pferd" u. a. Die Artbegriffe entstehen umgekehrt aus der Gattung durch *Spezialisierung*. Der Umfang des Gattungsbegriffs ist also größer als der der Artbegriffe, sein Inhalt (↑Intension) geringer. – In der modernen extensionalen Auffassung (↑Extension) entspricht der Gattung eine Obermenge. Bestimmte Teilmengen von dieser werden dann Arten genannt (↑auch Genus proximum, ↑Differentia specifica).

Gedanke: *subjektiv-psychologisch* etwa svw. Denken (auch: Ergebnis eines Denkakts), *objektiv-erkenntnistheoretisch* „das, was ein Behauptungssatz ausdrückt" (Frege), heute meist als *Proposition* bezeichnet. Gedanke in diesem Sinne ist unabhängig vom denkenden Subjekt, aber auch von der Außenwelt. Frege und nach ihm Popper waren der Auffassung, daß der Gedanke zu einer *dritten Welt* gehöre, der Welt der objektiven Gedankeninhalte.

Gefühl (Emotion): körperlich-seelisches Grundphänomen der subjektiven, nichtkognitiven und nicht dem Willen unterliegenden Reaktion des Individuums auf die Inhalte seines ↑Erlebens. Gefühle sind z. B. (in der alltagssprachlichen Verwendung des Begriffs) Ichzustände wie Freude, Trauer, Angst, Aufgeregtheit, Gemütsbewegungen wie Liebe, Haß, Mitleid und Sinnesempfindungen wie Hunger, Durst, Schmerz, Lust. Im Gegensatz zu Vorstellungen, Wahrnehmungen usw., die immer einen vom Bewußtsein unabhängigen Inhalt besitzen, fehlt dem Gefühl, das die Vorstellungen, Wahrnehmungen usw. zu subjektiven Zuständen verarbeitet, diese Objektivität. Gefühle sind daher auch nicht wahr oder falsch, sondern nur angemessen oder unangemessen. Im Verlauf der Philosophiegeschichte seit dem 18. Jahrhundert ist Gefühl zu einem Grundbegriff v. a. in moralphilosophischen und ästhetischen Terminologien geworden. Von einem „moralischen Gefühl" (moral sense) spricht zuerst Shaftesbury, der damit zum neuzeitlichen Begründer von emotivistischen Ethikkonzeptionen (↑Emotivismus) wird. In der Entwicklung von Teilen der neuzeitlichen ↑Ästhetik ist „Gefühl" der Begriff, mit dessen Hilfe die subjektive Empfindung des Schönen ausgedrückt werden soll. Baumgarten bestimmte in seiner „Aesthetica" (1750/1758) das „innere Gefühl" als Ursprung der künstlerischen Erfahrung des Schönen. Kant trennt die im Gefühl gründende Lust am Schönen von der inneren Vollkommenheit des Gegenstandes: Das Gefühl ist, weil an den „inneren Sinn" gebunden, ein bloß empirisches, subjektives Vermögen, für das kein objektiver Anspruch begründet werden kann. Wenngleich somit das Gefühl keine objektive Erkenntnis zustandebringt, zeigt es doch an, daß der Natur eine subjektive, formale Zweckmäßigkeit zuerkannt werden muß.

gegeben (das Gegebene): das, was ohne Zutun des Subjekts bewußt wird, das noch unbearbeitete Ausgangsmaterial der Wirklichkeitserkenntnis. So sagt z. B. Kant, daß Gegenstände in der Anschauung *gegeben* werden, während sie in Begriffen *gedacht* würden. Als Gegebenes wurden betrachtet: 1. die elementarsten Bestandteile der Wahrnehmungen, die oft als ↑Sinnesdaten bezeichnet werden (z. B. „dieser Rotton"). Der Versuch des Phänomenalismus, die Möglichkeit von Erkenntnis aus solchen Sinnesdaten nachzuweisen, gilt heute allgemein als gescheitert; 2. ganze komplexe Wahrnehmungen, wie sie sprachlich in ↑Protokollaussagen für wissenschaftliche Zwecke formuliert werden. Erst die nachträgliche Analyse zerlegt solche ganzheitlichen Erlebnisse in Bestandteile. Die Grundthese des Empirismus lautet: Erkenntnis ist allein aufgrund von solcherart Gegebenem möglich. Sie führte in der Wissenschaftstheorie des 20. Jahrhunderts zur Diskussion um die sogenannte *theoriefreie Basis* von Wissenschaft. Popper und in seiner Nachfolge der kritische Rationalismus vertreten demgegenüber die heute weitgehend akzeptierte These, daß alle Beobachtungen bereits *theoriegeladen* seien, da Beobachtung ein Interesse voraussetzt, das seinerseits nicht aus Gegebenem entstammen kann.

Gegensatz: ursprünglich die einer Behauptung zum Zweck ihrer Widerlegung „entgegengesetzte" Behauptung. Zwei Aussagen stehen zueinander in *kontradiktorischem* Gegensatz, wenn eine mit der Negation der anderen gleichwertig ist; z. B. „Alle Schwäne sind weiß" und „Es gibt einen nichtweißen Schwan". Sie stehen in *konträrem* Gegensatz, wenn beide nicht zugleich gelten können; z. B. „Alle Schwäne sind weiß" und „Kein Schwan ist weiß". Kontradiktorische Gegensätze sind auch konträr, nicht aber umgekehrt. Während bei kontradiktorischen Sätzen immer einer wahr und einer falsch sein muß, können bei zwei konträren Sätzen auch beide falsch sein. Analog spricht man auch von kontradiktorischen bzw. konträren Gegensätzen zwischen Begriffen, z. B. „wahr – falsch", „weiß – nichtweiß" bzw. „weiß – schwarz", „Dreieck – Kreis". Eine besondere Art der konträren Gegensätze stellen die *polär-konträren* (polaren) Gegensätze dar. Sie liegen vor, wenn die Begriffe als die beiden Enden einer Skala aufgefaßt werden können, z. B. „weiß – schwarz". – Neben diesen *logischen* Gegensätzen spielen auch die *realen* Gegensätze in der Philosophie eine große Rolle. Reale Gegensätze sind keine feststehenden Gegensätze, da wesentliche Gegensätze zu unwesentlichen werden können, so daß der Gegensatz durch einen Entwicklungsprozeß aufgehoben werden kann. Entstehen, Vergehen und Veränderung können also als Überwindung entsprechender Gegensätze erklärt werden. Ansatzweise findet man Erörterungen über gegensätzliche Bestimmungen von Gegenständen und den Ausgleich von Gegensätzen schon in der Antike. So stellten z. B. die Pythagoreer eine Tafel von zehn Gegensätzen auf, da sie den Gegensatz als das Prinzip des Seienden ansahen. Auch bei Platon findet sich der Gedanke, daß alles, was entsteht bzw. vergeht, aus seinem Gegensatz entsteht bzw. in diesen umschlägt. Der reale Gegensatz wird bei Hegel und in der marxistischen Philosophie als *dialektischer* Gegensatz wieder aufgenommen, d. h. als objektive Sachverhalte, die einander entgegengesetzt sind, sich aber zugleich gegenseitig bedingen, wie z. B. Arbeit und Kapital in einer kapitalistischen Gesellschaft (↑auch Dialektik, ↑dialektischer Materialismus). Nach Marx kann es ohne dialektische Gegensätze keinen Fortschritt geben.

Gegenstand (Res, Objekt): seit dem 17. Jahrhundert für lateinisch obiectum, das dem Menschen als dem (erkennenden) Subjekt „Gegenüberstehende" („Entgegenstehende"). – Gegenstand im logischen Sinne heißt heute alles, worauf mit wortsprachlichen Handlungsmitteln unterscheidend Bezug genommen werden kann – etwa durch Namen oder Hervorhebung besonderer, spezifischer Merkmale und Eigenschaften (↑Prädikation). Der Name „Eroica" z. B. isoliert aus der Menge aller möglichen Geräusche ein wohlbestimmtes, abgerundetes Individuum. Durch die Bezeichnung „Sinfonie" ließe sich ein vergleichbarer, isolierender Effekt erzielen. Ja selbst „Geräusch" ist bereits eine eingrenzende Charakterisierung; Geräusche sind Gegenstände. Die Einsicht, daß sich der Mensch durch derart sprachliche Differenzierungen die Welt auf eine ihm eigentümliche Weise erschließt und untertan zu machen versteht (↑Konstitution), wird im biblischen Mythos von der Benennung der Tiere (1. Mose 2, 19–20) anschaulich-bildhaft dargestellt. Wesentlich zu beachten bleibt, daß die sprachliche Erschließung von Welt sich nicht auf sogenannte „äußere", materielle Gegenstände beschränkt. Auch Empfindungen (wie Sehnsucht oder Schmerz), Gefühle (wie Liebe), seelische Zustände (Trauer) und ideelles, geistiges Streben (z. B. nach Wahrheit oder Schönheit) tragen den Charakter des Gegenständlichen, sofern sie nur sprachlich artikuliert werden können. Ja, der im logischen Sinne erklärte Gegenstandsbegriff umfaßt sogar Gegenstände, denen überhaupt nichts real Seiendes (↑Realität/Wirklichkeit) korrespondiert. So gibt es z. B. Partituren und Aufführungen der 3. Sinfonie Beethovens; es gibt Kamele und Heuschrecken; es gab Mammuts und Dinosaurier; aber: Es gibt keine Einhörner. Trotzdem ist „Einhorn" ein Gegenstand im Sinne der Logik. – Den Gegenständen stehen gegenüber die ↑Aussagen über diese Gegenstände. Jede Aussage kann aber ihrerseits wieder Gegenstand werden, insofern sich auf sie sprachliche Äußerungen (einer nächst höheren Stufe) beziehen können (↑Metasprache/Objektsprache). Der Prädikator „Gegenstand" ist also so allgemein, daß er zu keiner Differenzierung mehr taugt; alles, worauf namentlich Bezug genommen oder von dem eine Eigenschaft ausgesagt werden kann, ist Gegenstand.

Gegenwart: Zeitmodus, das Jetzt zwischen Nicht-Mehr (Vergangenheit) und Noch-Nicht (Zukunft). – ↑Zeit.

Geist: einer der am schwersten zu bestimmenden und umstrittensten Termini der Philosophie. In die Alltagssprache eingegangene Bedeutungen des Begriffs sind z. B. Geist als göttliches Prinzip („Heiliger Geist"), als Träger des Lebens („den Geist aufgeben"), als immaterielles Wesen („Geisterstunde"), als schöpferische Intelligenz („geistreich"), als Gesinnung („Zeitgeist"). In der metaphysischen Tradition bezeichnet „Geist" das Gegenprinzip zur Materie (bzw. ↑Natur). Am entschiedensten betont die Zweisubstanzenlehre Descartes' den ↑Dualismus von unteilbarer denkender bzw. geistiger und teilbarer ausgedehnter Substanz (↑Res cogitans/Res extensa), woraus das ↑Leib-Seele-Problem entsteht. In diesem Sinne wird während der gesamten Metaphysikgeschichte das Absolute (↑absolut/relativ) als Geist verstanden, sei es als Ordnungsprinzip des Kosmos (Anaxagoras), als „das sich selbst denkende Denken" (Aristoteles) oder als christlicher Gott. Da der Mensch das Absolute zu glauben, schauen oder erkennen vermag, gilt er als geistbegabtes Wesen. Eine fundamentale Bedeutung gewinnt der Begriff Geist in den Systemen des deutschen Idealismus, besonders bei Hegel (↑absoluter/objektiver/subjektiver Geist). Als geistige Vermögen nennt Hegel Anschauung (Erfassung eines Gegenstands in seiner Totalität), Vorstellung, Denken und Wollen; als wesentliche Bestimmungen des Geistes seine Idealität, d. h. seine Fähigkeit zur Aufhebung der Realität in die Innerlichkeit (Abstraktion), seine Reflexivität, d. h. sein Ich-Sein und sein als solches Sich-auf-sich-selbst-beziehen-Können (Ich-Bewußtsein), sowie seine Freiheit, d. h. sein Sich-selbst-erkennen-, -bestimmen- und -verwirklichen-Können. Das Medium seiner inneren und äußeren Manifestation ist die ↑Sprache. Was der Mensch kraft seines Geistes als Kultur hervorbringt, wird im Anschluß an Hegel als „objektivierter" Geist bezeichnet. Bei Scheler wird Geist zum Grundbegriff der philosophischen Anthropologie. Er bestimmt Geist als ein „dem Leben" „entgegengesetztes Prinzip" in dem Sinne, daß der Mensch als „geistiges Wesen" gekennzeichnet ist durch „seine existentielle Entbundenheit vom Organischen", d. h. daß er „nicht mehr trieb- und umweltgebunden", sondern „weltoffen" ist. Das „Aktzentrum", „in dem Geist innerhalb endlicher Seinssphären erscheint", nennt Scheler „Person". Die antimetaphysisch orientierte zeitgenössische Philosophie vermeidet – wie zuvor schon Kant in seiner Metaphysikkritik – den Begriff Geist, indem sie stattdessen von der menschlichen „Sprach- und Handlungsfähigkeit" spricht. Ihr stellt sich nach dem Verzicht auf „den" allen Menschen einwohnenden Geist der Metaphysik v.a. das Problem, die Bedingungen der Möglichkeit von Intersubjektivität der „Geister“ zu erhellen.

Geisteswissenschaften: seit etwa Mitte des 19. Jahrhunderts in der Sprache der Philosophie und einzelner Fachwissenschaften in Konkurrenz zu anderen Termini (z.B. Kulturwissenschaften, Gesellschafts-, geschichtliche Wissenschaften usw.) verwendeter wissenschaftstheoretischer Terminus zur Bezeichnung einer methodisch und systematisch zusammengehörigen Klasse von Wissenschaften, die nach Gegenstandsbereich und Methodik durch ihren Gegensatz zu den ↑Naturwissenschaften bestimmt sind. Die Geisteswissenschaften werden verstanden als historisch-philologische bzw. als hermeneutische Wissenschaften (↑Hermeneutik), die die Welt des Geistes in seinen Ausprägungen Sprache, Technik, Kunst, Literatur, Philosophie, Religion, Recht und Moral u.a. ohne Normen „verstehen“ und „auslegen“ (interpretieren) wollen. Die Ausbildung des Begriffs „Geisteswissenschaften“ erfolgt wissenschaftsgeschichtlich unter Rückgang auf die Antithese von Natur (Außenwelt) und Geist (Bewußtsein) bei Descartes und die damit zusammenhängende, in der traditionell-philosophischen Sprechweise so nicht bekannte Unterscheidung zwischen Wissenschaft und Philosophie. Vor dieser neuartigen Situation war die seit der Antike geläufige Dreiteilung der Philosophie (= Wissenschaft) in Logik, Ethik und Physik bzw. die auf Aristoteles zurückgehende Unterscheidung zwischen theoretischer und praktischer Philosophie (als Handlungswissenschaft) in Geltung. Die Freisetzung des individuellen und des gesellschaftlichen Handelns aus überlieferten Normen- und Institutionensystemen durch die Französische Revolution und die von England ausgehenden industriell-technischen Umwälzungen zerstören den Handlungsrahmen der sich bis hin zur Aufklärung als normativ verstehenden Handlungswissenschaften (Ethik, Politik, Ökonomie, Jurisprudenz, Poetik, Rhetorik usw.) und zwingen zu einem neuen Situationsverständnis. Mit der Ausbildung dieses Verständnisses sind die Geisteswissenschaften als historisch-philologische Wissenschaften auf dem Boden der modernen Gesellschaft entstanden und im Lauf des 19. Jahrhunderts den Universitäten schrittweise eingegliedert worden, wobei sie zunehmend ihren praktisch-normativen Charakter verloren und sich selbst als Zweck begriffen. Die Grundlagen der Geisteswissenschaften werden von Dilthey („Einleitung in die Geisteswissenschaften“, Band 1, 1883) richtungweisend auf der Basis der Unterscheidung von „Erklären“ und „Verstehen“ bestimmt, wobei er den Geisteswissenschaften durchaus eine praktische Funktion, etwa die der Begründung individuellen und gesellschaftlichen Handelns zuordnet. Die von Dilthey ausgehende „geisteswissenschaftliche Schule“ bleibt jedoch eine methodische Weiterführung schuldig, nicht zuletzt wegen des im Diltheyschen Programm (und bis heute) ungeklärten Verhältnisses von Theorie und Geschichte. Während das Problem der Eigenständigkeit und Abgrenzung der Geisteswissenschaften gegenüber den Naturwissenschaften, das nach der Jahrhundertwende zu einer Grundlagenkrise führte, nicht mehr Gegenstand gegenwärtiger Diskussionen ist, werden ihre Einheit und Standortbestimmung im Aufbau der Wissenschaften wie auch in der heutigen technisch orientierten Gesellschaft zum Problem.

Gelassenheit ↑Ataraxie, ↑Stoa.

Geltung (Gültigkeit): die objektive Grundlage des Anerkanntseins von Sätzen, Gesetzen, Normen, Werten oder Ideen. Mit den meisten ↑Sprechakten sind Geltungsansprüche verbunden. Nach Habermas unterscheidet man vier solcher Ansprüche: 1. *Verständlichkeit* (jeder Sprechakt nimmt in Anspruch, sprachlich korrekt zu sein), 2. *Wahr-*

heit (wenn der Sprechakt eine Aussage beinhaltet), 3. *Wahrhaftigkeit* (bezieht sich auf die Bekundungen des Sprechers hinsichtlich seiner Einstellung zu dem von ihm Gesagten), 4. *Richtigkeit* (falls der Sprechakt ein normatives Urteil ausdrückt). – Die Anerkennung von Geltung ist die Grundlage der Intersubjektivität von Normen. Dabei unterscheidet man *faktische* (soziale) *Geltung* (z. B. Sitten und Gebräuche) von *Inkraftgesetztsein* (rechtliche Geltung). Wird ein Geltungsanspruch nicht anerkannt, so wird eine ↑Begründung erforderlich. Die Ethik untersucht allgemein die Möglichkeiten, Geltungsansprüche von Normen einzulösen. – In der *Logik* nennt man einen Schluß gültig, wenn er für wahre Hypothesen auch eine wahre Folgerung liefert; anderenfalls liegt ein Fehlschluß vor. – In den *Erfahrungswissenschaften* heißt ein empirisches Gesetz gültig, insofern es nicht falsifiziert ist und von der Erfahrung in hohem Maß bestätigt wurde.

Gemeinschaft: eine Gruppe von Individuen, die durch Sprache, Handeln, Denken, Fühlen oder Wollen miteinander verbunden sind. Der Mensch lebt von Geburt an in Gemeinschaft (Familie, Kultur-, Glaubensgemeinschaft) und bedarf dieser, um seine menschlichen Anlagen und seine Persönlichkeit entfalten zu können (↑Gesellschaftswesen). Einerseits werden die Individuen durch die in der Gemeinschaft herrschenden Normen, Verhaltensweisen, Interessen und Denkschemata geprägt, andererseits wirken sie aber selbst auch wieder auf die Gemeinschaft ein, z. B. durch soziale Interaktionen (↑Interdependenz). Noch bis zu Beginn der frühneuzeitlichen Philosophie wurde der von Aristoteles geprägte Gemeinschaftsgedanke anerkannt, daß die einzelnen Gemeinschaften nur Teile der Polis und nur bezogen auf die Gesamtheit der Polis zu verstehen sind; die Polis ist also der Oberbegriff zur Gemeinschaft (↑bürgerliche Gesellschaft). Erst Tönnies erarbeitete in seinem Werk „Gemeinschaft und Gesellschaft“ (1887) einen Gegensatz zwischen diesen beiden Begriffen: Während er in der Gemeinschaft ein natürlich gewachsenes, auf Gemeinsamkeit des Denkens und Fühlens basierendes echtes Zusammenleben sieht, stellt für ihn die Gesellschaft ein künstlich geschaffenes, zweckdienliches, scheinbares Zusammenleben dar.

Gemeinwohl: in der Tradition politischer Philosophie und Soziallehre meist im Gegensatz zu „Privatinteresse“, sonst jedoch sehr verschieden gebrauchter Terminus. Historisch wie systematisch geht die Rede vom Gemeinwohl auf die Frage nach dem Ziel eines Staates oder Gemeinwesens zurück. Aristoteles beantwortet sie, indem er als Ziel das Glück der Staatsbürger identifiziert: Glück ist für den einzelnen nicht in der Beschränkung auf das Private zu erreichen, sondern nur im Kontext vernünftig geregelter Belange der Öffentlichkeit und in der gerechten Festlegung von Rechten und Pflichten. Diese Verbindung von Vorstellungen politischer Gerechtigkeit und allgemeinen Glücks löst sich mit dem Zerfall der griechischen Stadtstaaten auf, die Rede vom Gemeinwohl wird entpolitisiert. Die Stoa gebraucht den Begriff kosmopolitisch, d. h. für alle Menschen aufgrund ihrer Eingebundenheit in die natürliche Ordnung der Dinge; ähnlich die Scholastik: Gemeinwohl ist das, was für alle Geschöpfe gut ist. – In den politischen Theorien der Neuzeit dient der Terminus v. a. dazu, öffentliche politische Forderungen gegenüber dem einzelnen zu begründen. Dabei lassen sich drei Grundpositionen unterscheiden: 1. Im Bereich der Theorien vom Gesellschaftsvertrag bezeichnet Gemeinwohl den gerechten Ausgleich von Privatinteressen und damit die gerechte Verteilung von Rechten und Pflichten; sich auf das Gemeinwohl zu berufen, kann in diesem Sinne als Forderung interpretiert werden, Gerechtigkeitserwägungen den Nützlichkeitsüberlegungen vorzuordnen. 2. In den Naturrechtstheorien ergibt sich das Gemeinwohl aus der Annahme, daß ein natürliches Streben den Menschen auf Geselligkeit hin ausrichte, die es demzufolge zu sichern gilt; sich hier auf das Gemeinwohl zu berufen, besagt, daß Aspekte der Geselligkeit bloß individuellem Nutzen vorzuziehen seien. 3. Wo weder Gerechtigkeit noch Geselligkeit als allgemeines Ziel der menschlichen Natur angenommen werden, ist das Gemeinwohl nur noch in seiner Funktion als Mittel zur Sicherung des individuellen Wohls ein erstrebenswertes Gut. Hinter der Berufung auf das Gemeinwohl steht in diesen Theorien (z. B. in verschiedenen utilitaristischen Konzeptionen) die Ansicht, daß überall dort den Forderungen der Öffentlichkeit nachzukommen sei, wo ihre Erfüllung zugleich auch dem individuellen Nutzen diene, oder die Auffassung (wie in einigen „harmonistischen" Konzeptionen), daß sich das Gemeinwohl als Ergebnis allgemeiner Verfolgung von Privatinteressen quasi von selbst einstelle.

Gemüt: in der alltäglichen Sprache nicht eindeutig gebrauchter Sammelbegriff, der die geistig-seelische Einheit (Charakter, Erleben, Gefühl) des „inneren Menschen" bezeichnen soll. Als philosophischer Terminus ist Gemüt seit Meister Eckhart gebräuchlich (für lateinisch „mens" und „animus"), der damit häufig die Einheit der Innerlichkeit meint. Gelegentlich gewinnt der Terminus auch bei Kant systematisches Gewicht: Im Aufbau seiner theoretischen Philosophie wird er bisweilen synonym zu „Bewußtsein überhaupt" gebraucht, an anderen Stellen bezeichnet er die gemeinsame Quelle von Sinnlichkeit und Verstand sowie jenes Vermögen, das die Einheit empirischer ↑Apperzeption bewirkt. Dem Umfang nach unterscheidet Kant Gemüt in Erkenntnisvermögen, Gefühl von Lust/Unlust und Begehrungsvermögen. Charakteristisch für die Auffassung des 18. Jahrhunderts ist im deutschsprachigen Raum die Bestimmung von Gemüt als Inbegriff des Begehrungsvermögens. Zunehmende Emotionalisierung bestimmt die weitere begriffsgeschichtliche Entwicklung.

Generalisierung [zu lateinisch generalis „zur Gattung gehörig, allgemein"]: Verallgemeinerung. Ersetzt man in einer einfachen Allaussage den Variabilitätsbereich des Quantors durch einen größeren Bereich, so erhält man eine generalisierte Aussage, eine Aussage also, die sich auf mehr Gegenstände bezieht; so wird z. B. aus „alle Menschen sind sterblich" durch Generalisierung etwa „alle Lebewesen sind sterblich". Mit der Generalisierung verwandt ist die **Universalisierung,** die als Begründungsverfahren für ethische Normen von großer Bedeutung ist (↑Universalisierungsprinzip). Bei der Universalisierung wird aus einer Aussage über einen Gegenstand oder aus der Konjunktion mehrerer solcher Aussagen eine Allaussage gewonnen.

generell [lateinisch]: auf die Gattung (genus) bezogen, allgemein im Gegensatz zu besonders (speziell). Das Begriffspaar generell/speziell dient v. a. zum Vergleich von Begriffen („Deutscher" ist genereller als „Schwabe", aber spezieller als „Europäer"). Ersetzt man in einer Aussage einen Begriff durch einen generelleren, so nimmt man eine ↑Generalisierung vor (Gegensatz: Spezialisierung). Die traditionelle Logik trennte scharf zwischen generell und **universell.** Heute werden diese Begriffe meist synonym gebraucht. In der Prädikatenlogik werden Aussagen, die einen Allquantor enthalten, als generelle (universelle) Aussagen bezeichnet.

Genus proximum [lateinisch „die nächste Gattung"]: neben ↑Differentia specifica einer der beiden Grundbegriffe der traditionellen Lehre von der ↑Definition. Die Gattung ist ein durch einen Gattungsbegriff festgelegter Bereich von Gegenständen (↑Intension), der als fest vorgegeben anzusehen ist. In diesem können durch die Angabe von artbildenden Unterschieden Teilbereiche abgegrenzt werden, die dann jeweils als ↑Art bezeichnet werden. Die Gattung kann selbst wieder in einem größeren Bereich als Art enthalten sein. Die Unterscheidung Art/Gattung ist also stets eine relative; z. B.: Die durch den Gattungsbegriff „ganze Zahl" festgelegte Gattung enthält als Art alle natürlichen Zahlen, die durch den artbildenden Unterschied „Zahl größer oder gleich Null" festgelegt wird:

natürliche Zahl	=	ganze Zahl	+	größer/gleich Null
(Artbegriff = Species)		(Gattungsbegriff = Genus proximum)		(artbildender Unterschied = Differentia specifica)

Die Gattung der ganzen Zahlen ist wiederum eine Art in der Gattung der rationalen Zahlen mit dem artbildenden Unterschied: Nenner gleich Eins. – Die Bezeichnung „nächste Gattung" läßt darauf schließen, daß man [allerdings irrtümlich] der Meinung war, zu jeder Art gebe es *genau eine* nächste Gattung.

Gerechtigkeit: in der Philosophie in zwei Bedeutungen verwendeter Begriff. 1. Zunächst bezeichnet Gerechtigkeit eine ↑Tugend, d. h. eine ethische Haltung oder Gesinnung, aus der heraus ein Mensch zu handeln pflegt (Gerechtigkeit in *subjektivem* Sinn). Wo Ethik in Form einer Tugendlehre betrieben wird, erscheint in aller Regel die Gerechtigkeit als höchst relevante Kategorie (↑Kardinaltugenden). – 2. Zum besonderen philosophischen Problem wird die Bestimmung von Gerechtigkeit, als man den Begriff aus dem Kontext der Tugendlehre löst und als Prinzip begreift, aus dem sich ein Maßstab zur Beurteilung sittlicher, rechtlicher, sozialer und politischer Handlungsnormen ableiten läßt (Gerechtigkeit in *objektivem* Sinn). Hier dominieren zwei Bedeutungselemente, der Gesichtspunkt der *Gleichheit* und der *gesetzlichen Allgemeinheit.* Von gerechten Normen erwartet man, daß sie für die Normadressaten prinzipiell in gleichem Maß gelten, einzelne Individuen oder Gruppen nicht bevorzugen bzw. benachteiligen. Andererseits kann die strikt unterschiedslos verfahrende („blinde") Gleichbehandlung aber auch zu Ungerechtigkeiten führen, da zwischen den Individuen faktisch Unterschiede bestehen hinsichtlich ihrer Bedürftigkeit, Fähigkeiten, Möglichkeiten und Chancen, so daß ihnen in verschiedenen Lebensbereichen nur in unterschiedlichem Maß Rechte und Pflichten zugewiesen werden können. Gleichheit muß daher als „vernünftige", d. h. als angemessene Gleichheit verstanden werden. – Gesetzliche Allgemeinheit meint, daß es, bezogen auf besondere Situationen, unter Berufung auf die Gerechtigkeit erlaubt sein muß, eine Norm den Erwägungen einzelner Individuen bzw. Gruppen überzuordnen. – Platons Bestimmung von Gerechtigkeit stützt sich v. a. auf den Aspekt der „vernünftigen Gleichheit": So wie die einzelnen Seelenteile in einer natürlichen Stufenordnung stehen, ist auch unter den Tugenden wie politischen Ständen eine von Natur vorgegebene Hierarchie anzunehmen, da nur so jedem einzelnen die Rechte und Pflichten zugewiesen werden, die seinem Wesen, seinen natürlichen Fähigkeiten und seiner gesellschaftlichen Stellung entsprechen. – Zu einer differenzierteren Analyse gelangt Aristoteles: Von einer Gerechtigkeit, die ausnahmslos alle zur Beachtung der staatlichen Gesetze anhält, unterscheidet er eine weitere, die in Fragen des Umgangs der Menschen untereinander oder der Verteilung der Güter und Ämter in besonderem Maß die vernünftige Gleichheit der Bürger zu wahren sucht. Die austeilende Gerechtigkeit des zweiten Typs entfaltet sich auf der Grundlage einer „geometrischen" (verhältnismäßigen) Gleichheit, bei der der spezifische Wert jedes einzelnen eine Rolle spielt, wohingegen bei der ausgleichenden Gerechtigkeit der ersten Form von einer „arithmetischen" (unterschiedslosen) Gleichheit aller ausgegangen wird. Nach aristotelischer Handlungstheorie zielt menschliches Tun auf Glückseligkeit (↑Eudaimonia) hin. Als die Sozialform, die die Verwirklichung dieses Handlungsziels erst ermöglicht, wird die Polis mit ihren Gesetzen angesehen. Im Zuge der historischen Entwicklung, die die Auflösung dieses Sozialgebildes erzwingt, löst sich auch der für das griechische Denken so selbstverständliche enge Zusammenhang von Glückseligkeit und allgemeinen Gesetzen der Polis auf. In der für das römische Recht klassisch gewordenen Definition des Ulpianus (Gerechtigkeit ist fester und beständiger Wille, jedem sein Recht zu gewähren) taucht die gesetzliche Allgemeinheit im Definiens daher auch nicht mehr auf. Was jemand jeweils als „sein Recht" anzusehen hat, wird in der stoischen und nachfolgend in der christlichen Philosophie unter Berufung auf die natürliche bzw. gottgegebene Ordnung aller Dinge dargelegt. Als dieser Orientierungsrahmen zu Beginn der Neuzeit ins Wanken gerät, bilden sich beim Versuch, die erneut entstandene Begründungsproblematik zu lösen, allmählich die beiden Grundpositionen heraus, die auch die gegenwärtigen Überlegungen bestimmen: die Kantische und die utilitaristische. *Kant* stützt seine Überlegungen auf den Gesichtspunkt der ↑Würde der Person, die auch einen Anspruch auf Freiheit im „äußeren Verhältnis der Menschen untereinander" zusichert. Die Anerkennung dieser Freiheit – sowohl auf eigenen Wegen Glück zu suchen (Freiheit der Willkür) als auch sich selbst ein Gesetz zu sein (Freiheit des Willens) – wird dabei ausdrücklich als konstitutives Element von Recht und Gerechtigkeit expliziert. Gerechtigkeit ist nach Kant das Prinzip der Sicherung dieses Rechts auf Freiheit. Die individuelle Freiheit der Willkür wird damit prinzipiell als ein Recht begründet, gleichzeitig aber auch eingeschränkt, indem Freiheit dem einzelnen nur soweit zugestanden wird, wie dies im Rahmen einer allgemeinen gesetzlichen Regelung noch möglich ist. Mithin dominiert in Kants Reflexion auf die Gerechtigkeit der Aspekt der Allgemeinheit; der Gesichtspunkt der vernünftigen Gleichheit bedarf hingegen keiner eigenen Begründung mehr, da er sich aus dem Willen zur gesetzlichen Allgemeinheit ergibt. – In der Auseinandersetzung mit Kant wurde darauf hingewiesen, daß ein solches formales Gerechtigkeitsprinzip zur Bestimmung einzelner Rechte nicht ausreichen könne. So ist auch nach materialen Begründungsmöglichkeiten gesucht worden. Die Gerechtigkeitskonzeption des *Utilitarismus* etwa führt als Prüfungskriterium für Gerechtigkeit den Gesichtspunkt der Nützlichkeit an. Grundsätzlich ist allerdings anzumerken, daß Nützlichkeitserwägungen nicht zur Anerkennung des Rechts anderer auf Verwirklichung ihres eigenen Willens führen; außerdem sind sie abhängig von konkreten Bedürfnissen und Situationen. – In der neueren philosophischen Literatur gibt es zahlreiche Versuche, eine Theorie der Gerechtigkeit über die Verbindung eines formalistischen Prinzips im Sinne Kants mit den materialen Bestimmungen der Utilitaristen zu begründen. In Anknüpfung an Kant begründet Rawls ein erstes Gerechtigkeitsprinzip, wonach jedermann ein gleiches Recht auf ein größtmögliches System von Grundfreiheiten zuzubilligen sei; dieses System muß allerdings mit dem der Freiheit für alle verträglich sein. Ein zweites Prinzip, das dem ersten untergeordnet ist, fordert in bezug auf alle faktisch bestehenden sozialen und ökonomischen Ungleichheiten den Nachweis, daß sie in der gegebenen Situation den am wenigsten begünstigten Personen immer noch den größtmöglichen Vorteil bringen.

Geschichte [zu althochdeutsch gisciht „Geschehnis, Ereignis"]: zunächst der zeitliche Ablauf des Geschehens, das die Wirklichkeit ausmacht, der Entwicklungsprozeß der menschlichen Gesellschaft als ganzer oder ihrer Individuen, ihrer ökonomischen, politischen, ideologischen, sozialen und kulturellen Ausformung, dann auch die wissenschaftliche Disziplin, die diesen Prozeß erforscht. Das griechische Wort „historía" bedeutet ursprünglich „Erkundung" im Sinne einer bloßen Darstellung von Tatsachen im Unterschied zu deren Erklärung oder Begründung. Dagegen bezeichnet „historia" im Lateinischen bereits eine Darstellungsform, die sich auf zeitgeschichtliche Themen konzentriert und tiefere Zusammenhänge zu erfassen sucht. Im wesentlichen hält auch das Mittelalter diese Bedeutung in Geltung. Der moderne Geschichtsbegriff erhält erst im letzten Drittel des 18. Jahrhunderts seine volle Bedeutung als Resulat zweier längerer Entwicklungen: 1. wird der Kollektivsingular gebräuchlich; er bündelt die Summe der einzelnen Geschichten in einem gemeinsamen Begriff, der sowohl einen abstrakten Zusammenhang von Einzelgeschichten als auch eine eigene geschichtliche Zeitvorstellung ausdrückt; 2. kommt es zu einer Zusammenziehung von „Historie" und „Geschichte", die dazu führt, daß die drei Bedeutungsebenen von Sachverhalt (Geschehen, Abläufe, Ereignisse), Darstellung dieses Sachverhalts (Berichte über das Geschehen) und Wissenschaft (systematische Auswertung der Berichte) auf einen gemeinsamen Begriff gebracht werden. Die Grundlagendiskussion über Ziele und Methoden der Geschichtswissenschaft verlief v.a. in Auseinandersetzung mit den Methodenidealen der Naturwissenschaften, als deren wichtiges Ergebnis festzuhalten ist, daß der Geschichte keine Regel zur Verfügung steht, nach der sich das Ende eines geschichtlichen Vorgangs aus seinem Anfang, ungebrochener Handlungsrationalität oder „historischen Gesetzen" zwingend herleiten ließe. Was der Mensch durch seine Geschichte ist, läßt sich nur durch die Analyse einzelner Fakten erklären. – ↑auch Geschichtsphilosophie.

Geschichtlichkeit: im Umkreis der Lebensphilosophie durch Dilthey zu einem Zentralbegriff erhobener Terminus, mit dem auf eine grundsätzliche Begrenztheit des menschlichen Erkennens aufmerksam gemacht werden soll: Wo immer Menschen reden und handeln, geschieht dies in Abhängigkeit von einem kontingenten, d.h. zufälligen, Bezugsrahmen. Der heutige Gebrauch des Terminus ist v.a. durch seine Verwendung im Kontext der Existenzphilosophie geprägt. V.a. Heidegger sucht mit Hilfe der Geschichtlichkeit das Existential der Zeitlichkeit anthropologisch zu konkretisieren. Sein Ausgangspunkt ist dabei die „Erstreckung des Daseins zwischen Geburt und Tod".

Geschichtsphilosophie: auf Voltaire zurückgehender Begriff zur Bezeichnung zweier Aspekte philosophischen Bemühens um das Phänomen Geschichte. – 1. Geschichtsphilosophie als *Deutung von Geschichte:* Der Terminus bezeichnet die Versuche, die Geschichte in ihrer Gesamtheit zu deuten. Ein hinter den ermittelten Fakten verborgener Sinn soll freigelegt bzw. der historische Ablauf als Wirkung allgemeiner Gesetze erklärt werden. Solche Deutungen im Sinn einer materialen Geschichtsphilosophie wurden durch die Geschichtstheologie des Christentums vorbereitet und bis in die Neuzeit hinein beeinflußt; ihr Ziel war es, Wirkung und Macht der göttlichen Vorsehung in der Geschichte aufzuzeigen. So interpretiert Augustinus die Geschichte der Menschheit als Kampf zwischen einem Gottesreich und gottfremden (irdisch ausgerichteten) Mächten. Allerdings erlaubte es diese Konzeption nicht,

Kriterien zur Deutung oder Beurteilung geschichtlicher Ereignisse oder zu ihrer zeitlichen Gliederung abzuleiten. Gleichwohl bleibt das Augustinische Modell für mehr als ein Jahrtausend bestimmend. Der Übergang zur neuzeitlichen, säkular ausgerichteten Geschichtsphilosophie wurde erst auf der Grundlage der Trennung von Wissen und Glauben möglich, die sich v. a. im Nominalismus und im Umfeld der Reformation vollzog. Nun sah man den Menschen nicht mehr bloß als Betroffenen in eine vorgegebene, unbeeinflußbare Sinnordnung der Geschichte eingefügt, sondern als jemanden, der seine eigene Geschichte habe und damit auch deren Sinn erst aufbauen müsse. Solche Auffassungen wurden allerdings erst durch Vico zu einer Geschichtsphilosophie im eigentlichen Sinne gestrafft; für ihn ist die Geschichte eine Abfolge von Epochen kulturellen Wachstums und anschließenden Verfalls; dieses Ablösungsschema wiederholt sich beständig auf je höherer Ebene. Eine göttliche Vorsehung wird als Motor dieser Entwicklung zwar noch anerkannt, de facto jedoch mit dem Gesetz dieses Prozesses gleichgesetzt. Die ↑Aufklärung fragt nicht mehr nach solchen Gesetzen. Vielmehr deuten Voltaire, Condorcet u. a. die Geschichte optimistisch als Fortschritt der Vernunft aus dumpfem Aberglauben und Barbarei „finsterer" Vorzeiten. Ebenso sieht Kant in der geschichtlichen Entwicklung den Fortschritt zu einer „vollkommenen bürgerlichen Vereinigung der Menschengattung". Herder präzisiert den Terminus „Fortschritt", indem er darunter eine organische Entfaltung der Humanität versteht, zu der jede Kulturstufe ihren Teil beiträgt. Fortschrittsglaube und Epochenaufteilung führen im deutschen Idealismus erneut zur Suche nach Gesetzen, denen die geschichtliche Entwicklung unterliege, aufgrund der Überzeugung, daß von Epoche zu Epoche jeweils Stufen größerer Vernünftigkeit aufeinanderfolgten. Insbesondere Hegel interpretiert die Weltgeschichte als Entwicklung, in der sich der Geist in dialektischen Schritten zunehmend selbstverwirklicht (↑Dialektik) und zu immer größerer Freiheit gelangt. Marx übernimmt von Hegel den Gedanken von der dialektischen Schrittfolge als allgemeines Bewegungsgesetz der Geschichte, setzt dann aber an die Stelle des „im Bewußtsein der Freiheit fortschreitenden Geistes" jenen Kampf um eine Befriedigung der Bedürfnisse der „wirklichen Individuen", der sich als „Klassenkampf" vollzieht und zur herrschaftsfreien Gesellschaft führen soll (↑historischer Materialismus). Mit Comte und Spencer wendet sich die Geschichtsphilosophie wieder vom dialektischen Prinzip ab, um erneut lineare Entwicklungsläufe anzunehmen. Die sozialen, politischen und kulturellen Veränderungen um die Wende vom 19. zum 20. Jahrhundert haben in der europäischen Geschichtsphilosophie die Abkehr vom Fortschrittsgedanken begünstigt; an seine Stelle rückt (wie bei Spengler) wieder das Gesetz vom Wachstum und Verfall der Kulturen, was nach Toynbee zu einer religiös gedeuteten und tieferen Einsicht in die menschliche Geschichte führt. – 2. Geschichtsphilosophie als *Methodologie der Geschichtsschreibung:* Überlegungen dieser Art haben erst mit der Entwicklung einer Wissenschaftstheorie eine systematische Erörterung erfahren. Im Rahmen einer *kritischen* Geschichtsphilosophie suchen zunächst Comte und J. St. Mill das Verfahren der aufkommenden Sozialwissenschaften für alle Wissenschaftsbereiche verbindlich zu machen; in der Geschichtswissenschaft solle dieses Methodenideal lediglich Anwendung auf einen besonderen Gegenstand finden. Vorbehalte hiergegen hat v. a. der Neukantianismus angemeldet, indem er darauf hinwies, daß die Geschichtswissenschaft nicht „nomothetisch" (gesetzaufstellend) verfährt, das einzelne nicht als Fall eines zu ermittelnden allgemeinen Gesetzes betrachtet, sondern in seinem einmaligen, unwiederholbaren Auftreten. Simmel und Dilthey haben daher als adäquate historiographische Methode das Prinzip einer Einfühlung gefordert. Einen Vermittlungsversuch zwischen beiden Positionen unternimmt Max Weber: Danach ist das einfühlende Verstehen historischer Fakten als eine objektiv kontrollierbare, an allgemein formulierten Idealtypen orientierte Erklärungsmethode zu kultivieren; in die wissenschaftliche Arbeit sollen keine willkürlichen, subjektiv-individuellen Interpretationen oder persönlichen Werturteile als leitende Prinzipien eingehen. Die *analytische Geschichtsphilosophie* hat die von Max Weber formulierte Problemstellung und seine Lösungsvorschläge in der Sprache der Logik und Wissenschaftstheorie erneut aufgegriffen und z.T. auch neu formuliert. Insbesondere ist die Frage nach der Art einer spezifisch historischen Erklärung diskutiert worden: Müssen zur Erklärung geschichtlicher Ereignisse immer allgemeine („historische") Gesetze angenommen werden oder genügt die „rationale" Erklärung (in der eine Handlung als das unter gegebenen Bedingungen geeignete Mittel, bestimmte Zwecksetzungen einzulösen, erläutert wird). Ziel der analytischen Diskussion ist es, die historische Erkenntnis zu objektivieren, d.h. überprüfbare Theorien zu bilden, so daß man weder auf einfühlsame Einfälle noch auf metaphysische Spekulationen angewiesen ist.

Geschmack: allgemein die Fähigkeit, Gegenstände der Natur oder Kultur im Hinblick auf den Grad ihrer ↑Schönheit bzw. Häßlichkeit zu beurteilen. – Im 18. Jahrhundert erhält der Geschmacksbegriff große Bedeutung im Bereich der philosophischen ↑Ästhetik. Nach Kant handelt es sich bei dem Urteil „schön" um ein Gefühlsurteil, das auf einem interesse- und begriffslosen Wohlgefallen, ausgelöst durch die Erscheinung zweckloser Zweckmäßigkeit eines Gegenstands der Anschauung, beruht. Unter Voraussetzung eines ästhetischen „Gemeinsinns", über den die urteilenden Subjekte verfügen, spricht Kant dem Geschmacksurteil Notwendigkeit und Allgemeingültigkeit zu. Hinsichtlich der Beurteilung von Werken der ↑Kunst verliert der Geschmack schon bei Hegel seine Zuständigkeit. Denn als Produkt des Geistes sind Kunstwerke Gegenstand der Erkenntnis. Vollends verschließt sich die Kunst der Moderne dem Geschmacksurteil, die um ihrer Authentizität willen den Anspruch, „Wohlgefallen" zu erregen, preisgibt. Seit Hegel ist Geschmack, „der gebildete Schönheitssinn", als „subjektiver Geschmack" zu begreifen, der für die „Schönheit keine feste Regel hat" und der „nicht über sich disputieren" läßt. Seine im wesentlichen den Moden unterworfene Zustimmung oder Ablehnung richtet sich auf die Natur und v.a. auf das Dekorative (Kleidung, Schmuck u.ä.), das als solches den Anspruch erhebt, zu gefallen.

Gesellschaft [zu althochdeutsch gisellìscaft „Vereinigung mehrerer Gefährten, Beisammensein"]: vieldeutig und in mehreren Wissenschaften (z.B. Pflanzengesellschaft, Tiergesellschaft) gebrauchter Begriff, in Sozialwissenschaften und Philosophie seit der von Tönnies eingeführten Unterscheidung von ↑Gemeinschaft und Gesellschaft Bezeichnung für eine Gruppe, die durch Konvention, Vertrag vereinigt ist, um einen gemeinsamen Zweck zu realisieren. Eine Gesellschaft wird wesentlich durch nichtpersonale Faktoren wie Sprache, Rechtsauffassung, Erziehungsziele, materielle Gegebenheiten, Religion Weltanschauung, spezielle Geschichte u.a. geprägt. Das Zusammenspiel dieser Faktoren macht eine Gesellschaft zu dem, was sie ist. Die Gesellschaft kann auch als Rahmen verstanden werden, in dem das Individuum Orientierungen für sein Handeln findet. Jeder Mensch wird durch die gesellschaftlichen Verhältnisse (soziales Umfeld, Schicht, eigene Rolle in der Gesellschaft) geprägt und bedarf der Gesellschaft, um seine Anlagen entfalten zu können (↑Gesellschaftswesen). Er ist aber auch in der Lage, gesellschaftliche Verhältnisse zu verändern. Die Gesellschaft ist also nicht etwas Feststehendes, das von den Menschen unabhängig ist, sondern sie kann nur durch die Menschen selbst existieren. Gesellschaft und Individuum bedingen sich gegenseitig. Gesellschaftliche Veränderungen werden nicht nur durch „große Männer" beeinflußt, sondern durch die Vielzahl von Individuen, die sie unterstützen; das Geflecht der minimalen Einzelentscheidungen bewirkt die gesellschaftlichen Veränderungen. Im Zusammenhang mit der Wiederaufnahme des antiken Naturrechts bildete sich im 17. Jahrhundert die Lehre vom ↑Gesellschaftsvertrag heraus, die im Verlauf des 18. Jahrhunderts zur Theorie der ↑bürgerlichen Gesellschaft entwikkelt wurde.

Gesellschaft, bürgerliche ↑bürgerliche Gesellschaft.

Gesellschaftsvertrag: Versuch der Gesellschaftstheorie, die Fragen nach Ursprung und Notwendigkeit politischer Herrschaft und nach der optimalen Staatsform im Rahmen einer Vertragstheorie zu beantworten. Während im Mittelalter diese Fragen durch Rückgriff auf die Theologie beantwortet werden konnten, gab es seit der Reformation und den Glaubenskriegen keinen gemeinsamen Grundkonsens mehr, durch den sich ein einheitliches abendländisches Weltbild begründen ließ. Der Staat stellte keine natürlich entstandene, gottgegebene Einheit mehr dar, sondern eine von den Menschen künstlich geschaffene. Er war nur durch weltanschaulich und religiös neutrale Theorie zu rechtfertigen. Zu den Hauptvertretern der Vertragstheorie, die v.a. im 17. und 18. Jahrhundert verbreitet war, zählen Bodin, Grotius, Hobbes, Pufendorf, Locke und Rousseau. Ausgangspunkt aller Vertragstheorien ist die Erörterung eines vorstaatlichen Zusammenlebens, des ↑Naturzustands. Trotz dessen unterschiedlicher Charakterisierung kommen doch alle Vertragstheoretiker zu dem Schluß, daß es im Interesse jedes einzelnen liegen muß, diesen Zustand zu überwinden. Dies geschieht durch eine (fiktive) Willenserklärung der Individuen, ihre Rechte ganz oder teilweise auf einen Souverän zu übertragen und so aus der Vereinzelung herauszutreten und sich zu vergesellschaften. – *Hobbes* versucht in rein rationalen Schlußfolgerungen nachzuweisen, daß der Absolutismus die optimale Staatsform ist. Geprägt von den Erlebnissen des Bürgerkriegs sieht er den Menschen als ein amoralisches und asoziales Wesen, das primär von seiner Selbstliebe und vom Selbsterhaltungstrieb gesteuert wird. In seinem Werk „De cive" (lateinisch „Über den Bürger") charakterisiert er den Menschen sogar als menschlichen Wolf (↑homo homini lupus). Soziale Tugenden, zwischenmenschliche Beziehungen und moralische Kategorien sind diesem Menschen im Naturzustand fremd. Das Ziel aller menschlichen Handlungen ist die Förderung des eigenen Wohlergehens ohne Rücksicht auf die Mitmenschen. Da nach geltendem ↑Naturrecht, das jedem ein Recht auf alles zugesteht, sogar ein skrupelloses Vorgehen gerechtfertigt ist, artet der Naturzustand in einen Kriegszustand aus, in das „bellum omnium contra omnes" (lateinisch „Krieg aller gegen alle"). Aufgrund der ständigen Bedrohung durch die Mitmenschen liegt es im Interesse jedes einzelnen, diesen Zustand zu beenden. Dazu ist der Verzicht auf das natürliche Recht zugunsten einer Staatsgewalt, die den Schutz vor den Mitmenschen garantiert, notwendig. Aufgrund des negativen Menschenbilds ergibt sich, daß eine absolute Staatsgewalt diese Schutzfunktion am besten erfüllen kann. Die Verzichtserklärung, die auf das Gesetz der Natur zurückgeht, das bei Hobbes keine moralische Komponente hat, sondern nur ein Gebot der Klugheit ist, stellt den Herrschaftsvertrag dar. Dadurch ist gleichzeitig eine totale Unterwerfung unter den Willen des Herrschers ausgesprochen, der an keine moralischen Gesetze gebunden ist. Der Vertrag wird also nur zwischen den zukünftigen Untertanen abgeschlossen. Gemäß diesem Staatsvertrag sind alle Herrschaftsakte per se legitim. Nur wenn die Staatsgewalt ihre Schutzfunktion nicht mehr erfüllen kann, hat der Untertan ein Widerstandsrecht. – *Locke* hält aufgrund seines positiven Menschenbilds die Volkssouveränität für die ideale Basis eines Staates. Er sieht den Naturzustand als einen Zustand des Friedens, der gegenseitigen Hilfe und Erhaltung an. Das Gesetz der Natur, das mittels Vernunft erkennbar ist, stellt eine allgemein verbindliche moralische Norm dar, die jeden verpflichtet, sich selbst und seine Mitmenschen zu erhalten. Schon im Naturzustand gelten Grundrechte für alle, die aus diesem Gesetz ableitbar sind. Der vorstaatliche Zustand, der Züge einer bürgerlichen Gesellschaft aufweist, käme einem optimalen Zustand gleich, gäbe es nicht einige „entartete" Menschen, die sich nicht von ihrer Vernunft leiten lassen, sondern gegen das Gesetz der Natur verstoßen. Um solche Verstöße zu ahnden oder diesen vorzubeugen, schließen sich die (freien und gleichberechtigten) Menschen in einer freien Übereinkunft zu einer politischen Gemeinschaft zusammen. Damit diese politische Gemeinschaft funktionsfähig ist, sind Mehrheitsentscheidungen zu akzeptieren. Als Staatsform ist jede nichtabsolute Staatsform zulässig, wenn die Entscheidung zu dieser auf einer Mehrheitsentscheidung beruht. Die Ernennung einer vom Volk autorisierten Regierung stellt den Staatsvertrag dar. Bei Verstößen der Regierung gegen das Gesetz der Natur hat das Volk ein Widerstandsrecht und kann den Herrschaftsvertrag auflösen. Die der Regierung erteilte Souveränität fällt an das Volk als Gesamtheit zurück und kann von diesem neu vergeben werden (Volkssouveränität). – Bei *Rousseau* vollzieht sich der Übergang vom Naturzustand zur Staatsgründung stufenweise. Das Naturrecht ist nicht die Voraussetzung, sondern das Ergebnis einer langen Entwicklung der vergegesellschafteten Menschheit. Da die isoliert lebenden Menschen instinktmäßig Konflikte vermeiden, ist der Naturzustand friedlich. Probleme, die eine staatliche Autorität notwendig machen, entstehen erst, wenn die Menschen durch äußere Umstände gezwungen sind, sich zu sozialen Verbänden zusammenzuschließen. Der Gesellschaftsvertrag (französisch „contrat social") stellt die Grundlage für einen Staat dar, in dem der einzelne seine Freiheit bewahrt und nur seinem eigenen Willen zu gehorchen hat, obwohl er sich dem allgemeinen Willen unterwirft, der nicht die Summe der Willen aller ist, die jeweils auf Privatinteresse abzielen, sondern das Ergebnis eines idealen ↑Diskurses freier, gleichberechtigter Menschen. Er repräsentiert den freien unegoistischen, am ↑Sittengesetz orientierten Willen jedes einzelnen und hat gleichzeitig die objektiv-sittlich gerechtfertigte Gesetzgebung zum Inhalt. Aufgabe des eigenen Willens zugunsten des allgemeinen Willens ist also nicht Unterwerfung, da der vernünftige eigene Wille dem allgemeinen nicht entgegengesetzt sein kann, sondern in diesem zum Ausdruck kommt. Aus der Bestimmung des Souveräns durch den allgemeinen Willen ergibt sich die unbeschränkte Gesetzgebung des Staates. – Nach Rousseau wurde die Theorie des Gesellschaftsvertrags nicht mehr verwendet. Bei Kant ist der ursprüngliche Vertrag zur Idee des Rechts geworden, die den Gesetzgeber verpflichtet, solche Gesetze zu erlassen, die dem vereinten Willen des Volkes hätten entspringen können.

Gesellschaftswesen: in der philosophischen Anthropologie neben Vernunftwesen ein Hauptcharakteristikum des Menschen. Um trotz seiner Instinktarmut überleben zu können, ist der Mensch auf Lernen und Denken angewiesen. Erlernt werden müssen sowohl technische Dinge, z. B. das Herstellen von geeigneten Werkzeugen, Reagieren auf Umweltbedrohungen, als auch moralisch richtige Verhaltensweisen und Werturteile (↑ Ethik). Zu den wesentlichen Eigenschaften des Menschseins gehört die Fähigkeit zur Sprachhandlung (↑ Sprache). Damit ist sowohl die Kommunikation (äußere Sprachhandlung) als auch das Denken (innere Sprachhandlung) gemeint. Diese Anlage, die sich – wie das Lernen – nur im Zusammenleben mit anderen richtig entwickeln kann, befähigt den Menschen zur Selbstbestimmung und somit zur Freiheit. Um sich im Leben zurechtzufinden, bedarf der Mensch bestimmter Orientierungshilfen, die ihm erst einmal durch Erziehung und Tradition (Religion, Sitte, gesellschaftliche Normen, Gesetze), also gesellschaftlich vermittelt werden. Seine Weltdeutung und Handlungsprinzipien werden ihm von der Gesellschaft vorgegeben. Durch die jeweiligen Rollen, die er in der Gesellschaft übernommen hat, werden unterschiedliche Rollenerwartungen an ihn gestellt, die er zu erfüllen hat. Derselbe Mensch ist zugleich z. B. Kind, Schüler, Mädchen, Freundin usw. und hat sich gemäß seinen Rollen zu verhalten und zu verantworten. Die Vorprägung durch die Gesellschaft scheint den Menschen in eine Unmündigkeit zu führen. Aber dank der Fähigkeit zum Denken hat er auch die Möglichkeit, über sich, die Person, die Träger dieser verschiedenen Rollen ist, und über die vorgegebenen Meinungen und Werturteile zu reflektieren. Dadurch hat er auch die Möglichkeit zur Freiheit. Eine notwendige Voraussetzung für diese Möglichkeit ist das Nachdenken über die tradierten Werte und die Auseinandersetzung mit den eigenen Rollen. Diese Reflexionen werden dem Menschen erst durch das Zusammenleben mit anderen, d. h. als Gesellschaftswesen möglich.

Gesetz: *allgemein* die sprachliche oder mathematische Formulierung eines [meist] unwandelbaren, wesentlichen Zusammenhangs zwischen bestimmten Dingen und Erscheinungen bzw. Vorgängen in Natur, Wissenschaft und Gesellschaft, durch den ihr Verhalten bzw. ihr Ablauf eindeutig bestimmt und der unter gleichen Bedingungen in gleicher Weise feststellbar ist; auch (v. a. im Bereich des *Rechts*) svw. Regel, Vorschrift, Richtlinie oder Norm (normatives Gesetz), nach der man handeln muß oder handelt. Bei den *normativen Gesetzen* unterscheidet man zwischen juristischen und moralischen Gesetzen. In beiden wird eine Norm für menschliches Verhalten formuliert, zu deren Einhaltung die Menschen verpflichtet sind. Während bei juristischen Gesetzen nur das äußere Verhalten vorgeschrieben wird, beziehen sich moralische Gesetze auch auf die innere Einstellung des Handelnden. Juristische Gesetze, die von einer entsprechenden legislativen Gewalt erlassen werden, müssen öffentlich verkündet und schriftlich fixiert werden. Verstöße gegen sie werden durch entsprechende staatliche Instanzen geahndet. Obwohl man grundsätzlich an die Gesetze gebunden ist, kann man ein Widerstandsrecht haben, wenn die Gesetze gegen moralische Gesetze verstoßen, wie z. B. die Rassendiskriminierungsgesetze im „Dritten Reich“. Bei den ionischen Naturphilosophen wurden moralische Gesetze aus dem Gesetz der Natur abgeleitet. Dahinter stand der Gedanke, daß sich das Universum nach göttlichen immanenten Gesetzen bewegt und sich in diesen Gesetzen die göttliche Vernunft offenbart. Naturgemäßes Handeln wurde also mit Handeln nach göttlichen Prinzipien gleichgesetzt (so auch Lukrez). Seit der Aufklärung ist der Gedanke vorherrschend, daß der Mensch mittels seiner Vernunft – und nicht durch göttliche Offenbarung – in der Lage ist, moralische Gesetze zu erkennen bzw. sie sich selbst zu geben (↑Sittengesetz). – In der *Wissenschaftstheorie* ist ein Gesetz der Erfahrungswissenschaften ein bedingter Allsatz, der in hohem Maß von der Erfahrung bestätigt worden ist und der v. a. nicht falsifiziert sein darf; z. B.: Für alle Körper gilt: Wirkt keine Kraft auf sie ein, so verharren sie im Zustand der gleichmäßigen Bewegung. Für jede Kraft gilt: actio = reactio. $E = m \cdot c^2$. Je nach Grad der Abstraktheit unterscheidet man *beschreibende* Gesetze (z. B. das Fallgesetz) und *erklärende* Gesetze (z. B. Newtons Gravitationsgesetz), wobei sich erstere aus den letzteren ableiten lassen. – Gesetze enthalten keine Eigennamen für Gegenstände und nehmen nicht Bezug auf konkrete Raum-Zeit-Stellen. Der Geltungsbereich von Gesetzen darf nicht endlich sein. Gesetze sind projizierbar, d. h. sie lassen Voraussagen für die Zukunft zu, sie müssen einen empirischen Gehalt haben (Popper), d. h. es muß möglich sein, die Gesetzesaussage durch ↑Testimplikationen in der Erfahrung zu überprüfen und gegebenenfalls zu falsifizieren. Offen ist, ob diese notwendigen Bedingungen bereits ausreichen, um den Gesetzesbegriff eindeutig festzulegen, oder ob noch zusätzliche Eigenschaften verlangt werden müssen. – Auch in *Logik* und *Mathematik* spricht man gelegentlich von Gesetzen (wahre Aussage, allgemeingültige Aussageform, logisch wahres Aussageschema, richtiger Schluß).

Gesinnung: die Gesamtheit ethischer Vorstellungen und Motivationen eines Menschen, die sowohl ethisch gerechtfertigt als auch verwerflich sein können. Sie wird in der Regel aus dem Reden und Handeln eines Menschen abgeleitet. Unter einer „reinen" Gesinnung – dem Leitbegriff der Gesinnungsethik – versteht man den Willen zum Guten um des Guten willen.

Gesinnungsethik ↑Verantwortungsethik.

gesunder Menschenverstand ↑Common sense.

Gewalt: Anwendung physischen (Zufügung körperlichen Schmerzes, Einschränkung der Bewegungsfreiheit) oder psychischen (z. B. Drohung, Erpressung) Zwangs, im allgemeinen in der Absicht, in einem Interessenkonflikt dem eigenen Willen gegen Widerstand Geltung zu verschaffen. Zur Kennzeichnung institutioneller Zwänge (z. B. ungerechte Eigentumsordnung, fehlende Chancengleichheit), die die Selbstverwirklichung bestimmter Individuen oder Gruppen innerhalb einer Gesellschaft verhindern, spricht die kritische Gesellschaftstheorie von einer „strukturellen", d. h. nicht-personalen Gewalt. – Philosophisch spielt das Problem der Gewalt in den neuzeitlichen Lehren vom ↑Gesellschaftsvertrag eine wichtige Rolle. – Um ein ethisches Problem handelt es sich bei der Frage, ob Gewaltanwendung in bestimmten Situationen (z. B. Kindererziehung, Notwehr, politischer Widerstand) legitim sein kann. Im Sinne einer Verantwortungsethik muß Gewalt dann als legitim anerkannt werden, wenn die Sicherung eines akut bedrohten berechtigten, weil verallgemeinerungsfähigen Fundamentalinteresses (z. B. Leben, Freiheit) auf keine gewaltlose Weise durchzuführen ist und wenn das Prinzip der Verhältnismäßigkeit der Mittel gewahrt bleibt.

Gewaltlosigkeit: Ideal einer Gesinnungsethik (z. B. die christliche Ethik, Pazifismus), die die Anwendung von ↑Gewalt unter keinen denkbaren Umständen für sittlich legitim hält – ohne Rücksicht auf die Folgen, die diese Haltung für einen selbst oder andere haben kann.

Gewissen: im alltäglichen Sprachgebrauch die Fähigkeit, zwischen gut und böse, sittlichem Wert oder Unwert der eigenen Handlungen unterscheiden zu können; gemeinhin wird Gewissen als Wertgefühl angesehen, das sich spontan im Menschen Geltung verschafft. Es gilt häufig als angeborenes, durch Umweltfaktoren (wie Erziehung) aber entwickelbares bzw. unterdrückbares seelisches Vermögen. – Philosophisch versteht man unter Gewissen die allgemeinen moralischen Überzeugungen einer Person, die in ihrer Gesamtheit jene Urteilsbasis bereitstellen, von der aus das Individuum moralische Normen (v.a. für eigene Handlungen) zweifelsfrei annehmen kann. In der Diskussion v.a. über die Verbindlichkeit der Gewissensüberzeugungen und -urteile stellten sich drei Fragenkreise als zentral heraus: 1. Lassen sich moralische Urteile, die unter Berufung auf das Gewissen gefällt werden, immer rechtfertigen (Unfehlbarkeit des Gewissens)? 2. Muß man dem Gewissen immer folgen (Gewissenszwang)? 3. Darf man andere Individuen zu Handlungen gegen ihre Gewissensüberzeugung (z.B. durch rechtliche Normen) zwingen (Gewissensfreiheit)? Philosophiegeschichtlich gesehen hat nur die christlich geprägte Philosophie des Mittelalters eine eigene Gewissenstheorie entwickelt; hingegen diskutiert die griechische Tradition über Gewissen oder ähnliche Phänomene nur vereinzelt (z.B. spricht Sokrates von einem „daimónion", einer inneren Stimme, die vor schlechten Handlungen warne), während in der Neuzeit die Frage nach dem Gewissen hinter der nach Begründungsprinzipien für sittliche Erkenntnis zurücktritt. Die Scholastik unterscheidet zwischen der Synteresis, dem Wissen von sittlichen Grundsätzen, und der Conscientia, der Anwendung dieser Prinzipien auf konkrete Einzelfälle. Nach Albertus Magnus liefert die Synteresis die Obersätze, die als unfehlbar angesehen werden, da die Synteresis ihre Anleitung von Gott empfängt. Die Conscientia, die auf die Einzelurteile schließt, unterliegt als menschliches Vermögen hingegen der Irrtumsmöglichkeit. Für Kant ist die Beurteilung einer Handlung auf ihre moralische Berechtigung hin nicht Sache des Gewissens, wohl aber die Überprüfung dieser Urteilsbildung auf ihre Sorgfältigkeit hin. Über Schopenhauer und Nietzsche entwickelt sich eine psychologische Deutung des Gewissens, die dann auch bei Freud dominiert (Gewissen als Funktion des Über-Ichs, das durch Verinnerlichung der elterlichen Verbote und Forderungen gebildet wird).

Gewißheit: höchste Stufe des Fürwahr-Haltens, deshalb meist auf Wissen bezogen. Gewißheit ist aber auch bezüglich ethischer Normen möglich. Man unterscheidet zwischen *subjektiver* Gewißheit als Ausdruck des Überzeugtseins und *objektiver* Gewißheit, die in der Verfügbarkeit einer sicheren Begründung besteht. Der Gewißheit entgegengesetzt ist der begründete Zweifel. Die Sätze von Logik und Mathematik gelten als gewiß, da sie auf Konstruktionen des Verstandes beruhen. Die *metaphysische* Gewißheit als Zurückweisung der skeptischen Grundthese von der Unmöglichkeit sicheren Wissens von der Außenwelt findet dagegen nicht allgemeine Zustimmung. Außer vom Skeptizismus wird diese These auch vom kritischen Rationalismus bestritten, der alles empirische Wissen für fallibel hält (↑ Fallibilismus).

Glaube: innere Sicherheit, die keines Beweises bedarf; Grundelement des religiösen Lebens, das für die Existenz des religiösen Menschen schlechthin entscheidend ist. Glaube bedeutet primär (gefühlsmäßiges) Vertrauen, feste Zuversicht und nicht ausschließlich ein Fürwahrhalten außerirdischer, transzendenter Gegebenheiten. – In der *Philosophie* ist Glaube ein Fürwahrhalten ohne methodische Begründung im Gegensatz zum Wissen (↑ glauben). – Obwohl in allen *Religionen* das Element des Glaubens anzutreffen ist, spielt er eigentlich nur in den monotheistischen prophetischen Offenbarungsreligionen (Judentum, Christentum, Islam) eine sie konstituierende und ihre Ethik normierende Rolle. Im *Christentum* ist Glaube im biblischen Sinn eine Kategorie des personalen Vertrauens, das das rational-intellektuelle Moment menschlichen Seins durchaus einschließt; d.h. der Glaube ist Reaktion, Antwort auf das ihm vorgängige Wort Gottes in Schöpfung und Erlösung, das seinen Höhepunkt in der Person Jesu Christi hat, kommt also aus dem Hören dieses Wortes (Römer 10, 17) und zielt auf volle und ungetrübte personale Gemeinschaft zwischen Gott und Menschen. Die erst relativ spät (auf dem Tridentinum [1545–63]) einsetzende lehramtliche Festlegung der *katholischen Lehre* vom Glauben betont sehr stark die sachhafte Inhaltlichkeit des Glaubens als Summe der von der Kirche vermittelten göttlichen Offenbarung („fides, quae creditur", lateinisch „der Glaube, der geglaubt wird"), ohne aber deshalb zu vergessen, daß der personale Glaubensakt („fides, qua creditur", „der Glaube, durch den [im dem] geglaubt wird") durch die göttliche Gnade allein begründet wird und als solcher Anfang, Wurzel und Grundlage der Rechtfertigung (Erlösung) ist. In der *reformatorischen* Theologie gewinnt der Glaube die umfassende Bedeutung von Heilsweg und Heilsgeschehen überhaupt: Die Gerechtigkeit des Menschen vor Gott geschieht allein in und aus dem Glauben, nicht aufgrund eigener „guter Werke", die selbst nur, und zwar notwendige, Folge des Glaubens sind, womit der ausschließlich gnadenhafte Charakter des Glaubens deutlicher ausgedrückt ist als in der katholischen Theologie.

glauben [ursprünglich (vorchristlich) „(jemanden) für lieb, gut halten", „(etwas) gut heißen"]: bezeichnet in alltäglicher Rede unterschiedliche Bewußtseinsakte: 1. etwas vermuten („ich glaube, daß morgen schönes Wetter ist"); 2. Inhalte des öffentlichen Meinens als wahr annehmen, ohne daß sie für das eigene Verhalten Bedeutung erlangen („ich glaube auch, daß die Evolutionstheorie stimmt"); 3. eine auf ihre Wahrheit hin (noch) nicht überprüfbare Aussage einer Person mit vollständiger Gewißheit für wahr halten und sich demgemäß verhalten („ich glaube dir, daß du nicht früher kommen konntest"); 4. von einem unbeweisbaren Sachverhalt so überzeugt sein, daß er das eigene Verhalten in Theorie und Praxis bestimmt („ich glaube an dich"; „ich glaube daran, daß Friede sein wird, wenn wir uns ganz für ihn einsetzen"). – In philosophischer Rede sollte den Bedeutungen 1. und 2. das Wort ↑„meinen", den Bedeutungen 3. und 4. „glauben" zugeordnet werden. – Beginnend mit Platon, wurde das Glauben immer wieder, besonders in der ↑Aufklärung, für eine zu überwindende, weil defiziente und daher gefährliche Vorform des Wissens gehalten. – Demgegenüber hatte die Überzeugung des Aristoteles, daß doch „mehr Notwendigkeit besteht, den (ersten) Prinzipien Glauben zu schenken als dem Vorgang des Schlußfolgerns" philosophiegeschichtlich wenig Wirkung. Gleiches gilt für Kants Versuch, durch „Kritik der reinen Vernunft" die Leistungsfähigkeit des schlußfolgernden Denkens auf den Bereich möglicher sinnlicher Erfahrung zu begrenzen, um für das „Glauben Platz zu bekommen", nämlich das Glauben an Freiheit, Gott, Unsterblichkeit. – Die Bemühungen der Kirchenväter und der Theologen des Mittelalters, das Glauben – in Abgrenzung gegen das methodisch gesicherte Wissen – als eigenständigen Bewußtseinsakt zu verstehen, sind wegen der rationalistischen Entwicklung großer Teile der Theologie in der Neuzeit und wegen der aufklärerischen Kritik am Glauben bis ins 19. Jahrhundert für die Philosophie kaum fruchtbar geworden. Erst seit Kierkegaard befaßt sich die Philosophie, insbesondere Teile der Existenzphilosophie und der Phänomenologie, wieder mit dem Phänomen Glauben. An diesem seien v.a. drei Aspekte zu unterscheiden: 1. der *Glaubensinhalt,* der als solcher für den Glaubenden noch nicht oder grundsätzlich nicht beweisbar ist; 2. das subjektiv *vollkommen gewisse Für-wahr-Halten* des Inhalts, das auf einem Willensakt beruht (Augustinus: „Glauben kann man nicht, es sei denn, man will es"); 3. das die Lebenspraxis grundsätzlich bestimmende, *wagende, personale Sich-Einlassen* auf die Person, der man glaubt, und/oder auf einen antizipierten Sinn von Welt. – Das Glauben kann den methodischen Wissenserwerb nicht ersetzen, das wäre Leichtgläubigkeit und Aberglaube. Aber das Glauben übersteigt das je beweisbare Wissen, so daß von dieser neuen Position aus – möglicherweise – dem Erkennen neue Bereiche überhaupt erst geöffnet werden oder bereits Bekanntes besser verstanden wird. Anselm von Canterburys theologische Aussage „ich glaube, damit ich verstehen kann" (↑Credo, ut intelligam) kann auch anthropologisch interpretiert werden. – *Beispiele:* Der individuelle Wissenserwerb beginnt mit dem Glauben an Aussagen von Personen (Eltern, Lehrer), die erst im Nachherein als wahr oder falsch bewiesen werden können; der verstehende Zugang zu einer anderen Person öffnet sich nur dem, der zunächst an die Wahrhaftigkeit der Aussagen und Handlungen der anderen Person glaubt; wissenschaftliche Aussagen über die Natur kann nur versuchen, wer an eine durchgängige Ordnung der Natur glaubt. – Das Glauben impliziert immer die gewollte Bejahung der Person, der man glaubt, sowie der eigenen Person als einer grundsätzlich guten und die gewollte Bejahung der Möglichkeit von Sinn der Welt. Dadurch wirkt das Glauben verändernd auf die eigene Person, die Person, der man glaubt, und die Welt ein. – Das Glauben ist stets ein Entwerfen in die Zukunft. Nur in ihr kann sich der Glaubensinhalt als wahr oder falsch erweisen. Jedoch kann die Bewährung des Glaubensinhalts als wahr oder falsch nur eintreten, wenn der Glaubende sich handelnd auf ihn einläßt und so die Umstände, unter denen der Glaubensinhalt entstand, verändert. Glauben ist das aktive Konkretwerden von Hoffnung und ist Wagnis.

glauben/meinen/wissen: von Kant in der „Kritik der reinen Vernunft" untersuchte Weisen des Für-wahr-Haltens. Es ist zu unterscheiden zwischen der *subjektiven* Komponente des Für-wahr-Haltens, dem Überzeugtsein, und der *objektiven,* dem Verfügen über eine (möglicherweise methodische) Begründung. Während beim einfachen *Meinen* immer ein Zweifel mitschwingt, unterscheiden sich hinsichtlich der subjektiven Seite *Glauben* und *Wissen* nicht: Beide sind Ausdruck vollkommener Überzeugung. Bloßes Meinen erhebt keinen Anspruch auf objektive Begründbarkeit im Gegensatz zum Wissen, wo dieser unverzichtbar ist. In diesem Fall wird oft sogar eine *methodische Begründung* (etwa gemäß den Regeln einer Wissenschaft) erwartet. Im Unterschied hierzu beruht Glauben auf interpersoneller Gewißheit (↑glauben) oder auf Offenbarung (↑Glaube). In beiden Fällen ist eine methodische Begründung weder möglich noch notwendig. In der Terminologie der modernen Sprachphilosophie läßt sich Kants Frage so ausdrücken: Welche Geltungsansprüche werden mit Sprechakten wie „ich meine, daß *p*", „ich glaube dir, daß *p*" und „ich weiß, daß *p*" erhoben (*p* eine Proposition, etwa „die Luftverschmutzung verursacht das Waldsterben")?

Gleichheit: Begriff der Logik, Ethik, Anthropologie und normativen Gesellschaftswissenschaften. – In der *Logik* heißen zwei Gegenstände a und b bezüglich eines festgelegten Bereichs von Aussagen $\mathcal{A}$ gleich, wenn für jede Aussage A aus $\mathcal{A}$ gilt: $A\,(a) \leftrightarrow A\,(b)$. Es gibt demnach keine Aussage aus dem vorgegebenen Bereich, die es erlauben würde, a und b zu unterscheiden; symbolisch: $a = b \rightleftharpoons A(a) \leftrightarrow A(b)$ für alle $A \in \mathcal{A}$. Man beachte, daß „=" nur bezüglich $\mathcal{A}$ gilt. Wählt man einen größeren Bereich $\mathcal{A}'$, so können a und b sehr wohl unterscheidbar sein mit Hilfe einer Aussage $\mathcal{A}'\setminus\mathcal{A}$. Die Idee dieser Gleichheitsdefinition geht auf Leibniz zurück, der sie als

„principium identitatis indiscernibilium“ (lateinisch „Prinzip der Gleichheit des Ununterscheidbaren“) bezeichnete; z. B.: Es seien $\mathcal{A}$ die Aussagen der Chemie, $a = U^{235}$ und $b = U^{238}$. Vom Standpunkt der Chemie aus sind *a* und *b* nicht zu unterscheiden (wie alle Isotope); also sind sie als Gegenstände der Chemie gleich. Physikalisch aber unterscheiden sie sich z. B. durch ihr Atomgewicht und ihre Halbwertzeit. „=“ ist eine zweistellige *Äquivalenzrelation*. – Eine ähnliche Konstruktion liegt der Äquivalenzklassenbildung zugrunde (↑Abstraktion): Beschränkt man sich auf die bezüglich der Äquivalenzrelation invarianten Aussagen, so sind die Elemente jeder Klasse ununterscheidbar und damit gleich bezüglich dieser Aussagen. – Von der Gleichheit ist die ↑Identität zu unterscheiden.

Für *Anthropologie, Ethik* und *Staatsphilosophie* ist eine Gleichheitsrelation ganz spezieller Art interessant: *Gleichheit von Menschen.* Gleichheit von Menschen im universellen Sinn wurde erstmals in der griechischen Antike während der sogenannten ersten ↑Aufklärung im 5. Jahrhundert v. Chr. behauptet. Nach stoischer Lehre gelten Menschen als gleich u. a. aufgrund ihrer gemeinsamen Möglichkeit zu Sprache und Vernunft. Im Christentum beruht die Gleichheit darauf, daß jeder Mensch ausgezeichnet ist durch etwas Gottähnliches in sich, eine (unsterbliche) Seele. Im Naturrechtsdenken wird Gleichheit verstanden als eine Art ursprünglicher, bei der Geburt noch offensichtlicher kreatürlicher Ähnlichkeit in organisch-leiblicher, aber auch geistiger Hinsicht, die erst durch die Kultur verformt und zerstört wird. In der Ethik werden Menschen als gleich betrachtet hinsichtlich ihrer je eigenen Personalität (↑Person) und der (unantastbaren) ↑Würde. Trotz bedrückender Erfahrungen faktischer Ungleichheit und Unterdrückung dauerte es viele Jahrhunderte, bis die Idee der Gleichheit aller Menschen einen Grad an Wirkkraft im Bewußtsein der betroffenen Menschen erreicht hatte, daß sie politisch wirksam werden konnte und die gesellschaftlich-staatlichen Strukturen und Rechtsordnungen verändernd beeinflußte, und zwar erst durch die Wiederaufnahme griechischer Naturrechtsgedanken im 17. Jahrhundert. In der Lehre vom ↑Gesellschaftsvertrag bildet die „natürliche Gleichheit“ der Menschen im Naturzustand die Basis für die Forderung nach Gleichheit aller vor dem Gesetz. Der Grundsatz, daß „alle Menschen gleich geboren sind und gleich bleiben“, ging in der Phase der Unabhängigkeitserklärung der nordamerikanischen Kolonien erstmals in Staatsverfassungen ein. In Europa erhielt die Forderung nach der Gleichheit der Menschen als Bürger erstmals durch die „Déclaration des droits de l’homme et du citoyen“ (französisch „Erklärung der Menschen- und Bürgerrechte“) in der Französischen Revolution von 1789 Verfassungsrang. Heute ist die „Gleichheit vor dem Gesetz“ einer der fundamentalen Grundsätze des modernen Rechtsstaats. Neben dem allgemein-formalen Gleichheitssatz erhält ein Grundgesetz darüber hinaus meist unmittelbar wirkende, spezielle Gleichheitsrechte wie Wahlrecht, das Recht auf gleichen Zugang zu allen öffentlichen Ämtern, Verbot der Benachteiligung oder Bevorzugung wegen Geschlecht, Abstammung, Rasse, Sprache, Heimat, Herkunft, Glauben, religiöser und politischer Anschauungen. – Neben dieser staatsbürgerlichen Gleichheit kamen seit dem 18. Jahrhundert auch verstärkt Vorstellungen materialer Gütergleichheit und einer Neuverteilung des Grundbesitzes auf. Die seit der Industrialisierung im 19. Jahrhundert immer krasser werdende gesellschaftliche Differenzierung und der Pauperismus führten zu Arbeiterbewegungen, in deren Interesse zentral die Fragen der Gleichheit in sozialer Hinsicht, der gesellschaftlichen Besitzordnung, der Arbeits- und Wirtschaftsverfassung standen (↑auch Kommunismus, ↑Marxismus, ↑Sozialismus). – Da die Verwirklichung sozialer ↑Gerechtigkeit notwendig Einschränkungen der individuellen Freiheit zur Folge hat, stehen Gleichheit als Sozialprinzip, Forderungen nach Relativierung der Folgen natürlicher, biologisch fundierter Ungleichheiten und nach Abbau gesellschaftlich entstandener Ungleichheiten in grundsätzlicher Spannung zum Prinzip der ↑Freiheit, obwohl (philosophisch gesehen) beide Prinzipien aus demselben Begriff von Menschenwürde abgeleitet werden.

Glück (Glückseligkeit): aufgrund seiner Bedeutung im Kontext anthropologischer und ethischer Erörterungen zentraler Begriff in Philosophie und Theologie: Nach dem Verständnis dieser Disziplinen gestaltet sich die Existenz des Menschen nicht nur als reaktives Verhalten zur Umwelt, sondern läßt sich adäquat nur als ein Handeln verstehen, das auf die Verwirklichung vom Menschen selbst gesetzter Zwecke und Werte zielt; aus dem bloßen Vorhandensein in der Welt soll ein befriedigendes Dasein werden. Bereits die griechisch-antike Philosophie sah darin eine Wesensvollendung des Menschen. Sie prägte dafür den Ausdruck ↑Eudaimonia (↑auch Eudämonismus). In der Philosophiegeschichte wurden unterschiedliche Wege zum Glück aufgezeigt: Glück als Ergebnis aus fortschreitender Erkenntnis von Wahrheit, dem vom Glauben getragenen Vollzug des göttlichen Willens, gestalterischem Tätigsein, in dem der Mensch die gegebene Dingwelt bewußt zum Lebensraum formt oder schöpferisch Schönes gestaltet, politischem bzw. sozialem Tätigsein für die Gesellschaft oder interpersonalem Lieben bzw. Fürsorgen für andere. Zu beobachten ist hierbei eine Verschiebung von einem bloß individuell-privaten zu einem eher sozialen Verständnis von Glück. Die Mannigfaltigkeit dieser Konzeptionen reflektiert die Abhängigkeit der Glückseligkeitsvorstellung sowohl von Persönlichkeitswerten des Individuums selbst als auch von ökonomischen, interpersonalen, gesellschaftlichen und politischen Verhältnissen. Im Gegensatz zu den lediglich auf äußere Glücksgüter (materieller Reichtum, Prestige, Macht) bezogenen populären Glücksvorstellungen einer archaischen Ethik vollzieht sich bereits mit den vorsokratischen Philosophen eine Verinnerlichung oder Vergeistigung des Glücksideals: Glück ist nun etwas, das auf die innere Verfassung, auf Seele, Vernunft und Moralität des Menschen abstellt. Bei Platon transzendiert die Glücksidee den Bereich der äußeren Glücksgüter, Neigungen und allgemeiner Werte des Lebens innerhalb der Polis; Glück wird bestimmt in Beziehung auf die ↑Idee des Guten, Vorstellungen von Gerechtigkeit und besonders eines ewigen Glücks im Jenseits. Zu dieser ↑Autarkie sind allerdings nur die Philosophen fähig, da nur sie allein über die notwendige Einsicht in tiefere Zusammenhänge des Weltganzen verfügen, während die Masse ihr Glück in ihrer jeweiligen Position im Staat finden muß. Im Unterschied zu diesem elitären Verständnis definiert Aristoteles Glück als etwas, das prinzipiell für jeden freien Bürger erreichbar ist, sofern sich sein Leben in durchgängig tugendhafter Praxis vollzieht; Glück ist hier bezogen auf das Zusammenleben der Menschen im Rahmen der Polis und auch auf äußere Güter. Die stoische Philosophie hingegen sieht Glück wiederum als ein nur für den Weisen realisierbares individuelles Gut, das vornehmlich durch philosophisch-wissenschaftliche Einsicht und die ↑Apathie zu erlangen ist. – Im Mittelalter erscheint das Glücksverständnis weitgehend durch die Theologie geprägt. Auf der Grundlage der biblischen „Seligpreisungen“ wird Glück im Sinne ewiger Glückseligkeit nach dem Tode interpretiert. In der Renaissance wandte man sich von dieser theologischen Glückskonzeption ab, um an deren Stelle ursprünglich philosophische (besonders antike) zu setzen. Für Descartes ist Glück die aus tugendhaftem Leben entspringende Zufriedenheit, deren Realisierung nicht mehr innerhalb der Grenzen einer bestimmten Gesellschaft, sondern v. a. kosmopolitisch-universell gedacht wird. Alle philosophisch-idealistischen sowie theologischen Glücksideen verwirft Hobbes, indem er Glück als andauerndes Fortschreiten von einer Begierde zur anderen bestimmt. Locke spricht vom Glück als einem Maximum an „pleasure“ (gut ist alles, was „pleasure“ [„Vergnügen, Freude“] hervorruft). – Kant sieht in der Glückseligkeit zwar eine Größe, nach der der Mensch von Natur aus strebt (im Bemühen, seine Neigungen zu befriedigen), lehnt sie als sinnvolles Handlungsziel für seine ethische Konzeption jedoch ab: zum einen wegen der Mehrdeutigkeit des Begriffs, zum anderen aber auch, weil Sittlichkeit in seinem System als autonomer Bereich allein durch den Standpunkt der Pflicht bestimmt wird und nicht das Erreichen von Glück zum Zweck hat. – Eine psychologische Definition bietet Freud, indem er von einer Befriedigung des Luststrebens spricht, die jedoch aufgrund der restriktiven kulturellen und gesellschaftlichen Bedingungen zum Zweck kollektiver Selbsterhaltung nie erreicht werden kann.

Gnoseologie [griechisch] ↑Erkenntnistheorie.

Goldene Regel: eine Verhaltensempfehlung, die sinngemäß in den verschiedensten Kulturen anzutreffen ist: „Was du nicht willst, das man dir tu', das füg' auch keinem anderen zu!“ Im vorderasiatisch-europäischen Kulturraum (jüdischer Talmud und griechische Sophistik des späten 5. Jahrhunderts v. Chr.) kann die Formel als Nachfolgerin des ältesten (mäßigenden) Rechtsprinzips, des Talionsprinzips, betrachtet werden, das auffordert, Gleiches (nur) mit Gleichem (und nicht mit Schlimmerem) zu vergelten (z. B. 2. Mose 21, 24: „Auge um Auge, Zahn um Zahn“). – Die Goldene Regel ist streng genommen ein egoistisch-utilitaristisches Prinzip: Der Handelnde soll sein Tun ausrichten an den möglichen Konsequenzen, die derartiges Handeln letztlich auch für ihn selbst haben könnte. Damit baut die Formel auf die (auch heute noch gültige) Erfahrung, daß ein gesundes Maß an Eigenliebe eine durchaus günstige Ausgangsbasis für die Respektierung der Interessen anderer und damit für gewaltfreie, gesellschaftliche Koexistenz sei. – Aufgrund sprachlicher Ähnlichkeit ist die Goldene Regel oft in die Nähe zu Kants ↑kategorischem Imperativ gerückt worden, wobei jedoch übersehen wurde, daß Kant die oberste Maxime seiner Moralphilosophie gerade nicht durch Androhung möglicher (negativer) Folgen bei Nichtbeachtung sanktionieren wollte, sondern vielmehr versuchte, für sein formales Moralprinzip auch eine logische, formale Rechtfertigung zu führen. – Eine interessante Modifizierung der Goldenen Regel erfolgt im Neuen Testament, das die negative Formulierung durch eine positive ersetzt: „Alles, wovon ihr möchtet, daß es euch die Menschen tun, sollt auch ihr ihnen tun“ (Matthäus 7, 12).

Gott [vermutlich Bildung zu einem indogermanischen Verb mit der Bedeutung „anrufen“, eigentlich „das (durch Zauberwort) angerufene Wesen“]: in der Religionsgeschichte heilige, übersinnliche, transzendente und unendliche Macht in personaler Gestalt, die als Schöpfer Ursache allen Naturgeschehens ist, das Schicksal der Menschen lenkt und die normative Größe für deren sittliches Verhalten darstellt. – Aus sogenannten vorphilosophischen oder mythisch-religiösen Denkformen ist eine Unterscheidung zwischen einer profanen und einer heiligen Welt überliefert (↑Religion). Während die Auffassung der profanen Welt (die historische und sinnlich erfahrbare Wirklichkeit, die vom fanum [lateinisch „das Heilige“] ausgeschlossen ist) immer impliziert, daß in ihr zwischen Sein und Nicht-Sein von etwas zu unterscheiden ist, wird das Heilige bezüglich dieses Unterschieds meist als nicht eindeutig dargestellt. Die Differenz profan/heilig ist jedoch kein reiner ↑Dualismus: Sie kann nämlich 1. in bestimmten räumlich-zeitlichen Kontexten (sogenannte Rituale) oder 2. in personaler Form aufgehoben werden. Eine solche rituelle Identifizierung einer realen, historischen Situation bzw. Person mit einem heiligen Analogon ist dann eine Hierophanie (griechisch „Erscheinung des Heiligen") im Fall 1. eines Ewigen (↑Ewigkeit), im Fall 2. eines Gottes. Solche Götter sind meist assoziiert an die Vorstellung eines mythischen (d. h. eines nicht historischen [↑Mythos]) Über-, Vor- oder Urmenschen, Stammesgründers, ersten Herrschers oder Weltschöpfers (↑Schöpfung, ↑Kosmogonie), und ihre Darstellungen sind daher anthropomorph: Sie sind Träger idealisierter und oft jeweils einzelner (↑Polytheismus) menschlicher Eigenschaften. – Diese historischen Vorbedingungen bilden den Grundstock dessen, was innerhalb der abendländischen Philosophiegeschichte im Rahmen von Mythenkritik und Problematisierungen des Gottesbegriffs seinen Niederschlag findet. Die frühgriechische Mythenkritik hat die Konsequenz, daß der Begriff Gott entpersönlicht aufgefaßt und ersetzt wird durch Abstrakta: das Göttliche, das nicht mehr bei allen Philosophen etwas dem Menschen Fremdes oder ihn Übersteigendes ist. So ist es bei Empedokles eine Bestimmung des Menschen, göttlich zu werden. Bei Parmenides tritt das ↑Sein an die Stelle des Göttlichen, sonst oft das „Erste", „Ursprüngliche" (↑Arche). Bei Platon ist die Idee, das ↑Gute, Gott bzw. das Göttliche. Auch der ↑Nous hat diese Bestimmung; dies ebenso bei Aristoteles, der darüber hinaus zum erstenmal den Begriff Gott als ersten Beweger präzisiert (↑unbewegter Beweger). Im biblischen Judentum ist der mythische Gottesbegriff weiterentwickelt zum [Stammes-]Vater, der über sein auserwähltes Volk herrscht und dessen Schicksal im Rahmen eines Bündnisses mit ihm lenkt. Dieser Gott steht in unerreichbarer Distanz zum Menschen; er ist allmächtig, allwissend und auch rächend und strafend. In der christlichen Tradition, die zunächst wesentlich Verschmelzung jüdischen und griechischen Gedankenguts ist, taucht ein ganz neuer Gottesbegriff auf: Hier wird jetzt Gott mit der Liebe identisch gesetzt (Johannes), zugleich aber an den Menschen das Liebesgebot gerichtet. Paulus stellt das Lieben noch höher als das Glauben. Das Sein und der Begriff Gottes, der (oder das) dem Menschen absolut andere, der sich aber nunmehr selbst als der liebende Gott offenbart, steht jetzt in unmittelbarer Einheit mit dem Sein des Menschen und seiner Freiheit zu handeln, wobei sein Handeln nach Maßgabe seiner Selbstliebe auf den jeweils anderen Menschen bezogen sein soll (der „Nächste"). Die grenzenlose Macht des Gottes wird begriffen als Fähigkeit grenzenlosen Vergebens von Schuld. Schuld bzw. Sünde wird verstanden als Nicht-Lieben, worin sich auch die Getrenntheit zwischen Gott und Mensch („Gottesferne", das Nichtigsein des „Fleisches" [Paulus], die „dunkle Nacht der Seele" [Juan de la Cruz], die „Qual" [Böhme]) gründet. Der Gott, der als Schöpfer der Welt aus dem Nichts (↑Creatio ex nihilo) keiner ihn zwingenden Notwendigkeit unterliegt, aber auch keine Vorbedingungen braucht, kann auch den Menschen aus diesem Zustand der Gottesferne befreien („Erlösung", Christus als „Retter"). Da aber auch dies nicht notwendig und voraussetzungslos ist, ist diese Befreiung ein Akt der „Gnade". Zwei wichtige Stationen der Weiterentwicklung des Gottesbegriffs in der Philosophie des Mittelalters: Gott als Actus purus, in dem der Gegensatz ↑Akt/Potenz aufgehoben ist. In Gott ist alle Möglichkeit wirklich (Thomas von Aquin). Meister Eckhart sieht dann die Distanz zwischen Mensch und Gott im (liebenden) „Wirken“ des Menschen zur Einheit aufgehoben (unio mystica): „Got und ich wir sint ein in diesem gewürke.“ Dieses „Wirken“ muß aber frei sein von allem Wollen (von Lohn, Befriedigung), selbst vom Wollen der Erfahrung des Einsseins mit dem Gott. Die unio mystica ist somit zum einen eine in der Freiheit des Menschen gegründete Möglichkeit, zum anderen eine zeitlose Wirklichkeit. Der „Ort“ dieser Wirklichkeit ist dort, wo die Seele in ihrem „Grund“, in ihrer „Quelle“ ist: Dies ist das „funkelîn“ in der Seele, „darin sie ungeschaffen ist“, oder auch die „Gottheit“, d.h. Gott, sofern er weder ist noch nicht ist. – Die Philosophie der Neuzeit, die unter dem Zeichen der Bemühung um Autonomie des Individuums bzw. des Subjekts gegenüber Gott steht, geht entweder den Weg der Ablehnung eines Gottesbegriffs überhaupt oder sie begreift Gott unter dem Aspekt der Aufhebung des Gegensatzes von Subjekt und Objekt (↑Idealismus); so Schelling im Begriff der absoluten Subjektivität, Hegel im Begriff des absoluten Geistes. Schöpfung, Natur, besonders aber die Weltgeschichte ist die dialektische Selbstbewegung des Geistes, der sich darin „als Anderes seiner selbst setzt“, sich „veräußert“ (Offenbarung) und in der „Rückkehr“ dieser Veräußerung zu sich selbst oder der „Aufhebung seines Andersseins“ die begriffene Geschichte ist, d.h. der absolute Geist. Dieser dialektische Gottesbegriff verschmilzt Gott, Welt, Mensch zu einer untrennbaren Einheit: „Ohne Welt ist Gott nicht Gott.“

Gottesbeweise: Argumentationen, die rational, d.h. für jeden nachvollziehbar, objektive Sicherheit vermitteln sollen über die – für den Argumentierenden subjektiv schon gewisse – Existenz des absoluten (↑absolut/relativ) Gegenstandes einer meist religiösen Transzendenzerfahrung. Der Gegenstand der Transzendenzerfahrung wird meistens mit dem jüdisch-christlichen Gott identifiziert. – Die Gottesbeweise, die in der Geschichte der Metaphysik geführt wurden, lassen sich nach den jeweils angewandten Argumentationsverfahren ordnen. – Eine Gruppe, die auf Thomas von Aquin zurückgeht, stützt sich auf das Kausalitätsprinzip, für das auch außerhalb der empirischen Realität, also eine metaphysische, Geltung beansprucht wird: Jedes kontingente, d.h. aus sich selbst heraus nicht notwendig existierende Seiende bedürfe als einer notwendigen Bedingung seiner Existenz einer von ihm verschiedenen Wirkursache (↑ab alio/a se, ↑Causa). Da das Gesamt der empirischen Realität kontingent sei, bedürfe es einer Wirkursache, die aus sich heraus notwendig existiert. Diese Argumentation fächert Thomas in „fünf Wege“ (lateinisch quinque viae) auf, die von einem je anderen Merkmal der Kontingenz ausgehen: 1. „Aus der Bewegtheit“ alles endlichen Seienden schließt er auf die Existenz „eines ersten unbewegten Bewegenden“; 2. „aus der Rangfolge der Wirkursachen“ auf die Existenz einer „ersten Wirkursache“; 3. „aus der (inneren) Hinfälligkeit“ jedes irdischen Seienden auf die Existenz einer Ursache, die alles in seinem So- und Dasein hält; 4. „aus den (unterschiedlichen) Graden der [Seins-] Vollkommenheiten“ des endlichen Seienden auf die Existenz einer Ursache, die jedem Seienden die seiner Art gemäße, begrenzte Seinsvollkommenheit verleiht; 5. „aus der Zielgerichtetheit“ der belebten Natur auf die Existenz einer Ursache, die diese zweckmäßige Naturordnung bewirkt. – Eine zweite Gruppe von Gottesbeweisen geht auf Gedankengänge des Augustinus zurück. Diese Gottesbeweise bedienen sich des Finalitätsprinzips, für das metaphysische Geltung beansprucht wird: Die in jedem Lebewesen vorfindliche Zielorientierung setze die Existenz dieses Zieles voraus, da sonst die Ausrichtung auf das Ziel sinnlos und unmöglich wäre. Der

Mensch sei von innen her auf ein absolutes Ziel hin orientiert; also müsse dieses absolute Ziel existieren. Diese Argumentation wird in zwei Richtungen entfaltet: 1. Die menschliche Vernunft ist darauf ausgerichtet, die absolute und vollkommene Wahrheit zu erkennen, also muß die absolute und vollkommene Wahrheit existieren. 2. Das menschliche Streben ist auf das ↑Gute und die Glückseligkeit ausgerichtet, also muß das absolut Gute, das zugleich die absolute Glückseligkeit ist, existieren. – Eine dritte Gruppe variiert einen Gedankengang des Anselm von Canterbury, der als **ontologischer Gottesbeweis** bezeichnet wird. Er analysiert den im menschlichen Bewußtsein vorfindlichen Begriff „Gott". Gott sei das, worüber hinaus nichts Größeres, Vollkommeneres gedacht werden kann; in Wirklichkeit zu existieren, sei größer, vollkommener als nur in Gedanken zu existieren; also müsse Gott nicht nur in Gedanken, sondern auch in Wirklichkeit existieren. – Alle Gottesbeweise unterlagen immer wieder der erkenntnistheoretischen Kritik. Gegen die ersten beiden Beweisgruppen wurde v. a. seit Kant u. a. vorgebracht, daß das Kausalitätsprinzip und das Finalitätsprinzip, wenn überhaupt, dann nur im Bereich empirischer Realität Geltung beanspruchen dürften. Gegen den ontologischen Gottesbeweis wird seit Thomas von Aquin in verschiedenen Variationen vorgebracht, daß er einen unerlaubten Übergang von der Ebene des Begrifflichen auf die Ebene des Seins enthalte. – Trotz der Kritik hat der ontologische Gottesbeweis immer wieder große Beachtung gefunden, weil er dem allen Gottesbeweisen zugrundeliegenden Phänomen am nächsten kommt: dem Phänomen, daß das endliche, unvollkommene menschliche Bewußtsein ganz und gar Unendliches, Vollkommenes erfahren, denken, hoffen, lieben, also sich selbst transzendieren kann. Diesem Phänomen trägt Kant Rechnung, wenn er zwar alle Gottesbeweise, insbesondere den ontologischen aus erkenntnistheoretischen Gründen verwirft, aber dennoch die Existenz Gottes als eine notwendige Idee der theoretischen Vernunft und als ein Postulat der praktischen Vernunft ansieht.

Grenzsituation: Terminus der ↑Existenzphilosophie bei Jaspers. Befindet sich der Mensch zunächst stets in praktischen Situationen, die er erkennen und verändern kann, so wird er in Grenzsituationen auf verschiedene Weise seiner Endlichkeit in Gestalt letzter Bedingungen, „Grenzen", seines Lebens inne. Definiert sind die Grenzsituationen durch Unvermeidlichkeit, Unveränderbarkeit, Unableitbarkeit, Unaufhebbarkeit und Endgültigkeit. Beispiele für Grenzsituationen sind die Situationsgebundenheit des Menschen selbst, seine zufällige Herkunft, Kampf, Leiden, Schuld und Tod; die Grenzsituationen verweisen so auf die „Grundsituation" des Menschen. Obwohl man sie nach Jaspers durch theoretische Analysen nicht bewältigen kann, kann der Mensch sie durch Maximen, Gottesbeweise oder ähnliche Konstruktionen, d. h. durch „Flucht" in ein „rationales Gehäuse" distanzieren und objektivieren. Erweist sich dies als illusionär, so bleiben scheinbar nur Skepsis, Relativismus und schließlich Nihilismus. Tatsächlich aber vermögen die Grenzsituationen den Weg zum „Selbstsein" zu eröffnen: Der Mensch erfährt gerade in der Ohnmacht seiner Versuche, denkend die Grenzsituationen zu bewältigen, seine „Existenz" als Freiheit ungesicherten Entscheidens.

Großkonjunktion ↑Allquantor.

Grund: das, wovon etwas, ein Seiendes, eine Aussage, eine Handlung, abhängt, ohne das dieses Seiende nicht existieren, die Aussage nicht gemacht werden, die Handlung nicht verstanden werden kann (↑Arche). – In ontologischen und metaphysischen Kontexten bedeutet Grund Seinsgrund. Die aristotelisch-scholastische Ontologie gibt vier Seinsgründe für endliches Seiendes an (↑Causa), von denen die umgangssprachlich oft als Grund bezeichnete Wirkursache nur einer ist. In metaphysischem Zusammenhang wird das absolute ↑Sein, das häufig mit Gott identifiziert wird, als „letzter Grund" für das Sosein und das Dasein alles endlichen Seienden sowie für die Möglichkeit des Erkennens und Erkanntwerdens angegeben (↑auch Gute, das). Da der letzte Seinsgrund also in keinem anderen Grund gründet, werden für ihn auch die Ausdrücke „Abgrund" (z. B. Meister Eckhart), „Urgrund" (z. B. Schelling) gebraucht. Heidegger spricht von der „Abgründigkeit" des Seins. – In heutiger philosophischer Rede wird Grund v. a. in zweifachem Sinn gebraucht: 1. Die Menge von Aussagen, die notwendig ist, eine weitere argumentativ zu stützen, ist Grund dieser Aussage. In erkenntnis- und wissenschaftstheoretischen Zusammenhängen werden die obersten und allgemeinsten Sätze, von denen aus ein Aussagensystem aufgebaut werden kann, als „letzte Gründe", „Grundlagen", „Grundsätze" von Erkenntnis überhaupt oder von Wissenschaft bezeichnet. 2. Eine Handlungsregel (z.B. eine sittliche Norm) oder eine Zweckangabe sind dann Grund, wenn sie zur Rechtfertigung oder zum Verständnis einer Handlung oder eines Handlungsvorschlags verwandt werden. Grund in diesem Sinne ist wohl zu unterscheiden vom Grund im Sinne von Wirkursache: Daß *X* eine schwarze Krawatte trägt, „hat seinen Grund" nicht nur darin, daß er zu einer Beerdigung gehen muß (Wirkursache), sondern auch darin, daß er die entsprechende Handlung anerkennt, etwa aus Rücksicht gegenüber den Trauergästen.

Gültigkeit ↑Geltung.

Gute, das: zentraler Begriff der vorkantischen Metaphysik, Ontologie und Ethik. Die systematische Bedeutung des Begriffs wurde v. a. durch Platon geprägt. Er bestimmt das Gute – in seiner Sprache: „Idee des Guten" – als das, was alles Seiende „beherrscht" und „an Alter und Macht überragt": Durch das Gute sind die Ideen das, was sie sind, das wirklich Seiende; im Lichte des Guten sind sie erkennbar. Da die empirische Realität durch Teilhabe an den Ideen ist, was und insofern sie seiend ist, ist das Gute Ursprung von allem. Dementsprechend ist alles, v. a. die Ideen, nach der Art des Guten, „gutförmig". Das Gute selbst ist begrifflich nicht erkennbar, da die begriffliche Erkenntnis auf das Seiende gerichtet ist, das Gute aber über-seiend ist. Das Gute ist das, „was jede Seele anstrebt und um dessentwillen sie alles tut, da sie ahnt, daß es so etwas (wie das Gute) gibt" (↑auch Eros). Obwohl die Seele auf das Gute hin orientiert ist, verfehlt sie es, solange sie das Gute selbst nicht kennt und daher dieses oder jenes „Gutförmige" für das Gute selbst hält. Daher handelt die Seele oft ihrem eigenen „Nutzen", der „Glückseligkeit", zuwider: Sie bedarf der Bildung durch die, die das Gute „geschaut" haben und daher wissen, durch welche Tüchtigkeiten (↑Arete, ↑Eudaimonia) die Seele gut und glückselig wird. Erst im Hinblick auf das metaphysisch Gute und das ontologisch Gutartige, die Ideen, ist gemäß Platon das sittlich Gute bestimmbar. – Trotz seiner Kritik an der Ideenlehre folgt Aristoteles dem platonischen Grundgedanken: Er definiert das Gute als das, „wonach alles strebt"; dementsprechend bewegt der erste ↑„unbewegte Beweger", der als „das Beste" gekennzeichnet wird, das Seiende als Zielursache „wie ein Gegenstand der Liebe". Denn das Gute ist, „was immer seiner selbst wegen erstrebt wird", was „keines weiteren mehr bedarf", was „sich selbst genügt", weil es vollkommenes „Am-Wirken-Sein" ist (↑Akt/Potenz). Da nach Aristoteles die Wesenform einer Sache nicht von ihr getrennt existiert (↑Form/Materie, ↑Ideenlehre), ist es das Gute für den Menschen, alle dem Menschen als Menschen eigenen Fähigkeiten ausgewogen in Wirklichkeit zu überführen und dadurch Glückseligkeit zu erlangen. Allerdings irrt sich der einzelne oft darin, was menschliche artspezifische Fähigkeiten sind, so daß er der Erfahrung der Polisgemeinschaft und der Bildung bedarf, um nicht die Verwirklichung der einen oder anderen Möglichkeit, die gut ist, für das Gute zu halten. Dementsprechend ist das Schlechte eine „Beraubung" (↑Privation) an Wirklichsein, gemessen an den zu verwirklichenden artspezifischen Fähigkeiten. Das sittlich Gute, die Tugenden, leitet sich aus dem ab, was der Mensch seinem Wesen nach, also als ↑Zoon politikon und als ↑Zoon logon echon sein kann und wohin er von Natur aus eigentlich strebt. – Gemäß dieser platonisch-aristotelischen Tradition ist für die Scholastik Gott das „höchste Gute" (lateinisch summum bonum), insofern er „das Sein" (lateinisch esse), das reine „Am-Wirken-Sein" (lateinisch actus purus) ist. Da alles Seiende gemäß seinem Artwesen am Sein teilhat (↑Teilhabe), gilt: „Seiend und gut sind austauschbare Begriffe" (lateinisch ens et bonum convertuntur; ↑Transzendentalien). Die zentrale Aussage der Scholastik, „alles Seiende ist gut", muß analog (↑Analogia entis) interpretiert werden, d. h. es gibt eine Stufenfolge des Gutseins des Seienden, nämlich nach Maßgabe der Teilhabe der Arten am Sein; außerdem bezieht sich der Ausdruck „seiend" in der Aussage nicht in erster Linie auf das faktische Existieren, sondern auf das „Verwirklichen" (lateinisch actus) der arteigenen Möglichkeiten: „Jedes Seiende ist gut", aber abgestuft 1. nach Maßgabe seines arteigenen Wesens und 2. nach Maßgabe der Intensität, in der es das arteigene Wesen verwirklicht. Dementsprechend ist das Schlechte Mangel, Beraubung an artgemäßer Seinswirklichkeit. Zwar hat der Mensch ein „natürliches Streben" (lateinisch appetitus naturalis), sich als guten – d. h. als vernünftiges auf Gott bezogenes Lebewesen – zu verwirklichen und dadurch glückselig zu werden, aber gerade weil alles, was ist, gut ist, kann er irrend etwas Gutes für das Gute halten; er bedarf daher der Bildung und der Führung zu dem Guten, d. h. der Erziehung zu den Tugenden, die es ihm ermöglichen, zu erlangen, was er eigentlich erstrebt, das „höchste Gute". – Erst mit dem neuzeitlichen Verfall der Metaphysik und der seinsbejahenden Ontologie wird das Gute als Eigenschaft des Willens gedeutet: Der Wille ist gut, der gerade nicht dem „natürlichen Streben" nach Glückseligkeit nachgibt, sondern das will, was verallgemeinerungsfähig ist (↑kategorischer Imperativ).

Güterethik: Bezeichnung für solche Ethiken, die die Erhaltung, Verwirklichung oder Annäherung an bestimmte Güter zur moralischen Pflicht machen. Die Bestimmung des Begriffs „Gut" fällt in den einzelnen Ethiken unterschiedlich aus. In der Wertethik und im ethischen ↑Intuitionismus werden darunter moralische Werte und Ideen verstanden, die unabhängig von physischer und psychischer Wahrnehmung sind. Im ↑Eudämonismus, ↑Hedonismus und in der Scholastik wird der Begriff „Gut" aus dem Wesen bzw. der Natur des Menschen bestimmt. Da die Interpretationen der eigentlichen Bestimmung oder des Endzwecks des menschlichen Daseins unterschiedlich ausfallen, unterscheiden sich auch die Auffassungen über das höchste Gut. Z. B. stellt für Epikur die ↑Ataraxie das höchste Gut dar, während es im Hedonismus die Lust ist und in der Scholastik Gott. Die reine Güterethik scheitert jedoch an zwei Schwierigkeiten: an der Aufstellung einer objektiv gültigen Hierarchie moralischer Werte und an der Ableitung einer ethischen Pflicht aus einem außermoralischen Sachverhalt (↑auch naturalistischer Fehlschluß, ↑Sein-Sollen-Problem).

gutes Leben: in der (besonders aristotelischen) Philosophie eine Form der Gestaltung menschlicher Existenz, in der die wesentlichen Bedürfnisse befriedigt und die für das Menschsein als wesentlich erachteten Bestimmungen eingelöst sind. Im Gegensatz zu „gutem Leben“ stehen Begriffe wie „Daseinsfristung“ oder „bloß animalisches Leben“, die lediglich die Bemühungen umfassen, die einfach nur auf Erhaltung des Lebens in der Zukunft abzielen. Das philosophisch verstandene gute Leben besteht nicht nur im Verfügenkönnen über ein reiches Maß materieller Güter (Wohlstand); der Besitz dieser Güter allein garantiert noch nicht ihre Verwendung oder Eignung für Tätigkeiten, die ein gutes Leben ausmachen (dies zeigt sich überall dort, wo das Verfügen über materielle Güter zu einem Selbstzweck ausgeartet ist). Die allgemeine Vorstellung vom guten Leben wird wesentlich durch qualitative sittliche Normen konkretisiert. Auch nach aristotelischem Verständnis muß sich im guten Leben das tätige Eingebundensein in die praktisch-politische Gemeinsamkeit des menschlichen Handelns mit einer „theoretischen“ Lebensform verbinden; d. h. der Mensch muß sich im Zuge einer vita contemplativa mit Welt und Mitmensch geistig auseinandersetzen (↑Vita activa/Vita contemplativa). Nach Auffassung von Aristoteles bietet das gute Leben die beste Gewähr für ein Gelingen der ↑Eudaimonia, des ↑Glücks. Allerdings ist das gute Leben lediglich als Vorstufe zur Glückseligkeit zu verstehen, nicht als Glückseligkeit selbst.

H

Haecceitas [hɛːk'tse-itaːs; mittellateinisch] ↑Scotismus.

Handlung: ein Tun, bei dem sich der Handelnde oder das *Subjekt* der Handlung vom *Akt* oder dem Vollzug der Handlung einerseits und dem Handlungs*ziel* andererseits, gegebenenfalls auch noch von verschiedenen *Objekten* der Handlung unterscheiden läßt. Das beabsichtigte Handlungsziel ist dabei eine bloß vorgestellte Situation, deren Verwirklichung gewollt und als Handlungs*folge* (Handlungsresultat) erwartet wird. Handlungsziele können nur dann erreicht werden, wenn ein Minimum an Kausalwissen über die jeweiligen Folgen des Handelns vorliegt. Die Ziele solchen Handelns heißen dann *Zwecke,* und die zugehörigen Teilhandlungen sind *Mittel* dazu. Dem Kausalwissen gemäß verfahren heißt *zweckrational* handeln. – Seit Platon ist die (nicht vollständige) Einteilung der Gegenstände in Handlungen und Dinge grundlegend. Der Zusammenhang dieser Einteilung mit der grammatischen Unterscheidung von Prädikat und Subjekt als Satzteilen sowie von Verbum und Nomen als Wortarten zeigt deutlich die Verflechtung von traditionell ontologischen mit linguistischen Bestimmungen. Allerdings gelten üblicherweise nicht alle durch Verben artikulierten Gegenstandsbereiche als Handlungen, sondern nur solche, in denen das Handlungssubjekt ein Mensch bzw. ein Lebewesen ist. Von *Handlungen im engeren Sinne* wird darüber hinaus verlangt, daß der Mensch sie verantwortlich planen und frei hervorbringen bzw. unterlassen kann. Die Handlungsfähigkeit im Sinne des Ziele-setzen-Könnens gehört zusammen mit der als Argumentieren-Können verstandenen Redefähigkeit zu den seit der Antike überlieferten wichtigsten Bestimmungen des Menschen. Handlungen, für die sich die Frage nach dem Handlungsziel nicht sinnvoll stellen läßt, werden von Handlungen im engeren Sinne (z. B. Warten, Rennen) als *Verhalten* unterschieden (z. B. Niesen, Stolpern). Auf der sprachlichen Ebene sind die grammatischen Handlungssubjekte in diesen Fällen teilweise logisch als Handlungsobjekte zu konstruieren: Das Niesen „passiert“ einem bloß.

Werden Handlungen im engeren Sinne durch unkontrollierte Wiederholungen schließlich weitgehend automatisch hervorgebracht und unbewußt vollzogen, so treten sie wie Verhalten auf und heißen *Gewohnheiten,* z. B. Rauchen. Durch kontrollierte Wiederholung bzw. Einübung erreichter unbewußter Vollzug bei erhalten gebliebener Freiheit des Hervorbringens zeichnet unter den Handlungen im engeren Sinne die *Fertigkeiten* aus, z. B. Klavierspielen. Von *Bewegung* spricht man, wenn das grammatische Handlungssubjekt ein lebloser Gegenstand ist, z. B. Fallen, Donnern. Es ist logisch dann ein Handlungsobjekt, und nicht einmal die Frage nach dem Handlungssubjekt im logischen Sinne läßt sich sinnvoll stellen; es ist nicht der Stein, der sein Fallen „hervorbringt". Das Verhalten steht in eigentümlicher Weise in der Mitte zwischen Handlungen im engeren Sinne und Bewegung. Die Unterscheidung der Handlung als natürliches Ereignis oder Bewegung – durch eine Ursache, causa efficiens, bestimmt – und als moralisches (intentional bestimmtes) Ereignis oder Handlung im engeren Sinne – durch ein Ziel, causa finalis (↑Causa), bestimmt – geht dabei bereits auf Aristoteles zurück. – Die Untersuchung der Rechtfertigungsmöglichkeiten von Handlungen und ganzen Handlungszusammenhängen bzw. der *Imperative,* mit denen zu Handlungen aufgefordert wird, ist Gegenstand der ↑praktischen Philosophie, darunter der ↑Ethik für individuelle Handlungen und der politischen Philosophie für institutionelle Handlungen.

Harmonie, prästabilierte ↑prästabilierte Harmonie.

Hedonismus [zu griechisch hēdonḗ „Lust"]: Sonderform des ↑Eudämonismus, die von der Grundthese ausgeht, daß Glück, negativ ausgedrückt, Vermeidung von Unlust und Schmerz oder, positiv formuliert, einen möglichst großen Gewinn von ↑Lust bedeute. Der Hedonismus tritt in der Philosophie in zwei Formen auf: 1. Als *psychologischer Hedonismus* vertritt er die anthropologische These, daß alles menschliche Tun letztendlich auf die Erfahrung von Lust abziele bzw. im Streben nach Lust seinen Beweggrund habe. 2. Der *ethische Hedonismus* wendet sich dem Phänomen Lust normativ zu: Er vertritt die Ansicht, daß der Mensch in seinem Tun nach der größtmöglichen Lusterfahrung streben *soll.* Diese moralphilosophische Lehre wurde von Aristippos begründet; Epikur entwickelte sie vor dem Hintergrund einer breiten Diskussion in der Antike in subtilerer Form weiter (↑Epikureismus). In der Neuzeit wird hedonistisches Gedankengut v. a. von Autoren des französischen Materialismus und des englischen Utilitarismus vertreten. Während der antike Hedonismus in der Regel individualistisch bzw. egoistisch ausgerichtet ist (jeder einzelne soll für sich selbst nach Lusterfahrung streben), entwirft besonders der neuzeitliche Utilitarismus die Spielart eines universalistischen Hedonismus (bei Bentham z. B. ist das größte Glück der größtmöglichen Zahl das Ziel).

Hegelianismus: Sammelbezeichnung für philosophische Richtungen des 19. und 20. Jahrhunderts, die sich an der Philosophie Hegels orientieren. In Deutschland sind grob fünf Phasen des Hegelianismus zu unterscheiden: 1. Der engere Schülerkreis um Hegel (z. B. Hotho, Michelet) gründet nach dessen Tod (1831) den „Verein von Freunden des Verewigten", der seine Hauptaufgabe in der Herausgabe der Hegelschen Werke (unter Einschluß der erstmalig veröffentlichten Vorlesungen) sieht. Bis 1840 steht unter Hegels Schülern die Beschäftigung mit seiner spekulativen Religionsphilosophie im Vordergrund. Die meisten streben deren Vermittlung mit der orthodoxen Offenbarungstheologie im Sinne einer theistischen Gottesvorstellung und der Lehre von der persönlichen Unsterblichkeit und der Gottessohnschaft Christi an. Hiergegen wendet sich eine jüngere Generation von

Hegelianern, unter ihnen Strauß und Bauer. Sie vertreten eine pantheistische Gottesvorstellung, deuten die Gottessohnschaft als Kennzeichen der gesamten Menschheit und überantworten die Beurteilung des Wahrheitsgehalts der Evangelien der historischen Kritik. Diese Entwicklung gipfelt im ↑Atheismus der anthropologisch begründeten Religionskritik Feuerbachs. 2. Die religionsphilosophische Auseinandersetzung zwischen Alt- und Junghegelianern erweitert sich um 1840 zum schulspaltenden politischen Gegensatz zwischen Rechts- und Linkshegelianern. Während erstere an den konstitutionell-monarchistischen Vorstellungen der Hegelschen Staatsphilosophie festhalten und demzufolge den politischen Status quo rechtfertigen, fordern letztere als Republikaner die praktische Überwindung der im Vollzug der Industrialisierung immer dringlicher werdenden sozialen Gegensätze, deren endgültige Aufhebung nach Hegel im preußischen Staat bereits gelungen sein soll. Mit dem Ziel einer Verwirklichung der Philosophie im Sinne einer nicht nur gedanklichen, sondern auch sozialen Versöhnung der Gegensätze wenden sie die dialektische Methode (↑Dialektik) Hegels auf das Theorie-Praxis-Verhältnis an, um Hegel „vom Kopf auf die Füße zu stellen" (Marx; ↑auch dialektischer Materialismus, ↑historischer Materialismus). 3. Nach 1848 wird Hegel in der deutschen Universitätsphilosophie – d. h. außerhalb des ↑Marxismus – vorrangig historisch behandelt. Die historische Geschichtsschreibung bezieht Anregung von Hegels Vorlesungen über die „Philosophie der Geschichte" und „Geschichte der Philosophie", allerdings unter Preisgabe ihrer metaphysischen Substanz. 4. Nach 1900 setzt im Anschluß an Diltheys „Jugendgeschichte Hegels" (1905) eine an der ↑Lebensphilosophie orientierte Hinwendung zu Hegel ein (v. a. Glockner, Lasson, später Hoffmeister). Der Neuhegelianismus entfaltet seine Hauptwirkung Ende der 20er Jahre als irrationalistisch-weltanschaulicher Anti-Positivismus und Anti-Marxismus, teilweise übergehend in faschistische Ideologie. 5. Nach 1933 setzt sich besonders der undogmatische Marxismus (z. B. ↑kritische Theorie) kritisch mit Hegels Philosophie auseinander. Im Zusammenhang mit der Herausbildung der philosophischen Hermeneutik (Gadamer) wird seit etwa 1955 in Deutschland Hegels Werk v. a. in wirkungsgeschichtlichem Interesse behandelt.

Heraklitismus: allgemein Bezeichnung für eine philosophische Grundhaltung, die den Werdecharakter und das kämpferische Moment allen Seins betont und sich dem Ansatz nach auf zentrale Positionen Heraklits zurückführen läßt; im engeren Sinne die Lehre der Herakliteer, insbesondere des Kratylos, Schüler Heraklits und nach Aristoteles Lehrer Platons. Im Gegensatz zur vorwiegend statisch ausgerichteten, identitätsphilosophischen Seinsauffassung der Eleaten (↑eleatische Philosophie) vertrat Heraklit ein radikal dynamisches Weltbild. Alles Sein ist zugleich identisch und nicht identisch, geprägt vom Kampf der Gegensätze und einem ständigen Wechsel von Entwurf und Zerstörung ausgesetzt. Ein allumgreifender Logos der harmonischen Weltvernunft bestimmt den Lauf der Dinge. Ihm ist auch das menschliche Erkennen und Handeln unterworfen. Von den vier Elementen galt ihm das Feuer als der (schöpferische) Grundstoff aller Wirklichkeit. Paradigmatisch sind seine auch heute noch populären Sentenzen „der Krieg ist der Vater aller Dinge" und „niemand kann zweimal in denselben Fluß steigen" (↑panta rhei). Die Lehre Heraklits verbreitete sich über die gesamte christlich-abendländische Philosophie und hinterließ bis in die Neuzeit hinein beträchtliche Spuren, so u. a. bei Hegel und Nietzsche. Vielfach wird Heraklit die Begründung der dialektischen Denkweise zugesprochen.

Hermeneutik [zu griechisch hermēneúein „aussagen, auslegen, erklären, (aus einer fremden Sprache in die bekannte) übersetzen"]: 1. die Kunst der Auslegung (↑Interpretation), 2. die Theorie der Auslegung als einer Reflexion auf die Bedingungen und Normen des Verstehens und seiner sprachlichen Äußerung. – Gegenstand der Hermeutik können prinzipiell alle Lebensäußerungen sein (z. B. Texte, Musik, Malerei, Handlungen, Institutionen). Traditioneller Gegenstand ist die (v. a. schriftliche) Rede. Hauptsächliche Textbereiche, auf die sich hermeneutische Bemühungen beziehen, sind Dichtung, Gesetzestexte und Heilige Schriften (insbesondere die Bibel). Die Wortbedeutung von Hermeneutik als „Kunst der Auslegung" überwiegt bis zum Beginn der Neuzeit. Eine Theorie der Auslegung entwickelt sich erst mit dem 17. Jahrhundert und kommt erst im 19. Jahrhundert zum Abschluß. – Primärer Anlaß für die Ausbildung einer Auslegungskunst waren in der griechischen Antike die religiöse Bedeutung und der Bildungswert der kanonisierten homerischen Epen und der Schriften Hesiods. Unter dem Einfluß dieser als vorbildlich und verbindlich anerkannten Texte entwikkelte sich eine streng grammatisch-philologische Methode, die spätere alexandrinische Schule, die v. a. durch Erstellung von Hilfsmitteln zur Interpretation beitrug (etwa mit Wörterbüchern, Grammatiken, Stilistiken, Kommentaren), und die über den unmittelbaren Wortsinn hinausgreifende, ihn [um]interpretierende *Allegorese* (allegorische Erklärung). Diese entstand schon in der Sophistenzeit und wurde von den Kynikern, dann von den Stoikern ausgebaut, zunächst v. a. als eine Antwort auf die Unzufriedenheit gewisser Schichten (repräsentiert durch Platon und Xenophanes) mit Homers Aussagen über die Götter. Die Allegorese beseitigte alles Anstoßerregende, indem sie die Götter für „Personifikationen kosmischer oder moralischer Potenzen" ausgab. Ausgehend von der pergamenischen Schule (begründet durch Krates Mallotes im 2. Jahrhundert v. Chr., der alle naturwissenschaftlichen Erkenntnisse seiner Zeit bei Homer wiedergefunden zu haben glaubte) wurde die Allegorese auch im Judentum (bedeutendster Vertreter: Rabbi Akiba Ben Joseph mit seiner Umdeutung des biblischen Hohen Liedes) und im Christentum wirksam. Das bedeutendste Beispiel einer frühchristlichen Allegorese findet sich in den Paulusbriefen, Galater 4, 22-27, wo Abrahams Frauen Hagar und Sarah das Alte und das Neue Testament bedeuten. Es war Augustinus, der die verschiedenen Ströme der Spätantike und der alten Kirche (Origenes, Tertullian, Ambrosius) in seinem Werk „De doctrina christiana" verband und damit das geschichtlich wirksamste Werk der Hermeneutik schuf. Die von ihm ausgehende Schematisierung der alten, auf Philon von Alexandria zurückgehenden Zweiteilung in wörtlichen und geistlichen Schriftsinn (sensus litteralis – sensus spiritualis) zum *vierfachen Schriftsinn* wurde in der durch die Exegese der Kirchenväter gestifteten Tradition sanktioniert und behielt, das Schriftverständnis des Mittelalters bestimmend, ihre Gültigkeit bis zu Luthers Verurteilung der spirituellen Schriftauslegung. Die vier Arten des Wortsinnes sind: 1. der historische oder Buchstabensinn, 2. der allegorische Sinn (er lehrt die heilsgeschichtliche Bedeutung), 3. der moralische oder tropologische Sinn (er bezieht sich auf die einzelne christliche Seele und gibt Anweisungen für eine dem Dogma entsprechende, zum Heil führende Lebenshaltung und -gestaltung), 4. der anagogische Sinn (der das Endschicksal des einzelnen und der Welt betreffende eschatologische Sinn). Musterbeispiel für die Veranschaulichung des vierfachen Schriftsinnes war im Mittelalter das Wort „Jerusalem": „Geschichtlich eine Stadt auf Erden, allegorisch die Kirche, tropologisch die Seele des Gläubigen, anagogisch die himmlische Gottesstadt" (Ohly). Luthers Proklamation des sogenannten *Schriftprinzips,* wonach sich die Heilige Schrift selbst auslegt, in Wechselwirkung mit den interpretatorisch-philosophischen Erkenntnissen der Humanisten wirkten auslösend für die Hinwendung zu einer nüchternen Erforschung des einfachen Schriftsinnes der Bibel. Für Luther wird die Auslegungstradition als Norm hinfällig; alle Überlieferung muß am „Buchstaben" der Schrift überprüft werden. Ein erster Versuch der Bewältigung jener neuen Impulse, eine Zusammenfassung der Einflüsse Luthers, Calvins, Melanchthons findet sich in der „Clavis scripturae sacrae" (1567) des Flacius Illyricus, dem Standardwerk reformatorischer Hermeneutik. – Mit den allgemeinen Emanzipationsprozessen gegen Tradition und Autoritäten, insbesondere mit der Entstehung des modernen Methoden- und Wissenschaftsbegriffs, setzt die *hermeneutische Wende* ein. Epochemachend für die Interpretation biblischer Texte wurden v. a. die hermeneutischen Werke Ernestis und Semlers, der die biblischen Aussagen aus ihren historischen, zeitbedingten Bezügen und Voraussetzungen erkennen und auf die jeweilige veränderte Situation der Gegenwart beziehen will. Als allgemeine Tendenz dieser hermeneutischen Wende kann die Aufhebung der grundsätzlichen Unterscheidung zwischen der „Hermeneutica sacra", der theologischen Hermeneutik, und der „Hermeneutica profana", der philologisch-historischen Hermeneutik, gelten. Statt um die Wiedergewinnung eines Verständnisses von Texten mit besonderer Autorität geht es jetzt um die Ausbildung einer allgemeinen Auslegungslehre, die zunächst noch, so bei Wolff (1752), als Teil der Logik abgehandelt wird. Mit Schleiermachers Definition der Hermeneutik als „Kunstlehre des Verstehens" beginnt eine umfassende Verstehenstheorie, die sich nicht allein auf die Auslegung von Texten beschränkt, unter Einbeziehung des Problems der Sprache als der allgemeinen und des Denkens als der individuellen Komponente. Orientiert an Schleiermacher, versteht Dilthey Hermeneutik als „Kunstlehre des Verstehens schriftlich fixierter Lebensäußerungen" und sieht in ihr die methodische Grundlage der ↑Geisteswissenschaften überhaupt. Für die an Dilthey orientierten philosophischen Richtungen (u. a. Bollnow, Spranger, Rothacker) wird Hermeneutik weiterentwickelt zur Interpretation des Lebens und der Welt, zum philosophischen und geisteswissenschaftlichen Verfahren überhaupt. Diese Weiterentwicklung konstituiert die zweite, die sogenannte *hermeneutische Wende der neueren Philosophie.* Heideggers „Hermeneutik des Daseins" basiert zwar auf dieser zweiten Wende, ist aber gerade nicht als Methodologie des Verstehens konzipiert, sondern wird aller geisteswissenschaftlichen Methodologie vorgeordnet. Existenz wird als „Verstehen" und „Sich-Entwerfen auf die Möglichkeit seiner selbst" interpretiert, so daß „Verstehen" die Weise des Existierens selbst charakterisiert. Die Tatsache des schon durch eigene innere Erfahrung vorhandenen Wissens von dem, was Gegenstand des Verstehens werden soll, bezeichnet er als **hermeneutischen Zirkel.** Über Bultmann wirkt diese Lehre auf die Theologie zurück, die Hermeneutik nunmehr als „Sprachlehre des Glaubens" (Fuchs) bestimmt. Die Theorie der sogenannten *philosophischen Hermeneutik* wird fortgeführt durch Gadamer („Wahrheit und Methode", 1962), der vornehmlich das wirkungsgeschichtlich bestimmte Verhältnis von Vorverständnis und Verständnis in allem Verstehen analysiert. In aller Erfahrung von Wahrheit ist ein Stehen in Überlieferungen gegeben, d. h. Erfahrung von Wahrheit ist immer durch „Wirkungsgeschichte" bestimmt. Daher wird Verstehen auch als ein „Einrücken in ein Überlieferungsgeschehen" bezeichnet. Wissenschaftliches Verstehen muß sich insofern auch der „hermeneutischen Situation" bewußt werden, die ihren eigenen bestimmten Horizont hat und sich mit dem Horizont des Textes vermitteln muß. Gadamers Theorie führte u. a. zu Kontroversen mit Vertretern des kritischen Rationalismus (v. a. Albert) und der Frankfurter Schule der kritischen Theorie (v. a. Habermas). Für eine philosophische Hermeneutik, deren Gegenstand die Interpretation von Texten mit Behauptungscharakter, sogenannten *apophantischen Texten* ist, vertrat Carnap die Theorie der „rationalen Nachkonstruktion" bzw. der „Explikation".

hermeneutischer Zirkel ↑Interpretation, ↑Hermeneutik.

Herrenmoral/Sklavenmoral: der Kritik Nietzsches an dem Normen- und Wertsystem der abendländischen Moral entstammendes Begriffspaar. Mit dieser Kritik nimmt Nietzsche Stellung zur Frage, ob die sittlichen Normen einem System zeitlos gültiger Ordnungen und Werte entstammen oder lediglich Ausdruck einer bestimmten soziokulturellen Situation und mithin historisch gebunden seien. Nietzsches Theorie stützt sich auf die Behauptung, daß von Natur aus gerade das gut sei, was nach den moralisch-rechtlichen Normierungen unserer abendländischen Kulturtradition als schlecht beurteilt werde; d. h. von Natur aus gut sind alle Handlungen und Willensäußerungen des starken Individuums; das Wertsystem dieses starken, nach Größe, Macht und Entfaltung strebenden Menschen bezeichnet Nietzsche als *Herrenmoral.* Innerhalb der menschlichen Gesellschaft läßt sich dieses Wertsystem allerdings nur auf Kosten der schwachen und „geringeren" Menschen realisieren. Die Masse dieser Schwachen bildet als Ausgleich ihrer Ressentiments gegenüber den starken Individuen ihrerseits ein Moralsystem aus: die *Sklavenmoral;* sie erhebt gerade ihre Schwächen und Skrupel zu Werten (wie Mitleid, Nächstenliebe), und indem sie entsprechende – als „sittlich" oder „rechtlich" verbindlich erklärte – Normen schafft, sucht sie sich vor der Willkür der Herren zu schützen und Macht über sie zu gelangen. Dem Zusammenschluß und der Organisation der Masse über die Ideologie der platonisch-christlichen Weltanschauung mit ihrer Überbetonung von moralischer Verpflichtung und Jenseitigkeit gegenüber Diesseitigkeit und Leiblichkeit mußte das große Individuum in der Geschichte unterliegen. Nietzsche fordert daher ein moralisches Umdenken und die Erneuerung vorchristlich-archaischer Tugenden (das Heroische, Tapferkeit, Großmut, aber auch Rigorismus oder Mitleidlosigkeit).

Herrschaft: Begriff der praktischen und politischen Philosophie, eine institutionalisierte Machtausübung, die im Gegensatz zur ↑Gewalt nicht auf einem einseitigen, sondern einem gegenseitigen Verhältnis beruht. Nach Aristoteles werden Herrschaftsbeziehungen eingegangen, weil dadurch alle von der Herrschaft Betroffenen ein angestrebtes Gut erreichen können. Bei der Herrschaft unter Gleichen könnten im Prinzip alle die Befehlsgewalt übernehmen, somit können und sollen sie sich bei deren Ausübung abwechseln. Bei der Herrschaft unter Ungleichen kann diese jedoch nur von einigen wenigen Personen übernommen werden, die sich durch bestimmte Fähigkeiten auszeichnen. Herrschaft stellt für Aristoteles ein natürliches Verhältnis dar, das es überall dort gibt, „wo mehrere Teile zu einer Einheit zusammenwachsen". Da Herrschaft vernünftig ist und sich auf die Ordnung der Welt und der Gesellschaft stützt, bedarf sie nach Aristoteles keiner weiteren Rechtfertigung. Die Frage nach der Rechtfertigung von Herrschaft wird von Max Weber aufgenommen. Er definiert Herrschaft als „die Chance, für einen Befehl bestimmten Inhalts bei angebbaren Personen Gehorsam zu finden". Als legitime Herrschaft erkennt er drei Arten an, die sich aufgrund ihrer Rechtfertigung unterscheiden: 1. die *charismatische* Herrschaft, die aus dem Glauben an die außergewöhnliche Begabung einer Person erwächst (z. B. im „Führerstaat"); 2. die *traditionale* Herrschaft, die auf dem Glauben an die überlieferte Ordnung und die traditional zur Herrschaft berufenen Personen beruht (z. B. im Ständestaat); 3. die *rationale* Herrschaft, in der eine unpersönlich-sachliche Ordnung und eine legale Berufung der Herrschenden bestimmend ist (z. B. der moderne Staat mit seiner Bürokratie). Der Typus der rationalen Herrschaft ist bei der Betrachtung der modernen Gesellschaft von besonderem Interesse. Obwohl sich diese Gesellschaften eine rationale Herrschaftsordnung geben, zeigt eine historische und soziologische Betrachtung, daß charismatische und traditionale Elemente auch hier noch Eingang finden (z. B. im „Führertum", der Behauptung traditionaler Eliten, der Möglichkeit, mit den Mitteln moderner Massenkommunikation propagandistisch „Führerkult" oder Eliteherrschaft zu stabilisieren). In der marxistischen Diskussion über Herrschaft und Herrschaftsverhältnisse wird Herrschaft meist im Sinne von Unterdrückung und Ausbeutung verstanden, die die Kapitaleigner denen gegenüber ausüben können, die lediglich ihre Arbeitskraft besitzen. Der Marxismus fordert daher den Abbau der Herrschaft von Menschen über Menschen und den Aufbau einer herrschaftsfreien Gesellschaft.

Heteronomie ↑Autonomie/Heteronomie.

Heuristik [zu griechisch heurískein „finden, entdecken"]: Erfinderkunst (lateinisch „ars inveniendi"), Lehre von den Verfahren, Probleme zu lösen, also für Sachverhalte empirischer und nichtempirischer Wissenschaften Beweise oder Widerlegungen zu finden. Die Heuristik arbeitet u. a. mit Vermutungen, Analogien, Generalisierungen, Arbeitshypothesen (↑Hypothese), Gedankenexperimenten, auch ↑Modellen von Zusammenhängen, in die sich die zu untersuchenden Sachverhalte einfügen lassen, ohne einen anderen Anspruch an die dabei verwendeten heuristischen Prinzipien zu stellen als den, zum Erfolg zu führen. Zu den *heuristischen Prinzipien* gehören z. B. Variation der Problemstellung, Zerlegung in Teilprobleme, bei Kant u. a. auch das Prinzip der Zwecke, also Tatsachen der Natur in einen teleologischen Zusammenhang zu bringen, um so Naturgesetze zu finden. Neuerdings treten Fragestellungen der Heuristik auch im Rahmen von Forschungen zur Denkpsychologie und künstlichen Intelligenz in den Vordergrund.

Hierarchie [griechisch „Amt des obersten Priesters, heilige Herrschaft"]: auf fast allen Wissenschaftsebenen ein Grundbegriff für Abstufung, Rangordnung bzw. zur Kennzeichnung genereller Verhältnisse der Über- und Unterordnung, in der Regel ein pyramidenförmig gedachtes, systematisches Positionsgefüge mit ideell aufsteigender Bedeutung („Hierarchie der Werte", „Hierarchie der Urteile") bei abnehmender Zahl der Einzelglieder. Ursprünglich ein rein theologischer Begriff zur Regelung des Ordnungsgefüges derer, die in der Abfolge Jesu Christi heilige Vollmacht zur Repräsentation des göttlichen Willens auf Erden besitzen, ist der Begriff Hierarchie v. a. durch Comte in den philosophischen Sprachgebrauch eingegangen. Im Rahmen seines Dreistadiengesetzes (die natürliche Entwicklung des menschlichen Geistes entlang dreier notwendiger Stadien: vom theologisch-fiktiven, sozusagen Kindheitsstadium der Menschheit über ein metaphysisch-abstraktes hin zu einem wissenschaftlich-positiven Endstadium) geht sein Hierarchiegesetz aus von einer sowohl historisch wie ideal immerwährenden Hierarchie der sechs Fundamentalwissenschaften: Mathematik, Astronomie, Physik, Chemie, Biologie und Soziologie, wobei die Mathematik den exklusiven Ausgangspunkt und die Soziologie das einzige, wesentliche Ziel der gesamten positiven Philosophie ausmacht, der menschliche Geist also vom Abstrakt-Allgemeinsten, den einfachsten mathematischen Ideen, zum Konkret-Komplexesten, den höchsten sozialen Gedanken aufsteigt. In der heutigen Wissenschaftssprache ist der klassisch strenge Begriff der Hierarchie vielfach aufgegangen in den offeneren der ↑Struktur.

Hinduismus: Glaubens- und Lebensform der Inder; er setzt, mit volkstümlichen Kulturen verbunden, die Tradition des ↑Brahmanismus insofern fort, als auch der Hinduismus sich zum Kastensystem, zur Seelenwanderungslehre und Erlösungssehnsucht bekennt. Aus der Vielzahl der Götter des Hinduismus ragt die Dreiheit Brahma, Schiwa und Wischnu heraus. Die beiden Hauptrichtungen des Hinduismus sind Schiwaismus und Wischnuismus, je nachdem, ob Schiwa (Zerstörer der Welt) oder Wischnu (Erhalter der Welt) an die Spitze der Götter gestellt wird. Nach den Vorstellungen der Hindus können die Götter gelegentlich in menschlicher Gestalt auf Erden wandeln (als „Awataras", zum Zweck der jeweiligen Wiederherstellung der Weltordnung). Unter den Awataras Wischnus hat v.a. Krischna einen weiteren Kreis von Verehrern gefunden. Die kultische Verehrung der Gottheiten ist durch zahlreiche Feste sowie durch äußerst beliebte Wallfahrten gekennzeichnet. Ein übergreifender Zug hinduistischer Frömmigkeit ist die Heilighaltung der Kuh, wie überhaupt die Schonung alles Lebendigen (Ahimsa) als höchstes Gebot gilt. Neuzeitliche Reformbewegungen die z.T. christlich beeinflußt sind, vertreten eine Abkehr von der hinduistischen Vielgötterei. Die Zahl der Hindus wird auf 516 Millionen geschätzt.

hinreichende Bedingung: Vordersatz einer ↑Subjunktion $A \rightarrow B$, z. B. „wenn es regnet, wird die Straße naß". Regen stellt *eine* Möglichkeit dar, wie die Straße naß werden kann (er *reicht hin,* um diese naß zu machen), aber er ist nicht die einzige (Überschwemmung!) und deshalb nicht notwendige Bedingung. – ↑auch Bedingung.

historischer Materialismus: Bezeichnung für die von Marx entwikkelte Gesellschaftstheorie. Marx' Forderung nach geschichtlicher Ausrichtung der Gesellschaftstheorie ist gegen die Gesellschaftskritik der Linkshegelianer (↑Hegelianismus), seine Forderung nach materialistischer (↑Materialismus), d.h. gesellschaftstheoretischer Ausrichtung der ↑Geschichtsphilosophie, gegen Hegel gerichtet. Vier zentrale Prämissen liegen dem historischen Materialismus zugrunde: 1. Die Selbsterhaltung und Selbstverwirklichung des einzelnen setzen gesellschaftliches Zusammenleben und gesellschaftliche Arbeit voraus. 2. Triebkraft der objektiven geschichtlichen Bewegung sind gesellschaftliche Widersprüche, nicht die Selbstverwirklichung des „Weltgeistes" (Hegel). 3. Die – dialektisch (↑Dialektik) rekonstruierbare – geschichtliche Bewegung unterliegt objektiven Gesetzmäßigkeiten, vergleichbar „Naturgesetzen", die sie mit „eherner Notwendigkeit" auf ihr Ziel, die klassenlose Gesellschaft (↑Kommunismus), ausrichten. 4. Die Enthüllung dieses geschichtlichen Bewegungsgesetzes kann (und soll) zur revolutionären Praxis anspornen, die die „Geburtswehen" beim notwendigen Übergang von der kapitalistischen zur klassenlosen Gesellschaft „abkürzen" kann. – Der Grundwiderspruch, der die geschichtliche Dynamik erzeugt, ergibt sich aus dem gesellschaftlichen Interessengegensatz (↑Antagonismus) zwischen der – aufgrund ihrer Verfügungsgewalt über die Produktionsmittel – herrschenden und der beherrschten ↑Klasse. Demgemäß ist die Geschichte eine Geschichte von Klassenkämpfen. Grundlage der Epocheneinteilung (Urgesellschaft, asiatische, antike, feudale, bürgerlich-kapitalistische, sozialistische, kommunistische Gesellschaft) ist die Art der Organisation der notwendigen gesellschaftlichen Arbeit (z. B. Sklaven-, Fron-, Lohn-, selbstbestimmte Arbeit). Darüber hinaus wird die geschichtliche Entwicklung angetrieben durch den Widerspruch zwischen der fortschreitenden Entfaltung der wissenschaftlichen und technischen ↑Produktivkräfte und der sie fesselnden Beharrungstendenz der bestehenden ↑Produktionsverhältnisse, d. h. der jeweiligen Form, in der eine Minderheit über Arbeitskraft und -produkte der Mehrheit verfügt (↑auch Basis und Überbau). – Engels dogmatisiert die von Marx zur modellhaften Rekonstruktion geschichtlicher und ökonomischer Bewegungsgesetze verwendete dialektische Methode im Sinne einer objektiven „Dialektik der Natur" und der Geschichte. Dieser ↑dialektische Materialismus bildet im Zusammenhang mit dem ihm untergeordneten historischen Materialismus das Hauptlehrstück des Marxismus-Leninismus (↑Marxismus). – Kritik am historischen Materialismus ist v. a. hinsichtlich der Behauptung geschichtlicher Bewegungsgesetze geübt worden, und zwar im wesentlichen unter drei Aspekten: 1. Die gestellten Prognosen (z. B. unmittelbar bevorstehender Übergang der kapitalistischen in die sozialistische Gesellschaft) sind nicht generell eingetroffen. 2. Geschichtliche Bewegungsgesetze sind wegen der Komplexität historischer Zusammenhänge prinzipiell unbegründbar. 3. Die These von der „Notwendigkeit" der geschichtlichen Entwicklung enthält eine metaphysische Verschränkung zweier Ebenen; zum einen derjenigen einer logisch rekonstruierbaren Stufenfolge von unterschiedlichen Organisationsniveaus historischer Gesellschaften, zum anderen derjenigen einer spekultiven Behauptung, daß die Stufenfolge nicht nur im Sinne der Entwicklungslogik notwendig sei, sondern auch im Sinne der Entwicklungsdynamik, d. h. des tatsächlichen Durchlaufens aller Stufen, das für jede Gesellschaft gelten soll. Letzteres aber ist ein rein empirisches Problem.

Historismus [griechisch-lateinisch]: Bezeichnung für eine v. a. Mitte des 19. Jahrhunderts einsetzende philosophische Reflexion auf Ziele, Methoden und Probleme von Geschichtswissenschaft und -philosophie, entstanden im Zusammenhang mit dem Bemühen, die traditionelle Geschichtsschreibung in den Rang einer Wissenschaft zu heben und die neuzeitliche Geschichtsphilosophie mit der Geschichtswissenschaft in Einklang zu bringen. Entsprechend diesen beiden Intentionen ist zwischen einem methodologischen und einem ideologischen Historismus zu unterscheiden. – Der *ideologische Historismus* entspringt aus der Geschichtsphilosophie der Aufklärung. Er formuliert die Frage nach dem Sinn der Geschichte, d. h. nach jener Sache, die den einzelnen Geschichten Einheit und Zusammenhang verleiht. In Auseinandersetzung mit Hegels Philosophie formuliert er seine zentrale These, daß das Leben selbst, die Praxis, geschichtlich, d. h. immer anders, unvergleichbar, individuell zu verstehen sei. Die historische Schule um Ranke, Droysen u. a. versteht den Historismus als Apologie der Freiheit und Unvorhersehbarkeit des Handelns: Der Sinn der Geschichte ist immer relativ zu dem immer anderen, unvergleichbaren und individuellen Geschehen. – Der *methodologische Historismus* verdankt seine Entwicklung in erster Linie dem Bemühen um eine Verwissenschaftlichung der Geschichtsschreibung und der kritisch-philosophischen Reflexion auf ihre methodischen Grundlagen nach dem Vorbild der Naturwissenschaften. Seine Kernthese hebt hervor, daß es in aller Geschichte lediglich um die Einmaligkeit des Geschehens und dessen Erkennbarkeit gehe. Zunächst erscheint der Historismus daher als

Spielart des Positivismus: Er richtet sich streng nach den Tatsachen, wendet sich gegen die Begrenzung der geschichtlichen Betrachtung durch Normen oder Wertsetzungen der Gegenwart. Dilthey, Troeltsch und Meinecke erörtern Fragen dieser Art im Umfeld einer Begründungsproblematik der Geisteswissenschaften, um im Rahmen dieser methodologischen Besinnung das spezifische Verfahren der historisch-hermeneutischen Disziplinen bestimmen zu können: Im Gegensatz zu den methodischen Generalisierungen der Naturwissenschaften stützen sich die Geisteswissenschaften im hermeneutischen Verfahren (↑Hermeneutik) auf methodisch geübte Individualisierung, die der Einmaligkeit und Unwiederholbarkeit des Geschehens entspricht.

höchstes Gut: in der Tradition platonischer Philosophie jener Zustand, der als Idealvorstellung oder Idee anzustreben ist. Je nachdem, wie weit sich vom Menschen hervorgebrachte Dinge bzw. herbeigeführte Zustände diesem Ideal annähern, bemißt sich ihr Wert. In der christlichen Theologie und Philosophie ist die platonische Idee des höchsten Guts zum christlichen Gott als dem „summum bonum" uminterpretiert worden. Angesichts mancher Verdinglichungstendenzen in bezug auf die Vorstellung vom höchsten Gut spricht Aristoteles kritisch nur von einem Prinzip, nach dem die Normen des menschlichen Handelns zu rechtfertigen sind.

Hoffnung: in der antiken und neuzeitlichen Philosophie meist im Gegensatz zu „Furcht" oder „Verzweiflung" definierte Grundempfindung des Menschen. – Für die christliche Theologie und Philosophie des Mittelalters stellt die Hoffnung eine ↑Kardinaltugend dar, die neben Glaube und Liebe das Leben des Christen prägen soll. – In der erkenntniskritischen Philosophie der Neuzeit (so bei Spinoza) tritt die Rede von der Hoffnung meist nur zusammen mit der Mahnung auf, sich von ihr (wie auch von der Furcht) nicht in seinem Leben und Handeln bestimmen zu lassen, v. a. weil sie auf bloßem Meinen (statt auf sicherem Wissen) beruhe. – Für die Argumentation der praktischen Philosophie wird die Rede von der Hoffnung bedeutsam durch Kants „moralischen Gottesbeweis": Mit der Hoffnung darauf, daß die, die durch ihr moralisches Handeln der Glückseligkeit würdig geworden sind, dieser auch teilhaftig werden, begründet er die Annahme des Ideals des höchsten Gutes, d.h. Gottes. – Thematisiert wird die Hoffnung – nach den Analysen, die Kierkegaard („Die Krankheit zum Tode", 1849) über die Verzweiflung versuchte – im philosophischen Rahmen bei Bloch, der in ihr das die Geschichte vorantreibende Prinzip sieht, das die Menschen zur Entdeckung und zu den Verwirklichungsversuchen ihrer Möglichkeiten bewegt und sie zugleich erkennen läßt, daß das jeweils Erreichte und Bestehende im „Noch-Nicht" der Erfüllung dieser Möglichkeiten verharrt: Der Mensch ist noch nicht, was er sein kann. Mit dem Instrument der materialistischen Dialektik sucht Bloch dieses Noch-nicht-Seiende, das als reale Möglichkeit und Tendenz dem je Gegenwärtigen schon innewohnt, in der philosophischen Reflexion herauszuarbeiten.

Höhlengleichnis: Gleichnis, das Platon in seinem Werk „Der Staat" entwirft, um die verschiedenen Stufen menschlicher Erkenntnis zu beschreiben. Es kann auch als politisches Gleichnis verstanden werden, durch das die Herrschaft der Philosophen zu rechtfertigen ist (↑Idee des Guten). In einer von der Außenwelt abgeschlossenen Höhle befinden sich Menschen, die so an ihre Sitze gefesselt sind, daß sie nur an eine Wand der Höhle blicken können. Auf diese werden durch ein für sie unsichtbares Feuer im Hintergrund Schatten von Gegenständen projiziert. Diese Schattenbilder halten diese Menschen für Realität. Die Gegenstände selbst, die die Schatten geworfen haben, kann nur der erkennen, der sich von seinen Fesseln befreit hat. Nur dieser weiß, daß das, was bisher für real gehalten wurde, nur ein Abbild dieser Dinge ist. Gelingt es diesem Menschen, sich noch weiter zu befreien und nach einem mühevollen Aufstieg zur Außenwelt zu gelangen, wird er erst, geblendet vom Sonnenlicht, die Spiegelbilder der Dinge im Wasser betrachten, dann die Dinge selbst und zuletzt die Sonne sehen. Geht er danach wieder hinab in die Höhle, um den anderen Gefangenen den Aufstieg zu ermöglichen, wird er von diesen verlacht, da er sich in der Dunkelheit der Höhle nicht mehr zurechtfindet. Versucht er, ihre Fesseln zu lösen und sie hinaufzuführen, werden sie sich dagegen wehren und ihn vielleicht sogar töten. Aus diesem Gleichnis ist zu entnehmen, daß Erkenntnis an sich möglich ist und welche verschiedenen Erkenntnisstufen es gibt: Die unterste Stufe, die der gefesselten Menschen, entspricht dem alltäglichen Weltverständnis der Masse, die die unmittelbare Sinneserfahrung für das Wirkliche hält. Auf dieser Stufe gibt es weder Beständigkeit (↑Ideenlehre) noch Freiheit. Die nächst höhere Stufe, die schon die Freiheit von den Fesseln, aber noch die Begrenzung durch die Höhle aufweist, entspricht der eines empirischen Naturforschers. Dieser versucht Phänomene durch andere, ebenfalls vergängliche Dinge zu erklären, d.h. er sucht innerhalb des Vergänglichen nach Gründen. Er kann jedoch nur zu einer wahren Meinung und nicht zu wirklichem Wissen über die Dinge gelangen, denn Wissen und Freiheit gibt es nur außerhalb der Höhle bzw. im Reich der Ideen. Auch dort werden zwei Wissensstufen unterschieden: Die Stufe desjenigen, der sich zwar schon von den sinnlichen Erscheinungen gelöst hat und sich mit Ideen beschäftigt, aber noch nicht zur höchsten Erkenntnis vorgedrungen ist, entspricht dem Stand des Mathematikers. Die höchste Erkenntnis, die Erkenntnis der Sonne bzw. der Idee des Guten, ist dem Philosophen vorbehalten. Der Weg zu dieser höchsten Erkenntnis, der mit dem Risiko einer momentanen Desorientierung verbunden ist, ist sehr mühevoll und setzt das eigene Streben nach Wahrheit voraus. Ermöglicht wird diese Erkenntnis durch eine entsprechende Erziehung, die lehrt, Wirklichkeitsdeutungen kritisch zu hinterfragen. Sie erleichtert das Fortschreiten von einer Stufe auf eine höhere, auf der man anfangs von der Richtigkeit der neuen Deutung überzeugt ist. Die innere Verpflichtung zur Wahrheit veranlaßt den Philosophen, der als einziger die Idee des Guten kennt und somit weiß, was gut ist, trotz möglicher Gefahren zur Weitergabe dieser Erkenntnis. Dieses Wissen, das nur außerhalb der Höhle erworben werden kann, prädestiniert den Philosophen, die Herrschaft in der Höhle – dem Bereich, in dem sich der Alltag und v.a. auch die Politik abspielen – zu übernehmen.

Holismus [griechisch] ↑Konventionalismus.

homo homini lupus [lateinisch „der Mensch (ist) dem Menschen ein Wolf"]; der zuerst von Hobbes im „Leviathan" (englisch 1651, lateinisch 1668) als Grundprämisse seiner Staatstheorie vorausgesetzte Naturzustand menschlichen Verhaltens: das aus den natürlichen Grundtriebkräften Selbsterhaltung und Lustgewinn resultierende Streben nach uneingeschränkter Macht. Da zudem die Menschen von Natur aus gleich sind und das gleiche [Natur-]Recht zur Selbstentfaltung haben, ist die notwendige Folge der „Kampf aller gegen alle". Erst durch Aufgabe bzw. Einschränkung des Naturrechts im ↑Gesellschaftsvertrag werden Friedenssicherung und soziales Zusammenleben möglich.

Homo-mensura-Satz [lateinisch; deutsch] (meist wiedergegeben als „Der Mensch ist das Maß aller Dinge"): berühmter Satz des Sophisten Protagoras, der vollständig so lautet:

„Der Mensch (lateinisch homo) ist das Maß (lateinisch mensura) aller Dinge, der seienden, wie (daß) sie sind, der nicht seienden, wie (daß) sie nicht sind.“ Meist wird dies als Grundthese des ↑Relativismus aufgefaßt. Man kann darin aber auch eine Kritik an solchen Lehren sehen, die zwischen einer „wahren“ und einer bloß „scheinbaren“ Welt unterscheiden. Diesen würde dann entgegengehalten, daß es für den Menschen nicht möglich ist, diese beiden Welten überhaupt voneinander zu unterscheiden. Für den Menschen gibt es nur eine Welt, die der Erfahrung (↑Pragmatismus).

homonym [griechisch] ↑äquivok.

Humanismus [zu neulateinisch humanus „menschlich, menschenfreundlich“ und lateinisch humanitas „Menschlichkeit, Gesittung“]: 1. in *historischer* Bedeutung die literarisch-philosophische Bildungsbewegung, die sich in Wechselwirkung mit der allgemeineren Bewegung der Renaissance ab der zweiten Hälfte des 14. Jahrhunderts entwickelte und bis ins 16. Jahrhundert hinein von Einfluß war. Sie entstand ursprünglich in Italien, wo sich Vertreter des vornehmen Bürgertums (Petrarca, Boccaccio) zunehmend gegen politische Auflösungstendenzen in den norditalienischen Staaten und den zunehmenden Dogmatismus der Kirche zur Wehr setzten. Der Humanismus versteht sich in erster Linie als literarisch-philosophische Bildungsbewegung. Menschenbild, Naturauffassung und Geschichtsverständnis der Autoren werden in Anlehnung an die Kultur der Antike entworfen; orientierte man sich zunächst an der römischen Antike, wächst ab etwa 1400 (nach der Eroberung von Byzanz) auch das Interesse für die griechische Literatur. Trotz kritischer Grundeinstellung gegenüber dem Dogmatismus bleibt die Bewegung – unter Berufung auf Augustinus und die Kirchenväter – dem christlichen Glauben an die eine, immer von Gott kommende Wahrheit verpflichtet. Gleichzeitig betont man jedoch, daß von dieser Wahrheit auch die nichtchristliche Antike Zeugnis abzulegen vermöge. Während die humanistischen Autoren von dem Selbstverständnis getragen sind, eine neue Epoche des Denkens eingeleitet zu haben, beschränkt sich ihre Lösung vom Mittelalter im wesentlichen tatsächlich nur auf die Gegnerschaft zu den scholastischen Schulen. Darüber hinaus wurde kein markanter Bruch mit den mittelalterlichen Lehrmeinungen vollzogen. Das Denken des Humanismus bleibt wie das der Renaissance seinem Wesen nach voraufklärerisch, d.h. es findet nicht zu der vernünftigen Selbständigkeit der Aufklärung, sondern bleibt vorwiegend im Meinungsstreit historischer Autoritäten befangen. Der Kampf gegen Aberglauben und dogmatische Verhärtung stellt jedoch zweifellos ein aufklärerisches Denken vorbereitendes Element dar. – Besonders durch die Konzile von Konstanz und Basel breitet sich die Bewegung allmählich in den anderen westeuropäischen Ländern aus. In Deutschland bleibt die Diskussion humanistischer Ideen teils stärker christlich orientiert als die italienischen Vorbilder, teils verfolgen die deutschen Autoren nationalistische (gegen eine Bevormundung von Rom gerichtete) Tendenzen. Die Ausbreitung der humanistischen Bewegung erfolgt v. a. über Celtis, während ihr Höhepunkt von Erasmus von Rotterdam und Hutten getragen wird. Über Mutianus Rufus, Reuchlin und Melanchthon findet sie Eingang in die Universitäten. Zunächst hat sie auch bedeutenden Einfluß auf die Reformation, doch bedeutet der Erfolg Luthers historisch das Ende des Humanismus. – In der Zeit des Übergangs vom 18. zum 19. Jahrhundert entsteht die Bewegung des sogenannten „Neuhumanismus“, in der sich Begeisterung für die klassische Antike mit Grundgedanken der zeitgenössischen Philosophie und der beginnenden Geisteswissenschaften verbinden: Winckelmann,

Goethe, Schiller, Hölderlin, Hegel und Humboldt entwickeln eine Auffassung vom Menschen, in der als Zweck menschlicher Existenz die ↑Bildung des Individuums angesehen wird. – 2. *Systematisch* wird der Terminus Humanismus in unterschiedlichen politischen und philosophischen Kontexten verwendet. Allgemein versteht man darunter eine Denkrichtung, die den Menschen zum Gegenstand einer bewußten Wertsetzung nimmt, indem sie alles auszuschließen sucht, was ihn sich selbst entfremdet (durch Unterwerfung unter übermenschliche Mächte oder Nutzbarmachung für menschenunwürdige Zwecke). Die sozialistische Tradition beispielsweise zieht zur Bestimmung von Humanismus auch den aktiven Dienst zum Wohl der Menschen hinzu, d.h. humanistisches Denken wird auch außerhalb antiker Bildungstraditionen konstatiert. Kritik wird an der bürgerlichen Gesellschaft geübt, wo sie humanistische Gesinnung nur denen zubilligt, die sich aufgrund besonderer Bildungsprivilegien mit der Kultur der Antike beschäftigen können. Nach sozialistischer Auffassung sind alle Humanisten, die sich gegen den Feudalismus und für die Gleichheit von Bildungschancen einsetzen (wie Herder, Hegel, Humboldt), wahre Vorläufer von Aufklärung und der beiden wahren Humanisten Marx und Engels. Bei diesen beiden versteht sich Humanismus nicht mehr bloß als Protest und theoretischer Streit, sondern als tätige Erkenntnis der Klassengegensätze innerhalb der bürgerlichen Gesellschaft. Kritik am klassischen Humanismus wird auch von Seiten der Existenzphilosophie formuliert. Während Heidegger Humanismus als Basis und zugleich Folge von Metaphysik begreift und somit auch seiner allgemeinen Metaphysikkritik unterziehen will, behaupten die französischen Autoren unter Führung von Sartre und Camus, der Humanismus benötige ein neues existentiell-anthropologisches und politisch-soziales Fundament.

Humanität [lateinisch]: im 16. Jahrhundert zu dem lateinischen Wort „humanitas" (Menschlichkeit) gebildeter Begriff. Er bezeichnet allgemein die Vorstellung, die im Sinne der verschiedenen Strömungen des ↑Humanismus auf höchste Entfaltung menschlicher Kultur und Gesittung abzielt; in engerem Sinne meint Humanität die Gesinnung, die die Verwirklichung der Menschenrechte anstrebt. Als Ideal der ↑Bildung wird der Humanitätsgedanke v.a. vom deutschen Idealismus vertreten. Der Begriff wird auch von gegensätzlichen Ideologien in Anspruch genommen.

Hylemorphismus [griechisch] ↑Form/Materie.

Hypothese [zu griechisch hypóthesis, eigentlich „das Untersetzen, die Unterlage", dann „die Unterstellung, Grundlage"]: in der Logik nennt man die Sätze, die bei einer ↑Folgerung vorausgesetzt werden, Hypothesen; in der Wissenschaftstheorie bezeichnet man einen Satz, dessen Wahrheit nicht feststeht, der aber vorläufig als wahr betrachtet wird, als Hypothese. Dabei wird verlangt, daß dieser Satz weder selbst einen Widerspruch enthält noch zu anerkannten Tatsachen in Widerspruch steht. Ferner soll er einen „empirischen Gehalt" haben, d.h. er soll empirisch überprüfbare Folgerungen erlauben. In den Erfahrungswissenschaften sind Hypothesen in der Form von Allaussagen besonders wichtig („Alles Kupfer leitet den Strom"). In solchen Fällen spricht man von *Gesetzeshypothese* (↑Gesetz). Einer solchen Gesetzeshypothese gehen in der Regel viele Einzelbeobachtungen und Experimente voraus, in denen sich die Hypothese als zutreffend erwiesen hat: „Dieses Stück Kupfer und jenes leiten den Strom." Die Gesetzeshypothese ergibt sich dann durch ↑Induktion. Wichtig ist, daß eine Hypothese *erfunden* und *nicht erschlossen* wird; die einzelnen Fälle können eine Hypothese lediglich nahelegen, nie aber erzwingen. Die *Prüfung* von Hypothesen erfolgt durch Ableiten von Folgerungen aus der als wahr vorausgesetzten Hypothese („Auch jenes Stück Kupfer muß den Strom leiten“). Diese Folgerungen, *Prognosen* oder *Testimplikationen* genannt, sind in der Praxis durch Beobachtung und/oder planmäßiges Experimentieren zu überprüfen. Fallen die Ergebnisse entsprechend den Vorhersagen aus, so hat sich die Hypothese *bewährt* (↑Bewährung). Widersprechen die Erfahrungen den Voraussagen, so kann (aber muß nicht!) dies als ↑Falsifikation der Hypothese angesehen werden. Man versucht aber im allgemeinen, die Hypothese durch Zusatzannahmen (etwa mögliche Störungsquellen; *Störhypothese:* „Dies Stück Kupfer ist stark verunreinigt“) zu retten. Man spricht dann davon, daß die ürsprüngliche Annahme *exhauriert* (lateinisch svw. „ausgeschöpft“) wird (↑Experiment). Erst wenn alle erfolgversprechenden Rettungsversuche gescheitert sind, wird die Hypothese verworfen. Diese Hypothesenprüfung, der *empirische Test,* macht das Kernstück der neuzeitlichen experimentellen Methode aus.

Eine Gesetzeshypothese, die sich in hohem Maße bewährt hat, wird *(empirisches) Gesetz* genannt. Ein solches kann nie mit Sicherheit als wahr erkannt werden; seine Wahrheit ist immer nur wahrscheinlich. Gesetzeshypothesen können zwar endgültig falsifiziert, aber nicht verifiziert werden. Anders liegen die Verhältnisse, wenn die Hypothese eine Existenzaussage darstellt, z. B. behauptete der Physiker Pauli als Konsequenz von Berechnungen die Existenz eines neuen Elementarteilchens, Neutrino; auch der Planet Neptun wurde vor seiner Entdeckung aufgrund von Unregelmäßigkeiten der Bahn des Uranus postuliert. Solche Existenzhypothesen können endgültig verifiziert werden, indem man den betreffenden Gegenstand aufweist (z. B. in der Blasenkammer oder im Fernrohr). Insofern ist es ungenau, wenn behauptet wird, alle Hypothesen der Erfahrungswissenschaften seien nur falsifizierbar. Das trifft nur auf die Gesetzeshypothesen zu.

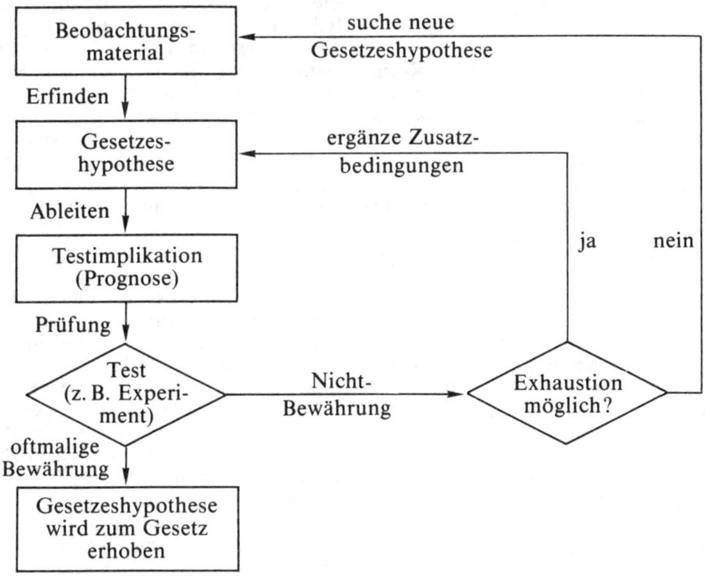

hypothetisch [zu ↑Hypothese]: ein Urteil wurde in der traditionellen Logik hypothetisch genannt (im Sinne von „bedingt"), wenn es von der Form „wenn ..., dann ..." ist; Gegensatz: ↑kategorisch.

hypothetischer Imperativ: eine allgemeine Handlungsanweisung, die nur unter bestimmten, *intentionalen* Bedingungen oder Voraussetzungen Geltung beansprucht. Z. B.: „Wenn du negative Folgen für dich selbst vermeiden willst, dann sage die Wahrheit!" Der Zweck der durch einen hypothetischen Imperativ gebotenen Handlung liegt nicht in ihr selbst (die Wahrheit sagen um ihrer selbst willen), sondern die fragliche Handlung könnte – bei Ausführung – *Mittel* sein, andere Werte zu realisieren – hier z. B. Vermeidung von Unlustgefühlen durch soziale Sanktionen (↑Imperativ, ↑kategorisch, ↑kategorischer Imperativ).

I

Ich: Bezeichnung für den „Kern" oder die „Struktur" der Persönlichkeit. Mit Ich wird auch das sich selbst verändern könnende, steuernde und wertende Prinzip bezeichnet, das eine Person befähigt, sich als von anderen Personen (und auch Dingen) verschieden wahrzunehmen, und das die Erlebnisse und Handlungen einer Person steuert. – Zum thematischen philosophischen Problem wird das Ich mit dem Beginn der Neuzeit, spielt dann lange Zeit die Rolle eines universalen Themas der Philosophie, das als Grundlage zahlreicher wissenschaftlicher Problemstellungen gesehen wird. Erst im Zuge der Verselbständigung der Psychologie gegenüber der Philosophie im ausgehenden 19. und beginnenden 20. Jahrhundert werden lange Zeit in der philosophischen Diskussion miterörterte Probleme wie die Frage der Ichspaltung (Schizophrenie), der Klarheitsgrade des Icherlebens u. a. den verschiedenen Disziplinen und Forschungsansätzen von Psychologie und Psychoanalyse zugeordnet. Nach Ausgrenzung der psychologischen Aspekte stehen in der Philosophie des 20. Jahrhunderts v. a. drei Sachbereiche im Vordergrund: in der *Anthropologie* das Problem der Einmaligkeit des Ich (↑Individuum) und das Verhältnis des Ich zum anderen (↑Dialog, ↑Intersubjektivität), in der *Ethik* die Anerkennung des Ich als des Unbedingten (↑Freiheit, ↑Person), in der *Sozialphilosophie* die Stabilität eines Ich gegenüber dem Wandel sozialer Rollen und Erwartungen (↑Identität). Die Lösung der so bezeichneten Probleme hängt von zwei eng verbundenen fundamentalen Fragen ab: Unterstellen wir (tatsächlich und/oder zu Recht) mit der Verwendung des Ausdrucks „ich" die Existenz einer substanzhaften Grundlage aller Handlungen und [Selbst-]Erkenntnisse, und (wenn ja) ist eine adäquate Selbsterfassung des Ich in dieser Grundlegungsfunktion möglich? Während die neuzeitliche Subjekttheorie und in ihrer Tradition stehende Positionen dabei nach dem Ich als einer fundierenden Wesenheit fragen (Descartes, Leibniz, Kant, Fichte, Hegel u. a.), führen die Philosophen der sprachanalytischen Tradition (Peirce, Russell, Wittgenstein, Ryle u. a.) die Probleme des Ich auf das Problem der Bedeutung des Ausdrucks „ich" und der mit ihm gebildeten Äußerungen zurück und benutzen das Instrument der Sprachanalyse häufig, um die Annahme einer Ich-Substanz als illusionär nachzuweisen. – In der *Psychoanalyse* ist das Ich eine innere Instanz der Seele (neben dem ↑Es und dem ↑Überich), die mit ihren bewußten Ich-Funktionen wie Wahrnehmung, Erinnerung, Denken, Planen und Lernen sowie den unbewußten Ich-Funktionen zur Abwehr nicht akzeptierter Triebimpulse, den *Abwehrmechanismen,* dazu verhilft, zwischen den verschiedenartigen Erfordernissen der Außenwelt, den Triebwünschen des Es und den moralischen Forderungen des Überich zu vermitteln bzw. Einklang herzustellen. Die Ich-Funktionen sind teils angeboren, teils bilden sie sich erst im Laufe der Entwicklung heraus. Mit *Ich-Stärke* wird die Leistungsfähigkeit des Ich bezeichnet, Konflikte und Belastungen zu verarbeiten und sich der Wirklichkeit anzupassen. Mangelnde Ich-Stärke kann u. a. zu Neurosen führen.

ideal [zu griechisch idéa, eigentlich „Gestalt, Bild", dann „Wesen, Urbild, Idee"]: im allgemeinen Sprachgebrauch meint ideal bzw. Ideal svw. Inbegriff einer Vollkommenheit, musterhaftes Ur- oder Vorbild bzw. höchstes Ziel/Gut, nicht selten im Sinne eines theoretisch wie praktisch kaum erreichbaren Grenzwertes; einen z. B. Menschen, Sachverhalt oder Erkenntnisprozeß *idealisieren* heißt ein etwaig unvollkommen erscheinendes Wirkliches in Gedanken von seinen Unvollkommenheiten befreien, einem möglichen Ideal angleichen, eventuell stilisieren, verklären, auch (im Erkenntnisprozeß) abstrahieren. Der kunstphilosophischen Diskussion des 16. Jahrhunderts entlehnt, hat der Begriff Ideal, dessen Auftreten den Beginn des deutschen ↑Idealismus markiert, v. a. durch Kant, Schiller und Hegel Eingang in die philosophische Fachsprache gefunden. Dabei dient er im wesentlichen als ein Verbindungsglied bei der Identifizierung von Idee und Wirklichkeit. Dementsprechend ist er begrifflich oft nur schwer von ↑Idee selbst zu trennen. Für Kant ist das Ideal die Idee einer existierenden Idee, d. h. „die Idee nicht bloß in concreto, sondern in individuo, d. h. als ein einzelnes, durch die Idee allein bestimmbares oder gar bestimmtes Ding". Dabei kommt dem Ideal selbst keine „objektive Realität" (Existenz) zu, sondern es erscheint als eine praktisch regulative Kraft. Höchstes Ideal ist für Kant das *transzendentale Ideal* der reinen Vernunft als die in dem Einzelwesen *Gott* verdinglichte Idee eines Alls der Realität. Betraf Ideal bei Kant, aber auch bei Schiller (Ideal als ideengemäße Individuation), neben der ästhetischen v. a. auch die ethische Dimension, so wurde es von Hegel wieder auf den rein künstlerischen Bereich reduziert: Das Ideal ist die „Idee als das Kunstschöne", sofern das Kunstschöne als das „sinnliche Scheinen der Idee" sich gleichsam im Idealfall mit der Idee in/als Realität identifiziert. – Daneben wird ideal (bzw. ideell) oft als bloßer Gegenbegriff zu ↑real (reell) gebraucht und meint dann unwirklich, bloß vorgestellt, fiktiv.

Idealismus [griechisch-lateinisch]: die Philosophiegeschichte weist durchgängig die Auseinandersetzung mit einem – meist gegensätzlich gedachten – Begriffspaar *A/B* auf, wobei die Formulierung dieses Gegensatzes wesentlich davon abhängt, wie die Einzelbegriffe verwendet werden: *A* steht für Idee, Geist, Vernunft, Denken, Subjekt, Begriff; *B* für Natur, Materie, Welt, Sein, Objekt, Realität. In der Frühphase des dialektischen ↑Materialismus wurden das Begriffspaar Geist/Materie als vollständige Disjunktion behauptet und die zwei grundsätzlichen Strömungen in der Philosophiegeschichte, je nachdem, ob sie dem einen oder dem anderen einen Primat einräumen, als Idealismus oder Materialismus bezeichnet. Für eine philosophiehistorische Aufschlüsselung der verschiedenen Positionen in diesem Problemkreis, den Engels als „Grundfrage der Philosophie" bezeichnet, ist es günstig, drei Argumentationstypen zu unterscheiden: 1. Es wird zwischen ↑Idee bzw. ↑Geist und ↑Materie bzw. Realität entschieden und die jeweils andere Seite als irrtümlich, scheinbar oder nichtexistent behauptet. 2. Es wird eine Parallelität, Gleichrangigkeit oder Austauschbarkeit beider behauptet oder daß beide die zwei möglichen Erscheinungsweisen einer und derselben Substanz seien. 3.

Es wird die Subjekt-Objekt-Differenz (↑auch Subjekt-Objekt-Problem) ganz aufgehoben, damit auch der Gegensatz Idee/Natur (bzw. der von ↑Begriff und Realität) in einem beide miteinander vermittelnden Absoluten. Ein Idealismus der 1. Art wird meist als *subjektiver* Idealismus bezeichnet. Beispiel eines solchen Standpunkts ist Berkeley, bei dem die Realität der Dinge auf unserer Vorstellungskraft beruht („ideas"), jenseits derer sie keine Realität besitzen. Ihr Sein besteht im Wahrgenommenwerden („esse est percipi"). Unter Berücksichtigung des englischen Sprachgebrauchs von „idea", der sich von der Idee etwa Platons unterscheidet, wird dieser Standpunkt auch *empirischer* Idealismus genannt. Auch Fichtes Idealismus, der behauptet, daß „Ich" gleich „Alles" sei, wird von Schelling und Hegel als subjektiv bezeichnet. Dasselbe gilt für Kants *kritischen* Idealismus, der lehrt, daß „alles, was im Raume oder der Zeit angeschauet wird, ... nichts als Erscheinungen" sind, die „außer unseren Gedanken keine an sich gegründete Existenz haben". Beispiel für die 2. Art der Lösung des Grundproblems ist die Philosophie Spinozas: „Die Ordnung und die Verknüpfung der Idee ist dieselbe wie die Ordnung und Verknüpfung der Dinge." Für die *Parallelität* beider ist bei Descartes der Gott als deren Schöpfer (↑Res cogitans/Res extensa) die Begründung bei Leibniz die ↑prästabilierte Harmonie. Eine Auflösung des Grundproblems im Sinne einer Aufhebung der Differenz (3. Art) wird im Rahmen des *objektiven* Idealismus geleistet, dessen vorzügliche Vertreter Platon und Hegel sind: Bei Platon ist das Sein der Dinge, die selbst nur ↑Erscheinungen sind, durch ↑Teilhabe (Methexis) an den Ideen bzw. am ↑Sein der Ideen gegeben. Der Mensch vermag während des Lebens die Idee der Dinge nicht zu erkennen, weil die Seele im Körper gefangen ist. Nach dem Tod jedoch, wenn sie vom Körper befreit ist, wird dieses Unvermögen in der ↑Schau der Ideen aufgehoben. Hegel begreift die Idee selbst schon als „Identität des Begriffs mit seiner Realität". Es ist aber der *absolute Geist,* der die Idee mit der Natur, die „die Idee als das Andere ihrer selbst" ist, vermittelt. Der Begriff des absoluten Geistes impliziert, daß an die Stelle des subjektiven, individuellen Denkens die „Selbstbewegung des Begriffs" tritt, der Kerngedanke der Hegelschen Dialektik. In dieser *Tätigkeit* des absoluten Geistes, in dem nun nicht mehr Subjektivität und Objektivität unterschieden sind, ist auch die Realität der ↑Natur gegründet. Die Natur als nunmehr selbst „Selbstbewegung des Begriffs" – hier des Begriffs „Idee in ihrer Äußerlichkeit" – hat zum (*nicht* zeitlich-evolutiv verstandenen) Resultat den Menschen bzw. den (zunächst individuellen) Geist, der sich dann über Kunst, Religion und Philosophie zum absoluten Geist aufhebt und somit „das Andere der Idee" (die Natur) mit der Idee zusammenschließt. Im absoluten Geist ist die Idee mit sich selbst vermittelt und ist nur die „sich selbst wissende Vernunft". In Hegels objektivem Idealismus, der eine Philosophie der Natur unabdingbar impliziert, sind Sein, Idee, Natur, Mensch, Gott zu einer (nicht statischen, sondern dialektischen) Einheit – dem absoluten Geist – verschmolzen. – Als *deutscher Idealismus* werden sowohl die philosophiegeschichtliche Periode zwischen Kant und Hegel als auch die Philosophie Kants, Fichtes, Schellings und Hegels bezeichnet.

Ideal language philosophy [aɪ'diəl 'læŋgwɪdʒ fɪ'lɔsəfɪ; englisch] ↑analytische Philosophie.

Ideation [griechisch-lateinisch]: svw. ↑Wesensschau.

Idee [zu griechisch idéa, eigentlich „Erscheinung, Form"]: Grundbegriff der Philosophie, der bereits in seiner etymologischen Herkunft und Verwandtschaft mit anderen Begriffen auf die Vielfalt der mit ihm verbundenen Probleme deutet, die die Philosophiegeschichte aufweist. Was jeweils unter Idee verstanden wird, hängt eng damit zusammen, wie andere Grundbegriffe – v. a. in ihrem Verhältnis zueinander – verwendet werden, z. B. Allgemeinbegriff, Einzelding, Erkenntnis, Existenz, Realität, Sein, Schein, Vernunft, Vorstellung, Wahrnehmung, Erscheinung u. a. Demokrit verwendet idéa, wenn er von elementaren, nicht-zusammengesetzten „Gestalten" spricht (↑Atom). Als eigentlicher Begründer einer Lehre von den Ideen gilt Platon (↑auch Ideenlehre). Er verwendet den Begriff allerdings meist parallel mit anderen, z. B. mit „das Wesen (ousía) selbst", „das eigentliche Sein", „das immer Seiende", „Paradigma" und „Form". So ist z. B. der Fromme insofern fromm, als seine Frömmigkeit Nachahmung des Urbilds (Paradigma) „Frömmigkeit" ist. Eine Form der Beziehung zwischen Einzelding und Idee ist die ↑Teilhabe (↑auch Methexis). Bei Platon läßt sich eine *komologisch-ontologische* und eine *erkenntnistheoretische* Ausprägung des Begriffs Idee erkennen, aber nicht eindeutig unterscheiden. So ist die Idee auf der einen Seite eine Art von begründetem Wissen, dessen die Seele vor ihrer Geburt in den Körper teilhaftig war; sie konnte die Ideen „schauen" (↑Schau), nun hat sie sie aber vergessen, obgleich ihr noch das Vermögen der *Wiedererinnerung* (↑Anamnesis) an diesen Zustand eigen ist. Auch sind die Gegenstände dem Menschen erkennbar, weil sie ihrerseits an den Ideen Anteil haben. Auf der anderen Seite kommt den Ideen auch *Sein* zu bzw. sind sie eigentliches, wahres Sein, demgegenüber der Gegenstand unserer Wahrnehmung, das ↑Phänomen, nur ↑Schein ist. Dies erläutert Platon in seinem ↑Höhlengleichnis. So deutet sich hier die Konzeption zweier voneinander abgetrennter Sphären des Seins an (↑Chorismos). Aristoteles kritisiert diese Abtrennung, weil damit die Einzeldinge als getrennt von ihrer Idee (als ihrem Urbild) existierend behauptet würden und damit auch das Urbild als getrennt von dem, *wovon* es Urbild ist. Mit der Stoa rückt die Auffassung der Ideen als ↑Allgemeinbegriffe in den Vordergrund, während im Neuplatonismus (Philon von Alexandria, Plotin, Augustinus) vorwiegend der Geist (↑Nous) als der „Ort" der Ideen angesehen wird: *Gott* ist es, der die Ideen *denkt* und, *indem* er sie denkt, die Welt *schafft* (↑Schöpfung). Die Auseinandersetzung zwischen der Konzeption von Ideen als „wahres" Sein und als abstrakte Begriffe hat ihren Höhepunkt im ↑Universalienstreit. So ist die Geschichte des Begriffs Idee gekennzeichnet von dem Problem der Bewältigung des Gegensatzes zwischen Realität (der Dinge) und Erkenntnis (von den Dingen) und zwischen Sein und Denken, ein Gegensatz, der behauptet und bestritten werden kann, der als überwindlich und nicht überwindbar gelten kann, was jeweils davon abhängt, wie seine beiden Seiten *für sich* begriffen werden. Bei Descartes sind die Ideen, als „alles, was im Geist ist", *Abbilder* der realen Dinge. Er unterscheidet dabei *angeborene, empirisch gewonnene* und *künstlich erzeugte* Ideen. Hier, wie bei Locke und Hume, geht der Begriff Idee in den von ↑Vorstellung und Denkakt über. Nach Kant kommt den Ideen keine „objektive Realität" zu. Als „regulative Prinzipien" gewährleisten sie die Möglichkeit des *praktischen,* nicht des erkenntnistheoretischen Umgangs mit den ihnen entsprechenden Gegenständen (Gott, Welt, Seele, Freiheit, Unsterblichkeit u. a.). Er unterscheidet somit die Termini „Idee" und „Begriff". Einen Anklang an die Platonische Idee hat jedoch noch sein Begriff vom ↑Ding an sich. Bei Hegel ist die absolute Idee das vollendete Resultat der dialektischen Entwicklung des Begriffs „Sein" (↑spekulative Philosophie, ↑Dialektik). Hier sind begreifendes Erkennen und Realität, Subjektivität und Objektivität keine Gegensätze mehr. Die absolute Idee ist die „Einheit des Begriffs mit seiner Realität", in ihr ist der Begriff *sich selbst* Gegenstand, Realität ist das Sich-selbst-Begreifen des Begriffs. Dialektik ist dabei nicht mehr Methode des Denkens, das seinen Begriff der Sache, der Realität „angemessen" machen will; die Sache ist nicht mehr *außerhalb* des Denkens liegender Gegenstand, sondern sie ist die „Tätigkeit des Begriffs" selbst. In der absoluten Idee ist der Begriff „einfache Beziehung auf sich" und somit identisch mit dem „reinen, unbestimmten Sein". Die „Logik" ist der Vollzug und Aufweis, daß sich ihr Anfang (das reine Sein) mit ihrem Ende (der absoluten Idee) über die dialektische Entwicklung des Begriffs „Sein" (bzw. über den Nachvollzug der „Selbstbewegung des Begriffs") zusammenschließt. Damit ist die Logik als Metaphysik und als Ontologie verstanden. Denken, als nunmehr „spekulatives" Denken, steht nicht mehr im Gegensatz zu seinem Gegenstand, die Idee, als nunmehr absolute, ist selbst die (dialektische) Vermittlung des Seins, des Wesens und des Begriffs zu einer Einheit.

Idee des Guten: Begriff der Platonischen ↑ Ideenlehre. Platon geht davon aus, daß die Ideen hierarchisch geordnet sind und an ihrer Spitze die Idee des Guten steht. Sie muß man „geschaut" haben, um zu Wahrheit und Erkenntnis zu gelangen (↑ Höhlengleichnis). Aus der Existenz der Idee des Guten, die wie alle Ideen ewig ist und sich nicht verändert, folgt, daß es immer gültige, objektive, ethische Werte gibt, die der Maßstab der Beurteilung einzelner Handlungen sind: Eine Handlung ist dann gut, wenn sie an der Idee des Guten teilhat (↑ Methexis). Die Kenntnis der Idee des Guten ist nach Platon eine notwendige und hinreichende Bedingung für moralisch richtiges Handeln; wer die Idee des Guten kennt, ist selbst gut. Da nur der Philosoph in der Lage ist, zu dieser höchsten Erkenntnis zu gelangen, kann auch nur er wissen, was wirklich gut ist und von sich aus moralisch richtig handeln. Auf staatsphilosophische Überlegungen übertragen bedeutet das: Ein Staat ist genau dann gut (ethisch gerechtfertigt), wenn er von jemandem geführt wird, der weiß, was gut ist. Da die Idee des Guten das Fundament eines platonischen Staates bildet, muß also ein Philosoph die Herrschaft übernehmen.

Ideenlehre: die Platonische Lehre von den Ideen. In ihr sind ein epistemologischer, ein ontologischer und ein metaphysischer Aspekt erkennbar. Platon vertritt – wie die Sophisten – die Auffassung, daß es über sinnlich wahrnehmbare Dinge keine allgemeingültigen Aussagen geben kann, da sie sich ständig verändern. Ähnliche Probleme ergeben sich bei moralischen Urteilen. Platon zieht daraus jedoch nicht den Schluß, daß für jeden das wahr ist, was ihm so erscheint (↑ Homo-mensura-Satz), sondern daß es einen Bereich geben muß, der unabhängig von der Wahrnehmung existiert, in dem man zu Wahrheit und Erkenntnis gelangen kann, denn mathematische Aussagen sind ein Beweis dafür, daß es wahre, allgemeingültige Aussagen gibt. Er führt eine Teilung der Welt in das Reich der Wahrnehmung (der Erscheinung) und in das Reich der Ideen ein. Diese Bereiche stehen sich jedoch nicht ausschließend gegenüber, da sie durch die ↑ Methexis verbunden sind. Während man im Reich der Wahrnehmung nur zu wahren Meinungen über etwas gelangen kann, erlangt man im Reich der Ideen Wissen (↑ Höhlengleichnis). Die Ideen sind ewig, unteilbar und verändern sich nicht. Da sie unabhängig von wahrnehmbaren Dingen existieren, sind sie nicht durch Wahrnehmen, sondern nur durch Denken erkennbar. Da die Ideen ewig sind und somit weder entstehen noch vergehen, kommt ihnen im Gegensatz zu den wahrnehmbaren Dingen Wirklichkeit zu. Die wahrnehmbaren, vergänglichen Dinge können nur an die Ideen, deren Abbilder sie sind, erinnern. Im Phaidon-Dialog legt Platon dar, wie man durch relativ gleiche Dinge an die Idee der Gleichheit erinnert wird (↑ Anamnesis). Vollständige Gleichheit ist in der sinnlich wahrnehmbaren Welt jedoch nicht vorhanden. Entsprechendes gilt für ethische Begriffe. Das Gerechte, das Gute an sich ist nicht in der wahrnehmbaren Welt vorhanden, stellt aber ein Ideal dar, nach dem man seine Handlungen ausrichten sollte. Aus der Existenz dieser Ideen läßt sich die Existenz objektiver, fester ethischer Werte ableiten (↑ Idee des Guten). Die Ideen sind nicht nur ideale Standards, sondern geben auch Antwort auf die Frage nach dem Wesen der Dinge. Mit Hilfe der Ideen können auch Eigenschaften der sinnlich wahrnehmbaren Dinge erklärt werden. Als Begründung für die Tatsache, warum etwas schön ist, wird die Teilhabe an der entsprechenden Idee angeführt: Etwas ist schön, weil es an der Idee des Schönen, die selbst schön ist, teilhat.

Identität [zu lateinisch idem „derselbe/dasselbe"]: *allgemein* vollkommene Gleichheit oder Übereinstimmung (in bezug auf Dinge oder Personen); in *Psychologie* und *Anthropologie* häufig verwendete Kurzbezeichnung für *Ich-Identität:* die Herstellung und Erhaltung des Gleichgewichts zwischen sozialer und persönlicher Identität (Goffman, Habermas). *Persönliche Identität* bezieht sich auf die organische und biographische Einmaligkeit und Kontinuität des Individuums. *Soziale Identität* bezieht sich auf die Gesamtheit der Rollenerwartungen, die ein Individuum im Interaktionsprozeß erfüllen muß. Das Individuum kann die in der Ich-Identität ständig neu zu gewinnende Balance zwischen persönlicher Besonderheit und von der jeweiligen Bezugsgruppe erwarteter Gemeinsamkeit auf zwei Arten verlieren: einmal, indem es die Rollenerwartungen der anderen verinnnerlicht und sich so nicht mehr von der ihm zugeschriebenen sozialen Identität abhebt; auf der anderen Seite, indem es die Erwartungen der anderen zurückweist und um der Wahrung der persönlichen Identität willen sich selbst als Interaktionspartner aufgibt. Damit das Individuum jene Ich-Identität entwickeln kann, muß es verschiedene Voraussetzungen erfüllen (Krappmann): 1. *Rollendistanz:* Das Individuum muß fähig sein, die eigenen Rollen und die mit ihnen verbundenen Rollenerwartungen als solche zu erkennen, und sich mit ihnen kritisch auseinandersetzen. 2. *Role-taking:* Das Individuum muß in der Lage sein, sich in die Rolle eines anderen zu versetzen und sich in ihn einzufühlen (Empathie), letztlich mit dem Ziel, die eigene Rolle in einem Interaktionsprozeß zu entwerfen. Ohne die Fähigkeit, die Erwartungen der anderen vorherzusehen, ist der Aufbau einer Ich-Identität nicht denkbar. 3. *Ambiguitätstoleranz:* Die sozialen Situationen, in denen sich ein Individuum befindet, sind häufig durch Widersprüchlichkeit und Mehrdeutigkeit (Ambiguität) gekennzeichnet. So kann es zu Konflikten zwischen den verschiedenen Rollen kommen, die ein Individuum innehat (z. B. Kindesrolle in der Familie und Schülerrolle), zwischen den Anforderungen verschiedener Bezugsgruppen, die sich an ein Individuum in einer Rolle richten (z. B. Autor und Verleger in ihren Verhaltenserwartungen in bezug auf den Verlagslektor), zwischen kulturellen Werten, die eine Gesellschaft propagiert usw. Da solche Konflikte immer wieder auftreten, ist es zur Ausbildung der Ich-Identität notwendig, Ambiguitätstoleranz zu entwickeln, d. h. mehrdeutige und widersprüchliche Situationen zur Kenntnis zu nehmen und zu ertragen, ohne sie in unangemessener Weise zu vereinfachen oder zu verdrängen, und eine eigene Balance zwischen den verschiedenen Normen und Motiven zu finden und zu halten. 4. *Identitätsdarstellung:* Damit die eigene Ich-Identität überhaupt von anderen wahrgenommen und berücksichtigt werden kann, ist es notwendig, sie im wechselseitigen

Handeln (Interaktion) wirksam vorzustellen. Da wir andererseits unsere Identität nicht nur in den Umgang mit anderen „einbringen", sondern sie auch daraus „empfangen" – durch die Art, wie die anderen auf unsere Identitätsentwürfe eingehen –, ist die Fähigkeit, Identität darzustellen, zugleich Voraussetzung und Folge der Ich-Identität.

In der *Logik* ist (im Unterschied zur ↑Gleichheit) ein Gegenstand mit sich selbst und nur mit sich selbst identisch; das gilt *absolut.* Identität gehört also in den Bereich der Ontologie, zu jenen Begriffen, die uns die Rede über Welt allererst ermöglichen. Zwei Objekte, deren Eigenschaften völlig übereinstimmen (z. B. zwei Elektronen) lassen sich wenigstens noch bezüglich Zeit und Raum unterscheiden: Zwei Gegenstände können sich nicht zugleich an der gleichen Raumstelle befinden. Raum und Zeit werden deshalb traditionell als *principia individuationis* (lateinisch etwa „Grundsätze der Individuenbildung") bezeichnet. Die Identität ist wie die Gleichheit eine zweistellige Äquivalenzrelation, Symbol: $a \equiv b$. Zwei Objekte, die sich durch die Identität nicht unterscheiden lassen, können überhaupt nicht unterschieden werden; sie sind absolut gleich. Objekte, die gleich sind, brauchen aber noch lange nicht identisch zu sein (U^{235} und U^{238} z. B. sind chemisch gleich, physikalisch jedoch verschieden). Die Differenzierungen, die mit Hilfe der Identitätsrelation vorgenommen werden, sind „feiner" als jede andere Unterscheidung, die auf einer Äquivalenzrelation beruht: Die Identität ist die *feinste* unter diesen Relationen.

Identitätsphilosophie: eine von Schelling 1801 verwendete Bezeichnung zur Charakterisierung seines spekulativen „Systems", das das Absolute als „totale Indifferenz des Subjektiven und Objektiven", d. h. als Identität von Denken und Sein, Geist und Natur bestimmt. Philosophiegeschichtlich ist die Identitätsphilosophie Episode geblieben.

Ideologie [zu griechisch idéa „Idee" und lógos „Lehre", wörtlich also "Lehre von den Ideen"]: *umgangssprachlich* meist in herabsetzendem Sinne benutzt zur Charakterisierung relevanter politisch-sozialer Weltanschauungen (Faschismus, Kommunismus, Liberalismus usw.), denen z. B. dogmatisch-totalitäre Herrschaftsansprüche und/oder intolerante Herrschaftsformen und -methoden unterstellt werden sollen. Als *philosophische* Fachtermini sind Ideologie und Wissen, Wahrheit und Schein in einem gegenseitigen Spannungsverhältnis konzipiert. Unter Ideologie wird dann – im Gegensatz zum sogenannten „wirklichen Wissen" – ein „verzerrtes Wissen" verstanden: die Gesamtheit all derjenigen *geistigen* Inhalte und Ideen, die durch *materiale* Randbedingungen der menschlichen Existenz (verfälschend) beeinflußt sind. Der Ideologie verdächtigt werden Theorien immer dann, wenn sie den Kriterien des Wahrheits- und Realitätsbegriffs des eigenen philosophischen Standpunkts nicht genügen und deshalb als unbewußte oder gar bewußte Täuschung kritisiert und zurückgewiesen werden sollen. Dabei kann die Entscheidbarkeit dessen, was wahr sei, entweder für prinzipiell möglich gehalten oder aber – wegen einer unaufhebbaren Abhängigkeit des Denkens von historisch-gesellschaftlichen Verhältnissen – als unerreichbare ↑Utopie eingestuft werden. Positionen der ersten Art, die den Standpunkt der Möglichkeit „wirklichen Wissens" vertreten, geraten selbst leicht wieder unter den Verdacht von Ideologie und Dogmatismus. Im zweiten Fall ist durch keine Kritik die endgültige Aufhebung und Überwindung der Ideologie möglich; der Ansatz führt faktisch in eine Aporie, aber er kann trotzdem zu nicht nachlassender (rationaler) Kritik auffordern und ermahnen. Die Intentionen einer Ideologiekritik können entweder eher erkenntnistheoretisch-logisch oder aber deutlicher gesellschaftstheoretisch-politisch ausgerichtet sein; auch das Engagement, mit dem die „Entlarvung der Unwahrheit“ betrieben wird, steht in einem Spektrum von theoretischen und praktischen Interessen. Als eine Weise von ↑Aufklärung in sozialen Dimensionen kann oder soll Ideologiekritik gesellschaftsverändernd wirken. – Von *erkenntnistheoretischen* Interessen geleitete Ideologiekritik ist der Sache nach bereits zu Beginn der neuzeitlichen, verstärkt naturwissenschaftlich orientierten Wissenschaften da. Im Zusammenhang der Frage nach der Möglichkeit objektiver Wissenschaft liefert Francis Bacon z.B. eine Klassifikation von ↑Vorurteilen, die der wahren Erkenntnis der Natur (die prinzipiell für möglich gehalten wird) angeblich entgegenstehen. In der Fundierung aller Erfahrung auf (angeblich) rein passiv wahrgenommene Sinnesdaten glaubt der Empirismus sich eine *vorsprachliche* und damit von sozialen Störfaktoren gereinigte Basis im „unmittelbar Gegebenen“ sichern zu können. Im Frankreich des ausgehenden 18. Jahrhunderts wird erstmals auch die *gesellschaftspolitische* Relevanz des Ideologieproblems thematisiert. Destutt de Tracy (1801) entwirft z.B. ein (konkretes) Programm zum Abbau soziokultureller Schranken: Ein für alle Schichten zugängliches, generalisiertes Erziehungssystem soll ein „fortschrittliches Weltbild“ vermitteln und erste Voraussetzungen einer „sozialen Harmonie“ schaffen. Im 19. Jahrhundert rückt eine *anthropologische* Dimension immer stärker in den Vordergrund: Ideologisch deformiertes Wissen entfernt den Menschen nicht nur von Natur und Naturerkenntnis, sondern auch von sich selbst. Der Mensch ist sich selbst fremd, weil Ideologie ihm die wahre Selbsterkenntnis, das Finden der eigenen Bestimmung, verstellt. Um so dringlicher erscheint die Aufgabe der Überwindung dieser Selbstentfremdung. Für Feuerbach ist dies noch im wesentlichen möglich durch Aktivierung und richtigen Einsatz der Vernunftvermögen jedes einzelnen. Diesem Standpunkt vergleichbar ist vielleicht am ehesten der Ansatz des zeitgenössischen (neopositivistischen) kritischen Rationalismus, der sich von einer vernunftgeleiteten Selbstaufklärung der Einzelindividuen letztendlich den Effekt einer kollektiven Aufklärung auf breiter gesellschaftlicher Basis verspricht. Eine „radikalere“ Position nehmen Marx und mit ihm auch alle neomarxistischen Ansätze bis hin zur zeitgenössischen sogenannten kritischen Theorie (Frankfurter Schule) ein: Für Marx verfällt letztlich auch der aufklärerische Glaube an die Autonomie des Individuums und an die Kraft der Vernunft dem Ideologieverdacht. (Falsche) Religiosität als Kompensationshandlung ist für ihn ein deutliches Zeichen der Selbstentfremdung einer ganzen Klasse, die sich außerstande sieht, ideologieverzerrte gesellschaftliche Verhältnisse zu beseitigen. Die fatale Wechselwirkung zwischen gesellschaftlichem Sein und Bewußtsein (aus einer „falsch“ organisierten Praxis folgt ja laut Ideologietheorie ein falsches Selbstbewußtsein, das sich seinerseits wiederum in einer falschen Organisation von Staat, Politik, Sitte, Religion und Philosophie niederschlagen wird usw.) kann nach Marx in einem revolutionären Prozeß überwunden werden (↑Marxismus, ↑Revolution). – Einen verengten Gebrauch des Ideologiebegriffs findet man im orthodoxen Marxismus-Leninismus. Hier wird – ganz im Gegensatz zum Marxschen Sprachgebrauch – gar die eigene Lehre als Ideologie bezeichnet, die etwa der Arbeiterklasse von der Partei erst noch zu vermitteln sei, um proletarisches Bewußtsein zu erzeugen.

illokutiver Akt (illokutionärer Akt, Illokutionsakt) [lateinisch] ↑Sprechakt.

Imagination [lateinisch] ↑Einbildungskraft.

immanent [zu lateinisch immanere „darin (bei etwas) bleiben“]: heute wesentlich bildungssprachlicher Begriff zur Bestimmung eines Sachverhalts, bei dem ein vorgegebener Bereich nicht überschritten wird bzw. das Enthaltensein von Bestandteilen oder eine Entwicklung als unabhängig von äußeren Einflüssen anzusehen ist; man spricht von einer *immanenten Kritik,* wenn die Auseinandersetzung mit einer Theorie/Lehrmeinung usw. von deren eigenen Voraussetzungen ausgeht, von einer *immanenten Methode,* wenn diese durch den Gegenstand selbst der Untersuchung bestimmt wird, wie dies exemplarisch in der Mathematik praktiziert wird. In der Philosophie ist der Begriff seit der Scholastik gebräuchlich. Hier hat er sich im Rahmen von metaphysisch-theologischen Fragestellungen als zentraler Gegenbegriff zu ↑transzendent eingebürgert, etwa zuletzt noch in Spinozas Pantheismus, der mit seiner „causa immanens" im Gegensatz zu der zuvor personalen (= transzendenten) Auffassung Gott als die immanente Ursache aller Dinge ansah. Seine zweite, für die Philosophie bis heute maßgebliche erkenntnistheoretische Bestimmung hat der Begriff durch Kant erfahren. Danach ist immanent die Beschränkung auf den Umkreis möglicher Erfahrung. – ↑Immanenzphilosophie.

Immanenzphilosophie: philosophische Richtung, die auf der Grundthese beruht, Wirkliches gebe es nur als Inhalt des Bewußtseins. Im weiteren Sinne auf Berkeley wie auf Hume zurückgehend, bezeichnet man mit Immanenzphilosophie eine u. a. von Schuppe gegen Ende des 19. Jahrhunderts begründete, dem Positivismus und Empiriokritizismus wie aber auch der Phänomenologie nahestehende philosophische Schule. Im wesentlichen der klassischen Subjekt-Objekt-Problematik verpflichtet, vertrat die Immanenzphilosophie, indem sie sich auf die Erkenntnisse möglicher Erfahrung im Sinne Kants beschränkte (↑immanent), eine strikte Identität von Wirklichkeit und Bewußtseinsinhalt, „Objekt" und „Vorstellung": Da Erfahrung nur innerhalb des Bewußtseins möglich ist, wird das Sein in das Bewußtsein verlegt und geht andererseits auch nicht darüber hinaus. Dieses Grundprinzip kulminiert bei Schuppe solipsistisch in der Überzeugung von der untrennbaren Aufeinanderbezogenheit von Ich-Subjekt und Ich-Objekt.

Immoralismus [lateinisch]: mehrdeutiger philosophischer Begriff, der allgemein die Abgrenzung von einer moralischen Orientierung bezeichnet. Sofern damit die Ablehnung jeglicher Moral überhaupt gemeint ist, wird der Ausdruck bedeutungsgleich mit „Morallosigkeit" verwendet. Soll er zum Ausdruck bringen, daß „gut" und „böse" nicht zu unterscheiden seien, meint er einen moralischen Indifferentismus. Für diese Position werden üblicherweise zwei Begründungen angeführt: Entweder kann behauptet werden, daß es ontologisch keinen Unterschied gibt oder daß der Mensch den Unterschied nicht zu erkennen vermag (moralischer Skeptizismus).

Imperativ [zu lateinisch imperare „anordnen, befehlen"]: in Anlehnung an die grammatische Verwendung (Modus des Verbs, mit dem eine Forderung ausgedrückt wird) von Kant in die praktische Philosophie eingeführter Terminus zur Bezeichnung auffordernder Sprachhandlungen *normativen* Charakters. Normativ heißt dabei eine sprachliche Äußerung dann, wenn sie: 1. zu sittlich bewertbarem Handeln auffordert, 2. zu allen Zeiten von jedem Wesen, das zu verantwortlichem Handeln fähig ist, formuliert werden könnte und 3. an jeden denkbaren Adressaten mit dem Anspruch gerichtet werden kann, ihrer Aufforderung Folge zu leisten. Soll die Handlungsanweisung ohne jede Einschränkung in allen möglichen (realen) Situationen gelten, so handelt es sich um einen *unbedingten* Imperativ; wird der Geltungsanspruch durch Angabe von (situativen) Randbedingungen relativiert, so heißt der Imperativ *bedingt.* Von der *Allgemeingültigkeit* eines Imperativs spricht man schließlich dann, wenn er sich durch Angabe vernünftiger Gründe rechtfertigen läßt. Diese Rechtfertigungsmöglichkeit durch Vernunftgründe war das entscheidende Motiv für Kant, Imperativen den Rang oberster Prinzipien einer (rationalen) Ethik zuzuweisen, und zwar aufgrund folgender Überlegung: Kant sah den Menschen in der besonderen, charakteristischen Situation, nicht willkürlich, zufällig, ohne alle Prinzipien handeln zu wollen, sondern in dem Bestreben, sein Tun *vernünftig* einzurichten. Da aber ein Mensch nicht ausschließlich „Vernunftwesen" ist, d.h. nicht allein Vernunft als einziger Beweggrund sein Tun bestimmt, handelt er auch nicht unter allen Umständen nach bester (vernünftiger) Einsicht; er muß zur Verwirklichung seiner eigenen Einsicht immer wieder erst aufgefordert („genötigt") werden. Richtlinien zu vernunftgemäßem Handeln stellt deshalb jeder Mensch zunächst für sich selbst auf: die (bei Kant) sogenannten ↑Maximen. Maximen sind vom einzelnen gefaßte und daher auch nur subjektiv-individuell gültige Vorsätze oder Grundsätze des (sittlichen) Handelns. Aufgrund der aufklärerischen Prämisse, daß die Vernunftsstrukturen aller Menschen identisch seien (↑Aufklärung), wird es darüber hinaus aber auch Handlungsgrundsätze geben, deren Notwendigkeit von jedermann jederzeit eingesehen werden kann, weil sich für sie intersubjektiv (= objektiv) akzeptable gültige Argumente anführen lassen. Dann ist der Geltungsanspruch der Regel universal, und Kant spricht von einem Imperativ. Und die Aufgabe der Ethik besteht – nach Kant – darin, Handeln auf Vernünftigkeit hin zu prüfen und imperativische Handlungsregeln zu entwickeln und zu rechtfertigen. Dabei differenziert Kant im wesentlichen zwischen zwei verschiedenen Arten von Imperativen: Soll der Wille „nur in Ansehung einer begehrten Wirkung bestimmt" werden, so handelt es sich um einen ↑hypothetischen Imperativ. Hypothetische Imperative, bei denen die intentionale Prämisse tatsächlich angestrebt wird, nennt Kant *assertorisch. Kategorisch* nennt Kant einen Imperativ im Gegensatz dazu, wenn die im Imperativ geforderte Handlung um ihrer selbst willen „ohne Bezug auf einen anderen Zweck als objektiv-notwendig" anzusehen ist. Kategorische Imperative machen im engeren Sinne – für Kant – den Gegenstand der praktischen Philosophie aus, weil sie apriorisch begründet werden können und völlig einschränkungslos Geltung beanspruchen (↑kategorischer Imperativ). – Es ist zu beachten, daß „hypothetisch" und „bedingt" („kategorisch" und „unbedingt") keineswegs begrifflich synonym sind. Ein hypothetischer Imperativ (z.B.: „Wenn dir deine Gesundheit etwas wert ist, dann rauche nicht!") kann durchaus unbedingt, d.h. in allen Situationen gelten, obwohl er definitionsgemäß nur zu einem übergeordneten Zweck auffordert.

Imperativ, hypothetischer ↑hypothetischer Imperativ.

Imperativ, kategorischer ↑kategorischer Imperativ.

Implikation [lateinisch „Verflechtung"]: Grundbegriff der Logik, die Beziehung der ↑Folgerung zwischen einer (endlichen) Menge von Aussagen $A_1, \ldots, A_n$, den ↑Hypothesen (auch Prämissen, Bedingungen), und einer Aussage A, der These (auch ↑Konsequenz); Zeichen: $A_1, \ldots, A_n \prec A$ (lies: A_1 bis A_n implizieren A). – Die Aussage „A_1 bis A_n implizieren A" ist dann und nur dann wahr, wenn gesichert ist, daß A wahr ist, wann immer A_1 bis A_n dies sind. Die Implikation stellt also eine Aussage über Aussagen dar. Sie muß darum unterschieden werden von der ↑Subjunktion $A \rightarrow B$, die zwei Aussagen zu einer neuen Aussage verknüpft. Verwechslungen entstehen hier, weil sowohl die Implikation als auch die Subjunktion sprachlich durch die Wendung „wenn ..., dann ..." wiedergegeben werden können. Es gilt folgender Zusammenhang: „A impliziert B" ist genau dann wahr, wenn $A \rightarrow B$ wahr ist. Die Subjunktion $A \rightarrow B$ wird gelegentlich im Anschluß an Russell als *materiale Implikation* bezeichnet im Gegensatz zu Aussageformen $\bigwedge_{x \in G} P(x) \rightarrow Q(x)$, die *formale Implikation* genannt werden. Diese Redeweise ist mißverständlich, zumal ein eigener Terminus für die Implikation dann nicht mehr zur Verfügung steht.

inadäquat [lateinisch „unangemessen"]: eine Darstellung (ein Abbild) heißt inadäquat, wenn sie den wiederzugebenden Sachverhalt in wichtigen Aspekten verändert. Inadäquatheit gilt als Merkmal der Falschheit. – Gegensatz: ↑adäquat.

in alio [lateinisch] ↑Akzidens.

In-der-Welt-Sein: zentraler Begriff der als „Fundamentalontologie" bezeichneten Konzeption Heideggers, mit dem dieser die Eingebundenheit des Menschen in der Welt anzeigen will: Die Welt ist schon immer anfanghaft im Handeln und durch die Sprache verstanden; indem der Mensch handelt und sich der Sprache bedient, steht er in einer nicht auflösbaren Einheit mit der Welt. Damit tritt Heidegger jener neuzeitlichen philosophischen Tradition entgegen, die von Descartes bis Husserl darauf baut, im Rahmen wissenschaftlicher Analyse Ich und Welt theoretisch trennen zu können.

Indeterminismus [lateinisch] ↑Determinismus/Indeterminismus.

indirekter Beweis ↑Beweis.

indische Philosophie: das philosophische Denken auf der vorderindischen Halbinsel entwickelte sich bis in die Gegenwart hinein in engem Zusammenhang mit religiösen Vorstellungen, insbesondere unter Einfluß der Weden, Brahmanas und Upanischaden (der wichtigsten religiösen Texte Altindiens). Zentrales Thema ist das Problem der Erlösung; ihm sind die Fragen der Ethik, Metaphysik und Kosmologie zugeordnet. – Die Anfänge indischer Philosophie, noch eingebettet in mythisch-magische Vorstellungen und Praktiken, lassen sich in den *Weden* bis ins 2. Jahrtausend v. Chr. zurückverfolgen. Kennzeichnend ist ein Götterpluralismus, doch werden erste Ansätze sichtbar, die Vielheit der Phänomene auf einen einheitlichen Urgrund zurückzuführen. In den *Brahmanas* (entstanden zwischen 1000 und 750) verstärkte sich die monistische Tendenz (↑Monismus) zu einem einheitlichen Urprinzip des Kosmos. Die älteren *Upanischaden* (entstanden zwischen 750 und 550) bezeichnen die Wende vom mythischen zum philosophischen Denken. Sie sind bereits eindeutig monistisch orientiert: Brahman, das All-Eine, das absolute, nur durch Intuition erfaßbare Sein, und Atman, das individuelle Selbst der menschlichen Persönlichkeit, werden in eins gesetzt. Die Lehre von der Seelenwanderung wird entfaltet; Erkenntnis der Einheit von Brahman und Atman bringt Erlösung aus dem Kreis der Geburten (Samsara). Der orthodoxe ↑Brahmanismus entwickelte sechs „Sichtweisen" (Darschanas), unterschieden durch verschiedene Methoden zur Erkenntnis der Wirklichkeit, und zwar einerseits die vornehmlich praxisorientierten Systeme der Mimansa, des Samkhja, des Njaja, denen die metaphysischen Systeme des Wedanta, des Joga, des Waischeschika gegenüberstehen. Zwischen 500 und 1000 standen neben und in Auseinandersetzung mit den Systemen des Brahmanismus, die nicht nur einen Materialismus vertreten, v. a. die Erlösungslehren des *Dschainismus* und *Buddhismus* mit ihren philosophischen Implikationen. Danach wurden bis 1600 Ansätze altindischer Philosophie aufgegriffen und entfaltet; erst im 19./20. Jahrhundert kam es zur Auseinandersetzung mit der europäischen Philosophie (z. B. Tagore, Radhakrishnan, Aurobindo).

Individualaussage: Aussage über einen einzelnen Gegenstand oder über ein Individuum. Individualaussagen werden auch *singulär* genannt.

Individualbegriff: Begriff, der genau einen Gegenstand kennzeichnet; Gegensatz: ↑Allgemeinbegriff. In der Sprachphilosophie werden Individualbegriffe in der Theorie der ↑Kennzeichnungen untersucht.

Individualethik ↑Ethik.

Individualismus [lateinisch-französisch; zu ↑Individuum]: allgemein eine Betrachtungsweise, in der das Individuum – meist unter Betonung der individuellen Selbständigkeit und Freiheit – zum Ausgangspunkt des Denkens und Handelns, der (ethischen, religiösen, gesellschaftlichen) Wertvorstellungen und Normen gemacht wird; im besonderen die Forschungsrichtungen v.a. in den Sozialwissenschaften, in denen diese Betrachtungsweise methodologisch bestimmend ist (*methodologischer Individualismus;* vertreten von Popper, Hayek u.a.). Individualistisch in ihrer Grundtendenz sind ↑Subjektivismus, ↑Nominalismus, ↑Eudämonismus, ↑Utilitarismus, Liberalismus und Anarchismus.

Individuation [zu mittellateinisch individuare „zum Individuum (= das Untrennbare) machen"]: in Anlehnung an Aristoteles zentrales Thema im Rahmen des mittelalterlichen Universalienstreites. Ist die Philosophie/Metaphysik insgesamt bemüht um die generelle Bestimmung des allgemein Seienden im Gegensatz zu dem „bloß" Besonderen, Vereinzelten, dann stellt das Problem der Individuation gleichsam ihren umgekehrten Fall dar. Individuation fragt nach den Bedingungen der Möglichkeit der Aussonderung des Allgemeinen in Besonderheiten, nach der Vereinzelung des Seienden in Individuen, kurz: nach dem *Seinsgrund* von Einzelwesen (principium individuationis). Wie ist es zu erklären, daß das Allgemeine nicht als solches selbst, sondern (einzig) in einer Vielheit von Individuen existiert, und umgekehrt, was kommt dem begrifflich gefaßten Allgemeinen zu, damit es zu einem einzelnen, konkreten Ding wird? – ↑Scotismus.

Individuenkonstante: Zeichen für feste, wohlbestimmte Elemente eines Grundbereichs, z.B. die Zahl „π", die Aussage „$4 + 1$" oder das Prädikat „$\geq$".

Individuenvariable: (in der Prädikatenlogik) die Variablen für Elemente des Grundbereichs, z.B. in $\bigwedge_{x \in \mathbf{R}} x^2 \geq 0$ ist x Individuenvariable für reelle Zahlen. Daneben treten in der Logik auch ↑Aussagenvariable und ↑Prädikatvariable auf.

Individuum [lateinisch „das Unteilbare, das Einzelding"]: ursprünglich synonym zu ↑Atom gebildete Bezeichnung, später, seit der Scholastik, auf „einzelner *Mensch*" (das Ich) im Unterschied zu „Gesellschaft" beschränkt, dann wieder auf einzelne *Lebewesen* erweitert, wobei für niedere Lebewesen, z.B. Korallen, nicht immer eindeutig ist, was als biologische Einheit gelten soll. Aber auch bei weitestem Sprachgebrauch bezeichnet Individuum in der philosophischen Tradition nicht bloß ein zusammengesetztes Stück, ein Aggregat, sondern ein Ganzes, dessen Einheit durch den Zusammenhang seiner Teile unter Bezug auf einen Zweck des Ganzen bestimmt ist (↑Teil/Ganzes); so am schärfsten bei Leibniz im Begriff der ↑Monade gefaßt.

In *Logik* und *Mengenlehre* sind Individuen die Elemente von festgelegten Grundbereichen *(Elemente der Grundstufe);* sie werden damit abgehoben gegen höherwertige Bildungen wie Klassen oder Mengen von Individuen. Individuen können durch ↑Individuenvariable vertreten werden. Dazu ist erforderlich, daß sich jedes Element des Grundbereichs eindeutig identifizieren läßt, daß es also mindestens eine Eigenschaft gibt, die es von allen anderen Elementen unterscheidet. Man sagt auch: Die Objekte der Grundstufe müssen *individuell,* und nicht bloß *singulär* sein. – Die Charakterisierung eines Individuums durch ↑Kennzeichnungen, wie etwa in der Soziologie ein einzelner Mensch als Schnittpunkt sozialer Rollen oder bei Leibniz generell ein Gegenstand durch Konjunktion aller seiner Eigenschaften und seiner Beziehungen zu den übrigen Gegenständen gekennzeichnet wird, ist schwierig, da niemals alle Aussagen über ein Individuum vollständig und gleichzeitig zur Verfügung stehen.

Induktion [lateinisch, eigentlich „das Hineinführen, Einführen"]: Verfahren zur Gewinnung und Begründung allgemeiner Aussagen (etwa der Form $\bigwedge_{x \in G} P(x) \rightarrow Q(x)$) oft (irreführend) Schluß vom Besonderen auf das Allgemeine genannt. – In der Mathematik tritt Induktion als sogenannte **vollständige Induktion** auf: Eine Eigenschaft, die die Zahl 1 besitzt und die mit jeder natürlichen Zahl n auch deren Nachfolger $n+1$ zukommt, weisen alle natürlichen Zahlen auf (z. B. $n^2 \geq n$). Die vollständige Induktion beruht auf der Art und Weise, wie die natürlichen Zahlen entstehen. Sie ist Ausdruck der Tatsache, daß deren Erzeugung gesetzmäßig erfolgt. Darum liefert die vollständige Induktion auch strenge Beweise im Gegensatz zur Induktion der Erfahrungswissenschaften. Wählt man einen axiomatischen Zugang zu den natürlichen Zahlen (↑axiomatisches System), so erscheint die vollständige Induktion als Axiom. Auf eine explizite Konstruktion des zugrundeliegenden Zahlbereichs wird dann verzichtet. – In allen Erfahrungswissenschaften ist es erforderlich, allgemeine Aussagen (Gesetze) aufzustellen. Da immer nur *endlich* viele Beobachtungen, Messungen usw. angestellt werden können, ist Induktion (im strengen Sinn des Wortes) unvermeidlich. Aus der Tatsache, daß sich ein Stein bei Sonnenbestrahlung bisher immer erwärmt hat, leiten wir ab, daß er dies auch in Zukunft tun wird. Wir sagen dann auch, die Sonnenstrahlen sind die *Ursache* für die Erwärmung des Steins, und unterstellen zugleich, daß dies auch weiterhin so sein wird. Hume hat mit seiner Kritik an dieser Überlegung (↑Kausalität) das *moderne Induktionsproblem* aufgeworfen. Er behauptete nämlich, „daß die Kenntnis dieser Beziehung der Kausalität in keinem Falle durch Denkakte a priori gewonnen wird, sondern sie ganz und gar aus der Erfahrung stammt". Wir können – hat Hume recht – nicht beweisen, daß die Natur sich in Zukunft weiter so verhalten wird, wie sie es bislang getan hat. Diese Kritik Humes ist eine Herausforderung für die gesamte moderne Erkenntnis- und Wissenschaftstheorie („Skandal der Philosophie") geworden. Genauer betrachtet entstehen zwei Probleme, 1. die Verwendung von Induktion zu rechtfertigen *(Begründungsproblem)*, 2. *Kriterien* für die Anwendung der Induktion zu entwickeln, also die Frage zu klären, unter welchen Voraussetzungen Induktion brauchbar ist. Einen Versuch, die erste Problematik zu bewältigen, stellt Kants Lehre von der Kausalität als einer ↑Kategorie dar, als eines Schemas also, das der Verstand bei der denkerischen Ausarbeitung den Naturvorgängen anlegt. Nicht die Natur unterliegt dem Gesetz der Kausalität, sondern der Verstand unterwirft sie diesem. Dies ist neben anderem der Inhalt der „kopernikanischen Wende", die Kant in der Erkenntnistheorie herbeiführen wollte. – In der zeitgenössischen Wissenschaftstheorie werden v. a. zwei Positionen hinsichtlich des Induktionsproblems vertreten, der Induktivismus und der Deduktivismus mit Carnap und Popper als jeweils wichtigsten Vertretern. Der *Induktivismus* versucht, ausgehend von der mathematischen Wahrscheinlichkeitstheorie, die Verwendung der Induktion zu begründen. Sein Kernpunkt ist der Begriff der *Hypothesenwahrscheinlichkeit:* Unter den Erfahrungsdaten E kommt einer Hypothese H nun eine ganz bestimmte Wahrscheinlichkeit $w(H, E) = r$ zu (wobei $0 \leq r \leq 1$). Der Grenzfall $r = 1$ bedeutet dann „H folgt logisch aus E", und $r = 0$ entspricht die Aussage „H ist mit E logisch unvereinbar." Solche Überlegungen sind z. B. aus der Medizin bekannt, die oft die Frage stellt, in welchem Maß empirische Befunde eine Behauptung stützen (wie etwa „Formaldehyd ist gesundheitsschädlich"). Eine Hypothese mit einer hohen Wahrscheinlichkeit wird durch die Erfahrung in großem Maß bestätigt (↑ Bestätigung). Gelänge es, solche Wahrscheinlichkeiten anzugeben, so ließe sich daraus eine Anleitung zur Anwendung der Induktion gewinnen: Ist $w(H, E) = r \geq r_0$ (r_0 eine festzulegende Schranke), so entscheide dich für *H*. Gibt es mehrere Hypothesen, deren Wahrscheinlichkeit die vorgegebene Grenze übersteigt, so wähle diejenige mit der größten. Von diesem Ziel aber ist man (noch) sehr weit entfernt. Ursprünglich interpretierte Carnap die Hypothesenwahrscheinlichkeit als einen vom denkenden Subjekt unabhängigen Sachverhalt. In neuerer Zeit wurde davon abweichend versucht, sie als *Grad der objektiven Überzeugtheit* von *H* aufzufassen. Objektiv bedeutet dabei begründbar. Als Modell wird die Wette angeboten, der Einsatz ist ein Gradmesser dafür, wie stark der Wettende an seine Hypothese glaubt. – Der *Deduktivismus* geht demgegenüber davon aus, daß Allsätze (über einen unbeschränkten Grundbereich) in den Erfahrungswissenschaften nie endgültig verifiziert werden können. Da nicht alle zukünftig auftretenden Beispiele (z. B. Steine) geprüft werden können, kann nie ausgeschlossen werden, daß irgendwann einmal ein Gegenbeispiel auftreten wird (also ein Stein, der sich trotz Sonnenbestrahlung nicht erwärmt). Umgekehrt aber wird ein solcher Allsatz durch *eine* Ausnahme bereits *falsifiziert* (↑ Falsifikation). Eine Hypothese, die vielen Widerlegungsversuchen widerstanden hat, wird *bewährt* (↑ Bewährung) genannt. – Eine weitere Strategie zur Rechtfertigung der Induktion wurde von Reichenbach vorgeschlagen, der zu zeigen versuchte, daß unter allen möglichen Vorgehensweisen, die zur Gewinnung allgemeiner Aussagen führen, die Induktion zu den günstigsten Ergebnissen (zum größten Erfolg) führt. Dieses Argument stellt eine *pragmatische Rechtfertigung* dar.

Die Diskussion um die Induktion hat in den letzten Jahrzehnten durch die Entdeckung zweier Paradoxa neue Impulse erhalten, 1. durch das *Paradoxon von Hempel:* Bestätigen die Erfahrungen mit eßbaren Steinpilzen die Hypothese „Fliegenpilze sind giftig"? Hier wird die Frage aufgeworfen, welche Beobachtungen überhaupt als *wichtig* in Hinblick auf eine bestimmte Hypothese anzusehen sind, und 2. durch das *Paradoxon von Goodman,* das auf der Definition eines sogenannten *zerrütteten* Prädikats beruht, das mit dem Kunstwort „grot" bezeichnet wird. Ein Gegenstand heißt „grot", wenn er bis zum gegenwärtigen Zeitpunkt t_0 geprüft und als grün befunden wurde oder wenn er noch nicht untersucht wurde und rot ist. Die Feststellung, daß alle bislang beobachteten Smaragde grün waren, bestätigt sowohl die Hypothese „Smaragde sind grün" als auch „Smaragde sind grot". Diese beiden Aussagen aber sind unverträglich miteinander. Im Falle zerrütteter Prädikate versagt demnach die gewöhnliche Induktion. Allerdings treten solche (bislang) weder in der Umgangs- noch in der Wissenschaftssprache auf. Es stellt sich aber dennoch die Frage, ob man sich dessen auch in Zukunft sicher sein kann; v. a. ist noch ungeklärt, woran man zerrüttete Prädikate erkennen kann. – Insgesamt kann festgestellt werden, daß das von Hume heraufbeschworene Problem auch heute noch seiner Lösung harrt. Die induktivistische Position wird v. a. dadurch geschwächt, daß die technischen Schwierigkeiten ihrer Ausführung schier unüberwindlich erscheinen. Umgekehrt wird der deduktivistischen Position vorgeworfen, sie vereinfache den Prozeß der Forschung zu sehr, indem sie die Bedeutung der Falsifikation beträchtlich überschätze.

Inhalt ↑Intension.

inkommensurabel [lateinisch „unmeßbar"]: in der *Mathematik* werden zwei Zahlen *a* und *b* inkommensurabel genannt, wenn es keine Zahl *e* gibt, so daß $a = n \cdot e$ und $b = m \cdot e$ gilt (mit ganzen Zahlen *n* und *m*). Interpretiert man die Zahlen als Strecken, so bedeutet die Inkommensurabilität, daß es kein gemeinsames Maß für die beiden Strecken *a* und *b* gibt. Die Entdeckung, daß $\sqrt{2}$ und 1 inkommensurabel sind, die von den Pythagoreern in der 2. Hälfte des 5. Jahrhunderts v. Chr. gemacht wurde, löste die Grundlagenkrise der antiken Mathematik aus und beeinflußte auch nachhaltig die Philosophie. – In der *Quantenmechanik* heißen zwei Größen inkommensurabel, die nicht zugleich genau gemessen werden können, z. B. sind Ort und Impuls eines Teilchens nach der Unschärferelation von Heisenberg inkommensurabel. – In der *Wissenschaftstheorie* bezeichnet man Begriffe (Theorien) als inkommensurabel, wenn sie, vordergründig betrachtet, dieselbe Bedeutung zu besitzen scheinen, aber infolge eines Bedeutungswandels der Termini dies tatsächlich nicht mehr der Fall ist; z. B. haben die Begriffe Masse, Zeit und Raum in der Relativitätstheorie eine ganz andere Bedeutung als in der klassischen Mechanik (sie gehören zu einem anderen ↑Paradigma). Beachtet man diesen Umstand nicht, so erhält man irreführende Ergebnisse bei der Interpretation älterer Theorien. V. a. sind inkommensurable Theorien hinsichtlich ihres Wahrheitsanspruchs nicht miteinander vergleichbar. – Gegensatz: ↑kommensurabel.

inkompatibel [zu lateinisch in- (verneinendes Präfix) und französisch compatir „übereinstimmen"]: unverträglich; in der Logik svw. ↑konträr. – Gegensatz: ↑kompatibel.

inkonsistent [zu lateinisch in- (verneinendes Präfix) und consistere „stillstehen"]: widersprüchlich. Eine Menge von Aussagen heißt inkonsistent, wenn sie einen ↑Widerspruch enthält, also ein allgemeingültiges Aussageschema in ihr auftritt (z. B. $A \wedge \neg A$). Aus einem widersprüchlichen System von Aussagen ist jede beliebige Aussage ableitbar („ex falso quodlibet", lateinisch etwa „aus Falschem darf man Beliebiges folgern"); es ist darum unbrauchbar. Deshalb gehören Konsistenzbeweise (↑konsistent) zu den wichtigsten Aufgaben von Logik und Mathematik.

in se [lateinisch] ↑Akzidens.

Instinkt [zu lateinisch instinguere „anreizen, antreiben"]: Begriff der Antrophologie und Verhaltensforschung. Ein Instinkt ist eine angeborene, zielgerichtete, artspezifische Verhaltensdisposition, von der häufig angenommen wird, daß ihr eine angeborene Bedürfnisposition, die eine Spezies im Verlauf ihrer Evolution erworben hat, zugrunde liegt. Der Instinkt bedarf eines „Schlüsselreizes", der den für ihn charakteristischen Bewegungsablauf, die „Instinkthandlung" auslöst, die in der Regel ein der spezifischen Reizsituation angemessenes Verhalten darstellt. Häufig sind beim Tier mehrere Instikthandlungen in hierarchischer Ordnung miteinander verknüpft: Die erfolgreiche Ausführung der einen löst die nächstfolgende Instinkthandlung aus, bis schließlich die „Endhandlung" ausgeführt wird, die die Kette abschließt. Beim Menschen tritt instinktgeprägtes Verhalten noch im Säuglingsalter auf, im übrigen gilt er im Verhältnis zum Tier, was seine physische Ausstattung angeht, als ↑„Mängelwesen", dessen „Instinktreduktion" eine natürliche Verhaltensunsicherheit zur Folge hat, die er durch Verhaltensplanung überwinden kann.

Institution [lateinisch „Einrichtung"]: Einrichtung zur Erfüllung bestimmter (v. a. öffentlicher, aber auch privater) Zwecke. Als Institution wird sehr Unterschiedliches bezeichnet: Organisationen wie z. B. der Bundestag oder allgemeiner „die Schule", aber auch z. B. ein Amt und ganz generell alle dauerhaften menschlichen Beziehungen wie z. B. die Ehe, die bestimmten Mustern folgen und eine beständige Form besitzen. Das auf diese Weise institutionalisierte Verhalten der Menschen erleichtert aber die zwischenmenschlichen Beziehungen und dient der Orientierung in der sozialen Umwelt, da sich jedermann auf bestimmte, aus einem Ordnungsbild fließende Verhaltensweisen verlassen kann. Institutionen werden untersucht (so z. B. von Gehlen) als Ersatz für fehlende Instinkte, die das menschliche Zusammenleben stabilisieren und die Menschen vom Entscheidungsdruck entlasten. Institutionen können auch Herrschaftscharakter annehmen und sich dem Wandel der menschlichen Interessen und Bedürfnisse aufgrund ihrer relativen Selbständigkeit und Starrheit widersetzen. Sie wandeln sich aber auch selbst in der historischen Entwicklung. Die Prozesse, durch die zunächst vereinzelt und spontan auftretende Bedürfnisse und Interessen sich zu allgemeinen Werten und diese sich zu bestimmten Handlungsmustern und -zielen (zur Realisierung solcher Werte) „verfestigen", d. h. zu Institutionen werden, bezeichnet der Begriff *Institutionalisierung*.

Instrumentalismus [zu lateinisch instrumentum „Werkzeug, Mittel"]: Bezeichnung für Positionen, die wissenschaftliche Sätze und Theorien nicht als Wiedergabe real existierender Sachverhalte und Strukturen ansehen, sondern als aus der Auseinandersetzung von Mensch und Welt (also aus Handlung) hervorgegangene *Mittel* zur Bewältigung der Realität. Wissenschaft ist weniger ein Gefüge von Sätzen, als ein ständig veränderungsbedürftiges Instrument zur Daseinsbewältigung. Deshalb kann es keine absoluten Wahrheiten geben. Theorien brauchen *nicht wahr* zu sein, sie sollen aber *erfolgreich* sein (↑ Pragmatismus).

instrumentelle Vernunft [zu lateinisch instrumentum „Werkzeug, Hilfsmittel"]: zentraler Terminus der ↑ kritischen Theorie, deren Programm eine „Kritik der instrumentellen Vernunft" (Horkheimer) ist. Als solche wird das wichtigste Ergebnis des weltgeschichtlichen Zivilisationsprozesses verstanden: die Einschränkung der Zuständigkeit von ↑ Vernunft auf Problemlösungen innerhalb der Zweck-Mittel-Dimension unter Voraussetzung der Selbsterhaltung des Subjekts als oberstem Zweck. Vernunft in diesem Sinne manifestiert sich als „identifizierendes Denken" (Adorno) und zweckrationales Handeln, d. h. als informierte Anpassung an und technische Verfügung über das als fremd und bedrohlich Erfahrene: Herrschaft über äußere Natur, innere Natur und Mitmenschen gerät „zum absoluten Lebenszweck" einer „verwilderten Selbstbehauptung", wie Horkheimer und Adorno in der gemeinsam verfaßten „Dialektik der Aufklärung" schreiben. Dieser programmatische Titel verweist auf das Umschlagen einer einseitig verstandenen Rationalisierung in blinde Herrschaft mit der Folge „der erweitert sich reproduzierenden Barberei, der allgegenwärtigen Drohung der totalen Katastrophe" (Adorno) in unserem Jahrhundert. Die Kritik der instrumentellen Vernunft orientiert sich an der Idee einer begrifflich nicht faßbaren „Versöhnung", deren Bild allein gelungene Kunstwerke kraft ihres mimetischen Charakters entwerfen. Das Scheitern der kritischen Theorie beim Versuch, über ihre normativen Grundlagen rational nachvollziehbare Rechenschaft zu geben, veranlaßt Habermas zu einem Paradigmawechsel in der Gesellschaftstheorie: weg von der neuzeitlichen Bewußtseinsphilosophie und ihrem an Subjektivität und Selbsterhaltung gebundenen Ansatz, hin zur Sprachphilosophie bzw. Kommunikationstheorie als Theorie der intersubjektiven Verständigung, um einen umfassenden Vernunftbegriff im Sinne kommunikativer Rationalität zu gewinnen, die die kognitiv-instrumentelle, moralisch-praktische und ästhetisch-expressive Vernunftdimension einschließt. Versöhnung wäre demnach zu umschreiben in Begriffen einer „gewaltlosen Intersubjektivität" der Individuen im Umgang miteinander und mit der Natur.

Intellekt [zu lateinisch intellegere „erkennen, verstehen"]: im Unterschied zur meßbaren Intelligenz das generelle Vermögen, durch kritische Analyse und Synthese von Wahrnehmungselementen ↑Erfahrungen sowie ↑Einsichten und ↑Erkenntnisse (unter Einsatz von Gedächtnis und ↑Denken) zu erlangen.

Intellektualismus [lateinisch-französisch]: im weiteren Sinne svw. ↑Rationalismus, im engeren Sinne als Gegensatz zum ↑Voluntarismus die Lehre, daß das ↑Gute durch die Vernunft bestimmt werden solle, z. B. daß Tugend lehrbar sei (Sokrates, Platon), daß das Gesollte durch ein Vernunftgesetz bestimmt wird (Kant). Neben diesem *ethischen Intellektualismus* haben sich Formen eines *metaphysischen Intellektualismus* ausgebildet, nach dem alles, was ist, vernünftig ist, oder der Grund dessen, was ist, als Weltvernunft oder als überweltliche, göttliche Vernunft gedacht wird, sowie eines *psychologischen Intellektualismus,* nach dem alle psychischen Aktivitäten auf Verstandestätigkeiten zurückzuführen sind. Der *erkenntnistheoretische Intellektualismus* geht davon aus, daß der menschliche Verstand grundsätzlich alles Seiende erkennen und begreifen kann.

intellektuelle Anschauung: auf Fichte und Schelling zurückgehender Terminus, der die von ihnen angenommene Fähigkeit des Verstandes bezeichnen soll, sich selbst beim Vollzug des Denkens, v. a. beim Hervorbringen von Begriffen, anzuschauen. Das Denken verliert damit seinen *diskursiven* Charakter, um *intuitiv* zu werden.

intelligibel [lateinisch „sinnlich wahrnehmbar, begreiflich, denkbar"]: als philosophischer Terminus insbesondere bei Kant von Bedeutung als Gegenbegriff zu empirisch. Intelligibel heißen Gegenstände dann, wenn sie nur für den ↑Intellekt im Denken vorstellbar, aber nicht erkennbar im engeren Sinne sind. Es ist – nach Kant – unmöglich, von intelligiblen Gegenständen (sicheres) Wissen zu erwerben, weil dazu eine nicht sinnliche, eine *intellektuelle* Anschauung erforderlich wäre, in der die nur gedachten Gegenstände „hergestellt" werden könnten (↑Anschauung). Gegenstände empirischen Charakters heißen bei Kant ↑Erscheinungen, intelligible Gegenstände ↑Dinge an sich. – In moralischer Hinsicht ist für Kant der Mensch intelligibles Wesen, Ding an sich. Und auch das Prinzip vernünftiger Willensbildung (↑kategorischer Imperativ) ist nicht gewonnen als empirische Generalisierung aufgrund sinnlicher Anschauungen, sondern als gesetzgebendes Prinzip einer intelligiblen Welt.

Intension [zu lateinisch intendere „hinwenden, spannen, aufmerken, beabsichtigen"] (Inhalt; Adjektiv: intensional): seit Frege versteht man unter der Intension eines Begriffsworts den durch dieses dargestellten Begriff. Die Intension drückt eine *Gegebenheitsweise* aus, die Art, wie ein Gegenstand durch den Begriff gemeint ist. Besonders deutlich wird dies in Freges Paradebeispiel „Morgenstern/Abendstern". Die Intension einer Aussage ist der in ihr ausgedrückte Sachverhalt (↑Gedanke), so haben z. B. die beiden Begriffswörter „gleichseitiges Dreieck" und „gleichwinkliges Dreieck" gleiche Extensionen, aber verschiedene Intensionen: Einmal ist „Dreieck mit drei gleichlangen Seiten" gemeint, das andere Mal „Dreieck mit drei gleichen Winkeln". Umgekehrt gilt aber: Intensional gleiche Begriffswörter haben gleiche Extensionen (z. B. Violine und Geige). Ersetzt man ein Begriffswort durch eines gleicher Extension, aber verschiedener Intension, so kann sich die Wahrheit einer Aussage verändern. So wird aus der wahren Aussage „der Abendstern steht am Abendhimmel" die falsche Aussage „der Morgenstern steht am Abendhimmel". Die formale Logik entgeht diesen Schwierigkeiten dadurch, daß sie eine streng extensionale Sprache aufbaut. – ↑auch Extension.

Intention [lateinisch „Spannung, Aufmerksamkeit, Absicht"]: allgemein die Ausrichtung einer Handlung auf ein bestimmtes Ziel oder einen bestimmten Zweck (↑auch Absicht). Eine spezielle Bedeutung hat Intention in der ↑Phänomenologie, deren Grundbegriff sie seit Husserl ist. Hier meint Intention das Gerichtetsein des Bewußtseins auf seine Gegenstände: „Bewußtsein ist immer Bewußtsein *von* etwas" (Husserl). Alle Akte des Bewußtseins (z.B. das Wahrnehmen, Vorstellen, Wünschen) beziehen sich auf *intentionale* Gegenstände (das Wahrgenommene, das Vorgestellte, das Gewünschte), die aber keineswegs *reale* Gegenstände sein müssen (man kann sich auch Einhörner vorstellen). Die Frage nach der Seinsart dieser intentionalen Gegenstände ist im 20. Jahrhundert oft untersucht worden, in letzter Zeit auch unter sprachanalytischem Aspekt. An Bewußtseinsakten werden in der Phänomenologie die noematischen (↑Noema) Elemente, das ist der intendierte Gegenstand, von den noetischen (↑Noesis), das ist die Art und Weise, wie diese intendiert werden, unterschieden.

Intentionalität [zu ↑Intention]: Gerichtetsein eines Bewußtseinsaktes (z.B. Erinnern, Wahrnehmen, Vorstellen) oder auch des Bewußtseins allgemein auf einen Gegenstand. Die Intentionalität unterscheidet nach Husserl psychische Phänomene (Bewußtsein) von physischen (Naturvorgänge): „Die Intentionalität ist es, die Bewußtsein im prägnanten Sinne charakterisiert." Nur Akte des Bewußtseins können auf anderes gerichtet sein, können anderes „vermeinen", ein Naturvorgang meint immer nur das, was er zeigt. In jüngster Zeit spielt die Intentionalität eine wichtige Rolle in Diskussionen um die „künstliche Intelligenz". Sie dient dort als Argument gegen die Behauptung, Computer könnten denken: Ein Programm auszuführen bedeutet noch nicht Intentionalität zu haben. Denken ohne Intentionalität aber gibt es nicht.

Interdependenz [zu lateinisch inter „zwischen, gegenseitig" und dependere „herabhängen, abhängig sein", svw. „gegenseitige Abhängigkeit"]: von Interdependenz ist die Rede, wenn innerhalb eines Systems die Veränderung eines bestimmten Zustands die Veränderung eines anderen notwendig bewirkt und umgekehrt. In unserer „one world", in der „nirgends etwas Wesentliches geschehen kann, das nicht alle angeht" (Jaspers), besteht weltweite Interdependenz.

Interesse [lateinisch „teilnehmen, von Wichtigkeit sein"]: allgemein langfristige und identitätssichernde Ausrichtung des Wollens und Handelns eines Individuums (oder der Mitglieder einer durch ein gemeinsames Interesse bestimmten Gruppe) auf ein Ziel, dessen Erreichung subjektiv für wichtig gehalten wird, weil dadurch ein auf bestimmte (individuell oder soziokulturell bedingte) Weise interpretiertes grundlegendes Bedürfnis befriedigt werden soll. In der praktischen Philosophie ist die Unterscheidung zwischen partikularen, allgemeinen und verallgemeinerungsfähigen Interessen bedeutsam. „Verallgemeinerungsfähig" werden dabei die Interessen bezeichnet, die bei allen Menschen anzutreffen sind und für die zugleich gilt, daß die Folgen einer allgemeinen Realisierung dieser Interessen von allen Betroffenen zwanglos akzeptiert werden können. Ist nur die erste Bedingung erfüllt, so handelt es sich um allgemeine, ist nur die zweite oder gar keine erfüllt, um partikulare Interessen. Die Moralprinzipien kognitivistischer Ethiken (z.B. der kategorische Imperativ Kants) machen die Verallgemeinerungsfähigkeit des Interesses, das einer bestimmten moralischen oder rechtlichen Norm oder einer Handlungsmaxime zugrunde liegt, bzw. deren Nicht-in-Widerspruch-Geraten zu verallgemeinerungsfähigen Interessen zum Maßstab der Legitimität dieser Norm bzw. Maxime. Die Verfolgung eines partikularen Interesses ist demnach nur dann legitim, d.h. mit dem Gemeinwohl vereinbar, wenn dadurch nicht irgendein verallgemeinerungsfähiges Interesse irgendeines anderen verletzt wird. Dies soll im modernen Staat durch das mit Sanktionen verknüpfte positive Recht gewährleistet werden. Zwischen gegensätzlichen partikularen Interessen kann nur ein Kompromiß der Beteiligten vermitteln. – ↑auch Erkenntnisinteresse.

Interpretation [zu lateinisch interpretari „dolmetschen, auslegen, erklären, deuten, verstehen, beurteilen"]: im allgemeinen wissenschaftlichen Wortgebrauch häufig synonym mit ↑Deutung. Interpretation kann sich beziehen auf Naturgegenstände, Artefakte, Handlungen, Maximen und Texte; sie findet u.a. Anwendung in Philosophie, Theologie, in Jurisprudenz, Literatur- und Geschichtswissenschaft, Psychologie. Die Vielfalt von Interpretationsgegenständen und -absichten führt dabei jeweils zu unterschiedlichen Interpretationsmethoden in den einzelnen Wissenschaften. Ziel der Interpretation ist dabei jeweils, den verborgenen Sinn des untersuchten Gegenstandes allgemein zugänglich zu machen, d.h. ihn in der Sprache des jeweils Interpretierenden verständlich auszudrücken bzw. intersubjektiv nachvollziehbare Aussagen über Bedeutung oder Zweck des untersuchten Gegenstandes zu machen. Den Interpretationsprozeß steuernde und bedingende Elemente sind: die Beobachtung und Analyse des Gegenstandes, die Vorkenntnisse des Deutenden, das Vorverständnis bezüglich des Gegenstandes sowie die Überprüfung des Vorverständnisses mittels des sogenannten „hermeneutischen Zirkels". – Die möglichst vollständige sowie wert- und interessenfreie Beobachtung und Analyse des Gegenstandes sind unabdingbar, wenn der Interpret nicht Gefahr laufen will, die Interpretation von vornherein durch eine voreilige Aspektierung in unzulässiger Weise zu „gewichten". Eine Deutung des in Frage stehenden Gegenstandes wird notwendig immer ihren Ausgang von den Vorkenntnissen des Interpreten zu nehmen haben, denn dieser kann das „Sinnangebot" des Gegenstandes nur als solches wahrnehmen, wenn es in die ihm durch Wissen und Erfahrung vertraute Dimension möglichen Sinns eingegliedert werden kann. Da diese Dimension zudem abhängig ist von der Individualität des Deutenden, hier verstanden als die individuelle Eigenart des Selbst- und Weltverständnisses, entsteht die auch durch gewissenhafte, aber möglicherweise zirkelhafte Selbstreflexion nicht auszuräumende Gefahr einer unangemessenen „Eingemeindung" des Untersuchungsgegenstandes in den Bereich des Vertrauten. – Eine notwendige Voraussetzung zur kontrollierten Anwendung des gegenstandsbezogenen Wissens und zur Berücksichtigung des Individualitätsfaktors im Verstehensprozeß liegt in der Subjektivität des Deutenden, d.h. in seiner Fähigkeit, zu sich selbst als Subjekt des eigenen Denkens und Handelns in Beziehung zu treten. Vorkenntnisse und Beobachtungen führen zu einem ersten Vorverständnis des Gegenstandes, das sich in einer Interpretationshypothese formulieren läßt. Diese Interpretationshypothese gilt es im sogenannten **hermeneutischen Zirkel** zu validieren. Unter diesem Begriff wird in der hermeneutischen Tradition eine Vielzahl verschiedenartiger Probleme subsumiert. Wie in der neueren wissenschaftstheoretischen Forschung herausgestellt wurde (Stegmüller, Göttner), handelt es sich bei keinem dieser Probleme tatsächlich um einen echten Zirkel. Methodologisch relevant ist v.a. der sogenannte „philosophische Zirkel", der die

Wechselbeziehung des Verstehens von Ganzem und Teilen beschreibt und u.a. bei Schleiermacher, Dilthey, Gadamer und Staiger eine zentrale Rolle spielt. Diese Wechselbeziehung läßt sich unter Umgehung der Zirkularität darstellen als das Verfahren, das Vorverständnis, d.h. die Arbeitshypothesen bezüglich der Interpretation eines Gegenstandes, mit Hilfe von ↑Protokollaussagen über die einzelnen Sachverhalte des Gegenstandes zu bestätigen oder zu widerlegen und so allmählich zu einer Endhypothese zu gelangen.
In der *Logik* versteht man unter der Interpretation eines formalen Systems (das z.B. durch ein ↑Axiomensystem definiert sein kann) die Zuordnung zwischen den Individuenkonstanten und den Prädikatkonstanten des Systems auf der einen Seite und konkreten Gegenständen eines festen Grundbereichs M sowie Prädikaten (Attributen) über diese Objekte auf der anderen Seite. Man nennt M dann ein *Modell* des formalen Systems; z.B.: Es seien α, β und γ die Individuenkonstanten; P sei ein zweistelliges Prädikat, und es soll gelten $P(\alpha, \beta)$ sowie $P(\beta, \gamma)$. Dann bilden die Zahlen 1, 2 und 3 mit der Kleinerrelation ein Modell des genannten formalen Systems. Die Punkte und Geraden der analytischen Geometrie (das sind Zahlentripel und lineare Gleichungen zwischen solchen) stellen ein Modell der axiomatisch aufgebauten ebenen Geometrie dar. – Man hat festgestellt, daß ein System mehrere wesentlich verschiedene Modelle besitzen kann (das gilt z.B. schon für die durch die Peano-Axiome eingeführten natürlichen Zahlen). Solche Systeme nennt man *polymorph* (Gegensatz: *kategorisch*).

Intersubjektivität [zu lateinisch inter „zwischen, gegenseitig" und ↑Subjekt]: in der Wissenschaftstheorie Bezeichnung für die Forderung, eine jede wissenschaftliche Behauptung erst dann als („objektiv") gültig oder wahr anzusehen, wenn sie von jedem nachgeprüft werden kann. Intersubjektiv sind demnach diejenigen Eigenschaften, die den Dingen *selbst* eignen (primäre Qualitäten). Es ergibt sich so ein enger Zusammenhang zwischen Objektivität und Intersubjektivität: Alles, was objektiv ist, sollte auch intersubjektiv sein. Allerdings müssen hieran Einschränkungen vorgenommen werden, da nicht alle Menschen über genau das gleiche Wahrnehmungsvermögen verfügen. Deshalb hat man die menschliche Wahrnehmung durch die Anzeige von Meßinstrumenten ersetzt: Intersubjektiv ist das, was die Apparate anzeigen, was also ohne Beteiligung des erkennenden Subjekts zustandekommt. Damit werden die *Wiederholbarkeit* und zugleich auch die *Nachprüfbarkeit* sichergestellt. In diesem Sinn tritt Intersubjektivität als ein Kennzeichen der experimentellen Wissenschaften auf. – Die moderne, sprachanalytisch orientierte Philosophie interessiert sich v.a. für die Intersubjektivität der Sprache, für die Tatsache also, daß verschiedene Menschen einem sprachlichen Ausdruck dieselbe Bedeutung zuerkennen: Die Bedeutung ist *subjektinvariant*. Die Subjektinvarianz der Sprache beruht auf deren *Regelcharakter*. Angeregt durch die Spätphilosophie Wittgensteins hat man sich in neuester Zeit verstärkt der Frage zugewandt, wie solche Regeln in Kraft gesetzt werden. Dies geschieht ja im Unterschied zu Wissenschaftssprachen nicht durch explizite Definitionen. Man wird hier auf Situationen geführt, in denen im gemeinsamen Handeln und Reden sprachliche Äußerungen durch Einordnung in größere Zusammenhänge Regelcharakter erhalten. Die Intersubjektivität kommt also nur im Dialog zustande und beruht damit letztlich auf der Anerkennung des Gesprächspartners als einer fremden Subjektivität.

Intuition [lateinisch „Schau"]: unvermitteltes, vollständiges und umgreifendes Erfassen eines Gegenstands oder eines Zusammenhangs, das keinen Zweifel zuläßt. Der intuitiven Einlösung eines Geltungsanspruchs („Schau hin, das ist evident!“) wird die diskursive gegenübergestellt, die sich methodischer Hilfsmittel (z. B. Beweise) bedient. Ein intuitiv als evident erkannter Sachverhalt kann durch logische Analyse nicht evidenter gemacht werden. Als Beispiele für intuitiv eingesehene Wahrheiten wurden u. a. genannt: die Axiome der Mathematik („Jede natürliche Zahl besitzt einen Nachfolger“), die ersten Sätze der Wissenschaften („Jedes Ding ist mit sich selbst identisch“), die Schau von Ideen (Platon) und die Einsicht in das Wesen einer Sache (Husserl) bzw. einen Wert (Scheler). Umstritten bleibt die Bedeutung der Sinne für die intuitive Erkenntnis. Während rationalistische Positionen nur begriffliche Evidenzen anerkennen und deshalb Intuition nur im Denken zulassen, dürfen aus empiristischer Sicht v. a. besonders einfache Wahrnehmungen intuitiv klar genannt werden. – Die Kritik am Intuitionsbegriff geht von der Feststellung aus, daß es sich hierbei nicht um eine zweistellige Relation („*S* sieht intuitiv *x* ein“) handle, sondern um eine dreistellige („*S* sieht intuitiv *x* als ein *y* ein“). Damit verliert die Intuition ihren Anspruch auf Unvermitteltheit. Es wird deutlich, daß Intuitionen an *Darstellungsmittel* (z. B. Zeichen) für den fraglichen Sachverhalt in prinzipieller Weise gebunden bleiben. Dieser Gedanke liegt auch der modernen sprachanalytischen Auffassung zugrunde, die auf Wittgenstein zurückgeht. Ihr zufolge sind Intuitionen Ausdruck der Regeln unseres ↑Sprachspiels. Weil wir so sprechen, wie wir sprechen, können wir bestimmte Äußerungen (etwa „Ich habe Zahnschmerzen“) sinnvollerweise nicht bezweifeln. Intuitionen entspringen aus der Befolgung von Regeln. Dieser Charakter wird durch die übliche Darstellung verschleiert, weshalb Wittgenstein sagt: „Die Intuition ist eine unnötige Ausrede.“ – ↑Anschauung, ↑Evidenz, ↑intellektuelle Anschauung.

Intuitionismus [zu ↑Intuition]: zusammenfassende Bezeichnung für solche Positionen, die Erkenntnis in erster Linie durch ↑Intuition entstehen sehen im Gegensatz zu jenen, die Erkenntnis v. a. durch Argumentation, also diskursiv, sichern wollen. Meist werden bestimmte ausgezeichnete Bereiche als intuitiv einsehbar angesehen. Die beiden wichtigsten Formen des Intuitionismus sind der ethische und der mathematische Intuitionismus. Der *ethische Intuitionismus* geht davon aus, daß normativen Urteilen objektive moralische Eigenschaften zugrundeliegen, die intuitiv erkannt werden müssen. Wie man die Bedeutung des Farbprädikators „rot“ nur durch Anschauung erkennen kann, so kann man auch nur durch Intuition einsehen, was eine gute Handlung ist. Die Wertethik geht darüber noch hinaus, indem sie eine unabhängig von der Erfahrung existente Hierarchie von Werten annimmt, die in der „Wertschau“ erkannt wird. – Der *mathematische Intuitionismus* ist eine der wichtigsten Strömungen in der zeitgenössischen ↑Philosophie der Mathematik. – Allen Formen des Intuitionismus ist das Problem gemeinsam, die Intersubjektivität der Erkenntnis sicherzustellen. Wie kann man wissen, daß die Intuitionen des einen mit denen des anderen übereinstimmen?

intuitionistische Logik ↑mehrwertige Logiken.

ionische Philosophie: zusammenfassende Bezeichnung für eine kleine Gruppe vor Sokrates (470 bis 399) lebender Philosophen der griechisch besiedelten, kleinasiatischen Westküste (Ionien), zu denen man insbesondere Thales, Anaximander und Anaximenes (alle aus Milet), oft auch noch Heraklit von Ephesos rechnet. Die erhaltenen Schriften (Fragmente) dieser Philosophen haben v. a. Fragen nach den Urprinzipien (griechisch archḗ) und Urstoffen der Natur zum Thema. – Für Thales und Anaximenes gab es nur einen einzigen elementaren (und materiellen) Urstoff. Thales ging davon aus, daß die gesamte Vielfalt der erscheinenden Welt erklärbar sei als Veränderung und Bewegung des Urelementes *Wasser;* bei Anaximenes war es die *Luft.* Allen (wahrnehmbaren) Erscheinungen sollte also ein gleichartiges Material zugrundeliegen; die Welt war homogen aufgebaut. – Heraklit wandte sein Interesse weniger möglichen Urstoffen als vielmehr denjenigen Prinzipien zu, die geeignet wären, die wahrnehmbaren Modifikationen und Variationen des eigentlichen Seins zu bewirken und zu regeln (↑ Heraklitismus). Dagegen argumentierten scharf und polemisch Parmenides und seine Anhänger, die der ↑ eleatischen Philosophie zugerechnet werden. – Im Rahmen der griechischen (das Endliche bevorzugenden) Philosophie nimmt Anaximander insofern einen ungewöhnlichen und bemerkenswerten Standpunkt ein, als er ein unerfahrbares, unerkennbares *Unbegrenztes* (griechisch ápeiron) als lebensträchtiges Urprinzip annimmt.

irrational [lateinisch „unvernünftig"]: als mathematischer Terminus Bezeichnung für eine Klasse derjenigen Zahlen, die nicht als Bruch zweier ganzer Zahlen dargestellt werden kann, als philosophischer Terminus meist synonym verwendet mit „emotional" und „intuitiv", also als Gegensatz zu ↑ rational. Daher hat irrational im heutigen Sprachgebrauch meist einen polemischen Unterton und bezeichnet eine Haltung oder Behauptung, die trotz ihrer Widerlegung durch Vernunftargumente beibehalten wird. – ↑ auch Irrationalismus.

Irrationalismus [zu ↑ irrational]: Bezeichnung für eine philosophische Haltung, die von bestimmten Dingen behauptet, daß sie dem Verstand grundsätzlich unzugänglich seien (z. B. Glaube, Gefühl, Intuition), oder ihnen – gegenüber ↑ rational Erfaßbarem – den Vorrang einräumt (↑ Emotivismus). Für Hegel kann in dem, was ↑ irrational ist, also die „Verständigkeit" übersteigt, „Beginn und Spur der Vernünftigkeit" liegen. Bei Schelling ist das Irrationale, das „Verstandlose", die „Basis der Realität", auf der wiederum die Rationalität erst gegründet ist. Andere Beispiele für philosophische Konzeptionen, in denen Realität etwas die Rationalität Übersteigendes zur Voraussetzung hat, sind der „Wille" bei Schopenhauer, das „Leben" bei Dilthey, der „élan vital" bei Bergson. Im Grunde sind demnach alle Grundbegriffe der klassischen Metaphysik irrationale Konzepte, z. B. die Begriffe Transzendenz, absolute Wahrheit usw. Allgemein wird gesagt, daß irrationalistische Standpunkte sich Rationalitätskriterien entziehen bzw. gegen solche opponieren. Das trifft zu bezüglich solcher Kriterien wie Legitimierbarkeit, Begründbarkeit, Prüfbarkeit; es gehört nämlich zu den Selbstaussagen von irrationalistischen Konzepten, daß sie ja behaupten, ihren Standpunkt auch nicht begründen zu müssen. Nicht hingegen trifft dies zu bezüglich solcher Kriterien wie Kommunizierbarkeit (sie setzt lediglich die Übernahme des Begriffsgerüsts voraus) und Konsistenz (die aus den Voraussetzungen abgeleiteten Aussagen unterliegen der Widerspruchsfreiheit genauso wie alle rationalen Argumentationen). Der *polemische* Gebrauch des Terminus gewinnt jedoch dann die Qualität des Vorwurfs der wissenschaftlichen Unredlichkeit, wenn von Dingen, Ereignissen, Phänomenen, Erfahrungen deren naturwissenschaftliche Relevanz behauptet wird, obgleich die in diesem Kontext wesentlichen Voraussetzungen der Überprüfbarkeit und Reproduzierbarkeit experimenteller Anordnungen und Bedingungen nicht gegeben sind.

irreversibel [lateinisch]: nicht umkehrbar. Ein [Natur-]Vorgang wird irreversibel genannt, wenn es nicht möglich ist, den Ausgangszustand unverändert wieder herzustellen. Alle makroskopischen Naturabläufe sind irreversibel. Dagegen beschreiben die Naturgesetze fast alle (eine Ausnahme bilden die Gesetze der

Thermodynamik) reversible Prozesse (↑reversibel). Um das Zustandekommen der Irreversibilität zu erklären, beruft man sich auf die Statistik: Die Überlagerung vieler reversibler Vorgänge kann zu einem irreversiblen Gesamtprozeß führen. Die Nichtumkehrbarkeit der Zeit, v.a. die Unterscheidung von Vergangenheit und Zukunft, hängt eng mit der Irreversibilität zusammen.

Irrtum: fälschliches Für-wahr-Halten einer Aussage oder Behauptung. Der Irrtum tritt stets mit der *Überzeugung* der Wahrheit auf. Derjenige, der sich irrt, ist sich dessen nicht bewußt. Irrtümer können deshalb nur im nachhinein aufgedeckt werden („Hinterher ist man schlauer"). Ein großer Teil der philosophischen Bemühungen zielte und zielt noch immer darauf ab, Bereiche der Erkenntnis anzugeben, in denen ein Irrtum nicht möglich ist (↑Fundamentalismus). Während rationalistische Positionen solche unerschütterlichen Einsichten im Denken finden zu können glauben, suchen empiristisch eingestellte Philosophen Sicherheit in den Sinneswahrnehmungen. Der ↑Skeptizismus bestreitet die Existenz eines irrtumsfreien Fundaments der Erkenntnis überhaupt. – In der Form der Methode „Versuch und Irrtum" (Trial-and-error-Methode) spielt der Irrtum eine anerkannt wichtige Rolle bei der Gewinnung neuer Erkenntnisse. Man geht dabei von folgender Situation aus: Von einem Problem sei bekannt: a) Es gibt eine Lösung; b) kein Ansatz zur Lösung ist vor anderen ausgezeichnet; c) es läßt sich eindeutig feststellen, ob die Lösung gefunden wurde oder nicht. Unter diesen Bedingungen ist es am zweckmäßigsten, einfach alle Lösungsansätze der Reihe nach durchzuprobieren, also zu versuchen und aus den Versuchen zu lernen. – Die Untersuchung der Ursachen des Irrtums berührt, soweit nicht metaphysisch-religiöse Theorien (z.B. Sündenfall) herangezogen werden, auch und v.a. das Gebiet der Psychologie und Soziologie.

J

japanische Philosophie: Sammelbezeichnung für das philosophische Denken innerhalb des japanischen ↑Buddhismus, im japanischen ↑Konfuzianismus und für die moderne, insbesondere von Europa und Nordamerika beeinflußte Philosophie Japans. – Mit der Übernahme chinesischen Kulturguts in Japan, v.a. seit dem 6. Jahrhundert, finden chinesische Kosmologie und Lebensvorstellungen auf der Grundlage der klassischen chinesischen philosophischen Schriften und deren Interpretation Eingang. Während sich der so übernommene Konfuzianismus erst seit dem 17. Jahrhundert in spezifisch japanischen Formen voll entfaltet, gewinnt der philosophische Buddhismus früh eine gewisse Eigenständigkeit, beginnend mit den sechs Sekten des japanischen Buddhismus der Narazeit (740–784). Von besonderer Bedeutung ist der seit dem 1. Weltkrieg auch in der westlichen Welt immer einflußreicher werdende *Zen-Buddhismus* (↑Zen), der v.a. in zwei Schulen, der Rinsaisekte und der Sotosekte, vertreten wird. Kennzeichnend für beide Schulen ist die Abwehrhaltung gegen jedes diskursive Denken. Das Denken wird als Quelle aller Existenzillusionen angesehen und steht der Erfassung und Verwirklichung des wahren Seins nur im Wege. – Der mehr der Praxis zugewandte *Konfuzianismus* hat in Japan nicht die Breitenwirkung des Buddhismus. Grundsätzlich unterscheidet er sich vom chinesischen Konfuzianismus durch die geringere Bedeutung, die er der metaphysisch-philosophischen Spekulation beimißt. – Seit etwa Mitte des 19. Jahrhunderts öffnet sich Japan zunehmend der europäischen Philosophie, wobei v.a. der Kantianismus und

Neukantianismus Beachtung finden. Nach 1954 gewinnen auch der Marxismus und die Existenzphilosophie bedeutende Positionen in Japan. Daneben machen sich Einflüsse des amerikanischen Pragmatismus, des logischen Positivismus, der analytischen Philosophie und Sprachphilosophie bemerkbar.

Junktor [lateinisch „Verknüpfer“]: in der formalen Logik eine logische Partikel, mit deren Hilfe endlich viele Aussagen zu einer neuen Aussage verknüpft werden. Die Junktoren sind Konstanten der Logik. Ihre Bedeutung wird durch Aussageschemata festgelegt, mit deren Hilfe die für den Junktor charakteristische Wahrheitswertverteilung dargestellt wird. Der Wahrheitswert einer zusammengesetzten Aussage hängt nur von den Wahrheitswerten der verknüpften Aussagen ab. Dies unterscheidet die Junktoren von den Konjunktionen der natürlichen Sprache, bei denen es auch auf die ↑Bedeutung der verknüpften Aussagen ankommt. Man unterscheidet *einstellige* Junktoren („nicht“ [↑Negation]) und *zweistellige* („und“ [↑Konjunktion], „oder“ [↑Adjunktion] und „wenn ..., dann ...“ [↑Subjunktion]). Die Vielzahl dieser Junktoren (es gibt insgesamt 16 zweistellige) läßt sich auf eine kleine Auswahl reduzieren, mit deren Hilfe sich die übrigen darstellen lassen (z. B. genügen „nicht“ und „wenn ..., dann ...“). Gelegentlich, z. B. in der Informatik, werden auch *dreistellige* Junktoren betrachtet („falls ..., dann ..., sonst ...“).

Junktorenlogik: svw. ↑Aussagenlogik.

K

Kalkül [zu lateinisch calculus „Rechenstein“]: Herstellungsverfahren für Figuren aus Grundfiguren nach festen Regeln. Die Grundfiguren sind aus einem Vorrat von Grundzeichen, dem sogenannten Alphabet, zusammengesetzt. Diese bilden die letzten, nicht weiter analysierbaren Bestandteile des Kalküls, weshalb sie auch Atome heißen. Kalküle sind *mechanische* Verfahren, die keinerlei *inhaltliches* Schließen benützen. Das erklärt ihre wachsende Bedeutung im Zusammenhang mit modernen Rechenanlagen; z. B.: Der arithmetische Kalkül liefert die bekannten Ziffern, aus denen durch ↑Abstraktion die natürlichen Zahlen gewonnen werden können:

$\Rightarrow |$ und $n \Rightarrow n|$

(lies: „| ist eine Ziffer“ [Anfangsregel] und „ist die Ziffer *n* hergestellt, so ist es erlaubt, die neue Ziffer *n*| zu erzeugen“). – Es ist möglich, die Aussagen- und Quantorenlogik erster Stufe in einen Kalkül zu überführen, zu *kalkülisieren.* Ziel dabei ist es, genau die logisch wahren Aussageschemata vermöge des Kalküls zu erzeugen (↑Aussagenlogik). – Im weiteren Sinne wird als Kalkül jedes Berechnungsverfahren bezeichnet, das für Eingabewerte ein Ergebnis liefert.

Kantianismus: im weiteren Sinne Bezeichnung für alle philosophischen Positionen, die so eng an die Lehre Kants anschließen, daß sie auf eine eigenständige Systematik mehr oder weniger verzichten, wobei die Gründe dieses Verzichtes weniger in der historischen Nähe zur Person Kants liegen als vielmehr in einer Übereinstimmung des Problemhorizonts, der Grundintention und der Methodik. Für Denker mit eigenständiger Systematik dagegen (z. B. Vertreter des deutschen Idealismus oder auch Schopenhauer) wird die Bezeichnung Kantianismus nicht verwandt, obwohl auch ihre Überlegungen von der Philosophie Kants inspiriert waren und an diese anknüpften. Im engeren Sinne stellt der Begriff eine Sammelbezeichnung dar für eine philosophische Strömung um die Wende vom 18. zum 19. Jahrhundert, die v. a. durch zwei Ziele gekennzeichnet war: einmal die Philosophie Kants zu erläutern und zu verbreiten (dieser Aufgabe widmeten sich insbesondere direkte Schüler oder persönliche Freunde Kants wie Herz, Jäsche und Krug); zum anderen die als unzulänglich empfundenen Kantischen Lösungen gewisser Teilprobleme im Sinne Kants und unter Beibehaltung seiner wichtigsten philosophischen Grundvoraussetzungen zu klären (Maimon und Fries z. B. arbeiteten insbesondere über die problematische Relation zwischen ↑Ding an sich und ↑Erscheinung). Etwa zwischen 1870 und 1920 gab es als Reaktion auf Hegelianismus, Materialismus, Positivismus, Empirismus und Psychologismus eine Art Rückbesinnung v. a. auf die Grundgedanken der theoretischen Philosophie Kants, um die Konstruktionsprinzipien und damit gleichzeitig auch die Grenzen von Erfahrungswissen zu bestimmen (↑Empfindung, ↑Erfahrung, ↑Kritizismus). Professoren wie Fischer, Zeller und Lotze begründeten den von einem Primat der ↑Erkenntnistheorie ausgehenden sogenannten **Neukantianismus,** dessen Interessen sich v. a. auf eine Logik und Methodologie der Wissenschaften und eine Analyse der wissenschaftlichen Gegenstandskonstitution (↑Konstitution) richteten. Damit war der Neukantianismus wichtiger Vorläufer der modernen Grundlagenforschung und Wissenschaftstheorie. Nach den Wirkungsorten der Vertreter und zunehmend auch nach Thematik und Behandlungsart voneinander verschieden, bildeten sich insbesondere zwei Schulen des Neukantianismus: einmal in Marburg eine mathematisch-naturwissenschaftlich orientierte Richtung (Cassirer, Cohen, Liebert, Natorp, Vorländer), die z. B. an der Lösung des ↑Subjekt-Objekt-Problems und an der Vermittlung zwischen ↑Anschauung und ↑Denken (↑Begriff) arbeitete *(Marburger Schule);* zum anderen im süddeutsch-badischen Raum (Freiburg und Heidelberg) ein Kreis mit kulturpolitischem Schwerpunkt (Cohn, Lask, Rickert, Windelband), der sich insbesondere mit der Wert-Sollens-Problematik, der Letztbegründung kultureller Geltungsphänomene sowie einer Neubegründung der Geisteswissenschaften auseinandersetzte *(südwestdeutsche* oder *badische Schule).* Die Einflüsse des Neukantianismus wirkten auch im weiteren Umkreis z. B. auf Heidegger oder Husserl, dessen ↑Phänomenologie gleichzeitig das Ende der akademischen Vormachtstellung des Neukantianismus besiegelte.

Kardinaltugenden [zu lateinisch cardinalis „wichtig, hauptsächlich"]: die Grund- oder Haupttugenden, die alle übrigen Einzeltugenden in sich schließen. Die Lehre von den Kardinaltugenden wurde v. a. von Platon und den christlich-mittelalterlichen Philosophen geprägt. Platon übernimmt die volkstümliche Anschauung von vier Haupttugenden, aus denen man alle übrigen ableiten könne, und bringt sie in Zusammenhang mit seiner Seelen- und Willenslehre. Danach lassen sich mit Triebsphäre, Willen und Vernunft drei Teilbereiche der Seele unterscheiden. Jeder dieser Funktionen ordnet Platon eine spezifische Tugend als regulierende Kraft zu: Die *Besonnenheit* hat die Begierden und Triebe unter die Leitung der Vernunft zu stellen, die *Tapferkeit* soll das Lustempfinden und den Willen der Vernunft unterordnen, die *Weisheit* schließlich soll die Vernunft regieren. Eine ordnende Zusammenfassung und Orientierung aller Tugenden auf das sittlich Gebotene leistet als letzte die ↑Gerechtigkeit. Die scholastische Sittenlehre greift Platons Darlegung auf und baut sie unter Einbeziehung der Lehre von den drei göttlichen Tugenden aus; danach ermöglichen erst Glaube, Liebe und Hoffnung die Kardinaltugenden und machen den Menschen zu moralischem Handeln fähig.

Kartesianismus (Cartesianismus): eine philosophische Richtung im 17. und 18. Jahrhundert, die eng an die Lehre Descartes' (latinisiert Cartesius, deutsch Kartesius) anknüpft. – Grundelemente kartesianischer Philosophie sind: 1. der Ausgangspunkt vom obersten Prinzip der Philosophie Descartes', dem ↑Cogito, ergo sum, oder die Wende von der Ontologie zur Erkenntnistheorie, die Verlagerung der Seinsgewißheit in das denkende Bewußtsein; 2. das Bekenntnis zum Kartesischen Wahrheitskriterium des „clare et distincte" (↑klar und deutlich) oder der Standpunkt eines (kompromißlosen) ↑Rationalismus; 3. die konsequente und scharfe Trennung zwischen Ausdehnung und Denken, zwischen ↑Körper und ↑Geist (↑Leib-Seele-Problem) oder die Position eines erkenntnistheoretisch-anthropologischen ↑Dualismus (bis hin zum ↑Okkasionalismus). Ziel des Kartesianismus ist eine möglichst umfassende "Mathematisierung" aller Bereiche des Lebens und Erkennens und damit eine rationale Beherrschung des Wirklichen. Nahezu alle erkenntnistheoretischen Systeme des 17. und 18. Jahrhunderts (Malebranche, Pascal, Spinoza, Locke, Hume, Leibniz) waren direkt oder mittelbar von Descartes beeinflußt. Im 18. Jahrhundert ließ die Wirkung der Philosophie Descartes' mit der Verbreitung der Newtonschen Physik und einem vermehrten Einfluß des englischen ↑Empirismus nach; trotzdem reichen die Folgen bis in die zeitgenössische Philosophie (Sartre; Husserl: „Cartesianische Meditationen").

Kasuistik [zu lateinisch casus „Fall, Vorkommnis"]: die Erörterung der Anwendung allgemeiner juristischer oder sittlicher Normen auf Einzelfälle, also auf konkrete Handlungen oder Handlungssituationen, um bereits vollzogene Handlungen zu beurteilen oder einen Entscheidungsmaßstab für zukünftige zu finden. Kasuistik ist notwendig, da allgemeine Normen die konkrete Handlungssituation nicht hinreichend oder eindeutig bestimmen und es vorkommen kann, daß verschiedene, einander widersprechende Normen anwendbar sein können. Sie wird jedoch problematisch, wenn sie beansprucht – wie es z. B. die Moraltheologen im 17. Jahrhundert taten –, ein umfassendes System verbindlicher Verhaltensweisen für konkrete Einzelfälle aufzustellen, da dadurch die Freiheit und Verantwortung der einzelnen aufgehoben wird. Außerdem würde die Kasuistik in einen unendlichen Regreß geraten, wenn sie die Normierung der Anwendung zum Ziel hat, da die Anweisung zu einem bestimmten Verhalten selbst eine Norm darstellt, die ihrerseits wieder nach einem Kriterium für ihre Anwendung verlangt.

Kategorie [griechisch „Aussage, Prädikat"]: Grundbegriff der Philosophie, insbesondere der Erkenntnistheorie und Sprachphilosophie, zur Bezeichnung der letzten und einfachsten allgemeinsten begrifflichen Bestandteile jeglicher Erkenntnis. Die in der Geschichte der Philosophie vertretenen Auffassungen über Kategorien differieren sowohl darin, was als Wesen und Ursprung der Kategorien angesehen wird, als auch darin, welche Kategorien genannt werden. Der Terminus Kategorie, an dessen Stelle in scholastischer Tradition vielfach auch **Prädikament** gebraucht wird, wurde von Aristoteles eingeführt. Der Sache nach hat sich schon Platon um eine Bestimmung von Kategorien bemüht. Er nannte als solche: Sein, Identität, Verschiedenheit, Veränderung und Beharrung. Kategorien sind für Platon diejenigen Ideen, mit denen alles Seiende „Gemeinschaft haben" muß (↑Methexis). Aristoteles führte zehn Kategorien auf (Substanz, Quantität, Qualität, Relation, Ort, Zeit, Lage, Haben, Wirken und Leiden), ohne allerdings diese Anzahl einsichtig zu machen. Bei Aristoteles haben die Kategorien einen doppelten Charakter: Zum einen drücken sie die *Struktur der Sprache* aus (v. a. die der Prädikation), mit deren Hilfe wir *über* die Welt sprechen *(sprachkritische Auffassung),* zum andern werden die Kategorien als *allgemeinste Formen des Seins* selbst interpretiert *(ontolo-*

gische Auffassung), bilden also die *Struktur der Wirklichkeit.* Diese Einordnung der Kategorien in die ↑Ontologie blieb für das gesamte Mittelalter und die beginnende Neuzeit bestimmend. – Kant gab dem Problem der Kategorien eine neue Wendung, indem er ihre *erkenntnistheoretische* oder *logische Bedeutung* betonte. Sie sind ihm nämlich „Bedingungen a priori der Erfahrung", d.h. sie bilden den begrifflichen Rahmen, mit dessen Hilfe die Vielfalt der Sinneseindrücke zur Einheit der Gegenstandserkenntnis geordnet wird. Deshalb heißen sie auch „reine Verstandesbegriffe". Da die Kategorien Erfahrung erst möglich machen, kann ihr Ursprung nicht in der Erfahrung liegen; sie sind also a priori (↑a priori/a posteriori). Kant gewinnt seine Kategorientafel, die in vier Gruppen (Qualität, Quantität, Relation und Modalität) zu je drei Begriffen zerfällt, aus einer Analyse der Urteilsformen. Hiermit verbindet er den Anspruch, Anzahl und Art der Kategorien apodiktisch begründet zu haben. Dem muß jedoch kritisch entgegengehalten werden, daß Kant in seiner Analyse die Logik und Sprachforschung seiner Zeit voraussetzt, was heute keineswegs unproblematisch erscheint. – Hegels System der Philosophie stellt als Ganzes eine Abfolge von Kategorien (Sein, Werden, Wesen, Begriff, Idee) dar, die in einer dialektischen Bewegung auseinander hervorgehen. Ähnlich wie bei Platon sind ihm die Kategorien Erscheinungsformen der absoluten Idee. – Peirce versuchte, den Kategorien eine andere Grundlage zu geben. Gemäß seiner „pragmatischen Maxime" (↑Pragmatismus) repräsentieren Begriffe ursprünglich Umgangsformen mit Gegenständen. Die Kategorien beziehen sich auf die Stufen handlungsmäßiger Gegenstandskonstitution. Drei sind zu unterscheiden: die *Kategorie der Erstheit,* der die monadischen ↑Relationen entsprechen (es gibt noch keine Unterscheidung von Subjekt und Objekt), die *Kategorie der Zweitheit,* der die dyadischen Relationen entsprechen (die Differenz von Subjekt und Objekt steht bereits zur Verfügung), und die *Kategorie der Drittheit,* deren Modell die *triadische Zeichenrelation* ist (das Subjekt kann sich vermöge von Zeichen auf das Objekt beziehen). – Auch die sprachanalytische Philosophie hat neue Ansätze zum Kategorienproblem beigesteuert. Hier wird ähnlich wie bei Aristoteles die Struktur der natürlichen Sprache untersucht, was zu verschiedenen Kategoriensystemen führt (z.B. unterscheidet Strawson Ereignisse und Prozesse, Zustände und Beschaffenheit usw. als allgemeinste Bedingungen für die Identifizierbarkeit von Einzeldingen).

Kategorienfehler: Fehlschlüsse, die dadurch entstehen, daß man Termini einer bestimmten Kategorie durch andere, nicht zu dieser gehörige ersetzt; z.B.: „Er hat diesen Kiosk gepachtet" und „Er hat die Weisheit gepachtet." Während es im ersten Fall zulässig ist, darauf zu schließen, daß es einen Verpächter des fraglichen Objektes gibt, der den Pachtzins erhält, ergibt das im zweiten Fall offensichtlich keinen Sinn. Nach Meinung vieler analytischer Philosophen beruht das ↑Leib-Seele-Problem auf einem schlichten Kategorienfehler. Eine besondere Form des Kategorienfehlers ist die Metábasis eis állo génos (↑Beweis).

kategorisch [zu griechisch katēgoreīn „aussagen, zu erkennen geben"]: in der philosophischen Tradition Bezeichnung für alle bejahenden (assertorische, apodiktische und problematische) Aussagen (Behauptungen, Urteile, Sätze), meist im Gegensatz zu ↑hypothetisch gebraucht; daher auch svw. bedingungslos gültig, allgemeingültig. – In der *Logik* heißt ein Axiomensystem kategorisch (auch monomorph im Gegensatz zu polymorph), wenn alle seine ↑Modelle gleicher Mächtigkeit isomorph sind (sich eindeutig aufeinander abbilden lassen); z.B. liefert die Kennzeichnung der reellen Zahlen als vollständiger, archimedisch geordneter Körper ein kategorisches Axiomensystem. – In der *praktischen Philosophie* erhielt der Begriff kategorisch eine Bedeutung durch seine zentrale Stellung in Kants Ethik. Kant benutzt den Terminus zur Differenzierung zwischen bedingtem (hypothetischem) und unbedingtem (kategorischem) ↑Imperativ (↑auch hypothetischer Imperativ, ↑kategorischer Imperativ).

kategorischer Imperativ: oberste und allgemeinste Handlungsanweisung (↑Norm) der praktischen Philosophie Kants. Es gibt mehrere wichtige, aber gleichwertige Formulierungen des kategorischen Imperativs. Die *erste Variante* (aus der „Kritik der praktischen Vernunft") lautet: „Handle so, daß die Maxime (= subjektive Verhaltensregel) deines Willens jederzeit zugleich als Prinzip einer allgemeinen Gesetzgebung gelten könne." – Speziell diese Formulierung wird oft (unangemessener Weise) mit der ↑Goldenen Regel identifiziert. Dies sollte aber unbedingt vermieden werden, weil die beiden fraglichen Handlungsanweisungen aus völlig verschiedenen Prinzipien für Moralität und für die Bewertung (moralisch relevanter) Handlungen entwickelt werden: Bei der Goldenen Regel erfolgt die Sanktion der Regel über die Androhung möglicher negativer Folgen, z. B.: Jemand lügt deshalb nicht, weil er es als (sehr) unangenehm empfindet, selbst belogen zu werden. Damit akzeptiert er den Wert „Wahrheit" eigentlich nicht um seiner selbst willen, sondern nur als Mittel zur Realisierung eines für ihn höherstehenden Wertes (hier des persönlichen Wohlbefindens). Aus drei Gründen war diese, der Goldenen Regel zugrunde liegende Durchsetzungsstrategie für Kant inakzeptabel: 1. Wäre absolut sichergestellt, daß eine Lüge ohne Nachteil für das Eigenwohl ausgesprochen werden könnte, ließe sich das Gebot der Wahrhaftigkeit durch nichts mehr rechtfertigen. 2. Durch jeden Erfolg wäre der Standpunkt eines opportunistischen, nur äußerlich regelkonformen (= „bloß legalen") Verhaltens ohne entsprechende ↑Gesinnung gerechtfertigt. 3. Ein derartiges, an äußeren Erfolgen orientiertes Handeln ist fremdbestimmt (heteronom); und der Wille ist, wenn er sich solchen äußeren Zwecken unterordnet, unfrei. Im Gegensatz dazu ist für Kant die wahrhaft moralische Handlung gekennzeichnet durch Freiheit, durch die bewußte Entscheidung, trotz möglicher negativer Folgen einen Wert (z. B. die Wahrheit) ausschließlich um seiner selbst willen zu realisieren. Ein Wert (etwa Wahrheit) läßt sich als Selbstzweck nur auf logischem Weg legitimieren. Z. B.: Es gebe ein Gebot der Unwahrhaftigkeit: „Du sollst lügen!" Dieses führt sich selbst ad absurdum, weil die Lüge (= bewußt die Unwahrheit sprechen) zu ihrer Möglichkeit Wahrheit voraussetzt; denn würde das Lügengebot konsequent befolgt, gäbe es generell keine wahren Aussagen, damit aber auch eigentlich keine Lügen mehr; das Gebot hebt sich selbst auf, indem es sich seiner Voraussetzungen beraubt. Deshalb wird man von jedem mit Vernunft ausgestatteten Wesen erwarten, daß es nicht die „Lügenregel", sondern ihr Gegenteil als Vernunft- und Moralprinzip erkennt und akzeptiert. Genau dies meint die *zweite Variante* des kategorischen Imperativs: „Handle so, als ob die Maxime deiner Handlung durch deinen Willen zum allgemeinen Naturgesetz werden sollte." Sie fordert auf, sich in die Lage eines höchsten Vernunftwesens (z. B. Gott) zu versetzen und eine [Handlungs-]Regel dergestalt zu formulieren, daß sie, wie die Naturgesetze der Physik, ohne Ausnahme, bedingungslos (= kategorisch) gültig wäre. – Das Bewußtsein oder die Möglichkeit zur Freiheit steht in engem Zusammenhang mit der *dritten Variante* des kategorischen Imperativs (in der „Grundlegung zur Metaphysik der Sitten"): „Handle so, daß du die Menschheit sowohl in deiner Person als in der Person eines jeden anderen jederzeit zugleich als Zweck, niemals bloß als Mittel brauchst" (↑auch Menschheit). Freiheit stattet ein (moralisch) handelndes Subjekt mit einer solchen ↑Würde aus, daß – nach Kant – *keine* Umstände denkbar sind, in denen es dieser Freiheit (und damit seiner Würde) durch Bevormundung beraubt werden dürfte. Der kategorische Imperativ wäre für ein reines Vernunftwesen kein normativ-auffordernder, sondern ein deskriptiver, ein rein beschreibender Satz. Das vollkommene Vernunftwesen würde seine Forderung nämlich immer schon realisieren. Der Satz wird für den Menschen zum Gesetz, weil der Mensch nicht nur Geist (Vernunft), sondern auch Körper ist, und sein Handeln nicht nur von rationalen, sondern auch von sinnlichen Momenten wie Bedürfnissen und Trieben (↑Sinnlichkeit) bestimmt wird.

Kausalität [mittellateinisch „Ursächlichkeit"]: in der Philosophie des Mittelalters Bezeichnung für die Tatsache, daß etwas einen Grund bzw. eine Ursache hat, oder für diese Ursache selbst (↑Causa). Später wird Kausalität synonym mit „Kausalitätsverhältnis" und „Kausalkonnex" verwendet und bezeichnet damit allgemein das Verhältnis zwischen **Ursache** und **Wirkung.** In Abwandlung des Satzes vom zureichenden Grund, daß nichts ohne Grund geschieht (nihil fit sine causa), formuliert dabei das **Kausalprinzip** vorwiegend physikalische Sachverhalte in dem Sinn, daß jede Veränderung eine Ursache hat, und schließt damit reine *Zufälle* aus (↑Kontingenz). Die Geschichte der Diskussion um Kausalität weist zwei Tendenzen auf, von denen die eine dazu neigt, die *ontologische* Relevanz von Kausalität in den Vordergrund zu stellen, d.h. Kausalität ist eine Eigenschaft der Dinge bzw. der Materie (z.B. Spinoza); die andere behauptet mehr den reinen *Erkenntnischarakter* der Kausalität, d.h. sie ist Grundlage unseres Erkenntnisvermögens über die Naturvorgänge (Leibniz, Kant). Auch wird gefragt, woher wir um Kausalität wissen, ob aus Erfahrung (Hume) oder ob sie eine Voraussetzung a priori von Erfahrung ist (Kant). Das Kausalitätsgesetz in der Formulierung „die Ursache geht der Wirkung voraus" weist auf den engen Zusammenhang zwischen Zeit- und Kausalitätsbegriffen hin. Wenn nämlich Allgemeingültigkeit des Kausalitätsgesetzes vorausgesetzt wird (d.h. die Kontinuität [↑Kontinuität/Diskontinuität] aller materiellen Prozessualität), dann muß mit dem gegebenen Sachverhalt *A*, der also eine Wirkung ist, notwendig ein Sachverhalt *B* existieren, der dessen Ursache ist, so daß „*B* früher als *A*" gilt. Damit ist aber ausgeschlossen, daß zugleich „*A* früher als *B*" gilt. Diese Unumkehrbarkeit der „Früher-als"-Relation wird aber auch als Unumkehrbarkeit bzw. Asymmetrie der ↑Zeit formuliert, nur daß hier die Ereignisse *A*, *B* nicht notwendig in einem Kausalverhältnis stehen müssen. Es liegt eine Gefahr darin, das Kausalitätsverhältnis zu diskutieren, wenn dabei Ursache und Wirkung mit einer *zeitlichen Distanz* vorgestellt werden. Man hat dann eine Ursache-Wirkungs-Kette vorliegen, bei der eine (diskontinuierliche) *Abwechslung* von Ursache und Wirkung suggeriert wird, so, daß zu einem Zeitpunkt eine Ursache, zum anderen eine Wirkung vorliege. Das Kausalprinzip hebt sich aber selbst auf, wenn es *nicht* auf zeitliche *Kontinuität* abzielt. Dann aber müssen Ursache und Wirkung immer *zugleich* vorliegen. Hegel zieht daraus die Konsequenz, daß es immer ein und derselbe Sachverhalt ist, der einmal als Ursache, dann als Wirkung angesehen wird: „Die Wirkung enthält daher überhaupt nichts, was nicht die Ursache enthält" und umgekehrt. Solche *kontingente* Wirklichkeit wird aber gerade durch das Kausalprinzip ausgeschlossen. Damit ist aber auch eine *räumliche* Distanz nicht mehr zu behaupten, wie dies lange geschehen ist im Zusammenhang mit der Vorstellung von Fernwirkungen, daß eine Wirkung von einem Ort bzw. Körper unmittelbar (also mit unendlicher Geschwindigkeit) auf einen anderen Ort bzw. Körper stattfinden könne. Hegels Analyse der Begriffe zeigt, daß dann ein Kontinuum von Orten *zwischen* den Körpern vorläge, in denen zwar Ursache, aber nicht Wirkung behauptet würde, was unmöglich ist. Fernwirkung (actio in Distanz) würde zugleich Nicht-Distanz (räumlich) der betreffenden Orte behaupten. Die Möglichkeit von Fernwirkungen ist nun in der neueren Physik ohnehin verworfen worden. Mit der ↑Relativitätstheorie und der ↑Quantentheorie werden ganz neue Probleme der Kausalität aufgeworfen: Im Bereich mikrophysikalischer Prozesse, die durch die Quantenmechanik beschrieben werden, zeigt sich, daß zwar das Kausalprinzip nicht verletzt ist, daß also jede Zustandsänderung eines quantenmechanischen Systems eine Ursache hat, daß aber diese Änderung aus der Ursache *nicht determiniert* ist bzw. aus der Beobachtung des vorausgehenden Zustands *nicht vorhergesagt* werden kann. Diese *Indeterminiertheit der Materie* deuten einige Schulen ontologisch, d.h. sie ist eine Eigenschaft der Materie (und nicht nur ein Problem ihrer Beobachtung). In der Relativitätstheorie werden Ereignisse und Veränderungen in einem vierdimensionalen Raum-Zeit-Kontinuum beschrieben, d.h. jedem Ereignis werden drei Raum- und eine Zeitkoordinate zugeordnet. Indem nun die Lichtgeschwindigkeit als größtmögliche Geschwindigkeit von Informations- und Wirkungsausbreitung vorausgesetzt wird, gibt es zu jedem Ereignis ein ganzes (vierdimensionales) Gebiet von Punkten (Ereignissen), mit denen es *keinen* Kausalzusammenhang haben kann. Neuere Forschungen im Bereich der Thermodynamik bringen die zeitliche Asymmetrie des Kausalitätsverhältnisses mit Prozessen in Verbindung, die ↑irreversibel sind. Entdeckungen im Bereich der Physik und Mathematik zeigen die Notwendigkeit, in der Verwendung des Begriffs der Kausalität genauer zu differenzieren („Chaostheorie"): Man unterscheidet hier „schwache Kausalität" (gleiche Ursachen haben gleiche Wirkungen) von „starker Kausalität" (ähnliche Ursachen haben ähnliche Wirkungen), wobei „Ursache" und „Wirkung" für „Anfangs-" und „Endzustand" von den beobachteten Prozessen stehen. Es zeigt sich z.B. beim Übergang einer Strömung vom laminaren in den turbulenten Zustand, daß anfangs infinitesimal benachbarte Flüssigkeitspartikel auf (möglicherweise prinzipiell) unberechenbare Weise ihre Nachbarschaft verlieren. Die „Bahn" eines Teilchens fächert sich in ein Gebiet von Bahnmöglichkeiten auf, so daß die tatsächliche Bewegung nicht mehr in einem einheitlichen Bewegungsgesetz beschrieben werden kann. Damit wäre das Prinzip der „starken" Kausalität verletzt.

Kausalprinzip (Kausalitätsprinzip) [lateinisch] ↑Kausalität.

Kennzeichnung: in Logik und Sprachphilosophie das Verfahren, Gegenstände durch Eigenschaften zu charakterisieren. Als Ausgangspunkt dient dabei eine Aussageform $P(x)$ mit der freien Variablen x und dem Prädikat P (z.B. „x ist der beste Schüler dieser Klasse" oder „x ist das leichteste chemische Element"). Aus dieser kennzeichnenden Aussageform wird durch Vorsetzen des **Kennzeichnungsoperators** ι_x dann die Kennzeichnung $\iota_x P(x)$ gewonnen (lies: dasjenige x, auf das P zutrifft – in den Beispielen sind das der beste Schüler der Klasse und das Element Wasserstoff). Eine Kennzeichnung kann wie ein Name verwendet werden, gilt also als ↑Nominator. Russell hat in seiner klassischen Analyse der Kennzeichnungen gezeigt, daß diese zwei charakteristische Eigenschaften voraussetzen: *Existenz* und *Eindeutigkeit* des zu kennzeichnenden Gegenstandes. Sind diese Voraussetzungen nicht gegeben, so liegt eine *fingierte Kennzeichnung* vor („die größte Primzahl"). Enthält die

Kennzeichnung noch deiktische Ausdrücke wie „dies“, „hier“ oder „jetzt“, so läßt sie sich nur verstehen, wenn der Kontext der sprachlichen Äußerung der Kennzeichnung bekannt ist (im Beispiel muß bekannt sein, welche Klasse gemeint ist!). Man nennt diese Kennzeichnungen *deiktisch* in Abgrenzung zu den *eigentlichen Kennzeichnungen,* die kontextunabhängig verstanden werden können (wie das zweite Beispiel). Eine Wissenschaftssprache darf nur eigentliche Kennzeichnungen enthalten. – Leibniz hat den Versuch gemacht, einen Gegenstand durch alle seine Eigenschaften zu charakterisieren (als „vollständiges Ding“, ↑Individualbegriff). Er wollte damit die Rede über Gegenstände vermeiden und an deren Stelle die Rede über Eigenschaften bzw. die entsprechenden kennzeichnenden Aussageformen setzen.

Kettenschluß: 1. in der *Syllogistik* ein Schluß der Form: Alle *A* sind *B*. Alle *B* sind *C*. Alle *C* sind *D*. Also sind alle *A* auch *D*. Der Kettenschluß ist also eine Zusammenfassung mehrerer Syllogismen. – 2. In der *modernen Logik* die Implikation $A \rightarrow B, B \rightarrow C \succ A \rightarrow C$; z. B.: Aus „Wenn eine Zahl durch 8 teilbar ist, dann ist sie durch 4 teilbar“ und „Wenn eine Zahl durch 4 teilbar ist, ist sie auch durch 2 teilbar“ kann man auf „Wenn eine Zahl durch 8 teilbar ist, dann ist sie auch durch 2 teilbar“ schließen.

klar und deutlich (lateinisch clare et distincte): Wahrheitskriterium bei Descartes. Nur, was so isoliert, so scharf von allen anderen Erkenntnisinhalten unterschieden und abgegrenzt werden kann und dann so ganz ohne jeden Zweifel einleuchtet wie der oberste Inhalt seiner Philosophie, das ↑Cogito, ergo sum, wird als wahr (als Wissen) akzeptiert. Als methodisches Vorbild diente Descartes die logische Klarheit und Exaktheit der Mathematik, die ihm als Maßstab aller Wissenschaft galt. Um zu wahren Erkenntnissen zu gelangen, empfiehlt Descartes, viele Teilprobleme zu zerlegen, bei der Lösung mit den einfachsten Elementen zu beginnen und vollständige Übersichten anzulegen, um den Zusammenhang aller Teile zu erfassen und festzuhalten.

Klasse [zu lateinisch classis „Abteilung“]: Terminus, der in der *Gesellschaftstheorie* v. a. in seiner von Marx geprägten Bestimmung bedeutsam wurde. Mit Ausnahme der Urgesellschaft und der künftigen Gesellschaften des ↑Sozialismus und des ↑Kommunismus ist für Marx jede historische Gesellschaft eine Klassengesellschaft (↑historischer Materialismus). Eine solche – sei es die Sklavenhalter-, die feudalistische oder die kapitalistische Gesellschaft – ist bestimmt durch den grundlegenden, die gesellschaftliche Entwicklung notwendig weitertreibenden Interessengegensatz (↑Antagonismus) zweier (als Idealtypen verstandener) Klassen, der herrschenden (Sklavenhalter, Feudalherren, Kapitalisten) und der beherrschten (Sklaven, Leibeigene, Lohnarbeiter). Kriterium der Zugehörigkeit zu der herrschenden Klasse ist die Verfügungsgewalt über Produktionsmittel (z. B. Grund und Boden, Fabriken) bzw. die Tatsache, daß jemand mehr verdient, als seine Arbeit objektiv wert ist. Der wachsende Reichtum der herrschenden Klasse beruht auf der Ausbeutung der beherrschten Klasse, d. h. auf der Aneignung des Mehrwerts, also des Teils ihres Arbeitsprodukts, der den Beherrschten nicht unbedingt überlassen werden muß, damit sie ihre Arbeitskraft regenerieren und das erforderliche Minimum an Loyalität gegenüber dem herrschenden System entwickeln können. Die ökonomisch herrschende Klasse ist nicht nur zugleich die politisch, sondern auch die geistig herrschende, da auch die Kopfarbeiter letztlich von ihr abhängig sind (↑Basis und Überbau, ↑Ideologie). Dies führt zu einer bewußtseinsmäßigen Beeinflussung der beherrschten Klasse im Sinne der Herrschenden, die ihr partikulares ↑Interesse zum Gemeinwohl-Interesse erklären. Deshalb bildet die Klasse der Beherrschten im allgemeinen nur ↑an sich eine gesellschaftliche Klasse. Zur selbstbewußten, sich organisierenden und für ihr Interesse kämpfenden Klasse für sich entwickelt sie sich erst, wenn die gesellschaftlichen Widersprüche offen zu Tage treten und die Beherrschten im Kampf mehr gewinnen als verlieren zu können glauben. Der Klassenkampf beschleunigt nur den Übergang von einer Gesellschaftsformation zur nächsthöheren, der sich nach Marx ohnehin mit quasi-naturgesetzlicher Notwendigkeit vollzieht. Stillgestellt wird diese Entwicklung erst mit Erreichen der klassenlosen Gesellschaft, die v. a. durch die Aufhebung des Privateigentums an Produktionsmitteln und damit auch der Ausbeutung gekennzeichnet ist.

In *Logik* und *Wissenschaftstheorie* bezeichnet der Grundbegriff Klasse, meist gleichbedeutend mit **Menge** gebraucht, die Zusammenfassung mehrerer Individuen (↑Individuum), die dann die *Elemente* der Klasse genannt werden, zu einem Ganzen. Enthält diese Klasse nur endlich viele Elemente, so kann sie durch Aufzählung aller ihrer Mitglieder eindeutig charakterisiert werden. Im unendlichen Fall entfällt dieses Verfahren: Eine solche Klasse kann nur durch eine ↑Aussageform bestimmt werden. Dabei werden alle die Individuen aus einem festgelegten Grundbereich zusammengefaßt, auf die eine bestimmte Aussage zutrifft; z. B.: Als Grundbereich seien die natürlichen Zahlen gewählt. Die Klasse M der geraden Zahlen läßt sich nun so einführen: $\bigwedge_{x \in \boldsymbol{N}} x \in M \leftrightarrow 2 \mid x$, also als diejenige Menge natürlicher Zahlen, deren Mitglieder sämtlich durch 2 teilbar sind. Dieses sehr wichtige Verfahren der Klassenbildung mittels Aussageformen nennt man **Komprehension.** In der mathematischen Grundlagenforschung wird intensiv nach Systemen der Mengen-[Klassen-]lehre gesucht, die einerseits solche Konstruktionen zulassen, andererseits aber nicht zu der bekannten **Zermelo-Russellschen Antinomie** führen (der Menge aller Mengen, die sich selbst nicht als Element enthalten; die zugehörige Aussageform lautet: $x \notin x$; ↑auch Antinomie). Diese ergibt sich nämlich, wenn man der Komprehension keinerlei Beschränkungen auferlegt. Eine mögliche Einschränkung besteht nun darin, doch einen *Unterschied* zwischen Mengen und Klassen zu machen: Mengen sind nur solche Klassen, die selbst wieder Mitglieder einer anderen („höheren“) Klasse sind. Dann gibt es keine „Menge aller Mengen“, sondern eine „Klasse aller Mengen“ (*Neumann-Bernays-Gödelsche Axiomensysteme* [NBG-Systeme]). Der wichtigste Begriff der Theorie der Klassen ist der der *Gleichheit* (auch: extensionale Äquivalenz): Zwei Klassen heißen gleich, wenn sie die gleichen Elemente enthalten. Ist die eine Klasse aus der Aussageform $P(x)$, die andere aus $Q(x)$ durch Komprehension entstanden, so wird die Gleichheit definiert: $\{x \mid P(x)\} = \{x \mid Q(x)\} \rightleftharpoons \bigwedge_{x \in G} P(x) \leftrightarrow Q(x)$.

Der zweite wichtige Grundbegriff ist die *Elementbeziehung* $\in$. Eine andere Möglichkeit, die genannte Antinomie zu vermeiden, besteht darin, die Elementbeziehung so zu beschränken, daß nur „verschiedenstufige“ Objekte mit ihr verknüpft werden können (z. B. darf eine Menge Element einer Menge von Mengen sein, aber nicht eine Menge Element ihrer selbst). Das ist der Ansatz der *Typentheorie,* die auf Russell und Whitehead zurückgeht. – Eng mit diesem Problemkreis verbunden ist auch die ontologische Frage, welche Klassen es überhaupt gibt. Hier treten grundlegende Differenzen zwischen konstruktivistischen und anderen Schulen auf (↑Philosophie der Mathematik). Die Diskussion wird oft als eine Weiterführung des mittelalterlichen ↑Universalienstreits angesehen.

Klassifikation [französisch; zu lateinisch classis „Abteilung“ und facere (in Zusammensetzungen -ficere) „machen"] (Division, Einteilung): in Logik und Methodologie die Zerlegung einer Klasse (z. B. der der Lebewesen) in Teilklassen (z. B. Menschen, Tiere, Pflanzen). Die Vereinigung aller Teilklassen soll die Ausgangsklasse ergeben (also gehört jedes Element der Ausgangsklasse zu mindestens einer Teilklasse), und je zwei Teilklassen sollen sich nicht überschneiden (dann liegt jedes Mitglied der Ausgangsklasse in genau einer Teilklasse). Klassifikationen sind in der Geschichte der Philosophie häufig aufgetreten, v. a. dort, wo es um die Errichtung ganzer Systeme ging (z. B. bei Hegel). Eine der folgenreichsten Klassifikationen war diejenige, die Aristoteles als erster unter den menschlichen Tätigkeiten vornahm: Er unterschied die betrachtenden *(theoretischen),* die handelnden *(technischen)* und die schöpferischen *(poetischen)* Tätigkeiten voneinander.

klassische Logik: Bezeichnung für diejenigen Teile der (formalen) Logik, in denen das *Bivalenzprinzip* vorausgesetzt wird. Klassische Logik betreibt man demnach dann, wenn man davon ausgeht, daß jede Ausage entweder wahr oder falsch sein *muß.* Logiken, die mehr als diese beiden ↑Wahrheitswerte zulassen – seien es nun *endlich viele* (wie in der dreiwertigen Logik; ↑mehrwertige Logiken) oder *unendlich viele* (wie in der dialogischen Logik) – sind nichtklassisch. Aus der umfassenderen Sicht der ↑dialogischen Logik läßt sich die klassische Logik als die Logik der *wertdefiniten* ↑Aussagen (als echter Teil der *dialogdefiniten*) definieren. Beschränkt man den Bereich der zulässigen Aussagen in der angegebenen Weise, so gilt das ↑Tertium non datur *uneingeschränkt,* d. h. $A \vee \neg A$ ist dann eine logische Wahrheit bzw. $\bigwedge_{x \in G} P(x) \vee \neg P(x)$ ist allgemeingültig für alle Grundbereiche G und alle Prädikate P. – Bis zu Beginn unseres Jahrhunderts betrieb man ausschließlich klassische Logik. Erst die Kritik an der Anwendung des uneingeschränkten Tertium non datur in der Mathematik durch die Intuitionisten (↑Philosophie der Mathematik) führte zur Entwicklung nichtklassischer Logiken seit den 20er Jahren.

Klugheit ↑Kardinaltugenden.

kognitiv [zu lateinisch cognoscere (2. Partizip: cognitus) „erkennen, kennenlernen, wissen"]: v. a. in der Psychologie verwendeter Begriff zur Beschreibung einer Theorie, die eine Gegenposition zum Behaviorismus darstellt. Mit kognitiv wird auch eine theoretische Einstellung im Unterschied zu einer praktischen Einstellung gegenüber einem Gegenstand gekennzeichnet.

Kognitivismus [zu ↑kognitiv]: 1. Bezeichnung für eine antiskeptische Position in der Erkenntnistheorie, 2. Begriff aus der Metaethik, dessen Gegenposition der ↑Nonkognitivismus ist. Diesem ethischen Kognitivismus liegt die Überlegung zugrunde, daß moralische Werturteile oder Verpflichtungsurteile keine reinen Gefühlsäußerungen oder etwa Geschmacksfragen, sondern begründbar sind und Anspruch auf Wahrheit erheben. Akzeptiert man diesen Anspruch auf Wahrheit, bejaht man gleichzeitig, daß moralische Urteile einen kognitiven Gehalt haben, d. h. daß man entscheiden kann, ob sie wahr oder falsch sind. Es muß also möglich sein, sie wie andere Urteile, die außerhalb der Moral mit objektivem Geltungsanspruch abgegeben werden, zu begründen (↑Letztbegründung). Entsprechend den beiden verschiedenen Begründungsarten empirischer oder mathematisch-logischer Aussagen, haben sich zwei Richtungen des Kognitivismus herausgebildet: der Naturalismus und der Intuitionismus. Der *Naturalismus* setzt sittliche Prädikate mit empirischen gleich (z. B. wird im ↑Utilitarismus „gut" als nützlich und im ↑Hedonismus als lustvoll angesehen) und kann somit moralische Werturteile mit diesen Definitionen aus empirischen Sätzen logisch ableiten.

Moralische Verpflichtungsurteile jedoch sind im Naturalismus nicht begründbar (↑naturalistischer Fehlschluß). – Der (ethische) *Intuitionismus* geht davon aus, daß die obersten Prinzipien der Moral evident sind. Ihre Wahrheit ist wie die Wahrheit anderer Axiome (z. B. die der Mathematik) ohne Schlußfolgerung oder Deduktion einsichtig und bedarf somit keiner weiteren Rechtfertigung. Aus diesen Axiomen lassen sich zwar moralische Werturteile und Verpflichtungsurteile ableiten, aber dennoch ergeben sich auch bei dieser Position Probleme, da die moralische Erkenntnis, die als Erkenntnis eigener Art bezeichnet wird, nicht spezifiziert werden kann und auch keine Kriterien angegeben werden können, um die sicheren Axiome von anderen Aussagen abzugrenzen.

Kohärenz [zu lateinisch cohaerere „zusammenhängen"]: Kohärenz im weiteren Sinne besitzt ein System von Sätzen (Gedanken, Vorstellungen), wenn es keine isolierten Aussagen enthält, d. h. wenn alle Sätze miteinander in Zusammenhang stehen. Diese Bedeutung liegt dem **Kohärenzprinzip** der Ontologie zugrunde, das besagt, daß alles Seiende miteinander in Beziehung stehe. Kohärenz im engeren Sinne besitzt ein ↑axiomatisches System, wenn es nachweislich keine Widersprüche enthält. Man spricht dann auch von Konsistenz (↑konsistent). Kohärenz spielt eine wichtige Rolle als Kriterium von Wahrheit (↑Wahrheitstheorien).

Koinzidenz [lateinisch] ↑Coincidentia oppositorum.

Kollektivbegriff [zu lateinisch colligere „sammeln"] (Kollektivum, Sammelbegriff): in der traditionellen Logik wichtige Gattung von Begriffen neben dem ↑Individualbegriff und dem ↑Allgemeinbegriff. Ein Kollektivbegriff bezieht sich immer auf solche Gegenstände, die selbst als Klassen von (anderen) Gegenständen aufgefaßt werden können. Diese Klassen müssen in bestimmter Weise *gegliedert* sein; z. B.: Der Kollektivbegriff „Bibliothek" bedeutet Klassen von Büchern, die durch ihre Anordnung, Auswahl u. a. gegliedert sind; ein ungeordneter Haufen von Büchern ist noch keine Bibliothek. Kollektivbegriffe lassen sich oft an der Vorsilbe Ge- oder den Nachsilben -heit, -zeug, -schaft erkennen (Gepäck, Menschheit, Werkzeug, Schülerschaft u. a.).

Kollektivismus [zu lateinisch collectus „gesammelt, zusammengefaßt"]: Bezeichnung für einen gesellschaftlichen Zustand, in dem es kein Privateigentum an Produktionsmitteln mehr gibt und in dem die Interessen des Kollektivs (von der Familie bis zur Gesamtheit der Gesellschaftsmitglieder) unbedingten Vorrang vor den Interessen des Individuums haben sollen, sowie für die Lehre von diesem Zustand. Der Begriff wird in mehreren Bedeutungsvarianten verwendet: im Marxismus-Leninismus als Bezeichnung für die Gegenposition zum ↑Individualismus (↑Marxismus); im Anarchismus (↑Anarchie) zeitweise als Ersatzwort für ↑„Kommunismus" (z. B. Bakunin), zeitweise als Bezeichnung für den (von den Anarchisten abgelehnten) gesellschaftlichen Zustand des ↑Sozialismus, in dem die Produktionsmittel verstaatlicht sind und die Lohnarbeit noch nicht abgeschafft ist (z. B. Kropotkin).

kommensurabel [lateinisch „gleich zu bemessen, gleichmäßig"]: zwei Zahlen a und b, die man sich durch Strecken dargestellt denken kann, heißen kommensurabel, wenn es ein gemeinsames *Maß* e gibt mit $a = n \cdot e$ und $b = m \cdot e$ (mit ganzen Zahlen n und m). Damit ist die Aussage gleichwertig, daß $\frac{a}{b}$ eine rationale Zahl ist. – In der Wissenschaftstheorie werden zwei Theorien (oder Diskurse) kommensurabel genannt, wenn sie hinsichtlich ihres Wahrheitsanspruchs miteinander vergleichbar sind. Hierzu ist es im allgemeinen erforderlich, daß die Bedeutungen der verwendeten Begriffe in beiden Zusammenhängen gleich sind. – Gegensatz: ↑inkommensurabel.

Kommunikation [lateinisch „Mitteilung, Verständigung"]: in Sozialwissenschaft und Psychologie Bezeichnung für den Informationsaustausch als grundlegende Notwendigkeit menschlichen Lebens in drei Hauptformen: 1. *intrapersonale Kommunikation* als der Austausch, der innerhalb eines Individuums, z. B. bei der Aufnahme von Umweltdaten, abläuft (vorwiegend von der Psychologie erforscht); 2. *interpersonale Kommunikation* als Austausch zwischen mindestens zwei Individuen (Gesprächspartnern); 3. *mediengebundene Kommunikation* (Massenkommunikation) als Informationsaustausch zwischen den „Medienproduzenten" und der meist größeren Gruppe der Medienkonsumenten. Bei der Kommunikation werden vier Faktoren unterschieden: der Kommunikator oder Sender (die Informationsquelle), die Information, also die zu übermittelnde Botschaft, das Medium der Kommunikation (Sprache, Zeitung, Fernsehen usw.) und der Rezipient oder Empfänger der Information. Jeder Kommunikationsprozeß verläuft in mindestens drei Phasen, wobei in jeder Phase Störungen auftreten können, die zu verfälschten Informationen führen: Die Information, die mitgeteilt werden soll, muß zuerst vom Kommunikator vorbereitet (z. B. verbal formuliert) werden. Diesen Vorgang nennt man *Verschlüsselung* (Encodierung). Sie wird dann mit Hilfe der vereinbarten Zeichensysteme übermittelt *(Signalisierung)* und muß schließlich vom Empfänger aufgenommen, also gehört oder gelesen werden (*Entschlüsselung* bzw. Decodierung). Damit eine Kommunikation überhaupt zustande kommt, muß die Information so dargeboten werden, daß der Empfänger sie verstehen kann, d. h., die bei der Kommunikation benutzten Zeichensysteme müssen den Beteiligten bekannt und der Zeichenvorrat von Sender und Empfänger zumindest teilweise identisch sein. Interpersonale und mediengebundene Kommunikation sind Gegenstand der Kommunikationssoziologie, der Psycho- und Soziolinguistik und der Publizistikwissenschaft. – In die jüngere *Philosophie* wird der Begriff der Kommunikation durch Jaspers eingeführt. Für Jaspers wird mit Kommunikation eine „universale Bedingung des Menschseins" ausgesagt. In letzter Zeit haben sich u. a. Apel mit seiner Unterscheidung von realer und idealer Kommunikationsgemeinschaft und Habermas mit seiner Theorie der kommunikativen Kompetenz (als der Fähigkeit eines Sprechers/Höhrers, die sozialen Rahmenregeln menschlicher Rede zu beherrschen bzw. diese zu verstehen) mit dem Problem der Kommunikation auseinandergesetzt.

Kommunismus [zu lateinisch communis „allen gemeinsam, allgemein"]: seit dem frühen 19. Jahrhundert Bezeichnung der Gesellschaftstheorie für einen utopischen Zustand der sozialen ↑Gleichheit und der ↑Freiheit aller Gesellschaftsmitglieder sowie für die Lehre von diesem Zustand. Nach Marx (↑historischer Materialismus) ist der Kommunismus gekennzeichnet durch die Aufhebung des Privateigentums an Produktionsmitteln, d. h. der in der Klassengesellschaft (↑Klasse) herrschenden Ausbeutung, die Überwindung der Trennung zwischen geistiger und körperlicher Arbeit, das Absterben des Staats als eines Instruments der Klassenherrschaft, die Geltung des Prinzips „Jeder nach seinen Fähigkeiten, jedem nach seinen Bedürfnissen", die Chance jedes einzelnen zur allseitigen Entwicklung seiner menschlichen Fähigkeiten. Während vor Marx Kommunismus und ↑Sozialismus synonym verwendet wurden, bezeichnet er als Sozialismus die Übergangsphase zwischen Kapitalismus und Kommunismus, in der die Arbeiterklasse (vertreten durch die Kommunistische Partei) die politische Herrschaft im Staat ausübt („Diktatur des Proletariats"). – Einzelne Elemente dieser

Gesellschaftsvorstellung, insbesondere das des Gemeinschaftseigentums, finden sich bereits in der antiken Staatstheorie (z. B. Platon) sowie in der christlichen Urkirche, in Sekten des Mittelalters und der Reformationszeit (Chiliasmus) und in den utopischen Staatsromanen der frühen Neuzeit (↑Utopie).

kompatibel [zu französisch compatir „übereinstimmen"]: in der Logik svw. vereinbar, nicht einander ausschließend. – Gegensatz: ↑inkompatibel (↑auch konträr, ↑kontradiktorisch).

komplexe Aussage [zu lateinisch complexare „umfassen, umschließen"]: in der logischen Analyse der Sprache eine Aussage, die aus ↑Primaussagen mit Hilfe von logischen Partikeln (zweistelligen Junktoren) aufgebaut ist.

Komprehension [lateinisch] ↑Klasse.

Konflikt [zu lateinisch confligere „zusammenstoßen, streiten, kämpfen"]: Zwiespalt, Interessengegensatz, Auseinandersetzung, Streit (zwischen Personen, Staaten u. a.); auch innerer Widerstreit von Motiven, Wünschen, Bestrebungen, (ethischen) Normen. – Als *sozialen Konflikt* bezeichnet man einen Interessengegensatz und die daraus folgenden Auseinandersetzungen verschiedener Intensität und Gewaltsamkeit zwischen Personen, Gruppen, Organisationen, Gesellschaften, Staaten, Staatengruppen. Inhalt von sozialen Konflikten sind Differenzen über Werte, Lebensziele, Status-, Macht- oder Verteilungsverhältnisse knapper Güter. Von der Lösung eines Konfliktes, der Versöhnung der ihm zugrunde liegenden unverträglichen Normen oder Interessen, ist seine bloße Beilegung (der Verzicht auf offenes Austragen) zu unterscheiden. Die Lösung eines Konfliktes führt zwar zur [Wieder-]Herstellung des ↑Friedens, bedarf aber darüber hinaus der offenen und freien Argumentation aller Betroffenen, um als vernünftig erwiesen werden zu können. – Die empirische Erforschung praktischer Konflikte ist Gegenstand von Psychologie und Soziologie, neuerdings auch der die Ergebnisse verschiedener Disziplinen auswertenden Friedens- und Konfliktforschung. Es ist bislang umstritten, ob Konflikte als fortschrittshemmende Störungen oder unabdingbarer „Motor" und Stimulans sozialen Wandels anzusehen sind.

Konfuzianismus: die auf Konfuzius zurückgehende, neben ↑Taoismus und ↑Buddhismus einflußreichste philosophische Schule in China und Ostasien (↑chinesische Philosophie), die in China seit der Handynastie (206 v. Chr.–220 n. Chr.) bis zum Ende des Kaisertums (1912) alleinverbindliche Staatsdoktrin war. Der Konfuzianismus versteht sich als Wahrer und Mittler der jahrtausendealten chinesischen Tradition. Rein rationales Philosophieren ist dem Konfuzianismus völlig fremd, er ist praktische, moralische Philosophie. Zentrales Anliegen ist demnach die Fundierung des einzelnen, der Familie und des Staates in der Moral. Grundlage der konfuzianischen Ethik ist die Menschlichkeit (jen), die sich in den fünf Tugenden der Loyalität, der Rechtschaffenheit, der Weisheit, der Schicklichkeit und der Aufrichtigkeit verwirklicht. Ihren alltäglichen Ausdruck findet diese Ethik in der Anerkennung der fünf fundamentalen, stets auf der Grundlage der Gegenseitigkeit verstandenen Beziehungen zwischen Herrscher und Staatsdiener, Vater und Sohn, älterem und jüngerem Bruder, Ehemann und Ehefrau, Freund und Freund. Pietät und Verehrung des Hergebrachten sind von daher Grundzug des Konfuzianismus, dessen konservative Haltung auch die Gegnerschaft erklärt, die der Konfuzianismus im kommunistischen China erfahren hat.

Konjunktion [lateinisch „Verbindung"]: Begriff der ↑Aussagenlogik, die Verknüpfung zweier Aussagen zu einer neuen Aussage, die ebenfalls als Konjunktion oder Konjugat bezeichnet wird, durch den zweistelligen ↑Junktor *„und“* (Symbol: ∧); z. B.: Die Aussagen „Die Erde ist ein Planet der Sonne“ und „Die Erde besitzt einen Mond“ werden zu „Die Erde ist ein Planet der Sonne *und* die Erde besitzt einen Mond“ oder kurz: „Die Erde ist ein Planet der Sonne *und* besitzt einen Mond“. Wer eine Konjunktion verteidigen will, muß zeigen, daß *beide* Teilaussagen wahr sind. Ihre Wahrheitstafel sieht so aus:

A	B	$A \wedge B$
w	w	w
w	f	f
f	w	f
f	f	f

Gelegentlich wird der ↑Allquantor als **unendliche Konjunktion** bezeichnet.

Konklusion [lateinisch] ↑Folgerung.

konkret [zu lateinisch concrescere (2. Partizip: concretus) „zusammenwachsen“]: das, was sinnlich erfahrbar ist, im Gegensatz zum Abstrakten, das begrifflich gefaßt werden muß. Konkretes ist immer raum-zeitlich festgelegt und darum stets individuell. In der Hegelschen Dialektik heißt eine Stufe (z. B. das Werden) konkret, wenn sie durch Aufhebung zweier Gegensätze (die dann abstrakt genannt werden; z. B. das Sein und das Nichts) gewonnen wird. Das Konkrete kommt der Wirklichkeit durch seinen Bedeutungsreichtum näher als das Abstrakte, eine Auffassung, die im Marxismus fortlebt, wo der „konkreten gesellschaftlichen Praxis“ das „abstrakte individuelle Denken“ entgegengestellt wird.

Konsens (Konsensus) [lateinisch „Übereinstimmung“]: zentraler Terminus der kommunikationstheoretisch orientierten zeitgenössischen Philosophie (z. B. Apel, Habermas). Von Interesse ist dabei nicht die faktische Übereinstimmung mehrerer, sondern der rationale, d. h. begründete, auf dem „zwanglosen Zwang des besseren Arguments“ (Habermas) beruhende Konsens prinzipiell aller Vernünftigen, d. h. Argumentierenden. Ein solcher Konsens als Kriterium der ↑Wahrheit einer umstrittenen Ist-Aussage oder als Kriterium der Legitimität einer umstrittenen Soll-Aussage oder Handlung[sabsicht] kann faktisch nur in einem bestimmten, pragmatischen Beschränkungen unterliegenden ↑Diskurs herbeigeführt werden und deshalb prinzipiell eine immer nur vorläufige Gültigkeit beanspruchen (↑Konsenstheorie).

Konsenstheorie (Konsensustheorie): Theorie der kommunikationstheoretisch orientierten zeitgenössischen Philosophie (z. B. Apel, Habermas), wonach der in einem ↑Diskurs erzielte begründete ↑Konsens prinzipiell aller Argumentierenden Kriterium für die Geltung einer Aussage ist. Die „Konsensustheorie der Wahrheit“ (Habermas) richtet sich v. a. gegen die ↑Korrespondenztheorie (↑auch Wahrheitstheorien).

Konsequenz [lateinisch „Folgerung“]: in der Logik svw. ↑Folgerung. In einem hypothetischen Urteil „wenn *B*, dann *E*“ heißt *E* die Konsequenz, *B* das Antezedens; in einer Implikation „$A_1, ..., A_n \succ B$“ heißt *B* die Konsequenz. In der praktischen Philosophie sind die Konsequenzen von Handlungen als deren Auswirkungen oder Resultate wichtig. Hierbei handelt es sich jedoch meist nicht um (logische) *Folgerungen*, sondern um (praktische) *Folgen*.

konsistent [zu lateinisch consistere „stillstehen“]: konsistent oder *widerspruchsfrei* wird ein axiomatisches System genannt, das keinen Widerspruch enthält. Konsistenzbeweise sind eine zentrale Aufgabe der mathematischen Grundlagenforschung. Als wichtigstes Hilfmittel dient hierbei die Kalkülisierung (↑Kalkül). 1931 gelang Gödel der Beweis, daß Konsistenzbeweisen, die mit unproblematischen („finiten“) Mitteln auskommen wollen, enge Grenzen gesetzt sind.

Konstitution [lateinisch, eigentlich „Hinstellung, Einrichtung“]: im psychologischen Sinn Bezeichnung für eine typische Gestalt des menschlichen Körpers (leptosomer/athletischer/pyknischer Typ), der seelisch-geistige Eigenschaften entsprechen sollen, in der älteren Philosophie in ähnlicher Bedeutung gebräuchlich als Zusammenfassung der ontologisch markanten Bestimmungen und Prinzipien, die das „Wesen" eines Dinges ausmachen; seit der neuzeitlichen (v.a. Kantischen) Erkenntnistheorie eine Leistung des menschlichen Erkenntnisvermögens, Gegenstände zu produzieren. Das, was jeweils wahrgenommen wird, mag als Realität (↑ Realität/Wirklichkeit) gelten, als etwas, das (vielleicht) auch unabhängig von menschlicher Wahrnehmung existiert. Trotzdem formt oder konstituiert der Mensch diese Realität durch je bestimmte (sprachliche) Interpretationen. Deutlich wird die jeweilige Verschiedenheit von Realität in Abhängigkeit von sprachlich-kulturellen Kontexten und Erfahrungen vielleicht bei der Benennung oder Klassifikation des Wahrgenommenen. Das, was sich z.B. als „Löwenzahn" oder gar als „Unkraut" darstellt, hat einen ganz anderen gegenständlichen Charakter als die „Pusteblume", die ein Kind andächtig in Händen hält und deren Fallschirmchen es staunend auf die Reise schickt. Die Interpretation, die Wertung dieser Pflanze und damit ihr Sein für den, der wahrnehmend Stellung zu ihr bezieht, variiert also je nach den Erfahrungen und Interessen, die bisher damit gemacht wurden. Darüber hinaus bestimmen sie die Umgangsweise mit dem so oder so konstituierten Gegenstand: Als Unkraut wird Löwenzahn (ärgerlich) ausgerissen, als Salat- oder Heilpflanze (sorgsam) gesammelt, als „Pusteblume" (liebevoll) bestaunt. D.h.: Erst durch das Vermögen zu innerem und äußerem Sprachhandeln, die Fähigkeit zum Denken und zum Sprechen (mit anderen), wird es dem Menschen möglich, aus einer jeweiligen Gesamtmenge von Reizen bestimmte Teilmengen (unter einem für das jeweilige kulturelle und vitale Handlungsinteresse relevanten Aspekt) auszusondern und dadurch Gegenstände zu konstituieren. Eine sprachlose Welt, „eine sprachlich nackte Gegenständlichkeit an sich" ist also undenkbar, „es kann sie höchstens grenzbegrifflich geben" (von Kutschera). Dies impliziert die Möglichkeit, innere (Gefühle oder Gedanken) wie äußere Gegebenheiten (Sinneseindrücke usw.) zu immer neuen Objekten zusammenzusetzen: Die gegenständliche Welt des Menschen ist nicht abgeschlossen, endlich, sondern prinzipiell unbegrenzt; sie ist offen. – Mit dem erkenntnistheoretischen Problem der wissenschaftlichen Gegenstandskonstitution hat sich in neuerer Zeit v.a. Carnap beschäftigt („Der logische Aufbau der Welt", 1928); er versucht, den Aufbau der Wirklichkeit, der vorwiegend intuitiv vollzogen wird, logisch nachzukonstruieren. Die anthropologischen Aspekte dieser Verstandes- und Vernunftsleistung des Menschen wurden insbesondere von Gehlen und Scheler aufgegriffen.

Konstrukt [zu lateinisch construere (2. Partizip: constructus) „bauen"]: v.a. in den Sozialwissenschaften und der Psychologie Bezeichnung für theoretische Begriffe oder Begriffssysteme (z.B. Intelligenz, Ideologie). Das Konstrukt wird vom Forscher *hervorgebracht,* im Gegensatz zur empirischen Basis, die *vorgefunden* wird, und kann deshalb höchstens indirekt einer empirischen Überprüfung unterworfen werden (↑ Test).

Konstruktivismus [zu ↑ Konstrukt]: 1. in *Logik* und *Mathematik* Sammelbezeichnung für die Strömungen im Grundlagenstreit der Mathematik, die fordern, daß mathematische Gegenstände erst dann als existent betrachtet werden dürfen, wenn sie effektiv verfügbar sind. Hierzu ist es erforderlich, ihre Existenz durch Konstruktion, d.h. durch Herstellen aus einfachsten Grundbestandteilen nach festen Regeln, aufzuweisen, z.B. die Konstruktionen der Elementargeometrie mit Zirkel und Lineal (↑ Philosophie der Mathematik). – 2. In der *Wissenschaftstheorie* im weitesten Sinne Bezeichnung für alle Auffassungen, die die Konstitutionsleistungen des Subjekts im Erkenntnisprozeß betonen (Gegensatz: Empirismus), im engeren Sinne für die v. a. von verschiedenen zeitgenössischen Schulen in Deutschland (Erlangen, Konstanz) vertretene Meinung, das wichtigste Anliegen der Wissenschaftstheorie habe die Bereitstellung einer „vernünftigen" Wissenschaftssprache zu sein. An eine solche werden folgende Forderungen gestellt: a) Ihre Einführung soll *zirkelfrei* geschehen. Daraus folgt, daß als letzter unhintergehbarer Ausgangspunkt die unproblematische Praxis der ↑Lebenswelt genommen werden muß. b) Der Aufbau der Wissenschaftssprache soll *schrittweise* und damit *intersubjektiv nachprüfbar* erfolgen. Diese beiden Grundsätze werden auch „Primat der Methode" und „Primat des Dialogs" genannt. Die Praxis der Lebenswelt bildet ein *vorwissenschaftliches („lebensweltliches") Apriori* für die Wissenschaften, die als „Hochstilisierungen" derselben gelten sollen. Durch seine Berücksichtigung der [Sprach-]Praxis geht der zeitgenössische Konstruktivismus über die Philosophie der idealen Sprache hinaus (↑analytische Philosophie), die gelegentlich ebenfalls mit diesem Terminus bezeichnet wird. Mit ihr teilt er andererseits die Auffassung, daß philosophische Probleme überwiegend *Sprachprobleme* sind, die durch „vernünftige Rede" vermieden werden könnten. Durch die Berücksichtigung der pragmatischen Ebene rückt der Konstruktivismus in die Nähe des ↑Pragmatismus. Ein Großteil der Anstrengungen der konstruktivistischen Schulen gilt der Rekonstruktion der vorwissenschaftlichen Basis der Wissenschaften. Am weitesten fortgeschritten sind wohl derzeit die Untersuchungen zur Mathematik, speziell zur Geometrie, und zur Physik, wo eine sogenannte Protophysik ausgearbeitet vorliegt.

Kontemplation [lateinisch „(sinnliche oder geistige) Anschauung, Betrachtung"]: ganzheitliches Erfassen („Beschauung") sinnlich oder verstandesmäßig zugänglicher Gegenstände oder Sachverhalte und der Aufmerksamkeit nach ungeteiltes Sich-Vertiefen („Versenkung") in sie, wobei ihre Bedeutsamkeit für die eigene Lebensführung oder für die Sinngebung der Welt als ganzer aufgeht („Erleuchtung"). In der an Plotin anschließenden theologischen und philosophischen ↑Mystik des europäischen Mittelalters dient die Kontemplation der unmittelbaren Vereinigung mit dem Göttlichen. – ↑auch Vita activa/Vita contemplativa, ↑Meditation.

Kontingenz [mittellateinisch „Zufall, Möglichkeit"]: im *allgemeinen* philosophischen Sprachgebrauch die Zufälligkeit im Gegensatz zur ↑Notwendigkeit. Kontingent ist alles, was nicht aus eigener Wesensnotwendigkeit hervorgeht. V. a. die christliche Metaphysik vertritt die Ansicht, daß das Dasein des Menschen – wie überhaupt das aller geschaffenen und endlichen Wesen – nicht notwendig aus seinem Wesen hervorgeht; allein Gott wird als nicht kontingent existierend betrachtet. – In der *Modallogik* wird eine Aussage als kontingent (auch zufällig) bezeichnet, wenn sie möglich, aber nicht notwendig ist; in Zeichen: $\boxtimes(A) \rightleftharpoons \wedge\, \mathbf{L}(A) \wedge \mathbf{M}(A)$. Eine kontingente Aussage kann, muß aber nicht, wahr sein. Ist sie wahr, so spricht man – in Abgrenzung zum logischen Wahrsein – vom faktischen Wahrsein. – *Anthropologisch* meint Kontingenz, daß es dem Menschen unmöglich ist, über das Eintreten bestimmter Ereignisse zu verfügen, sie gehört also zu den menschlichen Grunderfahrungen.

Kontinuität/Diskontinuität [zu lateinisch continuus/discontinuus „zusammenhängend, ununterbrochen, stetig/unterbrochen, unstetig"]: Termini, die außer in der Mathematik und Physik in der Natur- und Geschichtsphilosophie verwandt werden. Philosophisch besagt

Kontinuität, daß zwischen den Momenten einer Ereignisfolge ein durchgängiger, durch keine reale Grenze unterbrochener Zusammenhang besteht; Diskontinuität, daß zwischen den Momenten einer Ereignisfolge kein fließender Übergang, sondern eine sprunghafte Veränderung stattfindet. – Um Bewegung erklären zu können, behauptete Aristoteles für die Natur *Kontinuität*. Da ein Kontinuum unendlich oft in immer wieder Teilbares geteilt werden könne, dürften z. B. eine Bewegungsstrecke und die Bewegungszeit bei der Berechnung von Geschwindigkeiten nicht in eine Menge nicht mehr teilbarer Teile geteilt werden. Auf diese Weise findet Aristoteles den Ansatz zur Lösung der Aporien des Zenon von Elea (z. B. Wettlauf des Achilleus mit der Schildkröte). – Erst Leibniz gelingt durch die Begründung der Infinitesimalrechnung die mathematische Formulierung und Darstellung von Kontinuität. Er behauptet Kontinuität als Naturgesetz: „Natura non facit saltus" (lateinisch „Die Natur macht keine Sprünge"). Das **Kontinuitätsgesetz** habe in der Natur universelle Gültigkeit; daher könne es z. B. keine „materiellen Atome" (↑Atom), keine sprunghaften Übergänge zwischen den biologischen Gattungen, keine Ruhe (er bestimmt Ruhe als unendlich kleine Geschwindigkeit) geben. Kontinuität ist die notwendige Bedingung für die universelle Geltung das Kausalgesetzes (↑Kausalität) im Bereich der „Dinge an sich" und damit eine fundamentale Annahme, die die klassische Mechanik machte. Die Kontinuitätsthese legt es nahe, alle Naturvorgänge für vollständig und eindeutig berechenbar zu halten (↑Determinismus/Indeterminismus) sowie die Welt und den Menschen rein mechanistisch zu interpretieren (↑Mechanismus). – *Diskontinuität* wurde in der Antike v. a. von Demokrit behauptet. Aus der Diskontinuität der physischen Welt glaubte Epikur ableiten zu können, daß jeder Mensch seinen Lebenslauf z. T. selbst bestimmen könne. In der Neuzeit haben v. a. englische Empiristen (↑Empirismus) die Diskontinuität behauptet. Insbesondere bezweifelt Hume die Verknüpfung der Dinge selbst und hält die Vorstellung von der kausalen Verknüpfung der Dinge für ein Ergebnis der menschlichen Gewohnheit. In kritischer Auseinandersetzung mit Hume behauptet Kant, daß Kontinuität ein notwendiges Schema sei, mittels dessen der Verstand die Empfindungsdaten ordnen müsse, um überhaupt Gegenstände konstituieren und zueinander in Beziehung setzen zu können. Kontinuität sei die Voraussetzung für die Anwendung der Kategorie „Kausalität". Damit schränkt Kant die Geltung von Kontinuität und Kausalität auf den Bereich dessen ein, was dem Menschen erscheint, und hält die Frage, ob Willensfreiheit (↑Freiheit) im Bereich der „Dinge an sich" existiere, in der theoretischen Philosophie offen, um sie im Zusammenhang der praktischen Philosophie positiv zu lösen.

Für Marx und Engels sind Kontinuität und Diskontinuität keine einander ausschließenden, sondern einander dialektisch bedingenden Gegensätze. Das Geschehen in Natur und Geschichte sei vollständig nur erklärbar, wenn man Kontinuität und Diskontinuität annehme: Innerhalb einer Phase quantitativer Veränderung herrsche strenge Kontinuität, die aber auf eine diskontinuierliche, nämlich qualitative Veränderung, einen qualitativen „Sprung" hinziele (↑dialektischer Materialismus, ↑historischer Materialismus). – In neuerer Zeit wird das Leibnizsche Kontinuitätsgesetz durch naturwissenschaftliche Forschungen in Frage gestellt: Die Evolutionstheorie (↑Evolution) stellt Mutationen als „Sprünge" dar; auch die physikalische Quantentheorie kennt diskontinuierliche, sprunghafte Veränderungen.

Kontradiktion [lateinisch] ↑Widerspruch.

kontradiktorisch [zu lateinisch contradictio „Widerspruch"]: zwei

Aussagen heißen kontradiktorisch, wenn jede von ihnen äquivalent zur Negation der anderen ist. Kontradiktorische Aussagen sind besondere Fälle von konträren Aussagen. Wie diese können auch zwei kontradiktorische Aussagen nicht zugleich wahr sein; sie schließen einander aus; z. B. sind die Aussagen „Alle Primzahlen sind ungerade" und „2 ist eine gerade Primzahl" kontradiktorisch. Auch ein ↑axiomatisches System, das einen Widerspruch enthält, heißt kontradiktorisch. – ↑auch Syllogistik.

kontrafaktisch [zu lateinisch contra „gegen" und factum „Tatsache"]: eine Aussage, von der zugestanden wird, daß der in ihr beschriebene Sachverhalt zur Zeit (noch) nicht besteht. Wird seine Realisierbarkeit prinzipiell ausgeschlossen, spricht man von einer ↑Fiktion; wird die Realisierbarkeit unter bestimmten Bedingungen in der Zukunft für möglich gehalten, spricht man auch von ↑Antizipation (↑auch Diskurs).

konträr [zu lateinisch contrarius „entgegengesetzt"]: zwei Aussagen heißen konträr, wenn jede die Negation der anderen logisch impliziert. Zwei konträre Aussagen zugleich zu behaupten, bedeutet einen Widerspruch. Die Tatsache, daß zwei Aussagen konträr sind, stellt sich oft erst nach genauerer Analyse heraus; z. B.: „9 ist eine Primzahl" und „9 ist eine Quadratzahl" sind konträre Aussagen. Um das erkennen zu können, muß man zuerst wissen, daß eine Quadratzahl niemals Primzahl sein kann. – ↑auch Syllogistik.

Konvention [lateinisch „Übereinkunft, Vertrag"]: im Völkerrecht ein Abkommen oder Vertrag, im philosophischen und sozialwissenschaftlichen Sprachgebrauch vereinbarte Verhaltensregel für den gesellschaftlichen Umgang. Den durch Konvention aufgestellten Normen, die auf eine stillschweigende Übereinkunft zurückgehen, kommt eine geringere Verbindlichkeit zu als juristischen oder moralischen Normen. Verstöße gegen sie haben nur geringe Sanktionen zur Folge. Im Gegensatz zu moralischen Normen kommt Konventionen kein Anspruch auf Allgemeingültigkeit zu, da sie nur raum- und zeitgebunden für bestimmte Gruppen gelten.

Konventionalismus [zu ↑Konvention]: 1. in der *Wissenschaftstheorie* eine Lehre, wonach wissenschaftliche Sätze und Theorien ihre Geltung durch Konvention erlangen. Der Konventionalismus wurde durch die Entdeckung des späten 19. Jahrhunderts angeregt, daß es verschiedene, logisch betrachtet gleichwertige, Geometrien gibt. So entstand das Problem, den Gebrauch der euklidischen Geometrie bei der Beschreibung von Naturvorgängen zu rechtfertigen. Poincaré, der als Begründer des Konventionalismus gilt, zeigte, daß die Wahl zwischen den alternativen Geometrien nicht aufgrund von Erfahrung (z. B. durch Experimente) getroffen werden kann. Dies liegt daran, daß beim Messen stets schon eine Geometrie vorausgesetzt ist. Andererseits gibt es auch keinen theoretischen Vorrang der euklidischen Geometrie. Also muß die allgemein anerkannte Geltung dieser Geometrie auf einer *Übereinkunft* (Konvention) beruhen. Da uns diese aber heute nicht mehr bewußt ist, entschied man sich zugunsten der einfachsten Theorie (↑Einfachheit). Die Sätze der Geometrie gelten, einmal anerkannt, streng. Sie stellen Normen dar, die zur Ordnung unserer Erfahrung dienen. Deshalb stellt sich für sie *keine* Wahrheitsfrage: Als Übereinkunft sind sie weder wahr noch falsch, sondern gültig oder ungültig. Poincaré dehnte seine konventionalistische Auffassung auf die ganze Physik aus. Diese enthalte, über die Geometrie hinausgehend, weitere Übereinkünfte (z. B. die Newtonschen Axiome und den Energieerhaltungssatz). Poincaré ging jedoch nicht so weit, zu behaupten, daß die gesamte Theorie der Physik Folge von Konvention sei. – Mit dem Aufkommen der Relativitätstheorie erhielt der Konventionalismus neuen Auftrieb, so daß heute allgemein anerkannt ist, daß jede wissenschaftliche Theorie konventionelle Elemente enthält. In einer radikaleren Fassung wird der Konventionalismus gegenwärtig von Quine vertreten, der behauptet, die Unterscheidung von analytischen – auf Wortverwendungskonventionen beruhenden – und synthetischen – auf Erfahrung aufbauenden – Urteilen sei nicht sinnvoll, da nicht einlösbar. Sätze lassen sich nur im Rahmen einer umfassenden Theorie bestätigen oder widerlegen, nicht aber isoliert. Nur ganze Theorien können akzeptiert oder verworfen werden **(Holismus).** Ein Experiment, mit dessen Hilfe man zwischen zwei konkurrierenden Theorien entscheiden könnte (ein **Experimentum crucis** [lateinisch „Experiment des Kreuzes"]) gibt es nicht. Da einzelne Sätze nicht widerlegt werden können, ist es möglich, an ihnen aus Gründen der Einfachheit festzuhalten. – 2. In der *Semiotik* und speziell in der *Sprachphilosophie* wird mit Konventionalismus die Auffassung bezeichnet, wonach Zeichen (Wörter) ihre Bedeutung nur durch Konvention erlangen. Die Zeichenebene ist vollständig von der Gegenstandsebene getrennt. Die Prinzipien der Logik werden als Ausdruck sprachlicher Konventionen betrachtet. In Opposition hierzu stehen konstruktivistische (genetische) Ansätze, die die Bedeutung von Zeichen aus Handlungszusammenhängen heraus entstehen sehen. Die Zeichen, deren Bedeutungen rein konventionell sind, die ↑Symbole, ergeben sich aus dieser Sicht erst als letzte Stufe des Zeichenbildungsprozesses und bauen somit auf den anderen Stufen auf.

Konzeptualismus [zu lateinisch conceptus „Gedanke (= Begriff)"] (Terminismus): erkenntniskritische Position der Spätscholastik, die von Abälard vorbereitet und v.a. von Ockham und seiner Schule vertreten wurde. Im Rahmen des mittelalterlichen ↑Universalienstreits suchte sie einen Mittelweg zwischen dem ↑Nominalismus und dem Begriffsrealismus (↑Realismus). Vertrat der extreme Nominalismus einerseits die Auffassung, wonach den Allgemeinbegriffen (Universalien) selbst außerhalb wie innerhalb des Denkens nichts eigentlich Wirkliches entspricht – für ihn sind *alle* Begriffe als subjektive Bewußtseinsgebilde bloß willkürliche Gemeinnamen –, und ging der (platonische) Begriffsrealismus andererseits davon aus, daß den Allgemeinbegriffen außen wie innen ein unbedingt analoges reales Sein zuzuschreiben ist, dann hatte für den Konzeptualismus das Allgemeine *bloß* ein Sein *in* Begriffen. Für Ockham sind die Allgemeinbegriffe natürliche Zeichen, wie etwa das Weinen ein Zeichen für Trauer ist. Zwar sind sie nicht identisch in der Sache selbst verwirklicht, für die sie stehen, aber sie sind ihnen zumindest ähnlich und treten im Denken für die Sache ein. Eine Verbindung läßt sich durch Abstraktion gewinnen. Die konzeptualistische Einstellung hatte einen gewissen Einfluß auf die moderne, insbesondere sprachanalytische Philosophie im Anschluß an Wittgenstein.

Kopula [lateinisch „das Verknüpfende"]: sprachliches Hilfsmittel zur Darstellung der ↑Prädikation, also im einfachsten Fall einer Elementaraussage $S\,\varepsilon\,P$ („*S* ist *P*"; *affirmative* Kopula) oder $S\,\varepsilon\,P$ („*S* ist nicht *P*"; *negative* Kopula). Von dieser Verwendung von „ist" als Kopula ist sein Gebrauch im Sinne von „existiert" zu unterscheiden: „Der Mann im Mond ist" (im Sinne von „er existiert") darf *nicht* als Prädikation gelesen werden. Es gibt keinen Prädikator „Sein", der einem Gegenstand zu- oder abgesprochen werden könnte. Daneben wird „ist" noch im Sinne von „ist identisch mit" und „gehört zur Klasse der ..." gebraucht. Beachtet man diese verschiedenen Bedeutungen nicht, stellen sich schnell Trugschlüsse ein.

Körper: umgangssprachlich meist nur der menschliche (oder tierische) Leib im Gegensatz zur Seele oder zum Geist; dann aber auch gleichbedeutend mit Ding. – In der Mathematik spielt der Begriff zunächst in der Geometrie eine Rolle. Unter einem geometrischen Körper versteht man jeden von ebenen oder gekrümmten Flächen vollständig abgeschlossenen Teil des (dreidimensionalen euklidischen) Raumes (z. B. Kegel, Zylinder, Kugel usw.). Gegen Ende des 19. Jahrhunderts etwa wurde der Begriff des Körpers im Verlauf der Algebraisierung der Geometrie auch in die Algebra übernommen zur Bezeichnung spezifischer Rechenbereiche mit festgelegten Strukturen. So gibt es z. B. einen sogenannten Zahlkörper der rationalen Zahlen (= alle Bruchzahlen), in dem man nach bestimmten Regeln addieren und multiplizieren darf. – In der klassischen Physik gilt als Körper ein begrenzter abgeschlossener (dreidimensionaler) Raumbereich, der mit ↑Materie in festem, flüssigem oder gasförmigem Zustand erfüllt ist. Historisch hängt die Bestimmung des physikalischen Körperbegriffs eng mit der jeweiligen Definition von Materie zusammen. So identifizierte z. B. Descartes physikalische Körper mit geometrischen, indem er Materie als geometrische Ausdehnung (↑Res cogitans/Res extensa) definierte und damit auch ihre Teilbarkeit behauptete. Nach Leibniz hingegen läßt sich die mathematische Teilbarkeitsstruktur nicht auf physikalische Körper übertragen, weil materielle Körper neben der (geometrischen) Ausdehnung weitere spezifische Eigenschaften haben wie z. B. Schwere und Trägheit, v. a. aber Undurchdringlichkeit. Nach Leibniz gibt es also letzte materielle Körpereinheiten, deren zusammenhaltendes Energiepotential so hoch ist, daß durch keinen Spaltungsprozeß die Einheit zerstört werden kann (↑Monade). Kant exponierte einen ähnlichen dynamischen Materiebegriff wie Leibniz, hielt es jedoch für nicht sinnvoll, einen Extremstandpunkt („ist teilbar" bzw. „ist nicht teilbar") einzunehmen, weil weder das eine noch das andere mit empirischen Methoden (durch Experimente) bewiesen werden kann. Vielmehr ist beides (Teilbarkeit wie Nichtteilbarkeit) ein Ausgangspunkt, eine Idee, die bei aller empirischen Forschung bereits vorausgesetzt wird. Gerade in der Widersprüchlichkeit der Standpunkte aber liegt der Sinn dieser Ideen, weil sie genau dadurch Forschungsprozesse immer wieder neu anregen und dabei die Richtung vorgeben, „regulativ" wirken (↑regulative Idee). – Inwieweit heute, angesichts völlig neuartiger subatomarer Strukturen, neuartiger Aggregatzustände (Plasma) der klassische Körper- oder Substanzbegriff noch geeignet ist, mikrophysikalische Phänomene adäquat begrifflich zu fassen, ist sehr problematisch und Gegenstand philosophisch-physikalischer Grundlagendiskussion.

Korrespondenztheorie (Adäquationstheorie): zusammenfassende Bezeichnung für die Theorien, die Wahrheit als eine Übereinstimmung (Korrespondenz, Adäquation) zwischen sprachlichen oder gedanklichen Gebilden einerseits und wirklichen Sachverhalten andererseits verstehen (↑auch Wahrheitstheorien, ↑Abbildtheorie, ↑Adaequatio intellectus et rei).

Kosmogonie [griechisch „Weltentstehung"]: kosmogonische Mythen finden sich in vor- und frühgeschichtlicher Zeit über die ganze Welt verbreitet, und es scheint, daß ihnen allen ein und dasselbe philosophische Problem zugrunde liegt, das dann in kulturspezifisch verschiedenen Metaphern zum Ausdruck gebracht wird. Mythische (und ferner dann auch philosophische und physikalische) Kosmogonien sagen zunächst ganz allgemein aus, daß die Welt so, wie wir sie vorfinden, einen *Anfang* habe. Allen gemeinsam ist dann, daß die Entstehung der Welt von diesem „Anfang" aus nicht mit einem Schlag, sondern in *Stufen* vor sich geht. – Der *Grundgedanke* der Kosmogonie (und damit auch das kulturübergreifend Gemeinsame dieses Typs von Mythen) ist folgender: Der eigentliche *kosmogonische Akt* (*A*) ist ein *Übergang* von einer *Urwelt, Urzeit* (*U*) in die *reale Welt* (*W*). *U* ist dadurch ausgezeichnet, daß sie geschehenslos, geschichtslos, zeitlos, ungeordnet und gestaltlos ist. Dem entsprechen sowohl die metaphorischen als auch die abstrakten Begriffsbildungen, mit denen dieser Urzustand dargestellt wird: 1. Ununterschiedenheit von Sein und Nicht-Sein (z. B. im indischen „Rigweda", das „Taoteking" Chinas), 2. Urwasser oder Urschlamm (in Ägypten, die „Hýlē" in Griechenland, „Tamtu" in Sumer, die „Tiamat" in Akkad und Babylon, die „Tehom" im alten Israel), 3. Finsternis, 4. grenzenlose Leere und grenzenlose Weite (in Ägypten, das semitische „Tohuwabohu"). Zusammenfassungen dieser Darstellungstypen finden sich im griechischen „Cháos" und im nordischen „gapginnunga" (Edda): Beides heißt „gähnender Abgrund". – Es ist nun wichtig, hervorzuheben, daß erst *W,* also die Welt *nach* dem kosmogonischen Akt *A,* die eigentliche Geschichte, Geschichtszeit meint. Die Kosmogonie stellt nun den Übergang in die Welt der Geschichte dar als eine *Aufspaltung,* Teilung einer *Einheit* in eine *Zweiheit* von Prinzipien: Die Zweiteilung „Himmel/Erde" findet sich dabei grundsätzlich in allen Mythen dieser Art. Andere Beispiele solcher Zweiheiten, die meist zusätzlich auftauchen und dann wesentlich das schon erwähnte *Stufungsprinzip* ausmachen, sind: „männlich/weiblich", „Licht/Finsternis", „fest/flüssig". Oder es steht an dieser Stelle das die Zweiheit auseinanderhaltende bzw. zusammenschmelzende Prinzip (die „Nabel-der-Welt"-Symbole): der Baum (z. B. Yggdrasil [Edda], der „Baum der Erkenntnis" [1. Mose 2,4 ff.]), der Berg, die Quelle, Phallus, Nabelschnur, Regenbogen. Diese Symbole beziehen sich aber eigentlich mehr auf den mythischen (also ungeographischen) „Ort" des eigentlichen kosmogonischen Akts. Dessen Grundgedanke läßt sich etwa so formulieren: Aus dem Ur-„Medium" taucht durch *Selbstschöpfung* oder *Spontangenese* eine (göttliche oder übermenschliche) Gestalt auf. Das Ur-„Medium" selbst wird repräsentiert als der „Herrscher über" dieses Medium (Drachen, Riesen). Diese beiden kämpften nun gegeneinander. Der Kampf endet mit der (bereits erwähnten) Zweiteilung des Urwesens: Zerstückelung oder Kastration. In einem zweiten Typus von kosmogonischem Akt, der das Urmedium (bzw. die Urwelt) weniger „konkret" darstellt, ist dieses selbst ein *Schöpfergott,* der sich die Welt *ausdenkt* oder sie *ausspricht,* wodurch diese dann *unmittelbar* realisiert wird. Auch die ↑Creatio ex nihilo der christlichen Tradition muß dazu gezählt werden. Man kann sagen, daß *philosophische* Kosmogonien weitgehend Übersetzungen der mythischen in die präzisere Begriffssprache philosophischer Traditionen sind, wenn man die Mythen auf ihren Grundgedanken reduziert. Wesentlich dabei ist, daß mit dem Übergang einer Einheit in eine Dualität bzw. einer Indifferenz in eine Differenziertheit unmittelbar eine weitere Dualität bzw. Differenz entsteht, nämlich eben die von Einheit einerseits und Zweiheit andererseits. Dies hat Konsequenzen, die sich z. B. in der Auseinandersetzung um „Idealität/Realität", wie auch besonders in den Grundzügen der Dialektik und des Idealismus wiederfinden. Wichtige philosophische Kosmogonien finden sich bei Anaximander (↑Apeiron), Platon, Johannes Scotus Eriugena und Grosseteste. – Während im Rahmen *physikalischer* Theorien unter „Kosmogonie" lange das Problem der Entstehung des Sonnensystems verstanden wurde (Kant, Laplace u. a.), ist im 20. Jahrhundert die Kosmogonie der gesamten physikalischen Materie, also des gesamten Universums zum Hauptproblem der physikalischen ↑Kosmologie geworden.

Kosmologie [zu ↑Kosmos und ↑Logos]: nach Wolff eine der Teildisziplinen der speziellen Metaphysik. Als Lehre vom Aufbau der materiellen Welt fällt Kosmologie bereits seit der griechischen Antike mit der Thematik der ↑Naturphilosophie zusammen. Heute wird der Ausdruck fast ausschließlich im Zusammenhang physikalischer Fragestellungen über die Struktur des Universums gebraucht. – Den Anfang der modernen physikalischen Kosmologie bildet die allgemeine Relativitätstheorie Einsteins von 1916, mit der eine neue Gravitationstheorie eingeführt wurde, die die klassische Newtonsche Theorie ablöste. Mit dieser Theorie wurden einige Probleme lösbar, die die Vorstellung eines unendlichen euklidischen Universums unter Einbeziehung der Gravitation aufwarf; ein solches statisches Universum müßte bei homogener Dichteverteilung der Sterne bzw. Galaxien in jedem Weltpunkt heller als die Sonne sein (Olberssches Paradoxon). Ferner würden sich die Gravitationskräfte so überlagern, daß sie in jedem Punkt unendlich groß sein müßten (Gravitations-Paradoxon). Da beides nicht der Fall ist, folgte unmittelbar, daß der Raum, in dem die Galaxien verteilt sind, nicht euklidisch oder das Universum nicht statisch ist oder beides nicht. Die ↑Relativitätstheorie deutet nun Gravitation nicht mehr, wie die Newtonsche Theorie, als eine Kraft, mit der lokale Massen über ihre räumliche Distanz aufeinander einwirken (↑Wechselwirkung), sondern so, daß die Anwesenheit einer gravitierenden Masse die Geometrie in ihrer Umgebung so ändert, daß diese nicht mehr euklidisch ist. Man spricht dann bildlich, aber mathematisch irreführend, von einer „Krümmung" des Raums. In dieser Theorie werden die drei Raum-Koordinaten mit der Zeit-Koordinate zu einem vierdimensionalen Raum-Zeit-Kontinuum verschmolzen (Raumzeit). Einstein deutete nun die Geometrie der Massenverteilung des Universums als einen in sich geschlossenen, nicht-euklidischen Raum, der als eine dreidimensionale „Hyperfläche" in der vierdimensionalen Raumzeit eingebettet ist. Mit diesem ersten relativistischen Universum-Modell waren noch nicht alle Probleme gelöst, es war aber die erste kosmologische Theorie, die der empirischen Prüfung zugänglich war – und im übrigen auch empirisch widerlegt wurde. Dies ist immerhin erstaunlich angesichts der Tatsache, daß das „Universum als Ganzes" ein Begriff ist, der in sich aporetisch ist (Kant). Es kann nie als solches Gegenstand physikalischer Empirie sein. In der Folgezeit wurden eine ganze Reihe statischer, dynamischer, vier- und höherdimensionaler Modelle entwickelt, deren Einzelheiten nicht unbedingt von philosophischem Interesse sind. Einen entscheidenden Einschnitt in deren Entwicklung bedeutete die Beobachtung, daß die Spektrallinien des Lichtes ferner Galaxien eine Rotverschiebung aufweisen, deren Maß von ihrer Entfernung abhängt (Hubble). Diese Beobachtung konnte relativistisch als „Doppler-Effekt" gedeutet werden, d. h. als ein Beweis für die Tatsache, daß sich die Galaxien mit einer zu ihrer Distanz proportionalen Geschwindigkeit von „uns" entfernen. Nach Maßgabe der sogenannten *kosmologischen Hypothese,* daß das Universum *räumlich homogen* ist, also von jedem Punkt aus gesehen die gleiche Geometrie aufweist (ohne diese Hypothese wäre jede Kosmologie sinnlos), folgt daraus, daß jeder Punkt des Universums Zentrum einer solchen Galaxienexpansion ist. Dies ist wiederum aber nur in einer nicht-euklidischen Raumstruktur möglich. Zugleich wurde diese Beobachtung als Beweis genommen, daß das Universum *zeitlich inhomogen* ist, d. h. es hat eine Entwicklungsgeschichte, woraus sich sofort die Fragen ergeben, wie es in der Vergangenheit strukturiert war und wie es sich weiterentwickelt. Retrospektiv bedeutet die Expansion auf jeden Fall, daß in der Vergangenheit sämtliche Materie einmal auf sehr engem Raum komprimiert gewesen sein müßte. Für die Zukunftsentwicklung stellt sich die Frage, ob die Expansionsbewegung allmählich durch Gravitationswirkung „abgebremst" wird (*endliches* Universum) oder unbegrenzt fortschreitet (*unendliches* Universum). Ferner ist zu entscheiden, ob diese großräumige Strukturentwicklung einer nicht-euklidischen Geometrie folgt, die „elliptisch" ist (*geschlossenes* Universum, ein analoges „Bild" wäre die Kugeloberfläche) oder „hyperbolisch" (*offenes* Universum, ein analoges „Bild" wäre z. B. die Sattelfläche). Ferner sind Modelle möglich, nach denen die Materie zwischen Expansion und Kollaps oszilliert (*oszillierendes* Universum) oder solche, nach denen eine Expansion von einem *singulären Anfangszustand* aus *einmalig* ist (Gamow: *Big-Bang-*, Urknall-Theorie). Eine Besonderheit stellte die *Steadystate*-Theorie (Hoyle) dar, die trotz der Expansion die zeitliche Homogenität des Universums retten wollte, indem sie zur Erhaltung zeitlich homogener Materiedichte (steady-state) die stetige, spontane (physikalisch allerdings nicht begründbare) Neuerzeugung von Materie hypothetisiert. Sie wurde ebenfalls, und zwar zugunsten big-bang-artiger Theorien durch eine Beobachtung widerlegt: eine kosmische Hintergrundstrahlung, die im Rahmen der Meßgenauigkeit absolut isotrop ist und die als Reststrahlung aus einem bestimmten Vergangenheitszustand der Materieentwicklung von Big-Bang-Modellen theoretisch gefordert wurde. Unumgänglich für die physikalische Beschreibung vergangener Materiezustände waren die Fortschritte in der Elementarteilchenphysik. Denn mit zunehmender Materiedichte und Temperatur (retrospektiv) lösen sich die makroskopischen ebenso wie die atomaren Materiestrukturen auf und gehen in reine Strahlung über, die nur noch mit Elementarteilchen in Wechselwirkung steht. Diese Übergänge können mit Hilfe der Relativitätstheorie (Äquivalenz von Strahlungsenergie und lokaler Masse) und der ↑Quantentheorie (Quantelung von Feldern) beschrieben werden. Kosmologie ist somit ein Gebiet, in dem Astronomie und Elementarteilchenphysik unmittelbar zusammenhängen und gemeinsam in das Problem der physikalischen Kosmogonie einmünden. Ein vorläufiges „Stop" für kosmogonische Theorien stellt die sogenannte *Planck-Grenze* dar: ein Raumzeit-Gebiet in der Größenordnung 10^{-33} cm und 10^{-43} sec, jenseits dessen die bisherige physikalische Theorie versagt. Gefordert ist hier eine quantenmechanische Deutung der „Geometrodynamik". Dies ist eine Weiterentwicklung der allgemeinen Relativitätstheorie, die den Begriff der lokalen Masse und deren Bewegung verläßt und statt dessen eine Dynamik von nicht-euklidischen Raumzeit-Geometrien beschreibt. Eine Verbindung mit der Quantentheorie (Quantenfluktuation und Quantengravitation) würde (oder wird) letztlich Materie – und damit das Universum – in der „Nähe" der Anfangssingularität beschreiben als Wechselwirkung bzw. gegenseitige Erzeugung und Vernichtung lokaler Raumzeit-Geometrien.

Kosmos [griechisch, eigentlich „Ordnung, Schmuck"]: in der Antike vieldeutiger Begriff. Er bezeichnet sowohl eine zweckvoll gegliederte Ordnung als auch eine Verfassungsform in umfassendem Sinne, meint auch Brauch, Ehre, Sitte oder Tugend. Als Terminus der ↑Naturphilosophie bezeichnet er die harmonische, wohlgegliederte Ordnung des Weltalls im Gegensatz zum ungeordneten ↑Chaos. Während die frühen philosophischen Kosmostheorien noch weitgehend von religiösen Vorstellungen geprägt sind, rückt im Zuge der Emanzipation der Philosophie von Religion und Mythologie die Annahme in den Vordergrund, daß das Weltganze eine nach Vernunftprinzipien gegliederte Ordnung sei. Nach Platon geht diese Ordnung auf die Vernunft eines göttlichen Demiurgen (griechisch etwa „Baumeister") zurück, nach Aristoteles auf die Vernunft eines „unbewegten Bewegers", der allerdings nicht handelnd in die Welt eingreift. Im Denken der Stoa wird der Begriff sowohl in physikalischem als auch theologisch-religiösem Sinne verwendet: Kosmos meint hier ein systematisches (↑System) Ordnungsgefüge, das Menschen und Götter bzw. ein oberstes göttliches Wesen (ein autarkes Vernunftwesen, das zugleich auch als Weltseele wirkt) umgreift. Die Kosmosvorstellungen der neuplatonischen und neupythagoreischen Strömungen erscheinen stark von Religion, Mystik und Magie beeinflußt. Sie betonen v. a. die Göttlichkeit, Vollkommenheit, Einheit und Ewigkeit des Kosmos und seiner Gesetze. Besonders der Neuplatonismus unterscheidet den sichtbaren vom ideellen Kosmos, dem Bereich Gottes, der das sinnlich Erfahrbare transzendiert. Im Sinne der neutestamentlichen Schriften wird Kosmos als Inbegriff aller Bestandteile des Geschaffenen überhaupt verwendet. Das Mittelalter übernimmt sowohl die Kosmosdeutung des Neuen Testaments als auch Elemente der antiken Philosophie.

Kraft ↑Wechselwirkung.

Kriterium [griechisch „Mittel zum Prüfen, Merkmal zur Erkenntnis des Wahren"]: methodologischer Terminus zur Angabe der Gründe für die Geltung von Sätzen bzw. das Vorliegen von Sachverhalten, eine Aussage also, die wahr sein muß, damit eine andere Aussage wahr sein kann; in diesem Sinne weitgehend gleichbedeutend mit (hinreichender oder notwendiger) Bedingung. Kriterien lassen immer Schlüsse zu, ob einem bestimmten Gegenstand eine bestimmte Eigenschaft zukommt oder nicht. In der Geschichte der Philosophie wurde v. a. nach Kriterien der Wahrheit gefragt (↑Wahrheitstheorien). – Seit Wittgenstein wird intensiv die Frage diskutiert, anhand welcher Kriterien wir anderen Menschen bestimmte Gefühle, Bewußtseinszustände u. a. zuschreiben (etwa wenn wir Lachen als Ausdruck von Freude einstufen; „Problem des Fremdpsychischen"). Die Beziehung zwischen Kriterium und Sachverhalt ist in diesen Fällen weder logischer noch erfahrungsmäßiger (induktiver) Natur.

Kritik [zu griechisch kritikḗ (téchnē) „(Kunst der) Beurteilung"]: in der Philosophie eine Methode, jeden nur denkbaren Wahrheitsanspruch unter Einsatz der Vernunft auf seine Berechtigung hin zu prüfen und zu hinterfragen mit dem Ziel, durch Aufdeckung vergangener Fehler Theorie und Praxis menschlichen Wissens und Handelns zu verbessern. Daraus ergibt sich, daß Kritik sich im wesentlichen strukturieren läßt in zwei Schritte: einmal in eine *destruktive* Phase, in der überlieferte Vorstellungen (z. B. über Gott, Mensch, Natur, Grundlagen der Erkenntnis, der Moral oder des Rechts) analysiert, auf ihren Wahrheitsgehalt hin geprüft und beurteilt werden; daran anschließend eine *konstruktive* Phase, in der ein systematischer Neuaufbau von Orientierungen des Denkens und Handelns versucht wird, die dem Anspruch der Rationalität und Vernünftigkeit genügen. Die von Hoffnung auf Fortschritt geleitete Auseinandersetzung mit Überliefertem ist methodisches Grundprinzip jeder Art von ↑Aufklärung. Als Grundvoraussetzung solcher Leistungen des Unterscheidens und Beurteilens galt (von Aristoteles bis in den Humanismus) eine umfassende, universale Bildung. Unter dem (aufklärerischen) Primat der Kritik zu philosophieren, beinhaltet Übereinstimmung in der methodologischen Grundintention, den Autoritätsansprüchen z. B. von Kirche, Staat, aber auch der Wissenschaften, mit dem Selbstbewußtsein einer zur Selbständigkeit fähigen Vernünftigkeit entgegenzutreten, muß aber deshalb nicht schon zu Übereinstimmungen in inhaltlich-systematischen

Fragen führen. Als historisch früheste Form philosophischer Kritik gilt die Fragetechnik des Sokrates (↑Mäeutik). Platon schildert in seinen Dialogen diese Art der Gesprächsführung als eine Kunst (diakritikè téchnē), Wahres und Sicheres von Falschem, bloß vordergründig Einleuchtendem zu trennen. Gegen Ende des 17. Jahrhunderts versuchte man dann mit dem „Dictionnaire historique et critique" (Herausgeber war Bayle) einen (kritischen) systematischen Neubau des gesamten, damaligen Wissens. Das Beispiel dieses enzyklopädischen Versuches wirkte prägend für das Kritikverständnis bis zum Neuansatz Kants, der unter Kritik nicht mehr ein System, eine Lehre verstand, sondern die Vorbereitung (Propädeutik) einer solchen durch Analyse der Leistungsfähigkeit und Grenzen des Vernunftvermögens. Die methodische Rekonstruierbarkeit der Wissensbildung rückte in den Vordergrund des Interesses und blieb bis zum heutigen Tag bestimmend. Die meisten modernen Kritikbegriffe (z. B. des ↑kritischen Rationalismus, der ↑kritischen Theorie der Frankfurter Schule, aber auch der konstruktiven Wissenschaftstheorie der Erlanger Schule [↑Konstruktivismus]) schließen grundsätzlich an diese Kantische Konzeption und Intention an, obwohl sie in fundamentalen Methodenfragen durchaus unterschiedliche, auch von Kant abweichende Standpunkte einnehmen. Ausgehend von Wittgenstein wurde die Vernunftkritik Kants in der zeitgenössischen Philosophie erweitert und radikalisiert durch eine Kritik der Sprache.

kritischer Rationalismus: von Popper mit seiner Programmschrift „Logik der Forschung" (1935) begründete philosophische Schule, die auf der Grundannahme beruht, daß es nichts absolut Gewisses gibt, sondern alles rational und kritisch überprüft werden muß, da keine Erkenntnis an sich irrtumsfrei ist. Mit dieser Grundannahme versucht der kritische Rationalismus, den Problemen der Begründungsphilosophie – nämlich dem infiniten Regreß, dem logischen Zirkel und dem Abbruch des Begründungsverfahrens – zu entgehen. Anknüpfend an das von Hume aufgezeigte Induktionsproblem (↑Induktion) vertritt nun Popper die Auffassung, daß wissenschaftliche Aussagen nicht durch Beobachtungsaussagen verifiziert werden können. Um wissenschaftliche Aussagen von anderen, z. B. metaphysischen Aussagen abgrenzen zu können, wählt der kritische Rationalismus die Methode der ↑Falsifikation. Eine wissenschaftliche Aussage kann zwar durch Beobachtungen nicht bewiesen werden (da die Beobachtung nur ein Test für die Hypothese, aber kein Beweis ist), aber sie kann im Gegensatz zu metaphysischen Aussagen durch die Beobachtung widerlegt, also falsifiziert werden. Eine Aussage ist dann wissenschaftlich zu nennen, wenn man Bedingungen angeben kann, unter denen man die Aussage als widerlegt ansieht. Um eine Hypothese zu testen, werden aus ihr mit Hilfe der deduktiven Logik singuläre Beobachtungsaussagen abgeleitet. Erweisen sich diese in der Empirie als falsch, so gilt die Theorie als widerlegt. Falsifizierende Experimente sind bei diesem Wissenschaftsbegriff nichts Negatives, da sie wissenschaftlichen Fortschritt möglich machen. Erst wenn falsifizierende Experimente – oder „Anomalien", wie Kuhn sie nennt – aufgetreten sind, wird die bis dahin gültige Theorie revisionsbedürftig und das Forschen nach einer neuen notwendig. Die neue Theorie unterscheidet sich von der alten nicht dadurch, daß sie absolut wahr ist, sondern dadurch, daß sie mehr Phänomene zu erklären vermag. Wissenschaftlicher Fortschritt ist also gleichbedeutend mit der Vergrößerung des Objektbereichs, über den gültige Aussagen gemacht werden können. Auf den ethischen Bereich übertragen, besagt diese Position, daß eine ↑Letztbegründung moralischer Normen nicht möglich ist, da es keine gesicherten Grundannahmen gibt, auf die die Letztbegründung aufgebaut werden kann. Dagegen kann man jedoch einwenden, daß bei dieser Argumentation die Bedingungen, unter denen Erkenntnis überhaupt erst möglich ist, nicht berücksichtigt werden. Aus diesen Bedingungen ergeben sich nämlich allgemeinverbindliche Normen, ohne deren Einhaltung man nicht zu Erkenntnis gelangen kann. – Das Ziel der Politik sieht der kritische Rationalismus darin, durch eine schrittweise Verbesserung konkrete Mißstände zu beheben, und nicht in der Realisierung utopischer Ideale wie z. B. in Platons „Staat".

kritische Theorie: Bezeichnung für die von Philosophen und Gesellschaftstheoretikern, die dem Frankfurter „Institut für Sozialforschung" (gegründet 1923) angehörten oder nahestanden, entwickelte neomarxistische (↑Marxismus) Lehre der sogenannten **Frankfurter Schule.** Kennzeichnend für die kritische Theorie ist eine Verbindung des für die abendländische Philosophie zentralen Vernunftprinzips mit den Ideen der bürgerlichen Revolution (Menschenrechte, Rechtsstaatlichkeit, Demokratie) und den Grundlagen der Marxschen Kapitalismusanalyse. Ihr Gegenstand ist der Kapitalismus, gleichgültig, ob in Gestalt des Faschismus, der bürgerlichrechtsstaatlichen Parteiendemokratie oder der sozialistisch-bürokratischen Parteidiktatur, ihre Intention die Offenlegung und Kritik seiner Ursachen und Folgen. Im Zusammenhang damit stehen die Analyse und Kritik der Funktion der Massenkultur („Kulturindustrie") und die Wissenschaftskritik, v. a. der seit 1961 mit Vertretern des kritischen Rationalismus ausgetragene Werturteilsstreit („Positivismusstreit") in den Sozialwissenschaften. Zentrum der Theorien der Frankfurter Schule ist die Kritik der ↑instrumentellen Vernunft und der Aufweis einer „Dialektik der Aufklärung" (so der Titel des 1947 erschienenen, von Horkheimer und Adorno gemeinsam verfaßten Hauptwerks der kritischen Theorie), d. h. die Kritik der im Zuge der abendländischen Aufklärung, verstanden als fortschreitende theoretische Entmythologisierung und praktische Naturbeherrschung im Dienste der menschlichen Selbsterhaltung, sich zeigenden Selbstbeschränkung der Vernunft auf Zweckrationalität. Diese Verabsolutierung des kognitiv-instrumentellen Vernunftaspekts zu Lasten des moralisch-praktischen und des ästhetisch-expressiven muß nach Auffassung der kritischen Theorie letztlich zur Katastrophe, d. h. zur Selbstzerstörung führen. Hauptvertreter der kritischen Theorie sind neben Horkheimer und Adorno Marcuse, Löwenthal und – im weiteren Umkreis – Benjamin und Fromm. Die kritische Theorie gewann seit den 60er Jahren weitreichenden Einfluß auf die sozialwissenschaftliche Theoriediskussion sowie auf die theoretische und politische Orientierung der „Neuen Linken" während der Studentenrevolte. Seit den 70er Jahren arbeitet Habermas, die Intentionen der Frankfurter Schule selbst kritisch aufnehmend, eine „Theorie des kommunikativen Handelns" (↑Diskurs) aus. Heute wird die kritische Theorie auch in den angelsächsischen Ländern als Alternative zum kritischen Rationalismus, zur analytischen Philosophie und zu den am Szientismus orientierten Sozialwissenschaften ernstgenommen.

Kritizismus [zu ↑Kritik]: ein von Kant selbst eingeführter, aber selten verwendeter Terminus, der im weiteren Sinne zur Bezeichnung all derjenigen philosophischen Ansätze benutzt werden kann, denen die methodische Grundhaltung gemeinsam ist, mit der Entwicklung eines eigenen philosophischen Systems auch dessen Bedingungen und Voraussetzungen, Umfang und Grenzen herausarbeiten zu wollen. Die Realisierung einer derartigen Grundhaltung versuchte erstmals Kant selbst in seinen drei „Kritiken" (der reinen Vernunft, der praktischen Vernunft und der Urteilskraft). Deshalb meint der Terminus im engeren Sinne nur die von Kant – insbesondere in der „Kritik der reinen Vernunft" – entwickelte Lehre und Methode. Kants Weg war dabei von der Intention geprägt, zwei – bis dahin durchaus übliche – Extrempositionen zu vermeiden, die ihm beide als schlimme Verfehlungen dessen galten, was Philosophie sein kann und leisten soll: Auf der einen Seite wollte er nicht in den Fehler eines ↑Dogmatismus verfallen, unkritisch und spekulativ Systeme zu errichten, ohne recht auf die Fundamente des Bauwerks zu achten, auf der anderen Seite war er daran interessiert, die Möglichkeit objektiver Erkenntnis nicht völlig preisgeben zu müssen und damit den Standpunkt eines (mehr oder minder radikalen) ↑Skeptizismus einzunehmen. Kants Kritizismus besteht nun darin, über eine Klärung derjenigen Elemente, die nicht durch Erfahrung begründet werden können, sondern in der Erfahrung bereits benutzt oder unterstellt werden, den Bereich möglicher Erfahrung aufzuzeigen und die prinzipielle Verläßlichkeit von Erfahrungswissen nachzuweisen. Die Pointe seiner kritizistischen Erkenntnistheorie beruht dabei wesentlich auf der Idee, daß Gegenstände, wie sie für Erkenntnisprozesse verwertbar sind, vom Erkenntnissubjekt selbst durch eine Angleichung (Assimilation) der Umweltreize an seine kognitiven Strukturen allererst „erschaffen" oder produziert werden. Der Erkenntnisgegenstand wird also zusammengesetzt (konstituiert) aus Elementen wie Raum und Zeit, Größe, Farbe, Schwere usw., und die isolierenden, ordnenden, strukturierenden Fähigkeiten von Verstand und Vernunft dürfen als Bedingungen der Möglichkeit der Gegenstände selbst wie der Erkenntnis von ihnen gelten (sie sind konstitutiv für Erfahrung), d.h. Kants Argument für die Möglichkeit von Erfahrung ist ein konstruktives; Möglichkeiten wie Grenzen der Erkenntnis bestimmen einander wechselseitig durch das, was für Vernunft und Verstand konstruierbar (bzw. nicht konstruierbar) ist. Fichte entwickelt diesen konstruktivistischen Ansatz weiter, indem er die Welt insgesamt allein aus dem Bewußtsein entstehen läßt.

Kultur [lateinisch „Bearbeitung (des Ackers), (geistige) Pflege, Ausbildung"]: allgemein die Gesamtheit der Leistungen und Orientierungen, die der Mensch aus den ihm gegebenen Fähigkeiten in Auseinandersetzung mit seiner Umwelt hervorbringt und die seine Natur fortentwickeln, veredeln und überschreiten. Im einzelnen ist die Frage nach einer adäquaten Bestimmung unter verschiedenen Rahmenbedingungen (z.B. unter Abgrenzung verschiedener geographischer Regionen oder geschichtlicher Epochen wie „Kultur des Abendlandes" oder „Kultur der Antike") und mit unterschiedlichen Zielsetzungen (deskriptiv oder normativ) gestellt und beantwortet worden. Es lassen sich daher verschiedene Typen eines Kulturverständnisses unterscheiden. 1. Kultur als menschliche Tätigkeit überhaupt, mithin als Inbegriff aller Lebensbekundungen, Leistungen und Werte des Menschen (Religion, Sprache, Kunst, Wissenschaft u.a.). – 2. Kultur als Prozeß oder Zustand sittlicher Reflexion (von einzelnen Individuen wie von Gruppen oder ganzen Gesellschaften), also auch als System von Normen, das die Mitglieder einer Gesellschaft ihren Zielen und Handlungen als Richtschnur zugrundelegen. – 3. Kultur als Stufe oder Ziel im Verlauf einer Höherentwicklung der Menschheit. – 4. Kultur als die verschiedenen Bereiche menschlicher Lebensvollzüge oder Verhaltensweisen, die von einzelnen oder von Kollektiven als besonders „wertvoll" eingestuft werden (als Kultur der Bildung, der Sittlichkeit oder des technisch-wissenschaftlichen Handelns). – Die lateinische Wurzel des Ausdrucks hat offenkundig metaphorische Bedeutung: Bildhaft wird der Vorgang der „agricultura“, der „Pflege des Bodens“, auf die „cultura animi“, die „Pflege der Seele“, übertragen. Bis ins 18. Jahrhundert wird Kultur in diesem Sinne umfassend als die Ausbildung der leiblichen, seelischen und geistigen Fähigkeiten verstanden. Zu einem eigenen Thema im Umfeld philosophischer Bemühungen wird Kultur erst mit der Entstehung einer Geschichtsphilosophie, in der der Naturgeschichte eine Kulturgeschichte gegenübergestellt wird. Kant definiert Kultur in seiner „Kritik der Urteilskraft“ als die „Hervorbringung der Tauglichkeit eines vernünftigen Wesens zu beliebigen Zwecken überhaupt“. Diese „Hervorbringung“ besteht in einer schrittweisen Entwicklung der geistigen, seelischen und leiblichen „Naturkräfte“ des Menschen aus ihrer natürlichen „Rohigkeit“, in der sie den Menschen beherrschen, zu einem Zustand, in dem der Mensch sie beherrscht. Diese Kulturauffassung betont die Anlage des Menschen, sich unabhängig von seinen natürlichen Neigungen die Regeln und Ziele seines Handelns selbst frei und verantwortlich setzen zu können (↑Autonomie/Heteronomie). Ziel des autonomen Wollens ist nach Kant, einen Zustand herbeizuführen, in dem die Anerkennung eines jeden einzelnen als eines autonomen Vernunftwesens zu einem Prinzip erhoben wird, das bei der Regelung des Handelns respektiert wird, den Zustand einer allgemein praktizierten Moralität; er kann nur das Produkt einer nach Begriffen des Menschenrechts geordneten Staatsverfassung sein. – Im Unterschied zu der normativen Konzeption Kants entwickelt Herder einen Kulturbegriff, in dem die faktische Entwicklung nicht kritisch beurteilt, sondern beschrieben und aus ihren eigenen Prinzipien verstanden werden soll. Die Kategorien zur Bestimmung von Kultur sucht er durch Vergleiche mit der Natur, dem Wachsen, Blühen, Fruchtbringen und Vergehen in der Natur zu gewinnen: Die Kultur ist als „höhere Natur“ nichts, was vom Menschen planmäßig bewirkt worden ist, sondern in der Geschichte der Menschheit gewachsen, und zwar als Lebensform von Völkern, in denen sich die allgemein menschliche ↑Humanität entfaltet. Kultur wird damit nicht Individuen, sondern Völkern bzw. der Menschheit insgesamt zugeordnet. Im vollen Sinne ist sie die Blüte im Dasein eines Volkes, d.h. die höchste Stufe der Entfaltung von Humanität, die wie die Blüte einer Pflanze allerdings auch wieder vergehen kann. – Die Diskussionen um den Kulturbegriff zeigen in der Folgezeit zwei Tendenzen: Zum einen ist man bemüht, Kultur als einen wissenschaftlich zugänglichen Gegenstand zu begreifen. Dies ist der Versuch, in der Kultur eines Volkes bzw. einer Gesellschaft das System der Ordnungs- und Deutungsformen zu erkennen, mit denen dieses Volk bzw. diese Gesellschaft die Geschehnisse der Welt interpretierend in Sinnzusammenhänge einordnet. Diese Formen rationaler oder emotionaler Strukturierung sollen auf ihre Prinzipien und Leistungen hin untersucht werden können. Im Bereich der Soziologie ist durch Malinowski ein stärker handlungsbezogener Kulturbegriff entwickelt worden. Danach besteht die Kultur einer Gesellschaft in dem Normensystem, das im Handeln der Menschen befolgt wird. Eine Theorie der Kultur hat die Aufgabe, nach den Gründen für Entstehung, Erhaltung oder Veränderung solcher Normensysteme und nach ihrer handlungsleitenden Rolle zu fragen. – Zum anderen ist versucht worden, Kultur als ethisch-politische Instanz zu begreifen; unter dem Begriff sucht man – v.a. im Unterschied zu dem der „Zivilisation“ –, einen Katalog von Werten zu beschwören, die als Errungenschaften einer Gesellschaft angesehen und daher als unverzichtbar bezeichnet werden. Der Kultur als geistigem inneren Phänomen wird die Zivilisation als bloß materielle, äußere Erscheinung gegenübergestellt. In dieser Verwendung hat der Kulturbegriff weitgehend an Konturen verloren und ist wissenschaftlich bedeutungslos geworden.

Kulturwissenschaften: bisweilen gebrauchter wissenschaftstheoretischer Terminus für und in Konkurrenz zu ↑Geisteswissenschaften.

Kunst: auf die Problematik einer Bestimmung dessen, was Kunst sei, weist Adorno in seiner „Ästhetischen Theorie" (1970) hin: „Kunst hat ihren Begriff in der geschichtlich sich verändernden Konstellation von Momenten; er sperrt sich der Definition." Gebilde einer bestimmten Lebenspraxis, z. B. Höhlenmalereien, die magischen Jagdvorbereitungen dienten, oder Altartafelbilder der Passion Christi zur Unterweisung der Gläubigen, gewinnen für uns Kunstcharakter; Werke, die wegen der Neuheit ihres Stils einmal als Kunst galten, können für uns Kitsch geworden sein, wie z. B. bestimmte Bilder des Symbolismus. – Nach Habermas ist Kunst einer der Handlungsbereiche, die sich im Zuge des neuzeitlichen Rationalisierungsprozesses innerhalb der Kultur ausdifferenziert haben und grundlegenden rationalen Weltbezügen des Menschen entsprechen. Der Kunst und Kunstkritik liegt der ästhetisch-expressive Bezug auf die jedem Individuum privilegiert zugängliche subjektive Innenwelt zugrunde. „Rational" heißen diese Weltbezüge, da jede ihrer Hervorbringungen einen Geltungsanspruch erhebt, der argumentativ kritisierbar (widerlegbar bzw. bewährbar) ist (↑Diskurs): Kunstwerke erheben einen Schönheits- bzw. (als moderne Kunst) Authentizitätsanspruch. Im Kunstwerk gestaltet der Künstler eine im Lichte einer bestimmten Bedürfnisinterpretation, Werthaltung, Sensibilität gemachte subjektive und zugleich für exemplarisch gehaltene Welterfahrung auf eine möglichst angemessene Art (angemessen im Hinblick auf die Wahl der Darstellungstechnik, Durchdringung von Form und Inhalt, Verdeutlichung der Aussageabsicht u. a.), um sie anderen mitzuteilen. – Das Kunstwerk als Kommunikationsmedium ist ein komplexes Zeichengebilde. Die Ausdrucksseiten der Kunstzeichen können aus den verschiedensten Materialien bestehen, soweit sie durch Sehen oder Hören wahrzunehmen sind; die Zeichen können den unterschiedlichsten Zeichenarten angehören (z. B. Wörter, Töne, Farben, Gebärden); es kann sich um konventionelle oder ikonische Zeichen (die Ausdrucksseite ähnelt dem bezeichneten Gegenstand, z. B. Strichmännchen) handeln. Manche Kunstgattungen – als solche werden bezeichnet: bildende Kunst (Bildhauerei, Malerei, u. U. Architektur), Musik, Literatur, darstellende Künste (Film, Theater, Ballett u. a.) – werden gerade durch eine spezifische Vereinigung mehrerer Zeichenarten konstituiert (z. B. Film, Oper). Ein Zeichen muß nicht unbedingt einen Referenten (d. h. ein sinnlich wahrnehmbares, in der Realität aufweisbares Ding) haben, den es bezeichnet. Das macht den Scheincharakter oder die Fiktionalität der Kunstwerke aus, und darin liegt die Chance der Kunst begründet, der Realität (z. B. in satirischer Übertreibung) den Spiegel vorzuhalten oder einen utopischen Gegenentwurf zu bieten, sie nachzuahmen, zu verklären, zu entlarven oder ihr in eine Phantasiewelt zu entfliehen. Als Wirklichkeitsentwürfe aber bedürfen Kunstwerke der Interpretation: Um eine bisher nicht bekannte Wirklichkeit sichtbar zu machen, das Gewohnte in anderem Licht erscheinen zu lassen, müssen Künstler immer neue Zeichen, Formen und Verfahrensweisen finden und verwenden (z. B. die absoluten Metaphern in moderner Lyrik), die von den Rezipienten oft nicht unmittelbar verstanden werden können, sondern eine begriffliche Interpretationsanstrengung erfordern. – Von der Antike bis ins Mittelalter werden die schönen Künste nicht streng vom Handwerk und den verschiedenen Wissensgebieten getrennt. Man unterscheidet die Artes mechanicae (lateinisch „mechanische Künste") der Handarbeit (zu ihnen zählen z. B. auch Bildhauerei und Malerei) von den Septem artes liberales (lateinisch „sieben freie Künste"), die allein auf Kopfarbeit beruhen, (nämlich Grammatik, Rhetorik unter Einschluß der Literatur, Dialektik bzw. Logik, Arithmetik, Geometrie, Astronomie, Musik). Mit der allmählichen Ablösung der feudalen durch die bürgerliche Gesellschaftsordnung seit der Renaissance verstärkt sich der Autonomieanspruch der Kunst, d. h. das Streben nach Unabhängigkeit von lebenspraktischen Zwecken, wie z. B. Unterhaltung der höfischen Gesellschaft oder Illustration christlicher Glaubensinhalte. Die Künstler treten aus der Anonymität heraus, beginnen sich als Originalgenies zu fühlen und lehnen immer häufiger die Anstellung an einem Fürstenhof ab, um ihre Werke selbst auf dem „Markt" anzubieten. Gleichzeitig differenzieren sich Wissenschaft und Technik, Recht und Moral, Kunst und Kunstkritik als selbständige Kultursphären aus. Seither werden die technisch-instrumentalen Künste (z. B. Heil-, Fecht-, Koch-, Liebeskunst) streng von den schönen Künsten (als Gegenstand der ↑Ästhetik bzw. Philosophie der Kunst) unterschieden. Nach dem Verfall des Ideals der ↑Schönheit in der Kunst der Moderne, das durch den Anspruch auf Authentizität abgelöst wird, zeigen die Kunstwerke Tendenzen zur Problematisierung der Grenzen zwischen Kunst und Realität einerseits, zur kompromißlosen Reduktion und dem „Ideal der Schwärze" (Adorno) andererseits. Zum erstenmal in der Geschichte der Kunst scheint heute ihre Weiterentwicklung fraglich, ihr Ende absehbar zu sein.

Kyniker [zu griechisch kynikós „hundemäßig"]: eine auf den Sokrates-Schüler Antisthenes zurückgehende antike Philosophenschule, als deren Begründer im engeren Sinne Diogenes von Sinope gilt. Diogenes trug den Beinamen „Hund" (griechisch kýōn), weil er – wie ein Hund (heute würde man sagen: wie ein Schwein) – ohne jeden Anstand und ohne Rücksichtnahme auf gesellschaftliche Konventionen in der Öffentlichkeit aufgetreten sein soll, und gab so seinen Anhängern und Schülern den Namen. Schriftliche Zeugnisse der Kyniker selbst sind kaum überliefert, aber viele anekdotenhaften Geschichten erzählen von einem angeblich unmöglichen Treiben dieser frühen „Aussteiger" aus der Kultur (ihrer Zeit). Mit solcherart provokatorischer, das Schamgefühl (der Zeitgenossen) verletzender Lebensweise beabsichtigten die Kyniker offensichtlich, ihrer Kritik an herrschenden Sitten, gesellschaftlichen Institutionen (z. B. der Ehe), unreflektierten Konventionen (z. B. Höflichkeit und Anstand), an der Religion und ihrem Einfluß auf das öffentliche wie private Leben durch die Tat Ausdruck zu verleihen. Ihre kulturverneinende, chaotisch anmutende Lebensweise hatte aber einen durchaus philosophischen, systematisch-geordneten Hintergrund: Von Sokrates (über Antisthenes) übernahmen die Kyniker eine wichtige und fundamentale Wertung. Das zentrale Problem der Philosophie sei die Frage nach dem sogenannten „guten Leben". „Gut" aber hatte nach kynischer Meinung nur derjenige gelebt, der sein Leben glücklich gestaltet hatte (↑Eudämonismus). Damit war das oberste Ziel der Philosophie wie des Lebens bestimmt. Alle weiteren Denkschritte betreffen die inhaltliche Konkretisierung und die Realisierbarkeit dieses Programms des „guten Lebens": Glücklich zu leben sollte darin bestehen, nach Selbstverwirklichung und nach (unerschütterlicher) Seelenruhe zu streben. Beides schien nur erreichbar über ein größtmögliches Maß an (innerer und äußerer) Unabhängigkeit und Selbstgenügsamkeit (↑Autarkie). Der Freiheit zur Selbstverwirklichung aber schienen v. a. drei Hindernisse entgegenzustehen: Angst

(z. B. vor Schicksalsschlägen wie plötzlicher Armut oder schweren körperlichen Gebrechen) macht unfrei; Bedürfnisse und Begierden (z. B. nach Ehre oder Reichtum) lassen Abhängigkeitsverhältnisse entstehen; Unwissenheit hält gefangen. All diesen Faktoren der Unfreiheit gilt es nach kynischer Ansicht, durch Übung größtmöglicher Enthaltsamkeit in körperlicher wie geistiger Hinsicht (Askese) entgegenzuwirken, um durch eine Reduzierung der Bedürfnisse auf ein natürliches Maß Unempfindlichkeit und Abhärtung zu erreichen. Das Ideal eines natürlichen, d. h. in diesem Fall bedürfnislosen, Lebens führte also zum Kulturgüter und -werte ablehnenden Leben; die Kyniker sollen als besitz- und heimatlose Wanderprediger und Bettler umhergezogen sein.

L

Leben: Grundbegriff der Biologie und der Philosophie. Allen Lebewesen sind folgende *Merkmale des Lebens* eigen: 1. Stoffwechsel; 2. Fortpflanzung; 3. Vererbung; 4. Veränderung der genetischen Information (Mutation, Faktorenaustausch); 5. Aufbau aus einer oder mehreren Zellen; 6. Besitz bestimmter Strukturen (Organellen) innerhalb der Zellen; 7. Reizbarkeit. – Das menschliche Leben in der Natur und den Institutionen ist bis heute primärer Gegenstand der Philosophie. Für Aristoteles ist Leben, das er auch „Seele" nennt, eine Entelechie, d. h. etwas, das sein Ziel in sich selbst hat und deshalb Selbstsein, Selbstbewegung ist und insofern weder anfangen noch aufhören kann. Das Leben, die Seele, ist also unsterblich und steht damit im Gegensatz zum Tod. Augustinus identifiziert die individuelle Seele (das Leben) mit dem denkenden Individuum und bildet somit erste Ansätze einer philosophischen Psychologie. Das individuelle Leben steht im Gegensatz zu allem anderen und ist doch gleichzeitig der Ort der Verbindung von denkendem Individuum und göttlichem Prinzip des Lebens. Die genaue Abgrenzung zwischen Einzelleben und göttlichem Leben gelingt Augustinus jedoch nicht. Diese Lücke wird in der mittelalterlichen Scholastik durch religiöse Glaubenssätze, etwa der Schöpfungslehre, wenn nicht philosophisch, so doch theologisch geschlossen. Die neuzeitliche Metaphysik gewinnt zunächst durch die Ausarbeitung des Gegensatzpaares (↑Dualismus) von Materie und Geist (↑Leib-Seele-Problem) und durch spätere Überwindungsversuche in entweder mechanistische (↑Mechanismus) oder vitalistische Positionen (↑Vitalismus) ihr charakteristisches Profil. Nach *mechanistischer* Auffassung ist Leben ein rein mechanisch erklärbarer materieller Prozeß (Maschinentheorie des Lebens). Diese Auffassung wird im 19. Jahrhundert im Zuge der Entwicklung der Chemie durch physikalisch-chemische Theorien modifiziert, in denen Leben als Summe von gesteuerten chemischen Reaktionen angesehen wird und die räumliche Anordnung dieser Prozesse in den Zellen ein wesentliches zusätzliches Organisationsprinzip darstellt. Der gegen mechanistisch-materialistische Theorien des 19. Jahrhunderts gerichtete *Vitalismus* (Driesch) sucht demgegenüber im Rückgriff auf den aristotelischen Begriff der ↑Entelechie den Nachweis einer die biologischen Prozesse steuernden, in ihnen selbst enthaltenen Zielgerichtetheit (↑Teleologie) zu erbringen. Diesen Bemühungen um eine einheitliche naturwissenschaftliche Theorie des Lebens wird wiederum durch die ↑Lebensphilosophie widersprochen. – Da menschliches Leben sich v. a. in Handlungen äußert, die an Werten orientiert sind, die sich der Mensch entweder autonom setzt oder aus gegebenen frei wählt, umfaßt die philosophisch- und theologisch-ethische Frage nach dem *Wert des Lebens* den gesamten Bereich der Sittlichkeit und Weltanschauung. Wohl allen ethischen Systemen gemeinsam ist heute die Vorstellung, daß das Leben das höchste Gut des Menschen und somit prinzipiell unantastbar ist.

Leben, gutes ↑gutes Leben.

Lebensformen: Grundbegriff von Anthropologie und Ethik. In beschreibender (deskriptiver) Hinsicht wird „Lebensform" für die grundlegenden und in allen Kulturen vorkommenden Formen des menschlichen Lebens gebraucht, aber auch für eine Vielzahl menschlicher Sitten, Gebräuche, Institutionen, Regeln, Traditionen, Zeremonien und Riten. Die wertende (normative) Verwendung von „Lebensform" erhebt bestimmte praktische Einstellungen zum Leben im ganzen zum Ideal (z. B. das gute und vernünftige Leben), wobei dann oft *eine* bestimmte Lebensform als moralische Richtschnur des praktischen Handelns ausgezeichnet wird. – Bereits Platon nennt die Gesamtorientierungen unterschiedlicher gesellschaftlicher Stände „Lebensmuster". Er führt sie auf die menschlichen Grundvermögen Erkenntnis, Wille und Begehren zurück. So ergeben sich das *theoretische* (philosophische) und das *praktische* (politisch-soziale) Leben sowie das auf Gewinn und Genuß ausgerichtete *hedonistische* Leben (↑Hedonismus). Das „theoretische Leben" als Aufschwung zur Schau der ↑Idee des Guten ist die höchste der Lebensformen; bei Aristoteles nimmt es als zweckfreies Anschauen des Ewigen und Göttlichen den höchsten Rang ein und ist als Weisheit göttlicher Natur. Cicero nennt die ruhige und maßvolle Lebensführung die ethisch auszuzeichnende Lebensform. Für Augustinus erhält das Leben des Gläubigen die richtige Form durch die Nachahmung des mit Christi Leben gegebenen Vorbildes („imitatio Christi"). Durch Entdeckungsreisen angeregt, thematisiert die Aufklärung die Vielfalt geschichtlicher Kulturen und stellt die Wertungsfrage angesichts „wilder" (z. B. Rousseau) bzw. hochentwickelter (z. B. Voltaire) Lebensformen, womit sich die Relativierung der eigenen Lebensform verbindet. Im Lauf des 19. Jahrhunderts wird der Begriff der Lebensform zu einem Grundbegriff der philosophischen Anthropologie und der Kulturwissenschaften. – Systematische Erweiterungen und Präzisierungen des Konzepts der Lebensform finden sich zunächst in der theologischen ↑Hermeneutik, die die literarischen Formen biblischer Texte auf ihren (meist kultisch-rituellen) „Sitz im Leben" hin analysiert und sie so aus ihrer ursprünglichen Einbettung in Gebrauchssituationen verstehbar macht. Eine zentrale Rolle spielt der Begriff der Lebensform in Schütz' Versuch einer Fundierung der Soziologie in der vorwissenschaftlichen ↑Lebenswelt. Schütz unterscheidet sechs Lebensformen als „Beziehungen des Ich zur Welt": Dauer, Gedächtnis, Handeln, Du-Bezug, Rede und begriffliches Denken. In der [sprach]analytischen Philosophie (Wittgenstein) steht die Rede von Lebensformen im Dienst der Sprachkritik (↑Sprachanalyse, ↑Sprachphilosophie). Bereits in Wittgensteins erstem Hauptwerk, dem „Tractatus logico-philosophicus" (1922), bedeuten die Formen meiner Sprache die Form meiner Welt bzw. meines Lebens, und auch die „Offenbarung Gottes" geschieht nicht *im* Leben, sondern bedeutet, daß das Leben als ganzes eine andere Form gewinnt. In den späteren „Philosophischen Untersuchungen" sind Lebensformen notwendige Möglichkeitsbedingungen für Sinn und Bedeutung von Sprache überhaupt. In diesem Sinne sind sie das „Letzte" und „Gegebene" hinsichtlich allen Verstehens und aller Rechtfertigungen und Begründungen.

Lebensphilosophie: auf Schlegel zurückgehende Sammelbezeichnung für Philosophien des 19. und 20.

Jahrhunderts, die gegen die Selbstgewißheit der Vernunft und der Fähigkeit zur Selbstreflexion in Rationalismus, Aufklärung und deutschem Idealismus unter Betonung des Organischen, Emotionalen und Intuitiven das ↑Leben als schöpferische Potenz wie auch als ↑Erleben zur Grundlage des Bewußtseins erhoben. In diesem Sinne befaßt sich die Lebensphilosophie nicht theoretisch mit dem Leben, sondern stellt eine Haltung dar, die den Glauben an den „Aufbau der Philosophie aus reiner Vernunft" verloren hat und die „Lebenswirklichkeit" dem „bloßen Denken" (Bollnow) gegenüberstellt. Als „Protest des Lebens gegen den Geist" (Heinemann) verzichtet die Lebensphilosophie auf eine eigene methodische Fundierung; sie macht vielmehr gegen begriffliche Ordnungen eine tiefere Schicht des Gefühls oder der Triebe geltend, womit gleichzeitig die Einheit und Ganzheit des Lebens gegen die „Auflösung" des Menschen in den mechanistisch orientierten Wissenschaften und der Technik behauptet werden soll. – Die bedeutendsten Vertreter der Lebensphilosophie waren in Frankreich Bergson, in Deutschland Dilthey, für den die Erkenntnismöglichkeit für das „vom Menschen gelebte Leben" im „Erleben" und nachvollziehenden „Einfühlen" liegt.

Lebenswelt: zusammenfassende Bezeichnung für alle Formen vorwissenschaftlicher Welterfahrung in Abgrenzung zur theoretisch bestimmten wissenschaftlichen Weltsicht. Die Lebenswelt ist die konkrete Umwelt, auf die jeder Mensch durch Tun und Leiden bezogen ist. Erst wenn diese *konstituiert,* wenn eine „natürliche Einstellung" zur Welt erworben wurde, wird Wissenschaft überhaupt möglich. Besonders wichtig ist der Begriff Lebenswelt in der ↑Phänomenologie Husserls und im ↑Konstruktivismus (↑auch Lebensformen).

Legalität/Legitimität [zu lateinisch legalis „gesetzlich, dem Gesetz entsprechend" und legitimus „rechtmäßig, gebührend, schicklich"]: Begriffspaar, das v. a. in der Staatsphilosophie und der Ethik von Bedeutung ist. Während es sich in der Ethik auf Handlungen von Individuen bezieht, wird es in der Staatsphilosophie auf politische Herrschaftsakte angewandt. Ein politischer Herrschaftsakt ist dann *legal,* wenn er gegen keine gültigen Verfahrensvorschriften und Gesetze verstößt; hierbei wird also nur die äußere Entsprechung mit gegebenen Gesetzen berücksichtigt. Legalität ist notwendig, um 1. eine gesetzliche Grundlage für das Handeln staatlicher Organe zu schaffen und damit staatlicher Willkür vorzubeugen, 2. Konflikte auf eine friedliche Weise regeln zu können, 3. Rechtssicherheit zu gewährleisten. Legalität allein reicht jedoch nicht zur Rechtfertigung politischer Herrschaftsakte, da diese auch nach inhaltlichen Kriterien bewertet werden. Auch auf legale Weise zustandegekommene Gesetze oder Gesetzesänderungen können als ungerecht empfunden werden. Um als gerechtfertigt gelten zu können, müssen politische Herrschaftsakte also nicht nur legal, sondern auch *legitim* sein. Bei der Frage nach der Legitimität eines politischen Herrschaftsakts werden dessen Inhalt und Folgen auf ihre ethische ↑Rechtfertigung überprüft. Er ist dann als legitim anzusehen, wenn er grundsätzlich vor allen Menschen vernünftig zu rechtfertigen ist, nicht gegen die Würde des Menschen verstößt und keinen allgemeinverbindlichen Normen widerspricht. – Entsprechend dem staatsphilosophischen Aspekt gilt in der Ethik, daß eine Handlung, die gültigen Gesetzen entspricht, als legal zu bezeichnen ist, und eine Handlung sowie die ihr zugrundeliegende Norm legitim sind, wenn sie vor allen Menschen vernünftig zu rechtfertigen sind. Legalität bezieht sich also auch hier auf die äußere Rechtfertigung, während bei der Frage nach der Legitimität einer Handlung die sittlich orientierte

Motivation bewertet wird. Diese Unterscheidung wurde von Kant durch das Begriffspaar „Legalität/Moralität" (= Legitimität) eingeführt.

Leib-Seele-Problem: ausgehend von der Feststellung, daß Leib (Körper) und Seele (Geist, Bewußtsein) im lebendigen Menschen eine Verbindung eingegangen sind, stellt sich seit der antiken Philosophie, in der Neuzeit verschärft durch den dualistischen (↑Dualismus) Aufbau der Wirklichkeit bei Descartes, das Problem, wie in dieser Verbindung das Verhältnis von Leib und Seele zu denken ist. In der Tradition der bisherigen Lösungsversuche lassen sich dualistische, monistische und auch sprachkritische Positionen unterscheiden. Die *dualistischen* Lösungsversuche des Leib-Seele-Problems fassen, angeregt durch Descartes, Leib und Seele als zwei verschiedene Substanzen (↑Res cogitans/Res extensa), die entweder organisch vermittelt über die Zirbeldrüse (Hypophyse) miteinander in Wechselwirkung stehen *(Interaktionismus),* oder sie erklären, wie z. B. Geulincx und Malebranche, das Problem einer physischen Verbindung und kausalen Wechselwirkung zwischen körperlicher und seelisch-geistiger Substanz durch „gelegentliche" göttliche Eingriffe (↑Okkasionalismus) bzw. eine durch Gott bewirkte andauernde Korrespondenz beider Substanzen. Dualistisch ist auch die Lösung Spinozas, der Leib und Seele als Attribute einer göttlichen Substanz deutet: Jeder Zustand dieser Substanz hat einen parallelen körperlichen und geistigen Ausdruck, ohne daß zwischen beiden eine kausale Beziehung bestünde (psychophysischer Parallelismus). – Von diesen Positionen wird allein der Interaktionismus bis heute vertreten (z. B. von Popper und Eccles). – Den *monistischen* Erklärungen ist gemeinsam, daß sie das Leib-Seele-Problem entschärfen, indem sie es auf einen der beiden Pole hin reduzieren. Der von Berkeley vertretene *Immaterialismus* ist eine *idealistische* Reduktion (↑Idealismus): Er leugnet die Materialität der Außenwelt einschließlich der menschlichen Körper und bringt damit das Problem zum Verschwinden. Demgegenüber stehen die *physikalistischen* bzw. *materialistischen* Reduktionen, die entweder, an der Physik orientiert, nur solche Ausdrücke zulassen, die Eigenschaften von Körpern darstellen, oder die Existenz nicht-materieller Gegenstände und Ereignisse gänzlich leugnen. Beispiele für physikalistische bzw. materialistische Reduktionen sind der *Behaviorismus,* demzufolge sich die Psychologie als Wissenschaft nur dem objektiv beobachtbaren und meßbaren Verhalten (englisch behavior) unter wechselnden Umweltbedingungen und unter ausschließlicher Verwendung der naturwissenschaftlichen Beschreibungskategorien zuzuwenden habe, und die *Identitätstheorie,* die die These vertritt, daß Bewußtseinsphänomene mit Gehirnprozessen identisch sind. – Die ↑analytische Philosophie kommt in *sprachkritischen* Überlegungen zu dem Schluß, daß es sich beim Leib-Seele-Problem wie bei den meisten Problemen der traditionellen Philosophie um ein sogenanntes ↑Scheinproblem handelt. Dem Leib-Seele-Problem liegt nach Ryle ein philosophischer Irrtum zugrunde, der für die Unlösbarkeit des Problems verantwortlich ist und in einem ↑Kategorienfehler besteht, der Verknüpfung von Aussagen, die nicht derselben Kategorie angehören; so gehört der Leib, nicht aber die Seele, zur Kategorie Res (Ding, Sache).

Leidenschaft: übermäßiges, meist auf ein bestimmtes Objekt gerichtetes Begehren; in der Psychologie kaum verwendete Bezeichnung für Antrieb oder ↑Affekt.

Lẹmma (Mehrzahl Lemmata) [griechisch „Annahme, Vordersatz"]: in Logik und Mathematik Bezeichnung für einen Hilfssatz, dem keine eigenständige Bedeutung zukommt. Die Ausgliederung von Lemmata erhöht die Übersichtlichkeit von Beweisen und Ableitungen. Gelegentlich muß ein noch unvollständiger Beweis durch Hinzunahme eines neuen Lemmas korrekt gemacht werden. Man spricht dann von einem *beweiserzeugenden* Lemma.

Letztbegründung: Bezeichnung für einen besonderen Typ von ↑Begründung, der v. a. in der modernen Diskussion um Normenbegründung (Ethik) und in der Wissenschaftstheorie eine Rolle spielt. Eine Behauptung (Aufforderung) heißt letztbegründet, wenn für sie eine Begründung angegeben wurde, wonach die Forderung nach einer weiteren Begründung sinnvoll nicht mehr erhoben werden kann. Offensichtlich darf es sich hierbei nicht um eine theoretische Begründung handeln, da man solche stets hinterfragen kann (↑auch Dogmatismus). Die Kritiker der Letztbegründung, die meist dem ↑kritischen Rationalismus zuzurechnen sind, stützen sich auf diese Feststellung und behaupten, Begründung sei nur auf diesem Weg möglich und deshalb Letztbegründung unmöglich. Die Befürworter der Letztbegründung, die v. a. in der Frankfurter Schule (↑kritische Theorie) zu finden sind, stellen dem einen pragmatischen Begründungsbegriff entgegen: Wer gegen eine Behauptung argumentiert, sie also mit Gründen bezweifelt, muß, um überhaupt argumentieren zu können, bestimmte Voraussetzungen akzeptieren (z. B. die Geltung von sprachlichen Regeln, Prinzipien der Logik u. a.). An diesen kann er vernünftigerweise nicht zweifeln, da sie ja die Artikulation eines Zweifels erst ermöglichen. Dies ist ein typisches ↑transzendentales – oder genauer, da es sich auf die Sprachpraxis bezieht: transzendentalpragmatisches – Argument. Folgt man diesem Vorschlag, so müssen alle Argumentierenden diejenigen Voraussetzungen als letztbegründet akzeptieren, die die Argumentationsgemeinschaft erst möglich machen (↑auch Diskurs). Ähnlich wird die Lebenswelt („lebensweltliches Apriori“) als Leztbegründungsinstanz der Wissenschaften angesehen.

Liebe: umgangssprachlich und traditionell Ausdruck für eine Vielzahl verschiedenartiger Empfindungen und Gefühle sowie für eine vernunftgeleitete (oder auch vernunftlose) tätige Zuwendung zu Personen oder Dingen. Arten der Liebe werden meist nach der Art ihrer Gegenstände klassifiziert (z. B. Selbstliebe, Nächstenliebe, Feindesliebe, Tierliebe, Vaterlandsliebe, Freiheitsliebe) sowie nach der Art des Verhältnisses zu ihren Gegenständen (z. B. sinnliche Liebe, geistige Liebe, selbstsüchtige Liebe, selbstlose Liebe). Diese naheliegende und gebräuchliche Klassifizierung von Arten der Liebe verwischt aber den Unterschied zwischen Liebe als sinnlicher *Empfindung,* als *Gefühl* und als *ethischer Grundhaltung* (↑Tugend). – 1. Liebes*empfindungen* haben sexuellen Charakter. Sie werden primär hervorgerufen durch Anblicken und Berühren einer anderen Person oder vom Angeblickt- und Berührtwerden durch eine andere Person. Sekundär werden sie hervorgerufen vom Fehlen eines Liebesobjektes (sexuelles Begehren und Verlangen). Empfindungen der Liebe sind gewöhnlich von Gefühlen der Liebe, etwa von Zuneigung, aber auch von Empfindungen unterschiedlicher, also nicht etwa nur sexueller Art begleitet. – 2. *Gefühle* der Liebe sind im Unterschied zu Empfindungen der Liebe ihrer Art nach vielfältig, da sie verschiedenartige Gegenstandsbereiche haben, z. B. die kontemplative Liebe zur Natur, die aktive Liebe, die sich um das Wohlergehen von Menschen usw. sorgt, die religiöse und mystische (↑Mystik) Liebe zu Gott u. a. Die Liebe als Gefühl ist die Wertschätzung eines geliebten Objektes. Durch besondere Aufmerksamkeit (Zuneigung und Hinwendung) zum geliebten Objekt erkennt der Liebende dieses in seiner Individualität an und zeichnet es als (für ihn) einzigartig aus. Diese Wertschätzung und Anerkennung des geliebten Objektes verdankt sich nicht einem Entschluß des Liebenden. Gefühle, insbesondere Gefühle der Liebe, können aber nicht allein deshalb als irrational oder als unmoralisch bezeichnet werden, weil sie nicht auf einem Entschluß beruhen. Als irrational und unmoralisch gilt jedoch eine Liebe, durch die die vernünftige Selbstbestimmung (↑Autonomie/Heteronomie) des Liebenden oder des Geliebten aufgehoben wird. – 3. Die Liebe als *ethische Grundhaltung* ist als der Inbegriff begründeter Moralität anzusehen. Das Liebesgebot ist die Antwort Jesu auf die Frage nach dem wichtigsten Gebot (Markus 12,31; Matthäus 22,40; vgl. Römer 13,8–10). Es findet sich bereits im Alten Testament, als Gebot der Gottesliebe (5. Mose 6,5) und als Gebot der Nächstenliebe (3. Mose 19,18). Im Neuen Testament wird ein Begriff der Erlösung durch Liebe entfaltet. – Das Liebesgebot läßt sich ebenfalls verstehen als eine knappe Formulierung des praktischen Transsubjektivitätsprinzips einer rationalen Ethik, durch das gleicher Abstand zu ↑Egoismus einerseits und zu ↑Altruismus andererseits gehalten wird: Die eigenen ↑Interessen sollen nicht mehr, aber auch nicht weniger als die anderer berücksichtigt werden. Die ↑Selbstliebe ist der Liebe zum Nächsten daher nicht entgegengesetzt, sondern deren Voraussetzung: Der Mensch ist nur dann fähig, andere zu lieben, wenn er sich selbst annehmen kann. Nächstenliebe ist von Altruismus dadurch unterschieden, daß sie nicht, wie dieser, völlige Selbstaufgabe um des fremden Wohles willen verlangt. – Im ↑Mythos und in der Frühzeit philosophischen Denkens tritt die Liebe u. a. als kosmische Kraft auf, die Versöhnung zwischen einander widerstreitenden Prinzipien stiftet. Die wie ein Naturgesetz waltende kosmische Liebe heißt bei Hesiod, Platon und Aristoteles ↑„Eros“. Bei Aristoteles ist jedoch nicht Eros, sondern „Philia“ (Freundschaft) der zentrale Begriff: eine personale Liebe, die auf Gleichheit und Gegenseitigkeit beruht. Die Philia ist eine Tugend. Sie will das Gute für den anderen um des anderen willen. Die Ungleichheit im Verhältnis von Göttern und Menschen schloß nach Überzeugung der Griechen eine Liebesbeziehung aus. Für das jüdische und christliche Verständnis von Liebe ist der Vorrang der Liebe zwischen Gott und den Menschen ausschlaggebend. Diese Liebe wird als tätige Liebe verstanden und nicht als bloßes Begehren. Christliches Urbild der tätigen Liebe ist Gottes Menschwerdung in Jesus und dessen Sterben am Kreuz. Sie wird im Neuen Testament terminologisch als „Agape“ (lateinisch „caritas“) ausgezeichnet und zum Definiens Gottes selbst erhoben: „Wer nicht liebt, hat Gott nicht erkannt; denn Gott ist die Liebe“ (1. Johannes 4,8; vgl. 4,16). Für das Bemühen um eine Vermittlung zwischen platonischem und christlichem Liebesbegriff ist Augustinus am bedeutendsten. Seine scharfe Abgrenzung der Liebe als Begierde und Leidenschaft von der geistigen Liebe bleibt für die christlich geprägte Moral der westlichen Welt bis in die Gegenwart hinein maßgebend.

Logik [zu griechisch logikḗ téchnē „Kunst des Denkens, Vernunftwissenschaft“]: im weitesten Sinn Lehre vom richtigen Denken und Argumentieren, v. a. vom richtigen Schließen, d. h. der Folgerung wahrer Konsequenzen aus wahren Prämissen. Unter der Logik einer Sache versteht man die Gesamtheit der Gesetzmäßigkeiten und Regeln, die für diese Sache von Bedeutung sind; so sprechen Popper z. B. von der „Logik der Forschung“ und Pascal von der „Logik des Herzens“. – Heute wird Logik innerhalb der Philosophie fast ausschließlich im engeren Sinn von **formaler** (auch: symbolischer) **Logik** gebraucht. Das besagt, daß sich die moderne Logik mit denjenigen Schlüssen beschäftigt, die *allein aufgrund der Form* der betrachteten Aussagen richtig sind, z. B.: Aus „Wenn Karl eine ‚Eins‘ oder ‚Zwei‘

schreibt, ist er zufrieden" und „Karl hat eine ‚Eins' geschrieben" darf man auf „Karl ist zufrieden" schließen. Dieser Schluß ist weder abhängig vom Inhalt der einzelnen Aussagen noch davon, ob diese wahr oder falsch sind. Man kann deshalb die Aussagen durch ↑schematische Buchstaben (↑auch Aussagenvariable) ersetzen. Das führt zu der folgenden Form: „Wenn *A* oder *B*, dann *C*. Es gilt *A*. Dann gilt auch *C*." Dabei werden bestimmte Teile der Aussagesätze, nämlich die für die logische Struktur wesentlichen (wenn ..., dann; oder) nicht ersetzt. Man nennt diese ↑Junktoren und führt eigene Symbole für sie ein (↑Aussagenlogik). So erhält man die Kurzform (Aussageschema): $A \vee B \rightarrow C, A \succ C$. Aus diesem Verfahren erklärt sich erneut der Terminus formale Logik: Sie wird formal (mathematisch, symbolisch) genannt, weil sie sich in hohem Maß der *Formalisierung* bedient. Das zweite wichtige Kennzeichen der modernen Logik ist ihre *extensionale Betrachtungsweise* (↑Extension): Sie beschränkt sich auf die Zusammensetzung komplexer Aussagen mit Hilfe solcher Junktoren, bei denen sich der Wahrheitswert der zusammengesetzten Aussage nicht ändert, wenn man eine Teilaussage durch eine andere mit dem gleichen Wahrheitswert ersetzt. Allerdings trifft das nicht für alle Bereiche der Logik zu; so ist z. B. die Modallogik nicht extensional. – Die formale Logik wird oft unterteilt in **mathematische** und **philosophische Logiken.** Unterschieden wird hierbei nach dem Gegenstandsbereich, der betrachtet wird. Im ersten Fall sind das Gebiete, die für die Mathematik interessant sind (z. B. Klassen und Relationen), im zweiten Fall handelt es sich um andere Bereiche (z. B. zeitliche oder modale Beziehungen). Beiden Arten von Logik ist aber gemeinsam, daß sie sich formaler Methoden bedienen. Philosophische, eng mit der Logik verknüpfte Probleme sind u. a.: Wie läßt sich die Gewißheit der Logik erklären? Welcher Natur sind die Prinzipien der Logik? Wie ist das Verhältnis der Logik zur Realität? Wieso läßt sich Logik anwenden? Im 19. Jahrhundert war darüber hinaus die Auseinandersetzung mit dem Psychologismus sehr wichtig, der behauptet, daß den Gesetzen der Logik keine objektive Geltung zukomme, daß sie vielmehr lediglich Gesetze unseres Denkens seien.

Gebiete der Logik: Grundlegend für alle Bereiche der Logik sind die Aussagenlogik und die ↑Prädikatenlogik erster Stufe. Für die Belange der Mathematik ist auch die Prädikatenlogik zweiter Stufe unerläßlich. Läßt man noch höherstufige Prädikationen zu, spricht man von **Stufenlogik.** Nach Art des Zugangs kann man die klassische Aussagen- und Prädikatenlogik (die mit Wahrheitstafeln und einer mengenwertigen ↑Semantik arbeiten: *Satzlogik*) von der ↑dialogischen Logik unterscheiden, die den Argumentationsbegriff und damit das Schließen als Tun in den Vordergrund stellt *(Regellogik).* In beiden Ansätzen ist die Kalkülisierung (↑Kalkül) ein wichtiges Hilfsmittel. – Aus dem Bereich der philosophischen Logiken seien erwähnt: die ↑Modallogik, die ↑deontische Logik und die **temporale Logik** (Zeitlogik), die die zeitliche Abhängigkeit von Aussagen untersucht.

Anwendungen der Logik: Die Techniken der formalen Logik finden bei der Behandlung philosophischer Probleme zunehmend Anwendung. Dies ist nicht zuletzt auf den starken Einfluß der ↑analytischen Philosophie zurückzuführen, deren Sprachanalysen sich bevorzugt logischer Verfahren bedienen. Der ↑Konstruktivismus hat sich zum Ziel gesetzt, nach einer logischen Analyse der Sprache eine neue aufzubauen, die die logische Struktur eindeutig wiedergibt. Umgekehrt ergeben sich interessante logische Fragen in der Wissenschaftstheorie (z. B. aus der Quantenmechanik). Viele Ergebnisse der formalen Logik haben die philosophische Diskussion angeregt,

z. B. die Entdeckung der Antinomien der Mengenlehre (↑ Klasse), der Gödelsche Unvollständigkeitssatz und das Paradoxon von Löwenheim und Skolem. Auch in der Technik (Computer) findet die Logik zunehmend Verwendung.

Geschichte: Die Anfänge der Logik fallen im Westen mit denen der Philosophie zusammen. Schon im Lehrgedicht des Parmenides sind die Prinzipien der Logik angedeutet. Als eigentlicher Begründer der Logik gilt jedoch Aristoteles. Er entwickelte die ↑ Syllogistik, wobei er bereits Gebrauch machte von schematischen Buchstaben. Ein Großteil seiner logischen Schriften ist der Modallogik gewidmet. Im Anschluß an Aristoteles unterschied man drei Teile der Logik: die Lehre vom Begriff, die Lehre vom Urteil und die Lehre vom Schluß. Die beiden ersten werden heute zur ↑ logischen Propädeutik gezählt. Diese Gliederung blieb bis ins 19. Jahrhundert anerkannt. Teile der Aussagenlogik finden sich in der megarischen Schule (5./4. Jahrhundert v. Chr.) und in der ↑ Stoa. Die mittelalterliche Logik bewegte sich ganz in dem von Aristoteles abgesteckten Rahmen. Sie vervollkommnete die Syllogistik. Einen Markstein stellt die Veröffentlichung der Logik von Port-Royal durch Arnauld und Nicole 1662 dar. Leibniz entwickelte den zu seiner Zeit allerdings unbeachteten Begriff des Kalküls. In der 2. Hälfte des 19. Jahrhunderts begann die bis heute anhaltende stürmische Entwicklung der formalen Logik. Den Anstoß gab die erfolgreiche Anwendung mathematischer Methoden in der Logik (v. a. in der Theorie der Relationen durch Boole, De Morgan, Peirce und Schröder – „Algebra der Logik"). Frege schuf ab 1879 die Prädikatenlogik und wird damit zum Begründer der modernen Logik. Ab 1910 erschienen die „Principia mathematica" von Russell und Whitehead, die eine umfangreiche Darstellung der formalen Logik enthalten (↑ Philosophie der Mathematik). In den 30er Jahren unseres Jahrhunderts wurde eine Reihe von bahnbrechenden Entdeckungen gemacht, deren berühmteste der Unvollständigkeitssatz von Gödel ist.

logisch [griechisch]: 1. allgemeinsprachlich svw. einleuchtend, offenkundig, selbstverständlich; 2. Bezeichnung für ein Denken, das den Regeln der Logik folgt, v. a. erkennbar an Aussagen, die nach den Schlußregeln richtig verknüpft und damit unabhängig vom Zustand der Welt sind.

logische Partikeln: Wörter oder Zeichen, mit deren Hilfe aus endlich oder unendlich vielen Aussagen neue Aussagen logisch zusammengesetzt werden (↑ Junktor, ↑ Quantor).

logische Propädeutik [zu ↑ Logik und griechisch propaideúein „vorher unterrichten"]: Teil der Logik, der deren sprachliche Voraussetzungen untersucht: die Lehre vom Begriff (Theorie der Abstraktion) und die Lehre vom Urteil (Theorie der Prädikation). Daneben werden Bausteine für eine Wissenschaftssprache wie Eigennamen und Kennzeichnungen sowie das Problem der Wahrheit untersucht. Die logische Propädeutik, die oft auch „logische Analyse der Sprache" genannt wird, dient einerseits der Vorbereitung auf das Studium der Logik und soll andererseits die disziplinierte Rede über philosophische Probleme ermöglichen.

logischer Atomismus ↑ Atomismus.

logischer Empirismus (logischer Positivismus, Neopositivismus): seit den 1920er und 1930er Jahren v. a. vom Wiener Kreis, später von Carnap in den USA vertretene erkenntnistheoretische Position, die eine Fortentwicklung des klassischen ↑ Empirismus darstellt. Der logische Empirismus leitet seinen Namen von der These ab, daß es nur *zwei* Erkenntnisquellen gibt: die *Erfahrung* und die *Logik*. Entsprechend zerfallen die sinnvollen Sätze (das sind solche Sätze, in denen eine Erkenntnis ausgedrückt wird) in empirische Sätze und in logische (↑ analytisch). Erstere sind ↑ synthetisch, letztere apriorisch (↑a priori/a posteriori). Ein synthetisches Apriori, wie es Kant vorgesehen hatte, gibt es nicht. Die Logik besitzt einen eigenen, von der Erfahrung unabhängigen Status. Charakteristisch für den logischen Empirismus ist die Übernahme und Weiterentwicklung der Methoden und Resultate der formalen Logik. Die Stoßrichtung des logischen Empirismus ist in erster Linie *antimetaphysisch:* Durch Entwicklung eines *Sinnkriteriums* sollen Sätze mit Gehalt von solchen ohne Gehalt unterscheidbar werden; dieses Sinnkriterium lautet: Eine empirische Aussage ist dann und nur dann sinnvoll, wenn sich Bedingungen für ihre Verifizierbarkeit angeben lassen. Es muß feststehen, was der Fall sein soll, wenn diese Aussage wahr ist. Ansonsten sind nur noch analytische Sätze, zu denen auch die der Mathematik zählen (↑Logizismus), sinnvoll. Die Sätze der Metaphysik aber sind sinnlos, weil sie weder analytisch sind noch dem Sinnkriterium genügen. Demnach wären viele Probleme, die bislang als philosophisch galten, als *Scheinprobleme* entlarvt. Diese entstehen dadurch, daß man das Sinnkriterium nicht streng genug anwendet und Ausdrücke wie „das Absolute", „das Nichts" usw. in der Philosophie zuläßt. Genauer zerfallen die Scheinprobleme in solche, die durch sinnlose Termini verursacht werden, und andere, die auf falscher ↑Syntax beruhen. Als Vorbild für richtige Erkenntnis galt dem logischen Empirismus die Physik. Nach deren Muster sollte eine neue, alles Wissen umfassende Disziplin, die *Einheitswissenschaft,* geschaffen werden. Sie würde sowohl das analytische Wissen als auch das Erfahrungswissen in gegenseitiger Durchdringung enthalten. Durch die Anwendung von logisch-mathematischen Verfahren entsteht aus der Erfahrung sichere Erkenntnis: Alles Wissen ist logische Konstruktion auf der Basis der Erfahrung. Mit dieser Konzeption soll die traditionelle Aufspaltung in Einzelwissenschaften, in empirische und exakte Wissenszweige überwunden werden. Eng verbunden mit der Einteilung in erfahrungsmäßige Basis und rationalen Rahmen war die Unterscheidung von *Beobachtungssprache* (↑Protokollaussage) und *Theoriesprache,* wobei die Abgrenzung dieser beiden stets Schwierigkeiten bereitete. Der Übergang von empirischer Basis zu allgemeinen Gesetzen ist durch eine Logik der ↑Induktion und damit durch einen präzisierten Begriff der ↑Bestätigung abzusichern. – Der logische Empirismus hat die Entstehung der modernen Wissenschaftstheorie stark gefördert. Einzelne dieser Richtung nahestehende Forscher haben bedeutende Beiträge zu Logik und Mathematik geleistet, was das Ansehen gerade des Wiener Kreises sehr förderte. Die wissenschaftstheoretischen Grundannahmen (theoriefreie Basis [↑gegeben], Induktion und Bestätigung) wurden von Popper einer ausführlichen Kritik unterzogen (↑kritischer Rationalismus). Dennoch ist der logische Empirismus nach wie vor v. a. im angelsächsischen Raum einflußreich, wo er eine enge Verbindung mit dem ↑Pragmatismus eingegangen ist.

logischer Positivismus ↑logischer Empirismus.

logisches Quadrat ↑Syllogistik.

Logistik [griechisch „Rechenkunst"]: veraltete Bezeichnung für formale Logik.

Logizismus [zu ↑Logik]: Position im Grundlagenstreit der Mathematik mit den beiden wichtigsten Thesen: 1. Alle mathematischen Begriffe sind durch explizite Definitionen auf logische zurückführbar; 2. die Mathematik gewinnt ihre Sätze aus Axiomen nur mit Hilfe von logischem Schließen. Wichtige Vertreter: Frege, Russell, Quine (↑auch Philosophie der Mathematik).

Logos [griechisch „Wort, Rechnung, Berechnung, Rechenschaft, Erklärung, Lehre, sinnvolles Wort, Vernunft"]: zentraler Begriff der griechischen und hellenistischen Philosophie, der – in enger Verbindung zu „Denken“ und „Reden“ stehend – sowohl auf einen geordneten Zusammenhang des Kosmos als auch auf ein systematisches Erfassen der Weltordnung und deren sprachliche Formulierung hinweist. *Erkenntnistheoretisch* und *logisch* ist Logos allgemeine Bezeichnung einer Rede, die mit dem Anspruch auf Wahrheit, Nachprüfbarkeit, Vernünftigkeit und Richtigkeit verbunden ist, so etwa bei Platon und Aristoteles, der unter Logos auch die Definition versteht, die das Wesen einer Sache angibt. In *naturphilosophisch-metaphysischem* Sinn ist der Logos bei Heraklit das ordnende Prinzip des Kosmos; ähnlich in der Stoa das dynamische, schöpferische und ordnende Prinzip, das sich als vernünftig und mächtig (Feuer, Weltvernunft, Gott) der Welt mitteilt, indem es in jedes Lebewesen den Keim, den Samen des Logos (lógos spermatikós) legt. Der *Logos spermatikos* bewirkt, daß alles Geschehen in der Welt sich nach dem göttlichen Plan (Vorsehung) vollzieht. Wie der göttliche Logos den Makrokosmos, so bestimmt die menschliche Vernunft Denken und Handeln (auch das ethisch-moralische) des Mikrokosmos Mensch nach göttlichem Plan. Bei den Stoikern wurde dieser Gedanke so konsequent weitergedacht, daß sie eine Auflehnung gegen das Schicksal ablehnten, da auch dieses durch den Logos bestimmt war. Als reines Denken, das nur sich selbst denkt, charakterisiert Aristoteles den Logos (↑unbewegter Beweger). An dieser alles durchdringenden Weltvernunft hat der Mensch als einziges Lebewesen teil. Er unterscheidet sich vom Tier dadurch, daß er die Fähigkeit zur Vernunft und zum Denken hat, das als innere Rede der Seele mit sich selbst verstanden wird. Diese Fähigkeit ermöglicht dem Menschen, zu wahren Erkenntnissen und Einsichten zu gelangen. Der Mensch kann die Wahrheit in dem Maß erfassen, wie sein Denken und Sprechen mit dem universalen Logos in Einklang stehen. Aus der engen Verbindung von Denken und Reden ergibt sich, daß der Dialog als die Methode zur Wahrheitsfindung angesehen wurde. Bei Philon von Alexandria ist der Logos das „Wort Gottes“ und die „göttliche Vernunft“, im hierarchischen System Plotins ist der Logos der „Vernunft“ (griechisch noũs) untergeordnet, hat aber teil an der göttlichen Vernunft, die er der Natur und dem Menschen mitteilt. In der Gnosis wird der Logos personifiziert als unveränderliches, vernunftbegabtes, ewiges göttliches Wesen, das als leibliche Verkörperung in die Welt tritt. – Im *Christentum* bedeutet Logos allgemein svw. „Wort“ und „Wort Gottes“, speziell das christliche Kerygma (die Heilsbotschaft) bzw. das Evangelium. Im Johannesevangelium ist Logos ein christologischer Hoheitstitel für die Person Jesu: Der Logos ist das präexistente göttliche Wesen, das fleischgeworden ist und Heilsfunktion für den Menschen ausübt.

lokuti̱ver Akt [lateinisch] ↑Sprechakt.

Lust (griechisch hēdonḗ): im engeren Sinn die sinnliche Empfindung, die bei der Befriedigung eines Bedürfnisses bzw. in der Erwartung seiner Befriedigung auftreten kann, im weiteren Sinn die Empfindung bestimmter Gefühle (wie Liebe, Freude) oder Stimmungen (wie Heiterkeit), sofern diese als angenehm empfunden und genossen werden können. In der philosophischen Tradition ist zwischen höheren und niederen Formen von Lust unterschieden worden. Platon schätzt v.a. die geistige Lust, die aus der Erkenntnis des Wahren, Guten und Schönen fließt, Epikur die Lust, wenn sie auf lange Sicht persönliches Glück bewirkt (↑Epikureismus). Als Kriterium für sittliches Handeln gewinnt die Lust besondere Bedeutung im ↑Hedonismus. Bei Bentham wird nicht einfach jede Lustempfindung als gut bewertet, vielmehr wird im sogenannten „hedonistischen Kalkül“ in die Beurteilung des Lustempfindens einbezogen, mit welcher Intensität, Dauer und Auftrittswahrscheinlichkeit von Lust bei den zu prüfenden Handlungen zu rechnen ist. Auch in Freuds psychologischem Konzept spielt Lust im Zusammenhang mit dem sogenannten „Lustprinzip“ (jenen Antriebsregungen, die nach Befriedigung streben) eine wichtige Rolle.

M

Macht: umgangssprachlich oft undifferenziert synonym mit „Stärke“ und „Gewalt“ gebraucht, philosophisch das Vermögen, das Mögliche wirklich zu machen, den eigenen Willen auch gegen den Willen anderer durchzusetzen. Macht baut sich durch die psychologische oder physiologische Überlegenheit einiger Menschen auf oder durch unterschiedliche Gruppen- und Gesellschaftsbeziehungen wie Besitzunterschiede, Verfügung über Produktionsmittel, militärische Stärke. Unabhängig davon, ob man der Aussage Hobbes', Machtstreben sei ein Wesensmerkmal des Menschen, zustimmt oder nicht, ist es eine Tatsache, daß Menschen dazu neigen, errungene Machtpositionen nicht nur zu halten, sondern auch auszubauen. Zur Verhinderung eines etwaigen Machtmißbrauchs sind in einer demokratischen Gesellschaft deshalb Gewaltenteilung, Machtbeschränkungen und Machtkontrollen eingeführt. Macht ist jedoch nicht auf den politischen Bereich beschränkt, sondern tritt in fast allen menschlichen Beziehungen auf, z. B. im Verhältnis Lehrer/Schüler, Eltern/Kinder, Wissender/Unwissender, Weinender/nicht Weinender. Macht kann im Gegensatz zur ↑Gewalt nur dann ausgeübt werden, wenn der andere die Grundlage der Macht akzeptiert: Nur wenn ich für Tränen empfänglich bin, kann jemand mit Weinen etwas bei mir durchsetzen. Macht muß also im Gegensatz zur Gewalt nicht nur negativ verstanden werden.

Mäeutik [zu griechisch maieutiké (téchnē) „Hebammenkunst“]: pädagogisches Verfahren, das im 18. Jahrhundert das Ideal der Didaktik wurde. Der Grundgedanke der Mäeutik ist, daß Erkenntnisse bereits unbewußt im Schüler vorhanden seien, die durch geschicktes Fragen zu tatsächlichem Wissen erhoben werden können. Von der Art der Fragen hängt es ab, ob der Lernende wirklich von sich aus zur Einsicht gelangt oder ob ihm dies nur vorgespielt wird, etwa durch Suggestivfragen. Der Begriff Mäeutik geht auf Sokrates zurück. Er, der Sohn einer Hebamme, vergleicht seine Methode mit der Kunst der Hebamme. Wie diese dem Kind bei der Geburt Hilfe leistet, gibt Sokrates seinen Gesprächspartnern Hilfestellung, indem er bereits unbewußt vorhandene Erkenntnis durch geschicktes Fragen bewußt macht. Den theoretischen Rahmen für diese Methode bilden die ↑Ideenlehre und die Anamnesistheorie (↑Anamnesis), die besagen, daß es vom menschlichen Bewußtsein unabhängige Ideen gibt, die der Mensch in seiner vorgeburtlichen Existenz erkannt, bei seiner Geburt aber vergessen hat. An diese Ideen soll er durch geschickte Fragen erinnert werden.

Man: in der ↑Existenzphilosophie, v. a. in der Fundamentalontologie Heideggers, die kollektivistische Norm des allgemeinen Urteilens und Handelns: Das Individuum hat Ansichten, die „man“ hat, es verhält sich so, wie „man“ sich verhält. Dieser „Seinsart der Alltäglichkeit“ (Heidegger) unterwirft sich der Mensch, wobei er sich selbst entfremdet.

Mängelwesen: in Anlehnung an Herder von Gehlen verwendeter Terminus der biologischen ↑Anthropologie. Die Gehlensche These, daß der Mensch ein Mängelwesen sei, besagt, daß der Mensch aufgrund seiner im Vergleich zum Tier mangelhaften Organ- und Instinktausstattung in seiner Existenz bedroht ist, und zwar nicht nur, wie die Tiere, als Individuum, sondern auch und v.a. als Gattung. Wo den Tieren für ihren individuellen Lebenskampf ihre natürliche Ausstattung die Fähigkeiten und Möglichkeiten zum Überleben liefert, gewinnt die Gattung Mensch diese Fähigkeiten und Möglichkeiten erst durch eigene Anstrengung. Gehlen nennt diese Anstrengung ein *Handeln*.

Marxismus: Sammelbezeichnung für die Lehren von Marx und Engels und für die Gesamtheit theoretischer und politischer Positionen, die in deren Nachfolge sich bemühen, ihre Lehren zu interpretieren, weiterzuentwickeln oder in die Praxis umzusetzen. – Bereits die von Engels 1878 als „Anti-Dühring" vorgelegte Zusammenfassung der von Marx und ihm vertretenen „dialektischen Methode und kommunistischen Weltanschauung" enthält in der Einschätzung der ↑Dialektik als objektives Bewegungsgesetz von Natur und Geschichte eine Dogmatisierung der Marxschen Lehre (↑dialektischer Materialismus, ↑historischer Materialismus). Kautsky verstärkt diese Tendenz zur Ausbildung eines orthodoxen Marxismus in der deutschen Sozialistischen Arbeiterbewegung und der II. Sozialistischen Internationale, indem er im Vertrauen auf den mit quasi-naturgesetzlicher Notwendigkeit eintreten sollenden Zusammenbruch der kapitalistischen Wirtschafts- und Gesellschaftsordnung bereit ist, auf revolutionäre Praxis in der Arbeiterbewegung zu verzichten. Als Reaktion auf die offensichtliche Anpassungsfähigkeit des Kapitalismus entsteht um die Jahrhundertwende eine von der orthodoxen Position des bis in die Zeit nach dem 1. Weltkrieg vorherrschenden Kautskyanismus als „Revisionismus" bekämpfte Gegenposition, die auf der Notwendigkeit revolutionärer Praxis beharrt. Bernstein sucht unter Verzicht auf die Theorie einer gesetzesnotwendigen Geschichtsbewegung dem ↑Sozialismus ein ethisch begründetes Fundament zu geben. Die Erfahrung der ersten russischen Revolution (1905) und der Erfolglosigkeit der orthodoxen Sozialdemokratie im politischen Tageskampf führt zur Erstarkung ihres radikalen linken Flügels unter dem maßgeblichen Einfluß von Luxemburg und Liebknecht. In diesem Kreis entstehen nach dem 1. Weltkrieg theoretische Analysen zum Kapitalismus im Zeitalter des Imperialismus, in denen Grundtheoreme der Marx-Engelsschen Lehren hinsichtlich ihrer Erklärungskraft angesichts veränderter Formen des modernen Kapitalismus kritisch überprüft werden. – Nach der russischen Oktoberrevolution (1917) führt der Sieg der Bolschewiki über die „revisionistischen" Menschewiki unter dem Einfluß Lenins zur Ausbildung des Sowjetmarxismus. Stalin unternimmt ab 1924 die systematische Zusammenfassung und autoritäre Durchsetzung der Lehren von Marx, Engels und Lenin, für die die Kommunistische Partei der Sowjetunion unter der Bezeichnung „Marxismus-Leninismus" universelle Gültigkeit als wissenschaftlicher Sozialismus und als verbindliche Weltanschauung des Proletariats reklamiert. Die Doktrin des Marxismus-Leninismus umfaßt drei Bestandteile: 1. den historischen und dialektischen Materialismus, 2. die politische Ökonomie sowie 3. den wissenschaftlichen ↑Kommunismus, der Strategie und Taktik der kommunistischen Bewegung festlegt. – Seit den 20er Jahren entwickeln sich aus der Kritik am ↑Dogmatismus der orthodoxen Sozialdemokratie und der Sowjetideologie unterschiedliche, unter der Bezeichnung „Neomarxismus" zusammengefaßte Lehren, denen v.a. die Orientierung an den Marxschen Frühschriften und am Problem der gesellschaftlich bedingten ↑Entfremdung der Menschen sowie die Kritik am objektivistischen Dialektikverständnis des dialektischen und am quasi-metaphysischen Geschichtsverständnis des historischen Materialismus gemeinsam ist. In die Reihe der Neomarxisten gehören u. a. in Deutschland Lukács, Korsch, Bloch, in Polen Kołakowski, in Frankreich Sartre und Lefêbvre, in Jugoslawien die Mitarbeiter an der Zeitschrift „Praxis" (1965 bis 1974). Besondere Bedeutung erlangt im deutschen Sprachraum nach dem 2. Weltkrieg die ↑kritische Theorie der Frankfurter Schule (Horkheimer, Adorno), deren Mitglied Marcuse maßgeblichen Einfluß auf die Theoretiker der „Neuen Linken" und der Studentenrevolte (1968/69) ausübt. Gegenwärtig führt Habermas die Intentionen der kritischen Theorie als Theorie des kommunikativen Handelns auf eigenständige Weise fort.

Maß: in der philosophischen Tradition vornehmlich als ethischer oder ästhetischer Ordnungsbegriff, gelegentlich auch in der Erkenntnistheorie verwendet, etwa in Zusammenhang mit dem ↑Homo-mensura-Satz. In der antiken wie in der christlichen Ethik bezeichnet Maß ein ausgewogenes, situationsgemäßes Handeln, das mit tugendhaftem Verhalten gleichzusetzen ist. Platon gewinnt die Kategorie des Maßes aus seiner Interpretation des ↑Kosmos, des wohlstrukturierten, in seinen Wirkkräften harmonisch ausgewogenen Ordnungsgefüges der Welt und aus bestimmten spekulativ-mathematischen Ideen, die pythagoreisch beeinflußt sind. Aristoteles entwickelt eine besondere Lehre von der ↑Mesotes.

Materialismus [zu ↑Materie]: Terminus, der seit der ersten Hälfte des 18. Jahrhunderts eine philosophische Grundrichtung bezeichnet, die die ↑Materie – und nicht wie der Idealismus den Geist – als das Primäre und Bestimmende ansieht. Materialistische Positionen in der Philosophiegeschichte gibt es schon lange vor dem Auftauchen des Begriffs „Materialismus". Sie weisen grob (und häufig unausdrücklich) die folgenden gemeinsamen *methodologischen* Grundsätze auf: 1. Die Forderung nach Überprüfbarkeit als Kriterium des Wissens: Als Wissen darf nur gelten, was prinzipiell von jedermann unter den angegebenen Bedingungen beliebig oft überprüft werden kann. Subjektive Erlebnisse können keine Grundlage für Wissen sein. Damit liefert der Materialismus die methodologische Basis der modernen Naturwissenschaften. 2. Die Forderung nach natürlicher Erklärung der Welt: Erklärungen metaphysischer oder theologischer Art, die sich auf „jenseitige" Ursachen (z. B. das Absolute oder Gott) berufen, werden als nicht überprüfbar abgelehnt. Demgemäß ist der Materialismus ein ↑Atheismus und ein ↑Monismus: Alle Erklärungen müssen auf die Materie und ihre Bewegungsgesetze bezogen sein. 3. Die Forderung nach Einheitlichkeit (Uniformität) aller Erklärungen: Die Gesetzmäßigkeit der Veränderungen in Natur, Gesellschaft und Theorie soll mit Hilfe eines einzigen methodischen Prinzips begriffen werden, wie z. B. des ↑Mechanismus oder der ↑Dialektik. 4. Die Forderung nach Verbindung von Theorie und Praxis. – Außerdem gehen materialistische Theorien grob von folgenden gemeinsamen *inhaltlich-systematischen* Grundthesen aus: 1. Die Materie existiert objektiv in Raum und Zeit und ist die einzige ↑Substanz; diese These richtet sich gegen den Spiritualismus (bzw. Idealismus), der als einzige Substanz den Geist anerkennt, und die Zweisubstanzenlehre des ↑Dualismus. 2. Das Bewußtsein ist „das höchste Produkt der Materie" (Lenin); diese These wendet sich gegen die Dualismen „Materie/Geist" bzw. „Leib/Seele". 3. Die Welt ist grundsätzlich für den Menschen vollständig und objektiv, d. h. wie sie an sich ist, erkennbar (↑auch Abbildtheorie, ↑Widerspiegelungstheorie); diese These steht im Gegensatz zu Skeptizismus, Rationalismus und Transzendentalphilosophie. – Philosophiegeschichtlich bedeutsam für die Entwicklung des

Materialismus waren der ↑Atomismus der antiken Philosophen Leukipp, Demokrit, Epikur und Lukrez sowie der Mechanismus der neuzeitlichen Naturwissenschaften. Die Theorien der französischen Materialisten des 18. Jahrhunderts (La Mettrie, Diderot, Holbach, Helvétius) sind gekennzeichnet durch atheistische, mechanistische, utilitaristische und deterministische Positionen. Im Anschluß an den religionskritischen anthropologischen Materialismus Feuerbachs wird die weitere Entwicklung des Materialismus im 19. Jahrhundert so entschieden durch den ↑historischen Materialismus und den ↑dialektischen Materialismus von Marx und Engels bestimmt, daß das auf sie folgende materialistische Denken im wesentlichen in kritischer und produktiver Auseinandersetzung mit ihrem Werk besteht (↑Marxismus).

Materialismus dialektischer ↑dialektischer Materialismus.

Materialismus, historischer ↑historischer Materialismus.

Materialursache ↑Causa, ↑Form/Materie.

Materie [lateinisch „Stoff, Ursache"]: das lateinische Wort „materia", „materies" hat zunächst die Bedeutung von „Nutzholz" und im erweiterten Sinne „Material, aus dem etwas gestaltet werden kann". Cicero verwendet den Ausdruck zur Übersetzung des griechischen „hýlē", das dieselbe Bedeutung hat. Bei Aristoteles steht „hýlē" in einem Gegensatzverhältnis zu „eĩdos" („Gestalt"): Es ist hier das noch Ungestaltete, das gegenüber seinen jeweiligen Gestaltungen unveränderlich bleibt und bezüglich des Vergehens und Entstehens indifferent ist. „Hýlē" ist damit das zeitlos-ewig Seiende (↑Ewigkeit). Das Verhältnis zwischen ungeformtem [Grund-]Stoff zu seinen jeweiligen Gestaltungen, insbesondere, wie denn beides ineinander übergeht, ist Gegenstand von frühen Elementelehren (↑Naturphilosophie). Wenn Gestalten bzw. einzelne Körper als Kombination oder Mischung von Elementen (z. B. Feuer, Wasser, Erde, Luft) gedeutet werden, stellt sich die Frage, ob die dazu nötigen Veränderungen, Bewegungen dem Urstoff eigentümlich sind oder ob sie als zusätzlich gedacht werden müssen. So gehören bei Empedokles „Liebe" und „Haß" als attraktive und repulsive Momente durchaus *in* die Materie, er wehrt die Vorstellung von „Leere" im Sinne von Nicht-Seiendem (↑Nichts) ab. Der ↑Atomismus dagegen schreibt den Atomen Bewegungsfreiheit in der zwischen ihnen liegenden Leere („mè ón" [„Nicht-Seiendes"]) zu. Komplexere Gestalten entstehen durch Aneinanderlagerung von Atomen. Das Problem, die Vielfalt materieller Erscheinungsformen zu erklären, gemeinsam mit der Versuchung, eine „einfache" Grundform von materiellem Substrat zu hypothetisieren, innerhalb dessen derweil aber auch die Möglichkeit zur „Entwicklung" in die Mannigfaltigkeit der Gestaltungen gegründet sein soll: Dies ist ein Grundzug aller Theorien der Materie bis einschließlich in die Physik unseres Jahrhunderts. Nachdem zunächst atomistische Vorstellungen eine Renaissance erfahren hatten und somit der Materie allgemein eine „körnige" Struktur zugeschrieben wurde, die sich zusammen mit dem Begriff des *Schwerpunkts* mathematisch geeignet zum Begriff von „Punktmassen" abstrahieren ließ, die über „Kräfte" raumübergreifend miteinander wechselwirken, glaubte man zunächst, mit der „klassischen" Physik Newtons und Maxwells (gravitative und elektromagnetische Wechselwirkung) eine abgeschlossene Theorie der Materie und ihrer mathematischen Beschreibung gefunden zu haben. Lokale Punktmassen liegen eingebettet (und bewegen sich) *in* Raum und Zeit. Zur eigentlichen Materie (nämlich den Massen) kommen also noch Raum, Zeit und Kräfte hinzu, wobei die letzteren nur in ihrer Wirkung (Beschleunigung) beschrieben, aber nicht eigentlich „erklärt" werden konnten. „Impuls" und „Energie", mathematisch als Produkte aus Masse und Geschwindigkeit behandelt, stellten die begriffliche Beziehung zwischen Raum-Zeit und Materie her. Aber schon mit dem Faradayschen Begriff des *Feldes,* mit dem die Wirkung von Körpern (als den „Quellen" von Feldern) aufeinander als wellenförmig sich ausbreitende *Feldstörungen* interpretiert werden konnten, wurde im Grunde bereits die reine Punktmechanik verlassen. Die Frage nach dem Medium, in dem sich das Licht (als Form elektromagnetischer Wellen erkannt) ausbreitet, führte schließlich zur (speziellen) ↑ Relativitätstheorie, mit der eine völlige Neuordnung der Begriffe Raum, Zeit, Materie, Energie (Materie als Menge lokaler Massenenergie) verbunden war. Gravitation wird jetzt als eine Veränderung der Geometrie des Raumzeit-Kontinuums begriffen (allgemeine Relativitätstheorie), lokale Massen – die eigentlichen Entitäten von Materie – sind in [Strahlungs-]Energie umwandelbar und umgekehrt. Der Energieerhaltungssatz, der auch für die klassische Mechanik grundlegend war, gilt jetzt für Masse und Energie *gemeinsam,* nicht mehr für jedes separat. Die Entwicklung der ↑ Quantentheorie war begleitet von der Entdekkung, daß Teilchen-Mannigfaltigkeiten sich in ihrem Wechselwirkungsverhalten auch als *Wellen* interpretieren lassen, daß umgekehrt auch Wellen (wie z. B. das Licht) unter gegebenen Experimentbedingungen sich als *Teilchenströme* zeigen können (Photonen; ↑ Welle-Teilchen-Dualismus). Dies gab Veranlassung, von der Vorstellung einer Materie, die sich in Form von Teilchen stabil durch einen von ihr unabhängigen Raum bewegt, abzugehen: Raum, Zeit, Energie und lokalisierbare Massen stehen in einem *ontologischen* Zusammenhang, der es nur noch erlaubt, den *ganzen* Komplex „Materie" zu nennen. Dies betrifft aber nur die Materie, sofern man sie im mikrophysikalischen Maßstab betrachtet. Daß die makrophysikalische Materie durchaus der klassischen Newton-Maxwellschen Physik gehorcht, ist dadurch *nicht* irritiert. Das ändert sich aber wieder bei der Betrachtung der *großräumigen* Struktur des Universums, deren Beschreibung weitgehend nur im Rahmen der allgemeinen Relativitätstheorie möglich ist. Die Lebenswelt des Menschen erscheint im Größenordnungskontinuum der Materie in sehr kleinen und sehr großen Dimensionen wie eine kleine klassisch-physikalische Insel (↑ Kosmologie). Die Elementarteilchenphysik entdeckte mit Hilfe des quantenmechanischen und relativistischen Theoriengerüsts eine große Menge von subatomaren Strukturen (Elementarteilchen), von denen nur sehr wenige „stabil" sind, wie z. B. das Elektron und das Proton, die für den Aufbau der Atome und damit für die gesamte makrophysikalische Materie zuständig sind. Andere Teilchen haben extrem kurze Lebensdauern von bis zu 10^{-23} sec. Ihre *Wechselwirkungen* miteinander (was in diesen Raumzeit-Dimensionen unter anderem *Erzeugung* und *Vernichtung* der Teilchen untereinander heißt) werden ausschließlich durch *drei* Wechselwirkungs*arten* bestimmt (neben der Gravitation, die hier zunächst keine Rolle spielt): die starke, schwache und elektromagnetische (↑ Wechselwirkung). Die Bemühung der theoretischen Physik ging im wesentlichen darauf, eine Ordnung in dieser Teilchenvielfalt zu entdecken, und dies bedeutete ein Forschungsprogramm, das die Teilchen und Wechselwirkungen als *Varianten* bzw. Kompositionen einer *noch elementareren* Materiestruktur deuten konnte. Dies führte zur Entdeckung der „Quarks", die in Zweier- und Dreiergruppen die Elementarteilchen „aufbauen" (mit Ausnahme der „Leptonen", d. h. Elektronen-Verwandte, die eine eigene Klasse von Teilchen bilden). Die mathematische Gruppentheorie lieferte das Werkzeug zu einer vorläufigen Ordnung und Klassifizierung der Elementarteilchenwelt, die z. Z. bei folgendem Egebnis steht: zwei Gruppen von „eigentlichen" Teilchen, den Fermionen (6 Leptonen + 6 Quarks), und eine Gruppe von 12 Bosonen, die für die *Vermittlung* der Wechselwirkungen verantwortlich sind, zu denen auch das Photon zählt. Die Kosmogonie gibt allerdings noch Probleme auf, deren Lösung mit Sicherheit in die Theorie der Elementarteilchen-Strukturen eingreift, insbesondere, da hier auch die Gravitation zu berücksichtigen ist. – Insgesamt ergibt sich heute ein Bild von der Struktur der Materie, das die Vorstellung von eindeutigen lokalen Elementen und deren Komposition zu komplexeren Strukturen nicht mehr zuläßt. Materie wird wesentlich über den Begriff der Wechselwirkung bestimmt; ein Begriff je singulärer Materieteilchen ist sinnlos geworden; Raumzeit gewinnt *ontischen* Charakter; dynamische Veränderungen ihrer (nichteuklidischen) Geometrie ersetzen gemeinsam mit dem als durchgängig evolutiv erkannten Charakter *aller* Strukturen (↑Evolution, ↑Organismus) den Begriff einer Materie als unveränderlichem und unvergänglichem „Urstoff". – ↑auch Natur.

mathematische Logik ↑Logik.

Mathesis universalis [griechisch; lateinisch] ↑Rationalismus.

Maxime [zu lateinisch maxima (propositio bzw. regula) „oberster Grundsatz, oberste Regel"]: in der Antike nur in der Logik gebräuchlich im Sinne von ↑Axiom; bereits im Mittelalter in der neuen, noch heute üblichen Bedeutung als Lebensregel. Lebensregeln in sprachlich kurzer, oft aphoristischer Form benutzten die sogenannten französischen Moralisten im 17. Jahrhundert (als bekanntester unter ihnen La Rochefoucauld), um ihrer Kritik an gesellschaftlichen Meinungen, Sitten und Gebräuchen ironisch und pointiert Ausdruck zu verleihen. Damit machten sie die Maxime zu einer literarischen Kunstform, die im deutschsprachigen Raum z. B. von Goethe und Schopenhauer aufgegriffen wurde. – Kant verwendet in seinen ethischen Überlegungen den Begriff Maxime im Sinne eines individuellen, *subjektiven* Handlungsgrundsatzes. Eine Maxime ist eine moralische Regel, die jemand (nur) für sich selbst aufgestellt hat; z. B. „*Ich* sollte *meine* Versprechen halten!" *Objektive* Handlungsgrundsätze, allgemeine Gesetze praktischen Handelns, die *jeder* als für sich verbindlich akzeptieren sollte, heißen bei Kant ↑Imperativ; z. B. „Versprochenes soll *man* auch halten!"

Mechanismus (Mechanizismus) [zu griechisch mēchanē „Werkzeug"]: seit der Antike belegte, häufig, aber nicht grundsätzlich mit Formen des Materialismus verbundene Richtung der Naturphilosophie und der frühen neuzeitlichen Naturwissenschaft mit Höhepunkt im 19. Jahrhundert, nach der das Naturgeschehen der Welt, die Naturprozesse und der Aufbau des Kosmos, auf Gesetze der Bewegung (Mechanik) zurückgeführt und streng deterministisch (↑Determinismus/Indeterminismus) nach dem Kausalprinzip von Ursache und Wirkung erklärt werden, wobei der Mechanismus sich in seinen Extremformen nicht nur auf anorganische bzw. physische Naturphänomene bezieht, sondern die Phänomene des Lebens mit einschließt *(mechanistisches Weltbild)*. – In der griechischen Philosophie wurde der Mechanismus in engem Zusammenhang zum Atomismus gegen mythische Vorstellungen zur Erklärung des Aufbaus des Kosmos und der kosmischen Prozesse, v. a. des Werdens, verwendet. In der Neuzeit entwickelte Descartes richtungweisend einen metaphysischen Mechanismus: Er bestimmte die Materie als „res extensa", als Ausdehnung (↑Res cogitans/Res extensa), und sah die auf Materie und Bewegung zurückzuführenden Prozesse der Natur einer streng mechanischen Notwendigkeit unterworfen. Newton erhob den Mechanismus zum universalen System; Kant wollte ihn nur als Hypothese naturwissenschaftlicher

Forschung gelten lassen. Gegen den Mechanismus des naturwissenschaftlichen Materialismus des 19. Jahrhunderts war der ↑Vitalismus gerichtet.

Meditation [zu lateinisch meditari „überdenken, nachsinnen, sich vorbereiten, einüben"]: Bezeichnung für die im griechisch-christlichen Raum entwickelten Formen des sinnenden Verweilens und Sichversenkens in Gegenstände der Natur, der Kunst, der Metaphysik und der Religion sowie für die im hinduistisch-buddhistischen Kulturkreis methodisch unternommenen Bemühungen, die durch die Sinne vermittelte Welt und das Verhaftetsein an sie zu überwinden. Während die religiöse Meditation des Westens eher zu einer gegenständlichen Schau führt (↑Kontemplation), strebt der östliche Weg von vornherein eine ungegenständliche Versenkung an, die in der ich- und gegenstandslosen Erleuchtung gipfelt. Doch führt auch der westliche Weg in Judentum, Christentum und Islam zu einer Aufhebung der Schranken zwischen Ich und anderem, ohne allerdings das Selbstsein der miteinander vereinigten Momente zu vernichten (↑Mystik). Um des Ziels der Erleuchtung bzw. der mystischen Vereinigung willen bedienen sich beide Wege des gesellschaftlichen Rückzugs in die Einsamkeit, der körperlichen Askese, der Entleerung von jeglichen Interessen an der Welt der Gegenstände und der Unterwerfung unter einen geistlichen Führer. V.a. in Indien und Japan wurden Methoden der Meditation entwickelt, die körperlichen Haltungen und Vollzügen (z.B. dem Atmen) maßgebende Bedeutung für das Erreichen der Erleuchtung beilegen (z.B. Joga und Zen).

mehrstellig ↑einstellig/mehrstellig.

mehrwertige Logiken: zusammenfassende Bezeichnung für alle Systeme der Logik, in denen das ↑Bivalenzprinzip *nicht* vorausgesetzt wird. Damit gilt auch der Satz vom ausgeschlossenen Dritten nicht mehr uneingeschränkt. Die bekanntesten mehrwertigen Logiken sind die dreiwertige Logik von Łukasiewicz und Post und die intuitionistische Logik. In der **dreiwertigen Logik** wird davon ausgegangen, daß eine Aussage entweder wahr (w) oder falsch (f) oder unbestimmt (u) ist – ein Viertes gibt es nicht. Analog zur klassischen Logik werden Junktoren durch ↑Wahrheitstafeln definiert:

A	$\neg A$	A	B	$A \wedge B$	$A \vee B$
w	f	w	w	w	w
u	u	w	u	u	w
f	w	w	f	f	w
		u	w	u	w
		u	u	u	u
		u	f	f	u
		f	w	f	w
		f	u	f	u
		f	f	f	f

(beschränkt man sich auf die Zeilen, in denen nur w und f vorkommen, so stimmen diese mit denen der entsprechenden Definitionen der klassischen Logik überein). Als formales System konnte die dreiwertige Logik in den letzten Jahrzehnten erfolgreich ausgebaut werden. Es werden verschiedene Gründe genannt, die für eine dreiwertige Logik sprechen: 1. V.a. in der Mathematik treten Aussagen auf, von denen bis heute nicht bekannt ist, ob sie wahr oder falsch sind (z.B. die Fermatsche Vermutung). Man kann sogar beweisen, daß es in vielen Bereichen der Mathematik kein allgemeines Entscheidungsverfahren gibt, das es erlauben würde, von jeder Aussage festzustellen, ob sie wahr ist oder nicht. 2. Schon Aristoteles hat vermutet, daß es in Hinblick auf Aussagen über Zukünftiges nicht gerechtfertigt sei, davon auszugehen, daß diese wahr oder falsch sein müßten; z.B. „Der Bundeskanzler des Jahres 1990 wird Helmut Kohl heißen" kann wahr oder falsch sein, je nach Ausgang der Wahlen usw. Was aber, wenn es 1990 keinen Bundeskanzler gibt (wegen Rückkehr zur Monarchie)? Ähnliche

Probleme ergeben sich bei Kennzeichnungen, die auf keinen Gegenstand zutreffen („Pseudokennzeichnungen"). 3. Im Zusammenhang mit der Unschärferelation der Quantenmechanik wurde ebenfalls die Frage nach einem dritten Wahrheitswert aufgeworfen. – Die **intuitionistische Logik,** die aus der Kritik an Verfahren der klassischen Mathematik, v. a. an der Verwendung des Satzes vom ausgeschlossenen Dritten für beliebige Bereiche (↑ Philosophie der Mathematik) hervorgegangen ist, faßt die Behauptung „A ist wahr" auf als „es ist ein Beweis für A verfügbar". Die Junktoren werden ebenfalls mit Hilfe des Beweisbegriffs festgelegt: „$\neg A$ ist wahr" bedeutet „es ist ein Beweis für das Gegenteil von A gegeben worden", $A \wedge B$ heißt „sowohl für A als auch für B kann ein Beweis gegeben werden" und $A \vee B$ meint „wenigstens eine der beiden Aussagen A oder B kann bewiesen werden". Es ist ersichtlich, daß in diesem Rahmen der Satz vom ausgeschlossenen Dritten nicht uneingeschränkt gelten kann, denn weder A noch das Gegenteil von A braucht bewiesen worden zu sein. Will man die intuitionistische Logik auf Wahrheitswerte aufbauen, so braucht man hierzu *unendlich viele.* Mittlerweile stehen verschiedene ausgearbeitete Systeme der intuitionistischen Logik (etwa im Rahmen der dialogischen Logik) zur Verfügung.

meinen: Modus des Für-wahr-Haltens, der weder mit vollständiger subjektiver Überzeugtheit noch mit objektiver, z. B. methodischer Begründung einhergeht. Eine Meinung ist deshalb nicht streng begründet, sondern nur mehr oder weniger plausibel. In der antiken Philosophie spielte die Gegenüberstellung von bloßer Meinung (griechisch „dóxa") und Wissen (griechisch „epistḗmē") als „wahrer, mit Begründung versehener Meinung" (Platon) eine wichtige Rolle. Hinsichtlich der Erkenntnis ist nach Platon die Meinung lediglich eine unvollkommene Vorstufe des Wissens, bezüglich des praktischen Handelns aber als Orientierungshilfe unerläßlich. – ↑ auch glauben/meinen/wissen.

Menge ↑ Klasse (Logik).

Mensch: das geistig höchststehende Lebewesen auf der Erde. Die biologische Systematik und Evolutionstheorie bestimmen den Menschen (Homo sapiens sapiens) als eine Unterart der Art Homo sapiens und als einziges noch lebendes Mitglied der Gattung Homo. Die Fachwissenschaft, die sich speziell mit dem Menschen befaßt, ist die *biologische Anthropologie.* Relativ jungen Datums ist die philosophische Behandlung der Frage nach dem Menschen in einer selbständigen Disziplin, der *philosophischen ↑ Anthropologie.* Von den anthropologischen Einzelwissenschaften unterscheidet sich die philosophische Frage nach dem Menschen dadurch, daß sie auf eine grundlegend-umfassende, methodisch-reflektierte und praktisch-relevante Erkenntnis vom Menschen, auf den Menschen „im ganzen", abzielt. Hier geht es jedoch nicht einfach um eine integrierende Zusammenfassung der Resultate aller anthropologischen Einzelwissenschaften, sondern vielmehr darum, deren Resultate als problematischen Ausgangspunkt für einen Weg zurück zu verwenden, bei dem durch ein *reflexives* Vorgehen eine „grundlegende" und einheitgebende Erkenntnis des Menschen gesucht wird. – Die Notwendigkeit, philosophisch nach dem Menschen zu fragen, ergibt sich aus dem praktischen Interesse des Menschen an Selbstverständigung, an Selbstbestimmung und Selbstverwirklichung. Die philosophische Tradition hat sich in vielfacher Weise darum bemüht, das „Wesen" des Menschen zu bestimmen. Die Heraushebung der Vernunftfähigkeit als besonderes Merkmal des Menschen ist eine der ältesten Formeln: Der Mensch ist das ↑ Zoon logon echon (Aristoteles), das Lebewesen, das Sprache, Vernunft, Bewußtsein, Geist hat; er ist das „animal rationale" (die entsprechende lateinische

Formel), das vernunftbegabte Lebewesen. Welcher Begriff des Menschen sich jeweils hinter der Animal-rationale-Formel verbirgt, hängt vom zugrundeliegenden Vernunftbegriff ab. Platon stellt dem menschlichen Geist den Körper als wesensfremdes Element gegenüber und macht dadurch den Menschen zu einem „Doppelwesen", teils göttlicher, teils tierischer Natur. Diese Deutung erfuhr durch Descartes' Zwei-Substanzen-Lehre (↑Res cogitans/Res extensa) eine neue Blüte und prägt den Begriff des Menschen von der Antike bis zur Gegenwart. Ein Folgeproblem der Lehre von der Doppelnatur des Menschen ist das ↑Leib-Seele-Problem. – Aristoteles betont mit seiner Formel vom Menschen als dem „von Natur aus nach Gemeinschaft strebenden Wesen" die bis dahin weitgehend vernachlässigte soziale Dimension menschlicher Existenz. Der Mensch ist nur als ↑Zoon politikon lebensfähig. Er ist das einzige Lebewesen, das einen Sinn für gut und schlecht, für gerecht und ungerecht besitzt. – Die in der Renaissance und im Humanismus vorherrschende Idee vom Menschen als dem Schöpfer seiner selbst (↑Bildung, ↑Humanität) erlebt im 20. Jahrhundert in der ↑Existenzphilosophie und im Existentialismus eine neue Blüte.

Menschenrechte: im *materiellen* Sinn vor- und überstaatliche Rechte, die der Staat nicht nach Maßgabe seiner Verfassung verleiht, sondern die vorkonstitutionell gelten und allenfalls deklaratorisch anerkannt werden können. Als Menschenrechte werden v.a. die politischen *Freiheitsrechte* oder *Grundfreiheiten* begriffen (Recht auf Gleichheit, Unversehrtheit, Eigentum, Meinungs- und Glaubensfreiheit, Widerstand gegen Unterdrückung); seit dem 19. Jahrhundert ist eine schrittweise Ausdehnung der Menschenrechte in den sozialen Bereich festzustellen (Recht auf Arbeit, Bildung, soziale Sicherheit). Im *formellen* Sinn sind Menschenrechte Grundrechte, die allen sich im Staatsgebiet aufhaltenden Menschen zustehen im Unterschied zu den sogenannten Bürgerrechten. Die Idee vor- bzw. überstaatlicher, dem Menschen von Natur aus gegebener unveräußerlicher Grundrechte hat im stoisch-christlichen Naturrecht ihren geistigen Ursprung. Doch erst mit der Ablösung der mittelalterlichen, ständisch-feudalen, Ordnung und der Anerkennung des Menschen als Träger individueller natürlicher Rechte wurden die Bedingungen für eine Normierung von Rechten des einzelnen gegenüber dem Staat geschaffen. Der älteste Menschenrechtskatalog ist die „Virginia Bill of Rights" von 1776 (Artikel 1). Während dieser Menschenrechtskatalog zunächst nur zur Sicherung dessen diente, was nach Meinung der englischen Kolonisten englischer politischer und rechtlicher Ordnung entsprach, benutzte die Französische Revolution die Deklaration der Menschenrechte als Grundlage für die Forderung einer radikalen Umänderung des Staats. Beeinflußt wurde diese politische Entwicklung durch das Gedankengut der englischen ↑Aufklärung und der französischen Enzyklopädisten. Der Grundgedanke der Menschenrechte geht auf Locke zurück, der davon ausgeht, daß die Menschen im vorstaatlichen Zustand mit Rechten ausgestattet sind, die sich aus dem Gesetz der Natur ergeben. Das Gesetz der Natur, das die Erhaltung der gesamten Menschheit verlangt, kann jeder Mensch mit Hilfe seiner Vernunft erkennen. Aus diesem Gesetz leitet Locke neben dem Recht auf Freiheit noch das Recht auf Leben und Besitz ab. Eben diese Rechte zu schützen, ist die Aufgabe des Staates. Bei Einschränkung dieser Rechte wird dem Bürger ein Widerstandsrecht eingeräumt (↑Gesellschaftsvertrag). – Detaillierte Grundrechtskataloge – meist in Anlehnung an die französische Verfassung von 1791 – finden sich in fast allen geschriebenen Verfassungen nicht nur der westlich-demokratischen, sondern auch der sozialistischen Staaten; nach deren Verständnis sind aber die dem einzelnen zustehenden Grundrechte wegen der angeblichen Interessenidentität zwischen Bürger und Staat von diesem abgeleitet. In der heutigen Zeit haben sich Völker zusätzlich durch völkerrechtliche Verträge – z. B. die (europäische) „Konvention zum Schutze der Menschenrechte und Grundfreiheiten" (1950) – zur Sicherung der Menschenrechte verpflichtet.

Menschenverstand, gesunder ↑Common sense.

Menschheit: ein Begriff, der philosophisch hauptsächlich relevant ist durch seine Verwendung in einer der Formulierungen von Kants ↑kategorischem Imperativ. Was Kant hier als Menschheit anspricht, ist ein Wert, ein Zweck, der nicht mehr Mittel sein soll und kann zu anderen Zwecken, sondern uneingeschränkt als Selbstzweck gilt: das „Mensch-Sein". „Uneingeschränkt" heißt einmal: Es gibt nichts, was diesen Wert relativieren oder außer Kraft setzen könnte; und zweitens: Jedes Individuum mit der Eigenschaft „Mensch" hat – ohne Rücksicht auf Standes-, Klassen-, Religions-, Staats- oder Rassenzugehörigkeit – teil an diesem eigentümlichen Wert; d. h. es ist mit ↑Würde ausgestattet und hat deshalb ein Recht auf entsprechenden Respekt (↑Aufklärung, ↑Gleichheit). Damit verbunden stellt sich – wenigstens implizit – die Frage nach definierenden Eigenschaften. Meist fallen in diesem Zusammenhang Begriffe wie Fähigkeit zu Vernunft (lateinisch „animal rationale") und/oder Sprache (↑Zoon logon echon); vielleicht aber ist Menschsein auch wesentlich die Möglichkeit zu (moralischer) Bewertung von Handlungen, zur Entscheidung für Gut und Böse.

Menschlichkeit ↑Humanität.

Merkmal: *allgemein* eine zur Identifikation eines (individuellen) Gegenstandes geeignete Markierung wie z. B. die in Ausweispapieren aufgeführten „unveränderlichen Kennzeichen" einer Person; in der *Philosophie* erstmals von Leibniz benutzte Übersetzung zur Bezeichnung desjenigen „spezifischen Unterschiedes" (↑Differentia spezifica), durch den sich aus einer Gattung (Genus proximum) eine untergeordnete Art (Spezies) gewinnen läßt. Z. B.: Innerhalb der Gattung „Lebewesen" ist „vernünftig" das spezifische Merkmal, durch das die Art „Mensch" sich abgrenzen läßt gegen andere Unterarten derselben Gattung, z. B. Pflanzen oder Tiere. Da jede artspezifische Eigenschaft eines Gegenstands sich auch als definierende Kennzeichnung eines geeigneten Begriffs auffassen läßt, unter den der betreffende Gegenstand fällt (↑Extension), werden innerhalb der Logik auch die näheren Bestimmungen eines Begriffs als „Merkmale" bezeichnet (↑Definition). Z. B.: „Recht auf Freiheit" oder „Recht auf Eigentum" gehören zu den Merkmalen des Begriffs „Menschenrechte". In diesem Sinne zählen die Merkmale eines Begriffs zu seinem Inhalt, seiner ↑Intension.

Mesotes [griechisch „Mitte"]: Terminus der antiken Philosophie, der durch Aristoteles systematisch in die Ethik eingeführt wurde. In seinen biologischen Schriften entwickelt Aristoteles die Vorstellung, daß die beste und zweckmäßigste Verfassung alles Seienden durch ein ihm je eigenes Ziel bestimmt sei, das in der Entwicklung weder unter- noch überschritten werden dürfe. Vor diesem Hintergrund meint Mesotes die Stellung einer ↑Tugend zwischen einander entgegengesetzten Untugenden, dem Zuviel und dem Zuwenig; z. B. erscheint die Tugend „Tapferkeit" als die „Mitte" zwischen der Tollkühnheit und der Feigheit. Diese jeweilige „Mitte" ist allerdings nicht zu verstehen als ein mittlerer Punkt, der durch zwei Untugenden eindeutig bestimmt wird, sondern als ethische Handlungsmöglichkeit, die den Besonderheiten der Personen und Situationen Rechnung trägt. Dementsprechend erläutert Aristoteles die Vorstellung vom „guten Leben" (↑gutes Leben) als eine „mittlere Lebensform". Diese Aristotelische Bestimmung führt die ältere griechische Vorstellung einer Lehre vom ↑Maß fort; sie setzt sich allerdings nicht durch, da sie schon in der Antike als bloße Durchschnittlichkeit mißverstanden wird.

Messen: das Zuordnen von Zahlenwerten zu empirischen Größen (z. B. Strecken, Zeitintervallen) und Vorgängen (z. B. Ausdehnung bei Erwärmung). Erst die Verfügbarkeit hinreichend genauer Meßverfahren erlaubt es, eine Wissenschaft quantitativ zu betreiben, was wiederum Voraussetzung ist für deren umfassende mathematische Behandlung. In der Wissenschaftstheorie wird u. a. die Frage untersucht, inwieweit Meßverfahren Vorentscheidungen über Theorien mit sich bringen. Daneben werden die verschiedenen Arten von Meßverfahren analysiert und klassifiziert.

Metaethik [zu griechisch metá „inmitten, zwischen; nach, hinten" und ↑Ethos]: Gegenstand der Metaethik ist die philosophische Sprachanalyse ethischer Urteile. Dabei geht es v. a. um die Analyse der Bedeutung moralischer Beurteilungstermini wie „gut", „schlecht", „gerechtfertigt" usw., die Unterscheidung der moralischen von der außermoralischen Verwendung solcher Begriffe, die Untersuchung moralischer Argumentationen im Hinblick auf ihre logische Form. Im Sinne der *metaethischen Neutralitätsthese* wird die Metaethik im Regelfall nicht als Teil der ↑Ethik, sondern als wertneutral, v. a. gegenüber den behandelten ethischen Aussagen, betrachtet. Diese Neutralität soll eine wissenschaftliche Beschäftigung mit Fragen der Ethik ermöglichen. Da sich die Metaethik im Zusammenhang mit der ↑analytischen Philosophie entwickelte, wird sie häufig auch als [sprach]analytische Ethik bezeichnet.

Metaphysik [zu griechisch metà „nach, über" und phýsis „Natur, natürliche Beschaffenheit"]: der Sache nach schrieb Aristoteles die erste „Metaphysik", d. h. insgesamt 14 von ihm selbst allerdings nicht näher bezeichnete mehr oder weniger eigenständige Bücher allgemeinphilosophischen Charakters, die ihren jetzigen Namen erst der Aristotelesausgabe des Peripatetikers Andronikos von Rhodos verdanken. Dieser ordnete wohl aus didaktischen Gründen diese 14 Bücher „hinter" den 8 Büchern der Aristotelischen „Physik" ein, was zu der eher widersprüchlichen Bezeichnung (Signatur) „tà metà tà physiká" (svw. „das, was nach der Physik kommt") führte, denn Aristoteles' Grundintention nach ist die Metaphysik als philosophische Disziplin eine „erste Philosophie" und wäre demnach der Physik als der von ihm sogenannten „zweiten Philosophie" strenggenommen voranzustellen. Seitdem verbindet man in der Philosophie mit dem Begriff Metaphysik zweierlei. Einmal sind es diese 14 Bücher selbst, die gleichsam Philosophiegeschichte gemacht haben, da hier zum ersten Mal systematisch – heute würden wir sagen wissenschafts-theoretisch – der Versuch unternommen wird, die Philosophie auf allgemeingültigen, logischen Prinzipien zu begründen (z. B. ↑Satz vom verbotenen Widerspruch, ↑Tertium non datur). In eindeutiger Abgrenzung zur Ideenlehre Platons wird damit die Philosophie wesentlich zu einer *Lehre* von den *begrifflichen* Strukturen der Wissensbildung einschließlich des Erfahrungswissens. Nach wie vor steht die „Metaphysik" des Aristoteles im Mittelpunkt des philosophischen Grundstudiums. Ohne eine Kenntnis ihrer zentralen Kategorien (u. a. ↑Form/Materie, ↑Akt/Potenz, ↑Essentia, ↑Wesen, ↑Sein, ↑Substanz, ↑Wahrheit, ↑Gott, ↑Seele) scheint auch heute noch eine wirkliche Einsicht in die Fragestellungen der Philosophie kaum möglich. Daneben hat der Begriff Metaphysik bald schon ein Eigenleben entwickelt, das weit über die anfängliche Bestimmung durch

Aristoteles hinausgeht. Metaphysik ist der klassische Titel für die Grundwissenschaft der Philosophie. Unter ihrem weit gespannten Dach versammeln sich alle großen Fragestellungen, Systementwürfe usw., die bestrebt sind, den vielzitierten letzten (= ersten) Gründen allen Seins auf die Spur zu kommen. Dabei ist es seit jeher charakteristisch für sie gewesen, daß sie eine Universalität für sich beansprucht, die alle anderen Einzeldisziplinen (etwa Logik, Erkenntnistheorie, Ontologie, Ästhetik) unter sich begreift. In dieser Hinsicht scheint sie oft synonym mit Philosophie selbst zu sein, mit der sie letztlich auch die Geschichte teilt. – Alle Metaphysiken erheben einen Anspruch auf Endgültigkeit. Dabei wird in der Regel (spekulativ) von einem metaphysischen Grundprinzip ausgegangen (z. B. Gott, Sein, Idee, Ich, Monade, Apriori, Weltgeist, Materie, Widerspruch, Bewegung, Zeit, Wille, das Umgreifende, Hoffnung, Lebenswelt), von dem aus schrittweise die Wirklichkeit in ihrer Totalität erklärt wird (exemplarisch hier die „Enzyklopädie" Hegels). *Metaphysisch* sind alle Aussagen, die sich in der Weise synthetischen Urteilens auf das beziehen, was jede mögliche Erfahrung überschreitet, bei Kant svw. ↑transzendental. Daneben ist es zuweilen das generell Unerkennbare (Hartmann) oder das nicht mehr Aussagbare (Wittgenstein). Oft meint metaphysisch aber auch polemisch abwertend svw. nicht empirisch bzw. schlicht unwissenschaftlich, fiktiv oder gar eine bloße Gedankenspielerei. Für Aristoteles markiert die Metaphysik den absoluten Anfang aller Philosophie. Als ↑Philosophia prima hat sie diese Bestimmung bis heute beibehalten. Hat die Philosophie ihren eigentlichen Anlaß im Staunen, dann ist die Metaphysik derjenige Punkt, an dem das Staunen umbricht in eine reine, anfangs völlig zweckfreie „theoretische Einsicht" in das generelle Sein, ferner dann aber auch die Wissenschaft vom Wesen des Seienden wie den ersten Gründen des Seins. Als alleinige Ursache allen Seins ist für Aristoteles niemand anderes als Gott anzusehen. Die Metaphysik geht also zwangsläufig zusammen mit der natürlichen Theologie. Bis in die Spätscholastik hinein bleibt für sie diese Kombination bestimmend. Die „Königin der Wissenschaften" (Thomas von Aquin), wie sie nun lange Zeit genannt wird, handelt vom Unterschied zwischen dem göttlichen und dem weltlichen Sein (↑Analogia entis). Sie ist einerseits die allgemeine Lehre von den ↑Transzendentalien, andererseits unterteilt sie sich als spezielle Metaphysik in rationale Theologie (Gott als Ursache der Welt), rationale Psychologie (die Seele als einfache Substanz) und rationale Kosmologie (die Welt als natürliches System physischer Substanzen). V. a. die damaligen ↑Gottesbeweise spiegeln das Grundproblem der gesamten Metaphysik (bis Kant) wider: Wie ist es der menschlichen Rationalität möglich, daß sie Anteil hat an den ewigen und absoluten, göttlichen Wahrheiten? – Mit Beginn der Neuzeit setzt eine Aushöhlung der traditionellen ontologisch-theologischen Metaphysik ein. Man wirft ihr „Dogmatismus" vor, und sie wird als ein „philosophisches Lexikon dunkler Kunstwörter, das nicht den geringsten Nutzen schafft" (Walch) diffamiert. Im steigenden Maß wird der Mensch (↑Subjektivismus) selbst zum alleinigen Maßstab der Philosophie. Eng zusammengehend mit der Erkenntnistheorie, sucht sie sich neue Vorbilder (etwa Leibniz' „Mathesis universalis"). Kants ↑Transzendentalphilosophie bedeutet dann auch für die Metaphysik die „kopernikanische Drehung". Seine Einstellung gegenüber der Metaphysik, die nurmehr eine Worthülse ist, scheint dabei paradigmatisch. Einerseits kritisiert er sie als „Träume eines Geistersehers", andererseits fühlt er sich dennoch ihrem universalen Anspruch verpflichtet. Auch er will der Tradition gemäß eine Metaphysik begründen, die „als

Wissenschaft wird auftreten können". Den vorerst letzten Höhepunkt der Metaphysik stellt von Einzelleistungen abgesehen (Schopenhauer, Bergson) der deutsche Idealismus dar. Seit Mitte des 19. Jahrhunderts existiert das Schlagwort vom sogenannten Zusammenbruch der metaphysischen Systeme. Die Naturwissenschaften insgesamt übernehmen nun die Rolle der Grundlagenwissenschaft. Derzeitige Kritik kommt v. a. aus dem Lager der sprachanalytischen Philosophie, des logischen Empirismus sowie der Wissenschaftstheorie. Dabei hat man der Metaphysik immer wieder vorgeworfen, daß sie ihre (sprachlichen) Grundlagen nicht reflektiert und als Theorien ausgibt, was nur Gefühle sind. „Metaphysiker sind Musiker ohne musikalische Fähigkeit" (Carnap). Wittgenstein fegt die Metaphysik gänzlich vom Tisch der Philosophie: „Worüber man nicht sprechen kann, darüber soll man schweigen." Andererseits läßt sich ab dem 20. Jahrhundert v. a. aufgrund einer generellen Aufwertung der Ontologie durch Phänomenologie und Existenzphilosophie eine Tendenz aufzeigen, die sich wieder verstärkt an dem Ideal einer Philosophia prima orientiert (Husserl). Zu allen Zeiten hat es besonders die Metaphysik als ihre zentrale Aufgabe angesehen, dem menschlichen Dasein einen (tieferen) Sinn zu vermitteln. Hier scheint sie gegenüber unserem naturwissenschaftlich geprägten Zeitalter, in dem der Mensch oft nur noch ein Kosten-Nutzen-Faktor ist, eine berechtigte Chance zu haben. Insgesamt ist es unter Philosophen heute äußerst umstritten, wie diese Metaphysik eigentlich zu bestimmen sei. Was sie sein könnte, signalisieren am ehesten vielleicht noch die Bestandteile des Begriffs Meta-physik selbst. Es ist die unumgängliche Vorgabe für alle Rationalität, daß sie die Außenwelt (phýsis) nicht im Kopf selbst hat, sondern daß sie sich auf allen Ebenen gleichsam „über (metà) den Dingen schwebend" nurmehr vermittelt auf sie beziehen kann. Dementsprechend macht es letztlich keine Ausnahme, ob wir mit den Begriffen operieren, mit den Zahlen die Welt berechnen oder ob wir uns ein Bild von ihr machen. So mag Schopenhauer recht gehabt haben, wenn er den Menschen insgesamt ein „animal metaphysicum" nannte.

Mẹtasprache/Objẹktsprache [zu griechisch metá „inmitten, zwischen; nach hinten" und lateinisch obicere (2. Partizip: obiectum) „entgegensetzen, -stellen"]: im Unterschied zur *Objektsprache,* der Sprache, in der über Objekte geredet wird, bezeichnet die *Metasprache* diejenige Sprachebene, auf der über sprachliche Ausdrücke der Objektsprache gesprochen wird, z. B. mit Hilfe des Deutschen (als Metasprache) über das Englische (als Objektsprache). V. a. entstehen durch die Nennung unter Verwendung von Anführungszeichen aus objektsprachlichen Ausdrücken solche der Metasprache. So ist der Satz „Was hältst du von Martin?" (in einem Gespräch über einen Freund) ein Satz der Objektsprache, während „Was hältst du von ‚Martin'?" (in einem Gespräch über Vornamen) zur Metasprache gehört. Eine Metasprache kann selbst wieder Objektsprache einer weiteren Metasprache, der Metametasprache, sein. (Objektsprache: „Gestern besuchte mich Martin"; Metasprache: „Der Satz ‚Gestern besuchte mich Martin' ist ein Aussagesatz"; Metametasprache: „Der letzte Satz ist ein Satz der Metasprache.") Die Unterscheidung von Objekt- und Metasprache geht im Ansatz bereits auf Überlegungen in der Spätantike, speziell in der Stoa zurück und findet ihre erste begriffliche Fassung in der Logik der Scholastik. In der modernen Diskussion (Tarski, Carnap) spielt sie, eingeführt durch Leśniewski, eine besondere Rolle in der formalen Logik.

Mẹthexis [griechisch „Teilhabe"] (Partizipation): Begriff aus der Platonischen Ideenlehre, der das Verhältnis der Einzeldinge zu den Ideen bezeichnet. Im Gegensatz zu den Einzeldingen kommt den Ideen wirkliche Existenz zu. Die Einzeldinge erscheinen nur als seiend, weil sie an einer entsprechenden Idee teilhaben. Es kann nichts in Raum und Zeit existieren, ohne daß eine dazugehörige Idee existiert, die raum- und zeitunabhängig ist. Die Idee ist nicht in den Einzeldingen, aber die Einzeldinge haben Teil an ihr, weil sie sie nachahmen; sie sind Abbilder der Ideen. Die Teilhabe kann auch als Ursachenerklärung angewendet werden; z. B. kann die Schönheit eines Einzeldings nur durch etwas erklärt werden, das selbst schön ist. Etwas ist schön, weil es an der Idee des Schönen teilhat. Wie die Teilhabe an einer Idee erreicht wird, beschreibt Platon jedoch nicht genau.

Methode [griechisch „Weg, etwas zu erreichen, Gang der Untersuchung"]: allgemein ein planmäßiges und zielgerichtetes Verfahren, das nach einiger Übung als „Technik" (Fertigkeit) beherrscht werden kann, z. B. Methoden der Energiegewinnung, Geheimdienstmethoden, Lösungsmethoden für mathematische Aufgaben, Arbeitsmethoden. Ist das gesteckte Ziel der Gewinn von Erkenntnis, so hat man es mit wissenschaftlichen Methoden im weitesten Sinn zu tun. Diese zeichnen sich dadurch aus, daß sie *kontrollierbar* sein müssen, d. h. jeder Gutwillige sollte nach entsprechender Unterweisung in der Lage sein, die mit dem Anspruch auf Geltung auftretenden Sätze auf ihre Geltung hin zu beurteilen. Die Methode einer Wissenschaft kann gleichgesetzt werden mit einem *System* („Kanon") *von Regeln,* die zur Gewinnung neuer Erkenntnisse und zu deren Begründung zulässig sind. Im allgemeinen bedient sich jedoch jede Wissenschaft mehrerer Methoden, so daß eine Wissenschaft nicht eindeutig durch eine einzige Methode charakterisiert werden kann. Die starre Festlegung auf bestimmte Methoden ist in den letzten Jahren zunehmender Kritik ausgesetzt (z. B. Feyerabend); die Beschränkung führe dazu, daß wichtige Erkenntnisse, die auf abweichendem Weg gewonnen wurden, verworfen würden. Dem wird nun als neues Prinzip entgegengesetzt: „Tu, was du willst!" Die Unterscheidung und Bewertung der verschiedenen Methoden ist Gegenstand der ↑ Methodologie. – Die Methode der Philosophie wurde im Laufe ihrer Geschichte vielfach neu bestimmt. Platon bezeichnet sie als *Kunst des argumentierenden Gesprächs,* als den auf Verständigung abzielenden ↑ Dialog. In der neuzeitlichen Philosophie bis zum Auftreten der Sprachphilosophie herrscht der *methodische Solipsismus* der Bewußtseinsphilosophie vor: Die Erkenntnisleistungen des Bewußtseins (das nicht als ein individuelles mißverstanden werden darf!) werden in einem Zusammenspiel von analytischer und synthetischer Methode *isoliert* untersucht. Erst Pragmatismus und Sprachphilosophie knüpfen wieder an die platonische Bestimmung an und betonen mit Nachdruck den intersubjektiven Aspekt von Philosophie. Es zeichnet die Philosophie vor anderen Wissenschaften aus, daß sie stets ihre Methode mitreflektiert; Gegenstand und Methode sind in ihrem Fall nicht zu trennen. Die *analytische* (auch: *regressive*) *Methode* geht von begründungsbedürftigen Sätzen aus und verfolgt diese, rückwärts gehend, auf ihre möglichen Gründe (↑ Satz vom zureichenden Grund). Umgekehrt geht die *synthetische Methode* von Prinzipien aus und untersucht deren Folgerungen. Das erste Vorgehen ist zergliedernd, das zweite zusammensetzend. Diese beiden bereits von Aristoteles unterschiedenen Verfahren können in allen Wissenschaften zur Anwendung kommen. Erst im Zusammenwirken beider ist aber nach antiker Vorstellung vollkommene Erkenntnis möglich, wie sie vorbildlich in Euklids Geometrie verwirklicht ist. Die Analyse einer Aufgabe führt zur Aufdeckung der zur Lösung erforderlichen Voraussetzungen. Ausgehend von diesen, wird in der Synthese die Lösung vorgeführt. Die Geometrie prägte zugleich das Verständnis der ersten Sätze: Sie sind als durch ihre ↑ Evidenz gerechtfertigte ↑ Axiome zu betrachten. Deshalb wird oft von der *axiomatisch-deduktiven Methode* gesprochen; aus als wahr akzeptierten Sätzen werden durch logisches Schließen neue Sätze gewonnen. Damit entsteht jedoch kein neues Wissen, da alles Wissen ja bereits in den Axiomen enthalten ist. Die Deduktion ist also nicht erkenntniserweiternd. Ihr wird deshalb die *induktive Methode,* die durch (unvollständige) ↑ Induktion von einzelnen Sätzen zu allgemeinen führt, gegenübergestellt. Hierzu ist Erfahrung erforderlich, und darum ist diese Methode erkenntniserweiternd. In ihrem Gewißheitsanspruch steht sie jedoch der axiomatisch-deduktiven Methode nach. Das führte zur Unterscheidung in induktiv verfahrende, bloß empirische *Erfahrungswissenschaften* und axiomatisch-deduktiv vorgehende *rationale Wissenschaften.* In der Neuzeit wurde das ↑ Experiment von zentraler Bedeutung für die Erfahrungswissenschaften, weshalb auch von der *experimentellen Methode* gesprochen wird. Die empirische und die experimentelle Methode sind jedoch nicht einfach identisch. Kant hat die *transzendentale Methode* in die Philosophie eingeführt. Sie fragt nach den „Bedingungen der Möglichkeit von ...“. Ausgehend von einem Faktum („Es gibt Geometrie“), sucht Kant nach den Voraussetzungen, die gegeben sein müssen, damit dieses Faktum wirklich werden konnte („Wie muß der Raum beschaffen sein, daß Geometrie, als Wissenschaft vom Raum, möglich ist?“). Diese Methode spielt auch heute noch eine gewisse Rolle in der Philosophie, bleibt aber im Gegensatz zur analytischen und synthetischen Methode auf die Philosophie beschränkt. Ihr logischer Status ist weitgehend ungeklärt. Im 20. Jahrhundert kamen als neue Methoden für die Philosophie die *phänomenologische* (↑ Phänomenologie) und die *sprachanalytische* (↑ analytische Philosophie) auf. Eine andere, auf Dilthey zurückgehende Einteilung der wissenschaftlichen Methoden geht aus von der Charakterisierung der Erkenntnis*ziele,* die mit der jeweiligen Methode angestrebt werden. Dies können sein: die *Erklärung* (Naturwissenschaften), das *Verstehen* (Geisteswissenschaften [↑ Hermeneutik]) und das *Begreifen* (Geschichts- und Sozialwissenschaften [↑ Dialektik]). Während die Erklärung auf induktiv gesicherte Gesetze abzielt – sie ist *nomothetisch* –, bezieht sich das Verstehen auf den individuellen Einzelfall – es ist *idiographisch.* Die begreifende Methode versucht, das Allgemeine (das Gesetz) mit dem Individuellen zu vermitteln. Ihr Leitbild ist der gesellschaftlich eingebundene Einzelmensch.

Methodologie [zu ↑ Methode und ↑ Logos]: Lehre von den wissenschaftlichen Methoden. Sie geht den Wissenschaften voran und wurde früher als Bestandteil der Logik (Lehre vom Urteil und vom Begriff) behandelt. Heute gilt sie allgemein als Teil der Wissenschaftstheorie. In ihr geht es v. a. um die Fragen, welche Methoden zur Gewinnung bestimmter Erkenntnisse angebracht sind, welchen Gewißheitsanspruch diese erheben können und welche Methoden bei der Darstellung wissenschaftlicher Theorien zu wählen sind. Dagegen wird die Frage, wie man wissenschaftliche Erkenntnis gewinnt, in der ↑ Heuristik behandelt. Grundlegend für die Methodologie ist die Einteilung in analytische und synthetische, in induktive und axiomatisch-deduktive Methoden. Auch andere Klassifikationen sind gebräuchlich (↑ Methode). Die Methodologie stellt eine Reaktion auf Zweifel an in Gebrauch befindlichen Methoden dar. Sie hat darum immer auch normative Züge. In neuester Zeit sind Stimmen laut geworden (z. B. Feyerabend), die den Wert einer Methodologie überhaupt bestreiten.

Mikrokosmos [zu griechisch mikrós „klein“ und kósmos „Welt“]: in der griechischen Antike ist ↑Kosmos die vollendete und nach Vernunftprinzipien zweckvoll gegliederte Welt. Während „Makrokosmos“ (zu griechisch makrós „groß“ und kósmos „Welt“) das All oder das Universum, das als großer Organismus angesehen wird, meint, versteht man unter dem Mikrokosmos einen seiner Teile, der seine Struktur in getreuer Entsprechung widerspiegelt. Zumeist wurde der Mensch als ein solcher Mikrokosmos angesehen. Vorstellungen dieser Art finden sich in der gesamten Geschichte der Weltbilder und Weltanschauungen. Ihre Entstehung erklärt sich aus der besonderen Faszination eines spezifischen Einheitsgedankens: Bestünde in der Tat eine solche Makrokosmos-Mikrokosmos-Beziehung, würde diese Analogie erlauben, Erkenntnisse über den einen auf den anderen Bereich zu übertragen; die Erkenntnis eines Teils der Welt, eines Mikrokosmos, führte dann zu einer korrespondierenden Erkenntnis des Ganzen der Welt und umgekehrt. Im Umkreis eines magischen Denkens hoffte man sogar, durch geeignete Beeinflussung des Mikrokosmos Wirkungen im Makrokosmos hervorzubringen. Sieht man von solchen Ausweitungen ab, ist zumindest festzuhalten, daß mit der Mikrokosmoskonzeption die Grundüberzeugung der neuzeitlichen Wissenschaft von einer prinzipiellen Erkennbarkeit der Natur durch die Vernunft, d. h. durch rationale Erklärung, vorbereitet wird. Geschichtlich gesehen führt die Annahme analoger harmonischer Proportionen die Pythagoreer zu ihrer Zahlen- und Harmonielehre. Eine besondere Ausformung erfährt der Mikrokosmosgedanke in der Stoa; vielfach abgewandelt erscheint er in der Mystik und der Naturlehre des Mittelalters sowie in der Philosophie der Renaissance. U. a. liegt er auch noch der Leibnizschen Monadenlehre (↑Monade) zugrunde. Gegenwärtig nimmt der Begriff zunehmend bildhafte Bedeutung an.

Mittel: Terminus der Ethik und der Handlungstheorie (↑Handlung). Mittel sind *Handlungen* oder *Handlungsweisen,* die geeignet sind, die verfolgten ↑Zwecke herbeizuführen. Oft werden als Mittel auch *Situationen* verstanden (z. B. Schüler sein, Student sein), die Schritte auf dem Wege zur Erreichung von (letztendlich) bezweckten weiteren Situationen (z. B. Arzt sein) darstellen. Eine besondere Rolle spielen dabei Situationen der Verfügbarkeit über Werkzeuge, Materialien u. a. Mit Bezug auf derartige Verwendungssituationen heißen dann diese Gegenstände (z. B. die Fachliteratur) selbst Mittel für die ins Auge gefaßten Zwecke. – Ein besonderes Problem stellen Handlungen dar, deren letztendliche Ziele einer vernünftigen Diskussion entzogen sind, so daß *Rationalität* hier auf die Beurteilung der Qualität von Mitteln eingeschränkt erscheint. Man spricht in diesem Falle von bloß *technischer* Rationalität oder *instrumenteller* Vernunft.

mittelalterliche Philosophie: zusammenfassende Bezeichnung für die philosophischen Bemühungen des Mittelalters, deren zeitliche Eingrenzung (Beginn etwa mit dem Untergang Westroms [476], Ausklang etwa in der Reformationszeit [16. Jahrhundert]) ebenso problematisch ist wie jene des Mittelalters selbst. Die mittelalterliche Philosophie knüpft z. T. an antike Vorbilder an. Als dominanter neuer Faktor kommt die Lehre der christlichen Religion, vermittelt durch die mächtige Institution der Kirche, hinzu. Während etwa eines Jahrtausends bleiben Philosophie und Wissenschaft im Schatten kirchlicher Lehre. Ihre Aufgabe ist es, die Glaubensinhalte der biblischen Offenbarung vernunftmäßig zu durchdringen und aufzubereiten, nicht jedoch sie zu begründen, da ihre Wahrheit über jeden Zweifel erhaben ist. Als wichtigstes Werkzeug, das im Lauf der Zeit ständig verfeinert wurde, dient die aristotelisch-stoische Logik. Charakteristisch für das gesamte Mittelalter ist die Tendenz, Wahrheit und Evidenz einzig und allein in der Überlieferung – also bei Autoritäten – zu suchen und zu finden. Deshalb beschränkte man sich auch oft auf das schulmäßige („scholastische") Ausarbeiten der bekannten Quellen (↑Scholastik). Erfahrung – und damit auf beobachtbare Tatsachen gestützte Evidenz – blieb dem Mittelalter weitgehend fremd. Darin liegt der entscheidende Unterschied zur nachfolgenden Neuzeit. Die zweite wichtige Quelle der mittelalterlichen Philosophie (neben kirchlich vermittelter Bibel) war der spätantike ↑Neuplatonismus. Dieser ließ sich mit seiner Lehre vom höchsten Sein (dem Ur-Einen) relativ leicht mit der christlichen Religion in Einklang bringen. – Die erste Periode der mittelalterlichen Philosophie, die *Patristik* (↑patristische Philosophie), ist gekennzeichnet durch den Prozeß der schrittweisen Verschmelzung von christlich-kirchlicher Lehre und neuplatonischem Erbe. Zugleich geht von diesem doppelten Ursprung eine Spannung aus, die die mittelalterliche Philosophie prägt: der Gegensatz zwischen dem das individuelle Schauen betonenden Neuplatonismus und der die Ansprüche von Tradition und Institution verteidigenden Lehre der Kirche, also der Gegensatz von Mystik und Scholastik (Orthodoxie). – Die zweite Hälfte des Mittelalters, die *Scholastik* im engeren Sinn, ist geprägt durch das allmähliche Bekanntwerden der gesamten aristotelischen Philosophie (etwa ab 1200). Diese kam mit den Arabern nach Europa. Ähnlich wie die neuplatonische Lehre wurde auch diese mit der kirchlichen Lehre vereinigt. Dies geschah v.a. im Werk des Thomas von Aquin. Teile der aristotelischen Philosophie wurden systematisch ausgebaut (v.a. die Syllogistik). Die Hinwendung zu Aristoteles bedeutete zugleich eine Hinwendung zur Realität, indem dessen naturphilosophische und physikalische Schriften studiert wurden. Das verschärfte eine Auseinandersetzung, die die Philosophie schon längere Zeit bewegte, über die Frage nämlich, welche Art von Sein abstrakten Begriffen (den Universalien) zukomme. Dieser ↑Universalienstreit beherrschte die philosophische Diskussion des ausgehenden Mittelalters. Hierdurch wurde auch die Beschäftigung mit erkenntnistheoretischen Problemen angeregt. V.a. das Verhältnis von Glauben und Wissen, das Problem der „Dialektik", rückte in den Mittelpunkt des Interesses. – Das Mittelalter ging, philosophisch gesehen, mit der Loslösung der Wissenschaften von der Autorität der Kirche und der Verschulung der kirchlichen Lehre zu Ende. Dadurch zerfiel die für diese Epoche so charakteristische Einheit von Kirche, Wissenschaft und Glaube.

Modalität [neulateinisch „Art und Weise"]: in der *Ontologie* das Wie des Seins (Wirklichkeit, Möglichkeit, Notwendigkeit) eines Seienden oder Geschehens, in der *Logik* der Grad der Bestimmtheit einer Aussage bzw. der Gültigkeit von Urteilen. Die Modalitäten der Aussagen werden in *ontische* (auf das Sein bezogene) und *deontische* (auf das Sollen bezogene) unterschieden, wobei die ontischen weiter in *epistemische* (auf das Wissen bezogene), *mellontische* (auf das Werden bezogene) und *alethische* (= ontische) unterteilt werden. Die Grundmodalitäten werden allgemein durch „notwendig" und „möglich" ausgedrückt. Je nach Bezugsrahmen variieren die gebräuchlichen sprachlichen Ausdrücke für die Modalitäten:

	deontisch	alethisch	mellontisch	epistemisch
möglich	es ist erlaubt	möglich	wird vielleicht sein	er glaubt
notwendig	es ist geboten	notwendig	wird sein	er weiß
Logik	deontische Logik	Modallogik	temporale Logik	epistemische Logik

Alle Modalitäten sind als *einstellige Operatoren* aufzufassen, die, auf eine Aussage angewandt, eine neue Aussage ergeben, z. B.: Ist A eine wahre Aussage, so liefert die Anwendung des Modaloperators **L** (für notwendig) die neue Aussage $\mathbf{L}(A)$ (lies: A ist notwendigerweise wahr). Modaloperatoren sind also *nicht extensional,* denn nicht alle wahren Aussagen sind auch notwendigerweise wahr, so ist z. B. die Aussage „10 = 10“ eine notwendige Wahrheit, die Aussage „die Europäischen Gemeinschaften zählen zehn Mitgliedsstaaten“ jedoch nicht. Oft ist es wichtig zu klären, in welchem Bezugsrahmen Notwendigkeit und Möglichkeit zu sehen sind, ob es sich um naturgesetzliche, logische oder andere (z. B. historische) Beziehungen handelt. – Kants bekannte Einteilung der Urteile in ↑assertorische (existente), ↑problematische (mögliche) und ↑apodiktische (notwendige) stellt ebenfalls eine Klassifikation nach Modalitäten dar.

Modallogik: Teil der formalen (philosophischen) Logik, der sich mit den aus den – hier als *alethischen* aufgefaßten – ↑Modalitäten „möglicherweise“ und „notwendigerweise“ gebildeten Modalaussagen befaßt. Die Modallogik wird heute meist als eine Erweiterung der ↑Aussagenlogik behandelt, zu deren Junktoren *Modaloperatoren* hinzutreten. Der einstellige *Notwendigkeitsoperator* **L** liefert, angewandt auf eine Aussage („9 > 7“) wieder eine Aussage („L(9 > 7)“, lies: „9 > 7 ist notwendigerweise wahr“). Der *Möglichkeitsoperator* **M** wird definiert durch $\mathbf{M}(A) \rightleftharpoons \neg\mathbf{L}(\neg A)$ („A ist möglicherweise wahr, genau dann, wenn das Gegenteil von A nicht notwendigerweise falsch ist“). Analog wird der *Zufälligkeitsoperator* ⧖ (↑Kontingenz [logisch]) festgelegt. In vielen Systemen der Modallogik gilt das „quartum non datur“ (lateinisch „ein Viertes gibt es nicht“): Eine Aussage gilt entweder notwendig oder zufällig oder unmöglich (notwendig nicht). – Weil die *inhaltliche Interpretation* der Modallogik erhebliche Schwierigkeiten bereitet, baut man sie meist als ↑Kalkül auf. Man geht dazu von der kalkülisierten Form der Aussagenlogik aus und fügt weitere Axiome hinzu, die Modaloperatoren enthalten. Aufgrund von Intuition sollten hierbei folgende Formeln in der Modallogik *ableitbar* sein: $A \to \mathbf{M}(A)$ (eine wahre Aussage muß auch möglicherweise wahr sein) und $\mathbf{L}(A) \to A$ (eine notwendigerweise wahre Aussage muß insbesondere wahr sein). Die Umkehrungen hiervon dürfen nicht ableitbar sein. Die neuen Axiome lauten:

(A1) $\mathbf{L}(A) \to A$ („Notwendigkeitsaxiom“)

(A2) $\mathbf{L}(A \to B) \to (\mathbf{L}(A) \to \mathbf{L}(B))$.

Als neue Ableitungsregel kommt die *Möglichkeitsregel* (MR) hinzu (zur Regel der gleichmäßigen Ersetzung und zur Abtrennungsregel):

(MR) Ist α eine Formel, so auch $\mathbf{M}(\alpha)$.

Die Menge aller ableitbaren Formeln wird als Theorie T der Modallogik bezeichnet. Andere, stärkere Theorien erhält man, wenn man weitere Axiome wie $\mathbf{L}(A) \to \mathbf{LL}(A)$ oder $\mathbf{M}(A) \to \mathbf{LM}(A)$ hinzunimmt. Das ergibt die Systeme S_4 und S_5. In S_4 gilt der wichtige Satz (der zugleich die Motivation dieser Theorie erläutert), daß *jede* ableitbare Formel äquivalent ist zu einer Formel, in der keine gehäuften Modaloperatoren (wie in $\mathbf{LMLM}(A)$) auftreten. 1959 gelang es Kripke, eine mengenwertige ↑Semantik der Modallogik zu konstruieren („Kripke-Semantik“). Dabei ging er, Ideen von Leibniz aufgreifend, von einer Menge M aus, deren Elemente „mögliche Welten“ genannt werden. Zwischen den möglichen Welten ist eine zweistellige Relation Z, die „Zugänglichkeit“, definiert: „$Z(w, w')$ ist wahr (falsch)“ bedeutet: „Die Welt w' ist von w aus (nicht) zu erreichen“. Diese Relation soll *reflexiv* sein, d. h. jede Welt ist von sich aus erreichbar. Betrachtet man eine Elementaraussage A (die einer ableitbaren Formel in T entspricht), so soll für jede mögliche

Welt *w* feststehen, ob *A* in *w* wahr ist oder nicht. Die Aussage **L**(*A*) ist dann und nur dann wahr, wenn *A* in *allen* von *w* aus zugänglichen Welten wahr ist. Die Aussage **M**(*A*) ist wahr, genau dann, wenn es *mindestens eine* von *w* aus zugängliche Welt gibt, in der *A* wahr ist. Komplexe Aussagen werden auf elementare zurückgeführt. Kripke konnte nun zeigen, daß das System *T* der Modallogik *vollständig* und *widerspruchsfrei* ist. Verlangt man, daß die Relation *Z* zusätzlich noch *transitiv* sein soll, so erhält man eine Semantik für S_4. Ist *Z* sogar eine *Äquivalenzrelation,* so ergibt sich S_5. Auch diese Systeme sind vollständig und konsistent. – Wegen der Schwierigkeit einer inhaltlichen Interpretation wird die Modallogik auch heute noch gelegentlich (z. B. von Quine) abgelehnt. Eine Ursache dafür liegt darin, daß Modalaussagen nicht extensional sind: **L**(9 > 7) ist wahr, aber **L** (Anzahl der Planeten > 7) ist falsch, obwohl „9 = Anzahl der Planeten" gilt. Man muß also beim Ersetzen von Aussagen durch andere des gleichen Wahrheitswerts in der Modallogik vorsichtig sein. Eine weitere Schwierigkeit besteht in der Interpretation gehäufter Modaloperatoren: Was soll **LL**(*A*) bedeuten? Versteht man **L**(*A*) als „*A* folgt logisch aus wahren Sätzen", so verliert die erneute Anwendung von **L** ihren Sinn. Man muß dann das zweite **L** als einen *metasprachlichen* Operator ansehen, was zu erheblichen Komplikationen führt. Dieser Ansatz liegt der dialogischen Auffassung der Modallogik zugrunde. Ein weiteres Problem ist die Frage nach dem Verhältnis der Prädikate „notwendigerweise wahr" und „a priori wahr". Haben diese die gleiche Extension? Schließlich ist die Behandlung von Quantoren in der Modallogik bis heute noch nicht zufriedenstellend gelungen. Insgesamt ist die Modallogik gegenwärtig stark in Fluß; zahlreiche interessante Probleme harren noch ihrer Lösung.

Geschichte: Schon Aristoteles befaßte sich ausführlich mit Schlüssen, die Modalaussagen enthalten. Er tat dies im Rahmen seiner ↑ Syllogistik. Mehr als die Hälfte seiner Schriften zur Logik ist der Modallogik gewidmet. Der Megariker Diodoros Kronos warf mit seinem Meisterargument schwierige Fragen auf in bezug auf die Modallogik; er behauptete z. B.: „Was möglich ist, wird auch einmal wirklich". Die moderne Modallogik beginnt mit den Arbeiten von Lewis aus den Jahren 1912 bis 1932. Die Idee, die Modallogik als Erweiterung der Aussagenlogik anzusehen, stammt von Gödel (1933). Die Kripke-Semantik, die eine Vielzahl von Untersuchungen angeregt hat, wurde 1959 entdeckt.

Modell [italienisch, zu lateinisch modulus „Maß, Maßstab"]: im *Sprachgebrauch verschiedener Wissenschaften* ein *Objekt* (natürliches, technisches, menschliches Objekt; Zeichensystem [natürlicher und künstlicher Sprachen]), das von einem *Subjekt* (Modellbauer oder -benutzer) auf der Grundlage einer Struktur-, Funktions- oder Verhaltensanalogie (↑ auch Analogie) zu einem *Original* eingesetzt und genutzt wird, um Aufgaben zu lösen, deren Durchführung am Original selbst nicht möglich oder zu aufwendig ist (z. B. Flugzeugmodell im Windkanal). Das Verfahren bzw. Vorgehen bei der Lösung von Aufgaben mit Hilfe eines Modells, die *Modellmethode,* vollzieht sich in vier Schritten: 1. Auswahl (Herstellung) eines der gegebenen Aufgabe, dem (geplanten) Original und den Bedingungen der Situation entsprechenden Modells; 2. Bearbeitung des Modells, um neue Informationen über das Modell zu gewinnen *(Modellversuch);* 3. Schluß auf Informationen über das Original (meist Analogieschluß); 4. Durchführung der Aufgabe am Original. Infolge der Relationen zwischen Subjekt, Original und Modell *(Modellsystem)* erfüllt das Modell im wesentlichen folgende Funktionen: 1. Lieferung neuer Informationen über das Original (z. B. Tierversuche in der Medizin, Atommodell); 2. Demonstration und Erklärung (z. B. militärische Manöver); 3. Aufzeigen von Eigenschaften des Originals (Induktion), die an diesem selbst nicht zugänglich oder meßbar sind (z. B. Herzsimulator); 4. Optimierung des Originals (z. B. Netzplan, Trial-and-error-Methode); 5. Überprüfung (Verifikation) einer Hypothese oder einer technischen Konstruktion (z. B. Laborversuch); 6. konkrete Planung (Projektierung) eines Originals (z. B. Bauplan); 7. Steuerung (z. B. kybernetische Systeme, Lernmodelle); 8. direkter Einsatz von Teilsystemen (z. B. künstliche Gliedmaßen beim Menschen). – Abweichend von diesem Modellbegriff wird in *Logik* und *Mathematik* ein (konkreter) Bereich (meist eine Menge), der die von einem (abstrakten) ↑Axiomensystem postulierten Eigenschaften aufweist, als dessen Modell bezeichnet. Jedes Theorem, das aus den Axiomen deduzierbar ist, geht in eine wahre Aussage über, wenn die auftretenden Terme im entsprechenden Modell interpretiert werden. Diese [meta]mathematische *Modelltheorie* (Begriff seit 1954 [Tarski]) liefert grundlegende Verfahren zur Behandlung von Fragen der Vollständigkeit, Widerspruchsfreiheit und Definierbarkeit. Analog wird der Modellbegriff für ↑Kalküle gefaßt. In diesem Fall muß die Interpretation einen ableitbaren Ausdruck in eine wahre Aussage überführen. Es kann mehrere wesentlich verschiedene Modelle eines Axiomensystems oder eines Kalküls geben, weshalb man solche Systeme *polymorph* (Gegensatz: ↑kategorisch) nennt. Die ebene analytische Geometrie stellt z. B. ein Modell für Teile der Geometrie Euklids dar. Euklids Theoreme werden übersetzt in wahre Aussagen über Paare reeller Zahlen und deren algebraische Verknüpfungen. – ↑auch Aussagenlogik, ↑Prädikatenlogik, ↑Modallogik.

Modus [lateinisch „Maß; Art und Weise“]: in der Ontologie Bezeichnung für die Seinsbestimmungen, deren wichtigste seit Descartes Ausdehnung und Denken geworden sind. Spinoza spricht von den Einzeldingen als Modi der einen (göttlichen) Substanz. – In der ↑Syllogistik Bezeichnung für eine syllogistische Schlußfigur.

Modus ponens [lateinisch „bejahender ↑Modus“] (Abtrennungsregel): wichtige logische Schlußregel der Form: $A, A \rightarrow B \Rightarrow B$ (lies: Gilt sowohl A als auch ‚wenn A, dann B‘, so gilt auch B). Da es sich um eine Regel handelt, muß der Regelpfeil „$\Rightarrow$“ verwendet werden als Mitteilungszeichen für eine Handlungsanweisung.

Modus tollens [lateinisch „verneinender ↑Modus“]: wichtige logische Schlußregel der Form: $\neg B, A \rightarrow B \Rightarrow \neg A$ (lies: Gilt sowohl die Negation der Aussage B als auch die Aussage ‚wenn A, dann B‘, dann gilt auch die Negation der Aussage A). Da es sich um eine Regel handelt, muß der Regelpfeil „$\Rightarrow$“ verwendet werden als Mitteilungszeichen für eine Handlungsanweisung.

Möglichkeit: eine der ↑Modalitäten (neben Wirklichkeit bzw. Wahrheit und Notwendigkeit), umgangssprachlich meist mit Hilfe des Verbs „können“ ausgedrückt. Will man Abstufungen von Möglichkeit zum Ausdruck bringen, spricht man von „Wahrscheinlichkeit“. Je nach Kontext hat „möglich“ unterschiedliche Bedeutungen; z. B.: Die Aussage „Shakespeare war identisch mit Bacon“ ist möglicherweise wahr; es ist möglich, daß ein Mensch eines Tages 9 m weit springt; ein Dreieck mit drei gleichlangen Seiten ist möglich. Möglichkeit wird hier auf *Handlungen* („er kann dies“), auf *Sachverhalte* („das könnte wirklich werden“) oder auf *Aussagen* („das könnte wahr sein“) bezogen. In der philosophischen Tradition wurden v. a. die beiden letzten Fälle betrachtet. Möglich bedeutet hier, daß *kein Widerspruch* zu als sicher geltenden Tatsachen oder als wahr akzeptierten Sätzen vorliegt. Man spricht deshalb von einem *alethischen* Möglichkeitsbegriff und unterscheidet genauer zwischen *ontischer* (auf das Sein bezogener), *epistemischer* (auf das Wissen bezogener) und *logischer* (nur vom logischen Aufbau der fraglichen Aussagen und von der Bedeutung der gebrauchten Ausdrücke abhängiger) Möglichkeit. Während die beiden ersten Arten von Möglichkeit revidierbar sind (wenn sich unser Wissen verändern sollte), sind logische Möglichkeiten *zeitunabhängig* oder *ewig*. Ein Satz ist logisch unmöglich – er kann nicht wahr sein –, wenn er einen Widerspruch enthält („Hans ist verheiratet und nicht verheiratet") oder einen solchen impliziert („Hans ist ein verheirateter Junggeselle"). In den letzten Jahren ist der Begriff Möglichkeit durch die Einführung der „möglichen Welten" (↑Modallogik) aktuell geworden. Dabei bedeutet „mögliche Welt" einen Zustand der Welt, in den diese übergehen könnte. Legt man z. B. die Gesetze der Physik zugrunde, so sind diejenigen Übergänge möglich, die deren Gesetzen nicht widersprechen (z. B. dem Prinzip von der Erhaltung der Energie). Ein Sachverhalt (eine Aussage) wird nun möglich genannt, wenn es eine mögliche Welt gibt, in der dieser wirklich (bzw. die Aussage wahr) ist. Eine einflußreiche Bestimmung der (nicht-logischen) Möglichkeit findet sich in der aristotelischen Unterscheidung von Akt und Potenz (↑Akt/Potenz). Die Unterscheidung von *aktual* und *potentiell* spielt in der mathematischen Grundlagendiskussion eine zentrale Rolle. Dort geht es um die Frage, ob das Unendliche aktual oder bloß potentiell ist (↑Philosophie der Mathematik). Faßt man Möglichkeit präskriptiv auf, so bedeutet sie svw. „es ist zulässig". Diese *deontische* Verwendung wird in der deontischen Logik genauer untersucht.

Monade [zu griechisch monás „Einheit"]: die Einheit, das Einfache, das Unteilbare. – In der griechischen Philosophie wird der Begriff Monade synonym mit ↑Substanz gebraucht zur Bezeichnung alles dessen, was selbständiger Existenz fähig, nicht mehr zusammengesetzt und deshalb unteilbar ist. Euklid definiert eine Monade als dasjenige, wodurch jeder existierende Gegenstand als einzelnes und Individuelles begrifflich faßbar wird. Die Monade selbst ist keine Zahl; aber Zahlen sind aus Monaden aufgebaut, weil jede Zahl verstanden werden kann als eine aus Monaden zusammengesetzte Menge oder Klasse. Diese Begriffsbildung geht auf pythagoreische Traditionen zurück. Über Platon findet sie Eingang auch in die philosophische Terminologie. Die platonischen Ideen z. B. haben im Sinne der Unteilbarkeit Monadencharakter. Unter diesem Aspekt benutzen auch die antiken Materialisten (Demokrit, Epikur) den Monadenbegriff zur Charakterisierung letzter, unteilbarer materieller Einheiten, der ↑Atome. – Systematisches Gewicht erhält der Begriff der Monade bei Leibniz, der eine logische Rekonstruktion des antiken Substanzbegriffs versucht, wie er v. a. in der „Metaphysik" des Aristoteles mit den definierenden Eigenschaften der Selbständigkeit als Subjekt, der numerischen Singularität, Individualität und der diachronen (über Zeiträume hinweg weiterbestehenden) Identität exponiert wird. Leibniz versteht unter Monaden letzte, individuelle Einheiten, einfache, (räumlich) nicht ausgedehnte Kraftzentren, die deshalb als unteilbar angenommen werden können. Diese Kraftzentren gelten als in sich geschlossen, ohne Beziehung nach außen (die Monade hat „keine Fenster"), aber auch allen äußeren, mechanischen Einwirkungen entzogen. Damit ist die Monade keine chemische oder physikalische Einheit, kein Atom im materiell-körperlichen, sondern nur im formalen Sinne. Da Leibniz seine Kraftzentren als Punkte im geometrischen Raum lokalisiert, dürfte am ehesten der moderne Begriff des „Massenpunktes" systematisch vergleichbar sein. Dies ist dadurch gerechtfertigt, daß man (differentialgeometrisch) Punkten

(P) auf Raumkurven Beschleunigungsvektoren ($\vec{v}$) zuordnen kann, denen physikalische Kräfte entsprechen, wenn man die Kurven als Bahnen bewegter Massen versteht.

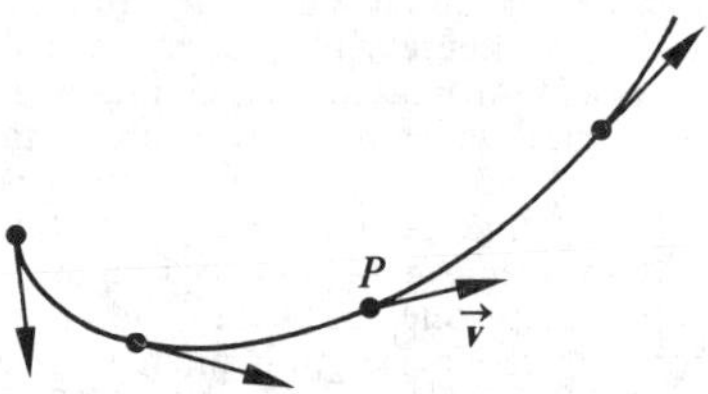

Neben diesem Zusammenhang des Monadenbegriffs mit der Theorie der [Bahn-]Kurven (Prinzip der Stetigkeit) und der Tangenten an diesen Kurven (Differentialrechnung), als deren Begründer Leibniz gilt, sind die Monaden darüber hinaus fähig, „Vorstellungen“ zu entwickeln, deren Klarheit unterschiedliche Grade erreichen kann (↑Perzeption, ↑Apperzeption; Bewußtsein allgemeiner Wahrheiten). Der Zusammenhang zwischen den sich selbst genügenden, vollendeten geistigen Einheiten wird durch einen perfekten göttlichen Konstruktionsakt, die ↑prästabilierte Harmonie, hergestellt.

Monismus [zu griechisch mónos „einzig, allein“]: jede philosophische oder religiöse Auffassung, die Bestand oder Entstehung der Welt aus *einem* Stoff, *einer* Substanz oder *einem* Prinzip erklärt im Gegensatz zum ↑Dualismus oder ↑Pluralismus, bei denen zwei oder mehr erklärende Prinzipien angenommen werden. Die Tradition des Monismus reicht zurück bis in die antik-griechische, vorsokratische Philosophie. Hier sind auch bereits zwei wichtige Formen des Monismus angelegt. Auf der einen Seite behaupten z.B. Thales und Anaximenes: „Alles entstand aus Wasser“ oder „Alle Erscheinungen lassen sich aus dem Urelement Luft ableiten“; auf der anderen Seite meint Anaxagoras: „Alles ist Geist“ (↑Nous), und die Pythagoreer behaupten: „Alles ist Zahl“. Seit Wolff ist es üblich, die Vertreter der ersten Gruppe, die einen materiellen Urstoff annehmen, als *Materialisten* (↑Materialismus), die Vertreter der zweiten Gruppe als *Idealisten* (↑Idealismus) oder auch als *Spiritualisten* zu bezeichnen. Methodisch bieten sich dem Monismus v.a. zwei Möglichkeiten, einen Standpunkt einzunehmen: Entweder man stützt nur eines der Prinzipien einer dualistischen oder pluralistischen Position und lehnt alle weiteren strikt ab oder aber man versucht, die Gegensätzlichkeit unter einem übergeordneten Gesichtspunkt aufzuheben. Z.B.: Der Materialist leugnet entweder die Möglichkeit von Geist überhaupt oder er interpretiert alles Geistige als eine Funktion von Materie. Bekannter für die zweite Form ist der Pantheismus, die Gleichsetzung von Gott und Welt (Natur/Universum), wie sie z.B. von Bruno, Spinoza oder Goethe vertreten wurde. Diese zweite Form des Monismus als Harmonisierung von Gegensätzlichem müßte eigentlich von der Intention her Grundanliegen und Ziel jeder Philosophie sein, weil es in gewisser Weise widersinnig ist, im Vielen, Zerstreuten, Zerrissenen als solchem die letzte Wahrheit zu sehen. So sagt denn auch Hegel, die Aufhebung und Lösung „solcher festgewordenen Gegensätze“ wie Seele und Leib, Glauben und Vernunft, gut und böse, Freiheit und Notwendigkeit, Subjekt und Objekt sei „das einzige Interesse der Vernunft“. Monismus, nicht mehr nur als „Lösung“ derartiger Gegensätze, sondern als Erlösung, steht in engem Zusammenhang zu diesem (theoretischen) Gedankengang Hegels. Im Versuch praktischer Realisierung verbinden sich hier Philosophie und Religion, so z.B. in der ↑Mystik und vielleicht noch deutlicher und konsequenter in der Identitätslehre der Upanischaden (↑indische Philosophie). Im Unterschied zu derartigen *metaphysisch-ontologischen* Formen des Monismus, auf die sich die Differenzierungen von Wolff (Materialismus/Spiritualismus) beziehen, weil sie Aussagen treffen zu Stoff, Form oder Prinzipien des Seins, verzichtet der *erkenntnistheoretische* Monismus auf ontologische Grundunterscheidungen. Er betont lediglich die Homogenität, die Einheitlichkeit der Erscheinungswelt. Von Mach rührt z. B. der Vorschlag her, Geist wie Materie nicht mehr als Prinzipien oder Urstoffe, sondern als „Elemente" (nicht Substanzen dritter Art, sondern ontologisch neutrale Bestandteile) einer einzigen physisch-psychischen Erscheinungswelt zu bezeichnen. Dieser „neutrale Monismus" übte große Wirkung aus auf Teile des sogenannten „Wiener Kreises". – Als Weltanschauung stellte der Monismus in seinen unterschiedlichen Varianten v. a. um 1900 eine verbreitete philosophische Bewegung dar, die ihren Höhepunkt in Deutschland mit der Gründung des „Monistenbundes" durch Haeckel (Jena 1906) erreichte. Die Bewegung Haeckels war antiklerikal eingestellt, orientierte sich an den Ergebnissen der modernen Naturwissenschaften (v. a. an der Evolutionstheorie) und versuchte, die monistisch-materialistische Weltanschauung als Religionsersatz zu etablieren.

Monotheismus [zu griechisch mónos „allein, einzig" und theós „Gott"]: religiös-theologische Position, nach der es nur einen einzigen Gott gibt, der getrennt von der Welt existiert. Die Position ist weiterhin charakterisiert durch ihre grundlegenden Aussagen, nach denen Gott Person, Schöpfer der Welt, eschatologisches Ziel der Geschichte und letzte Berufungsinstanz bei der Begründung ethischen Handelns ist. Der Monotheismus ist abzugrenzen vom Polytheismus, dem Glauben an mehrere Götter (während im Monotheismus „Gott" als Eigenname gebraucht wird, verwendet der Polytheismus das Wort als Prädikator), und vom Pantheismus, für den eine Trennung zwischen Gott und Welt nicht gegeben ist. Monotheistische Religionen im engeren Sinne sind Judentum, Christentum und Islam.

Moral [zu lateinisch mos (Genitiv: moris) „Sitte, Brauch, Gewohnheit, Charakter"]: im modernen Sprachgebrauch im Unterschied zur Ethik als Theorie der Begründung ethischer Normensysteme und Handlungsregeln Sammelbezeichnung für die der gesellschaftlichen Praxis zugrundeliegenden, als verbindlich akzeptierten und auch eingehaltenen ethisch-sittlichen Normen[systeme] des Handelns einer bestimmten Gesellschaft, bestimmter gesellschaftlicher Gruppen und der ihnen integrierten Individuen bzw. einer bestimmten Epoche. – Bei Kant wird Moral noch weitgehend synonym zu Ethik als „Wissenschaft von den allgemeinen Regeln des reinen Willens" verwendet.

Moralität [zu lateinisch moralis „die Sitten betreffend, moralisch, ethisch"]: allgemein Bezeichnung für diejenige besondere Handlungsmotivation, bei der mit einer Handlung die Realisierung eines moralischen Wertes angestrebt wird – im Unterschied zu anderen Orientierungen menschlichen Handelns wie z. B. Religiosität, Zweckrationalität oder Gesetzeskonformität (Legalität). Hegel meint mit „Moralität" in der Regel nur die moralisch fundierte Ausrichtung des Handelns eines einzelnen Individuums, während er das – über die subjektive Gesinnung des einzelnen hinausgehende – handlungsbestimmende moralische Ethos eines ganzen Volkes oder einer Gesellschaft als „Sittlichkeit" bezeichnet. Als Terminus technicus mit spezifischer Bedeutung nimmt der Begriff der Moralität v. a. in der praktischen Philosophie Kants eine zentrale Stellung ein: Moralität ist identisch mit der *Gesinnung,* aus der heraus gehandelt wird (ohne Rücksicht auf mögliche oder tatsächliche Folgen dieser Handlung), d. h. als *moralisch* gilt eine Handlung nur dann, wenn mit ihr die Erfüllung des Sittengesetzes, des ↑kategorischen Imperativs, bewußt gewollt wurde. Triebfeder eines solchen Handelns kann nur die subjektiv eingesehene und akzeptierte objektive Pflicht sein, dem Vernunftgesetz Genüge zu leisten. Die Erfüllung der (objektiven) Norm muß in einem (subjektiven) Entschluß zur moralischen Lebensführung selbst gründen. Jeder Handlung, der dieses *innere* Engagement mangelt, spricht Kant den Charakter des wahrhaft Sittlichen ab – selbst wenn ihr *nach außen hin* eine Übereinstimmung mit moralisch gerechtfertigten Normen nicht abgesprochen werden kann. – ↑auch Legalität/Legitimität.

Moralphilosophie ↑Ethik.

more geometrico [lateinisch; griechisch] ↑Rationalismus.

Motiv [zu lateinisch movere „bewegen"]: Beweggrund, Triebfeder, Zweck. Bezeichnung für eine Vielzahl verschiedenartiger Gründe, durch deren Angabe ein absichtliches oder unabsichtliches menschliches Verhalten eine Erklärung findet. Durch die Anführung von Motiven, d. h. von Zwecksetzungen und/oder Verhaltensdispositionen, die dem Handelnden nicht notwendig bewußt oder auch nicht notwendig ins Bewußtsein hebbar sein müssen, werden Handlungen und Tätigkeiten in größere Abschnitte, u. U. ins Ganze einer Lebensgeschichte eingeordnet. Inwieweit die Unbewußtheit von Motiven absichtsvollem Tun entspringt, sich „Verdrängungen" verdankt, und wie Selbsttäuschungen über die Art der eigenen Motive zustande kommen, untersucht die ↑Psychoanalyse. – Die *Motivationspsychologie* sucht alle Faktoren experimentell zu erforschen, die Verhalten auslösen, lenken und aufrechterhalten, und versucht, die ihnen zugrundeliegenden Gesetzmäßigkeiten zu erheben. Dabei gelten als *primäre Motive* angeborene Bedürfnisse, als *sekundäre Motive* erworbene Bedürfnisse. Beim Menschen gibt es allerdings kaum ein primäres Motiv, das nicht sekundär überlagert ist. Ist das Lebewesen gleichzeitig mit mehreren, miteinander unverträglichen Motiven konfrontiert, so besteht für es ein ↑Konflikt.

Mündigkeit [zu neuhochdeutsch mund „Schutz, Vormundschaft"]: ursprünglich und so bis heute ein Rechts- bzw. rechtsphilosophischer Begriff, bezieht sich Mündigkeit in der Regel auf den Generationswechsel von der („noch") Jugend zum („bereits") Erwachsensein (heute svw. Volljährigkeit). In einem erweiterten Sinn meint Mündigkeit jegliches innere wie äußere Vermögen zur Selbstbestimmung, Entlassung aus einer Abhängigkeit, für sich selber sorgen/sprechen können, häufig im Zusammenhang mit Emanzipation. – Daneben kommt dem Begriff Mündigkeit v. a. seit Kant (↑Aufklärung) eine geschichtsphilosophische Bedeutung zu. Indem die Aufklärung den Prozeß des Erwachsenwerdens von der sogenannten „Unmündigkeit" hin zur „Mündigkeit" auf den Verlauf der allgemeinen Menschheitsgeschichte projiziert, dient ihr Mündigkeit als zentrales Legitimationsinstrument dazu, Geschichte aufklärerisch als Fortschritt zu begreifen.

Mystik [zu griechisch mýein „sich schließen" (der Lippen und Augen)]: Bezeichnung für den transrationalen Charakter bestimmter Denkweisen in Philosophien und Religionen wie den eigentlichen Kern solcher Philosophien: Es geht um etwas im Grenzbereich der Darstellungs- und Kommunikationsfähigkeit von Sprache, um etwas, das im Rahmen von Rationalitätsbedingungen nicht zu bewältigen ist und von dem gesagt wird, daß es sich der Bemühung, sofern sie sich vom bloß begründbaren Erkennenwollen nicht löst, eben deshalb gerade entzieht. Mystik ist daher durchaus eine Form des Irrationalismus. Mystische Strömungen finden sich besonders in allen ↑Religionen und machen darin gerade dasjenige aus, was in ihnen nicht bloß ethisch-sozial regulative Prinzipien und normierte rituelle Handlungsformen sind. Historisch findet dies seinen Niederschlag darin, daß mystische Elemente gerade dann in deutlichere Erscheinung treten, wenn die soziale Relevanz religiöser Lehren in eine Krise geraten ist, oft allerdings in Form bloß „mystisch" scheinenden Nachgeredes *(Mystizismus).* – Mystische Lehren bzw. Haltungen (neben denen des Christentums und des Buddhismus der Sufismus des Islams, Kabbala und Chassidismus des Judentums, ↑Taoismus und ↑Zen) haben Gemeinsamkeiten, die in der Art und Weise metaphorischer, paradoxaler und provokanter Formulierungen sowohl des zu erreichenden „Ziels" und des „Weges" dorthin bestehen als auch in der Relativierung der Wertigkeit der „bloß" sinnlich-physisch realen Welt, die jedoch – im Gegensatz zu traditionellen Unterstellungen – niemals abgelehnt oder geleugnet wird. Geleugnet wird dagegen der *Absolutheitsanspruch* des sinnlich-empirischen „Ich" und des physischen Lebens. Diese sind nur *Schein;* sie absolut zu nehmen, ist ein verhängnisvoller Irrtum, der über Wollen und Begierde (Eckhart, Buddha) Angst, Leiden, „Qual" bewirkt (Böhme, Buddha). Die Ursache dessen ist „Unwissenheit" und Festhalten, „Verhaftetsein" am bloß vorläufigen und bloß „vorgestellten" Wert sinnlich-materieller Dinge (Eckhart, Laotse). Der „Ausweg" aus diesem Zustand ist nicht trennbar von dem, was als „Ziel" der Bemühung ausgesprochen wird. Beides ist – in allen mystischen Lehren – nur metaphorisch zu nehmen: Nur im Zustand der „Unwissenheit" ist das „Hier und Jetzt" als räumlich-zeitlich getrennt *vorgestellt* vom „Ziel", der „Befreiung", „Erlösung". Das „Ewige" ist nicht als unendliche Expolation der Zeitlichkeit gedacht, sondern als „immer jetzt" (↑Ewigkeit); so ist Unsterblichkeit nicht etwas, das beginnt, wenn der Tod das biologische Leben beendet, sondern die „Nichtunterscheidung" von Leben und Tod. Das überindividuelle Ich ist die „Aufhebung" (ganz im Sinne des dialektischen Begriffs ↑aufheben; ↑auch spekulative Philosophie) des individuellen Ich, nicht seine Vernichtung. Dies „einzusehen" kann aber nicht Resultat einer zielgerichteten Bemühung sein, weder einer intellektuellen noch einer asketischen. Die Schwierigkeit der Verbalisierung dessen, wie und um was denn die Bemühung sein soll, ist das, was die Bezeichnung „mystisch" rechtfertigt, denn um dem Menschen absolut verschlossene „Geheimnisse" handeln diese Lehren offenbar nicht. So zeigen die (zweite) „Geburt aus dem Geist" bei Johannes, „Erleuchtung" (illuminatio) bei Augustinus, „Einsicht in die Selbstnatur", „Nicht-Bewußtsein" (Zen), „Fünklein der Seele" (Eckhart) eine Mannigfaltigkeit von Formen der Sprache, die zugleich betonen, daß es um das Sprechen nicht geht. – Die *christliche* Mystik hat als zentralen Begriff die *Liebe* (griechisch „agápē"), und zwar dort, wo z. B. im Buddhismus von Nirwana gesprochen wird. Ihre erste und zugleich radikalste Gestalt hat sie bei Johannes (1. Johannes 4,8 und 16): Hier verbindet sich die Aussage „Gott ist Liebe" (die durchaus *ontologisch* zu verstehen ist und von einer Prädikation Gottes als „liebender Gott" wohl zu unterscheiden ist) mit dem Liebes*gebot,* das an die Menschen gerichtet ist. Diese unmittelbare Verbindung zwischen dem Handeln bzw. Leben des Menschen mit dem Sein des Gottes weist über eine rein ethische Forderung hinaus. Sie ist das, was spätere christliche Mystiken als Vereinigung von Seele und Gott *(unio mystica)* beschreiben, was dann oft exklusiv-elitär als bloßes ekstatisch-visionäres „Erlebnis" mißverstanden wurde. Eckhart sieht die „unio" indes mehr im johanneischen Verständnis als Handlungs- bzw. Lebensweise: Im liebenden „Wirken" des Menschen ist der „Ort", in dem offenbar und „wirklich" wird, daß Gott Liebe ist: „Got und ich sint ein in diesem gewürke." – Mystik ist die Philosophie, die ihre Sprachlosigkeit erreicht hat, darin aber weit davon entfernt ist, ↑Agnostizismus zu sein.

Mythos [griechisch „Rede, Erzählung"]: Begriff, der sich in seinen frühgeschichtlichen Verwendungen wohl ebenso wie das lateinische „fatum" („Schicksalsspruch") und „fanum" („das Heiligtum" bzw. „der Ort, wo *rituelles, sakrales Sprechen* stattfindet") auf eine Form des Sprechens und des Sprachverständnisses bezieht, die sich vom diskursiven, informatorischen, logisch begründbaren Sprechen (griechisch „lógos") wesentlich unterscheidet. Mythen berichten im allgemeinen von Handlungen anthropomorpher Göttergestalten, Dämonen, personalisierter Naturerscheinungen (Sonne, Mond, Sterne, Quellen, Berge usw.), personalisierter Abstrakta (Liebe, Fruchtbarkeit, Recht usw.) und prototypischer menschlicher Gestalten (Stammesgründer, Könige). Dies hat in Verbindung damit, daß ihre literarische Form den *Schein* vorgibt, *historische* Ereignisse zu vermitteln, seit der griechischen Antike die Mythenkritik herausgefordert, die aber bis in die Gegenwart insofern weitgehend ins Leere stößt, als sie – zwecks Konfrontation des Mythos mit begründbarem Wissen – den Begriff der „historischen Tatsache" und dessen Problematik *voraussetzt,* was aber in frühgeschichtlichen Perioden der Mythenbildung nicht der Fall war. Wie man heute aufgrund religionswissenschaftlicher und ethnologischer Untersuchungen weiß, sind Mythen untrennbar mit religiösen *Ritualen* verbunden. Rituale sind Ort und Zeit, wo die Mythen *vorgetragen* werden, also auch „geschehen", d. h. die *profane* (also außerhalb des „fanum", des Heiligen befindliche) Welt ist im historisch-geographischen Sinn real. Die *sakrale,* fane Welt wird aber in einem *über*-historischen, *über*-geographischen Sinn real verstanden. Die *Ortlosigkeit* und *Zeitlosigkeit* (↑ Ewigkeit) mythischen Geschehens wird nun im Rahmen eines Rituals, das in „heiler Zeit" am „heiligen Ort" stattfindet (magischer Kreis, das Tempelinnere, zur Jahreswende oder anderen ausgezeichneten Zeiten), mit realem Geschehen *magisch identifiziert.* Dies sagt auch der griechische Ausdruck „sýmbolon". *Nur im aktuell stattfindenden* Ritual sind historisch-reale Welt und Mythisches identisch: Das rituelle „Hier und Jetzt" ist als Koinzidenz von „Himmel" und „Erde" ein „Nabel-der-Welt-Ereignis", und der Mythos ist das Drehbuch eines kosmischen Dramas. Alle Versuche, solche magische Identifizierung als „Irrtum" „primitiven" Denkens zu deuten (Frazer) sind gescheitert bzw. widerlegt worden (Wittgenstein, Eliade, Duerr). Der rituell inszenierte Mythos hat reale Auswirkungen: Er dient der *Legitimation* von Handlungen (z. B. Königsinitiationen), der *Existenzabsicherung* (Stadtgründung, Eheschließungen, Grundsteinlegungen), der Aufhebung der Angst um den Fortbestand der Welt (Jahreswendfeste) und der Ernährungsmöglichkeit (Jagd- und Fruchtbarkeitsriten), der Initiation eines Individuums in die soziale Gruppe (sogenannte Übergangsriten), v. a. auch der Heilung von Krankheiten, deren tatsächliches Funktionieren heute nicht mehr ernsthaft bezweifelt werden kann (Schamanismus). Bei allen solchen Riten wird das reale Ereignis identifiziert mit dem *mythischen Prototyp* solchen Ereignisses, das der Mythos – lediglich literarisch betrachtet – in der Vergangenheitsform darstellt. Jung deutet daher den Mythos als „archetypische" Form kollektiver, quasi vererbter Inhalte des „Unbewußten". – Fast alle Mythen, die unserer heutigen Kenntnis zugänglich sind, sind wechselseitig kontaminiert mit anderen und infolge kultureller und politischer Veränderungen in sich schon umgedeutet (Austausch der mythischen Gestalten). Manche Mythen lassen sich tatsächlich – wenigstens komponentenweise – als Mythifizierungen historischer Ereignisse deuten. Fast alle jedoch sind Ausformungen, Weiterbildungen ursprünglicher Mythen über die Entstehung der Welt und des Menschen, wobei diese Entstehung übergeschichtlich-zeitlos verstanden war und nur in – auch schon frühgeschichtlichen – Mißverständnissen als Behauptung historischer Vergangenheit aufgefaßt wurden (↑Kosmogonie). Statt „Entmythologisierung" wäre eine Philosophie mythisch-magischer Denkweisen gefordert, die dann eigentlich „Mythologie" wäre.

N

Name: sprachlicher Ausdruck mit benennender Funktion, ein ↑Nominator. Namen sind, grammatisch gesehen, meist Substantive. Sie erlauben es, sich sprachlich *auf* Gegenstände zu beziehen, während ↑Prädikatoren die Rede *über* diese ermöglichen. Namen repräsentieren symbolisch Gegenstände, während Prädikatoren Unterscheidungen zwischen diesen bedeuten. In der traditionellen Logik wurde zwischen *Gattungsnamen,* die sich auf eine Gesamtheit von Dingen beziehen (z. B. Deutscher, Mineralien), und *Eigennamen,* die nur auf einen einzigen Gegenstand zutreffen (z. B. Platon, Mannheim), unterschieden. Die Auffassung, daß Gattungsnamen nichts anderes seien als Eigennamen für abstrakte Entitäten (etwa „Mensch" als Eigenname der Klasse aller Menschen), führt zu einer platonistischen Ontologie und ist Gegenstand des (modernen) ↑Universalienstreits. In der formalen Logik übernehmen Individuenkonstanten die Rolle der Eigennamen. Hier lassen sich neue Namen durch ↑Kennzeichnungen mit Hilfe des Jota-Operators gewinnen. Die Ergebnisse der modernen Namenforschung deuten darauf hin, daß die Namen der natürlichen Sprache auf ähnliche Weise entstanden sind. Im Rahmen der Kennzeichnungstheorie wird auch die vieldiskutierte Frage untersucht, wie Namen für nicht existente Gegenstände (z. B. Winnetou) zu behandeln sind.

Natur [zu lateinisch natura, eigentlich „Geburt" (von nasci „geboren werden, entstehen")] (Physis): Ausdruck mit zwei Verwendungen: Einmal bezieht er sich auf *natürliche Dinge,* „von Natur her Seiende" (griechisch „phýsei ón"), dann auch auf die *Beschaffenheit,* das ↑Wesen (griechisch „ousía") solcher Dinge: So ist sowohl das *Ding der Natur,* als auch die *Natur des Dinges* Gegenstand der Betrachtung. Durchgängig durch die Philosophiegeschichte steht Natur in einem Gegensatzverhältnis: entweder allgemein zu ↑Geist bzw. Mensch oder spezieller zu Kultur, Technik, Kunst. Als Teil dieses Verhältnisses ist Natur wesentlich Gegenstand der ↑Naturphilosophie. Aber schon seit der Antike, v. a. seit den Studien des Aristoteles, geht es auch darum, durch Erwerben von *Kenntnis* über die natürlichen Dinge *Aufschluß* über die Natur bzw. das Wesen der Dinge zu bekommen, wodurch ein erster Ansatz von Naturwissenschaft gegeben ist. Die Idee, daß die Natur ein *System von Stufen* sei, die sich schon in den frühen Mythen der ↑Kosmogonie abzeichnet, leitet dazu über, Natur als ein Zusammenspiel von eigentlichen *physischen* (physikalischen) *Körpern* und deren *Prozessualität* zu betrachten. Aristoteles unterscheidet mehrere Arten von Prozessen, die (räumliche) Bewegung, Wachstum, Entstehen und Vergehen, und diskutiert Ding und Prozeß im Rahmen der Begriffe Dynamis (↑Akt/Potenz) und ↑Entelechie sowie der Unterscheidung von ↑Materie („hýlē") und ihrer Gestaltungen („eĩdos"; ↑Form/Materie). Er entdeckt auch die ↑Kausalität als grundlegende Kategorie der Natur bzw. der Naturbetrachtung. Die Stufenvorstellung führt zu der Frage, ob es eine grundlegende, erste Art von materiellem Substrat gebe („materia prima"), aus dem sich dann durch Werden, Wachsen oder Bewegung irgendwelcher Art (seit Anaximander existiert die

Vorstellung von „Wirbelbildungen“) oder (im Fall des ↑Atomismus) durch Kombination von Urelementen sekundäre Materieformen („materia secunda“) bilden. Elemente von Stufungsproblemen sind die Himmelskörper, die elementare Materie (z. B. Feuer, Wasser, Luft, Erde), die Pflanzenwelt, die Tierwelt, der menschliche Körper. Grundlegend ist die Frage, ob die Natur in allen ihren Stufen ewig bestanden oder einen Entstehungsprozeß durchgemacht habe in Form einer Kosmogonie oder einer ↑Schöpfung. Wenn eine Entwicklung angenommen wird, schließt sich das Problem an, ob es eine *Höherentwickung* sei von einem primitiven Anfang aus (↑Evolution) oder eine *Abfallentwicklung* von einem höchsten Zustand aus (↑Emanation). Unser heutiges Bild der Natur (↑auch Weltbild) basiert wesentlich auf dem theoretischen Gerüst von ↑Relativitätstheorie und Quantenmechanik (↑Quantentheorie), dem endgültigen Nachweis biologischer Evolution, auf den Erkenntnissen der (subatomaren) Elementarteilchenphysik und der Entdeckung, daß das gesamte (beobachtbare) Universum einem evolutiven Prozeß unterliegt; die Hoffnung, letzte grundlegende „atomare“ Materie-Entitäten zu finden, ist weitgehend aufgegeben, und überhaupt hat sich der Begriff des *individuellen* natürlichen (also materiellen) Körpers verändert: Die Differenzierung zwischen dem Objekt und seiner Wechselbeziehung zu anderen Objekten erweist sich nicht mehr als sehr sinnvoll, da sich die Eigenschaften eines Objekts wesentlich als sein Wechselwirkungsverhalten darstellen (↑Wechselwirkung). Ein physikalisches Objekt ist eine *lokale Struktur;* als solche besitzt sie *Unterstruktur* (d. h. sie „besteht“ aus „kleineren“ Objekten, die mit einer gewissen zeitlichen *Stabilität* miteinander wechselwirken) und ist selbst „elementarer“ Bestandteil einer *Überstruktur,* innerhalb derer sie eine funktionale Rolle spielt. Ferner ist jede lokale Struktur sowohl Resultat als auch Ausgangs-„Material“ für *evolutive* Prozesse. Nicht nur in der quantenmechanisch betrachteten Mikrophysik ist der Begriff des Individuums fragwürdig; auch biologisch ist erkannt, daß nicht das Individuum der eigentliche Träger der Evolution ist, sondern vielmehr die Population (Mayr). Die lokalen Strukturen sind immer ein ↑Organismus, der selbst wieder funktional eingebettet ist in den ökologischen „Kreis“ von Organismus bzw. Art und „Umwelt“. In der Physik ist weitgehend auch die Vorstellung von ↑Raum und ↑Zeit als etwas „Behälter“-Artiges, *in* dem sich Materie und Prozeß abspielen, aufgegeben. Die Raumzeit ist nun selbst als eine Form von Materie und umgekehrt die (lokale) Materie als Form bzw. als lokal veränderte Geometrie der Raumzeit begriffen.

Naturalismus [zu ↑Natur]: Sammelbezeichnung für Positionen, nach denen *alles* (auch Geistiges und Sittliches) ausschließlich aus der ↑Natur heraus sei, geschehe und erklärt werden könne. Der *erkenntnistheoretisch-ontologische* Naturalismus profiliert sich historisch erstmals als (religionsphilosophisch-theologische) Kritik an der (christlichen) Offenbarungs- und Gnadenlehre. Der Annahme übernatürlicher Wirkprinzipien (Gott) und eines entsprechenden übernatürlichen Erklärungswissens, wie es z. B. in der Heiligen Schrift offenbart sei, werden zwei Thesen entgegengestellt: 1. Alles, was ist und geschieht, ist und geschieht nur auf natürliche Weise; d. h. die Natur ist einziges und alleiniges Seins- und Wirkprinzip (metaphysisch-ontologischer Naturalismus). 2. Alles ist aus der Natur und diese aus sich selbst heraus erklärbar, so daß darüber hinaus keine weiteren, transzendenten (den Rahmen der Natur übersteigenden) Erklärungsprinzipien erforderlich sind (erkenntnistheoretischer Naturalismus). Als ↑Deismus und „natürliche Religion“ bestimmte der naturalistische Ansatz die Religionsphilosophie des Rationalismus und der Aufklärung. Intendiert war ein religiöser Standpunkt, der sich ausschließlich auf Erkenntnisse und Einsichten der (natürlichen) Vernunft gründen ließe. Dazu sollte z. B. die durchgängig festgelegte Funktionalität alles Kreatürlichen nach Naturgesetzen das Wunder, das gezielte und freie Eingreifen Gottes, überflüssig, ja unmöglich machen. Ausgehend vom aufklärerischen Selbstbewußtsein und Vertrauen in die Leistungsfähigkeit der menschlichen Vernunft, führte der naturalistische Ansatz wissenschafts- und erkenntnistheoretisch zur Annahme von der universellen Erklärungskompetenz der Wissenschaften, v. a. der modernen Naturwissenschaften. Dieser sogenannte ↑Szientismus ist – wie der Deismus – eine Form des philosophischen ↑Monismus, d. h. der Idee, daß alle Phänomene sich aus einem einzigen Prinzip (hier: der Natur) ableiten und erklären lassen. Der Vorstellung von der ontologischen „Einheit der Natur“ entspricht auf erkenntnistheoretischer Ebene die Annahme, daß auch alle Naturgesetze und damit alle [natur]wissenschaftlichen Theorien in einer einzigen und einheitlichen Theorie zusammengefaßt werden können. – Auch die ersten Artikulationen des sogenannten *ethischen* Naturalismus entspringen einer kritischen Haltung: Die Erfahrung, daß etliche soziale und staatlich sanktionierte Verhaltensregeln willkürlich, ja bisweilen grotesk anmuten, und Zweifel daran, daß sich solche auf Gewohnheit und Tradition beruhenden Regeln menschlichen Verhaltens vernünftig legitimieren ließen, führten schon in der griechischen Antike zur Frage nach wahrhaft sinnvollen Normen sittlichen Handelns und zu dem Versuch, diese allgemeingültig und unabhängig von der Relativität gesellschaftlicher Kontexte zu fundieren. Ausgangspunkt war dabei folgende Überlegung: Als wahrhaft sittlich könne eigentlich nur dasjenige gelten, das sich in Übereinstimmung befindet mit der ewigen und gesetzmäßig geordneten Natur, dem ↑Kosmos. Zur Bestimmung derjenigen Prinzipien, die sich harmonisch in die kosmische Ordnung einfügten, beobachtete man z. B. Tiere, v. a. aber Kleinkinder und Säuglinge, die noch weitgehend unberührt waren von allen Einflüssen der Kultur. Das Ergebnis dieser empirischen Beobachtungen war die historisch erste Formulierung des sogenannten Lustprinzips: Das (moralisch) Gute sei dasjenige, was der „Lust“ nicht entgegenstehe, denn alles kreatürliche strebe danach, Schmerz zu vermeiden und Situationen, die mit angenehmen Gefühlen verbunden seien, zu reproduzieren. Hier wird also eine Ableitung und Erklärung der Sittlichkeit aus „natürlichen“ Trieben und Bedürfnissen versucht. Als ethischen Naturalismus bezeichnet man heute jede Position, die versucht, moralische Beurteilungsterme wie „gut“ oder „gerecht“ und den vorschreibenden (präskriptiven) Charakter moralischer Urteile entweder – wie die antiken Hedonisten – aus beschreibenden (deskriptiven) Prädikatoren abzuleiten (zu deduzieren) oder aber auf beschreibende Prädikatoren zurückzuführen (zu reduzieren). Der ethische Naturalismus sieht sich v. a. mit zwei Einwänden konfrontiert: Einmal wird ihm der sogenannte ↑naturalistische Fehlschluß, Sollen aus Sein abzuleiten, zum Vorwurf gemacht; dem wird entgegengehalten, daß daraus, daß etwas (beobachtbar) so oder so sei, noch keineswegs folge, daß es auch so sein sollte. Zum anderen trifft ihn der Vorwurf eines (grundsätzlichen) Legitimations- oder *Begründungsdefizits;* selbst bei der Definition, die Handlung *H* sei (moralisch) gut dann und nur dann, wenn sie der Beschreibung *B* genüge (z. B. *H* fördert das größte Glück der größten Zahl), bleibe die Frage offen, ob und – wenn ja – warum *H* getan werden solle.

naturalistischer Fehlschluß: ein

Verstoß gegen das sogenannte *Humesche Gesetz:* Aus dem Sein folgt niemals ein Sollen. Ein solcher Verstoß liegt vor, wenn aus einer nichtmoralischen Tatsachenfeststellung, z. B. „Die Menschen in der Sahel-Zone hungern", ein moralischer Schluß gezogen wird, z. B. „Man sollte diesen Menschen helfen". Damit dieser Schluß korrekt wird, müßte eine der Prämissen gleichfalls moralischer Natur sein, z. B. „Man sollte Menschen, die in Not sind, nach Möglichkeit helfen".

Naturgesetz: in der Naturphilosophie allgemeines Gesetz, nach dem bestimmte Naturvorgänge immer wieder ablaufen, in der Wissenschaftstheorie ein allgemeiner, bewährter und anerkannter Lehrsatz. – ↑Gesetz.

Naturphilosophie: nach aristotelischer Auffassung neben der Logik und der Ethik derjenige Zweig der Philosophie, der die ↑Natur sowie die Möglichkeiten und Bedingungen von Erkenntnis über Natur zum Gegenstand ihrer Bemühung macht. Während die eleatische und milesische Naturphilosophie wie auch der frühe ↑Atomismus wesentlich den Aufbau der materiellen Welt theoretisch zu bewältigen suchen (↑Materie), erkennt Aristoteles die Notwendigkeit der Kenntnisnahme über Eigenschaften der natürlichen Dinge als wichtige Vorbedingung für Naturphilosophie. Naturphilosophie selbst stellt sich dann bei ihm dar als eine Diskussion der theoretischen Grundbegriffe des Redens über und Erkennens von Natur. Seine Untersuchungen über ↑Raum bzw. Ort, ↑Zeit, Prozeß (Bewegung, Wachstum, Entstehen, Vergehen), ↑Kontinuität/Diskontinuität und ↑Kausalität sind bis heute von grundlegender Relevanz. Ein Grundproblem von Naturphilosophie ist v. a. das Gegensatzverhältnis zwischen Natur/Materie einerseits und Mensch bzw. ↑Geist, ↑Vernunft andererseits. Dies führt zu einer Reihe möglicher Naturphilosophien, die in drei Gruppen unterschieden werden können: 1. vom Typ einer Zwei-Welten-Theorie, in der natürliche Welt und Geisteswelt unvermittelbar, aber gleichrangig, *parallel* nebeneinander existieren (z. B. Descartes, ↑Res cogitans/Res extensa; Schelling, ↑Identitätsphilosophie); 2. vom Typ, der von einer *Identität* beider Welten ausgehen möchte (z. B. Spinoza: „natura sive deus" [„Natur oder Gott"]; 3. vom Typ objektiv-idealistischer Philosophien, die zwar von einem Gegensatz der Natur gegen den Geist *ausgehen,* diesen Gegensatz aber als einen *aufzuhebenden* ansehen (Hegel). Schelling und Hegel stellen zum ersten Mal ein vollständiges *Programm* einer Naturphilosophie auf, Hegel jedoch führt als einziger ein solches Programm auch durch: Er geht von einer präzisen Differenzierung zwischen den Aufgaben von Naturwissenschaft und Naturphilosophie aus. Dabei hat die empirische Wissenschaft die Aufgabe, die *(vorausgesetzte)* Natur bzw. ihren Aufbau, ihre Struktur zu *erweisen* (auch im Rahmen abstraktiver Theorien), Naturphilosophie dagegen, ihren Aufbau, ihre Notwendigkeit zu *beweisen.* Der Geist (als Form der Idee) ist somit zweifellos Voraussetzung der Natur (nicht bloß der Natur*erkenntnis*!). Andererseits ist Natur wiederum Voraussetzung des Geistes (als Form des Lebens, des Menschen, der Geschichte). Die nicht bloß *empirische,* sondern auch *begriffliche* Durchdringung der Natur („beweisen, daß Vernunft in der Natur ist") ist die Aufgabe der Naturphilosophie. Die Überprüfung der Richtigkeit solcher Versuche geschieht dann dadurch, daß die Stufen der dialektischen Begriffsentwicklung (paradigmatisch am Begriff „Natur" durchgeführt) sich mit empirischen Begriffen (bzw. mit den Phänomenen) analogisieren lassen. Demgegenüber verfällt der dialektische Materialismus wieder in eine undialektische Einseitigkeit: Indem nach Engels jede Philosophie sich zu entscheiden habe, ob sie dem Geist (Bewußtsein) oder aber der Materie

(Sein) den Primat einräume, entscheidet er sich für den Primat der Materie, gegenüber der der Geist sekundär ist. Bei Hegel ist dagegen beides die Voraussetzung des anderen, jedoch wenn die Naturphilosophie ihre Aufgabe, den Gegensatz Geist/Natur zu einer Einheit zurückzuführen, erfüllt hat, erübrigt sich die Frage des Primats: „Die Natur ist dann die verkörperte Vernunft" und der Geist die aus der Natur (als ihrer „Veräußerung") in sich zurückgekehrte Idee.

Naturrecht: Sammelbezeichnung für die Bemühungen der Moral- und Rechtsphilosophie sowie der Theologie, das System des positiven Rechts durch Regreß auf eine höher- oder höchstrangige Rechtsquelle zu legitimieren. Gegenüber der Vorläufigkeit des historischen Gesetzes beansprucht das Naturrecht teils eine auf göttliche Rechtsprinzipien gestützte absolute Gültigkeit, teils eine relative Beständigkeit, die aus der für unveränderlich gehaltenen Natur des Menschen abgeleitet wird oder aus dem richtigen Gebrauch der Vernunft resultiert. – Die Überlegungen zum Naturrecht haben ihren Ursprung in der ionischen Naturphilosophie, die die Natur (Physis) bzw. die Welt (Kosmos) als ursprünglich, absolut und normsetzend dem menschlichen Gesetz (Nomos) gegenüberstellt, dessen Gültigkeit auf bloßer Konvention beruhe. Aus der relativistischen Grundeinstellung der frühen Sophisten, die immer auch Kritik der bestehenden Rechtsordnung anzielen, entwickelt sich eine v.a. von der Triebhaftigkeit der menschlichen Natur ausgehende Richtung des Naturrechts, die unter Bezug auf den Selbsterhaltungstrieb das Recht des Stärkeren auf Durchsetzung seines Willens als der Natur entsprechend rechtfertigt. Dem setzt Platon die Vorstellung einer vernunftbeherrschten Natur des Menschen entgegen, in der sich die Idee der Gerechtigkeit realisiere, die auch die Grundlage des idealen Staates darstelle, an dem der historische Staat zu messen sei (↑auch Höhlengleichnis, ↑Idee des Guten). Mit diesen beiden unterschiedlichen Naturauffassungen ist die für das abendländische Naturrecht zentrale Frage nach dem Ursprung des Gesetzes im *Willen* (lateinisch „voluntas") oder in der *Vernunft* („ratio") gestellt. Aristoteles betont, daß die allgemeinen Prinzipien des Naturrechts, entsprechend den Umständen von Ort, Zeit und Volk, durch unterschiedliches positives Recht verwirklicht werden können. Für ihn ist der Mensch ein ↑Gesellschaftswesen und basiert jede gesellschaftliche Ordnung z.T. auf Naturrecht und z.T. auf Gesetzesrecht. Der Begriff des Naturrechts tritt bei Aristoteles dort auf, wo für den Bereich der politischen Gerechtigkeit zwischen einer natürlichen und einer konventionalistischen Gerechtigkeit unterschieden wird. Die Geltung des Naturrechts wird im Zusammenhang mit einer teleologischen Naturgeschichte durch deren faktische Wirksamkeit bestimmt. Die Stoa, die die klassische Tradition aufnimmt, unterscheidet das für den gesamten Kosmos absolut gültige ewige Weltgesetz *(lex aeterna)* und das auf der vernünftigen Natur des Menschen beruhende Naturrecht *(lex naturalis)*, das den Beurteilungsmaßstab für das konventionelle Recht bildet. – Das *Mittelalter*, zunächst v.a. Augustinus, rezipiert die Naturrechtslehre der Stoa, wobei an die Stelle des unpersönlichen Weltgesetzes der Schöpfergott als Urheber der die Weltordnung bestimmenden Lex aeterna tritt. Das Naturrecht, die Lex naturalis (natürliches göttliches Recht), wird als Reflex des Schöpfungsplans im Bewußtsein des Menschen betrachtet. Aus Übereinstimmung von Naturrecht und positivem Recht (das weltliche Recht der politischen Ordnung [Lex temporalis, humana, positiva]) ergibt sich dessen Verbindlichkeit. Während der platonisch beeinflußte Augustinus die Frage offenläßt, ob die Lex aeterna auf die Vernunft oder den Willen Gottes zurückgeht, entscheidet sich Thomas von Aquin für die Vernunft, für die die obersten Prinzipien des Naturrechts einsehbar sind. Er stellt die Dreiteilung des Rechts der Lex divina der jüdisch-christlichen Offenbarung gegenüber und vereinigt sie in einem umfassenden Ordogedanken (↑Ordo). Die Lex aeterna stellt eine normative, unveränderliche und notwendige Ordnung dar. Als deren Widerspiegelung bildet auch die Lex naturalis die dauerhafte Ordnung des Naturzustands. Das positive Recht, die Konkretion der Lex naturalis, unterscheidet sich von dieser durch den auf äußeren Handlungen, nicht auf Motivation beruhenden Zwangscharakter. Verbindlich ist das positive Recht nur insoweit, als es dem göttlichen Recht entspricht. Im 14./15. Jahrhundert bestimmt die Auseinandersetzung zwischen dem vernunftorientierten Thomismus und dem voluntaristischen Nominalismus die Entwicklung. Erstmals erscheint bei Ockham die Trias der *Jura naturalia,* der „natürlichen Rechte": Leben, Freiheit, Eigentum, die später bei Locke als säkularisierter Naturrechtsbegriff zum Zentralstück der frühbürgerlichen Staatstheorie wird. Die Tradition der thomistischen Vernunftlehre des Naturrechts wird in der Schule von Salamanca (auf dem Gebiet der Rechtsphilosophie richtungweisende Schule des 16./17. Jahrhunderts an der Universität Salamanca) fortgesetzt, aber, entscheidend und richtungweisend für die Aufklärung, von der Theologie emanzipiert. Die vom Nominalismus beeinflußte Entscheidung zugunsten des voluntaristisch orientierten Naturrechts führt unter dem Einfluß der Reformation (Luther gibt die traditionelle Dreistufigkeit des Rechts in seiner Zweireichelehre auf, behauptet das göttliche Recht als für den sündig gewordenen Menschen unerreichbar und nähert so das positive Recht des Staates dem weltlichen Naturrecht an, das nur der Gesetzgeber erkennt, womit er die Lex naturalis aus der engen Verbindung zur Lex aeterna löst und die Enttheologisierung des Naturrechts weitertreibt) und des Deismus zu einer Ablösung der Lex naturalis von der Lex aeterna. – Im Zuge der Säkularisierung des Naturrechts in der *Aufklärung,* die das Naturrecht vollends als *Vernunftrecht* interpretiert, als Recht, das sich allein aus der Vernunft ergibt und ohne göttliche Offenbarung erkannt werden kann, wird erneut die Triebhaftigkeit der menschlichen Natur betont, v. a. von Hobbes (↑auch homo homini lupus). Die Beendigung des Naturzustands durch vollständigen Rechtsverzicht zugunsten des absoluten Souveräns im ↑Gesellschaftsvertrag wird notwendig, der Staat wird zur Bedingung des Überlebens. Locke nennt das Eigentumsrecht, das Leben, Freiheit und Besitz umfaßt, ein Naturrecht; die Aufgabe des Staates erschöpft sich für ihn im formalen Schutz geordneter Tauschbeziehungen zwischen Eigentümern. Die zum modernen Konstitutionalismus führende Forderung nach Grund- und Menschenrechten (↑auch Gleichheit) erfolgt nur noch verbal im Namen des Naturrechts. – Der Durchbruch zum *modernen* Naturrecht, eingeleitet durch die Schule von Salamanca und die Bewegung des Neustoizismus, v. a. systematisierend fortgeführt von Suárez, Grotius, Pufendorf, Althusius, wird zu einem der Hauptimpulse der Aufklärung. Der Gesellschaftstrieb ist wie bei Aristoteles und Thomas von Aquin die Ursache des Gesellschaftsvertrags. Damit ist zunächst die stoisch-christliche Naturrechtslehre wiederhergestellt. Pufendorf führt eine Trennung des Naturrechts vom lutherischen Aristotelismus durch und ordnet es der absolutistischen Verfassungstheorie zu. Unter dem Einfluß des neuen Wissenschaftsideals verwandelt sich der Naturbegriff der Stoa in den Gesetzesbegriff der neuzeitlichen Naturwissenschaften. So versuchen Thomasius und Wolff, von obersten Prinzipien aus ein vollständiges, alle Rechtsgebiete umfassendes System von exakten, absolut gültigen Gesetzen zu deduzieren. Dieser Deduktionismus tritt erst zurück, als die von Montesquieu erneut betonte, klimatisch und kulturell bedingte Relativität auch des Naturrechts zur Ausbildung einer historischen Betrachtungsweise führt, die schließlich in der sogenannten historischen [Rechts-]Schule (um 1800) den dem Naturrecht feindlichen Rechtspositivismus einleitet. – Die historische Erfahrung des Faschismus und die Unfähigkeit des Rechtspositivismus, dem legalen Unrecht theoretisch entgegenzutreten, führen nach dem 2. Weltkrieg zu einer Kritik des positiven Etatismus und zur Wiederaufnahme der naturrechtlichen Diskussion in der Rechtswissenschaft wie in der christlichen Theologie. Die Unwissenschaftlichkeit des Naturbegriffs als Grundlage ethischer und rechtlicher Normen schloß jedoch letztlich eine Wiederbelebung der Naturrechtslehre aus. Lediglich die römisch-katholische Kirche vertritt, trotz ernsthafter Kritik auch aus den eigenen Reihen, nach wie vor die Lehre eines von Gott eingesetzten Naturrechts. Philosophisch markiert bereits der deutsche Idealismus, indem er den Rousseauschen Gedanken, daß das Selbstbestimmungsrecht des Menschen im Gesellschaftsvertrag zum moralischen Formprinzip einer im Gemeinwillen aller herzustellenden Identität von Herrschenden und Beherrschten wird, das als Maßstab zur Beurteilung der Legitimität empirischer Staatsgewalt dient, weiterentwickelt, das Ende der Naturrechtslehre, deren Aufgabe nun die praktische Philosophie als Rechtsphilosophie übernimmt.

Naturwissenschaften: diejenigen Erfahrungswissenschaften, die sich mit der Erforschung der Natur und ihrer Gesetze befassen. Seit der Renaissance werden die Naturwissenschaften mit quantitativen Methoden (↑Messen) experimentell (↑Experiment) betrieben. Vielen philosophischen Schulen gelten sie als das Vorbild wissenschaftlicher Erkenntnis überhaupt (z. B. dem ↑logischen Empirismus, der nach ihrem Beispiel die „Einheitswissenschaft" aufbauen wollte).

Naturzustand: Argumentationsfigur zur Bezeichnung des (fiktiven) Zustands menschlichen Zusammenlebens ohne staatliche Gewalt. Der Begriff wird in der antiken Naturrechtstheorie (↑Naturrecht) verwendet und spielt v. a. in der Vertragstheorie eine wesentliche Rolle. Die fiktive Vorstellung eines vorstaatlichen Zusammenlebens der Menschen dient als Rechtfertigungsgrundlage für eine Staatsgewalt, für deren Zweck und Umfang. – ↑auch Gesellschaftsvertrag.

Negation [lateinisch „Verneinung"]: allgemein svw. Verwerfung, Zurückweisung oder Verneinung einer Aussage, Frage u. a. (Gegensatz: ↑Affirmation). In der formalen Logik wird die Negation (Symbol: $\neg$) als einstelliger ↑Junktor aufgefaßt, der aus einer Aussage A eine neue Aussage $\neg A$ – das *Negat* von A – macht. In der klassischen Logik läßt sich die Negation durch folgende Wahrheitstafeln einführen:

A	$\neg A$
w	f
f	w

Es gilt dann das ↑Tertium non datur und das Prinzip „duplex negatio affirmat" (lateinisch „die doppelte Verneinung bejaht"): $A \leftrightarrow \neg\neg A$. In der dialogischen Logik gilt das Negat von $A (\neg A)$ als begründet, wenn es eine Strategie gibt, die es erlaubt, jede Argumentation für A zu widerlegen. Entsprechend gilt $\neg A$ als widerlegt, wenn A sich gegen jeden Angriff verteidigen läßt. Da im allgemeinen weder für ein beliebiges A noch für dessen Negat $\neg A$ eine Gewinnstrategie bekannt sein muß, gelten in der dialogischen Logik der Satz vom ausgeschlossenen Dritten und $A \leftrightarrow \neg\neg A$ nicht. – In der Dialektik, v. a. seit Hegel, spielen die Negation und ihre Verdoppelung, die *Negation der Negation,* eine wichtige Rolle. Dabei führt die verdoppelte Negation nicht zum Ausgangspunkt zurück: Die eine Seite des ↑Widerspruchs (Antithese) stellt die Negation der anderen Seite (These) dar. Die Synthese ist eine Negation, und zwar die Negation der Antithese, also eine Negation der Negation; z. B. (nach Engels): Aus einem Getreidekorn wächst eine Getreidepflanze. Dabei geht das Korn zugrunde – es wird negiert. Die Pflanze aber bringt im Reifezustand neue Körner hervor, die die Pflanze überdauern. Sie sind damit die Negation der Negation. Wichtige Eigenschaften der Pflanze sind in ihnen „aufgehoben" (↑aufheben).

negativ [lateinisch]: verneinend, oft abwertend im Sinn von wert- oder ergebnislos, schlicht. In der Sprachphilosophie unterscheidet man zwischen den positiven (affirmativen) und negativen ↑Elementaraussagen (symbolisch: $S\varepsilon P$ bzw. $S\varepsilon' P$) oder – gleichbedeutend – zwischen dem Zu- und Absprechen eines Prädikators. Die negative Elementaraussage („Diese Blume ist nicht blau") darf jedoch nicht mit der Negation der entsprechenden positiven Elementaraussage (es gilt nicht: „Diese Blume ist blau") verwechselt werden.

negative Theologie: Bezeichnung für diejenige Gotteslehre, die sich mit den Eigenschaften Gottes befaßt und die von der Erkenntnis ausgeht, daß Gott nicht vollkommen erkannt werden kann. Als einer der ersten formuliert Dionysios Areopagites eine *apophatische* (verneinende) Theologie, die davon ausgeht, daß über Gott nicht in affirmativen (bejahenden) Begriffen geredet werden kann. Wichtig ist die negative Theologie v. a. im Neuplatonismus, über den sie großen Einfluß auf die Mystik gewann. Zur negativen Theologie können auch Teile der Theologie Schleiermachers und der „dialektischen Theologie" Barths gerechnet werden.

Neigung: eine, vermutlich von der jeweiligen Lebensform beeinflußte Disposition zu emotionaler Zuwendung, die Antrieben, Einstellungen, Interessen, Zwecksetzungen und Handlungen eine allgemeine Richtung vorgibt, aber nicht mit ihnen identifiziert werden sollte. Obwohl häufig (abwertend) als unvernünftig charakterisiert, müssen Neigungen nicht notwendigerweise im Widerspruch stehen zu den vernünftigen, den sogenannten „wahren" ↑Interessen und Bedürfnissen eines Individuums und der Gemeinschaft, in der es lebt. In der praktischen Philosophie Kants spielt der Begriff der Neigung insofern eine Rolle, als eine „Handlung aus Neigung" nach Kantischem Verständnis in der Regel im strengen Sinne nicht moralisch sein kann, sondern sich bei genauerer Analyse meist als heteronom, als von äußeren Faktoren abhängig und damit als fremdbestimmt erweist. Nur die vernünftige Überlegung und die Verpflichtung gegenüber einem allgemeingültigen, apriorischen ↑Imperativ können nach Kant als „Prinzip der Sittlichkeit" gelten und dadurch die Moralität einer Handlung ausmachen, nicht aber Neigungen oder das Streben nach Glück oder Glückseligkeit.

Neuplatonismus: Ende des 18. Jahrhunderts aufgekommene Bezeichnung für eine sich an der Philosophie Platons orientierende, mit Ammonios Sakkas und Plotin beginnende philosophische Richtung des 3.–6. Jahrhunderts n. Chr., die die christliche Philosophie und Theologie bis zur Renaissance des Aristotelismus im Mittelalter prägte. Trotz eines ausgeprägten Schuldogmatismus übernahm der Neuplatonismus auch die Lehren anderer Philosophenschulen, wobei Prinzip der Auswahl fremder theoretischer Aussagen und Kriterium der Schulzugehörigkeit die Verträglichkeit mit der Lehre Platons war. – Plotin, der den Neuplatonismus weithin prägte, versuchte, die Welt und das Werden unter Beibehaltung des Platonischen Dualismus von Sinnlichem und Übersinnlichem aus einem Prinzip der Emanations- und Hypostasenlehre zu erklären. Porphyrios ergänzte den Neuplatonismus Plotins durch die Aufnahme der Aristotelischen Logik und hob den praktischen und religiösen Aspekt gegenüber dem theoretischen stärker hervor. – Als Hauptvertreter des *syrischen Neuplatonismus* gilt Iamblichos, der das metaphysische System Plotins um mehrere Hypostasen erweiterte. Die Platoninterpretation erhielt durch ihn eine einheitliche Methode. – Der *athenische Neuplatonismus* schloß sich in der Platoninterpretation und der Verbindung von Mystik (des Gedankens einer ekstatischen Verbindung der Seele mit der Gottheit) und scholastischem Denken eng an die syrische Schule an. Proklos, ihr bedeutendster Vertreter, verband die exegetische Methode des Iamblichos mit der triadischen Entwicklungsmetaphysik (der Konstruktion eines umfassenden [dialektischen] Systems der Identität, der Nichtidentität und der Überwindung der Nichtidentität) des Syrianos. – Der *alexandrinische Neuplatonismus* verzichtete weitgehend auf eine eigene Metaphysik und strebte eine Harmonisierung zwischen Christentum und Neuplatonismus an. – Der *Neuplatonismus des lateinischen Westens* ist nur im weitesten Sinn Neuplatonismus; seine Vertreter, meist Christen, widmen sich überwiegend der Übersetzung und Kommentierung Platonischer und Aristotelischer Schriften. Ihre Bedeutung besteht v.a. in der Vermittlung der antiken Philosophie an das christliche Mittelalter.

neuzeitliche Philosophie: im weiteren Sinne sämtliche philosophischen Strömungen und Ansätze vom ausgehenden Mittelalter bis in die Gegenwart; im engeren Sinne die Zusammenfassung der philosophischen Lehren von Descartes bis Kant. Die neuzeitliche Philosophie in diesem engeren Rahmen vom ausgehenden 16. bis zum frühen 19. Jahrhundert ist geprägt von verschiedenen Eigenheiten: 1. Wachsendes Selbstbewußtsein und unbegrenztes Vertrauen in die Schaffenskraft der menschlichen Vernunft (↑Aufklärung, ↑Humanismus, ↑Renaissancephilosophie) führen zur kritischen Untersuchung und Beurteilung vormals fraglos akzeptierter Autoritäten wie Kirche und Staat. 2. Mit der Kritik an traditionellen Standpunkten der organisierten Kirche und der kritischen Distanzierung von bestimmten (wissenschaftshemmenden) Dogmen (z.B. daß sich die Erde im Mittelpunkt des Weltalls befinde) erfolgt eine Abwendung vom Kanon der fast vollständig im Sinne der christlichen Theologie interpretierten Schriften des Aristoteles, der bis dahin als „der" Philosoph gegolten hatte. 3. Damit änderte sich die – bis dahin vornehmlich betrachtende und eher passive – Haltung der Natur gegenüber; die Aufforderung, nicht länger „in den Büchern *des* Philosophen" zu forschen, sondern sich vielmehr „*dem* Buch der Natur" (= der Natur) selbst zuzuwenden, weil nur dort die Wahrheit zu finden sei, bewirkte einen grundsätzlichen Wechsel im Wissenschaftsparadigma und führte zum Beginn der experimentellen Naturwissenschaften im modernen Sinne. 4. Die Wiederentdeckung und modernere Übersetzung bis dahin verschollener Platonischer Originaltexte brachte eine Wiederbelebung idealistischen Gedankenguts und vermittelte für die aufkommenden Naturwissenschaften den so fruchtbar werdenden Zusammenhang zwischen Naturphilosophie (= Physik) und Mathematik. 5. Mit der konstruktiv-experimentellen Methodik der sich emanzipierenden Naturwissenschaften stellte sich die Frage nach den Erkenntnismöglichkeiten, -prinzipien und -grenzen des forschenden Menschen. Dieses letztgenannte Problem, was und wie Menschen unabhängig von Autoritäten und ausschließlich aus der Kraft der eigenen Vernunft heraus wissen könnten, ist vielleicht das spezifischste philosophische Thema dieser Zeit und wird häufig als Wende von der ↑Metaphysik zur ↑Erkenntnistheorie charakterisiert. Descartes kann ohne Zweifel als „Vater“ dieser neuzeitlichen, erkenntnistheoretischen Denkweise angesprochen werden (↑Cogito, ergo sum, ↑Dualismus). Seine Philosophie liefert Ausgangspunkt und Diskussionsgrundlage für den erbittert geführten Streit zwischen ↑Empirismus und ↑Rationalismus um diejenigen Elemente, die Erfahrungswissen allererst ermöglichen sollten: einmal die menschliche Sensibilität, sinnliche Daten auf sich wirken zu lassen und aufnehmen zu können (↑Empfindung), zum anderen das Instrumentarium, diese Sinnesdaten zu verarbeiten, zu ordnen und begrifflich zu strukturieren (↑angeborene Ideen). Kant gilt als Vollender und Überwinder dieser Art von Erkenntnistheorie. Er selbst fühlte sich als ausgleichender Vermittler zwischen den (verfeindeten) Parteien. Aus der Schule der Rationalisten stammend, geprägt von Gedanken Descartes' und v. a. Leibniz', gestand er freimütig, daß es allererst die Kritik des Kontrahenten Hume (z. B. am Kausalprinzip) gewesen sei, die ihn aus seinem „dogmatischen Schlummer“ aufgeweckt habe. Was Kant in der „Kritik der reinen Vernunft“ (1781) folgen ließ, war eine konsequente Umpolung der Subjekt-Objekt-Beziehung, ein letzter und entscheidender Schlag gegen Metaphysik und Ontologie: Der Schwerpunkt der Subjekt-Objekt-Relation wurde endgültig vom zu erkennenden Objekt in das erkennende Subjekt verlagert. Nach Kant hängt nämlich der Inhalt der Erkenntnis nicht mehr ab von der ontologischen Wesens- oder Seinsart der Dinge, wie sie an sich beschaffen sein mögen, sondern ausschließlich von den kognitiven Strukturen des erkennenden Subjekts, die den Gegenstand allererst *so* konstituieren, wie er erscheint (↑Ding an sich, ↑Erscheinung). Bei dieser Konstruktion der Erfahrungsgegenstände aber kommen nach Kant beide – Empirismus wie Rationalismus – zu ihrem Recht. Denn „Gegenstand der Erfahrung“ heißt, daß man vom zugehörigen *Begriff* (des Verstandes) auch eine Vorstellung, eine ↑Anschauung habe (↑auch Subjekt-Objekt-Problem). Doch Kant wußte auch, daß sein Ansatz – zumindest zu seiner Zeit – auf Unverständnis und Mißtrauen stoßen würde. Trotzdem sprach er davon, daß seine Gedanken für die Philosophie eine ähnliche Bedeutung hätten wie die (revolutionäre) Änderung des bestehenden Weltbildes durch Kopernikus – allerdings bildhaft im umgekehrten Sinne: So, wie Kopernikus durch sein heliozentrisches Weltbild den Menschen aus dem „Mittelpunkt der Welt“ herausrückt, stellt Kant den Menschen gerade ins Zentrum, an die wichtigste und erste Stelle des Erkenntnisprozesses. Daß die Möglichkeit objektiver (d. h. intersubjektiver) Erfahrung zusätzlich von der weiteren Prämisse abhängt, daß dieselben kognitiven Fähigkeiten bei allen Menschen in gleicher Weise angelegt seien, war für den aufklärerischen Philosophen kein Gegenstand seines Fragens, sondern eine Selbstverständlichkeit.

Nicht-Ich: Grundbegriff der Wissenschaftslehre Fichtes, mit dem Fichte das Problem des „Dings an sich“ lösen wollte. Das sich selbst setzende Ich setzt damit zugleich das Nicht-Ich der gegenständlichen Welt. Diese steht somit erst dann zur Verfügung, wenn sie durch das handelnde Erkenntnissubjekt erschlossen worden ist. Damit wird aber die Rede vom „Ding an sich“ sinnlos.

Nichts: das deutsche Wort hat eine komplizierte, aber für seinen philosophischen Kontext bedeutsame Entstehungsgeschichte: Das althochdeutsche“ ni eo-wiht“ („nie etwas“ wird zum mittelhochdeutschen „niht“ zusammengezogen und in der Form „nihtesniht“ verstärkt. Aus dieser Form fällt der zweite Teil fort, und der übrigbleibende Genitiv „nihtes“ wird neuhochdeutsch substantivisch zu „Nichts“. Das ursprüngliche „ni eo-wiht“ ist die exakte Entsprechung des griechischen

„oudén" bzw. „mēdén („-en" zu „eĩnai, ón" [„sein, Seiendes"]). Damit ist deutlich, daß Nichts grundsätzlich die Negation von *Sein* zum Begriff macht bzw. abstrakter Allgemeinbegriff der Negation von Seiendem überhaupt ist. Jede Diskussion von Negationen der Kopula bzw. der Prädikation („ist nicht grün", „ist nicht hier") ist daher von Problemen des Nichts-Begriffs sorgfältig zu trennen. Die Rede von Nichts ist daher nur im Zusammenhang mit dem zu sehen, was jeweils unter ↑Sein verstanden wird. Parmenides entschließt sich, vom Nichts bzw. Nicht-Sein überhaupt nicht zu reden, der Begriff solle dem Philosophen verboten sein. Im Atomismus Demokrits, Leukipps, Epikurs gewinnt das Nicht-Seiende, Nicht-Sein eine ontologische Relevanz: Das „mē ón" ist hier identisch mit dem „kénon" (das oder die „Leere"), das die Atome *auseinander*hält, als frühe Raum-Vorstellung (↑Raum) jedoch eher das „Medium" ist, *in* dem sie auseinander sind, genauer jedoch eine „Ontologisierung" der Abstraktion sind, *daß* sie auseinander sind. Jedenfalls hat der Begriff hier eine materie-theoretische Relevanz. In der Philosophie Plotins ist Materie bzw. Natur selbst das Nichts, dies aber angesichts der Tatsache, daß „Sein" gerade nur dem absoluten „Einen" zukomme (↑Eine, das). Die auf Philon von Alexandria zurückgehende frühchristliche Formel der Schöpfung der Welt aus Nichts (↑Creatio ex nihilo) ist gegen Melissos und Aristoteles gerichtet, die sagen, daß aus Nichtseiendem nicht Seiendes entstehen könne: Hier soll der christliche Gott dem philosophisch Undenkbaren trotzen. Eine Bedeutung bekommt der Begriff Nichts im Rahmen christlicher Mystik. Er ist Ausdruck der Transrationalität des Gottesbegriffs und der „unio mystica". Hegel setzt in seiner Logik das Nichts mit dem Sein identisch. Diese Identität ist jedoch eine dialektische (↑Dialektik, ↑spekulative Philosophie); sie wird umgedeutet als Übergang von Sein in Nichts und von Nichts in Sein, verstanden als Entstehen und Vergehen. Diese beiden Begriffe werden als *Momente* des Werdens begriffen, in dem sie aufgehoben sind, d.h. als Werden sind Sein und Nichts identisch. In der Existenzphilosophie (Kierkegaard, Sartre, auch bei Heidegger) ist Nichts als Angst vor dem Nichts Ausdruck der existentiellen Bestimmung des Menschen.

Nihilismus [zu lateinisch nihil „nichts"]: philosophischer Terminus von schillernder Mehrdeutigkeit. Gegen Ende des 18. Jahrhunderts spielt er in der erkenntnistheoretischen Auseinandersetzung zwischen Realisten und Idealisten eine Rolle. Jacobi z.B. kennzeichnet die Philosophie Kants und Fichtes als Nihilismus, da sie den Gegenstand der alltäglichen Erfahrung „vernichte", indem sie ihn abhängig mache von der Konstitutionsleistung des erkennenden Subjekts. Dem hierdurch sich selbst als „absolutes Ich" vergöttlichenden Menschen löse sich alles „allmählig auf in sein eigenes Nichts". Im Gefolge der (z.T. terroristischen) Aktionen der russischen Anarchisten in der zweiten Hälfte des 19. Jahrhunderts erlangt der Begriff „Nihilismus" literarische Bedeutung, z.B. in Turgenjews Novelle „Väter und Söhne" (1862), wo der „Nihilist" bestimmt wird als jemand, der „sich vor keiner Autorität beugt" und „kein Prinzip annimmt". Dostojewski thematisiert in seinen Romanen den Zusammenhang zwischen Atheismus, Nihilismus, Verbrechen und Selbstzerstörung. Nietzsche kennzeichnet den „vollkommenen Nihilismus", den er mit seiner „Umwertung aller Werte" vertritt, durch die Formel „Nichts ist wahr, alles ist erlaubt". Er wendet sich damit gegen den „europäischen Nihilismus" der platonisch-christlichen Denktradition, deren Berufung auf eine transzendente Welt unter Abwertung des Diesseits er verwirft als „die Idiosynkrasie von décadents, mit der Hinterabsicht, sich am Leben zu rächen".

Nirwana [Sanskrit „Erlöschen, Verwehen“]: Begriff, den Buddha (↑Buddhismus) zur Kennzeichnung des Heilsziels seiner Religionsstiftung gebrauchte. Für ihn ist Nirwana die Überwindung aller Faktoren, die die Last des Daseins bedingen, das Verlöschen der Lebensbegierde und des Wahns, im Dasein eine Realität zu erkennen. In psychologischer Hinsicht bedeutet dies die Aufhebung des „Durstes“, wie Buddha sagte, der Gier nach dem Leben. Dieser Zustand kann bereits zu Lebzeiten erreicht werden. Nach dem Tod tritt der Erlöste dann in das vollkommene Nirwana, das *Paranirwana* ein, seine individuelle Existenz erlischt, und er ist dem Gesetz der tatbedingten Wiedergeburten entzogen. In den buddhistischen Texten wird Nirwana aber auch als die eigentliche „Realität“, also das eigentliche „Sein“ definiert, das gänzlich außerhalb der Sinneswelt, der Illusion, der Unwissenheit und des Verlangens steht.

Noema [griechisch „das Gedachte, der Gedanke“]: Grundbegriff der Phänomenologie, der in einem Bewußtseinsakt (z. B. Denken, Wahrnehmen, Vorstellen) intendierte Gegenstand (das Gedachte, Wahrgenommene, Vorgestellte). Das Noema darf nicht als ein bewußtseinsimmanentes Objekt aufgefaßt werden, es ist vielmehr der reale Gegenstand in phänomenologischer Reduktion.

Noesis [griechisch „das Wahrnehmen, Denken“]: Grundbegriff der Phänomenologie bei Husserl. Alle Bewußtseinsakte lassen bestimmte Änderungen zu, ohne dadurch in ihrer Identität zerstört zu werden (z. B. Wechsel des Blickwinkels bei der Wahrnehmung); diese müssen bei der phänomenologischen Analyse berücksichtigt werden, da sie den *Sinn* des Bewußtseinsakts ausmachen.

Noetik [zu griechisch noētikḗ (téchnē) „Kunst des Verstehens“]: von Husserl geprägter Begriff zur Bezeichnung der „Phänomenologie der Vernunft“, also der Untersuchung der Erscheinungsformen der Vernunft. Ihr zentraler Begriff ist die ↑Evidenz.

Nominalismus [zu lateinisch nomen „Name“]: eine der Grundpositionen im ↑Universalienstreit, die davon ausgeht, daß nur Individuen, sprachlich vertreten durch ↑Nominatoren, eine eigenständige Existenz zukomme. Allgemeinbegriffe (Universalien), die sprachlich Prädikatoren entsprechen, sind gedankliche oder sprachliche Schöpfungen des Menschen. Die ↑Prädikation $S \varepsilon P$ wird nominalistisch meist so gelesen: „*S* ist ein Teil des *P*-Dings“, d. h. der Prädikator *P* wird als Name eines „*P*-Dings“ verstanden (z. B. eines „Rot-Dings“). Die Elementbeziehung wird im Nominalismus durch die Teil-Ganzes-Beziehung ersetzt. Dies verursacht allerdings beträchtliche Schwierigkeiten. Der Nominalismus nennt oft als seine Maxime das von Ockham formulierte *Ökonomieprinzip* („Ockhams Rasiermesser“): „Entitäten sollen nicht ohne Zwang vermehrt werden.“ Hier setzt auch der moderne Nominalismus ein, der sich aus dem Grundlagenstreit der Mathematik heraus entwickelt hat. Das Auftreten von mengentheoretischen Antinomien (↑Klasse) ist ihm Zeichen dafür, was bei unzulässiger Vermehrung der Entitäten (wenn man nämlich Klassen von Klassen u. ä. als existent anerkennt) geschieht. Stattdessen fordert er eine strenge Beschränkung auf den Bereich des Endlichen *(Finitismus).*

Nominator [lateinisch „Benenner, Bezeichner“]: in der Logik ein benennender sprachlicher Ausdruck, der den benannten konkreten oder abstrakten Gegenstand in der Rede vertritt, im Unterschied zu den unterscheidenden sprachlichen Ausdrükken, den ↑Prädikatoren. Neben den Eigennamen (↑Name) spielen in den natürlichen Sprachen unter den Nominatoren v. a. die ↑Kennzeichnungen und die Indikatoren (spezielle deiktische und daher situationsabhängige, sich jeweils auf den Sprecher beziehende Kennzeichnungen, z. B. „ich", „du", „hier", „jetzt") eine wichtige Rolle.

Nonkognitivismus [zu lateinisch non „nicht" und ↑kognitiv]: Bezeichnung für philosophische Positionen, für die der Bereich der ↑Moral jeder wissenschaftlichen ↑Begründung, die die Wahrheit und objektive Gültigkeit ethischer Normen erweisen könnte, unzugänglich ist. Nicht jede dieser Positionen bestreitet jedoch die Begründbarkeit im Sinne der Ableitbarkeit untergeordneter Bewertungen, Normen oder Interessen von solchen höheren Ranges.

Norm [lateinisch „Regel, Muster, Vorschrift, leitender Grundsatz"]: Begriff mit unterschiedlichen Bedeutungen: 1. fixierter, vorgegebener Maßstab, der nach pragmatischen Gesichtspunkten getroffen wurde, z. B. DIN-Normen (Normen des „Deutschen Instituts für Normung e. V.") oder Spielregeln; 2. empirisch ermittelter Durchschnittswert, zu dem Eigenschaften von Gegenständen und Personen in Relation gesetzt werden, z. B. „Ein Auto mit fünf Rädern ist anormal" oder „Jemand mit einem Intelligenzquotienten von 100 ist durchschnittlich intelligent"; 3. Grenzbegriff einer Eigenschaft, die in dieser Vollkommenheit in der Realität nicht zu finden ist, z. B. existiert in der Realität kein wirklich rechtwinkliges Dreieck, da jede Darstellung davon nur eine Annäherung ist; 4. genereller Imperativ, der Menschen zu bestimmten Handlungen auffordert. Solche Normen sind v. a. in der Ethik und im Recht von großer Bedeutung, spielen aber auch beim Denken und Reden eine Rolle, da ohne Einhaltung bestimmter logischer Regeln keine Erkenntnis und kein folgerichtiges und kein widerspruchsfreies Reden möglich sind. Während die Einhaltung juristischer Normen durch staatliche Einrichtungen kontrolliert wird, unterliegt die Einhaltung sittlicher Normen der Verantwortung jedes einzelnen. – Da menschliches Verhalten im Gegensatz zu dem des Tieres nicht vollständig biologisch festgelegt ist, bedarf der Mensch Orientierungshilfen, nach denen er sein Verhalten ausrichtet (↑Ethik). Ziel eines solchen Orientierungssystems ist, ein gewaltfreies Zusammenleben zu ermöglichen, einen Bewertungsmaßstab für Handlungen zu geben, aus einer Menge von Handlungsalternativen die beste auszuwählen. Normen, die dem Menschen ein bestimmtes Verhalten vorschreiben, können diese Hilfe geben. Je mehr ein Mensch eine Norm verinnerlicht hat und ihre Vernünftigkeit einsieht, umso weniger empfindet er ihre Einhaltung als Zwang. Da er sich durch die Anerkennung vernünftiger Normen die Grundsätze seines Handelns selbst gibt, wird die Freiheit des einzelnen durch die Forderung, bestimmte Normen einzuhalten, nicht eingeschränkt. Damit eine Norm diese von einer vernünftigen Ethik gestellten Forderungen erfüllt, muß sie eine Verhaltensvorschrift sein, die für alle Menschen in gleichem Maß gilt (Anspruch auf Universalität, der vom Relativismus abgelehnt wird), die unter allen Umständen gilt und ein Bewertungsmaßstab für Handlungen, also keine reine Gefühlsäußerung ist, da sie sonst weder ein friedliches Zusammenleben ermöglichen noch einem vernünftigen Willen entsprechen kann.

normativ [lateinisch] ↑deskriptiv/präskriptiv/normativ.

Normenbegründung: Rechtfertigung der ↑Normen, deren moralische Urteile in ihrer Argumentation bedürfen. Solche Urteile sind nur dann als vernünftig anzusehen, wenn die ihnen zugrundeliegenden Normen vernünftig begründet sind. Das bedeutet, daß Normen nicht als willkürliche Setzungen angesehen werden können und bei ihrer Begründung nicht auf Metaphysik (z. B. auf den Willen Gottes) zurückgegriffen werden kann, sondern daß ihre Begründung rationaler Argumente bedarf. Entsprechende Begründungsversuche des Kognitivismus scheitern daran, daß ihnen entweder ein

↑ naturalistischer Fehlschluß zugrunde lag oder die Art der moralischen Erkenntnis nicht genau angegeben werden konnte. Einen modernen Begründungsversuch stellt die diskursive Methode dar (↑ Diskurs, ↑ Letztbegründung). Danach ist eine Norm dann vernünftig begründet, wenn man sie vor jedem, also auch vor dem von der Handlung Betroffenen, vernünftig rechtfertigen könnte; sie ist also dann gerechtfertigt, wenn sie sich nicht über vernünftig gerechtfertigte Bedürfnisse anderer hinweggesetzt und man selbst auch bereit wäre, die Konsequenzen der Handlung zu tragen. Das Ziel einer solchen Normenbegründung ist der Nachweis, daß die Normen dem vernünftigen Willen aller entsprechen.

Normenkonflikt: Situation, in der zwei Normen gelten, die beide anerkannt werden, vernünftig zu rechtfertigen sind, aber einander widersprechen. Ein Beispiel für einen solchen Normenkonflikt ist das Problem der Sterbehilfe. Hier geraten die beiden Normen „Du sollst nicht töten" und „Handle so, daß du keinem Mitmenschen unnötig Schmerz zufügst" miteinander in Konflikt. Ein zur Lösung dieses Konflikts häufig praktiziertes Verhalten ist, der Entscheidung auszuweichen, indem man sie entweder immer wieder aufschiebt oder an andere, z. B. den Arzt, abtritt, oder aber sich bei der Entscheidung streng an juristische oder kirchliche Weisung zu halten. In beiden Fällen jedoch gibt man einen Teil seiner möglichen Selbstbestimmung und Freiheit auf und läßt sich fremdbestimmen. Da Selbstbestimmung und Eigenverantwortlichkeit aber zu den wesentlichen Eigenschaften des Menschen gehören, verstößt jemand, der sich so verhält, gegen die ↑ Würde des Menschen. Eine andere Lösungsmöglichkeit, bei der man einer sittlichen Entscheidung nicht ausweicht, ist, zu versuchen, alle möglichen vorhersehbaren Folgen seiner Handlung zu berücksichtigen und sich dann bewußt in ↑ Verantwortung für sich und seine Mitmenschen für die Einhaltung der einen und die Verletzung der anderen Norm zu entscheiden. Diese Entscheidung befreit jedoch nicht von der Schuld, die man durch die bewußte Verletzung einer Norm auf sich geladen hat, sondern man muß auch dafür die Verantwortung tragen (↑ Verantwortungsethik).

Notwendigkeit: eine der ↑ Modalitäten (neben Wirklichkeit [Wahrheit] und Möglichkeit), umgangssprachlich meist durch „müssen" ausgedrückt. Ein Sachverhalt wird notwendig genannt, wenn er so sein muß, wie er ist. Analog wird eine Aussage wahr genannt, wenn sie wahr sein muß *(logische Notwendigkeit),* d. h. wenn ihre Negation einen Widerspruch erzeugt. Als Kandidaten solcher Aussagen werden die logischen Wahrheiten (z. B.: „Ein Mann ist verheiratet oder nicht verheiratet"; ↑ Logik) und die umfassendere Klasse der analytischen Aussagen (z. B.: „Ein Junggeselle ist ein unverheirateter Mann"; ↑ analytisch) vorgeschlagen. Von der logischen Notwendigkeit ist die epistemische zu unterscheiden: Eine Aussage, die aus einer Menge von als wahr akzeptierten Aussagen logisch folgt (↑ Folgerung), wird als *epistemisch notwendig* (relativ zu den vorausgesetzten Aussagen) bezeichnet. Ein besonders wichtiger Fall hiervon ist die *kausale Notwendigkeit.* Sie ist gegeben, wenn man unter die Voraussetzungen das Kausalgesetz und Naturgesetze aufnimmt. Dem entspricht z. B. der Satz „Ein hochgehobener Stein fällt wieder zu Boden, wenn man ihn losläßt", der somit eine kausale Notwendigkeit ausdrückt. – In der Sprache der „möglichen Welten" (↑ Möglichkeit) heißt ein Sachverhalt notwendig, wenn er in *allen* möglichen Welten der Fall ist. Notwendigkeit spielt eine wichtige Rolle in Gottesbeweisen. Da Gott vollkommen ist, müssen ihm alle Prädikate zukommen. V. a. aber ist er notwendig und deshalb existent. So argumentiert z. B. Spinoza. Auf Aristoteles geht die Unterscheidung von notwendigen und bloß *zufälligen* Eigenschaften eines Gegenstands zurück. Erstere sind es, die sein ↑Wesen ausmachen. So ist der Mensch notwendig vernünftig, aber nur zufällig zweibeinig. Faßt man Notwendigkeit präskriptiv auf, so bedeutet sie svw. „es ist verpflichtend". Diese *deontische* Verwendung wird in der ↑deontischen Logik untersucht.

Nous [nu:s; griechisch „Geist, Vernunft"]: in der antiken Metaphysik sowohl der denkende und unsterbliche Teil der Seele als auch die kosmische Vernunft. Für Anaxagoras stellt der Nous den Initiator des Weltprozesses dar, im „Timaios" bezeichnet Platon den Nous als das Prinzip in der Weltseele, das ihren rationalen Ablauf erklärt, und Aristoteles identifiziert den Nous mit dem ↑unbewegten Beweger. – Aristoteles greift die platonische Dreiteilung der Seele auf und führt eine vegative, eine sensitive und eine rationale Seele ein. Diese Unterscheidung dient als Gliederungsprinzip der Wirklichkeit im Bereich des Lebendigen: Während man die vegetative Seele schon im Pflanzenreich findet, tritt die sensitive, die die Fähigkeiten der vegativen mit einschließt, aber darüber hinaus noch Sinnesempfindungen, niederes Strebevermögen und Ortsbewegung beinhaltet, in der Tierwelt auf; die rationale Seele hingegen, eben der Nous, kommt nur dem Menschen zu. Beim Nous des Menschen unterscheidet Aristoteles noch zwischen einem aktiven und einem passiven Teil. Der passive Teil ist die in der Veranlagung des einzelnen gegebene und durch seine persönlichen Erfahrungen bestimmte individuelle Erscheinungsweise der tätigen Vernunft; er ist also an die spezielle Person gebunden und somit sterblich. Der aktive Teil stellt die reine, allen Individuen gemeinsame, prinzipielle Einheitlichkeit der Vernunft dar, also eine überindividuelle Vernunft. Da die aktive Vernunft nicht an den Körper gebunden ist, ist sie unsterblich.

Nützlichkeit: ethischer Begriff, der v.a. im ↑Utilitarismus eine wesentliche Rolle spielt. Dieser sieht als Grundlage für die ethische Bewertung einer Handlung den außermoralischen *Nutzen,* also die Folgen und nicht den innermoralischen Wert einer Handlung. Für einen Individualutilitaristen (z. B. Epikur) ist die Handlung die moralisch beste, die der eigenen Person am meisten nutzt, für einen Sozialutilitaristen (z. B. Bentham) die, bei der der Nutzen für das Gesamtwohl maximal ist. Der Begriff „Nutzen" wird in den verschiedenen Spielarten des Utilitarismus unterschiedlich interpretiert, z. B. bei Epikur als ↑Ataraxie und bei Bentham als das größtmögliche Glück für die größtmögliche Zahl. Bei der Berechnung des tatsächlichen Nutzens einer Handlung, d. h. bei der Abwägung der positiven und negativen Folgen, ergeben sich jedoch Probleme. Bentham hat zwar versucht, ein Glückskalkül aufzustellen, doch erwies sich dies als unzureichend, da eine Handlung verschiedenartige Folgen haben kann, die nicht miteinander verglichen und somit auch nicht gegeneinander abgewogen werden können. So kann das Musizieren dem Musiker zwar Freude bereiten, einem ruhebedürftigen Mitbewohner jedoch Verdruß; die Freude des einen läßt sich jedoch nicht gegen den Verdruß des anderen aufrechnen.

Nützlichkeitsethik ↑Utilitarismus.

O

Obersatz: diejenige Prämisse eines Syllogismus, die den Mittel- und den Oberbegriff enthält. Der Obersatz ist also von allgemeinerem Charakter.

Objekt [lateinisch]: svw. ↑Gegenstand (↑auch Subjekt-Objekt-Problem).

Objektästhethik ↑Ästhetik.

objektiv [zu lateinisch obicere (2. Partizip: obiectus) „entgegensetzen, -stellen"]: das, was unabhängig vom Erkennenden dem Erkannten zukommt, also das, was von den besonderen Umständen, historischen Zufälligkeiten und Interessen der Beteiligten unabhängig ist (Gegensatz: ↑subjektiv). Als objektiv wird im allgemeinen die für sich existierende Welt der Dinge betrachtet (*ontologische* Objektivität). Manche Autoren, z. B. Kant, interpretieren objektiv im Sinne von allgemeingültig. Nur derjenige, der einen offenkundigen Fehler begeht, kann sich einer objektiven Aussage entziehen. Damit wird Objektivität zu einer Frage der Begründbarkeit (*epistemischer* Objektivitätsbegriff).

objektiver Geist ↑absoluter/objektiver/subjektiver Geist.

Objektivismus [zu ↑objektiv]: im Gegensatz zum ↑Subjektivismus diejenige erkenntnistheoretische Position, die von der Überzeugung ausgeht, daß dem Erkenntnisprozeß selbst unabhängig vom jeweilig erkennenden Subjekt die Erkenntnisfähigkeit gleichsam intersubjektiver Wahrheiten und Werte zuzugestehen ist und daß analog den Erfahrungsinhalten und Ideen selbst objektive Gegebenheit zukommt. Objektivismus ist „die Ablehnung eines Subjekts, das nicht Glied der Objektwelt ist" (Rickert). Der objektivistische Standpunkt ist v. a. im Rahmen ethischer Überlegungen, wo es allgemeinverbindliche Maßstäbe und Zwecke sittlichen Handelns festzusetzen gilt, von Gewicht.

Objektivität [zu ↑objektiv]: wesentliches Merkmal wissenschaftlicher Aussagen, das deren *intersubjektive Überprüfbarkeit* sichern soll. In die Sätze der Wissenschaft soll nur das eingehen, was zu der zu untersuchenden Situation gehört, nicht aber das, was vom Beobachter u. a. herrührt (↑Protokollaussage). Neben wissenschaftlichen Aussagen erheben nach Ansicht vieler Philosophen auch Normen Anspruch auf Objektivität: Sie wollen für alle Menschen unter allen Umständen zu jeder Zeit und an jedem Ort Geltung haben.

Objektsprache ↑Metasprache/Objektsprache.

Öffentlichkeit: in der Aufklärung gebildeter Terminus der praktischen Philosophie. Seit dem Mittelalter bedeutet „öffentlich" svw. offenbar, bekannt (im Gegensatz zu heimlich, geheim). In der Zeit des Absolutismus wird es darüber hinaus entsprechend dem lateinischen „publicus" im Sinne von amtlich, staatlich (im Gegensatz zu privat, z. B. „öffentliches Amt") verwendet. Seit der Aufklärung bezeichnet „öffentlich" zusätzlich das die Allgemeinheit, die Gesamtheit der Bürger Betreffende (z. B. „öffentliches Wohl"). Die Entfaltung des kritisch-normativen Gehalts des Begriffs „Öffentlichkeit" hebt mit Kant an. Er versteht „unter dem öffentlichen Gebrauche seiner eigenen Vernunft denjenigen, den jemand als Gelehrter von ihr vor dem ganzen Publikum der Leser macht". Die Öffentlichkeit ist demnach identisch mit der „universalen Kommunikationsgemeinschaft" (Apel) aller Vernünftigen, d. h. Argumentierenden, öffentliche Meinung also diejenige Beurteilung eines die Allgemeinheit betreffenden Sachverhalts, die sich im ungehinderten Austausch der Argumente als bestbegründete bewährt hat. Entsprechend sind politische Herrschaftsakte nach Kant nur insoweit legitim, als ihre Maximen öffentlich sein, d. h. sich der Kritik der Öffentlichkeit stellen können. Die Herstellung der Bedingungen der Möglichkeit einer so verstandenen Öffentlichkeit klagt die liberale Gesellschaftstheorie des 19. Jahrhunderts ein. Sie fordert die Abschaffung der Geheimhaltungspraxis absolutistischer Kabinettspolitik und Verwaltung, v. a. die „Öffentlichkeit" (im Sinne einer allgemeinen Zugänglichkeit) von Parlamentssitzungen und Gerichtsverhandlungen sowie die Informations-, Presse-, Versammlungs-, Forschungs-, Meinungs- und Lehrfreiheit. In soziologisch-deskriptivem Sinne bezeichnet „Öffentlichkeit" den gesellschaftlichen Teilbereich, in dem (im Unterschied zu den Teilbereichen Staat, Wirtschaft und Privatsphäre) die öffentliche Kommunikation und Meinungsbildung sich entfaltet (z. B. politische Parteien, Verbände, Medien, Kirchen).

Okkasionalismus [zu lateinisch occasio „Gelegenheit, Anlaß"]: Bezeichnung für eine von Schülern und Anhängern Descartes' entwickelte Lehre zur Lösung des Problems der Wechselwirkung zwischen Körper und Geist, Seele und Leib (↑Leib-Seele-Problem). Descartes hatte Leib als (geometrische) Ausdehnung und Seele als Denken (↑Res cogitans/Res extensa) definiert. Diese beiden Substanzen galten ihm als voneinander völlig verschieden und unabhängig. Durch das faktisch-phänomenale Neben- oder Miteinander beider Substanzen im Menschen stellte sich aber die Frage, ob und wie derart Wesensfremdes eigentlich aufeinander wirken könne. Z. B.: Die Bewegung des menschlichen Körpers, v. a. des Armes, mag Ursache sein für den Stoß, der einer Billardkugel versetzt wird; die Kugel ihrerseits kann Ursache sein für die Bewegung anderer Kugeln. Aber ist das, was ursprünglich die Muskeln (des Armes) in Bewegung setzte und steuerte im gleichen Sinne „Ursache" zu nennen, und wie hätte man sich ihren Ablauf vorzustellen, wenn doch Geist und Körper streng voneinander getrennt bleiben sollen? Den Okkasionalisten galt eine *rationale* Lösung dieser Problematik als unmöglich, und zwar aus folgendem Grund: Einerseits wollten sie streng an der Definition Descartes' von der Unvereinbarkeit beider Substanzen festhalten (↑Dualismus); auf der anderen Seite gingen sie von dem (fundamentalontologischen) Prinzip aus, daß Gleiches nur auf Gleiches wirken könne. Dieses Prinzip besagt etwa folgendes: Für jeden Eindruck einer der beiden Substanzen von (oder in) der anderen müsse zumindest eine entsprechende Sensibilität und Empfindlichkeit angelegt und damit wenigstens ein Minimum an Gemeinsamkeit und Übereinstimmung gegeben sein. Nach diesem Prinzip mußte jede Möglichkeit einer unmittelbaren Einwirkung des Geistes auf den Körper und umgekehrt als undenkbar verworfen werden. Zur Erklärung von Übereinstimmungen mußte also ein drittes Prinzip – nämlich Gott – angenommen werden: Zu gegebenem Anlaß, „bei Gelegenheit" (lateinisch „occasio") greift Gott helfend ein, indem er den erforderlichen Zusammenhang durch einen Akt des Beistandes (lateinisch „concursus dei") immer wieder neu vermittelt. Hauptvertreter des Okkasionalismus waren Cordemoy, Geulincx und Malebranche. Leibniz ersetzte die Theorie des immer wieder neuen Eingreifens Gottes durch einen einmaligen, perfekten, harmonisierenden Konstruktionsakt (↑prästabilierte Harmonie).

ontisch [zu griechisch tò ón „das Seiende"]: seiend, seinsgemäß. Im Unterschied zu ontologisch (↑Ontologie) das wirklich Seiende in seiner Individualität oder raum-zeitlichen Tatsächlichkeit, d. h. das vom Geist zwar (z. B. phänomenal) bereits erfaßte, aber (rational) noch nicht erschlossene Seiende (↑Sein, ↑Seiende, das). Die Unterscheidung von ontisch und ontologisch ist erst seit der Existenzphilosophie (Heidegger) von Bedeutung, die Scholastik hat beide Begriffe noch gleichwertig gekannt. – ↑ontologische Differenz.

Ontologie [zu griechisch ṓn (Genitiv: óntos) „seiend" und ↑Logos] (Philosophia entis, Ontosophia): die allgemeine Lehre vom Sein bzw. dem Seienden, sofern es in Wirklichkeit ist. Neben Logik und Erkenntnistheorie zählt sie heute zu den zentralen Einzeldisziplinen der Philosophie. Allerdings erhebt sie oft den Anspruch, mehr zu sein als bloß ein Zweig der Philosophie. Auch logische Gebilde, Erkenntnisprozesse, selbst Gott usw. sind für sie wie auch immer geartete Realitäten und unterstehen so ihrem sehr weit gefaßten Gegenstandsbereich. *Ontologisch* ist im Unterschied zu ↑ontisch das Sein im Sinne der Ontologie, d.h. das durch den reflektierenden Geist *in* seinem Sein bereits erschlossene Sein. – Der Begriff Ontologie taucht zum ersten Mal in einem philosophischen Lexikon (Goclenius) des 17. Jahrhunderts auf. Hier ist die Philosophia de ente neben der Mathematik eine der beiden Grundweisen menschlichen Erkenntnisvermögens, von der physikalischen Natur (Materie) zu abstrahieren. Wolff und seine Schule (Baumgarten) erklären sie dann zu einer eigenständigen Disziplin. Der Sache nach allerdings findet sie sich bereits bei Platon und Aristoteles formuliert und läßt sich insgesamt auf die Seinslehre des Parmenides zurückführen (↑eleatische Philosophie). Bis in die Spätscholastik hinein war sie die Lehre vom „Seienden, das durch sich selbst ist" (↑Substanz), sowie vom generellen ↑Wesen (↑Essentia) des Seienden bzw. dessen jeweiligen ↑Akzidens. Zusammen mit der natürlichen Theologie (Gott als „ens causa sui" war der Inbegriff allen Substanzdenkens) bildete sie das unzertrennliche Fundament der klassischen ↑Metaphysik, deren wechselvolle Geschichte sie wesentlich mitbestimmt hat. Man unterschied eine metaphysica generalis (= Ontologie) von einer metaphysica specialis (= u.a. Theologie). Diese Entwicklung fand ihren Abschluß mit Leibniz' spekulativer Monadenlehre (die Welt begriffen als ein All unzähliger, ↑Monaden genannter, quasi in sich selbständiger Seinspartikelchen). – Für den neuzeitlichen ↑Subjektivismus und seine primären, erkenntnistheoretischen Interessen waren die Grundfragen der metaphysischen Ontologie nicht mehr akzeptabel. Kant lehnt sie von daher ab bzw. sieht in ihr bloß noch ein System von Begriffen a priori, die einzig auf Gegenstände gehen. Demnach mündet auch sie ein in das Konzept seiner ↑Transzendentalphilosophie. Gleichzeitig geht mit Kant die lange Tradition der ontologischen ↑Gottesbeweise endgültig zu Ende. Im deutschen Idealismus ebenso wie im Materialismus spielte die Ontologie als eigenständige philosophische Disziplin keine Rolle. Erst im 20. Jahrhundert wird sie durch Phänomenologie und Existenzphilosophie neu entdeckt. Seitdem sieht man v.a. in ihr die Nachfolgerin der Metaphysik, dergegenüber die Theologie spätestens seit Wolff schrittweise aus dem Verband metaphysischer Fragestellungen ausgegrenzt wurde. Im Mittelpunkt derzeitigen ontologischen Denkens steht nun der in seinem ↑Dasein bzw. seiner Existenz/Faktizität sich selbst erschließende Mensch. Die Ontologie ist aber nicht einfach eine allgemeine Beschäftigung mit dem Sein in seiner Totalität, denn dann wären letztlich alle Philosophien Ontologien. Bestimmend für sie ist vielmehr, daß sie das Sein in Verbindung bringt mit dem Logos, wie es bereits Parmenides' Grundformel „dasselbe ist Sein und Denken" signalisiert hatte. Onto-logisch im eigentlichen Sinne ist die begriffliche Bestimmung des Seins. Da jede Prädikation („ist" sagen) eine Aussage über ein Sein impliziert, hatte die Ontologie es immer schon mit der Bildung von ↑Kategorien bzw. mit der Frage zu tun, wie wir allgemeinverbindlich über das Sein als Seiendes urteilen können (z.B. der ↑Satz vom verbotenen Widerspruch). Hegel läßt von daher die Ontologie mit der Logik selbst zusammenfallen. Zwar war dieser Zusammenhang seit Aristoteles unbestritten, er kommt aber erst wirklich im 20. Jahrhundert zum Tragen (Hartmann, „Neue Wege der Ontologie", 1942). Die „neue" Ontologie unterscheidet sich von der „alten" v.a. durch die Erweiterung des philosophischen Realitätsbegriffs. Während früher nur der materialen Außenwelt (einschränkend) Realität zugesprochen wurde, der ein Reich ewiger, nicht realer, sondern idealer Wahrheiten gegenüberstand, an dem die menschliche Rationalität Anteil hatte, umfaßt Realität nun auch alles geistige Sein. Parallel entstehen z. B. die ↑Geisteswissenschaften, die sich erst auf der Basis eines selbständigen, (historisch) aufweisbaren geistigen Seins gegenüber den Naturwissenschaften etablieren konnten. Wegweisend wurde hier die Kritik Husserls („Logische Untersuchungen", 1900/01) am ↑Psychologismus des 19. Jahrhunderts. Im Anschluß an Brentanos Lehre von den intentionalen Gegenständen sind für Husserl alle logischen Gebilde, Sätze, Kategorien usw. ideale Bedeutungseinheiten, die als reale „Gegenstände" des Bewußtseins gleichzeitig durch/im Bewußtsein konstituiert werden. Die Umwertung der Ontologie spiegelt sich v. a. in Husserls Verständnis des überkommenen Wesensbegriffs. Wesen sind nicht mehr die überzeitlichen Wesenheiten, sondern gemäß der Grundformel der Phänomenologie „zu den Sachen selbst" soll das Wesen eines Dinges usw. in der unmittelbaren Anschauung/Erfahrung erschlossen werden (↑Wesensschau). Die Ontologie wird damit bescheidener, eröffnet sich aber als deskriptive Phänomenologie völlig neue Zugänge zum Sein. Husserl betrachtet die Ontologie im engen Verband mit der Erkenntistheorie als eine ↑Philosophia prima. Er unterscheidet wissenschaftstheoretisch zwischen einer formalen und einer materialen Ontologie. Erstere untersucht die allgemein formalen Begriffe: Sachverhalt, Einheit, Vielheit, Anzahl, Beziehung usw., die für Gegenstände konstitutiv sind. Oberste formal-ontologische Kategorie ist das „Etwas überhaupt", idealer Grenzwert auf der Ebene des Urteils ist die ↑Evidenz. Letztere geht als Wesenswissenschaft davon aus, daß es einen für jeden Wissenschaftsbereich analogen Gegenstandsbereich gibt (auch regionale Ontologie), dem jeweils ein (materiales/konkretes) Apriori zugrunde liegen soll. Im engeren Sinne ontologisch orientiert waren im Anschluß an Husserl u. a. die realistische Ontologie Hartmanns (↑Schichtenlehre), v. a. aber Heideggers ↑Fundamentalontologie (↑auch ontologische Differenz). Die sprachanalytische Philosophie, die der „Seinspest" (Stegmüller) des 20. Jahrhunderts eher kritisch gegenübersteht, konzentriert sich daher onto-logisch besonders auf die Analyse sogenannter ↑Existenzaussagen (Quine). Sartres phänomenologische Ontologie („Das Sein und das Nichts", 1943) sucht dem Seinsproblem (↑Existenz) v. a. psychoanalytisch zu begegnen. Dabei wird das Sein der menschlichen Existenz radikalempirisch auf seine Triebstrukturen reduziert. – **Ontologismus** nennt sich eine vorwiegend in Italien beheimatete philosophisch-theologische Strömung im 19. Jahrhundert (Gioberti), die im Anschluß an Hegel von einer primären (apriorischen) Erkennbarkeit des absoluten Seins durch den endlichen Intellekt ausgeht. Durch einen vorgängigen, intuitiven Akt der Vernunft werden das Sein und das Absolute (das unendliche Sein) identifiziert, und Gott als das „seinsmäßig Erste" ist zugleich das „zuerst Erkannte". Der Ontologismus ist eine neuzeitliche Variante ontologischer Gottesbeweise.

ontologische Differenz [griechisch; lateinisch]: von Heidegger eingeführter Terminus zur Bezeichnung des Unterschieds zwischen Seiendem und dem Sein selbst. Heute auch allgemeiner gebräuchlich zur Charakterisierung des Verhältnisses zweier Bereiche, von denen a priori feststeht, daß sie nicht aufeinander reduzierbar sind, daß sie also nicht zwei Aspekte ein- und derselben Sache sind (z. B. Physisches und Mentales).

ontologischer Gottesbeweis ↑Gottesbeweise.

Ontosophia [griechisch]: svw. ↑Ontologie.

Operationalismus [zu lateinisch operatio „das Arbeiten, die Verrichtung"]: wissenschaftstheoretische Position, derzufolge die Termini der

Wissenschaften ihre Bedeutung durch *Handlungen* erlangen; weitgehend bedeutungsgleich mit ↑Instrumentalismus.

Operator [lateinisch „Arbeiter, Schöpfer (einer Sache)“]: in Sprachphilosophie, Logik und Mathematik zusammenfassende Bezeichnung für Zeichen, mit deren Hilfe aus Ausdrücken neue Ausdrücke gewonnen werden, z. B. Junktoren und Quantoren, Modaloperatoren, der Kennzeichnungsoperator und der Mengenoperator $\in$.

Optimismus [zu lateinisch optimum „das Beste“]: im alltäglichen Sprachgebrauch eine positiv-affirmative Grundhaltung gegenüber dem Bestehenden und dem Zukünftigen; sie bejaht die Welt und das Leben und vertritt die Ansicht, daß der Mensch in Kultur und Geschichte zum Fortschritt fähig sei und zunehmend Freiheit und utopische [Selbst-]Entwürfe (↑Utopie) zu realisieren vermöge. In der philosophischen Tradition bezeichnet der Begriff eine Vorstellung, nach der alle Dinge in metaphysischer, moralischer wie erkenntnistheoretischer Hinsicht prinzipiell die Fähigkeit und die Tendenz zur Vervollkommnung in sich tragen. Diese Vorstellung gewinnt v.a. im Zeitalter der ↑Aufklärung Gewicht. Der metaphysische Optimismus ruht auf der Annahme, daß die Welt durch eine natürliche (vernünftige) Weltordnung charakterisiert und von Natur her das ↑Gute dem Bösen überlegen sei. Der ethische Optimismus nimmt an, daß in der Natur des Menschen, in seiner Geschichte wie seinen Einstellungen der Hang zu einem guten und vernünftigen Leben (↑gutes Leben) angelegt sei; außerdem stützt er sich auf die metaphysische Voraussetzung, nach der im Weltgeschehen das Prinzip des Guten über das des Bösen dominiere. Im Bereich der Erkenntnistheorie gründet die optimistische Position (im Gegensatz zu Konzeptionen des ↑Skeptizismus) auf der Prämisse, daß das Erkenntnisvermögen des Menschen allgemein zuständig sei und uneingeschränkt verläßliche Resultate erbringen könne. Alle drei Bedeutungen von Optimismus finden besonders ihren Ausdruck in der Philosophie von Leibniz, v. a. in der von ihm geprägten These, daß die faktische Welt die bestmögliche aller Welten sei. – Gegensatz: ↑Pessimismus.

Ordinary language philosophy [englisch 'ɔ:dınərı 'læŋgwıdʒ fı'lɔsəfı] ↑analytische Philosophie.

Ordnung [zu ↑Ordo]: auf sämtlichen Wissenschaftsebenen, im politisch-sozialen Bereich (Rechtsordnung, Gesellschaftsordnung) wie im Alltag vielfältig benutzter Begriff von grundlegender, obzwar sehr uneinheitlicher Bedeutung. Ohne eine wie auch immer gestaltete Ordnung ist Wirklichkeit weder theoretisch noch praktisch vorstellbar, es sei denn unter den Grenzbegriffen des ↑Chaos oder der ↑Anarchie. Insgesamt bezieht sich Ordnung immer auf ein ↑System, eine ↑Struktur, gegebenenfalls eine ↑Hierarchie von aufeinander bezogenen Sachverhalten, Ideen (z. B. Platons „Ordnung der Begriffe“, „Ordnung des Seins“), Werten usw., die einer Gesetzmäßigkeit unterliegen, einen begründeten Sinn ergeben oder einen einheitlichen Zweck verfolgen. Für Kant ist Ordnung die Zusammenfügung einer Vielheit von Teilen zu einer Ganzheit (Einheit), was nach „Regeln“ erfolgt, wobei jedem Teil ein bestimmter Stellenwert im Gesamtgefüge zukommt. Dabei können die so entstehenden Zusammenhänge beabsichtigt oder unbeabsichtigt sein (↑Zufall, ↑Notwendigkeit). Philosophie ist ohne ein Grundbedürfnis nach (rationaler) Geordnetheit undenkbar. Darüber hinaus gab es aber immer wieder Versuche (↑Metaphysik), betont *alles* unter *eine* Ordnung zu stellen: u. a. Mikrokosmos, Logos, Panlogismus, Heraklitismus, eleatische Philosophie, Ordo, Transzendentalien, Organismus, Schichtenlehre, Universalismus, Atomismus, Theismus, Pantheismus, Lebenswelt, Weltgeist, Zyklentheorie. Der umfangreichste, gleichzeitig aber auch leerste Ordnungsbegriff ist Welt. Im Kern stehen alle Vorstellungen von Ordnung vor einer zentralen Frage: Kommt der (natürlichen Vorgabe) Welt insgesamt von Haus aus eine Ordnung zu, wie es z. B. dem antiken Weltbild zutiefst entsprach und wie es aller Glaube an einen Weltschöpfer (Demiurg, z. B. Gott) voraussetzt, oder ist Ordnung (ausschließlich) eine Leistung des erkennenden und seinem Willen gemäß in Freiheit handelnden menschlichen Subjektes, wie es die Aufklärung sehen wollte, bzw. wie kommt es zwischen beiden Lagern zu einem theoretisch wie praktisch gerechten Ausgleich? Heute scheint der generelle Ordnungsrahmen „Mensch – Welt" durch den Widerstreit zwischen einerseits ökologischen Systemen (Natur, Umwelt) und den andererseits ökonomischen Sachzwängen empfindlich gestört. Obwohl der Ordnungsgedanke zu allen Zeiten allgemeinverbindlich war, scheint er von konservativen Kräften bevorzugt zu werden. Das klassische Regulativ für Ordnung ist das sogenannte Gleichgewicht der Kräfte. Eine Perversion des Ordnungsgedankens stellt jede Diktatur dar.

Ordo [lateinisch „Reihenfolge, Ordnung"]: ausgehend von Augustinus' grundlegender Definition („ordo ist die Zusammenstellung gleicher und ungleicher Dinge durch Zuweisung des einem jeden zukommenden Standortes") wurde Ordo ein in zahlreichen Varianten auftretender zentraler Leitbegriff der mittelalterlichen Philosophie zur Bestimmung des damaligen Weltbildes. Ihm liegt die Vorstellung zugrunde, daß alles „Irdische" einer immanenten, zielgerichteten Ordnung unterliegt, als deren Grund und Entzweck Gott anzusehen ist (bei Thomas von Aquin duplex ordo [„doppelte Ordnung"]; ähnlich noch Spinozas Gleichsetzung von ordo rerum [„Ordnung der Dinge"] mit ordo idearum [„Ordnung der Ideen"]). – ↑Ordnung.

Organismus [zu griechisch órganon „Werkzeug"]: wenn in einer lokalen, also räumlich begrenzten Struktur ihre Teil- (oder Unter-) Strukturen (als ihre „Elemente") in einem solchen Wirkzusammenhang stehen, daß sie in *unabdingbarer* Weise zum *Bestehen* und zur *Erhaltung* dieser lokalen Struktur beitragen, dann spricht man von einem Organismus, wenn dies *auch umgekehrt* gilt, daß die lokale Struktur (als Über-Struktur ihrer Elemente) auf ihre Elemente und deren Wirkzusammenhang erhaltenden Einfluß hat. Ein Organismus ist also eine spezifische Art der Beziehung zwischen dem *Teil* bzw. den Teilen eines Ganzen und dem *Ganzen* selbst (↑Teil/Ganzes). Wegen der genannten Umkehrung unterscheidet sich der Begriff Organismus von dem einer Struktur, die lediglich eine *stabile Anordnung* oder Konstellation von Elementen meint. V. a. ist ein Organismus *nicht teilbar* in eine Mannigfaltigkeit von Organismen; z. B.: Ein Kristall (als eine stabile Atomanordnung) ist in mehrere Kristalle spaltbar, ohne daß dies dem Bestehen der Teilkristalle Abbruch tut. Dies ist bei einem Einzeller nicht mehr der Fall. Entnimmt man ihm Teile oder teilt ihn in Hälften, dann geht der ganze Einzeller, aber auch seine Teile zugrunde. Beim Organismus wird zweckmäßigerweise die Rede von Teil und Ganzem ersetzt durch die von Struktur und Funktion. Der Organismus hat darüber hinaus noch die Besonderheit, daß sich das Organismische an ihm nicht auf das Individuum (also die lokale Struktur) beschränkt und auch nicht beschränken kann: Er selbst steht wiederum in einem *organischen* Zusammenhang mit seiner Umgebung. Diese umfaßt nicht nur Organismen derselben oder anderer Art, sondern auch Medien, die nicht notwendig organisch sein müssen. Im Fall einer ↑Wechselwirkung mit Organismen der gleichen Art (mit dem Resultat und dem Zweck der Erhaltung der *gesamten* Mannigfaltigkeit) spricht man von einer *Population,* die ihrerseits aber wiederum ein Organismus ist. Die Umgebung des Organismus, also der Über-Organismus, innerhalb dessen er eine funktionale Rolle spielt, sowie das Medium, in dem sich der Über-Organismus aufhält und aus dem er die Mittel zu seiner Erhaltungstätigkeit bezieht (und in das er seine Produkte ausscheidet), nennt man heute allgemein „Umwelt". Da der Organismus mit seiner Umwelt in einem erhaltenden und gestaltenden Wechselwirkungsverhältnis steht, ist die Gesamtheit von Organismus und Umwelt wiederum ein Organismus. Diesen Begriff in seiner ganzen Konsequenz zu durchschauen, ist eine unabdingbare Grundlage dafür, Umweltkrisen zu überstehen.

Orientierung [lateinisch-französisch; ursprünglich „das Bestimmen der Himmelsrichtung nach der im Osten (im ‚Orient') aufgehenden Sonne"]: v. a. auf Außenreize erfolgende, aber auch auf Gedächtnisleistungen (Ortsgedächtnis) bzw. Lernvorgängen beruhende, meist zu gerichteten Bewegungen führende Reaktion bei Tieren und Pflanzen. Bei allgemeinen, noch nicht gerichtet verlaufenden Bewegungen spricht man von *Kinese,* bei gerichteter, aktiver Ortsbewegung von *Taxien,* bei festsitzenden Lebewesen (wie bei den Pflanzen) von *Tropismen.* – Höchste Orientierungsleistungen beruhen auf einsichtigen Handlungen (v. a. beim Menschen, aber auch bei einigen hochstehenden Säugetieren). Viele Orientierungsvorgänge werden heute gut verstanden, bei einigen jedoch (z. B. Vogelzug) weiß man bis heute nicht, wie sie zustande kommen. – Im Rahmen der praktischen Philosophie werden als *praktische* Orientierungen gelegentlich Systeme von Zielen und Handlungsregeln bezeichnet. In diesem Sinne wären z. B. für den Christen die Zehn Gebote eine praktische Orientierung seines Handelns.

Oxford philosophy [englisch 'ɔksfəd fɪ'lɔsəfɪ] ↑analytische Philosophie.

P

Panlogismus [zu griechisch pãn „all, ganz" und lógos „Vernunft"]: svw. „Allvernunftlehre". Bezeichnung für philosophische Lehren, die die Identität von Denken und Sein behaupten, also davon ausgehen, daß das menschliche Denken denselben Gesetzen der Vernunft unterliegt wie der Kosmos als ganzer. – Aufgrund ihrer metaphysischen Prämissen – der Voraussetzung eines als Geist bestimmten Absoluten, das sich durch eine im logischen und geschichtlich-dynamischen Sinne notwendige Abfolge von Gestalten verwirklicht, die das Erreichen des Endzwecks der Weltgeschichte, die Realisierung der Freiheit, von vornherein garantiert – wird Hegels Philosophie häufig als „Panlogismus" kritisiert.

panta rhei [griechisch „alles fließt"]: irrtümlich Heraklit (↑Heraklitismus) zugeschriebene Formel für dessen philosophische Grundposition, wonach das Seiende andauernden Veränderungen (von Werden und Vergehen) unterworfen ist.

Pantheismus [griechisch, etwa „All-Gott-Lehre"]: religiös-theologische, z. T. auch philosophische Position, nach der Gott in allen Dingen der Welt existiert bzw. Gott und Welt, v. a. die belebte Welt, identisch sind. Im Gegensatz zum ↑Monotheismus oder ↑Polytheismus existiert nach der Auffassung des Pantheismus die Gottheit nicht von der Welt getrennt.

Paradigma [auch: para'digma; griechisch „Beispiel"]: von Kuhn in die Wissenschaftstheorie eingeführter Terminus zur Bezeichnung der eine Wissenschaft in einer Periode prägenden Auffassungen. Diese umfassen methodologische Regeln, aber auch eine intuitive Grundeinstellung zu den Phänomenen (so verkörpern z. B. die aristotelische, die klassische und die relativistische Physik jeweils ein Paradigma; ↑auch inkommensurabel). Das Paradigma regelt, was als eine befriedigende Problemlösung gelten darf und welche Probleme als interessant und untersuchenswert anzusehen sind. Das Paradigma greift über den theoretischen Bereich hinaus und beeinflußt die Beobachtungen selbst. Es regelt die Konstitution der Gegenstände einer Wissenschaft. In der Wissenschaftsgeschichte kommt es vor, daß ein Paradigma abgelöst wird. Kuhn spricht dann von einer „wissenschaftlichen Revolution". Dazwischen liegen die Perioden „normaler Wissenschaft". Die Ansicht Kuhns wird gegenwärtig lebhaft diskutiert. Zu ihren Hauptkritikern zählen die Anhänger des kritischen Rationalismus.

Paradoxie (Paradoxon) [zu griechisch pará „wider" und dóxa „Meinung"]: im weitesten Sinne Bezeichnung für eine der gewöhnlichen Meinung entgegenstehende, unerwartete, unglaubliche, sonderbare Aussage, die (zunächst) alogisch, unsinnig oder widersprüchlich scheint, oder auch für den von einer solchen Aussage dargestellten Sachverhalt; z. B.: „Es gibt genauso viele gerade Zahlen (2, 4, 6, 8, 10, ...) wie natürliche Zahlen (1, 2, 3, 4, 5, 6, 7, ...)" oder: „Ich weiß, daß ich nichts weiß!" (Sokrates). Der widersinnig anmutende Charakter der Äußerung kommt – wie bei Sokrates – in der Regel durch eine negierende Form des Selbstbezugs zustande. Die sprachliche Form von Paradoxien ist oft sentenzenhaft und aphoristisch; die paradoxe Formulierung kann als Stilmittel der Verfremdung eingesetzt werden. Im eingeschränkteren Sinne wird der Begriff Paradoxie auch gleichbedeutend mit ↑Antinomie gebraucht und bezeichnet dann einen Widerspruch in Form einer klassischen Kontradiktion, der Konjunktion einer Aussage A und ihrer Negation $\neg A$ ($A \wedge \neg A$). Die meisten traditionellen Abhandlungen über die Paradoxie (z. B. die „Paradoxien der Mengenlehre") beziehen sich auf solche logischen Paradoxien, für die im Interesse einer differenzierteren und präziseren Sprache besser der Begriff Antinomie verwandt werden sollte. Die Texte von Zenon von Elea zum Bewegungsbegriff oder die „Paradoxien des Unendlichen" von Bolzano (etwa „Es gibt nicht mehr natürliche als gerade Zahlen") haben dagegen nur scheinbar antinomische Struktur; sie behandeln Paradoxien im eigentlichen Sinne. Paradoxien sind aber nicht allein im Rahmen der Logik und Erkenntnistheorie, der Mathematik und Physik von Interesse, sondern können darüber hinaus auch als anthropologisch-gesellschaftliches Problem registriert und verstanden werden. Formale Struktur und anthropologische Dimension einer Paradoxie lassen sich am Beispiel der oben zitierten Sokratischen Fundamentaleinsicht anschaulich erläutern: Sokrates macht im Rahmen der – unausgesprochen benutzten und anerkannten – Regeln und Normen seiner Sprach- und Lebensgemeinschaft eine ganz ungewöhnliche Aussage von komplexer Struktur. Auf der einen Seite behauptet er, daß er, Sokrates, etwas wisse ($w(s)$). Gleichzeitig präzisiert er den Inhalt seiner Erkenntnis als prinzipielle Unwissenheit; die Aussage $w(s)$ („Sokrates weiß etwas") wird wiederholend aufgegriffen und gleichzeitig negiert ($\neg\, w(s)$). Durch die Selbstverneinung verletzt Sokrates einerseits sprachliche Regeln, die implizit benutzt und als geltend anerkannt werden; auf der anderen Seite negiert er auch die zu seiner Zeit selbstverständliche Annahme oder gesellschaftliche Norm seiner Mitbürger, jeder zeichne sich in wenigstens einem Gebiet (z. B. in seinem Beruf – Sokrates war Schuster) durch spezifische Fachkompetenz aus. Diese Form von Verweigerung stellt für die Gesellschaftsmitglieder eine unvorhersehbare und völlig unvorhergesehene, befremdende Information dar. Das paradoxe Ereignis P

greift verändernd in die Zusammenhänge des sprachlich-gesellschaftlichen Regelsystems ein, indem es (eine, einige oder alle) Regeln in Frage stellt, außer Kraft setzt, dem Ganzen die Selbstverständlichkeit nimmt und Konflikte provoziert. Wie verschieden Inhalt, Gewichte und Ergebnis einer Paradoxie auch sein mögen, immer tritt dieser verändernde Effekt auf: Nach Bewußtwerden des Dilemmas kann der alte – sozusagen naive – Zustand, der ungefährdete Zusammenhang nicht mehr auf derselben [Bewußtseins-]Ebene rekonstruiert werden. Sehr unterschiedlich sind allerdings die Möglichkeiten, auf den Verfremdungseffekt zu reagieren: Das Paradox kann als Gefahr, als Randerscheinung oder als Chance gewertet und behandelt werden. Im Beispiel: Die Athener hätten die Möglichkeit gehabt, Sokrates als „harmlosen Abweichler" zu betrachten, ihn freundlich-geringschätzig als skurrile Randerscheinung zu dulden, aber letztlich mehr oder weniger zu ignorieren. Damit wäre seine Provokation wohl am ehesten folgenlos geblieben. – Empfindet man ein Paradox *P* als Gefahr, so gibt es unterschiedliche Strategien, auf *P* zu reagieren: Die 1. Möglichkeit besteht darin, *P* im wesentlichen als Denkfehler oder -schwäche zu interpretieren und zu reduzieren auf den Verfremdungseffekt, den es auslöst. Die paradoxe Formulierung erscheint dann nur noch demjenigen ungereimt und widersinnig, der nicht klar oder tief (genug) denkt. Bolzanos „Paradoxien des Unendlichen" z. B. haben nur für denjenigen etwas Befremdliches, der noch nicht erfaßt hat, was das Unendliche wirklich sei. 2. Möglichkeit: Man versteht das Auftreten von *P* als Indiz für einen grundsätzlichen Mangel, eine Lücke des entsprechenden Regelsystems. Deshalb ändert man dieses so ab, daß *P* im revidierten (disziplinierten) Regelgebilde nicht mehr vorkommen kann. Nach dieser Strategie verfährt z. B. Russell bei seiner Typentheorie zur Vermeidung von mengentheoretischen Antinomien im Bereich der Mathematik. 3. Möglichkeit: „Man entfernt den Störenfried *P* samt dem von ihm herausgehobenen *X* durch Ausschluß oder Vernichtung aus dem System und tut so, als sei nichts gewesen" (Schäfer). Diese letzte Handlungsalternative haben die Athener für sich in Anspruch genommen, indem sie Sokrates (*X*) zum Tode verurteilten und den Giftbecher trinken ließen. Die Radikalität, mit der sie gegen das Unberechenbare vorgingen, ist ein deutliches Zeichen dafür, daß ihr (gesellschaftliches) System in solcher Weise erstarrt war, daß es nicht mehr in der Lage war, flexibel auf die Herausforderung zu reagieren. Trotzdem konnten die Athener durch den Gewaltakt die Isolation und Verarmung ihres Systems und den Zerfall ihrer Gesellschaft nicht mehr aufhalten und verhindern. – Bleibt als letzte Handlungsalternative, ein Paradox als Chance aufzufassen und die Konfliktsituation positiv anzunehmen, d. h. das Risiko zu akzeptieren und den Reiz der Situation und des Experimentierens in den Vordergrund zu stellen, sich nicht zu verschließen, sondern den kritischen Dialog und die Diskussion zu suchen als Möglichkeit, zu Veränderung und Erneuerung zu finden und damit die eigenen Grenzen immer wieder neu zu überschreiten und die (gegenständliche) Welt offen zu halten und zu gestalten (↑Anthropologie). Bei einer derartigen Einstellung können „Paradoxien das Niveau und die Intensität von Beziehungen und Prozessen in einem System steigern" (Schäfer).

Parallelismus [zu griechisch parállēlos „nebeneinander stehend, laufend"] (psychophysischer Parallelismus): Bezeichnung für die Hypothese, daß zwischen der Tätigkeit des Gehirns und dem verstandesmäßigen Geschehen eine Beziehung bestehe, die (ohne gegenseitiges Kausalverhältnis) als parallel anzusehen sei. – ↑auch Leib-Seele-Problem.

Paralogismus [griechisch „falsche

Rechnung, Trugschluß"]: svw. ↑Fehlschluß. – Als „Paralogismen der reinen Vernunft" bezeichnet Kant die Schlüsse, die – nach seiner Meinung – unzulässigerweise aus der Feststellung „ich denke" (↑Cogito, ergo sum) in der traditionellen Philosophie gezogen wurden. So bestreitet Kant z. B., daß aus dem Selbstbewußtsein des Denkens sich Aussagen wie „die Seele ist eine Substanz" oder „die Seele ist einfach und unteilbar" ableiten lassen.

partikulär [lateinisch „einen Teil betreffend"]: in der traditionellen Logik werden Aussgen der Form „einige *S* sind *P*" und „einige *S* sind nicht *P*" als partikuläre Urteile *(Partikularaussagen)* bezeichnet. Sie stehen in einer Reihe mit den ↑Allaussagen („alle *S* sind *P*") und den singulären Aussagen („ein *S* ist *P*"). In der Prädikatenlogik werden partikuläre Aussagen mit Hilfe des ↑Existenzquantors gebildet und zu den Existenzaussagen gerechnet.

Partikularaussage ↑partikulär.

Partizipation [lateinisch]: svw. ↑Methexis, ↑Teilhabe.

Passio [lateinisch] ↑Actio/Passio.

patristische Philosophie (Patristik): Bezeichnung für die Philosophie der ersten Hälfte des Mittelalters (↑mittelalterliche Philosophie), der Zeit der Kirchenväter (lateinisch „patres"). Die Anfänge der patristischen Philosophie im 1./2. Jahrhundert n. Chr. stehen ganz im Zeichen des Kampfes des Christentums gegen seine Kritiker und Gegner. Der Philosophie kommt hierbei die Aufgabe zu, ein mit der christlichen Offenbarung vereinbares Weltbild zu schaffen. Gerade die Lehre vom Schöpfergott, eine Idee, die der Antike fremd war, warf eine Menge schwieriger Probleme auf: „Wie konnte das Böse in die Welt kommen (↑Theodizee); ist der menschliche Wille frei; was ist Wahrheit und wieso gibt es Falschheit?" Im Gegensatz zur Gnosis, die das Böse aus einem selbständigen Prinzip, meist Materie genannt, hervorgehen sah, mußte das Christentum dessen Vorhandensein trotz der göttlichen Schöpfung erklären. Hierbei spielt die Freiheit des einzelnen eine wichtige Rolle, denn nur ein freies Individuum kann sündigen. So werden das *Prinzip der Individualität* und *der Selbstgewißheit des Bewußtseins* zur wichtigsten Entdeckung der patristischen Philosophie. Die Philosophie bleibt allerdings der Theologie untergeordnet, weil sie ihre Themen aus ihr bezieht. Sie gilt deshalb als „Magd" der Theologie. Die Frage nach der Beziehung von Glauben und Wissen, das sogenannte *Problem der Dialektik,* wird allerdings immer wieder aufbrechen und schließlich im 12. Jahrhundert in der Kompromißformel des ↑Credo, ut intelligam einen gewissen Abschluß finden. – Das Erbe an antiker Philosophie, das der Patristik ursprünglich zufiel, war recht gering. Es beschränkte sich auf einige der logischen Schriften des Aristoteles, auf Platons „Timaios" und auf die Schriften des Neuplatonismus, dessen Lehren von *Augustinus* mit der Lehre der Kirche zum sogenannten „Augustinischen System" vereinigt wurden. Insgesamt ist für diesen größten Denker der Patristik das Bestreben charakteristisch, die wichtigsten Sätze des christlichen Glaubens philosophisch zu erörtern, und zwar mit Hilfe der Terminologie des Neuplatonismus. Die Platonischen Ideen werden gemäß dieser Tradition als die Gedanken Gottes interpretiert. Aufgabe des Menschen ist es nun, diese in seinem Denken nachzuvollziehen. Zur Erkenntnis Gottes und damit zum glücklichen Leben gelangt der Mensch, wenn er sich von den weniger seienden sinnlich wahrnehmbaren *Einzeldingen* abwendet und über die Stufe der menschlichen Seele zur Wahrheit, d. h. zum *Allgemeinen,* erhebt. Wahrheit bedeutet immer Wirklichkeit, die nur dem Allgemeinen zukommt. Das Allgemeinste aber ist Gott. Wahrheit wie Sein lassen Abstufungen zu, absteigend vom Allgemeinen zum Besonderen. Hier zeichnet sich der für die gesamte mittelalterliche

Philosophie charakteristische Hang zu Systematik und Kategorisierung ab. Als größte philosophische Leistung Augustinus' gilt seine *Theorie der Zeit*. Ausgehend von der durch den biblischen Schöpfungsbericht nahegelegten Frage „Was war, bevor Gott die Welt erschuf?", entwickelt Augustinus eine Lehre, die behauptet, daß die Zeit bloß subjektiv, d.h. Ausdruck des menschlichen Erlebens und nicht eine Gegebenheit der Natur sei. Damit greift er Kants Lehre von der Zeit als ↑Anschauungsform vor (auch Descartes' berühmtes „Cogito, ergo sum" findet sich fast wörtlich bei Augustinus). Es gibt nur eine Gegenwart; Vergangenheit und Zukunft existieren für uns ausschließlich deshalb, weil wir uns Erinnerungen und Erwartungen *vergegenwärtigen* können. Damit löst sich die Ausgangsfrage auf: Gott ist, da er kein Mensch ist, nicht in der Zeit! Für ihn gibt es kein Vorher und kein Nachher. Bei Augustinus treffen zwei Gegensätze hart aufeinander: die menschliche Willensfreiheit und die kirchliche Lehre von Prädestination und Erbsünde. Augustinus vertrat eine radikale Zweiweltenlehre: Es gibt einerseits den Gottesstaat, das sind diejenigen Menschen, die Gott zur Erlösung ausersehen hat, und andererseits den weltlichen Staat, der alle anderen Menschen umfaßt. Die Zuordnung trifft Gott allein in seiner Vollkommenheit; eine Einflußnahme des Menschen ist nicht möglich. Die Weltgeschichte läuft auf eine vollständige Trennung dieser Reiche hinaus, die durch das Jüngste Gericht endgültig vollzogen werden wird. – Neben Augustinus ist *Boethius* der wichtigste Philosoph der Patristik. Er machte sich v.a. durch seine Aristoteles- und Porphyriosübersetzungen ins Lateinische verdient. Seine „Tröstungen der Philosophie", verfaßt im Gefängnis nach der Verurteilung zum Tod, waren eine der meistgelesenen Schriften des Mittelalters. Seine Werke prägten die für das Mittelalter typische philosophische Terminologie. Der ↑Universalienstreit ging aus einer von Boethius übersetzten Schrift des Porphyrios hervor.

Peripatetiker [griechisch]: Anhänger einer auf Aristoteles zurückgehenden Schule (↑Aristotelismus), die um 335 v. Chr. von Aristoteles oder dessen Schüler Theophrast in Athen gegründet worden war, dann auch Bezeichnung für alle (späteren) Aristoteliker. Der Name geht auf die sich an das Gymnasium Lykeion in Athen anschließende Wandelhalle (griechisch perípatos, eigentlich „das Spazierengehen, Ort des Spazierengehens") zurück, in der Aristoteles öffentlich Vorträge hielt.

perlokutiver Akt (perlokutionärer Akt) [lateinisch] ↑Sprechakt.

per se [lateinisch „durch sich"]: in der scholastischen Philosophie im Gegensatz zu *per accidens* (↑Akzidens) die Existenzweise der ↑Substanz, des Seienden, das keines anderen Seienden als eines „Trägers" oder „Subjektes" seiner Existenz bedarf (auch *Perseität*). Als „eigentlich erste Ursache" (Duns Scotus) ist per se in der Hierarchie der prinzipiellen Ursachen nur noch zu unterscheiden von Gott als esse a se („von sich her sein"; auch: *Aseität*).

Person [zu lateinisch persona „Maske eines Schauspielers"]: schon bei Cicero ein Begriff mit unterschiedlichen Bedeutungen: die Rolle, die jemand im Leben spielt, bzw. der Eindruck, den er macht, seine Eigenschaften, sein Ansehen und seine Würde. Vor dem Gesetz eine Person zu sein, war ursprünglich ein Recht, das z.B. Sklaven nicht hatten. Die rechtsfähige Person unterschied sich von der „Sache" (lateinisch „res") dadurch, daß sie über sich selbst verfügen und ihr Handeln selbst bestimmen konnte. Die von Boethius stammende Definition der Person als „unteilbare Substanz des vernünftigen Wesens" gilt auch noch in der Scholastik; auch Locke, Wolff und Herbart betonen das Wissen bzw. Selbstbewußtsein der Person, in verschiedenen Zuständen und Zeiten ein und dieselbe zu sein. Für die neuzeitliche Philosophie tritt die Frage der ↑ Identität der Person in den Vordergrund. Während Descartes an einem eigenen Seelending als dem Träger der personalen Struktur festhält (↑ Leib-Seele-Problem), versteht Hume das identische Bewußtsein eines Subjekts als Folge von „Wahrnehmungsbündeln". Kant macht geltend, daß sich das Subjekt (= die Person) erst über die Ausbildung von Handlungsmöglichkeiten und deren Verwirklichung herstellt. Damit wird das Problem der Freiheit und Einheit bzw. der Identität einer Person systematisch zu einem *handlungstheoretischen* Problem: Nicht die bloße Tatsache des (freien) handelnden Eingriffs in den Ablauf natürlicher Prozesse macht eine Person aus, sondern die Freiheit auch von Fremdbestimmung. So liegt es nahe, ein handelndes Subjekt nur dann als Person anzusehen, wenn es sich selbst Ziele setzt, sein Handeln als Hinarbeiten auf diese Ziele versteht und auch tatsächlich in der Lage ist, Handlungen und Ziele aufeinander abzustimmen. Die Person verliert oder verfehlt ihre Identität, wenn sie ihr Handeln lediglich als „Mittel" zu den von anderen gesetzten Zielen oder überhaupt nicht zielorientiert begreift (↑ Entfremdung). Die Ausbildung personaler Identität geschieht in Konkurrenz zu der anderer, die von demselben Interesse geleitet werden. Sollen Identitätsansprüche nicht gegeneinander „durchgesetzt" werden, so gilt es für die „moralische Person", gemeinsame Identitäten so auszubilden, daß sie zusammen möglich sind. Der enge Zusammenhang zwischen der alten Bedeutung von „persona" als „Rolle eines Schauspielers" und den Bedingungen des Personseins innerhalb einer Gesellschaftsordnung wird u. a. auch daran deutlich, daß nur derjenige als Person erkannt wird und seine personale Identität entfalten kann, der am gesellschaftlichen Rollenspiel aktiv teilnimmt und die von ihm gespielten sozialen Rollen (z. B. als Schüler, als Sohn/Tochter, als Freund) innerhalb des gesellschaftlich vorgegebenen Rahmens selbständig gestaltet. – Nach Hegel kann sich die Bildung einer moralischen Person nur im Rahmen bestimmter historisch gewordener gesellschaftlicher Institutionen, v. a. eines geeigneten Rechtssystems, vollziehen. Dazu bieten nach Hegel die auf den Prinzipien der Französischen Revolution gegründeten staatlichen Verfassungen prinzipiell jedem Bürger die Möglichkeit. Dagegen geht Marx davon aus, daß durch die private Verfügung über die Produktionsmittel die rechtlichen Institutionen bürgerlicher Staaten einer ökonomisch gesteuerten Fremdbestimmung unterliegen. Hierdurch geht den Institutionen die Fähigkeit verloren, Ort der Verwirklichung nicht entfremdeten Lebens zu sein. Dieses Urteil löste andauernde Diskussionen darüber aus, inwieweit personale Identitätskrisen und Deformationen Folge nicht nur privater Anlagen und Biographien, sondern der ökonomisch-rechtlichen Verfassung des Kapitalismus sind.

Personalismus [zu ↑ Person]: wohl als Reaktion auf naturwissenschaftlich-mechanistische Bestimmungen des Menschen und auch auf dessen Selbstentfremdung (↑ Entfremdung) im Gefolge des technisch-industriellen Fortschritts zu sehende philosophische Position und Richtung. Der Personalismus unterscheidet scharf zwischen der ↑ Person als handelndem Subjekt, das seine Erkenntnisprozesse und Zielsetzungen selbst bewirkt und gestaltet, und dem Sein, seinen Objektivierungen bzw. den Dingen, Sachen. Dabei läßt sich eine am Individuum orientierte Richtung, der *individualistische Personalismus,* abgrenzen von einem *dialogischen Personalismus,* der die dialogische (sich v. a. in der Kommunikation zeigende) Struktur der Person als Ich-Du-Relation zum Ausgangs- und Mittelpunkt seines Denkens nimmt. Begriffsgeschichtlich wurde der Terminus von Schleiermacher (1799) – zur Abgrenzung gegen den Pantheismus – für den Glauben an einen persönlichen Gott eingeführt. Seine Höhepunkte erreichte der Personalismus im 19./20. Jahrhundert als individualistischer Personalismus, der die Personalität Gottes und die des Menschen eng aufeinander bezieht. Einen dialogischen Personalismus entwickeln, beeinflußt von Feuerbach, v.a. Ebner und Buber sowie die christliche Existenzphilosophie (z. B. Marcel).

Persönlichkeit [zu ↑Person]: allgemein der Mensch, der in seinem Handeln nicht nur seine personale Identität verwirklicht, sondern darüber hinaus eigenständige und von den Rollenmustern der Gesellschaft (weitgehend) unabhängige Strukturen des Verhaltens entwickelt und so gegebenenfalls richtungweisende Normen und Orientierungspunkte setzt; philosophisch in der Ethik Kants der Mensch als „Zweck an sich selbst", als „Subjekt des moralischen Gesetzes", frei von der Bestimmung durch die Natur; in der deutschen Klassik und im Neuhumanismus der Mensch als in sich geschlossene geistig-seelische Einheit, der entsprechend dem Ideal der ↑Humanität seine geistigen, schöpferischen Anlagen und „Vermögen" zu harmonischer Entfaltung bringt.

Perspektivismus [lateinisch] ↑Relativismus.

Perzeption [lateinisch „das Empfangen, Erfassen, Begreifen"]: in der Psychologie meist die sinnliche Wahrnehmung eines Gegenstandes, die ohne bewußtes Erfassen und Identifizieren des Wahrgenommenen bleibt (z. B. bei flüchtigem Hinsehen), im Gegensatz zur ↑Apperzeption, der bewußten Aufnahme von Sinneseindrücken. – In der Erkenntnistheorie bezeichnet der Begriff einerseits den *Vorgang* des Wahrnehmens selbst, andererseits aber auch die *Inhalte* der Wahrnehmungsvorgänge und wird dann synonym zu „Idee" oder „Vorstellung" gebraucht. Bleibt die äquivoke Verwendung unreflektiert, so erscheint in der Folge z. B. der Übergang von sinnlichen Daten zu Bewußtseinsdaten wie ein bloßer Wechsel von Wahrnehmungen. Dieser ambivalente Sprachgebrauch war mit Ursache für die Kontroverse zwischen Empirismus und Rationalismus hinsichtlich der Fragen des Erkenntniserwerbs und der dazu erforderlichen, fundamentalen Leistungen des Verstandes auf der einen, der Sinnlichkeit auf der anderen Seite. – Eine besondere systematische Bedeutung nahm der Begriff in der Philosophie von Leibniz ein. Perzeption bezeichnet hier eine Art des Vorstellens, dessen sich die geistige Einheit, die ↑Monade, nicht bewußt zu sein braucht. Damit bricht Leibniz mit der These, daß das, was Menschen in kognitiver Weise erfassen, immer ↑„klar und deutlich" sein müsse, und damit mit der Philosophie von Descartes (↑Cogito, ergo sum). Mit der Möglichkeit von Vorstellungen, die nicht apperzipiert oder zu Bewußtsein gebracht werden müssen, bereitet Leibniz eine Lehre vom Unbewußten vor. – Für Kant ist die Perzeption eine (bereits mit Bewußtsein versehene) Vorstellung als Zwischenstufe zwischen reiner ↑Empfindung (sensatio) und ↑Erkenntnis (cognitio).

Pessimismus [zu lateinisch pessimum „das Schlechteste, Schlimmste"]: eine dem ↑Optimismus entgegengesetzte Grundhaltung gegenüber der Welt, der Geschichte und Kultur des Menschen. Sie ist dadurch gekennzeichnet, daß sie einen in der Welt selbst angelegten oder außerhalb der Welt lokalisierbaren Sinn grundsätzlich in Frage stellt bzw. Welt und Leben verneint; damit werden auch Geschichte und Kultur, Leben und Handeln des Menschen, jeglicher Fortschritt wie überhaupt jeder utopische [Selbst-]Entwurf (↑Utopie) als fragwürdig, sinnlos und zum Scheitern verurteilt angesehen. Der Pessimismus stimmt in manchen Aspekten mit dem ↑Nihilismus und (v. a. in erkenntnistheoretischer Hinsicht) mit dem ↑Skeptizismus überein. Pessimistische Ansätze lassen sich in allen Erlösungsreligionen finden; in der Philosophie wird ein metaphysisch begründeter Pessimismus v.a. von Schopenhauer vertreten.

Petitio principii [lateinisch „Forderung des (Beweis-)Grundes"]: Beweisfehler, der darin besteht, daß zum Beweis eine selbst noch beweisbedürftige Aussage verwendet wird; ein Sonderfall ist der ↑Circulus vitiosus. – ↑auch Beweis.

Pflicht: Anspruch, in bestimmten Handlungszusammenhängen und Positionen nach festgelegten, als verbindlich geltenden Regeln zu handeln; z.B.: Man betrachtet es als Pflicht jedes Arbeitenden (Position) bei festgelegten Arbeitszeiten (Situationskontext) seine Arbeit pünktlich aufzunehmen. Es gilt als unbedingte Pflicht jedes Menschen, einem anderen in Not zu helfen. – Die Sollensforderung kann einmal „von außen" an das handelnde Individuum gerichtet werden. Solche „äußeren" Pflichten verkörpern z.B. Handlungserwartungen von Gruppen oder Gesellschaften gemäß ihren Regeln und Wertvorstellungen, aber auch die Handlungserwartungen, die in Religionen ausgesprochen werden und deren Anspruch vor Gott eingelöst werden soll. Viele dieser Pflichten werden im Lauf der Entwicklung und Erziehung (↑Sozialisation) vom Individuum in sich aufgenommen, „verinnerlicht" (↑Gewissen). Dann wird der Anspruch des „Du sollst!" nicht mehr als von außen, sondern vielmehr als „von innen", aus dem Individuum selbst kommend erfahren. Ebenfalls „innere" Pflichten sind solche, deren Verbindlichkeit von der Vernunft als objektiv notwendig (Kant) eingesehen werden. Solche Pflichten sind von höherem moralphilosophischem Stellenwert, weil sie nicht Ergebnis meist unhinterfragter Gewohnheiten, sondern bewußter Überlegungen unter Berücksichtigung moralischer Prinzipien sind. – In die Ethik wurde der Begriff der Pflicht erstmals von den Stoikern eingeführt. Sie definierten als Pflicht im moralphilosophischen Interesse dasjenige, „was naturgemäß oder vernünftig ist oder sich mit guten Gründen rechtfertigen läßt". Im Christentum gilt als Pflicht Gottes Gebot. Es wird unterschieden zwischen religiösen Pflichten gegenüber Gott, sozialen Pflichten gegenüber den Mitmenschen und individuellen Pflichten sich selbst gegenüber. Bei Kant wird die Pflicht zum zentralen Element seiner Ethik und zum Kriterium von Moralität. Nach Kant gilt nämlich eine Handlung nur dann als moralisch, wenn sie 1. sich nach dem Vernunftsgesetz (↑kategorischer Imperativ) rechtfertigen läßt und 2. nicht aus (persönlichen) ↑Neigungen, sondern ausschließlich aus Pflicht diesem Gesetz gegenüber angestrebt wird (↑Pflichtethik).

Pflichtethik: im weiteren Sinne svw. ↑deontologische Ethik; im engeren Sinne eine spezielle Variante deontologischer Ethik, nämlich die ethische Position Kants, weil hier der Begriff der ↑Pflicht (in spezifischer Bedeutung) zu den zentralen Inhalten des Ansatzes zählt. Nach Kant läßt sich die Berechtigung des Anspruchs eines sittlichen „Du sollst!" einzig und allein aus seiner formalen Verallgemeinerungsfähigkeit und Widerspruchslosigkeit heraus ableiten. Das oberste, allgemeinste und formalste derartige Prinzip formuliert Kant im sogenannten ↑kategorischen Imperativ. Für die Aufforderung, nur so zu handeln, wie man es in gleicher Weise von jedem anderen Vernunftwesen verlangen und erwarten würde, glaubt Kant, in der „Kritik der praktischen Vernunft" die geforderte vernünftige Rechtfertigung liefern zu können. Deshalb kann der Geltungsanspruch dieses Imperativs als universal, einschränkungslos oder ↑kategorisch bezeichnet werden. Da der Mensch aber nicht ausschließlich Vernunftwesen ist und daher immer wieder in der Versuchung steht, seine (persönlichen) Neigungen in die Prinzipien seines Handelns einfließen zu lassen, kann es als eine „Pflicht" bezeichnet werden – will man dem Anspruch der Vernünftigkeit genügen –, sich den Forderungen des Vernunftgesetzes zu unterwerfen. Nach Kant darf diese Unterordnung aber nur nach selbständiger kritischer Prüfung, nach eigener, vernunftgeleiteter Einsicht in die Notwendigkeit und aus einem freien Willen heraus erfolgen, d.h. die Akzeptanz der objektiven Pflicht führt nur dann zur moralischen Handlung, wenn ihr subjektiv eine Art der Wertschätzung, ein „Gefühl der ↑Achtung für's Gesetz" (= kategorischer Imperativ) entspricht.

Phainomenon [griechisch] ↑Erscheinung.

Phänomen [griechisch „das Erscheinende, Einleuchtende"]: die Erscheinung eines Gegenstands der Außenwelt in den Sinnen. Das Phänomen nimmt eine vermittelnde Stellung zwischen den Gegenständen draußen in der Welt und dem Denken ein. Kant setzt dem Phänomen (das er *Phaenomenon* nennt) das ↑Ding an sich (das *Noumenon*) entgegen. Letzteres ist zwar Ursache der Erscheinung, für die Erkenntnis aber dennoch nicht erreichbar. Das Verhältnis von Phänomen (Schein) und der dahinterstehenden Wirklichkeit (Sein) ist eines der ältesten Themen der Philosophie. Platon gab hierauf eine erste Antwort: Die Erscheinungen sind lediglich Schatten der wirklichen Dinge, der Ideen (↑Höhlengleichnis). Eine Lehre, die behauptet, daß alles erfahrungsmäßige Erkennen auf Phänomene beschränkt bleibt, wird *Phänomenalismus* genannt. Die Gegenposition ist der ↑Realismus, der annimmt, daß die Erkenntnis die wirklichen Dinge der Außenwelt erreichen kann. Die ↑Phänomenologie umgeht diese Problematik, indem sie sie „einklammert" *(phänomenologische Reduktion).* Sie betrachtet Phänomene als Phänomene, ohne die Frage nach der dahinterstehenden Außenwelt zu stellen. Sie behauptet deshalb, zu den *Sachen selbst* zurückgekehrt zu sein.

Phänomenologie [zu ↑Phänomen und ↑Logos]: traditionell und spezifisch die Lehre von den Erscheinungen (↑Phänomen). In diesem Sinne gebraucht Hegel den Terminus im Titel seines Frühwerks „Phänomenologie des Geistes", das die Erscheinungsformen des Geistes von der sinnlichen Gewißheit bis zum absoluten Wissen behandelt. Phänomenologie in dieser Bedeutung ist negativ durch die Ausschaltung der Frage nach der Existenz der Außenwelt gekennzeichnet (bei Peirce z.B.). Seit etwa der Jahrhundertwende ist Phänomenologie Bezeichnung für die von Husserl begründete und ausgebaute Richtung des Philosophierens, die derzeit zu den einflußreichsten philosophischen Schulen zählt (↑Philosophie des 20. Jahrhunderts). Die Phänomenologie ist eine *Bewußtseinsphilosophie.* Sie will Geltungsansprüche durch Analyse von Bewußtseinsakten einlösen oder als unbegründet zurückweisen. Dabei wird von Husserl ein völlig neuartiger Bewußtseinsbegriff geprägt, in dessen Zentrum die ↑Intentionalität steht. Sie stellt das Prinzip dar, das den vielfältigen Bewußtseinsakten („cogitationes") Einheit verleiht. „Bewußtsein ist immer Bewußtsein von etwas" lautet die Maxime der Phänomenologie. Damit wird aber auch deutlich, daß sich eine phänomenologische Untersuchung nicht auf das Bewußtsein beschränken darf. Sie muß vielmehr das „vermeinte" Objekt, auf das das Bewußtsein gerichtet ist, berücksichtigen. In diesem Sinne kehrt sie zu den „Dingen selbst" zurück. Allerdings sind diese Dinge nicht einfach Dinge der unabhängig existenten Außenwelt (wie die „naive" Einstellung annimmt, die in einem ersten Schritt „eingeklammert" werden muß), sondern sie sind bestimmt als das „Sichselbst-Gleichbleibende" im Wandel der verschiedenen, auf *ein* Objekt bezogenen Akte (z.B. kann man dieses Buch wahrnehmen, sich wünschen, verabscheuen usw.). Das angedeutete Verfahren zur Gewinnung der Gegenstände nennt Husserl „eidetische Variation". Daraus folgt, daß nur solche Gegenstände in der Phänomenologie anerkannt werden können, die zumindest prinzipiell einen bewußtseinsmäßigen Zugang zulassen *(Prinzip des transzendentalen Idealismus)* – die reine Transzendenz (wie im Fall von Kants Ding an sich) ist eine sinnlose Erfindung. Husserls erste Untersuchungen, die sich an diesem Programm orientierten, waren der Mathematik und Logik gewidmet. In ihnen bekämpfte er den ↑Psychologismus, dem er ursprünglich selbst anhing, indem er die objektive Geltung der Logik zu begründen versuchte. Daneben zeigte er, welche Bewußtseinsleistungen dem Zahlbegriff zugrunde liegen. Durch die Beschränkung auf Gegenstände als intendierte *(phänomenologische Reduktion; Epoche)* wird es möglich, deren ↑Wesen zu erfassen, das identisch ist mit jenen Leistungen des Bewußtseins, die bei deren Konstitution erforderlich sind. Erst wenn diese erkannt sind, wird der entsprechende Begriff mit „erfüllender" Anschauung versehen und damit wesensmäßig verstanden (↑Wesensschau). Jede Art von Gegenständen besitzt ihre eigene Anschauung. Die Begriffe ↑Evidenz und ↑Intuition spielen in der Phänomenologie eine wichtige Rolle. Husserl hat später die Phänomenologie zu einer *universalen Methode* ausgebaut. Sie ist deshalb umfassend, weil sie auf alles Seiende anwendbar ist: Alles Seiende muß durch Rückgang auf die konstituierenden Leistungen des Bewußtseins aufgeklärt werden und verfällt damit der phänomenologischen Methode. Dank dieser wird es möglich, Philosophie als „strenge Wissenschaft", und zwar als einzige nicht formale, zu betreiben. Ein bevorzugtes Arbeitsgebiet der Phänomenologen ist die ↑Ontologie, verstanden als Frage nach dem Seins*sinn* (Heidegger), also nach der Art und Weise, wie ein Gegenstand dem Bewußtsein gegeben sein kann. Genauer wird zwischen *formaler Ontologie,* die sich mit Logik und Mathematik beschäftigt, und *materialer Ontologie,* die sich den Wesensstrukturen raum-zeitlicher Gebilde, aber auch nicht dinglicher Objekte (etwa dem personalen Selbstsein) zuwendet, unterschieden. Alle diese Gegenstände müssen *korrelativ* zum Bewußtsein untersucht werden. Das Subjekt ist „transzendentales Ich", ist das, auf das die Welt bezogen werden muß, das aber völlig abgetrennt behandelt werden kann *(transzendentale Reduktion).* Neben den genannten ontologischen Forschungen widmete sich Husserl zunehmend psychologischen Fragestellungen; genauer sprach er von *eidetisch-psychologischen,* um sie von *empirisch-psychologischen* zu unterscheiden. Ein zentrales Problem für ihn war die Zeit als Grundbedingung des Bewußtseins, das als durch die Zeit geordneter einheitlicher Bewußtseinsstrom angesehen wird. Das Bewußtsein ist nicht in der Zeit, sondern es bringt vielmehr die Zeit erst hervor. Die Psychologie wurde von allen Wissenschaften am stärksten durch die Phänomenologie beeinflußt. In seiner Spätphase wandte sich Husserl verstärkt Fragen der Geschichte und der sozialen Gemeinschaft zu. Hier wird ↑Lebenswelt zu einem wichtigen Begriff. – Die Phänomenologie hat zu fast allen Gebieten der Philosophie wichtige Beiträge geleistet (z. B. zu Erkenntnis- und Wissenschaftstheorie, Ästhetik, Ontologie und Ethik). Viele Vertreter der Existenzphilosophie standen der Phänomenologie nahe. Die v. a. bewußtseinsphilosophische Ausrichtung der Phänomenologie ist einer der wichtigsten Kritikpunkte an dieser Art des Philosophierens, z. B. seitens der analytischen Philosophie und des Pragmatismus. Die Lehre von der Wesensschau wird als Form des methodisch nicht prüfbaren ↑Intuitionismus abgelehnt, weshalb ihre Ergebnisse als unverbindlich betrachtet werden müßten. Die Phänomenologie sei, so der Vorwurf, eine Art Geheimwissenschaft („Mystik"), deren Resultate nur Eingeweihten zugänglich seien. Dieser

Eindruck wird nicht zuletzt durch Stil und Sprache vieler Phänomenologen bekräftigt. Unbestritten ist jedoch der hohe Wert vieler phänomenologischer Einzelanalysen.

Philosophia perennis [griechisch; lateinisch „immerwährende Philosophie"]: Bezeichnung für den Grundgehalt der abendländischen Philosophie, deren eigentlichen „Kern". Dabei wird unterstellt, daß sich die Grundprobleme der Philosophie seit ihrer Entdeckung in der Antike nicht wesentlich verändert hätten. Die modernen Einsichten in den Ablauf der Wissenschaftsgeschichte lassen diese These wenig plausibel erscheinen (↑inkommensurabel).

Philosophia prima [griechisch; lateinisch „erste Philosophie"]: von Aristoteles in seiner „Metaphysik" übernommene Bezeichnung für den Anfang überhaupt der theoretischen Philosophie. Die Philosophia prima fragt nach den ersten Ursachen des Seienden – also noch *vor* allen weiteren (kategorialen) Bestimmungen. Als erster Teil der Philosophie ist sie der Physik, der Wissenschaft von den sinnlich wahrnehmbaren Wesen und der von Aristoteles so genannten zweiten Philosophie voranzustellen. Da für Aristoteles Gott als das ewige Seiende der Ursprung und die Ursache alles anderen Seienden ist, handelt die Philosophia prima vom höchsten Seienden, Gott, als Einheit von Theologie und Ontologie. In dieser Hinsicht auch in der mittelalterlichen Philosophie noch meist gleichbedeutend mit ↑Metaphysik gebraucht, hat der Begriff Philosophia prima im Rahmen der neuzeitlichen Metaphysikkritik (Descartes, Kant) eine wesentliche Umdeutung erfahren. Gemäß der philosophischen Grundbestimmung Kants, „daß alle unsere Erkenntnis mit der Erfahrung anfange", stellte Husserl die Phänomenologie unter den Anspruch einer „Ersten Philosophie". Danach ist die „Erste Philosophie" ihrem Kern nach „Wissenschaft von der transzendentalen Subjektivität".

Philosophie [zu griechisch phílos „Freund" und sophía „Weisheit"]: die Aufgabe, Philosophie zu definieren, stößt auf ganz charakteristische Schwierigkeiten, die im Wesen der Philosophie selbst begründet liegen. Während sich andere Wissenschaften (wie Mathematik und Psychologie) durch Angabe eines spezifischen Gegenstandsbereichs (etwa den Zahlen oder den menschlichen Handlungen) und durch Auszeichnung bestimmter Methoden (axiomatisch-deduktiv bzw. empirisch) kennzeichnen lassen, scheitert dieser Versuch im Fall der Philosophie. Bis heute ist es nicht gelungen, eine Methode als *die* philosophische Methode zu etablieren, noch viel weniger, einen umfassenden Gegenstandsbereich für sie anzugeben. Es hat hieran nicht an Versuchen gefehlt und die großen Umwälzungen im Laufe der Philosophiegeschichte sind alle mit dem Aufkommen einer neuen Methode verbunden (z. B. die Methode der mathematischen Naturwissenschaften, die transzendentale und die phänomenologische Methode sowie die Sprachkritik). Deshalb verfügt die Philosophie auch nicht wie andere Wissenschaften über einen gesicherten Bestand an allgemein anerkanntem Wissen, das sich in verbindlicher Weise in Lehrbüchern darstellen ließe. Das heißt jedoch nicht, daß es im Bereich der Philosophie keinerlei Problemlösungen gäbe. Solche liegen z. B. in der Sprachphilosophie (etwa in Russells Theorie der Kennzeichnungen) und im Bereich der Logik (etwa in Form der Prädikatenlogik) vor. Allerdings haben diese mehr den Charakter von Bezugspunkten, von denen aus andersgeartete, neue Lösungsvorschläge erarbeitet werden können. Jedenfalls haben sie nicht den Status von endgültigen, nicht weiter befragbaren Aussagen. Dies ist ein charakteristischer Zug der Philosophie: Sie befragt das einmal Akzeptierte stets aufs neue und stellt bereits erzielte Einsichten wieder in Frage: *Philosophieren heißt methodisch fragen.* Viele Philosophiehistoriker nehmen an, daß sich die Grundprobleme der Philosophie seit der Vorsokratik unverändert durch die Philosophiegeschichte hindurchziehen (↑Philosophia perennis).

Alles kann dem Philosophen, im Gegensatz zum Einzelwissenschaftler, zum Gegenstand des Philosophierens werden. Während die Wissenschaften immer nicht hinterfragte Grundbegriffe voraussetzen (so gebraucht etwa die moderne Mathematik „Menge", die ältere „Zahl" als Grundbegriff und die Psychologie „Denken", die Biologie „Leben"), versucht die Philosophie auch Fragen wie „Was ist eine Menge? Was ist Handeln (oder das Leben)?" zu beantworten. Das *Staunen* über das scheinbar Einfache steht hier am Anfang des Philosophierens. Der Philosoph wurde deshalb mit einem Seefahrer verglichen, der sein Schiff auf hoher See (also ohne sicheren „begrifflichen" Hafen) umbauen muß. Philosophieren kann man deshalb nur dadurch erlernen, „daß man mitten hinein versetzt wird" (Bloch). Dennoch bedeutet Philosophie nicht unverbindliches Gerede über Beliebiges. Sie steht vielmehr – und das ist schon eine antike Einsicht – unter dem Primat der *argumentativen Verständigung im Dialog*. Philosophie entsteht und bewährt sich zugleich in der Kommunikation, sei diese auch bloß fiktiv. Was Philosophie darüber hinaus mehr ist oder sein sollte, das ist bereits ein philosophisches Problem (man beachte: Die Frage, was Mathematik sei, ist keineswegs eine mathematische Frage). In der Philosophie gibt es eine unauflösliche Einheit von Methode, Selbstverständnis und Gegenstand. Zum Gegenstand des Philosophierens kann letztlich all das werden, worüber zu argumentieren möglich ist. Allerdings wurde immer wieder versucht, diese Möglichkeit zu beschneiden unter dem Hinweis, man verlasse so das Gebiet des zuverlässig Erkennbaren (eine solche Position vertritt z. B. der logische Empirismus). Alle Bereiche des menschlichen Daseins können philosophisch erforscht werden. Die Philosophie ist demnach *Selbstbesinnung des Menschen* einerseits und *auf Verständigung abzielende Argumentation* andererseits.

Die Bezeichnung „Philosophie" stammt aus der Zeit Platons. Sie stand ursprünglich für das erwachende Streben der Polisbürger nach der Weisheit der Alten („Sieben Weise"), die zuvor dem Adel vorbehalten war. Von Platon wurde die Unterscheidung zwischen *begründetem Wissen* (epistḗmē) und *bloßer Meinung* (dóxa) eingeführt. Letztere bezeichnet ein Können, das auf „Wissen, daß" beruht, ersteres ein „Wissen, warum", ein Wissen also, das *Gründe* anzugeben vermag, warum etwas so und nicht anders ist. Das vollkommene Wissen aus Gründen ist ausschließlich Gott vorbehalten; für den Menschen bleibt nur das Streben danach. In den Wissenschaften ist nur „Wissen, warum" zuzulassen. Da lediglich die Philosophie über solches Wissen verfügt, sind Philosophie und Wissenschaft allgemein identisch miteinander. Ihnen gegenübergestellt ist das bloße Faktenwissen, das von der Überlieferung tradiert wird. Es wird zusammenfassend „historía" genannt. So kam es, daß die Philosophie zur Mutter aller Wissenschaften wurde. Erst die Renaissance (↑Renaissancephilosophie) brachte die Loslösung der Naturwissenschaften, die bis dahin – und z. T. noch bis ins 19. Jahrhundert hinein – Natur*philosophie* hießen, von der Philosophie. Das 19. Jahrhundert war es auch, das die Ablösung von Psychologie und Logik brachte. Mit dem Entstehen der mathematischen Naturwissenschaften, die ja auch ein Wissen aus Gründen verkörpern, erwuchs der Philosophie ein mächtiger, da erfolgreicher Rivale, und sie zog sich als Reaktion hierauf in die Bereiche der ↑Philosophia prima zurück, innerhalb deren sie ihre bis heute weitgehend gebräuchliche Fachsprache ausbildete (die im wesentlichen von der Leibniz-Wolffschen Schule stammt). All das führte dazu, daß die Philosophie mehr und mehr als *wirklichkeitsfremd* und *esoterisch* angesehen wurde im Vergleich zu den handfestes Wissen liefernden Naturwissenschaften. Der Empirismus mit seiner These, alle Erkenntnis sei letztlich erfahrungsmäßig zu begründen, stellt die Wissenschaft über die Philosophie. Eine nichtempirische Vernunftwissenschaft, die die Philosophie ja immer sein wollte, kann nach dieser Meinung nicht existieren. Der weitere Fortgang der wissenschaftlichen Entwicklung erschütterte jedoch diese These. Kant verhalf der Philosophie wieder zu Ehren, indem er ihr die Aufgabe stellte (und sie seiner Meinung nach löste), *die Bedingungen der Möglichkeit von Wissenschaft überhaupt* zu ergründen (↑transzendental). Vor diesem Hintergrund wurde und wird Philosophie – dann meist auf Erkenntnis- oder Wissenschaftstheorie eingeschränkt – als eine Art „Überwissenschaft" angesehen, die letztinstanzlich über Geltungsansprüche wissenschaftlicher Sätze zu entscheiden habe. Philosophie ist Wissenschaft von den vernünftigen Erkenntnissen überhaupt oder – wie es die Phänomenologie ausdrücken wird – von den Konstitutionsleistungen des Bewußtseins. Die moderne Wissenschaftstheorie hat diesen Anspruch weitgehend abgeschwächt. Sie betrachtet sich vielmehr als einen Teil der Einzelwissenschaften, und zwar als jener, der sich mit Methode und Gegenständen beschäftigt. Philosophie untersucht das, was dem Wissenschaftler (als Wissenschaftler) selbstverständlich ist: *Sie ist Wissenschaft vom Selbstverständlichen.* Die zweite große Herausforderung, der sich die Philosophie immer gegenüber gesehen hat, ist die menschliche Lebenspraxis. Hier gibt oft *Betroffenheit* Anlaß zum Philosophieren. Dies ist der Bereich der *praktischen Philosophie,* der seit Platon unter dem Primat der theoretischen Disziplinen steht. Bis ins 19. Jahrhundert hinein steht die praktische Philosophie unter dem Zeichen der *Rationalität,* dem Versuch also, Wille und Handlung vernunftmäßig zu behandeln. V.a. sind die fundamentalen Normen, die das menschliche Miteinander regeln sollen, für die Vernunft einsichtig zu machen. Die zweite Hälfte des 19. Jahrhunderts bringt die Abkehr von diesem Prinzip (z.B. Nietzsche). Diese Wende wird dann in unserem Jahrhundert zum Kristallisationskern der ↑Existenzphilosophie. Philosophie wird nun zur *Selbstbetrachtung des einzelnen,* zur paradigmatischen Reflexion über sich und seine Lage. Diese soll Appellcharakter haben: Nicht durch Vernunft, sondern durch Vorbild will man überzeugen. Die Frage nach dem Sinn des Lebens steht im Mittelpunkt des Philosophierens.

Die nachhaltigste Neuerung des 20. Jahrhunderts ist die Methode der Sprachkritik (↑analytische Philosophie, ↑Philosophie des 20. Jahrhunderts). Der Philosophie fällt gemäß dieser Ansicht kein eigener Gegenstandsbereich mehr zu (wie etwa das „Bewußtsein" oder die „Bedingungen der Möglichkeit"), sondern ihre Aufgabe ist es, durch *Aufklärung über Sprache* (meist durch Aufdeckung einer inkorrekten Verwendung) Probleme aufzulösen. Sie kann, indem sie geeignete Sprachen zur Verfügung stellt („konstruiert"), die Wissenschaften, aber auch die Diskussion um Normen fördern, d.h. hier v.a. *konsensfähig* machen. Das vernünftige Reden, dessen Erlernen die ↑logische Propädeutik ermöglichen soll, steht im Mittelpunkt. So betrachtet, wäre Philosophie ein Teil aller Wissenschaften, der sich gegen die Sprachwissenschaften abzugrenzen hätte. Das geschieht durch Hinweis auf die unterschiedliche Methode: Während die Sprachwissenschaften *empirische* Analysen anstellen, verwendet die Sprachphilosophie *logische* Analysen. Philosophie ist aus der Sicht der analytischen Philosophen weniger ein System von Sätzen als vielmehr ein *Werkzeug,*

das zur „Reparatur“ vorhandener Wissensbereiche eingesetzt werden kann.
Die Philosophie umfaßt, sieht man in ihr die Selbstreflexion des Menschen, noch andere, nicht wissenschaftliche Bereiche der individuellen menschlichen Praxis wie z. B. die Kunst (Ästhetik). Daneben kann der Mensch als soziales und gesellschaftliches Wesen zum Gegenstand philosophischen Nachdenkens werden (Rechts-, Staats- und Sozialphilosophie). Oft wurde versucht, die Philosophie in den Dienst emanzipatorischer Bewegungen zu stellen. Ihre wichtigste Aufgabe ist dann die Ideologiekritik, also die Aufdeckung von falschem Bewußtsein und die Zurückweisung ungerechtfertigter Herrschaftsansprüche. Soweit die Philosophie positive Entwürfe eines guten Lebens zu entwerfen versucht, wenn sie, anders gesagt, utopischen Charakter annimmt, kann sie einflußreiche Zielvorstellungen für solche Bewegungen entwickeln (wie z. B. im Marxismus und in der kritischen Theorie). – Letztlich jedoch lassen sich alle philosophischen Bemühungen unter die (Kantische) Frage „Was ist der Mensch?“ unterordnen.

Philosophie der Mathematik: die Mathematik ist seit alters ein bevorzugtes Thema der Philosophie. So illustriert Platon seine Lehre von der Anamnesis an einem mathematischen Lehrsatz und stellt Kant seiner Erkenntnistheorie Betrachtungen über die Bedingungen der Möglichkeit mathematischer Aussagen voran. Die Mathematik galt und gilt als Inbegriff des Wissens. Für die philosophische Beschäftigung mit ihr stellt sich damit die Aufgabe, Gründe hierfür aufzuzeigen. So antwortet z. B. der *Logizismus:* Die Mathematik liefert deshalb gewisse Erkenntnis, weil sie ein Teil der Logik ist. Alle Gegenstände, die in der Mathematik behandelt werden, lassen sich durch explizite Definitionen auf Begriffe der Logik zurückführen (als Musterbeispiel hierfür gilt Freges Zahldefinition mit Hilfe des Klassenbegriffs). Die Methode der Mathematik ist die logische Deduktion: Aus Axiomen, die aufgrund ihrer Evidenz als wahr vorausgesetzt werden dürfen, werden neue wahre Sätze gefolgert. Alle Erkenntnis liegt schon in den Axiomen. Der Charakter der Mathematik ist deshalb *analytisch* und *a priori.* Der Logizismus wurde nach seiner Entstehung vor der Jahrhundertwende dahingehend weiterentwickelt, daß die *Mengenlehre* in die Logik miteinbezogen wurde. Diese Variante ist die heute maßgebliche Richtung in der Philosophie der Mathematik (↑Strukturalismus). Allerdings veränderte sich damit auch das Verständnis von Axiom: Es ist nicht länger ein evidenter wahrer Satz, sondern nur noch ein ↑Axiomenschema. Die Gegenposition wird vom *Intuitionismus* vertreten, der lehrt, daß die Mathematik allein Produkt geistiger Konstruktionen sei; sie sei *synthetisch a priori.* Der Ausgangspunkt aller Mathematik ist die Reihe der natürlichen Zahlen, die in der „Urintuition“ erkannt werden. Der Intuitionismus will nur solche Gegenstände in der Mathematik zulassen, für die eine Konstruktion verfügbar ist. Damit muß er sich auf Zahlenmengen beschränken, die systematisch erzeugbar sind. Das hat zur Folge, daß die reellen Zahlen (das „Kontinuum“), die ja das Fundament der klassischen Mathematik bilden, nicht zulässig sind, was eine gründliche Revision der Mathematik erforderlich macht. Wegen dieser Konsequenz wird der Intuitionismus von fast allen Mathematikern abgelehnt, von vielen Philosophen aber begrüßt. Enge Verwandtschaft gibt es zwischen Intuitionismus und *Konstruktivismus;* beide lehnen v. a. eine uneingeschränkte Anwendung des Satzes vom ausgeschlossenen Dritten ab. Die dritte wichtige Strömung in der heutigen Philosophie der Mathematik ist der *Formalismus.* Er sieht in der Mathematik ein inhaltsleeres Spiel mit Zeichen, das von Regeln beherrscht wird. Mathematik treiben bedeutet herstellen neuer Zeichenketten nach zugelassenen Transformationen (↑Kalkül). Einen Anspruch auf Wahrheit erheben die Sätze der Mathematik nicht mehr. Einer sogenannten *Metamathematik* fällt die Aufgabe zu, dieses Spiel auf Widersprüche zu untersuchen, denn nur konsistente Systeme sind überhaupt brauchbar. Der Unvollständigkeitssatz von Gödel hat gezeigt, daß diesem Vorgehen enge Grenzen gesetzt sind. Das hat den Formalismus als philosophische Richtung an Bedeutung verlieren lassen. Es ist aber zu beachten, daß die formalistischen Methoden zur Untersuchung der Mathematik noch heute von größter Wichtigkeit sind. – Die Frage, ob den mathematischen Gegenständen ein eigenständiges Sein zuzusprechen und, falls ja, wie dieses geartet sei, hat den modernen ↑Universalienstreit ausgelöst.

Philosophie des 20. Jahrhunderts: zwei große Strömungen prägen das Bild der Philosophie in unserem Jahrhundert: die ↑Phänomenologie und die ↑analytische Philosophie. Beide zeichnen sich durch eine eigene, neue Methode (die phänomenologische Reduktion bzw. die Sprachanalyse) aus und weckten so Hoffnung, die alten Probleme auf eine neue Weise zu lösen. Die von Husserl begründete *Phänomenologie* sollte v.a. einen Fortschritt bringen gegenüber dem Idealismus und Psychologismus des 19. Jahrhunderts, indem sie wieder „zu den Sachen selbst" zurückkehren wollte. Die Phänomenologie betreibt, im Gegensatz zur analytischen Philosophie, Bewußtseinsanalyse; ihr Gegenstand ist das Denken und nicht die Sprache oder das Handeln. Geltungsansprüche (z.B. von Urteilen) müssen letztlich durch die Untersuchung der entsprechenden Bewußtseinsakte (z.B. des Urteilens) eingelöst werden. Von der Phänomenologie mehr oder minder stark beeinflußt ist die *Existenzphilosophie*. Während Husserl die von ihm geschaffene Methode v.a. in der theoretischen Philosophie und hier wieder hauptsächlich in der Erkenntnistheorie gebraucht, wendet sich die Existenzphilosophie verstärkt der praktischen Philosophie, v.a. der Ethik, zu. Das Hauptwerk Heideggers, „Sein und Zeit" (1927), führt einen neuen Stil des Philosophierens vor (der sich in der gewählten bzw. neu erfundenen Sprache zeigte), der viele Nachahmer fand. Die Existenzphilosophie gewann im und nach dem 2. Weltkrieg großen Einfluß in Westeuropa. Eine wichtige Rolle spielte dabei die dichterische Umsetzung existenzphilosophischer Gedanken, wie sie v.a. von Sartre und Camus vorgenommen wurde. Heidegger war es auch, der die Hermeneutik wieder in die philosophische Diskussion einbrachte. Im Anschluß an ihn entwickelte sich in den letzten Jahrzehnten in Deutschland eine hermeneutische Schule, die die Wichtigkeit des *Verstehens* (↑Methode) betont. Eines ihrer Anliegen ist die Begriffsgeschichte, also die Untersuchung der Bedeutungsänderungen von Termini. Nur so können wir, lautet die These, die philosophischen Probleme überhaupt verstehen. Ein wichtiges Arbeitsgebiet der hermeneutisch orientierten Philosophen ist die Ästhetik. Die Phänomenologie lehnt sich v.a. an die Geisteswissenschaften an. Mathematik, Natur- und Sozialwissenschaften bleiben von untergeordneter Bedeutung. Dies ist in der analytischen Philosophie ganz anders. Während die Phänomenologie Kant als ihren Ahnherrn anerkennt, leitet sich die *analytische Bewegung* vom Empirismus und Positivismus her. Eine weitere Wurzel hat sie in der formalen Logik. Hier waren v.a. Freges Arbeiten von großer Wichtigkeit. Besonders deutlich wird dies bei Russell, neben Moore und Wittgenstein einer der Väter der analytischen Philosophie. Deren mittlere Epoche, der *logische Empirismus,* löst eine Fülle von Einzeluntersuchungen zu den Naturwissenschaften aus. In der

Physikalismusthese wird behauptet, daß sich alle sinnvolle Wissenschaft letztlich auf Physik zurückführen ließe (↑Physikalismus). Methodisch orientiert sich die analytische Philosophie an den Naturwissenschaften; sie stellt also das *Erklären* in den Vordergrund. Die *Wissenschaftstheorie* wird in der Folge zu einer eigenständigen, fast vollständig von der analytischen Philosophie beherrschten Disziplin. Die dritte Phase bringt dann die vollständige Hinwendung zur Sprache, den „Aufstieg zur Semantik"; philosophische Probleme lassen sich entweder durch Sprachanalyse lösen (sie erweisen sich dabei oft als sinnlos, z. B. die Fragen der Metaphysik) oder sie lassen sich empirisch klären. Sehr wichtig für diese „linguistische Wendung" war die Spätphilosophie Wittgensteins („Philosophische Untersuchungen", 1953). Die analytische Philosophie ist heute v. a. in den angelsächsischen Ländern beheimatet, wohin viele Vertreter des logischen Empirismus emigrierten. In den USA hat sie sich z. T. mit dem dortigen *Pragmatismus* verbunden. Das wird deutlich in der Sprechakttheorie. Da Sprechen immer Handeln ist, bildet die Handlung die letzte Instanz zur Einlösung von Geltungsansprüchen. Auch der in den letzten Jahren einflußreich gewordene Konstruktivismus steht der analytischen Philosophie nahe. Der *kritische Rationalismus* Poppers, die beherrschende wissenschaftstheoretische Strömung der letzten Jahrzehnte, bleibt im Rahmen der analytischen Philosophie, wenngleich er aus Opposition gegen gewisse Lehren des logischen Empirismus entstanden ist. Gerade der kritische Rationalismus hat das Selbstverständnis vieler Wissenschaften, v. a. im Bereich der Sozial- und Gesellschaftswissenschaften, stark beeinflußt. Das führte zu einer weitgehenden Orientierung an den Naturwissenschaften, was in der Bundesrepublik Deutschland den „Positivismusstreit" zur Folge hatte. Der Widersacher war hierbei die *kritische Theorie*. Sie machte geltend, daß die Beschränkung auf Erklärung die grundsätzliche Abhängigkeit der Wissenschaft von gesellschaftlich vorgegebenen Zielen verschleiere („Wertfreiheit") und damit Wissenschaft in den Dienst von Herrschaft stelle. Die kritische Theorie greift damit auf Überlegungen des Marxismus (↑Basis und Überbau) zurück und erlangte starken Einfluß auf die oppositionellen Bewegungen der 70er Jahre. Methodisch orientiert sie sich am *Begreifen* und bedient sich hierzu der Dialektik. Ihre Vorbilder sind Marx und Hegel. Der *Marxismus* wurde im 20. Jahrhundert zur offiziellen Philosophie vieler Staaten erklärt. Dieses Phänomen ist vergleichbar mit den Verhältnissen, in denen die scholastische Philosophie stand. In beiden Fällen führte die Institutionalisierung zu Verschulung und Dogmatismus. In den letzten Jahren wächst die Opposition gegen die dominanten philosophischen Strömungen. Ausgehend von den immer dringlicher werdenden Problemen unserer Zivilisation (Umweltproblematik und Gefahr eines Atomkriegs), wird verstärkt der Ruf nach einer neuen Philosophie laut. Dabei sollen Gesellschaft und Technik in den Mittelpunkt des Interesses gestellt werden. Es wird z. B. gefragt: „Wie läßt sich eine Ethik begründen, die die Zerstörung des Lebensraums Erde verhindern hilft? Wie ist das Verhältnis Mensch – Technik zu bestimmen? Ist die Beschränkung der Wissenschaften auf einige ausgezeichnete Methoden wirklich sinnvoll?" Dabei wird verstärkt auf „ganzheitliche" Philosophien (wie sie z. B. die Stoa und die Renaissance kannten) zurückgegriffen. Die von Platon begründete und mit Beginn der Neuzeit zementierte Vorherrschaft der theoretischen Philosophie wird in unseren Tagen angesichts der drohenden Gefahren zweifelhaft.

philosophische Logik ↑Logik.

Physikalismus [griechisch]: die wissenschaftstheoretische These des logischen Empirismus, daß sich die

Resultate aller Erfahrungswissenschaften in der einheitlichen Sprache der „Einheitswissenschaft", und zwar mit den Mitteln der Physik, formulieren lassen. Später wurde diese weitgehende Behauptung eingeschränkt. Diese Sprache muß *intersubjektiv* (d. h. für jeden verständlich) und *universal* (d. h. umfassend) sein. Die Basis bilden hierbei Aussagen über Eigenschaften von raumzeitlichen Körpern.

Physis [griechisch] ↑ Natur.

platonische Liebe ↑ Eros.

Platonismus [griechisch]: Bezeichnung für die Lehre Platons und philosophische Traditionen, die sich dieser anschließen. Für sie ist das ewige, unveränderliche, vollkommene Sein (die ↑ Idee) der eigentliche Gegenstand der Philosophie und nicht – wie für den ↑ Aristotelismus – die erfahrbare Welt mit ihrem Werden, Vergehen und ihrer Unvollkommenheit. Demzufolge führt Platon eine Zweiteilung der Welt (↑ Dualismus) in das Reich der Ideen und die Welt der Erscheinungen ein (↑ Ideenlehre). Den Ideen, die ewig und unveränderbar sind, kommt im Gegensatz zu den sinnlich wahrnehmbaren Dingen wirkliche Existenz zu. Die Sinnesdinge existieren nur, weil sie an einer entsprechenden Idee teilhaben (↑ Methexis). Der Gedanke, daß die Existenz materieller Dinge auf etwas Nichtmaterielles zurückgeht, wirkt im deutschen Idealismus weiter. – Zu Wahrheit und Erkenntnis kann man nur im Reich der Ideen gelangen, da diese die Objekte des Wissens sind und nicht die sinnlich wahrnehmbaren Dinge, über die man nur eine Meinung (dóxa), aber kein Wissen (epistḗmē) haben kann. Erkannt werden können diese Ideen, die unabhängig von der sinnlich wahrnehmbaren Welt existieren, nur durch Denken, nicht durch Erfahrung oder Beobachtung. Diese erkenntnistheoretische Position wird im ↑ Rationalismus wieder aufgenommen. – Aus der Existenz der feststehenden und unwandelbaren Ideen, an deren Spitze die ↑ Idee des Guten steht, folgt die Existenz fester ethischer Werte. Grundlage für die ethische Bewertung einer Handlung ist nur deren Orientierung an diesen Werten, also ihr innermoralischer Wert, nicht die Berücksichtigung spezieller Umstände oder der Folgen der Handlung. Diese ethische Position, die z. B. auch Kant vertritt, wird von Max Weber als Gesinnungsethik (↑ Verantwortungsethik) stark kritisiert. – Ziel der platonischen staatspolitischen Überlegungen ist die Konzeption eines idealen Staates, den Platon als Großindividuum versteht. Gerecht bedeutet für Platon beim Staat (und auch beim Menschen), daß jeder Stand im Staat bzw. Seelenteil des Menschen das Seinige tut. So ist ein Staat dann gerecht, wenn in ihm jeder Stand seine Aufgabe übernimmt (Ständestaat) und sich der Stand der Handwerker und Wächter dem Herrscher (dem Philosophenkönig) unterordnet; ein Mensch ist gerecht, wenn zwischen den drei Seelenteilen Harmonie herrscht, d. h. daß sich der begehrliche und muthafte Teil dem vernünftigen unterordnen. – Die platonische Philosophie wurde in der Antike v. a. in der *Akademie* (385 v. Chr. von Platon gegründet, 529 von Kaiser Justinian I., dem Großen, geschlossen) und später im ↑ Neuplatonismus weiterentwickelt. Der Beginn des modernen Platonismus fällt in die Zeit der italienischen Renaissance, in der in Florenz (1459) eine platonische Akademie gegründet wurde (bestand bis 1522). Auch neuzeitliche Philosophen (z. B. Descartes, Leibniz, Spinoza, Malebranche, Hegel, Husserl, Whitehead u. a.) standen dem Platonismus nahe.

Pluralismus [zu lateinisch pluralis „mehrere betreffend"]: das für moderne Massendemokratien typische Phänomen, daß eine Vielzahl frei gebildeter politischer, wirtschaftlicher, religiöser, ethnischer und anderer gesellschaftlicher Interessengruppen miteinander im Rahmen rechtlicher Möglichkeiten um politischen Einfluß konkurriert. Pluralismustheorien der Demokratie unterstellen, daß mit obersten Werten und politischen Zielvorstellungen kein allgemeinverbindlicher Geltungsanspruch verbunden werden kann (↑Positivismus, ↑Relativismus), weshalb diese nur aufgrund von Kompromissen zwischen den Ansprüchen der Interessengruppen festgelegt werden können. Kritik an dieser Einstellung üben kognitivistische Theorien, die den universellen Geltungsanspruch von Normen verteidigen und demzufolge betonen, daß eine politische Zielentscheidung nur dann legitim ist, wenn sie das konsens- bzw. verallgemeinerungsfähige Interesse aller Betroffenen (und nicht nur die partikularen Interessen der Organisierten) ausdrückt.

Polarität [zu griechisch pólos „Drehpunkt, Achse, Erdpol"]: allgemein – v.a. in den Naturwissenschaften – das Verhältnis zweier verschiedenartiger, aber einander bedingender Pole (z.B. „+" und „–" bei elektrischem Strom, Nord- und Südpol beim Magnetismus). In der Philosophie dient Polarität zur Kennzeichnung der Beziehung zwischen den Seiten (These, Antithese) eines dialektischen Widerspruchs.

Politik [zu griechisch politikḗ (téchnē) „Kunst der Staatsführung"]: bezeichnet sowohl das Handeln der staatlichen Organe wie z.B. Regierung, Parlament als auch das Handeln von Individuen, Gruppen, Parteien, Verbänden u.a. mit dem Zweck, das staatliche Handeln und die politische Willensbildung der Bürger im Sinne bestimmter Interessen zu beeinflussen. Mit den deskriptiven Aspekten der Politik beschäftigt sich die Politikwissenschaft, mit den normativen die ↑Staatsphilosophie.

politische Philosophie ↑Staatsphilosophie.

Polytheismus [zu griechisch polýs „viel" und theós „Gott"]: im Gegensatz zum ↑Monotheismus der Glaube an eine Vielzahl von männlich und weiblich gedachten Numina, deren Gemeinschaft, ihr Pantheon, in Zahl und Bedeutung Schwankungen unterworfen ist: Durch Aufnahme von Gottheiten eroberter Gebiete sowie durch Hypostasierungen göttlicher Qualitäten wird die Anzahl der Gottheiten vergrößert. Eine Ordnung erhält das polytheistische Pantheon durch Göttergenealogien und familiäre Gliederungen nach Analogie der jeweiligen soziokulturellen menschlichen Verhältnisse. Häufig korrespondiert einem obersten Himmelsherrn, der als Schöpfer und väterlicher Weltenherrscher gilt, eine mütterliche Erdgöttin, die Geburten und Vegetation schützt. Für die menschliche Moral besitzt der Glaube an einen allwissenden Gott, der Hüter des Rechts ist, vorrangige Bedeutung.

Position [lateinisch „das Stellen, Setzen; Aufgabe, Thema"]: in der Logik Bejahung einer Aussage (Gegensatz: ↑Negation); gelegentlich auch Prämisse genannt.

positiv [lateinisch „gesetzt, gegeben"]: setzend, bejahend (Gegensatz: ↑negativ); ein Ergebnis bringend; tatsächlich, wirklich vorhanden, vorteilhaft, günstig.

positives Recht ↑Naturrecht, ↑auch Recht.

Positivismus [zu ↑positiv]: wissenschaftstheoretische Position, die im Empirismus vorbereitet wurde und eine Gegenposition zum Rationalismus darstellt. Wie der Empirismus geht auch der Positivismus davon aus, daß die Quelle der Erkenntnis das Gegebene sei, d.h. die durch Beobachtung wahrnehmbaren positiven Tatsachen. Die Wirklichkeit wird mit den Empfindungsinhalten identifiziert (↑esse est percipi). Damit wird gleichzeitig der Gegensatz zwischen Innen- und Außenwelt aufgehoben und die für die neuzeitliche Philosophie kennzeichnende Spaltung zwischen Subjekt und Objekt (↑Subjekt-Objekt-Problem) abgelehnt. Gegenstand philosophischer Reflexionen ist nur das, was durch Erfahrung und Beobachtung erkennbar ist; somit bilden die Grenzen der Erfahrung auch gleichzeitig die

Grenzen der Erkenntnis. Über das unmittelbar Gegebene hinauszugehen und nach dem Wesen, dem Sinn oder der Ursache des Gegebenen zu suchen, wird im Positivismus, in dem es kein metaphysisches Element gibt, als sinnlos abgelehnt. Neben analytisch wahren Sätzen werden nur durch Erfahrung gestützte Aussagen als intersubjektive Erkenntnis anerkannt. Naturgesetze haben nicht den Status von Gesetzen, nach denen sich die Natur richtet, sondern werden nur als praktische, energiesparende Einrichtungen verstanden, die durch Denken aus der Beobachtung gewonnen werden, um der Fülle der Erscheinungen Herr zu werden. Die Aufgabe der Wissenschaft ist beschränkt auf die Strukturierung des Wahrnehmbaren und hat nicht zum Ziel, Einsicht in das Wesen der Welt zu gewinnen. Wissenschaftliche Überlegungen zielen nicht auf eine immer größere Abstraktion ab, sondern sollen vom Abstrakten zum Konkreten führen, wie Comte, der Begründer des Positivismus, es in seinem „Dreistadiengesetz" darstellt: Die unterste Stufe der Erkenntnis ist die Theologie, die nächst höhere die Metaphysik und die höchste die positive Wissenschaft. Das Stadium der positiven Wissenschaft, in dem die Menschen den religiösen und metaphysischen Aberglauben überwunden und die Stufe der Wissenschaftlichkeit erreicht haben, ist das Resultat menschlichen Fortschritts. – Wie im kritischen Rationalismus wird auch im Positivismus die Meinung vertreten, Werturteile seien keiner rationalen oder wissenschaftlichen Rechtfertigung zugänglich. Die Abwendung der Einzelwissenschaften vom Theoretisieren und ihre Hinwendung zur Tatsachenforschung sind im wesentlichen ein Verdienst des Positivismus. Als Position jedoch ist er nicht haltbar, da weder der Ausschluß der Metaphysik noch die Gleichsetzung von wissenschaftlichen Gegenständen mit Wahrnehmungen positivistisch zu rechtfertigen sind.

Positivismus, logischer ↑logischer Empirismus.

Positivismusstreit ↑Szientismus.

Postulat [lateinisch „Forderung"]: zuerst in der griechischen Mathematik gebräuchlich für Forderungen der Ausführbarkeit bestimmter geometrischer Grundkonstruktionen. In Euklids „Elementen" z. B. fordert das erste Postulat, daß in der Zeichenebene von einem beliebigen Punkt A zu einem zweiten Punkt B (genau) eine gerade Linie gezogen werden kann. In dieser Forderung ist einerseits expliziert, wie der entsprechende geometrische Gegenstand, die Strecke $\overline{AB}$, zu erzeugen ist; die Konstruktionsvorschrift vermittelt – bei Aktualisierung des Schemas – die Existenz eines Gegenstandes. Gleichzeitig erfüllt das Postulat die Funktion einer Definition, weil genau dadurch der Gegenstand auch begrifflich faßbar wird (↑Intuitionismus, ↑Konstruktivismus). – An diesen konstruktiv-mathematischen Begriff des Postulats knüpft Kant in seiner theoretischen Philosophie bei der Aufstellung der Postulate des empirischen Denkens (Grundsätze der ↑Modalität) in der „Kritik der reinen Vernunft" an: 1. Was ohne Widerspruch zu den formalen Bedingungen der Erfahrung (↑Anschauungsformen und ↑Begriffe, ↑Kategorien) gedanklich konstruiert werden kann, gilt als „möglich". 2. Was sich aus den materialen Bedingungen der Erfahrung (↑Empfindung) heraus erzeugen läßt, wird als „wirklich" bezeichnet. 3. Wirkliches, das nach allgemeinen Bedingungen der Erfahrung konstruiert werden kann, ist oder existiert „notwendig". Postulate in diesem Sinne sind nicht beweisbar, sondern sie gehen als Grundprinzipien einer Theorie mit ihren möglichen Ableitungen voran. Daraus ist erklärbar, daß der Begriff „Postulat" zusätzlich in einem weiteren Sinne gebraucht wird zur Charakterisierung solcher Sätze, die als richtig (wahr) akzeptiert werden, obwohl sie bisher nicht bewiesen werden konnten oder gar als (prinzipiell) unbeweisbar gelten. – Auch in dieser Bedeutung hat Kant dem Terminus in seiner praktischen Philosophie Wichtigkeit verliehen. In der „Kritik der praktischen Vernunft“ gelten als Postulate Forderungen oder Annahmen, die als unbeweisbar angesehen werden müssen, trotz ihrer Unbeweisbarkeit aber als geltend anerkannt werden (aus Vernunftüberlegungen nach Kant sogar anerkannt werden müssen), weil sie (notwendige) Voraussetzungen moralischen Handelns darstellen und deshalb praktisch-regulativ wirken wie z. B. die Annahme der Existenz Gottes, der Unsterblichkeit der menschlichen Seele und der Freiheit des menschlichen Handelns.

potentiell [spätlateinisch „nach Vermögen, tätig wirkend“]: bloß möglich (Gegensatz: aktual), wirkungsfähig. Der Terminus entstammt der aristotelischen Tradition (↑Akt/Potenz). Viel diskutiert ist die Frage, ob das Unendliche (etwa als Reihe der natürlichen Zahlen aufgefaßt) nur potentiell (d. h. allein als die Möglichkeit des „Immer-weiter-Zählens“) zur Verfügung steht oder ob es aktual (d. h. als fertige Gesamtheit) gegeben ist. – ↑auch Möglichkeit.

Potenz [lateinisch] ↑Akt/Potenz.

Prädikabilien [zu lateinisch praedicabilis „ruhm-, preiswürdig“]: scholastische Bezeichnung für die fünf grundlegenden Arten der Allgemeinheit: Gattung (Genus), Art (Spezies), Unterschied (Differenz), notwendige (Proprium) bzw. zufällige Eigenschaft (Akzidens). Kant bezeichnet erfahrungsunabhängige Begriffe, die aus den Kategorien abgeleitet werden können (z. B. Kraft, Gegenwart, Veränderung), als Prädikabilien.

Prädikament [lateinisch] ↑Kategorie.

Prädikat [lateinisch]: svw. ↑Prädikator.

Prädikatenlogik (Quantorenlogik) [lateinisch-griechisch]: derjenige Teil der formalen Logik, der sich mit Aussagen beschäftigt, in denen Prädikate (Prädikatoren) Gegenständen zu- oder abgesprochen werden. Auch die Zusammensetzung solcher Aussagen mit Hilfe von ↑Junktoren wird in der Prädikatenlogik betrachtet (z. B.: Alle Schüler sind fleißig. Einige Schüler sind nicht fleißig. Es gibt Philosophielehrer. Jede natürliche Zahl ist eindeutig in ein Produkt von Primzahlen zerlegbar). Auch die Modi der ↑Syllogistik lassen sich in der Prädikatenlogik darstellen. – Die Prädikatenlogik ist einerseits eine Verfeinerung der ↑Aussagenlogik, weil sie es zuläßt, Aussagen weiter zu analysieren, andererseits benützt sie aber die Junktoren der Aussagenlogik. Charakteristisch für die Prädikatenlogik ist die Verwendung von ↑Variablen und Konstanten für Gegenstände. Neben diesen kommen Prädikatkonstanten und ↑Aussagenvariable vor. Die Prädikatenlogik läßt sich als Kalkül aufbauen. Dabei wird ein nicht weiter spezifizierter Grundbereich G angenommen. Die Elemente von G heißen ↑Individuen. Weiter werden ein- und mehrstellige Prädikate (↑einstellig/mehrstellig) betrachtet (symbolisiert als P, Q, R, ...), die über die Gegenstände von G, vertreten durch Individuenkonstanten $x_0, x_1, ...$, ausgesagt werden können (symbolisch: $P(x_0)$ [lies: „Das Prädikat P kommt dem Gegenstand x_0 zu“]; $Q(x_0, x_1)$ [lies: „x_0 und x_1 stehen in der ↑Relation Q zueinander“]). Mit den Quantoren $\bigwedge_{x \in G} P(x)$ (↑Allquantor) und $\bigvee_{x \in G} P(x)$ (↑Existenzquantor) werden die für die Prädikatenlogik typischen Aussagen aufgebaut. Dabei ist x eine Variable, die für die Individuen aus G steht *(Objektvariable)*. Genauer noch als durch den entsprechenden Quantor wird x als *gebundene Variable* bezeichnet. Daneben können auch *freie Variable*, d. h. solche, die nicht im Variabilitätsbereich eines Quantors vorkommen, auftreten. Die Bausteine der Prädikatenlogik sind: 1. der Grundbereich G mit seinen Individuen, vertreten durch die Gegenstandskonstanten x_0, x_1, ...; 2. die Gegenstands- oder Objektvariablen x, y, ...; 3. die Junktoren $\neg$, $\rightarrow$; 4. der Quantor $\bigwedge$; 5. Prädikate verschiedener Stelligkeit, vertreten durch die Prädikatkonstanten P, Q, R, ...

Axiome der Prädikatenlogik sind:

A1) $A \rightarrow (B \rightarrow A)$

A2) $(A \rightarrow (B \rightarrow C)) \rightarrow ((A \rightarrow B) \rightarrow (A \rightarrow C))$

A3) $(\neg A \rightarrow \neg B) \rightarrow (B \rightarrow A)$

A4) $\bigwedge_{x \in G} A[x] \text{———} A[x_0]$ (wobei A eine Aussage über x bedeute und $A[x_0]$ aus $A[x]$ dadurch entsteht, daß man überall x durch x_0 ersetzt).

Die *Regeln* zur Gewinnung neuer Aussagen lauten:

R1) „Abtrennung": Von A und $A \rightarrow B$ darf man zu B übergehen;

R2) „hintere Universalisierung": Von $A \text{———} B[x_0]$ darf man zu $A \rightarrow \bigwedge_{x \in G} B(x)$ übergehen (x_0 darf nicht mehr in $\bigwedge_{x \in G} B(x)$ vorkommen!).

Die Axiome A1) bis A3) sowie die erste Ableitungsregel sind genau dieselben wie in der Aussagenlogik. Die fehlenden Junktoren werden wie dort mit Hilfe von Definitionen gewonnen. Auch der Existenzquantor läßt sich nun festlegen:

$$\bigvee_{x \in G} P(x) \rightleftharpoons \neg \bigwedge_{x \in G} \neg P(x).$$

Eine *Interpretation* dieses rein formalen Kalküls erhält man, wenn man für G eine Menge konkreter Individuen (z. B. die Menge aller Schüler, aller Fachlehrer, aller natürlichen Zahlen usw.) einsetzt und entsprechend konkrete Prädikate über dem gewählten Grundbereich (z. B. fleißig, Philosophielehrer sein, durch 2 teilbar sein) betrachtet. Um von einer prädikatenlogischen Aussage feststellen zu können, ob sie wahr oder falsch sei, bedarf es einiger Festlegungen *(semantische Regeln):* 1. $P(x_0)$ ist wahr genau dann, wenn das durch P vertretene Prädikat auf den durch x_0 dargestellten Gegenstand zutrifft; 2. die Junktoren $\neg$ und $\rightarrow$ sind wie in der Aussagenlogik zu behandeln; 3. $\bigwedge_{x \in G}$ ist genau dann wahr, wenn $P(x)$ wahr ist für jedes x aus G. Die letzte Festlegung dient der dialogischen Auffassung der Prädikatenlogik als Ausgangspunkt: Wer eine Allaussage verteidigen will, der muß deren Gültigkeit für jedes Individuum nachweisen können. Besonders wichtig sind nun diejenigen Aussagen, die in *allen* Interpretationen gelten. Diese werden *prädikatenlogisch wahr* genannt. Jede logische Wahrheit ist auch eine prädikatenlogische, aber nicht umgekehrt! Beschränkt man sich in der bislang geschilderten Weise, so spricht man von der *Prädikatenlogik erster Stufe.* Ihr Kennzeichen ist, daß nur über Individuen des Grundbereichs quantifiziert wird. Von ihr kann gezeigt werden, daß sie konsistent (widerspruchsfrei) und vollständig ist, d. h. daß jede prädikatenlogische Wahrheit im Kalkül der Prädikatenlogik ableitbar und umgekehrt auch jede ableitbare Ausage prädikatenlogisch wahr ist. Die Prädikatenlogik erster Stufe ist jedoch nicht entscheidbar (↑entscheidbar/unentscheidbar). Das setzt ihrer maschinellen Verarbeitung gewisse Grenzen. *Beispiele:* Es sei $Fl(...)$ das einstellige Prädikat „... ist fleißig", und S sei die Menge aller Schüler. Dann läßt sich der erste Beispielsatz so darstellen: $\bigwedge_{x \in S} Fl(x)$. Nimmt man als Grundmenge die Menge M aller Menschen und führt ein zweites Prädikat $Sc(...)$ = „... ist Schüler" ein, so kann man auch schreiben: $\bigwedge_{x \in M} Sc(x) \rightarrow Fl(x)$. „Es ist nicht alles Gold, was glänzt" läßt sich so darstellen:

$\neg (\bigwedge_{x \in Me} Gl(x) \rightarrow Au(x))$ (*Me* Menge alle Metalle, $Gl(...)$ „... glänzt", $Au(...)$ „... ist golden").

Prädikatenlogik höherer Stufen: Läßt man neben den Prädikatkonstanten auch Prädikatvariable zu, über die quantifiziert werden darf, so betreibt man Prädikatenlogik *zweiter Stufe.* Das Leibnizsche Prinzip von der Identität des Ununterscheidbaren z. B. kann man mit Hilfe von Prädikatvariablen so formalisieren:

$$\bigwedge_{P} \bigwedge_{x \in G} \bigwedge_{y \in G} (P(x) \leftrightarrow P(y)) \rightarrow (x = y).$$

Es ist umstritten, ob der Übergang zur zweiten Stufe problemlos möglich ist (↑Universalienstreit). Man verläßt dabei nämlich den Boden der Logik im engeren Sinn und betreibt eher Mathematik, nämlich Mengenlehre. Gerade für die Belange der Mathematik ist die Verwendung der zweiten Stufe sehr vorteilhaft. Die Prädikatenlogik zweiter Stufe ist nicht vollständig. Daraus folgt, daß ihre Konsistenz nicht mit finiten Mitteln beweisbar ist. Geht man noch über die zweite Stufe hinaus, so gelangt man in den Bereich der *Stufenlogik.*

Geschichte: Die Syllogistik stellt eine Form der Prädikatenlogik dar. Allerdings wurde sie noch nicht mit formalen Mitteln betrieben. Frege hat 1879 die ↑Quantoren eingeführt und ein erstes System der Prädikatenlogik vorgelegt. Dieses wurde im Verlauf unseres Jahrhunderts systematisch ausgebaut. Die Vollständigkeit der ersten Stufe wurde 1930 von Gödel bewiesen, von dem auch der berühmte Unvollständigkeitssatz für die zweite Stufe und damit für die Mathematik stammt. Die Unentscheidbarkeit der ersten Stufe wurde 1936 von Church gezeigt.

Prädikation [lateinisch „öffentliche Bekanntmachung, Rühmen"]: grundlegende *Sprachhandlung,* bei der (im einfachsten Fall) einem Gegenstand, sprachlich repräsentiert durch einen ↑Nominator *N,* eine Eigenschaft, vertreten durch einen ↑Prädikator *P,* zu- oder abgesprochen wird. Man sagt: Die Eigenschaft kommt dem Gegenstand zu oder nicht (z. B.: Das ist ein Buch. Dies Dreieck ist gleichseitig. Sokrates ist sterblich). Die einfachen Prädikationen führen auf ↑Elementaraussagen der Form $N \varepsilon P$ bzw. $N \varepsilon' P$. Viele Prädikationen werden *exemplarisch* (auch: *ostensiv*) anhand von Beispielen und Gegenbeispielen erlernt. Die Wichtigkeit der Prädikatoren liegt darin, daß sie es ermöglichen, Unterscheidungen sprachlich vorzunehmen. Damit leistet die Prädikation – neben der Benennung, die es erlaubt, sich sprachlich auf Gegenstände zu beziehen – die sprachliche Gliederung der Welt. Im Rahmen von Sprachphilosophie und Lingustik wird gegenwärtig die Frage, ob die Prädikation ein universelles Merkmal menschlicher Sprache sei oder nicht („Sapir-Whorf-These") intensiv diskutiert.

Prädikator (Prädikat) [zu lateinisch praedicare „ausrufen, aussagen"]: in der Logik, speziell in der ↑Prädikatenlogik, ein zur näheren Bestimmung von Gegenständen gebrauchter sprachlicher Ausdruck. Man unterscheidet ein- und zweistellige Prädikatoren, je nach der Anzahl der Gegenstände, denen diese zugesprochen werden. Zweistellige Prädikatoren heißen auch ↑Relationen. Auch nach ihrer *Stufenzahl* lassen sich Prädikatoren einteilen: Prädikatoren erster Stufe drücken Eigenschaften der Individuen des Grundbereichs aus, Prädikatoren zweiter Stufe (auch *Prädikatenprädikate* genannt) beziehen sich auf Eigenschaften von Prädikatoren (z. B. „... liegt nahe bei ..." ist ein symmetrischer Prädikator) usw. Mit einem Prädikator ist seine ↑Extension verbunden, d. h. die Klasse aller Gegenstände, denen er zukommt. Hiervon zu unterscheiden ist seine ↑Intension. Im modernen ↑Universalienstreit wird die Frage diskutiert, ob Prädikatoren als Namen für Eigenschaften betrachtet werden dürfen. Folgt man dieser Ansicht, so erscheint es unbedenklich, über Prädikatoren zu quantifizieren (also Ausdrücke wie $\bigwedge_{P} P(x) \vee \neg P(x)$ zu bilden). Die Gegner dieser Auffassung lehnen dies ab und sprechen deshalb nur von schematischen Buchstaben („*P*") und nicht von Prädikatvariablen. Prädikatoren erlauben es, Unterscheidungen sprachlich vorzunehmen. Sie sind damit von größter Wichtigkeit für die sprachliche Erschließung der Welt. Die Sprachhandlung des Zu- oder Absprechens eines Prädikators wird ↑Prädikation genannt.

Prädikatorenregel: Regel, die den Zusammenhang zwischen zwei oder mehreren Prädikatoren ausdrückt, z. B. „... ist viereckig" ⇒ „... ist nicht rund" (hier ist ⇒ ein Regelpfeil); lies: Wenn einem Gegenstand der Prädikator „viereckig" zugesprochen wird, dann muß ihm der Prädikator „rund" abgesprochen werden. Für die Normierung von Wissenschaftssprachen ist die Prädikatorenregel ebenso unentbehrlich wie v. a. für die adäquate Beschreibung natürlicher Sprachen.

Prädikatvariable [zu Prädikat (↑Prädikator) und lateinisch-französisch variable „veränderbar"]: schematische Buchstaben, die in der ↑Prädikatenlogik Leerstellen für Prädikatkonstanten markieren. Es muß beachtet werden, daß der Bereich der Prädikate über einem Grundbereich im allgemeinen ein *offener* ist, weshalb die Bezeichnung Variable irreführend ist.

Präexistenz [zu lateinisch prae „vor, vorher, voran" und ex(s)istere „hervortreten, vorhanden sein"]: Existenz des Menschen vor dem irdischen Dasein in einer anderen Form. In der Verbindung mit der Seelenwanderungslehre ist dieser Begriff in der indischen Philosophie sowie im Pythagoreismus von Bedeutung. Diesen Lehren zufolge muß die Seele nach dem Tod eines Menschen gemäß dem Schicksal, das sie sich im vergangenen Leben verdient hat, einen neuen Leib beseelen, entweder den eines Menschen, eines Tieres oder einer Pflanze. Da das gegenwärtige Leben nur ein Ausschnitt des ewigen Kreislaufs ist, kann es auch nicht das erste Leben sein, die Seele muß also schon vorher existiert haben. – Bei Platon findet man den Gedanken der Präexistenz im Zusammenhang mit seiner Anamnesistheorie (↑Anamnesis) und seinen Unsterblichkeitsbeweisen. Bevor die Seele die Verbindung mit dem Körper einging, existierte sie im Reich der Ideen. Darauf ist das unbewußte Wissen um die Ideen zurückzuführen, an die man sich wiedererinnern muß, wenn man zur Erkenntnis gelangen will.

Pragmatik [zu griechisch pragmatikḗ (téchnē) „die Kunst, richtig zu handeln"]: im allgemeinen Sprachgebrauch versteht man unter Pragmatik bzw. pragmatisch die Orientierung am Nützlichen, einen Sinn für Tatsachen bzw. Sachbezogenheit haben. In der Philosophie ist Pragmatik die Lehre vom sprachlichen Handeln. Als relativ junge Disziplin basiert sie auf der ↑Semiotik und der ↑analytischen Philosophie. Morris unterteilte die Semiotik in drei Bereiche: Syntax, Semantik und Pragmatik. Während die Syntax die formalen Bezüge der Zeichen zueinander, die Semantik die Beziehung zwischen den Zeichen und den durch sie bezeichneten Gegenständen untersucht, behandelt die Pragmatik die Beziehung zwischen Zeichen und Zeichenbenutzer. Sie fragt, was psychologisch, biologisch und soziologisch beim Auftreten von Zeichen geschieht, welche Interessen man mit dem Zeichengebrauch verfolgt und welche Wirkungen man erzielt. In dieser Hinsicht nur schwer zu trennen von einer allgemeinen Handlungstheorie, hat sich die Pragmatik heute v. a. auf drei Problembereiche fixiert: 1. die Theorie der ↑Sprechakte; 2. die Frage nach der Kontextabhängigkeit des Sprechprozesses insgesamt wie seiner Einzelglieder untereinander, wobei in der Regel unterschieden wird zwischen dem außersprachlichen Kontext und dem innersprachlichen Kotext (z. B. der differente Gebrauch von „g" in „we-g-en" oder „We-g"); 3. die Frage nach den Verhaltensstrukturen (Sachbezogenheit, Zweideutigkeit, Langsamkeit, Stringenz bzw.) diskursiven Redens.

Pragmatismus [zu griechisch

prãgma „Handlung"]: zwar waren alle Philosophien zu allen Zeiten ein Spiegel der (soziokulturellen) Wirklichkeit, aus der heraus sie entstanden sind, dennoch gab es nur selten eine philosophische Strömung, bei der die Bezüge zwischen Philosophie und allgemeiner ↑Lebenswelt so offensichtlich sind wie beim Pragmatismus. Der Pragmatismus ist eine in der 2. Hälfte des 19. Jahrhunderts vorwiegend in Amerika entstandene Lebensphilosophie, die im Menschen primär ein handelndes Wesen sieht und die allgemeinen Kriterien für Wahrheit und Gültigkeit von Ideen und Theorien nach ihrem jeweiligen praktischen Erfolg für den Menschen bewertet. Seine erste Entwicklungsphase ist wesentlich mit den Namen Peirce, James und Dewey verbunden. Ungeachtet sehr unterschiedlicher Lösungsangebote ist allen sogenannten Pragmatikern eine ausnehmend kritische Einstellung gegenüber den überkommenen (absoluten) Wertvorstellungen der Philosophie (↑Relativismus) sowie eine starke Orientierung am naturwissenschaftlichen Wissenschaftsideal bzw dessen Verbindung von logisch-mathematischer mit der experimentellen Methodik gemeinsam. Darin ist er vergleichbar den parallel in Europa entstandenen Strömungen des ↑Positivismus, etwa der Denkökonomie Machs. – Peirce, der den Begriff Pragmatismus 1878 („How to make our ideas clear") einführte, kann als der Initiator der im weitesten Sinne sprachanalytischen Richtung der pragmatischen Philosophie angesehen werden. Nach ihm ist die Bedeutung eines prädikativen Ausdrucks im praktischen Zusammenhang zu suchen, in dem die Gegenstände, denen der Ausdruck zugesprochen wird, stehen (↑Konsenstheorie). James gilt als der einflußreichste Vertreter des Pragmatismus. Für ihn steht der Pragmatismus im Kern für eine grundsätzlich *neue* Definition von Wahrheit. Angesichts eines pluralistisch vorausgesetzten Universums vertrat er analog einen pluralistischen Wahrheitsbegriff, dessen wichtigstes Kriterium in Absetzung zum Prinzip der ↑Verifikation die Praktikabilität von Wahrheit ist. Unter Einbeziehung auch alltäglicher Erfahrungen widmete er sich v. a. der erkenntnistheoretischen Grundlagenproblematik. Hauptkritikpunkt James' ist der Satz der ↑Adaequatio intellectus et rei, der, bis dahin in der Philosophie unbewiesen, zwangsläufig zum radikalen ↑Skeptizismus führen muß und daher generell abzulehnen ist. Entscheidend für James ist nur noch die Frage, inwieweit uns unsere *Meinungen* helfen, mit der Realität zurechtzukommen. Damit wird Wahrheit ein Problem des Anpassungsgrades an die Gemeinschaft kommunizierender Personen (soziale Praxis). Die wichtigsten Wahrheitskriterien sind hierbei die „Führung durch" und die „Befriedigung von" Wahrheit. Z. B. der Satz „Es ist wahr, daß *P*" wäre pragmatisch gewendet „Zu glauben, daß *P*, ist von Vorteil". Dewey's Instrumentalismus sieht im menschlichen Denken eine Art Werkzeugkasten, angefüllt mit Begriffen, logischen Strukturen usw., die, vergleichbar etwa unseren Gliedmaßen (Arme, Beine, Kauwerkzeuge usw.) oder alltäglichen Gebrauchsgegenständen, den jeweiligen Erfordernissen der Umwelt angepaßt sind. Er hat den Pragmatismus in Richtung eines umfassenden Demokratieverständnisses ausgebaut. – Der Pragmatismus selbst war eher kurzlebig. Als allgemeine Lebenseinstellung *(Vulgärpragmatismus)* scheint er aber ungebrochen in dem weiterzuleben, was wir heute weltweit den „American way of live" nennen: das „Anything goes", der oft „naiv" auftretende, schrankenlose Glaube an das technologisch Machbare und die Größe menschlichen Handelns. Dem Pragmatismus ist vorzuwerfen, daß der schlichte Ersatz eines absoluten Wahrheitsbegriffs durch das Prinzip des momentanen Nutzens die Grundfragen der Philosophie bloß verschiebt und deshalb nur scheinbar löst. Wahrheit wird einfach in die Zukunft projiziert. Dagegen muß auch das, was (etwa für ein Gemeinwesen) nützlich ist, irgendwie geklärt sein bzw. unterliegt gewissen (gesellschaftlichen) Zielvorstellungen. Schon das bloße Machen, die reine Praxis stellt ja einen Wert dar. Der Pragmatismus tendiert gerne zu einem technologischen Standpunkt rein um der Technologie willen: Wir machen es, weil wir es können. Andererseits hat er den Abbau der Schranken zwischen Esoterik und Exoterik (Wissenschaft und Alltag) im 20. Jahrhundert wesentlich gefördert und zweifellos die philosophische Einsicht dafür geschärft, daß der Mensch nicht nur ein denkendes Wesen (↑Rationalismus) ist, sondern daß ihm daneben auch eine fundamentale praktische Seite zukommt. – Der Pragmatismus hatte einen beträchtlichen Einfluß (v. a. Peirce) auf die sprachanalytische Philosophie (↑auch Pragmatik) und hat mitinitiiert, daß die derzeitige Philosophie auch in Europa wesentlich praxisorientierter denkt. Dem Pragmatismus verwandt ist der ↑Utilitarismus.

praktische Philosophie: nach Aristoteles das Nachdenken über all das, was zum Menschsein des Menschen gehört. Während die theoretische Philosophie das Erkennen und das Sein untersucht, sich also mit dem beschäftigt, was *ist,* werden in der praktischen Philosophie Grundsätze für die menschliche Praxis entwickelt, ihr Gegenstand ist also das, was *sein soll.* Der Mensch, sein Handeln und sein Leben stehen im Mittelpunkt der praktischen Philosophie. Die Frage nach dem Wesen des Menschen wird gestellt (↑Anthropologie), um zu erkennen, was Menschsein eigentlich ausmacht, welche Möglichkeiten einem Menschen zur Freiheit und Selbstbestimmung gegeben sind. Aus den Ergebnissen der anthropologischen Überlegungen ergibt sich für den Menschen als Handlungswesen die Notwendigkeit einer ↑Ethik, die Kriterien für das sittliche Handeln bereitstellt. Um die als richtig erkannten sittlichen Handlungsweisen auch realisieren und sich als ↑Person entwickeln zu können, bedarf es gesellschaftlicher Bedingungen, die das Umsetzen dieser Erkenntnisse ermöglichen. Optimale Bedingungen und eine entsprechende Staatsform zu finden, in denen dies ermöglicht wird, ist die Aufgabe der ↑Staatsphilosophie und der ↑Rechtsphilosophie. Da in jedem Menschen ein Bedürfnis nach Glück besteht und jeder gern ein gutes Leben führt, gehören auch Reflexionen über ↑Glück und das ↑gute Leben zur praktischen Philosophie. Die praktische Philosophie ist kein „intellektuelles Glasperlenspiel“, sondern betreibt die Analysen und Reflexionen der menschlichen Praxis der Verbesserung eben dieser Praxis willen. Ziel dieser Überlegungen ist es also, Orientierungshilfen für die eigene Lebensführung zu gewinnen. Durch praktische Philosophie wird zwar kein sittliches Handeln praktiziert, und sie gibt auch keine richtigen Verhaltensweisen für konkrete Lebenssituationen vor, aber sie bewirkt, daß der Mensch seine Fähigkeiten erkennen kann und begreift, daß er für sich, sein Leben und sein Handeln sowohl im privaten als auch im politischen Bereich mitverantwortlich ist.

praktischer Syllogismus [griechisch]: in der neueren [meta]ethischen Diskussion geläufiger Terminus, der einen Schluß (Syllogismus) der folgenden Form bezeichnet:

P will *Z* erreichen. Um *Z* zu erreichen, muß *P H* ausführen. Also muß *P H* ausführen.

Z nennt man Ziel oder Zweck, *H* steht für Handlung (deshalb *praktischer* Syllogismus) und *P* für eine Person (oder auch für „man“ bzw. „wir“). Der praktische Syllogismus besteht aus einer *Mittel-Zweck-Relation* („deskriptive Prämisse“), der *Anerkenntnis eines Zieles* („normative Prämisse“) und der *Konklusion.* In einem Beispiel lassen sich normative und deskriptive Prämisse sowie die Konklusion so darstellen:

1. normative Prämisse	Unser Vaterland muß nach außen gesichert werden.
2. deskriptive Prämisse	Diese Sicherheit läßt sich nur durch die Stationierung neuer Raketen garantieren.
Konklusion	Also müssen wir neue Raketen stationieren.

Will man gegen die Konklusion argumentieren, so kann man entweder die normative oder die deskriptive Prämisse angreifen. Der praktische Syllogismus ist gerade durch die Verschränkung dieser beiden Ebenen charakterisiert.

praktische Vernunft: als Fachterminus v. a. für die Philosophie Kants von Bedeutung. Kant differenziert das menschliche Vernunftvermögen in einen theoretischen, die Prinzipien des Denkens betreffenden, und einen praktischen, die Prinzipien des Handelns betreffenden Anteil. Diese beiden Teile der Vernunft sind wesensmäßig gleichartig: Für beide gilt, daß sie keinen Zustand bezeichnen, sondern eine spezifische Art und Weise, Probleme zu lösen. Für beide ist dabei das Streben nach Einheit und Vollendung, nach Allgemeingültigkeit und systematischer Ordnung charakteristisch; beide – theoretische wie praktische Vernunft – erfüllen also die Funktion von „Regelsystemen“ in Bereichen, in denen Menschen die Grundbedingungen sinnvollen Denkens, Redens und Handelns in Frage stellen, um sich *ausdrücklich* gemeinsamer, intersubjektiver Prinzipien ihres Erkennens oder Handelns zu vergewissern. – Der Begriff der praktischen Vernunft bei Kant ist nun speziell dadurch ausgezeichnet, daß er mit dem *Willen* gleichgesetzt wird. Diese Identifikation läßt sich vereinfachend mit etwa folgender Überlegung nachvollziehen: Eine willentliche Handlung unterscheidet sich von einer impulsiven Tat dadurch, daß sie durch Absichten und Interessen kontrolliert wird. Eine Person also, die mit ihren Handlungen Absichten und Interessen verfolgt, die planvoll, überlegt und zielgerichtet agiert, manifestiert, daß sie über einen Willen verfügt. Nach [s]einem Willen zu handeln, ist aber nun für Kant nicht identisch damit, sich – wie es nach heutigem Sprachgebrauch vielleicht eher verstanden wird – von „willkürlichen“, von rein subjektiven Interessen leiten zu lassen. Auch ist der „Kantische“ Wille – im Gegensatz zum umgangssprachlichen Verständnis – nicht durch ein *Objekt,* einen Gegenstand bestimmt, sondern durch ein oberstes und allgemeines *Gesetz,* den ↑kategorischen Imperativ, „Wille“ ist für Kant das Vermögen, „in Übereinstimmung mit der Vorstellung dieses Gesetzes zu handeln“. Die Formulierung, Begründung und Absicherung dieses Gesetzes machen für Kant im engeren Sinn den Gegenstand der praktischen Philosophie aus; die innere Kongruenz von Willen und Sittengesetz ist Bedingung dessen, was Kant unter ↑Moralität versteht. Integrität und Stabilität des (moralischen) Handelns sind dadurch vermittelt, daß der Vernunftwille ein einziges oberstes und unbedingtes Ziel, Prinzip oder Gesetz statuiert und durch den universalen Anspruch dieses Gesetzes alle Handlungen miteinander verknüpft; das bedeutet inhaltlich: „Nur ein Wesen, das alle seine Handlungen im Zusammenhang eines Lebensplanes versteht“, äußert einen vernünftigen Willen (Beck). Dieses bewußte Streben nach einem obersten Ziel (Wert) kann aufrecht erhalten werden, weiter regulierend wirken, selbst wenn tatsächliches Verhalten wiederholt den Vernunftanspruch nicht einlösen konnte. Überspitzt könnte man sogar sagen, daß praktische Vernunft den Zusammenhang stiften kann selbst zwischen *Politik* und *Logik,* weil das Vernunftprinzip als Handlungsmaxime Anspruch auf uneingeschränkte, universale Geltung erhebt. Die idealistische Vernunftphilosophie (des 18./19. Jahrhunderts) insgesamt war gekennzeichnet von dem Bemühen, unter dem „Primat der Praxis" eine Einheit von theoretischer und praktischer Vernunft zu konstruieren, die sowohl den Objektivitätsansprüchen der Wissenschaften als auch den Bedürfnissen der Lebenspraxis genügen sollte. Der aufklärerische Optimismus hinsichtlich derartiger Möglichkeiten ist heute stark reduziert. Aufgegriffen wird die Idee der Einheit von Praxis und Theorie heute am deutlichsten von den kritischen Sozialwissenschaften – vielleicht deshalb, weil sich hier (zumindest vordergründig) noch am ehesten eine Verbindung herstellen läßt zwischen Wissenschaftskriterien und praktischen Intentionen, Zwecken und Zielen.

Prämisse [zu lateinisch praemittere (2. Partizip: praemissus) „vorausschicken, vorausgehen lassen"]: allgemein eine bei der Argumentation bereits zugestandene Aussage, deren Wahrheit im weiteren Verlauf vorausgesetzt werden darf. In der ↑Syllogistik werden die beiden vorausgesetzten Sätze [Major- und Minor-] Prämissen genannt. Prämissen sollen nicht mit ↑Hypothesen verwechselt werden. Der Terminus Prämisse ist für die Anwendung von Regeln (z. B. Schlußregeln) reserviert, während die Bezeichnung Hypothese auf Schlüsse selbst bezogen wird.

präskriptiv [lateinisch] ↑deskriptiv/präskriptiv/normativ.

prästabilierte Harmonie [zu französisch harmonie préétablie „vorherbestimmte Harmonie"]: von Leibniz 1696 eingeführtes Modell zur Lösung des ↑Leib-Seele-Problems der neuzeitlichen Philosophie (↑Dualismus, ↑Kartesianismus). Das Verhältnis von Leib und Seele sei demjenigen zweier Uhren vergleichbar, die in vollkommenster Weise synchron laufen, obwohl sie weder einen wechselseitigen Einfluß aufeinander ausüben (etwa durch mechanische Verbindungen) noch etwa durch Überprüfungen und Korrekturen immer wieder miteinander in Einklang gebracht werden. Leibniz erklärte ihren harmonischen Gleichlauf durch eine perfekte Konstruktion: Die beiden Uhren seien mit so großer Kunst und Geschicklichkeit (von Gott) angefertigt, daß man in der Folge ihrer Übereinstimmung gewiß sein könne. Leibniz hat dieses Prinzip auch in seiner Monadenlehre angewandt. Dort besagt es, daß alle in sich geschlossenen, voneinander unabhängigen ↑Monaden von Gott derart aufeinander abgestimmt wurden, daß sich alle Bestandteile der Welt in vollständiger Harmonie befinden. An jeder Monade spiegelt sich also gleichsam die gesamte Welt. Die Welt muß aus diesem Grund auch die beste aller möglichen Welten sein. (Diese Lehre von Leibniz hat Voltaire in seinem „Candide" attackiert und ins Lächerliche gezogen.)

Präsupposition [lateinisch etwa „Vorvoraussetzung"]: Bezeichnung der traditionellen Logik für *nicht explizite* Voraussetzungen. Eines der bekanntesten Beispiele hierfür ist das antike Paradoxon des „gehörnten Mannes": Ein Mann sagt zu einem anderen: „Alles, was man nicht verloren hat, besitzt man noch. Du hast keine Hörner verloren. Also mußt du noch Hörner tragen!" Das Argument wird erst nach Hinzufügen der Präsupposition „*Was man jemals besessen* und nicht verloren hat ..." zur ersten Prämisse schlüssig.

Praxis [zu griechisch prássein „handeln"]: allgemein Tun oder Handeln im Gegensatz zum Denken (das zum Bereich der Theorie gerechnet wird). Es wird unterschieden zwischen *gesellschaftlicher* Praxis, womit der gesellschaftliche Gesamtprozeß der Veränderung der Wirklichkeit gemeint ist, und *individueller* Praxis, die nur die Handlungen eines Individuums umfaßt. Der Marxismus verwendet Praxis immer in der ersten Bedeutung. Analog zur Unterscheidung Theorie/Praxis trennt man seit der Antike zwischen theoretischer und praktischer Philosophie. Die erstere hat es mit dem Wissen aus Gründen („warum?") zu tun, während es der letzteren um Wissen aus Tatsachen („wie?") geht; man spricht dann auch von *Können* („Know-how"). Der Primat der Theorie wurde so begründet, daß auch Fragen der praktischen Philosophie mit den Mitteln der theoretischen Philosophie (wie Deduktion und Axiomatik) behandelt werden. Kant versteht unter praktischer Vernunft den Inbegriff der Prinzipien und Gesetze des Handelns; praktische Philosophie wird gleichbedeutend mit Ethik (und vielleicht noch mit Staatsphilosophie). Die Praxis gilt im Marxismus sowohl als Ursprung als auch als Prüfstein der Erkenntnis. Das ist die *dialektische Einheit von Theorie und Praxis:* Letztere ist das Bindeglied zwischen Denken und objektiver Realität, das es erlaubt, theoretische Sätze an ihren Auswirkungen zu überprüfen. Damit verbunden ist eine umfassende Kritik am überkommenen Verhältnis von Theorie und Praxis. Ihren deutlichsten Ausdruck fand diese in der berühmten These zu Feuerbach: „Die Philosophen haben die Welt nur verschieden interpretiert. Es kommt darauf an, sie zu verändern." Auch im Pragmatismus spielt die Praxis, hier aber meist aufgefaßt als individuelle, eine wichtige Rolle. Alle Geltungsansprüche theoretischer Sätze müssen letztlich *handlungsmäßig* eingelöst werden. Bekannt geworden ist die „pragmatische Maxime" von Peirce, wonach die Bedeutung eines Begriffs gleich den mit diesem verbundenen Handlungsmöglichkeiten ist (z. B. bedeutet „weich" svw. „läßt sich von den meisten Körpern ritzen"). Diese Auffassung führt letzten Endes zu den für den Pragmatismus typischen Nützlichkeitserwägungen.

primäre und sekundäre Sinnesqualitäten ↑Sinnesqualitäten.

Primat [lateinisch „erste Stelle, erster Rang; Vorrang"]: in der Philosophie forderte Kant den Primat der praktischen Vernunft vor der spekulativen (= theoretischen). Kants Konzept der theoretischen Philosophie war so angelegt, zunächst einmal Möglichkeiten und Methoden, v. a. aber die Grenzen menschlichen Wissens zu analysieren. In der „Kritik der reinen Vernunft" (1781) kommt er zu dem Ergebnis, daß sicheres Wissen nur von empirisch fundierten Gegenständen möglich ist. Nur, wo verstandesmäßiger Begriff *und* sinnliche Anschauung zusammenkommen und sich zu einem Gegenstand verbinden, ist eine inhaltliche Erkenntnis möglich. Die Konsequenz dieses Ansatzes war, daß zentrale Begriffe der klassischen Metaphysik wie Gott, Freiheit und Unsterblichkeit (der Seele) damit jenseits aller Erkennbarkeit lagen. Man hat Kant deswegen u. a. auch den „Alleszermalmer" genannt. Dieser Einschätzung hält Kant selbst schon in der Vorrede zur „Kritik der reinen Vernunft" entgegen: „Ich mußte also das Wissen aufheben, um zum Glauben Platz zu bekommen!" Theoretisch weist Kant den Inhalten der klassischen Metaphysik den Status von ↑Postulaten, von sinnvollen Vernunftforderungen, zu. Und durch seine These vom Primat der praktischen Philosophie trifft er eine ganz fundamentale Wertung: Obwohl Postulate wie Gott, Freiheit und Unsterblichkeit niemals bewiesen, niemals Gegenstand des *Wissens* werden können, ist doch ihre Geltung sicher verbürgt, weil sie als Gegenstand des *Glaubens* der praktischen Vernunft aller Theorie vorausgehen sollen (d. h. über dieser stehen sollen).

Primaussage [zu lateinisch primum „zuerst, anfangs"]: eine Aussage, die vom Standpunkt der Logik aus nicht zusammengesetzt ist. Primaussagen dürfen deshalb keine Junktoren enthalten. Die wichtigsten Beispiele für Primaussagen sind die ↑Elementaraussagen.

Prinzip [zu lateinisch principium „Anfang, Ursprung, Grundlage"]: in der antiken Philosophie der Urstoff oder die Elemente, aus denen alles Seiende besteht, die Quelle des Seins. Heute werden bewährte Sätze von großer Allgemeinheit, die sich als erste Sätze (↑Axiom) für den Aufbau eines Wissensgebiets eignen, als Prinzipien bezeichnet (etwa das Prinzip der Energieerhaltung in der Physik). Neben diesen *inhaltlichen* Prinzipien, den Quellen des Wissens, gibt es auch *methodische* Prinzipien, z. B. das Ökonomieprinzip von Ockham (↑Nominalismus). In diesem Zusammenhang müssen auch die Prinzipien der Logik wie der Satz vom ausgeschlossenen Dritten und vom verbotenen Widerspruch genannt werden. In der Ethik treten Prinzipien als allgemeinverbindliche Handlungsanweisungen auf. An der Frage nach dem Ursprung von Prinzipien, ob sie nur aus dem Denken entspringen oder aus der Erfahrung gewonnen werden, scheiden sich Rationalismus und Empirismus.

Privation [lateinisch „Befreiung, Befreitsein; Ermangelung, Mangel"]: allgemein das Nichtvorhandensein eines Zustands oder einer Eigenschaft; ein Begriff, der v.a. in der aristotelischen Philosophie (↑Aristotelismus) von Bedeutung ist. Im Gegensatz zu seinem Lehrer Platon betrachtet Aristoteles nicht das unveränderliche Sein, sondern das Werden und die Veränderung in der erfahrbaren Welt. Privation ist neben Form und Materie (↑Form/Materie) ein weiteres Prinzip des Werdens, das sachlich mit der Materie zusammenfällt. Verändert sich ein Gegenstand, so wird etwas, das bisher nur als Möglichkeit in ihm vorhanden war, Wirklichkeit (↑Akt/Potenz) und gleichzeitig hört das, was bisher Wirklichkeit war, zu existieren auf. Der Stoff hat also seine bisherige Form verloren, ist ihrer „beraubt" worden, weil er eine neue Form angenommen hat. Z. B. verliert ein Marmorblock seine bisherige Form, wenn eine Statue aus ihm hergestellt wird. Auch der Mangel einer Eigenschaft, die einem von Natur aus zukommt und die man zu seiner Vollkommenheit braucht, heißt bei Aristoteles Privation (z. B. Blindsein als Privation des Sehens).

Probabilismus [zu lateinisch probabilis „glaublich, wahrscheinlich"]: in Erkenntnislehre und Wissenschaftstheorie ein Wahrscheinlichkeitsstandpunkt, die Auffassung also, daß es keine absolut wahren, sondern nur wahrscheinliche Sätze gibt. In bezug auf bestimmte wissenschaftliche Theorien (z. B. in der Kernphysik) wird der Begriff heute häufig gebraucht, um auszudrücken, daß sich das Eintreten gewisser Erscheinungen oder Ereignisse nicht mit vollständiger Sicherheit, sondern nur mit einer bestimmten Wahrscheinlichkeit vorhersagen läßt. – In der katholischen Moraltheologie meint Probabilismus ein ethisches Prinzip, das dem Menschen die Freiheit zugesteht, eine geltende Norm dann nicht zu befolgen, wenn glaubwürdige und ernste Gründe dies nahelegen. Wegen seiner Nähe zum Laxismus (der Auffassung, daß bereits eine schwach begründete Wahrscheinlichkeit berechtige, eine sittliche Norm nicht zu befolgen) ist dieses Prinzip nie als unproblematisch angesehen worden.

Problem [griechisch „das Vorgelegte, die Aufgabe, Streitfrage"]: Kenntnis, daß das verfügbare Wissen nicht zur Bewältigung einer gestellten Aufgabe, die selbst auch Problem genannt wird, genügt; deshalb oft auch als „Wissen vom Nichtwissen" bezeichnet. Das Problem ist Ausgangspunkt des Fragens und Forschens, v.a. in der Wissenschaft. Wissenschaftstheorie und Heuristik untersuchen den Vorgang des Problemlösens. In der Philosophie gibt es verschiedene prominente Probleme (z. B. das ↑Leib-Seele-Problem und das Problem der Wahrheit). Ihre Beantwortung wird oft als Aufklärung des Wesens der fraglichen Gegenstände aufgefaßt. Diese Vorstellung kritisierte Wittgenstein mit seiner berühmten These: „Das Problem gibt es nicht." Nach seiner Meinung besteht das Lösen philosophischer Probleme im Sich-Klarwerden über den Sinn der gebrauchten Wörter (↑analytische Philosophie).

problematisch [zu ↑Problem]: fragwürdig, nicht entschieden. Modalität eines Urteils der Form „*S* ist möglicherweise *P*"; z. B.: „Bacon ist möglicherweise der Verfasser der Shakespeareschen Werke".

Produktionsverhältnisse [zu lateinisch producere „hervorbringen, erzeugen"]: Terminus der Gesellschaftstheorie des ↑Marxismus. Die Produktionsverhältnisse einer bestimmten Gesellschaftsform sind gekennzeichnet durch die Eigentumsverhältnisse hinsichtlich der Produktionsmittel (z. B. Grund und Boden, Rohstoffe, Werkzeug, Fabriken, Arbeitskraft) und die Verteilungsverhältnisse hinsichtlich der gesellschaftlich produzierten Güter. Es gibt zwei Haupttypen von Produktionsverhältnissen: 1. gesamtgesellschaftliches Eigentum an Produktionsmitteln und Arbeitsprodukten (↑Sozialismus, ↑Kommunismus); 2. Privateigentum an Produktionsmitteln und dadurch bedingte ungleiche Verteilung der Arbeitsprodukte, d. h. Ausbeutung (Klassengesellschaft, ↑Klasse). Der ↑historische Materialismus unterscheidet fünf historisch notwendig aufeinander folgende Arten von Produktionsverhältnissen: Urgemeinschaft, Sklaverei, Feudalismus, Kapitalismus, Sozialismus bzw. Kommunismus. Die Produktionsverhältnisse bilden zusammen mit den ↑Produktivkräften die ökonomische Basis (↑Basis und Überbau) der Gesellschaft.

Produktivkräfte [zu lateinisch producere „hervorbringen, erzeugen"]: Terminus der Gesellschaftstheorie des ↑Marxismus. Als Produktivkräfte werden die Gegebenheiten bezeichnet, die über den Grad der Produktivität menschlicher Arbeitskraft entscheiden (z. B. Wissenschaft, Technik, Ausbildung). Die Entfaltung der Produktivkräfte, nach marxistisch-leninistischer Auffassung letztlich die Quelle und das Kriterium gesellschaftlichen Fortschritts, kann durch die jeweils bestehenden ↑Produktionsverhältnisse gehemmt oder gefördert werden. Im Falle der Hemmung wird der Widerspruch zwischen Produktivkräften und Produktionsverhältnissen zur Triebkraft einer Revolutionierung der Gesellschaftsform (↑historischer Materialismus).

Prognose [griechisch „das Vorherwissen"]: Voraussage über zukünftig Eintretendes. Die Prognose spielt eine wichtige Rolle bei der Prüfung von erfahrungswissenschaftlichen Hypothesen. Man spricht in diesem Fall genauer von ↑Testimplikation.

Projektion [lateinisch „das Hervorwerfen"]: in der Philosophie allgemein Terminus für die Annahme, die Objekte der menschlichen Wahrnehmung befänden sich als Außenwelt außerhalb des Leibes, im Regelfall nicht in den entsprechenden Sinnesorganen. – Eine spezielle Bedeutung erlangte der Begriff in Feuerbachs Theologie- und Religionskritik: Religion ist die Projektion des „Wesens des Menschen" in eine seiner Verfügung enthobene Sphäre. Die Theologie gehört so dem Selbsterkenntnisprozeß an, der in dem Maß voranschreitet, in dem jener Zusammenhang von Religion und „Wesen des Menschen" durchschaut wird. Diese Anthropologisierung der Religion gewann großen Einfluß auf den frühen Marx und auf Engels.

Prolepsis [griechisch] ↑Antizipation.

Proposition [lateinisch „Darstellung, Vorstellung, Vordersatz"]: in der Syllogistik Bezeichnung für die beiden Voraussetzungen eines Syllogismus (↑auch Prämisse). Man unterscheidet die *propositio maior* (↑Obersatz) und die *propositio minor* (↑Untersatz). – In der modernen Sprachphilosophie ist Proposition das, was ein Aussagesatz aussagt, also dessen *Bedeutung*. Damit wird an Frege angeknüpft, der vom „Gedanken" sprach, der in einer Aussage enthalten sei. Nur Sätze, die eine Proposition ausdrücken, können wahr oder falsch sein. Deshalb werden letztere oft als die eigentlichen Träger der Wahrheit angesehen. Für die Annahme von Propositionen spricht v. a.

die Tatsache, daß verschiedene Sätze (möglicherweise solche verschiedener Sprachen) das Gleiche ausdrükken können. Nimmt man Propositionen an, so kann man das dadurch erklären, daß beide Sätze die gleiche Proposition ausdrücken („Schnee ist weiß“ z. B. und „snow is white“). Propositionen sind also als sprachinvariant und nichtsprachlich anzusehen. Gegen die Annahme von Propositionen wird argumentiert, daß es nicht möglich sei, die Bedeutungsgleichheit von Sätzen eindeutig (ohne Rückgriff auf Propositionen) zu erklären. Ist dies richtig, so ist ein Circulus vitiosus unausweichlich: „Proposition“ wird nämlich durch „Bedeutungsgleichheit“ festgelegt und letztere wiederum durch „die gleiche Proposition ausdrücken“. Weiter wird kritisiert, daß die Annahme von Propositionen überflüssig sei, da sie keinen Erklärungswert besäßen. Deshalb verzichtet der Nominalist auf Propositionen.

propositionaler Akt [lateinisch] ↑Sprechakt.

Protokollaussage (Protokollsatz): eine Aussage, die die „einfachsten“ erkennbaren Sachverhalte unter Ausschluß aller theoretischen Ordnungsfaktoren in Aussagen über das unmittelbar „Gegebene“ festhalten soll. Die sprachliche Fixierung von ↑Beobachtungen führt zunächst zu *Beobachtungssätzen,* d. h. zu Sätzen, in denen sinnlich wahrnehmbare Sachverhalte unter Verwendung von Indikatoren wie „hier“ und „jetzt“ beschrieben werden. – *Protokollaussagen im engeren Sinne* beschränken sich auf die Darstellung der kontextinvarianten Anteile einer Beobachtungssituation, d. h. sie berücksichtigen nicht mehr die aktuelle „Gesprächssituation“. Protokollsätze sollten sich auf reine Beschreibung beschränken, also z. B. keine Werturteile enthalten. Verbreitet wird den Protokollsätzen systematisch in empirischen, induktiven Theorien eine analoge Bedeutung beigemessen wie den ↑Axiomen im Zusammenhang deduktiver Systeme: Sie gelten als unhinterfragbare Basissätze, von denen alle weiteren Aussagen der Theorie – innerhalb induktiven Forschens z. B. ↑Hypothesen und ↑Gesetze – ihren Anfang nehmen (↑Deduktion, ↑Induktion). Damit bietet sich der Versuch einer Gliederung der Wissenschaftssprache in zwei Stufen an: Eine Beobachtungssprache sollte von der Ebene der Theoriesprache zu trennen sein. Die Hoffnung auf eine saubere, scharfe Trennung der beiden Ebenen hat sich allerdings als Illusion erwiesen, indem gezeigt werden konnte, daß eine völlig theoriefreie Beobachtungssprache nicht möglich ist. – Die Prädikatoren einer Beobachtungssprache haben überwiegend *klassifikatorischen* oder *komparativen* Charakter: Bei der Beobachtung des nächtlichen Sternenhimmels z. B. können die interessierenden Objekte in verschiedene Klassen (Spiralnebel, Fixstern, Planet usw.) eingeteilt oder nach dem Grad ihrer Helligkeit verglichen werden (Venus leuchtet heller als Merkur). Die natürliche Beobachtungssprache enthält viele qualitative Prädikatoren (der Stern *XY* schimmert rot). Die neuzeitliche Naturwissenschaft ist von dem Bestreben geprägt, diese *qualitativen* Charakterisierungen so weit wie möglich durch *quantitative* (bei Farben z. B. durch Angabe der Wellenlänge) zu ersetzen. „Alles messen, was meßbar ist, und versuchen, meßbar zu machen, was es noch nicht ist!“ war der richtungweisende Wahlspruch Galileis, der nur auf dem Hintergrund der Annahme zu verstehen ist, daß die wesentlichen Strukturen der Natur ausdrückbar seien in Zahlenverhältnissen und mathematischen Formeln. Wie die Bücher des Aristoteles in Griechisch oder Latein vorliegen, und zu ihrem Verständnis, ihrer Auslegung griechische oder lateinische Sprachkenntnisse erforderlich sind, so ist „das Buch der Natur“ (d. h. die wesentlichen Strukturen der Natur) mit Zahlen verfaßt, und zu seiner Interpretation (d. h. zur Formulierung von Naturgesetzen) bedarf es der Beherrschung der Sprache der Mathematik. Seit Galilei bestimmt dieses Konzept der Mathematisierung, d.h. Naturforschung thematisch zu reduzieren auf quantifizierbare Aspekte, die Methodik insbesondere der physikalischen Forschungen.

Psyche [griechisch] ↑Seele.

Psychoanalyse [zu griechisch psyché „Seele" und análysis „Auflösung"]: eine von Freud Ende des 19. Jahrhunderts entwickelte Theorie und Technik, die dazu dienen soll, die Art und Wirkungsweise der psychischen Kräfte zu studieren und zu beeinflussen. Neben dem Verfahren zur Untersuchung seelischer Vorgänge ist die Psychoanalyse v.a. Behandlungsmethode bei neurotischen Störungen, die sich auf diese Untersuchung gründet. Letztlich umfaßt Psychoanalyse auch die auf diesem Wege gewonnenen psychologischen Ergebnisse. – Freuds bis heute unbestrittenes Verdienst besteht v.a. darin, die entscheidende Bedeutung der frühen Kindheit für die Entwicklung und Ausformung der Persönlichkeit erkannt zu haben. Dabei wird besonders der Sexualität eine große Bedeutung beigemessen, wobei Freud den Begriff der Sexualität allerdings in einem weiteren Sinne als normalerweise üblich gebraucht. Über die mit dem Genitalapparat zusammenhängenden lustvollen Aktivitäten hinaus bezeichnet er alle Formen von Erregung und Aktivität als sexuell, die Lust verschaffen und sich nicht auf die Befriedigung eines rein physiologischen Bedürfnisses (z.B. Hunger, Atmung) reduzieren lassen. So ist für den Säugling offenbar der Vorgang des Saugens als solcher lustvoll, denn er lutscht auch dann noch am Finger oder am Bettzipfel, wenn sein Hunger bereits gestillt ist. Freud nennt die psychische Energie der so verstandenen Sexualität *Libido.* Der Gegenspieler des Sexualtriebs, der genau wie dieser jedem Menschen innewohnt, ist der *Destruktionstrieb* oder *Thanatos,* der sich in zerstörerischer ↑Aggression äußert. – Im Verlauf der frühkindlichen Entwicklung durchläuft die Libido verschiedene Stadien. Die früheste Entwicklungsphase, die etwa die ersten eineinhalb Lebensjahre umfaßt, wird als *orale Phase* bezeichnet. In ihr geht die Lustempfindung überwiegend von der Reizung der Mundhöhle und der Lippen aus. *Quelle* der Lust ist also die orale Zone, *Objekt* ist die Mutterbrust oder die Mutter schlechthin. Die zweite Stufe der Libido-Entwicklung ist die *anale Phase* (zwischen dem 2. und 4. Lebensjahr). Quelle der Lust, ausgelöst durch den Beginn der Sauberkeitserziehung und die Erfahrung des Kindes, daß es seine Ausscheidungsfunktionen selbst regulieren kann, ist der Analbereich. Das Kind erlebt seine Ausscheidungen als eigenen Besitz, den es den Eltern schenken, aber auch zurückhalten kann. In dieser Phase wird der Grundstein gelegt für alles, was mit Ordnung, Leistung und Hergeben zu tun hat. Die *phallische Phase* ist dadurch charakterisiert, daß die Genitalorgane zur Quelle der Libido werden; die anderen erogenen Zonen (oral, anal) treten jedoch nicht so weit zurück, wie es in der späteren definitiven Sexualorganisation des Erwachsenen der Fall ist. Während der phallischen Phase bildet sich in dem „Schicksalsdreieck" Vater-Mutter-Kind eine ganz besondere Konstellation heraus, die als *Ödipuskomplex* bezeichnet wird. Hierunter versteht man die Gesamtheit von Liebeswünschen (meist gegenüber dem gegenschlechtlichen Elternteil) und feindseligen Regungen, die das Kind gegenüber seinen Eltern empfindet. Mit der Überwindung des Ödipuskomplexes beginnt die *Latenzperiode* (etwa vom 6. bis zum 12. Lebensjahr), die durch das Zurücktreten sexueller Handlungen und Wünsche und die Entwicklung geistiger und sozialer Fertigkeiten gekennzeichnet ist. *Die genitale Stufe* der Libidoentwicklung wird in der Pubertät erreicht. In ihr soll das infantile Sexualleben seine endgültige, normale

Gestalt annehmen. Libidoobjekt wird nun ein andersgeschlechtlicher Partner, Quelle ist die Genitalregion, Ziel ist die geschlechtliche Vereinigung. – Mit dem Abschluß der frühkindlichen Sexualentwicklung und dem Eintritt in die Latenzperiode weist die Psyche des Kindes die von Freud in seiner *Instanzentheorie* (oder Strukturhypothese) des psychischen Apparates unterschiedenen Strukturen des ↑Es, ↑Ich und ↑Überich auf. Bei der Geburt ist zunächst nur ein Bereich vorhanden, das Es, die unbewußt bleibende Quelle aller Triebe, Antriebe und Bedürfnisse. Das Ich differenziert sich im etwa 6. bis 8. Lebensmonat aus dem Es heraus, wenn das Kind lernt, zwischen seinem Körper und der Außenwelt zu unterscheiden, und es besteht aus jenen Funktionen, die mit der Beziehung des Individuums zu seiner Umwelt zu tun haben. Die dritte Instanz ist das Überich, dessen Inhalte Normen, Gebote und Verbote sind und das zum großen Teil unbewußt ist. Es entsteht durch die Identifikation des Kindes mit den Wertvorstellungen seiner Eltern v. a. aus der Angst des Kindes, bei Nichtbeachtung der Wünsche und Gebote der Eltern ihre Liebe zu verlieren. Das Ich hat die Aufgabe, zwischen den beiden anderen Instanzen, den Triebansprüchen des Es und den als Gewissensdruck spürbar werdenden Forderungen des Überich zu vermitteln und die Bedürfnisse aus dem Es der Realität anzupassen. Wenn eine Person Triebansprüchen ausgesetzt ist, die ihr Ich und ihr Überich nicht tolerieren können, reagiert das Ich auf die aus diesem Konflikt entstehende Angst mit *Abwehrmechanismen,* die in der Regel unbewußt vor sich gehen. Durch die verschiedenen Abwehrmechanismen werden Triebregungen unwirksam gemacht oder in ihrer Dynamik abgeschwächt, die sonst das innere Ordnungsgefüge der Persönlichkeit bedrohen oder die Gefahr schwerer Konflikte heraufbeschwören würden. Der wichtigste Abwehrmechanismus ist die *Verdrängung,* bei der die mit einem Trieb zusammenhängenden Vorstellungen ins Unbewußte zurückgestoßen oder dort festgehalten werden. Um die Verdrängung aufrechtzuerhalten und den Triebimpuls zu beherrschen, muß genausoviel Energie vom Ich aufgewendet werden wie der Impuls Energie hat. Mögliche Folgen sind eine Verarmung der Persönlichkeit oder die Heranbildung körperlicher Symptome. Nach psychoanalytischer Lehrmeinung führt allerdings erst die längere starre und übertriebene Handhabung von Abwehrmechanismen zu seelischen Störungen.

Psychologie: [zu griechisch psyché „Seele" und ↑Logos]: Wissenschaft, die sich mit dem Verhalten und Erleben des Menschen befaßt *(Humanpsychologie).* In *theoretischer Hinsicht* geht es der Psychologie in erster Linie um die Beschreibung und Erklärung psychischer Sachverhalte (z. B. Motivation, Lernen, Denken usw.). In *praktischer Hinsicht* kann sie Entscheidungshilfen und Handlungsanweisungen für die Erreichung bestimmter als wünschenswert erklärter Zielsetzungen geben (angewandte Psychologie). Von der *vergleichenden Psychologie* wird außerdem die stammesgeschichtliche Entwicklung berücksichtigt, während der die Grundlagen auch für die seelische und geistige Entwicklung des Menschen entstanden sind. Andererseits wird gerade das spezifisch Menschliche weitgehend durch die sozialhistorischen Entwicklungsbedingungen der Menschheit bestimmt, so daß Psychologie schon ihrem Wesen nach eine Wissenschaft ist, die zwischen den (v. a. biologischen) Naturwissenschaften einerseits und den Sozial-, Kultur- und Geisteswissenschaften andererseits steht. – Bis zum 19. Jahrhundert war die Psychologie als „Lehre von der Seele" Teilgebiet der Philosophie. Diese Lehre hat ihren Ursprung in der Antike, besonders bei den Griechen (u. a. Thales von Milet, Anaximander, Anaximenes, Demokrit,

Epikur, Lukrez, Platon und Aristoteles). Als erster verwendete Melanchthon die Bezeichnung Psychologie in seinen Vorlesungen. Er wies darauf hin, daß die Seele ein der wissenschaftlichen Behandlung würdiger Gegenstand sei. Auf die weitere Entwicklung der Psychologie nahmen v. a. der ↑Kartesianismus und der ↑Okkasionalismus Einfluß. Dies führte zu einer strikten begrifflichen Trennung von körperlichen Prozessen und von Bewußtseinsvorgängen (↑Leib-Seele-Problem). Zu den wichtigsten Wegbereitern einer empirischen Psychologie gehören die Sensualisten (↑Sensualismus) und Empiristen (↑Empirismus), v. a. Locke, Hobbes und Hume. Erst aus der sinnespsychologischen Forschung zu Beginn des 19. Jahrhunderts (Ernst Heinrich Weber, Fechner, Müller) entwickelte sich eine nach naturwissenschaftlichen Methoden arbeitende Psychologie. Außerhalb der akademischen Psychologie entstanden die verschiedenen Richtungen der Tiefenpsychologie; Grundlage war die von Freud Ende des 19. Jahrhunderts entwickelte ↑Psychoanalyse. – Wichtige Beiträge zur Entwicklung der Psychologie leisteten Psychiatrie, philosophische, pädagogische, biologische Anthropologie sowie die vergleichende Verhaltensforschung.

Psychologismus [griechisch]: die Auffassung, nach der die Psychologie die Grundlage aller wissenschaftlichen Disziplinen sei, da die Gegenstände und Sachverhalte, um die sich die verschiedenen Wissenschaften bemühen, von der menschlichen Erkenntnisfähigkeit abhängig seien, diese ihrerseits aber zum Gebiet der Psychologie gehöre; auch Bezeichnung für die Überbewertung der Psychologie. – Insbesondere wurde die Logik als „Kunstlehre vom richtigen Denken“ interpretiert; ihre Gesetze seien reale Gesetze des menschlichen Denkens; Wahrheit bedeute Einklang mit diesen Gesetzen. Die Kritik dieser Lehre (Frege, Husserl) stand Pate bei der Entwicklung der modernen Logik.

Q

Quadrat, logisches ↑Syllogistik.

Qualität [lateinisch „Beschaffenheit“]: seit Aristoteles Bezeichnung für eine wesentliche Eigenschaft (lateinisch „proprium“) eines Gegenstands[bereichs], die ihn (im Unterschied zum ↑Akzidens) zu dem macht, was er ist. Diese Lehre hängt eng mit der traditionellen Auffassung von den Realdefinitionen (↑Definition) zusammen. Qualität ist eine ↑Kategorie. Neben den genannten *realen* Qualitäten werden auch *logische* Qualitäten angenommen, die Urteilsarten bejahend, verneinend und unendlich (z. B. bei Kant). Eine vielfach diskutierte Frage ist die Unterscheidung von *objektiven* (d. h. dem Gegenstand von sich aus zukommenden) und *subjektiven* (d. h. vom Beobachter dem Gegenstand bloß zugesprochenen) Qualitäten (↑Sinnesqualitäten). Im Marxismus spielt das Prinzip des Umschlags der Quantität in Qualität eine wichtige Rolle: Viele kleine Veränderungen können schließlich zu einem Qualitäts*sprung* führen. Das gilt sowohl für Naturvorgänge (z. B. Gefrieren oder Schmelzen) als auch für gesellschaftliche Prozesse (z. B. Revolutionen).

Quantentheorie: neben der ↑Relativitätstheorie eine der fundamentalsten Entwicklungen der Physik unseres Jahrhunderts und Grundlage für die Fortschritte unserer Kenntnis über die Struktur der ↑Materie im mikrophysikalischen Bereich. Beide Theorien trugen darüber hinaus zu wesentlichen Erneuerungen unseres physikalischen ↑Weltbildes bei. Ihre Anfänge hat die Quantentheorie mit den im Jahre 1900 veröffentlichten Arbeiten Plancks. Die Annahme, daß ein schwingungsfähiges System Energie *nicht kontinuierlich* abgibt bzw. aufnimmt, sondern in diskreten Energie-„Quanten" (↑ Kontinuität/Diskontinuität), konnte zum ersten Mal ein Strahlungsphänomen (im Zusammenhang mit dem sogenannten „Schwarzen Strahler") erklären, das im Rahmen der klassischen Physik nicht verstehbar war. Ein Energiequant stellt sich dar als Produkt aus der Frequenz der Strahlung und einer nun neugefundenen *Naturkonstanten,* die nach Planck „Wirkungsquantum" (Symbol: *h*) genannt wird. Mit dieser Größe konnte Bohr in der Folge die Strahlungseigenschaften von Atomen erklären und daraufhin ein erstes befriedigendes Atommodell entwickeln. Einstein konnte zeigen, daß das Licht, das bis dahin ausschließlich als elektromagnetische Wellenerscheinung verstanden wurde, auch als Strahlung von Licht-Quanten auftreten kann (Photonen). Damit war das Problem des ↑ Welle-Teilchen-Dualismus ins Leben gerufen; Problem deshalb, weil Licht *nur entweder* als Welle *oder* als Teilchenstrom in Erscheinung tritt (in Abhängigkeit von den experimentellen Bedingungen). Damit war die *Eindeutigkeit* physikalischer Phänomene in Frage gestellt. De Broglie bewies, daß umgekehrt auch jeder Strom materieller Partikel als Wellenerscheinung *auftreten* (nicht nur als solcher *gedeutet* werden) kann: Ein Teilchenstrom zeigt z. B. *Interferenzen,* die *nur* bei Wechselwirkung von Wellen auftreten können. Die Quantentheorie über das Verhalten eines Systems von Teilchen mit fester Teilchenzahl nennt man *Quantenmechanik.* Eine entscheidende Station in der Geschichte der Quantentheorie war mit der Unbestimmtheitsrelation von Heisenberg erreicht: Sie konnte das Problem mathematisch in den Griff bekommen, daß im Gegensatz zur klassischen Mechanik bestimmte physikalische Größenpaare (z. B. Ort und Impuls, Zeit und Energie) *nicht gleichzeitig* exakt gemessen werden können. Diese Paare „komplementärer" Größen sind über ein Produkt an das Wirkungsquantum *h* gekoppelt, und zwar so, daß mit der Meß*genauigkeit* der einen die *Ungenauigkeit* der anderen Größe *erzeugt* wird. Daß dies nicht nur durch den Meßprozeß bewirkt wird (Einfluß des Beobachtens auf das Verhalten des Beobachtungsobjektes u. a.), sondern eine *ontische* Bedingung der Struktur der mikrophysikalischen Materie ist, hatte fundamentale Konsequenzen für die Entwicklung in der Elementarteilchenphysik: Gemeinsam mit dem Resultat der Relativitätstheorie, daß lokale Masse in [Strahlungs- oder Bewegungs-]Energie umgewandelt werden kann und umgekehrt, konnte jetzt die Vielfalt der Eigenschaften von Elementarteilchen und überhaupt ihre Vielfalt besser verstanden werden, v. a. ihr Wechselwirkungsverhalten und ihre gegenseitige Erzeugung und Vernichtung: Die Unbestimmtheitsrelation erklärt nämlich, wieso nun mit einer Festlegung einer zeitlichen *Dauer* (Distanz zweier Zeitmarken, die z. B. durch die *Wellenlänge* der „beobachtenden" Strahlung vorgegeben ist) schon auch ein Energiebetrag *zur Verfügung steht,* der es möglich macht, daß Teilchen entstehen, die vorher nicht existierten. Die Teilchen*eigenschaften* werden durch *Quantenzahlen* beschrieben, die teils diskret sind (z. B. Drehimpuls, elektrische Ladung), teils kontinuierlich (z. B. Ort, Impuls). Eine wesentliche Veränderung gegenüber der klassischen Physik ist ferner, daß das Verhalten eines Teilchens oder einer Teilchengruppe zwar immer noch kausal ist (↑ Kausalität), aber nicht mehr vorausgesagt werden kann, also *nicht* mehr *determiniert* ist: Aussagen über das Verhalten von Teilchen und deren Struktur sind *Wahrscheinlichkeitsaussagen* (↑ Wahrscheinlichkeit). Daß Wahrscheinlichkeiten aber nicht nur ein Problem des *Wissens* oder der *Aussage* über mikrophysikalische Strukturen sind, sondern auch hier eine *ontische* Valenz bekommen haben, trug wesentlich zum heutigen physikalischen Weltbild bei (↑ auch Kosmologie, ↑ Natur).

Quantifikation (Quantifizierung) [zu lateinisch quantum „wie viel, wie groß“ und facere (in Zusammensetzungen -ficere) „machen“]: in der Logik die Überführung einer Aussageform mit (im einfachsten Fall) einer freien Variablen in eine Aussage durch Einführung eines ↑Quantors. Man sagt: Die Aussage geht durch Quantifikation aus der Aussageform hervor; z. B.: Aus der arithmetischen Aussageform (mit der freien Variablen x) $\bigwedge_{y \in \mathbf{N}} x+1=y$ wird nach Einführung eines ↑Existenzquantors $\bigvee_{x \in \mathbf{N}} \bigwedge_{y \in \mathbf{N}} x+1=y$ (zu jeder natürlichen Zahl gibt es einen Vorgänger; dies ist falsch, wie $y=1$ zeigt). – In der Wissenschaftstheorie versteht man unter Quantifikation (auch *Metrisierung*) die Einführung quantitativer, d. h. messender Methoden (↑Messen) in ein Forschungsgebiet. Sie ist eine notwendige Vorstufe der Mathematisierung; z. B.: Anstatt – wie in der aristotelischen Tradition üblich – den freien Fall zu beobachten und zu beschreiben, ging Galilei dazu über, den zurückgelegten Weg und die hierzu benötigte Zeit zu messen (was zu seiner Zeit keineswegs einfach war!) und die Abhängigkeit zwischen den gefundenen Größen (den „quanta“) zu studieren.

Quantität [lateinisch „Größe, Zahl, Menge“]: nach Aristoteles eine ↑Kategorie. Unter sie fallen alle Aussagen über Größen, Anzahl und Mengen von Gegenständen. Quantitative Aussagen lassen sich immer in *Zahlenangaben* übersetzen. Damit erlaubt es die Quantität, qualitativ Verschiedenes (z. B. rotes und blaues Licht) zu vergleichen (mit Hilfe von in Zahlenwerten formulierbaren Wellenlängen). Im Gegensatz zur Qualität, die individualisiert, vereinheitlicht also die Quantität. Quantitäten werden heute – da Ergebnisse von ↑Quantifikationen – meist als den Dingen *äußerlich* angesehen. Es gab jedoch bedeutende naturphilosophische Theorien (z. B. der Pythagoreer), die davon ausgingen, daß die Natur *wesensmäßig* durch Zahlen bestimmt sei. – Die Quantität wird im Marxismus in engem Zusammenhang mit der Qualität gesehen: Eine Anhäufung kleiner Veränderungen vermag einen Wechsel der Qualität hervorzurufen (Umschlag von Quantität in Qualität).

Quantor [zu ↑Quantifikation gebildet]: zusammenfassende Bezeichnung für die logischen Partikeln ↑Allquantor und ↑Existenzquantor. Zu einem Quantor gehört die Angabe des Grundbereichs, über den die quantifizierte („gebundene“) Variable läuft. Mit Quantoren können ↑Aussageformen mit freien Gegenstandsvariablen durch deren Bindung in Aussagen überführt werden.

Quantorenlogik [lateinisch-griechisch]: svw. ↑Prädikatenlogik.

Quaternio terminorum [lateinisch „Vierheit der Begriffe“]: Beweisfehler, der beim syllogistischen Schließen dann auftreten kann, wenn der Mittelbegriff äquivok verwendet wird; z. B.:

Jede Schraube besitzt eine Mutter.

Jede Mutter hat Kinder.

Alle Schrauben haben Kinder.

Quiddität (Quidditas) [zu lateinisch quid „was?“]: svw. Washeit, Was-Sein, „was etwas ist (?), daß es ist“. In der Scholastik im Unterschied zum „Daß-Sein“ (Entität; ↑Ens) Bezeichnung für die einem Ding, Gegenstand zukommende Wesenheit (↑Wesen). – ↑auch Essentia.

Quietismus [kvi-e...; zu lateinisch quies „Ruhe“]: Lebenshaltung, die den Standpunkt vollständiger, tatenloser Passivität, affektloser Gemütsruhe und eine weltabgewandte Einstellung vertritt; Wollen und eigeninitiatives Handeln werden geleugnet. Einen Niederschlag quietistischer Tendenzen in der philosophischen Tradition findet man in der chinesischen Philosophie (bei Laotse wird „Nichthandeln“ als metaphysisch begründetes Prinzip für ethische, politische und gesellschaftliche Fragen erörtert), z. T. auch in der Philosophie der Stoa, im Epikureismus und

Neuplatonismus, wie überhaupt in der spätantiken Philosophie. In religiösem Zusammenhang bedeutet Quietismus ein bedingungsloses Annehmen des göttlichen Willens (das nach der Devise des Franz von Sales vom Menschen verlangt, nichts zu begehren und nichts zurückzuweisen).

R

radikal [zu lateinisch radix „Wurzel"]: im allgemeinen Sprachgebrauch einerseits vollständig, gründlich, von Grund aus erfolgend, andererseits – negativ – mit Rücksichtslosigkeit und Härte vorgehend. In der Philosophie wird radikal in vielen Zusammenhängen meist im Sinne von wurzelhaft, bis auf die Wurzel, den letzten Grund eines Sachverhalts gehend, gebraucht. Im politisch-sozialen wie allgemein weltanschaulichen Bereich steht **Radikalismus** für Theorien oder Bewegungen, die bestehende Verhältnisse theoretisch oder praktisch grundsätzlich verändern wollen. Dabei wird die Bezeichnung Radikalismus ungeachtet des jeweiligen politischen Lagers oft diffamierend eingesetzt. Lenin sah im Radikalismus eine „Kinderkrankheit der kommunistischen Bewegung".

Ratio [lateinisch] ↑Vernunft, ↑Verstand.

rational [lateinisch „vernünftig, zur Vernunft gehörig"]: allgemein gebraucht im Sinne von vernünftig, nach Vernunftgründen, auf einer wie auch immer logisch-schlüssigen Ableitung basierend; *Rationalität* ist das allgemeine, in der Regel nur dem menschlichen Geist zugesprochene Vermögen dazu. *Rationalisieren (Rationalisierung)* heißt einen Sachverhalt nach vernünftig (machbar) bemessenen Rationen gliedern, *rationell* ist ein praktisch völlig durchdachtes Verfahren, oft im Sinne von: mit ökonomisch bzw. zeitlich sparsamen Mitteln. In der Philosophie bezieht sich der Begriff rational etwas eingeschränkt auf jede spezifisch menschliche Tätigkeit des begrifflich-diskursiven Erkennens und Denkens; in dieser Hinsicht nicht zu verwechseln mit dem das menschliche Vernunftvermögen gemeinsprachlich umfassender charakterisierenden Begriff intellektuell. Nicht alle intellektuelle Erkenntnis, z.B. das ästhetische Erfassen einer Schönheit oder das mystische Denken, basiert auf einer begrifflichen Erkenntnisleistung. Eine rationale Wissenschaft ist stets ein nach deduktiven bzw. reduktiven Gesetzen, d.h. von Prinzipien hergeleitetes Verfahren. – Gegensatz: ↑irrational; ↑auch Rationalismus.

Rationalismus [zu ↑rational]: erkenntnistheoretische Position, die gegenüber der sinnlichen Wahrnehmung wie der Gefühls- und Willensebene den Anteil der ↑Vernunft an unseren Erkenntnisleistungen betont bzw. verabsolutiert. Der Rationalismus steht im Gegensatz zum ↑Empirismus bzw. ↑Sensualismus. Während der Sensualismus alles Denken auf Sinnesdaten zurückführt (nichts ist im Verstand, was nicht vorher in den Sinnen gewesen ist), der (gemäßigte) Empirismus einen vermittelnden Standpunkt vertritt (Rationalität ist ein Abstraktionsprozeß, der *durch* den Akt der Wahrnehmung selbst hervorgerufen wird), sieht der Rationalismus im menschlichen ↑Verstand ein selbständiges, von allen äußeren Einflüssen unabhängiges (autonomes) Erkenntnisorgan. – Der *metaphysische* Rationalismus geht davon aus, daß der Mensch von Haus aus ein „animal rationale" (Thomas von Aquin) sei, d.h. sich gerade *durch* sein Vernunftvermögen z.B. vom Tier wesentlich unterscheidet. Aristoteles sah in ihm ein „Zoon logon echon", ein Lebewesen, das den ↑Logos hat, d.h. ein vor aller Erfahrung (= apriorisch) angesiedeltes Wissen von der Wahrheit überhaupt. Der *methodische* Rationalismus begründete im Gegensatz zur empiristischen Einstellung einer (begriffsfreien) Basis des Wissens in der Erfahrung den Vorrang eines nichtempirischen Wissens mit der Annahme sogenannter Ideen (= Begriffe). Die Exklusivität des menschlichen Sprachvermögens erfüllte sich v.a. im Vorbild der Mathematik. In ihr sah er ein auf rationalem Wege geschaffenes allgemeines Zeichensystem, das seine Logozität ausschließlich immanenten Gesetzmäßigkeiten verdankt, andererseits ideal geschaffen schien zur Quantifizierung der Welt (Galilei). Dem Rationalismus entspricht eine Grundhaltung des Denkens, die die Philosophiegeschichte seit ihrem Abschied vom Mythos durchzogen hat. Im universalen Bezugsrahmen zwischen Erkenntnis und Wirklichkeit läßt sich die gesamte Geschichte der Philosophie auf eine permanente Auseinandersetzung zwischen einerseits empiristisch („von unten") und andererseits rationalistisch („von oben") orientierten Denkern reduzieren. Betont antiempiristisch war bereits die ↑eleatische Philosophie. Die Pythagoreer stellten die Philosophie erstmals auf die Basis der Mathematik, indem sie die Wirklichkeit als eine den Zahlen gemäße Ordnung betrachteten. Der ↑Heraklitismus führte den Logosgedanken in die Philosophie ein. Platon war mit seiner Ideenlehre der erste wirkliche Theoretiker des Rationalismus. Parallel kommt in dem Doppelgespann Platon-Aristoteles erstmals die Differenz von Rationalismus/Empirismus zum Tragen. Seitdem sehen sich Rationalisten primär durch Platon, Empiristen primär durch Aristoteles repräsentiert. Trotz der epochalen wissenschaftstheoretischen Unterscheidung zwischen Ideen- und Wahrnehmungswelt (↑Form/Materie) durch Aristoteles blieb allerdings auch er im Kern Rationalist. Für ihn – wie dann für den gesamten Rationalismus des Mittelalters – ist das wahrhaft Seiende das im Begriff Gedachte, demgegenüber das Sinnliche als das passive, formlose Material erst mit dem Denken seine Form bzw. begriffliche Gestalt gewinnt. Sokrates gilt daneben als der Begründer eines *ethischen* Rationalismus auf der Grundlage eines allen Menschen innewohnenden Begriffs des Guten. – Mit Descartes beginnt die Periode des Rationalismus im heutigen (eingeschränkten) Sinne, der zur klassischen Philosophie der ↑Aufklärung wurde. Ihm liegt durchgängig das Wissenschaftsideal der Mathematik zugrunde. Exemplarisch etwa in Spinozas Entwurf einer Ethik **more geometrico** („... nach Art der Geometrie"), die die methodische Angleichung aller Wissenschaften an den axiomatischen Aufbau der Geometrie Euklids forderte. Gott war für ihn identisch mit der Natur („deus sive natura"). Leibniz sah ähnlich Descartes in der Mathematik eine Universalsprache **(Mathesis universalis).** War bisher ein Vernunftbegriff bestimmend gewesen, der durch die Identitätssetzung von Begriff und Wirklichkeit (↑Realismus) objektiv ausgerichtet war, so entsteht nun ein subjektiver Vernunftbegriff, mit dem die Frage nach der Sicherung der Autonomie der Vernunfterkenntis vom erkennenden Subjekt her in den Vordergrund rückt. Ausschlaggebend dafür war v.a. Descartes' erkenntniskritischer Rückgang auf das ↑Cogito, ergo sum. Wahr kann nur sein, was ↑klar und deutlich im Selbstbewußtsein aufzufinden ist. Seine Lehre von den ↑angeborenen Ideen (Gott, Vollkommenheit, Unendlichkeit) stand im krassen Widerspruch zum englischen Empirismus (Locke, Hume, Berkeley), etwa Lockes These vom Bewußtsein als einem anfänglich „unbeschriebenen Blatt" („white paper"), wonach wir erst durch Erfahrungen zu Inhalten gelangen. Der Streit um die Existenz der angeborenen Ideen führte dann bei Leibniz zu jener charakteristischen (methodisch-operativen) Wende, die den systematischen Kern des neuzeitlichen Rationalismus ausmacht: die Abkehr von der intuitiven Basis (z.B. die ↑Evidenz des Ich als letzter Erkenntnisgrund, die Idee Gott als Garant der Außenwelt) hin zu einer konstruktiven Basis. Dem neuzeitlichen Vernunftbegriff liegt eine Erkenntnis *leistende*, d.h. ihre Inhalte allein aus sich selbst heraus erzeugende Vernunft zugrunde. Ausschlaggebend für Leibniz waren von daher nicht die Inhalte selbst der Ideen, als vielmehr die Tatsache, daß solche Ideen überhaupt von uns ausgebildet werden und wir auf sie reflektieren können. Auf die sensualistische These, nichts sei im Verstande, was nicht vorher in den Sinnen gewesen ist, antwortet Leibniz: außer dem, was allein im Verstande ist. Im Anschluß an Leibniz' Unterscheidung zwischen den „Vernunftwahrheiten" und „Tatsachenwahrheiten" wird in Kants ↑Kritizismus der gesamte bisherige Rationalismus auf eine höhere Stufe gehoben. Kant strebte damit eine Einheit zwischen Rationalismus und Empirismus an. Seine Kritik führte Kant zu der Feststellung, daß unsere Erkenntnis in „bloßen" *Formen* erfolgt. Diese sind aber nun als apriorische Formen (↑Raum, ↑Zeit, ↑Kategorie) dem Bewußtsein als Prinzipien der Vernunft immer schon mitgegeben. Der Verstand ist das Vermögen, in diesen Formen zu denken, die Vernunft ist die Logik des Schließens. Indem sich die Vernunft dabei reflexiv auf den Verstand bezieht, wird sie in der „Kritik der reinen Vernunft" gleichzeitig zur kritisierenden wie zur kritisierten Vernunft. In Kants Lehre vom synthetischen Urteil a priori findet der Rationalismus dann sein Grundprinzip, d.h. die „Bedingung der Möglichkeit" einer sich selbst begreifenden Vernunft. Hegels ↑Universalismus bzw. ↑Panlogismus führte den Rationalismus zu seinem vorläufigen Abschluß. Er erneuerte den objektiven Vernunftbegriff, indem er die Spannung zwischen Denken und Sein im Begriff selbst dialektisch aufgehoben sieht. Der Prozeß der Geschichte ist der objektive Ort, an dem die Vernunft (↑Weltgeist) reflexiv zu sich selbst kommt. – V.a. ab dem 19. Jahrhundert erfolgt eine Gegenbewegung im ↑Irrationalismus. Andererseits scheint der Rationalismus aufgegangen zu sein in den zahlreichen philosophischen Strömungen des 20. Jahrhunderts, die sich nach wie vor an der Mathematik orientieren (logischer Empirismus, Wissenschaftstheorie). – Der *kritische* Rationalismus (Popper) des 20. Jahrhunderts ist aus einer Kritik am logischen Empirismus hervorgegangen und stellt gleichsam die Umkehrung der Grundidee des traditionellen Rationalismus dar. Indem er die Induktionschlüsse empirischer Behauptungen bezweifelt, fordert er als Abgrenzungskriterium für rational verstandene wissenschaftliche Sätze im Gegensatz zum klassischen Prinzip der Verifikation das der Falsifikation (↑kritischer Rationalismus).

Rationalismus kritischer ↑kritischer Rationalismus.

Raum: seit den ersten atomistischen Materietheorien (Demokrit, Leukipp, Epikur) spielt die Diskussion über Begriff und Natur des Raumes eine grundlegende Rolle für jede Theorie des Aufbaus und der Struktur der ↑Materie. Während Parmenides das ↑Sein als grundlegenden Begriff der Philosophie bestimmt, dagegen den Begriff ↑Nichts als undenkbar aus der Philosophie zu eliminieren trachtet, bestimmt Demokrit die unendliche Mannigfaltigkeit der Atome als das Seiende, und das Nichtsein gewinnt als Grundkonstitution ihrer *Getrenntheit* und positive Bestimmung der *Möglichkeit* ihrer *Bewegung* eine *ontische* Valenz: Das Nicht-Sein („mè ón") geht als das *Leere* („kénon") – das Medium, *in* dem sich die Atome *bewegen* – gemeinsam mit den Atomen in die Konstitution der Materie ein. Damit ist die erste in der ↑Relativitätstheorie aufgelöste Frage aufgeworfen, ob der Raum neben der eigentlichen Materie ein *selbständiges* Existierendes sei (*ontische* Raumbegriffe) oder ob er die begriffliche Abstraktion der *Konstellation* und *Koordination* von materiellen Entitäten sei (*metrische* Raumbegriffe). Die Zenonsche Paradoxie vom fliegenden Pfeil, der zugleich auch ruht, verweist auf die Notwendigkeit, am Raumbegriff zu unterscheiden, ob er die *Möglichkeit* von Bewegung meint oder dasjenige, in dem Bewegung *stattfindet,* oder den Raum, den ein Körper aufgrund seiner *Ausgedehntheit* einnimmt. Im Begriff der Materie als das gegen ihre Durchdringung *Widerstandleistende* fallen diese Unterscheidungen aber wiederum zusammen. Für Aristoteles ist Raum daher das den materiellen Körper *Begrenzende.* Er bestimmt Raum als das *Kontinuum* der Mannigfaltigkeit von *Örtern.* Raum, ↑Zeit und Materie sind überhaupt Beispiele des Kontinuums, das er als *unendliche Teilbarkeit* bestimmt (↑Kontinuität/Diskontinuität). Descartes sieht Raum und Materie im Begriff der Ausgedehntheit als identisch an (↑Res cogitans/Res extensa). Er legt zugleich die Grundlagen für den Begriff des *Koordinatensystems:* Indem man für die Festlegung eines Punktes im Raum exakt drei Bestimmungsstücke (Koordinaten) benötigt, ist der Anschauungs-Raum als drei*dimensional* bestimmt. Newton unterscheidet einen *absoluten* von einem *relativen* Raum: Zwar hängt die räumliche und zeitliche Bestimmung von Ereignissen und Bewegungen von der Wahl des Koordinatensystems ab, aber diese Bestimmungen sind durch eine Koordinaten*transformation* ineinander überführbar. Physikalische *Prozesse* erweisen sich so als von der Koordinatenwahl unabhängig (Galilei-Invarianz). Der Raum ist daher nicht durch die spezielle Wahl eines Bezugssystems festlegbar (Galileisches Relativitätsprinzip). Dennoch vermutet Newton einen absoluten Raum, der „vermöge seiner Natur und ohne Beziehung auf einen äußeren Gegenstand stets gleich und unbeweglich" bleibt. Dieser absolute Raum wird später mit dem „Äther" identifiziert, dem Medium in dem sich das Licht wellenförmig ausbreitet. Die Widerlegung dieser Vorstellung (Michelson-Morley-Experiment) führt zur Entwicklung der speziellen Relativitätstheorie. In deren Raum ist nun auch – infolge der Konstanz der Lichtgeschwindigkeit – die Distanz zweier Punkte nicht mehr absolut, sondern abhängig vom relativen *Bewegungszustand* des jeweiligen [Beobachter-] Koordinatensystems (Längenkontraktion). *Unabhängig* gegenüber der Wahl von Bezugssystemen ist dagegen eine aus Raum- und Zeit-Koordinaten kombinierte vierdimensionale Größe („Vierer-Distanz"): Da nun Raum und Zeit nicht mehr unabhängig voneinander bestimmt werden können, spricht man von einer (vierdimensionalen) *Raumzeit* (Einstein, Minkowski). Während die klassische Physik den Raum als physikalisches Modell der euklidischen Geometrie mit ihren Axiomen betrachten konnte, ist dies in der relativistischen Physik nicht mehr der Fall. Die allgemeine Relativitätstheorie beschreibt die *Wirkung* der Anwesenheit gravitierender Materie in der Raumzeit als eine nichteuklidische Raum-„Krümmung": Die durch die Gravitationswirkung gekrümmte Bahn eines Körpers stellt sich in der „gekrümmten" Raumzeit als nichteuklidische *Gerade* („Geodätische") dar. Daß diese gravitative Raumkrümmung eine dem physikalischen Raum *objektiv* inhärente Eigenschaft ist, konnte dadurch bewiesen werden, daß auch Lichtstrahlen, die wegen ihrer Masselosigkeit *nicht* gravitativ wechselwirken, in einem Gravitationsfeld abgelenkt werden. Eine Weiterentwicklung dieser allgemeinen Relativitätstheorie beschreibt die (gravitierende) *Materie selbst* als (jeweils lokal variierte) nichteuklidische *Geometrie* der Raumzeit. Bewegte Massen treten hier als Geometriefluktuationen auf. Indem so Materie „geometrisiert" bzw. Geometrie ontisch begriffen wird, ist damit der Versuch gemacht, die Unterscheidung zwischen Raum bzw. Raumzeit und Materie vollständig aufzugeben (↑Kosmologie). Materie als logische – genauer dialektische – Konsequenz aus einem Raum- und Zeitbegriff wurde bereits von Hegel bewiesen.

Reaktion ↑Reiz/Reaktion.

real [zu lateinisch res „Sache, Ding"]: die ↑Realität/Wirklichkeit betreffend, im Sinne von nicht nur *in* Gedanken, in der Vorstellung vorhanden, sondern gegenständlich, ↑objektiv. Dabei kann real sowohl das Materielle wie das Ideelle, das Subjektive wie das Objektive sein. Eine *Realisierung* ist der Übergang von einer bloßen Meinung über ein etwaig real Vorhandenes zu dessen eigentlicher (wirklicher) Erkenntnis, etwas *realisieren* meint, sich eines Sachverhalts (endlich) bewußt werden. *Reell* ist das tatsächlich Vorhandene, oft allgemein bestärkend im Sinne von echt, ehrlich, ohne Zweifel. Gegensätze ↑ideal, imaginär, irreal, phantastisch. – ↑Realismus.

Realismus [zu ↑real]: ein Standpunkt, der die ↑Realität/Wirklichkeit einer faktischen Realität/Wirklichkeit voraussetzt, ontologisch der Frage nachgeht, ob und wie das ↑Sein der Ontologie existiert sowie erkenntnistheoretisch der menschlichen Erkenntnisfähigkeit insgesamt eine wie auch immer geartete Verbindung (↑Wahrnehmung) zum Sein zutraut. Der Gebrauch des Begriffes beschränkt sich heute nicht nur auf die Philosophie, sondern hat daneben etwa als Perioden- oder Stilbegriff Eingang gefunden z. B. in die Literatur- und Kunstwissenschaften. Der Realismus der bildenden Kunst des 19. Jahrhunderts ist ein prinzipieller Gegenentwurf zur normativen ↑Ästhetik, indem er sich in Opposition gegenüber der „überhöhten" Realität idealistischer Kunstauffassung zu einer (ungeschminkten) Darstellung der alltäglichen, sozialen Realität erkennt. Aller Realismus im Sinne einer realistischen Grundhaltung ist Ausdruck der fundamentalen Tatsache, daß ohne die Annahme einer realen, wirklich existierenden Welt (= Summe realer Vorkommnisse) unser gesamter Lebenszusammenhang, alle Erfahrungen, Handlungen sowie der Umstand, daß wir mit anderen kommunizieren (können), nicht nur sinnentleert, sondern gänzlich unbegreiflich wäre. Von daher kann man davon ausgehen, daß jede Philosophie, selbst der extremste ↑Solipsismus, in irgendeiner Weise einem Realismus verpflichtet ist. Von Ausnahmen abgesehen (↑ontologische Differenz) pflegen allerdings die Philosophen diese selbstverständlichste aller Selbstverständlichkeiten vorauszusetzen. Die Grundfrage des Realismus ist weniger, wie, was oder wem eine Realität zukommt, sondern sie kulminiert in der (kosmologisch) „schlichten" Feststellung, *daß* überhaupt etwas *ist*. – Im engeren Sinn ist der Realismus in der Philosophie v. a. in zweierlei Hinsicht problematisiert worden. Das Mittelalter war geprägt von einer Auseinandersetzung, die allgemein unter dem Namen *Begriffsrealismus* zusammengefaßt wird. Die bestimmende Denkrichtung der mittelalterlichen Philosophie stand in Anlehnung an Platons Ideenlehre unter dem absoluten Primat des ↑Allgemeinen (↑Idee) vor dem Besonderen. Da das Allgemeine (nur) durch die Begriffe gegeben war, wurde es mit diesen selbst als identisch angenommen. Daneben gab es das aktuell erscheinende Einzelding, auf das sich die Begriffe bzw. deren Inhalte (= Allgemeinheiten) bezogen. Die Existenz (Realität) des Allgemeinen wurde zwar analog zur höchsten (ewigen) Realität Gott grundsätzlich vorausgesetzt, ließ aber im Spannungsverhältnis zwischen Allgemeinem/Begriff/Einzelding die Frage aufkommen, wie und wo sich das Allgemeine verwirkliche und welcher Realitätsgrad ihm zukomme. Auf diesem Hintergrund entwickelte sich der sogenannte ↑Universalienstreit der Scholastik, für den sich zwei (bzw. drei) Positionen unterscheiden lassen: der extreme (platonische) Begriffsrealismus, der ↑Nominalismus und ein gemäßigter (aristotelischer) Begriffsrealismus (↑Konzeptualismus). – In der Neuzeit ist die Problematik des Begriffsrealismus (säkularisiert) nach wie vor aktuell (Husserls ↑Ontologie), z. B. hinsichtlich der Frage nach der realen Gegebenheit mathematisch abstrakter Konstrukte wie etwa Mengen, Klassen, Proportionen (Frege, Cantor). So scheint es auch für den Mathematiker (Geometrie) sinnvoll zu sein, wirklichkeitsbezogen mit Zahlen zu operieren, obzwar sich deren reale Seinsweise bestenfalls in Form von Strichen auf dem Papier (spekulativ) nachweisen ließe. Während der Realismus des Mittelalters vom Verhältnis Denken (Begriff)/Sein (Wirklichkeit) bestimmt war, steht der neuzeitliche Realismus erkenntnistheoretisch nun unter dem Eindruck des ↑Subjekt-Objekt-Problems. Er gipfelt in der sogenannten Frage nach der Erkennbarkeit der Realität der Außenwelt *(Außenweltrealismus)*. – Der *naive Realismus* geht davon aus, daß uns unsere Vorstellungen eine genaue Kopie der Außenwelt liefern (z. B. in der ↑Evidenz des Tastsinnes). Für den *kritischen Realismus* sind die Gegenstände der Außenwelt nur durch inadäquate Vorstellungen vermittelbar. Die Einsicht in die wirkliche Wirklichkeit der Außenwelt entsteht erst durch subjektive Leistungen, d. h. das Sein wird dem Wahrgenommenen in einem automatischen Urteilsakt als qualitative Zutat beständig untergeschoben. Einen realistischen Standpunkt vertraten u. a. Aristoteles und Locke. Prototyp des Realismus ist der ↑dialektische Materialismus; daneben Neuthomismus und Neurealismus (Russell, Whitehead). Sprachanalytisch orientierte Denker pflegen die Frage nach der Realität der Außenwelt oft als sinnlos zu verwerfen (Carnap). Unter *sozialistischem Realismus* versteht man eine vom offiziellen sowjetrussischen Marxismus-Leninismus sowie Stalinismus „von oben" geförderte Kunstrichtung in Architektur und bildender Kunst, die, u. a. gegen die „bürgerliche" Moderne (abstrakte Malerei) gerichtet, einen künstlerischen Realismus proklamiert, der der Situation der („kämpfenden") Arbeiterklasse gegen die Bourgeoisie verpflichtet sein soll. Im Rahmen der erkenntnistheoretischen Fundierung der marxistischen ↑Widerspiegelungstheorie kam es dabei zu einem Austausch zwischen Kunst und Philosophie. – Der Realismus geht davon aus, daß eine objektive Realität unabhängig vom erkennenden Bewußtsein existiert. Von daher steht er traditionell im Gegensatz zum ↑Idealismus, für den die objektive Realität ausschließlich Produkt des denkenden Subjektes ist. Im 20. Jahrhundert hat sich v. a. unter dem Einfluß von Phänomenologie und Existenzphilosophie, aber auch der Psychologie der Realitätsbegriff wesentlich erweitert. „Wirklichkeit" können nun auch unsere Bewußtseinsakte, Tätigkeiten, Wunschvorstellungen usw. beanspruchen (intentionale Gegenstände; ↑Intentionalität). Von daher scheint der klassische Gegensatz zwischen Realismus und Idealismus z. T. relativiert.

Realität/Wirklichkeit [zu ↑real]: dem allgemeinen Sprachgebrauch folgend werden heute in der Philosophie beide Begriffe mehr oder weniger gleichberechtigt nebeneinander gebraucht, wobei allerdings die Tendenz besteht, den Begriff Realität immer dann zu bevorzugen, wenn es um die Bestimmung eines einzelnen, äußeren z. B. materiellen Seienden geht, während dem Begriff Wirklichkeit daneben ein noch umfassenderer Bedeutungsgehalt zuzukommen scheint. (Beide Begriffe sind im Kontext allerdings nicht zu verwechseln mit material bzw. materiell, obzwar sie natürlich auch die gesamte Materie in ihrer Realität/Wirklichkeit meinen können.) Dementsprechend bezieht sich eine Realität vorwiegend auf das Moment der unmittelbaren Erfahrung und ist svw. reale Seinsweise, das Daseiende im Unterschied zur „bloßen“ Erscheinung, das tatsächlich Gegebene oder die schlichte Tatsache (z. B. „eine politische Realität, an der man nicht mehr vorbeikommt“), während der Begriff Wirklichkeit all das zu umschreiben sucht, was als Gegebenheit überhaupt wahrnehmbar bzw. erfahrbar ist. So scheint es nur eine Nuance im Gebrauch des jeweiligen Begriffs, und doch macht es einen gewaltigen Unterschied, ob sich etwa eine politische Idee in der Gesellschaft verwirklichen läßt oder ob ich meine Idee in einem Kunstwerk realisieren kann. In der Scholastik ist die Wirklichkeit, in engem Bezug zu Wirkung, Wirken (Ursache, ↑Kausalität) gedacht, neben der ↑Möglichkeit und der ↑Notwendigkeit eine der Modalitäten, d. h. Art und Weisen des ↑Seins oder Geschehens. Sie untergliedert sich einerseits in die Realität, d. h. eine inhaltliche Bestimmtheit im Sinne der Sachheit eines Seienden, andererseits in die Aktualität als die jeweilig momentan erscheinende Verwirklichung dieser Realität bzw. Sachheit. In der neuzeitlichen Philosophie kulminiert das Problem von Realität/Wirklichkeit im erkenntnistheoretischen Streit um die „Realität der Außenwelt“ zwischen ↑Idealismus auf der einen und ↑Realismus auf der anderen Seite.

Recht: das von einer Gesellschaft (Rechtsgemeinschaft) als verbindlich anerkannte System von Normen, die vorschreiben, wie sich der einzelne in bestimmten Situationen verhalten soll. Rechtsnormen werden erlassen, 1. um Konflikte zwischen Individuen zu verhindern, 2. um zum Ausbruch gekommene Konflikte zu entscheiden. Jede Gesellschaft (als sozialer Tatbestand betrachtet) wird neben anderen Faktoren v. a. auch durch eine normative Komponente zusammengehalten. Normen, die von allen als verbindliche Orientierungsmuster für ihr Handeln akzeptiert werden, sind eine notwendige Voraussetzung für das Gelingen des Zusammenlebens. Im Unterschied zu allen übrigen Normensystemen hat man als Besonderheit der Rechtsnormen verschiedentlich angeführt, daß sie durch äußeren Zwang (Rechtszwang) durchgesetzt werden können. Obwohl allerdings auch die Einhaltung von Sitten und Gebräuchen durch gesellschaftliche Zwänge z. T. gewährleistet wird, steht jedoch allein dem Recht eine eigens zum Zweck seiner Durchsetzung gebildete staatliche Institution zur Verfügung, die das Monopol legitimer, ebenfalls normativ geregelter Gewaltanwendung besitzt. Dieser „Erzwingungsstab“ verleiht den Rechtsnormen, soweit sie nicht schon freiwillig von den Individuen befolgt werden, eine verläßliche Durchsetzungschance. Bezeichnet man die Chance, menschliches Verhalten wirksam zu lenken, als Macht, so ist es ein Kennzeichen des Rechts, daß es mit organisierter gesellschaftlicher Macht verbunden ist. Mit der Entstehung einer eigenständigen Rechtsdurchsetzungsinstanz wird dem einzelnen die Möglichkeit zur individuell-privaten Rechtsdurchsetzung genommen. Damit ist eine große Gefahr für den Rechtsfrieden ausgeschlossen, da eine konsequente und unparteiische, v. a. aber auch normativ gebundene Durchsetzung des Rechts durch das sogenannte „Faustrecht“ erfahrungsgemäß nicht gewährleistet werden kann. – Das, was zum Inhalt von Rechtsnormen wird, ist weitgehend bestimmt von den Verhältnissen in der jeweiligen Lebenswirklichkeit einer Rechtsgemeinschaft. Auch die gesellschaftlichen Gegebenheiten, Interessen und sozialen Machtpositionen finden in vielfältiger Form ihren Niederschlag in den Inhalten des Rechts. Wenngleich auch die unterschiedlichen sozialen Kräfte Anstoß und Gegenstand rechtlicher Normierungen bilden, so ist das Recht nicht einfach nur Produkt von Interessen, Machtverhältnissen und entsprechenden Ausgleichsbemühungen. Der Versuch einer Rechtssetzung muß v. a. bestimmt sein durch die Frage nach dem Prinzip der „richtigen“ Abwägung und fairen Abgrenzung kollidierender Interessen, d. h. durch die Frage nach der ↑Gerechtigkeit.

Rechtfertigung: häufig synonym mit ↑Begründung gebrauchter philosophischer Terminus. Im engeren Sinne beziehen sich Begründungen auf *theoretische Sätze* (die unser Wissen über die Welt ausdrücken) und Rechtfertigungen auf *praktische Sätze* (mit denen wir Handlungsregeln und Handlungsziele zum Ausdruck bringen). Die Rechtfertigung von Handlungsregeln und -zielen besteht im allgemeinen darin, diese in einem (faktischen oder fingierten) rationalen Dialog als allgemein gewollte zu erweisen.

Rechtsphilosophie: die Disziplin der ↑praktischen Philosophie, die methodisch-systematisch allgemeinste Grundlagen[sätze] des ↑Rechts und der Rechtswissenschaft erforscht, d. h. sich unter Zugrundelegung der Fragestellung nach der Richtigkeit bzw. der Gerechtigkeit des Rechts mit Sinn und Zweck sowie Herkunft, Wesen und Geltung des Rechts befaßt. Hauptproblemstellung der Rechtsphilosophie sind: 1. die Frage nach der *Begründung* des faktisch geltenden (positiven) Rechts, das beansprucht, Handlungsanleitung für jeden Menschen zu sein, d. h. die Frage, worauf der Geltungsanspruch des Rechts beruht, ob jedem beliebigen Inhalt Rechtsgeltung durch den Gesetzgeber verschafft werden kann oder ob dem durch die Idee des Rechts, durch das ↑Naturrecht oder das ↑Sittengesetz Grenzen gesetzt sind; 2. die Frage nach der *Ursache* für die Wirklichkeit, die Seinsweise des positiven Rechts, das, solange es anerkannt und befolgt wird, das Verhalten des Menschen und damit die gesellschaftliche (soziale) Struktur beeinflußt bzw. ob und wie das positive Recht selbst von der jeweils gegebenen Kultur einer Gesellschaft, ihren sozialen Institutionen beeinflußt wird, also eine Geschichtlichkeit von Rechtsentstehung und Rechtsgeltung besteht; 3. die Frage nach der *Gerechtigkeit* des Rechts, inwieweit es als eigene Wirklichkeitsform sinnbezogene Werte beinhaltet und welche dieser Werte im Recht bestimmend hervortreten; 4. die Frage nach der *Gleichheit* im Recht, denn da die Menschen zwar vor dem Gesetz, nicht aber faktisch gleich sind, muß die objektive Rechtsanwendung hinsichtlich des einzelnen notwendig ungleich sein; 5. die Frage nach dem *Zweck* des Rechts, ob es lediglich als Ordnungsfaktor die menschliche Gesellschaft gewährleisten bzw. fördern soll, sowie die Frage nach der Verantwortlichkeit der in einer durch Recht geordneten Gesellschaft lebenden Menschen für das eigene Handeln, ob etwa auch der einzelne in einer gegebenen Rechtsordnung als frei handelndes Subjekt agieren kann. – Obwohl schon Hobbes jenen beiden bis dahin vorherrschenden Begründungsmodellen des Rechts, dem platonischen Versuch der Rechtsbegründung (die Annahme, es gäbe Normen, die verbindlich sind, ohne daß der menschliche Geist diesen Geltungsanspruch geschaffen hätte) und dem Versuch einer theonomen Rechtsbegründung (die menschlichen Ordnungssysteme werden auf einen autoritativen Akt göttlicher Rechtsstiftung zurückgeführt) eine deutliche Absage erteilt hatte, blieb die Geschichte der abendländischen Rechtsphilosophie bis zum Beginn des 19. Jahrhunderts eng verknüpft mit der Naturrechtslehre. Nach dem Zusammenbruch des theokratischen Naturrechts tritt an die Stelle Gottes der inhaltlich ungebundene normsetzende Wille des Staates als einzige Rechtsquelle. Die Eliminierung Gottes führt das voluntaristische Naturrecht in den ↑Rechtspositivismus, das rationalistische Naturrecht in ein abstraktes Vernunftrecht. Während die Materialisten die Rechtsphilosophie als Rechtssoziologie betrieben, übernimmt Kant mit seiner Unterscheidung von Legalität und Moralität (↑Legalität/Legitimität; ↑auch Moralität) die bereits von Pufendorf entwickelte Trennung von Recht und Ethik (Moral). Die rechtsethische Absicht der Kantischen Konzeption hielt wohl noch die traditionelle Fragestellung nach dem Verhältnis von „richtigem" und positivem Recht aufrecht, doch büßt das Naturrecht die unmittelbare Geltung seiner Normen in dem Augenblick ein, in dem sich ein Staat konstituiert und die Aufgaben der Rechtssetzung und -sicherung übernimmt. In der Bestimmung des Rechtsbegriffs kommt es nach Kant auf die Form, nicht auf die Materie an: Kriterium für die Rechtmäßigkeit einer Handlung ist, daß sich die Freiheit der Willkür einer jeden Person mit der Freiheit aller anderen nach einem allgemeinen Gesetz übereinstimmen läßt. Im Unterschied zu Kant rückt Hegel noch einmal materiale Probleme in den Mittelpunkt. Dabei vermeidet er den durch die Tradition vorgezeichneten Dualismus von „richtigem" und positivem Recht, indem er nun eine geschichtsphilosophische Entwicklungstheorie vertritt: Das Recht hat sich im Lauf der Geschichte verändert; die einzelnen Erscheinungs- oder Entwicklungsformen deutet er als Durchgangsstadien in einem Prozeß, der in sich vernünftig ist und in dem sich daher im künftigen Verlauf schließlich die absoluten Prinzipien des Rechts verwirklichen werden. Die historische Rechtsschule bereitet der rein naturrechtlich orientierten Rechtsphilosophie ein vorläufiges Ende. Sie setzt an die Stelle der Vernunft die geschichtliche Entwicklung. Das Naturrecht wird als ein abstraktes Normensystem angesehen, das nicht mehr als Grundlage für die Erklärung verbindlicher Rechtssetzungen tauglich erscheint; stattdessen werden Staat und Recht als Verkörperungen des Volksgeistes interpretiert, und dem abstrakten universellen Naturrechtssystem tritt jetzt eine Vielzahl konkreter nationaler Volksrechte gegenüber. Damit markiert die historische Rechtsschule des 19. Jahrhunderts den überleitenden Schritt zum Rechtspositivismus, in dem das Recht nur noch auf sein verfassungsmäßiges Zustandekommen hinterfragt wird und das Faktum, daß es durch den Staat gesetzt ist, als Legitimation ausreicht. Die Unhaltbarkeit des Versuchs, die Fundamente des Rechts aus der Geschichte ableiten zu wollen, zeigt sich schon darin, daß das Recht eine normative, die Geschichte hingegen eine deskriptive Disziplin ist. Jedoch boten die Konzeptionen von historischer Rechtsschule und Rechtspositivismus der politischen Restauration im 19. Jahrhundert eine passende theoretische Grundlage, um die Errungenschaften der bürgerlichen Emanzipationsbewegungen im Umfeld der Französischen Revolution aufzuheben. Die teilweise hilflose Haltung vieler Juristen angesichts des Nationalsozialismus resultierte aus dem Umstand, daß aufgrund dieser Entwicklung keine adäquate Rechtstheorie zur Verfügung stand, um gegen die Praxis gesetzlichen Unrechts zu opponieren. – Nach 1945 setzte aus den Erfahrungen um die Unzulänglichkeiten des Rechtspositivismus besonders im Umkreis der katholischen Moraltheologie der Versuch ein, erneut an die naturrechtliche Konzeption anzuknüpfen; dieser Versuch ist jedoch ohne überzeugenden Erfolg geblieben.

Rechtspositivismus: Bezeichnung für die wissenschaftliche Grundlagenforschung der historischen Schule, die in der philosophischen Diskussion des 19. Jahrhunderts um die Fundamente des Rechts vorherrscht; anstelle einer abstrakten Rechtstheorie fordert sie eine geschichtliche Betrachtungsweise. Der Rechtspositivismus vertritt in der rechtsphilosophischen Kernfrage nach wissenschaftlicher Begründung der Verbindlichkeit des Rechts den Standpunkt, daß man das durch den Staat gesetzte (positive) Recht lediglich auf sein verfassungsgemäßes Zustandekommen hin untersuchen könne, daß es darüber hinaus jedoch weder einer weiteren Begründung fähig noch bedürftig sei. Die These, daß es schon vor der durch den Staat vollzogenen Rechtssetzung ein vorstaatliches ↑Naturrecht gebe, wird zurückgewiesen; als die alleinige Rechtsquelle gilt der normsetzende Wille des Staates, der nicht mehr weiter hinterfragt werden kann. Der Rechtspositivismus ist der Ansicht, daß dieser Wille inhaltlich nicht mehr an die Einhaltung materialethischer Rechtsprinzipien gebunden sei, ja daß der souveräne Staat theoretisch sogar den unsittlichsten Rechtssatz aufstellen könne. Daß in der Folge der rechtspositivistischen Konzeption die deutsche Rechtstheorie kaum einer Gegenargumentation gegen das gesetzlich organisierte Unrecht des Nationalsozialismus fähig war, hat hier seine Grundlage. – ↑auch Rechtsphilosophie.

Rechtsstaat: ein Staat, in dem Freiheit und Rechtssicherheit garantiert werden und der gemäß seiner Verfassung verpflichtet ist, das von seiner Volksvertretung gesetzte Recht zu verwirklichen, durch seine Tätigkeit nicht zu beeinträchtigen und sich der Kontrolle unabhängiger Richter zu unterwerfen. Die Aufgabe eines Rechtsstaats ist, die Menschenwürde und die individuellen Freiheitsrechte im Rahmen der politischen Ordnung abzusichern; die staatliche Macht ist also zugunsten der Freiheit der Bürger eingeschränkt. Garantiert wird diese Freiheit v. a. durch die in der Verfassung festgelegten Grundrechte (↑Menschenrechte), z. B. durch die Artikel 1 des Grundgesetzes der Bundesrepublik Deutschland („Die Würde des Menschen ist unantastbar") und 4 („Die Freiheit des Glaubens, des Gewissens und die Freiheit des religiösen und weltanschaulichen Bekenntnisses ist unverletzlich"). Diese Grundgesetze können vom Gesetzgeber nur unter genau festgelegten Bedingungen geändert werden. – Durch die schriftliche Fixierung klarer, widerspruchsfreier, berechenbarer und einklagbarer Gesetze, denen alle Bürger in gleichem Maß unterworfen sind (Rechtsgleichheit), wird die Rechtssicherheit garantiert. Aufgrund dieser Gesetze hat jeder Bürger, wenn er durch Mitbürger geschädigt wird, die Möglichkeit, seinen daraus resultierenden Rechtsanspruch bei unabhängigen Gerichten einzuklagen. Damit ist gleichzeitig die Möglichkeit der Selbstjustiz ausgeschlossen. Ferner ist in einem Rechtsstaat garantiert, daß man für eine Handlung nur dann bestraft werden kann, wenn es vorher eine gesetzliche Strafandrohung gab, d. h. wenn ein Gesetz erlassen wird, in dem eine bestimmte Handlung unter Strafe gestellt wird, sind trotzdem die Handlungen straffrei, die vor der Gültigkeit dieses Gesetzes begangen wurden. Durch diesen Rechtsgrundsatz werden Gesetze für Bürger berechenbar und staatliche Willkürakte ausgeschlossen. Bei ungerechtfertigten staatlichen Eingriffen oder Gesetzen hat der Bürger der Bundesrepublik Deutschland z. B. die Möglichkeit, das Bundesverfassungsgericht anzurufen, das prinzipiell jedem Bürger offensteht und das dann überprüft, ob der entsprechende Gesetzesentwurf mit der Verfassung in Einklang steht; wenn nicht, ist der Gesetzesentwurf zu ändern (wie z. B. beim „Volkszählungsgesetz" vom 31. 3. 1982). Jede Handlung des Staates muß also in einem Gesetz begründet sein, das den ethischen Forderungen des Gemeinwesens nicht widerspricht. Um die Schutzfunktion der Gesetze (Schutz vor Mitbürgern und Schutz vor staatlicher Macht) zu sichern, sind die Gewaltenteilung eingeführt und die Forderung nach unparteilichen und unabhängigen Richtern aufgestellt worden.

Reductio ad absurdum [lateinisch „Zurückführung auf das Absurde"]: Bezeichnung der traditionellen Logik für ein Beweis- oder Widerlegungsverfahren von Aussagen. Eine Aussage *A* wird durch Reductio ad absurdum bewiesen, indem man zeigt, daß aus der Negation dieser Aussage $\neg A$ (eventuell zusammen mit anderen, bereits als wahr bekannten Aussagen) ein ↑Widerspruch logisch folgt. Gilt das Tertium non datur (wie in der klassischen Logik), so darf man nun auf die Wahrheit von *A* schließen. Man hat es also mit einem indirekten ↑Beweis zu tun. Im anderen Fall wird eine Aussage widerlegt, d. h. als falsch nachgewiesen, indem man nachweist, daß aus ihr (eventuell zusammen mit anderen, als wahr bekannten Aussagen) ein Widerspruch logisch folgt. Dann muß *A* selbst schon falsch gewesen sein. In beiden Fällen gilt der Grundsatz, daß ein logischer Schluß aus wahren Voraussetzungen stets wahre Folgerungen ergibt.

Reduktion [lateinisch „Zurückführung“]: *allgemein* die Zerlegung eines komplexen Tatbestands in einfachere Bestandteile. So sind viele philosophische Lehren durch *Reduktionsprogramme* gekennzeichnet. So betreibt z. B. der logische Empirismus die Zurückführung aller sinnvollen Aussagen auf Aussagen über unmittelbar Erfahrbares **(Reduktionismus).** – In der *traditionellen Logik* wird unter Reduktion folgendes Schlußverfahren verstanden:

Wenn *A*, dann *B*
Nun gilt *B*
―――――――
Also gilt auch *A*

Die hiermit verbundene Problematik wird schon an einem einfachen Beispiel deutlich: Von „Wenn Hans eine ‚3‘ schreibt, ist er zufrieden“ und „Hans ist zufrieden“ darf man laut Reduktion übergehen zu „Hans hat eine ‚3‘ geschrieben“. Das ist aber nur dann gerechtfertigt, wenn die Note wirklich der Grund seiner Zufriedenheit ist (und nicht etwa eine neue Freundin). Die Regel der Reduktion läßt sich nicht rein durch die Betrachtung von Wahrheitswerten begründen: Sie hat intensionalen Charakter. – In der *Phänomenologie* wird von der „phänomenologischen Reduktion“ gesprochen. Damit ist die Ausschaltung jeglicher Setzungen bezüglich der Existenz der Außenwelt gemeint. In der „transzendentalen Reduktion“ wird das Bewußtsein selbst als Weltkonstituierendes zum Thema. Seine Bezüge zur Welt bleiben dabei außer Betracht.

Referenz [zu lateinisch referre „zurücktragen“]: in Sprachphilosophie, Linguistik und Zeichentheorie benützter Terminus für die Beziehung von Zeichen (den *Referenden*) zum Bezeichneten (dem *Referenten*). Die Referenz ist von der ↑Bedeutung zu unterscheiden. Das gilt allerdings nicht für Frege, bei dem die Bedeutung eines Eigennamens der bezeichnete Gegenstand ist. Im allgemeinen spricht man bei Eigennamen (englisch „singula terms“) von *Benennung* (auch Denotation), bei Allgemeinbegriffen (englisch „general terms“) von *Referenz*. Diese ist oft nicht eindeutig: So haben in den natürlichen Sprachen verschiedene Wörter den gleichen Referenten, und umgekehrt kann ein Wort sich auf verschiedene Referenten beziehen (↑synonym, ↑äquivok).

Reflexion [lateinisch „das Zurückbeugen, die Umkehrung“]: ein vorwiegend operativer Begriff der Erkenntnistheorie, der allgemein in einem sehr umfassenden, eher unscharfen Sinn gebraucht wird. (Auf) etwas *reflektieren* meint immer svw. sich in Gedanken mehr oder minder kritisch einem Sachverhalt oder einem Thema zuwenden, über etwas nachdenken, umgangssprachlich auch an etwas Interesse haben, es besitzen wollen. Philosophen pflegen gerne ihr eigenes Denken zu überdenken, es nochmals zu reflektieren. In der Geschichte der Philosophie ist Reflexion ein recht junger Begriff – wesentlich u. a. seit Lockes Unterscheidung unserer Bewußtseinsleistungen in „sensations“ und „reflections“ (↑Sensation). Der Sache nach aber ist die Reflexion so alt wie die Philosophie selbst. Intentional verstanden, kennzeichnet Reflexion jenen Umschlagspunkt aller beginnenden Denktätigkeit, nachdem sich ein erkennendes Subjekt, das der Welt und ihrer Dinge in der bloßen Wahrnehmung (erste Intention) zuvor nur schlicht gewahrend gegenüberstand, plötzlich erster Zusammenhänge bewußt wird. Diese „Rückkehr“ (zweite Intention) des Subjekts vom wahrgenommenen Gegenstand auf die je eigenen Wahrnehmungsakte des Ich wird dann Reflexion genannt. Sie richtet sich von daher primär auf alle Arten von Verhältnissen zu- und untereinander. Nach Kant ist Reflexion „der Zustand des Gemüts, in welchem wir uns zuerst dazu anschicken, um die subjektiven Bedingungen ausfindig zu machen, unter denen wir zu Begriffen gelangen können“. Er unterscheidet an Reflexionsbegriffen: Einerleiheit/Verschiedenheit, Einstimmung/Widerstreit, Inneres/Äußeres, Bestimmbares/Bestimmung. Die reflexive Fähigkeit des Subjekts auf sich selbst bzw. seine eigenen Erkenntnisleistungen (z. B. die logische Reflexion der Begriffe) ist eine Grundbedingung der ↑Transzendentalphilosophie.

Regel [lateinisch]: Anweisung für Handlungen, die allgemeine Gültigkeit beansprucht. Sprachlich lassen sich Regeln ausdrücken durch Sätze wie „Wenn *S* gegeben, dann vollziehe *H*“ (oder: „Im Fall von *S* sollst du *H* vollziehen“), symbolisch ausgedrückt mit Hilfe des Regelpfeils: $S \Rightarrow H$ (S = Situation, H = Handlung). Der Vordersatz wird Prämisse, der Hintersatz Konklusion genannt. Die Regeln eines Systems, z. B. die Schlußregeln der Aussagenlogik, gehören immer zur *Metasprache,* in der *über* das betreffende System gesprochen wird. Sie können deshalb weder wahr noch falsch sein, sondern nur gerechtfertigt oder nicht gerechtfertigt. – Regeln lassen sich unterscheiden hinsichtlich ihrer *Verbindlichkeit,* d. h. hinsichtlich der sozialen ↑Sanktionen, mit denen sie gegen Verletzung bzw. Nichtbefolgung abgesichert sind. Besonders deutlich ist diese Absicherung bei den *Gerechtigkeitsregeln,* da derjenige, der eine solche verletzt hat, dafür von Rechts wegen bestraft und notfalls mit Gewalt von einer Wiederholung der Verletzung abgehalten werden kann. Die Einhaltung *moralischer Regeln* kann zwar nicht erzwungen werden, sie sind aber trotzdem insofern als verbindlich anzusehen, als ihre Verletzung eine moralische Disqualifikation zur Folge hat. So wird man dem, der wiederholt seine Versprechen bricht, schließlich das Vertrauen entziehen, was ihn in seinen Kommunikations- und Handlungsmöglichkeiten entscheidend beeinträchtigt. Auch den *Regeln der Etikette* (der gesellschaftlichen Umgangsformen) kommt eine gewisse Verbindlichkeit zu: Wer sie nicht befolgt, setzt seine Zugehörigkeit zur Gruppe, innerhalb derer sie gelten, aufs Spiel. Bei den *Spielregeln* kann man konstitutive und regulative Regeln unterscheiden. *Konstitutive* Regeln, wie z. B. die Regeln über das „Schlagen“ von Figuren beim Schachspiel, muß man befolgen, um überhaupt am Spiel teilnehmen zu können, sie „definieren“ quasi das Spiel. Ihre Verletzung hat den Ausschluß oder eine gleichfalls im Regelkanon festgehaltene Strafe (beim Fußball z. B. einen Elfmeter) zur Folge. Die *regulativen* Regeln können individuell unterschiedlich sein und betreffen die optimale Spielstrategie (beim Schachspiel z. B. die Regel: Bringe die Dame nicht unnötigerweise schon in der Eröffnung ins Spiel!). Bei den konstitutiven Spielregeln handelt es sich wie bei den Gerechtigkeitsregeln um *explizite Regeln,* d. h. um Regeln, die im Gegensatz zu den *impliziten Regeln* ausdrücklich vereinbart oder von einer autorisierten Institution erlassen wurden. Die regulativen Regeln eines Spiels gehören zu einer Gruppe von Regeln, deren Einhaltung nicht verbindlich ist, die aber genau wie z. B. Wetterregeln, Rechenregeln, Navigationsregeln, Regeln des sprachlichen Stils befolgt werden, weil dies erfolgversprechender ist als ein nicht regelgemäßes Verhalten.

regeldeontologisch ↑deontologische Ethik.

regelutilitaristisch ↑Utilitarismus.

Regreß (Regressus) [lateinisch „Rückkehr“]: in der traditionellen Logik der Rückgang vom Bedingten auf die Bedingung, von der Wirkung auf die Ursache. Dieses Verfahren wird *regressiv* genannt. Ist die Bedingung (Ursache) selbst wieder ein Bedingtes (Wirkung) und setzt sich dies unbegrenzt so fort, so spricht man von einem **unendlichen Regreß (Regressus ad infinitum).** Ein solcher kann nicht als Begründung anerkannt werden.

regulative Idee [zu lateinisch regula „die Regel“ und ↑Idee]: bei Kant eingeführt zur Bezeichnung derjenigen Prinzipien oder Grundsätze (der reinen Vernunft), die dazu auffordern, Erfahrungswissen zu einem (sinnvoll) zusammenhängenden Ganzen zu verknüpfen, eine „systematische Einheit“ herzustellen. Die regulativen Ideen (oder „Vernunftbegriffe“) sind nicht – wie z. B. die ↑Kategorien (die „Verstandesbegriffe“) oder die ↑Anschauungsformen der Wahrnehmungsfähigkeit – konstitutiv für Erfahrung, d. h. sie sind nicht erforderlich, um Erfahrung überhaupt erst zu ermöglichen. Aber sie weisen in Form von Postulaten die Richtung zu sinnstiftenden Zusammenhängen, d. h. sie ermöglichen das Verstehen von Erfahrungswissen und geben dem Forschen Richtungen vor; Kant sagt: Sie wirken *regulativ*. Für Kant haben Postulate oder Ideen diesen spezifischen erkenntnistheoretischen Status, weil die ihnen entsprechenden Gegenstände (z. B. Gott oder Welt in ihrer Gesamtheit) die Möglichkeit von Erfahrung übersteigen; es kommt ihnen nicht objektive Realität (Existenz) zu, sondern vielmehr praktische Kraft oder Wirkung. Die Idee Gottes z. B. läßt sich als Regel auffassen, für jede Ursache-Wirkungs-Kette nach einer „Verankerung“, einer ersten Ursache, zu forschen, weil menschliches Denken Fixpunkte braucht. Andererseits leitet das Postulat von der Homogenität der Erfahrung an, zu *jeder* Wirkung eine Ursache, also auch zu jeder Ursache ihrerseits wieder eine Ursache zu bestimmen und so fort. Gerade in der widersprüchlichen Struktur der beiden Ideen (↑Antinomie) sieht Kant die Fruchtbarkeit derartiger Vernunftprinzipien, weil erst durch ihr Spannungsverhältnis Forschung in Gang gehalten werden kann. Das Prinzip der Gleichartigkeit aller Erfahrung z. B. läßt jede momentan wissenschaftlich akzeptierte physikalische Grundeinheit (Atom, Elektron usw.) immer wieder neu zweifelhaft erscheinen; man sucht weiter nach immer noch kleineren „letzten“ Grundbausteinen der Materie. Andererseits wird am Postulat der Existenz kleinster Einheiten (implizit) festgehalten, weil nur dadurch der Forschungsprozeß zielgerichtet sowie zweck- und sinnvoll eingerichtet werden kann.

reine Anschauung: nach Kant eine Anschauung, der „gar nichts Empirisches beigemischt ist“. Sowohl Arithmetik als auch Geometrie beruhen auf reinen Anschauungen. Das ermöglicht ihren synthetischen, aber dennoch apriorischen Charakter. Reine Anschauungen hängen eng mit den ↑Anschauungsformen Raum und Zeit zusammen. Wie diese Beziehung genau zu verstehen ist, ist auch heute noch umstritten. Viele Philosophen (z. B. die Anhänger der analytischen Philosophie) lehnen diesen Teil der Lehre Kants ab.

Reinkarnation [re-in...; lateinisch] ↑Seele.

Reiz/Reaktion [zu lateinisch re-, Präfix mit der Bedeutung „zurück, wieder, entgegen“ und agere (2. Partizip: actus) „tun, handeln“]: jede Veränderung außerhalb (Außenreiz) oder innerhalb (Innenreiz) eines Organismus, die seine Sinnesorgane erregt, nennt man einen *Reiz*. Man unterscheidet optische, akustische, mechanische, thermische, chemische, elektrische und andere Reize. Die Antwort eines Organismus auf diese Reize bezeichnet man als *Reaktion*. Die Fähigkeit, auf Reize zu reagieren, ist eine Grundeigenschaft aller Lebewesen. Um eine Reaktion auszulösen, muß der Reiz eine bestimmte Stärke besitzen. Ein unterschwelliger Reiz ist zu schwach, überschreitet also die *Reizschwelle* nicht und wird nicht wahrgenommen. Überschreitet ein Reiz eine bestimmte Intensität, wird er als Schmerz empfunden (Schmerzschwelle). Die Reizschwelle ist nicht gleichbleibend, sondern hängt von verschiedenen inneren und äußeren Umständen ab. – Reize, v. a. solche, die von den Sinnesorganen aufgenommen werden (↑ Wahrnehmung), ermöglichen den Organismen eine Orientierung in ihrer Umwelt und ein zweckmäßiges Verhalten. Aus der Vielzahl der Reize, die von den Sinnesorganen der Tiere aufgenommen werden, haben nur einige Signalcharakter: die *Schlüsselreize* (Signalreize). Diese lösen über einen angeborenen Auslösemechanismus ein bestimmtes, v. a. instinktives Verhalten aus (↑ Instinkt). „Dem Tier ist durch die Weisheit der Natur das abgeblendet, was nicht als Feind-, Beute-, Geschlechtszeichen usw. lebenswichtig zur Wahrnehmung kommen muß. Der Mensch aber ist einer *Reizüberflutung* ausgesetzt" (Gehlen). Die damit gegebene Belastung kann der Mensch nur vermöge seiner Sprachfähigkeit überwinden: Er ist in der Lage, sich von den unmittelbar wahrgenommenen Reizen zu distanzieren und sich von den Anstößen seiner Reizwelt zu entlasten. Die Antwort des Organismus auf äußere und/oder innere Reize wird in der Physiologie und der Psychologie als Reaktion bezeichnet, gleichgültig, ob diese Reaktion angeborenermaßen (unbedingt) oder durch Lernen (bedingt) erfolgt. Diejenigen Reaktionen, die unwillkürlich-automatisch ablaufen, nennt man *Reflexe*. Hier liegt die Reizantwort fest und muß nicht erst gefunden werden. Dadurch erfolgt die Reaktion sehr schnell und entlastet das Bewußtsein, z. B. das Verengen der Pupille bei plötzlicher Helligkeit. Reflexe können bis zu einem gewissen Grad bewußt unterdrückt oder sonstwie beeinflußt werden. Neben den angeborenen (unbedingten) Reaktionen (den Reflexen im eigentlichen Sinne) gibt es *bedingte Reaktionen*, die auch bedingte oder konditionierte Reflexe genannt werden. Wird ein unbedingter Reiz, z. B. die Verabreichung der Nahrung an ein Versuchstier mit dem zunächst unbedingten Reflexerfolg einer vermehrten Speichelsekretion, im Verlauf eines Lernvorgangs (Gewöhnung, Dressur) so lange mit einem zur gleichen Zeit dargebotenen anderen, künstlichen Reiz, z. B. einem Glockenton, gekoppelt, bis das Versuchstier auf den (durch den Versuchsleiter) bedingten Reiz allein reagiert, so erwirbt dieses Tier eine bedingte Reaktion. Da die bedingte Reaktion aber immer nur auf der Basis einer natürlichen, unbedingten Reaktion entsteht, kann sie erlöschen, wenn die gleichzeitige Darbietung von bedingtem Reiz (Glockenton) und unbedingtem Reiz (Futter) nicht von Zeit zu Zeit wiederholt wird. – Bedingte Reaktionen lassen sich bewußt anerziehen: Bei Konzentrationsschwäche sollte z. B. ein Schüler seine Hausaufgaben stets am selben Arbeitsplatz durchführen, der für andere Zwecke (z. B. Spielen oder Essen) nicht benutzt werden darf. Nach einiger Zeit bildet sich eine bedingte Reaktion heraus: Bereits beim Platznehmen konzentriert sich der Schüler auf seine Arbeit. – Reiz und Reaktion erhalten philosophisches Interesse im Rahmen der Auseinandersetzung mit dem Behaviorismus. Wenn das Reiz-Reaktions-Schema zum Grundmodell allen menschlichen Verhaltens gemacht wird, so stellt dies eine unzulässige Verengung dar. V. a. die philosophische Anthropologie wendet sich gegen eine nach dem Vorbild der Naturwissenschaften betriebene Psychologie, die die ↑ Intentionalität des Menschen in voller Absicht unberücksichtigt läßt oder sie wie ein erklärbares Naturphänomen beschreibt. Die grundlegende Unterscheidung von Handeln (↑ Handlung) und ↑ Verhalten kann von einer

Reiz-Reaktions-Psychologie nicht eingeholt werden.

Rekonstruktion [neulateinisch „Wiederherstellung, Nachbildung, Nachvollzug"]: mehrdeutiger *bildungssprachlicher* Ausdruck, dessen zahlreiche Verwendungsweisen sich zusammenfassen lassen in der Bedeutung „was es schon gegeben hat, was bereits vorgekommen ist, was wir vor kürzerer oder längerer Zeit erlebt oder getan haben, wiederhaben wollen und deshalb wiederherstellen". Rekonstruieren ist somit ein menschliches Handeln höherer Ordnung, durch das für ein Original, das nicht mehr für uns verfügbar ist, ein möglichst originalgetreuer „Ersatz" erstrebt wird. – In der *konstruktiven Wissenschaftstheorie* der Erlanger und Konstanzer Schule (↑Konstruktivismus) ist Rekonstruktion ein Terminus, der für den hier entwickelten Neuansatz methodischen Philosophierens zentral ist: Wir können und sollen unser Handeln und Reden, v.a. die wissenschaftliche Praxis, ausgehend von elementaren unstrittigen Verständnissen unserer ↑Lebenswelt, in schrittweise gewonnenen Einsichten vernünftig rekonstruieren (begreifen). Ziel philosophischer Rekonstruktionsbemühungen ist es, sich der *Gegenstandsgemeinschaft,* d.h. der Teilhabe an einer zumindest im Kern gemeinsamen Welt, sowie der *Sprachgemeinschaft,* d.h. des Verfügens über einen Kern gemeinsamer Verständigungsmittel, zu vergewissern. Rekonstruiert werden faktisch als beherrscht wie als gestört erfahrene Fertigkeiten, zunächst im Alltag, dann auch in dessen Fortsetzung, z.B. in den Wissenschaften und in den Künsten. Jede Handlung also kann Gegenstand des Rekonstruierens werden, wobei das rekonstruierende Bemühen stets darauf zielt, ihre zunächst bloß unterstellte *Verständlichkeit* zurückzugewinnen. Kriterium der Verständlichkeit einer Handlung ist ihre *Lehr- und Lernbarkeit.* Man hat eine Handlung nur dann verstanden, wenn man gelernt hat, sie seinerseits selbständig auszuführen und sie andere zu lehren. Für den besonders interessierenden Spezialfall wortsprachlicher Zeichenhandlungen bedeutet dies: Gebraucht jemand ein Wort (v.a. einen Prädikator) und behauptet, daß es verständlich und damit verläßlich ist, so muß er diesen Anspruch einem Zweifel gegenüber rechtfertigen. Die Rechtfertigung besteht darin, den betreffenden Dialogpartner in einer geeigneten *Lehr- und Lernsituation* dieses Wort zu lehren. Nach dem Vorschlag der konstruktiven Wissenschaftstheorie wird daher die Sicherung der Verständlichkeit und Verläßlichkeit mit wissenschaftlichem Anspruch auftretender Rede in einem ersten Schritt (bevor man zu Definitionen kommen kann) durch die Methode des Lehrens und Lernens angestrebt: Man will sich des Sinnes der für den Aufbau einer ↑Wissenschaftssprache grundlegenden Wörter dadurch vergewissern, daß man die methodische Fiktion macht, die fraglichen Wörter seien für einen Lernenden ohne Rekurs auf andere schon bekannte Unterscheidungen neu einzuführen. Da uns die *tatsächlichen* Lehr- und Lernsituationen, in denen wir in Kindheit, Schule und Beruf Wörter erlernt haben, nicht mehr ohne weiteres zur Verfügung stehen, müssen wir zum Zweck der Rekonstruktion des Sinnes der fraglichen [Begriffs-]Wörter Situationen *fingieren, stilisieren,* in denen sich diese Wörter einführen ließen. Rekonstruktionen von Begriffen sind somit keine tatsächlichen Rekonstruktionen (so wie archäologische Rekonstruktionen es z.B. sind), es sind aber auch keine bloß fiktiven Rekonstruktionen (d.h. solche, in denen es gar nicht um ein „Original" geht), es sind vielmehr *vermutende rationale* Rekonstruktionen: vermutend, insofern die um Verständigung bemühten Dialogpartner nicht versuchen, ihren Spracherwerb faktisch-historisch aufzuklären, sondern einen logisch-genetischen Neuaufbau ihrer Verständigungsmittel anstreben, rational, insofern jeder einzelne zur Rekonstruktion benötigte Schritt und damit aufs Ganze gesehen die gesamte Schrittfolge ihrerseits überprüfbar gehalten wird hinsichtlich Lehr- und Lernbarkeit und somit Verständlichkeit. Ob und inwieweit die Rekonstruktion eines Begriffs ihrerseits verständlich ist, kann letztlich nur an ihrer „Umsetzbarkeit“ und somit ihrer gelingenden Verwirklichung in der Praxis entschieden werden. Wenn (in alltagssprachlichen Beschreibungen) Lehr- und Lernsituationen stilisiert und fingiert werden, so muß diese Beschreibungsstufe prinzipiell eliminierbar sein. Das Verständigungsproblem ist also letztlich nur durch Rückgang auf die Handlungsebene zu lösen, wo sich die Bestimmung des Sinnes der Begriffswörter *exemplarisch* vornehmen läßt: anhand von Beispielen und Gegenbeispielen, im Ineinander von Tätigkeit und Rede, im Umgehen mit den Gegenständen.

Relation [lateinisch „das Zurücktragen, Zurückbringen“]: Bezeichnung für ein *zweistelliges* Prädikat (Prädikator), z. B. „... ist größer als ...; ... ist Ursache von ...“. Die **Relationenlogik** untersucht die Eigenschaften von Relationen. Sie gilt heute als Teil der ↑Prädikatenlogik. Umgangssprachlich werden Relationen oft zu einstelligen Prädikaten verkürzt, was Anlaß zu Mißverständnissen gibt: „Die Gedanken sind frei“ z. B. kann gelesen werden als „... frei von äußeren Zwängen“, aber auch als „Man kann sich vieles ausdenken“.

relativ [lateinisch] ↑absolut/relativ.

Relativismus [zu lateinisch relativus „sich beziehend, bezogen auf“]: relativistisch wird eine Einstellung genannt, die dem (philosophischen) Wissenschaftsideal nach absoluter Wahrheitserkenntnis (Absolutismus) ausnehmend kritisch gegenübersteht und in der Regel die Berechtigung universalgültiger Aussagen strikt ableugnet. Der Relativismus ist keiner konkreten philosophischen Richtung zuzuordnen, sondern steht vielmehr für eine allgemeine Denkhaltung, die die Geschichte der Philosophie seit der Antike durchzogen und z. T. wesentlich mitbestimmt hat. Protagoras prägte mit seinem ↑Homo-mensura-Satz den Wahlspruch allen Relativismus. – Zu allen Zeiten war das relativierende Moment für das menschliche Denken ein wichtiger Motor, der die allgemeine philosophische Diskussion befördert hat und eine erneute Selbstbesinnung auf die „Bedingungen der Möglichkeit“ unserer Erkenntnisleistungen in Gang setzte. So führte die Auseinandersetzung mit den „destruktiven“ Argumenten der ersten Relativisten, den Sophisten, zur ↑sokratischen Methode („Ich weiß, daß ich nichts weiß!“). Descartes (↑Subjektivismus) verkörperte exemplarisch beides: den universalen (methodischen) ↑Zweifel und, auf ihm aufbauend, den Versuch absoluter Erkenntnissicherung (↑Kartesianismus). Der Vorwurf der Unerkennbarkeit und Irrationalität (z. B. Gottes) durch den Kritizismus bzw. im 19. Jahrhundert v. a. Agnostizismus gegenüber der Metaphysik leitete über zum logischen Positivismus, zur analytischen Philosophie und Sprachphilosophie des 20. Jahrhunderts. Als Ursache einer allgemeinsten Denkbewegung scheint der Relativismus, progressiv verstanden, ein wichtiger Bestandteil der Dialektik zu sein, jedoch ohne daß diese sich auf den Relativismus *reduzierte*. Das stärkste Argument für die Gültigkeit des Relativismus scheint die Geschichte der Philosophie selbst geliefert zu haben, da es ihr trotz schier unzähliger Lösungsangebote insgesamt bis heute nicht gelungen ist, über den Glauben (Doxa) hinaus eine endgültige Antwort auf die Grundfragen der Philosophie zu geben. Dieses Argument kommt besonders dem ↑Historismus sowie dem ↑Pragmatismus des 20. Jahrhunderts entgegen. Konkret geht der allgemeine Relativismus zurück auf die [ontologisch-]erkenntnistheoretische Lehre, daß nur die Beziehungen der Dinge zueinander erkennbar sind, nicht aber die ↑Dinge an sich (Relationalismus). Diese Position trifft im Kern das, was Berkeleys Skeptizismus auf die Formel ↑esse est percipi gebracht hat. Danach ist jede Erkenntnis eines Seienden relativ, weil sie generell bedingt ist durch den jeweiligen Standpunkt des Erkennenden *(Perspektivismus)*. Das betrifft bereits unsere Sinnesleistungen, z. B. wird ein raum-zeitlicher Gegenstand in der äußeren Wahrnehmung niemals gleichzeitig allseitig wahrgenommen, sondern was wir wirklich (momentan) sehen, sind immer nur Teilaspekte, Ausschnitte, Abschattungen (Husserl), die von unserer augenblicklichen Perspektive abhängen. Auch der Versuch, dasselbe in der Wiederholung wahrzunehmen, ist immer schon modifiziert, wie es bereits Heraklits „Wir steigen niemals in denselben Fluß" (↑Heraklitismus) nahegelegt hat. Es betrifft aber auch alle Intentionen, die wir mit einem Gegenstand, Sachverhalt usw. verbinden. Quine hat das an dem Unterschied verdeutlicht, wie z. B. ein Naturliebhaber, ein Förster, ein Holzhändler oder ein Spekulant einen Wald ansehen. Quines logisch-ontologisches Relativitätsprinzip nun geht davon aus, daß das, was „es gibt", das ist, worauf wir uns mit unserer Sprache beziehen. Das ist aber nicht absolut, sondern nur relativ in Hinblick auf das Koordinatensystem unserer Sprache. – Ein zentrales Ergebnis des sogenannten Zusammenbruchs der klassischen metaphysischen Systeme im 19. Jahrhundert ist die Tatsache, daß die Philosophie v. a. des 20. Jahrhunderts fast durchgängig relativistisch ausgerichtet ist (außer den Genannten u. a. noch ↑kritische Theorie, ↑kritischer Rationalismus und ↑Konventionalismus). Dem Relativismus gerade auf erkenntnistheoretischer Ebene zu begegnen, versuchte Husserls ↑Phänomenologie in Auseinandersetzung mit dem Psychologismus und Anthropologismus. Ein extremer Relativismus tendiert leicht dazu, die Gültigkeit aller Werte und Normen zu negieren (ethischer Relativismus). Insgesamt ist der Relativismus ähnlich dem Skeptizismus mit seinen eigenen Argumenten anfechtbar. Betont er die Relativität aller Wahrheit, dann tut er das mit Hilfe eines Begriffs (= Wahrheit), dessen traditioneller Begriffskern (= absolute Wahrheit) genau das Gegenteil von dem bezeichnet, was nach Meinung der Relativisten nur sein darf (= relative Wahrheit). Wie kann man einen Wahrheitsbegriff leugnen, ohne nicht irgendwie Kenntnis von ihm zu besitzen? Wird das Relativitätspostulat absolut gesetzt („Alles ist relativ!"), dann entspricht eine Aussage dieser Art einer absolut gültigen Wahrheit.

Relativitätstheorie: eine der beiden fundamentalen Theorien (neben der ↑Quantentheorie), die zu Beginn dieses Jahrhunderts (Einstein, 1905 und 1915) den Grundstein für die Entwicklung der modernen Physik, ihrer technologischen Konsequenzen und überhaupt des heutigen physikalischen ↑Weltbildes legten. – Während die klassische Physik physikalische Ereignisse und Prozesse im Rahmen von Koordinatensystemen (mit drei räumlichen und einer zeitlichen Koordinate) derart beschreibt, daß diese unabhängig von der speziellen Wahl des Koordinatensystems sind (d. h. unabhängig vom Standort und Bewegungszustand des Beobachters), ist dies auf der Basis, daß es eine prinzipiell unüberschreitbare, aber endliche Geschwindigkeit des *Signaltransportes* (und damit auch des *Material-* und *Informationstransportes*) in der Natur gibt, nicht mehr möglich. Diese Geschwindigkeit (Symbol: c) ist mit der des Lichtes identisch, das – als (elektromagnetische) Wellenerscheinung gedeutet – kein „Medium" benötigt, in dem es sich ausbreitet, wie vorher angenommen (sogenannte „Äthertheorien des Lichtes"). Davon nahm die Entwicklung der Relativitätstheorie ihren Ausgang. Wenn eine Bewegung eines Körpers, vorausgesetzt, daß keine Kräfte auf ihn einwirken, in einem *Bezugssystem geradlinig* und *gleichförmig* verläuft, spricht man von einem *Inertialsystem.* Klassisch war ein Inertialsystem, von jedem beliebigen, geradlinig und gleichförmig sich bewegenden Beobachter aus gesehen, ebenfalls „inertial". Damit ist verbunden, daß die räumliche und zeitliche Distanz zweier Ereignisse beobachterunabhängige *Invarianten* sind. Insbesondere addieren sich Geschwindigkeiten linear. Die Konstanz der Lichtgeschwindigkeit hat nun zur Folge, daß die räumliche und die zeitliche Distanz, darüber hinaus aber auch die Masse von Körpern, von der Relativgeschwindigkeit zwischen den Objekten und dem Beobachter[system] abhängig sind *(Massenzunahme, Längenkontraktion* und *Zeitdilatation).* Dies hat einige erstaunliche Konsequenzen, die unter dem Namen „Paradoxa" diskutiert werden. Das Uhren-Paradoxon z. B. meint die (experimentell prüfbare) Tatsache, daß zwei mit hoher Geschwindigkeit gegeneinander bewegte Beobachter *beide* beim jeweils anderen ein *Nachgehen* der Uhren messen würden. Die Relativitätstheorie liefert nun das mathematische Gerüst, Größen zu finden, die dennoch gegenüber beliebigen Koordinatentransformationen *invariant* sind. Eine solche Invariante ist v. a. die *Lichtgeschwindigkeit selbst,* sie ist von jedem Bezugssystem aus gemessen dieselbe. Eine andere Invariante, die weitreichende Konsequenzen für die Begriffe von ↑Raum und ↑Zeit sowie von ↑Kausalität hat, ist die sogenannte *Vierer-Distanz:* die Zusammenfassung der drei Bestimmungsstücke der räumlichen Distanz mit der zeitlichen zu einer nunmehr vierdimensionalen Größe. Raum und Zeit sind daher nicht mehr unabhängig voneinander zu betrachten. Die Vierer-Distanz ist der Abstand zweier Punkte (Ereignisse) in der vierdimensionalen *Raumzeit.* Eine Konsequenz dieser Begriffsbildung ist die, daß die Vierer-Distanz *positive,* aber auch *negative* Werte annehmen kann. Negativ ist sie dann, wenn zwei (nunmehr durch je drei räumliche Bestimmungsstücke und je ein zeitliches gegebene) Punkte so zueinander liegen, daß ein Signal – und ebenso natürlich eine *Wirkung* – zwischen ihnen sich mit einer Geschwindigkeit größer als *c* bewegen müßte. Da dies nicht möglich ist, teilt sich die Raumzeit-Umgebung eines jeden „Vierer"-Punktes in zwei *disjunkte* Gebiete, von denen das eine die Mannigfaltigkeit derjenigen Punkte umfaßt, die mit ihm eine *mögliche* Signal- bzw. Wirkungsverbindung haben (die also *kausal* zu ihm liegen: *zeitartiges* Gebiet), und das andere die Punktmannigfaltigkeit, wo dies *nicht* der Fall ist (Punkte, die *akausal* zu ihm liegen: *raumartiges* Gebiet). Eine weitere Konsequenz der Theorie ist die Möglichkeit der Umwandlung von [Strahlungs- oder Bewegungs-]Energie in Masse (lokaler Partikel) und umgekehrt. Solche Umwandlungsprozesse sind in der Elementarteilchenphysik für die gegenseitige Erzeugung und Vernichtung von Teilchen verantwortlich. Während das bisher Dargestellte Inhalte der *speziellen* Relativitätstheorie betrifft (1905), ist die *allgemeine* (1915) eine darauf aufbauende neue *Theorie der Gravitation.* Diese geht von der (experimentell bestätigten) Gleichheit von *schwerer* Masse (die der Gravitation unterliegt) und *träger* Masse (die der Beschleunigung Widerstand leistet) aus, die die Konsequenz hat, daß die Wirkung von *Gravitationskräften* auf einen physikalischen Prozeß *ununterscheidbar* ersetzt werden kann durch die Wirkung von *Fliehkräften.* Das *allgemeine Relativitätsprinzip* besagt dann, daß zu jeder, durch Gravitations- oder Fliehkräfte beschleunigten Bewegung ein Bezugssystem gefunden werden kann, in dem diese *dennoch* geradlinig und gleichförmig ist (allerdings gilt dies nur „lokal", d. h. in einem infinitesimal kleinen Raumzeit-Gebiet). Gravitation als beschleunigende Kraftwirkung zwischen massiven Körpern konnte damit umgedeutet werden als „Krümmung" der *euklidischen* Raumzeit zu einer *nichteuklidischen* Geometrie der Raumzeit: In der euklidischen Raumzeit als (durch Gravitation) gekrümmt erscheinende Bahnen stellen sich nun als nichteuklidische „Gerade" („Geodätische") in der „gekrümmten" vierdimensionalen Raumzeit dar. In einer Weiterentwicklung der allgemeinen Relativitätstheorie (Geometrodynamik) wird darüber hinaus auch *Masse* (früher als „Quelle" von Gravitationsfeldern, relativistisch als „Quelle" von Krümmung der Raumzeit gedeutet) *selbst* als *Eigenschaft* der Raumzeit-*Geometrie* dargestellt, so daß dasjenige, was gravitativ wechselwirkt, nicht mehr qualitativ von Raumzeit verschieden ist. Das Verständnis von Materie als Struktur und ↑Wechselwirkung lokaler materieller Körper *in* Raum und Zeit wird hier ersetzt durch die Dynamik wechselwirkender Fluktuationen nichteuklidischer Raumzeit (↑Kosmologie, ↑Materie).

Religion [lateinisch]: eine Konstante im Erscheinungsbild der Völker. Religiöse Phänomene in ihren kulturspezifischen Varianten und kulturübergreifenden Gemeinsamkeiten zu bestimmen und zu klassifizieren, ist Sache von Religions*wissenschaften*. Einen *philosophischen* Ansatz zum Begriff und Phänomen Religion liefert bereits Augustinus, der das Wort „religio" auf das lateinische „religare" („binden", genauer: „Getrenntes wiederverbinden") zurückführt: Damit ist dasjenige angesprochen, was an Religion über ihre bloße soziale Erscheinungsform hinausgeht. Der Mensch erfährt sich in seiner Existenz als in einem „unglücklichen", „unheilen" Zustand, worin notwendig liegt, daß ihm die Idee (nicht notwendig auch die Vorstellung) von Glück bzw. „Heil" prinzipiell möglich ist. In der Sorge und Bemühung, diese Idee zu realisieren, sinnlich erfahrbar zu machen, begründet sich die Vorstellung, von diesem Zustand *getrennt* zu sein. Diese Trennung als „Bruch" oder „Abfall" von einer *ursprünglichen Einheit* zu deuten ist Gegenstand des generell mit dem Erscheinungsbild von Religion assoziierten ↑Mythos. Der Mythos stellt den Bruch zwar literarisch als *Ereignis* in der *Vergangenheit* dar, faßt dies aber – ebenso wie den „paradiesischen" Zustand des Glücks und des „Heils" – als „über"-geschichtlich, „über"-zeitlich auf (↑Ewigkeit). Daran sind zwei Konsequenzen geknüpft: 1. Der Zustand ist „immer hier und jetzt" *gegenwärtig*, aber auf eine nicht sinnlich wahrnehmbare, erfahrbare Weise, insofern bezweifelbar, rational nicht einlösbar und daher unbedingt mit dem Begriff des ↑Glaubens verbunden (↑auch Religionskritik). Diese „ewige Gegenwart" kann im Begriff einer dem Menschen transzendenten Person manifestiert werden, ein überindividuelles Ich, wie z. B. das indische „brahman" (Brahmanismus) oder überhaupt ein ↑Gott (Monotheismus) oder auch eine Mannigfaltigkeit von Göttern (Polytheismus). Es kann aber auch un„persönlich" gefaßt bleiben, wie z. B. ↑Nirwana (Buddhismus) oder das „Dau" (dao, Tao; ↑Taoismus). 2. Der Zustand des „Heils" ist *wiederherstellbar*, wenn auch nicht durch des Menschen eigene zielgerichtete Bemühung. Dies stellt der Mythos als – ebenfalls überhistorische – *Zukunft* dar, die dann oft mit der Vorstellung eines *Weltendes* – in Umkehrung der mythischen ↑Kosmogonie – verbunden ist. Beide Konsequenzen haben ihre Manifestation einerseits in der Religion als einer *Heilslehre*, die sich als Mannigfaltigkeit regulativer Prinzipien der Moral im sozialen System realisiert und auch als ↑Mystik den jeder Religion inhärenten ontologischen Kern ausmacht; andererseits im *Kultus*, speziell dem *Ritual:* Das Ritual wird praktiziert als aus dem „profanen" (= „unheiligen") historisch-geographischen Kontext herausgestelltes Ereignis am „heiligen" Ort zur „heiligen" Zeit, in dem sich insofern „Heilsgeschehen" realisiert, als es die primordiale kosmogonische *Spaltung* zwischen dem „Ewigen", dem „über"-sinnlichen Göttlichen, dem Numinosen (Otto) einerseits und der als unglücklich erfahrenen *Welt der Geschichte,* der Realität, *„reaktualisiert"* (Eliade), d.h. als Geschehen „hier und jetzt" vergegenwärtigt und die Spaltung damit rückgängig macht. Das Ritual wird damit zu einer die soziale Gruppe integrierenden Form der Realitätsbewältigung. Die christliche Religion findet eine gegenüber der Mannigfaltigkeit religiöser Grundbestimmungen übergreifende Ausdrucksform im Begriff der *Liebe:* Sie ist einerseits als „der Gott selbst" bzw. als eine ontologische Bestimmung des Begriffs „Gott" ausgesprochen (Johannes), *zugleich aber* in Form des Liebes*gebotes* als ein Sollen – bezüglich des Handelns und Begegnens mit dem jeweils *anderen* Menschen – an den je *einzelnen* gerichtet.

Religionskritik: die kritische Reflexion der Phänomene und theoretischen Ansprüche von ↑Religion allgemein oder einzelnen Religionen im besonderen. Religionskritik kann als spezielle Form der ↑Religionsphilosophie angesehen werden. Als Mythenkritik (↑Mythos) hat sie ihre Anfänge bereits in der griechischen Antike, ihre Hauptströmungen aber in der neuzeitlichen Philosophie, v.a. im Rahmen der Philosophie der ↑Aufklärung. Als religions*immanente* Kritik hat sie v.a. die Spannung zwischen dem theoretischen Anspruch einer Religion und ihrer sozialen Relevanz zum Gegenstand (Spinoza für die jüdische, Kierkegaard, Bultmann für die christliche Religion). Ausgangspunkt für eine – meist polemisch geführte – Wendung gegen Religionen überhaupt ist in der Regel deren rational nicht einsehbare Grundtendenz, Problematiken menschlicher Existenz und Lebenswelt als in einer – der sinnlichen Erfahrung prinzipiell nicht zugänglichen – übergeschichtlichen „zweiten" Welt aufhebbar oder sogar aufgehoben zu behaupten und durch die Erzeugung von Hoffnung auf ein irrationales „Jenseits" die Fähigkeit des Menschen zur Bewältigung der sozialen, geschichtlichen Situationen zu schwächen. Insbesondere ist auch der bereits in der Frühgeschichte nachweisbare Zusammenhang zwischen religiöser Sozialorganisation und machtpolitischen Interessen einzelner oder elitärer Gruppen Gegenstand der Auseinandersetzung. Als Hauptvertreter der Religionskritik sind zu nennen: Reimarus, Lessing, Feuerbach, Marx, Nietzsche.

Religionsphilosophie: Disziplin der Philosophie, die Erscheinungsformen und theoretischen Gehalt von ↑Religion bzw. von Religionen zum Gegenstand hat. Sie kann sich als ↑Religionskritik manifestieren oder auch – v.a. in der Philosophie der Gegenwart – als sprachphilosophische Analyse der Form religiöser Sprachen. Eine *systematische* Religionsphilosophie hat Hegel dargestellt. Er bringt metaphysischen Gehalt und Kultus der natürlichen und Hochreligionen in einen begriffslogischen Zusammenhang der geistesgeschichtlichen Entwicklung des Selbstbewußtseins und der Individualität. Eine eigentliche religionsphilosophische Bestimmung von Religion, die über eine religions*wissenschaftliche* Reflexion hinauskommt, ist deren Deutung als bestimmte *Philosophie,* die die *Spannung* zwischen individuellem und absolutem Ich zu *bewältigen* bzw. *aufzuheben* sich bemüht. Mit der ↑Mystik hat sie insofern dann die paradoxe Grundsituation gemeinsam, daß sie zur Verwendung von Begriffsbildungen gezwungen ist, obgleich sie nach ihrem vorgegebenen Ziel die Möglichkeit *nichtbegrifflichen* Denkens voraussetzt. Asiatische religionsphilosophische Traditionen wie z.B. der frühe ↑Taoismus und ↑Zen versuchen daher durch paradox-provokante sprachliche Formulierungen (z.B. „Zeige mir dein Gesicht vor deiner Geburt"), die Möglichkeit und Neigung zu *reflektorischem* „unterscheidendem" Denken zu zerschlagen.

Einziges Beispiel einer diesbezüglichen Bemühung in der abendländischen Philosophie ist Hegels „Phänomenologie des Geistes“, die zwischen dem „unmittelbaren Bewußtsein“ und „absolutem Geist“ eine immanente Kontinuität aufweist.

Renaissancephilosophie [rənɛ'sã:s...; französisch; griechisch]: Sammelbezeichnung für die philosophischen Lehren des 15. und 16. Jahrhunderts, innerhalb deren sich zwei Perioden unterscheiden lassen; die erste umfaßt etwa das 15. Jahrhundert (Humanismus), die zweite fällt etwa mit dem 16. Jahrhundert zusammen und ist durch den Siegeszug der Naturwissenschaften im modernen Sinn gekennzeichnet. – Der ↑Humanismus, der im wesentlichen eine Erneuerung der antiken Ideale forderte, stellt den Menschen in den Mittelpunkt des philosophischen Interesses. Allerdings wird der Mensch als Bestandteil der alles umfassenden Natur begriffen. Den Prinzipien, die die Natur bestimmen, ist auch der Mensch unterworfen, der als ein Spiegel der Natur gesehen wird, weshalb Paracelsus die Medizin zur grundlegenden Wissenschaft überhaupt erklärt. Am Menschen kann man etwas über die Natur erfahren. Diese muß untersucht und „versucht“ (Alchimie!) werden, nicht aber, wie die Scholastik meinte, definiert und klassifiziert. Letztere war auf bloße Worterkenntnis aus, die Renaissance dagegen will Sacherkenntnis. Neben dem Gedanken der dynamischen Einheit der Natur – also einer durch Prinzipien gestifteten Einheit – ist die Vorstellung der Welt als einer unendlichen charakteristisch für diese Epoche. Diese Unendlichkeit wird bevorzugt an mathematischen Beispielen illustriert (Nikolaus von Kues, Böhme), was zu einer deutlichen Ästhetisierung des meist neuplatonisch geprägten Weltbilds führt. Dieses fand seinen faszinierenden Ausdruck in den philosophischen Dichtungen Brunos. – Die Loslösungstendenzen der Philosophie von der Lehre der Kirche, die schon in Hoch- und Spätscholastik spürbar waren (↑Scholastik), wurden im 16. Jahrhundert durch das Zerwürfnis der Konfessionen begünstigt. Durch das hieraus resultierende Machtvakuum konnte der weltliche Bereich seine Autonomie allmählich wiedergewinnen. Die Entwicklung der Naturwissenschaften (Kopernikus, Kepler, Galilei) stellte die Philosophie vor ganz neue Probleme. Die Natur wird zum beherrschenden Thema. Jedoch handelt es sich nicht mehr um die Natur als großer, auch den Menschen umfangender Zusammenhang, sondern um ein in mathematischen Formeln faßbares System von Gesetzen, die durch Beobachtung und Experiment erkundet werden. Nicht mehr nach den Gründen, nach dem Wesen der Naturvorgänge wird gefragt, sondern nur noch nach dem feststellbaren Verhalten der Natur. Wo die Scholastik in der Nachfolge des Aristoteles einen Stein fallen sah, weil im Mittelpunkt der Erde sein „natürlicher Ort“ sei, da entdeckt Galilei sein Fallgesetz $S = \frac{g}{2} \cdot t^2$. So wird die Mechanik zur Grundwissenschaft von der Natur. Die Probleme, die durch dieses neuartige Verständnis von Wissenschaft entstanden, versuchte Francis Bacon durch seine empiristische Erkenntnistheorie zu lösen. – Wichtige Beiträge leistete die Renaissance auch zur Staatsphilosophie. Hier sind u. a. die totalitäre Theorie Machiavellis, die Naturrechtslehre bei Grotius und die Entwicklung utopisch-sozialistischer Ideen bei More und Campanella zu nennen. In diesen Lehren und vielen anderen dieser Zeit schlägt sich der gesellschaftliche Wandel – nämlich der Niedergang des Ständestaates und der Aufstieg des Bürgertums – nieder. – Ein anderes Werk der Renaissance, „Les Essais“ (1580–88) von Montaigne, findet auch heute noch große Beachtung. In ihm begegnet man einem an antiken Vorbildern (Cicero) orientierten Skeptizismus, der zugleich mit einer sehr feinsinnigen Psychologie verbunden ist. Montaigne wurde mit diesem Werk zum Vater der französischen Moralisten.

Repräsentation [lateinisch „Darstellung, Abbildung, Vorstellung"]: allgemein die Vertretung einer Gesamtheit durch ein einzelnes (Repräsentant). In der Philosophie (Leibniz, Schopenhauer) und Psychologie (im Anschluß an Wundt) vielfach verwendeter Begriff zur näheren Bestimmung der ↑Vorstellung. Repräsentation ist das Sichvergegenwärtigen eines Nichtgegenwärtigen. In der Logik stellt das sogenannte *Repräsentantenproblem* die Frage nach der Repräsentation logischer Funktionen durch die Ausdrücke eines Kalküls.

Res [lateinisch]: Sache; ↑Ding, ↑Gegenstand.

Res cogitans/Res extensa [lateinisch „denkende Substanz (eigentlich Ding)/ausgedehnte Substanz"]: Grundbegriffe der Metaphysik und Erkenntnistheorie Descartes'. Die These, daß es genau zwei, nicht auseinander ableitbare, sondern voneinander unabhängige Substanzen gebe, nämlich ↑Geist und ↑Körper, ↑Denken und ↑Materie, wird auch als „Zweisubstanzenlehre" (↑Dualismus) bezeichnet. Da nun diese einander wesensfremden Grundelemente (nach Konstruktion) nicht aufeinander wirken könnten, erklärt Descartes ihre (faktische) Beziehung und Wechselwirkung (z. B. im Menschen, der ja aus Leib und Seele besteht), durch einen Akt göttlicher Assistenz, den sogenannten „Concursus Dei". Der Gedanke einer derart vermittelten, übernatürlichen Harmonie zwischen Denken und (geometrischer) Ausdehnung wird zum zentralen Thema bei den sogenannten Okkasionalisten (↑Okkasionalismus); aufgegriffen wird der Gedanke in eigenständiger Weise nochmals von Leibniz (↑prästabilierte Harmonie).

Reue: quälendes Gefühl der Abscheu, das sich in Verbindung mit dem Gedanken einstellt, daß man moralisch nicht so gehandelt hat, wie man hätte handeln sollen bzw. wie es das ↑Gewissen vorschreibt. Mit der Reue ist der Vorsatz sittlicher Läuterung und der Befolgung des moralisch Gebotenen bei künftigen Handlungen verbunden. In der katholischen Theologie wird zwischen der Furcht-Reue (angesichts angedrohter Strafen wie der ewigen Verdammnis) und der „Herzenszerknirschung" (deren Motiv die Liebe zu Gott ist) unterschieden. Voraussetzung der Reue ist die Freiheit des Menschen, zwischen verschiedenen Handlungsmöglichkeiten wählen zu können.

reversibel [lateinisch]: umkehrbar, Gegenbegriff zu ↑irreversibel. Ein Vorgang heißt reversibel, wenn sein Ausgangszustand exakt wiederhergestellt werden kann oder keine prinzipiellen Gründe dagegen sprechen, daß der Prozeß auch in zeitlich umgekehrter Richtung stattfinden kann.

Revolution [französisch; zu spätlateinisch revolutio „das Zurückwälzen"]: allgemeine Bezeichnung für eine tiefgreifende, radikale Änderung in einem bestimmten Bereich, z. B. Industrie, Wissenschaft, Kunst, Religion, oder für eine Veränderung der politisch-sozialen Ordnung. Im politisch-sozialen Sinn bezeichnet Revolution den Versuch, durch einen in der Regel gewaltsamen Sturz der Herrschenden die Machtposition einer Gesellschaft zu erobern, um eine neue Gesellschaftsordnung herbeizuführen. Die Gewaltanwendung ist zwar kein unverzichtbares Kriterium, aber meist eine unvermeidliche Begleiterscheinung, da die Revolution verbunden ist mit einem Bruch oder zumindest einer Unterbrechung überkommener Traditionen, etwa durch Aufhebung der geltenden Verfassung und Außerkraftsetzen der bestehenden Rechtsordnung. Von philosophischem Interesse ist die Frage, ob der Bürger überhaupt ein Recht, vielleicht sogar eine moralische Pflicht hat, sich einer bestehenden politischen Ordnung zu widersetzen, und ob er bei diesem Widerstand ↑Gewalt anwenden darf. Diese Fragen werden gemäß der zugrundeliegenden Staatskonzeption und der verschiedenen ethischen Positionen unterschiedlich beantwortet. In einer Staatskonzeption – wie z. B. bei Hobbes (↑Gesellschaftsvertrag) –, in der die politische Herrschaft allein dadurch gerechtfertigt ist, daß der Herrschende eine Ordnung in der Gesellschaft durchsetzt, kann dem Untertan nur dann ein Widerstandsrecht zugestanden werden, wenn sein Leben bedroht ist, also eher ein Recht auf Notwehr als zum politischen Widerstand. Rechtfertigt man die politische Herrschaft aufgrund der umfassenden Einsicht, die den Herrscher vor allen anderen Bürgern auszeichnet – wie z. B. bei Platons Philosophenkönigtum (↑Idee des Guten, ↑Höhlengleichnis) –, so kann dem Bürger kein Widerstandsrecht eingeräumt werden, weil ihm die Einsicht in das, was wirklich gut ist, fehlt. In einer Staatskonzeption, die von freien und gleichberechtigten Bürgern ausgeht und die politische Herrschaft aufgrund der frei geäußerten Zustimmung der Mehrheit der Menschen zu dieser Herrschaft rechtfertigt – z. B. bei Locke – wird dem einzelnen dann ein Widerstandsrecht eingeräumt, wenn die Regierung gegen Grundgesetze oder die Menschenrechte verstößt. Geht man davon aus, daß in einer Demokratie der einzelne Mitverantwortung für die politischen Entwicklungen trägt, so hat er unter solchen Umständen nicht nur ein Recht, sondern auch eine Pflicht zum Widerstand. – Während ein Deontologe (↑deontologische Ethik) Gewaltanwendung unter allen Umständen ablehnen würde, auch dann, wenn dadurch bestehendes Unrecht beseitigt werden könnte, würde ein Utilitarist (↑Utilitarismus) jede Art von Gewaltanwendung rechtfertigen, wenn der daraus resultierende Nutzen dem Gemeinwohl förderlich wäre. Da jedoch beide ethischen Positionen kritisierbar sind, versucht man heute, die Frage der Gewaltanwendung folgendermaßen zu beantworten: Ist Gewaltanwendung das einzige Mittel, um bestehendes Unrecht zu beseitigen, dann ist sie nach Max Weber nicht nur legitim, sondern sogar moralisch geboten. Dennoch wird die Gewaltanwendung nicht als „geheiligtes Mittel" gerechtfertigt, und derjenige, der sie angewandt hat, wird nicht seiner Verantwortung dafür entbunden (↑Verantwortungsethik). Gewaltanwendung ist zwar legitim und wäre z. B. gegen das nationalsozialistische Regime geboten gewesen, aber dennoch lädt man durch ihre Anwendung ↑Schuld auf sich, d. h. die Widerstandskämpfer im Dritten Reich haben zwar moralisch richtig gehandelt, aber dennoch den Einsatz von Gewalt vor sich und vor anderen zu verantworten.

Rezeptivität [zu lateinisch recipere „(wieder) aufnehmen"]: vorwiegend wahrnehmungstheoretischer Begriff für die Aufnahmefähigkeit bzw. Empfänglichkeit von Sinneseindrücken (↑Sinnlichkeit). Kant definierte die Rezeptivität als die Fähigkeit des menschlichen Erkenntnisvermögens, „Vorstellungen durch die Art, wie wir von den Gegenständen affiziert werden, zu bekommen".

richtig: eine Handlung heißt richtig, wenn sie in Übereinstimmung mit allen für sie relevanten Regeln und Grundsätzen steht. So ist z. B. ein Schluß nur dann richtig, wenn er aus wahren Prämissen wahre Konklusionen liefert. Ein Schüler verhält sich in der Schule richtig, wenn er die Schulordnung beachtet. Da das Gegenteil von richtig meist mit falsch angegeben wird, werden richtig und wahr oft synonym gebraucht. Das ist aber irreführend: So bedeutet: „Dieser Satz ist richtig" etwas anderes als „Dieser Satz ist wahr". Im ersten Fall geht es um die Syntax des Satzes (er entspricht den grammatischen Regeln), im zweiten Fall um seine Semantik. Die Kalkülisierungen in der Logik versuchen, den Wahrheitsbegriff durch den der Richtigkeit zu ersetzen. Es ist jedoch seit Gödels Unvollständigkeitssatz bekannt, daß dies nicht vollständig möglich ist.

Rigorismus [zu lateinisch rigor „Härte, Starrheit, Unbeugsamkeit"]: eine Denk- oder Handlungsweise, die eine so starre, strenge Orientierung an allgemeinen Grundsätzen oder Normen[systemen] fordert, daß bereits geringfügige Abweichungen (etwa zur Berücksichtigung besonderer Umstände einer konkreten Situation) als unzulässig gelten und zu einer abwertenden Beurteilung führen. Als Musterbeispiel eines ethischen Rigorismus gilt die praktische Philosophie Kants. Nach Kant sollen relevante Handlungen einschränkungslos nach einem einzigen, obersten, formalen Gesetz, dem ↑kategorischen Imperativ, erfolgen. Triebkraft der moralischen Handlung darf allein die ↑Pflicht sein, nicht aber irgendeine Form von ↑Neigung (z. B. Nächstenliebe).

S

Sachverhalt: ein abstrakter, in ↑Aussagen vergegenwärtigter Gegenstand. Sachverhalte werden aus Aussagen durch ↑Abstraktion bezüglich Inhaltsgleichheit gewonnen. Der Formulierung nach verschiedene, dem Inhalt nach aber gleiche Aussagen stellen denselben Sachverhalt dar. Der Terminus „Sachverhalt" ist ein Abstraktor (ebenso wie z. B. „Zahl" oder „Begriff"). Mit ihm machen wir über Aussagen wiederum Aussagen, die invariant sind bezüglich der Äquivalenzrelation *inhaltsgleich* (↑synonym). Schließt man sich diesem Wortgebrauch von „Sachverhalt" an, so besteht keine Möglichkeit, „inhaltsgleich" als Prädikator für Aussagen etwa durch die Bestimmung zu definieren, daß inhaltsgleiche Aussagen denselben Sachverhalt darstellen. Ebensowenig läßt sich die Wahrheit einer Aussage dadurch charakterisieren, daß man behauptet, sie beschreibe einen Sachverhalt korrekt (↑Wahrheit). – Jede Aussage repräsentiert (vergegenwärtigt) einen Sachverhalt (den man auch mit anderen Worten repräsentieren könnte). Eine zutreffende bzw. wahre Aussage repräsentiert einen wirklichen Sachverhalt (eine ↑Tatsache). Vergegenwärtigende menschliche Rede ist aber an wirkliche Sachverhalte keineswegs gebunden. Die Sprache gibt uns die Möglichkeit, „alles Erdenkliche" zu vergegenwärtigen, auch auf den Wegen der Phantasie oder der Vermutung oder der Täuschung. Ein Sachverhalt, der durch eine falsche Aussage vergegenwärtigt wird, heißt ein *fingierter Sachverhalt* (↑Fiktion). – Die traditionelle Logik gebrauchte statt „Sachverhalt" den Terminus ↑Urteil (↑auch Proposition).

Säkularisation [zu lateinisch saeculum „Jahrhundert"]: svw. Verweltlichung. Kirchensprachlicher Begriff, dessen allgemeiner Gebrauch zurückgeht auf die nach dem Westfälischen Frieden (1648) durch staatliche Gewalt erfolgte Aufhebung und Umverteilung kirchlicher Institutionen und Güter zu weltlichen Zwekken. In der Philosophie versteht man unter Säkularisierung generell einen emanzipatorischen Entwicklungsprozeß, der, im Streben nach Autonomie des Denkens und Handelns, auf Ablösung bzw. Befreiung von den durch Religion und Theologie bestimmten Denk- und Ordnungssystemen abzielt. Dabei kommt es zu einer stetig wachsenden Trennung zwischen Vernunft und Glauben, rational-empirisch fundiertem und Offenbarungswissen. Bedeutende Säkularisierungsbestrebungen waren u. a. der antike ↑Skeptizismus, der mittelalterliche Streit zwischen ↑Scotismus und ↑Nominalismus gegenüber dem ↑Thomismus sowie die ↑Aufklärung.

Sammelbegriff ↑Kollektivbegriff.

Sanktion [lateinisch „geschärfte Verordnung, Strafgesetz"]: eine (soziale) Sanktion ist eine gesellschaftliche Maßnahme von einzelnen, Gruppen oder Organisationen bzw. Institutionen, mit der auf das Verhalten anderer Mitglieder der Gesellschaft reagiert wird, um sie zur Einhaltung gesellschaftlich anerkannter ↑Normen zu zwingen. *Positive* Sanktionen (z. B. Lob, soziales Ansehen, sozialer Aufstieg) erfolgen auf Verhaltensweisen, die den gesellschaftlichen Normen entsprechen, *negative* Sanktionen (z. B. Tadel, Güter-, Chancen-, Freiheitsentzug bis Tötung) erfolgen auf abweichendes Verhalten. Während der ↑Sozialisation werden gesellschaftliche Normen häufig so stark verinnerlicht, daß nicht mehr alle Verhaltensweisen von außen her sanktioniert werden müssen und Normenmißachtungen von der Person selbst mit Schuldgefühlen sanktioniert werden *(innere Sanktionen).*

sapere aude [lateinisch „wage es, weise zu sein"]: auf Horaz zurückgehende Wendung, die von Kant in der Übersetzung „Habe Mut, dich deines eigenen Verstandes zu bedienen!" als Wahlspruch der ↑Aufklärung wieder aufgegriffen wurde.

Satz: *allgemein* die kleinste sprachliche Einheit, die selbständig eine Bedeutung trägt. Genauere Definitionen des Begriffs „Satz" sind umstritten. Seit der Antike gilt die *Subjekt-Prädikat-Form* als kennzeichnend für Sätze. Damit wären aber Bildungen wie „Guten Morgen!" nicht als Sätze anzusehen. Neben dem Versuch, Sätze durch interne Eigenschaften festzulegen, tritt in neuerer Zeit der *Aspekt der Kommunikation* in den Vordergrund. Sätze sind solche sprachliche Einheiten, die bestimmte kommunikative Funktionen ausüben können. – In *Logik* und *Mathematik* wird unter einem Satz (oder *Theorem*) eine *als wahr nachgewiesene* Aussage verstanden, im Unterschied zur *Vermutung,* über deren Wahrheit Unklarheit herrscht. In ↑Kalkülen werden die wohlgeformten Formeln oder Ausdrücke auch als Sätze bezeichnet.

Satz vom ausgeschlossenen Dritten: svw. ↑Tertium non datur.

Satz vom verbotenen Widerspruch (Satz vom [ausgeschlossenen] Widerspruch, Principium contradictionis): Prinzip der Logik, das Aristoteles so ausdrückte: Es ist nicht möglich, daß kontradiktorische Sätze zusammen wahr sein können. Es ist immer falsch, einem Gegenstand einen Prädikator sowohl zu- als auch abzusprechen. In der Aussagenlogik entspricht dem das Aussageschema $\neg(A \wedge \neg A)$, das eine logische Wahrheit darstellt. Seine Entsprechung in der Prädikatenlogik sieht so aus: $\neg \bigvee_{x \in G} P(x) \wedge \neg P(x)$ (P stehe für ein Prädikat). Dieses Prinzip wird von allen Richtungen der Logik anerkannt. Der Satz vom verbotenen Widerspruch hat Konsequenzen, die keineswegs auf die Logik beschränkt bleiben. Dies wird schon in der klassischen Formulierung (ebenfalls von Aristoteles) deutlich: Es ist unmöglich, daß demselben dasselbe zugleich und in derselben Hinsicht zukomme und nicht zukomme. Widersprüche sind nicht nur auf der Ebene der Aussagen verboten, sondern auch in der Realität. Nur dasjenige kann wirklich sein, was keine Widersprüche enthält. Widerspruchsfreiheit ist also eine notwendige Bedingung für Existenz.

Satz vom zureichenden Grund (lateinisch „Principium rationis sufficientis"): Prinzip, das früher zur Logik, heute aber zur Wissenschaftstheorie gerechnet wird. Es besagt in seiner Formulierung bei Leibniz, „daß keine Begebenheit wirklich oder seiend und keine Aussage wahr sein kann, ohne daß ein zureichender Grund dafür vorhanden wäre, warum es gerade so und nicht anders ist, wenn man diese Gründe in den meisten Fällen auch nicht zu erkennen vermag". Die vollständige Kenntnis der Gründe bleibt allein Gott vorbehalten. Der Terminus „Grund" (lateinisch causa) kann sowohl *Ursache* als auch *(logischer) Grund* im Sinne der Grund-Folge-

Beziehung meinen. Der Satz vom zureichenden Grund ist modern gesprochen eher ein heuristisches Prinzip (↑Heuristik), das die wissenschaftliche Erkenntnis anzuleiten vermag. Für Leibniz war es hingegen ein (methodisches) *Konstitutionsprinzip* der Wissenschaft, das deren Rationalität allererst ermöglichte.

Satz von der Identität (lateinisch „Principium identitatis"): Prinzip der klassischen Logik, das folgendes besagt: Jeder Gegenstand ist mit sich und nur mit sich identisch (Symbol: =). Sind zwei Gegenstände identisch, so unterscheiden sie sich in keiner Hinsicht. Das läßt sich so formalisieren (in der Prädikatenlogik zweiter Stufe):

$$x = y \rightarrow \bigwedge_{P} P(x) \leftrightarrow P(y)$$

(x und y sind Gegenstandsvariable, P steht für Prädikat). Von Leibniz stammt der in unserem Jahrhundert wieder aufgegriffene Vorschlag, diese Beziehung als Definition für die Identität zu verwenden („Prinzip von der Identität des Ununterscheidbaren"; ↑Ununterscheidbarkeit).

Scham: dem Menschen eigenes, anerzogenes Unlustgefühl, das sich häufig auf Verletzungen der Intimsphäre bezieht, aber auch andere, soziale Bereiche wie Ansehen bzw. Geltung in einer Gruppe oder in der Gesellschaft oder Erfolg betreffen kann. Grundlage der Scham ist das Bewußtsein, durch bestimmte Handlungen oder Äußerungen sozialen Erwartungen nicht entsprochen bzw. gegen Normen oder Wertvorstellungen verstoßen zu haben.

Schau: Übersetzung von lateinisch „visio" und griechisch „théa", „theōría" (↑auch Theorie). Platon spricht von einer Schau der ↑Ideen, zu der die ↑Seele fähig war, bevor sie bei der Geburt des Körpers in diesen eingefahren ist. An diesen Zustand behält sie aber eine Art von Erinnerung (↑Anamnesis), die aber nicht rational einlösbar ist. Aus diesen Anfängen entwickelt sich Schau zu einem Terminus der ↑Mystik: Der Mensch, sofern er Mystiker ist, ist (gegebenenfalls in einem ekstatischen Zustand) fähig, das Göttliche zu schauen (mit dem er sich dann als Einheit „erfährt" – „unio mystica"), obgleich dieses als jede Möglichkeit des Verstandes übersteigend vorausgesetzt wird. Schau bedeutet also „nichtsinnliches Sehen" bzw. „transrationales Wissen".

Schein: mehrdeutiger Ausdruck, bezeichnet den Gegensatz zu Sein, Wesen, Realität, Wahrheit. Zu unterscheiden von „Anschein" (Wahrscheinlichkeit) und „Erscheinung" (subjektiv konstituierter Gegenstand der sinnlichen Erfahrung), wird „Schein" 1. erkenntnistheoretisch und logisch im Sinne von Scheinbarkeit (Trug, Täuschung) und 2. ästhetisch im Sinne von Scheinhaftigkeit (Fiktionalität) gebraucht. Zu 1.: Kant unterscheidet drei Arten von Scheinbarkeit, nämlich „empirischen Schein" (z. B. optische Täuschung), „transzendentalen Schein" (entsteht durch Anwendung der Verstandeskategorien auf nicht sinnlich erfahrbare Gegenstände) und „logischen Schein" (Trugschluß). Zu 2.: Nach der traditionellen Abwertung des Scheins in der Ontologie als etwas Wesenloses findet seine Rettung in der ↑Ästhetik statt. Schiller spricht als erster vom „ästhetischen Schein" als dem „Wesen" „aller schönen Kunst" und begründet damit den Anspruch der Kunst auf Autonomie (d. h. darauf, weder inhaltlich dem Kausalzusammenhang der Realität zu unterliegen noch sozialen Zwekken dienen zu müssen, wie z. B. dem Jagdzauber, religiösen Kulten, Repräsentation, Dekoration, Unterhaltung) und Wahrheit. Der Scheincharakter der Kunst bedingt nach Schiller die Überlegenheit des Kunstschönen über das Naturschöne (↑Schönheit), denn auch dieses beruht auf dem schönen Schein und nicht auf der Faktizität des Erscheinenden. Deshalb hat die Kunst hinsichtlich der Darstellung des Schönen „alle Vorteile der Natur, ohne ihre Fesseln mit ihr zu teilen". Die Ästhetik hat bis heute Schillers Bestimmung der

Kunst durch ihren Scheincharakter nicht preisgegeben. Nach Hegel hat das Schöne „sein Leben an dem Scheine". Für Nietzsche liegt im Schein die Chance, durch Kunst „die Realität noch einmal, nur in einer Auswahl, Verstärkung, Korrektur", zu entwerfen. In bezug auf gelungene Kunstwerke spricht Bloch vom „Vorschein" der ↑Utopie, Adorno vom „Schein des Scheinlosen" als dem Wahrheitsgehalt der Werke.

Scheinproblem: ein Problem, zu dessen Lösung aus prinzipiellen Gründen kein anerkanntes Lösungsverfahren zur Verfügung steht, das also (mit den vorgegebenen Mitteln) *unlösbar* ist, während ein falsch gestelltes Problem nach Korrektur sehr wohl lösbar ist. Die Einordnung als Scheinproblem hängt offenbar davon ab, welche Verfahren man anerkennt. Der logische Empirismus, der diesen Begriff bekannt machte, ließ neben logischen und mathematischen nur noch empirische Verfahren zu. Akzeptiert man das, so wird die Frage nach der Realität der Außenwelt – wie die Mehrzahl der klassischen Fragen der Metaphysik – zu einem Scheinproblem, da sie sich offensichtlich mit keinem der erlaubten Verfahren entscheiden läßt.

Schema [griechisch-lateinisch „Gestalt; Form; Haltung, Stellung"]: allgemein svw. Muster, Entwurf, Skizze. In der modernen Handlungstheorie wird Schema für *potentielle* Handlungen, also für die Fähigkeit, bestimmte Handlungen (z. B. Schwimmen, Zählen u. a.) auszuführen, gebraucht. Die Handlungsausführung wird als ↑Aktualisierung bezeichnet (↑auch Rekonstruktion).

schematische Buchstaben: in der Logik im Unterschied zu ↑Variablen, die über Individuen eines verfügbaren Grundbereichs quantifizieren, Buchstaben, die Stellen markieren, an denen Ausdrücke (z. B. Prädikate) eingesetzt werden können. Ein fester Grundbereich muß nicht zur Verfügung stehen. Über schematische Buchstaben kann nicht quantifiziert werden.

Schichtenlehre: in der Philosophie hat sich die Theorie von den *Schichten* seit der Antike im Rahmen ontologischer Betrachtungsweisen eingebürgert. Als bildhaftes Modell vergleichbar etwa der geologischen Schichtung, dient sie zur Verdeutlichung der Auffassung des Wirklichen als einer Ordnung von Seinsschichten. Aristoteles unterscheidet fünf Schichten: Hyle, Dingwelt, Lebewesen, Seele, Geist. Ungeachtet der in der Geschichte der Philosophie sehr unterschiedlich entworfenen Schichtmodelle ist allen Schichttheorien der hierarchische Aufbau gemeinsam. D. h., die jeweils höhere Schicht wird von der ihr nächst niederen und in der Regel stärkeren Schicht einerseits zwar getragen, ist dieser gegenüber aber freier. Die Schichten untereinander stehen im kausalen Bedingungsverhältnis, insgesamt aber unterliegt der Aufbau der Schichten einer Progression mit finalem Charakter. Eine besondere Bedeutung erlangte die Schichtentheorie in der realistischen Ontologie Hartmanns. Er unterscheidet: anorganisches, organisches, psychisches und geistiges Sein. Wesentlichen Einfluß hatte die Schichtenlehre auf die genetische Persönlichkeitstheorie (z. B. Scheler, Rothacker). Auch Freuds Grundmodell Es – Ich – Über-Ich ist diesem Modelldenken verpflichtet.

Schicksal: die Geschicke, die dem Menschen zugeteilt sind und die er (unabwendbar) in seiner Existenz bewältigen muß. Das Eintreten von Ereignissen, die als „schicksalhaft" bezeichnet werden, erfährt der einzelne als unerklärlich und unberechenbar, mithin als zumeist feindlich und bedrohend (als „Schicksalsschläge"). In der frühen Religionsgeschichte sah man als Schicksal, als die Geschicke zuteilende Instanz, eine höhere göttliche Macht, die den Menschen bestimmte Ereignisse willkürlich widerfahren ließ. Gegenüber dieser göttlichen Macht konnten sich die Schicksalsbestimmungen auch auf geheimnisvolle Weise verselbständigen oder – wie in etlichen polytheistischen Religionen – als besondere Funktion an untergeordnete Gottheiten verwiesen sein. In der klassischen Philosophie bezeichnet der Begriff eine Notwendigkeit in der Natur, die Ordnung und Verknüpfung von Ursachen, ein Weltgesetz oder eine Weltvernunft. Das Christentum, das den Schicksalsglauben ablehnt, interpretiert die Geschicke als göttliche Vorsehung und unterscheidet im übrigen klärend zwischen einem „Naturgesetz" (einem notwendigen, doch verstehbaren Zusammenhang von Naturverläufen) und einem „Sittengesetz" (der Gebotenheit von Zwecken ohne notwendiges Eintreten von Ereignissen). – Je nachdem, wie stark die verschiedenen Schicksalsvorstellungen den Spielraum des Menschen einengen, bestimmen sie das Maß an menschlicher Freiheit, sind mithin eine essentielle Voraussetzung ethischen Handelns. Ebenso wird dadurch die Reaktion des Menschen auf das Schicksal bestimmt, die zwischen dem Gefühl der Geborgenheit und ↑Fatalismus liegen kann.

Schluß: Grundbegriff der Logik, der Übergang von einer (endlichen) Menge von Aussagen (↑Prämissen) zu einer anderen Aussage (Konklusion). Ein Schluß heißt *gültig* (*berechtigt* oder *richtig*), wenn für wahre Prämissen die Wahrheit der Konklusion garantiert ist. Ein gültiger Schluß aus wahren Prämissen ist ein *Beweis.* Folgt die Wahrheit der Konklusion aus der der Prämissen allein aufgrund der verwendeten Junktoren und Quantoren, so spricht man von einem *logischen Schluß;* z.B.: Von „Wenn es regnet oder schneit, bleibt er zuhause" und „Es schneit" darf man aus rein logischen Gründen zu „Er kommt nicht" übergehen. Werden nur *sprachliche Konventionen* wie Prädikatorenregeln und Definitionen gebraucht, um die Wahrheit der Konklusion sicherzustellen, so spricht man von einem *analytischen Schluß* (↑analytisch); z.B.: Von „Meier ist ein erwachsener Mann" und „Meier ist unverheiratet" kann man auf „Meier ist ein Junggeselle" schließen. Alle anderen Schlüsse nennt man *synthetisch;* z.B.: Aus „Meier ist ein Deutscher" schließt man „Meier trinkt gerne Bier". Der Schluß darf nicht mit der ↑Implikation verwechselt werden, die eine *Metaaussage* über Aussagen darstellt (Symbol: $\prec$), während erstere eine ↑Regel für den Umgang mit Aussagen enthält (Symbol: $\Rightarrow$, ↑Schlußregel). Allerdings lassen sich Schlüsse (z.B. $A, A \rightarrow B \Rightarrow B$) durch Hinweis auf die Geltung der entsprechenden Implikation ($A, A \rightarrow B \prec B$) begründen. Die ↑Syllogistik stellt die erste hochentwickelte Schlußlehre in der Geschichte der Logik dar.

Schlußregel: Regel, nach der von vorausgesetzten ↑Prämissen zu einer Konklusion übergegangen werden darf (↑Schluß); symbolisiert durch den Regelpfeil ...⇒... (lies: Von ... darf man zu ... übergehen). Gelegentlich wird auch der Querstrich als Symbol verwendet. Beispiele: Von „Dieser Pilz ist nicht eßbar" darf man übergehen zu „Nicht alle Pilze sind eßbar"; symbolisch:

$$\bigvee_{x \in P} \neg E(x) \Rightarrow \neg \bigwedge_{x \in P} E(x).$$

Von „Alle Menschen sind sterblich" und „Alle Europäer sind Menschen" darf man übergehen zu „Alle Europäer sind sterblich"; symbolisch:

$$\frac{\begin{array}{l} MaS \\ EaM \end{array}}{EaS}$$

(Syllogismus „modus barbara"; ↑Syllogistik). Schlußregeln lassen sich durch entsprechende ↑Implikationen als gültig beweisen.

Scholastik [mittellateinisch „Schulwissenschaft"]: zusammenfassende Bezeichnung für die philosophischen und theologischen Lehren der zweiten Hälfte des Mittelalters (etwa 8.–16. Jahrhundert; ↑auch mittelalterliche Philosophie). Ihr gemeinsames Kennzeichen ist die *scholastische Methode:* Fragen (quaestiones) werden unter Berücksichtigung von Einwänden durch Befragung der

Autoritäten (sententiae auctorum) entschieden (solutio). Dieses Verfahren der „disputatio", das streng nach den Regeln der ↑Syllogistik zu verlaufen hatte, zeigt deutlich einen wichtigen Zug der Scholastik: Wahrheit kann nur bei den *Autoritäten* (Bibel, Kirche, Aristoteles) gefunden werden, an die die Evidenz immer gebunden bleibt. Das zweite wichtige Kennzeichen der scholastischen Philosophie ist ihre *Unterordnung unter die Theologie*. Der Philosophie fällt die Aufgabe zu, die Lehre des christlichen Glaubens für die Vernunft einsichtig zu machen, deren Wahrheit außer Zweifel steht. Philosophie sei nur „Magd" der Theologie. Diese Lehre blieb jedoch nicht unbestritten. Das Verhältnis von Glauben und Wissen wurde, v. a. in der Hochscholastik, als das „Problem der Dialektik" diskutiert. Das zweite beherrschende Thema der scholastischen Philosophie war der ↑Universalienstreit. Daneben leistete die Scholastik vieles auf dem Gebiet der Logik (wo die Syllogistik ausgebaut wurde) und der logischen Analyse der Sprache. Insgesamt blieben ihre Beiträge eher systematisierend als innovatorisch. Hieraus erklärt sich der Terminus „Scholastik". – Die Scholastik läßt sich in vier Abschnitte unterteilen: *Frühscholastik* (auch Karolingische Renaissance genannt; 7.–9. Jahrhundert), *Vorscholastik* (9.–12. Jahrhundert), *Hochscholastik* (12.–14. Jahrhundert) und *Spätscholastik* (14.–16. Jahrhundert). Die Scholastik wurde in ihrem Beginn v. a. von Kloster- und Hofschulen getragen. Dies förderte die Herausbildung ihres eher *esoterischen* Charakters. In der Hoch- und Spätscholastik wurden zunehmend die neuentstandenen Universitäten zu Trägern der Wissenschaften, was eine gewisse Öffnung nach außen mit sich brachte. Während die ↑patristische Philosophie überwiegend vom ↑Neuplatonismus geprägt wurde, gewinnt in der Scholastik Aristoteles immer mehr an Wichtigkeit, dessen Werke nach und nach, in der Überlieferung der Araber, bekannt wurden (zuerst die logischen Schriften, dann die naturwissenschaftlichen und schließlich die anderen). Einen Höhepunkt dieser Rezeption stellen die Werke von Albertus Magnus dar. Die Verschmelzung von christlicher und aristotelischer Lehre vollzog dann sein Schüler Thomas von Aquin. Ausgelöst durch die Beschäftigung mit Aristoteles und gefördert durch das allmähliche Bekanntwerden der jüdischen und arabischen Wissenschaften, nahm das Interesse für Wissenschaft und allgemein für Erfahrung zu. Damit stellte sich für die Hochscholastik erneut das Problem, das Verhältnis von Wissen und Glauben zu bestimmen. Hierauf gab es verschiedene Antworten: In Fortsetzung der Tradition wurde versucht, Glauben und Wissen auf der Basis der Vernunft zu harmonisieren. Anhänger dieser Position (z. B. Thomas) vertraten im Universalienstreit einen gemäßigten Realismus. Entgegengesetzt hierzu wurde von einigen Schulen (Oxford, Franziskaner) versucht, eine auf den Erfahrungsbegriff aufbauende Erkenntnistheorie zu formulieren. Damit wäre der Vorrang der Wissenschaft festgeschrieben. Als bedeutendste Vertreter dieser Richtung sind Roger Bacon und Duns Scotus (↑Scotismus) zu nennen. Hinsichtlich der Universalien wurde von diesen Philosophen ebenfalls ein gemäßigter Realismus vertreten. Eine dritte Möglichkeit bestand darin, Glauben und Wissen als *getrennte*, sich nicht gegenseitig beeinflussende Bereiche zu behandeln (↑doppelte Wahrheit). Der Einfluß der Wissenschaften verstärkte sich in der Spätscholastik noch aufgrund der erzielten Fortschritte (Nikolaus von Oresmes, Buridan). Entsprechend verhärteten sich die Fronten: Auf der einen Seite wurde die thomistische Lehre verschult und zur offiziellen Lehre der Kirche erklärt (Thomas wurde 1567 zum Kirchenlehrer erhoben), auf der anderen Seite wurde die Ablösung der Wissenschaften von der Theologie durch die einflußreiche nominalistische Lehre von Wilhelm von Ockham beschleunigt. Da nur das Individuelle wirklich ist, bedarf es der Erfahrung, um Erkenntnisse zu gewinnen. Seine Theorie wurde als „via moderna" (moderner Weg) der „via antiqua" (alter Weg) entgegengesetzt. Sie war ein wichtiger Wegbereiter der aufkommenden Neuzeit (↑ Nominalismus).

Schönheit: zentraler Terminus der ↑ Ästhetik. „Schön" ist – ebenso wie „erhaben" – ein Beurteilungsbegriff hinsichtlich der Wirkung, die ein Natur- oder Kunstobjekt auf den Betrachter ausübt, bzw. hinsichtlich bestimmter Formmerkmale, die ein Natur- oder Kunstobjekt aufweist. Zu unterscheiden ist zwischen Natur- und Kunstschönem (↑ Kunst). – Platon bestimmt das Schöne als die in der Wirklichkeit (z. B. in einem wohlproportionierten Leib, einem harmonischen Klang, einer symmetrischen Gliederung, aber auch in einer guten Handlung, einem gerechten Gesetz) aufscheinende Idee der Schönheit. Geführt von dem „Eros", der menschlichen „Liebe zu dem Schönen", kann die Erkenntnis über immer höhere Stufen des Schönen zur Schau der ewigen Idee der Schönheit selbst, die eine Einheit bildet mit der Idee der Wahrheit und des Guten, aufsteigen. Platons Konzeption eines auf Wahrheit bezogenen Schönen, das eine pädagogisch-bildende Funktion auszuüben vermag, bleibt für die Theorie des Schönen bis in die Gegenwart grundlegend. Das Kunstschöne wertet Platon aus ontologischen Gründen ab als das „Dritte von der Wahrheit ab": Da die Kunst die Sinnenwelt nachahmt, deren Erscheinungen selbst nur Abbilder der urbildlichen Ideen sind, so stellt sie bloß „Schattenbilder" her. Die christlich-theologische Ästhetik des Mittelalters baut auf Platons Theorie des Schönen auf. Das Schöne (im wesentlichen Naturschönes) wird als Symbol Gottes aufgefaßt. Es erscheint in dem auf Zahlenverhältnissen beruhenden Ordo (lateinisch „Ordnung") des Kosmos (Maßästhetik des Augustinus) oder im Licht und in der Klarheit der Farben (Lichtästhetik des Pseudo-Dionysios); beide Tendenzen vereinen sich in der Idee der gotischen Kathedrale. Thomas von Aquin faßt die objektiven Merkmale des Schönen zusammen: 1. integritas sive perfectio (lateinisch „Einheit oder Vollkommenheit"), 2. proportio sive consonantia („Ausgeglichenheit der Größenverhältnisse oder Einklang") und 3. claritas coloris („Leuchtkraft der Farbe"). Kant vollendet die nach dem Zerfall der Ontologie und aufgrund der Einsicht in die Geschichtlichkeit der objektiven Bestimmungen des Schönen unternommenen Versuche, Schönheit von ihrer Wirkung aufs Subjekt her zu begründen (z. B. Wolff: „Was gefällt, wird schön genannt"), indem er das Schöne auf ein doppelt bedingtes Wohlgefallen bezieht, nämlich 1. auf ein interesseloses (d. h. das Wohlgefallen darf nicht in der Vorstellung der realen Existenz des schönen Gegenstands begründet sein) und 2. auf ein Wohlgefallen an der inneren Zweckmäßigkeit des schönen Gegenstands, ohne daß damit die Vorstellung eines praktischen Zwecks des Gegenstands verknüpft sein darf. Inhaltlich ist eine schöne Erscheinung für Kant ein „Symbol des Sittlichguten". Schiller und die an ihn anschließende Gehaltsästhetik bestimmen das Schöne, nun primär als Produkt des Geistes, also als Kunstschönes verstanden, hinsichtlich seines geistigen Gehalts. Schönheit als „einzig möglicher Ausdruck der Freiheit in der Erscheinung" leistet eine „ästhetische Erziehung des Menschen" zur Freiheit (Schiller). Schelling formuliert die Grundauffassung der Romantik, im Schönen (und zugleich Symbolischen) werde das „Unendliche endlich dargestellt". Hegel spricht in bezug auf das Schöne vom „sinnlichen Scheinen der Idee" als „Ideal". Mit Beginn der Moderne in der Kunstentwicklung verwerfen die Künstler um der geistigen Authentizität des Dargestellten willen immer häufiger das Ideal der Schönheit zugunsten des Häßlichen, Dissonanten, auf dessen Schockwirkung sie vertrauen. Adorno liefert in seiner „Ästhetischen Theorie" (1970) eine gesellschaftskritische Deutung des Verzichts der Avantgardekunst auf das Schöne. Die klassische Kunst (z. B. Goethes „Iphigenie") gestaltet die Idee der Humanität im Reich des schönen Scheins, als wäre sie schon realisiert. Angesichts der fortbestehenden Inhumanität innerhalb der Gesellschaft gerät das Kunstschöne zur Lüge, die über das Mißlingen von Humanität und Freiheit in der Geschichte hinwegtäuscht und – ähnlich einer Unterhaltungsindustrie – eine Fluchtwelt zur Ersatzbefriedigung schafft. Die Kunst der Avantgarde vermag deshalb die Utopie nur noch negativ festzuhalten: im Bild der Katastrophe. „Um des Schönen willen ist kein Schönes mehr." Nach dem Verlust des Kunstschönen gewinnt das Naturschöne erneut an Bedeutung als Bild herrschaftsfreier Einheit in der Mannigfaltigkeit.

Schöpfung: spezielle Form mythischer ↑Kosmogonie, in der die Entstehung der Welt als Resultat der Handlung einer göttlichen Gestalt, eines *Schöpfers,* dargestellt wird. In kosmogonischen Mythen, die die Entstehung des Menschen von der Weltentstehung abgetrennt betrachten, ist die Schöpfung oft eine *handwerkliche* Tätigkeit, z. B. die eines Gärtners oder Töpfers: So schafft der ägyptische Chnum ebenso wie der semitische Jahwe den Menschen zunächst als eine Tonfigur, der dann Leben durch den Mund „eingehaucht" wird (↑Seele). Auch im „Timaios" Platons konstruiert ein göttlicher Architekt, der „Demiurg", die Welt mit den Menschen, in diesem Fall auf der Basis geometrischer Grundsätze (↑Kosmos). Die geschaffene Welt ist immer eine Art der *Selbstabbildung* des Schöpfergottes, der seinerseits bereits eine menschliche Gestalt hat. Viele Mythen (↑Mythos) stellen den Schöpfer selbst auch als eine „entstandene" Gestalt dar, entweder durch Abfolge aus einer *Göttergenealogie* oder durch *Selbstschöpfung* aus einem vorweltlichen, *unentstandenen* (↑Ewigkeit) Urstoff (↑Materie), so z. B. der ägyptische Sonnengott Re, der „spontan" aus dem Urwasser („nun") hervorgeht und später (synkretistisch als Re-Atum-Chepri) Welt und Menschen aus seinem Samen sich bilden läßt. Während Schöpfergötter in der Regel die Welt als *Umgestaltung* einer Ursubstanz bewirken, hat die christliche Tradition den Begriff einer Schöpfung aus dem Nichts entwickelt (↑Creatio ex nihilo). Daß der Mensch sich als „Geschöpf" des Gottes (↑Gott) weiß, gehört mit zum zentralen Kern der christlichen ↑Religion.

Schuld: sowohl rechtlicher als auch moralischer Begriff. Während sich der juristische Schuldbegriff auf den faktischen Verstoß gegen Gesetze bezieht, redet man von moralischer Schuld, wenn jemand bei einer Handlung bzw. Unterlassung bewußt und nach freier Entscheidung gegen Normen verstößt. Moralische und rechtliche Schuld können, müssen aber nicht, zusammenfallen (z. B. bei Widerstand gegen illegitime Herrschaft oder bei Ehebruch). Im Gegensatz zum rechtlichen Bereich ist im moralischen kein schuldfreies Leben möglich, da im „moralischen Alltag" ↑Normenkonflikte und Entscheidungssituationen nicht vermeidbar sind. Befindet man sich in einem Normenkonflikt, wie z. B. bei der Frage nach der Sterbehilfe, muß man selbst zwischen den möglichen Handlungsalternativen wählen. Die bewußte Entscheidung für die eine Norm bringt aber gleichzeitig die Verletzung der anderen mit sich; wie man sich auch entscheidet, einer sittlichen Pflicht bleibt man schuldig. Vermeiden könnte man diese Schuld nur, wenn man seine Autonomie aufgäbe und die Entscheidung einem anderen überließe. Mit der Aufgabe der Autonomie gäbe man aber auch einen wesentlichen Teil seiner eigenen ↑Person auf. Schuldvermeidung wäre also nur dem fremdbestimmten Menschen möglich. Der Mensch kann aber nur zu sich selbst finden, wenn er mit seinen Entscheidungen sein Leben mitbestimmt. Mit seiner Entscheidung für die Verwirklichung bestimmter Möglichkeiten verschließt er sich aber gleichzeitig andere Möglichkeiten. Diesen Sachverhalt nennt Heidegger das existentiale Schuldigsein des Menschen. Für einen autonomen, sittlich handelnden Menschen ist also die Vermeidung von Schuld unmöglich, das Tragenmüssen von Schuld gehört zum Menschsein dazu.

Scotismus: eine nach der Lehre des Duns Scotus vorwiegend von Franziskanern getragene philosophisch-theologische Richtung. Als eine der einflußreichsten Schulen der Scholastik stand der Scotismus in kritischer Distanz zu dem von den Dominikanern vertretenen ↑Thomismus. Der Scotismus zielte ab auf eine möglichst scharfe Trennung zwischen Glaube und Wissen bzw. Theologie und Metaphysik (↑Säkularisation). Der eigentliche Gegenstand der Metaphysik sollte in philosophischer Ausgrenzung der Theologie nicht der an sich unerkennbare Gott als Gott sein, sondern allein das mit der natürlichen Vernunft Erkennbare. Besonders kritisch bis ablehnend verhielt sich der Scotismus im Rahmen des mittelalterlichen ↑Universalienstreites gegenüber dem Problem der ↑Individuation. Indem er das Individuelle mit Hilfe des Begriffs der „Haecceitas" (zu lateinisch haec „dies" svw. „Diesheit") als „positive" Entität begreift, postuliert er einen Erkenntnisprozeß, der primär auf das Individuelle, das Einzelding, das als solches unmittelbar erkannt wird, ausgerichtet ist, und nicht – wie etwa bei Platon, Aristoteles oder im Thomismus – auf die an sich unerkennbare Materie. Der Scotismus zeichnet sich aus durch eine analytisch subtile Begrifflichkeit. Weltanschaulich vertrat er den Vorrang des Willens vor der erkennenden Vernunft.

Seele: die Auffassung, daß sich die Existenz des einzelnen Menschen nicht in seiner Körperlichkeit erschöpft, ist ein Grundzug der Geistesgeschichte, der sich bis in die Altsteinzeit zurückverfolgen läßt. Ihren Niederschlag findet sie am deutlichsten in der Gestalt von *Totenkulten*. Da diese Nicht-Körperlichkeit als solche gerade eine örtliche und zeitliche *Ungebundenheit* impliziert, sie andererseits gerade die *Lebendigkeit* des Körpers ausmacht, liegt die Vorstellung nahe, das Sterben des Körpers als *Trennung* und Verselbständigung von etwas zu deuten, das in der Lebenszeit mit diesem *verbunden* ist. Sprachlich wird dieses Körperlose in überkultureller Übereinstimmung in Ausdrücken fixiert, die das Wortfeld „Wind, Wehen, Hauch, Atem" überdecken, die also das individuell-lebensbestimmende Atmen mit der nicht-dinglichen Luft assoziieren. Das griechische „psychḗ" und „pneũma", das lateienische „animus, anima" und „spiritus", das ägyptische „ah̲" und das semitische „ruah̲", das indische „atman", das chinesische „kuai" (dessen Schriftzeichen eine Maske mit Luftschwaden darstellt): Alles dies sind Wörter, die einmal mehr auf nichtindividuelles Luftartiges, dann mehr auf individuelles Atmen, Leben verweisen. Auch das indische ↑Nirwana – als letzte Auflösung individuellen Lebens – übersetzt sich mit „Nicht-Wehen (des Windes)". Die althochdeutsche „seola" (die sich zur Seele weiterentwickelt) ist unter diesen Begriffen eine seltene Ausnahme: Sie leitet sich von „seo" „die (oder der) See, das Meer" ab, gleich wie die gotische „saivala" aus „saivs" („Meer"). Jacob Grimm übersetzt daher mit „wogende, flutende Kraft". Man vermutet einen *vor*indogermanischen Ursprung sowohl des Wortes als auch der Vorstellung. Allerdings ist oft auch die „wind-artige" Seele mit dem Wasser assoziiert: dort nämlich, wo sie nach ihrer

Trennung vom Körper ein Meer oder einen Fluß (griechisch „stýx“) überwinden muß, um ihren letzten „Ort“, die „Insel der Seligen“ (griechisch „ēlýsion“) oder die Unterwelt (griechisch „tártaros“, „haídēs“) zu erreichen. Außer ihrer sprachlichen Form sind aber Seelenvorstellungen ganz und gar nicht eindeutig. So findet man oft eine *Mannigfaltigkeit* von Seelen im *Einzel*menschen vereinigt, darunter auch solche die sich zeitweise auch *während* der Lebenszeit vom Körper trennen können. Darin ist ein früher Versuch zu sehen, das Phänomen des *Träumens* zu begreifen und auch die Tatsache, daß man an Orte und Zeiten *denken* kann, an denen man sich *nicht* körperlich *befindet*. Als Entfernung der Seele aus dem Körper wird (im Schamanismus z. B.) auch die körperliche und psychische Krankheit gedeutet. Entsprechend stellen diesbezügliche (sogenannte „magische“) Heilungspraktiken ein rituelles „Zurückholen“ der Seele dar (↑Mythos). Bemerkenswert ist, daß solche Rituale, woran heute nicht mehr im Ernst gezweifelt werden kann, meist auch erfolgreich sind. Nur selten ist die Seele mit „Ich“, „Selbst“, „Bewußtsein“ identisch, wie dies in der christlichen Tradition der Fall ist. Während jedoch fast grundsätzlich der Seele Unsterblichkeit zugesprochen wird (in ihrer Unkörperlichkeit liegt notwendig ihre raum-zeitliche Nicht-Lokalität und Unvergänglichkeit), sind die Vorstellungen von dem, was eine solche alles tun kann, sehr unterschiedlich: Verbreitet ist die Idee einer Seelen*wanderung* bzw. *Wiedergeburt* (Reinkarnation). Hier kann die Seele nach ihrer Trennung vom einen Körper in einen anderen eingehen, und zwar bei dessen Geburt. Sie kann auch in einem anderen Menschen ein parasitäres Dasein führen. Auch Tiere und Pflanzen sind Formen von Wiederverkörperungen. Solche Lehren sind mit einer ethischen Normierung von „guter“ Lebensführung verbunden, denn in diesen einzelnen Gestaltungen soll die Seele so leben, daß sie letztlich aus dem „Kreis“ der Wiedergeburten austreten kann. Hier ist bemerkenswert, daß solche Lehren meist an einzelne [„Religionsstifter“-]Personen geknüpft sind, die von sich behaupten, sich an „frühere“ Leben *erinnern* zu können (z. B. Schiwa, Buddha, Pythagoras). Im germanischen Raum gibt es die Vorstellung vom Seelen-*Tausch* zwischen Geliebten (↑auch Psychoanalyse).

Seelenwanderung ↑Seele.

Seiende, das: allgemein das, wovon ausgesagt wird, daß es ist; das, was ist, in der Scholastik svw. ↑Ens. In der ↑Ontologie ist das Seiende im Unterschied zum ↑Sein eine rein sprachliche Figur, die im Rahmen der ↑Fundamentalontologie als ein sachlicher Ursachenzusammenhang gelesen v. a. in der Existenzphilosophie (Heidegger) einen konstitutiven Rang einnimmt (↑ontologische Differenz). Das Seiende als solches ist ein am jeweilig endlichen aber insgesamt mannigfaltig anzusehenden Seienden gewonnenes Substrat, das zu dem allem Seienden zugrundeliegenden Sein hinführt: gleichsam die letzte noch zu erkennende „Vorstufe“ des in seinem selbsteigenen Sein nicht mehr erfahrbaren Seins. „Sein und Seiendes unterscheiden sich ebenso wie Wahrheit und Wahres, Wirklichkeit und Wirkliches, Realität und Reales. Es gibt vieles, was wahr ist, aber das Wahrsein selbst an diesem Vielen ist eines und dasselbe...“ (Hartmann).

Sein (Esse): zentraler Begriff sowohl der antiken und scholastischen ↑Ontologie (↑auch Ens) wie auch der ↑Existenzphilosophie und ↑Fundamentalontologie des 20. Jahrhunderts. Für Aristoteles ist die Frage nach dem ↑Wesen des Seienden wie die nach dem „Sein des Seienden“ (↑Substanz) gleichbedeutend mit der Grundfrage der Philosophie. „Die Frage, die immer schon und auch heute noch und immer wieder gestellt wird und ein Gegenstand der Ratlosigkeit bleiben wird, ist nämlich die, was das Seiende sei...“ Ähnlich argumentiert Heidegger: „Das Denken ist das Denken des Seins." Er wirft der abendländischen Philosophie insgesamt „Seinsvergessenheit" vor, d. h. daß sie nicht den Sinn des Seins selbst (Seinsverständnis), sondern immer nur das ↑Seiende thematisiert hat. Für ihn wie für Sartre erschließt sich der Zugang zum Sein nur über das menschliche ↑Dasein (↑auch Existenz). – Insgesamt steht der Begriff Sein für jenen absolut selbstverständlichen Zustand, aus dem heraus wir beständig in die Welt hineinleben. Sein besagt nicht mehr und nicht weniger, als daß die Gegenstände der Außenwelt, die wir sehen, hören, tasten usw., ebenso wie unsere immanenten Sinnesdaten, daß das, worüber wir sprechen wie die Sprache selbst, daß unsere Handlungsweisen, Ideen, Fiktionen usw., kurz: daß *all das* uns Umgebende (Welt, Natur, Kultur) einschließlich unserem je eigenen Ich (Bewußtseinsleistungen) schlicht *ist*. – Sein ist ein nicht mehr zu hinterfragender, universaler Boden, von dem her sich alles begreift. In diesem Sinne ist Sein selbst noch seinem klassischen Gegenbegriff, dem ↑Nichts, vorgeordnet. Das Nichts läßt sich nämlich nur definieren als ein Nicht-Sein oder ein „Ausfall" des Seins, eine Leerstelle bzw. ein „schwarzes Loch". Ist ein Sein ohne Nichts (= Alles ist) durchaus denkbar, so überfordert ein „Nichts ist" oder „Alles ist nicht" unsere Vorstellungskraft schon deshalb, weil es den subjektiven wie objektiven Seinsgrund selbst („Bedingungen der Möglichkeit") unserer Erkenntnis von vornherein (a priori) eliminiert hätte bzw. Erkenntnis könnte gar nicht erst Wirklichkeit werden. Bezeichnenderweise hat die Geschichte der Philosophie im Rahmen des traditionellen Gegensatzpaares „Sein – Nichts" bisher nur zwei mögliche „Lösungen" angeboten: Entweder das Sein wird *ausschließlich* gedacht, wie es dem statischen Seinsideal der ↑eleatischen Philosophie entspricht, oder das Sein wird mit dem Nichts *dialektisch* zu einem ewigen Prozeß von ↑Werden und Vergehen verspannt, wie es zuerst das dynamische Weltprinzip des ↑Heraklitismus behauptet hat und exemplarisch der Philosophie Hegels zugrunde liegt. Eine Philosophie, die vom absoluten Nichts ausginge bzw. in diesem als quasi einzig „Seiendem" aufgehen könnte, hat es bisher nicht gegeben und scheint auch undurchführbar. Da der denkende Mensch selbst Bestandteil des Seins ist, ist in einem umfassenden Sinne alle Philosophie Seinsphilosophie. Sein ist dann der Grund, der gleichzeitig der ↑Logos des Denkens ist. Man kann unmöglich ein Nichts sein und parallel ein Nichts denken. Der klassische „Nichts"-Standpunkt, der ↑Nihilismus, leugnet demnach nicht das Sein schlechthin ab, sondern bestreitet in der Regel nur die philosophisch überkommenen Wertvorstellungen hinsichtlich des Seienden, z. B. Nietzsche, der Gott als Inbegriff allen Seins für tot erklärt, oder Sartre, der im menschlichen Dasein allenfalls eine fragwürdige Existenz sieht. Die Dialektik von Sein und Nichts gründet in der rational wohl kaum mehr zu beantwortenden Frage nach der ersten Ursache bzw. dem Anfang allen Seins. Aristoteles suchte diesem Problem mit dem Bild eines ↑unbewegten Bewegers zu begegnen. Für Heidegger entspringt das Sein aus dem Nichten des Nichts. – Sein ist der mit Abstand umfassendste, gleichzeitig aber auch leerste (= unbestimmteste) aller philosophischen Begriffe. Eine nähere Bestimmung des Seins muß zwangsläufig auf ein konkretes Seiendes rekurrieren, kollidiert aber sogleich mit diesem, da jedes Seiende nur einen Teil (Perspektive, Abschattung) des universalen Seins repräsentiert. Platon hat unterschieden zwischen einem idealen und einem realen Sein. Ideal ist das einzig wahre, überzeitliche, immerwährende Sein (↑Idee), während das reale Sein einmalig, individuell und unvollkommen nur der ↑Schein des idealen Seins ist (↑Höhlengleichnis). Das Sein selbst können wir uns nur mit Hilfe eines idealen Grenzwertes verdeutlichen. Der ontologische Begriff für diesen Grenzwert ist die ↑Vollkommenheit. Die klassischen Seinsarten (↑Modus) sind die Wirklichkeit, ↑Möglichkeit und die ↑Notwendigkeit. Auf der Grundlage der Vorstellung einer graduellen Abstufung des Seins im Seienden hat ähnlich wie schon Platon Hartmann seine ontologische ↑Schichtenlehre entwickelt. – Das Sein an sich (bei Kant svw. ↑Ding an sich) ist unerkennbar und für das erkennende Bewußtsein Inbegriff aller ↑Transzendenz. Die ↑Transzendentalien der Scholastik sind in dieser Hinsicht letzte Seinsprinzipien. Da das Seiende nicht das Sein selbst ist, sondern es immer nur hat in der Weise, wie wir ihm Sein zukommen lassen bzw. es ihm prädikativ („ist") anheften (Thomas von Aquin), ist das Sein gleichzeitig ein sämtliche Erkenntnisleistungen fundierendes Seins-Apriori. Ein ausschließlicher Bestimmungsversuch des Seins als Sein mündet zwangsläufig ein in eine Tautologie, da man über das Sein allein nichts weiter aussagen kann und darf als: „Sein ist!" Dies würde mit der Behauptung des Aristoteles korrespondieren, daß das Sein als Seiendes „Eines" ist. – Die derzeitige sprachanalytisch orientierte Philosophie steht der „Seinspest" (Stegmüller) des 20. Jahrhunderts ausnehmend kritisch gegenüber. Mit Blick auf die traditionelle Ontologie weist sie immer wieder darauf hin, daß „Sein" nichts weiter ist als „sein", aufgrund dessen sich alle metaphysischen Seinsprobleme letztlich auf den Gebrauch der universalen Kopula „ist" zurückführen ließen.

Sein-Sollen-Problem: Problem, das sich aus der Frage ergibt, ob man aus dem, was faktisch *ist,* ableiten kann, was sein *soll.* Kann man z. B. aus der Tatsache, daß eine Handlung zum Wohlergehen vieler Menschen beiträgt, ableiten, daß diese Handlung auch vollzogen werden soll? Spontan würde man diese Frage wohl mit ja beantworten, da es einem moralisch geboten scheint, sich für das Wohl seiner Mitmenschen einzusetzen. Die Bejahung dieser Frage gründet sich also nicht nur auf den deskriptiven Satz „Die Handlung fördert das Wohl der Mitmenschen", sondern auch auf die Norm „Du sollst das Wohl deiner Mitmenschen fördern". Nur aus Norm und deskriptivem Satz *zusammen* läßt sich das Gebot, die Handlung zu vollziehen, ableiten. Würde ein deskriptiver Satz allein ausreichen, so ließe sich aus der Tatsache, daß Eltern ihre Kinder schlagen oder Menschen andere Menschen töten, ableiten, daß dieses Verhalten auch eine moralische Pflicht sei (↑naturalistischer Fehlschluß).

Seinsprinzipien [zu ↑Prinzip]: Sätze von großer Allgemeinheit, die den Begriff des Seins betreffen und als so grundlegend gelten, daß alle weiteren Bestimmungen und Eigenschaften des Seins von vornherein mit diesen Fundamentaleinsichten vereinbar sein müssen. Die Frage nach dem ↑Sein selbst und seinen Prinzipien gehört von alters her zu den zentralen philosophischen Problemen. Wenn Heidegger in der Mitte unseres Jahrhunderts – gegen analytische Sprachphilosophie und Positivismus – behauptet, sie sei die Grundfrage der Philosophie überhaupt, dann stellt er damit über zwei Jahrtausende hinweg einen Konsens her zwischen sich und Aristoteles über das, was Philosophie eigentlich sei, denn auch Aristoteles ordnet die Seinsfragen (Ontologie) der „ersten", obersten und schwierigsten Stufe der Philosophie zu. Von Platon und Aristoteles stammen auch die ersten, vom Sprachgebrauch ausgehenden sprachkritischen Untersuchungen über die verschiedenen Funktionen des Seinsbegriffs. Diese sind v. a. 1. *Identitätsaussagen* und *Definitionen* wie „Kant ist der Verfasser der ‚Kritik der reinen Vernunft'", „1 + 1 = 2", „Hermeneutik ist die Lehre von den Regeln des Verstehens"; 2. *Eigenschaftszuschreibun-*

gen oder *Prädikationen* (So-Sein) wie „Klaus ist ein Mensch“, „Du bist gut“; 3. *Existenzbehauptungen* (Da-Sein) wie „Er ist“, „Solange ich an ihn denke, ist (= existiert) er“. Der folgende, als Tautologie postulierte Grundsatz trägt diesen verschiedenen Gebrauchsmöglichkeiten Rechnung: „Allem Seienden kommt (auf mindestens *eine* Art) Sein zu.“ Denn käme ihm kein Sein zu, so wäre es doch offenbar nicht als Seiendes zu bezeichnen. Deshalb ist selbst das Nichts noch ein Seiendes, insofern wir von ihm reden und ihm deshalb „Gedacht-Sein“ und „Ausgesprochen-Sein“ zuerkennen müssen. D.h. der Seinsbegriff ist nicht nur der allgemeinste, abstrakteste, sondern er ist der schlechthin allumfassende Begriff. Er ist Rahmen des Sprechens – denn etwas, dem in keiner Weise ein Sein zukommt, von dem kann man nicht reden – und damit der absolute Horizont allen Denkens und Erkennens. In dialektischer Terminologie: Das Sein ist die oberste Synthese; in ihm endet die ↑Dialektik, da sich ihm gegenüber keine Antithese mehr bilden läßt, weil es auch das Nichts umfaßt. In der traditionellen Metaphysik und Ontologie formulierte man diese Einsicht etwa so: „Das Sein ist unendlich.“ Es ist das Eine; oder auch: Es ist dasselbe wie das Eine („ens et unum convertuntur“), weil ihm nichts gegenüberstehen kann. Das Seiende ist das Viele, Getrennte, das einzelne. Es kann nicht mit dem Sein identisch sein, weil sonst alles Seiende untereinander identisch und damit seine Endlichkeit und Vielheit aufgehoben wären. Ja nicht einmal mit seinem eigenen Sein kann es völlig identisch sein, weil dann kein Raum mehr bliebe für Veränderungen, für Wechsel von Seinsweisen. Jedes Seiende hat also nur einen Teil, nicht des Seins, sondern gemessen am Sein. Seine Eigenschaften (Seinsweisen: essentia, quidditas) sind Maß des unendlichen Seins (↑Teilhabe). Den Sachverhalt, daß eine Seinsweise zukommen kann oder auch nicht, bezeichnet man als ↑Kontingenz (im Gegensatz zur ↑Notwendigkeit). Ein Seiendes kann sich nun „zu den verschiedensten Seinsweisen (etwa zur Existenz) kontingent verhalten, nicht jedoch zum Sein überhaupt, denn unter irgendeiner Rücksicht muß es sein (nicht existieren), sonst könnte es nicht Seiendes genannt werden... Unter mindestens einer Rücksicht also ist es notwendig“ (Keller). Dieses [Identitäts- oder Notwendigkeits-]Prinzip formulierte schon Thomas von Aquin: „Es ist notwendig, daß etwas ist, insoweit es ist.“ Sein ist also Ursprung von Identität wie von Notwendigkeit. Als eines der ersten und obersten Seinsprinzipien gilt auch das „Nicht-Widerspruchsprinzip“ (↑Satz vom verbotenen Widerspruch), dessen Aussage das sogenannte „Prinzip vom ausgeschlossenen Dritten“ ins Positive wendet: Es soll ausgeschlossen sein, daß es zwischen Sein und Nichtsein noch einen Zwischenstatus, ein Drittes, geben kann (↑Tertium non datur). – Im Zusammenhang spezifischer Seinsweisen (z.B. real oder wirklich sein; handelnd sein; formal sein usw.) stehen auch spezifische [Seins-]Prinzipien im Mittelpunkt von Spezialdisziplinen. So zählen z.B. die beiden letztgenannten Prinzipien als *Formal*prinzipien auch zu den obersten Grundsätzen des folgerichtigen Denkens und damit zur Logik. *Real*prinzipien formulieren oberste Bedingungen speziell des Wirklich-Seins (der Wirklichkeit). Einen ganz hervorragenden Stellenwert im Rahmen der Erkenntnistheorie und Metaphysik nimmt ein Prinzip ein, aus dem die Gesetzmäßigkeiten allen Geschehens und Vergehens sich ableiten lassen sollen, das sogenannte *Kausalprinzip* (↑Kausalität), nach dem sinnvoll ist, Veränderungen der Natur als Ursache-Wirkungs-Zusammenhänge zu interpretieren.

sekundäre Sinnesqualitäten ↑Sinnesqualitäten.

Selbst: Begriff für einen zentralen Bereich der Persönlichkeit, der das seiner selbst bewußt werdende (↑Selbstbewußtsein) und gleichzeitig sich selbst zum Objekt werdende Subjekt bezeichnet; so z. B. in dem Satz: „Ich (Subjekt) denke über mich (zum Objekt gewordenes Subjekt) nach." Die Bezeichnung „Selbst" wurde von James und Mead in die Sozialpsychologie eingeführt, die auch einen Subjektaspekt (Ich) von einem Objektaspekt (Mich) am Selbst unterschieden. Letzterer wurde in der Folgezeit immer stärker betont und reicht vom Körpergefühl *(materielles Selbst)* über soziale Stellung und Rolle *(soziales Selbst)* bis zu Wertvorstellungen und Weltanschauungen *(geistiges Selbst).*

Selbstbestimmung: Möglichkeit und Fähigkeit des Individuums, der Gesellschaft oder des Staates, frei der eigenen Vernunft gemäß zu handeln und die Gesetze, Normen und Regeln des Handelns selbstverantwortlich zu entwerfen (synonym zu Autonomie; ↑Autonomie/Heteronomie). Bei Feuerbach beginnt die Infragestellung der von Kant noch für möglich gehaltenen absoluten Autonomie bzw. der Selbstbestimmung. Freud hält sie für eine Selbsttäuschung des bürgerlichen Ich und erkennt in ihr das Ergebnis einer nicht gelungenen Verdrängung faktischer Fremdbestimmung. Die Folge dieser Selbsttäuschung ist für Freud Krankheit, für Feuerbach Verlust des Du, für Marx des wahren gesellschaftlichen Seins, für Kierkegaard der Verlust Gottes und für Heidegger der Geschichte als Tradition. Trotz dieser allgemein anerkannten Relativierung der Möglichkeit absoluter Selbstbestimmung durch innere und äußere Einflüsse (z. B. Triebe, Begierden, gesellschaftliche Mächte) wird der Begriff der Selbstbestimmung bis heute als kritisches Instrument gegen die Beeinträchtigung der ↑Freiheit von Individuen, gesellschaftlichen Gruppen und Staaten in Anspruch genommen.

Selbstbewußtsein: im *allgemeinen* Sprachgebrauch die Überzeugung vom Wert der eigenen Persönlichkeit; in der *Philosophie* das inhaltliche Wissen um bestimmte innere Zustände, aber auch das formale Wissen um die einheitliche bzw. einheitstiftende geistige Instanz (Ich, Selbst), die selbst nicht näher bestimmt wird, aber als bestimmende allen Unterscheidungen zugrunde liegt. Kant unterscheidet das „reine Selbstbewußtsein" oder „Ich" vom „empirischen Selbstbewußtsein", das ein inhaltliches Selbstbewußtsein um die innere Zuständlichkeit ist. In Ausarbeitung des Kantischen Ansatzes bestimmt Fichte das Selbstbewußtsein oder Ich als „Tathandlung". Der Prozeß, in dem es aus sich die Erfahrung der Welt entfaltet, ist zugleich der Prozeß, in dem es sich selbst gewinnt. Fichte charakterisiert sein Programm als eine „vollständige Deduktion der ganzen Erfahrung aus der Möglichkeit des Selbstbewußtseins" und versucht damit zugleich mit der Klärung der Stufen, auf denen sich das Selbstbewußtsein bildet, auch die Struktur möglicher Gegenstandserfahrung zu klären. Bei Hegel ist das Selbstbewußtsein die mittlere der Stufen der Erscheinungsweisen des Geistes: Bewußtsein, Selbstbewußtsein und Vernunft. Selbstbewußtsein entwickelt sich über die Erfahrung der Außenwelt, über die Negation anderen Selbstbewußtseins und die Anerkennung des anderen zur konkreten Gestalt. – Die *Psychologie* geht davon aus, daß sich Selbstbewußtsein erst im Verlauf der Persönlichkeitsentwicklung herausbildet; das Kleinkind lebt noch in ungeschiedener Subjekt-Objekt-Einheit und entwickelt sich erst langsam zum selbständigen Subjekt. In der Erfahrung von Erfolg und Mißerfolg entsteht Selbstbewußtsein in dem Maß, in dem Selbstbild und Wunschbild sich entsprechen.

Selbsterkenntnis: allgemein das Auffinden und Kennenlernen der je eigenen Persönlichkeitsstrukturen, oft verstanden als ein rückgewendeter Prozeß der Selbstfindung oder -besinnung. Eingeschränkt ist es das wirkliche Wissen um die Ich-Zustände des erkennenden Subjekts bzw. dessen Bewußtseinsinhalte (↑auch Selbstbewußtsein und ↑Bewußtsein). Für den Philosophierenden verbindet sich mit dem Begriff Selbsterkenntnis die Erinnerung an die Inschrift „gnōthi seautón" (griechisch „Erkenne dich selbst") am Apollontempel zu Delphi. Vergleichbar mit dem ↑„sapere aude" der Aufklärung ist die Selbsterkenntnis seitdem in der Geschichte der Philosophie weniger ein fest umrissenes Problemfeld, sondern steht v. a. für einen generellen philosohischen Anspruch. Konkret – der erkenntniskritische Rückgang auf das Ich begriffen als universaler methodischer Zweifel – spiegelt sich dieses Motto allerdings an den beiden zentralen Erneuerungsbewegungen in der Geschichte der Philosophie wider, bei Sokrates (↑sokratische Methode) und Descartes (↑Kartesianismus). Daneben aber (u. a. Augustinus) wurde die Selbsterkenntnis zuweilen als der für die menschliche Erkenntnis einzig gangbare Weg zu Gott angesehen. Da das Prinzip der Erkenntnissicherung durch die Selbsterkenntnis ein autonomes, ausschließlich aus sich selbst heraus urteilendes Subjekt voraussetzt, wird es v. a. von den modernen Sozialwissenschaften und der Psychoanalyse, die von einer gesellschaftlich vermittelten Subjektivität ausgehen, heute eher kritisch betrachtet.

Selbstliebe: aus dem Selbsterhaltungsstreben hervorgehende Neigung des Menschen, sich selbst zu achten und seine eigenen Interessen zu verfolgen. Einer sittlichen Lebensführung steht diese Neigung nicht im Wege, sofern sie einer vernünftigen Steuerung unterliegt, die sicherstellt, daß nur berechtigte, d. h. verallgemeinerungsfähige Eigeninteressen verwirklicht werden. Ist dies nicht der Fall, artet die Selbstliebe zu Selbstsucht (↑Egoismus) aus. Das Alte und Neue Testament sehen in der Selbstliebe sogar eine Voraussetzung für die Nächstenliebe: „Du sollst deinen Nächsten lieben wie dich selbst" (3. Mose 19,18; Markus 12,31).

Selbsttötung (Selbstmord, Freitod, Suizid): die absichtliche Vernichtung des eigenen Lebens. Selbsttötung läßt sich, anthropologisch gesehen, als Ausschöpfung spezifisch menschlicher Freiheit deuten. Nur der Mensch als das Lebewesen, das Sprache hat, ist auch das Lebewesen, das um seine Sterblichkeit weiß. Nur der Mensch kann seinen eigenen Tod herbeiführen. Nach Camus gibt es nur ein wirklich ernstes philosophisches Problem, nämlich das der Selbsttötung. Selbsttötungen, die nach eingehender distanzierter Abwägung (meist unter geplantem Ausschluß jeglicher Rettungsmöglichkeit) geschehen (sogenannte *Bilanzselbstmorde*), sind relativ selten. In der Sicht der Psychologie handelt es sich bei den meisten Selbsttötungen und Selbsttötungsversuchen gerade nicht um einen Akt authentischer Freiheit, sondern um eine kurzschlußartige Flucht aus einer nicht mehr zu bewältigenden Welt mit stark affektivem Charakter (meist in momentaner Ausweglosigkeit); häufig werden dabei Rettungsmöglichkeiten offen gelassen, so daß die Tat letztlich als Appell um Hilfe verstanden werden kann. – Das Recht, sich selbst zu töten, wurde einst rechtlich bestritten, d. h. die Selbsttötung galt als „Verbrechen", und ein grausames, von der Kirche gefördertes Brauchtum verfolgte mit Maßnahmen der Ächtung noch die entseelten Leiber derer, die ihren natürlichen Tod nicht abgewartet hatten. Es gehört zu den Verdiensten der Aufklärung, daß sie diese Ächtung allmählich zurückgedrängt und die Selbsttötung auch aus den Strafgesetzbüchern, soweit sie dort eingedrungen war, nach und nach entfernt hat. Seit der Lösung des Strafrechts aus religiösen Bindungen ist Selbsttötung weder als Mord oder Totschlag noch sonstwie strafbar. – Das moralische Verbot des „Selbstmords" indessen befindet sich noch immer in fast unbestrittener allgemeiner Geltung, zumindest in den Ländern europäisch-christlicher Tradition. Die moralische Problematik der Selbsttötung sollte aber unabhängig von ihrer Verflechtung mit speziell medizinischen oder mit politischen, religiösen oder mit Fragen der besonderen ärztlichen Berufsethik diskutiert werden. – Den „Freitod" als eine gegebenenfalls *moralisch erlaubte* Handlung anzusehen, dazu gibt es, was unsere europäische Tradition betrifft, nur in der antiken Philosophie einige – oft recht verworrene – Ansätze. Das Christentum hat diese erstickt durch das dogmatische Verbot des „Selbstmords". In die deutsche Umgangssprache ist dieses dogmatische Verbot durch die Verwendung des Wortes „Mord" in der Zusammensetzung „Selbstmord" eingegangen, was wohl erheblich dazu beiträgt, die pauschale Verurteilung des Freitods zu fixieren. Nach Kamlah (auch z. B. Améry) bedarf die bisher allgemein übliche dogmatische Verurteilung des freiwilligen Sterbens der Kritik: Sie ist eine (inhumane) *dogmatische* Norm: Ihr fehlt jegliche Situationsoffenheit, d. h. hier wird eine Handlung „unbedingt" verboten, ohne daß die besonderen Umstände, die besondere *Situation* in Betracht gezogen wird, in der die Handlung unterlassen werden soll. Daß es aber Ausnahmesituationen geben kann, in denen ein mehr als zumutbar leidender Mensch sein für ihn nicht mehr lebenswertes Leben zu verlassen *berechtigt* ist, wird durch diese Norm nicht anerkannt. Auch wenn die Zahl der Fälle moralisch erlaubter Selbsttötung verschwindend klein ist, so kommt es doch darauf an, sie nicht zu übersehen. Denn der moralisch und rechtlich unverstellte Zugang zur Möglichkeit eines menschenwürdigen Freitods kann auch für bedrängte Menschen hilfreich sein, die gar nicht Gebrauch davon machen, die aber wissen, daß sie in einer ausweglosen Lage davon Gebrauch machen könnten. Eine unverkrampfte Einstellung zum Freitod und zur Sterbehilfe würde sich so als Lebenshilfe erweisen. Die „radikale Gegenthese" zum generellen Verbot des „Selbstmords", die These „Jeder hat das Recht auf Selbsttötung", wäre, ohne jede Einschränkung formuliert, ebenfalls eine dogmatische Norm, die vernünftigerweise bisher kaum Anhänger gefunden hat. Kamlah gelangt, ausgehend von der ohne Einschränkung geltenden praktischen Grundnorm („Beachte in jeder Situation, daß der andere Mensch bedürftig ist ebenso wie du selbst, und handle demgemäß!") zu folgender *situationsbezogener* Norm: „Jedermann hat das Recht, für die Bedingungen seiner Eudämonie zu sorgen, und daher das Recht zu sterben, wenn er nur noch so seine Eudämonie bewahren kann. Wobei zu beachten ist, daß zu den Bedingungen der Eudämonie die Erfüllung zumutbarer Forderungen, die aus der moralischen Grundnorm hervorgehen, hinzugehört."

Selbstverwirklichung: Verwirklichung und Ausschöpfung der eigenen Möglichkeiten und Fähigkeiten. Nach Rogers, Goldstein und Maslow hat jeder Mensch nicht nur das Bestreben, physiologische Bedürfnisse wie Hunger und Durst zu befriedigen oder den Schmerz abzubauen, sondern auch das grundlegende Bedürfnis, sich schöpferisch zu entfalten, unabhängig zu werden und sich selbst zu regulieren *(Selbstverwirklichungstendenz).* Nach Maslow sind die angeborenen Bedürfnisse des Menschen hierarchisch angeordnet. Das Bedürfnis nach Selbstverwirklichung wird erst spürbar, wenn die physiologischen Bedürfnisse, das Sicherheitsbedürfnis, die Bedürfnisse nach Zugehörigkeit, Zuwendung und Wertschätzung befriedigt sind. Am Ende der Prioritätsskala stehen das Bedürfnis nach Wissen und die ästhetischen Bedürfnisse. Psychische Krankheiten können auftreten, wenn der Mensch in der ihm eigenen Art, aktiv zu werden, Situationen zu bewältigen, Gefühle und Wertungen zu äußern, keine Zustimmung erfährt und ihm Zuwendung und Wertschätzung nur für eine ichfremde Art des Handelns und Fühlens zuteil werden, so daß er, um akzeptiert zu werden, seine natürliche Selbstverwirklichungstendenz (oft unbewußt) unterdrückt oder verfälscht. – Die Annahme eines Grundtriebs zur Selbstverwirklichung setzt ein Verständnis des Menschen als *Fähigkeitswesen* voraus – im Gegensatz zu dem in der modernen Anthropologie vorherrschenden Konzept des Menschen als ↑Mängelwesen. Erst die in sozialen Lehr- und Lernsituationen erfolgende Ausbildung der von Natur gegebenen Fähigkeiten (Anlagen, Begabungen) zu Fertigkeiten ermöglicht Selbstverwirklichung. So gesehen sind Kultur und Tradition Resultat und jeweils neuer Rahmen bzw. Ausgangspunkt der Selbstverwirklichung des Menschen als Gattungswesen. – ↑auch Identität.

Selbstzweck: ein Ziel, das um seiner selbst willen und nicht als Teilziel in einem größeren Zusammenhang verfolgt wird. Der Selbstzweck trägt seinen Wert in sich selbst, weshalb ihn die Tradition oft in Verbindung mit dem guten Leben (↑Eudaimonia) brachte. Als Beispiele für Selbstzwecke werden genannt: musische Tätigkeiten, sinnlicher Genuß, Produktion und Reflexion, Kommunikation. Werden solche Tätigkeiten nur als Mittel zum Zweck ausgeführt, so spricht man von *instrumenteller* Verwendung (z. B. „instrumentelle Vernunft“). Ein Leben, das von instrumentellen Tätigkeiten geprägt ist, heißt *entfremdet.*

Semantik [zu griechisch sēmantikós „bezeichnend, bedeutend“] (Bedeutungslehre): 1. Teildisziplin der *Sprachwissenschaft,* die die Bedeutung von Wörtern, Sätzen und Texten erforscht. – Die Semantik ist eine relativ junge sprachwissenschaftliche Disziplin, hervorgegangen aus Lexikologie, Etymologie und Rhetorik. In den letzten Jahren ist sie unter dem Einfluß des europäischen ↑Strukturalismus, der ↑Semiotik, der modernen Logik und der sprachanalytischen Philosophie (↑Sprachanalyse), v. a. auch der Sprechakttheorie (↑Sprechakt) in das Zentrum der sprachwissenschaftlichen Forschung gerückt. Nach dem Gegenstand kann man unterscheiden zwischen Wortsemantik (lexikalischer Semantik), Satzsemantik und Textsemantik. Hinsichtlich des verwendeten Bedeutungsbegriffs ist zu differenzieren zwischen gegenstandsbezogener Referenztheorie, Begriffs- oder Vorstellungstheorie und Gebrauchstheorie der ↑Bedeutung. – Die *traditionelle* Semantik untersucht die Bedeutung[en] des Einzelworts; sie faßt Bedeutungen auf als sprachunabhängig zu fassende Begriffe oder Vorstellungen, die im Bewußtsein des Individuums üblicherweise mit den Wörtern assoziativ verknüpft sind. Ihr systematisches Interesse gilt der Klassifikation der Bedeutungen (Semasiologie, Wortbedeutungslehre). Eine entgegengesetzte Fragestellung (Onomasiologie, Bezeichnungslehre) geht aus von Gegenständen oder Begriffen und fragt nach ihren Bezeichnungen in verschiedenen Dialekten oder historischen Sprachstufen. – Die *strukturelle* Semantik untersucht Wortbedeutungen im System einer Einzelsprache. Sie faßt Bedeutung auf als von der Stellung eines Wortes im Sprachsystem determinierte Beziehung zwischen Lautform und Vorstellung (Ausdruck und Inhalt). Ihr systematisches Interesse gilt der Struktur des Wortschatzes. Die ältere Wortfeldforschung konnte zeigen, daß die Bedeutung eines Wortes abhängt von seiner Stellung im Feld verwandter Wörter. Die neuere lexikalische Semantik präzisiert die Beschreibung von Wortfeldern, indem sie die Bedeutungsbeziehungen zwischen den Wortinhalten eines Feldes ermittelt und diese Inhalte in Teilinhalte zerlegt (für „Junge“ z. B. lautet die Zerlegung der begrifflichen Wortbedeutung in elementare, nicht weiter teilbare Komponenten: + belebt, + menschlich, + männlich, – erwachsen). Bedeutungsbeziehungen sind u.a. Hyponymie („Er kommt um" impliziert „Er stirbt"), Inkompatibilität („Er erfriert" impliziert „Er verblutet nicht") und Antonymie („Er ist alt" impliziert „Er ist nicht jung"). Aufgrund solcher Beziehungen wird die Struktur von Wortfeldern beschrieben. – Die *generative* Semantik erzeugt („generiert") Satzbedeutungen als syntaktisch strukturierte Komplexe einfachster Begriffe. Darüber hinaus will sie zeigen, wie Sätze auf Gegenstände in einer Welt referieren (Bezug nehmen) und wie Sätze bestimmte Präsuppositionen (Voraussetzungen) mit ausdrükken („Klaus weiß, daß 2 × 2 = 4 ist" setzt z. B. voraus „2 × 2 = 4"). – Die *praktische* Semantik begreift Sprechen als Handeln nach sozialen Regeln (↑Pragmatik) und beschreibt Bedeutungen als Regeln des Gebrauchs sprachlicher Ausdrücke im Interaktionszusammenhang. Sie formuliert Regeln von der Form *Man x-t, wenn Z, indem man y-t* (z. B. „Man grüßt, wenn es Vormittag/Nachmittag/Abend ist, indem man Guten Morgen!/Guten Tag!/Guten Abend! wünscht"). Diese Regeln sollen den Zusammenhang zwischen sprachlichen Handlungsmustern (*x*) und den Bedingungen ihrer Anwendung (*Z*) einerseits (= Bedeutung) und den Äußerungsmustern (*y*) andererseits (= Form) erfassen. Die praktische Semantik, die von der Spätphilosophie Wittgensteins und der Sprechakttheorie ausgeht, steht zwar noch in den Anfängen. Sie kann jedoch den Zusammenhang zwischen Sprache und sinnhaftem menschlichem Handeln erfassen und der Komplexität sprachlicher Bedeutungen besser gerecht werden als die Semantik isolierter Wörter und Sätze. – 2. Als *logische Semantik* ist Semantik die sich auf die extensionale Bedeutung beschränkende Theorie der *Interpretation* formaler Sprachen bzw. axiomatischer Theorien und ihrer Formalisierungen (↑formalisierte Sprache). Von einer solchen Interpretation ist es abhängig, ob die Aussagen, etwa die Axiome einer axiomatischen Theorie, „wahr" heißen dürfen („wahr" und „falsch" sind Begriffe der logischen Semantik). Die logische Semantik geht auf Bolzano zurück und ist von Frege und Husserl in verschiedenen Richtungen weiter ausgebaut worden. Ihre gegenwärtige Gestalt als formale Theorie wurde von Tarski und Carnap ausgebildet.

semantische Antinomien ↑Antinomie.

Semiotik [zu griechisch sēmiōtikós „zum Bezeichnen gehörend"] (Zeichentheorie, Zeichenlehre): die Lehre von Entstehung, Aufbau und Wirkweise von ↑Zeichen und Zeichensystemen (= Sprachen im weiteren Sinne). In der Anthropologie gilt die Fähigkeit zur unbeschränkten Verwendung und Erzeugung von Zeichen als typisch für die Spezies Mensch („animal symbolicum" [Cassirer]). Die semiotische Forschung hat ihren Schwerpunkt in der Sprachwissenschaft (Linguistik) und in der Logik. Im Anschluß an Morris, einen der bedeutendsten Vertreter der Semiotik des 20. Jahrhunderts, gliedert man die Semiotik in Syntaktik (↑Syntax), ↑Semantik und ↑Pragmatik. Dabei werden in der *Syntaktik* die Eigenschaften von Zeichenreihen ohne Bezug auf ihre Bedeutung und Verwendung untersucht, d. h. die Syntaktik handelt von den Regeln der Beziehungen von Zeichen untereinander sowie deren Verknüpfungsmöglichkeiten zu Zeichenkomplexen. In der *Semantik* werden die Beziehungen zwischen Zeichen und dem Bezeichneten bzw. ihren ↑Bedeutungen untersucht. Die *Pragmatik* (als Theorie sprachlichen Handelns) ist die fundamentale Disziplin der Semiotik, aus der durch Ausblendung der Zeichenbenutzer die Semantik und durch weitere Ausblendung der Zeichenbedeutung die Syntaktik gewonnen wird. In der Pragmatik wird die Zeichenverwendung unter Berücksichtigung der Unterscheidung von Zeichen*produzent* und *-rezipient* und damit unter

Einschluß auch der klassischen Probleme der ↑Hermeneutik, der Zeicheninterpretation, thematisiert. Eine der Grundfragen der Semiotik ist die nach einem *allgemeinen* Zeichenbegriff: Worin liegt die spezifische Differenz zwischen Handlung und Zeigehandlung (Zeichen als Vorgang) bzw. zwischen Handlungsprodukt und Zeichenobjekt (Zeichen als Ding)? Insofern nicht jede Handlung oder jedes Handlungsprodukt schon ein Zeichen ist, muß diese Differenz von der Semiotik geklärt werden. Dabei ist die Zeichenhaftigkeit der Zeichenvorgänge wie der Zeichenobjekte sowohl aus der Sicht des Produzenten wie aus der des Rezipienten (z. B. in der Architektur) gesondert aufzuweisen. – Verfolgt man die Geschichte der Semiotik, so ist festzustellen, daß der Zeichenbegriff vornehmlich am Beispiel der Wortsprache diskutiert wurde. Nicht zuletzt wegen dieser Betonung linguistischer Gesichtspunkte liegt die Zeichentheorie auch heute erst bruchstückhaft vor. Die Frage, wofür Zeichen stehen (Relation von Zeichen und Bedeutung) stellt sich für sprachliche wie nichtsprachliche Zeichen jedoch gleichermaßen; diese Problematik spielt in gegenwärtigen semiotischen Forschungen nach wie vor eine wichtige Rolle. Außerhalb der Wortsprache wurden Zeichen meist als einzelne, weniger dagegen unter Systemgesichtspunkten betrachtet. Bei Locke und Lambert deutet sich die Verselbständigung der Semiotik zu einem eigenen Lehrgegenstand an. Leibniz entwirft unter dem Stichwort *characteristica universalis* das Problem einer allgemeinen Zeichenlehre, wie sie heute als Semiotik bzw. Semiologie betrieben wird. Dabei unterscheidet er ausdrücklich zwischen für Denkoperationen („Zeichen") und für veranschaulichende Operationen („Charaktere") zu verwendenden Zeichen. Während bis ins 19. Jahrhundert der Zeichenbegriff im wesentlichen hinsichtlich der Thematisierung des Sachbezugs als zweistellige Relation diskutiert wurde, geht z. B. von Meinong unter dem Terminus „Zeichengeber" ausdrücklich auf den Personenbezug von Zeichen ein, den er allerdings als psychische Tatsache behandelt. Das von Ogden und Richards (1923) zur Verdeutlichung der Zeichenrelation verwendete Dreieck ist ebenso berühmt geworden wie umstritten. Für die drei Komponenten dieses triadischen Zeichenmodells (Zeichen[körper] – begriffliche Vorstellung – bezeichnetes außersprachliches Objekt) haben sich eine Reihe konkurrierender Termini eingebürgert, u. a.: Symbol – Gedanke – Referent, Ausdruck – Inhalt (Sinn) – Denotatum, Bezeichung – Begriff – Bezeichnetes. In der graphischen Darstellung des sogenannten semiotischen Dreiecks

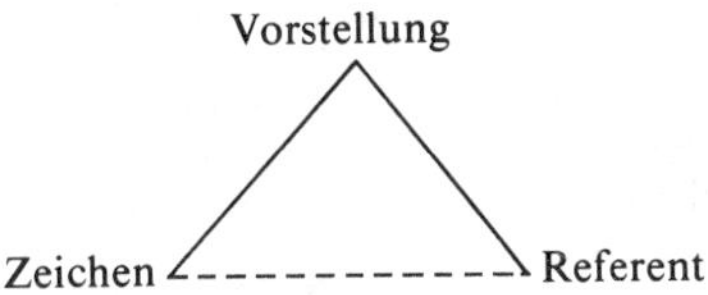

soll die gestrichelte Linie andeuten, daß die Beziehung zwischen Zeichen[körper] und bezeichneter Sache nur eine indirekte, konventionelle Zuordnungsbeziehung ist. Dahinter steht die traditionelle These, daß die Gegenstände (die Welt) und die Zeichen (die Sprache) nicht unmittelbar, sondern über besondere Gegenstände die sogenannten Universalien („Ideen", „Begriffe", „Vorstellungen" u. a.) miteinander verbunden sind. – Insgesamt gesehen ist die Semiotik gegenwärtig eher ein Forschungsgegenstand als eine institutionalisierte, über einen fixierten Korpus von Erkenntnissen verfügende Wissenschaft. Schon über ihre Grundbegriffe, v. a. den des Zeichens, herrscht hinsichtlich der Gegenstandsbestimmung wie der Terminologiebildung wenig Einigkeit. Im Zuge dieser Entwicklung zeichnet sich heutzutage nach dem Versuch einer Linguistisierung der Fachwissenschaften ihre Semiotisierung ab. Nach den unterschiedlichen

Zuordnungen zu wissenschaftlichen Disziplinen, die die Semiotik bisher erfahren hat, versucht man neuerdings, sie der Kommunikationswissenschaft unterzuordnen.

Sensation [mittellateinisch „Empfindung"]: bei den englischen Philosophen (z. B. bei Locke) svw. Sinneseindruck, (äußere) Sinneswahrnehmung. Im Rahmen der Theorie der ↑ Erfahrung im Empirismus und Sensualismus wird Sensation (im Gegensatz zur nichtsinnlichen Reflexion) als Ursprung aller Erkenntnis angesehen. Zwischen der ↑ Wahrnehmung (englisch *perception*) und der ↑ Empfindung (englisch *sensation*) hat wohl erstmalig Reid ausdrücklich unterschieden (↑ auch Reiz/Reaktion). – Nach Ryle ist der philosophische Begriff der Sensation „gekünstelt" und weicht erheblich von der alltagssprachlichen Verwendungsweise von *sensation* im Englischen ab. Ryle kritisiert das hinter diesem „feierlichen und imposanten" Begriff stehende sensualistische Vorurteil der traditionellen Wahrnehmungstheorie, wonach Sinnesempfindungen als das unmittelbar Gegebene eine unfehlbare sinnliche Grunderkenntnis darstellen, die durch geistige Aktivitäten (ein implizites Urteilen oder Subsumieren unter Begriffe) dann zu Wahrnehmungen weiterverarbeitet werden. Ryle (ebenso z. B. Wittgenstein) weist so die traditionelle These „Wahrnehmung = Sinnesempfindung plus Denken" entschieden zurück.

Sensualismus [zu spätlateinisch sensualis „sinnlich"]: erkenntnistheoretische Richtung, die alle Erkenntnis auf Sinneswahrnehmung (↑ Wahrnehmung, ↑ Empfindung und ↑ Sensation) – letztlich auf physiologische Reize – zurückführt. Der Sensualismus ist eine besondere Form des ↑ Empirismus, die dem Empiriokritizismus und dem Positivismus verwandt ist. Er ist häufig (aber nicht notwendig) mit materialistischen Positionen verbunden. Kennzeichnend für den Sensualismus ist die Formel Lockes „Nihil est in intellectu, quod non sit prius in sensu" (lateinisch „Nichts ist im Verstand, was nicht vorher im Sinn [in den Sinnen, d. h. sinnlich wahrgenommen] ist"). Hinter dieser Formel steht die Annahme einer begriffsfreien (unterscheidungsfreien) Basis der Erkenntnis in der Sinneserfahrung, die als rein (= sprachunabhängig) Gegebenes konzipiert wird. In der Frage nach dem Anfang der Erkenntnis stellt der Sensualismus somit eine radikale Position dar, die die reine sinnliche ↑ Erfahrung (ohne jegliche begriffliche Hilfsmittel) verabsolutiert. Das Gegebene wird dabei weitgehend mit den einzelnen Sinnesdaten (= Instanzen von ↑ Sinnesqualitäten) identifiziert. – Sensualistisch orientiert sind in der Antike z. B. die Kyniker. Im Mittelalter spielt der Sensualismus keine Rolle. In der Neuzeit gewinnt er Bedeutung v. a. in der Philosophie der Aufklärung im Zusammenhang mit dem Empirismus und seiner Radikalisierung. Locke, der Vater des modernen Sensualismus, entwickelt, ausgehend von seinem sensualistischen Erfahrungsbegriff, eine sensualistische Assoziationspsychologie. Condillac schließt an ihn an. Während der Sensualismus Lockes die Zuordnung von einzelnem sinnlichem Datum und Einzelding der Außenwelt als elementare Basis der Erfahrung vorsah, erkennt Berkeley, daß die Behauptung einer solchen Zuordnung tautologisch ist: Einzeldinge sind faktisch auch bei Locke immer wahrgenommene Einzeldinge, die Behauptung ihrer Existenz in der Außenwelt ist die Behauptung der Existenz eines Wahrnehmungsdatums. Die Radikalisierung des sensualistischen Ansatzes von Locke führt damit bei Berkeley zur Identifikation von Sein und Wahrgenommensein (↑ esse est percipi). Berkeleys (irreführend als subjektiver Idealismus bezeichnete) Position eines radikalen Sensualismus hat Folgen nicht nur für den Bereich der Lockeschen Erkenntnistheorie (für den Berkeley die Konzeption sogenannter abstrakter Ideen zurückweist), sondern auch für die begrifflichen Grundlagen der Physik: Wegen der Identifikation von „wirklichen Dingen" (real things) und „wahrgenommenen Dingen" (things that are perceived) entfällt die Unterscheidung zwischen primären und sekundären Qualitäten, die z. B. bei Boyle und Locke dazu diente, die Rede über physikalische Gegenstände auch ohne Rekurs auf deren wahrgenommene Eigenschaften zu konstituieren.

Sensus communis [lateinisch] ↑Common sense.

Shefferscher Strich [englisch 'ʃɛfə...] ↑Aussagenlogik.

singulär [zu lateinisch singularis „einzeln, vereinzelt"]: das einzelne im Unterschied zum Allgemeinen. Ein Singuläres braucht noch kein ↑Individuum zu sein, denn es müssen noch keine Unterscheidungsmerkmale gegenüber den anderen Singulären zur Verfügung stehen. Das Singuläre existiert nicht unabhängig – man sagt: Es ist noch nicht *individuiert;* z. B.: „Es sei *n* eine natürliche Zahl" steht für ein Singuläres („beliebig, aber fest"), während $2n+1=5$ für ein Individuelles, nämlich *die* Zahl 2 steht.

Sinn: 1. in der *Anthropologie* ein bestimmtes sinnliches Erkenntnisvermögen, also einer der Sinne (z. B. Gesichtssinn). Nach traditioneller Auffassung befaßt sich die Ästhetik mit sinnlicher Erkenntnis. In der Anthropologie werden der Mensch und seine Ausstattung mit Sinnen betrachtet. Dabei ergibt sich, daß der Mensch dem Leben in einem „mittleren" Bereich (nicht zu groß und nicht zu klein) gut angepaßt ist. In diesen Dimensionen liefern die Sinne zuverlässige Informationen; geht man aber über diese Grenzen hinaus, so ist Unsicherheit das Resultat. Die evolutionäre Erkenntnistheorie zieht hieraus weitreichende Schlußfolgerungen, die allerdings sehr umstritten sind. In einer metaphorischen Verwendungsweise von Sinn spricht man auch von „etwas im Sinn haben" u. a. – 2. *Allgemein* ist Sinn die im Verstehen (↑Hermeneutik) zugängliche Bedeutung einer Handlung, eines Zeichens oder eines ganzen Zusammenhangs (z. B. Sinn des Zähneputzens, Sinn des Lebens, Sinn der Geschichte). Die Frage nach dem Sinn kann oft durch die Angabe eines Zwecks beantwortet werden (z. B. Sinn des Zähneputzens ist die Erhaltung der Zähne). In einem solchen Fall spricht man von einer *teleologischen* Erklärung (↑Teleologie). In der modernen Naturwissenschaft wurde diese (aristotelische) Auffassung durch die kausale Betrachtungsweise verdrängt. – 3. In die *Sprachphilosophie* hat Frege die Unterscheidung von Sinn (= Intension) und Bedeutung (= Extension) eingebracht. Allerdings konnte bis heute keine allgemein verbindliche Terminologie entwickelt werden, so daß man bei jedem Text sorgfältig prüfen muß, was womit gemeint ist. Frege trennt zwischen Sinn und Bedeutung von *Nominatoren* (oder allgemeiner von Zeichen) und von *ganzen Aussagen.* Die Bedeutung (auch *Referenz* oder *Denotation* genannt) eines Nominators ist der von diesem benannte Gegenstand; sein Sinn (auch *Konnotation* oder [englisch] *meaning*) hingegen ist die Art und Weise, *wie* dieser Gegenstand bekannt ist. Freges berühmtes Beispiel: Der Planet Venus ist die Bedeutung des Nominators „der Abendstern", aber auch die von „der Morgenstern". Der Sinn des Ausdrucks „der Morgenstern" läßt sich so formulieren: der erste Stern, der morgens zu sehen ist. Durch diese Analyse konnte Frege zeigen, was der Gehalt der Identitätsaussage „Der Morgenstern ist der Abendstern" ist: Es handelt sich um Nominatoren gleicher Bedeutung, aber verschiedenen Sinnes. Die Bedeutung des Satzes ist nach Frege dessen ↑Wahrheitswert, während sein Sinn die in ihm ausgedrückte Behauptung (er nennt dies ↑Gedanke; ↑auch Proposition) ist. Wichtig war für Frege die Einsicht, daß wir mit Aussagen sinnvoll umgehen können, ohne über deren Bedeutung im obigen Sinne Bescheid zu wissen. Den Sinn eines Satzes kennen heißt seine Wahrheitsbedingungen (Wie müßte die Welt aussehen, wenn er wahr wäre, was wäre auch noch der Fall, wenn der Satz wahr wäre?) verstehen. – ↑auch Sinnkriterium.

Sinnesdaten: von Moore eingeführte Bezeichnung für die nicht weiter analysierbaren und deshalb einfachsten Bausteine von Wahrnehmungen; z. B.: Die Wahrnehmung „dieses rote Notizbuch" läßt sich zergliedern in „dies Rot", „dieses Viereckige" usw. Im Rahmen seiner *Theorie der Bekanntschaft* hat Russell den Sinnesdaten eine zentrale Rolle zugewiesen. Sie sind es, mit denen wir im strikten Sinn *bekannt* sind. Darum stellen die Sinnesdaten Individuen im logischen Sinne dar, für die allerdings die Umgangssprache keine Eigennamen kennt, weshalb man zu Ausdrücken wie „dies" Zuflucht nehmen muß. Sinnesdaten sind unmittelbar – wir wissen, daß es sie gibt, solange sie uns gegeben sind –, so daß sich bei ihnen keine Wahrheitsfrage stellt. Alle empirische Erkenntnis soll nach Russell zurückführbar sein auf die Bekanntschaft mit Sinnesdaten und auf logische Konstruktionen mit solchen. Die Dinge im gewöhnlichen Sinne sind dann Komplexe der geschilderten Art. Damit wird die Unterscheidung von ↑Ding an sich und ↑Erscheinung (Kant) hinfällig.

Sinneserkenntnis: eine Erkenntnis, die nur auf Sinnestätigkeit beruht (Gegensatz: Verstandeserkenntnis, denkerische oder rationale Erkenntnis). Die Frage nach dem Zusammenspiel von Sinnlichkeit und Denkvermögen beim Erkennen durchzieht die gesamte Philosophiegeschichte. Grob lassen sich zwei grundsätzliche Positionen unterscheiden: einerseits der ↑Rationalismus, der einzig die Verstandeserkenntnis anerkennt und den Sinnen eine eher störende Rolle zuordnet, und der ↑Empirismus, der in den Sinnen eine wichtige (eventuell sogar die einzige) Erkenntnisquelle annimmt. Dem Verstand fällt aus dieser Sicht die Aufgabe des *Ordnens* und *Verbindens* zu. Radikalisiert wird diese Position im ↑Sensualismus, der davon ausgeht, daß *alle* Erkenntnis *ausnahmslos* in Sinneserkenntnis aufgeht. Eine zwischen Rationalismus und Empirismus vermittelnde Stellung bezog Kant: Nach seiner Ansicht kommt Erkenntnis nur in einem komplizierten Zusammenwirken von Sinnen (bei Kant: ↑Anschauung) und Denken (bei Kant: ↑Verstand) zustande. Es gibt weder reine Sinneserkenntnis noch reine Verstandeserkenntnis.

Sinnesqualitäten: die Inhalte der sinnlichen ↑Empfindung eines Individuums (eines wahrnehmenden Subjekts) bezüglich der außersubjektiven (objektiven) Umwelt. Inwieweit die subjektiv empfundenen Sinnesqualitäten als exaktes und reales Abbild der Realität (der „Außenwelt") verstanden werden können, ist unter den verschiedenen Schulen der Philosophie umstritten, v. a. in bezug auf die Erkenntnistheorie. So ordnet der ↑Realismus die Sinnesqualitäten der Objektwelt zu, während der erkenntnistheoretische ↑Idealismus die Sinnesqualitäten auf subjektimmanente Empfindungsqualitäten zurückführt. Für den ↑Empirismus, v. a. für die Richtung des ↑Sensualismus, sind die Sinnesqualitäten die elementaren „Bausteine" der Welt: Während die ↑Wahrnehmung von materiellen Gegenständen (Dingen) als eine interpretierende Weiterverarbeitung von Sinnesdaten (= Instanzen von Sinnesqualitäten) angesehen wird, bei der die Möglichkeit des Irrtums prinzipiell nicht auszuschließen ist (aufgrund von Sinnestäuschungen z. B.), gilt das Wahrnehmen bzw. sinnliche Empfinden (↑Sensation) von Sinnesqualitäten als prinzipiell irrtumsfrei und damit als allein verläßlicher Ausgangspunkt aller Erfahrung und Erkenntnis. Die im Sensualismus und verwandten Wahrnehmungstheorien vorgenommene

Angleichung des Wahrnehmens von Sinnesqualitäten wie Farben, Formen, Tönen, Gerüchen usw. an das Haben von Körperempfindungen, von Schmerzen z. B. (das Paradebeispiel für irrtumsfrei gegebene Empfindungen), ist jedoch nach Ryle u. a. nicht haltbar und stellt einen folgenschweren „Kategorienfehler" dar. – Die Lehre von den Sinnesqualitäten ist eng verbunden mit der Lehre von den *primären* und *sekundären Qualitäten* (↑auch Eigenschaft). Diese beruht auf der Unterscheidung zweier Arten von Qualitäten: 1. solchen, die den Dingen angehören und damit unabhängig von der Erkenntnisfähigkeit des Menschen existieren (primäre Qualitäten), 2. solchen, die lediglich Resultat der Tätigkeit der menschlichen Sinnesorgane sind und außerhalb derselben keine Existenz haben (sekundäre Qualitäten). – Der Ursprung dieser Lehre ist in der antiken Atomistik, bei Demokrit zu suchen. Für ihn fällt die erste Art von Qualitäten mit den von ihm angenommenen Eigenschaften der Atome zusammen: Größe, Gestalt, Härte, Schwere. Alle anderen Qualitäten betrachtet er als subjektiv, d. h. als bloße Wahrnehmungsinhalte. Im Zusammenhang mit der Entwicklung von Naturwissenschaft und Philosophie zur Zeit des ausgehenden 16. und im 17. Jahrhundert gelangt diese Lehre zu ihrer größten Bedeutung. Hier steht am Anfang Campanella, der die Subjektivität der Sinnesqualitäten behauptet. Dann ist es v. a. Galilei, der unter dem Einfluß Demokrits den Körpern Bewegung, Figur, Größe und Begrenzung als objektive Qualitäten zuerkennt. Alle übrigen Eigenschaften jedoch, wie Töne und Farben, sieht er als bloß subjektive Sinnesqualitäten an. Hobbes, Descartes, Mersenne, Gassendi, Newton, Boyle u. a. treffen die gleiche Unterscheidung. Am ausgeprägtesten wird die Lehre von Locke vertreten. Nach ihm gibt es solche Qualitäten, die vom Körper völlig untrennbar sind (*ursprüngliche* oder *primäre Qualitäten* der Körper: Festigkeit, Ausdehnung, Gestalt, Bewegung, Ruhe, Zahl), und solche, die „in Wahrheit in den Objekten selbst nichts sind als die Kräfte, vermittels ihrer primären Qualitäten verschiedenartige Sensationen in uns zu erzeugen" (*sekundäre Qualitäten:* Farbe, Töne, Geschmacksarten u. a.). Nach Berkeley und Hume tragen jedoch auch die primären Qualitäten keinen objektiven Charakter.

Sinnkriterium: ein Kriterium, mit dessen Hilfe man entscheiden kann, ob ein Satz semantisch sinnvoll (↑sinnlos/sinnvoll) ist oder ob er einen bloßen Scheinsatz darstellt. Am bekanntesten ist das *empiristische Sinnkriterium* des Wiener Kreises: Nur solche Sätze sind sinnvoll, die direkt oder indirekt einer empirischen ↑Verifikation fähig sind. Akzeptiert man dies, so stellt sich das Problem, daß man Sätze mit sogenannten theoretischen Termen, die prinzipiell keiner Beobachtung zugänglich sind, streng genommen nicht sinnvoll nennen dürfte. Deshalb wird das empiristische Sinnkriterium heute allgemein als *zu eng* empfunden. Den Zusammenhang zur Verifikation hält man aber dennoch aufrecht. In der neueren Sprachphilosophie wird als Sinnkriterium vorgeschlagen: Ein Satz ist dann sinnvoll, wenn klar ist, was der Fall sein müßte, wenn er wahr sein soll – kurz: wenn seine *Wahrheitsbedingungen* bekannt sind.

Sinnlichkeit: eine *physiologische* Fähigkeit des Menschen, Reize einer sogenannten „Außenwelt" z. B. über die gesamte Oberfläche des Körpers (Haut) oder mittels spezieller Sinnesorgane (Augen, Ohren usw.) aufzunehmen und zu empfinden (↑Empfindung). Im *kognitiv-erkenntnistheoretischen* Bereich spielt Sinnlichkeit (oder Rezeptivität) als Fachterminus und als konstitutives Element des Erkenntnisprozesses v. a. seit Kant eine systematische Rolle. Angeregt durch empiristische Gedanken, argumentiert Kant in der „Kritik der reinen Vernunft" gegen die Einschätzung der Rationalisten, Sinnlichkeit sei als „unterster" auch der unwichtigste, ja ein störender Faktor im Erkenntnisprozeß. Diese Charakterisierung wertet Kant um: „Unteres" oder „niederes" Erkenntnisvermögen bedeutet für ihn, daß Sinnlichkeit als Basis alles Gegenständlichen *fundamental* ist für Denken und Erkennen. Denn allein die Sinnlichkeit „liefert uns Anschauungen, alles Denken aber muß sich (direkt oder indirekt) auf Anschauungen, mithin bei uns auf Sinnlichkeit beziehen, weil uns auf keine andere Weise ein Gegenstand gegeben werden kann." In der *Ethik* wird der Begriff der Sinnlichkeit eher in der Bedeutung eines *emotionalen,* triebhaften Faktors der menschlichen Konstitution gebraucht. Gefühle und Motive, Bedürfnisse und Triebe – v. a. sexuellen Charakters – sind immer wieder Ursache dafür, daß der Mensch in seinem Handeln hinter den Forderungen des Vernunftgesetzes (↑kategorischer Imperativ) zurückbleibt.

sinnlos/sinnvoll: 1. *Sprachphilosophie:* Ein Satz kann syntaktisch oder semantisch sinnvoll bzw. sinnlos sein. *Syntaktisch sinnvoll* ist ein Satz, wenn er gemäß den grammatikalischen Regeln aufgebaut ist; sonst heißt er *sinnlos.* In Kalkülen entsprechen diesen Sätzen die wohlgeformten Formeln oder Ausdrücke. Syntaktischer Sinn ist notwendige Bedingung für semantischen Sinn. – Ein Satz ist *semantisch sinnvoll,* wenn er wahr oder falsch sein kann. Um sinnvolle Sätze von den sinnlosen Scheinsätzen unterscheiden zu können, hat man verschiedene Sinnkriterien (↑Sinnkriterium) formuliert. – 2. *Allgemein:* Auch im Zusammenhang mit Handlungen, mit dem menschlichen Leben oder der Geschichte ist es üblich, von sinnvoll oder sinnlos (dann oft als ↑absurd bezeichnet) zu sprechen. Gemeint ist damit, daß eine Zweckgerichtetheit oder eine Zweckmäßigkeit vorliegt. – ↑Sinn.

Sitte: die in einer sozialen ↑Gemeinschaft üblichen Handlungsweisen, die ursprünglich sinn- und zweckvoll festgelegt und später durch Tradition oder Religion gewohnheitsmäßig übernommen wurden. Aus Sitten und Bräuchen von Völkern sind jeweils bestimmte, für die Gesellschaft wichtige moralische Anschauungen und Normen zu entnehmen. Ähnlich wie moralische Normen haben auch Sitten einen normativen Charakter und eine erzieherische Funktion, da sie auf das Verhalten vieler Menschen wirken (z. B.: „Man tut das nicht", „Für ein anständiges Mädchen schickt sich das nicht"). Im Gegensatz zu moralischen Normen, mit denen Sitte und Recht ursprünglich eine Einheit bildeten, können Sitten weder einen Anspruch auf Allgemeingültigkeit erheben, da sie sich bei verschiedenen Völkern oder Gemeinschaften in Abhängigkeit von kulturellen Entwicklungen, Rasse, Milieu usw. unterschiedlich herausbilden, noch müssen sie vernünftig gerechtfertigt sein, da sich ihre Gültigkeit auf Tradition gründet (↑Ethos).

Sittengesetz: Begriff der normativen ↑Ethik; die oberste Norm, mit der menschliche Handlungen begründet und beurteilt werden können. Es geht auf kein positives Gesetz zurück und beruht auch nicht auf Konvention, sondern ist ein Gesetz, das der Mensch sich mittels seiner ↑praktischen Vernunft selbst gibt. Eingeführt wurde dieser Begriff von Kant, der das Sittengesetz als ↑kategorischen Imperativ formulierte.

Sittlichkeit: im Gegensatz zur Umgangssprache, in der Sittlichkeit vorwiegend auf den sexuellen Bereich beschränkt wird, im *philosophischen* Sprachgebrauch die Gesamtheit der moralischen Verpflichtungen, die ein Mensch sich selbst, seinen Mitmenschen und der Natur gegenüber hat. Sittlichkeit bezieht sich also nicht auf bestimmte Bereiche oder Situationen, sondern umfaßt die Gesamtheit menschlicher Praxis. Sittlich handelt ein Mensch dann, wenn er in seinen Handlungen das

Gute realisiert und das Böse vermeidet. Da die kulturellen und sozialen Bedingungen verschiedener Völker unterschiedlich sind und sich auch innerhalb eines Volkes ändern können, kann die Konkretisierung der Sittlichkeit, d.h. die konkrete sittliche Handlung, gemäß den jeweiligen Bedingungen unterschiedlich ausfallen, was jedoch nicht bedeutet, daß sich das Sittliche selbst ändert (↑Relativismus). Im Gegensatz zu rechtlichen Normen, die auch die menschliche Praxis betreffen, kann der aus sittlichen Normen resultierende Anspruch nicht eingeklagt werden. Sittliche Normen werden um ihrer selbst willen, nicht wegen möglicher staatlicher oder sozialer Sanktionen eingehalten. Nur die Handlungen, die aus moralischen Motiven und nicht aus Angst vor Sanktionen vollzogen werden, sind als sittlich zu bezeichnen. Daß der Mensch aus eigener Einsicht, also aus sich heraus, handelt (↑Autonomie/Heteronomie), ist ein wesentlicher Aspekt der Sittlichkeit. Der Anspruch der Sittlichkeit richtet sich also an den Menschen als freies Vernunftwesen. Zwar steht der Mensch unter dem Einfluß biologischer, psychologischer und kultureller Bedingungen, aber dadurch wird sein Handeln nicht vollständig festgelegt, da er die Möglichkeit hat, über diese Bedingungen nachzudenken und sie dann entweder anzuerkennen oder zu verwerfen und auf ihre Veränderung hinzuarbeiten (↑Freiheit, ↑Gesellschaftswesen). In dem aus diesen Reflexionen resultierenden Handeln erweist sich der Mensch als sittliches Wesen, da er die menschliche Praxis und die Lebensverhältnisse der Verantwortung des Menschen zurechnet und diese gemäß seinen eigenen Einsichten und Zielen gestaltet. Schon in einer solchen moralischen Zielsetzung und einer entsprechenden Verbesserung der Lebensumstände beweist Sittlichkeit ihre Realität, und nicht erst durch die Existenz einer idealen moralischen Gesellschaft. Die inhaltliche Bestimmung des Begriffs Sittlichkeit wird von verschiedenen ethischen Positionen unterschiedlich festgelegt: Während Sittlichkeit in der Antike v.a. eudämonistisch (↑Eudämonismus) interpretiert wurde, bezeichnen Kant das Handeln als sittlich, das sich am Sittengesetz orientiert (↑deontologische Ethik, ↑kategorischer Imperativ), und Bentham, ein Vertreter des Utilitarismus, das Handeln, das dem Gemeinwohl nützt. Gemeinsam ist allen ethischen Positionen jedoch, daß der Mensch dann sittlich handelt, wenn er sich selbst die Ziele seines Handelns setzt bzw. sich die Gesetze seines Handelns selbst gibt und sich dabei an dem Guten orientiert.

Situation [lateinisch-französisch; zu lateinisch situs „Lage, Stellung"]: im alltagssprachlichen Verständnis eine Sachlage, ein Zustand. Im philosophischen Sprachgebrauch gewinnt der Begriff Bedeutung 1. in der philosophischen Analyse sprachlichen Handelns (der ↑Pragmatik): „Situation" meint hier jene gedankliche Hilfskonstruktion, die das Beziehungsgefüge zwischen Bedingungen, Möglichkeiten und bestimmenden Faktoren von Handlungen zusammenfassen soll; 2. im Zusammenhang mit Überlegungen zur Ethik: Hier gebraucht man den Begriff als Bezeichnung für das moralische Aktionsfeld, d.h. für das, was der Mensch als ethische Problemstellung und Entscheidungssituation erkennt. Mit „Situation" wird somit die inhaltliche Grundlage des moralischen Lebens bezeichnet. – In der Existenzphilosophie wird die Einmaligkeit einer jeden Situation betont: „Handlungsvollzug", „Entscheidung", „Engagement" oder „Verantwortung" werden somit für das Individuum zu sehr persönlichen Kategorien, die jeder einzelne im praktischen Vollzug seines Lebens für sich beständig aufs neue bewältigen muß (↑Situationsethik).

Situationsethik: v.a. im Umkreis der Existenzphilosophie und der an sie anschließenden theologischen Morallehren entwickelte Konzeption einer Ethik. Sie geht zunächst von der Annahme aus, daß jedes ethische Problem, das den Menschen zu einer angemessenen Entscheidung auffordert, das Individuum mit einer ↑Situation konfrontiert, die in ihrer Art einmalig, unwiederholbar und unvergleichbar ist und folglich auch nach einer spezifischen, d. h. den Gegebenheiten dieser Situation angemessenen Entscheidung verlangt. Die Konzeption einer Situationsethik leugnet mithin also nicht, daß es so etwas wie eine Forderung zur moralischen Entscheidung gibt; gegen die Tradition der abendländischen Ethik wird lediglich der Versuch, Handlungen oder Handlungsvorschläge unter Berufung auf allgemeine sittliche Normen oder Wertvorstellungen begründen oder beurteilen zu wollen, wegen der Besonderheit einer jeden Situation als unangemessen zurückgewiesen. Stattdessen vertreten die Verfechter einer Situationsethik die These, daß allein das betroffene Individuum – und zwar nur in der Situation selbst – aus sich heraus beurteilen könne, was zu tun oder zu unterlassen sei. Dem halten die Vertreter der traditionellen Ethiktheorie entgegen, daß jede konkrete Einzelentscheidung doch in Zusammenhang mit der sittlichen Gesamteinstellung des Individuums stehe, d. h. daß ihr de facto doch moralische Grundintentionen und Vorentscheidungen im Sinn allgemeiner Normen zugrunde liegen.

Skẹpsis [griechisch „das Um-sich-Schauen, Bedenken, Zurückhaltung, Zweifel"]: die Auffassung, daß uneingeschränkte Wahrheitsansprüche nicht eingelöst werden können, weil sie die Leistungsfähigkeit menschlichen Erkenntnisvermögens übersteigen, verbunden mit der Aufforderung, aus diesem Grund nicht zu [ver]urteilen, sondern vorsichtige Zurückhaltung (griechisch epochẹ́) zu üben. Dabei bestreitet die Skepsis nicht die *Möglichkeit* der Wahrheit von Urteilen, sondern lediglich deren *Beweisbarkeit*. Je nach dem Umfang der Urteile, die für unbeweisbar gehalten werden, kann man von *universeller* oder (bloß) *partieller* Skepsis sprechen, je nach der zeitlichen Ausdehnung von *absoluter* oder *relativer* Skepsis. Mit seinem „Ich weiß, daß ich nichts weiß!" meint Sokrates z. B. wohl partielle, aber absolute Skepsis, denn er gibt zu, mindestens in einer Hinsicht Wissen zu besitzen (sein Wissen um Nicht-Wissen), aber er würde bestreiten, diesen Zustand der Unwissenheit jemals vollständig aufheben zu können. Relative Skepsis dagegen bezieht sich nur auf den gegenwärtigen Erkenntniszustand des Skeptikers. Sie läßt die Frage offen, ob z. B. die Suche nach der Wahrheit ergebnislos bleiben kann oder muß. Schon immer wurde den Skeptikern der Vorwurf des „tuquoque" (du selbst) vorgehalten: Die Behauptung, die Wahrheit sei unerkennbar, beinhalte den Anspruch, eine Wahrheitserkenntnis auszudrücken. Damit benutze der Skeptiker versteckt selbst Wahrheitskriterien, die er gerade in Zweifel ziehen oder widerlegen wollte. Es ist aber offensichtlich, daß dieser Vorwurf des Selbstwiderspruchs kaum trifft, weil der Skeptiker ja nicht die Möglichkeit wahrer Urteile bestreitet, sondern nur die Existenz einer Methode, eines sicheren Weges (= Beweises), sich selbst oder einen anderen von der Wahrheit einer Behauptung Schritt für Schritt zu überzeugen, d. h. er widersetzt sich dem Anspruch, für seine Äußerungen eine intersubjektiv gültige Rechtfertigung liefern zu können bzw. zu müssen. Der Skeptiker darf es also auf keinen Fall dahin kommen lassen, daß er selbst unter Beweisdruck gerät, da er sonst selbst zum Dogmatiker würde, der aus der Existenz allgemeinverbindlicher, notwendiger Wahrheiten das „Recht zur Bekehrung" ableitet. Dann geriete der Skeptiker tatsächlich in Konflikt mit den eigenen Prinzipien. Aufgrund dieser Dialogkonstellation ist der Skeptiker völlig machtlos gegenüber einer sich selbst genügenden Gewißheit – selbst wenn es für diese überhaupt keine rationalen

Gründe geben sollte –, solange sie andere nicht „bekehren" will. Der Streit zwischen Skepsis und Dogmatismus kann also kein Streit sein um subjektive Überzeugungen, sondern nur um intersubjektiv (= objektiv) nachvollziehbare Beweise bestimmter Urteile. Die historischen, v. a. die antiken Skeptiker haben die notwendige Selbstbeschränkung, den Verzicht auf eine eigene Systematik und die Chance zur Toleranz allerdings nur allzu häufig außer Acht gelassen. Weil sie das Bekehren eben doch nicht lassen konnten, haben sie selbst sehr zum Mißverständnis ihrer Lehre, offen zu bleiben für Veränderungen, beigetragen.

Skeptizismus [zu ↑Skepsis]: im weiteren Sinn philosophische Positionen, die Wahrheitsansprüchen gegenüber Verzicht und Zurückhaltung üben und sorgfältige, kritische Prüfung verlangen; im strengeren Sinn Richtungen, die die Beweisbarkeit von Wahrheit (entweder prinzipiell oder partiell) in Zweifel ziehen (↑Skepsis). – Bereits in der griechischen Antike verstand sich der Skeptizismus als bewußte Alternative zu systematisch-dogmatischen Standpunkten (↑Dogmatismus). Seine Tradition reicht bis in die Vorsokratik. Einen Höhepunkt erreichte der Skeptizismus zur Zeit der sogenannten Sophisten (zu denen z. B. auch Sokrates zählt). Mißtrauen gegenüber der Allgemeingültigkeit von Erkenntnisleistungen und Vorbehalte gegen überlieferte religiöse, ethische und politische Wertvorstellungen führten auf der einen Seite zu eher erkenntnistheoretischen, auf der anderen Seite zu mehr ethisch-politisch orientierten „Verweigerungshaltungen". Der erkenntnistheoretische Skeptizismus stützte seine These, daß es ein irrtumsfreies Fundament für Erkenntnis nicht geben könne, mit Argumenten wie dem Hinweis auf die unterschiedliche Konstitution und Leistungsfähigkeit der menschlichen Sinnesorgane, die Abhängigkeit der Erkenntnisinhalte von Zuständen und Stimmungen und auf die Isoliertheit menschlichen Denkens. Der Sophist *Gorgias* meint z. B.: „Wenn es etwas gäbe, so wäre es nicht erkennbar; und selbst wenn es erkennbar wäre, so wäre es doch nicht mitteilbar!" Auch *Kratylos* bestreitet die Möglichkeit gelingender Kommunikation. Desorientierende Erfahrungen wie historisch-sozial bedingte Relativität der Lebensführung und, daraus resultierend, die Verschiedenheit der Ansichten über schön und häßlich, wahr und falsch, gut und böse waren Argumente einer eher ethisch-politisch orientierten Skepsis, als deren bekanntester Vertreter *Pyrrhon von Elis* gelten darf. Pyrrhon sah in jedem (inneren) Engagement eine Gefährdung der (zum glücklichen = moralischen Leben) notwendigen, anzustrebenden Seelenruhe und forderte deshalb auf, sich im Interesse einer völligen Gleichgültigkeit gegenüber allem moralischer Werturteile und Wahrheitsbehauptungen ganz zu enthalten. Diese [Zurück-]Haltung bezeichnet man als „epoché". Die Hervorhebung der Relativität menschlichen Erlebens, Erkennens und Handelns gipfelte wohl in dem ↑Homo-mensura-Satz des Sophisten *Protagoras*. *Sextus Empiricus* hat etwa im 2./3. nachchristlichen Jahrhundert noch einmal die Argumente und Thesen des antiken Skeptizismus gesammelt, analysiert und systematisch geordnet und damit die Möglichkeiten des späteren Skeptizismus abgesteckt. Im 3. Jahrhundert n. Chr. wird dann die antike Skepsis von dogmatischen Strömungen in Theologie und Philosophie zurückgedrängt, bis die Wiederentdeckung der Schriften des Sextus Empiricus um die Mitte des 15. Jahrhunderts eine erneute, intensive Diskussion skeptischer Standpunkte einleitete. *Pascal* und *Luther* z. B. sahen als einzigen Ausweg aus dem Skeptizismus die religiös abgesicherte Gewißheit des Glaubens oder der mythischen Erfahrungen. *Descartes* trieb den Zweifel systematisch auf die Spitze und war der Überzeugung, ihn durch die rational abgesicherte Selbstgewißheit des Denkens außer Kraft setzen zu können. *Francis Bacon* versuchte die Koordination einer skeptischen Grundhaltung mit der pragmatisch-experimentellen Überwindung des totalen Skeptizismus. Ein neues Wissenschaftsparadigma, in dem Beobachtung, Experiment und Überprüfung von Hypothesen als die wesentlichen Stationen des Erkenntniserwerbs galten, sollte möglichst gesicherte und praktische Orientierungen gewährleisten. Der Skeptizismus von *Hume* z.B. hinsichtlich der Prinzipien der Induktion und der Kausalität führten bei *Kant* schließlich zu einer wesentlichen Beschneidung der Möglichkeiten von Erkenntnis überhaupt: Kant stimmt insofern den Skeptikern zu, als er in seiner Philosophie ausschließt, daß eine Erkenntnis der Wirklichkeit, wie sie an sich (d.h. unabhängig vom erkennenden Menschen) ist, möglich sei. In neuerer Zeit scheint die Begrenzung von Wahrheitsansprüchen weitgehend zu einer zustimmungsfähigen philosophischen Grundhaltung avanciert zu sein. Die Berücksichtigung bereits antiker Einsichten wie Abhängigkeit des Denkens und Urteilens von sozialen, ökonomischen, biologischen und psychologischen Faktoren bewirkt eine Rücknahme des Erkenntnisanspruchs, der über die Relativierung Kants (weit) hinausreicht: Ziel ist nicht mehr die absolute, ewige Wahrheit, sondern die Absicherung möglichst wahrscheinlicher (hypothetischer, probabilistischer) Aussagen. Eine existentialistische Variante des Skeptizismus vertritt *Camus*. Er sieht den Menschen in der schizophrenen (= absurden) Situation, daß er einerseits immer wieder nach theoretischer Wahrheit und gerechtfertigten Handlungszielen sucht (suchen muß), andererseits aber dennoch dessen gewiß ist, daß er in beiden Bemühungen nur scheitern kann.

Sklavenmoral ↑Herrenmoral/Sklavenmoral.

sokratische Methode: pädagogisches Verfahren, das Sokrates v.a. in den Platonischen Frühdialogen anwendet. Ziel dieser Methode ist, den Gesprächspartner durch gut gestellte Fragen zur Erkenntnis zu führen und ihn zum eigenen, selbständigen Denken anzuregen, und nicht, vorgegebene Erkenntnisse zu vermitteln. – Die meisten Frühdialoge sind so aufgebaut, daß Sokrates sich über ein bestimmtes Thema (z.B. „Was ist tapferes Verhalten?") mit fachkompetent scheinenden Gesprächspartnern unterhält, die dabei weitverbreitete, gängige Ansichten vertreten. Sokrates, der sich selbst als einen Unwissenden charakterisiert („Ich weiß, daß ich nichts weiß"), führt seine Gesprächspartner durch geschickte Fragen und nicht durch Belehrungen zu der Erkenntnis, daß ihr bisheriges Wissen unzureichend ist. In der Regel enden die Frühdialoge in einer ↑Aporie, in der deutlich wird, daß der Gesprächspartner noch nicht einmal den Begriff (z.B. Tapferkeit) zutreffend charakterisieren kann. Dadurch, daß die Gesprächspartner und auch die Leser der Dialoge erleben, daß ihr eigenes, bisher erlangtes Wissen noch unzureichend ist, sollen sie angeregt werden, selbst weiter über diese Fragen und Probleme nachzudenken (↑auch Mäeutik).

Solidarität [französisch; zu lateinisch solidus „fest"]: Zusammengehörigkeitsgefühl von Individuen oder Gruppen in einem sozialen Ganzen, im weiteren Sinn auch von Staaten in internationalen Bündnissen, das sich in gegenseitiger Hilfe und Unterstützung äußert. Häufig ist dieses Gefühl durch störende Eingriffe von außen motiviert. Die öffentliche Demonstration von Solidaritätskundgebungen oder Hilfsaktionen ist ein wichtiges Mittel zur Durchsetzung und Propagierung politisch-sozialer Ziele geworden.

Solipsismus [zu lateinisch solus „allein" und ipse „selbst"]: extreme erkenntnistheoretische Position des ↑Subjektivismus, die durch die Behauptung charakterisiert ist: „Nur ich allein existiere", d. h. nicht nur die Gegenstände der Außenwelt, sondern auch alle fremden Ichs als Bewußtseinsträger sind einzig nur meine Vorstellungen und somit ausschließlich Inhalt meines Bewußtseins. Daneben eine ethische Position (ethischer Solipsismus; ↑Egoismus), nach der nur das Wert hat, was dem eigenen Selbst zugute kommt, und als deren entschiedenster Verfechter Stirner anzusehen ist. Der extreme Solipsismus entwickelte sich erst im 19. Jahrhundert, geht aber dem Ansatz nach u. a. auf Berkeley's ↑„esse est percipi" zurück und steht letztlich im Zusammenhang mit demjenigen egologischen Vernunftideal, das seit Descartes dem neuzeitlichen Begriff von Wissenschaft zugrunde liegt. Descartes' ↑Cogito, ergo sum kann als (gemäßigter) methodischer Solipsismus bezeichnet werden, d. h. vom „Ich" aus als der einzig gesicherten Erkenntnis ist der erkenntnistheoretische Schritt zur Außenwelt zu vollziehen. Eine nochmalige Steigerung des Solipsismus ist der *Gegenwartssolipsismus,* wonach nur mehr unserem jeweiligen seelischen Augenblicksdasein Realität zuzusprechen ist. Die Kritik am Solipsismus kulminiert in der Feststellung, daß er sich *als* mitteilbare Lehre nicht behaupten kann, ohne sich zu widersprechen.

Sollen ↑Sein-Sollen-Problem.

Sophisma (Sophismus) [griechisch „Kunstgriff, Kniff, Täuschung, geschickter Trugschluß"]: Trugschluß, der nicht auf einem Fehler, sondern auf bewußter Irreführung beruht. Nach der Meinung ihrer Gegner bedienten sich die ↑Sophisten oft solcher Trugschlüsse.

Sophisten [zu griechisch sophós „weise"]: ursprünglich Bezeichnung für Weise und Gelehrte, seit dem 5./4. Jahrhundert Sammelbezeichnung für eine Gruppe griechischer Philosophen und Rhetoren, deren bedeutendste Vertreter Protagoras und Gorgias waren. Die Sophisten waren professionelle Wanderlehrer, die gegen Entgelt eine höhere, zum politischen Handeln befähigenden Bildung vermittelten. Ihre Lebensinhalte bezogen sich v. a. auf Rhetorik, Poetik und Ethik. Einfluß gewannen die Sophisten v. a. dadurch, daß seit der Ablösung der Adelsherrschaft durch die Demokratie in Athen der Weg zu politischem Einfluß und Erfolg über die Rhetorik führte. – Während die Naturphilosophen (↑ionische Philosophie) die Welt mit ihrem Entstehen und Vergehen zum Gegenstand machten, stellten die Sophisten den Menschen in den Mittelpunkt ihrer philosophischen Betrachtungen (anthropologische Fragestellung), erweiterten so den Bereich der Philosophie um politische, sprachwissenschaftliche, ethische, rechtliche und ästhetische Fragen und haben somit die Entwicklung der Philosophie entscheidend geprägt. Mit dieser Zuwendung zum Menschen brachten sie auch ein skeptisches bzw. subjektivistisches und relativistisches Element in die Philosophie. So geht z. B. Protagoras davon aus, daß die Frage nach dem Sein der Dinge nicht unabhängig von der Erfahrung des Menschen beantwortet werden kann. Die Tatsache, daß der Mensch als Beurteilungsinstanz für das Sein gedacht wird, führt zu dem ↑Homo-mensura-Satz. Absolute, menschenunabhängige Wahrheiten und feste ethische Werte werden von den Sophisten nicht anerkannt. – Das negative Ansehen, das die Sophisten heute haben, wurde entscheidend von Platon geprägt. In vielen seiner Dialoge läßt er Gegenpositionen zu Sokrates von Sophisten vertreten, die er dabei als Wortverdreher charakterisiert, deren Ziel nicht die Überzeugung durch Argumente, sondern die Überredung durch rhetorische Mittel, auch unter Anwendung von Sophismen (↑Sophisma) sei *(Sophistik).*

Sophistik [zu ↑Sophisten bzw. ↑Sophisma]: Bezeichnung für Lehre und philosophische Epoche der ↑Sophisten. Der abwertende Inhalt des Begriffs im heutigen Sprachgebrauch als Spitzfindigkeit, Überredungskunst, Aufstellen von Scheinbeweisen für falsche Thesen und Wahrheitsverdrehung geht v. a. auf die negative Darstellung von Sophisten in den Platonischen Dialogen zurück.

Sophrosyne [griechisch]: in der griechischen Philosophie die „Besonnenheit", eine der vier ↑Kardinaltugenden. Sophrosyne meint allgemein jede kluge Überlegung, v. a. aber die Beherrschung von Trieben und Neigungen.

Sorge: im allgemeinen Sprachgebrauch liegen dem Begriff zwei Bedeutungstendenzen zugrunde: Einerseits ist Sorge ein „ängstlich abwartendes Angespanntsein auf" (Sorge um), andererseits ein „hingebender Einsatz" (Sorge für). In der Philosophie ist der Begriff seit Heidegger aktuell. Im Rahmen seiner Existentialontologie dient er ihm zur fundamentalen Bestimmung des „Seins des (menschlichen) Daseins". In der Sorge vernimmt der Mensch sein Sein. In bezug zur Umwelt ist sein Dasein Besorgen, in dem zu seinen Mitmenschen Fürsorgen (↑auch Existenzphilosophie).

Sosein ↑Wesen.

Sozialdarwinismus: in Übertragung der Evolutionsgesetze (↑Evolution) von Darwin („Im Kampf ums Dasein überlebt nur der Stärkere") auf die gesellschaftliche Wirklichkeit unterstellt der Sozialdarwinismus, daß auch im Kampf konkurrierender menschlicher Gruppen eine natürliche Auslese stattfindet: Die Tüchtigen und Anpassungsfähigeren überleben, und ihr Überleben selbst ist Zeichen ihrer Tüchtigkeit. Der Sozialdarwinismus, der damit die gesellschaftliche Entwicklung gleichsam als biologisch notwendigen Anpassungs- und Ausleseprozeß zwischen Individuen wie zwischen verschiedenen Gruppen, Gesellschaften, Rassen und Völkern versteht, dient als Rechtfertigungsideologie für jeweils bestehende gesellschaftliche Ungleichheiten und Ungerechtigkeiten und für Theorien des Rassismus.

Sozialethik: Konzeption einer Ethik, die als Bezugsrahmen des sittlichen Handelns das gesellschaftliche Miteinander der Individuen hervorhebt. V. a. im Umkreis evangelischer Soziallehren verbindet sich mit dieser Hervorhebung der Gedanke, daß ethische Probleme erst im Zusammenleben der Menschen und dessen institutioneller Regelung entstehen. Menschliche Handlungen werden im Zusammenhang der Sozialethik mit dem Hinweis begründet, daß sie Zwecke zu verwirklichen suchen, die für die Gemeinschaft relevant sind. Ihre Beurteilung erfolgt danach, welche Folgen sie für den Sozialverband bewirken. Nach diesem Verständnis ist Sozialethik nicht einfach bloß ein Teilgebiet der Ethik, sondern vielmehr eine bestimmte Sehweise von Ethik überhaupt: Alle Ethik befaßt sich danach mit den Rechten und Pflichten, die aus dem Gemeinschaftsleben erwachsen. – Nach anderer Auffassung, die v. a. in der katholischen Sozialethik sichtbar wird, bezeichnet der Begriff ein Teilgebiet der Ethik, als dessen Gegenstück die Individualethik erscheint. Während letztere die Pflichten des Menschen gegen sich selbst und gegenüber anderen Einzelpersonen (auch gegenüber Gott) bestimmt, legt die Sozialethik die Pflichten des einzelnen gegenüber Gruppen (Familie, Verbände, Gesellschaft) und die gegenseitigen Pflichten von Gruppen dar.

Sozialisation (Sozialisierung) [französisch; zu lateinisch socialis „gesellschaftlich, gesellig"]: zentraler Betriff der Verhaltens- und Sozialwissenschaften, der den Prozeß der langsamen und stetigen Anpassung eines Individuums an seine soziale Umwelt und deren Normen und Gebräuche bezeichnet. Dabei werden die in einer Gesellschaft erwünschten Eigenschaften und Verhaltensweisen erworben; gleichzeitig mit der Sozialisation findet eine Verteilung der Individuen auf die verfügbaren, unterschiedlich bewerteten Positionen innerhalb einer Gesellschaft statt. Der Begriff Sozialisation wird meistens im Sinne frühkindlicher Sozialisation (*primäre* Sozialisation) benutzt. Er bezeichnet den Prozeß des Hineinwachsens des Kindes in das Normen- und Regelsystem der Gesellschaft. Dieser Prozeß wird geleitet und gesteuert durch die Erziehung der Eltern oder Pflegepersonen als der wichtigsten Sozialisationsinstanzen. *Sozialisationsinstanzen* sind alle gesellschaftlichen Einrichtungen, die die Sozialisationsprozesse (bewußt oder unbewußt) steuern und bestimmte Normen und Wertvorstellungen, Ziele und Verhaltensformen vermitteln. Je älter ein Kind wird, um so mehr gewinnen Personen außerhalb der Familie als Träger der Sozialisation Bedeutung, z. B. Freunde, Mitschüler, Nachbarn oder Lehrer. Psychologen betrachten die Sozialisation darüber hinaus als einen lebenslangen Vorgang des Lernens und der Anpassung (*sekundäre* Sozialisation).

Sozialismus [zu lateinisch socialis „kameradschaftlich, bundesgenössisch"]: seit dem frühen 19. Jahrhundert Bezeichnung für eine gesellschaftstheoretische Lehre, die die Umgestaltung der Gesellschaft mit dem Ziel, soziale Gleichheit und Gerechtigkeit für alle herzustellen, anstrebt; für eine politische Bewegung, die die Gesellschaft im Sinne dieser Lehre zu verändern versucht, sowie für einen dieser Lehre entsprechenden Zustand der Gesellschaft. Gemeinsam sind den unterschiedlichen sozialistischen Positionen die Forderungen nach Aufhebung des Privateigentums an Produktionsmitteln, d.h. der in der Klassengesellschaft (↑ Klasse) herrschenden Ausbeutung, der ↑ Entfremdung und der materiellen Verelendung der unteren Schichten; nach gesamtgesellschaftlicher Planung der ökonomischen Prozesse zur Überwindung der krisenhaften Konjunkturzyklen; nach Solidarität mit den Unterprivilegierten und Minderheiten innerhalb und außerhalb der jeweiligen Gesellschaft; nach Versöhnung von Mensch und Natur. – Die Lehre des Sozialismus ist im Zeitalter der Industrialisierung und der Entwicklung des kapitalistischen Wirtschaftssystems als Gegenbewegung zur liberalistischen Theorie, wonach die Verfolgung des Eigennutzes zugleich das beste Mittel zur Beförderung der allgemeinen Wohlfahrt sei, entstanden im Sinne einer – sei es revolutionären, sei es reformistischen – Antwort auf die immer dringlicher sich stellende „soziale Frage". Den utopischen Sozialismus (Saint-Simon, Fourier, Blanc, Owen, Proudhon) vor der 1848er Revolution kennzeichnen eine moralisch oder religiös motivierte Verurteilung gesellschaftlicher Mißstände, utopische Gesellschaftsentwürfe sowie der Appell an die Einsicht aller. Seit den 1840er Jahren entwickelt Marx im Unterschied dazu den wissenschaftlichen Sozialismus, v.a. in seiner „Kritik der politischen Ökonomie" (1859). Darin tritt der Entwurf eines gesellschaftlichen Idealzustands zurück hinter die Analyse der bestehenden Verhältnisse mit dem Ziel der Aufdeckung notwendiger innerer Widersprüche der kapitalistischen Wirtschaftsordnung, die unausweichlich zur sozialistischen Revolution führen müssen (↑ historischer Materialismus). Da aufgrund der Klassenstruktur der kapitalistischen Gesellschaft und des von ihr geprägten Bewußtseins der Menschen die Einsicht aller nicht erreichbar ist, wird die Arbeiterklasse (Proletariat) zum Träger des revolutionären Klassenkampfes, dessen Ziel die Verwirklichung des Sozialismus ist. Während vor Marx die Begriffe ↑ Kommunismus und Sozialismus synonym verwendet werden, deutet sich schon bei ihm eine Unterscheidung an, die Lenin dann ausdrücklich macht (↑ Marxismus), wenn er als Sozialismus die Übergangsphase zwischen Klassengesellschaft (Kapitalismus) und klassenloser Gesellschaft (Kommunismus) bezeichnet. In dieser Übergangsgesellschaft übt die Arbeiterklasse (vertreten durch die Kommunistische Partei) die politische Herrschaft im Staat (der im Kommunismus aufgehoben sein wird) aus („Diktatur des Proletariats“); ist das Privateigentum an Produktionsmitteln in Staatseigentum übergegangen; gilt der Grundsatz „Jeder nach seinen Fähigkeiten, jedem nach seiner Leistung“ (im Gegensatz zu dem kommunistischen Grundsatz „Jeder nach seinen Fähigkeiten, jedem nach seinen Bedürfnissen“). Der anarchistisch geprägte libertäre Sozialismus (↑Anarchie) fordert dagegen die unmittelbare revolutionäre Abschaffung des Herrschaftsinstrumentes Staat zugunsten einer basisdemokratischen Selbstverwaltung frei assoziierter Kommunen (Rätedemokratie). Die reformistisch eingestellten westeuropäischen sozialistischen bzw. sozialdemokratischen Parteien streben einen demokratischen Sozialismus innerhalb parlamentarischer Mehrparteiendemokratien an, der – anders als der real existierende Sozialismus osteuropäischer Staaten mit ihren bürokratischen Einparteiendiktaturen – individuelle Freiheitsrechte, soziale Sicherheit und Gerechtigkeit zugleich garantieren soll.

Sozialphilosophie: Teilbereich der praktischen Philosophie, der sich – im Unterschied zur empirischen Soziologie, aber unter Berücksichtigung ihrer Erkenntnisse – mit normativen Fragen der richtigen Einrichtung der ↑Gesellschaft, des richtigen Zusammenlebens der Individuen und Gruppen innerhalb einer Gesellschaft bzw. der Gesellschaften untereinander und der Kritik bestehender gesellschaftlicher Verhältnisse sowie mit Fragen der Rechtfertigung der dabei angewandten normativen Maßstäbe und der erkenntnistheoretischen Grundlegung sozialphilosophischer und soziologischer Methoden beschäftigt. Anthropologische Prämisse der Sozialphilosophie ist das (seit Aristoteles geläufige) Verständnis des Menschen als eines gesellschaftlich bestimmten und die Gesellschaft mitbestimmenden sprach- und handlungsfähigen Wesens (griechisch zõon politikón, lateinisch animal sociale). Seit dem Aufkommen der „sozialen Frage“ im 19. Jahrhundert entwickelte sich die Sozialphilosophie oder philosophische Gesellschaftstheorie zu einer eigenständigen philosophischen Disziplin, die u. a. im ↑Marxismus und der ↑kritischen Theorie sowie in den Soziallehren der christlichen Kirchen zentrale Bedeutung erlangte.

Spekulation [lateinisch] ↑spekulative Philosophie.

spekulative Philosophie: der Begriff Spekulation wird in der Scholastik zunächst in dem Sinne verwendet, wie er sich von lateinisch „speculare“ („schauen, betrachten“) ableitet und damit synonym mit ↑Schau, Kontemplation ist. Bei Thomas von Aquin wird Spekulation dann von lateinisch „speculum“ („Spiegel“) abgeleitet. Sie steht jetzt im Gegensatz zur Reflexion und bezeichnet den Rückschluß vom Seienden auf sein Wesen bzw. seinen Grund, auch von der Wirkung auf ihre Ursache. Seine zentrale Bedeutung gewinnt der Begriff im (deutschen) ↑Idealismus bei Kant, Fichte, Schelling und Hegel im Rahmen des Problems der Darstellung des absoluten ↑Ich bzw. der absoluten ↑Subjektivität. Bei Hegel macht Spekulation bzw. spekulative Philosophie gerade das aus, was sonst auch ↑Dialektik heißt. Spekulative bzw. dialektische Methode ist hier die *Selbstbewegung des Begriffs,* bei der nicht, wie beim *reflektierenden,* „bloß räsonierenden“ Denken, das Subjekt Begriffe „verwendet“, um zu Sätzen, Urteilen, Schlüssen zu kommen, die *Darstellungen* objektiver Gegebenheiten sind, sondern bei der der *Begriff selbst* die Weiterführung des Gedankenganges leistet. Subjekt und Objekt enthält und „bewahrt“ der Begriff als seine „Momente“, sie sind in ihm „aufgehoben“ (↑aufheben). Aufgabe der spekulativen dialektischen Philosophie ist dann die *Darstellung* des „Zurückgehens des Begriffs in sich“: „Diese Bewegung, welche das ausmacht, was sonst der

Beweis leisten sollte, ist die dialektische *Bewegung* des *Satzes selbst.* Sie allein ist das wirklich Spekulative, und nur das Aussprechen derselben" ist spekulative Philosophie. Dort, wo sonst dem Begriff „spekulieren" der Charakter der Unredlichkeit und der zügellosen Beliebigkeit des Denkens anhaftete, hat Hegel eine selbstkonsistente Methode philosophischer Darstellung gesehen, die es dem Denken ermöglicht, „weiter fortzuschreiten" statt im „bloßen Räsonieren und Prädizieren" stehen zu bleiben.

Spezies [lateinisch]: svw. ↑Art.

Spiel: Tätigkeit, die ohne bewußten Zweck, aus Vergnügen an der Tätigkeit als solcher bzw. an ihrem Gelingen vollzogen wird und stets mit Lustempfindungen verbunden ist. An den für das Spiel[en] charakteristischen Bewegungsabläufen lassen sich (nach Scheuerl) sechs Grundmerkmale ausmachen. 1. Das Moment der *Freiheit* von Ziel- und Zwecksetzungen, die außerhalb des Spiels selbst liegen: Spielen ist autotelisch, d. h. es hat seinen Zweck in sich selbst. 2. Das Moment der *Scheinhaftigkeit* oder „Quasi-Realität" (Heckhausen): Das Spielen erreicht seine besondere Qualität auf einer von der sonstigen Realität abgehobenen, diese (symbolisch) abbildenden und auch nachschaffenden scheinhaften Ebene. Zum Spielen gehört das Wissen um den Als-Ob-Charakter des Spiels. 3. Das Moment der relativen *Geschlossenheit:* Damit Spielen überhaupt möglich wird, bedarf es der Grenzsetzungen wie z. B. durch die Spielregeln, das Spielfeld und die Spielkonstellation (z. B. die gleich starken Mannschaften beim Fußball), die gewählte Fiktion (z. B. beim Kaufmann-Spiel der Kinder). 4. Das Moment der *Ambivalenz:* Zum Spielen gehört es, daß sich Kräfte begegnen, die einander gewachsen sind, so daß die Offenheit des Ausgangs und damit Spannung und Freude am Spiel erhalten bleiben, auch wenn jeder der Beteiligten versucht, das Spiel für sich zu entscheiden. Ist die Spielsituation eindeutig, etwa durch die unüberwindbare Überlegenheit einer Partei, so wird meist nicht weitergespielt oder das Spiel kommt gar nicht erst zustande. 5. Das Moment der *inneren Unendlichkeit:* Während die Zeitstruktur unserer meisten Handlungen linear ist, ist das Spiel seiner Struktur nach zirkulär; da es im Vollzug des Spielens schon seinen Zweck erreicht, Spannung nicht beseitigen, sondern erhalten will, strebt es nach Ausdehnung in der Zeit bzw. ständiger Selbstwiederholung. 6. Das Moment der *zeitentrückten Gegenwärtigkeit:* Der Spielende ist für die Dauer des Spiels aus dem normalen Zeitablauf quasi herausgelöst und, da er mit seinen Aktivitäten in jedem Moment die offene ambivalente Spannung des Spiels selbst herstellt, ganz der Gegenwart verhaftet. – Es wird heute allgemein davon ausgegangen, daß das Spiel ein in jeder Lebensperiode unentbehrliches menschliches Grundverhalten ist, das zur Entwicklung kreativen Verhaltens, größerer Flexibilität, gesteigerter Selbständigkeit und zu größerem Selbstvertrauen beiträgt. Zu den Voraussetzungen des Spiels gehören Geborgenheit und das Zurücktreten äußerer Zwänge. – Die *klassischen Theorien vom Spiel* verstehen Spiel z. B. als Ausfluß eines Kraftüberschusses (Spencer), als Rekapitulation der kulturellen Entwicklung des Menschen (Hall), als Ein- und Vorübung wichtiger Anlagen und Instinkte (Groos), als Erholung und Entlastung (Lazarus) oder als Abfuhr von ↑Affekten und Triebregungen (Freud) sowie als einen Grundbaustein und -bestandteil von Kultur (Huizinga).

Sprachanalyse: das in der ↑analytischen Philosophie herausgebildete und von ihr bevorzugte methodische Vorgehen. Grundlegend ist die Unterscheidung zwischen einer *logischen* und einer *grammatischen* Analyse von Sätzen natürlicher Sprachen. Die These der analytischen Philosophie, Sprachanalyse im Sinne logischer Analyse sei das zentrale

Anliegen der Philosophie, formulierte Wittgenstein so, daß Philosophie nicht durch einen Bestand von Lehrsätzen, sondern durch eine Tätigkeit charakterisiert sei, die er „logische Klärung der Gedanken" nennt. In der logischen Analyse sollen die durch die Grammatik der Gebrauchssprache (= der von einer Sprachgemeinschaft je verwendeten natürlichen Sprache) verdeckten *logischen Formen* sprachlicher Ausdrücke und ganzer Sätze aufgezeigt werden. Dadurch sollen die Grundlagen für den Aufbau einer exakten ↑Wissenschaftssprache geschaffen und philosophische (metaphysische) Begriffsverwirrungen beseitigt werden. Musterbeispiele logischer Analyse schufen Russell mit seiner Analyse der ↑Kennzeichnungen und Frege mit der der unterschiedlichen Verwendung des Wörtchens „ist (sein)" als Identitätszeichen (↑Identität), ↑Kopula und ↑Existenzquantor. – Unter Berufung auf Wittgensteins „Philosophische Untersuchungen" und dessen Insistenz darauf, daß Philosophie primär „ein Kampf gegen die Verhexung unseres Verstandes durch die Mittel unserer Sprache" sei, wird in der Spätphase der analytischen Philosophie, in der *ordinary language philosophy* (der Philosophie der Alltagssprache), die Methode der Sprachanalyse nicht mehr primär als logische Analyse betrieben, sondern als Untersuchung und Beschreibung des alltäglichen Sprachgebrauchs einer natürlichen Sprache. Die ordinary language philosophy weist den Anspruch der (v. a. vom logischen Empirismus vertretenen) Philosophie der idealen Sprache zurück, allein die formale Logik könne den rationalen Kern von Argumentation (Ryle) oder gar von beliebiger Kommunikation (Austin) in natürlichen Sprachen abbilden. Ihr gilt die Alltagssprache als ausreichendes Werkzeug für die Analyse sprachlicher Ausdrücke, v. a. solcher, die der mit Verständnisproblemen belasteten Bildungssprache angehören. Die Bildungssprache (d. h. derjenige Teil der Gebrauchssprache, der im Unterschied zur jedermann verständlichen Alltagssprache ohne Kenntnis der dahinterstehenden, meist allgemein philosophischen Tradition unverständlich bleibt) soll durch Zurückführen auf die Alltagssprache, soweit möglich, verständlich gemacht werden. Philosophische Sprachanalyse wird in diesem Verständnis zur Therapie: Denn wie soll der *gewöhnliche* Sprachgebrauch vor dem ungewöhnlichen Philosophenjargon ausgezeichnet werden, wenn nicht durch Berufung auf den üblichen faktischen Sprachgebrauch? Damit gerät philosophische Sprachanalyse aber in die Nähe empirischer sprachwissenschaftlicher Untersuchungen, so daß die entscheidende Differenz zwischen logischer und grammatischer Analyse nicht mehr angegeben werden kann. In der Tat hat die ordinary language philosophy in der Fortentwicklung durch Austin und Strawson die Hilfe einer an semantischen Untersuchungen orientierten Linguistik nicht nur in Anspruch genommen, sondern auch gefordert. Philosophische Sprachkritik gibt damit aber ihre methodische Selbständigkeit auf.

Sprache: im engeren Sinne die menschliche Wortsprache, die eine so zentrale, komplexe und vielseitige Erscheinung ist, daß sie sich einer einfachen Definition entzieht. Da Sprache mit fast allen Bereichen des menschlichen Lebens zusammenhängt, kann sie unter einer unüberschaubaren Zahl von Gesichtspunkten analysiert werden. – Im weiteren Sinne bezeichnet man als Sprache jedes System von Zeichen, die der Vermittlung von Information dienen. Tierische Kommunikationssysteme (die Bienensprache z. B.), logische und mathematische Kalküle, technische Kommunikationssysteme (z. B. Programmiersprachen u. a. in der Datenverarbeitung) werden nur im übertragenen Sinne als Sprachen bezeichnet, da ihnen grundlegende Eigenschaften menschlicher Sprachen fehlen. – Bereits sehr früh haben die Menschen nach Wesen und Ursprung der Sprache gefragt. Für die Bibel beruht die Sprache auf göttlicher und menschlicher Namengebung (1. Mose 1 und 2); die Vielfalt der Sprachen ist Folge des Eingreifens Gottes beim Turmbau zu Babel (1. Mose 11). Die klassische griechische Philosophie hat diskutiert, ob die Namen den Dingen von Natur aus zukommen oder auf Vereinbarung beruhen. Das Problem des Sprachursprungs ist mit den üblichen, bislang ausgebildeten exakten Methoden der Sprachwissenschaft nicht lösbar, da aus den bekannten Sprachen der Erde durch Rekonstruktion der bei genealogischer Sprachverwandtschaft vorauszusetzenden Grundsprachen (z. B. der indogermanischen oder semitischen Grundsprache) bei optimistischer Einschätzung allenfalls bis etwa 3000 oder 4000 v. Chr. zurückgeschlossen werden kann, einem in der Entwicklungsgeschichte des Menschen sehr späten Zeitpunkt. Über den Sprachursprung, der bei oder nach der Hominisation (Menschwerdung) anzusetzen ist, sind somit nur Hypothesen möglich, unter denen v. a. zu nennen sind die onomatopoetische [Nachahmungs- oder Tierlaut-] Theorie, nach der die Lautsprache die Kommunikationsformen der Tiere nachahme, sowie die Sympathie- oder synergastische Theorie, nach der die Sprache durch Zurufe und rhythmische Unterstreichung des Taktes bei der Arbeit entstanden sei. Die *Sprachfähigkeit* (Kompetenz) des Menschen beruht auf organischen und kognitiven (geistigen) Grundlagen. Nur beim Menschen hat sich im Laufe der Phylogenie (Stammesentwicklung) eine kognitive Funktion ausgebildet, die die Sprechorgane bei der Produktion strukturierter Lautketten steuert und die Analyse (Dekodierung) der durch das Gehör wahrgenommenen Lautketten ermöglicht. Es ist ein Indiz für die biologische Fundierung dieser Funktion, daß Versuche gescheitert sind, Affen eine Lautsprache zu lehren. – Es lassen sich mehrere *Schichten der Sprachfähigkeit* unterscheiden: 1. Der Mensch besitzt ein angeborenes artspezifisches Potential, eine Sprache zu erlernen. Nach Chomsky u. a. wird diese „latente Sprachstruktur“ in einer bestimmten Phase der Reifung (etwa 1.–4. Lebensjahr) durch die Sprache, die in der Umgebung gesprochen wird, aktualisiert und realisiert. Die Leichtigkeit und Geschwindigkeit, mit der alle normalen Kinder ihre Muttersprache erwerben, weist darauf hin, daß alle menschlichen Sprachen einem vorgeprägten Typus angehören. Die Erforschung der universellen Struktureigenschaften der Sprache ermöglicht nach dieser Auffassung Einsichten in die Struktur des menschlichen Geistes. 2. Der Mensch besitzt Kompetenz in einer bestimmten Einzelsprache, d. h. er hat ein System von Einheiten und Regeln internalisiert, das auf spezifische Weise Laut und Bedeutung in Beziehung setzt. Nach Chomsky befähigt die Kompetenz zu kreativem Sprachgebrauch, d. h. zur Bildung und zum Verstehen neuer, vorher nie gehörter Sätze, zur Beurteilung der sprachlichen Korrektheit (Grammatikalität) von Äußerungen und zum Erkennen von Mehrdeutigkeiten und Bedeutungsgleichheiten. Im Gegensatz zur latenten Sprachstruktur ist diese Kompetenz auch eine soziale, umweltbedingte Fähigkeit. 3. Der Mensch besitzt kommunikative Kompetenz, d. h. die Fähigkeit, die Sprache in sozialer Interaktion zur Verwirklichung seiner Absichten im Hinblick auf die Situation angemessen zu verwenden. – Sprachen dienen der menschlichen *Kommunikation,* d. h. der Mitteilung von Gedanken, dem Ausdruck von Gefühlen und der Durchsetzung von Absichten. Sie sind dazu imstande aufgrund ihres Zeichencharakters. Nach Bühlers Organonmodell haben sprachliche Zeichen die drei kommunikativen Funktionen Darstellung, Ausdruck und Appell: Sprache dient der

Darstellung, wenn wahre oder falsche Aussagen über die Wirklichkeit gemacht werden, z. B. in der Wissenschaft; sie dient dem Ausdruck, wenn Gefühle, Einstellungen und Meinungen offenbart werden, z. B. in der Lyrik; sie dient dem Appell, wenn sie das Handeln anderer Menschen steuern soll, z. B. in Dienstanweisungen. – Versuche, sprachliche Kommunikation im behavioristischen Reiz-Reaktions-Schema oder in informationstheoretischen Kommunikationsmodellen zu erfassen, haben sich als zu eng und zu einseitig erwiesen. Unter dem Einfluß der Sprechakttheorie (↑Sprechakt) und der ↑Pragmatik setzt sich die Auffassung durch, daß das Sprechen einer Sprache eine Form regelgeleiteten sozialen Handelns ist. Das Interesse gilt den ↑Sprachspielen, d. h. den typischen Gebrauchsweisen der Sprache. – Das Interesse der *Philosophie* am Gegenstand Sprache ergibt sich daraus, daß Sprache als konkrete Manifestation jenes von den Griechen als ↑Logos angesprochenen Tatbestandes zu verstehen ist, durch den sich nach Aristoteles der Mensch von allen anderen Lebewesen unterscheidet (↑Zoon logon echon). Als Dimensionen der Explikation des Phänomens Sprache haben sich dabei gegenwärtig nicht nur alle philosophischen Grundlagendisziplinen erwiesen, sondern darüber hinaus auch alle empirischen, hermeneutischen sowie kritischen Wissenschaften vom Menschen und von der Gesellschaft. – ↑auch Sprachphilosophie.

Sprache, formalisierte ↑formalisierte Sprache.

Sprache und Denken: Grundlagenproblem der Sprachphilosophie und Sprachtheorie, aber auch der mit ↑Sprache und ↑Denken befaßten empirischen Wissenschaften. Die Fragestellung zielt auf die Bestimmung der sprachlichen Bedingungen für die Möglichkeit des Denkens (Erkennens) und damit letztlich auch des Handelns. – In der *Sprachpsychologie* hat Wygotski gezeigt, daß Untersuchungen zum Verhältnis von Denken und Sprache zumeist entweder von der Gleichsetzung oder Vereinigung beider oder aber von ihrer vollkommenen Trennung auszugehen scheinen. Im ersten Fall kann die Frage einer Beziehung jedoch gar nicht aufkommen, da Denken und Sprache ein und dasselbe sind, während im zweiten Fall die Beziehung für bloß äußerlich angesehen werden muß. Beide Positionen versuchen, Ganzheiten in Elemente zu zerlegen, wodurch sie das Verständnis der Eigenschaften des Ganzen ernsthaft behindern. Die richtige Methode besteht nach Wygotski in einer Analyse in Teileinheiten, wobei eine Teileinheit ein Produkt der Analyse ist, das über alle Eigenschaften verfügt, die dem Ganzen eigen sind und die weiter nicht zerlegbare Teile dieses Ganzen darstellen. Daher muß die Grundeinheit des verbalen Denkens die Wortbedeutung sein, denn im Wort vereinigen sich Denken und Sprechen zum verbalen Denken. Nach Wygotski ist jedes Wort eine Verallgemeinerung, insofern es sich auf eine Klasse von Gegenständen bezieht, und deshalb spiegelt es die Wirklichkeit in einer ganz anderen Weise wider als Gefühl oder Wahrnehmung. Bedeutung ist somit ein Akt des Denkens. Da aber Bedeutung auch ein Bestandteil des Wortes selbst ist, gehört sie ebensosehr in den Bereich der Sprache wie in den des Denkens. Folglich ist die Wortbedeutung die Grundeinheit von Denken und Sprechen. Beim Erwachsenen sind nach Wygotski Denken und Sprechen getrennt, aber sie überlappen sich. Beim Kind hängt die Entwicklung des Denkens von dem Entwicklungsstand des Sprechens ab. Das Wort ist das Mittel zur Begriffsbildung, und die volle Entwicklung des begrifflichen Denkens kann nur mit Hilfe von Wörtern erreicht werden. Gedanke und Wort sind nicht von Anfang an miteinander verbunden: Eine Verbindung entsteht, verändert sich und wächst im Laufe der Entwicklung von Denken und Sprechen. Diese Verbindung existiert im Wort, da sie eindeutig eine Erscheinung des Sprechens ist. Vom Standpunkt der Psychologie ist jedoch die Bedeutung eines Wortes eine Verallgemeinerung oder ein Begriff, und da dies Akte des Denkens sind, kann Bedeutung als eine Erscheinung des Denkens angesehen werden. Das Kind denkt in undifferenzierten Ganzheiten, und deshalb ist auch sein Sprechen so. In dem Maß, wie sein Denken systematisch wird, wird es auch sein Sprechen. Das Instrument für die Systematisierung des Denkens ist das Sprechen. So erklärt sich die ständige Bezugnahme beider aufeinander. Heute hat sich die zentrale Frage von der Natur der Beziehung zwischen Sprache und Denken in der *Linguistik* und der *Psycholinguistik* verlagert zur Existenz oder Nichtexistenz angeborener kognitiver Prozesse. Chomsky hat dem Problem größte Aktualität verliehen, insofern er die Linguistik der kognitiven Psychologie unterordnet. Beiden Disziplinen gehe es letzten Endes um die Erforschung bestimmter Eigenschaften menschlicher Intelligenz. Nach Chomsky sind die geistigen Prozesse, die der Sprache zugrunde liegen, nicht einfach von derselben Art wie die beobachtbaren Merkmale der Sprache, wie die Behavioristen behaupten, sondern unterscheiden sich grundsätzlich davon. Der wichtigste Beweis für diesen qualitativen Unterschied ist der offensichtliche *kreative* Aspekt der Sprachverwendung, d.h. die Fähigkeit der Menschen, Ausdrücke von Gedanken zu verstehen, denen sie vorher nicht begegnet sind, und Ausdrücke für Gedanken hervorzubringen, die ihnen zum erstenmal kommen. Diese Fähigkeit ist Teil des geistigen Vermögens eines jeden (normalen) Menschen, nicht nur einiger weniger (intelligenter oder schöpferischer). Nach Chomsky liegt ein wesentlicher Teil der Erforschung der menschlichen Sprache, und damit der Erforschung der Natur des menschlichen Geistes, in der Formulierung einer „Universalgrammatik“: der Gesamtheit angeborener Eigenschaften des menschlichen Geistes, die es einem Menschen erlauben, auf der Grundlage einer äußerst begrenzten Anzahl tatsächlich gehörter Sätze eine Grammatik zu konstruieren (eine Sprache zu lernen). Das Ausmaß der Überschneidung von Sprache und Denken oder die Natur der Berührungspunkte beider ist im Gegensatz zu Wygotski für Chomskys Ansatz unwesentlich. Sprache ist eine Manifestation bestimmter angeborener Fähigkeiten des menschlichen Geistes; wenn diese angeborenen Fähigkeiten einmal restlos aufgeklärt und verstanden sind, dann (und nur dann) können eventuelle Beziehungen zu allgemeineren Manifestationen dieses selben menschlichen Geistes (des Denkens), falls es sie gibt, erforscht werden. – Die Frage nach den sprachlichen Bedingungen für die Möglichkeit des Denkens erscheint in *Sprachphilosophie* und *Sprachtheorie* als die Frage nach dem Einfluß der Sprache auf die Art und Weise, wie der Sprechende die Welt sieht und ihr gegenübertritt. Der Gedanke, daß jede Sprache eine bestimmte Weltansicht enthält, die das Denken des Sprechers beeinflußt, geht auf Humboldt zurück und wurde in Deutschland von Weisgerber erneut aufgegriffen und zur Lehre von den sprachlichen Weltbildern weiterentwickelt. In den USA kehrt der Gedanke in zugespitzter Form bei Sapir und Whorf wieder. Die These vom Anteil der Sprache an der Erfahrung und am Denken ist unter dem Stichwort „linguistische Relativitätshypothese“ (auch „Sapir-Whorf-Hypothese“ oder „Whorfsche Hypothese“) bekannt geworden und hat eine weltweite Diskussion ausgelöst. Nach Whorf besagt diese These folgendes: „Menschen, die Sprachen mit sehr verschiedenen Grammatiken benützen, werden durch diese Grammatiken zu typisch verschiedenen Beobachtungen und Bewertungen äußerlich ähnlicher Beobachtungen geführt. Sie sind daher als Beobachter nicht äquivalent, sondern gelangen zu irgendwie verschiedenen Ansichten von der Welt". Die spezifischen formalen Strukturen der Grammatik einer Sprache prägen somit relativ zu diesen Strukturen das Bewußtsein ihrer Sprecher und determinieren in gewisser Weise ihr Denken und Handeln. Diese Auffassung versuchte Whorf an Beispielen aus dem Lexikon und der Grammatik verschiedener Sprachen zu erhärten. Ein Beispiel für das Lexikon sind die Farben. Ihre unterschiedliche Benennung in verschiedenen Sprachgemeinschaften spiegelt in gewisser Weise unterschiedliche Erfahrungen ihrer Sprecher wider. So besitzt das Deutsche für die Farbe Weiß nur ein Adjektiv, während die Eskimos mehrere Weiß unterscheiden. Whorfs Relativitätsauffassung besagt für dieses Beispiel: Die Sprache vermittelt Sprechern der deutschen Sprache für physikalische Qualitäten des Schnees nur eine Bezeichnung, während sie den Eskimos differenziertere Erfahrungswerte liefert, was auf ihre ständige und lebensnotwendige Auseinandersetzung mit Schnee verweist. Ein Beispiel im Bereich der Grammatik ist der Zeitbegriff der Hopi-Indianer. Die Struktur der Hopi-Sprache weist nach Whorf keine Zeitformen (Zeitadverbien, Zeitkennzeichen in Verben, Zeitpräpositionen) auf. Whorf schließt daraus, daß der Hopi-Sprache kein physikalischer Zeitbegriff zugrunde liegt wie etwa den europäischen Sprachen und daß die Zeit im Leben der Hopi (infolge ihrer Abwesenheit in der Sprachstruktur) keine Rolle spielt. – Für strukturell verschiedene Sprachen hängt die gegenseitige Übersetzbarkeit daher unter Umständen davon ab, lexikalische und grammatische Hilfsmittel der einen Sprache durch Einbeziehung „neuer" ↑Lebensformen zur Verfügung zu stellen. Jede Spekulation darüber, ob diese Möglichkeit sich stets verwirklichen lassen wird und ob dabei eine grundsätzliche Unbestimmtheit der Übersetzung in Kauf genommen werden muß, kann bloß theoretisch, etwa unter Berufung auf eine „universale Grammatik", nicht gesichert werden.

Sprachphilosophie Teildisziplin der Philosophie, die Ursprung und Wesen, soziologische, kulturelle und geistige Funktion, Logik und Psychologie der ↑Sprache sowie die Bedingungen der Möglichkeit von Philosophie und Wissenschaft und anderer sprachlich verfaßter Kulturleistungen (z. B. der Literatur) zum Gegenstand hat. Die Beschäftigung der Philosophie mit der Sprache ist deshalb so alt wie die Philosophie selbst. Bereits bei Parmenides ist die Rede von Namen, mit denen die Menschen die Dinge bezeichnen. Ein sehr frühes Problem der Sprachphilosophie ist die Untersuchung der Sprache als Mittel der Erkenntnis, ebenso die Frage, ob die Sprache auf willkürliche Vereinbarung der Menschen zurückzuführen oder als eine Naturgegebenheit zu betrachten sei. In Platons Dialogen „Kratylos" und „Sophistes" erfolgt erstmals die Trennung von Name und Satz, für Aristoteles die Grundlage zur ersten formalen Logik als Syllogistik. Die Stoa entwickelte eine Lehre von den sprachlichen Zeichen und ihren Bedeutungen. In der Scholastik sind die Lehren von den Bedeutungen und den Schlußfolgerungen sprachphilosophischer Natur; in dieser Zeit liegt auch der Beginn einer Theorie der gegenwärtig als Tiefenstruktur natürlicher Sprachen verstandenen logischen oder allgemeinen Grammatik. Für die Neuzeit werden die natürlichen Sprachen Mitte des 17. Jahrhunderts v.a. in der von Arnauld und Lancelot verfaßten Grammatik von Port-Royal kodifiziert. Hier wird das heute sogenannte semantische oder auch semiotische Dreieck (↑auch Semiotik), bei dem die Gegenstände und die Sprachzeichen nicht unmittelbar, sondern über ↑Universalien miteinander verknüpft sind, kanonisiert und der Unterschied von intensionaler und extensionaler Bedeutung (↑Extension, ↑Intension) der Begriffswörter (Prädikatoren) erstmals terminologisch fixiert. Der bis heute nicht einhellig entschiedene ↑Universalienstreit geht um den Status der Universalien: entweder eigenständige „geistige" Gegenstände (Universalienrealismus, später als *idealistische* Position der Sprachphilosophie bezeichnet) oder Fiktionen (Universaliennominalismus, später *positivistische* Position der Sprachphilosophie genannt). Daneben beginnt bereits bei Dante eine *genetische* Sprachbetrachtung, die auf die grundsätzliche Vielfalt der Sprachen gerichtet ist. Sie hat ihren Höhepunkt im 17. und 18. Jahrhundert in spekulativen Theorien über die Entstehung der Sprache. Im 19. Jahrhundert wird sie von der empirischen Sprachwissenschaft verdrängt und erst im Rahmen biologischer, psychologischer und soziologischer Untersuchungen wieder Bestandteil der Sprachphilosophie. An einem Wendepunkt, beim Übergang vom 18. zum 19. Jahrhundert, stehen die v.a. von Herder inspirierten anthropologischen Arbeiten Humboldts zur Funktion und Leistung der Sprache, mit denen Sprachphilosophie erstmals in einer eigenständigen, eng mit der sich auch zur gleichen Zeit entwickelnden historisch-empirischen Sprachwissenschaft verbundenen Form auftritt. – In der ↑analytischen Philosophie wird die Vernunftkritik Kants durch Wittgenstein zur *Sprachkritik* transformiert: Um die speziell in den Einzelwissenschaften vorliegenden Leistungen der Vernunft auszuweisen und auf die Bedingungen ihrer Möglichkeit hin befragen zu können, ist zunächst eine kritische Beurteilung der benutzten Sprache erforderlich; daraufhin kommt das bisher wirksamste erkenntniskritische Instrument zeitgenössischer Philosophie, die Methode der ↑Sprachanalyse, zur Anwendung. Der Neuansatz Wittgensteins in der Sprachphilosophie versucht Sprache ausdrücklich in den ↑Lebensformen menschlicher Gemeinschaften zu verankern (↑auch Sprachspiel).

Sprachspiel: von Wittgenstein eingeführter Begriff, durch den hervorgehoben wird, daß (die Verwendung von) Sprache untrennbar mit mannigfachen anderen menschlichen Tätigkeiten verflochten ist, und zwar in zweierlei Hinsicht: Zum einen sind die Zeichen in den engeren Handlungskontext der Zeichenverwendungssituation regelhaft eingebettet, sie gehören also zu bestimmten Sprachspielen; zum anderen sind die Sprachspiele selbst wiederum Bestandteile der ↑Lebensform einer Sprachgemeinschaft. Ein sprachliches Zeichen zu verstehen, erfordert somit die Kenntnis 1. der *Regeln,* nach denen sich ergibt, unter welchen Umständen die Äußerung dieses Zeichens in der Sprachgemeinschaft als korrekte Verwendung gilt und welche Verhaltensweisen korrekte Reaktionen auf diese Äußerung darstellen, und 2. der Lebensform, zu der die Sprachspiele mit diesem Zeichen gehören. Die Untersuchung der Sprachspiele dient dazu, die Verständlichkeit der Alltagssprache durch paradigmatische ↑Rekonstruktion ihrer Lebensdienlichkeit herauszuarbeiten. – Unter folgenden drei Aspekten hat Wittgenstein das Modell des Spiels für die Analyse der natürlichen Sprachen fruchtbar gemacht: 1. Spielregeln und Sprachregeln lassen sich sowohl im Hinblick auf die *Bedeutung* der einzelnen Elemente (wie die Bedeutung einer Figur [beim Schach etwa] sich aus ihrer Rolle im Spiel, aus den mit ihr zulässigen Operationen ergibt, so ist die eines Wortes [Satzes] bestimmt durch seine Rolle, Funktion, Verwendungsweise im „Kalkül der Sprache", durch seinen Platz im Gesamtsystem der sprachlichen Unterscheidungen und Operationen) als auch im Hinblick auf die *Regelkompetenz als einer generativen und kreativen Fertigkeit* vergleichen (ein Spiel wie Schach verstehen heißt eine Technik beherrschen, es heißt die kreative Fertigkeit besitzen, neue Fälle, die als Erfüllung der Regel gelten, als regelkonform zu erkennen und solche Fälle selbst hervorbringen zu können). Das Verhältnis von Regel und Anwendung der Regel findet sich in der Sprache als das Verhältnis zwischen Begriff und Gegenstand. Mit dem Erwerb eines Begriffswortes hat man eine Bedeutungsregel, ein Handlungsschema, erlernt und kann dies nun selbständig auf neue Beispiele anwenden. 2. Einer Regel zu folgen, ist eine *soziale, gemeinschaftliche Praxis.* Wenn man ↑Sprechakte (z. B. Befehlen, Warnen, Versprechen usw.) vollzieht oder wenn man Sprechtätigkeiten ausübt (z. B. einen Witz erzählen, einen Gegenstand beschreiben usw.), dann partizipiert man an einer „gemeinsamen menschlichen Handlungsweise", an einer "Lebensform" innerhalb einer Sprachgemeinschaft. 3. Spielregeln und Sprachregeln sind *konstitutive Regeln,* d. h. sie dienen nicht (wie regulative Regeln) der Regulierung eines Verhaltens, das unabhängig von ihnen bereits besteht, sondern sie konstituieren (bringen hervor, definieren) erst ein neues Spiel, eine neue [Sprach-]Handlung, einen Sinnzusammenhang.

Sprechakt: von Austin eingeführter Terminus, mit dem der *Handlungscharakter* sprachlicher Äußerungen betont werden soll. Austin ging ursprünglich von sogenannten Performativa, d. h. Äußerungen wie „ich verspreche dir ...", aus, deren Verlautbarung bereits explizit eine Handlung (z. B. des Versprechens) darstellt. Später erkannte er, daß dies für die Mehrzahl sprachlicher Äußerungen kennzeichnend ist: Indem man etwas sagt, tut man etwas (und zwar mehr als eine bloße Äußerung). Diese Einsicht prägte den Titel seiner berühmten Vorlesungsreihe „How to do things with words" (englisch „Wie man Sachen mit Wörtern macht"). Eine genauere Untersuchung der Sprechakte führt auf die Unterscheidung von drei Teilakten: 1. *lokutiver Akt,* der a) den phonetischen (Äußerung von Lauten), b) den phatischen (Äußerung von Wörtern in grammatischen Konstruktionen) und c) den rhetischen Akt (Verwendung von Wörtern und Konstruktionen in einer bestimmten Bedeutung) umfaßt; 2. *illokutiver Akt,* der die Intention einer Äußerung in einer bestimmten Kommunikationssituation festlegt (z. B. Frage, Befehl, Versprechung); 3. *perlokutiver Akt,* der die Wirkung der Äußerung [auf den Hörer] bestimmt (z. B. Ausführung einer geforderten Handlung). Demgegenüber bezeichnet Searle den phonetischen und phatischen Akt als *Äußerungsakt* und unterscheidet von ihm den *propositionalen Akt,* der aus dem Akt der Referenz (mit dem der Sprecher auf ein bestimmtes Objekt „verweist", es „erwähnt" oder „bezeichnet") und dem der Prädikation besteht, sowie, mit Austin übereinstimmend, den illokutiven Akt, der mit dem propositionalen stets eng verbunden ist, und den perlokutiven Akt. – Die Sprechakttheorie ist in den letzten Jahrzehnten beträchtlich ausgebaut worden. Sie steht auf der Grenze zwischen Philosophie und Linguistik und bildet den Kern der Philosophie der normalen Sprache (↑analytische Philosophie). Gegenüber den älteren Systemen der Sprachphilosophie, die sprachliche Äußerungen fast ausschließlich als Aussagen behandelten (und damit die Unterscheidung wahr/falsch für die Sprache fundamental machten), erlaubt es die Sprechakttheorie, ganz andere Reaktionen auf Äußerungen zu thematisieren. So kann man erst in ihrem Rahmen das Problem diskutieren, ob die vom Sprecher gewollte Reaktion und die vom Empfänger gezeigte Reaktion übereinstimmen oder nicht (z. B. bedrohen/sich bedroht fühlen oder sich belustigt fühlen).

Staatsphilosophie (politische Philosophie): jener Teilbereich der praktischen Philosophie, der sich mit Fragen nach Wesen, Wert, Zweck und Funktion des Sozialgebildes **Staat** befaßt, und zwar unter normativem Aspekt; der Staatsphilosophie geht es grundsätzlich um Argumente für und wider den Staat bzw. bestimmte Formen von Staat und deren kritische Überprüfung. Im Rahmen dieser Rechtfertigungsproblematik ergeben sich drei Themenschwerpunkte: 1. Warum soll es überhaupt so etwas wie den Staat geben und woher leitet er seine Autorität ab? 2. Welche Form soll ein Staat vernünftigerweise haben? 3. Welche Herrschaftsakte dürfen als legitim gelten? *Modellcharakter* für eine staatsphilosophische Argumentation haben die Konzeptionen von Platon, Hobbes, und Locke. *Platon* begründet staatliche Herrschaft mit der umfassenden Einsicht des Herrschenden (Philosophenkönig) in die objektive Bestimmung des Menschen. Dieses Modell ist für die Dauer des Mittelalters in Geltung geblieben, da es sich leicht mit christlichen Inhalten aktualisieren ließ (Papstkönigtum). *Hobbes* wird mit seinem pessimistischen Menschenbild und seiner Lehre vom ↑Naturzustand und vom ↑Gesellschaftsvertrag zum Stammvater einer Theorie des „starken" Staats; mit dem Hinweis auf die faktische Möglichkeit der/des Herrschenden, eine verbindliche Ordnung in der Gesellschaft durchzusetzen, bietet er die Basis für den absolutistischen, totalitären wie faschistischen Staat. Dagegen formuliert *Locke* mit seinem Prinzip der Gewaltenteilung einen Grundgedanken des Liberalismus. Da bei ihm die Individuen als frei und gleich angesehen werden, erscheint der Staat nur dann gerechtfertigt, wenn im freien Dialog die Mehrheit ihre Zustimmung zur Herrschaft der Herrschenden geben kann. – Die Diskussion der Folgezeit sucht in kritischer Auseinandersetzung mit diesen Modellen die staatsphilosophische Argumentation auszubauen. Dem Lockeschen Modell hält *Rousseau* entgegen, daß alle Individuen mit einem Anteil an der Souveränität des Staates ausgestattet sind. Innerhalb der Gesellschaft kommt es zur Bildung eines Gemeinwillens, durch den die Individuen abseits privater Interessen ein gemeinsames Wohl anstreben sollen. Er wird damit zum Begründer einer politischen Theorie der Demokratie. – Einen Ansatz zur Vereinbarung liberaler und demokratischer Ideen bietet *Kant,* indem er eine ethische Begründung des Rechts versucht. Als Bedingung dafür, daß etwas rechtens sei, wird angeführt, daß jedes Individuum sich durch seine theoretisch mögliche Zustimmung mit als Urheber von Recht und Staat betrachten könne. Damit hat Kant mit größerer Klarheit als Locke die Rechtsbasis des Staates herausgearbeitet. – Bei *Hegel* ist der Staat die Lebensform, die dem Menschen immer schon vorgegeben ist und jeweils die geschichtlich höchste Form der Sittlichkeit darstellt. Der historische Prozeß läßt sich interpretieren als eine Entwicklung des Geistes in Richtung auf höhere Vernünftigkeit und Freiheit, worin auch das geschichtlich bedingte Gemeinwesen Staat mit einbegriffen ist. Inhaltlich wird bei Hegel neben dem republikanischen Element auch eine sozialstaatliche Aufgabendimension sichtbar. – *Marx* betont die Abhängigkeit des Rechts und des Staates von der materiellen Basis (↑Marxismus, ↑Materialismus). – In der Gegenwart darf die philosophische Bemühung um das Phänomen Staat von einem breiten Konsens ausgehen, was die Begründung für die These von der Notwendigkeit staatlicher Herrschaft anlangt. Da die Individuen nicht von Natur aus auf friedlich-kooperatives Verhalten festgelegt sind, bedarf die Gesellschaft einer rechtlichen Organisation durch den Staat. Dieser muß, um seine Ordnungsfunktion auch wahrnehmen zu können, mit Zwangsvollmacht ausgestattet sein. Da nun die Interessen und Fähigkeiten der Individuen verschieden und die natürlichen Ressourcen begrenzt sind, wird auf Dauer die Erhaltung und befriedigende Gestaltung der Existenz für alle Individuen nur durch ein planvolles gemeinsames

Handeln und gerechte Verteilungsprinzipien möglich sein; daher bedarf es des Staates als einer Institution, die mit Planungs- und Entscheidungsbefugnis ausgestattet ist, um zielstrebig das ↑Gemeinwohl anstreben und verwirklichen zu können. Schließlich muß der Staat auch mit Handlungsvollmacht versehen sein, um über die Erfüllung seiner Versorgungs- und Leistungsfunktion soziale Verpflichtungen übernehmen zu können. Ausgehend vom Geltungsanspruch fundamentaler sittlicher Normen und dem Aspekt der ↑Würde des Menschen sowie der Forderung nach vernünftiger Rechtfertigung sind an die konkreten Staatsformen bestimmte Forderungen herangetragen worden, die nach demokratischen, rechtsstaatlichen und sozialstaatlichen Prinzipien verlangen. – Den Schwerpunkt der gegenwärtigen Diskussion bildet die Frage nach der politischen Herrschaft allgemein. Wenn diese philosophische Bemühung heute eher als „politische Philosophie" bezeichnet wird, weist dies darauf hin, daß nicht nur die staatliche, sondern jede Form politischer Herrschaft (z. B. auch im Verhältnis zwischen Staaten oder zwischen verschiedenen Gruppen innerhalb der Gesellschaft) kritisch auf ihre Berechtigung untersucht wird. Besonderen Stellenwert nimmt hier die Diskussion um die Begründbarkeit der konkreten Herrschaftsakte des Staates ein. Wie die Debatte um politisch brisante Themen in jüngster Zeit zeigt, reicht nun als alleiniger Verbindlichkeitsgrund nicht aus, daß Herrschaftsakte den jeweils gültigen Verfahrensvorschriften oder Gesetzen eines Staates entsprechen. Außer dieser Legalität wird auch eine Legitimität von Herrschaftsakten verlangt, d. h. sie dürfen nicht im Widerspruch zu ethischen Grundpositionen und zur Würde des Menschen stehen, sie müssen vernünftig gerechtfertigt werden können und grundsätzlich auf das Gemeinwohl für die gegenwärtige und zukünftige Gesellschaft abzielen.

Stoa: durch Zenon von Kition um 300 v. Chr. in Griechenland gegründete Philosophenschule. Die Bezeichnung geht auf den Versammlungsort der Philosophen, eine öffentliche Säulenhalle im antiken Athen (stoà poikílē „bunte Säulenhalle"), zurück. Die Philosophiegeschichte unterscheidet als Entwicklungsphasen der Schule die ältere (Zenon, Kleanthes, Chrysippos u. a.), mittlere (Panaitios, Poseidonios) und kaiserzeitliche (Seneca, Epiktet, Kaiser Mark Aurel u. a.) Stoa. Im 1. Jahrhundert n. Chr. wurde die Philosophie der Stoa geradezu zur Modephilosophie der Griechen und Römer, zu einer Art ethischer Religion. Sie ging schließlich Mitte des 3. Jahrhunderts n. Chr. im Neuplatonismus auf. – Die Stoa sieht sich zunächst als Erneuerung und legitime Fortsetzung des sokratischen Philosophierens und setzt sich in diesem Selbstverständnis kritisch bis polemisch mit der platonischen und aristotelischen Schule auseinander. Kennzeichen des stoischen Philosophierens sind ein konsequent durchgehaltener ↑Rationalismus, ein ↑Monismus im Bereich der Kosmologie, ein ↑Materialismus im Hinblick auf die Erkenntnistheorie und ein rigoroses Pflichtdenken in der Ethik. Diese Ethik steht im Mittelpunkt der Lehre. Ihr oberstes Prinzip ist die Forderung, in Übereinstimmung mit sich selbst und der Natur zu leben und alles zu bekämpfen, was der Vernunft zuwiderläuft und die Einsicht behindern könnte (Neigungen und Affekte). „Natur" meint hier alles, was als existent angesehen wird: Mensch, Welt und Gott. Die Ethik gründet auf der metaphysischen Voraussetzung, nach der die Welt als ein einheitlicher Körper verstanden wird, der durchgängig vom Logos, einem vernünftigen Weltgesetz, beherrscht, strukturiert und in jeder Einzelheit durch die Vorsehung der Vernunft determiniert ist. Frei ist in diesem vorbestimmten Ablauf der Welt allein der Weise, der gelernt hat, sich von seinen Affekten freizumachen und sich völlig unter das Gesetz der Vernunft zu stellen. Dazu gehört auch die Fähigkeit, zwischen ↑Tugenden und Untugenden zu unterscheiden und die indifferenten, wertneutralen Dinge (z. B. Reichtum, Armut, Krankheit usw.) als absolut gleichgültig einzustufen. Die unerschütterliche Gemütsruhe, Gelassenheit (↑Apathie, ↑Ataraxie), die aus dem Wissen um die Struktur der Welt und das sittlich Wertvolle fließt, wird zum prägenden Merkmal (der „stoischen Ruhe“) des Weisen kultiviert. Aus der Vorstellung vom ewigen, absolut gültigen Weltgesetz des Logos entwickelt die Stoa eine umfassende Staats- und Rechtslehre, die nicht mehr auf einen bestimmten Einzelstaat fixiert, sondern auf kosmopolitische Vorstellungen ausgerichtet ist. Von der stoischen Staats- und Naturrechtskonzeption gehen nachhaltige Einflüsse auch auf die Rechtstheorie und Theologie aus. – Die Bedeutung der nur fragmentarisch überlieferten Logik der Stoa, die auch Grammatik und Rhetorik umfaßt, tritt erst wieder ins Bewußtsein, als Peirce entdeckt, daß es sich dabei im Gegensatz zur Begriffslogik des Aristoteles um eine Aussagenlogik handelt, in der bereits eine wahrheitsfunktionelle Definition der Junktoren entwickelt wird. Für das logische Schließen werden Schemata von Schlußregeln aufgestellt. Auch die Modallogik und das semantische Problem von „Wahrheit“ und „Bedeutung“ werden behandelt, wobei Wahrheit und Irrtum auf den sprachlichen Bereich eingeschränkt werden. Die bis in die neueste Zeit gültige stoische Grammatik findet später ihre linguistisch-sprachphilosophische Ergänzung in den (heute z.T. neu entdeckten) Unterscheidungen von Wortbedeutung, Wortgestalt sowie gemeinter außersprachlicher Realität.

Stoff ↑Materie.

Stringenz [zu lateinisch stringere „schnüren“]: die Beweiskraft eines Arguments oder eines Beweises. Ein Beweis ist stringent, wenn er lückenlos ist, nur gültige Schlüsse enthält und alle Voraussetzungen wahr sind. Im allgemeinen ist es schwierig, die Stringenz eines Beweises zu prüfen. Als Hilfsmittel hierfür bedient man sich der Kalkülisierung (↑Kalkül).

Struktur [lateinisch „Zusammenfügung, Ordnung, Bau“]: allgemein Aufbau oder Gefüge eines gegliederten Ganzen. So spricht man z. B. von der Struktur einer Sprache oder eines Wirtschaftsraums, von mathematischen und von Denkstrukturen. Man versucht, diese Vielfalt durch die Verwendung von mathematischen Modellen übersichtlich zu machen: Eine Struktur ist eine Menge von Elementen, für die bestimmte ↑Relationen festgelegt sind. Es kann vorkommen, daß verschiedene „natürliche“ Strukturen ein und dasselbe mathematische Modell besitzen. Man sagt dann, daß sie die gleiche „abstrakte“ Struktur darstellen. Dieser Begriff ist grundlegend geworden für eine Vielzahl von Wissenschaften. Der Strukturbegriff, der seit etwa hundert Jahren immer mehr in den Vordergrund tritt (und dabei den älteren der ↑Hierarchie ersetzt), war ursprünglich stark von der Biologie geprägt. Unter Struktur verstand man ein aus Teilen zusammengesetztes Ganzes, bei dem jeder Teil eine bestimmte Funktion erfüllt, die nur vom Ganzen her verständlich ist (z. B. die Struktur einer Pflanze). Die Untersuchung einzelner Teile muß also immer auf den großen Rahmen bezogen bleiben.

Strukturalismus [zu ↑Struktur]: im weitesten Sinn Bezeichnung für alle wissenschaftlichen Programme, die ihre wichtigste Aufgabe in der Untersuchung von ↑Strukturen sehen (an Stelle von konkreten Beziehungen). In diesem Sinn wurden Linguistik, Ethnologie und Psychologie (v. a. Psychoanalyse) mit großem Erfolg strukturalistisch behandelt. Besonders erfolgreich war der Strukturalismus in der Mathematik (↑Philosophie der Mathematik). In der Philosophie selbst hat sich in Frankreich eine strukturalistische

Schule gebildet (Foucault, Althusser, Derrida). In der Erkenntnistheorie geht diese davon aus, daß es ein System – bestehend aus Strukturen – gibt, das das menschliche Denken immer schon beherrscht hat. Dieses soll z. B. durch Analyse der Wissenschaftsgeschichte aufgedeckt werden. Gegenüber dem Strukturalismus wird kritisch eingewandt, daß er den historischen Charakter von Strukturen verkenne, ihm also der Entwicklungsgedanke fehle (er sei ahistorisch). Weiter wird bemängelt, daß die Betonung des Strukturellen zur Vernachlässigung der empirischen Tatsachen führe. Er ersetze die Wirklichkeit durch bedeutungsleere Abstraktionen.

Subjẹkt [zu lateinisch subicere (2. Partizip: subiectum) „unterstellen, unter (etwas) legen"]: das Darunterliegende, Zugrundeliegende. Der allgemeine Sprachgebrauch folgt heute bevorzugt einer psychologischen Sichtweise und meint dann Subjekt als Träger sämtlicher dem Ich zugesprochenen Bewußtseinsvorgänge. In der Philosophie seit Aristoteles gebräuchlich, ist der Begriff in sehr unterschiedlicher, z. T. völlig konträr erscheinender Weise eingesetzt worden. Zusammen mit seinem klassischen Gegenbegriff Objekt führt seine Bestimmung in das Zentrum der philosophischen Grundlagenproblematik (↑Erkenntnistheorie und ↑Subjekt-Objekt-Problem). Insgesamt lassen sich für den Subjektbegriff traditionell drei mehr oder weniger eigenständige Bedeutungsstränge unterscheiden. 1. *Logisch-grammatikalisch:* Seit der Antike bis heute unverändert bezeichnet Subjekt in Logik, Grammatik und Sprachwissenschaft denjenigen Teil eines Satzes, über den etwas (prädikativ) ausgesagt wird. Diesen nennt man den Träger der Aussage. Als Ausgangspunkt der Äußerung erscheint er meist als Substantiv (immer im Nominativ) (z. B. „Der Hund bellt"). Der Satz in der Abfolge „Subjekt-Prädikat-Objekt („*S* ist *P*" bzw. „*SP*") ist seit je Grundmodell aller Logik des Schließens. 2. *Ontologisch:* Von der Antike bis ins 18. Jahrhundert hinein ist Subjekt weitgehend gleichbedeutend mit ↑Substanz, wurde aber anfangs (Aristoteles) nur im Zusammenhang mit beseelten Trägern gebraucht. Die ontologisch ausgerichtete Definition von Subjekt folgert aus der aristotelisch-scholastischen Tradition, wonach das Sein eines zu Bestimmenden von der Weise her verstanden wurde, inwieweit etwas über es ausgesagt wird. Das Subjekt als substantieller Träger von Eigenschaften, Wirkungen bzw. erkannten Objekten ist das vom Erkenntnisprozeß selbst unabhängige Seiende (*über* das etwas ausgesagt wird), weil es als das Zugrundeliegende (↑Substrat) im ständigen Wechsel der Zustände der jeweilig auf es treffenden Objekte beharrt. Für den Scholastiker ist „subiectum" dann generell der vom Erkenntnisprozeß unabhängige und außerhalb des Bewußtseins existierende, d. h. als real anzusehende Gegenstand, entspricht also in etwa unserer heutigen Vorstellung von Objekt (und umgekehrt). 3. *Erkenntnistheoretisch:* Spätestens mit Descartes' ↑„Cogito, ergo sum" erhält der Subjektbegriff jene charakteristische, auf das Ich hin zentrierte Bedeutung, die ihm bis heute zukommt. Dabei wird das Subjekt eher indifferent als ein Komplex von Bewußtseinsinhalten (Berkeley, Hume) gefaßt. Für Kant ist das Subjekt als transzendentales, überindividuelles Subjekt der die Erkenntnis überhaupt allererst ermöglichende Grund. Für Fichte – ähnlich Hegel – ist das Subjekt ein absolut freies, aktives Ich, das sowohl sich selbst wie auch die gesamte Wirklichkeit erst konstituiert („Tathandlung"). Für Marx ist das Subjekt der historisch konkrete, gesellschaftliche Mensch. Die neuzeitliche Umwandlung des Subjektbegriffs bedeutete gleichsam die Bedingung der Möglichkeit der Aufklärung. Alle primär dem Subjekt verpflichteten, oft betont erkenntnistheoretisch ausgerichteten philosophischen Strömungen werden unter der Bezeichnung ↑Subjektivismus zusammengefaßt.

subjektiv [zu ↑Subjekt]: gemeinsprachlich, aber z.T. auch in der Wissenschaftssprache sehr diffus verwendete Bezeichnung, meint immer einen Bezug zum Subjekt haben, von ihm abhängig bzw. durch das Subjekt begründet sein. Dabei ist es für den heutigen Gebrauch des Begriffs allgemein charakteristisch, daß mit ihm implizit auch immer sein Gegensatz ↑objektiv mitgedacht wird: Subjektiv ist das, was nicht objektiv ist (und umgekehrt); daraus folgt gerne abwertend das „bloß" Subjektive, d.h. eher Willkürliche, nicht Allgemeinverbindliche. Philosophisch weitgehend korrekt ist: nicht am äußeren Gegenstand, sondern ausschließlich auf der Basis eines dem Subjekt Eigenen gegründet. Intentionale Akte sind subjektiv, wenn sie *als* reale Akte des Subjekts (= Bewußtsein) bestimmt werden.

subjektiver Geist ↑absoluter/objektiver/subjektiver Geist.

Subjektivismus [zu ↑Subjekt]: allgemein Sammelbezeichnung für diejenige philosophische Auffassung, wonach die Gegenstände unseres Erkennens und Wollens durch das Subjekt erzeugt bzw. überhaupt erst konstituiert werden und/oder die Erkenntnis von Sachverhalten durch das Subjekt, dessen Wahrnehmungen, Empfindungen, Wünsche usw. entweder positiv bestimmt oder gar legitimiert wird. Als Gegensatz zum Subjektivismus wird oft der ↑Objektivismus genannt, obzwar letzterer historisch eher eine Randerscheinung war. Der Subjektivismus gründet sich auf der philosophisch unbestrittenen Tatsache, daß bezüglich der genetischen Abfolge unseres Erkenntnisprozesses das Bewußtsein das *primär* Gegebene ist. Heimlicher Wahlspruch allen Subjektivismus' ist der ↑Homo-mensura-Satz des Protagoras. In seinen zahlreichen Ausprägungen ist er insgesamt eine Erscheinung, die untrennbar mit der Gesamtentwicklung der neuzeitlichen Philosophie und Wissenschaft verbunden ist. Von Descartes (↑Cogito, ergo sum) ausgehend, erreichte er seinen ersten systematischen Höhepunkt mit Locke, Hume und Berkeley. Im Gegensatz zu der mehr oder weniger auf Autoritäten basierenden Philosophie des Mittelalters wird nunmehr das Erkenntnissubjekt zum alleinigen Garanten und zum Forschungsobjekt einer möglichen wie verbindlichen Erkenntnis erklärt. Dies führt dann bei Kant, indem er das Erkenntnissubjekt als apriorische Einheit von Sinnlichkeit und Verstand faßt, erstmals – und bis heute weitgehend bindend – zu einer in sich begründeten Theorie über die Erzeugung wissenschaftlicher Gegenstände. Kann man den Subjektivismus einerseits als eine Grundtendenz der gesamten neuzeitlichen Philosophie ansehen – eine spezielle Schule dieses Namens gibt es bis heute nicht –, so verhalten sich im engeren Sinne betont subjektivistisch alle Ausprägungen des deutschen Idealismus, des Rationalismus, des Kritizismus, der Transzendentalphilosophie. Eine abermalige Verschärfung des subjektivistischen Ansatzes im Sinne einer reduktiven Haltung *auf* das Subjekt bzw. die Subjektivität als Erkenntnisgrund waren ab Mitte/Ende des 19. Jahrhunderts u.a. der Psychologismus, die Phänomenologie, die Immanenzphilosophie. Als extremste Form des Subjektivismus kann in erkenntnistheoretischer Hinsicht der Solipsismus, in ethischer Hinsicht der Egoismus angesehen werden.

Subjektivität [zu ↑Subjekt]: im Gegensatz zu ↑Objektivität und im Unterschied zu ↑Intersubjektivität eine oft negativ im Sinne von „Vorurteil" gewertete Eigenschaft, die denjenigen Erkenntnissen, Urteilen oder Handlungsweisen zugesprochen wird, die von einem *individuellen* Subjekt, d.h. von einem (zufällig) wahrnehmenden, vorstellenden oder wertenden Einzelbewußtsein vorgenommen werden.

Subjekt-Objekt-Problem: zentrales Problem der Erkenntnistheorie, wie die zweigliedrige Relation zwischen (erkennendem) Subjekt und (zu erkennendem oder erkanntem) Objekt (Gegenstand) zu bestimmen sei. Dabei geht die Zweigliedrigkeit der Relation wohl auf ein sprachlich-grammatisches Muster zurück: Sowohl die Verben der sinnlichen Wahrnehmung (z. B. sehen, hören, fühlen usw.) als auch sogenannte kognitive Verben (z. B. begreifen, erfassen, [er]kennen) gehören im abendländischen Sprachraum zur Gruppe der transitiven Verben, d. h. die Satzstruktur ist im wesentlichen geprägt durch ein Subjekt und ein Objekt, deren Zusammenhang durch das Tätigkeitswort vermittelt wird; z. B. „Ich begreife (im wörtlichen wie im übertragenen Sinne) dich". Hier wird die Vorstellung eines aktiven, tätig auf das Objekt gerichteten Subjekts vermittelt (suggeriert). Das Objekt dagegen scheint passiv zu bleiben; es läßt die (körperliche) Berührung oder (geistige) Annäherung lediglich – wie unbeteiligt? – geschehen. Von Bedeutung für die erkenntnistheoretische Dimension der Subjekt-Objekt-Relation wurde v. a. die Frage, inwieweit das Objekt durch die Aktivität des Subjekts beeinflußt, verändert, ja vom Subjekt „vereinnahmt" werden kann. Die folgende Überlegung schien zu belegen, daß die transitive Subjekt-Objekt-Struktur nicht geeignet war, den Erkenntnisprozeß als einen Informationstransport vom Objekt zum Subjekt adäquat (= angemessen) und konsistent (= widerspruchsfrei) zu beschreiben: Wenn das Subjekt bei seiner Handlung des Erkennens aktiv Einfluß nimmt und dadurch das Objekt verändert, dann ist das, was als Information beim Subjekt ankommt, „gestört" durch den Einfluß des Subjekts selbst; die Information repräsentiert nicht mehr das Objekt, wie es vor oder außerhalb der Erkenntnisrelation, wie es „wirklich" war. V. a. läßt sich nicht kontrollieren, wieweit der Einfluß des Subjekts sich verändernd ausgewirkt hat, inwieweit das Objekt subjektiv verformt wurde. Damit schien das vordergründig so selbstverständliche Modell des Erkenntnisprozesses jeder ↑Objektivität den Boden zu entziehen. Durch verschiedene Variationen des Modells hat man versucht, diese Schwierigkeiten zu kontrollieren und die „Objektivität" der Erkenntnis zu retten. – Ein Spezialfall des Subjekt-Objekt-Modells, in dem die Grenze zwischen Subjekt und Objekt, zwischen Denken (res cogitans) und Sein (res extensa), per Definition absolut scharf gezogen ist und beide Pole nichts mehr miteinander gemein haben, ist der Dualismus *Descartes'*. Für ihn stellt sich damit aber das neue Problem, wie zwei derartig wesensfremde Dinge noch miteinander in Beziehung stehen können. Und er muß eingestehen, daß dieses Problem mit rationalen (= philosophischen) Mitteln nicht mehr zu lösen ist. Zur Vermittlung des gewünschten Zusammenhangs bedarf es immer wieder erneut göttlicher Hilfe (↑Okkasionalismus). Ebenfalls auf eine wissenschaftlich-philosophisch unzugängliche Ebene verlagert *Leibniz* die Problematik mit seinem Erklärungsversuch, die Regeln der Begriffs- und Urteilsbildung seien dem Menschen (von seinem Schöpfer) derart eingepflanzt, daß sie in natürlicher Weise geeignet seien, die Dinge außer uns zu erkennen. (↑prästabilierte Harmonie). Nicht sehr viel anders mutet die Version *Platons* an, für den Erkenntnis die Wiedererinnerung des Subjekts an ehemaliges (pränatales) Anschauen der Ideenwelt darstellt (↑Anamnesis). – Eine Variante, bei der jegliche Aktivität und Einflußnahme des Subjekts auf den ersten Blick ausgeschaltet scheint, bietet der Empirist *Locke* an: Auf Subjekt-Seite solle man sich eine unbeschriebene Tafel („tabula rasa"), einen bloßen „Rezeptor" oder „Empfänger" vorstellen; dem Erkenntnisvorgang soll ein Eingravieren auf der Tafel entsprechen; das Subjekt rezipiert in angeblich absoluter Passivität. Das Lockesche Erkenntnissubjekt ist leer und eigenschaftslos. Minimalvoraussetzung aber für das Gelingen des Informationstransports ist wenigstens die Eigenschaft der Aufnahmebereitschaft. Im Lockeschen Bild: Die vorhandene Tafel muß für die fragliche Gravur überhaupt erst einmal geeignet sein, es muß eine Ähnlichkeit zwischen Tafel und Einwirkenden bestehen, solange nur Gleiches auf Gleiches wirken können soll, und es muß eine geeignete Deutung der eingravierten Zeichen möglich sein. Allein schon durch die notwendige Deutung der Zeichen aber wird das Objekt wiederum vom Subjekt verformt. Bei genauerer Analyse wird also deutlich, daß das Modell Lockes nicht in der Lage ist, den Erkenntniserwerb in der gewünschten, Objektivität respektierenden Weise, zu erklären. Denn entweder ist die Trennung so scharf (daher oft auch Subjekt-Objekt-„Spaltung"), daß es keine Gemeinsamkeit mehr zwischen den beiden Komponenten gibt, mit der Folge, daß sie auch nicht mehr aufeinander wirken können, oder aber das Objekt wird in mehr oder minder starkem Umfang vom Subjekt vereinnahmt und die Trennungslinie zwischen beiden beginnt unscharf zu werden. – Trotz der Verschiedenheit der Modelle gehen sie alle von einer gemeinsamen Voraussetzung aus, daß es nämlich prinzipiell möglich sei, daß [Erkenntnis-]Subjekte Objekte *so* erkennen, wie sie „an sich", d. h. unabhängig vom Subjekt, sind. Problematisch schien jeweils nur, die Übereinstimmung von Gedachtem und Gegenstand logisch konsistent zu rekonstruieren. Das Spezifische und Neue der Erkenntnistheorie *Kants* war es, daß er die Möglichkeit der Beziehung überhaupt in Frage stellte, ob also ein Subjekt überhaupt begründet behaupten könne, „ich erkenne dich", was dabei die beiden Pole seien und wozwischen denn eigentlich eine Übereinstimmung stattfinden solle. Damit artikulierte Kant im erkenntnistheoretischen Bereich Zweifel, die „an Tiefe und Fundamentalität alles bis dahin Gedachte übertreffen" (Jaspers). Kants Ergebnis kann man etwa so veranschaulichen: 1. So wie z. B. in einer aufrichtigen und intakten Liebesbeziehung das Interesse des einen Partners den anderen nicht unberührt, unverändert lassen kann und wird, so verhindert die Art menschlichen Erkennens – bedingt durch ihre sinnliche Konstitution – gerade, daß wir *das* erkennen können, was wir uns als Erkenntnisobjekt definiert haben, nämlich das Objekt, wie es an sich, also unabhängig vom erkennenden Subjekt, sei. 2. So wie z. B. ein Maler verschiedene Materialien (etwa Pinsel, Leinwand und Farbe) benötigt, damit ein Bild überhaupt möglich wird, benötigt das Erkenntnissubjekt Formen der Anschauung (Raum und Zeit) und Kategorien (Begriffe), damit seine Gegenstände, die Erkenntnisobjekte, möglich werden, Kant sagt: Anschauungsformen und Verstandeskategorien sind *konstitutiv* für die Objekte. Die Form des Objekts und die Begrifflichkeit, mit der es gefaßt wird, werden somit Teil des Subjekts, während der Inhalt des Objekts Objekt bleibt: Der Schnitt zwischen Subjekt und Objekt geht mitten durch das sogenannte Objekt hindurch. Kant: „Wir erkennen an den Dingen nur das, was wir selbst in sie hineingelegt haben."

Subjunktion [lateinisch „die Anfügung"]: zweistelliger ↑Junktor, mit dessen Hilfe zwei Aussagen zu einer neuen Aussage verbunden werden. Symbol: → (auch ⊃ ist üblich), lies: „wenn ..., dann ...". Die Subjunktion wird durch folgende Wahrheitstafel definiert:

A	*B*	*A* → *B*
w	w	w
w	f	f
f	w	w
f	f	w

Die Subjunktion, die eine Verknüpfung von Aussagen ist, muß von der Implikation, die eine Metaaussage über Aussagen darstellt, unterschieden werden. Es gilt aber der folgende Zusammenhang: $A \prec B$ ist genau dann wahr, wenn $A \rightarrow B$ wahr ist. Die Verwechslung wird durch die Umgangssprache nahegelegt, die sowohl Implikation als auch Subjunktion durch „Wenn-dann-Sätze" wiedergibt. Auch die noch übliche Bezeichnung *materiale Implikation* für die Subjunktion fördert dieses Mißverständnis.

Subsistẹnz [zu lateinisch subsistere „stillstehen, standhalten"]: svw. Selbständigkeit, durch sich selbst Existieren. In der aristotelischen und scholastischen Philosophie im Gegensatz zum akzidentellen Sein (↑Akzidens) diejenige spezifische Seinsweise, die nur der ↑Substanz zukommt.

Substạnz [zu lateinisch substare „standhalten"]: wörtlich das Darunterstehende. Allgemein svw. Materie oder Material, der (chemisch-physikalisch) unbestimmte Stoff; umgangssprachlich wird Substanz bzw. *substantiell* oft im Sinne von das Wesentliche bzw. den Kern eines Sachverhaltes betreffend gebraucht. Der einst als sehr weit anzusehende Geltungsbereich von Substanz spiegelt sich uns heute am ehesten noch wider, wenn man den Begriff vergleicht mit seinem Parallelbegriff Substantiv (Haupt-, Gegenstandswort), das der Häufigkeit nach grammatikalisch die wichtigste Wortart darstellt. So macht es bereits einen substantiellen Unterschied, ob ich „von diesem Haus dort auf dem Hügel spreche", oder „mir vornehme, ein Haus zu bauen". Im ersten Fall spreche ich über ein Individuum als Gattung, im zweiten Fall spreche ich mit/von der Gattung selbst. – In der Philosophie ist der Begriff seit Aristoteles gebräuchlich und war bis in die Spätscholastik hinein der Fundamentalbegriff der ↑Ontologie zur Bestimmung des Seins des Seienden. Substanz bzw. substantielles Sein ist das, was ein jedes in sich und für sich selbst ist, das im Wechsel der Erscheinungen Beharrende. Der Substanz korrespondieren, zwar eingeschränkt und inhaltlich nicht immer deutlich zu trennen, die Begriffe ↑Subjekt, ↑Substrat, ↑Subsistenz sowie ↑Wesen. Substanz und Wesen sind bei Aristoteles noch dasselbe (ousía) und stehen an erster Stelle seiner Kategorientafel: „Wesen eines Dinges" (das „Was-es-ist-dies-zu-sein"). Der klassische Gegenbegriff zu Substanz ist ↑Akzidens. Als Gegenbegriffe stehen Substanz und Akzidens jeweils für die beiden qualitativ extremen Pole der möglichen Seinsweise des Seienden: höchstes (vollkommenes) Sein und niederstes (unvollkommenes) Sein. Andererseits sind sie in der aristotelisch-scholastischen Tradition untrennbar aufeinander bezogen, da das ganze Sein nur über seine Akzidentien erfahrbar (gegeben) ist, akzidentelles Sein ohne substantiellen Grund unverständlich wäre. Substanz und Akzidens sind Verstandesbegriffe und nicht eine reale Bestandsaufnahme etwa der materialen Teile eines jeweils Seienden. Durch sie als Ordnungsfaktor muß das Denken hindurch, um zur Erkenntnis des Anteils des Seienden am Sein zu gelangen. Aristoteles und mit ihm die Scholastik unterscheiden für den Substanzbegriff selbst eine erste Substanz („substantia prima"): das individuelle Einzelding als Träger der Akzidentien (z. B. Sokrates), von einer zweiten Substanz („substantia secunda"): die Gattung oder das Wesen eines individuell Seienden (z. B. Mensch). – Während die Scholastik noch wesentlich hierarchisch von einem zugrundeliegenden Träger her dachte – die Einzeldinge wurden vom universalen (ewigen) Sein bzw. der höchsten Substanz Gott her bestimmt –, wurde mit der Neuzeit, die primär vom erkennenden Subjekt (Ich) aus dachte, die Tragweite des Substanzbegriffs allmählich ausgehöhlt. Descartes nennt Substanz das, was zu seinem Sein keines anderen Seienden bedarf. Er unterscheidet an endlichen Substanzen ↑Res cogitans/Res extensa, denen Gott als vollkommene Substanz gegenübersteht. Für Spinoza ist Substanz „das, dessen Begriff, um gebildet zu werden, des Begriffes eines anderen Dinges nicht bedarf“. Einzige Substanz ist Gott bzw. Natur („Deus sive natura“). Leibniz nimmt eine dynamische Substanzvielfalt, die ↑Monaden, an. Bei Kant wird der Substanzbegriff umgepolt zu einem akzidentellen Begriff, in dem er Substanz allein vom Erscheinenden her begreift. Substantiell ist das zeitliche Beharren der Akzidentien selbst in der Erscheinung. Für Hegel ist Substanz die dialektische Einheit von Akzidentien. Heute spielt der Begriff kaum mehr eine Rolle.

Substrat [mittellateinisch „Unterlage“]: bezeichnet allgemein jegliche Arten von Unter- bzw. Grundlegung, oft im Sinne eines sämtliche wesentlichen Bestandteile zusammenfassenden Auszuges, Aggregatzustand. In der Philosophie ist Substrat die eigenschaftslose ↑Substanz eines Dinges bzw. eines ↑Subjekts als Träger seiner Eigenschaften. Aristoteles vergleicht Substrat sinnbildlich mit dem „Samen“.

Subsumtion (Subsumption) [zu lateinisch sub „unter, unterhalb“ und sum(p)tio „das Nehmen“] (Subordination, Subalternation): in der Logik die Unterordnung eines Besonderen unter ein Allgemeines nach einem bestimmten Gesichtspunkt. So ist z. B. ein Gegenstand, dem das Prädikat *P* zukommt, subsumiert der Extension dieses Prädikats. Artbegriffe (z. B. Mensch) sind Gattungsbegriffen (z. B. Lebewesen) untergeordnet. In der Syllogistik bildet die Subsumtion die Grundlage für die Schlüsse der Subalternation: Aus *SaP* folgt *SiP* bzw. aus *SoP* folgt *SeP* (für die Negation gelten entsprechende Regeln; z. B.: Aus „Alle Menschen sind sterblich“ folgt „Einige Menschen (z. B. die Europäer) sind sterblich“; aus „Kein Mensch ist vollkommen“ folgt „Einige Menschen (z. B. die Lehrer) sind nicht vollkommen“.

summum bonum [lateinisch] ↑höchstes Gut.

Supposition [lateinisch „die Unterlegung“]: neben „Bedeutung“, „Verbindung“ und „Appelation“ eine der vier Eigenschaften eines ↑Terminus. Die Suppositionslehre ist eine der originellsten Leistungen der scholastischen Logik des 12. und 13. Jahrhunderts. Shyreswood unterscheidet eine *materiale* von einer *formalen* Supposition. In dem Satz „*Paris* hat fünf Buchstaben“ *supponiert* das Subjekt „Paris“ material, dagegen in dem Satz „*Paris* ist eine Stadt“ formal. Andere Unterscheidungen von Arten der Supposition wurden v. a. von Thomas von Aquin und Ockham untersucht. Ockham definiert die Supposition als „eine Eigenschaft, die dem Terminus zukommt, aber nie anders als in einer Aussage“. Die Unterscheidung formale/materiale Supposition entspricht weitgehend der moderneren Unterscheidung ↑Metasprache/Objektsprache. Mit der Unterscheidung *singulärer* und *allgemeiner* Supposition, also von Ausdrücken über Namen eines *einzelnen* Symbols und Namen einer Klasse *gleichförmiger* Symbole, wurde eine Entdeckung gemacht, die erst in der Mitte des 20. Jahrhunderts wiedergefunden wurde: So supponiert das Subjekt in „*Sokrates* hat drei Silben“ material-singulär, in „*Sokrates* spricht“ formal-singulär, in „*Mensch* ist ein Laut“ material-allgemein und in „*Mensch* ist ein Lebewesen“ formal-allgemein. Heute pflegt man die materiale Supposition durch Anführungsstriche am Subjekt zu kennzeichnen.

Syllogismus [griechisch „das Zusammenrechnen, der Schluß, die Folgerung“]: ein gültiger Schluß in syllogistischer Form (↑Syllogistik).

Syllogistik [zu griechisch syllogistikḗ téchnē „Kunst des Schlüsseziehens, Folgerns“]: von Aristoteles begründete und von der Scholastik ausgebaute Lehre vom (richtigen) Schließen in syllogistischer Form, das Kernstück der traditionellen Logik. Beim Schließen in syllogistischer Form wird aus *zwei* Prämissen auf *eine* Konklusion geschlossen. Ist der Schluß gültig, liefert er also zu wahren Prämissen eine wahre Konklusion, so heißt er **Syllogismus.** Als Prämissen werden nur Aussagen folgender [Satz-]Typen zugelassen: „Alle *M* sind *P*“ (*MaP;* universell bejahendes Urteil), „kein *M* ist *P*“ (*MeP;* universell verneinendes Urteil), „einige *M* sind *P*“ (*Mip;* partiell bejahendes Urteil) und „einige *M* sind nicht *P*“ (*MoP;* partiell verneinendes Urteil). Der Zusammenhang zwischen diesen vier Beziehungen läßt sich in Form eines **logischen Quadrats** darstellen:

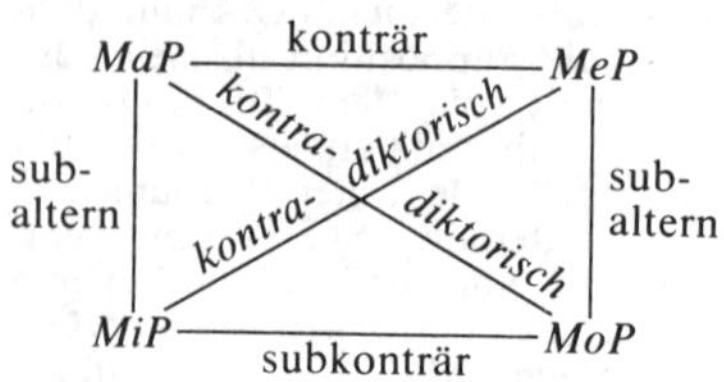

Man unterscheidet nun **vier Grundfiguren** des syllogistischen Schließens (die Variablen ϱ, σ und τ stehen jeweils für eine der Beziehungen [Satztypen] *a, e, i* und *o*). Ausschlaggebend ist dabei die Stellung des **Mittelbegriffs** *M,* der in beiden Prämissen vorkommen muß:

1. Grundform

$$\frac{\begin{array}{c} M\varrho P \\ S\sigma M \end{array}}{S\tau P}$$

2. Grundform

$$\frac{\begin{array}{c} P\varrho M \\ S\sigma M \end{array}}{S\tau P}$$

3. Grundform

$$\frac{\begin{array}{c} M\varrho P \\ M\sigma S \end{array}}{S\tau P}$$

4. Grundform

$$\frac{\begin{array}{c} P\varrho M \\ M\sigma S \end{array}}{S\tau P}$$

Ersetzt man ϱ, σ und τ durch konkrete Beziehungen *a, e, i* oder *o,* so erhält man jeweils einen **Modus.** Insgesamt gibt es $4^3 = 64$ Modi in jeder Grundfigur, zusammen also 256. Von diesen sind 24 gültig, d. h. Syllogismen (je 6 in jeder Grundform; allerdings muß man bei einigen eine zusätzliche Voraussetzung einführen). Ein Modus ist eindeutig festgelegt, wenn bekannt ist, um welche Grundfigur es geht und wie die schematischen Buchstaben ϱ, σ und τ zu belegen sind. Im Mittelalter hat man, um diese Daten auszudrücken, *Fantasienamen* für die Modi erfunden und sie in Merkversen festgehalten. Die drei Vokale der Namen geben in der Reihenfolge Prämissen – Konklusion den jeweils für die Gültigkeit erforderlichen Satztyp an, während die Konsonanten der Merkwörter der 2. bis 4. Grundfigur für bestimmte Transformationen stehen, die jeden gültigen Modus dieser Figuren auf einen der ersten zurückzuführen gestatten. So bedeutet z. B. der Modus „B*a*rb*a*r*a*“ (1. Grundfigur) den folgenden Schluß:

MaP Alle Menschen sind sterblich.
SaM Alle Deutschen sind Menschen.
SaP Alle Deutschen sind sterblich.

Der Modus „F*e*l*a*pt*o*n“ (3. Grundfigur) ist ebenfalls ein Syllogismus:

MeP Kein Mensch ist unsterblich.
MaS Alle Menschen sind Lebewesen.
SoP Einige Lebewesen sind nicht unsterblich.

Der Modus „B*a*rb*a*r*e*“ jedoch ist kein Syllogismus:

MaP Alle Menschen sind sterblich.
SaP Alle Deutschen sind Menschen.
SeP Kein Deutscher ist sterblich.

Die Merkwörter der gültigen Modi sind:
1. Grundfigur: Barbara, Barbari, Celarent, Celaront, Darii, Ferio
2. Grundfigur: Baroco, Camestres, Camestrop, Cesare, Cesaro, Festino
3. Grundfigur: Bocardo, Darapti, Datisi, Disamis, Felapton, Ferison
4. Grundfigur: Bamalip, Camenes, Camenop, Dimaris, Fesapo, Fresison.

Die Syllogismen werden in der modernen Logik im Rahmen der ↑Prädikatenlogik erster Stufe behandelt. Die Modi „Barbara" und „Felapton" werden dann so dargestellt (G sei ein geeigneter Grundbereich, z. B. der Bereich „alle Lebewesen"):

„Barbara"

$$\bigwedge_{x \in G} M(x) \rightarrow P(x)$$
$$\bigwedge_{x \in G} S(x) \rightarrow M(x)$$
$$\overline{\bigwedge_{x \in G} S(x) \rightarrow P(x)}$$

„Felapton"

$$\bigwedge_{x \in G} M(x) \rightarrow \neg P(x)$$
$$\bigwedge_{x \in G} M(x) \rightarrow S(x)$$
$$\overline{\bigvee_{x \in G} S(x) \wedge \neg P(x)}$$

Dabei muß bei „Felapton" die Prämisse $\bigvee_{x \in G} M(x)$ ergänzt werden! Eine bequeme Art, Syllogismen zu prüfen, bietet die Darstellung durch Mengendiagramme:

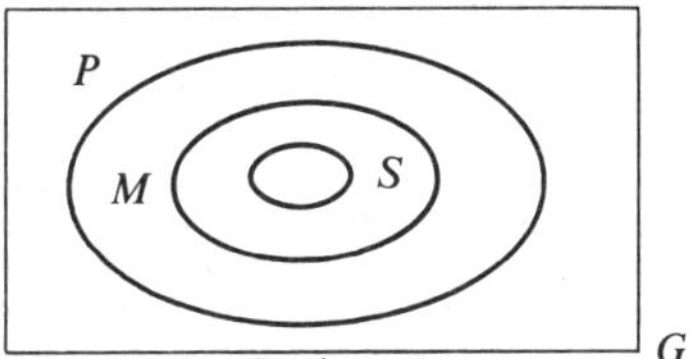

„Barbara"

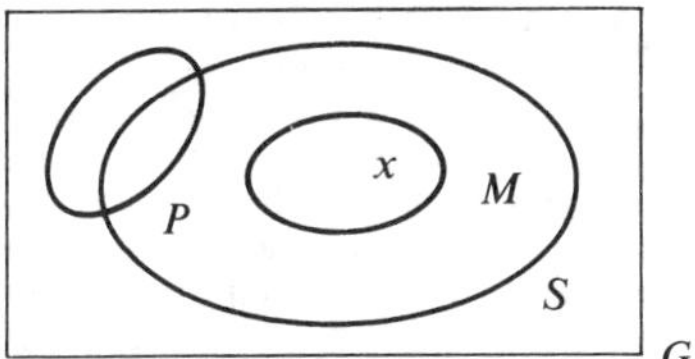

„Felapton"

Das syllogistische Schließen stellt aus moderner Sicht einen Spezialfall des Schließens in der Prädikatenlogik dar. Bis zu deren Entwicklung (Frege, 1879) war die Syllogistik das einzige aufgearbeitete Teilgebiet der ↑Logik. Das hatte großen Einfluß auf den Stil der älteren Philosophen, die oft in Form von Syllogismen geschrieben haben. – Zweifellos ist die Entwicklung der modernen formalen Logik durch diese Fixierung der Tradition auf die Syllogistik sehr behindert worden, die u. a. auch die Junktorenlogik der Stoa vergessen ließ. Die modernen Darstellungen der Syllogistik machen jedoch deutlich, daß die Syllogistik keine logische Basisdisziplin ist, da ihre korrekte formallogische Behandlung zumindest die Junktorenlogik voraussetzt. – Neben der hier dargestellten *assertorischen Syllogistik* hat die Tradition auch einige andere Arten von Syllogismen, z. B. hypothetische und modale, untersucht. *Hypothetische Syllogismen* enthalten mindestens eine Prämisse der Form „*M* ist *P*, falls *S* gleich *R* ist", während die in *modalen Syllogismen* auftretenden Sätze (apodiktische Schlüsse) Modaloperatoren wie „möglich" und „notwendig" enthalten. Ein Syllogismus mit hypothetischem Obersatz und disjunktivem Untersatz wird als ↑Dilemma bezeichnet.

Symbol [griechisch „Kennzeichen, Zeichen"]: *allgemein* ein wahrnehmbares Zeichen bzw. Sinnbild (Gegenstand, Handlung, Vorgang), das stellvertretend für etwas nicht Wahrnehmbares (auch Gedachtes bzw. Geglaubtes) steht. Im *engeren Sinne* ist Symbol jedes Schrift- oder Bildzeichen mit verabredeter oder unmittelbar einsichtiger Bedeutung, das zu einer verkürzten oder bildhaften Kennzeichnung und Darstellung eines Begriffs, Objekts, Verfahrens, Sachverhalts u. a. verwendet wird. In diesem Sinne spielen Symbole nicht nur in *Religion, Kunst* und *Literatur* eine wichtige Rolle, sondern auch in den *Naturwissenschaften* (z. B. chemische und mathematische Symbole, Zeichen für physikalische Größen), in der neueren *Logik* und *Sprachphilosophie,* in der Technik (z. B. Schaltzeichen) sowie im *täglichen Leben* (z. B. Piktogramme, Verkehrszeichen u.a.). – In der neueren *Philosophie* spielt der Symbolbegriff v.a. im Werk Cassirers eine entscheidende Rolle als Grundbegriff seines Philosophierens. Cassirer sieht die grundlegende Bestimmung des Menschen in seiner Eigenschaft als *animal symbolicum,* d.h. als Symbole bildendes und verwendendes Wesen. Die Voraussetzung einer nicht-symbolischen „tatsächlichen" Welt ist nach Cassirer eine unsinnige und unkritische Annahme. Es gibt keinen unmittelbaren, sondern nur einen vermittelten, auf das Bindeglied des Zeichens angewiesenen Gegenstandsbezug. Die „Bausteine, aus denen sich für uns die Welt des ‚Wirklichen', wie die des Geistigen, die Welt des Ich, aufbaut" sind die *„symbolischen Formen",* wie sie Wissenschaft Sprache, Kunst und Religion zur Verfügung stellen. Was dem Menschen Wirklichkeit wird und wie diese Wirklichkeit strukturiert ist, wird zusammen mit den Formen des Wirklichkeitsbezuges vermittelt durch die Kultur, verstanden als Gesamtheit aller möglichen Symbolsysteme. Erst die „Philosophie der symbolischen Formen" ermöglicht nach Cassirer ein einheitliches Verständnis des Menschen.

Symmetrie [griechisch „Gleichmaß"]: in der platonischen und neuplatonischen Philosophie wird der Begriff Schönheit mit Symmetrie verbunden. Ein Ding ist dann schön, wenn seine Teile *zueinander und zum Ganzen* in einem Gleichmaß stehen. Symmetrie ist ferner eine Eigenschaft einer Relation: Sie liegt dann vor, wenn die Relate *vertauschbar* sind (wenn *„a gleich b"* gilt, dann auch *„b gleich a"*), dagegen heißt eine Relation *antisymmetrisch,* wenn bei *Vertauschung* der Relate die *Umkehr*relation gilt (wenn *„a größer b"*, dann *„b kleiner a"*). Insbesondere ist beim relationalen Begriff der ↑Zeit die Relation „früher als" antisymmetrisch. In der Geometrie ist ein Gebilde dann symmetrisch, wenn es durch eine Symmetrie*operation* in sich selbst überführt werden kann. Die bei einer Symmetrieoperation *identisch* bleibenden Elemente, also die Spiegelebene, die Rotationsachse, das Inversionszentrum selbst, nennt man die Symmetrie*elemente.* In der modernen, speziell der Elementarteilchenphysik spielen Symmetriebegriffe eine hervorragende Rolle. So definieren sich *Erhaltungssätze* bestimmter Größen (z.B. Energie, Impuls, Ladung, überhaupt von „Quantenzahlen", die Eigenschaften von Teilchen repräsentieren) als *Invarianz* dieser Größen gegenüber bestimmten Symmetrieoperationen. Die Anwendung der mathematischen Gruppentheorie, die wesentlich Formalisierung von Symmetriebegriffen ist, hat zu Möglichkeiten der Klassifikation und Eigenschaftsbeschreibung der Elementarteilchen geführt (↑Quantentheorie).

Sympathie [griechisch „Mitempfinden"]: während in der Umgangssprache Sympathie svw. Zuneigung, positive Gefühlsreaktion gegenüber Personen, Dingen oder Ideen bedeutet, hat sie im philosophischen Sprachgebrauch noch die Bedeutung von Einfühlen in den Gemütszustand anderer, Mit-Leiden und Mit-Erleben der Gefühle anderer. Für Hume und andere Vertreter einer nicht kognitivistischen Ethik (↑Nonkognitivismus) ist diese Sympathie (englisch „fellow-feeling") die Grundlage für ethisches Verhalten, da aus ihr die sittliche Verpflichtung entsteht, das Wohl der Mitmenschen zu fördern. Ethische Normen und Werturteile gründen sich demnach auf das Gefühl der Sympathie und nicht auf die Vernunft. Auch wenn Hume versucht, die Allgemeingültigkeit und Rechtfertigungsfähigkeit so gewonnener moralischer Urteile zu sichern, ergibt sich doch das Problem, daß man bei sich widersprechenden moralischen Urteilen keinerlei Möglichkeiten hat, argumentativ gegen eines der beiden Urteile vorzugehen.

synonym [griechisch-spätlateinisch „von gleichem Namen"]: die Eigenschaft zweier Wörter (oder Wortgruppen), bedeutungsgleich oder zumindest bedeutungsähnlich zu sein, z. B. Feld und Acker, Geige und Violine, Junggeselle und unverheirateter Mann. Ein Kriterium für Synonymität ist die Austauschbarkeit *salva veritate* (d.h. ohne daß sich der Wahrheitswert des Satzes ändert). Dieses läßt sich allerdings in intensionalen Zusammenhängen nicht aufrechterhalten, wie das folgende Beispiel zeigt: „Hans glaubt, daß die Geige ein Musikinstrument ist" kann wahr sein, obwohl „Hans glaubt, daß die Violine ein Musikinstrument ist" falsch ist (man beachte, daß der zweite Satz durch Ersetzung eines Synonyms [Geige] durch ein anderes [Violine] aus dem ersten hervorgeht).

Syntax [griechisch „Anordnung, Zusammenstellung"]: Lehre vom Bau des ↑Satzes. 1. Als Teilgebiet der *Grammatik* erforscht die Syntax die in einer Sprache zulässigen Verbindungen von Wörtern zu Wortgruppen und Sätzen hinsichtlich ihrer äußeren Form, ihrer inneren Struktur, ihrer Funktion bzw. Bedeutung. – Die *traditionelle* Syntax war bis ins 19. Jahrhundert stofflich heterogene „Mischsyntax". Sie beschrieb einerseits Bedeutung und Gebrauch der Wortarten und Wortformen (Kasus, Tempora u.a.), andererseits fragte sie nach der Funktion des Satzes und seiner Hauptteile Subjekt und Prädikat. Die neuere „funktionale Syntax" grenzt die Satzlehre von der Wortlehre ab und beschreibt Form und Funktion v.a. der Satzarten, Satzglieder, Satzgefüge, Wortarten und Satzreihen. – Die Diskussion um die angemessene Form der Syntaxtheorie ist zwischen den einzelnen Richtungen (Dependenzsyntax, Konstituentenstruktursyntax, generativ-transformationelle Syntax) und innerhalb der Richtungen noch im Fluß; das Verhältnis der Syntax zu ↑Semantik und ↑Pragmatik tritt dabei immer stärker in den Vordergrund. – 2. Als Synonym zu *Syntaktik* Bezeichnung für dasjenige Teilgebiet der ↑Semiotik, das die formalen Beziehungen zwischen Zeichen zum Gegenstand hat und von den Beziehungen der Zeichen zu dem, wofür sie stehen, und zu denen, die sie verwenden, abstrahiert. – 3. In der *mathematischen Logik* ist die logische Syntax die Theorie der Erzeugung formaler Sprachen durch Kalküle bzw. Kalkülregeln; wichtig ist dabei v.a. der auf Frege und Carnap zurückgehende Begriff der logisch-syntaktischen ↑Folgerung (im Unterschied zum logisch-semantischen Folgerungsbegriff).

Synthese [griechisch „Zusammenstellung"]: allgemein svw. Zusammenfügung, Verbindung einzelner Teile zu einem Ganzen, einer Einheit; philosophisch (in Erkenntnistheorie und Logik) im Gegensatz zur ↑Analyse die Verknüpfung von Vorstellungen, Begriffen oder gegensätzlichen Aussagen (↑These, ↑Antithese) miteinander. – Kant bezeichnet jegliche „Verbindung des Mannigfaltigen" der sinnlichen oder nichtsinnlichen Anschauung als „Verstandeshandlung" der „Synthesis". Diese Verbindung als eine Vorstellung, „die nicht durch Objekte gegeben, sondern nur vom Subjekte selbst verrichtet werden kann", zeitigt die „synthetische Einheit des Mannigfaltigen". Sie wird ermöglicht durch die Vorstellung der Einheit, die in dem „Ich denke" gründet, das „alle meine Vorstellungen begleiten können" muß, d.h. in der „transzendentalen Einheit des Selbstbewußtseins", Identität des Subjekts oder „synthetischen Einheit der Apperzeption", aufgrund deren ich die Mannigfaltigkeit der Vorstellungen zugleich einheitlich als *meine* Vorstellungen identifiziere. – Eine besondere Bedeutung hat die spekulative Synthese in der ↑Dialektik Hegels als logisch notwendiger Schritt der Aufhebung (↑aufheben) des Gegensatzes von These und Antithese in einer höheren Einheit.

synthetisch [zu ↑Synthese]: im Anschluß an Kant werden Aussagen, Sätze oder (wie bei Kant selbst) Urteile synthetisch genannt, deren Wahrheit nicht ausschließlich aus rein sprachlichen Gründen feststeht

(Gegensatz: ↑analytisch). Synthetische Aussagen sind – außer im Fall der synthetischen Aussagen a priori – bezüglich ihrer Wahrheit immer vom Zustand der Welt abhängig. Um aber diesen zu kennen, bedarf es der ↑Anschauung und darauf aufbauend der ↑Erfahrung, kurz: des *Wissens um Tatsachen*. Alle empirischen Wissenschaften enthalten synthetische Sätze. Die Wissenschaftstheorie untersucht z. B. die Frage, wie sich das Zusammenspiel von Erfahrung und Theorie bei der Gewinnung und Prüfung wissenschaftlicher Sätze gestaltet. Synthetische Urteile werden von Kant auch *Erweiterungsurteile* genannt, weil in ihrem Fall (beschränkt man sich der Einfachheit halber auf Elementaraussagen $N \varepsilon P$) das Prädikat P nicht im Subjekt N enthalten ist. Unser Kenntnisstand wird erweitert um die Einsicht, daß P dem N zukommt; z. B.: Quecksilber ist flüssig; der Fliegenpilz ist giftig. Dabei wird von Kant vorausgesetzt – was man auf dem Hintergrund der traditionellen Definitionslehre sehen muß –, daß von jedem Subjektbegriff *bekannt* sei, welche Prädikate ihm „von Haus aus" zukommen. Diese These wird heute weitgehend skeptisch beurteilt. Neben den geschilderten **synthetischen Urteilen a posteriori,** nahm Kant auch **synthetische Urteile a priori** an. Solche liegen seiner Ansicht nach der Mathematik und Teilen der Naturwissenschaften zugrunde. Sein Argument hierfür ist, daß z. B. die arithmetische Identität $5+7 = 12$ einerseits *nicht analytisch* sein kann, da sie nicht durch *Begriffsanalyse* bewiesen werden kann, andererseits aber *erfahrungsunabhängig* ist (sie kann z. B. nicht durch „Nachzählen" bestätigt werden). Solche Urteile beruhen auf ↑reiner Anschauung (↑auch Anschauungsformen), was ihre Synthezität ermöglicht. Diese Lehre Kants wurde immer wieder (und wird immer noch) angegriffen. Für den logischen Empirismus war es ein expliziter Teil seines Programms, nachzuweisen, daß es synthetische Sätze a priori nicht gebe. Allerdings bleibt unbestritten, daß gerade die von Kant vorgenommene *Kombination* der Begriffspaare synthetisch/analytisch und a priori/a posteriori eine wichtige philosophische Leistung darstellt. Die sich hierbei ergebenden Möglichkeiten lassen sich so darstellen:

	analytisch	synthetisch
a posteriori	unmöglich	„Der Fliegenpilz ist giftig"
a priori	„Kein Junggeselle ist verheiratet"	„5+7 = 12"

In neuerer Zeit wurde – v. a. von Quine – die Unterscheidung analytisch/synthetisch (im Sinne Kants) als unzweckmäßig abgelehnt, da sie *nicht zirkelfrei präzisierbar* sei bzw. mit dem Begriff der *logischen Wahrheit* zusammenfalle. Quine schlägt stattdessen vor, diejenigen Sätze synthetisch zu nennen, die man bei begründetem Zweifel abzuändern bereit ist.

System [griechisch „aus mehreren Teilen zusammengesetztes, gegliedertes Gebilde"]: Denken und Wissen selbst zu thematisieren, kann man als grundsätzliche Fragestellung von Philosophie auffassen. Eine Eigentümlichkeit klassischer Philosophien ist es dann, Wissen als System zusammen- und darstellen zu wollen, d. h. Wissen als ein Ganzes wiederum als Gegenstand des Wissens zu haben. Als Höhepunkt von Systembemühungen kann der Idealismus angesehen werden. Kant bestimmt den Begriff des Systems als „die Einheit der mannigfaltigen Erkenntnisse unter einer Idee" und als „ein nach Prinzipien geordnetes Ganzes der Erkenntnis"; es ist eine „für sich bestehende Einheit ..., in welcher ein jedes Glied, wie in einem organisierten Körper, um aller anderen und alle um eines willen da sind". Tatsächlich ist diese Bestimmung der des ↑Organismus ganz analog, jedoch geht es hier um die Systematisierung bzw. die systematische *Darstellung* der von der Empirie unabhängigen Vernunft selbst. Für Fichte ist das „System der Freiheit“ die Form, in der sich das Wissen selbst weiß. Damit wird, wie auch dann bei Hegel, System als *Darstellung* des Absoluten begriffen. Daß diese Darstellung selbst wieder in einer *absoluten Form* geschehen soll, ist bei Hegel die Grundlage der Dialektik bzw. des *spekulativen* Systems: So bemüht er sich, ins System der Philosophie auch die Natur sowie die Geistesgeschichte aufzunehmen, und zwar so, daß der „Anfang“ des systematischen Gedankenganges zugleich auch das „Prinzip des Fortgangs“ ist und das „Ende“ (der absolute Geist) sich als das nunmehr „sich selbst wissende Wissen“ mit dem Anfang (Sein) zusammenschließt. Nach Hegel hat man die Hoffnung auf ein Gelingen von philosophischen Systemen aufgegeben, v.a. weil es unmöglich scheint, daß ein einzelner Philosoph alles Wissen und alle Denkmöglichkeiten überblicken kann. Die Natur als ein System zu begreifen ist eine alte Tradition der Naturphilosophie (Holbach, Schelling, Hegel), insbesondere aber auch eine Bemühung der Naturwissenschaft von der Neuzeit bis heute. Dies hatte eine immense Anstrengung zur Folge, Erscheinungen und Klassen von Erscheinungen der Natur in *Klassifikations*systemen zu sammenzufassen (↑auch Hierarchie, ↑Ordnung), von der frühen Biologie bis in die moderne Elementarteilchenphysik. Mathematische Gesichtspunkte von Ordnungsstrukturen (Gruppentheorie) führten z. T. zu Neuentdeckungen materieller Strukturen (↑Materie) und von Naturgesetzen (Erhaltungssätze). Kybernetik und die Theorie irreversibler Prozesse führten zur Entdeckung *selbstorganisierender* Systeme auch in *anorganischer* Materie. Solche Systeme können die Prozesse, mit denen sie ihre ↑Wechselwirkung mit der Umgebung regulieren, selbst wiederum regulieren. Allgemein unterscheidet man offene und geschlossene Systeme: Bei einem *geschlossenen* System hat jedes Element (das selbst wieder ein Teilsystem sein kann) nur Wechselwirkung mit anderen Elementen desselben Systems. Bei einem *offenen* System gibt es „Rand“-Elemente, die auch mit der *Umgebung* des Systems wechselwirken. In der Natur kann es wirklich geschlossene Systeme nicht geben. Man betrachtet aber oft Systeme (z. B. Planetensysteme; die Kopplung einzelner Moleküle zu einem Schwingungssystem; die Kopplung von Elektronen an den Kern in einem Atom) als unabhängig von äußeren Wechselwirkungen, um auf diese Weise die mathematische Beschreibung zu vereinfachen.

Systematik [zu ↑System]: Anordnung von Aussagen über einen bestimmten Gegenstandsbereich oder von solchen Gegenständen selbst nach einem *leitenden Gesichtspunkt* (z. B. vom Allgemeinen zum Besonderen) oder nach *bestimmten Relationen* (z. B. nach der Implikation).

Systemtheorie: Teilgebiet der theoretischen Informatik, das sich mit den Eigenschaften und Bezeichnungen von formalen Systemen sowie mit deren Beeinflußbarkeit beschäftigt. In den letzten Jahren werden systemtheoretische Ansätze zunehmend in der Sozialphilosophie diskutiert. Bekannt geworden ist die Auseinandersetzung zwischen Luhmann und Habermas unter dem Titel „Theorie der Gesellschaft oder Sozialtechnologie?“.

Szientismus [zu lateinisch scientia „Einsicht, Wissen“]: innerhalb der philosophischen Methodendiskussion derjenige Wissenschaftsansatz, der sich neben der Mathematik weitgehend an den Methoden der sogenannten exakten Wissenschaften, v.a. der empirischen Naturwissenschaften (Physik) orientiert und versucht, deren Ideale auf die Theoriebildung in den Geistes- und Sozialwissenschaften zu übertragen. Die szientistische Einstellung bezieht sich dabei weniger auf eine konkrete Schule oder einzelne erklärte Vertreter des Szientismus – solche gibt es bis heute strenggenommen nicht –, sondern auf eine mittlerweile weit verbreitete Grundtendenz, die wohl am ehesten noch die derzeitige Wissenschaftstheorie repräsentiert. Der Szientismus ist das Ergebnis einer Entwicklung, die bereits im 19. Jahrhundert einsetzte, als die bedeutenden Anfangserfolge der gesamten Naturwissenschaften das theoretische Fundament der Geisteswissenschaften herausforderten und ein Klima der wissenschaftlichen Konkurrenz schufen, in dessen Gefolge v. a. die Philosophie bzw. klassische Metaphysik viel von ihrem einstigen Selbstverständnis eingebüßt hat. Der Begriff selbst wurde v. a. im Rahmen des sogenannten Positivismusstreits Mitte der 1960er Jahre von den Vertretern der kritischen Theorie (u. a. Adorno, Habermas) als umfassender Vorwurf gegenüber dem kritischen Rationalismus (z. B. Popper) bzw. dem logischen Empirismus aktuell. Dabei wurde aus einer gesellschaftskritischen Sicht heraus ebenso das wissenschaftliche Postulat der Wertfreiheit moniert, wie darüber hinaus der gesamte Urteils- bzw. Wahrheitsbegriff der exakten Wissenschaften insofern, als diese „für Wahrheit nehmen, was bloß ihre Methoden sind“. Am deutlichsten offenbart sich die szientistische Grundhaltung unseres Jahrhunderts allerdings dort, wo mehr oder weniger unreflektiert, etwa im alltäglichen oder journalistischen Sprachgebrauch, der Begriff von Wissenschaft oft stillschweigend gleichgesetzt wird mit Naturwissenschaft.

T

Taoismus: eine der frühen Hauptströmungen der ↑chinesischen Philosophie. Das älteste schriftliche Dokument dieser Lehre ist das Taoteking (dao-de jing) des Laotse, der auch als ihr Begründer gilt und wahrscheinlich im 4./3. Jahrhundert v. Chr. gelebt hat. Über den zentralen Begriff „Dau“ (dao; tao; die Vokabel hat sonst auch die Bedeutung „Weg“) sagt Laotse als erstes, daß jede Aussage über ihn, und überhaupt, wenn man ihn als Begriff fassen will, notwendig in die Irre führt. Als kosmologischer Begriff ist „Dau“ einerseits Ursprung, Anfang und Prinzip der Welt („Mutter alles Seienden“), andererseits aber auch das „Medium“, in dem sich Welt abspielt, und Prinzip aller Entwicklung und Prozessualität überhaupt. Als ein religionsphilosophischer Begriff verbindet „Dau“ individuelles Leben und Handeln *unmittelbar* mit überindividuellem, ewigem, unveränderlichem Sein – dem „Dau“ selbst also –, so daß „Dau“ zugleich auch eine Weise des In-der-Welt-Seins ist. So entspricht diesem Begriff weder das Sein des Parmenides, noch der unbewegte Beweger des Aristoteles, noch das Eine des Plotin. Am nächsten kommen ihm die „Gottheit“ Eckharts und der „absolute Geist“ Hegels. Als Art und Weise des Handelns manifestiert sich „Dau“ im „wu wei“ (wörtlich: „Nicht-Tun“): Der Weise bzw. der in die Lehre Eingeweihte „bewirkt, ohne zu handeln“, und „belehrt, ohne zu reden“. So ist auch vernünftiges politisches Handeln dadurch gekennzeichnet, daß das Volk weder von der Tätigkeit noch von der Anwesenheit des Herrschers etwas bemerkt. Wie es jeder Art von Mystik eigentümlich ist, formuliert sich auch diese Lehre in einer meist paradoxen Sprache. Dies zeigt sich v. a. in der Schwierigkeit der Interpretation des „wu wei“, etwa wenn das „Nicht-Tun Tun“ (wei wu wei) empfohlen wird. In einer sonst aber sehr anschaulichen und bilderreichen Sprache weist Laotse auf die dem menschlichen Denken und Handeln immanente Dialektik hin. So z. B. provoziert der Begriff des Schönen den des Häßlichen, ohne Besitz gibt es keine Diebe, ohne Sittlichkeit keine Verwerflichkeit, ohne Selbstbehauptung keine Verachtung. Der Taoismus hatte wesentlichen Einfluß auf die Entwicklung des ↑Zen.

Tapferkeit: nach Aristoteles die menschliche Tugend zu leiden und zu handeln „wie es sich gebührt und die Vernunft vorschreibt" (auch angesichts des Todes); gilt als eine der ↑Kardinaltugenden. V.a. gilt ein Mensch dann als tapfer, wenn er ein als richtig erkanntes Ziel bzw. eine für richtig gehaltene Haltung auch dann nicht aufgibt, wenn das Verfolgen dieses Ziels bzw. die Einnahme dieser Haltung Gefahren oder Beeinträchtigungen mit sich bringt. Der Gegensatz zur Tapferkeit ist die *Feigheit.* Feige ist derjenige, der aus Angst vor den absehbaren oder eingebildeten Folgen seines Handelns von der Verfolgung des grundsätzlich als richtig anerkannten Ziels abläßt.

Tatsache: ein wirklicher ↑Sachverhalt. Ein Sachverhalt ist wirklich genau dann, wenn jede Aussage, die ihn darstellt (repräsentiert), ↑wahr ist. Indem wir die Wahrheit von Aussagen feststellen können, entscheiden wir, was als wirklich gelten soll bzw. welchen Gegenständen der Prädikator „wirklich" zukommt (↑auch Realität/Wirklichkeit). – Jede Aussage stellt einen Sachverhalt dar, aber nur die wahre Aussage eine Tatsache. Die traditionelle Redeweise, wahre Aussagen müßten „mit den Tatsachen übereinstimmen", erweckt den Anschein, als seien Tatsachen so etwas wie vorfindliche, „sprachunabhängige" Dinge, denen sich die menschliche Rede gegenüber befindet und dann anzumessen sucht. In Wahrheit aber sind die Tatsachen nicht unabhängig von *jeglicher* menschlichen Rede, sondern nur unabhängig von *bestimmten* Aussagen, indem sie eben durch verschiedene Aussagen dargestellt werden können (wie jeder beliebige Sachverhalt). Tatsachen, ebenso wie Sachverhalte, „gibt es" unabhängig von den Aussagen, durch die sie dargestellt werden, keineswegs.

Tautologie [griechisch „Wiederholung des bereits Gesagten"]: im weiteren Sinn jede analytische Aussage (z.B. jede gerade Zahl ist durch 2 teilbar); im engeren Sinn wird Tautologie nur für logische Wahrheiten der klassischen Aussagenlogik (z.B. $A \vee \neg A$, $\neg(A \wedge \neg A)$) gebraucht. Die entsprechenden Aussageformen der Prädikatenlogik heißen allgemeingültig (über einem Grundbereich G).

Technik [zu griechisch technikós „handwerklich, kunstfertig"]: ursprünglich (z.B. bei Aristoteles) Bezeichnung für ein überliefertes Verfahrenswissen („know how"), z.B. im Handwerk (die Technik des Glasblasens), in der Kunst (Maltechniken) und im Alltag (Verkaufstechniken). Technik in diesem Sinne beruht also auf einem reinen *Wissen, daß* (im Unterschied zum *Wissen, warum* der Wissenschaften). Heute versteht man unter Technik alle Mittel (Werkzeuge, Maschinen) und Verfahren, die vom Menschen erfunden wurden und die unter bewußter Ausnützung der Naturgesetze zur Umgestaltung der Welt benützt werden. Technik ist somit immer *zweckgebunden.* Ihr gegenüber steht die Natur als der Bereich, der nicht geschaffen, sondern vorgefunden wird und der um seiner selbst willen und nicht als Mittel zum Zweck vorhanden ist. Die Natur ist „Vorhandenes", während die Technik „Zuhandenes" darstellt. Philosophisch bedeutsam ist die Technik, ähnlich der Kunst in dieser Hinsicht, als ein Bereich der Selbstverwirklichung des Menschen. Während aber die Kunst früh philosophische Beachtung fand (↑Ästhetik), wurde die Technik weitgehend ignoriert. Eine Ausnahme bildet der Marxismus, der in ihr stets ein Hilfsmittel für die Befreiung von äußeren Zwängen sah. In den letzten Jahren werden die philosophischen Aspekte der Technik v.a. im Zusammenhang mit der Umweltproblematik und der möglichen Selbstvernichtung der Menschheit diskutiert. Die Kernfragen lauten: „Ist es zulässig, alles technisch Machbare auch zu verwirklichen?", „darf man die Natur verändern, wie man will, oder sind auch hier Grenzen zu achten?". Der Technik als *Quelle der Bedrohung* steht die Technik als *Träger menschlicher Hoffnung* auf ein besseres Leben gegenüber, wie sie eindrucksvoll von Bloch in seinem „Prinzip Hoffnung" formuliert worden ist. Hierin beruht der *zwiespältige* Charakter der Technik.

Teil/Ganzes: zweistellige Relation, die von der traditionellen Logik weitgehend vernachlässigt wurde. Ein Ganzes kann aus mehreren *gleichartigen* (dann nennt man es „homogen") oder auch *nicht gleichartigen* („heterogen") Teilen zusammengesetzt sein. Es entsteht immer die Frage, ob das Ganze nichts anderes als die *Summe seiner Teile* sei („additive Auffassung") oder ob es mehr sei („ganzheitliche Position"). Ist das letztere der Fall, so zeigt die Ganzheit Merkmale, die die Teile nicht aufweisen (z. B. zeigen H_2O-Moleküle Eigenschaften, die weder H noch O besitzen). Für den Mechanismus ist eine ausgesprochen additive Auffassung kennzeichnend. In vielen der Erfahrungswissenschaften gibt es Auseinandersetzungen zwischen den geschilderten Positionen. Das Ganze ist nur als Vereinigung seiner Teile verfügbar; andererseits ist ein Teil nur bezüglich auf ein Ganzes festgelegt. Diese paradoxe Struktur veranlaßte Kant, die Beziehung Teil/Ganzes unter die ↑Antinomien einzureihen. Während die Elementbeziehung Gegenstände verschiedener Stufen zueinander in Beziehung setzt, stehen Teil und Ganzes logisch gesehen *auf einer Stufe*. In der *Mereologie* (zu griechisch méros „Teil" und lógos „Lehre") wird in neuester Zeit die Teil/Ganzes-Relation mit formalen Mitteln untersucht. Manche Logiker glauben, die umstrittene Mengenlehre durch die Mereologie ersetzen zu können.

Teilhabe: ursprünglich ein Begriff der platonischen Ideenlehre, der das Verhältnis von den Ideen (der Einheit) zu den Einzeldingen der Welt der Erscheinung (der Vielheit) kennzeichnet. Wie Sinneswahrnehmungen nur dadurch einen Sinn erhalten, daß man sie auf apriorische Ideen bezieht und sie dadurch verstehen kann, so kann das Einzelding auch nur existieren, weil es an der entsprechenden Idee teilhat (↑Methexis). – Augustinus betont den erkenntnistheoretischen Aspekt der Teilhabe, für die er den Begriff **Partizipation** einführt. Für ihn ist Erkenntnis die Partizipation an der Sicht der ewigen Wesenheiten im Geist Gottes. Auch für die thomistische Philosophie ist die Partizipation ein zentraler Begriff, jedoch ist damit nicht die Teilhabe an objektiven Ideen, sondern die Teilhabe an Gott gemeint, der das Sein selbst ist. Wie bei Platon die Einzeldinge nur aufgrund ihrer Teilhabe an den entsprechenden Ideen existieren, existiert nach thomistischer Auffassung alles endlich und vergänglich Seiende nur, insofern es am unendlichen Sein Gottes teilhat.

Teleologie [zu ↑Telos und ↑Logos]: von Wolff eingeführte Bezeichnung für philosophische Lehren, deren Grundthese ist, daß alle Geschehnisse – sowohl Naturereignisse als auch der Verlauf der Geschichte und menschliches Handeln – auf ein bestimmtes, positiv zu bewertendes Ziel (Telos) gerichtet sind. Dieses Ziel kann, als Zweckursache verstanden (↑Causa), alle Handlungen, Bewegungen und Entwicklungen in der Welt erklären und ihnen gleichzeitig auch einen Sinn geben, da alles zur Realisierung dieses Ziels beiträgt. Durch dieses Ziel werden alle Handlungen und Vorgänge in der Welt bestimmt, es dient also sowohl zur ethischen Rechtfertigung und Beurteilung von Handlungen (↑teleologische Ethik) als auch zur Erklärung und zum Verständnis der Welt. Bei einer teleologischen Weltdeutung geht man davon aus, daß der gesamte ↑Kosmos kein ↑Chaos, sondern ein geordnetes Ganzes ist, in dem alles nach Vervollkommnung seiner selbst strebt und in ihm nichts zufällig geschieht, vielmehr alles einen bestimmten Sinn hat. Auch wenn sich die Naturwissenschaften häufig von einer teleologischen Weltdeutung lösen, haben sie doch den Gedanken übernommen, daß der Natur eine Ordnungsstruktur zugrunde liegt, deren Gesetzmäßigkeit sie zu entdecken versuchen. – Bei Anaxagoras, Heraklit, Platon und in der christlichen Theologie wird dieses sinngebende und von allem erstrebte Ziel als etwas Immaterielles bestimmt, das außerhalb des sinnlich Wahrnehmbaren existiert. So stellt für Anaxagoras der Nous, für Heraklit der Logos, für Platon die Idee und für das Christentum Gott das höchste Ziel dar, sie gehen also davon aus, daß das Weltgeschehen „von außen" bestimmt wird. Dagegen vertreten Aristoteles und die Scholastik die Auffasung, daß das Ziel bereits in den Dingen selbst liegt (↑Entelechie, ↑Akt/Potenz). Alle natürlichen Prozesse und Entwicklungen können als Streben nach diesem spezifischen Ziel, d.h. nach Selbstverwirklichung erklärt werden. Diese beiden unterschiedlichen Darstellungen des transzendenten und des immanenten Ziels versuchen Thomas von Aquin und Leibniz miteinander zu verbinden, indem sie davon ausgehen, daß sich in allem Seienden (also immanent) eine göttlich geprägte Idee bzw. ein Zweck (also etwas Transzendentes) befindet (↑auch Monade). Kant fordert, daß man die Welt so betrachten müsse, als ob sie von Zwecken bestimmt wäre, da die organische Welt nicht vollständig aus mechanischen Prinzipien erklärt werden kann. Der Zweck liegt also nach Kant nicht im Objekt, sondern wird durch das betrachtende Subjekt gesetzt; hierbei hat die Teleologie also eine regulative Funktion. – Teleologische Überlegungen liegen auch vielen Gottesbeweisen zugrunde, die jedoch meist auf einem Zirkelschluß basieren.

teleologische Ethik: Teilbereich der normativen Ethik, deren Ziel es ist, Handlungsanweisungen für moralisch richtiges Verhalten aufzustellen. Diese Handlungsanweisungen lassen sich auf zwei grundsätzlich verschiedene Arten begründen: Entweder man weist nach, daß die Handlung selbst moralisch gut und deshalb eine moralische Pflicht ist (↑deontologische Ethik), oder man argumentiert, daß die Handlung dem Erreichen eines als moralisch angesehenen Ziels dient. In diesem Fall verwendet man eine teleologische Begründung, d.h. man geht davon aus, daß die Handlung nicht um ihrer selbst willen getan wird, sondern um ein bestimmtes Ziel zu erreichen. In der teleologischen Ethik wird also nicht die Handlung selbst beurteilt, sondern ihre Folgen. Beurteilungsgrundlage ist hierbei, wieweit die Folgen einer Handlung zur Realisierung eines moralisch hochstehenden Werts beitragen. Da eine Handlung der Realisierung dieses Werts mehr nutzen kann als eine andere, ist es in der teleologischen Ethik durchaus sinnvoll, nicht nur die Kategorien gut und schlecht zu verwenden – wie in der deontologischen Ethik –, sondern auch Zwischenstufen einzuführen, also komparative Begriffe zu verwenden; d.h. von zwei Handlungen, die beide auf einen moralischen Wert abzielen, kann eine besser bzw. schlechter sein als die andere. – Zu den bekanntesten teleologischen Ethiken, die sich in der Bestimmung des zu erreichenden Ziels unterscheiden, gehören der ↑Utilitarismus sowie der ethische ↑Egoismus.

Telos [griechisch „Ziel, Zweck"]: svw. Endzweck, höchstes Ziel. Dieser Begriff spielt in der ↑Teleologie und in der ↑teleologischen Ethik eine wesentliche Rolle. In beiden wird davon ausgegangen, daß Ereignisse in der Natur bzw. menschliche Handlungen zielgerichtet sind, d.h. alles geschieht, um ein höchstes Ziel, das Telos, zu erreichen.

temporale Logik (Zeitlogik) ↑Logik.

Term [französisch; zu ↑Terminus]: Sammelbegriff für alle Ausdrücke eines formalen Systems, die sich auf Gegenstände beziehen (z. B. Gegenstandskonstanten und -variablen, Kennzeichnungen). Terme haben immer benennende Funktion (↑Referenz), weshalb sie auch weder wahr noch falsch sein können; z. B. $\sqrt{x-1}$ ist ein Term, aber $2x^2+3 = 1$ ist eine Aussage.

Terminus [mittellateinisch „inhaltlich abgegrenzter, festumrissener Begriff", zu lateinisch terminus „Grenze, Grenzstein"]: 1. allgemein svw. Fachausdruck, Fachwort (auch „Terminus technicus"). Ein Terminus ist ein explizit bestimmter *Prädikator* als Bauelement einer wissenschaftlichen Sprache. Gegenüber dem alltagssprachlichen Prädikator zeichnet sich der Terminus aus durch semantische Eindeutigkeit, durch seine Kontextunabhängigkeit, durch eine gewisse Freiheit von gefühls- oder assoziationsbedingten Konnotationen, durch stilistische Neutralität. Für die Bestimmung von Termini unterscheidet man u. a. das exemplarische, das regulatorische und das definitorische Verfahren (↑Wissenschaftssprache). Durch diese grundlegenden terminologischen Bestimmungsverfahren werden Termini verschiedenen Bestimmungsgrades einer überprüften Sprache gewonnen. Mit der Anwendung terminologischer Bestimmungen in geordneter Folge erhält man ein zulässiges und konsistentes System von Prädikatorenregeln, ein terminologisches Regelsystem, kürzer: eine *Terminologie*. – In den Geisteswissenschaften, v. a. in der Philosophie, befindet sich die Terminologie durch Neuinterpretation alter Termini und ihre Ersetzung durch neue, häufig modische Termini sowie Einführung von Neubildungen und Fremdwörtern in einem steten Prozeß des Wandels. Die Frage, wie die Bedeutung der mit wissenschaftlichem Anspruch verwendeten Prädikatoren eindeutig zu bestimmen ist, ist ein zentrales Problem heutiger Wissenschaftstheorie (↑auch Definition). – 2. In der philosophischen Tradition Bezeichnung für die Begriffswörter (Prädikatoren) im Syllogismus. Derjenige Terminus, der in der Konklusion Prädikat ist, ist der obere Terminus *(terminus major)*, derjenige, der in der Konklusion Subjekt ist, ist der untere Terminus *(terminus minor)*; der zwischen oberem und unterem Terminus Beziehungen herstellende Terminus ist der in beiden Prämissen vorkommende mittlere Terminus *(terminus medius)* oder das Mittelbegriffswort. Nach der Stellung dieser Termini werden die syllogistischen Figuren voneinander unterschieden. – 3. In der *Sprachphilosophie* ist Terminus synonym zu ↑Bezeichnung.

Tertium comparationis [lateinisch „das Dritte des Vergleichs"]: Bezeichnung der traditionellen Logik für einen Bezugspunkt, für das Gemeinsame („Dritte"), hinsichtlich dessen zwei Personen, Gegenstände oder Sachverhalte vergleichbar sind; z. B. werden zwei Schüler durch ihre Noten oder auch durch ihre sportlichen Leistungen vergleichbar.

Tertium non datur [lateinisch „ein Drittes gibt es nicht"] (Satz vom ausgeschlossenen Dritten): Prinzip der klassischen (im Unterschied zur nichtklassischen) Logik, das in seiner Fassung bei Aristoteles lautet: Zwischen den Entgegengesetzten der Kontradiktion ist kein Mittleres. Hinter dem Tertium non datur verbergen sich verschiedene Sachverhalte, die es zu unterscheiden gilt: 1. Im Rahmen der *logischen Propädeutik* wird für die Prädikation das Prinzip aufgestellt, daß jeder Prädikator einem Gegenstand entweder zukommt oder nicht; eine dritte Möglichkeit gibt es nicht. Eine der beiden Elementaraussagen $N \varepsilon P$ und $N \varepsilon' P$ muß wahr sein. Zu beachten ist, daß hier eine Aussage über die Kopula ε gemacht wird. – 2. In der *Aussagenlogik* heißt das Aussageschema $A \vee \neg A$, daß gemäß der klassischen Logik eine logische Wahrheit ist, Tertium non datur. Äquivalent damit ist das Bivalenzprinzip: Eine Aussage ist entweder wahr oder nicht wahr. – 3. In der *Prädikatenlogik* wird das Aussageschema $\bigwedge_{x \in G} P(x) \vee \neg P(x)$ (wobei P ein Prädikat bedeuten soll) als Tertium non datur bezeichnet. Der Satz vom ausgeschlossenen Dritten ist seit der Antike Gegenstand heftiger Kontroversen. Schon Aristoteles zweifelte im Zusammenhang mit Aussagen über Zukünftiges an seiner Gültigkeit. Im modernen Grundlagenstreit der Mathematik spielt dieses Prinzip eine entscheidende Rolle: Die Gegner der klassischen Auffassung verwerfen es für bestimmte unendliche Grundbereiche G (allerdings nicht für alle!). Nach ihrer Meinung ist es nur dann sinnvoll, davon auszugehen, daß ein Prädikat einem Gegenstand zukomme, wenn das *effektiv* nachprüfbar ist. Viele indirekte Beweise der Mathematik setzen aber das Tertium non datur auch in solchen Situationen voraus, in denen von Überprüfung keine Rede sein kann. Aus der Sicht der Kritiker sind solche Beweise wertlos (↑Philosophie der Mathematik). Die Opposition gegen den Gebrauch des Tertium non datur war Anlaß für die Entwicklung nichtklassischer Logiken, z. B. der dialogischen Logik.

Test [englisch; zu altfranzösisch test „Tiegel für alchimistische Experimente" (zu lateinisch testum „Geschirr")]: allgemein svw. Untersuchung, Probe, Prüfung eines Geltungsanspruchs. In den induktiv verfahrenden Wissenschaften, z. B. in den Naturwissenschaften, dienen Tests dazu, gesetzesartige ↑Hypothesen zu prüfen. Die dabei verwendeten Verfahren variieren von der einfachen Beobachtung bis zum gezielt entworfenen ↑Experiment. Der negative Ausgang eines Tests kann als ↑Falsifikation der zu prüfenden Annahme, ein positives Resultat hingegen als ↑Bestätigung (oder ↑Bewährung, je nach Standpunkt) betrachtet werden. Die weitverbreitete Überzeugung, daß ein Test zur Verwerfung einer Hypothese *zwingen* könne, wird von der zeitgenössischen Wissenschaftstheorie nicht geteilt. Oft lassen sich Hypothesen nicht direkt prüfen, da ihr Gehalt keiner Beobachtung zugänglich ist (z. B. „Zwischen Massen herrschen Anziehungskräfte"). Dann müssen erst ↑Testimplikationen abgeleitet werden (z. B.: „Wenn ein Stein hochgehoben und losgelassen wird, fällt er – infolge der Erdanziehung – zu Boden").

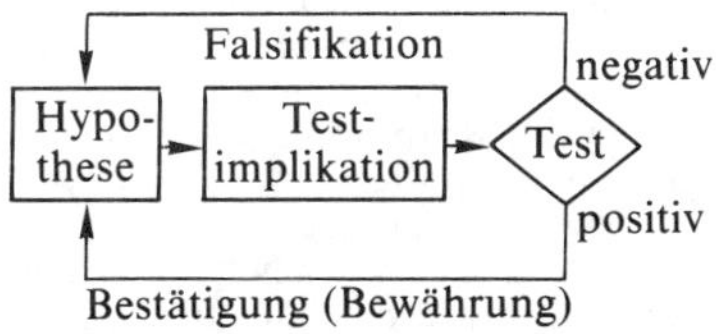

Testimplikation (oft auch: Prognose): Folgerung, die aus einer gesetzesartigen ↑Hypothese abgeleitet wird zum Zweck der Prüfung; z. B.: Lautet die Hypothese „Wasser gefriert bei 0 °C", so kann „Wasser gefriert bei starker Abkühlung" als Testimplikation dienen. Eine Testimplikation muß so beschaffen sein, daß sie *herstellbare* (bzw. *vorfindbare*) Bedingungen beschreibt, unter denen ein *beobachtbares* Ereignis eintritt. Sie bildet damit ein Bindeglied zwischen Theorie und Beobachtung.

Theismus [zu griechisch theós „Gott"]: Richtung innerhalb der philosophischen Theologie, der im Gegensatz zum ↑Deismus die Vorstellung zugrunde liegt, daß eine persönlich wirkende göttliche Macht die Welt geschaffen hat, sie erhält und lenkt, d. h. mit dem Menschen und der Geschichte in Verbindung steht. Von dieser Bedeutung her gesehen ist die Bezeichnung im Sinne eines allgemeinen Rahmenmodells auf unterschiedliche theologische Positionen (Mono-, Pan- oder Polytheismus) anwendbar; Gegenbegriff zu Theismus ist ↑Atheismus.

Theodizee [zu griechisch theós „Gott" und díkē „Gerechtigkeit"]: von Leibniz („Essais de Théodicée",

1710) in die Philosophie eingeführter Begriff. Im engeren Sinn meint Theodizee den Versuch einer Rechtfertigung Gottes angesichts des von ihm trotz seiner unendlichen Allmacht und Güte zugelassenen Leidens und Bösen in der Welt: Naturkatastrophen, menschliches Unglück und Qualen durch Krankheit und Tod, Folter, Mord und Krieg, Verleumdung, Haß und Neid. Im 19. Jahrhundert zeitweilig in einem erweiterten Sinn Bezeichnung für die Gesamtheit der Probleme philosophischer Gotteserkenntnis, soweit sie sich im Begründungsrahmen der faktisch ausgewiesenen Welt bewegen. Etwa: Inwieweit ist eine Erkenntnis Gottes aus der Natur heraus möglich, inwieweit auf der (alleinigen) Grundlage der menschlichen Vernunft? Das Grundmotiv der Theodizee tritt in fast allen Religionen auf, wird jedoch erst durch die Konfrontation von christlicher Frömmigkeit mit griechischer Philosophie zu einem bedeutenden Problem. Dementsprechend definiert Kant Theodizee als „die Verteidigung der höchsten Weisheit des Welturhebers gegen die Anklage, welche die Vernunft aus dem Zweckwidrigen in der Welt gegen jene erhebt". Dabei sind es traditionell vier im Anschluß an Epikur erstmals von Lactantius gestellte Ausgangsfragen, die bis heute wegweisend geblieben sind. Nach ihnen lassen sich die zahlreichen Lösungsangebote im wesentlichen gruppieren. 1. Gott will und kann das Übel in der Welt verhindern: Dem folgen in der Regel alle strikt theistischen Auffassungen, die im unerschütterlichen Glauben an die Allmacht Gottes den einzigen Grund für das menschliche Dasein in der Welt sehen. Gerade gegen diese Position aber spricht die alltägliche Erfahrung. 2. Gott will zwar, aber er kann das Übel nicht beseitigen: Dem liegt eine dualistische Sichtweise zugrunde, wonach es in der Welt zwei gleichberechtigte und ewig widerstreitende Kräfte des z. B. Guten und Bösen gibt (Böhme). Schelling spricht in diesem Zusammenhang von einer Urspaltung Gottes in ein hell-gutes und dunkel-böses Prinzip. 3. Er kann, aber er will es nicht: Dem folgt für die christliche Kirche bis heute richtungweisend v. a. Augustinus, wenn er relativierend von dem Übel als einem *bloßen* „Mangel an Gutem" (eine Art Schöpfungsdefekt) spricht, dem keine *eigentliche* Ursache zukommt, das von Gott aber aus Respekt vor der menschlichen Entscheidungsfreiheit in der Regel schlicht zugelassen wird. In diesem Zusammenhang steht auch alles Sühne- und Erlösungsdenken, d. h. die Welt wird begriffen als ein notwendiger Durchgang durch das Böse hindurch zu einem höheren Gut. 4. Weder kann noch will Gott das Übel in der Welt verhindern: Diese Einstellung entspricht v. a. der optimistischen Stimmung der Aufklärung. Sie ist von besonderem philosophischen Interesse, da sie eine wesentliche Kompetenzbeschneidung der Allmacht Gottes vorbereitet und damit implizit zu einer Aufwertung der menschlichen Rationalität, ihrem erklärten Willen zur Selbstverantwortung und ihrer Menschheitsgeschichte führt. In diesem Sinn prägte Leibniz die Formel von der „bestmöglichen aller Welten". Die Endlichkeit und Unzulänglichkeit erscheint bei ihm als ein notwendiges „metaphysisches Übel". Völlig beeindruckt hierüber zeigte sich auch Hegel in seiner Rechtsphilosophie: „Es ist der Gang Gottes in der Welt, daß der Staat ist." Andererseits führte sie aber auch zum Pessimismus, Nihilismus und Atheismus, etwa seit Schopenhauer, der Leibniz' Formel zur „schlechtmöglichsten aller Welten" umkehrte, oder – stellvertretend für eine heute weitverbreitete Grundstimmung – bei Camus: „Ich werde mich bis in den Tod hinein weigern, die Schöpfung zu lieben, in der Kinder gemartert werden."

Theologie [griechisch „Rede, Lehre von Gott"]: systematisch reflektierende Entfaltung religiöser Glaubensaussagen. Der Begriff Theologie ist erstmals bei Platon bezeugt, für den er Aufdeckung des Wahrheitsgehalts der von allen Abstrusitäten gereinigten religiösen Mythenerzählungen bedeutet. Dagegen nennt Aristoteles die Mythenerzähler selbst Theologen (im Unterschied zu den Philosophen), kennt aber darüber hinaus Theologie auch als philosophische Reflexion der metaphysischen Dimension. Wegen der Rückbezogenheit des Begriffs auf die hellenistische kultisch-mythische Tradition wurde er in den christlichen Sprachgebrauch erst allmählich einbezogen, endgültig wohl erst im 4./5. Jahrhundert (Eusebios von Caesarea, Athanasios u.a.). Selbst dann aber wurde er meist spezialisiert als „Lehre von Gott" gebraucht. Erst mit dem Beginn der Hochscholastik (etwa ab 1200) wurde er zum Oberbegriff für die wissenschaftliche Beschäftigung mit allen Gegenständen der christlichen Tradition: Theologie wurde zur *Glaubenswissenschaft.* In diesem Sinn wird die Bezeichnung Theologie bis heute benutzt. – Die christliche Theologie kann in dreifacher Weise als Wissenschaft verstanden werden: 1. *Theologie als methodisch exakte Reflexion und Darlegung des sich auf Jesus gründenden Glaubens an Gott.* Hierbei wird *im Glauben* die Wahrheit der christlichen Sache (als offenbart) vorausgesetzt und in Auseinandersetzung mit den jeweiligen Wissenschaften (mit dem „Denken") sich selbst und anderen gegenüber verantwortet (Apologetik). Zunächst geschah dies in Konfrontation und mit den Mitteln der hellenistischen Philosophie, so daß diese Theologie hellenistisch-metaphysische Theologie ist. Erst mit der „kritischen Wende" der Neuzeit und dem Aufkommen der modernen Wissenschaften entfaltet die Theologie ihre Aussagen in der Auseinandersetzung mit kritischer Philosophie, Natur- und Humanwissenschaften. Dadurch gelangte diese Art der Theologie zu einer radikalen systemimmanenten Kritik der Möglichkeit des Redens von Gott. Die heutige theologische Auseinandersetzung wird wesentlich geprägt von der Aufgabe, die traditionelle metaphysische Theologie so umzuformen, daß sie dem „Ende der Metaphysik" Rechnung trägt. – 2. *Theologie als historische Wissenschaft.* Hierbei wird nicht Gott zum Gegenstand der Theologie, sondern die historischen Gestaltformen, die das Reden von Gott im Verlauf der Geschichte gefunden hat. – 3. *Theologie als Erfahrungswissenschaft.* Der Ausgangspunkt ist die kritische Erkenntnis, daß alles Reden von Gott auf menschlicher religiöser Erfahrung beruht, die sich jeweils im Kontext und in den Sprach- und Handlungsmodellen der eigenen geschichtlichen Situation ausdrückt. Demnach gründet auch der christliche Glaube auf religiösen Erfahrungen, die Gesellschaften und Individuen anhand der Gestalt Jesu realisiert und mit den Mitteln ihres semantischen Kontextes artikuliert haben. Von den anderen Erfahrungswissenschaften unterscheidet sich Theologie dann nur noch darin, daß in ihr „letzte" bzw. „erste" menschliche Erfahrungen reflektiert werden.

Theorem [griechisch] ↑Satz.

theoretische Philosophie: seit der Aristotelischen Einteilung der Wissenschaften im Unterschied zur ↑praktischen Philosophie der Bereich der Philosophie, dessen Gegenstand die („reine") Theorie ist, u.a. Erkenntnistheorie, Logik und Metaphysik, Sprachphilosophie, Wissenschaftstheorie.

Theorie [griechisch-lateinisch; zu griechisch théa „das Anschauen, das Angeschaute" und horáein „sehen" (verwandt mit theós „Gott")]: bei den antiken Griechen ein mit besonderer Würde ausgestatteter Modus des Erkenntniserwerbs, der nicht durch aktives Eingreifen und Handeln mit den Gegenständen (z.B. im Experiment) geprägt ist – bei dem also die Dinge im wörtlichen Sinne noch zu „begreifen" sind –, sondern eine Form der anschauenden, betrachtenden, rein gedanklichen Untersuchung: ein reines „Bedenken" (↑auch antike Philosophie). Das anschauende Moment galt als Merkmal des Göttlichen (noch bei Nikolaus von Kues heißt es, Gott werde deshalb im Griechischen mit „theós" bezeichnet, „weil er auf alles immerfort schaue"); im „Schauen" galten Bereiche als zugänglich, die der sinnlichen Wahrnehmung verschlossen bleiben. Höchste Stufe ist bei Aristoteles die „Theorie der Theorie" oder das [an]schauend mit sich selbst beschäftigte Denken, das „Denken des Denkens". – Heute versteht man unter einer „Theorie" jedes Gefüge von Aussagen, das sich einerseits durch Allgemeinheit (Form), andererseits durch das Übersteigen der bloßen Konstatierung eines Hier und Jetzt (Inhalt) auszeichnet. Wissenschaftliche Theorien nehmen dabei einen besonderen Rang ein, weil ihre *Form explizit* gemacht und ihr *Inhalt auf den Begriff gebracht* wurde. Die Theorie in dieser ausgearbeiteten Gestalt ist nicht nur zufälliges Ergebnis von Wissenschaft, sondern auch angestrebter Abschluß und ein Ideal, weil in ihr Wissen übersichtlich, einprägsam und deshalb informativ strukturiert werden kann. – Die *Wissenschaftstheorie* unterscheidet zwischen empirischen und deduktiven (euklidischen) Theorien. *Empirische* Theorien werden auf der Basis gut bestätigter Gesetzeshypothesen aufgebaut, die ihrerseits wiederum durch Verallgemeinerung (↑Induktion) aus Beobachtungssätzen hervorgehen und immer wieder – eventuell nach der Ableitung von ↑Testimplikationen – an der Erfahrung geprüft werden (↑Test). Theorien können Terme enthalten, die sich nicht direkt auf Beobachtbares beziehen; diese werden *theoretische Terme* genannt (z. B. „Kraft" oder „Feld" in der Physik; beide sind nur durch ihre Auswirkungen beobachtbar). Der Empirismus fordert, daß sich alle Bestandteile einer empirischen Theorie letztlich auf Beobachtbares zurückführen lassen *(Reduktionismus)*. Dies wird heute allgemein als unmöglich betrachtet. Das Zusammenspiel von Beobachtung und Experiment, zusammengefaßt unter den Begriffen Erfahrung und Theorie, gehört zu den wichtigsten Themen der Wissenschaftstheorie. Es kann auch vorkommen, daß zwei wissenschaftliche Theorien als ganze miteinander in Konkurrenz treten (z. B. die Phlogiston- und die Sauerstofftheorie der Verbrennung). Dann stellt sich das Problem, an Hand von Erfahrung zu entscheiden, welche Theorie zu bevorzugen ist *(experimentum crucis)*. Grundsätzlich geht es dabei um die Frage, ob Theorien überhaupt *wahr* sein können (dann könnte nur eine Theorie dies sein, die es zu finden gelte) oder ob Theorien nur mehr oder minder *erfolgreich* bei der Voraussage von Ereignissen sind. In diesem Fall kann es möglicherweise mehrere, gleich gute Theorien geben. Die Wissenschaftsgeschichte untersucht die historische Abfolge von Theorien. Neuere Forschungen auf diesem Gebiet haben zu der These geführt, daß es nicht miteinander vergleichbare Theorien über ein und denselben Gegenstand geben kann (↑auch inkommensurabel). Diese These ist gegenwärtig Gegenstand zahlloser Kontroversen. Empirische Theorien beziehen ihren Gehalt (ihre Wahrheit, falls man eine solche anerkennt) aus Beobachtungen. Von dieser Grundlage ausgehend, „pflanzt" sich die Wahrheit über die Gesetze zu den obersten Prinzipien fort:

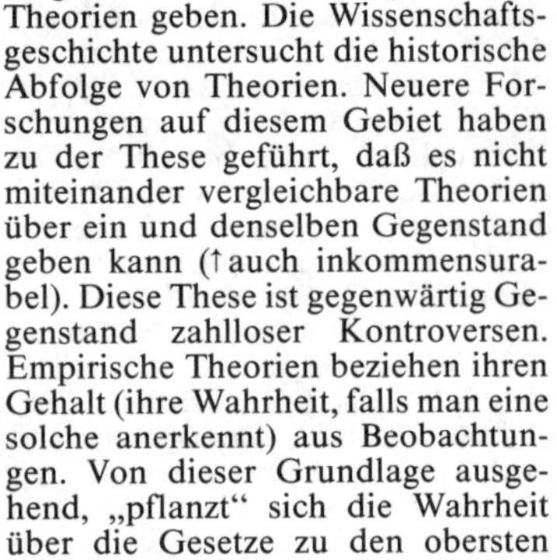

Es muß jedoch beachtet werden, daß die Wahrheit der Gesetze und Prinzipien niemals *garantiert* werden kann. – Im Fall der *deduktiven* Theorien (z. B. der Geometrie) liegen die Dinge anders: Hier werden aus Axiomen mit Hilfe der Logik Sätze gewonnen. Sind die Axiome wahre Aussagen, so müssen auch die Theoreme wahr sein, denn sie wurden ja bewiesen. Der Wahrheitsfluß sieht hier so aus:

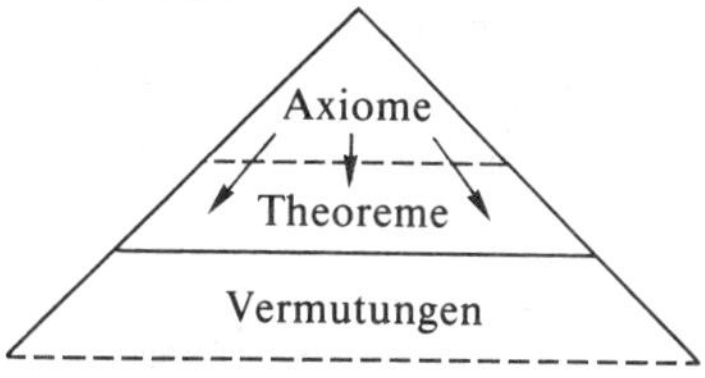

Oft treten deduktive Systeme in *formalisierter Gestalt* auf. Das macht den Vorgang der Deduktion besonders deutlich. Ähnlich wie bei den empirischen Theorien wird heute auch bei deduktiven darauf verzichtet, mit diesen einen *Wahrheitsanspruch* zu verbinden. Die Axiome werden dabei zu Axiomenschemata (↑Axiomenschema), die weder wahr noch falsch sein können, der Vorgang des Ableitens wird zum mehr oder weniger mechanischen Befolgen von Regeln (↑Kalkül). Erst eine ↑Interpretation macht ein solches formales System wieder wahrheitsfähig. Sie liefert zur Theorie einen Anwendungsbereich; beide sind durch *Übersetzungsregeln* miteinander verbunden. Erweist sich die Interpretation als falsch, so kann man dennoch eine Theorie aufrechterhalten. – Im *Marxismus* wird der Theorie die Praxis als Ausdruck des Gegensatzes von *Denken* und *Handeln* gegenübergestellt. Die wahre Theorie gilt als getreue Widerspiegelung der Realität. Ob eine Theorie wahr ist, läßt sich also nur in der Praxis prüfen, die sowohl Grundlage jeder Theorie als auch deren Wahrheitskriterium ist. Dieses gegenseitige Bedingungsverhältnis („dialektische Einheit") ist der Kern der marxistischen These von der *Einheit von Theorie und Praxis*.

Theorie, kritische ↑kritische Theorie.

These [griechisch „das Setzen, Stellen"]: allgemein eine Aussage, die mit Wahrheitsanspruch vorgebracht wird. In der dialektischen Argumentation wird der These die ↑Antithese entgegengestellt (↑auch Dialektik). In der Logik heißt eine Aussage, die vermöge einer ↑Implikation gewonnen wird, These, im Unterschied zu den ↑Hypothesen, aus denen sie gefolgert wird.

Thomismus: Sammelbezeichnung für die theologisch-philosophischen Positionen und Richtungen, die in der Tradition des Thomas von Aquin entstehen (↑mittelalterliche Philosophie, ↑Scholastik). Auf der Basis von Denkelementen des ↑Aristotelismus und der Philosophie des Augustinus wie der Neuplatoniker entwickelt Thomas unter Einbeziehung der gesamten christlichen Tradition eine umfassende Gesamtschau von Glauben und Wissen, Offenbarung und Vernunft, Theologie und Philosophie. Ihren Niederschlag findet diese Synthese im Lehrgebäude einer Theologie, die Thomas als streng wissenschaftliches System versteht. Sie gewinnt ihre Erkenntnisse auf dem Wege der Spekulation und ist von ihrem Aufbau her streng axiomatisch strukturiert: Alle Aussagen stehen in einem lückenlosen Begründungszusammenhang. Gegenstand der fundamentalen Prinzipien ist die Wahrheit Gottes selbst, zu ihrer Erfassung bedarf es der gnadenhaften Erleuchtung. Grundlage für die Einbindung der Theologie in das System ist (philosophisch) die Anknüpfung an die augustinisch-neuplatonische Konzeption, von der her das gesamte Weltganze als eine universale Ordnung (als hierarchisches System des Seins, das auf Gott hin orientiert ist) interpretiert wird (↑auch Teleologie). Theologisch ist die Grundlage des Systems in der Möglichkeit angelegt, das Sein mit dem biblischen Schöpfergott zu identifizieren. Erkenntnistheoretisch vertritt Thomas einen gemäßigten ↑Realismus: Das geistig Reale und ontologisch Primäre ist das Allgemeine; es ist nicht unmittelbar, sondern nur über die Erfahrung erkennbar, indem es von ihr durch Abstraktion abzuleiten ist. Der Wille des Menschen ist von Natur aus auf das Körperliche gerichtet. Um das ↑höchste Gut zu erreichen, bedarf es der göttlichen Gnade. Im Bereich der Ethik entwickelt Thomas die Theorie eines Naturrechts, das in der natürlichen Vernunft gründet und durch praktische Vernunft realisiert wird. In diesem Rahmen entfaltet er auch seine Anschauung von Staat, Obrigkeit und Gesellschaft. – An diese Lehre schließt sich im Verlauf des 14. bis 19. Jahrhunderts eine Reihe von Autoren an, die sie durch Kommentare und Interpretationen weitertragen, dabei das System oder einzelne Denkansätze z.T. aber auch stark verändern. Für die Kirche gewinnt die Lehre zunehmend an Bedeutung, was sich 1567 in der Erhebung des Thomas von Aquin zum Kirchenlehrer niederschlägt. An die thomistische Tradition des Vernunftrechts schließt sich die „Schule von Salamanca" an, die auf dem Sektor der Rechtsphilosophie im 16./17. Jahrhundert richtungweisend wird; indem sie nach Emanzipation des philosophischen Fragens vom theologischen strebt, gestaltet sie Begründung und Entwicklung der neuzeitlichen Naturrechtslehre maßgeblich mit und nimmt Einfluß auf die ↑Aufklärung. In der *Neuscholastik* des 19. Jahrhunderts kommt es zu einer neuen Blüte des Thomismus in seiner ursprünglichen aristotelischen Form. V.a. auf die Initiative Papst Leos XIII. hin entstehen kritische Neuausgaben der Werke des Thomas von Aquin.

Tod: der Stillstand der Lebensfunktionen bei Mensch, Tier und Pflanze. In der Philosophie wird traditionell die in eine religiöse Thematik hinüberreichende Frage behandelt, inwieweit mit dem Erlöschen des organischen Lebens auch ein Erliegen der seelischen bzw. geistigen Funktionen verbunden ist (↑Leib-Seele-Problem). Teils wird das individuelle Weiterleben der Seele (z.B. von Platon, im christlichen Mittelalter), teils auch eine Auflösung in eine individuell nicht mehr zusprechbare Substanz (z.B. in der Stoa) gelehrt. Des weiteren wird die der Ethik zuzurechnende, genuin philosophische Frage gestellt, ob sich aus der Todesgewißheit Konsequenzen für die Lebensführung ergeben, wobei häufig die Bedeutung der Möglichkeit der ↑Selbsttötung und deren Wertung in den Vordergrund rückt. – Der Begriff des Todes gehört zu den Grundbegriffen der philosophischen Anthropologie, einerseits (historisch) als komplementärer Begriff des „ewigen" Lebens, andererseits (v.a. innerhalb der ↑Existenzphilosophie ausgearbeitet) als derjenige Begriff, in dem das menschliche Leben seine spezifische Form besitzt. Die Deutung des gesamten Lebens als Sterben bzw. als „Krankheit zum Tode" (Kierkegaard) findet sich bei Heidegger als Bestimmung des ↑Daseins als „Sein zum Tode". Jaspers betont die Bedeutung des Todes als existenzbewährende und Transzendenz eröffnende ↑Grenzsituation. Materialistische Auffassungen kennzeichnen den Tod als Endpunkt eines einmaligen biologischen Prozesses. Die Einsicht Wittgensteins „Der Tod ist kein Ereignis des Lebens. Den Tod erlebt man nicht" geht zurück auf Epikur, der lehrt: „Der Tod ist für uns ein Nichts, denn solange wir leben, ist er nicht da, und wenn er da ist, sind wir nicht mehr".

Toleranz [zu lateinisch tolerare „ertragen, erdulden"]: Handlungsregel für das Geltenlassen der religiösen, ethisch-sozialen, politischen, wissenschaftlich-philosophischen Überzeugungen, Normen, Werte und Wertesysteme sowie der ihnen entsprechenden Handlungen anderer; im engeren Sinne die Duldsamkeit gegenüber (religiösen) Glaubensüberzeugungen anderer v.a. in Staat und Gesellschaft. Beginnend mit der Reformation, propagiert v.a. durch die Aufklärung, hat Toleranz als Glaubens- und Gewissensfreiheit, Bekenntnisfreiheit, Kultusfreiheit und Religionsfreiheit im Staatsrecht, in den Grundrechten und in den Menschenrechten eine zunehmende Rechtsverbindlichkeit erlangt. Toleranz wurde während der Aufklärung gefordert, um die freie öffentliche Entfaltung der selbständigen Kritik zu ermöglichen. Sie ist eine der Vor- und Grundbedingungen freier, rationaler Auseinandersetzungen zwischen konkurrierenden Wahrheits- und Geltungsansprüchen von Erkenntnissen und Normen. – In *Staat* und *Gesellschaft* hat die Toleranz eine doppelte Schutzfunktion: Sie schützt zum einen das allgemein geltende gesellschaftliche und politische Normen- und Wertesystem vor Infragestellung und Auflösung, indem Normen und Werte anderer toleriert, d.h. hingenommen werden; zum anderen bewahrt sie jene Andersdenkenden vor Repressionen, Diskriminierung und (im ungünstigsten Fall) vor psychischem Terror und physischer Ausrottung. Somit ermöglicht Toleranz Humanität und schafft die Voraussetzung für ein friedliches Austragen der Konflikte. Die Konsequenz der *Intoleranz* ist dagegen Inhumanität; sie führt in einem Überlebenskampf mit Notwendigkeit zum Versuch revolutionärer Durchsetzung unterdrückter Wahrheitsansprüche und Wertvorstellungen. – Eine pluralistische Gesellschaft ist ohne Toleranz nicht funktionsfähig; in den freiheitlichen Demokratien ist Toleranz eine fundamentale Voraussetzung für eine [repressions]freie, rational verfahrende demokratische Willensbildung, die der Minderheitsmeinung prinzipiell als notwendiger (oppositioneller) Alternative bedarf. – Die allgemeine positive Einschätzung der Toleranz wird von marxistischer Seite nur bedingt geteilt. Ausgehend von der Kernfrage, wem Toleranz dienen soll, wird darauf hingewiesen, daß sie auch dem Ziel dienen kann, „die Ideologie einer entmachteten Klasse zu retten und überwundenen Anschauungen erneut Wirkung zu verschaffen" (Geißler). Marcuse geht davon aus, daß die Industriegesellschaften westlicher wie östlicher Prägung das Verlangen des Menschen nach Selbstbestimmung so zum Schweigen bringen, indem sie ihn zum Konsumismus verführen und ihn über die Nichtbefriedigung seiner wirklichen Bedürfnisse hinwegtäuschen. Angesichts solcher Ausschaltung kritischen und revolutionären Potentials ist die Toleranz der demokratisch verfaßten Gesellschaften Vortäuschung von Freiheit und Autonomie, tatsächlich aber *repressive Toleranz.*

Transformation [lateinisch „Umbildung, Verwandlung"]: wissenschaftstheoretischer Terminus für die Überführung einer Theorie (eines Systems, Prozesses) in eine andere, wobei die wesentlichen Größen, Beziehungen u.ä., kurz: der Gehalt, erhalten bleiben. Auf die Philosophiegeschichte angewandt, besagt Transformation: Die alten Probleme werden mit neuen Methoden angegangen (↑Philosophia perennis).

transobjektiv [zu lateinisch trans „über, hinaus" und ↑objektiv]: das, was über das Objektive, den Gegenstand hinausgeht. Für Hartmann ist im Rahmen seiner ontologisch bestimmten Erkenntnistheorie das *Transobjektive* ein vom erkennenden Subjekt nicht mehr zu erkennender bzw. objektivierbarer Teil am Gegenstand, ein je schon Mehr-als-bloß-Objekt-Sein des Gegenstandes.

transsubjektiv [zu lateinisch trans „über, hinaus" und ↑Subjekt]: jenseits des Subjektiven liegend, nicht zu den Bewußtseinsvorgängen des Ich gehörig bzw. das noch vor aller metaphysischen Bestimmung außerhalb des Subjekts befindliche Objekt; auch das *Fürsichsein,* d.h. das Subjekt, das sich im eigenen Erkenntnisprozeß selbst zum Gegenstand der Erkenntnis macht. *Transsubjektivität* ist ein von Lorenzen und Mittelstraß eingeführter normativer Begriff, der im Rahmen wissenschaftlicher Aussagen auf ein praktisch orientiertes Kriterium für ↑Intersubjektivität abzielt.

transzendent [zu lateinisch transcendere „hinübersteigen, überschreiten"]: in der Scholastik der Gegensatz zu ↑immenent, auch transcendens oder transient (zu lateinisch transire „über etwas gehen"); heute ein grundlegender Terminus der Erkenntnistheorie und bedeutet allgemein svw. übersinnlich, übernatürlich, „überfliegend" (Kant), über die Grenzen (z. B. möglicher Erfahrung, des Bewußtseins) hinausgehend; allerdings nicht abwertend im Sinne von unnatürlich, phantastisch, fiktiv oder mystisch, obzwar Fiktionen, mystische Gedankenbilder usw. durchaus dem Bewußtsein transzendente Gegenstände sein können. Transzendent ist das, was die ↑Transzendenz ausmacht. Spätestens seit Kant ist transzendent streng zu unterscheiden von ↑transzendental. In der Mathematik sind transzendente (auch irrationale) Zahlen alle nichtalgebraischen, d. h. durch die reine Algebra nicht mehr zu definierenden Zahlen, etwa die Basiszahl der natürlichen Logarithmen e (= 2,71828...) oder die nichtperiodische Ludolphsche Dezimalzahl π (= 3,141...).

transzendental [zu ↑transzendent]: in der „Kritik der reinen Vernunft" Kants Antwort auf das mit der neuzeitlichen Philosophie (↑Subjektivismus) neu gestellte Problem der ↑Transzendenz. Ist Transzendenz die schlichte Tatsache, daß die in der Erfahrung etwa der Außenwelt gegebenen und unseren Erkenntniswillen letztlich herausfordernden Gegenstände je schon außerhalb (↑transzendent) des erkennenden Bewußtseins anzusiedeln sind bzw. dieses übersteigen, dann ist transzendental die Grundbedingung dafür, daß wir diese Gegenstände trotz ihres wesentlichen Außenseins dennoch rational erfassen und bestimmen können. Transzendental sind dem Bewußtsein *immanente* Erkenntnisleistungen, sofern sie sich auf das Transzendente beziehen. Dabei wäre es falsch, von transzendentalen *Gegenständen* im Bewußtsein zu sprechen. Vielmehr ist transzendental primär ein Begriff, der sich auf ein Grundvermögen des Bewußtseins bezieht, die Außenwelt erfassen zu können. Dieses Vermögen ist nach Kant als ein vor aller Erfahrung im Bewußtsein vorfindliches Apriori anzusehen, aufgrund dessen wir das Empirische gleichsam in einem Umkehrschritt in Richtung Verstand und Vernunft hin ↑transzendieren. Philosophie wird so in Abkehr von der Tradition primär als eine *Methode* des Denkens definiert. Das Entscheidende dieser Methode ist, nicht mehr die Gegenstände der Erfahrung quasi im platten Analogieverfahren naiv als identisch mit den Objekten der Erfahrung selbst hinzunehmen, sondern sich reflexiv dem erkennenden Subjekt bzw. seinen Erkenntnisleistungen zuzuwenden. Dies drückt Kant in dem klassischen Satz aus: „... die Bedingungen der Möglichkeit der Erfahrung überhaupt sind zugleich Bedingungen der Möglichkeit der Gegenstände der Erfahrung, und haben darum objektive Gültigkeit in einem synthetischen Urteil a priori." Als wichtigste Aufgabe auf diesem kritisch-analytischen Weg betrachtet Kant dabei die Begründung der ↑Kategorien sowie der *reinen* Anschauungsformen des Bewußtseins. In der „Kritik..." unterscheidet Kant zwischen der dem philosophischen Gewicht nach bedeutenderen „transzendentalen Elementarlehre" und der „transzendentalen Methodenlehre". Erstere gliedert sich in „transzendentale Ästhetik" (sie hat es im wesentlichen mit den die gesamte „Kritik..." erst ermöglichenden reinen Anschauungsformen ↑Raum und ↑Zeit zu tun) und „transzendentale Logik" (ihr Kernstück ist die Begründung des synthetischen Urteils a priori). Die „transzendentale Methodenlehre" bringt eine historische wie metaphysische Bestimmung des Begriffs „reine Vernunft". Kants Konzept von transzendental ist für ihn nicht nur die erkenntniskritische Ausgangsposition jeder ↑Transzendentalphilosophie, sondern darüber hinaus die generelle Bedingung einer möglichen Philosophie und Wissenschaft überhaupt.

Transzendentalien [zu ↑transzendent]: eigentlich svw. Allaussagen. In der Scholastik im Unterschied zu den ↑Universalien Bezeichnung für die allgemeinsten, jenseits sämtlicher kategorialen Bestimmungen liegenden und nicht mehr reduzierbaren metaphysischen „Wesenheiten". Danach kommt einem Seienden Sein zu, wenn es die folgenden Eigenschaften besitzt (und umgekehrt). Thomas von Auqin unterscheidet neben/nach der Basisbestimmung Ens („das Seiende"): Unum („das Eine"), Verum („das Wahre"), Bonum („das Gute"). Ergänzt wurden später noch: Res („Etwas, Ding"; zu Ens), Aliquid („die Andersheit"; zu Unum), Pulchrum („das Schöne"; als Einheit von Verum und Bonum). – ↑Transzendenz.

Transzendentalphilosophie [zu ↑transzendent und ↑Philosophie]: bezieht sich weniger auf eine bestimmte philosophische Position als vielmehr auf den möglichen Prozeß des Philosophierens selbst. In diesem erweiterten Sinn kann jede Metaphysik bzw. Wissenschaft Transzendentalphilosophie genannt werden, sofern sie sich mit dem Problem der ↑Transzendenz, d. h. mit der erkenntniskritischen Frage nach der rationalen Vermittlung des generellen Wechselverhältnisses von drinnen (immanentes Bewußtsein) und draußen (dem erkennenden Bewußtsein transzendente Gegenstände) konfrontiert sieht bzw. sich in diesem fundamentalen Begründungsrahmen notwendig diskursiv bewegen muß. Transzendentalphilosophie kann z. B. schon die scholastische Lehre von den ↑Transzendentalien genannt werden. Im Kern transzendentalphilosophisch legitimiert sind letztlich aber auch alle neuzeitlichen metaphysischen und auch [natur]wissenschaftlichen Grundbestimmungen etwa von Raum und Zeit. Eingeschränkt meint Transzendentalphilosophie denjenigen philosophischen Ansatz, der die Philosophie selbst auf die Grundfrage der Transzendenz hin reduziert, wie es Kant mit seiner „Kritik der reinen Vernunft" bis heute weitgehend verbindlich durchgeführt hat. Als sowohl methodisch wie inhaltlich postulierter Systembegriff ist Transzendentalphilosophie diejenige Wissenschaft, die „aller Metaphysik notwendig vorhergeht", sich aber selbst als Metaphysik im Sinne einer ↑Philosophia prima begreift. Ihr methodisches Kernstück ist die transzendentale Deduktion, die bestrebt ist, unsere Verstandesbegriffe (↑Kategorien) als ein System von Begriffen a priori auszuzeichnen. „Ich nenne alle Erkenntnis transzendental, die sich nicht sowohl mit Gegenständen, sondern mit unserer Erkenntnisart von Gegenständen, sofern diese a priori möglich sein soll, überhaupt beschäftigt. Ein System solcher Begriffe würde Transzendentalphilosophie heißen." Demnach definiert sich Transzendentalphilosophie allgemein als eine Philosophie, für die sich jegliche Erkenntnis von Wahrheit usw. nicht nur *in* einem Subjekt, sondern gleichzeitig auch durch dieses bzw. *aus* diesem heraus konstituiert. Kants bekannte Formel in diesem Zusammenhang, „die Gegenstände müssen sich nach unserer Erkenntnis richten", wird dabei als die „kopernikanische Drehung" in der Philosophie bezeichnet. Als unterste legitimative Instanz übernimmt Kant dabei das sich selbst bewußte ↑„Cogito, ergo sum". Der streng transzendentalphilosophische Ansatz ist im Anschluß an Kant besonders von Fichte („absolutes Ich"), v. a. aber von Husserl („transzendentale Subjektivität") erheblich vertieft bzw. weiterentwickelt worden. Kants Transzendentalphilosophie besonders verpflichtet waren u. a. alle Philosophien des deutschen Idealismus sowie der Kantianismus und Neukantianismus. Häufig wird der Begriff „Transzendentalphilosophie" auch synonym gebraucht mit Kritizismus. – *Transzendentalismus* bezeichnet mit Kant einerseits das System selbst der Transzendentalphilosophie. Daneben ist es eine im 19. Jahrhundert in Nordamerika entstandene philosophische Richtung, die, gegen die Aufklärung in Philosophie, Theologie und Ästhetik gerichtet, eine radikal sozialphilosophische „demokratische" Position vertrat, wonach der Mensch allein („Selbstbewußtsein") Ausgang und Zentrum aller Erfahrung und Philosophie sei. – ↑transzendental.

Transzendenz [zu ↑transzendent]: wörtlich das Übersteigen, der Überstieg, Gegensatz Immanenz (↑immanent). Transzendenz ist ein zentraler philosophischer Grenzbegriff, der immer dann zum Tragen kommt, wenn es gilt, den Übergang zwischen zwei Bereichen zu charakterisieren, die mehr oder weniger autonom nebeneinander existieren. Zuweilen meint Transzendenz aber auch die absoluten Grenzen (etwa Sagbarkeit, Erfahrbarkeit, Machbarkeit) einer möglichen Philosophie. Man unterscheidet traditionell drei Bedeutungsebenen. Erkenntnistheoretisch bezeichnet Transzendenz einen Zustand oder einen Ort, der in völliger Unabhängigkeit vom erkennenden Bewußtsein existiert bzw. einem Sachverhalt zukommt, der aufgrund seiner Selbständigkeit jeden möglichen Erkenntnisakt übersteigt. Transzendenz ist daneben jene erkenntnistheoretisch fundamentale Grunddifferenz zwischen Innen- (Subjektbereich) und Außenwelt (Objektbereich), die allen Wahrnehmungsprozessen zugrunde liegt: „Die Bäume wachsen nicht in unseren Köpfen." – Im Sinne der ↑Transzendentalphilosophie Kants ist Transzendenz das, was grundsätzlich über den Sinnen liegt und nurmehr rational zu erfassen ist (z. B. Abstraktionen, Schlußfolgerungen usw.). Das Vermögen, solche Transzendenzen überhaupt erfassen zu können, nennt Kant ↑transzendental. – Im Rahmen der scholastischen Seinshierarchie hat der Begriff Transzendenz auch eine logisch-ontologische Bedeutung. Transzendenz kommt all dem zu, was die „bloß" materiale Welt übersteigt, so z. B. bereits Seele und Geist des Menschen, der, obzwar aufgrund seines Leibes in die Welt eingefügt, diese dennoch auf Unendlichkeit hin zu übersteigen vermag. Transzendent sind alle ↑Transzendentalien, da sie die kategorialen Bestimmungen des Seienden auf das Sein hin noch übersteigen. Höchste Transzendenz sind Gott und das gänzlich unerfahrbare universale ↑Sein. – In der Existenzphilosophie ist der Begriff Transzendenz neu formuliert worden. Bei Jaspers ist Transzendenz das Umgreifende, bei Heidegger der Überstieg des einzelnen Seienden auf die Welt als seiende schlechthin. Heideggers Begriff der Existentialien (Seinscharaktere des Daseins: Angst, Sorge usw.), der an die scholastischen Transzendentalien erinnert, charakterisiert die Grundbefindlichkeit des Menschen als ein nach außen gerichtetes Dasein. Bei Bloch kulminiert der Transzendenzgedanke in seinem Konzept von Hoffnung und Utopie. Dagegen sahen Feuerbach und Marx in der Transzendenz eine bloße Selbstprojektion des Menschen in ein „Jenseits", um der diesseitigen Misere zu entgehen. Für Nietzsche ist sie eine Erfindung der „Schlechtweggekommenen".

transzendieren [zu ↑transzendent]: bedeutet bildungssprachlich die Grenzen eines Bereichs in Richtung eines anderen (meist vernunftmäßig höheren) hin überschreiten. In der Philosophie allgemein ist es das Überschreiten der Grenzen der menschlichen Erfahrungen. In besonderer Hinsicht ist Transzendieren aber auch das zentrale Anliegen einer jeden Transzendentalphilosophie insofern, als sie, von der generellen Bestimmung des transzendentalen Vermögens unseres Bewußtseins ausgehend, genau den Weg der Erkenntnis zu klären sucht, der dem Bewußtsein vorab durch die Transzendenz der Gegenstände versperrt zu sein scheint. Transzendieren ist dementsprechend der Versuch aller Philosophie und Wissenschaft, das dem erkennenden Subjekt Transzendente auf das Bewußtseinsimmanente zu beziehen. In diesem Sinne ist Transzendieren ein „Überstieg als Rückbezug“ (Simons). – ↑auch transzendental, ↑Transzendenz.

Trichotomie [griechisch „Dreiteilung“]: die vollständige Zerlegung eines Bereichs in drei sich nicht überschneidende Teilbereiche (z. B. Lebewesen in Mensch, Tier und Pflanze). In der Logik lassen sich Trichotomien auf folgende Form $A \rightarrow (B \vee C \vee D)$ bringen. V. a. wird die auf Platon zurückgehende Lehre, daß der Mensch dreigeteilt sei in Geist, Seele und Körper, als Trichotomie bezeichnet. Auch dem vieldiskutierten Münchhausen-Trilemma liegt eine Trichotomie zugrunde: Entweder man geht dogmatisch von bestimmten Sätzen aus oder man verfällt in einen unendlichen ↑Regreß oder man landet in einem ↑Circulus vitiosus.

Trieb: in Verhaltensforschung und Psychologie die Bereitschaft, eine bestimmte Handlung (v. a. ein Instinktverhalten) ablaufen zu lassen. Die innere Erregung dafür wird fortlaufend zentralnervös im Zentralnervensystem produziert und staut sich auf *(Triebstau)*. Bei starkem Triebstau reicht schon ein schwacher spezifischer Reiz aus, der die innere Sperre über einen Auslösemechanismus beseitigt, um die Handlung ablaufen zu lassen *(Triebbefriedigung)*. Bei zwei einander widersprechenden Trieben (z. B. Angriff und Flucht) kommt es zu unentschlossenem Konfliktverhalten oder es treten Bewegungen eines völlig anderen Verhaltens auf, sogenannte *Übersprunghandlungen*, z. B. Putzbewegungen, Sichkratzen, Griff zur Zigarette. – Nach Freud sind Triebe „die Kräfte, die wir hinter den Bedürfnisspannungen des Es annehmen“. Er geht davon aus, daß es zwei angeborene Grundtriebe gibt, den *Sexualtrieb* und den *Aggressionstrieb*, die die letzte Ursache jeder Aktivität bilden und entweder gegeneinander wirken oder sich miteinander kombinieren.

Trugschluß: ein mit der Absicht der Irreführung gezielt provozierter ↑Fehlschluß (↑Sophisma).

Tugend: etymologisch in Zusammenhang mit dem Verb „taugen“ stehender Begriff; er meint folglich in sehr allgemeinem Sinn die Tauglichkeit zu einem werthaften Verhalten, das dem Wesen eines Individuums entspricht (z. B. gelten Schnelligkeit, Ausdauer und Kraft als Tugenden eines Pferdes). Auf den Menschen bezogen, bedeutet Tugend zunächst allgemein jede vollkommen entwickelte Fähigkeit auf geistigem und seelischem Gebiet, das Vermögen, Leistungen zu vollbringen, die man als wertvoll anerkennt. Die Frage nach Wesen und Möglichkeit von Tugend wurde bereits von den antiken Philosophen als Thema der Ethik erörtert. Während noch die Autoren der Sophistik Tugend als Technik des bestmöglichen Behauptens in einer feindlichen Umwelt bestimmten, beginnt mit Sokrates ein Prozeß der Vergeistigung des Tugendbegriffs: Tugend wird im Zusammenhang des sozialen und sittlichen Handelns definiert, als Gesinnung des inneren Menschen, die auf Verwirklichung moralischer Werte ausgerichtet ist. Platon konzentriert den Katalog verschiedener Einzeltugenden auf die vier Grund- oder Haupttugenden (↑Kardinaltugenden) ↑Weisheit, ↑Tapferkeit, ↑Besonnenheit und ↑Gerechtigkeit. Aristoteles erweitert diesen Tugendkatalog, versucht gleichzeitig aber auch die Tugend allgemein als ein Mittleres zwischen zwei Extremen leiblichen Lustempfindens zu definieren (z. B. ist Freigebigkeit die Tugend zwischen Kleinlichkeit und Vergeudungssucht). Die Stoiker und die Epikureer bestimmen von ihren verschiedenen philosophischen Denkgebäuden her Tugend als vernunft- und naturgemäßes (asketisches) Leben (↑Stoa) bzw. als Suche nach wahrer und dauerhafter (d. h. nicht:

zügelloser) Lust (↑Epikureismus). Eine systematische Tugendlehre, die die Ansätze Platons und Aristoteles' aufnimmt, wird von der christlich-mittelalterlichen Philosophie entwikkelt; sie ergänzt das überlieferte Tugendsystem (aus den Kardinaltugenden und den mitmenschlichen Tugenden wie Nächstenliebe, Hingabe, Wahrhaftigkeit, Treue u.a.) durch die drei „göttlichen" oder „theologischen" Tugenden Glaube, Liebe, Hoffnung, um die Gebundenheit des Menschen an die göttliche Gnade zum Ausdruck zu bringen. – Wie sehr der Begriff auf verschiedene geschichtliche Situationen bezogen ist, zeigt sich daran, daß in der Neuzeit z. B. das Bürgertum standesbezogene Wertvorstellungen (Ordnung, Fleiß und Sparsamkeit u. a.) zu Tugenden erhebt oder in der sozialistischen Gesellschaft zu eigenen (spezifisch sozialistischen) Tugenden erzogen wird. Im philosophisch-ethischen Sprachgebrauch der Gegenwart hat der Begriff an Bedeutung verloren. Man hat erkannt, daß es nicht möglich ist, ein geschlossenes System von Einzeltugenden, die für alle Zeit Gültigkeit hätten, zu bestimmen. Man spricht heute eher vom Wert einer sittlichen Handlung als von der Tugend des Handelnden.

U

Übel: Gegensatz zu einem Gut (↑Güterethik) oder dem Guten (↑Gute, das) überhaupt. Das Übel kann einmal in subjektiver Weise durch Bezugnahme auf die Empfindung als das Unangenehme, Lebenshemmende oder Widerwärtige definiert, zum anderen in objektiver Weise durch den Bezug auf normative Vorstellungen und Werte als das Norm- oder Wertwidrige verstanden werden. Seit Augustinus ist die Unterscheidung zwischen physischem (z.B. Krankheit) und moralischem (das Böse, Sünde) Übel gebräuchlich. Leibniz spricht außerdem von einem metaphysischen Übel, das in der Endlichkeit alles Geschaffenen besteht. Im Rahmen der ↑Theodizee dient dieses metaphysische Übel zur Erklärung des physischen und moralischen Übels wie zur Rechtfertigung des Schöpfergottes.

Überbau ↑Basis und Überbau.

Überich (Superego): nach den Vorstellungen der ↑Psychoanalyse eine der Instanzen der Persönlichkeit mit den Funktionen des Gewissens, der Selbstbeobachtung und der Idealbildung. Wie ein Zensor wehrt es alle Triebregungen des ↑Es ab, die mit seinem Anspruch unvereinbar sind. Das Überich bildet sich durch Verinnerlichung elterlicher Forderungen und Verbote. Mit und neben elterlichen Normen gehen auch gesellschaftliche Normtraditionen in das Überich ein. Ein zu starres und strenges Überich gilt als eine der Ursachen von psychischen Störungen.

Übermensch: die Vorstellung eines idealen Menschentyps, der alle Grenzen des menschlichen Wesens übersteigt und allen wirklichen Menschen überlegen ist. Diese Vollkommenheit kann sich auf die Religion beziehen, aber auch die Entwicklung von menschlichen Handlungs- und Denkmöglichkeiten über bisherige Grenzen hinweg meinen. Der Begriff wird schon von Lukian verwendet; im deutschen Sprachraum erscheint er zunächst in mystisch-theologischer Bedeutung (im Sinne eines „Gottesmenschen"), später auch bei Herder, Hippel, Jean Paul und Goethe. In den philosophischen Kontext wird er von Nietzsche gerückt: Nach dessen kritischer Analyse erscheint der Mensch, was die Nutzung und freie Entfaltung der in ihm angelegten Möglichkeiten betrifft, durch die geschichtlich vorgegebenen Handlungsmuster und Wertvorstellungen der Moral, Metaphysik und Religion eingeschränkt. Im Akt der Überwindung dieser „Ressentiments" wird auf den Übermenschen hingeleitet.

Umfang ↑Extension.

Umwelt: im engeren biologischen Sinn *(physiologische Umwelt)* die spezifische, lebenswichtige Umgebung einer Tierart, die als *Merkwelt* (Gesamtheit ihrer Merkmale) wahrgenommen wird und als *Wirkwelt* (Gesamtheit ihrer Wirkungen) das Verhalten der Artvertreter bestimmt. Als einziges Wesen ist der Mensch nicht an eine spezifische Naturumgebung gebunden; er ist daher „weltoffen" (Scheler; ↑Anthropologie). Im weiteren, kulturell-zivilisatorischen Sinn versteht man unter Umwelt auch den vom Menschen existentiell an seine Lebensbedürfnisse angepaßten und v. a. durch Technik und wirtschaftliche Unternehmungen künstlich veränderten Lebensraum, wodurch eine Art künstliches Ökosystem geschaffen wurde (mit den heute zu einer Krisensituation angewachsenen lebensbedrohenden Gefahren). Seit den 60er und 70er Jahren entstehen in der normativen Ethik, aber auch in anderen Disziplinen wie der Ökologie, der Theologie und der Jurisprudenz umweltethische Entwürfe, die das Problem der Verantwortung des Menschen für seine Umwelt thematisieren und einer ständig breiter werdenden Öffentlichkeit zugänglich machen (z. B. Birnbacher, Jonas, Meyer-Abich).

Umwertung aller Werte: von Nietzsche geprägte Formulierung, mit der für die Ersetzung der auf der platonisch-christlichen Weltanschauung basierenden Werte durch vorchristlich-archaische Tugenden plädiert wird (↑Herrenmoral/Sklavenmoral). Die Aufforderung zu diesem Umdenken gründet bei Nietzsche auf einer kritischen Kulturanalyse, nach der sich die traditionellen Moralwerte geschichtlich nicht bewährt hätten und es allen bisherigen Versuchen einer Sinngebung für die menschliche Existenz an Objektivität mangele; stattdessen sei die Entfaltung besonderer Kulturkräfte wie das Geltungsstreben der starken Individuen, wahre menschliche Größe also, geradezu verhindert worden. Der aus dieser Einsicht in den ↑Nihilismus folgende „Akt höchster Selbstbesinnung" des Menschen soll durch die „Umwertung aller Werte" alle bisherigen Sinngebungsversuche überwinden.

unabhängig ↑abhängig/unabhängig.

Unbestimmtheitsrelation ↑Quantentheorie.

unbewegter Beweger [eigentlich: das erste unbewegte Bewegende]: übliche Kurzübersetzung der griechischen Begriffe, mit denen Aristoteles den für ihn denknotwendigen Gott bezeichnet. – Seine Argumentation, die sich über Teile seiner „Metaphysik" erstreckt, ist zusammengefaßt diese: Das Seiende existiert als sich veränderndes, als bewegtes. Die ↑Bewegung insgesamt – wie auch die Zeit – kann aus logischen Gründen nur anfanglos gedacht werden. Die Bewegung eines Seienden ist Verwirklichung von Möglichem (↑Akt/Potenz). Die Verwirklichung von Möglichem kommt und bleibt nur in Gang, insofern sie ein Ziel hat (z. B. das fertige Kunstwerk für die Veränderungen, die am Stein durch den Künstler geschehen; die vollendete Pflanze für das Wachsen vom Samen an; ↑Teleologie ↑Causa). Auch die Bewegung des Seienden insgesamt bedarf eines als Zielursache Bewegenden, damit sie in Gang sein kann. Dieses Bewegende muß veränderungslos, bewegungslos sein, da es sonst wieder eines Ziels als Ursache seiner Bewegung bedürfte. – Aus dieser Argumentation für die Existenz des unbewegten Bewegers ergibt sich für Aristoteles auch dessen inhaltliche Bestimmung: Er muß, um Zielursache aller Bewegung sein zu können, „das Beste" sein. Er darf, um unbewegt zu sein, nichts Mögliches in sich haben, sondern muß reine Wirklichkeit sein; er muß, um reine Wirklichkeit zu sein, materielos sein, also reine Form (↑Form/Materie). Von der Art, nämlich das Beste, reine Wirklichkeit, reine Form zu sein, ist aber nur das Denken, das sich selbst denkt und in diesem Denken Freude ist. „Daß es also eine ewige, unbewegliche, von dem Sinnlichen getrennte, selbständig existierende Wesenheit gibt, ist aus dem Gesagten klar“ (Aristoteles). – Die Argumentation regte die ↑Gottesbeweise des Thomas von Aquin an.

unendlich ↑endlich/unendlich.

unendliche Konjunktion ↑Allquantor.

unendlicher Regreß ↑Regreß.

unentscheidbar ↑entscheidbar/unentscheidbar.

Universalaussage: traditionelle Bezeichnung für ↑Allaussage.

Universalien [zu lateinisch universalis „allgemein“]: traditionelle Bezeichnung für Allgemeinbegriffe; Gegensatz: Realien, auch Individualbegriffe. Die Frage, ob den Universalien eine eigenständige Existenz zukomme, war der Ausgangspunkt des mittelalterlichen ↑Universalienstreits.

Universalienstreit: allgemein die Auseinandersetzung um die Frage, ob den Allgemeinbegriffen (↑Universalien) ein eigenständiges Sein zuerkannt werden soll. – Der *mittelalterliche* Universalienstreit war eines der beherrschenden Themen der scholastischen Philosophie. In der Tradition des Neuplatonismus bleibend, galten ihr Universalien vielfach realer als Individuen. Es hieß sinngemäß: „je allgemeiner, desto realer“. „Sein“ wird dabei als ↑Prädikator gebraucht, der wie jeder Prädikator einem Gegenstand zu- oder abgesprochen werden kann. Das vollkommenste Wesen ist Gott, dem somit unbedingt Sein zukommen muß. Das ist die Idee des ontologischen Gottesbeweises, der auf Anselm von Canterbury zurückgeht. Er ist eine direkte Konsequenz der geschilderten Auffassung, die als Platonismus bezeichnet wird. Das Allgemeine, das als Gedanke Gottes verstanden wird, wohnt allen seinen Instanzen inne (↑Methexis), die ihr Wesen durch diese Teilhabe erlangen. Das Allgemeine existiert *unabhängig* und *vor* den Dingen („universalia ante rem“). Der Platonismus führt zum Pantheismus: Alle Dinge haben, da sie am Allgemeinen teilhaben, teil an Gott. Aus diesem Grund wurde der Platonismus oft zu einem *Realismus* abgemildert: Das Allgemeine existiert nur *in* den Dingen, nicht aber vor diesen („universalia in re“). Es ist als ↑Möglichkeit aufzufassen, ähnlich der Dynamis des Aristoteles. Eine Abstufung im Sinne von „mehr oder weniger seiend“ gibt es nicht; „Sein“ wird nicht mehr als Prädikator verwendet. Die Gegenposition zu Platonismus und Realismus ist der *Nominalismus.* Aus seiner Sicht sind Universalien lediglich Unterscheidungen, die das Denken (oder die Sprache – dann spricht man von *Terminus*) an den Dingen vornimmt. Sie sind also *nach* den Dingen („universalia post rem“) und *nur* im Denken („universalia in intellectu“); sie sind ein bloßer Hauch („flatus vocis“). Der Nominalismus konnte sich auf Aristoteles berufen, der behauptet hatte: „Gegenstände können nicht prädiziert werden.“ Dieser Satz war in der Übersetzung des Boethius bekannt geworden. Er bildet, historisch gesehen, die Wurzel des Universalienstreits. Dem Nominalismus gelten nur die Einzeldinge als wirklich. Darin zeigt sich das Prinzip der Individualität (↑patristische Philosophie). Der Nominalismus ist meist mit einem ↑Sensualismus verbunden. Eine vermittelnde Position nimmt der *Konzeptualismus* ein, wie er v. a. von Abälard vertreten wurde. Dem Nominalismus gesteht er zu, daß Universalien Namen für Gemeinsames sind; dem Realismus aber folgt er, wenn er betont, daß diese Namen nicht willkürlich sind, sondern daß sie reale Eigenschaften der Dinge wiedergeben, nämlich deren Ähnlichkeit in bestimmten Hinsichten (↑Abstraktion). Das Interesse am Universalienstreit verschwand fast vollständig mit Beginn der Neuzeit. Er wurde als ein von der scholastischen Terminologie erzeugtes Scheinproblem eingeschätzt. – Im Rahmen des Grundlagenstreits der modernen Mathematik und Logik erlebte er im 20. Jahrhundert eine überraschende Neuauflage (*moderner* Universalienstreit). Hierbei geht es um die Frage, welche abstrakten Gebilde der Mathematik (z. B. Mengen, Klassen, Zahlen) als existent anzunehmen sind. Der moderne Nominalismus fordert eine strenge Beschränkung auf überschaubare Bereiche von Individuen (z. B. natürliche Zahlen) und tatsächlich auf solchen ausführbare Operationen („Finitismus"). Dagegen läßt der Platonismus alle von der Mengenlehre her geläufigen Bildungen zu. Diese sieht er durch die unabhängige Existenz der mathematischen Gegenstände (↑ Philosophie der Mathematik) gesichert. Auch hier nimmt der Konzeptualismus, meist als mathematischer Konstruktivismus bezeichnet, eine Zwischenstellung ein. Zwar wählt er denselben Ausgangspunkt wie der Nominalismus, aber er läßt mehr Verfahren als dieser zu. Der moderne Universalienstreit wird mit den Mitteln der mathematischen Logik ausgetragen, was vielfach dazu führt, daß er seinem mittelalterlichen Vorgänger an Esoterik kaum nachsteht.

Universalisierung [lateinisch] ↑ Generalisierung, ↑ Universalisierungsprinzip.

Universalisierungsprinzip [zu lateinisch universalis „allgemein" und ↑ Prinzip]: svw. Verallgemeinerungsgrundsatz – Moralprinzip moderner kognitivistischer (d. h. die rationale Begründbarkeit von Normen voraussetzender) Ethiken, das in der moralisch-praktischen Argumentation eine dem Induktionsprinzip (↑ Induktion) in der empirisch-theoretischen Argumentation vergleichbare Rolle spielt. Es schließt diejenigen auf Sittlichkeit Anspruch erhebenden Normen als ungültig (illegitim) aus, die sich nicht zum „allgemeinen Gesetz" (Kant) eignen, weil sie keinerlei verallgemeinerungsfähige Maximen (Grundsätze, Bedürfnisse, Interessen) ausdrücken. Die Begründung des Universalisierungsprinzips ergibt sich aus der Analyse des Begriffs „sittliche Norm". Mit einer sittlichen Norm verbinden wir die Merkmale der unbedingten Geltung für jedes sprach- und handlungsfähige Wesen, der rationalen, d. h. argumentativen Begründbarkeit und, damit verbunden, der notwendigen Anerkennung durch jeden Vernünftigen. Diese Merkmale sind bedingt durch den Zweck sittlicher Normen: Sie sollen Handlungskonflikte verhindern bzw. – wenn sie einmal ausgebrochen sind – gewaltfrei (und das setzt voraus: im Interesse aller Betroffenen, konsensuell) beilegen. Eben dies können sie nur, wenn sie verallgemeinerungsfähige Interessen beinhalten. Verallgemeinerungsfähig ist eine Handlungsmaxime (die als solche ein bestimmtes Interesse verkörpert) nach Kant, wenn die monologische Prüfung eines einzelnen (in seiner Eigenschaft als überindividuelles vernünftiges Subjekt) ergibt, daß sie ohne Widerspruch als allgemeines Gesetz gelten kann (↑ kategorischer Imperativ). (So ist z. B. die Maxime „Du darfst ein gegebenes Versprechen brechen, wenn dies für dich von Vorteil ist" unsittlich, da sie, zum allgemeinen Gesetz erhoben, die Sinnlosigkeit von Versprechen zur Folge hätte.) Habermas begründet in seiner Diskursethik (↑ Diskurs) dagegen die Notwendigkeit einer dialogischen Prüfung der Verallgemeinerungsfähigkeit. Eine strittige Norm oder Handlungsmaxime kann allgemeine Zustimmung nur finden, „wenn die Folgen und Nebenwirkungen, die sich aus [ihrer] allgemeinen Befolgung für die Befriedigung der Interessen eines jeden Einzelnen voraussichtlich ergeben, von allen zwanglos akzeptiert werden können". Ob dies der Fall ist, kann nur in einer realen Argumentation, an der (im Idealfall) alle Betroffenen teilnehmen, festgestellt werden. Denn nur so sind die Ursachen für unausweichliche Mängel einer monologischen Prüfung auszumerzen. (Solche Ursachen sind z. B. Irrtumsfähigkeit und Selbsttäuschungsbereitschaft des einzelnen, „perspektivisch verzerrte Deutung" der Interessen anderer, einseitige „Revision von bedürfnisinterpretierenden Werten".) Demgemäß erklärt die Diskursethik zum regulativen Prinzip, „daß nur die Normen Geltung beanspruchen dürfen, die die Zustimmung aller Betroffenen als Teilnehmer eines praktischen Diskurses finden (oder finden könnten)".

Universalismus [zu lateinisch universalis „allgemein"]: im Gegensatz zu ↑Individualismus eine Denkart, Lehre, die den Vorrang des Allgemeinen, des Ganzen gegenüber dem Besonderen und einzelnen betont. Dementsprechend sucht der Universalismus in der Philosophie allgemein die Vielfalt des Wirklichen den letzten Allgemeinbegriffen (Universalien) unterzuordnen und führt zu der Frage, ob die allgemeinen Prinzipien und Begriffe den Realitäten vorausgehen und unabhängig von ihnen existieren (↑Universalienstreit) oder ob sie den Einzeldingen wesenhaft innewohnen. Im engeren Sinne eine von Spann begründete theoretische Richtung der Sozialwissenschaften, die das Verhalten der Individuen als von ihrer Stellung im Gesamtgesellschaftskörper abhängig ansieht.

universell [lateinisch] ↑generell.

univok [lateinisch] ↑äquivok.

Unsterblichkeit ↑Seele.

Untersatz: in der traditionellen Logik diejenige Voraussetzung eines Syllogismus, die Mittel- und Unterbegriff enthält. Der Untersatz wird auch *propositio minor* oder *Minorprämisse* genannt.

Ununterscheidbarkeit: in der Logik spielt die Ununterscheidbarkeit durch Prädikate eine wichtige Rolle bei der Definition der Identitätsrelation (↑Satz von der Identität). Es wird definiert:

$$x = y \rightleftharpoons \bigwedge_{P} P(x) \leftrightarrow P(y)$$

(x und y freie Gegenstandsvariable, P eine Prädikatvariable). Das hierin enthaltene Prinzip lautet: Dasjenige ist als identisch anzusehen, was sich nicht durch irgendein Prädikat unterscheiden läßt. Leibniz hat hierfür den Namen „Prinzip von der Identität des Ununterscheidbaren" eingeführt. – In der Prädikatenlogik zweiter Stufe läßt sich die Identität eliminieren, indem man das obige Definiens an ihrer Stelle verwendet. Will man sich auf die erste Stufe beschränken, auf der ja keine Prädikatvariablen zugelassen sind, so ist man gezwungen, die Identität als *undefinierte Grundrelation* zu behandeln. Das führt zur Prädikatenlogik erster Stufe mit Identität.

Ursache ↑Causa, ↑Kausalität.

Urteil: Grundbegriff der traditionellen Logik. Im Urteil wird, im einfachsten Fall, einem Subjektbegriff, vertreten durch einen Nominator N, eine Eigenschaft (Prädikatbegriff), also ein Prädikator P, zu- oder abgesprochen: $N \varepsilon P$ oder $N \varepsilon' P$. Das Urteil wurde deshalb als *Verknüpfung zweier oder mehrerer Begriffe* aufgefaßt. Man unterschied verschiedene Arten von Urteilen: ↑analytische und ↑synthetische; ↑assertorische, ↑apodiktische und ↑problematische; ↑hypothetische und ↑kategorische. Die moderne Logik betrachtet anstelle der Urteile Aussagen (also sprachliche Gebilde). Das Urteilen wird zu den Sprechakten gerechnet. Gelegentlich wird Urteil auch gleichbedeutend mit ↑Proposition benutzt.

Urteilskraft: von Leibniz in die philosophische Fachsprache aufgenommen; bei Kant von systematischer Bedeutung: „Urteilskraft ist das Vermögen, unter Regeln zu subsumieren; d. h. zu unterscheiden, ob etwas unter eine gegebene Regel" gehört oder nicht. Die Urteilskraft kann – nach Kant – nicht gelehrt, sondern nur geübt und trainiert werden; wem es an Urteilskraft mangelt, der galt Kant als dumm. Die *bestimmende* Urteilskraft ordnet Einzelfälle unter allgemeine Regeln, Prinzipien und Gesetze, die vom Verstand vorgegeben sind; die *reflektierende* Urteilskraft versucht, zum individuellen Einzelfall das Allgemeine, den passenden Oberbegriff zu finden. 1790 veröffentlichte Kant die „Kritik der Urteilskraft", in der er aufzuzeigen versucht, daß Urteilskraft eine unabdingbare Voraussetzung für das Verständnis von Gegenständen der Kunst (*ästhetische* Urteilskraft) wie auch der Natur (*teleologische* Urteilskraft) sei. Damit vertritt Kant eine Theorie von intersubjektiv gültigen und wirksamen Kriterien des Schönen und des Zweckmäßigen.

Utilitarismus [zu lateinisch utilis „nützlich"]: Form der ↑teleologischen Ethik, die v.a. im englischsprachigen Raum zu einer systematischen Ethik entwickelt wurde. Die Grundlage für die ethische Bewertung einer Handlung ist das *Nützlichkeitsprinzip.* Bei dessen inhaltlicher Bestimmung muß man zwischen dem Inidividual- und dem Sozialutilitarismus unterscheiden. Während der *Individualutilitarismus* die Handlungen gebietet, die dem *eigenen* Wohlergehen am meisten nützen, fordert der *Sozialutilitarismus* zur Förderung des *allgemeinen* Wohlergehens auf. So formuliert z.B. Bentham, der Begründer des Sozialutilitarismus, das Nützlichkeitsprinzip als ein Prinzip, „das schlechthin jede Handlung in dem Maß billigt oder mißbilligt, wie ihr die Tendenz innezuwohnen *scheint,* das Glück der Gruppe, deren Interesse in Frage steht, zu vermehren oder zu vermindern". Im Utilitarismus wird also eine ganz klare Handlungsanweisung formuliert und einem auch ein Kriterium an die Hand gegeben, nämlich das größtmögliche Glück für die größtmögliche Zahl, an das man sich in Entscheidungssituationen halten kann. Für einen Utilitaristen gibt es also keinen Gewissenskonflikt, da er sich an dem Nützlichkeitsprinzip orientiert. Diese Orientierung kann so verstanden werden, daß keine allgemeingültigen Normen aufgestellt werden, sondern der Handelnde sich in jeder Situation überlegt, welche Handlung entweder seinem eigenen Wohl oder dem Allgemeinwohl am meisten nützt. Bei dieser Form des Utilitarismus, dem *Handlungsutilitarismus,* werden die konkreten Normen in Abhängigkeit von der Situation formuliert, d.h. sie können den Anspruch auf Allgemeingültigkeit, der in einer vernünftigen Ethik erhoben wird, nicht erfüllen. Dieses Problem versucht der *Regelutilitarismus* zu umgehen, indem er aus dem Nützlichkeitsprinzip allgemeingültige Regeln ableitet, die in allen Situationen zu befolgen sind. Ein Regelutilitarist würde z.B. die Norm „Du sollst nicht lügen" aufstellen, da es für das Wohl der Allgemeinheit nützlicher ist, wenn alle die Wahrheit sagen. Ein Handlungsutilitarist dagegen würde in jeder konkreten Situation entscheiden, ob er die Wahrheit sagt oder nicht. Er hat somit im Gegensatz zum Regelutilitaristen die Möglichkeit, durch eine Lüge z.B. eine Panik zu verhindern. – Der Utilitarismus versucht, eine Ethik ohne Metaphysik aufzubauen, indem er rationale Elemente (Prinzip der Nützlichkeit) mit empirischen Tatsachen (den Folgen der Handlung und deren Konsequenzen für die Betroffenen) zu verbinden sucht. Da der Utilitarismus auf Erfahrung aufbaut – nämlich der Beurteilung der voraussehbaren Folgen – wird er oft von Anhängern des Empirismus vertreten. Eine wesentliche Stärke des Utilitarismus liegt darin, daß seine Bewertung von Handlungen häufig mit den allgemein vertretenen moralischen Überzeugungen übereinstimmt. – Da im Utilitarismus nicht die Handlung selbst, sondern die aus ihr resultierenden Folgen bewertet werden, wurde ihm häufig vorgeworfen, eine Erfolgsethik zu sein. Dieser Vorwurf ist jedoch nicht berechtigt, da nicht die tatsächlichen, sondern die voraussehbaren und wahrscheinlichen Folgen beurteilt werden. Aber dennoch ergeben sich im Utilitarismus einige Probleme: 1. Die Bestimmung eines allgemeinen Glücksbegriffs ist unmöglich, da Glücksvorstellungen individuell verschieden sind. Bentham hat zwar versucht, ein allgemeingültiges Glückskalkül aufzustellen, das sich jedoch als unzureichend erwies. 2. Eine Handlung hat in der Regel nicht nur positive oder negative Folgen, und oft sind die Folgen so verschiedenartig, daß sie nicht miteinander verglichen werden können, auch wenn es im Alltag oft so scheint; z. B. läßt sich die Frage, ob man teureres, aber umweltfreundliches Putzmittel verwenden soll, nicht dadurch entscheiden, daß man die positiven Folgen (Schutz der Umwelt) und die negativen Folgen (finanzielle Belastung) gegeneinander aufrechnet, da diese Folgen nicht miteinander vergleichbar sind, sondern in die Entscheidung das persönliche Werturteil, welche Konsequenzen einem wichtiger sind, eingeht. 3. Im Utilitarismus müssen zwei Handlungen, die im gleichen Maß zum allgemeinen Wohl beitragen, als gleichwertig angesehen werden, auch wenn die eine eine bestimmte Gruppe benachteiligt. Es wäre also vom utilitaristischen Standpunkt aus durchaus legitim, die allgemeine Arbeitslosigkeit durch ein generelles Arbeitsverbot für verheiratete Frauen zu bekämpfen, anstatt nach anderen, gerechteren Maßnahmen zu suchen. Mit einer utilitaristischen Ethik läßt sich nicht nur die Diskriminierung von Minderheiten, sondern sogar deren Eliminierung rechtfertigen, wenn dieses dem allgemeinen Wohl dienen würde. Es gibt also weder ein Gerechtigkeitsprinzip noch einen Minderheitenschutz noch einen generellen Schutz der Menschenwürde. Zwei weitere Kritikpunkte am Utilitarismus bestehen darin, daß das Nützlichkeitsprinzip nicht begründet wird und daß es sich nur auf das Verhalten der Menschen zueinander und nicht des Menschen zu sich selbst bezieht.

Utop<u>i</u>e [zu griechisch ou „nicht" und tópos „Ort"]: in Anlehnung an den Titel des Staatsromans „De optimo statu reipublicae, deque nova insula Utopia" („Die beste Staatsordnung und die sonderbare Insel Utopia", 1516) Mores gebildeter Begriff, der alltagssprachlich v. a. ein für (wünschbar, aber) nicht realisierbar gehaltenes Projekt bezeichnet. In philosophischer Rede meint Utopie den Entwurf einer idealen, d. h. vernunftgegründeten, das Glück aller Gesellschaftsmitglieder wo nicht garantierenden, so doch in optimaler Weise ermöglichenden Gesellschaftsordnung. Diese ist gekennzeichnet durch die Verwirklichung von Gerechtigkeit, Gleichheit, Freiheit, Frieden und allgemeiner Wohlfahrt. Als Voraussetzung dafür wird im allgemeinen die Einführung des ↑Kommunismus (v. a. Abschaffung der Besitzunterschiede und des Geldes) und der ↑Demokratie genannt. Utopische Gesellschaftsentwürfe gründen im kritischen Ungenügen an bestehenden gesellschaftlichen Verhältnissen. Sie erfordern das Bewußtsein der Verantwortlichkeit der Menschen für die Art und Weise ihres gesellschaftlichen Zusammenlebens, der Veränderbarkeit der gesellschaftlichen Verhältnisse, der Notwendigkeit ihrer rationalen Legitimation, der evolutionären oder revolutionären Realisierbarkeit des utopischen Idealzustands durch die Menschen selbst, d. h. der Möglichkeit geschichtlichen ↑Fortschritts. Sofern die Anhänger einer bestimmten Utopie nicht – auf Grundlage einer Analyse der bestehenden Gesellschaft – konkret die historischen Bedingungen und die Mittel und Wege zu ihrer Verwirklichung angeben können, wird gegen diese Haltung seit Marx der Vorwurf des Utopismus erhoben. – Als Begründer utopischen Denkens wird häufig Platon genannt aufgrund seines in dem Werk „Politeia" entwickelten Modells eines idealen Staatswesens. Allerdings ist dieses durch aristokratisch-elitäre Züge geprägt. Freiheit und Gleichheit, konstitutive Merkmale der sozialen Utopie, setzen dagegen bürgerliches Selbstbewußtsein voraus. Deshalb liegt die Geburtsstunde der eigentlichen Utopie in der Renaissance. Da sind es v. a. Staatsromane, die – meist in Gestalt fiktiver Reiseberichte über räumlich oder zeitlich entfernte Gesellschaften – Aufbau und Funktionieren ideal verfaßter Gemeinwesen darstellen (z. B. das bereits erwähnte Werk Mores; „Der Sonnenstaat“ von Campanella, 1602; „Neu-Atlantis“ von Francis Bacon, 1627). In der Aufklärung entsteht eine Vielzahl literarischer Utopien, denen im 19. Jahrhundert die diskursiven sozialutopischen Entwürfe der Frühsozialisten (Saint-Simon, Owen, Fourier und Proudhon) folgen. Diesem sogenannten utopischen Sozialismus setzt der ↑Marxismus seinen wissenschaftlichen Sozialismus entgegen, der in erster Linie die bestehende Gesellschaft und ihre Bewegungsgesetze analysiert, statt den gesellschaftlichen Idealzustand auszumalen, auf den lediglich durch Chiffren wie z. B. „klassenlose Gesellschaft“ oder „Reich der Freiheit“ verwiesen wird. In die Reihe der sozialphilosophischen Utopien gehört auch die ↑Anarchie als Ideal des libertären Sozialismus. Der im 20. Jahrhundert u. a. im Gefolge der beiden Weltkriege ins Wanken geratene Fortschrittsglaube läßt die literarische Utopie als negative oder Anti-Utopie wieder aufleben (z. B. Huxley, „Schöne neue Welt“, 1932; Orwell, „1984“, 1949). Sie stellt die vollständige Unterdrückung der Menschen unter bürokratisch-totalitärer Herrschaft dar, die sich zur Unterjochung oder manipulierten Beglückung der Menschen aller Mittel der Wissenschaft und Technik bedient. Eine umfassende philosophische Interpretation utopischen Denkens als einer anthropologisch begründeten menschlichen Grundhaltung gibt Bloch („Geist der Utopie“, 1923; „Das Prinzip Hoffnung“, 1959).

V

Variable [zu lateinisch varium „mannigfaltig, mannigfach wechselnd“]: Platzhalter für die Mitglieder eines vorgegebenen Grundbereichs. Man unterscheidet *gebundene* und *freie* Variable, je nachdem, ob die Variable unter einem Quantor auftritt oder nicht; z. B.:

In $\bigwedge_{n \in \mathbf{N}} n^2 + 1 \geq 1$ ist n eine gebundene Variable für natürliche Zahlen, in $n^2 + 1 \geq 1$ dagegen eine freie. Durch ↑Quantifikation kann man aus freien Variablen stets gebundene machen. Gegenüber den ↑schematischen Buchstaben zeichnen sich Variable gerade dadurch aus, daß sie quantifiziert werden können, da sie für die Mitglieder eines abgeschlossenen Bereiches stehen.

Verallgemeinerung: entweder der Übergang von einer (oder endlich vielen) Aussagen über einzelnes zu einer ↑Allaussage *(Universalisierung)* oder von einer Aussage zu einer allgemeineren durch Vergrößerung des Grundbereichs. Die deutsche Terminologie verwischt diesen Unterschied, indem sie in beiden Fällen Verallgemeinerung gebraucht. – ↑Generalisierung.

Veränderung ↑Werden.

Verantwortung: ursprünglich v. a. in der Rechtsprechung verwendeter Terminus zur Bezeichnung des – als Antwort auf eine Anklage – Rechenschaftgebens für ein bestimmtes Handeln oder für dessen Folgen. Als soziale Beziehungsstruktur beinhaltet Verantwortung einen Träger, einen Bezugspunkt (Verantwortung *für* Personen oder Sachen) und eine Legitimationsinstanz (Verantwortung *vor* Personen, Institutionen oder Transzendentem wie z. B. vor Gott). Verantwortung setzt Mündigkeit voraus, d. h. die Fähigkeit, das eigene Handeln frei zu bestimmen und dessen Folgen abzusehen. In der praktischen Philosophie wird Verantwortung differenziert als vom Handelnden zu übernehmende Verpflichtung, 1. die Folgen des eigenen Handelns einer moralischen Beurteilung zu unterwerfen, 2. diese Beurteilung zur Beurteilung seines Handelns zu machen (↑Verantwortungsethik), 3. sich den mit der Beurteilung des Handelns und seinen Folgen verbundenen ↑Sanktionen zu unterwerfen. Erst durch die Fähigkeit, Verantwortung zu übernehmen, wird der Mensch zum moralischen wie auch zum religiösen und Rechtssubjekt. Von der Verantwortung ganz oder teilweise entlastet wird man durch Gründe, die die *Zurechnungsfähigkeit,* die rechtliche Voraussetzung verantwortlichen Handelns, beeinträchtigen wie Geisteskrankheit, Einfluß von Medikamenten, Nötigung oder Zwang. – In der gegenwärtigen Diskussion nach wie vor umstritten ist einerseits das Problem der *Mitverantwortung* (z. B. der Mitverantwortung unbeteiligter Zeitgenossen, aber auch späterer Generationen am Holocaust) und damit die Frage nach der Bestimmung und Begrenzung der für eine Handlung bzw. einen Handlungszusammenhang verantwortlichen Subjekte, und andererseits das Problem der *Verantwortung des Menschen für seine Umwelt,* bei dem u. a. strittig ist, ob es eine Verantwortung für die Natur gibt, „die unabhängig von unserer Verantwortung für die lebende und zukünftige Menschheit besteht" (Birnbacher).

Verantwortungsethik: auf Max Weber zurückgehende Konzeption von Ethik, die eine Verbindung zwischen ↑deontologischer Ethik und ↑teleologischer Ethik herstellt. Während in der deontologischen Ethik nur die Handlung selbst ohne Berücksichtigung ihrer Folgen und in der teleologischen Ethik nur die Folgen einer Handlung unabhängig von dem moralischen Wert der Handlung selbst bewertet werden, wird in der Verantwortungsethik beides berücksichtigt. Für Max Weber gibt es zwei grundsätzlich verschiedene ethische Positionen: die *Gesinnungsethik* und die *Verantwortungsethik.* Ein Gesinnungsethiker beurteilt bei einer Handlung immer nur, ob diese selbst der reinen ↑Gesinnung entspricht, also aufgrund ihres innermoralischen Wertes, ihre Folgen sind ohne Bedeutung. Er muß also jede Handlung verurteilen, die sittlich bedenkliche Mittel anwendet, auch wenn dies die einzige Möglichkeit zur Realisierung eines moralischen Wertes ist. Die gesinnungsethische Denkweise wird für Max Weber v. a. in der Liebesethik deutlich, wie sie in der Bergpredigt gefordert wird. Angesichts der Konsequenzen, zu denen die Gesinnungsethik in der Realität, die weder vollkommen noch ideal ist, führen kann (↑Rigorismus), stellt sie für Max Weber keine sinnvolle ethische Position dar. – Ein Verantwortungsethiker berücksichtigt die Welt mit ihren Mängeln. Für ihn ist es also durchaus akzeptabel, manchmal sogar dringend notwendig, sittlich bedenkliche Mittel anzuwenden und die Möglichkeit schlechter Nebenfolgen in Kauf zu nehmen. Im Gegensatz zum Utilitaristen hat der Verantwortungsethiker kein Kriterium, „wann und in welchem Umfang der ethisch gute Zweck die ethisch gefährlichen Mittel und die Nebenerfolge heiligt" (Max Weber). Genügt die Handlung eines Utilitaristen dem Prinzip der Nützlichkeit, so sind damit gleichzeitig alle Mittel und Nebenfolgen gerechtfertigt; seine Ethik entbindet ihn also der ↑Verantwortung dafür. Genau an dieser Stelle unterscheiden sich Verantwortungsethik und Utilitarismus. Zwar besagt Verantwortungsethik auch, daß man unter bestimmten Bedingungen ethisch bedenkliche Handlungen tun soll, aber hier muß jeder die Verantwortung für den Einsatz dieser Mittel selbst tragen. Ein Verantwortungsethiker hat bestimmte positive Werte (Ideale, Normen), für deren Realisierung er sich einsetzt, die das Motiv seines Handelns sind. Er ist aber bereit, unter bestimmten Umständen gegen seine positiven Werte zu verstoßen, nämlich genau dann, wenn nur durch die kurzfristige Übertretung einer Norm langfristig ein positiver Wert realisiert werden kann. Er ist sich dabei darüber im klaren, daß er dadurch Schuld auf sich lädt und bereit sein muß, auch dafür die Verantwortung zu tragen. Er hält es für verantwortungslos und damit für ethisch nicht vertretbar, die Realisierung eines entscheidenden positiven Wertes nur deswegen zu verhindern, um eine Norm nicht zu verletzen. Befindet sich ein Verantwortungsethiker in einer Entscheidungssituation, muß er versuchen, mit Hilfe rationaler Erwägungen die möglichen Handlungen (und deren vorhersehbare Folgen) gegeneinander abzuwägen, um die zu finden, die am ehesten geeignet ist, seine Ideale zu verwirklichen, und die er außerdem vor sich und anderen rechtfertigen kann. Vorhersehbar bedeutet, daß der Handelnde die Folgen bei bestmöglicher Information hätte voraussehen können, nicht, daß er sie wirklich vorausgesehen hat. Die Verantwortungsethik fordert in vielen Fällen ein anderes Verhalten als die Gesinnungsethik, die ja grundsätzlich den Gebrauch ethisch bedenklicher Mittel ablehnt. Die Verantwortungsethik verlangt von jedem einzelnen eine je konkrete Entscheidung nach bestem Wissen und Gewissen und deren Rechtfertigung vor sich und anderen. Gerade hierin zeigt sich die ↑Würde des Menschen.

Verfassung: Normensystem, das die ↑Gesellschaft zu einem rechtlichen Ganzen macht, erlassen von Trägern der verfassunggebenden Gewalt, meist einer besonderen Nationalversammlung. Durch die Verfassung werden Ziele und Normen festgelegt, die für alle rechtlichen, politischen und ökonomischen Handlungen bindend sind. Bereits in Artikel 16 der französischen Menschen- und Bürgerrechtserklärung vom 26. 8. 1789 werden die beiden wesentlichen Aspekte einer Verfassung angesprochen: Sicherung der Einhaltung bestimmter Grundrechte, die auf die ↑Menschenrechte zurückgehen (Grundgesetze), und Festlegung der Staatsordnung, wobei in einem freiheitlich-demokratischen Staat von einer Gewaltenteilung ausgegangen wird. Gegen Ende des 18. und zu Beginn des 19. Jahrhunderts war der Rechtsstaatsbegriff ein Kampfbegriff der bürgerlichen Gesellschaft gegen die absolute Fürstenwillkür. Auch heute werden das Volk und der einzelne durch die (meist schriftlich fixierte) Verfassung vor staatlichen Willkürakten geschützt, da die staatliche Macht durch die Verfassung beschränkt wird. Die Einhaltung der Verfassung wird durch unabhängige Gerichte überwacht; in der Bundesrepublik Deutschland z. B. hat jeder das Recht, das Bundesverfassungsgericht anzurufen. Die Verfassung hat also zum einen die Funktion, vor staatlichen Willkürakten zu schützen und einen Freiraum für die Bürger zu garantieren, und stellt zum anderen eine Anspruchsgrundlage dar, aufgrund derer der einzelne seine Grundrechte einklagen kann. Nach gesetzlich genau vorgeschriebenen Verfahrensmodi (in der Bundesrepublik Deutschland eine Zweidrittelmehrheit in Bundesrat und Bundestag) kann eine Verfassung geändert werden. Die Normen der Verfassung unterliegen einerseits einem historischen Wandel, formulieren aber andererseits einen sittlichen Anspruch, der eine Gegenposition zum sozialen Wandel darstellen kann oder als „Wegbereiter" für die Realisierung von moralischen Einsichten dienen kann. So hat z. B. die 1953 durchgeführte Grundgesetzänderung, in der der Grundsatz der Gleichheit von Mann und Frau formuliert wurde, die notwendigen rechtlichen Voraussetzungen für deren tatsächliche Gleichstellung geschaffen, wenn auch die volle Realisierung noch auf sich warten läßt.

Verhalten: neben dem bloßen Reagieren lebender Strukturen auf Reize (↑Reiz/Reaktion) ist Verhalten nach neuerem Verständnis v. a. die Gesamtheit aller Körperbewegungen, Körperhaltungen und des Ausdrucksverhaltens eines lebenden Organismus in seiner Umwelt. Besonderes Interesse gilt dem *artspezifischen* Verhalten, das bei der Mehrzahl von Individuen, die einer bestimmten Tierart angehören, in relativ ähnlichen Situationen und unter relativ ähnlichen Begleitumständen regelmäßig auftritt (↑ Instinkt). *Homolog* nennt man die Verhaltensweisen verschiedener Tierarten, wenn man von der Ähnlichkeit ihres Verhaltens auf einen gemeinsamen stammesgeschichtlichen Ursprung schließen kann, *analog* dagegen, wenn sich die Verhaltensweisen (bei verschiedenem stammesgeschichtlichen Ursprung der Arten) in Anpassung an eine gleiche Umwelt entwikkelt haben. Die Gesamtheit aller Verhaltensweisen, die für eine Art von Lebewesen oder ein bestimmtes Lebewesen charakteristisch sind, wird als *Verhaltensrepertoire* bezeichnet. Verhalten läßt sich als Bewegungsablauf beobachten und kausal erklären. Ein bestimmtes Verhalten als ↑ Handlung zu bezeichnen, setzt voraus, daß man dieses Verhalten in *intentionaler* Sprache beschreiben bzw. ihm Intentionen zuordnen kann. Sobald Handlungszusammenhänge hinreichend eingeübt wurden und damit als Fertigkeiten zur Verfügung stehen (z. B. Autofahren, Tanzen), kommt es dazu, daß die Teilhandlungen des Gesamtzusammenhangs (z. B. das Kuppeln beim Autofahren) quasi automatisch ablaufen und damit eher auf der Ebene des Verhaltens anzusiedeln sind, mit der Einschränkung allerdings, daß sie im Problemfall (z. B. das Kuppeln beim Anfahren am Berg) jederzeit wieder zu Handlungen werden können, indem man sie aufmerksam und mit einer bestimmten Absicht vollzieht. Ohne diese Automatisierung der Teilhandlungen, bei denen dann der Verhaltensaspekt überwiegt, könnten die meisten Handlungszusammenhänge (z. B. das Gehen, das Essen) entweder gar nicht oder nicht hinreichend effektiv vollzogen werden.

Verhältnis: 1. in der *Logik* die durch eine Relation beschriebene Beziehung zwischen Objekten (z. B. stehen zwei Aussagen im Verhältnis der logischen Abhängigkeit, wenn die eine die andere impliziert). – 2. Im *historischen Materialismus* bilden die *gesellschaftlichen* Verhältnisse (Produktionsverhältnisse und Staatsform u. a.) die Basis, die das gesamte Denken (Überbau) beeinflußt (↑ Basis und Überbau).

Verifikation [zu lateinisch verum „wahr“ und facere (in Zusammensetzungen -ficere) „machen“]: die Wahrheit einer Aussage nachweisen. In einer deduktiven Theorie ist eine Behauptung *verifiziert,* wenn sie entweder als Axiom erkannt worden ist oder durch logische Deduktion aus den Axiomen hergeleitet wurde (↑ Beweis). Analog heißt ein Ausdruck eines Kalküls verifiziert, wenn er entweder als Axiom identifiziert oder aus den Axiomen gemäß den Umformungsregeln gewonnen wurde (↑ Ableitung). In empirischen Wissenschaften spielen Verifikationen entgegen einem weitverbreiteten Vorurteil (des „Falsifikationismus“) auch eine wichtige Rolle. So lassen sich Existenzaussagen („Es gibt Elektronen“) durch Aufweis des entsprechenden Gegenstands (des Elementarteilchens) einwandfrei verifizieren. Gesetzesartige Hypothesen („Alle Elektronen haben die Ruhemasse m_e“) lassen sich jedoch nicht verifizieren, sondern bloß falsifizieren (↑ Falsifikation). In solchen Fällen muß man sich mit ↑ Bestätigung (oder ↑ Bewährung) begnügen. – In der Sprachphilosophie sind die Verifikations- oder Wahrheitsbedingungen eines Satzes wichtig: Einen Satz verstehen heißt angeben können, wie die Bedingungen aussehen, unter denen er wahr ist, kurz: Die Bedeutung eines Satzes sind seine Wahrheitsbedingungen.

Verknüpfung: Zuordnung eines Objekts zu zwei Objekten, wobei alle drei zum gleichen Bereich gehören müssen (z. B. werden zwei Aussagen durch einen ↑ Junktor zu einer dritten verknüpft, in der Mathematik verknüpfen die Grundrechnungsarten zwei Zahlen zu einer neuen). Von der Verknüpfung ist die *Relation* zu unterscheiden, die zwei Objekten, je nachdem, ob sie in der fraglichen Relation stehen oder nicht, einen Wahrheitswert zuordnet.

Verneinung: svw. ↑Negation.

Vernunft: in der deutschen Philosophie seit Kant generell Bezeichnung für eine Fähigkeit, Prinzipien zu reflektieren, d. h. allgemeine, oberste Grundlagen des theoretischen Erkennens und des praktischen Handelns zum Gegenstand einer Prüfung zu machen und nach zwischenmenschlich akzeptablen Kriterien ihrer Gültigkeit zu forschen. Wortgeschichtlich greift die nachkantische Unterscheidung von Vernunft und ↑Verstand auf die Differenzierung zwischen noũs und diánoia in der griechischen, intellectus und ratio in der mittelalterlichen Philosophie zurück, wobei die Übersetzung bis Kant jeweils schwankend war. Seit Kant wird auch allgemein diejenige „Rangfolge" zugrundegelegt, in der Vernunft als das „obere", Verstand aber als das „niederere" Erkenntnisvermögen gilt. – Im Gegensatz zu den Verstandesfunktionen dient Vernunft nach Kant nicht dazu, den Umfang menschlicher Erkenntnisse nochmals zu bereichern und zu vergrößern; der Nutzen der Vernunft gilt vielmehr als indirekter: Vernunft soll dazu dienen, den Verstandesgebrauch zu kontrollieren, indem sie seine Horizonte, seine Grenzen, abzustecken weiß. Die Grenzen des Verstandes aber werden dort angesetzt, wo nicht mehr nur einzelne Erfahrungen und ihr logischer Zusammenhang untersucht werden sollen, sondern wo das „absolut Ganze aller möglichen Erfahrung" (Kant) zum Thema und zum Problem wird. Die Vernunft hat hier die Aufgabe, die Betrachtungen über das sogenannte „Unbedingte" so zu rekonstruieren, daß das Interesse daran plausibel bleibt, ohne dabei unerlaubt zu vergegenständlichen und damit dogmatisch zu werden; z. B.: Der Satz „Die Welt hat in Raum und Zeit einen wohlbestimmten Anfang" macht eine Aussage über etwas („die Welt als Ganzes"), das kein Gegenstand im Sinne der Erfahrung ist, weil die „Welt als Ganzes" nicht anschaulich vermittelbar ist. Deshalb bleibt der Wahrheitsanspruch einer solchen Aussage vage, ja unbeweisbar. Wird er aber einfach unkritisch unterstellt (im positiven wie im negativen Sinne), so kann man die darin geäußerte Meinung als dogmatisch bezeichnen. Mit demselben Recht hätte dann auch die kontradiktorisch entgegengesetzte Behauptung „Die Welt hat in Raum und Zeit keinen Anfang" Anspruch auf Gültigkeit. Die Widersprüchlichkeit scheint ausweglos. Hier schlägt Kant folgende Lösung vor: Beide Sätze sind sinnlos, wenn man sie als Erkenntnisse über einen Gegenstand interpretiert; aber beide Aussagen sind sehr wohl sinnvoll, wenn man ihren Gedanken als ↑Idee auffaßt, als Vorschlag einer Zielbestimmung z. B. bei einem Forschungsprozeß (↑regulative Idee), d. h. die Vernunft greift in den Ablauf selbst z. B. eines Forschungsprozesses im engeren Sinne nicht ein; die logische Einheit von Erfahrung, die Gesetzmäßigkeit, ist auf Verstandesebene garantiert, weil Gegenstände und ihre Zusammenhänge nach invarianten Kategorien (z. B. Kausalität) konstituiert werden. Aber: Die Vernunft setzt über das Gesetzmäßige Zwecke, Ziele. Keine Gesetzmäßigkeit auf Verstandesebene nämlich impliziert von vornherein irgendeine „vernünftige Absicht"; „die Gesetze, die der Verstand der Natur vorschreibt, sind nicht als Ausdruck eines vernünftigen Willens identifizierbar" (Anacker); Zweck- und Gesetzmäßigkeit fallen also durchaus auseinander. Hier nun ist es Aufgabe der Vernunft, alle Explikationen des Verstandes zu organisieren, indem sie sie auf einen obersten Zweck, die intentionale Einheit, bezieht. Einheit als Zweck bezieht sich also auf keinen einzelnen Gegenstand, sondern auf die Erfahrung insgesamt. Sie hat deshalb auch keinen kategorialen, konstitutiven Charakter, sondern gilt als ideal-regulativ. – Wie die „teleologische Reflexion" der Gegenständlichkeit zu allgemein verbindlichen Ergebnissen führen kann, war für die vorkantische Metaphysik offensichtlich: Ein höchster vernünftiger Wille (= Gott) fungierte als Garant für die Zweckmäßigkeit der Weltordnung ebenso wie für ihre Erkennbarkeit. Nachdem das Prinzip Gott als philosophisches Erklärungsmodell immer mehr in den Hintergrund getreten ist, soll Vergleichbares heute von der Gemeinschaft freier, sprachfähiger Subjekte im gegenseitigen Diskurs geleistet werden – allerdings um den Preis einer endgültigen Gewißheit. Hier wird das Vernunftprinzip zum Argumentationsprinzip unter der Maxime, daß jedes erreichte Diskussionsergebnis prinzipiell (mit Gründen) revidierbar, korrigierbar, widerrufbar bleiben muß. Ähnlich wie bei Kant führt die Anwendung des Vernunftprinzips dann nicht zu neuen Informationen, zu neuen Erkenntnissen, sondern charakterisiert eher eine ganz bestimmte Weise, Probleme zu lösen. „Man kann sagen: Vernunft zeigt sich in ihrem Gebrauch; sie zeigt sich als Möglichkeit reziproker Anerkennung und Verständigung" (Anacker); Vernunft steht heute (im Zeitalter der „Sprachphilosophie") für die prinzipielle Möglichkeit eines intersubjektiven ↑Konsens' im rationalen ↑Diskurs.

Vernunftbegriffe: bei Kant svw. ↑Ideen; die Vernunftbegriffe „regeln" Gebrauch und Grenzen der Leistungsfähigkeit der Verstandesbegriffe (↑Kategorie); sie wirken bei der Konstruktion von Gegenständen nicht konstitutiv, sondern regulativ (auch ↑regulative Idee).

Vernunftreligion (natürliche Theologie, Theologia naturalis, Theologia rationalis): Denkansatz in der christlichen Theologie, mit dem die Möglichkeit der Gotteserkenntnis aus der Natur mit der menschlichen Vernunft untersucht und z. T. behauptet wird. Die Vernunftreligion befaßt sich mit der Erkenntnis Gottes außerhalb der geschichtlichen Dimension und befindet sich damit auf dem Weg zu einer alle Religionen umfassenden Theoriebildung der natürlichen Religion. In der christlichen Theologie ist sowohl die Tatsache natürlicher Gotteserkenntnis als auch deren Funktion innerhalb der Heilsgeschichte umstritten, weil gerade die Geschichtlichkeit der christlichen Offenbarung die wesentliche Komponente christlichen Glaubens ist. – Als Reaktion auf die dogmatischen Auseinandersetzungen während der Religionskriege und in der Orthodoxie gewinnen die Vernunftreligion und die Theorie der natürlichen Religion in der Aufklärung eine große Bedeutung, die jedoch von der evangelischen Theologie des 19./20. Jahrhunderts zurückgedrängt wird.

Verstand: seit Kant in der Philosophie des deutschsprachigen Raumes feststehende Bezeichnung für eine spezifische Art menschlicher Erkenntnisleistungen: „Verstand" (lateinisch oft auch „ratio") meint wesentlich begriffliches Erkennen (im Gegensatz zur Aufnahme sinnlicher Daten), diskursives, schrittweises Denken (im Gegensatz zum ganzheitlichen, zum intuitiven Erfassen) unter Ausblendung willentlicher oder emotionaler Komponenten, wobei das Erkenntnisinteresse sowohl wissenschaftlicher als auch lebensweltlicher Natur sein kann. Der Verstand gilt als geeignetes Mittel, theoretische wie praktische Probleme zu lösen, indem er analysiert, abstrahiert, ordnet, begründet, erklärt. In der Naturerkenntnis ist es z. B. Sache des Verstandes, Einzelfälle auf gemeinsame Muster und Strukturen hin zu untersuchen, auf Naturgesetze ursächlich zurückzuführen und im Zusammenhang von Theorien zu erklären. Aber der Verstand ist nicht nur ein geeignetes, sondern gewissermaßen auch ein unentbehrliches, lebensnotwendiges Erkenntnismittel, weil er hilft, den Instinktmangel des Menschen zu kompensieren (↑Anthropologie). Erkenntnislogisch wird das Verstandesvermögen (seit Kant) zwischen sinnlicher Wahrnehmung auf der einen, Vernunft auf der anderen Seite eingeordnet. Vereinfachend kann man sagen: Die sinnliche Wahrnehmung liefert in den Sinnesdaten das Basismaterial, die Vernunft durch Prinzipien oder Axiome den Rahmen, in dem der Verstand dann Gegenstände entfalten und ausformen kann. Der Verstand kann also nicht voraussetzungslos arbeiten, sondern er benötigt – sowohl von der ↑Sinnlichkeit als auch von der ↑Vernunft – gewissermaßen „Vorleistungen". Deshalb sind mit der sinnlich-anschaulich vermittelten Gegenständlichkeit auch die Grenzen der verstandesmäßigen Erkenntnisleistungen deutlich angezeigt: 1. Schon Aristoteles war sich bewußt, daß z. B. die diskursive Tätigkeit (des Verstandes) der Vorbedingungen bedarf. Das schlußfolgernde Denken z. B. benötigt Prinzipien, gewissermaßen „Verankerungen", die selbst nicht wieder diskursiv vermittelbar sind. Solche Prinzipien wie etwa das „Prinzip vom verbotenen Widerspruch", das besagt, „daß es unmöglich sein solle, daß dasselbe demselben in derselben Beziehung zugleich zukomme und nicht zukomme", sind weder beweisfähig, weil ihre Geltung in jedem Beweis immer schon vorausgesetzt wird, noch beweisbedürftig, weil sie als allgemein einsichtig, als evident gelten. Der Verstand nun richtet sich nur auf dasjenige, was aus den Prinzipien (griechisch archaí) hergeleitet werden kann; die Prinzipien selbst aber übersteigen den Rahmen des Verstandesvermögens; sie sollen von der Vernunft (griechisch noũs) erfaßt werden können. 2. Die Verstandeserkenntnis bleibt notwendig auch auf die Vorleistungen der Sinne angewiesen. Mit den Möglichkeiten der Verstandesfunktionen lassen sich also keine Aussagen gewinnen über das sogenannte „Unbedingte" (z. B. das Weltganze oder Gott oder Freiheit), die den Anspruch auf Wahrheit erheben dürften, weil dem Unbedingten niemals ein änschaulicher Gegenstand entsprechen kann. Kant sagt: „Das absolut Ganze aller möglichen Erfahrung ist selbst keine Erfahrung und demnach ein notwendiges Problem – (wiederum) für die Vernunft." 3. Eine weitere, immanente Grenze liegt gewissermaßen im spezifischen „Erfolgsrezept" der Verstandestätigkeit selbst: Der Verstand „vereinzelt"; er isoliert Probleme oder Gegenstände notwendigerweise durch seine begriffliche Strukturierung, grenzt sie von anderem ab. Je klarer umrissen eine Problemstellung formuliert werden kann, desto größer sind – in der Regel – die Chancen der Problemlösung, d. h. der Verstand vergegenwärtigt (repräsentiert) eine in sich ungeteilte Wirklichkeit in einer Vielzahl von Einzelbegriffen; und je nach Erkenntnisinteresse hebt er bestimmte Aspekte, manchmal sogar nur einen einzigen Gesichtspunkt, hervor. Deshalb ist Verstandeserkenntnis bruchstückhaft. Den Wert oder die Bedeutung einer Einzelerkenntnis kann aber nur derjenige einschätzen, der deren Platz im Gesamtgefüge kennt oder doch wenigstens ahnt. Der Verstand analysiert, stellt Einzelwissen bereit, aber die Vernunft verknüpft alle diese Teile. Sie stiftet den [Sinn-]Zusammenhang, indem sie Zwecke, Ziele setzt und Wertungen (auch ethischer Natur) vornimmt. Sie „überdenkt" gewissermaßen das Ganze und leistet schöpferisch die Einheit. Der Verstand liefert also das Material, aber die Vernunft muß entscheiden, welches Bild gelegt werden soll. Während daher dem Verstand der Bereich des „mittelsuchenden, instrumentellen Denkens" auf alltäglicher, v. a. jedoch wissenschaftlicher Ebene zugesprochen werden kann, sollte die Vernunft (ethisches) Regulativ sein für das verstandesmäßig Machbare; sie sollte auch wissenschaftliches Handeln moralisch werten und lenken und wäre damit wesentlich ↑praktische Vernunft, die eine Verkürzung und Einengung auf rein berechnendes, mechanisierendes Denken, auf nicht mehr nur „rationale", sondern ausschließlich „rationelle" Verfahren zu verhindern hätte. – Welche Funktionen, Schemata, Kategorien nötig sind, damit das, was als (wissenschaftliche) Erfahrung akzeptiert wird, auch als gültig (wahr) angesehen werden kann, hat als erster Kant in der „Kritik der reinen Vernunft" (1781) untersucht. Kants Ansatz kann verstanden werden als eine Beschäftigung mit dem Phänomen der Krise eines scheinbar über alle Grenzen leistungsfähigen und damit verselbständigten Verstandes (↑Rationalismus). In historischem Abstand muß man sagen, daß Kant in seiner Erkenntnistheorie genau die prinzipiellen Vorbedingungen einer klassischen Physik im Sinne Newtons analysiert und rekonstruiert hat. Heute wird das, was Kant noch als notwendig und menschlichem Einfluß entzogen galt, weitgehend konventionalistisch gedeutet und pragmatisch gewertet, d. h. [Verstandes-]Strukturen als Bedingungen der Möglichkeit von Erkenntnis gelten nicht absolut und für alle Zeiten, sondern sie sind immer in Beziehung, in Relation zu setzen zu dem, was man als Erkenntnisgegenstand zu rekonstruieren beabsichtigt.

Verstandesbegriffe: bei Kant svw. ↑Kategorien; die sogenannten *reinen* Verstandesbegriffe gehen jeder empirischen Erkenntnis [erkenntnis]logisch, nicht zeitlich voran; sie sind für die Gegenstände konstitutiv (↑Konstitution).

Verstehen: 1. das Erfassen von Zusammenhängen (zwischen Dingen, Menschen und Gedanken) entweder unmittelbar zum Zeitpunkt des Erfassens („Aha-Erlebnis") oder durch Abrufung des aus früherem Erfassen resultierenden Wissens; 2. das nachvollziehende, sozusagen sich hineinversetzende Begreifen seelischer Zustände (Gefühle, Motivationen) anderer Menschen durch ↑Einfühlung; 3. das Erfassen einer ↑Bedeutung, v. a. eines Symbol- oder Regelsystems, z. B. einer Sprache oder eines Spiels. – Auf einer ersten Ebene kann man einzelne sprachliche oder nichtsprachliche Handlungen dadurch verstehen, daß man sie als ↑Aktualisierung eines Schemas, als Befolgung einer ↑Regel oder als Verfolgung eines Zwecks oder einer Intention darstellt. Auf der zweiten Ebene wird die Aufgabe des Verstehens dadurch charakterisierbar, daß nicht nur einzelne Handlungen, sondern ganze Handlungszusammenhänge (Reden, Texte, historische oder soziale Rede- und Handlungszusammenhänge) übergreifenden (zumeist intentionalen) Darstellungsmöglichkeiten zugeordnet werden. Auf dieses Verstehen auf der zweiten Ebene (v. a. auf das *Text-Verstehen*) hat sich die traditionelle ↑Hermeneutik konzentriert. Sieht man in den Schemata, Regeln und Intentionen den ↑Sinn unseres Handelns, dann stellt das Verstehen als Suche eines solchen allgemeinen Sinnes für einzelne Handlungen das *Sinn-Verstehen* dar. In der Tradition v. a. der juristischen Gesetzesauslegung ist das Verstehen eine Fähigkeit oder Fertigkeit, Schemata zu aktualisieren, Regeln anzuwenden oder Intentionen zu verwirklichen. In der Tradition sind v. a. Wege gesucht worden, auf denen man die Sicherung eines bestimmten Verstehensvorschlags gewährleisten kann, wie z. B. in der Hermeneutik oder in den verstehenden Sozialwissenschaften; in diesem Zusammenhang wurde auch, v. a. durch Dilthey, ein Unterschied von erklärenden Naturwissenschaften und verstehenden Geisteswissenschaften konstruiert.

Vita activa/Vita contemplativa [lateinisch „aktives Leben/beschauliches Leben"]: idealtypisch konstruierte gegensätzliche Lebensformen der griechischen und mittelalterlichen Philosophie. *Vita activa* ist das tätige, politisch-praktische Leben, *Via contemplativa* das beschauliche, theoretische Leben in vornehmer, freier Muße (positiv) bzw. in trägem Genießen (negativ). Das Leben in Muße wird vorwiegend auf die theoretische Wahrheitssuche bezogen.

Vitalismus [zu lateinisch vita „Leben“]: eine Strömung der theoretischen Biologie und ↑Naturphilosophie, v.a. des 18. und 19. Jahrhunderts, die das Vorhandensein biologischen Lebens und von ↑Organismen in der ↑Natur auf eine Ursache oder ein Prinzip zurückführen will, das der unorganischen ↑Materie nicht unterliegt, das selbst nicht eine biologische oder physiko-chemische Substanz ist und daher prinzipiell unbeobachtbar sein sollte. Der Vitalismus wendete sich gegen den ↑Mechanismus, der lebendige Strukturen als komplizierte, aber dennoch den Gesetzen der klassischen Physik gehorchende mechanische Gebilde verstehen wollte. Im *Neovitalismus* (Driesch, Uexküll) ist die vitalistische Behauptung abgeschwächt in der Form, daß organische Strukturen und Funktionen speziellen, nur ihnen zugehörigen Gesetzmäßigkeiten unterliegen und nicht aus physikalischen Prinzipien allein erklärbar sind. Er wendet sich also gegen einen physikalischen „Reduktionismus“, leugnet aber nicht mehr, wie der klassische Vitalismus, einen kausalen evolutiven Zusammenhang zwischen unorganischer und organischer Materie (↑Evolution). Mit der Entdeckung *selbstorganisierender* Prozesse und Strukturen auch in der *anorganischen* Materie (Prigogine) ist der vitalistische Standpunkt endgültig widerlegt.

Vollkommenheit: umgangssprachlich meist im Sinne von perfekt, unübertroffen, frei von Fehlern sein. Der Begriff scheint v.a. zum Ausdruck künstlerischer Wertvorstellungen („vollkommene Schönheit“) besonders geeignet. In der Philosophie entspricht er in etwa dem lateinischen perfectio und ist sehr unspezifisch in zahlreichen Zusammenhängen anzutreffen. Ähnlich dem Begriffsfeld ideal/Ideal ist auch die Vollkommenheit ein zwar erstrebenswerter, jedoch nur selten zu verwirklichender Grenzzustand, gleichsam das Ideale, das zu einem realen Vorkommnis wird. Bei Wolff, Baumgarten und Kant ist Vollkommenheit v.a. eine ontologische Kategorie und bezieht sich dann auf die Vollständigkeit eines Seienden als Zusammentreffen aller Bestimmungen eines Objekts zu einer geordneten Einheit, daher wörtlich svw. zum Vollen, zur Fülle (möglicher Anteile) kommen. Das vollkommene Sein, d.h. das Sein, dem nichts mehr fehlt, ist das Sein in Voll-endung. Eine wirklich absolute Vollkommenheit kann nur Gott für sich in Anspruch nehmen, während das Endliche nur eine relative Vollkommenheit erreicht. Als ethische Kategorie bezieht sich Vollkommenheit auf den Grad einer sittlichen Einstellung. Die moralische Vollkommenheit besteht für Kant darin, „seine Pflicht zu tun, und zwar aus Pflicht“. Höchstes Maß der Vollkommenheit ist die Makellosigkeit.

vollständige Disjunktion ↑Disjunktion.

vollständige Induktion ↑Induktion.

Volonté de tous/Volonté générale [französisch vɔlõted'tus/vɔlõteʒene'ral; „Wille aller/allgemeiner Wille“]: Begriff der Staatsphilosophie Rousseaus. Nach Rousseau ist der Staat nur dann berechtigt, dem einzelnen Verpflichtungen aufzuerlegen, wenn dessen Freiheit gewahrt bleibt und er nur seinem eigenen Willen gehorchen muß. Diesen scheinbaren Widerspruch löst Rousseau durch die Unterscheidung von Volonté de tous und Volonté générale auf. Während der Einzelwille die eigenen Interessen vertritt und nach eigenen Vorteilen strebt, zielt der allgemeine Wille auf das Beste für die Gemeinschaft ab; der Einzelwille ist also nur in wenigen Fällen mit dem allgemeinen Willen identisch. Da der allgemeine Wille also nicht die Summe der Einzelwillen ist, muß er auf andere Weise als durch Mehrheitsentscheidungen gefunden werden; er setzt ein ideales Verfahren politischer Willensbildung voraus. Nach Rousseau geht der allgemeine Wille aus einer Diskussion freier und gleichberechtigter Bürger hervor, die ohne Furcht vor staatlichen Sanktionen, frei von ökonomischen Zwängen und ohne Rücksichtnahme auf persönliche oder Gruppeninteressen miteinander diskutieren. Der allgemeine Wille ist das gemeinsam gefundene Ergebnis einer solchen Diskussion (↑auch Diskurs, ↑Konsens), gegen das also niemand mehr vernünftig argumentieren kann. Er spiegelt keine Eigeninteressen wider, sondern drückt das alle berücksichtigende, überindividuelle Allgemeininteresse aus. Durch dessen Berücksichtigung also, nicht durch die Anzahl der Stimmen, wird er verallgemeinert. Im allgemeinen Willen kommt somit der *freie* und *vernünftige* Wille des einzelnen zum Ausdruck.

Voluntarismus [zu lateinisch voluntas „Wille"]: von Tönnies (1883) geprägte Bezeichnung für jede philosophische Lehre, die – im Gegensatz zu ↑Intellektualismus und Emotionalismus (↑Gefühl) – dem Wollen (↑Wille) in irgendeinem Sinn den Vorrang gegenüber Denken und Fühlen einräumt. Der Voluntarismus existiert in verschiedenen Spielarten. 1. *Metaphysischer Voluntarismus:* Der Wille ist das innerste Wesen der Welt, das Grundprinzip aller Erscheinungen, das „Ding an sich" (so v. a. Schopenhauer). 2. *Ontologischer* oder *theologischer Voluntarismus:* Das Wollen steht seinsmäßig höher als das Erkennen. Zu Gott ist demnach nur durch willentliche Glaubensentscheidung, nicht durch Vernunfterkenntnis (z. B. Gottesbeweise) zu gelangen (z. B. Duns Scotus). 3. *Psychologischer Voluntarismus:* Denken und Fühlen lassen sich auf den Willen als Grundfunktion der menschlichen Seele zurückführen (z. B. Augustinus) bzw. sind nur „Diener" des Willens (z. B. Bergson, Freud). 4. *Ethischer Voluntarismus:* Sittliches Handeln gründet nicht im Wissen (wie z. B. Platon behauptet), sondern im freien Willen, der die Freiheit will bzw. seine vernunftbestimmte Pflicht erfüllt (so Augustinus, Kant). 5. *Anthropologischer Voluntarismus:* Nach Nietzsche manifestiert sich in allem Lebendigen ein „Wille zur Macht", dessen Äußerung lebensbejahend, aktiv und vornehm oder lebensverneinend, reaktiv und niedrig sein, d. h. einen Menschen als „Herrn" oder „Sklaven" erweisen kann. 6. *Erkenntnis-* oder *wissenschaftstheoretischer Voluntarismus:* Die theoretischen, methodischen und normativen Grundlagen des Erkennens und der Wissenschaften sind keiner ↑Letztbegründung fähig, sondern durch willkürliche Setzung bestimmt (↑Dezisionismus, ↑Positivismus).

Voraussetzung ↑Prämisse (↑auch Schluß).

Vorsokratiker: Sammelbezeichnung für – hinsichtlich ihrer Inhalte und Methoden sehr unterschiedliche – Richtungen und Vertreter der frühen, historisch *vor* Sokrates liegenden griechischen Philosophie, über deren Denken nur einzelne Fragmente und Berichte überliefert sind. Zwischen 650 und 600 v. Chr. kommt es im griechisch orientierten Mittelmeerraum zu einem geistig-kulturellen Aufbruch, in dem auch die Philosophie entsteht: Erstmals setzt ein zunehmend rationaler werdendes (d. h. ein nicht mehr ausschließlich vom Mythos bestimmtes) Fragen nach Entstehung und Aufbau der Welt (↑Kosmologie, ↑Kosmogonie) wie nach der Stellung des Menschen im ↑Kosmos ein. Diese Bewegung der vorsokratischen Philosophie geht zunächst vom ionischen Kleinasien (↑ionische Philosophie) aus, findet Aufnahme im italienischen Raum (Elea) und wird schließlich nach Griechenland selbst getragen. – Während frühe (etwa von Aristoteles beeinflußte) Darstellungen als ersten Vorsokratiker Thales von Milet nennen, beginnt die neuere Philosophiegeschichte erst bei *Anaximander* und seinem Schüler *Anaximenes*. Anaximanders Lehre besteht in einer Kosmogonie. Die Stellung des Menschen im Weltganzen soll mit den Mitteln wissenschaftlicher Vernunft gedeutet werden, um von Weltangst und vom Glauben an magische Kräfte zu befreien. Dieser Ansatz zur Rationalisierung und Materialisierung findet Fortsetzung bei Anaximenes. Ein neues Denkniveau erreicht *Heraklit* von Ephesos mit seinem Versuch, die Situation des Menschen in der Welt adäquat zu deuten (↑Heraklitismus). Mit zum Kreis der Vorsokratiker werden die *Pythagoreer* gerechnet. In der Lehre des Pythagoras dominieren religiöse und mystische Elemente, womit die materialistischen Ansätze der ionischen Naturphilosophie wieder zurückgedrängt werden. Die Mathematik spielt als stark symbolische Zahlenlehre eine tragende Rolle. Hier wird Xenophanes als Popularisator dieser Lehre zu einem wichtigen Wegbereiter des griechischen Monotheismus. – Gegen die bloße „Meinung" früherer oder zeitgenössischer Philosophen, die nur zu einer vermeintlichen Wirklichkeit und scheinhaften Welt vorzudringen vermag, beansprucht *Parmenides,* die Wahrheit zu verkünden. „Wahrheit" meint hierbei in umfassendem Sinn das, was die philosophische Erkenntnisbemühung in der Welt zu entdecken vermag (↑eleatische Philosophie). Die Lehre der eleatischen Schule (neben Parmenides v. a. Melissos und Zenon von Elea) findet ihre Fortsetzung bei den Sophisten, die allerdings schon bald zu eigenständigen Folgerungen gelangen. – Von *Empedokles* sind Fragmente seiner beiden Lehrgedichte „Über die Natur" (eleatisch beeinflußt) und „Reinigungslehren" (pythagoreisch beeinflußte religiöse Schrift) erhalten. Das Werden und Vergehen im Kosmos erklärt er durch zwei gegensätzliche Weltprinzipien, die er (mangels abstrakter Begriffe anthropomorphisierend) als „Liebe" und „Streit" bezeichnet. – Mit *Anaxagoras* erreicht der griechische ↑Rationalismus einen ersten Höhepunkt. Im Zentrum seines Denkens stehen die Naturerkenntnis und die Astronomie. Er führt den Begriff des Geistes (griechisch noũs) in die Philosophie ein; damit trennt er die materiellen Elemente vom Geist als dem bewegenden Prinzip. Diesem ontologischen Dualismus entsprechen im Bereich der Erkenntnisweisen die Gegenüberstellung von Wahrnehmung und Denken und in der Darstellung der Welt die Gegenüberstellung von Welt als Erscheinung und Welt als das, was sie ist. Der hier aufkommende rationalistische Zug findet seine Ausweitung in der Konzeption der *Atomisten Leukipp* und *Demokrit* (↑Atomismus). – Mit der *sophistischen Philosophie* (↑Sophisten) vollzieht sich innerhalb der vorsokratischen Philosophie eine Konzentration des Erkenntnisstrebens auf den Menschen und Fragen der Praxis, wohingegen die spekulative Naturphilosophie und Ontologie in den Hintergrund treten. Im Umfeld der Sophistik führt das radikale Fragen des *Sokrates* nach Begründungen im Bereich der Ethik die ideengeschichtliche Entwicklung vom Mythos zum „Logos", dem vernunftorientierten Denken, zu einem vorläufigen Höhepunkt.

Vorstellung: erkenntnistheoretische Sammelbezeichnung für alle Arten von ↑Repräsentation, allgemein svw. versinnbildlichen, sich ein Bild von etwas machen. Eine Vorstellung von etwas haben meint wörtlich sich etwas vor-stellen, z. B. vor ein „inneres Auge" stellen. Eine Theatervorstellung ist die zwangsläufig jeweils abweichende Realisierung ein und desselben Bühnenstücks. Jeder Vorstellung liegt entweder ein Typus zugrunde oder dieser läßt sich aus den einzelnen Vorstellungen zumindest ableiten. Die Vorstellung ist ein Bewußtseinsabbild, das in der Regel auf einer sinnlichen Erfahrung basiert und einen wahrgenommenen Gegenstand in Ähnlichkeit abzubilden (↑Abbildtheorie) bestrebt ist. Jede Vorstellung ist demnach nur der *Versuch* des Bewußtseins, sich die Wirklichkeit mit anderen, ihr nicht selbst eigenen Mitteln anzueignen. Ein idealer Grenzwert ist hier allerdings die „adäquate Vorstellung" (Husserl). Man unterscheidet Vorstellungsakte (= die Tätigkeit selbst des Vorstellens), Vorstellungsinhalte (= die jeweiligen Bewußtseinsbilder) und Vorstellungsgegenstände (= diejenigen Gegenstände, die den äußeren z. B. wahrgenommenen Gegenstand in der Vorstellung betreffen). Absolutes Zentrum aller Vorstellungsakte ist das Ich, das sich insgesamt (intentional) auf die Welt richtet. Nach Descartes gibt es drei grundlegende psychische Tätigkeiten (cogitationes): die Vorstellungen, die Gemüts- bzw. Willenssphäre (Liebe, Haß usw.) und die Urteile. Für Hegel – ähnlich Kant – markieren die Vorstellungen die Schwelle zur Philosophie.

Vorurteil: im wörtlichen Sinn ein Urteil, das bereits „vor jeder Beweisaufnahme" gefällt wurde; im übertragenen Sinn eine vorgefaßte Meinung über Gegenstände, Vorstellungen, Personen oder Gruppen, die ohne bewußte Reflexion und Prüfung objektiver Tatbestände für richtig (wahr) gehalten wird. Obwohl das Vorurteil keinen begründeten Anspruch auf Wahrheit erheben kann, stellt es einen relativ stabilen, ja starren Faktor im kognitiven Gefüge eines Menschen dar; Vorurteile lassen sich – selbst wenn sie als falsch erkannt werden und man sich von ihnen distanzieren möchte – nur sehr schwer wieder abbauen. Der Grund dafür mag – wie Francis Bacon vermutete – darin liegen, daß der menschliche Verstand sehr dazu neigt, in der Welt mehr an Ordnung und Regelmäßigkeit anzunehmen, als darin tatsächlich vorzufinden ist. Da genügt oft schon ein einziges, markant wirkendes Beispiel, um eine voreilige Verallgemeinerung daraus abzuleiten. Die Funktion solcher Verallgemeinerungen ist kognitiver und psychologischer Natur: Im wesentlichen dienen Vorurteile einer Beschleunigung von Reaktionszeiten und einer Absicherung von Handlungsentscheidungen. So können Vorurteile Menschen z. B. entlasten in Situationen, in denen ein Orientierungsdefizit Angst erzeugt hat. Weiterhin vermitteln sie ein Bewußtsein von der eigenen gesellschaftlichen Stellung und bauen dadurch Unsicherheiten in sozialen Handlungsfeldern ab. „Gemeinsame" Vorurteile verbinden auch; sie schaffen „zwischenmenschliche Nähe" unter den Mitgliedern derselben „Vorurteilsgruppe". Besonders als derartige Vorurteile registriert werden explizite „Negativ-Klischees" wie „Spaghettifresser" oder der „Geiz der Schotten"; aber auch wohlmeinendere Annahmen wie „alle Deutschen sind fleißig" oder „alle Italiener sind besonders musikalisch" stellen Vorurteile dar. Solche Vorurteile werden häufig von größeren gesellschaftlichen Gruppen vertreten. Zum Problem werden derartige Gruppenvorurteile, die sich auch durch Manipulation (Propaganda) vermitteln oder verstärken lassen, dort, wo eigene Unsicherheit und eigenes Unvermögen dadurch kompensiert werden sollen, daß sie auf Fremdpersonen und -gruppen (z. B. fremde Völker und Rassen; religiöse Minderheiten) projiziert werden. Wo die (begründete oder unbegründete) Angst um den Fortbestand der eigenen Gruppe unerträglich wird, kann die zunächst meist verbale Aggression in brutale, physische Gewalt umschlagen mit dem Ziel, das Beunruhigende, Fremde zu vernichten und auszurotten. – Eines der bekanntesten und meistdiskutierten der „erkenntnistheoretischen" Vorurteile dürfte die Annahme sein, daß Geschehnisse „immer" nach dem Gesetz von Ursache und Wirkung miteinander verknüpft sind (↑ Kausalität). Wie tief diese Annahme im Bewußtsein verwurzelt ist und das Ordnen von Phänomenen lenkt, zeigt die Aussage Einsteins „Gott würfelt nicht", mit der er die Etablierung der mathematischen Wahrscheinlichkeitstheorie nicht nur als geeignetes, sondern als angemessenes Beschreibungsmittel physikalischer Phänomene abzuwehren versuchte; also selbst ein genialer Physiker wie Einstein ignorierte den hypothetischen, den Vorurteils-Charakter des Kausalitätsprinzips. Zu den fundamentalen, erkenntnistheoretischen Vorurteilen zählt auch das Induktionsprinzip (↑Induktion), weil es sich beim Umgehen mit und Erkennen von Welt bisher bestens bewährt hat.

W

wahr: Gegenteil von falsch. Wahr ist ein Metaprädikator, der Aussagen, aber auch Gedanken und Vorstellungen zugesprochen werden kann. Die Elementaraussage $N \varepsilon P$ ist genau dann wahr, wenn dem Nominator *N* der Prädikator *P* zukommt. Was Wahrheit im allgemeinen bedeutet, wird je nach Standpunkt verschieden beantwortet (↑Wahrheitstheorien). Mehrere Arten von Wahrheit lassen sich unterscheiden: die logische (oder formale) Wahrheit, die analytische und die materiale Wahrheit. Eine Aussage ist *logisch wahr,* wenn ihre Wahrheit schon durch ihren Aufbau aus den logischen Konstanten (↑Junktor, ↑Quantor) garantiert ist. Eine Aussage heißt *analytisch wahr,* wenn sie nach Umformung (bei der synonyme Wörter ausgetauscht werden dürfen) in eine logisch wahre Aussage übergeht. Eine *materiale Wahrheit* dagegen beruht auf Erfahrung und damit auf einem Zustand der Welt. Analytische Wahrheiten werden auch *notwendige Wahrheiten* genannt. Leibniz sprach von *Vernunftwahrheiten* im Unterschied zu den *Tatsachenwahrheiten.* – In der klassischen Logik tritt wahr neben falsch als ↑Wahrheitswert auf und wird von der logischen Wahrheit, die Aussageschemata (↑Aussageform) zukommt, unterschieden. Logische Wahrheiten im zuerst dargestellten Sinne entstehen aus solchen Aussageschemata, wenn man an die Stelle der schematischen Buchstaben konkrete Aussagen setzt. So wird z. B. aus $A \vee \neg A$ „Dieses Buch ist nützlich oder dieses Buch ist nicht nützlich“.

Wahrheit: die Frage, was Wahrheit sei, gehört zu den prominentesten Problemen der Philosophie (↑auch Aletheia). Sie wurde und wird von verschiedenen Schulen und Denkern unterschiedlich beantwortet (↑Wahrheitstheorien). Von den verschiedenen Ansätzen wird folgendes übereinstimmend akzeptiert: Wahrheit ist eine Eigenschaft von Aussagen oder Gedanken. Die Frage, ob eine Aussage oder ein Gedanke wahr sei, läßt sich – außer im *Grenzfall* der notwendigen Wahrheiten (↑wahr) – nicht *allein* durch sprachliche oder gedankliche Betrachtungen beantworten. Wahrheit ist auch nicht vom subjektiven Grad der Überzeugtheit zu garantieren. Die Metaaussage „*A* ist wahr“ kann einerseits nur durch *Betrachtung der Welt* eingelöst werden, erschöpft sich aber andererseits nicht in dieser. *Tatsachen allein sind nicht wahr.* Damit wird man auf das Verhältnis von Sprache (Denken) und Welt verwiesen, letztlich also auf das ↑Subjekt-Objekt-Problem. Wo Wahrheit möglich ist, kann es auch Falschheit geben. Jede Theorie der Wahrheit muß diesem Umstand Rechnung tragen. Der Gegensatz wahr/falsch läßt *keine Abstufungen* zu; der Unterschied zwischen wahr und falsch ist nicht graduell. Stets kann nur eine Beschreibung der Welt wahr sein. Die meisten Philosophen akzeptieren auch die Unterscheidung zwischen „Definition von Wahrheit“ und „Kriterium für Wahrheit“ als Antworten auf die Fragen „Was ist Wahrheit?“ bzw. „Wie stellt man Wahrheit fest?“. Eine Ausnahme hiervon bildet der ↑Operationalismus.

Wahrheitskriterium: (notwendige) Bedingung, mit deren Hilfe man feststellen kann, ob eine Aussage ↑wahr ist. Meist ergeben sich Kriterien aus der Definition von Wahrheit (↑Wahrheitstheorien); dies ist z. B.

bei der Kohärenztheorie der Fall: Ihr zufolge muß man, will man prüfen, ob ein bestimmter Satz wahr ist, feststellen, daß sich dieser widerspruchsfrei in das System der als wahr akzeptierten Sätze einpaßt. Auch die Diskurstheorie bietet ein Kriterium an: Eine Aussage muß als wahr angesehen werden, wenn ihr kein gutwilliger und sachkundiger Diskursteilnehmer mit Gründen widersprechen kann. Kontrovers ist die Frage, ob solche Kriterien auch *hinreichend* für Wahrheit sind: Kann man sicher sein, daß eine Aussage, die eines der genannten Kriterien erfüllt, auch wirklich wahr ist? Das Fehlen eines Wahrheitskriteriums in der Korrespondenztheorie gilt als schwerwiegender Mangel. Dem entgegnen Anhänger dieser Auffassung, daß man zwischen *Definition* und *Kriterium* scharf trennen müsse und deshalb auch eine Definition, die keinerlei Kriterium anbiete, sinnvoll sein könne.

Wahrheitstafeln: von Wittgenstein und Post 1921 eingeführte Methode, die Junktoren der ↑Aussagenlogik zu definieren. Dabei wird das *Bivalenzprinzip* der klassischen Logik zugrunde gelegt. Die Wahrheitswerte der mit Hilfe von Junktoren gebildeten Aussagen werden als *Funktionen* der Wahrheitswerte der Einzelaussagen definiert, z. B.:

A	B	$A \vee B$
w	w	w
w	f	w
f	w	w
f	f	f

A und *B* sind ↑schematische Buchstaben, die für Aussagen stehen, w und f bedeuten die ↑Wahrheitswerte „wahr" bzw. „falsch". $A \vee B$ ist ein Aussageschema. Insgesamt gibt es 16 Wahrheitstafeln (bei zwei Aussagen). Nicht alle Wahrheitstafeln haben eine *umgangssprachliche Bedeutung,* wie die obige für „oder". Die Wahrheitstafeln liefern, falls man die Aussagenlogik als ↑Kalkül aufbaut, eine Semantik für diesen. Auch ↑mehrwertige Logiken lassen sich, solange sie nur *endlich* viele Wahrheitswerte benützen, nach dieser Methode behandeln.

Wahrheitstheorien: Theorien, die versuchen, die Frage „Was ist Wahrheit?" zu beantworten, also eine *Definition* oder zumindest eine *Umschreibung* dessen zu geben, was Wahrheit *ist.* Es geht dabei um *materiale,* nicht um *logische* Wahrheit (↑wahr). Hierzu muß vorab geklärt werden, welchen Gegenständen der Prädikator „wahr" zugesprochen werden kann. Schon an dieser Stelle unterscheiden sich die verschiedenen Theorien. Die heute am häufigsten vertretene Position sieht „wahr" als einen Prädikator an, der sich auf *Aussagen* bezieht; „wahr" gilt als semantischer Metaprädikator. Daneben wird auch die Ansicht vertreten, daß gedankliche Abbilder oder Widerspiegelungen der Realität wahr seien (Korrespondenztheorie, Evidenztheorie). V. a. in der Scholastik wurde auch eine *ontologische Auffassung* von Wahrheit vertreten: „Wahr" ist ein Prädikator, der den Dingen selbst zukommt (man denke an Wendungen wie „Er ist ein wahrer Freund"). Wahrheit bedeutet svw. Erkennbarkeit, Intelligibilität. Pragmatische Theorien stellen einen engen Zusammenhang her zwischen wahr und nützlich, während diskurs- und dialogtheoretische Positionen Wahrheitsansprüche von *Sprechakten* in Diskursen bzw. Dialogen eingelöst sehen wollen. – Die älteste erhaltene Definition von Wahrheit stammt von Aristoteles: „Vom Seienden auszusagen, daß es nicht sei, oder vom Nichtseienden, daß es ist, ist falsch, hingegen vom Seienden auszusagen, daß es ist, und vom Nichtseienden, daß es nicht ist, ist wahr." – Die *Korrespondenztheorie* der Wahrheit geht davon aus, daß Wahrheit in einer *Übereinstimmung* „des Denkens mit seinem Gegenstand" (Kant), also von Denken (Sprache) und Realität, bestehe. Die berühmte Formel des Thomas von

Aquin lautet: „Veritas est ↑Adaequatio intellectus et rei". Allen Korrespondenztheorien liegt ein *Modell des Erkennens als Abbilden* zugrunde (↑Abbildtheorie). Dies markiert die Schwäche solcher Positionen: Sie vermögen keine Kriterien für die Entscheidung, ob etwas wahr sei oder nicht, bereitzustellen. Außerdem scheint Wahrheit gemäß dieser Auffassung *Abstufungen* zuzulassen (↑Wahrheit), denn ein Abbild kann ja mehr oder minder treu sein. Andererseits kommt sie dem Alltagsverständnis von Wahrheit sicher recht nahe. Dies mag ein Grund dafür sein, daß die Korrespondenztheorie bis in unser Jahrhundert hinein dominierte. Die phänomenologische *Evidenztheorie,* die schon im Kartesianismus angelegt ist, nach der *Evidenz* das wesentliche Kennzeichen von Wahrheit ist, darf als eine Variante der Korrespondenztheorie gelten. Die *Kohärenztheorie* (↑Kohärenz) dagegen sieht die Wahrheit eines Satzes nicht als eine isolierte Eigenschaft desselben an. Sie beruft sich auf Hegels berühmte Feststellung: „Das Wahre ist das Ganze". Es kommt darauf an, ob sich ein Satz problemlos in den Zusammenhang der bereits akzeptierten Theorien einfügt, d.h. zu keinen Widersprüchen führt. Das Vorbild hierbei sind die Wissenschaften. In Gestalt der Kohärenz verfügt man nach dieser Theorie über ein leicht zu handhabendes Kriterium. Dennoch scheint sie – zumindest vom intuitiven Verständnis aus gesehen – fragwürdig zu sein. Könnte es nicht sein, daß es mehrere Aussagensysteme gibt, die einander widersprechen und dennoch die gleiche Realität zu beschreiben vorgeben? Die Kohärenztheorie versucht, den Begriff „Wahrheit" im Rahmen der *Logik* zu definieren und setzt somit diese voraus. Die Frage ist nun: Bedarf die Logik nicht ihrerseits schon des Wahrheitsbegriffs? – Die *semantische Theorie,* die von Tarski begründet wurde, versucht, den Wahrheitsbegriff ohne Rückgriff auf außersprachliche Bereiche zu klären. Ihr Kern bildet die folgende Äquivalenz: „Der Satz ‚Schnee ist weiß' ist genau dann wahr, wenn Schnee weiß ist". Vorausgesetzt wird dabei, daß die Semantik der Umgangssprache beherrscht wird. Auf dieser Stufe, also eine Stufe unter der Metasprache, die den Metaprädikator „wahr" enthält, muß die Beziehung von Sprache zu Realität klar sein. In diesem Bereich ist der Prädikator „wahr" *überflüssig* (dieser Gedanke findet sich auch in der sogenannten *Redundanztheorie* der Wahrheit wieder); dieser ist nur für theoretische Untersuchungen *über* die Sprache nützlich. Der semantischen Theorie wird von ihren Gegnern zumeist vorgeworfen, daß sie einfach uninteressant sei, weil sie das Problem bloß verschiebe. – *Pragmatische Theorien* sehen Handlungen als Instanz an, in der sich Wahrheitsansprüche bewähren müssen. „Wahr ist, was nützlich ist" lautet eine bekannte, wenn auch krude Formulierung. Nun zeigt aber schon eine kurze Betrachtung der Wissenschaftsgeschichte, daß falsche Auffassungen zumindest zeitweise durchaus nützlich sein können. Darum muß man die *augenblickliche* Nützlichkeit durch eine *auf lange Sicht* („in the long run" [Peirce]) ersetzen. – Zu ähnlichen Konstruktionen greift die *Diskurstheorie.* Sie setzt Wahrheit gleich mit *Konsens* im ↑Diskurs. Allerdings darf es sich nicht um ein beliebiges Gespräch handeln, sondern es soll eine ideale Kommunikationsgemeinschaft gegeben sein. Diese ist immer nur angenähert herzustellen, so daß Wahrheit nie vollständig erreicht wird. – Der dialogische Wahrheitsbegriff setzt bei der *Einführung von Sprache* (in Lehr-Lern-Situationen) an. Damit will er die Einheit von Handlung und Sprache garantieren und so die *Trennung von sprachfreier Welt und weltfreier Sprache,* worin die Schwäche aller anderen Positionen gesehen wird, überwinden. Der Dialog mit seinen Angriffs- und Verteidigungsmöglichkeiten wird zur Instanz, die über Wahrheit entscheidet. Wahrheit bedeutet *Begründbarkeit* im Diskurs. Darin kann man eine Erneuerung des Leibnizschen ↑Satzes vom zureichenden Grund sehen. Insgesamt darf festgestellt werden, daß die Diskussionen zwischen den verschiedenen Richtungen keineswegs beendet sind. Es scheint allerdings so, als ob in jüngster Zeit der Korrespondenztheorie ernsthafte Rivalen erwachsen seien. Darüber entscheiden zu wollen, wäre aber noch verfrüht.

Wahrheitswerte: in der klassischen Logik wird Aussagen einer der beiden Wahrheitswerte „wahr" (w oder $\curlyvee$) oder „falsch" (f oder $\curlywedge$) zugeordnet. Diese stellen semantische Metaprädikatoren dar, weil sie *Aussagen* zukommen oder nicht (also *über* Aussagen handeln). Das für die klassische Logik grundlegende *Bivalenzprinzip* besagt, daß jede Aussage entweder wahr oder falsch sein muß, *gleichgültig, ob und wie man dies feststellen kann.* Abweichend hiervon gehen ↑mehrwertige Logiken davon aus, daß es auch noch andere Wahrheitswerte (z. B. „unentscheidbar") gibt. In der ↑Aussagenlogik werden Aussagen ausschließlich durch ihre Wahrheitswerte charakterisiert, *inhaltliche Gesichtspunkte* bleiben außer Betracht. Deshalb ist sie Teil der *formalen* Logik. Die Junktoren werden durch Wahrheitstafeln definiert. Es wird festgelegt, wie die Wahrheitswerte der zusammengesetzten Aussagen von denen der Einzelaussagen abhängen. Dies nennt man *Wahrheitsfunktionalität.* In der formalen Logik kommen demnach gar keine Aussagen, sondern nur deren Wahrheitswerte vor. Der Wahrheitswert „wahr" ist zu unterscheiden von der „logischen Wahrheit": Während ersterer *Aussagen* zukommt, ist letztere ein Metaprädikator bezüglich *Aussageschemata* (↑Aussageform). Man drückt dies durch die Bezeichnungen „materiale (inhaltliche)" und „formale (logische) Wahrheit" aus. Gegenstand der formalen Logik ist nur die letztere.

Wahrnehmung: zentraler Begriff der ↑Erkenntnistheorie, entspricht in etwa dem griechischen aísthēsis (↑Ästhetik) sowie der ↑Apperzeption (↑auch Perzeption). Umgangssprachlich wird der Begriff auch im übertragenen Sinne gebraucht, etwa einen Termin wahrnehmen, in Wahrnehmung seiner Interessen. Die Philosophie hat ihn z. T. mit „etwas als wahr annehmen" (Hegel, Wundt) übersetzt. Dagegen leitet sich Wahrnehmung nicht wie Wahrheit von lateinisch verus („wahr"), sondern von althochdeutsch wara neman ab und meint ursprünglich svw. „auf etwas aufmerksam sein, achthaben, gewahren". – Im Mittelpunkt des erkenntnistheoretischen Interesses steht der Prozeß der Erkenntnisgewinnung selbst, d. h. konkret: eben jener Umschlagspunkt, durch den ein zuvor „bloß" erfahrenes Sein „plötzlich" zu einem Denken über das Sein wird. In diesem universalen Zusammenhang scheint die Wahrnehmung eine Schlüsselposition einzunehmen. Wir haben Bekanntschaft mit der Welt, indem wir sie sehen, hören, tasten, riechen, schmecken usw. Wahrnehmung ist dann das Sehen, Hören, Tasten usw. selbst, sofern sich durch oder im Anschluß an sie ein Gesehenes, Gehörtes, Ertastetes im Bewußtsein konstituiert (Bewußtseinsakte). Als Urmodus der sinnlichen ↑Anschauung ist sie eine Vermittlungsinstanz und steht im Schnittpunkt zwischen der sinnlichen ↑Empfindung einerseits und der ↑Vorstellung (z. B. Erinnerungsbilder an zuvor Wahrgenommenes) andererseits. Erst auf der Basis Empfindung – Wahrnehmung – Vorstellung können wir uns reflexiv den Gegenständen zuwenden und sie etwa rational bestimmen (Urteil). Obwohl wir nicht nur materiale Gegenstände via ihrer jeweiligen Gegebenheitsweise (Ansichten und Rücksichten, Blickwinkel, Ausschnitte, Perspektiven usw.) wahrnehmen, sondern daneben auch dem Bewußtsein Immanentes (Gedächtnisinhalte, Gefühle, Erwartungen usw.), wird der Begriff

Wahrnehmung immer dann bevorzugt, wenn es um die erkenntnistheoretische Grunddifferenz zwischen Innen- (Subjektbereich) und Außenwelt (Objektbereich) geht. Wichtigste Fragen waren hier immer: 1. Ist alle Erkenntis im Wahrnehmungsakt beschlossen (↑Empirismus, ↑auch Sensualismus), 2. kommt der Wahrnehmung von Haus aus bereits ein gewisses (konstitutives) „Mehr" des Gegenstandes am Gegenstand zu, das über die bloße Sinnesempfindung hinaus quasi vorrational (vorprädikativ) in Richtung Erkenntnis verweist (↑Phänomenologie), 3. geben sich die Gegenstände selbst erst wirklich aufgrund eines autonomen Denkprozesses (↑Rationalismus) zu erkennen? – Schon Parmenides stellte fest, daß entgegen der These der Identität von Denken und Sein das real Erscheinende trügerisch (Sinnentrug) ist. Seine physikalische Erkenntnislehre entschied, daß wir Gleiches (äußere Wärme/Kälte) nur durch Gleiches (innere Wärme/Kälte) wahrnehmen. Eine umgekehrte Assoziationspsychologie lehrte Anaxagoras, wonach wir nur durch Entgegengesetzes der Wahrnehmungsqualitäten zur Erkenntnis gelangen (Warmes außen durch Kaltes innen und umgekehrt). Demokrits ↑Atomismus vertrat die Auffassung, daß Atome aus der Materie austreten und quasi als kleinste Wahrnehmungspartikel in unsere Sinnesorgane eindringen. Diese Vorstellung begünstigte den Empirismus bis in die Gegenwart, wonach der rein passive Eindruck des Empfundenen eine intuitive und zweifelsfreie, vom Verstand unabhängige Wahrnehmung ist, durch die uns *unmittelbar* ein Teil der Außenwelt gegeben ist (↑Abbildtheorie). Seit Protagoras ist das Argument der Unvollkommenheit der Wahrnehmung Triebfeder allen ↑Relativismus bzw. ↑Skeptizismus. Für Platon ist die Wahrnehmung nicht wahrheitsfähig und führt, da sie nur das Werden, nicht aber das ewig Seiende z. B. der Ideen erfaßt, allenfalls zur bloßen Meinung. Erst mit Aristoteles wird der Sinneswahrnehmung ein relatives Gewicht eingeräumt. Sie ist der qualitative Übergang von der potentiellen Wahrnehmungsfähigkeit zur aktuellen Wahrnehmung mittels des wahrgenommenen Gegenstands. Wahrnehmen tuen wir eingeschränkt immer nur Einzeldinge, mithin ist Wahrnehmung noch kein wahres, substantielles Wissen (↑Substanz), aber mit ihr beginnt das Wissen. – Seit dem neuzeitlichen ↑Subjektivismus steht die Problematik um die adäquate Bestimmung der Wahrnehmung völlig unter dem Einfluß des ↑Subjekt-Objekt-Problems. Während für Kant die Erfahrungsurteile (↑Erfahrung) durch apriorische Verstandesbegriffe allgemeingültig sind, haben die *Wahrnehmungsurteile* als synthetische Urteile a posteriori nur subjektive Geltung. Dem Tenor des Rationalismus der Aufklärung folgend, diffamiert Kant den Bereich rund um die Wahrnehmung als „Pöbel der gemeinen Erfahrung". In Auseinandersetzung mit dem ↑Psychologismus des 19. Jahrhunderts sucht die Phänomenologie entgegen der Grundthese des Relativismus die Fundierung der Philosophie gerade über die (deskriptive) Analyse der Wahrnehmungsakte, da sie all unseren Erkenntnisleistungen zugrunde liegen (↑Philosophia prima). Für Husserl ist das aktuell in der Wahrnehmung Gegebene nicht, wie es u. a. die Elementenpsychologie Wundts vorausgesetzt hatte, ein isoliertes, punktuelles Wahrnehmungspartikel neben unzähligen anderen, sondern entspricht einem Kern, der stets umgeben ist von Horizonten (Innen-/Außenhorizont), die in sich und über sich hinaus weisen und die Welt intentional als den umfassendsten Horizont der Wahrnehmung je schon mitvergegenwärtigen. Der Gegenstand stellt sich dar in sogenannten Abschattungen, das Bewußtsein hat „unscharfe" aktuelle Ränder im Sinne eines potentiellen „Mehr". Waldenfels unterscheidet mit Husserl drei konstitutive Bedeutungsmöglichkeiten von Wahrnehmung.

Wahrnehmung ist *etwas* wahrnehmen, Wahrnehmung ist *etwas als etwas* meinen und Wahrnehmung ist, „daß etwas, das ich als etwas meine, mir als solches gegeben ist". Für Husserl ist dem Wahrnehmungsakt selbst bereits ein logisch-konstitutives Moment mitgegeben. Wahrnehmung und Erfassen des ↑Wesens eines Gegenstands fallen in der ↑Wesensschau zusammen. Letzte Instanz im Sinne einer passiven Synthesis ist das Urteil in ↑Evidenz. Insgesamt postuliert Husserl den Vorrang eines sinnlichen/materialen bzw. lebensweltlichen Aprioris vor dem rationalen Wissenschaftsapriori im Sinne Kants. – Die *Wahrnehmungspsychologie* ist ein interdisziplinäres Forschungsgebiet der allgemeinen Psychologie, die die rezeptiven Zusammenhänge zwischen den physikalischen Eigenschaften des wahrzunehmenden Objekts wie den physiopsychologischen Bedingungen des wahrnehmenden Subjekts einschließlich der Sinneserlebnisse untersucht. Die Psychologie war immer schon eng mit der Philosophie verknüpft, als Wahrnehmungspsychologie hatte sie gegen Ende des 19. Jahrhunderts zeitweilig die Rolle der Erkenntnistheorie selbst eingenommen. Wesentlichen Einfluß auf die allgemeine Philosophie gewann von hier aus v. a. die Gestaltpsychologie. In seinem Aufsatz „Über ‚Gestaltqualitäten'" (1890) führte von Ehrenfels den Nachweis, daß wir nicht nur Einzelelemente, sondern bereits Gestalt wahrnehmen.

Wahrscheinlichkeit: Begriff, der es ermöglicht, die Gewißheit bzw. Möglichkeit von Ereignissen als Grad zu quantifizieren. Ist $p(E)$ die Wahrscheinlichkeit eines Ereignisses E, dann gilt $p = 1$, wenn das Ereignis notwendig (faktisch) ist, und $p = 0$, wenn es unmöglich ist. Mit der Analyse und mathematischen Darstellung der Wahrscheinlichkeit von Ereignissen beschäftigt sich die *Wahrscheinlichkeitstheorie.* In der quantentheoretischen Beschreibung der Materie spielt der Wahrscheinlichkeitsbegriff eine fundamentale Rolle (↑Quantentheorie, ↑Welle-Teilchen-Dualismus). So koppelt die Heisenbergsche Unbestimmtheitsrelation die Ungenauigkeit einer Zeitmarke (bzw. einer Dauer) an einen um einen Mittelwert schwankenden Energiebetrag, der aber faktisch zur Verfügung steht, um z. B. über die Einsteinsche Masse-Energie-Äquivalenz in ein massives Teilchen verwandelt zu werden. Der Zustand eines an den Kern eines Atoms gebundenen Elektrons wird durch eine (zeitunabhängige) Funktion beschrieben, die jedem Punkt in der Umgebung des Kerns eine *Aufenthalts*wahrscheinlichkeit des Elektrons zuordnet. Diese gesamte Wahrscheinlichkeits*verteilung „ist"* dann das Elektron, das sonst (im ungebundenen Zustand) eine Punktstruktur besitzt. Auch die räumliche Struktur und die Größe z. B. eines Protons besitzen Wahrscheinlichkeitscharakter. Sie kommen nicht dem Proton „an sich" zu, sondern sind eine Bestimmung seines Verhaltens bei ↑Wechselwirkungen mit anderen Teilchen: Seine *Ausdehnung* kann nicht eigentlich als *räumliches Maß* aufgefaßt werden. Sie hängt von den Eigenschaften der Partikel ab, mit denen es bei sogenannten Streuprozessen „abgetastet" wird, und ist dabei ein Maß der „Trefferwahrscheinlichkeit". Auch der Begriff der ↑Kausalität erfährt in der Mikrophysik eine Variation: Er impliziert hier nicht mehr die *Determinierbarkeit* (Vorherbestimmbarkeit) des Verhaltens von ↑Systemen; möglicherweise auch nicht die *Determiniertheit* überhaupt: Wenn ein System sich in z. B. zwei diskreten und disjunkten Zuständen befinden *kann,* sich unter einem bestimmten ↑Test aber in je einem dieser Zustände befinden *muß,* dann kann über den Zustand, in dem es sich *vor* dem Test befindet, keine Aussage gemacht werden (und möglicherweise ist er auch gar nicht „bestimmt") und auch keine *Gewißheits*aussage über den Zustand, in dem es sich beim Test befinden *wird,* es können aber Wahrscheinlichkeiten bestimmt werden, mit denen es sich beim Test „als“ in dem einen oder dem anderen der Zustände „befindlich“ erweist. Ferner erweist sich die „Lebensdauer“ eines (in der Regel äußerst kurzlebigen) Elementarteilchens als proportional zum reziproken Wert seiner *Zerfalls*wahrscheinlichkeit (in seine Zerfallsprodukte, die nicht notwendig auch seine Bestandteile waren). Der Zerfallswahrscheinlichkeit ist der Begriff der *Kopplungs*wahrscheinlichkeit assoziiert, die die „Stärke“ einer Wechselwirkung angibt. Sie ersetzt den klassischen Begriff der „Wirkung einer Kraft“ und ist ein Maß, mit welcher Wahrscheinlichkeit eine bestimmte Art der Wechselwirkung zwischen zwei bestimmten Klassen von Elementarteilchen stattfindet.

Wechselwirkung: zunächst in der klassischen Physik Newtons Ausdruck für die quantitative Gleichheit von Wirkung und Gegenwirkung (Newtonsches Gesetz: „actio = reactio“), die z. B. bei einem Stoßprozeß zweier Körper für den „Rückstoß“ verantwortlich ist. Die dialektische Philosophie Hegels erkennt dann den logischen Zusammenhang zwischen Wechselwirkung und ↑Kausalität: Indem nämlich die Begriffe der *Ursache* und der *Wirkung* sich gegenseitig bedingen und voraussetzen, die eine ohne die andere keinen Sinn hat, bedingt jede Wirkung logisch (bzw. dialektisch) eine Gegenwirkung auf die Ursache. Kausalität und Wechselwirkung sind hier nicht der ↑Substanz zukommende ↑Akzidenzien, sondern Wechselwirkung ist der „entwickelte Begriff“ der Substanz. Der *Mechanik*begriff der klassischen Physik und ↑Naturphilosophie wird so zum dialektischen Substanzbegriff weiterentwickelt. Wechselwirkung stellt sich dar „als eine gegenseitige Kausalität von vorausgesetzten, *sich bedingenden* Substanzen. *Jede* ist *gegen die andere* zugleich aktive und zugleich passive Substanz“. Während klassisch die Mechanik die Lehre von der Bewegung idealisierter singulärer, massiver Körper war, so daß Wechselwirkung den Substraten „äußerlich“ hinzuaddiert aufgefaßt wurde, kommt die dialektische Begriffsanalyse zu einem neuen Bild: Jetzt „sind es keine ↑Substrate mehr, welche miteinander in Beziehung stehen, sondern Substanzen“, deren Einzelheit und Vielheit nur noch „Moment“ (↑Dialektik, ↑aufheben) von Wechselwirkung ist. Ohne auf diese philosophische Vorgeschichte zu rekurrieren, entwickelt die ↑Quantentheorie im Rahmen der Elementarteilchenphysik einen Wechselwirkungsbegriff, der ebenfalls für die Konstitution der ↑Materie fundamental ist. Wechselwirkung ersetzt hier den klassischen Begriff der *Kraft,* vermittels derer ein Körper (durch seine Bewegungsenergie bzw. seinen Impuls) auf einen anderen Wirkung (als Änderung seines *Bewegungszustandes*) ausübt. Über die Änderung ihres Bewegungszustandes hinaus können Teilchen durch Wechselwirkung nun auch ihre *Eigenschaften* (die durch Quantenzahlen festgelegt sind) verändern: Sie können sich in *andere* Teilchen umwandeln. Wechselwirkung bedeutet nun: *Austausch* von Teilchen, und zwar derart, daß materielle Entitäten in zwei Klassen auftreten: solche, die *wechselwirken* (Fermionen), und solche, die diese Wechselwirkung *vermitteln* (Bosonen). Diese Austauschteilchen sind nun aber im Rahmen eines Austausch*prozesses* virtuell, d. h. sie sind keine Observable (beobachtbare Größen), nur ihre „Wirkung“ (als Zustandsänderung) auf die sie *emittierenden* bzw. *absorbierenden* Teilchen ist physikalisch *real.* Unabhängig von solchen Austauschprozessen können sie aber auch als reelle Teilchen beobachtet werden. Alle Teilchen können als *Quanten* von *Feldern* beschrieben werden, dementsprechend auch die Wechselwirkung von Teilchen als die von Feldern (↑Welle-Teilchen-Dualismus). Überhaupt ist in der Mikrophysik der Begriff eines *einzelnen*

Teilchens und dessen Eigenschaften problematisch: Eigenschaften (als Menge von Quantenzahlen) können nicht ohne weiteres als den Teilchen „an sich“ zukommend behauptet werden, sie sind vielmehr Bestimmungen von deren Wechselwirkungs*verhalten:* Ein Austauschprozeß – ebenso wie überhaupt ein Zerfalls- oder Erzeugungsprozeß – wird nämlich durch Erhaltungssätze (sowie Bedingungen der Additivität und Multiplikativität der Quantenzahlen) geregelt. Die *Beobachtung* von Austauschprozessen geschieht aber nicht an einem *singulären* Teilchenpaar, sondern immer (im Rahmen eines Streuprozesses) an einer großen *Mannigfaltigkeit* von Teilchen, so daß im Grunde eine Klasse von Teilchen mit einer Klasse anderer Teilchen wechselwirkt. Von der *Existenz* eines Teilchens einer Klasse zu sprechen bzw. vom *Vorliegen* einer seiner Eigenschaften, ist – genau genommen – nicht zulässig (↑ Wahrscheinlichkeit). Erst seine Wechselwirkung (die aber als Wechselwirkung einer Teilchen-Mannigfaltigkeit *beobachtet* wird) erlaubt indirekt eine Aussage über seine Existenz.

Weisheit: im Unterschied zur eher pragmatischen Klugheit eine menschliche Grundhaltung, die auf einer allgemeinen Lebenserfahrung und auf umfassendem Verstehen und Wissen um Ursprung, Sinn und Ziel des Lebens sowie um die letzten Dinge gegründet ist. Diese Grundhaltung hat ihre Bedeutung unmittelbar in der Lebenspraxis, läßt sich somit nicht allein durch rationale und logische Vernünftigkeit definieren. In der platonischen Philosophie wird die Weisheit zu den ↑ Kardinaltugenden gerechnet.

Welle-Teilchen-Dualismus: eines der Grundprobleme, mit denen die Entwicklung der ↑ Quantentheorie ihren Anfang nahm und das zugleich den Grundstein der theoretischen Elementarteilchenphysik bedeutete. Während bis zur Entwicklung der ↑ Relativitätstheorie die Natur des Lichtes als elektromagnetische *Wellen*erscheinung gedeutet wurde, stellte Einstein die Hypothese auf, daß Licht auch als Strahlung (masseloser) *Korpuskeln* interpretiert werden kann (Photonen). Mit dieser Hypothese konnten Erscheinungen gedeutet werden, die im Wellenbild des Lichtes nicht erklärbar sind (Photoeffekt, Comptoneffekt). Andererseits hat Licht Eigenschaften, die *ausschließlich* im Wellenbild erklärbar sind (Beugung, Interferenz). Das Problem besteht nun darin, daß Licht nur *entweder Teilchen*charakter *oder Wellen*charakter zeigt, und zwar in Abhängigkeit von der experimentellen Anordnung, so daß sich die Frage stellt, welcher Natur es nun *unabhängig* von der Beobachtungs*methode* ist. Diese *Dualität* der Erscheinungsform mußte für die gesamte (mikrophysikalisch betrachtete) Materie angenommen werden, nachdem sich die Hypothese von De Broglie bestätigte, daß umgekehrt jedem materiellen Partikel eine Wellenlänge korrespondiert: So zeigt z. B. ein Elektronenstrahl – nur im Wellenbild erklärte – Beugung und Interferenz, wenn man ihn an einem Kristallgitter streut. Das Problem wurde zunächst so gelöst, daß eine Aussage über die Natur der ↑ Materie unabhängig von Testbedingungen (↑ Test) *unzulässig* sei, daß es aber eine der Materie inhärente Eigenschaft sei, sich unter einem Test (Experiment) dual zu erweisen. Später entwickelten Schrödinger, Heisenberg u. a. mathematische Formen von Bewegungsgleichungen, in denen Größen, die dem Teilchenbild zugeordnet sind, und solche, die dem Wellenbild zugeordnet sind, über die Heisenbergsche Unbestimmtheitsrelation *gekoppelt* werden. Die Bewegungsgleichung ist zwar eine „Wellen“-Gleichung, aber die der *Amplitude* einer Welle entsprechende Größe (Wahrscheinlichkeitsamplitude) ist Bestimmungsstück der räumlich und zeitlich verteilten *Aufenthaltswahrscheinlichkeit* eines Teilchens bzw. einer Teilchengruppe. Die sogenannte Kopenhagener Deutung der Quantentheorie interpretiert diese Wahrscheinlichkeitsstruktur der Materie *ontologisch* und nicht als ein Problem der *Beschreibung* von Materie (↑ Wahrscheinlichkeit).

Welt: Begriff für den Zusammenhang und die Gesamtheit aller empirischen Dinge und Möglichkeiten. *Mythologisch* steht Welt als sinnlich-reale Welt der Geschichte in der Regel in einem Gegensatz zur „Ur"-Welt, die geschichtslos und von bloß „mythischer" Realität ist, aus der die Welt aber als ein Ordnungsgefüge (↑ Kosmos) entstanden gedacht wird (↑ auch Mythos, ↑ Kosmogonie, ↑ Chaos, ↑ Schöpfung). Die Frage, ob die Welt einen zeitlichen Anfang habe und ob sie räumlich begrenzt oder unendlich sei, ist ein Problem, das sich durch die Philosophiegeschichte zieht von der Antike bis zur modernen physikalischen ↑ Kosmologie. Platon unterscheidet eine Welt der ↑ Ideen von einer Welt der ↑ Erscheinungen. Die Unterscheidung einer intelligiblen von einer Welt der Realität sowie die Vermittlung zwischen ihnen ist ein Grundzug philosophischer Fragestellungen. Auch die Erkennbarkeit und überhaupt die Realität der empirischen Welt kann problematisiert oder auch geleugnet werden (↑ Agnostizismus, ↑ Akosmismus). Für Kant ist die Welt als „die absolute Totalität des Inbegriffs existierender Dinge" nicht Begriff der Realität, sondern eine transzendentale Idee, die sich auf die Bedingungen der Möglichkeit bezieht, Realität zu denken. Im Rahmen der ↑ Relativitätstheorie ist Welt die Mannigfaltigkeit der Punkte des vierdimensionalen Raum-Zeit-Kontinuums, in dem die Spur der Bewegung eines Körpers als (vierdimensionale) „Welt-Linie" liegt.

Weltanschauung: eine einheitliche Gesamtinterpretation der Welt und des Menschen mit handlungsorientierter Intention, die (meist ohne spezielle Detailkenntnisse) Ergebnisse der Wissenschaften – v. a. der modernen Naturwissenschaften – und auch philosophische Gedanken mehr oder weniger explizit enthält. Weltanschauung ist Weltordnung aus einer zentralen Idee, einem Wert, heraus und dient als Rahmen praktischen Handelns. Kunstwerke wie Denkmäler, Dichtungen und Sagen, Musik und Malerei, Architektur und Technik verkörpern die jeweilige Weltanschauung einer Generation. Für Dilthey entwickelt sich eine Weltanschauung aus der Verallgemeinerung von Lebenserfahrungen. Obwohl also eine solche Grundeinstellung relativ ist zur jeweiligen historischen Epoche, zur Sprach- und Kulturgemeinschaft, zu je unterschiedlich geltenden Normen und Werten, glaubte Dilthey, im wesentlichen drei Grundtypen bestimmen zu können, die im strukturellen Muster und in der „Wert-Hierarchie" deutlich übereinstimmen sollen: 1. den ↑ Materialismus meist mit sensualistischer oder positivistischer Erkenntnistheorie und hedonistischer Ethik, bei dem das Denken die (anorganische) Materie ins Zentrum seiner Wertmuster rückt; 2. den (mystischen) Panvitalismus, für den der Wert des Lebens im Mittelpunkt steht, so daß die gesamte Welt, der ganze Kosmos, als lebender Organismus, als „Tier", interpretiert wird (z. B. bei Heraklit, den Stoikern oder auch Herder und Goethe); 3. den ↑ Idealismus, für den schöpferisch-geistige Kräfte den ranghöchsten Wert darstellen, so daß durch sie alles andere gestaltet und geformt wird.

Weltbild: im Unterschied zur ↑ Weltanschauung wird der Begriff des Weltbildes meist für den Versuch der Synopse naturwissenschaftlichen Wissens verwendet, was aber nicht impliziert, daß zu irgendeiner Zeit ein genereller Konsens bezüglich eines Weltbildes besteht. So kann man in der Regel lediglich *Komponenten* angeben, die für Weltbilder charakteristisch sind. Das heutige *naturwissenschaftliche* Weltbild ist zweifellos dadurch geprägt, daß alle Objekte und Gegebenheiten der empirisch-materiellen Welt in einem universalen kausal-evolutiven Zusammenhang stehen. Alle Objekte sind sowohl Resultat als auch Ausgangspunkt evolutiver Prozesse. Dies betrifft nicht nur die Biosphäre, sondern gerade auch die nichtorganische Struktur der ↑Materie und des Universums (↑Kosmologie). Einen wesentlichen Bruch mit dem klassischen mechanischen Weltbild, das alle Objekte, auch die lebendigen, für durch die Newtonsche Physik erklärbar hielt, bedeutete zu Anfang dieses Jahrhunderts die Entwicklung der ↑Relativitätstheorie (Einstein) und der ↑Quantentheorie, die (mitsamt ihrer physikalisch-kosmologischen Folgeentwicklungen) die makrophysikalische Lebenswelt des Menschen als eine kleine Insel physikalischer Spezialfälle im Meer des generell physikalisch Möglichen entdeckte. Bezieht man den Begriff Weltbild *anthropologisch* auf die Lebenswelt des Menschen, so würde man heute – auf der Basis der Entwicklung der Psychoanalyse, der Mikrobiologie (bzw. Genetik) und v. a. der Technologie – im Zentrum des heutigen Selbstverständnisses des Menschen die Tatsache sehen, daß einerseits die Möglichkeit der totalen Selbstmanipulation, andererseits die Möglichkeit der totalen Selbstvernichtung aus dem Bereich der Utopie in die Sphäre sozialer und politischer Realität gerückt ist.

Weltgeist: spezieller Terminus der Hegelschen Geschichtsphilosophie. Der Weltgeist ist das eigentliche Subjekt der Weltgeschichte, und umgekehrt diese seine Realisation: der Prozeß seiner Rückkehr zu sich aus seiner Veräußerung. Hegel unterscheidet den Weltgeist, der selbst absoluter Geist ist (↑Idealismus, ↑spekulative Philosophie), vom Volksgeist (als Träger und Subjekt der Geschichte eines einzelnen Volkes) und vom Geist, wie er sich im individuellen Subjekt manifestiert.

Werden: „werden“ (lateinisch fieri „werden, entstehen“) als Futur von „sein“ (esse) ist eine jener Grundvoraussetzungen des menschlichen Ausdrucksvermögens, ohne die Sprache von vornherein leer bleiben müßte. Mehr oder weniger automatisch beziehen wir uns auf allen nur denkbaren Ebenen ständig auf ein Werden von Sachverhalten. Dabei erscheint das Werden in den unterschiedlichsten Bedeutungsschattierungen: in einen bestimmten Zustand kommen, ihn projizieren, eine Entwicklung durchmachen, als Prozeß der Annäherung („es wird 10 Uhr“), des Entstehens („es werde Licht“), der Darstellung („etwas wird allmählich Gestalt annehmen“, „es wird schon werden“) usw. Neben diesen schieren Selbstverständlichkeiten des alltäglichen Umgangs mit dem Werden scheinen die Probleme vielmehr erst dort zu entstehen, wo wir uns reflexiv dem Vermeinten selbst des Begriffs zuwenden. In der Philosophie ist Werden allgemein dasjenige, was im Rahmen eines Prozesses der ↑Bewegung dem Gewordenen substantiell zukommen muß, damit es überhaupt als ein Gewordenes anzusehen ist. Dabei führt die eindeutige Fixierung von Werden zu einer Reihe von philosophischen Antinomien, die mit der bloßen Rationalität nicht mehr zu lösen sind, weil sie diese entweder übersteigen, vermutlich aber fundieren. Sie stehen im engen Zusammenhang mit den gravierenden Problemen, die die phänomenologische Analyse der Erfahrung von ↑Zeit je schon mit sich geführt hat. Mit Werden sucht die Philosophie letztlich ein „Etwas“ zu begreifen, das es strenggenommen nicht geben kann, weil es noch nicht (geworden) ist, andererseits aber geben muß, da alles ↑Sein ohne Gewordensein nicht vorstellbar ist. Werden ist definiert als der Übergang von einem wie auch immer gearteten Zustand – das ist im Extremfall das ↑Nichts – in einen anderen, wobei das Werden selbst sich auf denjenigen, zeitlich in der Vorstellung als unendlich klein zu fixierenden Punkt eines Prozesses bezieht, an dem ein Umschlag im Sinne einer Zustandsänderung stattfindet. Geht man von dem allgemein verbindlichen Bild jeder zeitlichen Progression als Vergangenheit – Gegenwart – Zukunft aus, dann ergibt sich der eigentümliche Sachverhalt, daß einerseits im Unterschied zur Vergangenheit (dem bereits Gewordenen) und andererseits der Zukunft (dem noch Werdenden) der eigentliche Ort/Zeitpunkt des Werdens die Gegenwart ist, was aber nicht sein darf, da Gegenwart als derjenige Punkt eines Prozesses anzusehen ist, an dem die Zeit gleichsam für einen Augenblick stillsteht, also Bewegung momentan aussetzt. In der Geschichte der Philosophie ist das Werden mit der grundsätzlichen Differenz zwischen der statischen Seinsauffassung der ↑eleatischen Philosophie und dem Dynamismus des ↑Heraklitismus aktuell geworden. Seit Aristoteles und weit in die Scholastik hinein suchte man dem Problem des Werdens mit der Theorie von den Wirkursachen (↑Causa, ↑Kausalität) zu begegnen. Dies gipfelte in der Vorstellung Gottes als eines ↑unbewegten Bewegers, d.h. dem ewig seienden Grund allen Werdens. Das Werden ist ein zentraler Faktor der ↑Dialektik. Für Hegel steht es an der Nahtstelle zwischen dem Sein und Nichts. „Das Nichts ist als dieses unmittelbare, sich selbstgleiche, ebenso umgekehrt dasselbe, was das Sein ist. Die Wahrheit des Seins sowie des Nichts ist daher die Einheit beider; diese Einheit ist das Werden." Für Marx und Engels ist das Werden kennzeichnend für den Prozeß des Umschlagens der Gegenstände ineinander. Für Nietzsche wie schon Heraklit ist es die Grundweise der Wirklichkeit schlechthin.

Wert: mit Blick auf die soziokulturelle Entwicklung einer Gesellschaft die allgemein (bzw. mehrheitlich) akzeptierte und verinnerlichte Vorstellung von etwas, das gewünscht, erstrebt, anerkannt oder ehrfürchtig angeschaut wird. Bestimmte Güterwerte, sittliche, religiöse, ästhetische oder kulturelle Werte bieten insofern eine Verhaltenssicherheit, als sie allgemeine und grundlegende Orientierungsmaßstäbe für den Fall, daß zwischen Verhaltensalternativen zu wählen ist, enthalten. Die Philosophie befaßt sich mit Werten im Rahmen verschiedener werttheoretischer Konzeptionen: in einer spezifischen Wertphilosophie und den ethisch-politischen Theorien. Als Wert wird hierbei das angesehen, was als Sinn bzw. Norm für die Bevorzugung eines Gegenstands/einer Handlung vor anderen zugrundeliegt. In der philosophischen Erörterung des Gegenstands steht neben dem Bemühen um eine beschreibende Klassifizierung und hierarchische Ordnung der Werte v.a. die Frage nach dem Wesen der Werte im Zentrum: Gibt es so etwas wie einen Wert „an sich" oder konstituieren sich Werte erst durch ihre Beziehung auf den Menschen? Nach der heutigen Ansicht erscheinen Werte weder als Eigenschaften einer Sache oder Handlung noch als eigenständige, abstrakte Wesenheiten. Vielmehr existiert das Werthafte nur in Beziehung auf den Menschen dadurch, daß er Werte setzt, d.h. etwas anerkennt oder erstrebt. Mit dieser Einsicht verbunden ist der Zweifel an der Objektivität von Werten, d.h. dem Anspruch, daß Werte überregionale, überzeitliche und allgemeingültige Geltung haben. Diesem Anspruch wird die These von der Relativität der Werte entgegengehalten, indem man auf die vielfältigen Bedingtheiten historischer, kultureller, regionaler, gesellschaftlicher und individueller Art, unter denen verschiedene Wertsysteme entstehen, verweist. – In der Ethik verschiebt sich insbesondere mit Kant das Interesse in Richtung auf formale Überlegungen; damit tritt die Frage nach dem Wert als handlungsleitendem Richtziel zurück. Während Nietzsche die tradierten Werte der abendländischen Kultur einer kritischen Analyse unterzieht und den Aspekt ihrer Relativität hervorkehrt (↑Herrenmoral/Sklavenmoral, ↑Umwertung aller Werte), sucht der Neukantianismus, v.a. durch Rickert, eine vermittelnde Position: Nach dieser Auffassung fallen Werte weder mit der Wirklichkeit der Objekte noch mit den Wertungen des Subjekts eindeutig zusammen; sie sind also nicht objektiv feststellbar als Güter, aber auch nicht allein als rein subjektive Urteile einzustufen. Diesen Ansatz greifen in der ersten Hälfte unseres Jahrhunderts noch einmal Hartmann und Scheler auf, um eine materiale Wertethik zu konzipieren.

Wertethik: Konzeption einer ↑Ethik, die zur Begründung sittlicher Handlungen den Bezug auf ein System von Werten (↑Wert) sucht.

Wertfreiheit der Wissenschaften: 1. die Freiheit der Wissenschaften gegenüber Wertungen, d. h. die Forderung, daß wissenschaftliche Forschung nur durch ihre *eigenen* Prinzipien, nicht aber durch von außen an sie *herangetragene Werte* gelenkt werden darf; 2. die Abwesenheit von Werturteilen in den Wissenschaften: Wissenschaft kann nur *beschreiben,* was ist, *nicht* aber *vorschreiben,* was sein soll; sie ist deskriptiv, nicht normativ. Diese beiden Bereiche sind völlig getrennt voneinander, und nur der erstere ist wissenschaftlicher Rationalität zugänglich. Diese These wurde von Max Weber mit Blick auf die Sozialwissenschaften entwickelt und ist seither Gegenstand heftiger Kontroversen *(Werturteilsstreit);* z. B.: Nach Weber gibt es keine wissenschaftlichen Gründe, die eine Gesellschaftsordnung gegenüber anderen auszeichnen würde.

Wertphilosophie: als allgemeine Wertlehre (↑Axiologie) jede philosophische Beschäftigung mit Fragen der ↑Werte, ihres Verhältnisses zum Sein und zum Sollen, der Seinsweise sowie der Erkenntnis und Begründung von Werten. Im engeren Sinne eine im Anschluß an Lotze entstandene philosophische Strömung, die sich im wesentlichen nach zwei Richtungen hin entfaltet hat: der neukantianischen (Windelband, Rikkert) und der phänomenologischen (Scheler, Hartmann). Erstere unterscheidet zwischen einer aus Gesetzen erklärten Natur, dem wertfrei Wirklichen, und der geschichtlichen Kultur, die als eine aus leitenden Werten heraus entstandene angesehen werden muß. Dem Reich der Werte kommt dabei eine unbedingte und eigenständige Geltung zu. Beide Sphären treffen sich in einem sogenannten „Weltknoten". Die phänomenologische Wertphilosophie beschäftigt sich v. a. mit dem Wertfühlen und gipfelt in der von Scheler entworfenen und von Hartmann weitergeführten materialen Wertethik.

Werturteil: im Unterschied zum Seinsurteil bzw. der Faktenbehauptung eine mit dem Anspruch auf Allgemeingültigkeit bzw. Objektivität verbundene normative Aussage, durch die ein Gegenstand, ein Sachverhalt, eine Handlung oder ein Handlungszusammenhang bewertet wird.

Wesen (Sosein, d. h. „so [und nicht anders!] sein"): allgemein das Besondere oder Ausgezeichnete, Kennzeichnende einer Sache, genau das, wodurch sie sich von anderen unterscheidet. Ebenso ist das Wesen eines Gegenstands die nur ihm zukommende Gesamtheit oder der Inbegriff seiner allgemeinen und notwendigen Eigenschaften; dazu das *Wesentliche,* das im Gegensatz zum „bloß" Zufälligen den bleibenden Kern eines Sachverhalts ausmacht, das Typische, Ausschlaggebende, die Hauptsache. In der Philosophie ist der Begriff seit Meister Eckhart gebräuchlich (aus althochdeutsch wesan „sein, geschehen"), entspricht aber als freie Übersetzung inhaltlich weitgehend dem griechischen ousía (↑Substanz) sowie dem lateinischen ↑Essentia und bezieht sich in der Regel auf materiale Dinge, Gegenstände bzw. reale Sachverhalte. Traditionell lassen sich dabei zwei, allerdings eng aufeinander bezogene Bestimmungsebenen unterscheiden. Einmal ontologisch ist die Wesenheit eines Seienden dasjenige, das ihr „Was-etwas-Ist" (Quiddität) ausmacht, im Gegensatz zum ↑Dasein

(↑auch Existenz), das lediglich fragt, „ob etwas ist". Andererseits erkenntnistheoretisch ist Wesen das innere, beständige Sosein eines existierenden Gegenstands, das im Gegensatz zur „bloßen" ↑Erscheinung den Wechsel der einzelnen Zustände überdauert. „Wir besuchen immer wieder denselben Peter, obzwar uns derselbe Peter bei jedem Besuch anders erscheint." Für Platon sind die Wesenheiten die am materialen Ding zwar erscheinenden und durch den Erkenntnisprozeß erkannten, letztlich von beidem aber unabhängigen Wiedererinnerungen an ein einstmals geschautes Urbild der ↑Idee (↑Anamnesis). Seit Aristoteles, der die platonische Trennung von Wesen und Erscheinung zurückweist, wird am Erscheinenden selbst das Einzelwesen (= erste Substanz: z. B. dieser Mensch hier, der lebt, arbeitet usw. und sich als so bestimmtes menschliches Wesen individuell unterscheidet von anderen auch menschlichen Wesen) unterschieden von demjenigen Wesensgehalt, durch den Dinge einer bestimmten Art eben Dinge dieser Art sind (= zweite Substanz: z. B., daß dieser Mensch trotz seiner ihm individual wesenhaften Unterscheidung gegenüber anderen Menschen dennoch wesentlich [essentiell] den anderen Menschen angehört). Letztere Wesenheit ist dann analog dem einen Gegenstand definierenden Begriff und wurde, in diesem Sinne von der ↑Scholastik aufgegriffen, zu einem zentralen Problem im Rahmen des mittelalterlichen ↑Universalienstreites. Bei Kant kulminiert die Auffassung von Wesen in dem durch die Erscheinung nicht mehr vermittelbaren ↑Ding an sich. Für Hegel ist das Wesen das Sein selbst, das sich in dem es kennzeichnenden „Begriff" reflektiert und sich so als das Scheinen des Seins durch den Begriff bestimmt. Vollkommenste „Durchdringung" von Wesen und Erscheinung ist die „Wirklichkeit". Im 20. Jahrhundert ist der Begriff Wesen v. a. durch die Phänomenologie neu bestimmt worden. Nach Husserl, der auf eine phänomenale Vereinigung von Wesen und Erscheinung abzielte, ist das Wesen des Gegenstandes „das im selbsteigenen Sein eines Individuums als sein Was Vorfindliche" am Gegenstand selbst (↑Wesensschau). Für Heidegger, der den Begriff auch prädikativ („wesend, west") einsetzt, liegt das Wesen des menschlichen Daseins in seiner Existenz beschlossen. Daneben hat der Begriff im Lauf dieses Jahrhunderts einen weltanschaulich keineswegs immer glücklichen „Beigeschmack" („vom deutschen Wesen ..." usw.) erhalten, der seinen rein philosophischen Gebrauch heutzutage vielfach erschwert.

Wesensschau (Wesenserschauung, Ideation): von Husserl im Rahmen seiner phänomenologischen Methode (↑Phänomenologie) eingeführte Bezeichnung für das intuitive Erfassen der Wesenheit (↑Wesen) eines konkret Seienden in seiner Phänomenalität. Im Gegensatz z. B. zu Kant, für den die Erkenntnis eines Sachverhalts nur durch die (kritische) Reflexion auf die subjektiven Bewußtseinsakte möglich ist, postuliert Husserl mit der Wesensschau die generelle Möglichkeit eines direkten, unmittelbaren Zugangs zum Wesen eines Dings aus der unmittelbaren Erfahrung heraus. Wahrnehmung und Reflexion fallen dabei zusammen. Allerdings sind bei weitem nicht alle Dinge gleichwertig durch Wesensschau zu erfassen. Raumzeitliche Gegenstände z. B. erscheinen notwendig in perspektivischer Abschattung. Vielmehr ist Wesensschau für unser Erkennen ein unterster, vereinzelter Grenzwert, der sich letztlich durch ein Urteil in ↑Evidenz erfüllt. Einen allgemein verbindlichen Nachweis für das Gelingen dieser Methode ist Husserl allerdings schuldig geblieben.

Widerlegung: eine Aussage oder eine Theorie heißen widerlegt, wenn ihre Falschheit nachgewiesen worden ist. Das kann auf verschiedenen Wegen geschehen. Eine Möglichkeit besteht darin, zu zeigen, daß die fragliche Aussage oder Theorie einen Widerspruch impliziert (↑Reductio ad absurdum). Legt man das ↑Tertium non datur zugrunde, so bedeutet die ↑Verifikation der ↑Negation von *A* eine Widerlegung von *A*. In den empirischen Wissenschaften treten Widerlegungen in Gestalt von ↑Falsifikationen auf. Bekannte Beispiele aus der Philosophiegeschichte sind Kants Widerlegung des (subjektiven) Idealismus und die zahllosen Widerlegungen des ↑Skeptizismus (z. B. die von Strawson).

Widerspiegelungstheorie: Variante der ↑Abbildtheorie. 1909 von Lenin („Materialismus und Empiriokritizismus") erstmals formuliert, gilt sie seitdem als das Fundament der marxistisch-materialistischen Erkenntnistheorie. Marx und Engels haben, abgesehen von zahlreichen beiläufigen Bemerkungen, keine eigenständige Erkenntnislehre entwickelt. Die Widerspiegelungstheorie geht von der Grundthese aus, daß die Erkenntnis ein Abbild der objektiven, außerhalb des erkennenden Subjekts und unabhängig von ihm existierenden Wirklichkeit ist. Die Erkenntnis wird dabei als ein durch die gesellschaftliche Praxis dialektisch vermittelter Aneignungsprozeß aufgefaßt. Der Widerspiegelungsgedanke ist v. a. von Lukács für die Ästhetik fruchtbar gemacht und von hier aus v. a. in den Literaturwissenschaften und in der bildenden Kunst weiterentwickelt worden. Daneben, wo Widerspiegelung nicht vulgärmarxistisch als platter „photographischer" Abbildgedanke aufgefaßt wird, ist der Marxismus mit seiner Forderung nach einer Erstbegründung der allgemeinen Erkenntnistheorie durch die Widerspiegelungstheorie bis heute kaum über einen programmatischen Anspruch hinausgekommen.

Widerspruch (Contradictio, Kontradiktion): 1. in der Logik jedes Aussageschema, das logisch falsch ist, z. B. $A \wedge \neg A$. Alle Widersprüche sind logisch äquivalent zueinander. Ein System von Sätzen, das einen Widerspruch enthält, gilt allgemein als untauglich, da man aus diesem alles folgern kann (↑Satz vom verbotenen Widerspruch); 2. in der ↑Dialektik grundlegende Kategorie jeglicher Entwicklung (z. B. gesellschaftliche Entwicklung, Naturvorgänge). Deren Grundschema lautet: These – Antithese – Synthese, wobei die Antithese die Negation der These darstellt (deshalb die Bezeichnung Widerspruch). Im Gegensatz zur Logik können aber These und Antithese auf einer „höheren" Stufe aufgehoben werden in der Synthese. – ↑auch Antinomie, ↑Paradoxie.

widerspruchsfrei ↑konsistent.

Wiedergeburt ↑Seele.

Wiener Kreis ↑logischer Empirismus.

Wille: Grundbegriff der Handlungsphilosophie und Ethik, der das bewußte, auf das Erreichen eines bestimmten Ziels gerichtete Streben eines Menschen bezeichnet. Die Verwirklichung des Willens wird in einer ↑Handlung vollzogen – im Gegensatz zu reaktivem (z. B. physiologisch bedingtem, instinktartigem, gewohnheitsmäßigem, neurotischem), versehentlichem oder erzwungenem Verhalten. Das Vermögen, etwas zu wollen, gründet in der Sprach- und Handlungsfähigkeit des Menschen. Aufgrund der Repräsentations- oder Vergegenwärtigungsfunktion der ↑Sprache vermag er sich auf Nicht-Anwesendes zu beziehen und dessen Verwirklichung handelnd durchzuführen. Der Willensakt schließt ein: Situationsinterpretation (Berücksichtigung von Bedürfnissen, Eigeninteressen, Tatsachen, Normen, Werten, möglichen Handlungsfolgen), Abwägen der Handlungsalternativen, ↑Entscheidung über Handlungsziel und zweckmäßigstes Vorgehen bei dessen Verwirklichung, Entschluß, mit der Durchführung der Handlung zu beginnen. Vom Willen wird auch in bezug auf Gruppen, Gesellschaften oder die ganze Menschheit gesprochen. So unterscheidet Rousseau zwischen dem empirisch feststellbaren Willen aller und dem normativ (im Sinne des verallgemeinerungsfähigen Interesses) verstandenen allgemeinen Willen (↑Volonté de tous/Volonté générale). Umstritten sind in der Philosophiegeschichte v. a. das Problem der Willensfreiheit (↑Determinismus/Indeterminismus, ↑Freiheit) und die Bestimmung des Verhältnisses von Vernunft und dem als irrationale psychische Instanz vergegenständlicht gedachten Willen. Je nachdem, ob der Vernunft oder dem Willen die Vorherrschaft zuerkannt wird, spricht man von ↑Intellektualismus (z. B. Sokrates, Thomas von Aquin, Kant, Hegel) oder ↑Voluntarismus (z. B. Duns Scotus, Schopenhauer, Nietzsche). Sprachanalytische Philosophie und Behaviorismus fordern den Verzicht auf einen Terminus „Wille“, da seine Bedeutung nicht sinnvoll zu bestimmen bzw. kein Referent (Bezugsgegenstand) der Bedeutung empirisch aufzuweisen sei.

Willensfreiheit ↑Determinismus/Indeterminismus, ↑Freiheit, ↑Wille.

Wille zur Macht: zentrale Kategorie in Nietzsches Spätwerk und Nachlaß. Für Nietzsche ist der Wille zur Macht ein Antrieb, der alles Leben und alles Seiende konstituiert und charakterisiert: Alles, was existiert, folgt seinem Willen zur Macht, versucht nicht allein, sich selbst zu erhalten, sondern will sich steigern, mehr werden, sich zum Herrn aufschwingen. Da dieser Impuls allem Seienden als Kennzeichen zugeschrieben wird, ergibt sich daraus als grundlegender Charakterzug der Welt ihre Bewegtheit und ständige Veränderung. Im Lebensbereich des Menschen, v. a. in Kultur, Moral und Religion, interpretiert Nietzsche jedes Wertsystem als eine Erscheinungsform dieses Willens zur Macht (↑Umwertung aller Werte, ↑Herrenmoral/Sklavenmoral).

Willkür: *umgangssprachlich* eine Handlung oder Entscheidung, die auf einer bloßen Laune basiert und weder ethische, politische oder soziale Normen noch die Würde oder das Recht der von der Handlung/Entscheidung betroffenen Personen berücksichtigt. *Philosophisch* bedeutet Willkür svw. Wahlvermögen oder ↑Freiheit des Willens. So versteht z. B. Kant unter der freien Willkür den nur durch Vernunft motivierten Willen.

Wirklichkeit ↑Realität/Wirklichkeit.

Wirkung ↑Kausalität.

Wirkursache ↑Causa.

Wissen: ein Modus des Für-wahr-Haltens (↑glauben/meinen/wissen). Wissen zeichnet sich sowohl durch einen hohen Grad an subjektiver Überzeugtheit aus als auch durch die Verfügbarkeit einer nachprüfbaren Begründung, die die Wahrheit des Gewußten garantiert. Wissen ist der Inbegriff der Erkenntnis. Platons berühmte Definition lautet: „Wissen ist wahre, mit Begründung versehene Meinung.“ Erfolgt die Begründung methodisch, so spricht man von wissenschaftlichem Wissen. Aristoteles hat die Unterscheidung zwischen (praktischem) „Wissen, daß“ und (theoretischem) „Wissen, warum“ eingeführt. Die philosophische Tradition konzentriert sich in der Folge auf die erste Art des Wissens. Dieses wurde zum Gegenstand der ↑Erkenntnistheorie (Epistemologie, zu griechisch epistḗmē „Wissen“). Die moderne Wissenschaftstheorie beschäftigt sich ausschließlich mit dem wissenschaftlichen Wissen. Dies ist Ausdruck einer weitverbreiteten Tendenz, ausschließlich wissenschaftliches Wissen anzuerkennen. Phänomenologie und Konstruktivismus betonen demgegemüber die Wichtigkeit des vorwissenschaftlichen Wissens.

Wissenschaft: Bezeichnung sowohl für das Resultat des systematischen, auf Begründungen ausgehenden menschlichen Forschens – also für Handlungs- und Weltorientierung – als auch für diese Tätigkeit selbst. Man unterscheidet zwischen der Wissenschaft überhaupt und den wissenschaftlichen Disziplinen oder Einzelwissenschaften. Nach heutigem Verständnis wird eine einzelne Wissenschaft charakterisiert durch ihren *Gegenstandsbereich* („Was soll erforscht werden?" – z. B. die unbelebte Natur) und ihre *Methode* (z. B. empirisch). Allen Wissenschaften gemeinsam, also *der* Wissenschaft zuzurechnen, sind folgende Merkmale: die Ausrichtung auf Begründungen, also auf ↑Wissen im Gegensatz zum bloßen ↑Meinen, das, falls es in der Wissenschaft auftritt, als Vermutung o. ä. zu kennzeichnen ist, und die daraus resultierende Intersubjektivität. Begründung wird eine Argumentation genannt, der jeder Sachkundige und Gutwillige zustimmen muß. Wissenschaftliche Ergebnisse müßte im Prinzip jeder (hätte er nur die entsprechenden Kenntnisse) als gültig einsehen können. Die Wissenschaft tritt mit dem Anspruch auf, die Dinge so zu zeigen, wie sie sind. Mit dieser Vorgabe setzt sich die ↑Wissenschaftstheorie kritisch auseinander. – Das Verständnis von Wissenschaft war in der Geschichte beträchtlichen Veränderungen unterworfen, die von der Wissenschaftsgeschichte und der Wissenschaftstheorie untersucht werden. Auf Aristoteles geht die Trennung in *theoretische* und *praktische* Wissenschaften zurück. Zu den ersteren gehörten Mathematik, Physik und Theologie (später auch Logik und Ethik). Der Wissenschaft, die sich durch Wissen aus Gründen auszeichnet, wurde die Historie (als bloße Überlieferung von Fakten) gegenübergestellt. Hier zeichnet sich schon die *Vorrangstellung der Theorie* ab, die bis auf unsere Zeit wirksam bleiben sollte. Die Scholastik stellte neben die „artes liberales" (lateinisch „freie Künste", gemeint war: Beschäftigung eines freien Mannes) die „artes mechanicae" (lateinisch „mechanische Kunstfertigkeiten"). Die Artes liberales umfaßten das Quadrivium (die „Senergruppe" der mathematischen Wissenschaften Geometrie, Arithmetik, Astronomie und Harmonielehre) und das Trivium (die „Dreigruppe" der Sprachwissenschaften Rhetorik, Grammatik und Dialektik). Im Mittelalter nahm die Rhetorik eine beherrschende Stellung ein. Die Neuzeit brach mit der Entstehung der mathematischen Physik (Kopernikus, Kepler, Galilei) an, die in Newtons „Philosophiae naturalis principia mathematica" (deutsch „Mathematische Prinzipien der Naturlehre") von 1687 einen ersten Höhepunkt erreichte. Von der Naturphilosophie wurde die Naturgeschichte unterschieden, die in einem einfachen Faktenwissen sich erschöpfte (z. B. die Botanik). Im Rahmen seiner Transzendentalphilosophie unterschied dann Kant drei Arten von Wissenschaften: solche, die auf die allgemeinen Denkgesetze ausgehen (Logik oder Wissenschaft vom Denken), Wissenschaften von den Gesetzen, denen die Dinge unterworfen sind (Physik oder Wissenschaft von der Natur) und Wissenschaften von den Gesetzen des Bewußtseins (Ethik oder Wissenschaft von der Freiheit). Das 19. Jahrhundert führte die Unterscheidung der verschiedenen wissenschaftlichen ↑Methoden ein. Von nun an löst sich der einheitliche Wissenschaftsbegriff, charakterisiert durch den Begründungszusammenhang, auf in Geistes-, Sozial- und Naturwissenschaften oder auch in die Kultur- und Naturwissenschaften. Untersuchung, Vergleich und Klassifikation der Einzelwissenschaften werden in unserem Jahrhundert zur Aufgabe der Wissenschaftstheorie, einer neuen, eigenständigen Disziplin der Philosophie. Gleichzeitig erreichen Wissenschaft und Technik einen umfassenden Einfluß auf das menschliche Leben. Die daraus resultierenden Probleme („Krise der wissenschaftlichen Welt") werden in der ↑Wissenschaftsethik und in der Philosophie der ↑Technik – neuentstandene Zweige der Philosophie – diskutiert.

Wissenschaftsethik: die Anwendung allgemeiner ethischer Prinzipien auf die Wissenschaften, v. a. im Zusammenhang mit deren praktischen Folgen (z. B. in der Technik).

Dabei geht es einerseits um die *individuellen ethischen Pflichten* jedes Wissenschaftlers, andererseits auch um die Frage nach einer *öffentlichen, demokratischen Wissenschaftssteuerung* (↑ Wertfreiheit der Wissenschaften, ↑ Technik). Ein vielfach diskutiertes Problem ist das Verhältnis von Grundlagen- und angewandter Forschung: Inwieweit kann der Grundlagenforscher (z. B. der Atomphysiker) für das verantwortlich gemacht werden, was aus seinen Entwicklungen gemacht wird (z. B. Atombombe, Kernkraftwerk)? Diese Frage stellt sich in letzter Zeit besonders dringlich im Zusammenhang mit der Mikrobiologie (Gentechnologie).

Wissenschaftssprache: die Fachsprache einer Einzelwissenschaft oder der Wissenschaften insgesamt. Die Wissenschaftssprache soll – im Unterschied zur Umgangssprache – frei sein von Mehrdeutigkeiten und Unbestimmtheiten in der Bedeutung ihrer Ausdrücke. Probleme ihres Aufbaus bilden den Kern der zeitgenössischen Wissenschaftstheorie. – Der methodische Aufbau von Wissenschaft vollzieht sich in erster Linie als der methodische Aufbau einer Wissenschaftssprache. Das Problem der *Begründung* wissenschaftlicher Aussagen ist nicht zu lösen von der Frage nach der *Bedeutung* der verwendeten sprachlichen Mittel. Der Exaktheitsanspruch der Wissenschaft ist demnach nur insoweit einlösbar, als die sprachlichen Mittel der Wissenschaft exakt sind, als sie in methodisch kontrollierter Weise eingeführt und verwendet werden. Nach Kriterien für die Verständlichkeit und Verläßlichkeit wissenschaftlicher Rede wird in der Disziplin der *Sprachkritik* gefragt, die allen Wissenschaften vorgeordnet werden muß, da sie die Beherrschung der Rede als unerläßlicher Bedingung (als „Bedingung der Möglichkeit") jeglicher Wissenschaft und Philosophie und damit den transzendentalen Charakter von Sprache thematisiert. Das *Problem des sprachlichen Anfangs* besteht dabei in der Frage, wie man sich „erster" Wörter versichern kann, d. h. woher „erste" Wörter zu nehmen sind und wie ihre Verwendung zu normieren ist. Der linguistische Phänomenalismus vertritt hier die skeptische These von der *Unhintergehbarkeit der Umgangssprache* und will diese zur Grundlage für die Definition wissenschaftlicher Fachausdrücke machen. Jedes faktische Reden jedoch, auch das umgangssprachliche, läßt sich durch ↑ Rekonstruktion daraufhin prüfen, welche Unterscheidungsabsichten in ihm realisiert sind. Auch der Ansatz des logischen Empirismus, der zwischen einer *Theoriesprache* und einer *Beobachtungssprache* unterscheidet und in der letzteren eine Grundlage für die wissenschaftliche Begriffsbildung sieht, ist keine Lösung für das Problem des sprachlichen Anfangs, da manches dafür spricht, daß schon jede Beschreibung einer Beobachtung immer „theoriegeladen" ist. Zentrale Termini wissenschaftlicher Fachsprachen gehören weder der (empirisch zu kontrollierenden) Theorie noch der (vorwissenschaftlichen) Beobachtung an, sondern sind konstitutiv für die Meßpraxis und gehören also einer „Gerätesprache" an (in der Physik z. B.). Umgangssprache und Beobachtungssprache entfallen also für den Anfang eines methodischen Aufbaus fachspezifischer Wissenschaftssprachen. – Für die Suche nach einer sicheren Basis für die Verwendung der ersten Wörter beim Aufbau einer Wissenschaftssprache schlägt die konstruktive Wissenschaftstheorie (↑ Konstruktivismus) das Verfahren der *exemplarischen Bestimmung* vor: In stilisierten Lehr- und Lernsituationen soll der Rückgang auf die Handlungsebene fingiert werden, d. h. es wird die methodische Fiktion vorgenommen, die fraglichen Wörter seien für einen „Lernenden" ohne Rekurs auf andere, schon bekannte Unterscheidungen neu einzuführen. Die sprachliche Unterweisung eines Kindes oder die Lösung von Verständigungsschwierigkeiten unter Sprechern verschiedener Nationalsprachen sind ein Modell dafür, wie in Situationen gemeinsamen Handelns Handlungspartner zu zweckmäßigen Verständigungsmitteln gelangen: Durch hinweisende Gesten auf *Beispiele* und *Gegenbeispiele* und durch gleichzeitiges Aussprechen eines Wortes durch einen „Lehrenden“ wird im Ineinander von Tätigkeit und Rede ein neues Wort in seiner Verwendung vorgeschlagen, gelehrt und gelernt. Das Verfahren der exemplarischen Bestimmung erster Wörter, die ↑Prädikatoren heißen, liefert solche terminologische Bestimmungen, die auf endlich viele Beispiele und Gegenbeispiele angewiesen bleiben. Es kann daher nicht sicherstellen, daß die Verwendung von Prädikatoren für alle zukünftigen Fälle vorab hinreichend geklärt ist. In Grenzfällen werden neue Entscheidungen zu treffen sein, ob z. B. der Bereich der Exemplare um den fraglichen Gegenstand erweitert oder etwa ein neuer Prädikator vorgesehen werden soll. Wollen die am Aufbau einer Wissenschaftssprache Beteiligten für eine anschließende Rede- und Argumentationspraxis über das Zukommen der so bestimmten Prädikatoren ein kontrollierbares Einverständnis herbeiführen, dann empfiehlt es sich, den Entschluß zu fassen, diese Prädikatoren in Zukunft nur in der exemplarisch bestimmten Weise zu verwenden, d. h. den Wortgebrauch als normiert anzusehen und sich an diese *Normierung* zu halten. Der entscheidende Punkt, in dem sich die konstruktive Wissenschaftstheorie von anderen Positionen in der Frage der Definition wissenschaftlicher Termini unterscheidet, ist die Forderung, den Aufbau einer Terminologie schrittweise vorzunehmen, beginnend mit der exemplarischen Einführung elementarer Prädikatoren, um die Gefahr eines *unendlichen definitorischen Regresses* zu vermeiden, der bei bloßer Anwendung des definitorischen Verfahrens auftritt. Ein definitorischer Regreß muß nach endlich vielen Schritten bei exemplarisch eingeführten und bestimmten Termini enden.

Wissenschaftstheorie: als eigenständige Disziplin erst in unserem Jahrhundert entstandenes Gebiet der Philosophie. Im 18. und 19. Jahrhundert traten Vorläufer unter der Bezeichnung *Wissenschaftslehre* (Fichte, Bolzano) oder *Wissenschaftslogik* auf. Die Wissenschaftstheorie untersucht alle mit Wissenschaft zusammenhängenden Probleme. Dazu gehören Fragen der wissenschaftlichen Methoden (↑Methodologie), der Struktur der Wissenschaften, der Voraussetzungen, Ziele und Auswirkungen (↑Wissenschaftsethik) von Wissenschaft sowie die Untersuchung der wissenschaftlichen Gegenstandsbereiche und der Wissenschaftssprachen. Das hierbei gebrauchte Instrument ist die *logische Analyse,* so daß man Wissenschaftstheorie kurz als die *logische Analyse der Wissenschaften* bezeichnen kann. Da die Wissenschaften, v. a. die Naturwissenschaften, ursprünglich zur Philosophie gerechnet wurden, gab es zunächst wenig Anlaß zur philosophischen Beschäftigung mit ihnen. Dies änderte sich grundlegend mit dem Aufkommen der mathematischen Physik. Durch diese sah sich die Philosophie vor eine *Herausforderung* gestellt: Die Möglichkeit und Nützlichkeit so betriebener Wissenschaft bedurfte der Erklärung. Dies umso mehr, als bereits Hume mit seiner Kritik an der ↑Induktion dieser neuen Wissenschaftsauffassung theoretisch einen schweren Schlag versetzt hatte (seine Kritik blieb in der Wissenschaftspraxis allerdings folgenlos). Damit ist das zentrale Anliegen der Erkenntniskritik von Kant formuliert. Aber schon die führenden Philosophen des ↑Rationalismus (wie Descartes, Leibniz) wie auch des ↑Empirismus (Francis Bacon, Locke) versuchten, die philosophischen Probleme, die sich aus der neuen Wissenschaft ergaben, zu lösen. Die Entwicklungen des 19. Jahrhunderts vergrößerten noch die Diskrepanz zwischen Philosophie und Naturwissenschaften. Bedeutende Wissenschaftler wie Helmholtz, Mach und Poincaré bemühten sich, eine der Wissenschaft angepaßte Philosophie zu entwikkeln. Die grundlegenden Entdekkungen des 20. Jahrhunderts (↑Relativitätstheorie und ↑Quantentheorie) machten die bereits vorhandene Kluft erst recht deutlich. Auf diesem Hintergrund bildete sich die neue Disziplin Wissenschaftstheorie heraus als Versuch, von den Wissenschaften zu lernen und ihnen nicht philosophische Theorien vorzuschreiben. Der Wiener Kreis übernahm dabei die Rolle des Vorreiters. Der alte Gegensatz von Empirismus und Rationalismus brach wieder auf, als Popper 1935 dem ↑logischen Empirismus seinen ↑kritischen Rationalismus entgegenstellte. Infolge der Emigration geriet die Wissenschaftstheorie weitgehend in den Einfluß der ↑analytischen Philosophie des angelsächsischen Sprachraums. Aus dieser Verbindung entwickelte sich auch die dritte grundlegende Strömung der Wissenschaftstheorie, der ↑Konstruktivismus. Dieser sieht die Hauptaufgabe in der Konstruktion von methodisch aufgebauten Wissenschaftssprachen; er will damit die Wissenschaften verändern und wird deshalb zu der *normativen Wissenschaftstheorie* gerechnet. Dem stehen die Bestrebungen der analytischen Wissenschaftstheorie gegenüber, die als Nachfolger des logischen Empirismus gelten darf und auf eine Beschreibung der wissenschaftlichen Praxis abzielt *(deskriptive Wissenschaftstheorie).* Der kritische Rationalismus versteht sich v. a. als Kritik am wissenschaftlichen Wahrheitsdogmatismus; in seinem Zentrum steht der Begriff der Fallibilität (↑Fallibilismus). Die Wissenschaftstheorie ist auch heute noch vorwiegend an den Naturwissenschaften orientiert. Das zeigt sich schon an ihren Kernproblemen: Induktion und Wahrscheinlichkeit, Verhältnis von Beobachtung und Theorie, Gesetzesartigkeit von Aussagen. Doch mehren sich in letzter Zeit die Versuche, auch andere Wissenschaften, z. B. die Sozialwissenschaften, in die Betrachtungen mit einzubeziehen. In Deutschland ist die Frankfurter Schule der kritischen Theorie als Beispiel für solche Bemühungen zu nennen.

Würde [zu mittelhochdeutsch wirde „Wert, Ansehen"]: Bezeichnung für ein relativ komplexes Gefüge zwischen Wert, Wertbewußtsein und den damit zusammenhängenden Verhaltenserwartungen. Träger (hoher) staatlicher Funktionen z. B. werden nicht allein in ihre Ämter, sondern vielmehr in „Amt *und* Würden" eingeführt; d. h. jeder – v. a. auch der Träger selbst –, der dem entsprechenden Amt eine Bedeutung, einen Wert, beimißt, verbindet mit seiner Wertschätzung Verhaltenserwartungen, die sich an den Amtsinhaber richten. Nur wer die erwarteten Verhaltensschemata realisieren kann, bekleidet sein Amt mit der erhofften Würde und kann deshalb mit Respekt rechnen. Mit Gleichgültigkeit oder gar Verachtung aber wird geahndet, wenn jemand der „Würde des Amtes" nicht gerecht werden konnte. Im Falle des öffentlichen Amtes ist also die Wertschätzung primär auf Funktion und Rang des Amtes bezogen. Wo die Wertschätzung sich auf den Menschen selbst als Menschen bezieht, spricht man von Menschenwürde; hier ist jeder Mensch gewissermaßen „Amtsträger in eigener Sache" und aufgefordert, „Mensch zu sein" (oder zu werden). Hinsichtlich ihrer Würde als Mensch können also alle Menschen als gleich angesehen werden. Dieser Wert des Menschen als Zweck an sich selbst und damit seine spezifische Würde gründen letztlich in seiner Fähigkeit, sittlich, d. h. selbstbestimmt und eigenverantwortlich, zu handeln. Mit anderen Worten: ↑Freiheit ist die Bedingung der Möglichkeit von Würde überhaupt. Wer also dem anderen die Handlungsfreiheit beschneidet oder selbst auf die ihm eigene Autonomie verzichtet, der verletzt den fundamentalsten Wert des Menschseins. Kant formulierte in einer Variante des ↑kategorischen Imperativs diejenige Norm, die zum bedingungslosen Respekt vor dem personalen Wert des Menschen auffordert: immer so zu handeln, daß man sich der personalen Würde der betroffenen Menschen bewußt bleibe und sie auf keinen Fall verletze, indem man sie ausschließlich zum Mittel anderer Zwecke degradiere. – Heute bekennen sich viele staatliche Verfassungen grundsätzlich zur Anerkennung dieses obersten, unantastbaren Prinzips. Diese Schutzgarantie der Verfassung ist unabänderlich; sie ist jeder Verfassungsänderung entzogen. Aus der Menschenwürde als formaler Wertkategorie werden in der Regel inhaltliche Werte, Rechte, abgeleitet, z. B. das Recht auf Leben, Besitz, Arbeit, freie Meinungsäußerung, Gleichheit vor dem Gesetz usw. (↑auch Menschenrechte).

Y

Yin und Yang [chinesisch]: die beiden Prinzipien eines dualistischen kosmologischen Konzepts der ↑chinesischen Philosophie. Das Yin-Yang-Konzept ist Kern einer Dunkel-Licht-Metaphysik, von der möglicherweise eine Spur bis in die vorderasiatischen Lichtmetaphysiken weist (Mithraskult, Zarathustra). Als Weiblich-Männlich-Schema war es zu Beginn der Choudynastie gegen Ende des 2. Jahrtausends v. Chr. von sozialpolitischer Relevanz, wohingegen es als Feucht-Trocken-Schema Grundlage früher chinesischer Naturphilosophie war. Seinen Ursprung hat das Konzept im Divinationsbuch der Choudynastie, dem I Ging (Buch der „Wandlung"). Dieser Text sowie die darauf aufbauenden Weissagungsverfahren enthalten zwei Grundelemente: einen gebrochenen Strich („– –") und einen ungebrochenen („—"). Diese Elemente werden zunächst zu Dreiergruppen und dann zu 64 Sechsergruppen (Hexagramme) aufgebaut, deren jede eine Interpretationsgrundlage einer individuellen, v. a. aber einer politischen Situation liefert, aus der dann Handlungsvorschläge sowie Handlungsanweisungen gewonnen werden können. Diese beiden Zeichen repräsentieren Begriffe, deren Ideogramme (bildlich bzw. symbolisch interpretierbare Schriftzeichen) mit den Lautwerten Yin bzw. Yang assoziiert sind. Das Ideogramm für Yin (– –) ist aus einem Symbol für „Hügel" und einem Symbol für „Nebel" zusammengesetzt, das Ideogramm für Yang (—) aus einem Symbol für „Hügel" und einem für „Sonne" bzw. „Sonnenstrahlen", so daß Yin mit „Nebel- oder Schattenseite des Berges", Yang mit „Sonnen- oder Lichtseite des Berges" wiedergegeben werden kann. Diese Grundbedeutungen werden aber in den aus den beiden Zeichen zusammengesetzten Tri- und Hexagrammen des I Ging zu anderen Begriffspaaren variiert, die jedoch immer assoziativ auf die Grundbedeutung rekurrieren: So wird „– –" mit „weiblich", „beweglich" oder „schwach" wiedergegeben, „—" mit „männlich", „unbeweglich" oder „stark". Die älteren Teile des I Ging weisen auf eine Wandlung des kosmologischen Konzepts hin, nämlich auf einen Zusammenhang zwischen den Yin-Yang-Metaphysiken und der Entstehung von geschlechterunterscheidenden Grammatiken.

Z

Zahl: Grundbegriff der Mathematik. Die Zahl als Inbegriff der mathematischen Erkenntnis hat schon immer die Philosophen fasziniert. Im besonderen Maß gilt das für die Pythagoreer (↑Vorsokratiker), die die Ansicht vertraten, daß die Welt nach mathematischen Gesetzen aufgebaut sei („Alles entspricht der Zahl") und sich ihre Entstehung (↑Kosmogonie) mit Hilfe eines mathematischen Modells begreifen lasse: Das Ur-Eins ● atmet das Unbegrenzte (↑Apeiron) ein und spaltet sich danach in zwei Einheiten, die Eins und ihre Wiederholung ● ●, die zusammen ein Stück Apeiron einschließen. Eine besondere Stellung kam der Zahl 10 zu: 10 = 1+2+3+4 oder („Tetraklys"):

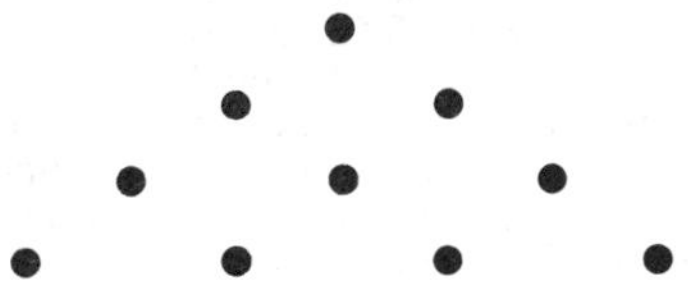

In dieser Figur verbergen sich die Zahlenverhältnisse 2:1, 3:1 und 4:1, die für Oktave, Quinte und Quarte stehen. Ähnlich der vollkommenen symmetrischen Ordnung des Tetraklys ist auch der Aufbau der Welt zu denken. Eine ähnlich wichtige Rolle maß Leibniz der Zahl zu, die er als die „Architektonik des Universums" bezeichnete. Unzählig fast sind die Versuche von Philosophen, das Wesen der Zahl zu fassen. Diese Bemühungen fanden einen gewissen Abschluß durch Freges *Zurückführung des Zahlbegriffs auf den Klassenbegriff* (↑Klasse), die richtungweisend für die späteren Diskussionen geworden ist (↑Philosophie der Mathematik).

Zeichen: allgemein jede sinnlich wahrnehmbare Gegebenheit (Gegenstand, Erscheinung, Vorgang, Handlung), die mit einem bestimmten, vereinbarten Bedeutungs- bzw. Informationsgehalt (z. B. die Verkehrszeichen, astronomische Symbole) auftritt oder eine andere Gegebenheit (z. B. physikalische Größe, mathematische Variable) repräsentiert bzw. diese bezeichnet oder darstellt *(repräsentative* oder *substitutive Zeichen),* wie etwa Formelzeichen, mathematische Zeichen oder Schaltzeichen; davon zu unterscheiden sind die (häufig auch Zeichen genannten) Anzeichen als von (bezeichneten) Gegebenheiten kausal verursacht (z. B. Rauch als Anzeichen für Feuer). Als *Zeichenträger* bezeichnet man jeden physikalischen Zustand oder Vorgang, mit dem Zeichen verknüpft sind oder dargestellt werden. Demnach ist ein Zeichen niemals die Realität der bedeutenden Gegebenheit selbst (Zeichenträger, z. B. ein Verkehrsschild), sondern Zuordnung zu einem bestimmten Objekt, Sachverhalt oder Empfinden (z. B. runde rote Scheibe mit weißem Querbalken = Verbot der Einfahrt). Bezogen auf die Art der Zuordnung werden individuelle (z. B. auf persönlicher Verabredung beruhende), gesellschaftlich vermittelte oder durchgesetzte (z. B. Gefahrenzeichen) und allgemein gewordene Zeichen (z. B. die Piktogramme, die man u. a. auf allen internationalen Flughäfen antrifft) unterschieden. Bezogen auf ihren Realitätsbezug werden Zeichen unterteilt in Symptome (kausal mit der Wirklichkeit verbunden) und Repräsentationen (durch Bestimmung mit der Wirklichkeit verbunden, z. B. Amtskette). Vom Zeichen zu unterscheiden ist das *Zeichenvorkommnis.* So handelt es sich bei dem gedruckten, dem mit der Hand geschriebenen und dem von verschiedenen Personen zu verschiedenen Zeitpunkten gesprochenen Wort „Baum" um verschiedene Vorkommnisse desselben Zeichens. Das Verhältnis zwischen dem Zeichen und Bezeichneten wird von der *Sigmatik* untersucht; dabei wird nicht die spezielle, sondern die allgemeine Beziehung zwischen einem Zeichen und seinem Objekt bestimmt. Bei den verschiedenen Zeichen-Objekt-Bezügen unterscheidet man Ikon (Abbild), Index (Anzeiger) und Symbol (Sinnbild). Das *Ikon* (z. B. eine Photographie) bildet sein Objekt ab und hat mit diesem meist mehrere Merkmale, wenigstens aber eines gemeinsam. Der *Index* ist eine

Orientierungshilfe (z. B. ein Wegweiser oder eine Windfahne, die sich nach dem Wind bewegt), die in einem physischen Zusammenhang mit dem bezeichneten Gegenstand steht. Das *Symbol* beruht auf Vereinbarung und hat zumeist keine direkte Beziehung zu seinem Objekt. Bestes Beispiel ist das sprachliche Zeichen. Die auf Aristoteles zurückgehende traditionelle Zeichentheorie betrachtet die Wörter als Zeichen für Begriffe und Vorstellungen im Bewußtsein und diese wiederum als Abbildungen der Dinge der Wirklichkeit. Die *strukturalistische Zeichentheorie* de Saussures faßt das sprachliche Zeichen auf als eine willkürliche, aber im Sprachsystem (langue) festgelegte assoziative Beziehung zwischen einem Lautbild, dem Bezeichnenden (signifiant) und einer Vorstellung, dem Bezeichneten (signifié). Die Verwendung des Zeichens im Sprechen (parole) zur Bezeichnung von Dingen und Sachverhalten ist nicht mehr Gegenstand strukturalistischer Analyse. Die *semiotische* (↑Semiotik) *Zeichentheorie* von Morris unterscheidet drei Dimensionen des Zeichens: die semantische Dimension (Beziehung eines Zeichens zu dem, wofür es steht), die syntaktische Dimension (Beziehung eines Zeichens zu anderen Zeichen) und die pragmatische Dimension (Beziehung zwischen einem Zeichen und seinen Benutzern).

Zeit: Fragestellungen zum Zeitbegriff finden sich in der Philosophiegeschichte grundsätzlich an den Begriff der *Veränderung* gekoppelt; so auch an den der ↑Bewegung (als Veränderung des Ortes oder der Konstellation), der Prozessualität (als Veränderung einer Situation oder eines Zustands) und der Entwicklung (als Veränderung z. B. der Gestalt). Am Anfang der Philosophiegeschichte stehen gleich die zwei extremsten Konzeptionen der Veränderlichkeit: die eine des Parmenides, der dem ↑Sein *Unveränderlichkeit* und *Unbeweglichkeit* zuschreibt, dagegen Veränderung und Bewegung als „dóxa" (bloße Meinung) bezeichnet; die andere des Heraklit, der umgekehrt eine Unveränderlichkeit irgendwelcher Art abstreitet und *Veränderlichkeit* als Grundbestimmung aller daseienden Dinge erkennt. Eine erste genauere Analyse zeitlicher Bestimmungen macht Aristoteles. Er sieht den Zusammenhang zweier Konzeptionen des *Jetzt,* das den *unmittelbaren Übergang* zwischen Zukunft (als Noch-nicht-Sein) und Vergangenheit (als Nicht-mehr-Sein) bildet: Einerseits *verschwindet* das Jetzt unmittelbar, indem es konstatiert wird, in die Vergangenheit, und ein „anderes" Jetzt ist jetzt usw., so daß die Gesamtheit von Jetzten ein Kontinuum bildet, dessen jeweilige „Stellen" ein unmittelbares Umschlagen von Entstehen in Vergehen sind. (So ist Zeit neben Raum und Materie ein weiteres Beispiel von *Kontinuität* bei Aristoteles.) So läuft das Jetzt (die Gegenwart) wie ein Punkt auf einer Linie in die Zukunft und läßt die Vergangenheit hinter sich. Andererseits bleibt das Jetzt (wir würden heute sagen „subjektiv") immer jetzt, so daß umgekehrt die Zeit von der Zukunft durch das Jetzt in die Vergangenheit „fließt" (daher rührt die mataphorische Redeweise vom „Fluß" der Zeit). Diese Analyse greift Hegel wieder auf: Entstehen als Übergang von Nichtsein in Sein und Vergehen als Übergang von Sein in Nichtsein sind im Jetzt *identisch* und (im Begriff des Werdens) *aufgehobene Momente* (↑aufheben). So ist Zeit „Sein, welches ist, indem es nicht ist, und nicht ist, indem es ist". Augustinus fragt, wenn einerseits Zukünftiges als Noch-Nicht also nicht *ist* und andererseits Vergangenes als Nicht-Mehr auch nicht *ist* und drittens Jetztiges zwischen beiden zum bloßen Punkt *verschwindet* und also erst recht nicht *ist, was* denn dann nun eigentlich *sei?* Er untersucht auch die Rede von einem „absoluten Anfang der Zeit selbst", wie sie im christlich-philosophischen Konzept der ↑Creatio ex nihilo impliziert ist. Er benützt hier die zeitliche (zweistellige) ↑Relation des „Früher als" (und die Umkehrrelation „später als"): Wenn alles Zeitliche dadurch gekennzeichnet ist, daß es zu jedem Späteren ein Früheres geben muß, dann kann der Anfang der Zeit selbst nicht zeitlich sein, denn es gibt zu ihm kein Früheres. Wenn anders das „Vor" dem Anfang *kein* Zeitliches ist (z. B. das Sein des die Zeit schaffenden Gottes), dann ist auch ein Anfang von Zeit nicht möglich, da er ja zu jenem Zeitlosen ein Späteres sein müßte, was dem Zeitlosen widerspräche. Nach Kant kommt der Zeit, wie auch dem Raum, keine Realität zu. Beide sind a priori dem Subjekt vorgegebene Bedingungen der Möglichkeit von Erkenntnis der Realität. Heute unterscheidet man allgemein einen metrischen (bzw. objektiven) Zeitbegriff von einem modalen (bzw. subjektiven). Der *metrische* Zeitbegriff ist durch die „Früher als"- und „Später als"-Relation charakterisiert. In diesem Konzept gibt es kein Jetzt. Jeder Zeit*punkt* ist notwendig *zugleich* ein Relat der einen als auch der anderen Relation, und zwischen je zwei Zeitpunkten – vorausgesetzt, daß sie verschieden sind – gilt immer nur *entweder* die eine *oder* die andere Relation. Daß diese *nicht umkehrbar* sind (d. h. wenn gilt „*a* früher als *b*", kann „*b* früher als *a*" *nicht* gelten), ist Grundlage des Problems der *Asymmetrie* (bzw. Anisotropie) der Zeit. Mit diesem ist eng der Begriff der ↑Kausalität verknüpft. Der *modale* Zeitbegriff unterscheidet die drei *Modi* der Zeit: Vergangenheit, Gegenwart, Zukunft. Sie sind mit den subjektiven Kategorien der Erinnerung, Befindlichkeit und Erwartung verknüpft und entfalten ihre Bedeutung vorzüglich in psychologischen Kontexten. – In der physikalischen Beschreibung der Natur spielt ausschließlich der *metrische* Zeitbegriff eine Rolle. Während Newton an einem Begriff der *absoluten* Zeit festhielt („Die absolute, wahre ... Zeit verfließt an sich und vermöge ihrer Natur gleichförmig und ohne Beziehung auf irgendeinen äußeren Gegenstand"), sieht die ↑Relativitätstheorie den Zeitbegriff nicht mehr unabhängig von Problemen des *Messens* von Zeit. Das Messen von zeitlichen Distanzen (d. h. von Dauern, Zeitspannen) führt hier – aufgrund der Tatsache, daß die Lichtgeschwindigkeit *endlich, unüberschreitbar* und *nicht-relativ* ist – nicht auf objektive, vom Beobachtersystem unabhängige Gegebenheiten: Das Maß von Zeitspannen hängt von der Relativgeschwindigkeit zwischen dem Objekt und dem Beobachter ab. Dies führt auch zur Problematisierung des Begriffs der *Gleichzeitigkeit.* Durch die Tatsache der Invarianz der Lichtgeschwindigkeit werden räumliche und zeitliche Größen derart miteinander verkoppelt, daß man die drei Raumdimensionen mit der Zeitdimension nun zu einem vierdimensionalen Raum-Zeit-Kontinuum (Minkowski-Welt) zusammenfaßt. Man spricht dann von der *Raumzeit.* Im Rahmen von Weiterentwicklungen der allgemeinen Relativitätstheorie, die u. a. Zusammenhänge zwischen Raum, Zeit und Materie behandeln, bekommt der Begriff der Zeit, ebenso der des Raums, wieder eine *ontische,* d. h. materiekonstituierende Relevanz (↑Raum, ↑Materie, ↑Kosmologie).

Zẹn [japanisch]: eine Traditionsrichtung asiatischer Philosophie, die ihren Entwicklungsweg von Indien über China nach Japan genommen hat und in den letzten Jahrzehnten ein reges Interesse in westlichen Kulturen erfuhr. Wie jede genuine ↑Mystik hat auch Zen die Eigentümlichkeit, daß es sich nicht in Kategorien wie „philosophische Lehre", Religion oder „Form von Lebenspraxis" unterbringen läßt und daß jede „externe" Darstellung oder Auskunft den „Kern" verfehlt und notwendig zu irrtümlichen Auffassungen führt. Seinen historischen Ausgangspunkt hat Zen im 5. Jahrhundert n. Chr. mit Bodhidharma, einem Patriarchen der buddhistischen Tradition, der in China eine

Lehre verbreitete, die vermutlich auf „dhyana“ (eine Meditationsstufe des achtstufigen Joga-Systems) aufbaute und eine große Affinität zum ↑Taoismus hatte („dhyana“ wurde chinesisch mit dem Lautwert „ch'an“ wiedergegeben, und dieser später japanisch mit „zen“). Ch'an erlebte einen ersten Höhepunkt mit Hui Neng im 7. Jahrhundert: Seine Lehre von der „plötzlichen Erleuchtung“ ist in Form einer Redensammlung in dem Klassiker „Liu-tsu t'an-ching“ („Plattform-Sutra“) überliefert. Die „Erleuchtung“ (chinesisch „wu“, japanisch „satori“) kann man als „Ziel“ der Ch'an-Meditation bezeichnen, es ist jedoch erst erreichbar, wenn die Absicht, es zu erreichen, letztlich aufgegeben wird: „Satori ist erst erreicht, wenn niemand mehr da ist, der es erreicht“. Der Meditationsweg ist gekennzeichnet vom „wu-nien“, der Bemühung um „Nicht - unterscheidendes - Denken“ oder „Nicht-Bewußtsein“. Die „Erfahrung“ von Satori ist ein *unmittelbares* (daher „plötzlich“) *Umschlagen* vom Vergessen-des-erreichen-Wollens in ein Schon-erreicht-Haben. Sie wird bei Hui Neng mit „Einsicht in die Selbstnatur“ umschrieben. – Etwa seit dem 11. Jahrhundert wird die Lehre durch Übungen im „wu-nien“ vermittelt. Diese bestehen aus Darstellungen von Dialogszenen zwischen einem Meister und einem Schüler, die meist im Erleuchtungserlebnis des Schülers gipfeln (japanisch „mondo“), oder aus direkten Fragen, über die der Schüler meditiert und auf die der Meister Antworten (oder vielmehr Reaktionen) erwartet, aus denen dieser dann den Fortschritt im „Begreifen“ erkennen kann (japanisch „koan“). Diese Koans sind einer rationalen Verstandesanalyse westlicher Tradition nicht zugänglich, sie erscheinen zunächst als unsinnig (z. B. „Zeige mir dein Gesicht vor deiner Geburt“). Dennoch gibt es „eindeutige“ Antworten, an denen der Lehrer das Satori des Schülers erkennt. Sie ergeben sich aus der unmittelbaren Dialogsituation: Auch traditionelle „Schul“-Antworten oder -Reaktionen (es gibt Sammlungen davon) würde der Lehrer als solche entlarven. In der klassischen Beispielsammlung des 11. Jahrhunderts, dem „Bi-yan-lu“ (japanisch „Heki-ganroku“, „Niederschrift von der smaragdenen Felswand“) heißt es dazu: „Jade wird durch Feuer erprobt ... ein Schwert durch ein Haar ... In unserer Schule gebrauchen wir ein Wort oder einen Satz, eine Tat oder einen Zustand, ein Hinein- oder Hinausgehen, ein ‚hallo‘ oder ein ‚wie geht es dir‘, um die Verständnistiefe des Schülers zu beurteilen, um zu sehen ob er vorwärts oder rückwärts geht“.

Zeug: von Heidegger eingeführte Bezeichnung für die Gegenstände der ↑Lebenswelt, wie sie in *vorwissenschaftlicher Erfahrung* erlebt werden. Auf dieser Ebene stellen sich noch keine ontologischen Probleme.

Zirkeldefinition (Zirkularität) [lateinisch]: Definition, in der das Definiens einen Terminus enthält, der im Definiendum vorkommt, wie z. B. „Kreis ⇌ kreisförmige, ebene Figur“. Solche Definitionen sind unbrauchbar, aber in der Praxis oft nur schwer zu erkennen. Ist z. B. „Verlogenheit“ als „Mangel an Ehrlichkeit“ und „Ehrlichkeit“ als Fehlen von Unaufrichtigkeit“ festgelegt, so schließt sich nach Hinzufügen von „‚Unaufrichtigkeit‘ ist ‚Verlogenheit‘“ der Kreis. Die Zirkeldefinition wird gelegentlich auch als ↑Circulus vitiosus bezeichnet.

Zirkel, hermeneutischer ↑Interpretation, ↑Hermeneutik.

Zirkelschluß: Beweisfehler (↑Beweis), bei dem das zu Beweisende im Beweisgang benutzt wird (↑Circulus vitiosus).

Zoon logon echon ['tso-ɔn ...; griechisch „Lebewesen, das Vernunft bzw. Sprache hat“]: in der „Politik“ des Aristoteles die Charakterisierung des Menschen als eines Wesens, das sich vom Tier dadurch unterscheidet, daß es Logos hat. Damit ist sowohl die Fähigkeit zu ↑Vernunft als auch zu ↑Sprache gemeint. Der Besitz der Vernunft ermöglicht dem Menschen, an dem allgemeinen, die Welt durchdringenden ↑Logos teilzuhaben und dadurch zu Wahrheit und Erkenntnis zu gelangen. Der Ausgangspunkt für die Erkenntnis der Wahrheit ist für Aristoteles die sinnliche Wahrnehmung. Mit Hilfe von Erinnerung, Erfahrung und Nachdenken werden allgemeine Aussagen bzw. Systeme von Aussagen formuliert, die immer mehr erklären können. In dem Maß, wie diese Aussagen mit dem universalen Logos in Einklang stehen, kann der Mensch die Wahrheit erfassen. – Aufgrund seiner Fähigkeit zu Sprachhandlungen, womit nicht nur das Reden mit anderen, sondern auch mit sich selbst, das Denken also, gemeint ist, ist der Mensch in der Lage, das moralisch Richtige zu erkennen und anderen mitzuteilen. Die Sprache ermöglicht dem Menschen, in einer gewissen Distanz über das unmittelbar Erlebte nachzudenken und dabei annähernd emotionsfrei sein eigenes Handeln zu überdenken und zu bewerten. Diese Lösung von einer unmittelbaren Erlebnissituation befähigt den Menschen, allgemeine Maßstäbe und Bewertungen zu finden, an die er sich dann selbst wieder in konkreten Situationen halten kann. – Ferner ermöglicht die Sprache auch die Teilhabe am Wissen anderer, und durch Diskussion mit anderen das eigene Wissen zu erweitern. Ohne Sprache und v.a. Denken wäre der Mensch auch nicht in der Lage, Utopien und Ideale zu entwickeln, auf die hin er die Wirklichkeit verändern kann. – Während Aristoteles noch davon ausgeht, daß der Mensch mittels Sprache und Denken die Wirklichkeit in ihrer Gesamtheit erfaßt und auch zur Erkenntnis der Dinge selbst gelangt, hat Kant gezeigt, daß die Denk- und Sprachschemata die Wahrnehmung so beeinflussen, daß der Mensch die Gegenstände selbst konstituiert (↑Konstitution, ↑auch Ding an sich).

Zoon politikon ['tso-ɔn ...; griechisch „politisches Lebewesen“]: auf Aristoteles zurückgehende Charakterisierung des Menschen. Nach Aristoteles zeichnet sich der Mensch im wesentlichen durch zwei Haupteigenschaften aus: die Gesellschaftlichkeit (↑auch Gesellschaftswesen) und die Vernunft- und Sprachbegabung (↑Zoon logon echon). Die Gesellschaftlichkeit, d.h. das Zusammenleben in einem Staat bzw. in der Polis (Stadtstaat) ist eine notwendige Voraussetzung für die Entwicklung des Menschen und für die Entfaltung des Logos, seiner spezifischen, grundlegenden Eigenschaft. Nach Aristoteles werden die Entwicklung von Sprache und Vernunft sowie die Erziehung zu Sittlichkeit und Tugend erst durch das Leben in einem Staat ermöglicht, der für Aristoteles keine reine Zweckgemeinschaft ist und auch nicht nur eine Ordnungs- bzw. Schutzfunktion hat, wie z.B. bei Hobbes, sondern „auf der Gemeinschaft des edlen Lebens in Häusern und Familien um eines vollkommenen und selbständigen Lebens willen“ beruht. Er geht also davon aus, daß in einem Staat das sittlich Gute realisiert wird. Dieser Staat stellt den geistigen und rechtlichen Rahmen dar, in dem der Mensch lebt und handelt. Er dient also der Glückseligkeit (↑Eudaimonia) jedes einzelnen und verwirklicht in seinen Gesetzen und im Zusammenleben der Menschen, also auch im zwischenmenschlichen Bereich, das sittlich Gute. Durch diese Vorbilder und deren Nachahmung sowie durch die Einhaltung der Gesetze erwirbt sich der Mensch die sittlichen Tugenden, die nicht angeboren sind, sondern erlernt werden müssen; ohne ein politisches Zusammenleben könnte der Mensch also weder glücklich noch tugendhaft sein. Der Staat gehört also zu den „naturgemäßen Gebilden“, und der Mensch ist aufgrund seiner natürlichen Anlagen zum politischen Zusammenleben prädestiniert. Der Staat gehört also zu der Natur des Menschen und ist nicht dessen Erfindung, seine Existenz bedarf somit keiner weiteren Rechtfertigung, wie sie z. B. von den Vertragstheoretikern (↑Gesellschaftsvertrag) gefordert wird. Bei Aristoteles hat der Staat nicht die negative Funktion, mögliche Angriffe der Mitmenschen abzuwehren, sondern die positive, dem mit Sprache und Vernunft ausgestatteten Menschen zur Selbstverwirklichung zu verhelfen.

Zufall: 1. das, was ohne erkennbaren Grund und ohne Absicht geschieht (Gegensatz: Notwendigkeit), das Mögliche, das eintritt, aber nicht eintreten muß; 2. das, was einer Sache nicht wesentlich zukommt (Gegensatz: Wesen). Solche Eigenschaften nennt man auch akzidentell oder kontingent (↑Akzidens bzw. ↑Kontingenz). Durch diese Bedeutung ergeben sich Bezüge zur Logik. Es ist aber wichtig, zu erkennen, daß das Begriffspaar zufällig/notwendig (das *Ereignissen* oder *Dingen* zukommt, also „de re" ist) nicht der Logik (wo „notwendig" *Aussagen* zugesprochen wird, also „de dicto" ist) zuzurechnen ist. Das ist bei der Interpretation von Texten zu beachten, die ↑Modalitäten enthalten. – Die Existenz des Zufalls (im Sinne von 1.) wird vom Determinismus grundsätzlich geleugnet (↑Determinismus/Indeterminismus). Für die Wissenschaftstheorie stellt sich ebenfalls das Problem, das Zustandekommen des Zufalls zu erklären: Viele der Gesetze, die das Verhalten der elementaren Bausteine der Materie beschreiben, kennen nämlich keinen Zufall. Hier spielen *statistische* Betrachtungen über Systeme mit einer großen Anzahl von Bestandteilen eine wichtige Rolle. Der Zufall wird als Überlagerung einer riesigen Anzahl von Notwendigkeiten erklärt. „Zufall ist der Schnittpunkt zweier Notwendigkeiten" (Marx/Engels). Zufall ist ein Grundbegriff der Wahrscheinlichkeitstheorie, deren Interpretation zu den bedeutendsten Aufgaben der Wissenschaftstheorie gerechnet wird. – Zufall im Sinne von 2. setzt die Unterscheidung von *notwendigen* und *nicht notwendigen* (akzidentellen) Eigenschaften voraus. Diese beruht maßgeblich auf der traditionellen Lehre von der Realdefinition (↑Definition).

Zustand ↑Wahrscheinlichkeit.

Zweck: 1. die Orientierung von ↑Handlungen und Handlungsfolgen; 2. im engeren Sinne das, was durch (bewußten) Einsatz bestimmter Mittel in Handlungen geplant und verfolgt wird, was diese als zweckmäßig bestimmt und durch diese erreicht wird. Im Gegensatz zum Ziel, das ein Mensch haben und bestimmen kann, auch ohne über die zu seiner Realisierung notwendigen Mittel reflektiert zu haben, ist die Verfolgung eines Zwecks gebunden an die Absicht des Menschen, bestimmte Mittel einzusetzen, allerdings nicht in der Weise, daß der „Zweck die Mittel heilige"; auch ein allgemein als wünschenswert angesehener Zweck entbindet nicht von der Verantwortung und der Rechtfertigungspflicht für die eingesetzten Mittel. Zweck und Ziel sind insofern identisch, als jedes Ziel, dessen Verwirklichung konkret geplant und unter Verwendung bestimmter Mittel angestrebt wird, als Zweck anzusehen ist und jeder Zweck ein Ziel ist, das verwirklicht werden soll. – Die Unterscheidung von Zweck und Mittel ist nicht objektiv, sondern standortabhängig. Was für den einen Zweck ist, kann für den anderen Mittel sein. Der Schreibtisch, an dem ich arbeite, ist für mich Mittel, für den Schreiner, der ihn hergestellt hat, war er Zweck seiner Arbeit. – Die Fruchtbarkeit des Zweckbegriffs liegt darin, daß er gestattet, Handlungsabläufen ein Woraufhin, ein Worumwillen zuzusprechen und sie damit zu überschaubaren Einheiten zusammenzufassen und der Überprüfung oder Rechtfertigung in einem rationalen ↑Diskurs zur Verfügung zu stellen. – ↑auch Causa, ↑Finalität, ↑Teleologie.

Zweckursache ↑Causa, ↑Finalität.

Zweifel: das Unsicherwerden und

Infragestellen einer Meinung, eines Glaubens oder Wissens im Gegensatz zur ↑Gewißheit. Der praktische Zweifel als ein unentschiedenes Schwanken zwischen verschiedenen Handlungsweisen und Gesinnungen kann z. B. moralische und/oder religiöse Dimension haben. Werden sämtliche Lebensorientierungen radikal in Frage gestellt, wird der praktische Zweifel zum existentiellen Zweifel am Sinn des Daseins wie z. B. bei Kierkegaard, Nietzsche oder Camus. Beim theoretischen Zweifel richtet sich die Ungewißheit auf Formen und Inhalte des Seins und Erkennens. Der Zweifel, der sich auf die Erkennbarkeit von Dingen bezieht, wie sie unabhängig von erkennenden Subjekten existieren, kann einerseits zum ↑Kritizismus führen, zur kritischen und begründeten Rekonstruktion menschlicher Erkenntnisweisen, oder andererseits zum ↑Skeptizismus, bei dem grundsätzliche Bedenken hinsichtlich der Beweisbarkeit als wahr geltender Aussagen bestehen bleiben. Der radikale, erkenntnistheoretische Zweifel in bezug auf die Existenz einer Außenwelt führt zum ↑Solipsismus. Descartes dagegen – ähnlich wie schon Augustinus – benutzt einen „fiktiven" Zweifel als methodisches Instrument mit der Intention, herauszufinden, woran mit guten Gründen nicht mehr gezweifelt werden kann. Hier dient der Zweifel zu seiner eigenen Überwindung und beinhaltet ein „einstweiliges Dahingestelltseinlassen" des noch nicht hinreichend Geprüften.

Zyklentheorie [zu griechisch kýklos „Kreis" und ↑Theorie] (Kreislauftheorie): die Geschichtstheorie, nach der sich im Unterschied zur vorherrschend vertretenen linearen, meist progressiv verstandenen Geschichtsdeutung die Gesamtgeschichte einer menschlichen Kultur nach einer bestimmten Zeit und nach Durchlaufen verschiedener Stadien wiederholt. Dabei wird in der Regel ein Prozeß angenommen, in dessen Verlauf sich eine Entwicklung von einem besseren hin zu einem schlechteren Zustand vollzieht. Nach Spengler hat jede Kultur – als organische Einheit begriffen – ihre eigenen Gesetze („Seele") und durchläuft, einem „Organismus" vergleichbar, einen notwendigen Zyklus von Blüte, Reife und Verfall. Die Zyklentheorie ist oft verbunden mit einer pessimistischen Zivilisationskritik. Von der marxistischen Geschichtstheorie, aber auch in weiten Teilen des idealistischen Lagers wird sie wegen der Negation des historischen Fortschritts abgelehnt.

Zynismus [zu griechisch kynikós „hündisch, schamlos"]: eine Haltung, die Wahrheiten, Normen und Werte radikal in Frage stellt und ihre Kritik äußert in Form eines destruktiven, bissigen Spotts. Dabei richtet sich der Spott nicht nur gegen die je andere Meinung, sondern v. a. auch gegen die Person, die die fragliche Meinung vertritt. In bewußt herabsetzender Weise soll das Wertgefühl der betroffenen Person verletzt werden. Der Zyniker ist also ein Mensch, dem nichts ernst, nichts würdig, nichts heilig ist. Don Juan z. B. ist ein Zyniker, dessen Hohn die Möglichkeit personaler Liebe zwischen zwei Partnern negiert. Durch sein Verhalten verletzt er dabei nicht nur einen Wert, sondern immer auch den betreffenden Partner, dessen personale Würde er ignoriert, indem er ihn als [Lust-]Objekt vorführt und bei nachlassendem Interesse sofort rücksichtslos fallen läßt. – Die Begriffsbildungen „Zynismus" und „Zyniker" schließen an die antike Philosophenschule der ↑Kyniker an, die ihrer Mißachtung der kulturellen, religiösen und moralischen Werte ihrer Gesellschaft Ausdruck verliehen durch eine provokatorisch bedürfnislose, Anstand und Sitte bewußt verletzende Lebensweise. Das grundlegende Werk des modernen Zynismus ist Diderots „Der Neffe des Rameau" (um 1762–74; 1805 von Goethe ins Deutsche übersetzt).

Warum Philosophie?

von Kuno Lorenz[1]

Diese Frage ist oft gestellt worden, und gegenwärtig besonders eindringlich. Einige stellen sie, um mit der Forderung antworten zu können, die Philosophie gehöre endgültig aufs Altenteil, habe sie doch ihre Kinder im Laufe von fast zweieinhalbtausend Jahren nach und nach in die Selbständigkeit autonomer Einzelwissenschaften entlassen. Was ihr geblieben sei, seien Wechselbälge, zu eigenständiger Entwicklung unfähige Gedankenspiele, die allein von Träumern und Schwärmern in der Hoffnung auf Alternativen zu einer von den Wissenschaften geprägten Welt künstlich am Leben gehalten würden. Diese Träumer erwarten von der Philosophie Aufklärung über regelmäßig unbeantwortet gebliebene Fragen, zum Beispiel nach dem Sinn der verschiedenen Tätigkeiten, auch der wissenschaftlichen, und nicht nur nach dem Sinn des eigenen Lebens, sondern sogar nach dem Woher und Wohin der ganzen Menschheit. Sie stellen Fragen, die herkömmlich zur Domäne der Theologie gehören und seit dem Schwund des Vertrauens in die Überzeugungen der christlichen Tradition und mit den Unzuständigkeitserklärungen von seiten der Einzelwissenschaften heimatlos geworden sind. Es erhebt sich der Verdacht, hier handle es sich vielleicht gar nicht um beantwortbare Fragen, vielmehr um ein fragwürdiges Erbe theologischer Grenzüberschreitungen über das Menschen Zugängliche hinaus. Wer gleichwohl so noch fragt, hat als Opfer einer Erziehung zu gelten, die von der Philosophie erwartet, was die Theologie einst versprach; aber nur die Wissenschaften könnten ihn lehren, Fragen so zu stellen, daß sich mögliche Antworten auf ihre Zuverlässigkeit hin auch beurteilen lassen.

Es gibt glücklicherweise eine in den Bildungsjargon eingegangene Verwendung des Wortes »Philosophie«, die auch unabhängig von besonderen Anstrengungen für oder gegen das Fortleben der Philosophie ihre Zukunft sichern wird: als Narr oder Närrin am Hofe der respektablen menschlichen Tätigkeiten. Es genügt, die Zeitung aufzuschlagen, und man findet Wendungen wie »die Philosophie der mittelfristigen Finanzplanung ...«, »es gehört zur Philosophie der Personalabteilung von X, bei Einstellungen ...«, »die Untauglichkeit

[1] Dr. Kuno Lorenz ist Professor für Philosophie an der Universität Saarbrücken.

der Philosophie der Abschreckung ...«, »der Einsatz alpha-geometrischer Systeme im Rahmen der Dual-Mode-Philosophie ...« usw. In all diesen Fällen wird mit dem Ausdruck »Philosophie« auf einen allgemein gehaltenen Rahmen von Überzeugungen angespielt, der als mehr oder weniger private »Weltanschauung« aufgefaßt werden muß. Wie paßt diese Erklärung mit dem ursprünglichen Bild der Philosophie als der Mutter der Wissenschaften zusammen?

Um diese Ungereimtheit verstehen zu können, ist ein kurzer Blick auf den historischen Prozeß, den die Philosophie selbst durchlaufen hat, vonnöten. Wir müssen zurück bis ins 5. vorchristliche Jahrhundert, als »philosophía« (= Freund dem Wissen) ebenso wie »philokalía« (= Freund dem Schönen) zu Titeln für die Hobbies freier Bürger in einem antiken Stadtstaat wurden. Die freien Bürger waren diejenigen, die der Sorge um die Sicherung des täglichen Lebens enthoben waren und daher »unnützen« Beschäftigungen nachgehen konnten, einem »Sichbilden« nach dem Vorbild der Dichter und Denker der Vergangenheit, wie Hesiod, Thales, Pythagoras, die als sophoí (= Weise, Wissende) galten. Dieses Resultat der Demokratisierung eines ursprünglich der Aristokratie vorbehaltenen Bildungsideals rief einen eigenen Berufszweig ins Leben, den Forscher und Lehrer in Personalunion – damals nannte man ihn einen Sophisten, den Meister eines Fachs –, der gegen Entgelt zum richtigen Denken, Sprechen und Handeln in öffentlichen und privaten Angelegenheiten erzog. Natürlich gab es massive Opposition auf seiten der um ihren Wissensvorsprung fürchtenden Aristokratie, und Platon wird der erste, der diese Opposition mit einem historisch bis heute wirksamen semantischen – um nicht, der Zeit noch weiter vorauseilend, zu sagen: ideologischen – Argument stützt: Philosophieren ist nicht die Tätigkeit eines, der Bescheid weiß und damit zeigt, daß er nicht unverständig, unwissend geblieben ist, sondern das bloße Wissenbegehren. Im »Symposium«, dem großen Dialog über die Liebe, läßt Platon durch den Mund des Sokrates erklären: »Kein Gott philosophiert oder begehrt, weise zu werden, sondern er ist es, noch auch, wenn sonst jemand (bereits) weise ist, philosophiert dieser«.

Noch heute ist »Sophist« weitgehend ein Schimpfwort, obwohl vor Platons Schachzug mit »Philosoph« synonym. Mit der Verlagerung vom Bescheidwissen zum Streben nach Wissen hat Platon natürlich auch ein neues Verständnis von Wissen durchgesetzt. Im Prozeß, der zu Wissen führt – und dieser Prozeß ist bei den Griechen grundsätzlich ein Lehr- und Lernprozeß, auch wenn man für sich allein etwas entdeckt, deshalb der Titel »mathḗmata«; das Französische kennt noch diesen Plural (les mathématiques), die lehr- und lernbaren Gegenstände, für die Gebiete des Wissens –, in diesem Prozeß wird seit Platon zwischen dem bloßen Erwerb und der Prüfung auf Zuverlässigkeit unterschieden. Nur als Prozeß, der die argumentative Überprüfung des Resultats einschließt, ist Wissenserwerb wirklich ein Lehr- und Lernprozeß und nicht bloß das Weitergeben von Wissen durch jemanden, der bereits Bescheid weiß, an jemanden, der es noch nicht weiß – heute nennt man so etwas »Informationstransfer«.

Wissen ist in der platonischen Umdeutung nicht mehr bloß Bescheidwissen, ein Wissen erster Stufe, sondern darüber hinaus – bei Platon steht, seiner polemischen Absichten wegen, anstelle dieses »darüber hinaus« häufig ein »statt dessen« – ein Kennen seiner Prüfungsmöglichkeiten und damit auch seines Geltungsbereichs, also ein Wissen zweiter Stufe. Aristoteles macht aus dieser Unterscheidung, die durchgehend unsere Geschichte beherrscht, die Gegenüberstellung eines Wissens von Tatsachen dem Wissen aus Gründen. Zunächst werden allerdings beide Seiten sehr viel schlichter ausgedrückt durch *Wissen, daß* (etwas so ist) und *Wissen, warum* (etwas so und nicht anders ist), was erst in der Neuzeit bombastisch zur Kontroverse zwischen Erkenntnis aus Erfahrung und Erkenntnis aus Vernunft hochstilisiert worden ist. Und die Philosophie ist bei Aristoteles das »Wissen, warum«, also das Wissen aus Gründen, eine ausdrücklich theoretische Fertigkeit, die sich vor allen übrigen (nützlichen und schönen) Fertigkeiten, die nur zu einem »Wissen, daß«, also zum Wissen von Tatsachen führen, auszeichnet. Wissenschaft (»epistḗmē«) und Philosophie sind dasselbe. Auf der Ebene sprachlicher Darstellung erscheint das Wissen aus Gründen als ein Zusammenhang genereller Aussagen – über alle rechtwinkligen Dreiecke zum Beispiel –, während das Wissen von Tatsachen, abgelöst von seiner bloß praktischen und daher »sprachlosen« Herstellung, als eine Sammlung singulärer Aussagen auftritt – über einen besonders gut gelungenen rechten Winkel an einem Bauwerk zum Beispiel.

Die Philosophie steht von nun an im Gegensatz zur historía, der Historie. Der Begründungszusammenhang tritt dem Augenzeugenbericht gegenüber, bei dem ich mich darauf verlasse, was ein anderer weiß bzw. zu wissen vorgibt. Aber nicht der, der sagt, *daß* er etwas weiß, ist Philosoph oder Wissenschaftler, sondern der, der angeben kann, *warum* das, was er zu wissen vorgibt, tatsächlich Geltung beanspruchen darf. Diese Gegenüberstellung von Wissenschaft und Geschichte, die angesichts des historischen Aspekts jeder Wissenschaft (nämlich bei ihrer Anwendung im Einzelfall) die Anerkennung von Geschichte als eigenständiger Wissenschaft zu einem noch heute nicht einwandfreien gelösten Problem gemacht hat, bestimmt das

Verständnis von Philosophie und also auch Wissenschaft grundsätzlich ungebrochen von der Antike bis hin zu Kant: »Wenn ich von allem Inhalte der Erkenntnis, objektiv betrachtet, abstrahiere, so ist alles Erkenntnis, subjektiv, entweder historisch oder rational. Die historische Erkenntnis ist cognitio ex datis, die rationale aber cognitio ex principiis«. (Kritik der reinen Vernunft B 863 f.)

Die beiden lateinischen Wendungen sind beinahe die Übersetzung des griechischen »Wissen, daß« und »Wissen, warum«. Die Einschränkung »beinahe« ist deshalb erforderlich, weil in cognitio ex datis, d. h. Wissen aufgrund von Daten, nicht schlicht ein Wissen der Tatsachen, daß etwas gerade so ist, ausgedrückt wird, vielmehr ist hier bereits eine empiristische Umdeutung am Werke, die über die Feststellung von Tatsachen hinaus eine Theorie ihrer Konstruktion aus einfachsten Tatsachen, eben den Daten, vorsieht. Eine solche Theorie ist offenbar eine neue Sorte Wissenschaft. Dergleichen war bei der antiken Gegenüberstellung von »daß« und »warum« noch nicht der Fall.

Neben der bis in die neueste Zeit wirksam gebliebenen Gegenüberstellung von Philosophie als Wissenschaft und Geschichte als Erfahrung setzt eine, übrigens schon bei Aristoteles beginnende, aber erst seit Galilei augenfällig werdende Verselbständigung der Wissenschaften gegenüber der Philosophie ein, zum einen dadurch, daß Philosophie auf die aristotelische sogenannte »erste Philosophie« eingeschränkt verstanden wird – nur noch die Grundsätze des Wissens aus Gründen, die »obersten Gründe« werden erörtert –, zum anderen dadurch, daß das übrige Wissen aus Gründen, also die mathematischen Wissenschaften ganz allgemein, um die Untersuchung möglicher Anwendung in der Erfahrung erweitert wird: Das mathematisch geschriebene Buch der Natur lesen zu lernen, wird Aufgabe der Wissenschaften.

Diese Einschränkung der Aufgabe der Philosophie fördert eine Selbstgenügsamkeit, die die Philosophie zunehmend dem Verdacht aussetzt, nur noch Probleme zu behandeln, die von ihr selbst erzeugt sind. Gestützt wird dieser Verdacht durch eine speziell während der Verschmelzung von antiker Philosophie mit christlicher Theologie ausgebildete spezifisch »philosophische« Terminologie, in der zum Beispiel die so eingeschränkte Philosophie ihrerseits als »Ontologie«, als »Wissenschaft vom Seienden« also, bezeichnet wird.

Es ist daher kein Wunder, daß die Philosophie in der Zeit nach Kant, besonders im 19. und im beginnenden 20. Jahrhundert, weniger als Prototyp der Wissenschaften denn als Gegensatz zu Wissenschaft, und zwar vor allem von seiten der Vertreter der mittlerweile selbständig auftretenden Einzelwissenschaften, verstanden wurde. Aus der Opposition von Philosophie und Historie wird die Opposition von Philosophie und Wissenschaft, aber mit dem charakteristischen Zusatz, daß Wissenschaft jetzt eine empirisch, nämlich durch Erfahrung – und nicht etwa allein durch Vernunft – kontrollierte Tätigkeit sein soll.

Das Wissen aus Gründen, ursprünglich gleichbedeutend mit Wissenschaft, verkommt zu unkontrollierter Spekulation, während das Wissen von Tatsachen durch die schon erwähnte empiristische Umdeutung in Wissen aufgrund von Tatsachen den Status von Wissenschaft erhält. Selbst Mathematik und Logik, die Prototypen rein rationaler Wissenschaften, sollen in dieser Zeit, zum Beispiel bei Hermann von Helmholtz und James Stewart Mill, ein empirisches Fundament bekommen.

Zugleich mit dem zu Beginn des 19. Jahrhunderts sich durchsetzenden Wechsel von der Gegenüberstellung »rational–historisch« in die Gegenüberstellung »rational–empirisch« verliert die Eigenschaft »rational« als Begründungsinstanz ihre Vorbildlichkeit. Und erst im Schatten der zunächst allein experimentell-empirisch verstandenen Begründungsverfahren in den systematischen Einzelwissenschaften können dann auch die historischen Disziplinen allmählich eigenständige historisch-empirische Begründungsverfahren ausbilden.

In dem Maße jedoch, in dem Philosophie den Anspruch auf Wissenschaft aufgibt oder ihr dieser Anspruch von seiten der Einzelwissenschaften nicht mehr zugebilligt wird, verwandelt sich Philosophie in ein Gebäude jeweils individueller Lebensäußerungen, das als grundsätzlich private Weltanschauung nurmehr die Zusammenfassung der wissenschaftlichen Erkenntnisse und deren Einbettung in die eigene Lebensführung gestattet. Jeder hat das Recht oder gar die Pflicht zu einer eigenen, zu »seiner« Philosophie, die, wie vormals kollektiv die Religion, ihm jetzt individuell den Sinn des Lebens, oder wenigstens seines Lebens, klären hilft.

Versucht man, sich diese bei allem Wechsel historisch gleichwohl deutlich zusammenhängenden Gegenüberstellungen, in denen Philosophie seit der Antike auftritt, zu vergegenwärtigen, so wird man eine eigentümliche Vertauschung der von der Philosophie besetzten Plätze bemerken. Zunächst war die Philosophie eine Theorie, die – in den Augen der Philosophen – der Praxis mit ihrer bloßen Kunstfertigkeit überlegen ist; zum Schluß jedoch ist die Philosophie selbst eine Praxis, besser: der Ausdruck einer Praxis, nämlich des je eigenen Willens zum guten Leben, die – in den Augen der Wissenschaftler – der Theorie mit ihren allgemein kontrollierbaren Verfahren zur Sicherung der Geltung unterlegen bleibt.

Geblieben aber ist ein bereits in der Antike geführter Streit um den Vorrang zwischen theoretischer und praktischer Lebensführung: Soll das Streben nach allgemeiner Wahrheit Vorrang vor dem Streben nach individuellem Erfolg haben – so die Version Platons – oder soll das allgemeine Glück, das nur im sozialen Zusammenhang mögliche gute Leben jedes Menschen, Vorrang vor der individuellen Befriedigung an gewonnenem Wissen haben – so die Version von Platons Kontrahenten Isokrates? Dieser ursprünglich um die Rolle der Philosophie geführte Streit, der mit dem historischen Sieg Platons zunächst die Gleichsetzung von Philosophie und Wissenschaft zur Folge hatte, verwandelt sich in der Neuzeit in den Streit um das Verhältnis von, vorgeblich, allein an Erkenntnis orientierter Wissenschaft und, ebenso vorgeblich, allein Interessen verfolgender Politik. Jenseits ihrer Funktion, für eine private Weltanschauung zu sorgen, wie es die anfangs gegebenen Beispiele im Bildungsjargon belegt haben, wird Philosophie überflüssig.

Mit diesem Bild befinden wir uns, zeitlich gesehen, an der Wende vom 19. zum 20. Jahrhundert. In dieser Zeit großer Umwälzungen auf allen Gebieten, in den Wissenschaften und Künsten ebenso wie in Technik und Politik, hat auch die Philosophie einen neuen Aufschwung genommen – allerdings einen sehr vielgestaltigen. An beinahe jede der in der Geschichte aufgetretenen Bestimmungen wurde angeknüpft, zum Beispiel in der Phänomenologie Edmund Husserls an die Tradition, daß Philosophie Wissenschaft zu sein hat, jetzt aber in Analogie zu den empirischen Wissenschaften als Deskription reiner Bewußtseinstatsachen, auf deren Fundament dann die Einzelwissenschaften sich errichten lassen sollen. In der Existenzphilosophie wiederum wird die zur privaten Weltanschauung heruntergekommene Philosophie zu einer als Appell ausgestalteten Selbstreflexion des über sich und seine Situation nachdenkenden Menschen entwickelt. Auf die gegenwärtige Lage der Philosophie hat sich am nachhaltigsten jedoch die vor allem durch Ludwig Wittgenstein durchgesetzte sprachkritische Wende ausgewirkt. Hier ist Philosophie nicht selbst eine Wissenschaft mit einem eigenständigen Gegenstandsbereich, den sie, wie die übrigen Wissenschaften den ihren, erforscht und darstellt, sondern Bestandteil der Wissenschaften, deren Aufbau sprachkritisch in der Weise noch einmal rekonstruierend, daß der Zusammenhang der Wissenschaften untereinander und ihr schrittweiser Aufbau aus einer gemeinsamen Welt des Alltags verständlich wird.

Philosophie ist, so verstanden, weder eine »Grundwissenschaft« – als Wissenschaft vom Seienden oder von den ersten Gründen oder den allgemeinsten Gesetzen, oder wie auch immer sie einmal formuliert war, erlitte sie nur erneut das Schicksal, für unverbindliche oder gar unverständliche Spekulation gehalten zu werden –, sie ist aber auch keine »Überwissenschaft«, eine Art Wissenschaft, die andere Wissenschaften untersucht, wie es zum Beispiel die Wissenschaftssoziologie tut, ein Zweig der mittlerweile groß gewordenen empirischen Disziplin Wissenschaftswissenschaft. Sie könnte sonst insbesondere nicht mehr anders angeben, wodurch Wissenschafttreiben unter den menschlichen Tätigkeiten charakterisiert ist, als bloß den Status quo beschreibend.

Erst wenn Wissenschaft auch noch weiß, was sie tut und warum sie es tut, kehrt sie den zu ihr gehörigen philosophischen Aspekt heraus. Philosophie ist nur in der Tätigkeit des Nachdenkens darüber, was man sagt und tut und warum, und im Dieses-selbst-sagen-Können, wirklich. Aber weil ein solches Sagenkönnen das Darüber-sich-verständigen-Können einschließt – woran sollte sich das Sagenkönnen sonst bewähren –, ist Philosophie eine Einheit von Selbstreflexion und Kommunikation. Zugleich ist damit zum Ausdruck gebracht, daß natürlich nicht nur vom wissenschaftlichen Handeln und Sprechen philosophierend die Rede ist. Auch den anderen menschlichen Handlungs- und Redeweisen, seien sie technisch, künstlerisch, politisch oder anders bestimmt, gliedert sich Philosophie als Bestandteil ein – und das geschieht auch heute nicht immer unter diesem Namen.

In allen Fällen gehört Philosophieren zur Tätigkeit der verschiedenen theoretischen und praktischen Disziplinen dazu, was angesichts der weitgehenden institutionellen Selbständigkeit des Fachs Philosophie von den Lehrenden die Vertrautheit mit mindestens einer Einzeldisziplin, von den Lernenden das Studium einer anderen Fachwissenschaft verlangt, es führt aber auch umgekehrt zur Forderung nach philosophischer Reflexion auf seiten der Einzelwissenschaften, ist es doch ein philosophisches Interesse, die besondere Weise, wie wissenschaftliche Ansprüche erhoben und eingelöst werden können, zum Gegenstand des Nachdenkens und der Verständigung darüber zu machen. Übrigens sind die Reflexionen darüber, was wissenschaftlichem Anspruch überhaupt zugänglich gemacht werden kann, ausdrücklich mit eingeschlossen. Die damit angezeigte, gerade vom

Fach Philosophie zu leistende und heute unter dem Titel »Wissenschaftstheorie« oder auch »Philosophie der XY-Wissenschaften« angebotene Behandlung interdisziplinärer Fragestellungen ist eine Aufgabe, die bislang noch immer nicht, von wenigen Ausnahmen abgesehen, institutionalisiert worden ist.

Gleichwohl ist damit eine Antwort auf die Titelfrage »Warum Philosophie?« gefunden, die in Gestalt von Sichausdrücken- und Argumentierenkönnen die Einheit von Selbstreflexion und Kommunikation konkretisiert. Gelingen aber kann das wiederum nur, wenn jeder Mensch, der sich in dieser Absicht auf die Philosophie einläßt, selbst zu philosophieren lernt, und nicht etwa glaubt, Philosophie lernen heiße lernen, was andere gesagt haben; und daraus wiederum folgt, daß im Sichausdrücken und Argumentieren nicht nur eine Sache, sondern zugleich auch die vom Philosophierenden gewählte Zugangsweise zur Sache, seine »Sicht der Sache« deutlich werden muß. Dann erst kann Philosophie sowohl als Wissenschaft vom begrifflichen und methodischen Rahmen anderer wissenschaftlicher und nichtwissenschaftlicher Bereiche wie als Kunst des Dolmetschens zwischen den Bereichen auftreten. Beides ist unabhängig voneinander nicht zu haben. Begreift man dies, so ist es nur noch ein kleiner Schritt, sich einzugestehen, daß Philosophie als zugleich Selbstdarstellung und Selbstbestimmung des Menschen in dessen räumlicher und zeitlicher Vielfalt nichts anderes als Anthropologie ist: Sagen können, was Charlie Chaplin zeigen konnte.

Wissenschaftsgeschichtliche Synchronopse der Neuzeit

Die tabellarische Übersicht der folgenden Seiten stellt wichtige Ereignisse, Erkenntnisse, Publikationen u. a. aus dem Bereich der Philosophie in ihrem zeitlichen Kontext zu Vorgängen und Ereignissen der politischen Geschichte, aus den Bereichen der Mathematik und Naturwissenschaften sowie der Kultur- und Geisteswissenschaften dar.

Die Übersicht beginnt mit der Neuzeit, da in Antike und Mittelalter eine Scheidung der Wissenschaft in Einzelwissenschaften oder Wissenschaftsbereiche noch nicht hinreichend gegeben war.

	politische Geschichte	Philosophie
1492	**Kolumbus** entdeckt Amerika	
1510		
1511		**Erasmus:** Lob der Torheit (Humanismus; Kritik an der Scholastik)
1512		
1514		**Macchiavelli:** Der Fürst (Theorie der absoluten Herrschaft)
1515		
1516		**More:** Utopia (der Philosoph und die Staatsmacht; theoretische Konstruktion einer besseren Gesellschaft)
1517	**Luthers** Thesenveröffentlichung	
1519	Eroberung Mexikos durch die Spanier	
1520		
1521	**Luther** wird exkommuniziert	
1522		
1524	Bauernkriege (bis 1525)	
1525		
1527		
1529	Türken vor Wien	
1530	**Karl V.** wird zum Kaiser gekrönt	
1534		
1536		**Ramus:** „Alles was Aristoteles gesagt hat, ist falsch"
1541	Türken erobern Ungarn	
1543		
1544		
1545		
1546	Schmalkaldischer Krieg (bis 1547)	
1548		
1550	Höhepunkt der Macht Spaniens	
1554		

Mathematik und Naturwissenschaften	Kultur- und Geisteswissenschaften	
		1492
da Vinci erfindet die Wasserturbine und entwirft verschiedene andere Maschinen; **Henlein** erfindet die Taschenuhr		1510
	Dürer: Große und kleine Passion	1511
Kopernikus entwickelt die Grundlagen des heliozentrischen Weltbildes	**Michelangelo** vollendet die Sixtinische Kapelle	1512
		1514
	Grünewald vollendet den Isenheimer Altar	1515
	Erasmus veranstaltet seine Ausgabe des Neuen Testaments	1516
		1517
Magalhães umsegelt die Welt (bis 1522)		1519
	Luther: Von der Freiheit eines Christenmenschen	1520
		1521
Luthers Übersetzung des Neuen Testaments wird gedruckt		1522
		1524
Dürer schreibt ein Lehrbuch über perspektivische Geometrie		1525
Paracelsus propagiert die neue Medizin (Emanzipation von den scholastischen Lehren; Orientierung auf die Erfahrung hin)		1527
		1529
Agricola: Bergwerksbuch (Grundlagen der Metallurgie)		1530
	vollständige Ausgabe der Lutherbibel	1534
		1536
		1541
Kopernikus: Über die Umläufe der Himmelskörper		1543
Stifel: Arithmetik		1544
Cardano löst Gleichungen dritten und vierten Grades und rechnet mit Wurzeln aus negativen Zahlen		1545
		1546
	Loyola: Geistliche Übungen (Grundlagen des Jesuitentums)	1548
Rechenbuch von **Adam Riese**		1550
Europakarte von **Mercator**	**Palestrina:** Messen	1554

	politische Geschichte	Philosophie
1556	Abdankung **Karls V.**	
1557		
1562	Beginn der Religionskriege in Frankreich (bis 1598)	
1565	Erhebung in den Niederlanden gegen die spanische Herrschaft	
1567		
1569		
1571	Sieg der Spanier über die Türken bei Lepanto	
1572	Bartholomäusnacht	
1576		**Bodin:** Über die Republik (Naturrechtsphilosophie)
1580		**Montaigne:** Die Essais (Vorbild für die französischen Moralisten) (bis 1588)
1583		
1584		**Bruno:** Vom unendlichen All und den Welten (Pantheismus); **Bruno:** Von der Ursache, dem Prinzip und dem Einen
1585		
1587		
1588	Untergang der Armada	
1590		
1591		
1596		
1598	Edikt von Nantes	
1600	Hinrichtung **Brunos**	
1602		**Campanella:** Die Sonnenstadt (bedeutende sozialutopische Schrift
1606		
1609		
1610	Ermordung **Heinrichs IV.**	
1614		
1615		
1618	Beginn des Dreißigjährigen Krieges	
1619		
1620		**Bacon:** Neues Organon der Wissenschaften (Begründung der Erfahrungswissenschaften auf Beobachtung und Induktion; Beginn des Empirismus)
1623		**Galilei:** Il saggiatore
1624	**Richelieu** wird leitender Minister	

Mathematik und Naturwissenschaften	Kultur- und Geisteswissenschaften	
		1556
Ramus: Lehrbuch der Physik		1557
		1562
	Tintoretti: Scuola di San Rocco	1565
	Bruegel: Das Schlaraffenland	1567
Weltkarte von **Mercator; Tycho Brahe:** Astronomische Beobachtungen		1569
		1571
Bombelli: Algebra (benützt imaginäre Zahlen nach dem Vorbild von **Cardano**)		1572
		1576
		1580
Pendelbeobachtungen **Galileis**		1583
		1584
Stevin führt Dezimalzahlen ein		1585
	Volksbuch „Dr. Faust“	1587
		1588
Galileis Versuche zum freien Fall		1590
mathematische Arbeiten von **Viète** (Buchstabenrechnung)		1591
Kepler: Geheimnis des Weltbaus; Berechnung der Kreiszahl durch **von Ceulen**		1596
		1598
	Shakespeare schreibt Königsdramen (bis 1610)	1600
		1602
erste Webmaschine		1606
Kepler: Neue Astronomie	**Monteverdi:** Orfeo	1609
		1610
Einführung der Logarithmen durch **Napier**		1614
	Cervantes: Don Quichotte (bis 1625)	1615
		1618
Kepler: Harmonie der Welten		1619
		1620
Rechenmaschine **Schickards**		1623
		1624

	politische Geschichte	Philosophie
1625		**Grotius:** Vom Recht des Krieges und des Friedens (Idee des Natur- und Völkerrechts)
1628		**Descartes:** Regeln zur Ausrichtung der Erkenntniskraft (Rationalismus: Erkenntnis = klare und deutliche Vorstellung; es gibt „eingeborene Ideen“)
1629		
1632	Verurteilung **Galileis**	**Galilei:** Dialoge (Formulierung des modernen heliozentrischen Weltbildes)
1635		
1637		**Descartes:** Abhandlung über die Methode (vier Regeln: 1. akzeptiere nur das zweifelsfrei Evidente; 2. zerlege komplexe Zusammenhänge in einfache Bestandteile; 3. argumentiere vom Einfachen zum Komplexen; 4. überprüfe abschließend noch einmal)
1638		
1639		
1640	Portugal wird unabhängig	
1641		**Descartes:** Meditationen (ich denke, also bin ich; zwei Substanzen: ausgedehnte und denkende; Gottesbeweis; methodischer Zweifel)
1642	**Mazarin** wird Nachfolger **Richelieus**	
1643		
1644		**Descartes:** Prinzipien der Philosophie
1647		**Gassendi:** Leben und Tod des Epikur (Versuch der Vereinigung von christlichen und epikureischen Vorstellungen sowie atomistisch-sensualistischen Auffassungen)
1648	Westfälischer Friede	
1649	Hinrichtung **Karls I.; Cromwell** wird Protektor von England	
1651		**Hobbes:** Leviathan (Staatsphilosophie der absoluten Herrschaft; der Naturzustand, Kampf aller gegen alle, wird durch den Gesellschaftsvertrag beendet)
1653		
1654		
1658	Monarchie in England wiedererrichtet	
1660		
1661	Thronbesteigung **Ludwigs XIV.**	**Spinoza:** Ethik nach geometrischer Methode (Versuch, eine Ethik nach mathematischer Art aufzubauen; Pantheismus: es gibt nur eine Substanz) (bis 1675)

Mathematik und Naturwissenschaften	Kultur- und Geisteswissenschaften	
		1625
		1628
Harvey entdeckt den Blutkreislauf		1629
		1632
Jungius: Hamburgische Logik		1635
Descartes: Geometrie und Optik (Koordinaten werden eingeführt)		1637
Fallgesetze von **Galilei**		1638
Pascal: Abhandlung über Kegelschnitte	**Corneille:** Le Cid	1639
Mersenne bestimmt die Schallgeschwindigkeit	**Jansen:** Augustinus (Begründung des antijesuitischen Jansenismus)	1640
		1641
Pascal baut die erste mechanische Rechenmaschine	**Rembrandt:** Die Nachtwache	1642
Torricelli erfindet das Quecksilberbarometer, was den Nachweis des Luftdrucks ermöglicht		1643
		1644
		1647
		1648
		1649
		1651
	päpstliche Bulle gegen den Jansenismus (Zentrum des Jansenismus: Kloster Port-Royal)	1653
Fermat entwickelt die Grundzüge der Wahrscheinlichkeitsrechnung; **Huygens** baut seine Pendeluhr		1654
		1658
	Gründung der Londoner Akademie (Royal Society)	1660
Boyle entdeckt die Kompressibilität der Gase		1661

	politische Geschichte	Philosophie
1662		**Arnauld** und **Nicole:** Logik von Port-Royal (einflußreichstes Logiklehrbuch der Neuzeit)
1665		
1666		
1667		
1668		
1670		
1672		
1675		
1677		
1682	**Peter der Große** wird Zar (russische Reformen)	
1683	Türken vor Wien	
1684		**Leibniz:** Meditationen über die Erkenntnis (Auseinandersetzung mit dem Kartesianismus: Was sind klare und deutliche Ideen?)
1685	Aufhebung des Edikts von Nantes, Beginn der Hugenottenverfolgung	
1686		**Leibniz:** Metaphysische Abhandlung (Grundlegung der Monadenlehre)
1687	Personalunion Österreich/Ungarn	
1688	Glorious revolution	
1689	„Bill of rights“; parlamentarische Monarchie	**Locke:** Briefe über Toleranz
1690		**Locke:** Ein Versuch über den menschlichen Verstand (empiristische Theorie der Erkenntnis: Diese ist entweder einfache Wahrnehmung oder aus solcher zusammengesetzt; primäre und sekundäre Qualitäten)
1695		
1696		
1699	Aufstieg Österreich-Ungarns zur Weltmacht	
1700		
1701	Spanischer Erbfolgekrieg	
1702		

Mathematik und Naturwissenschaften	Kultur- und Geisteswissenschaften	
		1662
	erste wissenschaftliche Zeitschrift erscheint („Philosophical Transactions“); **Moliere:** Don Juan	1665
	Gründung der Pariser Akademie	1666
	Gerhardt: Geistliche Andacht (evangelisches Liederbuch)	1667
	La Fontaine: Fabeln; **Molière:** Der Geizige	1668
Newton und **Leibniz** entwickeln die Differential- und Integralrechnung (bis 1684)		1670
Errichtung des Pariser Observatoriums; **Leibniz** baut Rechenmaschine		1672
Errichtung des Observatoriums in Greenwich		1675
	Racine: Phädra; **Lulli:** Te Deum	1677
	Gründung der ersten wissenschaftlichen Zeitschrift in Deutschland („Acta eruditorum“)	1682
		1683
erste Veröffentlichung **Leibniz'** zur Differentialrechnung		1684
		1685
erste Veröffentlichung **Leibniz'** zur Integralrechnung		1686
Newton: Mathematische Prinzipien der Naturphilosophie (die drei Newtonschen Axiome)		1687
		1688
		1689
Huygens erkennt Wellencharakter des Lichts große Erfolge der „Baseler Schule“ (Familie **Bernoulli, Euler, l'Hopital**) in der mathematischen Analyse von Naturvorgängen (ab 1690)		1690
	Locke: Die Vernünftigkeit des Christentums (Deismus)	1695
	Bayle: Historisches und Kritisches Wörterbuch (Skeptizismus) (bis 1697)	1696
		1699
	Gründung der Preußischen Akademie der Wissenschaften durch **Leibniz**	1700
Newton entwickelt den Spiegelsextanten		1701
Stahl: Phlogistontheorie der Verbrennung	**Corelli:** Concerti grossi	1702

	politische Geschichte	Philosophie
1704		**Leibniz:** Neue Abhandlung über den menschlichen Verstand (Alles, was im Denken ist, war vorher in den Sinnen, außer dem Denken selbst; Tatsachen- und Vernunftwahrheiten)
1705		
1707	Vereinigung von England und Schottland	
1709		**Berkeley:** Neue Theorie des Sehens (Kritik der Abbildungstheorie der Wahrnehmung)
1710		**Leibniz:** Theodizee (die Welt als beste unter allen möglichen); **Berkeley:** Abhandlungen über die Prinzipien menschlicher Erkenntnis („esse est percipi"; subjektiver Idealismus)
1711		
1712		
1713	Beendigung des Spanischen Erbfolgekrieges durch den Frieden von Utrecht	
1714	neuer Türkenkrieg	**Leibniz:** Monadologie (es gibt unendlich viele Substanzen; prästabilisierte Harmonie)
1715	Tod **Ludwigs XIV.**	
1717		
1718		
1719		
1720		**Wolff:** Vernünftige Gedanken von der Menschen Tun und Lassen zur Beförderung ihrer Glückseligkeit (deutsche Aufklärungsphilosophie; wichtig für philosophische Fachterminologie)
1721	nach Sieg über Schweden wird Rußland Weltmacht	**Montesquieu:** Persische Briefe (Briefroman gegen den Absolutismus)
1722		
1723		
1725		**Vico:** Neue Wissenschaften (das Wahre und das Gemachte fallen zusammen)
1726		
1727		
1728		
1729		
1730		
1731		
1733	Polnischer Erbfolgekrieg	

Mathematik und Naturwissenschaften	Kultur- und Geisteswissenschaften	
		1704
Errichtung der Berliner Sternwarte	**Händel:** Almira	1705
		1707
		1709
		1710
Newcomen: Atmosphärische Dampfmaschine		1711
Royal Society verurteilt **Leibniz** wegen Plagiats; Verfeindung zwischen den kontinentalen und englischen Mathematikern	**Händel** geht nach London	1712
J. Bernoulli: Ars coniectandi (erste zusammenfassende Darstellung der Wahrscheinlichkeitsrechnung); **Darby** gelingt die Kokserzeugung (Hochofen jetzt möglich)		1713
	Händel: Wassermusik; **Vivaldi:** 24 Violinkonzerte	1714
		1715
erste Pockenimpfung in England		1717
Quecksilberthermometer von **Fahrenheit**	**Voltaire:** Ödipus; Bannung der Jansenisten	1718
	Defoe: Robinson Crusoe	1719
	Bach: Klavierbüchlein für Friedemann; **Watteau:** Firmenschild des Kunsthändlers Gersaint	1720
		1721
Swedenborg und **Réaumur** schaffen Grundlagen der Eisenverhüttung	**Bach:** Wohltemperiertes Klavier	1722
	Bach: Johannespassion	1723
		1725
	Swift: Gullivers Reisen	1726
Euler geht an die Petersburger Akademie	Gründung der American Philosophical Society	1727
Bering durchfährt die nach ihm benannte Seestraße		1728
	Bach: Matthäuspassion	1729
	Gottsched: Versuch einer kritischen Dichtkunst für die Deutschen	1730
Clairaut begründet die Differentialgeometrie (Problem der Erdgestalt)		1731
	Bach: h-Moll-Messe	1733

	politische Geschichte	Philosophie
1734		**Montesquieu:** Ursachen der Größe und des Verfalls der Römer (Suche nach Gesetzmäßigkeiten sozialen und historischen Wandels)
1735		
1736		
1737		
1738	Friede von Wien (Ende des Polnischen Erbfolgekrieges)	
1739		**Hume:** Traktat über die menschliche Natur (alles Wissen ist auf Wahrnehmung zurückführbar; unmittelbare Eindrücke, Ideen und Ideenverbindungen; Wissen ist intuitiv oder diskursiv)
1740	Thronbesteigung **Maria Theresias** und **Friedrichs II.**	
1741	Österreichischer Erbfolgekrieg	
1742		
1743		
1744		
1745		
1747		**La Mettrie:** Der Mensch, eine Maschine (Mensch als sich selbst steuernde Maschine; Hedonismus: Maschine strebt nach angenehmen = gesunden Zuständen; Materialismus)
1748	Aachener Friede beendet Östereichischen Erbfolgekrieg zugunsten **Maria Theresias**	**Hume:** Untersuchung über den menschlichen Verstand (skeptischer Empirismus: Kritik am Kausalitäts- und Substanzbegriff; Induktionsproblem); **Montesquieu:** Geist der Gesetze (Gewaltenteilung zwischen Legislative, Judikative und Exekutive)
1749		
1750		
1751		**Hume:** Untersuchungen über die Prinzipien der Moral (Kritik des naturalistischen Fehlschlusses; „gut" bedeutet „nützlich"); **Rousseau:** Abhandlung über die Wissenschaft und Künste
1752		
1754		**Rousseau:** Abhandlung über die Ungleichheit (Menschen sind im Naturzustand alle gleich und gut; die Zivilisation hat sie verdorben: „zurück zur Natur")
1755	Erdbeben in Lissabon	
1756	Siebenjähriger Krieg	**Voltaire:** Essay über Sitten und Geist der Völker (Weltgeschichte als Kampf der Menschheit um Fortschritt, Wohlstand und Bildung); **Holbach:** Le christianisme dévoilé (antichristliche, sensualistische Philosophie)

Mathematik und Naturwissenschaften	Kultur- und Geisteswissenschaften	
		1734
Darby betreibt den ersten Hochofen		1735
Euler: Mechanik		1736
Lapplandexpedition **(Maupertius, Clairaut, Celsius)**	**Rameau:** Castor und Pollux	1737
Linné: Klassifikation des Pflanzen- und Tierreichs		1738
	Kronprinz Friedrich: Antimacchiavell	1739
Spinnmaschine von **Lewis**		1740
Euler kommt an die Berliner Akademie		1741
Celsius führt Temperaturskala ein	**Händel:** Der Messias	1742
d'Alembert: Abhandlung über Dynamik		1743
	Swedenborg dringt in die „Geisterwelt" vor (Theosophie)	1744
Leidener Flasche		1745
Diskussion über die „schwingende Saite" **(d'Alembert, Euler, D. Bernoulli); Franklin:** Elektrische „Substanz"		1747
Euler: Einführung in die Analysis des Unendlichen	**Gottsched:** Grundlegung einer deutschen Sprachkunst	1748
	Bach: Kunst der Fuge	1749
Maupertius: Prinzip der kleinsten Wirkung (Gottesbeweis)		1750
	Erscheinen der „Enzyklopädie" **(Diderot/d'Alembert)** (bis 1772)	1751
Franklin erfindet den Blitzableiter		1752
		1754
Kant: Allgemeine Naturgeschichte und Theorie des Himmels (Theorie der Entstehung des Sonnensystems); **Euler:** Lehrbuch der Differentialrechnung	**Lessing:** Miß Sara Sampson	1755
		1756

	politische Geschichte	Philosophie
1758		
1759	Niederlage Preußens gegen Österreich/Rußland	
1760		
1761		
1762		**Rousseau:** Der Gesellschaftsvertrag (Recht auf Kündigung desselben bei Machtmißbrauch; Widerstandsrecht)
1763	Friede von Hubertusburg; Friede von Paris	**Voltaire:** Abhandlung über die Toleranz
1764		**Voltaire:** Dictionnaire philosophique; **Reid:** Philosophie des Common Sense
1765		
1766	Lothringen wird französisch	
1767		**Mendelssohn:** Phädon oder Über die Unsterblichkeit der Seele (platonische Philosophie)
1768	Russisch-türkischer Krieg (bis 1774)	**Euler:** Briefe an eine deutsche Prinzessin (sehr populäre, gegen die Leibniz-Wolffsche Schule gerichtete Schrift, Einführung von Mengendiagrammen) (bis 1774)
1769		
1770	**Cook** nimmt Australien für England in Besitz	**Holbach:** System der Natur (französischer Materialismus)
1772	erste Teilung Polens	**Herder:** Über den Ursprung der Sprache (Beginn der Sprachphilosophie); **Helvétius:** Über den Menschen (Selbstliebe als Motiv aller Handlungen, Mensch als sinnliche Maschine)
1773		
1774	**Ludwig XVI.** wird König von Frankreich	
1775		
1776	Amerikanische Unabhängigkeitserklärung	
1777		
1778	Unabhängigkeitskrieg	
1779		
1781	Kapitulation Englands	**Kant:** Kritik der reinen Vernunft (transzendentaler Idealismus; Ding an sich; Erkenntnis als Zusammenspiel von Anschauungen und Begriffen; philosophische Kritik als Mittel der Selbstbeschränkung der Vernunft)
1783	Amerika wird im Vertrag von Versailles unabhängig erklärt	**Kant:** Prolegomena (Kurzfassung der Kritik der reinen Vernunft

Mathematik und Naturwissenschaften	Kultur- und Geisteswissenschaften	
	Swedenborg: Über Himmel und Hölle (Theosophie)	1758
Clairaut behauptet die Existenz eines unbekannten Planeten (entdeckt: 1781)	**Voltaire:** Candide (Kritik an **Leibniz'** bester aller Welten); **Haydn:** 1. Symphonie	1759
Lagrange: Variationsrechnung (grundlegend für mathematische Physik)		1760
	Rousseau: Die neue Heloise	1761
	Rousseau: Émile oder Über die Erziehung; **Gluck:** Orpheus und Eurydike	1762
	Hume: Geschichte von Großbritannien	1763
	Winckelmann: Geschichte der Kunst im Altertum	1764
Watt erfindet die moderne Dampfmaschine		1765
Cavendish entdeckt den Wasserstoff	**Wieland** übersetzt Shakespeare ins Deutsche	1766
Hargreaves: Wagenspinnmaschine „Jenny"	**Lessing:** Minna von Barnhelm	1767
Cugnot: Straßendampfwagen	**Mozart:** Bastien und Bastienne Encyclopaedia Brittanica	1768
Watt erhält das Patent für die verbesserte Dampfmaschine		1769
Beginn der Industriellen Revolution in England; **Euler:** Vollständige Anleitung zur Algebra		1770
Lambert entdeckt die flächentreue Kartenprojektion	**Haydn:** Abschiedssymphonie	1772
	Goethe: Götz von Berlichingen	1773
Lavoisier entdeckt die Massenerhaltung bei chemischen Prozessen	**Goethe:** Werther; **Gluck:** Orpheus; **Pestalozzis** pädagogisches Programm	1774
	Smith: Der Reichtum der Nationen	1775
industrielle Verwendung der Dampfmaschine von **Watt**		1776
Lavoisier widerlegt Phlogistontheorie		1777
Buffon: Epochen der Natur		1778
erste Eisenbrücke in England	**Lessing:** Nathan der Weise	1779
Herschel entdeckt den von **Clairault** vorhergesagten Uranus	**Schiller:** Die Räuber	1781
Lavoisier zerlegt Wasser in seine Bestandteile; Ballonaufstieg mit Heißluft	**Mozart:** h-Moll-Messe	1783

	politische Geschichte	Philosophie
1784		**Kant:** Was ist Aufklärung?; **Herder:** Ideen zur Philosophie der Geschichte der Menschheit
1785		**Kant:** Metaphysik der Sitten (kategorischer Imperativ)
1786	Tod **Friedrichs II.**	
1787		**Kant:** Kritik der reinen Vernunft (zweite, stark veränderte Auflage); **Bentham:** Verteidigung des Wuchers (Beginn des Utilitarismus)
1788	Verfassung der USA	**Kant:** Kritik der praktischen Vernunft (Ethik auf der Grundlage des kategorischen Imperativs)
1789	Sturm der Bastille; Erklärung der Menschenrechte	
1790		**Kant:** Kritik der Urteilskraft (das Schöne als Gegenstand „interesselosen Wohlgefallens"; Urteilskraft = das Besondere unter das Allgemeine bringen)
1791		
1792	Sturz des Königs in Frankreich	
1793	Beginn des „terreur"	
1794	Sturz **Robbespierres**	**Fichte:** Wissenschaftslehre (das Ich setzt sich in der Tathandlung das Nicht-Ich [= die Welt] entgegen) (bis 1795)
1795		**Kant:** Zum ewigen Frieden
1796	Revolutionskriege	**Schelling:** Ideen zu einer Philosophie der Natur (romantische Naturphilosophie)
1798		**Fichte:** Sittenlehre („Wer auf Autorität hin handelt, handelt notwendig gewissenlos"); **Herder:** Vom Geist des Christentums
1799	**Napoleon** wird Erster Konsul	**Fichte:** Über den Grund unseres Glaubens an eine göttliche Weltregierung (führt zum Atheismusvorwurf)
1800		**Schelling:** System des transzendentalen Idealismus (objektiver Idealismus)
1801	Friede von Lunéville	**Hegel:** Differenz des Fichteschen und Schelling-Systems
1802		**Schelling:** Bruno oder über das natürliche und göttliche Prinzip der Dinge (Identitätsphilosophie von Geist und Natur)
1804	Kaiserkrönung **Napoleons**	**Fourier:** Harmonie universelle
1805		
1806	Auflösung des Heiligen Römischen Reiches Deutscher Nation, Schlacht bei Jena	
1807		**Hegel:** Phänomenologie des Geistes (die verschiedenen Stufen in der Verwirklichung des objektiven Geistes); **Fries:** Neue Kritik der reinen Vernunft (Radikalisierung der Kantischen Philosophie durch Einführung eines dritten Erkenntnisvermögens); **Fichte:** Reden an die deutsche Nation (gegen Napoleon gerichtet)

Mathematik und Naturwissenschaften	Kultur- und Geisteswissenschaften	
Lavoisier entdeckt das Gesetz der Massenerhaltung; Puddelstahl in England hergestellt; erstes Dampfschiff		1784
		1785
	Mozart: Hochzeit des Figaro	1786
		1787
Lagrange: Analytische Mechanik		1788
		1789
	Mozart: Così fan tutte	1790
Galvani: Bau elektrischer Elemente		1791
		1792
		1793
		1794
Einführung des metrischen Systems in Frankreich	Gründung der École Polytechnique und der École Normale Supérieure	1795
Laplace entwickelt die Kantische Theorie der Entstehung des Sonnensystems weiter		1796
Cavendish bestimmt die Gravitationskonstante; **Monge** begründet die darstellende Geometrie	**Malthus** entdeckt das Bevölkerungsgesetz	1798
Gauß: Fundamentalsatz der Algebra	**Hölderlin:** Hyperion	1799
	Schiller: Wallenstein	1800
Young: Interferenz des Lichtes; **Ritter:** Ultraviolettes Licht	**Pestalozzi:** Wie Gertrud ihre Kinder lehrt ...	1801
	Novalis: Heinrich von Ofterdingen	1802
	Beethoven: Eroica	1804
	Schiller: Wilhelm Tell	1805
	Herbardt: Allgemeine Pädagogik; **Kleist:** Der zerbrochene Krug	1806
Fulton unternimmt Dampfschiffahrt	**Schleiermacher** beginnt mit seiner Platonübersetzung	1807

	politische Geschichte	Philosophie
1808	Aufstand in Spanien gegen **Napoleon**	**Fourier:** Theorie der vier Bewegungen (Frühsozialismus)
1809		**Schelling:** Untersuchungen über das Wesen der menschlichen Freiheit
1810		
1811		
1812	Rußlandfeldzug; Maschinenstürmer in England	**Hegel:** Wissenschaft der Logik (Dialektik von Sein, Nichts und Werden) (bis 1816); **Owen:** Eine neue Ansicht von der Gesellschaft (frühsozialistische Schrift);
1813	deutsche Befreiungskriege gegen **Napoleon**	
1814	Wiener Kongreß; Verbannung **Napoleons**	
1815	„Hundert Tage"; Schlacht bei Waterloo	
1816	Gründung des Deutschen Bundes	
1817	Wartburgfest; verschärfte Repressionen in Deutschland	**Hegel:** Enzyklopädie der philosophischen Wissenschaft (Versuch, ein umfassendes System auf dialektische Weise aufzubauen)
1819		**Schopenhauer:** Die Welt als Wille und Vorstellung (Pessimismus, Wille als Grundbestimmung des Menschen)
1820	Kongreß in Laibach und Troppau	**Owen:** Das Buch von der Neuen Welt (Sozialutopie)
1821	Aufstand in Griechenland	
1824	**Karl II.** König von Frankreich; Reaktion	**Ranke:** Zur Kritik neuerer Geschichtsschreibung (Beginn der objektiv-kritischen Geschichtsschreibung)
1825		**Saint-Simon:** Neues Christentum (Frühsozialismus)
1826		
1828	Zollvereine in Deutschland	
1829		
1830	Griechenland wird unabhängig	**Comte** hält Vorlesungen über „positive Philosophie" (Beginn des Positivismus)
1831		
1832	Hambacher Fest	
1833		
1834		
1835	Verbot der Bücher des „Jungen Deutschland"	**Strauß:** Das Leben Jesu, kritisch bearbeitet (radikale Bibelkritik: Evangelien beruhen auf Mythenbildung)
1836		

Mathematik und Naturwissenschaften	Kultur- und Geisteswissenschaften	
Dalton erneuert die Atomtheorie	**Goethe:** Faust (1. Teil)	1808
Gauß: Theorie der Bewegung der Himmelskörper	**Goya:** Die Erschießung spanischer Freiheitskämpfer	1809
	Kleist: Michael Kohlhaas	1810
Avogadro begründet kinetische Gastheorie		1811
Laplace veröffentlicht seine Wahrscheinlichkeitsrechnung		1812
		1813
Laplace: Philosophischer Essay über die Wahrscheinlichkeit; Lokomotive von **Stephenson**	**Scott:** Waverley; **Beethoven:** Fidelio	1814
Fresnel: Lichttheorie		1815
	Byron: Belagerung von Corinth	1816
Drais: Laufrad		1817
	Gebrüder **Grimm:** Deutsche Grammatik; **Turner:** Einfahrt in Venedig	1819
Ampère entdeckt Kraftwirkung zwischen Strömen; **Oerstedt** entdeckt den Elektromagnetismus	**E. T. A. Hoffmann:** Kater Murr	1820
		1821
Carnot entdeckt den Kreisprozeß in der Thermodynamik		1824
erste Eisenbahn in England	**Delacroix:** Gemetzel auf Chios	1825
Ohm entdeckt das nach ihm benannte Gesetz; Entdeckung der nichteuklidischen Geometrie durch **Lobatschewski, Bolyai** (1832) und **Gauß**	**Fröbel:** Die Menschenerziehung; Auftauchen **Kaspar Hausers**	1826
		1828
	Berlioz: Fantastische Symphonie; **Balzac** beginnt die „Menschliche Komödie“	1829
	Delacroix: Die Freiheit führt das Volk an	1830
	Hugo: Notre Dame de Paris	1831
	Goethe: Faust (2. Teil)	1832
Faraday: Elektrochemisches Grundgesetz; Telegraph von **Gauß/Weber**	**Michelet:** Geschichte Frankreichs im Mittelalter (bis 1843)	1833
Weber-Fechnersches Gesetz der Psychophysik (Reizschwellen)		1834
erste deutsche Eisenbahn		1835
	Emerson: Die Natur	1836

	politische Geschichte	Philosophie
1837		**Bolzano:** Wissenschaftslehre (Logik, Sprachphilosophie)
1838	Beginn des Opiumkrieges	
1839		**Feuerbach:** Kritik der Philosophie Hegels (Hegels absoluter Geist ist ein Element tradierter Theologie); **Schopenhauer:** Über den freien Willen
1840		**Proudhon:** Was ist Eigentum? (Eigentum ist Diebstahl)
1841		**Feuerbach:** Wesen des Christentums (Gottesidee als personifizierte Projektion der menschlichen Wünsche)
1842		**Comte:** Lehrgang der positiven Philosophie
1843		**Kierkegaard:** Entweder-Oder (christliche Existenzphilosophie); **Mill:** Logik (empiristische Begründung der Logik); **Marx:** Kritik der Hegelschen Rechtsphilosophie (dialektischer Materialismus: das Sein bestimmt das Bewußtsein)
1844		
1845		**Marx:** Die heilige Familie
1846		
1847	Beginn einer allgemeinen wirtschaftlichen Krise	**de Morgan:** Formale Logik (Beginn der mathematischen Logik)
1848	Revolution in Deutschland, Frankreich, Ungarn; Paulskirche (bis 1850)	
1850		
1851		**Schopenhauer:** Parerga und Paralipomena
1852	**Napoleon III.** wird Kaiser von Frankreich	
1853		
1854	Ausbruch des Krimkrieges (bis 1856)	**Schelling:** Philosophie der Offenbarung; **Boole:** Eine Untersuchung über die Gesetze des Denkens (formale Logik, Boolesche Algebra)
1855		**Büchner:** Kraft und Stoff (Materialismus)
1857		**Marx:** Einleitung in die Kritik der politischen Ökonomie
1859		
1860	Auftreten **Garibaldis**	
1861	Amerikanischer Bürgerkrieg (bis 1865)	
1862		**Spencer** beginnt mit seinem zehnbändigen „System der synthetischen Philosophie“ (Evolutionismus; beendet 1896)
1863	Allgemeiner Deutscher Arbeiterverein	**Mill:** Utilitarismus
1864	Gründung der I. Internationale	

Mathematik und Naturwissenschaften	Kultur- und Geisteswissenschaften	
Poisson: Wahrscheinlichkeitsrechnung und Statistik		1837
Entdeckung der Fotografie (bis 1839)		1838
	Stendhal: Die Kartause von Parma	1839
Liebig: Künstliche Düngung		1840
		1841
Darwin: Abstammungslehre (erst 1859 veröffentlicht)		1842
Morse: Telegraph	**Wagner:** Der fliegende Holländer	1843
Graßmann: Lineare Ausdehnungslehre (höherdimensionale Geometrie)	**Turner:** Regen, Dampf und Schnelligkeit; **Heine:** Deutschland, ein Wintermärchen	1844
von Humboldt: Kosmos	**Engels:** Die Lage der arbeitenden Klassen in England	1845
Entdeckung des Neptun		1846
Helmholtz: Energieerhaltungssatz		1847
Hancock führt die erste Blinddarmoperation durch	**Marx/Engels:** Kommunistisches Manifest	1848
Foucault weist durch Pendelversuch die Erddrehung nach		1850
	Verdi: Rigoletto	1851
Becquerel entdeckt Radioaktivität	Gebrüder **Grimm** beginnen das „Deutsche Wörterbuch"	1852
Mommsen: Römische Geschichte (bis 1885)		1853
Riemann: Über die Hypothesen, die der Geometrie zu Grunde liegen	**Keller:** Der grüne Heinrich	1854
		1855
Pasteur begründet die Bakteriologie	**Flaubert:** Madame Bovary; **Bachofen:** Das Mutterrecht	1857
Darwin: Ursprung der Arten		1859
		1860
		1861
		1862
Nobel: Nitroglycerinherstellung	**Manet** malt „Olympia"; **Lasalle:** „ehernes Lohngesetz"	1863
		1864

	politische Geschichte	Philosophie
1865	Ermordung **Lincolns**	
1866	Sieg Preußens über Österreich; Gründung des Norddeutschen Bundes	**Lange:** Geschichte des Materialismus (Standardwerk)
1867	**Bismarck** wird Kanzler	**Marx** beginnt die Arbeit am „Kapital“
1868		
1869		
1870	Deutsch-Französischer Krieg (bis 1871)	
1871	Pariser Kommune; Gründung des Deutschen Reiches	**Cohen:** Kants Theorie der Erfahrung (Beginn des Neukantianismus)
1872		**Nietzsche:** Die Geburt der Tragödie aus dem Geiste der Musik
1873	Spanische Republik	**Engels:** Dialektik der Natur (materialistisch-dialektische Interpretation der Naturwissenschaft) (bis 1883)
1874		**Brentano:** Psychologie vom empirischen Standpunkt aus (Einführung des Begriffes „Intentionalität“); **Boutroux:** Die Kontingenz der Naturgesetze (gegen den Positivismus und Determinismus gerichtet)
1875		
1876		
1877		
1878	Sozialistengesetze	**Peirce:** Über die Klarheit unserer Gedanken (Begründung des neuen Pragmatismus)
1879		**Frege:** Begriffsschrift (erster Logikkalkül)
1880		
1881		
1882		
1883		**Nietzsche:** Also sprach Zarathustra (Nihilismus; Lehre vom Übermensch und vom Willen zur Macht) (bis 1884); **Dilthey:** Einleitung in die Geisteswissenschaften (Hermeneutik)
1884		
1885		
1886		**Mach:** Die Analyse der Empfindungen (Empfindungsmonismus)
1887		
1888		**Avenarius:** Kritik der reinen Erfahrung (Empiriokritizismus) (bis 1890)
1889	Gründung der II. Internationale	**Bergson:** Die unmittelbaren Gegebenheiten des Bewußtseins (Intuitionismus)

Mathematik und Naturwissenschaften	Kultur- und Geisteswissenschaften	
Maxwell: Theorie des Elektromagnetismus	**Carroll:** Alice im Wunderland; **Monet:** Frühstück im Freien; **Tolstoi** beginnt „Krieg und Frieden"	1865
Mendel: Vererbungslehre; **Haeckel:** Biogenetisches Grundgesetz		1866
Nobel erfindet Dynamit	**Verdi:** Don Carlos; **Ibsen:** Peer Gynt	1867
	Dostojewski: Der Idiot	1868
Eröffnung des Suezkanals; Periodensystem der Elemente		1869
		1870
Darwin: Abstammung des Menschen		1871
Klein: Erlanger Programm („Vergleichende Forschungen über neuere Geometrie"); **Cantor** beginnt, die Mengenlehre zu entwickeln		1872
Hermite beweist Transzendenz der Zahl e		1873
	Wundt: Grundzüge der physiologischen Psychologie; **Mussorgski:** Bilder einer Ausstellung	1874
	Bizet: Carmen	1875
Ottomotor		1876
Edison erfindet den Phonographen; **Boltzmann** führt den Begriff „Entropie" in die Physik ein		1877
		1878
Edison erfindet die Glühlampe		1879
	Dostojewski: Die Gebrüder Karamassow; **du Bois-Reymond:** Die sieben Welträtsel	1880
Pasteur: Schutzimpfungen		1881
Lindeminn zeigt, daß die Quadratur des Kreises nicht möglich ist (π ist transzendent)		1882
		1883
Frege: Grundlagen der Arithmetik		1884
erster Pkw von **Benz** (dreirädrig)	**Zola:** Germinal	1885
erster Pkw von **Daimler; Dedekind:** Was sind und was sollen die Zahlen?		1886
	Debussy: Der Frühling	1887
	Rodin: Bürger von Calais	1888
Erfindung der Hollerithmaschine (Lochkartenverarbeitung); Eiffelturm fertiggestellt		1889

	politische Geschichte	Philosophie
1890	Entlassung **Bismarcks;** Ende der Sozialistengesetze	**James:** Prinzipien der Psychologie
1891		**Husserl:** Philosophie der Arithmetik (noch unter dem Einfluß des Psychologismus stehende Untersuchung über die Grundlagen der Mathematik)
1892		**Windelband:** Lehrbuch der Geschichte der Philosophie (sehr verbreitete, nicht immer objektive Philosophiegeschichte)
1893		
1894	Japanisch-Chinesischer Krieg (bis 1896)	
1895		
1896		**Bergson:** Materie und Gedächtnis (Untersuchung zum Leib-Seele-Problem)
1897		
1898		
1899	Burenkrieg (bis 1904); Haager Landkriegskonvention	
1900		**Russells** Leibnizbuch löst eine Leibnizrenaissance aus; **Husserl:** Logische Untersuchungen (Kritik des Psychologismus; Bewußtsein ist stets Bewußtsein von etwas [Intentionalität]; zahlreiche phänomenologische Einzelanalysen) (bis 1901); **Weber:** Die protestantische Ethik und der Geist des Kapitalismus
1901		
1902		**Poincaré:** Wissenschaft und Hypothese (Konventionalismus in der Geometrie); **Bergson:** Einführung in die Metaphysik
1903		
1904	Russisch-Japanischer Krieg	
1905	Revolution in Rußland; 1. Marokkokrise	**Russell:** Über das Kennzeichnen (entscheidender Schritt zur Sprachphilosophie)
1906		**Cassirer:** Das Erkenntnisproblem in der Philosophie und Wissenschaft der neueren Zeit (Versuch, die verschiedenen Erkenntnisformen gegeneinander abzugrenzen; Neukantianismus); **Duhem:** Ziel und Struktur der physikalischen Theorien (Konventionalismus in der Physik; es gibt kein Experimentum crucis)
1907		**James:** Pragmatismus
1908		**Lenin:** Materialismus und Empiriokritizismus (Abgrenzung der dialektisch-materialistischen Erkenntnistheorie)
1909		

Mathematik und Naturwissenschaften	Kultur- und Geisteswissenschaften	
	Hamsun: Hunger; **Ibsen:** Hedda Gabler	1890
	Tschaikowski: Nußknackersuite	1891
Haeckel: Der Monismus. Glaubensbekenntnis eines Naturforschers	**Hauptmann:** Die Weber	1892
Dieselmotor		1893
		1894
Röntgen entdeckt die X-Strahlen	**Freud:** Studien zur Hysterie (stellt das Problem des Unbewußten)	1895
Becquerel entdeckt Radioaktivität des Uranus	erste Filmvorführungen in Paris	1896
Funktelegraph von **Marconi**	**Pissaro:** Boulevard Montmartre im Frühling	1897
Entdeckung des Radiums durch das Ehepaar **Curie**		1898
Haeckel: Die Welträtsel; **Hilbert:** Grundlagen der Geometrie	**Hofmannsthal:** Der Tor und der Tod	1899
		1900
	Mann: Die Buddenbrocks	1901
		1902
erster Motorflug der Brüder **Wright**		1903
Rutherford erklärt Radioaktivität durch Zerfall von Atomen	**Schmoller:** Grundriß der allgemeinen Volkswirtschaftslehre	1904
Einstein: Spezielle Relativitätstheorie (löst heftige philosophische Auseinandersetzungen aus); **Einstein:** Theorie der Brownschen Bewegung	**Gorki:** Die Mutter	1905
	de Saussure: Grundfragen der allgemeinen Sprachwissenschaft (Wegbereiter des Strukturalismus) (bis 1911)	1906
Brouwer: Über die Grundlagen der Mathematik (Intuitionismus)	**Synge:** Der Held der westlichen Welt; **Vlaminck:** Vorstadtstraße	1907
Minkowski entwickelt die mathematische Beschreibung des „Raum-Zeit-Kontinuums" der Relativitätstheorie	**Mahler:** Symphonie der Tausend	1908
Pawlow: Die Naturwissenschaften und das Gehirn (Wegbereiter des Behaviorismus, bedingter Reflex); **van Uexküll:** Umwelt und Innenwelt der Tiere	**R. Strauß:** Elektra; **Picasso:** Harlekin	1909

	politische Geschichte	Philosophie
1910		**Cassirer:** Substanzbegriff und Funktionsbegriff; **Natorp:** Die logischen Grundlagen der exakten Wissenschaften (neukantianische Wissenschaftstheorie); **Dilthey:** Der Aufbau der geschichtlichen Methode in den Geisteswissenschaften
1911	2. Marokkokrise; deutsch-französische Spannungen wegen Elsaß-Lothringen	**Vaihinger:** Philosophie des „Als-Ob" (Fiktionalismus)
1912		**Russell:** Probleme der Philosophie (Neopositivismus, Sprachanalyse)
1913		**Husserl:** Ideen zu einer reinen Phänomenologie; **Scheler:** Der Formalismus in der Ethik und die materiale Wertethik
1914	Ausbruch des 1. Weltkrieges	
1915		
1917		**Driesch:** Wirklichkeitslehre (Vitalismus)
1918	Niederlage Deutschlands; Ausbruch der Revolution; Ausrufung der Republik; Oktoberrevolution	**Schlick:** Allgemeine Erkenntnislehre (markiert den Ausgangspunkt des Wiener Kreises); **Frege:** Logische Forschungen (wichtige Artikel zur Sprachphilosophie, z. B. zu Sinn und Bedeutung) (bis 1919)
1919	Versailler Friedensvertrag	
1920		**Whitehead:** Der Begriff der Natur
1921		**Russell:** Analyse des Geistes; **Wittgenstein:** Tractatus logico-philosophicus (Theorie der idealen Sprache, Abbildtheorie des Satzes)
1922	Staatsstreich der Faschisten in Italien	
1923		**Lukàcs:** Geschichte und Klassenkampf; **Cassirer:** Philosophie der symbolischen Formen (Analyse des Symbolischen in den verschiedensten Ausprägungen, „homo symbolicus") (bis 1929)
1924	Tod **Lenins**	
1925		
1926		
1927		**Bridgman:** Die Logik der heutigen Physik (Begründung des Operationalismus); **Heidegger:** Sein und Zeit (Analyse des Daseins; große stilbildende Wirkung: Sein-zum-Tode, u. a.)
1928		**Carnap:** Der logische Aufbau der Welt (logischer Empirismus); **Reichenbach:** Philosophie der Raum-Zeit-Lehre

Mathematik und Naturwissenschaften	Kultur- und Geisteswissenschaften	
Russell, Whitehead: Principia Mathematica (Versuch der Zurückführung von Mathematik auf Logik; Standardisierung der Logikkalküle; Typentheorie) (bis 1913)	**Freud:** Über Psychoanalyse	1910
		1911
	Ravel: Daphne und Chloe; **Strawinski:** Das Frühlingsopfer	1912
Bohr: Arbeiten über die Struktur der Atome (Atommodell)		1913
		1914
Einstein: Allgemeine Relativitätstheorie		1915
Beginn der Untersuchung mehrwertiger Logiken durch **Lukasiewicz, Post** u. a.		1917
	Sapir: Die Sprache	1918
	Hesse: Demian; Gründung des „Bauhaus"	1919
Eddington: Raum, Zeit, Gravitation (Standardwerk über Relativitätstheorie)	**Spengler:** Untergang des Abendlandes (bis 1922)	1920
		1921
	Joyce: Ulysses; **Berg:** Wozzeck; **Ehrenfels:** Über Gestaltqualitäten	1922
Oberth: Die Rakete zu den Planetenräumen	**Rilke:** Duineser Elegien	1923
Entdeckung des Welle-Korpuskel-Dualismus durch **de Broglie;** Rundfunkverbindung England-USA und England-Australien		1924
Pauli entdeckt das nach ihm benannte Verbot; **Heisenberg:** Matzrizenmechanik	**Kafka:** Der Prozeß; **Watson:** Der Behaviorismus	1925
Schrödinger: Wellenmechanik		1926
Heisenberg: Unschärferelation; **Born:** Statistische Interpretation der atomaren Vorgänge („Quantenmechanik"; große Resonanz in der erkenntnistheoretischen Diskussion)	**Kafka:** Das Schloß	1927
Bohr führt den Begriff „Komplementarität" in die physikalische Grundlagendiskussion ein; **Morgan:** Theorie des Gens	**Brecht:** Die Dreigroschenoper; **Mead:** Arbeiten zur Ethnologie	1928

	politische Geschichte	Philosophie
1929	schwarzer Freitag an der Wall Street; Weltwirtschaftskrise	**Carnap:** Abriß der Logik (Lehrbuch der formalen Logik); **Husserl:** Cartesianische Meditationen (Aufbau der Philosophie als strenge Wissenschaft); **Heidegger:** Kant und das Problem der Metaphysik; **Whitehead:** Prozeß und Realität
1930	Säuberungswelle in der UdSSR	
1931		
1932		**Jaspers:** Philosophie (Existentialphilosophie; Mensch erfährt sein Wesen in den Grenzsituationen); **Langford/Lewis:** Symbolische Logik
1933	Machtergreifung der Nationalsozialisten	
1934		
1935		**Hartmann:** Grundlagen der Ontologie; **Popper:** Die Logik der Forschung (Hauptschrift des kritischen Rationalismus; Erfahrungswissenschaften gründen sich auf die Möglichkeit der Falsifikation)
1936	Spanischer Bürgerkrieg (bis 1939)	**Husserl:** Die Krisis der europäischen Wissenschaften und die transzendentale Philosophie; **Ayer:** Sprache, Wahrheit und Logik (macht die Philosophie des Wiener Kreises im angelsächsischen Raum bekannt)
1937	Überfall Japans auf China	
1938	Anschluß Österreichs und Sudetendeutschlands (Münchener Konferenz)	**Bachelard:** Die Bildung des wissenschaftlichen Geistes (Phänomenologie der Naturwissenschaft unter Berücksichtigung der Psychologie)
1939	Beginn des 2. Weltkrieges	**Koyré:** Studien über Galilei (philosophisch-historische Untersuchung über die Entstehung der modernen Naturwissenschaften)
1940		
1941		
1942		**Camus:** Der Mythos von Sisyphos (die Absurdität als zentrale Bestimmung des Menschen)
1943		**Sartre:** Das Sein und das Nichts (Begründung des Existentialismus); **Heidegger:** Vom Wesen der Wahrheit (Wahrheit = Entborgenheit des Seins = Aletheia)
1944		
1945	Ende des 2. Weltkrieges, Einsatz der Atombombe, Gründung der UNO	
1946		**Sartre:** Ist der Existentialismus ein Humanismus? (populäre Darstellung des Existentialismus; „das Sein geht dem Wesen voraus“)

Mathematik und Naturwissenschaften	Kultur- und Geisteswissenschaften	
Fleming entdeckt das Penizillin; **Hubble** entdeckt die Fluchtbewegung der Sterne („Hubble-Effekt“)	**Klee:** Hauptwege und Nebenwege; **Ravel:** Boléro	1929
v. d. Waerden: Moderne Algebra	**Köhler** arbeitet über Intelligenz bei Affen	1930
Gödel beweist seinen Unvollständigkeitssatz		1931
wichtige Aufschlüsse über Aufbau der Atomkerne	**Dos Passos:** 1919; **Faulkner:** Licht im August	1932
	Malraux: So ist der Mensch	1933
Hilbert, Bernays: Grundlagen der Mathematik (Formalismus); Entdekkung der künstlichen Radioaktivität **(Joliot-Curie)**		1934
Tarski: Der Wahrheitsbegriff in den formalisierten Sprachen		1935
erste Großrechenmaschine von **Zuse**	**Keynes:** Allgemeine Theorie der Beschäftigung, des Zinses und des Geldes	1936
Turing konzipiert die Turingmaschine (viele Arbeiten zur Algorithmentheorie in dieser Zeit)	**Picasso:** Guernica	1937
Kernspaltung durch **Hahn, Meitner** und **Straßmann**	**Sartre:** Der Ekel; **Skinner** veröffentlicht erste Arbeiten zum Behaviorismus	1938
Elemente der Mathematik (**Bourbaki;** mathematischer Strukturalismus)		1939
	Koestler: Sonnenfinsternis; **v. Uexküll:** Bedeutungslehre	1940
	Piaget beginnt, verschiedene Studien über die Entwicklung des kindlichen Denkens zu veröffentlichen (Zahlbegriff, Geometrie)	1941
Fermi betreibt den ersten Kernreaktor		1942
		1943
Neumann/Morgenstern: Spieltheorie und wirtschaftliches Verhalten	**Sartre:** Geschlossene Gesellschaft	1944
	Gershwin: Rhapsody in blue	1945
Großrechner ENIAC geht in Betrieb	**Saint-Exupéry:** Der kleine Prinz; **Sartre:** Die ehrbare Dirne	1946

	politische Geschichte	Philosophie
1947		**Adorno/Horkheimer:** Die Dialektik der Aufklärung (Beginn der Frankfurter Schule)
1948		
1949	Gründung der NATO und der Bundesrepublik Deutschland	
1950	Ausbruch des Koreakrieges (bis 1953)	**Ryle:** Der Begriff des Geistes (leitet die Orientierung der analytischen Philosophie auf die Gebrauchssprache hin ein)
1951		**Camus:** Der Mensch in der Revolte (das Maß als Ergebnis der Revolte gegen das Absurde)
1952		
1953	Gründung des Warschauer Paktes	**Wittgenstein:** Philosophische Untersuchungen (Durchsetzung der Philosophie der normalen Sprache; eines der einflußreichsten Werke des 20. Jahrhunderts)
1954		**Goodman:** Fact, Fiction and Forecast (enthält das Goodmansche Paradoxon der Induktion)
1955		
1956		**Bloch:** Das Prinzip Hoffnung
1957		**Heidegger:** Der Satz vom Grund
1958		
1959		**Strawson:** Einzelding und logisches Subjekt („Individuals"; Versuch einer deskriptiven Metaphysik)
1960	„atomares Patt" wird deutlich; Ende der Kolonialherrschaft	**Quine:** Wort und Gegenstand (eines der Hauptwerke der analytischen Philosophie); **Sartre:** Kritik der dialektischen Vernunft; **Gadamer:** Wahrheit und Methode (Rehabilitierung der Hermeneutik)
1961		
1962		**Austin:** How to do things with words (Beginn der Sprechakttheorie); **Kuhn:** Die Struktur wissenschaftlicher Revolutionen (Entwicklung der Wissenschaft ist nicht kontinuierlich, Paradigmen und ihre Wechsel)
1963		**v. Wright:** Norm und Handlung
1964		
1965		**Marcuse:** Der eindimensionale Mensch (neomarxistische Analyse der Konsumgesellschaft); **Marcuse:** Repressive Toleranz
1966		**Foucault:** Die Ordnung der Dinge (strukturalistische Erkenntnistheorie = Archäologie des Wissens; **Adorno:** Negative Dialektik
1967		

Mathematik und Naturwissenschaften	Kultur- und Geisteswissenschaften	
	Camus: Die Pest; **Borchert:** Draußen vor der Tür	1947
Wiener: Kybernetik; **v. Weizsäcker:** Die Geschichte der Natur		1948
	Orwell: 1984	1949
Einstein: Allgemeine Feldtheorie		1950
	Adorno: Minima moralia; **de Beauvoir:** Das andere Geschlecht	1951
Wasserstoffbombe	**Beckett:** Warten auf Godot; **Hemingway:** Der alte Mann und das Meer	1952
Entschlüsselung der DNS		1953
Beginn der friedlichen Nutzung der Kernenergie in größerem Rahmen (Genfer Konferenz)		1954
	Böll: Das Brot der frühen Jahre	1955
		1956
Heisenberg: „Weltformel"; Sputnik	**Chomsky:** Syntaktische Strukturen; **Beckett:** Endspiel; **Jaspers:** Die Atombombe und die Zukunft des Menschen	1957
	Levi-Strauss: Strukturelle Anthropologie	1958
	Grass: Die Blechtrommel; **Piaget:** Das Erwachen der Intelligenz beim Kinde (verändert grundlegend die Vorstellung vom kindlichen Denken)	1959
erster Rubinlaser **(Maiman)**		1960
erster Weltraumflug **(Gagarin);** Einführung der gedruckten Schaltungen revolutioniert die Elektrotechnik	**Frisch:** Andorra	1961
	Dürrenmatt: Die Physiker	1962
	Böll: Ansichten eines Clowns	1963
Gell-Mann postuliert Quarks als subatomare Teilchen		1964
Die Entdeckung der Hintergrundstrahlung löst Diskussionen über die Entwicklung des Kosmos aus (stationär oder evolutionär?)	**Chomsky:** Aspekte der Syntaxtheorie	1965
	Chomsky: Cartesianische Linguistik; **Jaspers:** Wohin treibt die Bundesrepublik?	1966
	Laplanche/Pontalis: Vokabular der Psychoanalyse	1967

	politische Geschichte	Philosophie
1968	Studentenunruhen; Prager Frühling	**Habermas:** Erkenntnis und Interesse (Erkenntniskritik als Gesellschaftstheorie; eines der Hauptwerke der Frankfurter Schule)
1969		**Searle:** Sprechakte
1971		**Sneed:** Die logische Struktur der mathematischen Physik
1972		**Kripke:** Name und Notwendigkeit (Essentialismus basierend auf **Kripkes** Arbeiten zur Modallogik); **Popper:** Objektive Erkenntnis (grundlegend für die evolutionäre Erkenntnistheorie); **Schulz:** Philosophie in der veränderten Welt
1973		
1974		
1975	Ende des Vietnamkrieges	
1976		**Lakatos:** Beweise und Widerlegungen (Übertragung des Falsifikationismus auf die Entwicklung der Mathematik); **Feyerabend:** Wider den Methodenzwang (Skizze einer anarchistischen Erkenntnistheorie)
1977		
1979		**Rorty:** Der Spiegel der Natur (Autokritik der analytischen Philosophie)
1980		
1981		
1983		**Searle:** Intentionalität
1984		**Searle:** Geist, Hirn und Wissenschaft (der Computer als Herausforderung für die Philosophie)

Mathematik und Naturwissenschaften	Kultur- und Geisteswissenschaften	
		1968
erste Mondlandung		1969
Eigen entwickelt eine Theorie der Selbstorganisation des Lebens („Das Spiel"); Mikroprozessoren werden entwickelt; Marssonde Mariner		1971
		1972
	Eco: Das Zeichen (Semiotik entwickelt sich zu einer eigenständigen Wissenschaft); **Piaget:** Das moralische Urteil beim Kind	1973
	Kohlberg: Kognitive Entwicklung des Kindes	1974
	Chomsky: Reflexionen über Sprache	1975
„Vierfarbenproblem" wird mit Hilfe des Computers gelöst (nicht unumstritten)		1976
Neutronenbombe		1977
	Hofstaedter: Gödel, Escher, Bach	1979
„künstliche Intelligenz" wird zu einem Forschungsschwerpunkt	**Eco:** Der Name der Rose	1980
	Kohlberg: Philosophie der moralischen Entwicklung	1981
		1983
		1984

Literatur

Allgemeines

1. *Nachschlagewerke und Textsammlungen*

Enzyklopädie Philosophie und Wissenschaftstheorie. Herausgegeben von J. Mittelstraß. Mannheim u.a. 1980ff. 3 Bände. Bis 1985 sind 2 Bände erschienen.
Geschichte der Philosophie in Text und Darstellung. Herausgegeben von R. Bubner. Stuttgart 1978–84. 8 Bände.
Herders kleines philosophisches Wörterbuch. Herausgegeben von Max Müller. Freiburg [2]1959.
Historisches Wörterbuch der Philosophie. Herausgegeben von J. Ritter und K. Gründer. Basel 1971 ff. 10 Bände. Bis 1985 sind 6 Bände erschienen.
Philosophisches Lesebuch. Herausgegeben von H.-G. Gadamer. Frankfurt am Main 1965–70.

2. *Einführungen in die Philosophie*

Adorno, Th. W.: Wozu noch Philosophie? In: Adorno: Eingriffe. Neun kritische Modelle. Frankfurt am Main [7]1970.
Die Antworten der Philosophen heute. Herausgegeben von W. Hochkeppel. München 1967.
Bloch, E.: Tübinger Einleitung in die Philosophie. Frankfurt am Main 1977.
Glockner, H.: Einführung in das Philosophieren. Bonn [2]1979.
Heidegger, M.: Was ist das – die Philosophie? Pfullingen [8]1984.
Jaspers, K.: Einführung in die Philosophie. München [23]1983.
Kambartel, F.: Was ist und soll Philosophie? Konstanz 1968.
Philosophie. Ein Grundkurs. Herausgegeben von E. Martens und H. Schnädelbach. Reinbek 1984.
Russell, B.: Probleme der Philosophie. Deutsche Übersetzung Frankfurt am Main [2]1967.
Was ist Philosophie? Herausgegeben von K. Salamun. Tübingen 1980.
Weischedel, W.: Die philosophische Hintertreppe. München 1980.

3. *Geschichte der Philosophie*

Aster, E. von: Geschichte der Philosophie. Stuttgart [17]1980.
Geschichte der Philosophie. Herausgegeben von F. Châtelet. Deutsche Übersetzung Frankfurt am Main u.a. 1973–75. 8 Bände.
Grundprobleme der großen Philosophen. Herausgegeben von J. Speck. Göttingen [1–3]1972–84. 10 Bände.
Orthbrand, E.: Geschichte der großen Philosophen und des philosophischen Denkens. Hanau 1979.
Russell, B.: Philosophie des Abendlandes. Ihr Zusammenhang mit der politischen und sozialen Entwicklung. Deutsche Übersetzung Zürich 1950.
Vorländer, K./Erdmann, J. E.: Geschichte der Philosophie. Reinbek [1–3]1963–84. 7 Bände.
Windelband, W.: Lehrbuch der Geschichte der Philosophie. Tübingen [17]1980.

4. *Philosophische Essays*

Adorno, Th. W.: Minima moralia. Frankfurt am Main 1951.
Bloch, E.: Spuren. Frankfurt am Main 52.–54. Tausend 1984.
Montaigne, M. E. de: Die Essais. Deutsche Übersetzung Leipzig 1953.

Disziplinen der Philosophie

1. *Anthropologie*

Gehlen, A.: Der Mensch. Seine Natur und seine Stellung in der Welt. Wiesbaden [12]1978.
Kamlah, W.: Philosophische Anthropologie. Sprachkritische Grundlegung und Ethik. Mannheim u. a. 1973.
Neue Anthropologie. Herausgegeben von H.-G. Gadamer und P. Vogler. Stuttgart u. a. 1972–75. 7 Bände.

2. *Ästhetik*

Adorno, Th. W.: Ästhetische Theorie. Frankfurt am Main [4]1980.
Franke, H. W.: Phänomen Kunst. Die naturwissenschaftlichen Grundlagen der Kunst. München 1967.
Heidegger, M.: Der Ursprung des Kunstwerkes. Stuttgart 1960. Nachdruck 1978.
Lukács, G.: Beitrag zur Geschichte der Ästhetik. Berlin [2]1956.

3. *Erkenntnistheorie*

Bunge, M.: Epistemologie. Mannheim u. a. 1983.
Cassirer, E.: Das Erkenntnisproblem in der Philosophie und Wissenschaft der neueren Zeit. Nachdruck Hildesheim 1971–73. 4 Bände.
Chisholm, R.: Erkenntnistheorie. München 1979.
Erkenntnis und Sein. Herausgegeben von B. Wisser. Stuttgart 1978. 2 Bände.
Leinfellner, W.: Einführung in die Erkenntnis- und Wissenschaftstheorie. Mannheim u. a. 1965.
Martens, E.: Das Wahrheitsgebot. Muß man immer die Wahrheit sagen? Stuttgart 1983.
Piaget, J.: Einführung in die genetische Erkenntnistheorie. Deutsche Übersetzung Frankfurt am Main 1973.
Prauss, G.: Einführung in die Erkenntnistheorie. Darmstadt 1980.
Vollmer, G.: Evolutionäre Erkenntnistheorie. Stuttgart [3]1983.

4. *Ethik*

Birnbacher, D./Hoerster, N.: Texte zur Ethik. München [2]1978.
Frankena, W. K.: Analytische Ethik. Deutsche Übersetzung München [2]1975.
Hare, R. M.: Die Sprache der Moral. Deutsche Übersetzung Frankfurt am Main 1972.
Moore, G. E.: Principia ethica. Deutsche Übersetzung Stuttgart 1970.
Patzig, G.: Ethik ohne Metaphysik. Göttingen [2]1983.
Riedel, M.: Norm und Werturteil. Grundprobleme der Ethik. Stuttgart 1979.
Williams, B.: Der Begriff der Moral. Deutsche Übersetzung Stuttgart 1978.

5. *Geschichtsphilosophie*

Schaeffler, R.: Einführung in die Geschichtsphilosophie. Darmstadt [2]1980.

6. *Logik*

Fuchs, W. R.: Knaurs Buch der modernen Mathematik. München u. a. 1971.
Haas, G.: Konstruktive Einführung in die Logik. Mannheim u. a. 1984.
Logik-Texte. Kommentierte Auswahl zur Geschichte der modernen Logik. Herausgegeben von K. Berka und L. Kreiser. Berlin (Ost) [2]1983.
Lorenzen, P.: Formale Logik. Berlin [4]1970.
Lorenzen, P.: Metamathematik. Mannheim u. a. 1980.

Quine, W. V. O.: Philosophie der Logik. Deutsche Übersetzung Stuttgart u. a. 1973.
Quine, W. V. O.: Grundzüge der Logik. Deutsche Übersetzung Frankfurt am Main 1974.
Salmon, W. C.: Logik. Deutsche Übersetzung Stuttgart 1983.
Seebohm, Th. M.: Philosophie der Logik. Freiburg u. a. 1984.

7. *Metaphysik*

Kaulbach, F.: Einführung in die Metaphysik. Darmstadt ^{3}1982.
Martin, G.: Einleitung in die allgemeine Metaphysik. Stuttgart 1974.

8. *Naturphilosophie*

Cassirer, E.: Substanzbegriff und Funktionsbegriff. Darmstadt ^{5}1980.
Driescher, M.: Einführung in die Naturphilosophie. Darmstadt 1981.
Heidelberger, M./Thiessen, S.: Natur und Erfahrung. Reinbek 1981.
Mittelstraß, J.: Neuzeit und Aufklärung. Studien zur Entstehung der neuzeitlichen Wissenschaft und Philosophie. Berlin u. a. 1985.
Teichmann, J.: Wandel des Weltbildes. Reinbek 1985.

9. *Ontologie*

Heidegger, M.: Kant und das Problem der Metaphysik. Frankfurt am Main ^{3}1965.
Krings, H.: Fragen und Aufgaben der Ontologie. Tübingen 1954.
Quine, W. V. O.: Ontologische Relativität und andere Schriften. Deutsche Übersetzung Stuttgart 1975.

10. *Philosophie der Mathematik*

Becker, O.: Die Grundlagen der Mathematik in geschichtlicher Entwicklung. Frankfurt am Main 1975.
Körner, S.: Philosophie der Mathematik. Deutsche Übersetzung München 1968.
Weyl, H.: Philosophie der Mathematik und Naturwissenschaft. Deutsche Übersetzung Darmstadt ^{3}1966.

11. *Philosophie der Technik*

Stork, H.: Einführung in die Philosophie der Technik. Darmstadt 1977.

12. *Rechtsphilosophie*

Einführung in die Rechtsphilosophie und Rechtstheorie der Gegenwart. Herausgegeben von A. Kaufmann und W. Hassemer. Stuttgart ^{4}1985.
Troller, A.: Die Begegnung von Philosophie, Rechtsphilosophie und Rechtswissenschaft. Darmstadt 1971.

13. *Religionsphilosophie*

Mann, U.: Einführung in die Religionsphilosophie. Darmstadt 1983.
Religionskritik. Herausgegeben von N. Hoerster. Stuttgart 1984.
Schaeffler, R.: Religionsphilosophie. Freiburg 1983.
Weischedel, W.: Der Gott der Philosophen. München 1985. 2 Bände.

14. *Sozial- und Staatsphilosophie*

Klassische Texte der Staatsphilosophie. Herausgegeben von N. Hoerster. München ^{2}1979.
Rhemann, J.: Einführung in die Sozialphilosophie. Darmstadt 1979.
Russell, B.: Wege zur Freiheit. Sozialismus, Anarchismus, Syndikalismus. Deutsche Übersetzung Frankfurt am Main ^{2}1973.

15. *Sprachphilosophie*

Funktionen der Sprache. Herausgegeben von O. Schober. Stuttgart 1984.
Heintel, E.: Einführung in die Sprachphilosophie. Darmstadt ²1975.
Kutschera, F. von: Sprachphilosophie. München ²1975.
Philosophie und Sprache. Herausgegeben von J. Schulte. Stuttgart 1982.
Savigny, E. von: Die Philosophie der normalen Sprache. Frankfurt am Main 1973.
Searle, J. R.: Sprechakte. Deutsche Übersetzung Frankfurt am Main 1971.
Whorf, B.: Sprache, Denken, Wirklichkeit. Deutsche Übersetzung Reinbek ⁷1970.
Wilson, J.: Begriffsanalyse. Eine Einführung. Deutsche Übersetzung Stuttgart 1984.
Wittgenstein, L.: Philosophische Untersuchungen. Deutsche Übersetzung Frankfurt am Main 1977.

Gegenwartsphilosophie

1. *Allgemeines*

Stegmüller, W.: Hauptströmungen der Gegenwartsphilosophie. Stuttgart ⁶1978/79. 2 Bände.
Warnock, G.: Englische Philosophie im 20. Jahrhundert. Deutsche Übersetzung Stuttgart 1971.

2. *Analytische Philosophie*

Frege, G.: Funktion, Begriff, Deutung. Göttingen ⁴1975.
Quine, W. V. O.: Wort und Gegenstand. Deutsche Übersetzung Stuttgart 1980.
Russell, B.: Die Philosophie des logischen Atomismus. Deutsche Übersetzung München 1979.
Ryle, G.: Der Begriff des Geistes. Deutsche Übersetzung Stuttgart 1982.
Strawson, P. F.: Einzelding und logisches Subjekt. Deutsche Übersetzung Stuttgart 1972.

Tugendhat, E.: Vorlesungen zur Einführung in die sprachanalytische Philosophie. Frankfurt am Main ²1979.
Tugendhat, E./Wolf, U.: Logisch-semantische Propädeutik. Stuttgart 1983.
Waismann, F.: Logik, Sprache, Philosophie. Stuttgart 1976.

3. *Existenzphilosophie*

Bollnow, O. F.: Existenzphilosophie. Stuttgart ⁸1978.
Camus, A.: Der Mythos des Sisyphos. Ein Versuch über das Absurde. Deutsche Übersetzung Reinbek 1959.
Heidegger, M.: Sein und Zeit. Freiburg ¹⁵1984.
Sartre, J. P.: Ist der Existenzialismus ein Humanismus? In: Sartre: Drei Essays. Deutsche Übersetzung Berlin 1964.
Zimmermann, F.: Einführung in die Existenzphilosophie. Darmstadt 1977.

4. *Kritischer Rationalismus/Konstruktivismus*

Albert, H.: Traktat über kritische Vernunft. Tübingen ⁴1980.
Janich, P., u. a.: Wissenschaftstheorie als Wissenschaftskritik. Frankfurt am Main 1974.
Kambartel, F.: Erfahrung und Struktur. Bausteine zu einer Kritik des Empirismus und Formalismus. Frankfurt am Main 5. Tausend 1976.

Lorenz, K.: Elemente der Sprachkritik. Eine Alternative zum Dogmatismus und Skeptizismus in der analytischen Philosophie. Frankfurt am Main 1970.
Popper, K.: Die Logik der Forschung. Tübingen [8]1984.
Spinner, H. F.: Pluralismus als Erkenntnismodell. Frankfurt am Main 1973.

5. *Kritische Theorie*

Habermas, J.: Erkenntnis und Interesse. Frankfurt am Main [3]1975.
Horkheimer, M./Adorno, Th. W.: Dialektik der Aufklärung. Philosophische Fragmente. Frankfurt am Main [10]1983.
Marcuse, H.: Der eindimensionale Mensch. Neuwied [19]1984.
Schmidt, Alfred: Zur Idee der kritischen Theorie. Elemente der Philosophie Max Horkheimers. Berlin 1979.

6. *Logischer Empirismus*

Kraft, V.: Der Wiener Kreis. Der Ursprung des Neopositivismus. Ein Kapitel der jüngeren Philosophiegeschichte. Wien [2]1968.
Reichenbach, H.: Der Aufstieg der wissenschaftlichen Philosophie. Wiesbaden [3]1977.
Schlick, M.: Allgemeine Erkenntnislehre. Frankfurt am Main 1978.

7. *Marxismus*

Fetscher, I.: Der Marxismus. Seine Geschichte in Dokumenten. München Neuausgabe 1983. 3 Bände.
Hanak, T.: Die Entwicklung der marxistischen Philosophie. Darmstadt 1976.
Kołakowski, L.: Die Hauptströmungen des Marxismus. München [2]1981. 3 Bände.

8. *Phänomenologie*

Edmund Husserl. Eine Einführung in seine Phänomenologie. Herausgegeben von P. Janssen. Freiburg 1976.
Husserl, E.: Cartesianische Meditationen. Hamburg 1977.
Landgrebe, L.: Der Weg der Phänomenologie. Gütersloh [4]1971.

9. *Pragmatismus*

Peirce, Ch. S.: Über die Klarheit unserer Gedanken. Deutsche Übersetzung Frankfurt am Main [2]1977.
Texte zur Philosophie des Pragmatismus. Herausgegeben von E. Martens. Stuttgart 1975.

10. *Wissenschaftstheorie*

Carnap, R.: Einführung in die Philosophie der Naturwissenschaften. Deutsche Übersetzung München 1969.
Hempel, C. G.: Philosophie der Naturwissenschaften. München 1974.
Seiffert, H.: Einführung in die Wissenschaftstheorie. München [8-10]1983–85. 3 Bände.
Stegmüller, W.: Probleme und Resultate der Wissenschaftstheorie und analytischen Philosophie. Berlin u. a. 1973–74. 4 Bände.
Ströker, E.: Einführung in die Wissenschaftstheorie. Darmstadt [2]1977.

Personenregister

C

D

H

I

J

K

L

M

N

O

P

Q

R

S

T

U

V

W

X

Z